DICCIONARIO DEL LUNFARDO

ATHOS ESPINDOLA

DICCIONARIO DEL LUNFARDO

Analizado, comentado y explicado.
Contiene giros, modismos, voces y locuciones
populares y lunfardas; anécdotas, recuerdos y opiniones.

Planeta

467.090 3	Espíndola, Athos
ESP	Diccionario del lunfardo.- 1ª ed.– Buenos Aires : Planeta, 2002.
	528 p. ; 24x17 cm.
	ISBN 950-49-0983-3
	I. Título – 1. Lunfardo-Diccionario

Diseño de cubierta: Mario Blanco
Diseño de interior: Alejandro Ulloa

© 2002, Athos Espíndola

Derechos exclusivos de edición en castellano
reservados para todo el mundo:
© 2002, Grupo Editorial Planeta S.A.I.C.
Independencia 1668, C 1100 ABQ, Buenos Aires

1ª edición: 4.000 ejemplares

ISBN 950-49-0983-3

Impreso en Grafinor S. A.,
Lamadrid 1576, Villa Ballester,
en el mes de setiembre de 2002.

Hecho el depósito que prevé la ley 11.723
Impreso en la Argentina

Ninguna parte de esta publicación, incluido el diseño de la cubierta, puede ser reproducida, almacenada o transmitida en manera alguna ni por ningún medio, ya sea eléctrico, químico, mecánico, óptico, de grabación o de fotocopia, sin permiso previo del editor.

Prólogo

Podrá decirse que en la Argentina se habla la lengua española. Incierto. Los argentinos tenemos idioma propio. En realidad, nunca hablamos fielmente el español, ni siquiera cuando se nos lo enseñaba junto con los lejanos palotes en las lejanas escuelas de tiempos idos. No lo hablábamos de niños ni lo hacían nuestros padres ni las mismas maestras que nos instruían.

Quinientos años de historia han servido para que en nuestro país se modelara un lenguaje singular, distintivo, vivo y pujante, en crecimiento incesante y evolutivo, de permanente enriquecimiento.

Desde el mismo momento en que los conquistadores hispanos sentaron pie en las márgenes del Plata, se vieron impelidos a sumar al castellano civilizador numerosas voces nativas para poder comunicarse con los habitantes de estas tierras en los seguramente pintorescos diálogos que se establecerían entre ellos. Ya se iban sentando las bases de una nueva forma de expresión zonal.

En plena época colonial el **tú** español había cedido posiciones ante el **vos** criollo, en tanto muchos indigenismos (quechuas, guaraníes y querandíes, principalmente) se habían colado en el lenguaje que los españoles llevaban de regreso en sus carabelas y que definían cosas de estos lares lejanos, fuese en su forma original, fuese modificados por el cruzamiento (achumarse, bagual, bataraz, caracú, chasqui, china, yapa, etc.), junto con una cantidad de ruralismos que comenzaban a aparecer.

La independencia hizo el resto. Roto el frágil cordón umbilical con la Península, las voces de campaña, mitad indias, mitad gauchas, avanzaron sobre la ciudad y fraternizaron con las que en ésta se acuñaban incesantemente. Fue la génesis de un idioma tan peculiar y popular como llamativo y resistido por quienes seguían sujetos al habla castellana.

De pronto, la inmigración. La Gran Inmigración que desembarcó en nuestro puerto idiomas y dialectos del más amplio espectro, que comenzaron a circular por las angostas calles de Buenos Aires. La indigencia y las miserias que traían de sus postraciones europeas, empujaron a las palabras llegadas con los inmigrantes a guarecerse en los arrabales y conventillos. El porteño orillero las oyó con molestia; luego, con curiosidad. Por fin, las halló graciosas y, como por juego, las fue incluyendo festivamente en su habla diaria, tal como las oía o transformándolas en ingeniosos cruces con las propias. O, finalmente, incorporándoles acepciones locales a las que traían de ultramar. Acababa de nacer el lunfardo. De cuna ranera, cundió entre raneros. El bajo fondo lo hizo suyo, lo paladeó y lo ayudó a crecer. Creció, se agrandó y tuvo la virtud de abrirse al sentir y al ingenio popular, que lo sacó de las orillas, lo prohijó, se dio sin pausa a enriquecerlo con nuevas voces y lo incorporó a su porteñísimo léxico, ya claramente ajeno al purismo isabelino. Sin advertirlo, quizá, la Reina del Plata había comenzado a elaborar lo que con el tiempo iba a constituirse en el lenguaje distintivo del ser argentino, en el que se dan cita, junto al castellano, dialectos españoles, italianos, portuguesismos, anglicismos, galicismos, indigenismos, lunfardismos y, por ende, argentinismos, en lo que de seguro no nos quedamos cortos.

Mientras en la generalidad de los países hispanoamericanos el idioma se halla aún muy vinculado al español en su estructura y entonación, la Argentina, con su propio lenguaje consolidado, se diferencia de ellos no sólo en tales aspectos, sino en la constante creación de nuevas palabras, de nuevas acepciones a las ya existentes y de incontables modismos, dueña de una realidad idiomática auténtica, ágil y de permanente actualización, en la que la acompaña Uruguay.

Si bien se considera como idioma al que tiene su estructura y su gramática propias, la realidad del habla argentina, que ya es patrimonio de todo el país, merece una consideración especial. ¿Acaso desde el Primer Magistrado hacia abajo, alguien habla en los principales estrados el castellano? ¿Acaso lo habla el ministro de Educación? No mencionemos a nuestros legisladores. ¿Acaso los mismos maestros y maestras que lo enseñan?

Algún día, alguien, con más luces, escribirá el "Diccionario del Idioma Argentino", que sorprenderá al mundo y a muchos compatriotas por su caudaloso léxico, su gracia, colorido, fluidez y la encantadora parquedad en formulismos.

El trabajo que presentamos, por más empeño y pasión que conlleve, quizá sea sólo el primer paso –vacilante, imperfecto– que dé inicio a ese camino. Será el más preciado galardón a que puede aspirar.

Algún día, también, en nuestros establecimientos educacionales será primerísima materia el estudio de nuestra propia y verdadera lengua, al que se anexará el del español, como idioma histórico que contribuyó a su formación.

En tanto, será en vano que en las aulas instruyan a nuestros chicos a decir "tú eres" o "ve tú, niño" o "calla, tonto", porque cuando salgan de la escuela, ya en la calle, dirán "vos sos", "andá vos, pibe" o "cayate, gil", mientras que el padre, que ha ido a buscar a su hijo, saludará con su mejor sonrisa a la maestra y se ratoneará: "Esa mina es una bomba; está para el crimen; yo le haría la boleta", sin oír que ésta le dice a otra que, como ella, enseña el castellano: "¡Qué facha de chanta tiene ese tipo de sonrisa fayuta!"

Abreviaturas

acep.	acepción	humoríst.	humorístico
adj.	adjetivo	impr.	imprenta
adv.	adverbio	ingl.	inglés
afér.	aféresis	interjec.	interjección
al.	alemán	irón.	irónico
amer.	americanismo	irreg.	irregular
angl.	anglicismo	ital.	italiano
antig.	antiguo	italsmo.	italianismo
apóc.	apócope	jerg.	jergalismo
aprox.	aproximadamente	l. aut.	lenguaje del automovilismo
ár.	árabe	l. bill.	lenguaje del billar
arauc.	araucano	l. box.	lenguaje del boxeo
arg.	argentino, argentinismo	l. camp.	lenguaje del campo
art.	artículo	l. carc.	lenguaje carcelario
aument.	aumentativo	l. dep.	lenguaje deportivo
bras.	brasileñismo	l. del.	lenguaje de delincuentes
cat.	catalán	l. drog.	lenguaje de drogadictos
despect.	despectivo	l. fút.	lenguaje del fútbol
dim.	diminutivo	l. impr.	lenguaje de imprenta
ej.	ejemplo	l. jgo.	lenguaje del juego
epént.	epéntesis	l. mil.	lenguaje militar
esp.	español	l. mús.	lenguaje de la música
expr. pop.	expresión popular	l. niños.	lenguaje de los niños
fam.	familiar	l. p.	lenguaje popular
fem.	femenino	l. period.	lenguaje del periodismo
fest.	festivo	l. pol.	lenguaje policial
fr.	francés	l. turf.	lenguaje del turf
frag.	fragmento	lat.	latín
gen.	genovés	loc.	locución
germ.	germanía, germanesco	lunf.	lunfardo
gr.	griego	m. adv.	modo adverbial
gros.	grosero	masc.	masculino

merid.	meridional	pop.	popular
metáf.	metáfora	port.	portugués, portuguesismo
mil.	milanés	prep.	preposición
meton.	metonimia	prep. insep.	preposición inseparable
mod.	modismo	pron.	pronombre
napolit.	napolitano	Real Acad.	Real Academia
p. amp. sig.	por ampliación de significado	reg.	regular
p. ej.	por ejemplo	sent. fig.	sentido figurado
p. ext.	por extensión	s/f.	sin fecha
p. p.	participio pasado	sínc.	síncopa
parag.	paragoge	sust.	sustantivo
peyorat.	peyorativo	u. t. c. s.	úsase también como sustantivo
piam.	piamontés		
pl.	plural		

A

Abacanado/a. lunf. Dícese de quien ha pasado de una vida de privaciones y escasez a la abundancia. // Persona a la que se le proporcionan lujos y un vivir rumboso.

Se te embroca desde lejos,
pelandruna abacanada,
que has nacido en la miseria
de un convento de arrabal,
porque hay algo que te vende:
yo no sé si es la mirada (...)
o ese cuerpo acostumbrado
a las pilchas de percal.
Margot. *Tango. Celedonio Esteban Flores.*

// Que se da ínfulas de bacán. // Que viste a lo bacán. // Que tiene presencia de bacán.

Ayer la vi pasar... Iba dopada...
Y me sentí yo, curda, un Santo Asís,
al ver que de su pinta abacanada,
pinta que fuera de auto de parada,
sólo queda, cual resto de chocada,
con los cuatro fierritos del chasis.
Packard (La crencha engrasada).
Carlos de la Púa, 1928.

Abacanar. lunf. Brindar lujos a alguien; darle una vida rumbosa. // Otorgar condición o título de bacán a alguien.

Abacanarse. lunf. Convertirse en bacán. // Pasar de la pobreza, de la escasez a la abundancia; de la vida de privaciones a la rumbosa. // Proporcionarse a sí mismo lujos, buena vida. // Darse aires de bacán sin serlo.

Abanderado. l. p. Persona encargada de hacer largar las carreras cuadreras, también llamadas pencas. Provisto de una bandera, que tiene en alto en la línea de partida, la baja enérgicamente en el momento en que los caballos, que van avanzando a medio correr, se acercan apareados. Es la señal para que los jinetes lancen a sus cabalgaduras en busca de la victoria.

La misión que cumple el abanderado o largador es de fundamental importancia, debido al tiro corto de este tipo de carreras. Se requiere que los caballos larguen parejos y eso va por cuenta del abanderado. La tarea se complica por la picardía que ponen en juego los jockeys tratando de sacarse aun una leve ventaja mutuamente y sólo un hombre muy ducho y responsable puede llevarla a cabo con eficiencia.
Por regla general, las cuadreras se largan con los caballos en movimiento. El procedimiento es el siguiente: el abanderado se instala a un costado de la cancha en que se va a correr la prueba —una calle de pueblo o de sus afueras—, a la altura de la imaginaria línea de partida. Los jinetes, a su vez, llevan a sus montados a cierta distancia de ese punto y, al convite de uno de ellos, parten a media carrera hacia la largada. En ese breve trayecto, mientras se miran con fijeza uno a otro estudiándose hasta sus mínimos movimientos, es frecuente que se ataquen con palabras hirientes y despectivas, que uno simule que va a sofrenar a su caballo o que lo sofrene repentinamente, lo que obliga al otro a hacer lo propio, con lo que se anula el intento y deben retroceder para recomenzar la ceremonia (partida errada). Todo esto se hace con la intención de desconcentrar al adversario y ponerlo nervioso para poder ven-

tajearlo posicional o anímicamente en la largada. Y así una y otra vez, hasta que se les dé la orden de largar.
Alta la bandera, atento, impasible, el largador los mira acercarse a la raya y en ocasiones cruzarla en esos intentos de partida, pero no los larga si no los ve acercarse a la par. Se las sabe todas y es fiel custodio de su responsabilidad. Experto, canchero en estas lides, conocedor de esas mañas y dueño de una vista de águila, no cae en ningún engaño. Por fin, en una partida ve acercarse los caballos hocico a hocico, los jinetes bien enhorquetados en sus pingos, dispuestos, por fin, a largar y, al grito de "¡ahura!", les baja la bandera. Ha llegado el momento de la verdad.

Anduvieron mañereando
a errar y errar la partida,
hasta que en una corrida
les bajó el abanderao,
y el rosillo y el manchao
fueron una luz prendida.
El desafío.
René Ruiz/Gualberto Márquez (Charrúa).

Abanicado. l. del. Delincuente que ha sido denunciado a la policía por un soplón. // Fugado. Huido. De **abanico**: l. del. Policía, vigilante, cana.
Abanicador. l. del. Ladrón que se especializa en abrir puertas para entrar a robar en las casas. De **abanico**: l. del. Puerta.
Abanicar. l. del. Delatar. // Forzar una puerta para abrirla. // Huir a través de una puerta. // Escapar. Fugar. De **abanico**.
Abanico. l. del. Puerta. En alusión a sus movimientos cuando se abre o se cierra. // Vigilante. Agente de policía. Guardiacárcel. Esta acepción proviene del germanesco **abanico**, espada, y de Convento del Abanico, nombre que se le daba en la germanía a la cárcel Modelo de Madrid, por su sistema celular y la disposición radial de sus pabellones. // Alcahuete, soplón, batidor. Al respecto cabe consignar que el habla popular española llama soplón al abanico, porque echa viento. // l. p. Nombre que se le da a una de las figuras del baile del tango con corte (véase **corte**).
Abarajar. l. p. Asir, agarrar. // Recibir una cosa que va por el aire o que se la arroja. // Alcanzar a tomar a una persona o cosa que se va

cayendo. // Contener golpes de puño o lanzados con algún elemento contundente. // Detener con el cuchillo o con el poncho las cuchilladas que lanza alguien en un duelo.

El negro me atropelló
como a quererme comer.
Me hizo dos tiros seguidos
y los dos le abarajé.
El gaucho Martín Fierro. *José Hernández.*
NOTA. *Tiros:* puñaladas.

// p. ext. Descubrir una intención oculta o insinuada. *Le abarajé en el aire la intención que tenía.* // Interpretar en el acto un mensaje transmitido por una señal o una mirada. // Forma primitiva: **barajar**. José Gobello remite el origen de este vocablo al arcaísmo español **abarajar**: pelear (**Diccionario lunfardo**, 1989). Al respecto, consultar **baraja**.
Abatatar. l. p. Avergonzar. // Azorar, confundir, inhibir. // Asustar, atemorizar, acobardar. Lisandro Segovia lo registra también con la acepción de aporrear (**Diccionario de argentinismos**. Publicación de la Comisión Nacional del Centenario, 1911).

Entrando en el juego, aumenté la dosis de lonja, cosa que me permitía charquear en el rebenque, al par que abatatar al bruto (...) y empecé a aporrearlo...
Don Segundo Sombra.
Ricardo Güiraldes, 1926.

Abatatarse. l. p. Avergonzarse, azorarse, confundirse, inhibirse.

¡Qué le voy a hacer, hermano,
si en el afile soy lerdo
y aunque quiera yo arrimarme
a las mujeres no puedo!
Ahí tenés a la Pancracia,
que me tiene medio muerto
de amor y por más que hago,
me abatato si la veo.
Así se hace. *Francisco Benavente, 1911.*
(Cfr. Luis Soler Cañas. **Orígenes de la literatura lunfarda**,*1965.)*

// Asustarse, atemorizarse, acobardarse. // Sonrojarse. Por el color encarnado que sube a las mejillas con el sentimiento de turbación o vergüenza. De ahí el dicho antiguo **ponerse colorado como una batata**, que luego se transformó en **ponerse colorado como un tomate.**

Abiabado/da. lunf. Golpeado, azotado, zurrado. // Herido a trompadas o a palos. // Que ha sufrido una fuerte paliza. De **biaba.**

Abiabar. lunf. Dar la biaba. // Golpear severamente a alguien. Darle una paliza, una golpiza. De **biaba.**

Abichocarse. l. p. Volverse bichoco. // Envejecer y mostrar disminución de facultades mentales, sensitivas o físicas. Se aplica al hombre y a algunos animales, especialmente al caballo. De **bichoco** (bicho choco).

Ablandado/da. l. p. Que ya no ofrece resistencia u oposición. Casi convencido. // Achicado, acobardado, asustado. // Coimeado. Sobornado. *El portero ya está ablandado y te dejará pasar.* // Golpeado, amasijado. // Envejecido, referido al hombre. El símil es el de la persona que claudica por alguna circunstancia, como si se ablandara.

Ablandar. l. p. Asustar, amedrentar a alguien para que no oponga resistencia, no se inmiscuya o para que favorezca un propósito. // Golpearlo, con el mismo fin. // Persuadir, convencer a alguien por medio de argumentos consistentes o con engaños. // Hacer funcionar lentamente un motor nuevo o rectificado durante cierto tiempo, antes de darle el uso normal. // Coimear, sobornar a alguien para lograr algo. // p. ext. Afectar a las personas en sus facultades el paso de los años.

Ablandarse. l. p. Atemorizarse, acobardarse. // Convencerse. // Dejarse sobornar. // Cesar la dureza de una posición a consecuencia de amenazas o golpes. // Decaer en sus facultades el hombre a causa de la vejez.

Ablande. l. p. Acción y efecto de ablandar. // Golpiza, paliza. // Amedrentamiento. // Soborno encaminado a que alguien cese en la dureza de una postura, no se inmiscuya en algo o permita la realización de una determinada acción. // **Hacer un trabajo de ablande.** Actuar lentamente, pausadamente para convencer a alguien, como se "ablanda" el motor de un coche cuando es nuevo o ha sido rectificado.

Abocado/da. l. p. Irreflexivo, atorado, precipitado. // Dícese de la persona apresurada en sus decisiones.

Abocarse. l. p. Irse de boca. // Precipitarse al hacer algo. // Entusiasmarse en forma exagerada y prematuramente. // Encontrarse sorpresivamente con alguien.

Fue como todas... Se abocó al viento;
le gustaba el lujo, le tiró el gotán;
y dejó a la vieja, sola, en el convento
y fue pal cotorro de un niño bacán.
La pebeta de Chiclana (La crencha engrasada). Carlos de la Púa, 1928.

Abombado/da. l. p. Atontado, mareado, aturdido, atolondrado, turbado.

(...) ni yo puedo suponer
que a un Pollo que lo aprecea
le haga partida tan fea
sólo porque usté haiga andao
mirando, medio abombao,
la fantasía uropea.
Acentos de mi guitarra (De Anastasio El Pollo a Aniceto El Gallo).
Estanislao del Campo.
NOTA. *Aprecea:* aprecia. *Haiga:* haya. *Abombao:* abombado. *Uropea:* europea.

// Imbécil, tonto. // Inútil, incapaz, torpe. // Dícese del agua o alimento que, por empezar a pudrirse, despide mal olor. Del esp. **bombo:** fam. aturdido, atolondrado por algún acontecimiento extraordinario o por algún dolor agudo.

Abombar. l. p. "Aturdir, marear. Incomodar sobremanera, ya sea que este efecto lo cause un ruido fuerte o continuado, una atmósfera pesada, un aire viciado, una conversación enfadosa, etc. // Echar a perder el agua de manera que despida mal olor. // Tratándose de una caballería, quedar imposibilitada de caminar por efecto del sol y del cansancio, lo que regularmente sucede en días de mucho calor." (Daniel Granada. **Vocabulario rioplatense razonado**, Montevideo, Uruguay, 1890.) // Turbar. Atolondrar.

Abombarse. l. p. Atontarse, marearse, aturdirse, atolondrarse. Turbarse. // Comenzar a descomponerse el agua o algunos alimentos.

Abotonado/da. l. p. Casado. Amancebado. Acollarado. // Que vive en concubinato. La figura es de quien está prendido como con un botón.
Abotonarse. l. p. Casarse. Amancebarse. Acollararse. // Unirse en concubinato.
Abrancador/ra. lunf. Atrapador. // Persona que consigue las cosas ilegalmente, por la fuerza o valiéndose de engaños o artimañas.
Abrancar. lunf. Atrapar. Chapar. Conseguir cosas ilegalmente, por la fuerza o valiéndose de engaños o artimañas. Del ital. **abrancare**: agarrar, asir, tomar con las manos, apresar.
Abrir. l. p. Hacer un espacio libre en medio de un grupo numeroso de personas. *Los hice abrir para poder atender al herido.* // l. jgo. Iniciar el juego en una mano de póquer, apostando una suma de dinero. // **Abrir cancha.** Abrir paso, despejar el camino para que alguien pase (véase **cancha**).
Abrirse. l. p. Apartarse, separarse, desviarse. Hacerse a un lado. *Me abrí hacia la banquina para dejarlo pasar.* // Desembarazarse de una situación. *Se abrió del problema con toda elegancia.* // Desistir de algo. // l. jgo. Desistir de una apuesta: *abrirse de la parada.* // Renunciar a algo. // Excusarse. // Separarse un matrimonio o pareja.

Tenemos que abrirnos; no hay otro remedio.
Es un caso serio tu modo de amar.
Tenemos que abrirnos amistosamente,
no es vida decente broncar y broncar.
Tenemos que abrirnos.
Tango. Agustín Irusta.

// Abandonar algo momentánea o definitivamente: abrirse de la barra de amigos; de la bebida; de la farra; de la milonga; de la timba; del vicio, etc.

Hacelo por la vieja:
abrite de la barra.
Ya ves lo que te espera
si continuás así.
¿No ves que es peligroso tomar
la vida en farra?
¡Hacelo por la vieja,
si no lo hacés por mí!
Hacelo por la vieja.
Tango. Rodolfo Sciammarella.

// l. turf. Desviar un caballo la línea en que va corriendo una carrera hacia el lado exterior de la pista, ya sea por cansancio o a requerimiento de su jinete para sobrepasar a otro competidor. // **Abrirse de piernas.** Desistir, renunciar alguien a dar una opinión o a resolver algo, especialmente cuando se esperaba de él todo lo contrario. // Claudicar, entregarse sin atenuantes. // Dejar que las cosas sigan el rumbo que han tomado sin intervenir, aun en desacuerdo con ello. // Desentenderse de un pedido. *Le pedí ayuda, pero se abrió de piernas con una excusa.*
Abrochado/da. l. p. Casado. // Amancebado, acollarado, unido en concubinato, abotonado. // Cerrado, clausurado. // Atrapado en un trato que no es de su conveniencia. // Burlado, engañado.
Abrochar. l. p. Casar. // Amancebar, acollarar, unir en concubinato, abotonar. // Atrapar a alguien en un trato o negocio que le es perjudicial. // Burlar, engañar. // Hacer víctima a alguien de un cuento o una estafa. *Lo abrocharon con el cuento del billete premiado.* // Cerrar, clausurar (una puerta, una ventana, etc.).
Abrocharse. l. p. Casarse. // Amancebarse, acollararse, unirse en concubinato. // Cerrarse, clausurarse. // Caer en un trato que no le es conveniente. // Ser burlado, engañado, estafado.
Acabar. l. p. Culminar el acto sexual. Del esp. **acabar**: terminar, concluir algo. // **Se acabó lo que se daba.** Frase indicativa de que se da por terminada la ayuda, el apoyo, la complacencia o indulgencia que se dispensaba a alguien.
Acabarla. l. p. Dejar de decir o hacer algo que molesta. // ¡**Acabala!** Voz de tono imperioso que ordena o intima a alguien a callar o dejar de hacer algo. También se usa ¡terminala!, con igual sentido. // ¡**Acabala, farolito!** Expresión con la que se le exige a alguien que calle o se quede quieto, que deje de molestar o decir tonterías.
Academia. l. p. Salón de baile atendido por mujeres que cobraban por cada pieza que bailaban. Tal lo fueron en sus inicios las academias de baile que comenzaron a funcionar en el Buenos Aires antiguo, aunque pronto se convirtieron en prostíbulos encubiertos y casas de juego.

En un principio, en las academias se enseñaban danzas o, simplemente, se bailaba. Las mujeres cobraban por piezas. Algunas academias sumaron carpetas de juego. La casa pagaba a la bailarina; la asignación era diaria o mensual, según el convenio previo. A la sala de baile y a la sala de juego se sumaron saloncitos donde los parroquianos podían recibir lecciones privadas. Paulatinamente, llegaron a ser prostíbulos y las bailarinas se transformaron en 'taxi-girls'. La calle Corrientes fue pródiga en academias. La fama recuerda a La China Rosa, La Morocha Laura, Madame Blanch, La China Joaquina y Juanita Ramírez. (Tulio Carella. **Picaresca porteña**, *1966.)*

Acamalado/da. lunf. Amancebado, unido en concubinato. // Mantenido económicamente por alguien. // Protegido. // Guardado. Ahorrado. De **acamalar**.

Acamalador/ra. lunf. Que acamala. Que guarda, que ahorra. p. ext. Tacaño, avaro.

Acamalar. lunf. Asir, tomar, atrapar, agarrar. // Tomar para sí. // **Chapar**. // Guardar, ahorrar. // Juntar dinero y no gastarlo. // **Embolsicar**. // Mantener económicamente a alguien (véase ejemplo en **bacán**). // **Empacar**. Del gen. **camallâ**: ajobar, cargar una cosa. (**Camelli**, gen.: changadores.)

*No te violentés al ¡vamos!,
porque la tirada es larga,
y al mirar dos patas blancas
cruzando el disco final,
acamalá tu fortuna
con treinta y siete por barba.
Después te espero en el Conte,
pa poderlo festejar.*
Preparate pa'l domingo. *Tango. José Rial.*
NOTA. **¡Vamos!:** grito del "starter" (largador) cuando da la orden para que se largue una carrera de caballos. **Tirada:** tiro, distancia de la carrera. **Treinta y siete por barba:** dinero, "sport" de treinta y siete pesos por cada boleto o ganador que supuestamente pagará el caballo vencedor. **Conte:** antiguo y famoso restaurante de Buenos Aires, ya desaparecido.

Aceitado/da. l. p. Sobornado, coimeado (véase **aceitar**).

Aceitador/a. l. p. Que soborna. Que paga coimas. Sobornador (véase **aceitar**).

Aceitar. l. p. Sobornar, coimear. // Entregar dinero a alguien o recompensarlo de alguna otra manera para que facilite un negocio, un trámite, una entrevista, un empleo, etc., por vías fuera de lo normal. Esta acepción se inspira en el acto de poner aceite a un motor o a una maquinaria para que funcione convenientemente. // **Aceitar los patines**. Exigir a una mujer el ejercicio intenso de la prostitución. El dicho se inspira en el vocablo **patín**, nombre que se le da a la prostituta callejera que, en busca de clientes, va andando de un lado a otro como un patinador. El que la obliga a ello es un cafisho que le exige dinero constantemente y la apremia para que "produzca" más. // p. ext. Animar, alentar, estimular a alguien.

Aceite. l. p. Despido, expulsión. // Huida, raje. // **Dar el aceite**. Despedir, echar a alguien. Cesantear. // **Tomarse el aceite**. Escapar, huir, desaparecer. // Amurar a alguien (véase **amurar**). *Cansada de la vida que le daba su pareja, la mujer se tomó el aceite*. Se emplean las voces **aceitunas** y **olivo** con igual significado: tomarse las aceitunas; tomarse el olivo. // Coima, soborno, cohecho. // Dinero con el que se soborna. *Le entregué el aceite en un sobre cerrado.*

Yo sé bien lo que hay en todo esto. Lo que se necesita para mover los asuntos son recomendaciones, cartitas, empeños... ¡y aceite para la máquina!
Memorias de un vigilante. *Fabio Carrizo (José S. Álvarez). 1ª edición, 1897.*

Aceitosa. l. p. Cabeza (véase esta voz por otras sinonimias). Voz antigua, por el aspecto que le daban los aceites, la brillantina y la vaselina que usaban los hombres para asentar el cabello y darle brillo. Posteriormente se usó la gomina.

Aceitunas. l. p. Testículos. // **Cambiar el agua a las aceitunas**. Orinar, el hombre. Del esp. **mudar el agua a las aceitunas**, de igual significado. // **Dar en las aceitunas**. Molestar profundamente algo. Causar gran fastidio. Irritar, exacerbar el ánimo. Equivale a **dar en las pelotas, en los huevos**, etc.

// **Dar las aceitunas.** Despedir, echar, cesantear. // **Tomarse las aceitunas.** Escapar, huir, **rajar, espiantar.** Como se ve, los dos últimos dichos equivalen a **dar el aceite** o **tomarse el aceite.** Véase **aceite.**
Acelerado/da. l. p. Excitado, nervioso, inquieto, ansioso. // Irritado, exasperado. // Apurado. *Estar acelerado.*
Acollarado/da. l. p. Amancebado, unido en pareja. Algunos lingüistas le dan en sentido figurado la acepción de casado.
Acollarar. l. p. Amancebar, unir en pareja. Acoyarar. Para algunos lingüistas, en sentido figurado, casar.
"Entre nosotros y especialmente entre los campesinos y la gente de pueblo, **acollararse** cualquier animal y hasta los objetos inanimados. Unirse las personas. Es argentinismo." (Lisandro Segovia. **Diccionario de argentinismos.** Publicación de la Comisión Nacional del Centenario, 1911.)
"En el lenguaje popular, unirse hombre y mujer para hacer vida matrimonial sin estar casados." (José Barcia. **Voces y expresiones rioplatenses,** 1978.)
Del esp. **acollarar** (de **a** y **collar**): unir unos perros a otros por sus collares.
Acomodado/da. l. p. Recomendado, palanqueado. // Beneficiado por el apoyo y la protección de alguien que lo mantiene, que lo sostiene o que lo ha ubicado en un sitio o en un cargo importante. // Persona que tiene amigos influyentes que la ayudan. // p. ext. Que goza de muy buena posición económica.
Acomodar. l. p. Favorecer a alguien ubicándolo en una función de privilegio. // Facilitar la realización de trámites o diligencias a alguien, postergando a otros. // Propiciar el entendimiento amoroso de una persona con otra. // Acordar un arreglo deshonesto en un juicio, un negocio, una competencia deportiva, etc. Del esp. **acomodar:** poner a una persona en un sitio conveniente. Proveerla de lo necesario. // p. ext. Propinar certeramente un golpe, una trompada, un puntapié, una puñalada, etc.

Y ya se me vino al humo
como a buscarme la hebra
y un golpe le acomodé
con el porrón de ginebra.
El gaucho Martín Fierro. *José Hernández.*

Acomodarse. l. p. Arreglarse con alguien, ganar su favor o influencia. // Lograr buena posición en un trabajo o empresa. // Participar en un arreglo deshonesto.

Si yo fuera concejal me dedicaría a dormir truculentas siestas y acomodarme con todos los que tuvieran necesidad de un voto para hacer aprobar una ordenanza que les diera millones.
Aguafuertes porteñas. *Roberto Arlt.*

Acomodo. l. p. Situación de privilegio en que se halla quien ostenta un cargo importante, tiene muy buen empleo, goza de los favores de un superior o vive sin apremios, sostenido y mantenido por alguien. // Cuña. Palanca. // Acuerdo clandestino para convenir anticipadamente el resultado de un juicio, un negocio, una competencia deportiva, etc. // Trampa preparada en el juego para ganar dinero en perjuicio de otros.

Barrio de timba fuerte y acomodo,
pasional de guitarras altiyeras,
yo he volcado el codo
de todas tus esquinas...
Bajo Belgrano (La crencha engrasada).
Carlos de la Púa, 1928.

Acoplarse. l. p. Unirse a alguien en un emprendimiento, en una opinión, etc. // Apegarse a alguien por conveniencia. // Abordar un hombre a una mujer o viceversa con afán de conquista. // l. jgo. Sumarse a la apuesta de otro para "hacer fuerza" juntos. // Apostar, en general. Del esp. **acoplar** (del lat. **ad,** a y **copulare,** atar): atarse, ligarse una cosa con otra.

Ya no hay "paddock" en las carreras
y hoy, si no ve ninguno,
te acoplás con uno y uno...
¡Qué distinto era tu tren!
Uno y uno.
Tango. Lorenzo Juan Traverso, 1929.
NOTA. *Paddock:* en los hipódromos, lugar donde se encuentran los boxes de los caballos y la "redonda", pequeña pista circular donde caminan, llevados por sus peones y previamente a la carrera, los caballos a la vista del público. En ese sector se ubica, además, la tribuna preferencial. Del ing. *pad-*

dock, cercado para caballos. *Uno y uno:* un boleto a ganador y uno a placé. Es la jugada menor que puede hacerse a ambas chances.

Acordinado/da. l. p. Amancebado. // Casado. // "Acordinada de choro. Mujer del ladrón." (Antonio Dellepiane. **El idioma del delito**, 1ª edición, 1894.)

Acordinar. l. p. Amancebar. // Casar.

Acostar. l. p. Derribar a alguien. Arrojarlo al suelo violentamente. // Desmayar a alguien de un golpe. *Lo acosté de un puñetazo.* // Ganarle a alguien una importante suma de dinero en el juego. *Lo acostaron en la timba.* // Hacer víctima de un cuento o una estafa a alguien. // En general, causar grave perjuicio a alguien. *Vendió mercadería a pagar y lo acostaron: no cobró ni un peso.*

Acoyarado. l. p. Acollarado.

Acoyarar. l. p. Acollarar.

Acuarela. l. p. Se empleaba en la expresión **a la acuarela**, ya en desuso, con el sentido de algo que se muestra a punto, a medida de lo que se desea o se busca; muy a propósito, como pintado. Cabe recordar que un dicho corriente expresa: *esto me viene que ni pintado*, con el mismo significado.

*Era un boncha boleao, un chacarero
que se piyó aquel 9 en el Retiro;
¡nunca vieron esparo ni lancero
un gil a la acuarela más a tiro!*
Línea Nº 9 (La crencha engrasada).
Carlos de la Púa, 1928.
NOTA. **Línea Nº 9:** El autor se refiere a la línea de tranvías que llevaba ese número.

Acuñado/da. l. p. Acomodado, palanqueado, favorecido, apoyado (véase **cuña**).

Acuñar. l. p. Acomodar, palanquear, favorecer, ayudar.

Achacado/da. l. p. Lleno de achaques. // Muy enfermo. // **Palmado.** // Achacoso. Admite la forma **chacado**, por afér., y de éste, por parag., **chacabuco** y aun **chacarita**. **Estar chacabuco** o **estar chacarita** equivalen a **estar achacado** o **chacado**. A la vez, por influencia de **shacar** (lunf.), el vocablo tomó también la acepción lunfarda de robado, sustraído y asaltado. Véase **shacar**.

Achacador/a. lunf. y l. p. Que achaca. // Shacador.

Achacar. l. p. Llenar de achaques. // Enfermar. *La mala vida y los vicios lo achacaron.* José Gobello remite esta voz al port. **achacado**, enfermo valetudinario, aunque en esp. tenemos **achaque** (del ár. **axaque**: enfermedad): indisposición o enfermedad habitual y, también, enfermedad leve. // lunf. Robar, hurtar, sustraer, asaltar (por influencia de **shacar**).

Achacarse. l. p. Llenarse de achaques. // Enfermarse.

Achaco. lunf. Robo, hurto, sustracción, asalto. // p. ext. Maniobra dolosa, fraude.

Achanchado/da. l. p. Indolente, falto de voluntad. Que vive en la inactividad. // Dado a la holganza, a la fiaca. // Engordado. *Estar achanchado.*

Achancharse. l. p. Entregarse a la indolencia, a la inactividad. Perder la voluntad para hacer las cosas. // Darse a la holganza, a la fiaca. // Tirarse a chanta (véase **chanta**). // Engordar.

Achatado/da. l. p. Achicado. Decaído.

Achatarse. l. p. Achicarse. Decaer anímicamente.

Achicado/da. l. p. Acobardado, amilanado, achatado. Humillado. Avergonzado.

Achicar. l. p. Acobardar, amilanar.

*Yo, con el cabo'e mi rebenque,
tengo de sobra pa cobrarme...
Nunca he sido maula, ¡se lo juro!,
y en ningún apuro me sabré achicar.*
Mandria. *Tango. Francisco Brancatti y Juan M. Velich, 1926.*

// Humillar, rebajar, inhibir. // **Achicar la parada.** l. jgo. Disminuir una apuesta que ya se había efectuado o que se había decidido hacer. // Apostar menos de lo que se estaba haciendo por sistema. Tiene el mismo sentido de **amainar la parada**.

Achicarse. l. p. Acobardarse, amilanarse, inhibirse, rebajarse, humillarse. // l. jgo. Apostar menos de lo que se estaba haciendo, por temor a perder.

*El hombre, en pista liviana,
en barrosa o en pesada,
si tiene sangre en las venas,
nunca se debe achicar.*
Pan comido. *Tango. Enrique Dizeo.*

Achuchado/da. l. p. Que está atacado de **chucho** (véase esta voz). // p. ext. y comparando los temblores que provoca el chucho en el cuerpo con los que acusa el miedo, **achuchado** pasó a significar, también, asustado, temeroso. // Que siente frío. Que tiembla de frío. El vocablo proviene del quechua **chuhchu**: fiebre intermitente que produce temblores en el cuerpo.

Achucharse. l. p. Temblar de fiebre. // Temblar de frío. // Acobardarse, asustarse, tener miedo. Temblar de miedo.

Achumado. l. p. Ebrio, borracho. De **achumar**.

Achumar. l. p. Embriagar, emborrachar, encurdelar. "Quechuismo procedente, según unos, de **achuma**, especie de cardón con cuyo zumo preparaban los indios un brebaje con el que se embriagaban y, según otros, de **ch'uma**, acto y efecto de escurrir, vaciar y apurar las últimas gotas del contenido de una vasija." (José Gobello. **Diccionario lunfardo**, 1989.)

Achumarse. l. p. Embriagarse, encurdelarse, emborracharse. De **achumar**.

Achurar. l. p. Quitarle las achuras a un animal. // p. ext. Dar muerte a una persona con herida de arma blanca en el vientre. // Asesinar con arma blanca, en general. Del esp. **achura**: menudos de una res.

Ese hombre, cada vez que se emborracha, jura que lo va a achurar, don Eliseo.
Los orilleros.
Jorge Luis Borges y Adolfo Bioy Casares, 1983.

Adelante. l. p. ¡Adelante con los faroles! Véase **faroles**.

Adobado. l. p. Ebrio, borracho. Achumado. // l. del. Dícese del incauto que ha sido "preparado" convenientemente con un cuento para ser estafado. Está "adobado", es decir, preparado como se prepara la carne con adobo antes de cocinarla.

Adobar. l. p. Embriagar, emborrachar. Achumar. // l. del. Engañar a un incauto "preparándolo" para que caiga en un cuento y quitarle su dinero. Del esp. **adobar**: preparar y sazonar carnes, pescados y otros manjares. Véase **cuento**.

Adobarse. l. p. Embriagarse, emborracharse, encurdelarse, achumarse.

Adornado/da. l. p. Sobornado, coimeado. // Cornudo (adornado con cuernos).

Adornar. l. p. Sobornar, coimear. // Traicionar al cónyuge o pareja (adornarlo con cuernos). // Dar una propina o una recompensa importante. *Lo adorné con mil pesos por el favor que me hizo.* Del esp. **adornar**: embellecer con joyas u otros adornos.

Adorno. l. p. Soborno, coima. // Recompensa, propina generosa.

Afaire. l. p. Asunto, negocio. **Fato**. *Tener un afaire. Estar metido en un afaire.* Antiguamente se pronunciaba "afaire", mas con el tiempo pasó a decirse "afer", con pronunciación parecida al francés, aunque fue cayendo en desuso. Del fr. **affaire**: asunto, negocio.

Afanancio. l. p. Ladrón, chorro, choro. De **afanar**, utilizado para designar humorísticamente al ladrón con un seudo nombre terminado en **ancio**, al igual que otros que eran corrientes antes, como Amancio, Venancio, etc. // Nombre de un personaje de historieta antigua que más que a un ladrón representaba a un ingenioso descuidista.

Afanar. lunf. Hurtar, robar en general. // Apropiarse alguien de algo que no le pertenece. // p. ext. Estafar. // p. ext. Cobrar un precio mayor del que corresponde por algo que se vende. // p. ext. Ganar con suma facilidad en alguna confrontación. *La Ferrari afanó en el autódromo.* // l. turf. Ganar un caballo por amplio margen una carrera. *Monigote afanó el clásico por veinte metros.* Suele usarse, también, el afér. **fanar**, así como el revés irreg. **anafar** con igual sentido.

Tino Rodríguez da como sinónimos de afanar a los siguientes vocablos: "achacar, aliviar, calotear, chacar, chorear, chorrear, degoyar, desgrilar, escruchar, fanar, grafiñar, hacer, lancear, limpiar, ranfiñar, raspar, ratear, refalar, robar, solfear, soliviar, shacar." (**Primer diccionario de sinónimos del lunfardo**, *1987.*)

Si bien afanar es voz española (de a y faena) que significa "trabajar con ansia, con solicitud penosa; trabajar corporalmente de un modo recio; hacer diligencias ansiosamente para lograr algo", la acepción de hurtar que le dio la germanía es la que prendió entre nosotros a modo de lunfardismo y amplió su senti-

do a robar, estafar, cobrar un precio abusivo, etc. Al respecto, José Gobello señala que "la equiparación del trabajo con el robo es común a todas las jergas". (Diccionario lunfardo, 1989.) Esta inclinación es una manera burlona de considerar como un trabajo la "actividad" delictiva.
Gobello incluye en su diccionario a afanar como voz del lenguaje popular, a diferencia de otros autores que la consideran lunfarda. Nosotros nos sentimos más inclinados a aceptar esta segunda posición.

Ella era una hermosa nami del arroyo.
Él era un troesma pa usar la ganzúa.
Por eso es que cuando de afanar volvía,
ella, en la catrera, contenta, reía,
contenta de echarse dorima tan piola.
Ella se reía. *Enrique Cadícamo.*
NOTA. ***Dorima:*** *revés de marido.*

Afane. lunf. Afano.
Afano. lunf. robo, choreo, chorreo, achaco, hurto. Afane.

Ventajera, que en todos los afanos de lujo
vas cargada en el toco y de alivio en la cana...
Gaby (La crencha engrasada).
Carlos de la Púa, 1928.

Afiambrar. l. p. Asesinar. Matar. (Véase fiambre.)
Afilado/da. l. p. Que se halla convenientemente preparado para emprender algo. // Que ha sucumbido a requiebros amorosos. *Su novia lo tiene bien afilado.* // Que ha sido convencido con modos o adulaciones.
Afilador/ra. l. p. Que afila.
Afiladora. l. p. Dícese de la mujer afecta a flirtear con los hombres. // Enamoradiza.

El viejo ha conservado religiosamente la máquina de afilar y hubo un tiempo en que la mostraba con orgullo a todos cuantos lo visitaran. Por cierto que esa manía fue la tortura de su hija, tan distinguida y tan cuidadosa de su prestigio mundano, porque a causa de ello recibió el mote de "la afiladora"... ¿Usted conoce el sentido que esa palabra tiene entre nosotros?
El culto de los héroes (Tres relatos porteños). *Arturo Cancela.*

Afilar. lunf. Galantear, cortejar. // Requebrarse amorosamente una pareja. // **filar** (por afér.). Del ital. filare, galantear (*filare un idilio*) y del esp. afilar (de a y filo), sacar filo a los instrumentos cortantes.

–L'anduve afiland'un tiempo,
pero le di el esquinazo
un día que many'el juego.
–¿Te jugaba sucio, entonces?
–Filaba con un malevo.
Galleta. *Ángel Villoldo.*

// Adular, halagar, elogiar a alguien con el fin de obtener algún beneficio. Engatusar.

Después vino un ñorse rana,
con un grupo te afiló
y del convoy te piró
p'hacerte "vedette" de fama.
Piantate como has venido (Nocau lírico).
Alcides Gandolfi Herrero, 1970.

Afilarse. lunf. Prepararse con esmero para una tarea. Por comparación con el cuchillo que se afila antes de ser usado. // **No te afiles.** Dicho que significa no te prepares o no esperes nada, que es en vano.
Afile. lunf. Acción y efecto de afilar. // **Andar de afile.** Estar de novio. Noviar.
Aflojar. l. p. Achicarse, acobardarse. // Perder presencia de ánimo.

–¿No eras macho, sarnoso? ¡Sacá el machete ahora!...
Y dos latigazos más envuelven la cara del culpable.
Entonces, el general, rota su ira por aquella pasividad, se detiene.
–¡Aflojás, maula!... ¿Para eso hiciste alarde anoche?
Justo José (Cuentos de muerte y de sangre). *Ricardo Güiraldes.*

// Claudicar física o emocionalmente. // Acceder a un pedido o exigencia tras haberse resistido a hacerlo. // Verse obligado a entregar algo por presión o por la fuerza. // Entregar algo voluntariamente a alguien, especialmente dinero, en concepto de ayuda. *Lo vi necesitado y le aflojé unos pe-*

sos. // Disminuir, mermar una sensación o un sentimiento.

Al cabo de dos meses, las demostraciones fueron mermando, el amor de Blanca aflojó y había de ser, como los mancarrones lunancos, para no componerse más.
Venganza (Cuentos de muerte y de sangre). *Ricardo Güiraldes, 1958.*
NOTA. *Lunanco:* caballo que tiene un anca más alta que la otra. Esto hace que, al caminar, dé la impresión de pisar mal o hallarse sentido de una pata, pero generalmente ello no incide mayormente en su rendimiento y ha habido caballos de carrera con esa particularidad que brillaron en las pistas.

// No soportar un careo o interrogatorio y confesar. // Abandonar una lucha. // Ablandarse.

El hombre, hasta el más soberbio,
con más espinas que un tala,
afloja andando en la mala
y es blando como manteca.
Hasta la hacienda baguala
cae al jagüel con la seca.
El gaucho Martín Fierro. *José Hernández.*

// Entregarse a la muerte.

¿Cómo se hace un tango, dijo?
(...) con el pensamiento fijo
en la que estoy contemplando;
con el que vive esperando
a la que no llega nunca
y con esa noche trunca
de los que van aflojando.
Cómo se hace un tango.
Tango. Enrique Dizeo.

Del esp. **aflojar** (de **a** y **flojo**): disminuir la presión, la tirantez o tensión. Ceder o perder fuerza o vigor. Lisandro Segovia lo define: "arg. Desapretar lo que estaba atado con alguna o mucha fuerza. En port. afrouxar. // sent. fig. Ceder en sus derechos o pretensiones. // Amañar. // Apear". (**Diccionario de argentinismos.** Publicación de la Comisión Nacional del Centenario, 1911.) // **No aflojar ni un tranco de pollo.** No ceder, aun en situación desfavorable. No dar un paso atrás.

El dicho incluye **tranco**, esp.: "paso largo o brinco que se da adelantando un pie y sentándolo antes de mover el otro". Aunque tranco, en nuestro medio, pasó a ser sinónimo de paso lento o de paso en general (véase esta voz). El dicho citado significa no retroceder ni el tramo ínfimo que cubre el paso de un pollo. // **No aflojar ni la pisada de un chimango.** Expresa lo mismo que el anterior. En este caso, se toma como referencia al chimango, ave rapaz falconiforme, de vuelo veloz, pero de paso corto.

—Me ordena
que marche al primer amago
de la escuadra, con mi gente,
a la Vuelta de Obligado,
donde el general Mansilla
está con los veteranos
decidido a no aflojarles
la pisada de un chimango.
El sargento Palma. *Obra teatral de Martín Coronado, estrenada el 14-5-1906.*

Afnaf. lunf. Por partes iguales. Mitad para cada uno. // Dícese de la persona heterosexual y homosexual a la vez. José Gobello la hace descender del argot de igual grafía y significado, y éste, a su vez, del ingl. *half and half:* mitad y mitad.

Afranchutado/da. l. p. Afrancesado. De costumbres, modos, vestimenta y lenguaje afrancesado. // Que imita lo francés. De franchute: despect. de francés.

Milonguerita linda, papusa y breva,
con ojos picarescos de pippermint;
de parla afranchutada, pinta maleva,
y boca pecadora color carmín.
Che, papusa, oí.
Tango. Enrique Cadícamo, 1927.

Afrecho. l. p. Apetito sexual. Calentura. // Deseo sexual no satisfecho. // Exudación del glande debajo del prepucio.

Afrechudo/da. l. p. Alzado. Rijoso. // Que padece abstención sexual.

Agachada. l. p. Ardid, astucia, treta. // Pretexto, excusa para eludir una responsabilidad, un compromiso. // Artería. // Claudicación, cobardía. // "Simulación o pretexto engañoso para no mostrar las verdaderas intenciones." (José Barcia. **Voces y expresiones rioplatenses,** 1978.) Tino Rodríguez cita como sinónimos de agachada: deslealtad, vileza, cagada, chanchada, fayutada, fulería. (**Primer diccionario de sinónimos del lunfardo.** 1987.)

Pascual Cuchinelli sabía nuevas picardías,
agachadas que, si a veces me hacían perder una
carrera, me causaban tanta gracia que no podía
menos que sujetar el caballo rápidamente des-
pués del disco, para decirle: Bien, Pascualito,
bien... Me debés una...
Leguisamo de punta a punta.
Daniel Alfonso Luro, 1982.
NOTA. Pascual Cuchinelli fue un jockey destacado que compartió sus últimos años de profesión con Leguisamo, más joven que él.

// **Tener más agachadas que un tero**. Andar continuamente con vueltas, excusas, pretextos o simulaciones. El dicho se debe a la costumbre del tero (véase **teruteru**) que constantemente inclina su cuello hacia abajo en movimientos que se asemejan a agachadas.
Agachado/da. l. p. Sumiso, obsecuente, chupamedias, servil.
Agachar. l. p. Ceder // **Agachar la cabeza.** Humillarse, doblegarse. Resignarse a hacer o aceptar algo obligado por alguna circunstancia. // **Agachar el lomo**. Trabajar duramente. Del esp. agachar (de a y gacho): inclinar o bajar alguna parte del cuerpo, especialmente la cabeza. Encogerse, doblando mucho el cuerpo hacia el suelo. Acurrucarse.
Agalludo/da. Agayudo. Valiente. Corajudo. Del esp. **agallas**: fig. y fam. Valor, ánimo esforzado. Úsase mucho con el verbo tener. Tener agallas: tener valor.

Para dar una furca
es necesario ser, además de agayudo,
prepotente y cabrero,
taura en el jugar y taura en el querer.
El golpe de furca (*La crencha engrasada*). *Carlos de la Púa, 1928.*

Agarrar. l. p. Hallamos este verbo con el significado de tomar, asir o sorprender en varias expresiones populares. // **Agarrar(la) al** vuelo. Intuir, adivinar algo que se oculta. Descubrir una intención o el significado de un gesto o una señal en el acto. // **Agarrar en un renuncio** (a alguien). Sorprenderlo en una falla, una mentira, una acción indebida. // **Agarrar la manija.** Asumir el mando, la dirección, la ejecución de algo. // **Agarrar mal parado** (a alguien). Tomar por sorpresa a quien no está preparado para el caso. Sorprenderlo con algo que no esperaba y que lo afecta. // **Agarrar para el churrete** (a alguien). Tomarlo como objeto de burla, de mofa. Tomarlo de punto. (Véase **punto.**) // Agarrar para la farra o para la joda (a alguien). Igual que agarrarlo para el churrete. // **Agarrar para el lado de los tomates.** Interpretar algo equivocadamente. // Errar en la acción a emprender o en lo que se debe decir o hacer en determinada situación. // Salir diciendo algo totalmente ajeno al tema que se está tratando en una conversación o debate. // Equivocar el camino. // **Agarrar sin los perros** (a alguien). Tomarlo por sorpresa, sin medios ni tiempo para replicar, eludir o zafar de la situación. Dicho originado en el campo, donde suele haber varios perros en las casas para acompañar o auxiliar a sus moradores. // **Agarrar viaje.** Convencerse de algo y hacerlo. // Acceder a un pedido. Aceptar un cargo, una misión. // **¡Agarrate, catalina, que vamos a galopar!** Dicho con el que se advierte a alguien que se va a emprender un acto difícil o riesgoso y que no hay más remedio que afrontarlo.
Agatas. l. p. Apenas, dificultosamente. Con mucho esfuerzo. Con lo justo. Del esp. a gatas: "estar con los pies y las manos en el piso, en cuatro patas, como un gato", posición que exige esfuerzo, especialmente para desplazarse.
Agatitas. l. p. Diminutivo de **agatas.**
Agayas. l. p. Agallas.
Agayudo. l. p. Agalludo.
Agente. l. p. Miembro de menor grado de la policía. Agente de policía. Vigilante.

¡Por favor, lárgueme, agente!
No me haga pasar vergüenza.
Yo soy un hombre decente,
se lo puedo garantir.
Un tropezón.
Tango. Luis Bayón Herrera, 1927.

// l. del. "Se llamaban **agentes** a unos sujetos tenebrosos probados, que compraban a alto precio sobre todo a muchachas de familia, engañadas. Se imponía la necesidad de hacerlas desaparecer en seguida de la Capital, misión que los agentes cumplían al minuto, llevándoselas para revenderlas en la provincia." Allí eran obligadas a ejercer la prostitución. (José Sebastián Tallon. El tango en su etapa de música prohibida, 1959.)

Agrampar. lunf. Asir, agarrar, atrapar, enganchar, **chapar.** *Agrampar una fortuna. Agrampar un gil para estafarlo.* Del ital. **agrampare**: enganchar, agarrar, aferrar.

Agrandado. l. p. Envanecido, ensoberbecido. // p. ext. Ostentoso. **Diquero.**

Agrandarse. l. p. Envanecerse, ensoberbecerse. // p. ext. Ostentar. **Diquearse.** Del esp. agrandar: aumentar el tamaño de algo.

Agua florida. l. p. Perfume muy popular que comenzó a usarse a fines del siglo xix entre los pobladores de los barrios modestos capitalinos y aun entre la gente del campo. Llegaba al público en frascos con etiquetas muy llamativas, de colores. Lo usaban tanto hombres como mujeres, especialmente jóvenes, para asistir a reuniones, fiestas o bailes. En ocasiones, se lo utilizaba para reanimar a personas descompuestas, haciendo que lo olieran. Era rechazado por las personas de cierta posición económica y social.

Chinas,
que oliendo a agua florida,
se metían en la vida
a fuerza de corazón.
Agua florida. Tango. Fernán Silva Valdez.

Aguantadero. l. del. Lugar donde se esconden por un tiempo los maleantes buscados por la policía o los que han cometido un delito en espera de que el hecho comience a perder vigencia, superado por otros, y se les presente una ocasión propicia para salir. Los aguantaderos son viviendas que se brindan a veces por amistad o se cobran a muy buen precio. // Lugar donde se ocultan temporariamente cosas robadas. Del esp. **aguantadero**: lugar donde se aguanta, y **aguantar**: soportar, tolerar, sufrir, resistir, contenerse.

Aguantar. l. p. Esperar a alguien. *Estuve aguantándolo una hora, en vano.* // Dar tiempo a alguien para que haga o diga algo. // Pagar los gastos hechos por otro. // Mantener económicamente a alguien. // l. del. Dar refugio a un delincuente. // Guardar cosas robadas. Véase **aguantadero.** // **Aguantar la atropellada.** Soportar una persona con entereza una circunstancia adversa, un contratiempo importante que se presenta de improviso. Proviene del l. turf. en el que se dice que aguanta la atropellada un caballo que, gananciosos en los tramos finales de una carrera, se resiste a ser sobrepasado por otro u otros que avanzan (atropellan) desde atrás y se le aproximan intentando arrebatarle la victoria. // **Aguantar la mecha.** Soportar con integridad una mala racha. // Asumir una responsabilidad que se ha tomado, aun en momentos difíciles. // Afrontar las consecuencias desfavorables de algo que se ha hecho. // **Aguantar la vela.** Esperar pacientemente algo o a alguien que se demora. // Oír resignadamente algo que no interesa. // Soportar estoicamente algo desagradable. // **Aguantársela piola.** Sobrellevar una contrariedad sin quejarse, con clase, con cancha.

Aguantiña. l. p. Aguante, paciencia. // **Rebusque.** // **Vivir de aguantiña.** Vivir como se pueda, por carencia de recursos o por indolencia. // Vivir gracias a la ayuda de otros.

En la yeca vas tirando
de aguantiña con la vida,
calavera de boliche.
¡Pura pinta, tu cartel!
El pibe Bermúdez. Tango. Carlos Waiss.

Águila. l. p. Pobre. Sin dinero. Menesteroso. **Pato.** Acepción antigua, probablemente debida a lo pobre que es el nido de las águilas, desprovisto de todo "confort", es decir, sin plumas, hojas o hierbas que cubran las ramas espinosas con que está hecho, propias de la vegetación de altura, cosa que, además, cumple la función de hacer que los pichones, al pincharse, busquen abandonarlo pronto y se lancen a la vida. Mario E. Teruggi aporta como dato que "en el caló español se llaman 'butacas de águila' a las ocupadas en el teatro por personas que no pagan". (**Panorama del lunfardo,** 1974). // p. ext. Individuo vivo, perspicaz, astuto, rápido. Por lo veloz del vuelo del águila. // p. ext. Persona de muy buena vista. Por la vista del águila, que descubre a sus presas desde grandes alturas. En la germanía, ladrón; astuto.

Ciego, mishio, forfait, águila, pato,
sin un duro, viviendo del pechazo,
estufao, fulería y rechivato,
mal empilchao, sin fasos, pobre gato,
¡la morfo procediendo del mangazo!
Himno del pato.
Yacaré (Felipe H. Fernández).

Aguilero. l. p. Pobre. Sin dinero. Pato. Águila.

Amor, que estás estrilando
porque me ves aguilero,
tan aburrido y fulero
que no valgo un patacón...
Los escrushantes. Alberto Vacarezza.
Obra teatral estrenada en 1911.

Agujero. l. p. **Hacer un agujero.** Ganarle a alguien una suma importante en el juego o causarle un grave perjuicio económico. *La inflación me hizo un agujero tremendo.*
Ahorcado/da. l. p. Endeudado. Agobiado por deudas que no puede pagar. // *Con la soga al cuello.*
Ahorcar. l. p. Agobiar a alguien con deudas que no podrá pagar. // Presionar duramente a un deudor para que pague sus deudas. // *Ponerle la soga al cuello.*
Ahura. l. camp. Ahora. Se usa con acento prosódico en la **a** inicial.

Estaba el gaucho en su pago
con toda seguridá...
Pero ahura, ¡barbaridá!,
la cosa anda tan fruncida
que gasta el pobre la vida
en juir de la autoridá.
El gaucho Martín Fierro. José Hernández.

// Voz de mando: ¡ahura! (¡ahora!). Entre otros usos se la suele emplear para dar la orden de largada en las carreras de caballos.

Con la voz de ¡aura! del largador, salimos
como tejo. Mi yegüita, bien pisada, salió
solita y en seguida pasó al frente.
Leguisamo de punta a punta.
Daniel Alfonso Luro, 1982.

¡Aijuna! l. camp. Interjección que denota enojo, ira, repudio, sorpresa, admiración, alegría o pena. // ¡Ahijuna! // Es contracción y elipsis de **¡ah, hijo de una...!** y resulta llamativa la manifestación de tantos y disímiles sentimientos que refleja. Esto lo explica el hecho de que la exclamación ¡hijo de puta!, que le dio origen, también cuenta con las mismas acepciones. Así se dice, con enojo: *¡aijuna, me equivoqué otra vez!* Con ira: *¡aijuna con el ladrón que me robó la billetera!* Con repudio: *¡aijuna con los políticos corruptos!* Con sorpresa: *¡aijuna, Daniel, qué cambiado estás!* Con admiración: *¡aijuna, cómo monta ese jinete!* Con alegría: *¡aijuna, gané la lotería!* Con pena: *¡aijuna, cuántos desengaños he sufrido!*
"Behaurepaire-Rohan la registra como originada en Río Grande del Sur, Brasil, sin dar razón de su etimología, bajo el título de ¡aicuna!, definiéndola como una expresión de admiración (*¡aicuna, qué valiente militar!*). Los riograndenses tomaron esta expresión de sus vecinos, los orientales del Uruguay y, a lo menos hacia el Sur, esto es, del lado de la frontera, pronuncian claramente ¡aijuna! *¡Aijuna, qué valiente militar!* equivale a decir *¡oh, qué militar valiente!*, pero literalmente significa *¡oh, militar valiente, hijo de una...!*" (Daniel Granada, **Vocabulario rioplatense razonado.** Montevideo. Uruguay, 1890.)

En un overo rosao,
flete nuevo y parejito,
caiba al bajo, al trotecito
y lindamente sentao,
un paisano del Bragao,
de apelativo Laguna,
¡mozo jinetazo, aijuna!,
como creo que no hay otro,
capaz de llevar a un potro
a sofrenarlo en la luna.
Fausto. Estanislao del Campo.
NOTA. *Caiba:* caía (llegaba). *Bragao:* Bragado, ciudad de la provincia de Buenos Aires. ***Sofrenar en la luna:*** acción habilí-

sima de un hombre de a caballo consistente en llevar al galope a un potro (animal arisco, sin domar) y sofrenarlo bruscamente dentro de un círculo marcado en la tierra, llamado **luna**.

Ainenti. l. p. Juego de niños, ya en desuso, que consistía en arrojar al aire, a poca altura, desde una hasta cinco piedritas o pequeños carozos de fruta, en orden, primero una, luego dos, tres, etc., e ir recogiéndolas en el dorso de la mano. El nombre viene del ital. **ha niente (non ha niente)**: *ninguna o no hay ninguna*, que se dice al comienzo, cuando no se arroja ninguna piedrita, nombre que los niños convertían en **ainenti**, para seguir luego: hay una, hay dos, hay tres, etc., hasta cinco, a medida que iban lanzando y tomando en el aire las piedritas. // **Dinenti.** Payana. Juego de los Cantillos.

Se fueron con los cinco carozos de damasco
de mi ainenti querido... ¡Payanita primera!...
Si te habremos jugado con el Grone y el Vasco
y con Casimba, el hijo de la bicicletera...
Barrio Once (La crencha engrasada).
Carlos de la Púa, 1928.

¡Aire! l. p. Expresión popular que se emplea para despedir o deshacerse de alguien sin delicadezas, compulsivamente. // ¡Vete! ¡Fuera de aquí! ¡Váyase inmediatamente!

*Cuenta Edmundo Rivero (**Una luz de almacén**, 1982) que cierta noche regresaba de un baile, con su guitarra, cuando en Crámer y García del Río unos sujetos lo atacaron a balazos. Se arrojó al suelo, y uno de los individuos —que estaban buscando un "competidor" en el escruche que, al parecer, estaba chacando en la zona de ellos—, en tanto le ponía un revólver en la cabeza, exclamó:*
—¡Araca!... Es un músico...
—No te fiés. Mirá dentro del estuche.
Cuando vieron la guitarra —agrega Rivero—, lo dejaron ir sin robarle nada.
—¡Isa, pibe! No somos biabistas, no somos. Además, yo tengo un primo fueyero. Rajá tranquilo. El que la va a garpar es el otro, que ya lo tenemo' remanyado. ¡Aire, aire!...Váyase al apoliyo, qu'es tarde.

// Aliento, estímulo. // **Dar aire**. Incentivar, dar ánimo a alguien que ha decaído en su acción, en su tarea o desempeño para que recobre el valor o la energía perdida. La expresión se tomó del lenguaje boxístico. Antiguamente, al terminar cada round, un colaborador del boxeador subía prestamente al ring y en tanto los auxiliares de éste lo atendían, "le daba aire" con una toalla extendida que movía enérgicamente hacia arriba y hacia abajo "para refrescarlo y reanimarlo". Era frecuente oír el grito de los colaboradores: ¡*Dale aire!* ¡*Dale aire!* // **Hacerse aire**. Huir, desaparecer. Equivale a **hacerse humo**. // **Perder aire**. Desmerecerse, desprestigiarse alguien en la consideración general o ante su círculo, a causa de sus actitudes o expresiones. Este dicho se inspira en la pérdida de aire que sufren por algún motivo los globos, pelotas, etc., a consecuencia de lo cual van perdiendo forma y aspecto.

Ajo. l. p. Es el revés irreg. de joda. // **Estar en el ajo**. Estar en la joda. Pertenecer o estar vinculado a un círculo de poder, a un medio donde se tratan y resuelven asuntos de relevancia, donde se toman decisiones importantes. También implica tener pleno conocimiento o dominio de un suceso, una situación, un secreto, etc. Tiene su equivalencia en **estar en la pomada**. *Hoy renuncia el ministro. Me lo dijo alguien que está en el ajo.* // En otro sentido significa estar metido en los negociados, en el cuanto, en el curro, en la trampa, en la vida airada. // **¡Pelame ese diente de ajo!** Se le dice con el sentido de "¡aguante ésa!" a quien ha recibido una dura lección, un reto severo, le han cantado verdades en la cara o ha sufrido una respuesta aplastante. De muy antigua data, tiene el mismo significado que su posterior **¡chupate esa mandarina!**

Ala. l. p. Vocablo usado en algunas expresiones populares con diversos sentidos. // **Dar alas**. Dar motivo para que alguien se agrande o se envalentone. // **Del ala**. Se usaba con referencia al dinero, hablándose de sumas importantes, en reemplazo del término pesos: *cincuenta mil de ala*. // **Muy del ala. Estar muy del ala**. Estar muy bien de salud o económicamente. // **Hablar muy de ala.** Hablar bien. Convencer. // **Fiesta muy de ala.** Fiesta de categoría. // **Pasarla muy del**

ala. Pasarla bien, de rechupete. // Una mina muy del ala. Mujer bien, de categoría. Hermosa. // **Vestido muy del ala.** Bien vestido, con elegancia.

Alacrán. l. p. Chismoso, chimentero, murmurador. // Persona que habla mal de otros. // Alcahuete. Proviene del esp. alacrán: arácnido venenoso, y sus acepciones aluden al veneno que destilan con su proceder los murmuradores. // p. ext. Jactancioso, fanfarrón. Amigo de alabarse a sí mismo.

Alacranear. l. p. Chismear, chimentar, murmurar. // Hablar mal de otros. // Alabarse, jactarse de sí mismo.

Con tus amigos
pasás alacraneando
frente a una taza
miserable de café.
Sos bueno, vos, también.
Tango. Juan Andrés Caruso.

Alambrada. l. p. Guitarra. Viola. Compara sus cuerdas con los alambrados de los campos.

Albarde. l. p. Voz usada en la expresión **trabajo de albarde**: "robo en el cual el ladrón entra a ciegas en una casa, sin conocer la disposición de las habitaciones, de los muebles o del dinero o alhajas que busca". (Antonio Dellepiane. **El idioma del delito.** 1ª edición, 1894.) Posiblemente derive de **al bardo**: de modo improvisado, sin estudio previo.

Albóndiga. l. p. Dícese del automotor que, por antigüedad o el mal trato que ha sufrido, se halla en mal estado. Es despectivo o irónico. En ocasiones, se emplea simplemente como sinónimo de coche viejo. *¿Adónde vas con esa albóndiga?* Del esp. albóndiga: comida que se hace en bolas de carne o de pescado molido, con huevos y especias, guisada o frita. Este bollo de cosas molidas se compara festivamente con el vehículo viejo o en mal estado, al que se considera reparado y mantenido con los más variados elementos.

Alcachofa. l. p. Alcahuete, delator, soplón. Batidor.

Alcagüetar. l. p. Alcahuetear.

Alcagüetear. l. p. Alcahuetear.

Alcagüete. l. p. Alcahuete.

Alcahuete/ta. l. p. Correveidile, delator, soplón, batidor, bocina, chupamedias. Alcaucil, alcagüete, alcachofa, olfa. // fig. y fam. Encubridor. Del esp. alcahuete: persona que incita, encubre o permite ilícita comunicación entre hombre y mujer. // Que sirve para llevar y traer o encubrir lo que se quiere ocultar.

Alcahuetear. l. p. Soplar, batir, bocinar. // Alcaucilear, alcagüetear, alfatear.

Alcahuetería. l. p. Batimento, bocineada. // Alcaucilería, alcagüetería.

Alcancía. l. del. Prisión, cárcel, cana. Porque guarda a los presos, comparándola con la alcancía, que guarda dinero. // l. p. humoríst. Hendedura que forman los senos de la mujer. Por comparación con la ranura de las alcancías por donde se introduce el dinero. Esta acepción se halla en desuso.

Alcaucil. l. p. Alcahuete.

Alcaucilear. l. p. Alcahuetear.

Alce. l. p. Pausa; respiro. Oportunidad momentánea, breve, que puede presentarse ocasionalmente en un momento crítico o que alguien otorga o recibe de otro en un enfrentamiento. // **Dar alce.** En una discusión, una competición, una lucha, un duelo, etc., dar ocasión al adversario para que recobre posiciones perdidas o recupere fuerzas, lo que puede hacerse por descuido o intencionadamente, en este último caso para que se confíe y tomarlo entonces por sorpresa. // Dar pausa, dar respiro a quien realiza un esfuerzo prolongado. // En el l. turf., acción del jockey que, en plena carrera, hace disminuir un tanto la velocidad a que corre su caballo, para que se tome un respiro, antes de exigirle un último esfuerzo en pos de la victoria.

Alfiler. l. del. Arma blanca. Cuchillo, facón, puñal, etc.

Aliviada. l. p. Alivio, pausa que se toma durante un esfuerzo. // Pausa agradable, pacífica, que puede presentarse en medio de la adversidad. *Mis acreedores me dieron una aliviada: hace un mes que no me persiguen.* // Dícese de la persona que ha sido robada (véase **aliviar**).

Vinieron de Italia, tenían veinte años,
con un bagayito por toda fortuna;
y sin aliviadas, entre desengaños,
llegaron a viejos, sin ventaja alguna.
Los bueyes (La crencha engrasada).
Carlos de la Púa, 1928.

Aliviador/a. l. del. Nombre que se le da al cómplice del ladrón, a quien éste le hace entrega de lo que ha robado, para que lo esconda, lo guarde, de modo que dicho ladrón no sea hallado con la prueba del delito cometido, es decir, para que lo "alivie" de la "carga" que lleva. Véase **aliviar**.

Alivianar. l. p. Vencer en duelo o en pelea a alguien considerado guapo y pesado. // Dar una pausa a quien realiza un esfuerzo o trabajo prolongado. Del esp. **alivianar** (de **a** y **liviano**): voz antigua por **aliviar**.

Aliviar. l. p. Tomarse o dar a otro un descanso ya sea en una tarea, un enfrentamiento, una pelea, etc. // Brindar las circunstancias o la casualidad un alivio en medio de la adversidad. // l. del. Robar, hurtar. Porque se "alivia" al damnificado del "peso" que lleva. // l. del. Recibir un cómplice lo robado por un ladrón para esconderlo. Véase **aliviador**. Del esp. **aliviar** (del lat. **alleviare**, aligerar, atenuar, de **a** y **levis**, ligero): aligerar, disminuir la carga o el peso.

Alma. l. p. Voz usada en algunas expresiones populares cuando quiere enfatizarse algún concepto. // **Romper el alma**. Tiene el sentido de propinarle a alguien una fuerte golpiza y dejarlo maltrecho. // **Romperse el alma**. Herirse seriamente o matarse a causa de un golpe, una caída, un accidente. *Chocó con la moto y se rompió el alma*. // p. ext. Esforzarse intensamente en procura de algo. *Me rompí el alma estudiando. Voy a romperme el alma por ayudarte*. // **Solita su alma**. Dícese de la persona que se halla muy sola. *Allí estaba, solita su alma, en la cocina*. Es una expresión antigua, de más uso en el interior. // **Tirar al alma**. Atacar a alguien con saña, sin escrúpulos. // Ofenderlo o herirlo en lo más íntimo, prescindiendo de todo prejuicio. // En un duelo, lanzar una puñalada a fondo, a matar.

Relucen dos por tres hasta los fierros;
hacemos una vida despreciable.
Pa cachar un manguillo miserable
nos tiramos al alma, como perros.
Mangos. *Iván Diez (Augusto A. Martini).*
NOTA. *Manguillos:* mangos, pesos.

// **Alma atravesada, alma podrida, alma retorcida**. Dícese de la persona inescrupulosa, de sentimientos perversos y de intenciones malignas.

Alpiste. l. p. Nombre que se le da a la bebida alcohólica en general, especialmente a las llamadas "bebidas blancas". Originalmente, se llamó así al whisky, por su elaboración a base de cereales, pero luego el término pasó a designar a toda bebida alcohólica destilada y, finalmente, se generalizó. // **No dar alpiste**. Expresión antigua, de poco uso actualmente, que significa no atender a alguien, no llevarle el apunte, no darle bolilla, no darle pelota.

Cuando quise yo quererte
vos no me quisite,
vos no me quisite.
Y ahura, que querés prenderte,
no te doy alpiste,
no te doy alpiste.
Me enamoré una vez. Ranchera. *Ivo Pelay (Guillermo Juan Robustiano Pichot).*

Alpistería. l. p. Lugar donde se expenden bebidas alcohólicas. // Bodegón. // p. ext. Dícese de lo concerniente a bebidas alcohólicas en general.

—Vea, che, Pellerano, no me moleste al cuete: ese barberini manya tanto de alpistería como un grévano verdulero.
—Tradúzcame eso al castellano, doctor.
—Bueno: que ese angelito de barba conoce los paraísos artificiales en igual medida que un vendedor de hortalizas nativo de la bella Nápoli.
Historia funambulesca del profesor Landormy. *Arturo Cancela, 1944.*

Alpistero/ra. l. p. Ebrio consuetudinario.

Altamirano. l. p. Parag. de alto. Hombre de estatura elevada. // Persona importante, influyente, que ocupa un cargo alto.

Alternadora. l. p. Mujer que en los cabarets o cafetines "alterna" con los clientes, es decir, los entretiene, baila con ellos y les hace gastar dinero, cobrando una comisión por el gasto que hagan. // **Copera**.

Altillero/ra. l. p. Lo más alto, lo mejor, lo de más calidad. // De jerarquía. // Persona que tiene mando. // Persona importante. // **Altiyero**. En desuso.

Altillo. l. p. Cabeza. Por su ubicación en el cuerpo humano. Por ser la parte más alta, como el altillo de una casa. De poco uso actualmente. Del esp. altillo (dim. de alto): cerrillo (cerro de poca altura) o sitio algo alto. // Desván (amer.). // **Altiyo.**
Altura. l. del. Altura de la llave: "Esta dimensión está representada, en una llave cualquiera, por el largo de la paleta más el diámetro de la caña. Para obtener dicha dimensión, a fin de poder fabricar la llave que necesita, el lunfardo se sirve por lo común de una madera delgada que introduce en la cerradura. Tras ser introducida, se rompe la madera, con lo que se marca la medida que se desea conocer." (Antonio Dellepiane. El idioma del delito. 1ª edición, 1894.)
Alumbrado/da. l. p. Chispeado. // Ebrio. Del esp. alumbrar: l. p. embriagar.
Alumbrante. l. p. Farol. // Fósforo. // Brique. // Vela. // Linterna.
Alumbrar. l. p. Poner el dinero que hace falta para algo. *Tuve que alumbrar yo porque todos estaban secos.* // Ayudar con dinero. // Coimear, sobornar. // l. jgo. En el póquer, antes de dar cartas, poner en la mesa el jugador que es mano, "la luz", o sea, la suma estipulada para comenzar a formar el "pozo" de las apuestas. Del esp. pop. luz: dinero. // También esta voz tiene la acepción de embriagar, emborrachar, aunque de poco uso actualmente.
Alumbrarse. l. p. Embriagarse, emborracharse.
Alunado/da. l. p. Malhumorado, fastidiado, chinchudo, fulo. Del esp. alunado: lunático.
Alzado/da. l. p. Rijoso. Ansioso sexualmente. // Engreído, soberbio. // **Retobado** (2ª acep.). Del esp. alzado: animal que en la época del celo se torna bravío y huye de la gente.
Alzarse. l. p. Irse. Abandonar un lugar o a alguien. Del esp. alzado: animal que en época del celo se torna bravío y huye de la gente, y del amer. alzarse: huir el animal doméstico y hacerse montaraz.

...últimamente, si te parece mal, alzate de una vez con el bagayo'e la mugre y espirá, si te parece, que pa vivir a juerza'e bronca y patadas, más vale que cacés vos por un lao y yo por el otro y hagás de cuenta que no me has manyao en la vida.
Los escrushantes. Alberto Vacarezza.
Obra teatral estrenada en 1911.

NOTA. *Con el bagayo'e la mugre:* despect. Con esas pocas cosas; con esas miserias que tenés.

Amachimbrarse. l. p. Amancebarse, juntarse un hombre y una mujer para vivir en común, sin casarse. Del esp. amachimbrar (de macho y hembra): ensamblar dos piezas de madera de suerte que una encaje en otra de algún modo: ya a caja y espiga, ya a ranura y lengüeta.
¡Amalhaya! l. p. ¡Malhaya!
Amansadora. l. p. Espera o antesala muy prolongada. Este término se acuñó en la época de la primera presidencia de Hipólito Yrigoyen (1916-1922) y, según se cuenta, su creador fue el propio Presidente. Corrían los tiempos en que era frecuente que el Primer Magistrado concediera audiencia personal a ciudadanos, aunque fueran a verlo en fuerte son de protesta. En estos casos, cuando le anunciaban que había alguien muy enojado por alguna cuestión, Yrigoyen encomendaba: "Pónganlo en la amansadora, para que se calme". Esto implicaba comunicarle: "Dice el señor Presidente que lo espere un momento, pues está en una audiencia". La espera era larga, lo suficiente como para que el enojo del visitante se fuera aplacando y ya, cuando lo hicieran pasar, estuviera "amansado".
Amargo/ga. l. p. Medroso, falto de agallas, flojo, maula, cobarde. Que no da pelea o que, si la da, pronto la abandona. // Que claudica ante situaciones exigentes. // Que se da por vencido sin luchar. // Gallina. // Cagón. // Mate cebado sin azúcar.
Amarillos. l. p. Nombre que, por su color, se les daba a los billetes de cien pesos que circularon en nuestro país entre 1905 y 1935. Por el mismo motivo también se los llamó **canarios.**

*Y verás los amarillos
patinando en mi bolsillo.
Pagaremos nuestras deudas
y pondremos comedor.*
Ya vendrán tiempos mejores. *Tango.*
Ivo Pelay.

NOTA. **Poner comedor:** hacia los años 1930 –época de este tango–, el país sufría una profunda crisis económica y, entre tantas cosas de que la gente tenía que privarse, figuraban hasta las que hacían a la comodidad. Muchas casas, modestas, carecían de juego de comedor, que era sustituido por una simple mesa y unas sillas. "Poner comedor", cuando se podía, era un verdadero acontecimiento.

Amarrete/ta. l. p. Tacaño, mezquino, agarrado, avaro. Tal vez del esp. **amarrar** (del neerlandés **marren**: atar): atar, sujetar con cuerdas, cables o cadenas.

Amarretear. l. p. Mezquinar, tacañear. De amarrete.

Amarretismo. l. p. Mezquindad, avaricia, tacañería. Condición de **amarrete**.

Amarro/a. l. p. Forma apocopada de **amarrete**.

Amarrocado/da. lunf. Ahorrado, encanutado. // Escondido, guardado, atesorado.

Chamuyos de una noche de verano,
berretín de potriyo sin mancada,
deschave de caficio veterano
que tiene una gran pena amarrocada.
Inicial rea (La crencha engrasada).
Carlos de la Púa, 1928.

// p. ext. Quieto. Inmovilizado en un lugar por algo o por alguien. // Plantado, desairado por alguien que no acudió a una cita. *Me dejó amarrocado una hora en la esquina.*

Piguya: Yas'toy chivateli, yas'toy... Pero, ¿qué s'abrá hecho l'atorranta ésta'e la madona? Ya va po la media que me tiene aquí, amarrocao, lo mismo que placero ruina esperando a la mademoseye que l'haga los rendivus'e prática a su matronasa.
La promesa de la paica. Juan Francisco Palermo. Obra teatral escrita en lunfardo y estrenada hacia 1920.
NOTA. *Po la media:* por la media hora.
Placero ruina: mísero cochero de plaza.
Mademoseye: mademoiselle (fr.), señorita.

Amarrocador/ra. lunf. Que amarroca. // Tacaño, amarrete, mezquino, avaro. // Ahorrador. // Acamalador.

Amarrocar. lunf. Ahorrar, guardar. // Encanutar. Del ital. jerg. **maroc**: pan (puede presumirse un cruce con el caló manró, pan, según José Gobello, **Diccionario lunfardo**, 1989). De donde **amarrocar** pudo haber significado, en un principio, guardar pan.

Te aconsejo que amarroques
porque el gong llamó a sosiego.
Y aunque sea mango a mango
¡guardá, viejito, guardá!
¡Guardá, viejito, guardá! (Nocau lírico).
Alcides Gandolfi Herrero.

Amarroto. l. p. Amarrete. Tacaño, mezquino, avaro. Nombre del personaje de una antigua historieta que reunía esas condiciones.

Amasijado/da. l. p. Cansado, fatigado, sin fuerzas, extenuado. // Decaído al extremo. // Agobiado por una pena o un problema. // Apaleado, golpeado. **Biabado.** // Asesinado. // Suicidado. En su **Primer diccionario de sinónimos del lunfardo** (1987), Tino Rodríguez cita los siguientes sinónimos de esta voz: "achurado, boleteado, enfriado, limpiado, liquidado. // Zurrado, apestillado, escrachado, estrolado, golpeado".

Amasijar. l. p. Cansar. Fatigar. Dar a alguien un trabajo, una tarea muy exigente, agotadora. // Castigar, golpear duramente a alguien. Dejarlo maltrecho. // Matar. Asesinar.

Viejos patios de ladrillo
donde quedaron grabadas
sensacionales payadas,
y al final del contrapunto
amasijaban a un punto
pa amenizar la velada.
El conventillo. Milonga. Arturo de la Torre.

// p. ext. Vencer, derrotar a alguien ampliamente, sin atenuantes. // sent. fig. Atormentar a alguien con un recuerdo, un problema o una culpa. *No me amasijes más con el recuerdo de mi pasado.*

Amasijarse. l. p. Trabajar en exceso. // Esforzarse, exigirse mucho en una tarea. // Golpearse. *Me amasijé el dedo con un martillo.* // sent. fig. Atormentarse con un recuerdo, un cargo de conciencia, una preocupación. // Matarse. *Se amasijó al caer por la escalera.* // Suicidarse. *Enfermo y en la ruina, se amasijó de un tiro.*

El Malevo, no pudiendo más con su genio, ponderando un condimentado manjar con exaltada

imagen, nos dijo: —Y pensar que, habiendo estas maravillas, hay giles que se amasijan por una mina.
Bajo el signo del tango.
Enrique Cadícamo, 1987.
NOTA. Cadícamo se refiere al Malevo Muñoz, que también firmaba Carlos de la Púa o Carlos Raúl Muñoz del Solar. Su verdadero nombre era Carlos Raúl Muñoz y Pérez.

Amasijo. l. p. Paliza, golpiza, zurra, castigo. // Asesinato. // Suicidio. // Cansancio, agotamiento, fatiga. Otras acepciones son españolas.

Americana. l. p. Voz empleada en la expresión popular **a la americana**, con el significado de que el gasto realizado entre varias personas sea abonado según lo que haya gastado cada una. Igual que **a la romana**.

Amoférico, atmosférico. l. p. Nombre festivo que se les daba en los ambientes bajos a las mujeres de la vida que, aun en edad avanzada, con algunos kilos de más y perdidos muchos de sus encantos, continuaban ejerciendo la prostitución. El nombre estaba inspirado humorísticamente en el de los vehículos "atmosféricos", con sus tanques anchos, que era frecuente ver por las calles acudiendo a desagotar los pozos ciegos colmados de la ciudad, carente aún de la red cloacal completa (véase **carro**). El uso y el medio que prohijó esta voz le quitaron la **t** y la **s**, seguramente en busca de una pronunciación más sencilla: **amoférico**. Se usaba también en sentido despectivo.

Amueblada. l. p. Llamábase así a cierto tipo de casas con varias habitaciones y, generalmente, con una fonda a la calle, que en las primeras décadas del 1900 se instalaron en Buenos Aires como posadas para albergar parejas por horas. Con el tiempo, estas casas fueron suprimiendo las fondas y luego se suplantaron por los hoteles. El nombre original de **amuebladas** (porque alquilaban piezas provistas de muebles) se convirtió, por sinécdoque, en **muebles**. Éstos se transformaron, luego, en **hoteles alojamiento**, también llamados **telos** (revés fonético de hotel) y, más tarde, en **albergues transitorios**, su nombre actual, aunque aún persisten los de **mueble** y **telo**.

Amufado/da. lunf. Mufado. (Por prótesis: adición de la **a**.)

Amufar. lunf. Mufar. (Por prótesis: adición de la **a**.)

Amurada. l. p. Dícese de la bola de billar que ha quedado tocando la baranda de la mesa de juego, por lo que se hace difícil jugar con ella, que ofrece una pequeña parte de su superficie para que el jugador la impulse con el taco, ya que gran parte de ella se halla bajo la baranda. Asimismo, resulta dificultoso jugar contra ella otra bola por el riesgo del retruque, es decir, el golpe instantáneo con que responde ésta, impelida por la goma de la baranda en cuanto es tocada.

Amurada. lunf. Se les daba este nombre a las rameras que los **canfinfleros** entregaban en alquiler a los **comisionistas** para que ejercieran la prostitución a cargo de éstos mediante el pago de una suma fija mensual convenida para el canfinflero. Del producido por la actividad de la ramera un porcentaje era para ella y otro para el o la comisionista.

En cuanto a la mujer alquilada, de lo ganado, menos el descuento por gasto de pieza, lavado de ropa, comidas, etc., hasta recuperar la libertad, iba cubriendo con otro descuento la suma por la que había sido colocada en alquiler. En consecuencia, el gran recurso comercial del comisionista no podía ser otro que retener mientras le fuera útil a la pupila, sobrecargándola de deudas con el arreglo de los números en las libretas de recaudaciones y vendiéndoles, a precios leoninos, perfumes, vestidos y alhajas. (José Sebastián Tallon. **El tango en su etapa de música prohibida,** *1959.) En esas condiciones, ellas no podían salir de allí y quedaban amuradas hasta que su canfinflero fuera a retirarlas.*

Amurado/da. lunf. Dícese de un bien empeñado, dejado en prenda. // Preso, encarcelado. // p. ext. Abandonado (se emplea para personas o cosas). *Tengo el coche amurado porque me falta dinero para ponerle nafta.*

*Una noche más tristona
que la pena que me aqueja,
arregló su bagayito
y amurado me dejó.
No le dije una palabra,
ni un reproche, ni una queja:*

*la miré que se alejaba
y pensé: ¡todo acabó!*
Amurado. Tango. *José De Grandis, 1926.*

Amurar. lunf. Empeñar. Dejar un bien en prenda como garantía de un préstamo.

*Y empezó tu decadencia
las alhajas amuraste
y una piecita alquilaste
en una casa'e pensión.*
Flor de fango.
Tango. *Pascual Contursi, 1914.*

// Encarcelar, encanar. // Abandonar. Dejar un hombre a su mujer o viceversa.

*Percanta, que me amuraste
en lo mejor de mi vida,
dejándome el alma herida
y espinas en el corazón.*
Mi noche triste. Tango. (Nombre primitivo: **Lita**). *Pascual Contursi, 1915.*

// Clavar, no pagar una deuda o un gasto. // Perjudicar a alguien, en general. *Anda pidiendo dinero y amurando a todos los que lo ayudan.* // Encerrar, clausurar una habitación (amurar la puerta). *Cuando salgo dejo la pieza bien amurada.* // Guardar. **Amarrocar. Encanutar.**

*Te pasaste treinta abriles
de una esquina a la otra esquina,
sin saber qué era una mina,
ni una copa ni un café.
La yugabas como un burro
y amurabas meneguina...*
Amarroto. Tango. *Miguel Eusebio Bucino.*

// Entregar el canfinflero una prostituta en alquiler a un comisionista (véase **amurada** y **comisionista**). // sent. fig. humoríst. Casarse. Este vocablo proviene del gen. **amurrâ**: encallar, varar y, en sent. fig., paralizar.

Amurarse. lunf. Encerrarse, enclaustrarse. // sent. fig. humoríst. Casarse. // sent. fig. Suicidarse.

Amuro. lunf. Acción y efecto de amurar. // Empeño de un objeto o de una prenda. // Abandono de un objeto o de una persona. // Clavada. // Encierro, clausura. // Guarda. **Amarroque.** Encanutamiento. // sent. fig. humoríst. Casamiento. // sent. fig. Suicidio. // Locación de una prostituta por su canfinflero (véase **amurada**). // l. del. Cana, cárcel, prisión. De **amurar**.

Ana Ana. l. p. Por mitades, por partes iguales, mitad para cada uno, con referencia al reparto que se hará entre dos personas de un producido o de gastos realizados. Del gr. **áná**: repetición. Cifras que usan los médicos en sus recetas para denotar que ciertos ingredientes han de ser de peso y partes iguales.

Anafar. lunf. Metátesis de afanar.

Anafo. lunf. Metátesis de afano.

Analfa. l. p. Apóc. de analfabeto. Ignorante, cuadrado, burro.

Analfabestia. l. p. Deformación de analfabeto. Úsase como aumentativo de esta voz, con sentido enfático.

¡Ancú! lunf. ¡Ancún!

¡Ancún! lunf. Voz de alarma: ¡cuidado!, ¡atención!, ¡guarda!, ¡ancú! Palabra antigua, ya en desuso. También se usaba, en ocasiones, con el sentido de ¡araca!

Anchorena. l. p. Ancho, por parag., para disimular el adjetivo en el apellido Anchorena.

Ande. l. camp. Síncopa de adónde. De uso en zonas del interior.

—Ese que anoche ha venido es un unitario traidor; ¿ande se fue?
El sargento Palma.
Martín Coronado. Drama teatral estrenado en Buenos Aires el 14-5-1906.

¡Anduma! lunf. Interj. que se usa como ¡vamos!, ¡adelante!, y también como ¡escapemos!, ¡rajemos! Es la voz piamontesa ¡anduma!, de igual significado.

Angelito. l. p. Inocente, ingenuo, tonto, gil. // l. del. Víctima propicia para un robo o un cuento. // Herramienta especial que usan los ladrones y que insertan por el lado exterior de una cerradura cerrada con llave y con ésta colocada del lado de adentro. Se adapta de tal manera a la llave, que la hace girar hasta abrir la cerradura. También se la llama **bombilla, broche, canutín, cutili** y **viuda**.

Angurria. l. p. Afán exagerado por comer. Apetito desmedido. // sent. fig. Ansia excesiva por ganar dinero, posiciones o poder. // p. ext. Codicia, mezquindad, tacañería. Es argentinismo.

Angurriento/ta. l. p. Comilón, morfón. // p. ext. Codicioso, mezquino, tacaño.

Anillo lenguero. lunf. Anillo que se usaba para ajustar el pañuelo (**lengue, lengo**) que llevaban antiguamente los hombres al cuello y que, a su vez, estaba formado por tres anillos unidos en una sola pieza, a través de los cuales se pasaba el pañuelo, que así quedaba ajustado.

Anillo vichadero. l. p. Anillo para el dedo, provisto de un pequeño espejo, usado por los jugadores fulleros en los juegos de naipes, por el que ven las cartas que van entregando a los otros jugadores, mientras las van dando (véase **espejo vichadero**).

Anotarse. l. p. Igual que **acoplarse**.

Antenas. l. p. Orejas. Porque captan los sonidos. // **Parar las antenas**. Escuchar; prestar atención a lo que se oye. // Estar atento, en general.

Antropófago. l. p. Pederasta pasivo. De poco uso actualmente.

Añang. l. camp. Voz guaraní con la que se designaba al diablo en el campo.

No bien concluyó de hablar esto, ya a la bruja,
querida de añang, la sofrenó la muerte y el
monstruo sin pellejo fue güérfano.
Don Segundo Sombra.
Ricardo Güiraldes, 1926.
NOTA. **Güérfano:** Corrupción de huérfano.

Añapado. l. p. Atrapado, capturado, apresado. // l. del. Encanado, encufado.

Añapar. l. p. Metátesis de **apañar**. Atrapar, capturar, apresar, prender. // l. del. Encanar, meter preso, encufar. // l. del. Quitarle algo a otro. // Robar, hurtar. // l. p. Acamalar.

En tus mirones de vieja curda
hay un poema mistongo y reo.
¡Pobre percanta,
que se da dique
y añapa vento!
Rea emberretinada. *Silverio Manco.*

Años. l. p. Experiencia, conocimiento, cancha, baquía. // **Son años**. Expresión que significa tener la experiencia que dan los años

vividos o, en algún caso particular, haber adquirido con el tiempo amplios conocimientos de algún tema, como para opinar y aconsejar con autoridad.

Apañado/da. l. p. Protegido. // l. del. "Preso. Igual que **amurado, encanado, estarado.** // Atacado." (Antonio Dellepiane. **El idioma del delito.** 1ª edición, 1894.) // l. p. Robado. De apañar.

Apañar. l. p. "Encubrir o defender a sabiendas una bellaquería o maldad de otro." (Lisando Segovia. **Diccionario de argentinismos.** Publicación de la Comisión Nacional del Centenario, 1911.) // l. del. Robar, hurtar. // l. del. Atrapar, detener, apresar, **encanar, estarar.** Del esp. **apañar**: recoger, guardar. Asir, agarrar. // Apoderarse de algo ilícitamente.

¡A papá! l. p. Expresión que significa *¡a mí!..., ¡nada menos que a mí!..., ¡a mí, con la cancha que tengo!..., ¡a mí, que las sé todas!...* Es la manifestación de quien proclama que nadie podrá engañarlo ni hacerlo caer en una trampa. Tiene el mismo sentido de ¡a papá mono, con bananas verdes!

¡A papá mono, con bananas verdes! l. p. Véase ¡a papá! y mono.

Apedado. l. p. En pedo. Ebrio, borracho.

Apedar. l. p. Poner en pedo. Embriagar, emborrachar.

Apedarse. l. p. Ponerse en pedo. Empedarse. Embriagarse. Emborracharse.

Riunidos al pericón
tantos amigos hallé
que, alegre de verme entre ellos,
esa noche me apedé.
El gaucho Martín Fierro. *José Hernández.*

Apestillar. l. p. Retar. Reprender severamente. // Apremiar, **apretar** a alguien para obligarlo a hacer o no hacer, a decir o no decir algo. // Biabar, golpear a alguien. // Amasijar.

Apichonado/da. l. p. Asustado, temeroso, achicado, acobardado. // Alicaído. // Enfermo. // Triste.

Apichonarse. l. p. Asustarse, atemorizarse, achicarse, acobardarse. // Enfermarse. // Entristecerse. Esta acepción se inspira en la imagen de un pichón que, solo, se halla indefenso, temeroso y es incapaz de nada.

Apilar. l. turf. Acción del jockey que se echa sobre la cruz del caballo. // l. p. Acaparar, juntar, reunir cosas, especialmente dinero. // l. fút. Gambetear, eludir adversarios, uno tras otro, el jugador que lleva la pelota (como si fuera apilándolos, amontonándolos tras él). Del esp. **apilar** (de **a** y **pila**): amontonar; formar pila o montón.

Apilarse. l. turf. Echarse el jockey sobre la cruz del caballo. Con el jinete en esa posición, el animal, en carrera, siente menos el peso del hombre que no representa una carga muerta sobre su lomo. // p. ext. Abordar un hombre a una mujer con intención de conquistarla. // Prepararse, disponerse a hacer algo. *Se apiló para responderle de inmediato.* // Darse a comer o beber. *Se apiló con dos ginebras seguidas, ni bien llegó.* // Sumarse a una acción, un emprendimiento. // **Acoplarse.** *Ese tipo se apila en todas.*

Apiolado/da. l. p. Despabilado, avivado, sagaz. // Que se ha enterado o ha descubierto algo que se le ocultaba. // Que ha sido advertido o informado de algo. **De piola.**

Apiolar. l. p. Avivar, despabilar a alguien. // Enterar, poner en conocimiento de algo. // Advertir, informar a alguien de algo que ignora. // Abrirle los ojos a alguien. **De piola.**

Apiolarse. l. p. Avivarse, despabilarse. Enterarse de algo que ignoraba o se le ocultaba. // Abrir los ojos.

Aplaudir. l. p. En la frase **Aplaudir la cara**, dar de cachetadas.

Aplicar. l. p. Cobrar un precio excesivo. *Me aplicaron cien pesos por un remedio que no vale más de sesenta.* // Sancionar. *Le aplicaron un mes de suspensión.* // Castigar físicamente, herir (aplicar golpes, puñaladas, etc.).

Si le aplicás la furca a un zanagoria, te declaran delito con agravante y te dan tiempo indeterminado.
Nuevas aguafuertes porteñas.
Roberto Arlt.

Apoliyadero. lunf. Lugar donde se apoliya. Dormitorio.

Apoliyado. lunf. Dormido. Corre el revés yolipado. (Véase **apoliyarse**.) // l. p. Envejecido, viejo, refiriéndose a personas. En este caso, del esp. **apolillar**.

Apoliyador/dora. lunf. Dormilón.
Apoliyante. lunf. Colchón. Catre.
Apoliyar. lunf. Dormir. Según José Gobello, "del ital. jergal **poleggiare**: dormir, por cruce con el esp. **polilla**: mariposa nocturna". (**Diccionario lunfardo**, 1989.) Mario E. Teruggi lo da como "adaptación fonética de **appollaire**, derivado de pollo, que en ital. vale por subirse los pollos a los palos para dormir". Y agrega: "en gallego, **apoleirar**". (**Panorama del lunfardo**, 1974.) José Clemente señala: "de quedarse quieto, estático, como la ropa en la percha". (**El idioma de Buenos Aires**, 1953.) Otros autores lo derivan de **polizar**, dormir, y éste del jerg. ital. **puleggiare**. Suele usarse el revés irreg. **yolipar**.

Los domingos me levanto
de apoliyar mal dormido
y a veces hasta me olvido
de morfar por las carreras.
¡Soy una fiera! Milonga. Francisco Martino.

Apoliyarse. lunf. Dormirse. // l. p. Envejecer. // Deteriorarse una cosa por falta de uso. Estas dos últimas acepciones derivan del esp. **apolillar**: roer, penetrar o destruir la polilla las ropas u otras cosas.

Apoliyo. lunf. Acción y efecto de apoliyar. *Estar de apoliyo.* // Sueño, necesidad de dormir. *¡Tengo un apoliyo...!* // p. ext. Lugar donde se duerme. *Me voy al apoliyo.*

Apretar. l. p. Presionar o intimidar a alguien para que haga o no haga, diga o no diga algo. // Amenazar. // Exigir. // Hacer sentir su rigor el calor o el frío. *Apretar el calor.* // Agobiar una mala situación. *Me aprietan las deudas.* // **Apretar contra los palos o contra la empalizada.** l. turf. Sesgar su línea un caballo de carrera para recostarse contra otro que corre a su lado y llevarlo a arrimarse peligrosamente a la empalizada, cosa que le impide la libre acción, lo que puede ocurrir accidentalmente o ser fruto de una maniobra del jockey que lo monta. // p. ext. l. p. Presionar a alguien con exigencias cada vez más severas, sin darle respiro. *Mis acreedores me están apretando contra los palos.* // **Apretar el bagre.** Sentir hambre (véase **bagre**). // **Apretar el torniquete.** Exigir algo a alguien con todo rigor. // Dar una reprimenda severa. Viene de **torniquete**, esp.: instrumento quirúrgico o lazo de cuerda o tela que oprime un miembro herido para evitar una hemorragia. // **Apretar los huevos.** Apretar, exigir, extorsionar a alguien para que haga algo. La forma del apremio está claramente comparada en el modismo. // **Apretarse el gorro.** Salir corriendo; escapar, huir. Se inspira en la figura del que, dispuesto a salir corriendo, se sujeta con las manos el gorro o el sombrero para que el aire que va desplazando en su huida no se lo quite de la cabeza.

Aprete. l. p. Presión, intimidación, exigencia. // Dificultad, apremio. *Estar en un aprete.* // Franeleo (porque los cuerpos se aprietan). // **Chorrear con aprete.** l. del. Asaltar o robar con violencia.

Aprontar. l. turf. Ejercitar a un caballo preparándolo para correr una carrera. Véase **apronte.** Del esp. **aprontar** (de *a* y *pronto*: dispuesto): disponer. En este caso, preparar al caballo para que esté pronto para disputar la carrera.

Apronte. l. p. Reto, apestillada. *Con la cabeza baja aguanté el apronte que le daba el jefe.* // Paliza, castigo, zurra. Del l. turf. **apronte**: corrida que realiza un caballo de carrera en la distancia que determine su cuidador para mantener su estado físico o recuperarlo, en caso necesario.

Se da dique que hace poco
le fajaron la mancada,
y fue culpa de una nami
que, de puro rechiflada,
casi ortiba los aprontes
que él le daba en el bulín.
Cartón junao. Tango. Carlos Waiss.

// **Tener buenos aprontes.** Tener alguien condiciones reconocidas para destacarse en algo. Contar con buenos antecedentes para ello. // **Irse en aprontes.** Hacer preparativos o amagues ostentosos con el fin de impresionar, pero no llegar nunca a los hechos. Viene de la expresión turfística **irse en aprontes**, referente a algunos caballos que aprontan muy bien, con acción lujosa y marcando buenos tiempos, pero que, una vez en carrera, fracasan sin atenuantes.

Apuntado/da. l. del. Descubierto. // Delatado. // Que ha sido denunciado a la policía por un soplón. // Persona señalada por un "apuntador" a sus cómplices para que la hagan víctima de algún delito. // p. ext. Conquistado amorosamente. *Esa bailarina se lo ha apuntado al pianista.* De apuntar.

Apuntador/a. l. del. Confidente, delator, batidor. // Alcahuete de la policía. Es la hez del bajo fondo. // Cómplice de maleantes, encargado de señalar a la víctima elegida para hacerla objeto de un delito. De apuntar.

Apuntamento. l. del. Acción y efecto de apuntar. // Delación, batimento. // **Batir el apuntamento.** Informar a la policía dónde se halla un malviviente que busca. Equivale a **dar el apuntamento**, aunque esta expresión también significa dar la policía con un maleante tras el cual se halla o sorprender a alguien cometiendo un delito. En ambos casos equivale a **dar la cana** o **batir la cana.** // p. ext. Galanteo, acercamiento del hombre a la mujer para intentar conquistarla. // Levante. Del esp. **apuntar**: señalar, indicar.

La más bonita del barrio
salió para el almacén,
sintiendo que a su costado
un mozo le hacía el tren.
Palpitó el apuntamento
y los pasos apuró...
Por seguidora y por fiel.
Tango. Celedonio Esteban Flores.
NOTA. *Hacía el tren:* se puso a la par de ella y la acompañó.

// p. ext. Cita amorosa. *Esta noche tengo un apuntamento.* En este caso, del ital. **appuntamento**: cita amorosa. **Dare un appuntamento**: dar una cita. **Dare l'appuntamento**: citar.

Apuntar. l. del. Delatar. Batir (2ª acep.). // Acto del delincuente que informa a la policía sobre la ubicación o los movimientos de algunos delincuentes. // Señalar un sujeto a sus cómplices la persona a la que pueden o deben hacerla objeto de un hecho criminal. // Descubrir la policía a alguien que busca o sorprender a un maleante en un acto delictivo. Del esp. **apuntar**: señalar, indicar.

Y los tiras, la otra noche,
fue por gil que lo apuntaron,
cuando estaba haciendo pinta
en la puerta de un café.
Cartón junao. Tango. Carlos Waiss.

// Conquistar un hombre a una mujer o viceversa. // Hacer una apuesta. *Se apuntó con cien ganadores al caballo Pepirí.* En este caso del esp. apuntar: tomar notas para un uso propio.

Apuntarse. l. p. Mostrarse. // Acoplarse. // Sumarse –invitado o no– a un paseo, fiesta, comida, mesa de juego, etc. (véase **acoplarse**). // Mostrarse, aun involuntariamente. // Hacerse ver. Llamar la atención.

Fue en un bondi: un ladero y un chorizo.
Los dos van a pescar... Tiran en yunta.
Y han junao a un fandiño que se apunta,
gargantada de bute... cara'e guiso.
Afane. Yacaré (Felipe H. Fernández).
NOTA. **Van a pescar:** van a ver si "pescan" a un incauto para robarle el dinero. Véase **gargantada**.

Apunte. l. p. Acción y efecto de apuntar. // **Llevar el apunte.** Atender a alguien, prestarle atención, hacerle caso. **Dar bolilla, dar pelota.** // Corresponder amorosamente. Del esp. apuntar, una de cuyas acepciones dice: "ir leyendo el apuntador a los actores lo que han de decir en la representación escénica". Con lo que **llevar el apunte** significa hacer caso de lo que dice el apuntador. Si algún actor no lo hace o improvisa, **no le lleva el apunte** que, por extensión, equivale entre nosotros a no atender a alguien, no darle bolilla, no darle pelota.

Apurar. l. p. Apretar, presionar. // l. del. **Apurar la biaba.** Dar una paliza. Golpear a alguien con violencia.

Aqueresar. l. camp. Invadir las larvas o queresas (cresas) el cuerpo de un hombre o un animal muerto. // Aparecer queresas en una herida expuesta.

El muerto quedaba allí, de testigo, con los ojos abiertos y el cuerpo ya sin necesidades. Le echaron encima una cobija vieja para que no lo aqueresaran las moscas.
Don Segundo Sombra.
Ricardo Güiraldes, 1926.

Araca. lunf. Voz de alerta, de alarma. Llamado de atención sobre un peligro inminente. ¡Cuidado! // ¡**Dequera!** *¡Araca, la cana!* // Interj. de sorpresa: *¡araca, ésta no me la esperaba!*; de asombro: *¡araca, qué sabiduría tiene este hombre!*; de admiración: *¡araca, ese domador es inigualable!*; de duda o desconfianza: *no creo, araca, en ese individuo,* de advertencia:

Cuando mañana se canse el coso
de refalarte la ventolina,
¿qué harás, araca,
real fulera?...
¡Qué triste vida!
Rea emberretinada. Silverio Manco.

// Pedido de atención:

¡Araca, corazón, callate un poco
y escuchá, por favor este chamuyo!
Si sabés que su amor nunca fue tuyo
y no hay motivo para hacerse el loco.
¡Araca, corazón! Tango. Alberto Vacarezza.

// Para enfatizar algo que se dice:

Yo quiero una cama
que tenga acolchado
y quiero una estufa
pa entrar en calor.
Que venga el mucamo
corriendo, apurado,
y diga: señora,
¡araca!, está el Ford.
La mina del Ford.
Tango. Pascual Contursi, 1924.

Con el mismo sentido que los mencionados se empleó, también, ¡**Saraca!**, que cayó en desuso. José Gobello remite esta voz "al caló **aracataná**, guardián, término usado para advertirse los presos entre sí acerca de la proximidad de un guardián". (Diccionario lunfardo, 1989.) En cuanto al **Diccionario Sopena** (1933) lo origina "en **alaraca**, mala grafía de **alharaca**, aspaviento, gritería", y señala: "en la República Argentina, voz usada para denotar admiración o asombro o para llamar la atención sobre una cosa". // **Dejar de araca.** Dejar a alguien esperando inútilmente. // Abandonar a alguien, desinteresarse de él, dejarlo fuera de un asunto; descartarlo. // **Estar de araca.** Estar en un lugar al cuete, al pedo, sin que le den pelota ni participación en nada; ignorado. // Estar sin dinero, seco, pato. // **Quedar de araca.** No tocarle nada en un reparto. No recibir lo que se esperaba. Quedar con las manos vacías.

Araña. l. p. Sujeto ruin, rastrero. // Que vive valiéndose de miserias y bajezas. // p. ext. **Pichulero.**

Arañar. l. p. Conseguir un poco de acá y otro poco de allá para subsistir. // Estar a punto de lograr algo, como si, próximo a asir una cosa, ya se la estuviera arañando, es decir, alcanzándola con las uñas. *Estoy arañando el cargo de gerente.* // Lograr algo apenas y con gran esfuerzo, aunque no sea todo lo que se esperaba o deseaba. *Con tanto esfuerzo, ese nadador solo arañó el cuarto puesto.* // Obtener una porción menor en el reparto de algo. *Todos llevaron bastante dinero, pero yo apenas arañé unos pocos pesos.* Del esp. **arañar**, fig. y fam.: recoger algo afanosamente y en pequeñas porciones. // l. del. p. ext. Hurtar pequeñeces, cosas de escaso valor.

Arbolito. l. p. Persona que recibe apuestas de juego clandestinamente en los hipódromos. Se le da tal nombre porque siempre está parado en el mismo lugar a fin de que sus clientes sepan dónde encontrarlo. Opera únicamente con personas de su conocimiento, a las que toma sus jugadas aun sin recibir el dinero, y las acepta hasta después del horario oficial de cierre de las apuestas, en tanto no se largue la carrera (véase **levantador**). // Individuo que se ubica próximo a las casas de cambio para comprar y vender dólares clandestinamente en épocas de fluctuación de los valores cambiarios.

Archivado/da. l. del. Encarcelado, preso, encanado, **engayolado.** Como algo que se guarda en un archivo por cierto tiempo.

Arfallatas. l. p. **Alpargatas.**

Arfayatas. l. p. **Arfallatas.**

Argentino/na. l. p. Voz a la que se le dio el significado de inocente, ajeno a algún hecho, desligado de un asunto. De poco uso actualmente pero relacionado conceptualmente con el "no te metás" (no te metas, no te inmiscuyas), de triste fama para los argentinos. Yo, **argentino** equivale a *yo no vi nada, no sé de qué me hablan, lo ignoro, no lo conozco, en ese momento yo estaba mirando para otro lado.* También implica **hacerse el burro,** desentenderse de un hecho. *Todos discutían: yo, argentino.*

Argolla. l. p. gros. Vulva. // sent. fig. Suerte. // **Tener argolla.** Tener suerte. Ser afortunado. Tiene el mismo sentido de **tener culo, tener ojete,** etc. y se aplica indistintamente al hombre y a la mujer. // **Argoya.**

Argolluda. l. p. gros. Voz despectiva para referirse ofensivamente a una mujer. // Mala mujer. // **Argoyuda.**

Argolludo/da. l. p. sent. fig. Suertudo. Afortunado. **Argoyudo/da.**

Armado. l. p. Dícese del varón provisto de pene grande. // **Armado/da.** l. p. Enriquecido. Que tiene mucho dinero. // Preparado, arreglado, bien presentado. *Un comercio bien armado. Una exposición bien armada.* // Provisto holgadamente de algo. *Estar armado de ropa.*

Armar. l. p. ¡Te la vas armar! o ¡Te vas a armar! Expresión popular que se emplea con tono irónico o despectivo para anunciar a alguien la irrealización de algo que espera para beneficiarse. *¿Estás buscando mi apoyo? ¡Te la vas a armar!*

Armarse. l. p. Enriquecerse, prosperar. **Forrarse.** // Ganar mucho dinero en el juego.

Muchacho, que no sabés del encanto
de verter amargo llanto
sobre un pecho de mujer.
Que no sabés qué es secarse
en una timba y armarse,
para volverse a meter.
Muchacho. *Tango. Celedonio Esteban Flores.*

// Producirse una discusión, un desorden, una riña, un **despelote.** *Nos pusimos a hablar de política y se armó.*

Aro. l. p. sent. fig. Ano. // l. del. Anillo de la llave. // **Entrar por el aro.** Aceptar un hecho, una situación como algo inevitable, contra lo que no se puede o no conviene luchar. // Hacer algo obligado por las circunstancias, aun en contra de los propios principios y de la íntima convicción. // Avenirse, someterse a las cosas a que lleva la vida de relación o a las que arrastra el sistema de vida que se lleva.

Después entré por el aro: tangos, tungos
/y milonga;
timbas, copas y las grelas, que no podían faltar.
Sin pasarme de la raya fui un orre de meta
/y ponga,
respetando lo honorable y haciéndome respetar.
Autobiografía (Nochero).
Juan Pedro Brun, 1969.

// Tener que transigir y aceptar por alguna razón que obliga, o por convencionalismo, un pedido, un consejo, una disculpa, aún sin convicción. // Caer en un cuento. Ser engañado. // humoríst. Casarse.

HAY QUE ENTRAR POR EL ARO
(...) *Esta expresión que invita a deponer el combate contra lo inaceptable viene de la observación del ya manso vacuno que, guarnecido de medallas, cintas de colores, lacres y premios, marcha arrastrado por la fatalidad, tirado perezosamente del estúpido aro de metal que atraviesa su hocico húmedo de tristeza y aceptación. "Hay que entrar por el aro"* (...) *Hay que renunciar a principios, a concepciones, a ideas y a viejas bravatas y entrar en el camino de los otros, obediente como toro manso tirado, arrastrado por el arete humillante de un destino con minúscula. Se trata de hacerse parejero para sobrevivir, confesada, al fin, su imposibilidad de ser él mismo y sus cosas. Hay como un implícito y justo reconocimiento de que se estaba demorado con respecto al mundo que viene llegando.* (Carlos Alberto Giuria. **Indagación del porteño**, 1965.)

Arpa. l. p. Dícese de la persona muy delgada. *Flaco como un arpa.* // **Estar más cerca del arpa que de la guitarra.** Tener mucha edad o estar muy enfermo o malherido, próximo a la muerte. Por el arpa, que se representa tocada en el cielo por los ángeles, en comparación con la guitarra, que toca el hombre aquí, en la Tierra.
Arpa vieja. l. p. Sonar como arpa vieja. Fracasar estrepitosamente. // Sufrir una derrota rotunda. // Morir de muerte violenta. // Morir. *Sonó como arpa vieja* (Véase **sonar**). La expresión recurre al símil del sonido desagradable que produciría el tañir de un arpa vieja, descuidada y supuestamente desafinada y el verbo **sonar** en su doble sentido de dar sonido y sufrir una derrota, un fracaso o la muerte. // **Tocar el arpa.** l. del. **Punguear.** Porque la acción se ejecuta con los dedos, como la de tocar el arpa.
Arpear. l. del. **Punguear.**
Arpista. l. del. **Punguista.**
Arquero. l. p. Día del arquero. Locución que se emplea con el sentido de nunca, jamás. *Eso lo vas a conseguir el día del arquero* significa "no vas a conseguirlo nunca", porque aún no se ha instituido el "día del arquero".
Arranyado/da. lunf. Acordado, convenido. // Reparado, arreglado. // l. del. Golpeado, biabado (referido a personas).
Arranyar. lunf. Acordar, convenir algo. Llegar a un acuerdo. // Acomodar. // Arreglar, componer algo que se ha roto o descompuesto. // Reparar algún error. // Solucionar un problema. // Preparar, planear algo.

Aura la va de jaqueca
y no cai por el bulín,
pero yo he junao que al fin
ha engrupido a un bacanazo
y me arranya el esquinazo
porque me ve fulerín.
El cafiso. Tango. Florencio Iriarte, 1918.
NOTA. *No cai:* no cae, no viene. **Fulerín:** fulero, fulería, en el sentido de no tener dinero, andar pato.

// Solucionar una discusión, un entredicho. // Zurrar, apalear, castigar. José Gobello opina que viene "del ital. merid. **arrangiâ**: arreglar, componer". (Diccionario lunfardo, 1989.) Acotamos que en italiano, **arrangiarsi** significa arreglarse, ajustarse, apañarse.
Arranyarse. lunf. Arreglarse, componerse algo. // Acomodarse. // Acordarse, convenirse. Llegarse a un acuerdo. // Repararse algún error. // Solucionarse un problema. // Conformarse con lo que se tiene.
Arrastrar el ala. l. p. Requerir de amores el hombre a la mujer. Cortejarla. Dicho inspirado en la actitud del macho en algunas aves, como el gallo, que, cuando corteja a la hembra, da vueltas alrededor de ella, arrastrando las alas por el suelo.
Arrastrar el poncho. l. p. Véase **poncho**.
Arrastre. l. p. Influencia, seducción que una persona ejerce sobre otra u otras. *Tener arras-*

tre entre los amigos. Tener un hombre arrastre con las mujeres. Proviene de **arrastrar** (l. jgo.), voz que en algunos juegos de naipes, como el tute, significa jugar triunfo uno de los jugadores, caso en el cual todos los demás deben seguir su palo, es decir, jugar triunfos.

Arrebatar. l. del. Acción de robar en la vía pública tomando por sorpresa a la víctima y huyendo velozmente con lo que se ha sustraído. *Robar de arrebato* o *trabajar de arrebato.*

Arrebato. l. del. Modo de robar de algunos ladrones que buscan tomar descuidadas a sus víctimas en la vía pública, en estaciones ferroviarias y en lugares donde hay concentración de gente, arrebatándoles violenta y sorpresivamente portafolios, bolsos, carteras, valijas, collares, etc., tras lo cual huyen rápidamente, a veces a pie, mezclándose entre el público, otras en vehículos en los que los espera un cómplice. Algunos pasan en motocicleta junto a la persona elegida, aminoran la marcha y la despojan, sin detenerse, para alejarse velozmente. Otros hacen lo mismo en los trenes, cuando, tras detenerse en una estación, están por reiniciar la marcha, y se largan al andén con lo robado en el momento en que se ponen en movimiento y se cierran las puertas automáticas. A esta modalidad delictiva se le llama **robar de arrebato.**

Arrebesado. l. p. Arreversado.
Arrebersado. l. p. Arreversado.
Arrebesarse. l. p. Arreversarse.
Arrebersarse. l. p. Arreversarse.
Arreglado/da. Sobornado, coimeado, aceitado, untado.
Arreglar. l. p. Sobornar, coimear, **aceitar, untar.** // Comprar voluntades o favores. // Concertar acuerdos. // Retar, amonestar. Poner a alguien en vereda. *Ya lo va a arreglar su padre, cuando se entere.* // Ajustar las cuentas. *A ese pillo lo voy a arreglar ahora mismo.* // **Arreglar con conversación.** Emplear excusas o argumentos rebuscados para eludir el pago de una deuda o para justificar el incumplimiento de una obligación. // **Arreglar con chauchas.** Pagar un servicio con una suma de dinero mezquina. *Quiso arreglarme con chauchas por el trabajo que le hice.*
Arreglo. l. p. Soborno, coima. Componenda, **matufia.** // Acuerdo desleal, deshonesto.

Arreversado/da. l. p. Malhumorado, disgustado, enojado. Chinchudo, cabrero. // Furioso, **fulo, sacado.** // p. ext. Insolentado.
Arreversarse. l. p. Malhumorarse, disgustarse, enojarse. Enchincharse, cabrearse. // Irritarse al extremo, enfurecerse. Sacarse. De a y revés, con el sentido de ponerse o estar uno al revés de lo que tendría que ser su estado normal, calmo, equilibrado. // Rebelarse. Insolentarse. Faltar al respeto. // **Arrevesarse.**

*Bailé con la parda Flora
que en cuanto me vio estriló
porque un día en Los Corrales,
en un cafetín que estaba,
yo le refilé la biaba
porque se me arreversó.*
Anónimo, de fines del siglo XIX (Cfr. Luis Soler Cañas. **Orígenes de la literatura lunfarda,** *1965.*)

Arrevesarse. l. p. Arreversarse.
Arriba, de arriba. l. p. Modismo que significa gratis, gratuitamente, de garrón, de gorra.

*Tirale el lente a las minas
que ya estén comprometidas
pa que te salgan de arriba
y no te cuesten tovén.*
Seguí mi consejo.
Tango. Eduardo Trongé, 1928.

// Inesperadamente y sin costo: *me vino de arriba; me cayó de arriba.* Como si hubiera caído del cielo. // p. ext. Impunemente, sin recibir el menor castigo: **sacarla de arriba, llevársela de arriba.** *Hay muchos que delinquen y se la llevan de arriba; la policía no les hace nada.*

*Hacían el robo a su gusto
y después se iban de arriba;
se llevaban las cautivas
y nos contaban que, a veces,
les desollaban los pieces
a las pobrecitas, vivas.*
El gaucho Martín Fierro. *José Hernández.*
NOTA. **Pieces:** corrupción de **pies.**

// **Ligarla de arriba.** Ocurrirle algo a alguien que no tiene nada que ver en la cuestión. Verse metido en un problema y sufrir las consecuencias, sin ser parte y aun siendo totalmente ajeno al hecho. Igual que **ligarla de garrón** o **comerse un garrón**. Del esp. **de arriba**: del cielo.

Arribeño. l. p. Parag. de arriba. // **De arribeño**, de arriba.

Arrimado. l. p. Amancebado, acollarado, amachimbrado.

Arrimar. l. p. Amancebar, acollarar, amachimbrar. Esta voz se usa en algunos modismos en los que siempre mantiene su acepción española de **acercar**. // **Arrimar el carro** o **arrimar la chata**. Acercarse el hombre a una mujer con la intención de enamorarla. Este dicho viene de las maniobras que hacen carros y chatas para arrimarse al lugar donde deben cargar o descargar. // **Arrimar el hombro**. Ayudar, auxiliar a alguien que está en un apuro. // **Arrimar y no bochar**. Irse en vanos intentos y nunca concretar nada (véase **bochar**). // **No arrimar ni bochar**. No ser capaz de nada. No servir alguien para nada. No hacer una cosa ni la otra. También derivado del juego de bochas.

Arrimarse. l. p. Unirse en concubinato. Amancebarse, acollararse.

Arrollar. l. p. Achicarse, acobardarse, arrugar. // Abandonar una pelea, una lucha, una discusión por temor, cobardía o falta de entereza para mantenerse en acción. // Desistir. // Amainar. // Ceder. // **Arrollar como matambre**. Véase **matambre**.

Arrugada. l. p. Acción y efecto de **arrugar**.

Arrugado/da. l. p. Achicado, acobardado. De **arrugar**.

Amigo corazón, vos has llorao
apenas una duda te mordió
y estás, como los maulas, arrugao,
sin chance pa seguir la vida de rencor.
Seguime, corazón.
Tango. Jesús Fernández Blanco, 1930.

Arrugar. l. p. Aflojar, achicarse, acobardarse, arrollar. La acepción se inspira en el movimiento reflejo de contracción (arrugue) que se le atribuye al esfínter anal de una persona ante el peligro, por miedo, o a causa de un gran susto. De aquí salió, también, el dicho **fruncirse el ojete** (arrugarse el ojete) o **fruncirse el orto**, el upite, el culo, etc. Son curiosas estas acepciones que, como ocurre con otros dichos, tienen su contrapartida. Cuando alguien se pesca un susto bárbaro o "arrolla como un matambre", también se dice que se cagó, que se cagó encima, que se cagó en los pantalones o en las patas o en los calzoncillos o en las medias. O que le agarró la cagadera o la diarrea. Y para que estas cosas sucedan es preciso que el esfínter anal no se contraiga, sino todo lo contrario. Tal vez ocurra que, para el mismo supuesto caso de miedo mayúsculo, haya reacciones en uno u otro sentido, según la persona. // **Arrugar como bandoneón desinflado**. Dicho antiguo, en desuso, que compara los pliegues del bandoneón con arrugas, que se hacen más ostensibles cuando el fuelle está picado o pinchado y pierde el aire interior que lo sustenta. // **Arrugar como papel quemado**. Recurre a la forma en que se arruga un trozo de papel cuando lo quema el fuego. // **¡No arrugués, que no hay quien planche!** Graciosa y mordaz expresión antigua para decirle a alguien que se está achicando.

Arrugue. l. p. Acción y efecto de arrugar. Afloje, achique, cobardía. // **Arrugue de barrera**. l. fút. Dícese cuando en la barrera de jugadores que se para frente al adversario que va a ejecutar un tiro libre se produce algún movimiento instintivo de protección que abre algún claro por el que puede pasar la pelota.

Artículo. l. p. **Dar artículo**. Atender a alguien. Considerarlo. Prestarle atención. Eufemismo por **dar pelota**, inicialmente fue **dar artículo de goma**, por el material que se usaba en la fabricación de pelotas, pero luego se sintetizó en **dar artículo**. El resto se sobreentendía. Actualmente es de poco uso, en tanto que **dar** o **no dar pelota** sigue vigente.

Asador. l. p. **Poner toda la carne en el asador**. Poner en juego todos los recursos de que se dispone, en pos de un logro. // Jugarse entero. // Recurrir al último esfuerzo. // Arriesgarse a todo o nada. Viene del acto de poner a cocinar en el asador toda la carne de que se dispone y esperar que alcance para los comensales, ya que no se tiene más.

Asfalto. l. p. Voz que se empleaba figuradamente para designar el centro de la ciudad de Buenos Aires, con sus luces, su bullicio, sus diversiones. Se lo usaba en sentido peyorativo por sus calles asfaltadas a diferencia de las empedradas o de tierra que había en muchos barrios y en las orillas.

Vos sos la Ñata Pancracia,
hija del tano Geralto,
un goruta flaco y alto
que trabajaba en la Boca.
¿No te acordás, gringa loca,
cuándo piantaste al asfalto?
Tortazo. Milonga. Enrique P. Maroni.

// **Ir al asfalto** o **irse para el asfalto** significó, así, abandonar el barrio en que se vivía y mudarse al centro del bullicio de la gran ciudad en busca de experiencias nuevas, mezclarse con el gran mundo, vivir la vida alegre de aquel Buenos Aires encandilador del 1900. Y esto dio origen a una nueva expresión popular: **tener asfalto**, que significó tener experiencia, **cancha**, **carpeta**. Tenía asfalto una persona corrida, de mundo, que conocía bien las cosas de la vida. *Consultalo a Pepe, que tiene mucho asfalto.*

Asnaf. lunf. Mitad y mitad. // Reparto de algo por mitades. // A medias, ana ana. Del ing. **half and half**, con igual significado. // p. ext. antig. Bisexual.

Asoleado. l. p. Chambón, bobo, boleado, melón. Compara con la persona que está abombada por haber estado mucho tiempo al sol.

Aspamentar. l. p. Hacer aspamentos. // Ostentar, alardear. // Atraer sobre sí, intencionalmente, la atención de otros con actitudes afectadas o exageradas, buscando causar impresión. // **Espamentar.**

Aspamento. l. p. Exageración afectada de un sentimiento o un estado de ánimo. // Ostentación, alarde, dique en busca de lucimiento o para causar impresión. // **Espamento.** Es deformación del esp. **aspaviento**, de igual sentido. El símil es el del movimiento que hacen las aspas de los molinos accionadas por el viento (**aspas, viento**), que se compara con los ademanes ampulosos de quien ostenta o alardea. // **Ser puro aspamento.** Ser pura espuma, pura parada. Irse en aprontes (véase **apronte**). // p. ext. Alharaca, barullo, escándalo (acepciones antig.).

Un patio de conventillo,
un italiano encargao,
una yoyega retobao,
una percanta, un vivillo,
dos malevos de cuchillo,
un chamuyo, una pasión,
choque, celos, discusión,
desafío, puñaladas,
aspamento, disparada,
¡auxilio!, cana..., telón.
La comparsa se divierte.
Sainete. Alberto Vacarezza.

Aspamentoso/sa. l. p. Que hace aspamento. // Exagerado, ostentoso, diquero. // **Espamentoso.**

Astilla. l. del. Parte del botín de un robo que corresponde a cada ladrón que ha intervenido en el hecho. // Parte proporcional en un reparto. // **Esteca.** // p. ext. l. p. **Tirar una astilla.** Ayudar a alguien con algo de dinero. Equivale a **tirar unos pesos.** *Tirame una astilla, que ando seco.* // **Astiya.**

Astillar. l. del. Repartirse los ladrones entre ellos el producido de un robo que han cometido. Dividir el botín. // p. ext. l. p. Pagar. *Tuve que astillar cincuenta pesos por el vidrio que rompí.* // p. ext. l. p. Entregar dinero. Ayudar con dinero. // **Astiyar.**

Si precisás unos mangos,
pedímelos. Yo te juro
que te astiyo en lo que pueda...,
pero a mí, pa' de laburo.
No me engrupas (*Nocau lírico*).
Alcides Gandolfi Herrero.

Atado. l. p. Paquete de cigarrillos. *Un atado de cigarrillos.*

Atar. l. p. Hallamos esta voz integrando algunas frases populares. **Atar los perros con longanizas.** Tener mucho dinero. Vivir en la abundancia. // **Atar los piolines.** Peinarse la persona a la que le quedan pocos pelos. // **Tener la vaca atada.** Gozar de buena posición económica. // Tener dinero y ser egoísta. No compartir nada.

¡Atenti! lunf. ¡Atención! ¡Cuidado! ¡Ojo! ¡Guarda! Del ital. **¡atenti!**, con igual significado.

¡Atenti, pebeta! Seguí mi consejo;
yo soy zorro viejo y te quiero bien.
¡Atenti, pebeta!
Tango. Celedonio Esteban Flores, 1929.

Aterrizar. l. p. Llegar alguien a un lugar; caer a un lugar. // Llegar sin aviso previo, por sorpresa. // Caerse al suelo una persona. // Hacerse cargo uno de la realidad; no soñar imposibles; poner los pies sobre la tierra. *¡Aterrizá, viejo, no seas iluso!* // Darse cuenta, de pronto, de algo que no se había advertido. *Cuando aterrizó, ya le habían hecho el cuento.* // Desengañarse. De **aterrizar**: descender una aeronave a tierra.
Atmosférico. l. p. Véase **amosférico**.
Atorado/da. l. p. Precipitado, atropellado. Atolondrado.
Atorarse. l. p. Precipitarse, atropellarse. Atolondrarse. *No te atores; actuá con calma.* // Por antífrasis, inhibirse, coartarse, limitarse. *Lograron atorarme con tantas preguntas.* Del esp. **atorar**: atascar, obstruir. // Permanecer, estarse quieto.
Atornillado/da. Dícese de quien está inmovilizado en un lugar, esperando en vano o impedido de moverse por alguna circunstancia. *Estuve una hora atornillado en la esquina, esperándote. Se quedó toda la noche atornillado en la ruta, con el coche descompuesto.* // Encerrado. *Se llevó la llave y me dejó atornillado en el departamento.* // Internado en un hospital o sanatorio. // Preso, encanado. *Lo atornillaron por diez años.* // **Amarrocado, acamalado.** // Dícese del dinero que está guardado. *Tiene una fortuna atornillada.* // Presionado. *Lo atornilló la policía y tuvo que confesar.*
Atornillar. l. p. Inmovilizar a alguien. // Clavarlo (2ª. acep.). // Encerrar. // Encarcelar, encanar. // Amarrocar, acamalar, guardar. Sugiere la idea de inmovilizar algo o a alguien, como si se lo fijara con tornillos. // p. ext. Presionar a alguien.
Atorra. lunf. Apóc. de **atorrante**. // Vago, haragán, ocioso.
Atorradero. lunf. Lugar donde se atorra. // Dormitorio. Véase **atorrar**.
Atorrancia. lunf. Acción y efecto de atorrar. // Condición de atorrante. // Vagancia, haraganería, ociosidad.

Si usted tiene afición a la atorrancia; si a usted le gusta echarse ocho horas sentado y otras ocho horas recostado en un catre; si usted reconoce que la Divina Providencia lo ha designado para ser un soberbio esquenún en la superficie del planeta...
Nuevas aguafuertes. *Roberto Arlt.*

Atorranta. lunf. Fem. de atorrante. // Ramera, prostituta, mujer de la vida. Mujer de la calle. Callejera.
Atorrante/ta. lunf. Vago, ocioso, haragán. // Sujeto que no trabaja ni tiene domicilio; vive desafectado de sus semejantes, desaseado, sin el menor cuidado de su persona y sin interés por integrarse a la vida de sociedad. // p. ext. Sujeto ruin, despreciable, traicionero. // Por trasposición de significado también se le dice atorrante al caradura simpático, farrista, divertido, comprador. En este caso, equivale a **loco lindo**.

Puédese concebir al atorrante distinguido, especie de soñador simpático, que escribe, bebe, "pecha" y... hasta trabaja.
Lengua, diccionario y estilo.
Avelino Herrera Mayor, 1938.

// p. ext. Escaso, insignificante, de poca monta. *Ganar un sueldo atorrante.* // De mala calidad, de poco valor. *Tengo un auto atorrante.* // De baja categoría. *Una fiesta atorranta.* // Ordinario, vulgar, común.

Yo quiero un cotorro
con piso encerado,
que tenga alfombrita
para caminar.
Sillones de cuero
todo repujado
y un loro atorrante
que sepa cantar.
La mina del Ford.
Tango. Pascual Contursi, 1924.

ORIGEN DEL TÉRMINO
*La palabra **atorrante** comenzó a tener vigencia popular en los años inmediatamente anteriores a 1880 y sobre su origen existen distintas versiones. Hay quienes opinan que comenzó por ser el nombre con que se dio en llamar a los obreros que torraban café, un trabajo mezquinamente remunerado para el que se contrata-*

ban desocupados y hasta menesterosos, a los que solía verse con su pobre presencia sentados en la vereda en sus momentos de descanso. Como iban a torrar café, se los habría comenzado a llamar atorrantes. Otra teoría remite el nombre a la característica de los vagabundos, de andar llevando siempre a cuestas sus escasas pertenencias en un pequeño bulto o hato, con el que van siempre a todos lados. De ahí habría salido la frase descriptiva "el hato errante" que luego se convirtió en atorrante.

Sin embargo, ha ganado más consenso la versión que remite el caso a la época en que se trajeron de Europa los grandes caños de hierro destinados a las obras sanitarias del Buenos Aires que crecía incesantemente. Estos caños, que llevaban impreso el nombre de su fabricante, A. Torrent, se dejaron depositados durante algún tiempo en las zonas aledañas al puerto de la ciudad y fueron aprovechados por los vagabundos como refugio y lugar donde dormir. Alguien, ingeniosamente, con el nombre A. Torrent dio formación a la palabra atorrante para designar a esos individuos.

SOBRE EL POSIBLE CREADOR DE LA PALABRA
Fabio Carrizo (José S. Álvarez), figura del periodismo y de la literatura popular argentina, que también firmaba como Fray Mocho, afirma en su artículo "Los atorrantes", publicado en la revista **Caras y Caretas** *el 1º de diciembre de 1900, que fue "Eduardo Gutiérrez, el genial autor de* **Juan Moreira***, el primero que empleó la voz* **atorrante***. Fue el primero –dice– que usó ese vocablo en nuestros diarios para designar a los hombres y mujeres en quienes la vagancia llegó a constituir una enfermedad perfectamente caracterizada hoy". (Cfr. Luis Soler Cañas.* **Orígenes de la literatura lunfarda***, 1965.)*

"Queda la duda –opina Soler Cañas– acerca de si Gutiérrez fue su acuñador o si **atorrante** *ya existía en el habla popular y él se limitó a darle vida impresa (...), pero existe una posibilidad de que haya sido el inventor de la palabra. En efecto, el médico y escritor español Silverio Domínguez, en su* **Recuerdos de Buenos Aires***, publicado en Valladolid en la década de 1880, afirma que el gremio de los atorrantes fue bautizado con esta palabra por 'un escritor chispeante', cuyo nombre no da, pero que bien podría ser Gutiérrez."*

Así decía Domínguez en aquel entonces: "Cuando hace unos años la administración de las aguas corrientes de Buenos Aires tuvo necesidad de una nueva cañería de grande capacidad para atender a las necesidades cada vez mayores del municipio, se encontró en el amplio depósito de caños de hierro con unos extraños seres que habían anidado allí como si fueran reptiles, seres que sólo habían dejado ver su silueta a la policía en las altas horas de la noche al tiempo de registrar los cajones de la basura que, en el dintel de las puertas, se dejaban para que el servicio de limpieza los llevase bien temprano. Al aparecer estos extraños personajes que nadie conocía, que la autoridad no podía, en ley, ponerlos a la sombra, porque no ejercían la mendicidad, que acudían a un convento para saciar el hambre y que pasaban huidos por las calles menos transitables llevando tras sí la turba de pilletes que los fustigaban sin piedad, la atención pública se fijó en ellos con extrañeza, la prensa se ocupó extensamente y un escritor chispeante los bautizó con el nombre de **atorrantes***, sinónimo de vagabundos, aunque esta palabra no expresa fielmente el significado de* **atorrante** *que, de uso frecuente ya en el país, se da al que en nada se ocupa, que nadie sabe cómo puede vivir sin trabajar ni llenar sus necesidades, siendo ahora también corriente emplear el verbo* **atorrar** *por la expresión de matar el tiempo, holgazanear o como el* **dolce far niente** *de los italianos. (Cfr. Luis Soler Cañas.* **Orígenes de la literatura lunfarda***, 1965.)*

RÁPIDA POPULARIDAD DEL VOCABLO
Que el vocablo se popularizó prontamente y fue utilizado con aceptación y propiedad en todas las esferas, nos lo muestra el hecho de que hasta Rubén Darío lo empleó, ya en las postrimerías del 1800: "Voluntariamente encanallado contra la canalla, se enrola en las turbas de los perdidos, repite las canciones de los mendigos, los refranes de las prostitutas, engasta en un oro lírico las perlas enfermas de los burdeles; Píndaro atorrante, suelta las alondras de sus odas desde el arroyo. Las canciones trascienden a olores tabernarios. Decididamente, ese duque vestido de oro tiene una tendencia marcada al atorrantismo". (**Estudios sobre Juan Richepin y sobre Bryson,** *corresponsal del* New York He-

rald, *publicado en* La Nación *el 26 de abril y 18 de mayo de 1894. Cfr. Antonio Dellepiane.* El idioma del delito. *1ª edición, 1894.)*

SEGREGADO SOCIAL VOLUNTARIO
Por sobre todo lo que pueda decirse o haberse dicho, el atorrante era un hombre que, por convicción, tomó la decisión de segregarse del medio social al que había pertenecido. Hubo quienes lo hicieron por indolencia, por propia vagancia o para satisfacer un sentimiento de involuntarismo natural, pero también los hubo que un día se rebelaron contra el sistema egoísta y material que los encasillaba y rompieron las cadenas que los ligaban a un enjambre social del que ya no se sentían parte y fueron sumándose a esa tan peculiar población desgajada de su núcleo original para darse al nada hacer y menos pensar.
El atorrante era un individuo que se desprendía radicalmente de la sociedad y de sus costumbres. No recurría al delito. No era ladrón ni asesino; ni pendenciero. Era inofensivo. Rara vez, borrachín. Tampoco era mendigo: despreciaba la mendicidad. En ocasiones, ni pedía; esperaba que se le diera. No quería dinero; prefería prendas de vestir, comida, cigarrillos. Algunos recogían restos de comida que hallaban en la basura o se allegaban a las iglesias o entidades benéficas, donde les daban de comer.
Al atorrante no le interesaba un comino la civilización, el comercio, el dinero ni la posesión de bienes materiales que eran todo el afán de la gran ciudad que lo vio nacer y que, por accidente, sólo por accidente, lo proveyó temporariamente de caños para albergarse. Él vivía feliz en su plácido abandonarse al momento, disfrutando de una libertad y tranquilidad que no cambiaba por nada del mundo.

Atorrantear. lunf. Vagar, haraganear, ociar.
Atorrantería. lunf. Vagancia, haraganería, ociosidad.
Atorrantismo. lunf. Condición de atorrante. // **Atorrancia.**

Eduardo – (...) es por esa vocación que tengo para el atorrantismo. Porque a mí no me la cuenta el médico: yo no tengo neurastenia ni un corno, sino pereza pura.
En familia. *Obra teatral. Florencio Sánchez.*

Atorrar. lunf. Dormir. // Descansar echado en la cama y dejando correr el tiempo en total holganza.

Atorrala doce horas,
cuando el sol esté a la vista.
Vivila siempre de noche,
porque eso es de gente bien.
Seguí mi consejo. *Tango. Eduardo Trongé.*

"**Atorrar** significó primeramente dormir; con ese sentido empleó el vocablo Cristillis Ministrils (Ramón Romero) en **Los amores de Giacumina**, 1886: *Después de beber un par de copas, como no tenía dónde atorrar, se dirigió a la imprenta.* A principios del siglo XX, Enrique Teófilo Sánchez definía **atorrar** así: 'Ociar. Dejar el trabajo; darse al ocio. Vagar. Andar ocioso sin oficio ni beneficio. Andar por varias partes sin detenerse en ninguna'." (Luis Soler Cañas, **Orígenes de la literatura lunfarda**, 1965.) Recuerda Cañas, además, que Jorge Luis Borges en **El general Quiroga va en coche al muere**, emplea esta voz: (...) *"y la luna atorrando por el frío del alba".*

Atorro. lunf. Acción y efecto de atorrar. // Haraganeo, pereza, **fiaca**. // Descanso. // Dormitorio; lugar donde se atorra. **Atorradero.** *Me voy para el atorro.* // p. ext. Cama. // **Estar de atorro.** Estar durmiento. // Estar echado en la cama descansando o dejando correr el tiempo holgazanamente. // **Irse de atorro.** Irse a dormir. *Se fue de atorro temprano.*

La noche ya larga el mazo
y talla la madrugada,
con un sol medio dormido
que alumbra el tranco aburrido
del botón de la parada.
Y un punto trasnochador
de silbo y tango al compás
se va de atorro al convoy.
Madrugada.
Tango. Fernando Rolón, 1966.

Atracar. 1. p. Acercarse, arrimarse, aproximarse a algo o a alguien. // Encarar. // Abordar el hombre a la mujer intentando enamorarla. // p. ext. Pedir dinero, mangar. // l. del. Asaltar. // **Atracar la chata, atracar el carro.**

Igual que arrimar la chata y arrimar el carro (véase **arrimar**).

Atrapa. l. del. **De atrapa. Trabajar de atrapa.** Dedicarse a atracar y robar a homosexuales. // **Ir de atrapa.** Salir en busca de homosexuales para robarles. Este tipo de delincuentes es muy despreciado en el bajo fondo.

Hoy todo se ha ido. Las grelas son grilas.
Los púas, froilanes que yiran de atrapa.
La mersa, chitrulos, mangueros de gilas.
¡Los guapos de pogru la copan de yapa!
Cacho de recuerdo. (La crencha engrasada). *Carlos de la Púa, 1928.*
NOTA. *Grilas:* no se conoce como voz lunfarda ni del lenguaje popular. Puede ser un recurso poético del autor.

Atrapador. l. del. Delincuente que se dedica a robar a homosexuales. En su accionar no hay especulaciones: le entregan lo que les pide o los golpea despiadadamente (véase **atrapa**).

Atrapar. l. del. Robar a homosexuales (véase **atrapada**).

Atrás. l. p. **Ir para atrás.** Fracasar ex profeso en cualquier sentido. // No procurar el triunfo en una competencia como parte de una maniobra dolosa. // También puede irse para atrás desinteresada y generosamente para facilitar el triunfo de alguien, sin que éste lo sepa. *En la carrera fui para atrás para que ganara un amigo que necesitaba el premio, sin que él lo supiera.*

Atropellada. l. p. Acometimiento, ataque. Embestida física o verbal de una persona contra otra. *Se me vino encima, de atropellada, acusándome a los gritos.* // En un duelo a cuchillo, atacar decididamente al rival, buscando definir el lance. *El negro me atropelló como a quererme comer.* (**El Gaucho Martín Fierro.** *José Hernández*). // Acción de enfrentar resueltamente a alguien para hacerle un pedido o un reclamo. *Los obreros, de atropellada, encararon al capataz.* // Acercamiento del hombre a la mujer con el propósito de conquistarla. Estas acepciones son extensión de **atropellada**, voz del l. turf. que alude a la acción del caballo que en los tramos finales de una carrera es lanzado por su jinete con la intención de dar alcance a los punteros y pasar a ganar. // **Aguantar la atropellada.** Afrontar a pie firme una embestida, un ataque. // Hacer frente con entereza a una mala situación. *Las cosas me van mal, pero estoy aguantando la atropellada con estoicismo.* // p. ext. del mismo dicho que en el l. turf. significa sostenerse en la delantera un caballo de carrera ante el empuje de otro u otros que tratan de superarlo.

Atropellador/a. l. p. Audaz, decidido; que no vacila. // l. turf. Dícese del caballo que tiene buena atropellada.

Atropellar. l. p. Acometer, atacar. // Embestir una persona a otra intencionadamente. // En un duelo a cuchillo, atacar decididamente al rival, procurando definir el combate. // p. ext. Abordar el hombre a una mujer con el propósito de enamorarla. // **De atropellar**, l. turf. Lanzarse velozmente un caballo en los tramos finales de una carrera intentando alcanzar y sobrepasar a los punteros.

Ave negra. l. p. Nombre que se les daba antiguamente a los procuradores y que posteriormente se extendió a los abogados. Véase **procurador**.

Vestía un traje oscuro, galera y un altísimo cuello almidonado. Era alto, flacucho, de bigotes mefistofélicos, y su presencia delataba inmediatamente su profesión de ave negra, que era como se les comenzó a llamar en aquella época a los procuradores.
Café de camareras.
Enrique Cadícamo, 1973.

Avería. l. p. **De avería.** l. p. Expresión utilizada para señalar que una persona es de pésimas costumbres: peligroso, desinhibido, inmoral, capaz de cualquier delito o atropello, criminal. // Que vive al margen de la ley. La Real Academia dice de **avería** (del lat. anaria, daño, defecto): "daño, deterioro o perjuicio que padecen las mercaderías o géneros durante el transporte por tierra o por mar" y da, como acepción familiar: dolo, perjuicio o menoscabo. El habla popular nuestra llevó que a este vocablo calificara a quienes podían causar daño a las personas o bienes y así se dijo que un sujeto **es de avería** cuando es capaz de cometer cualquier acto criminal sin miramientos.

Te criaste entre malevos,
malandrines y matones;

entre gente de avería
desarrollaste tu acción.
Mala entraña.
Tango. Celedonio Esteban Flores.

Averiada. l. p. antig. Decíase de la mujer embarazada, especialmente si era soltera.

Avión. l. p. Se dice de la mujer hermosa, de cuerpo llamativo. *¡Esa rubia es un avión!* Con igual sentido se dice *¡es un camión!* o *¡es una bomba!* También se le dice **avión** a la persona rápida, veloz mentalmente.

¡Avisá! l. p. Voz que se usa para expresar a un interlocutor que no se le cree lo que está diciendo o lo que promete; que no nos engaña con su cuento. *¿Que te ofrecieron una diputación...? ¡Avisá...!*

Avispero. l. p. Lugar o reunión donde abundan los chismes, habladurías y discusiones. *Este sitio es un avispero.* // **Alborotar el avispero.** Producir un escándalo en medio de una situación tranquila. // Causar gran conmoción, en una reunión calma, la llegada de una noticia impactante, la actitud disonante que asuma alguien o la sola presencia de quien es factor de discordia.

Avivada. l. p. Viveza. // Engañifa. Artimaña. // Acto tendiente a lograr un beneficio o a salir del paso en una situación por medio de simulaciones o actitudes deshonestas o incorrectas. *Se hizo el enfermo, pero fue una avivada para que no le pegaran.* // Entendimiento repentino que se tiene de algo que no se había advertido antes o de algo que está por ocurrir y lo pone a uno sobre aviso. *Me avivé a tiempo y no caí en la trampa que me tendían.*

Avivar. l. p. Advertir a alguien de algo que ocurre o que está por ocurrir y que éste ignora. // Poner sobre aviso. // Despabilar. Apiolar. // **No avivar giles, que después se hacen contra.** Aconseja no enseñar a los novatos o tontos los secretos de algún oficio, profesión o actividad, porque se corre el riesgo de que, una vez capacitados, se conviertan en competidores de quien les enseñó.

No me gusta avivar giles
que después se me hacen contra.
Acostumbro escuchar mucho,
nunca fui conversador.
Bien pulenta. *Tango. Carlos Waiss, 1950.*

Avivarse. l. p. Darse cuenta de algo que está ocurriendo, que va a ocurrir o que se está tramando sin su conocimiento. // Valerse de una circunstancia favorable para intentar algo. // Apiolarse. Despabilarse. // Recurrir a artimañas, engañifas o actitudes incorrectas en procura de un beneficio propio. // Aprovecharse.

Avivato. l. p. Avivado. // Aprovechador, ventajero, vivillo. // Nombre del personaje de una historieta antigua que reunía esas condiciones.

Ayolipar. lunf. Revés irreg. de apoliyar.

Ayolipo. l. p. Revés irreg. de apoliyo.

Azotea. l. p. Nombre que se le da a la cabeza por su ubicación en la parte más alta del cuerpo, como la azotea en una casa. // **Lloverle a alguien la azotea, tener pajaritos, tener un cortocircuito, tener viento en la azotea.** Estar medio loco, loco, **piantado, rayado.** (Véase **cabeza.**)

Atenti con la azotea,
que no se te entre a filtrar.
Es difícil arreglar
el marote, si gotea.
Consejos pa la salú (Nocau lírico).
Alcides Gandolfi Herrero, 1970.

B

Babosa. l. p. antig. **Charol.** // **Fanguses de babosa.** antig. Zapatos de charol. Por comparación del brillo del calzado con el de la baba de la babosa (molusco gasterópodo de concha plana que oculta bajo la piel, que segrega una baba brillante y pegajosa).

Bacalao. l. p. **Cortar el bacalao.** Tener mando, autoridad, poder de decisión. Ser el mandamás. *En mi empresa, el que corta el bacalao es el gerente.* // **Más flaco que un bacalao.** Dícese de la persona muy delgada. Alude a las lonjas en que se corta este pez para conservarlas saladas y que son largas y delgadas.

Bacán. lunf. Hombre, antonomásticamente. // Concubino, respecto de su mujer.

Termina la milonga. Las minas retrecheras
salen con sus bacanes, henchidas de emoción,
llevando de esperanzas un cielo en sus ojeras
y un mundo de cariño dentro del corazón.
Oro muerto (Girón porteño).
Tango. Julio P. Navarrine, 1926.

// Dueño de una mujer, a la que explota.

La camarera que nos sirve (...) en el Café de la Punga es una criolla vivaz...
—¿Qué tal la pasan ustedes? —le preguntamos.
—Muy mal y muy bien. De todo un poco. Cuando el bacán no estrila, todo marcha admirablemente.
—¿Y por qué estrila?
—Porque no ganamos bastante vento para él.
Trata de blancas. *Enrique García Velloso. Crónica periodística de principios del 1900. (Cfr. Luis Soler Cañas.* **Orígenes de la literatura lunfarda,** *1965.)*

// Individuo que mantiene a una mujer.

Mientras tanto que tus triunfos,
¡pobres triunfos pasajeros!,
sean una larga fila
de riquezas y placer,
que el bacán que te acamala
tenga vento duradero...
Mano a mano.
Tango. Celedonio Esteban Flores, 1923.

// Persona rica, pudiente. Que vive en la abundancia. Femenino: **bacana.**

Por eso es que le digo, cuando pasa,
engrupido de bute, farolero,
de mucho cueyo y de corbata escasa:
—Ya que áura sos bacán y el vento empacas
y las rolás con púas...
El feite (La crencha engrasada).
Carlos de la Púa, 1928.

// Gran señor. // Elegante, pintón. // p. ext. Objeto suntuoso: *un reloj bacán.* // p. ext. De categoría. *Una fiesta bacana.* // **Bacán a la gurda. Gran bacán. Bacanazo.** // **Estar bacán.** Estar a gusto, de lo mejor. Pasarla bien. // Lo más campante. Véase **bacana.**

Del tango es ladero desde pichibirlo
y toda su vida no es más que un gotán.
Tirando la daga dio cortes de estilo,
como si estuviera bailando bacán.
El Cachafaz (La crencha engrasada).
Carlos de la Púa, 1928.

// **Bacán mishio.** Hombre pobre. // p. ext. Cafisho al que su mujer le rinde poco dinero.

... que para ser tu cafishio
sin que se me rinda el diario,
prefiero pasar de otario
y no ser tu bacán mishio.
El cabrero. José Betinoti.

// **Parla bacana.** Conversación fluida, elegante, florida. // **Pinta bacana.** Elegancia, buena presencia, apostura.

OPINIONES SOBRE EL ORIGEN DE BACÁN
Américo Castro en su libro **La peculiaridad lingüística rioplatense y su sentido histórico** (1941), *deriva esta voz del gen.* **bacan** *o* **baccan.** *José Gobello la remite también al gen.* **baccan,** *con el sentido de jefe del lugar* (**Diccionario lunfardo,** 1989). *Igualmente, Mario E. Teruggi opina que "parece provenir del vocablo genovés* **bacan,** *patrón y, figuradamente, padre o jefe de familia". "De estas acepciones primitivas —agrega— es fácil el pasaje a los derivados de persona acaudalada, sujeto que vive bien y hombre que mantiene a una querida, los tres significados esenciales del lunfardo (...). Pero recordemos —señala— que la giria brasileña registra* **bacan,** *persona adinerada, y también el adjetivo* **bacana,** *bonita. Habrá que determinar si* **bacán** *se usó primero en Brasil o en la Argentina." (***Panorama del lunfardo,** 1974.)
Tino Rodríguez aporta los siguientes sinónimos del vocablo: "cogotudo, copetudo, chaludo, enguiyado, forrado, galerudo, guiyado, parado, platudo, ventudo. // *Refinado, bacanazo, camba, cambusa.* // *Concubino, machimbre, concubinario".* (**Primer diccionario de sinónimos del lunfardo,** 1987.)

Bacana. lunf. Fem. de bacán en los siguientes casos: // Mujer, por antonomasia. // Concubina, respecto de su hombre.

Y aquí acabo del tío el cuentecillo
para pensar un rato en la bacana,
mientras me fumo a gusto un cigarrillo.
El cuento del tío. Anónimo, de fines del siglo XIX (Cfr. Antonio Dellepiane. **El idioma del delito,** 1ª edición, 1894).

// Mujer rica, pudiente, que vive en la abundancia. // Elegante, pintona. // Gran señora.

Tu presencia de bacana
puso calor en mi nido.
Fuiste buena, consecuente
y yo sé que me has querido
como no quisiste a nadie
como no podrás querer.
Mano a mano.
Tango. Celedonio Esteban Flores, 1923.

// También se emplea para calificar cosas en el sentido de valiosas, suntuosas, de categoría, etc. // p. ext. Antiguamente se llamaba **bacana** a la regente o a la dueña de un prostíbulo, acepción que solamente circulaba en el ambiente de los lupanares y cayó en desuso.
Bacanaje. lunf. Ambiente, círculo de bacanes. // Conjunto de bacanes. // **Bacanería.**
Bacanazo/za. lunf. Aument. de bacán.

Llevo un tren a la par de un bacanazo,
no uso lengue ni funghi ni macana...,
pero si un tira me fletara en cana,
lo madrugo, le fajo un castañazo.
Batiendo el justo.
Yacaré (Felipe H. Fernández).

Bacanería. lunf. Calidad, condición de bacán. // Propio de bacanes. // **Bacanaje.**
Bachicha. lunf. Persona de nacionalidad italiana. // Persona gorda, especialmente si es baja. **Gordo bachicha.** // Sobrenombre de Juan Bautista y de Bautista. "Del gen. **baciccia,** quizá influenciado por el piamontés **bacicia, bacicio:** tonto, por la connotación despectiva del término." (José Gobello. **Diccionario lunfardo,** 1989.) Corren, también, **bachichín** y **bachinchín.**
Bafi. lunf. Bigote. Del ital. **baffi:** bigote, mostacho.
Bagallo. lunf. Bagayo.

Así qu'este mismo instante,
sin andar con tanto ensayo,
preparate tu bagallo
y, enseguidita, el espiante.
El cabrero. José Betinoti.

Bagayero/ra. l. p. Nombre que designa a la persona que se dedica a pasar objetos y mercadería de contrabando a través de las fronteras. // Contrabandista de poca monta. Para ambos ca-

sos, proviene de **bagayo** (1ª acepción) y, en el segundo, califica al que transporta el **bagayo**.
Bagayito. lunf. Dim. de **bagayo**. // Bulto, envoltorio pequeño, modesto, pobre, con cosas o prendas de escaso valor.

Una tarde más tristona
que la pena que me aqueja,
arregló su bagayito
y amurado me dejó.
Amurado. *Tango. José De Grandis, 1926.*

Bagayo. lunf. Bulto, paquete, envoltorio. // Conjunto de cosas de menor tamaño que se guardan o transportan embolsadas o empaquetadas.

(...) y así estuvo un largo rato, probó todas las ganzúas que tenía en el bagayo d'herramientas, las más púas perfectas y qu'él mismo, medio herrero, trabajó...
Escruche. *Bartolomé Rodolfo Aprile.*

// Objeto o mercadería que se pasa de contrabando. // **Balurdo** (acep. 2, 3 y 4). // p. ext. Mucho; gran cantidad de algo. *Un bagayo de trabajo. Un bagayo de guita. Un bagayo de ilusiones.* // p. ext. Persona fea, poco agraciada. **Paquete** (6ª. acep.).

¡Aquí ya sabés quién ronca!
¡Basta y minga de desmayo!
¡Grandiosísimo bagayo!
¡Engrupir así a su trompa!
De rompe y raja. *José Pagano.*

Hasta no hace mucho tiempo, el uso del calificativo **bagayo** con referencia a la mujer fue patrimonio casi exclusivo del hombre, pero ésta terminó por adoptar la palabra y emplearla con el mismo sentido respecto al hombre. *Ese tipo se cree un fachero, pero es un bagayo.* // l. turf. Dícese del triunfo inesperado de un caballo al que no se le asignaban posibilidades para ganar una carrera. *En el clásico ganó un bagayo.* // l. turf. Dividendo o **sport** elevado que abona dicho caballo a sus apostadores. *Patitieso pagó un bagayo a ganador.*
José Gobello remite esa voz al gen. **bagaggio**, equipaje. (*Diccionario lunfardo*, 1989.) Por su parte, Mario E. Teruggi expresa: "proviene de **bagaglio**, voz italiana que remonta al latín medieval **baga**, odre, y que significa equipaje o bagaje. En su segunda acepción cabe la duda de si no ha habido un cruce con **bagasa**, palabra castellana que el diccionario académico hace derivar del árabe **bagassa**, libertina. En el antiguo provenzal existía la voz **bagassa**, que pasó al francés medio con el significado de mujer vil, prostituta. En inglés, **baggage** designa tanto al bagaje como a la ramera". (*Panorama del lunfardo*, 1974.)

Bagre. l. p. Originalmente, mujer fea. Ahora lo usa la mujer para designar al hombre que le resulta feo. // Cosa fea, desagradable, en general. Por el pez del mismo nombre, considerado feo. *Feo como un bagre.* // Estómago. // **Picarle a uno el bagre.** Tener hambre. // Casualidad, suerte. *Acertar de bagre.* // l. turf. Caballo de poca calidad. Matungo. // **Darse un bagre, ganar un bagre.** l. turf. Producirse en una carrera el triunfo inesperado de un caballo que contaba con muy pocas apuestas a su favor.

Bagual. l. camp. Animal montaraz, indómito, que vive en estado semi salvaje y huye del contacto con el hombre. Este nombre se aplica solamente a aquellos que pueden ser domesticados, como los animales de ganado. // Animal bravo, bravío. // p. ext. Persona insociable, arisca, de mal trato para con sus semejantes.

Esta voz se usó por primera vez para designar a los caballos salvajes que, en gran número, llegaron a poblar las llanuras bonaerenses, producto de la asombrosa procreación de aquellos que habían quedado abandonados cuando se produjo la despoblación y el desmoronamiento de Buenos Aires en 1541, por orden del capitán Domingo Martínez de Irala.
*El origen de **bagual** se debe al nombre de un cacique querandí así llamado, que Juan de Garay asentó con su gente en Buenos Aires cuando la fundó por segunda vez, pero que no se adaptó a la convivencia con los españoles y se rebelaba de continuo, no obstante los castigos que se le aplicaban. Por fin huyó de la ciudad, contra la que se alzó en distintas oportunidades, hasta que fue muerto. Esto hizo que **bagual** se constituyera en sinónimo de indómito y salvaje, acepción que se trasladó a los caballos montaraces y, posteriormente, a otros animales de la misma condición y al hombre insociable y huraño.*

// **Hasta la hacienda baguala cae al jagüel con la seca.** Célebre refrán empleado por "El viejo Vizcacha", un notable personaje del libro **El gaucho Martín Fierro**, debido al escritor José Hernández, quien nos dice:

El hombre, hasta el más soberbio,
con más espinas que un tala,
afloja andando en la mala
y es blando como manteca.
Hasta la hacienda baguala
cae al jagüel con la seca.

Esto es, que, por más soberbia que sea una persona, suele deponer su arrogancia, su altanería, en busca de ayuda, cuando se halla en mala situación. Pone como ejemplo al ganado bagual, que por norma huye del hombre y, sin embargo, en época de sequía se allega a las estancias o establecimientos rurales a beber el agua de los jagüeles. **Baguala** está aquí mal empleado como femenino de **bagual**, que se usa siempre en masculino.

Bailar. 1. p. Dominar ampliamente a un adversario, desconcertándolo a fuerza de superioridad: un equipo de fútbol baila a otro; un boxeador baila a su rival, etc. // p. ext. Lucirse alguien ante quien lo somete a una prueba o examen. *Le di un baile a mi profesor.* // Retar, amonestar severamente. // Dar una paliza a alguien. // Perder mucho dinero en el juego. *Me hicieron bailar en la timba.* // l. dep. Exigir severamente a un deportista o a un grupo de ellos en un entrenamiento. *El preparador físico nos hizo bailar toda la mañana.* // l. mil. En el ejército, someter a un soldado a una agotadora sesión de gimnasia física, como castigo. Del esp. **bailar**: danzar; moverse acompasadamente. // **Bailar con la más fea.** Ocurrirle algo desagradable a alguien entre un grupo de personas a las que nada sucede. // Llevar la peor parte en un conflicto que involucra a varios otros, también. El dicho, muy corriente, es **a mí siempre me toca bailar con la más fea** y toma el símil de aquel que, en un baile, cuando va a sacar a bailar a alguna mujer, halla que las más hermosas ya han hecho pareja y debe conformarse con alguna fea, si no quiere quedarse sin bailar.

Baile. 1. p. Acción y efecto de bailar. // p. ext. Alboroto, batifondo, despelote. // **Armarse un baile.** Producirse un barullo, un lío grande, una pelea. // **Dar un baile.** Ejercer amplio dominio sobre su adversario en alguna competencia. *River Plate le dio un baile a Huracán.* También se usan **dar un bailongo** y **dar un candombe.** // **Meterse en un baile.** Involucrarse en un problema, un asunto complicado, una pelea. // **Ya que estamos en el baile, bailemos** o **ya que estamos en el baile, hay que bailar.** Indica que, una vez que uno se ha metido en un problema, un embrollo, una riña, debe afrontar la situación.

Tino Rodríguez da los siguientes sinónimos de baile: "balurdo, batuque, berenjenal, desbole, desconche, desorden, despiole, despiporre, fandango, quilombo, maroma, matete, menesunda, meresunda, podrida, rosca, tole tole".

Bailetín. 1. p. Baile de baja condición. // Baile modesto, mistongo. // Bares en los que antiguamente se bailaba y se presentaban cantores o conjuntos musicales.

Bailongo. 1. p. Baile, en general. La terminación desinencial **ongo** no hace necesariamente despectivo al término, como ocurre con otras voces y también con ésta (*No vayas a ese bailongo orillero*). También se emplea afectivamente (*Armamos flor de bailongo en mi cumpleaños*). // p. ext. Lugar donde se organizan bailes.

(...) La orilla sudoeste de Buenos Aires era el Matadero del Sur —de 1872 a 1900— o Corrales Viejos (actual Parque Patricios), alrededor del cual se constituía una zona de almacenes, bailongos, garitos de juego, reñideros de gallos, frecuentados por los matarifes y donde se bailaba el tango entre hombres solos...
Buenos Aires, vida cotidiana y alienación.
Juan José Sebreli, 1966.

Bajar. 1. p. Matar. *Bajó al delincuente de un balazo.* // Derribar a alguien. *Lo bajé de una trompada.* // sent. fig. Comer o beber mucho. *Se bajó tres platos de ravioles. Se bajó una botella de whisky en una noche.* // **Bajar la bandera.** Véase **bandera**. // **Bajar el copete.** Deponer el orgullo, la altanería, las ínfulas. // **Bajar la caña.** Sancionar, aplicar un castigo. // Cobrar por algo que se vende o se consume un precio superior al que corresponde. // **Bajar la cortina.** Dar término a una cuestión o discusión en forma tajante. // Cortar los vínculos afectivos con alguien. // **Bajar los brazos**. Ceder, dejar de luchar por algo. Resignarse, aflojar, rendirse. // **Bajar los humos**. Equivale a bajar el copete.

Bajativo. l. p. Infusión o bebida alcohólica que se toma como digestivo después de las comidas.

Balancines. l. p. Senos de la mujer. Obviamente, alude a **balancear**. Tino Rodríguez da estos sinónimos: "delantera, limones, mostrador, paragolpes, pechuga, péndulos, repisas". (Primer diccionario de sinónimos del lunfardo, 1966.)

Balanza. l. p. **¡A la balanza!** Expresión popular que implica el desafío para cotejar capacidad, habilidad o fuerzas. *¿Decís que me ganás en 200 metros? ¡A la balanza!* Esto es, *¡vamos a correr ya mismo!* // *¿Sos campeón de pulseada? ¡A la balanza!* O sea, *¡vamos a pulsear ya mismo!* El dicho se inspira en el requisito que deben cumplir los jockeys en el hipódromo antes de cada carrera, de pesarse con todo su equipo, montura, etc., para verificar si salen a correr con el peso que se les ha asignado en la competencia. También suele ocurrir en una reunión de carreras cuadreras cuando se pactan desafíos entre propietarios de caballos que han llevado a sus pingos para correr si encuentran un rival. De aceptarse el desafío, vendrá la invitación: ¡a la balanza!, para igualar el peso de los jinetes o para que uno de los competidores le dé algunos kilos de ventaja al otro en casos de una reconocida superioridad.

Balconear. l. p. Observar con atención algo o a alguien. // Observar lo que está sucediendo ante uno, atentamente, pero sin tomar intervención. Esta voz se inspira en la figura de quien, desde un balcón –como puesto de observación– mira lo que ocurre frente a él como simple espectador, pero sin participar en ello.

Balconeo. l. p. Acción y efecto de balconear.

Baldosa. l. p. **Bailar sin salir de la baldosa**. Dicho jactancioso del ambiente tanguero que implica realizar varios cortes y figuras en un reducido espacio (véase **corte**). // **Cepillar las baldosas**. Bailar muy bien el tango. // Lucirse bailando el tango con corte. El dicho fantasea tal como si, con tantos movimientos de sus pies, el bailarín sacara brillo a las baldosas del piso con sus zapatos, como cuando se los cepilla. También se dice **sacar brillo** o **lustre a las baldosas**. Se remonta a la época en que se organizaban bailes en los patios de los conventillos, de casas de familia o de peringundines, que tenían pisos de baldosas.

Cepilló las baldosas a su gusto,
fue bailarín, cantor y guitarrero;
pesaba, como guapo y canfinflero,
los mil gramos del kilo, justo, justo.
El suicidio. José Pagano.

Balero. l. p. Humoríst. Cabeza. Compara con la bocha del juguete de niños llamado balero. Véase **cabeza**. // p. ext. Inteligencia, sabiduría. **Tener balero**. // p. ext. Inteligente, sabio. *Ese escritor es un balero*. // **Estar del balero**. Estar trastornado, loco. Equivale a **chiflar el balero**, **zumbar el balero**, etc., o sea, **chiflar la cabeza** o **el mate**, **zumbar la cabeza** o **el mate**, etc.

Esto de las falsificaciones tiene mucho de arte;
no cualquiera las hace. Es como esos grandes
baleros que pintan un Picasso o un Modigliani
y no solamente engrupen a la gilada, sino que
hacen dudar a los expertos.
Sabihondos y suicidas.
Héctor Chaponick, 1982.

Balurdo. lunf. Bobo, tonto, ingenuo, estúpido. // Envoltorio, paquete, paco. // Envoltorio en el que parece haber mucho dinero y sólo tiene recortes de papel cubiertos con algunos billetes, con el que se cometen ciertas estafas. // Dinero, botín producido de un robo. *La policía lo pescó con el balurdo encima*. // Embrollo, lío, problema. Preocupación, confusión. Angustia, amargura. *Tener un balurdo en la cabeza*.

La ligó en Leandro Alem, de recorrida,
una noche pa'l crimen que la pobre
Norma, la cariñosa, iba pa'l sobre,
con el negro balurdo de su vida.
Norma. Enrique Cadícamo.

NOTA. *Leandro Alem*: avenida "del bajo", continuación de Paseo Colón hacia Retiro donde, hasta mediados del 1900, funcionaron cafetines, salones de baile y cabarets de baja categoría. ***Una noche para el crimen***: una noche en que la amargura y la desesperación pueden llevar a alguien a decisiones extremas.

// Enredo peligroso. *Andar metido en un balurdo.* // **Guiye, engrupe, piyadura.** *Tiene un balurdo de grandezas en el mate.* // p. ext. Se ha usado con el sentido de valía, condiciones, antecedentes que hacen a una persona.

Pero yo, que le remanyo
su prontuario, bien lo sé
que no tiene más balurdo
que un andar de contramano.
Cartón junao. *Tango. Carlos Waiss.*

LUNFARDISMO DE ANTIGUA DATA
"Balurdo es un lunfardismo que, poco a poco, ha ido sumándose al lenguaje popular. Significa bulto formado por trapos, papeles u otra cosa. Su sentido real es de engaño, dar gato por liebre. **Meterle a uno el balurdo** *quiere decir cargarlo con culpas ajenas o imponerle toda la responsabilidad de un hecho irregular cometido por otro u otros."* (José Barcia, **Vocabulario** *en el libro* **Pedrín**, *de Félix Lima, 1969.*)
"Bulto para dar un timo. Relacionado con el italiano **balordo**: *bobo, tonto."* (Américo Castro, **La Peculiaridad lingüística rioplatense y su sentido histórico**, *1941.*)
"Rollo de papeles que a simple vista semeja una gran suma de dinero que 'el grupo' entrega 'al otario' en 'el trabajo de cuento'. La cubierta de este rollo formada con algunos billetes de banco hábilmente dispuestos, se llama 'capa del balurdo'." (Antonio Dellepiane, **El idioma del delito**, *1ª. edición, 1894.*)
En cuanto a José Gobello, hace este distingo: *"Balurdo: tonto. Del ital.* **balordo**, *tonto, con interferencia genovesa que convierte la* o *en* u. // *Envoltorio compuesto con recortes de papeles inútiles recubiertos con uno o dos billetes de banco, que simula contener una gran suma de dinero y era empleado en cometer ciertas estafas".* (**Diccionario lunfardo**, *1989.*)
Tino Rodríguez, por su parte, da como sinónimos de esta voz: *"estafa, fraude, guay, matufia, mula, perro, tanga, yeite.* // *Tonto, boludo.* // *Asunto, a veces dudoso.* // *Fato, estofado, franguyo, malanfio, maranfio, merengue, milonga".* (**Primer diccionario de sinónimos del lunfardo**, *1987.*)

UN CUENTO DEL BALURDO
Uno de los cuentos del balurdo puede desarrollarse hoy de la siguiente manera: sale del banco un señor de buena presencia y puede suponerse que lleva dinero encima. Unos pasos más allá le llama la atención un hombre que "accidentalmente" se cruza en su camino mirando el suelo ostensiblemente. Otros pasos más, y el hombre, que había quedado atrás, lo alcanza y, con voz sufriente, le pregunta si no ha visto, caído en la vereda, un sobre abultado de color marrón. Ante la negativa, el tal individuo exclama, desconsolado: "¡En el sobre había cinco mil pesos en billetes de cien!". Y se aleja, gesticulando y agarrándose la cabeza, desesperado, para desaparecer entre los transeúntes.
El señor sigue su camino, tocado por el drama de ese desconocido, aunque sin poder evitar ir mirando hacia el suelo, de pura curiosidad, no más. De pronto, se ve alcanzado nuevamente, esta vez por otro individuo, humildemente vestido, con cara de tonto que, a modo de saludo, se quita la boina roja que lleva.
—Diga, don, ¿qué le dijo ese señor?
Y señala con la cabeza hacia allá, donde el hombre angustiado ya se ha perdido entre la gente.
—Me preguntó si había visto un sobre marrón en el suelo. Parece que lo ha perdido...
El rostro del hombre humilde se trasmuta en una expresión mezcla de culpabilidad y temor.
—¡Uy...! Yo encontré este sobre... Mire: es marrón... Y vea lo que tiene... (Lo abre, apenas, como asustado), Mire... ¡cuánta plata...!
Como a escondidas, cubriéndolo con su cuerpo, se encorva, abre el sobre lo suficiente como para que se vea la punta de lo que se muestra como un grueso fajo de billetes, en cuya cubierta se ven papeles de cien. Asustado, impresionado, el hombre humilde cierra el sobre, ocultándolo de la gente contra su pecho y, de improviso, impulsivamente, se lo tiende al señor para que lo agarre.
—Señor..., aquí hay mucha plata... Debe haber como mil pesos... Yo no sé de estas cosas... Estoy asustado... Tome el sobre... Déme algo y quédeselo usted...
El señor abre los ojos ante la oportunidad que se le presenta. ¡Ahí están los cinco mil pesos! Y ese pobre hombre de boina roja ni se imagina tal cantidad... Una inoportuna y molesta sensación de bajeza le anticipa lo que está a punto de ha-

cer. En busca de una excusa que pueda engañar a su conciencia mira el hormigueo de personas que se desparrama por la calle. ¿Quién podría encontrar ahora al dueño de ese sobre?
—Déme la mitad, señor... Quinientos pesos... Agarre el sobre, señor... Quiero irme...
—No tengo más que trescientos. Tome.
*Y el hombre humilde también se pierde entre la multitud. Que es lo que deseaba el señor, ya con el abultado sobre marrón en sus manos. Comprueba, aliviado, que nadie ha reparado en el hecho y, ansioso, se aleja del lugar. A buena distancia entra en un bar y, mientras espera el café que ha pedido, expectante, abre por completo el sobre. En efecto, en las cubiertas del fajo hay sendos billetes de cien pesos, pero, entre ellas, una decepcionante pila de papeles de diario prolijamente recortados del tamaño de los billetes, lo que le había dado la apariencia de un grueso paco de dinero. Apenas tiene tiempo de guardar presurosamente el **balurdo**, porque ya le traen el café (¿se habrá dado cuenta el mozo?). Más tarde, en su casa, comprobará que los billetes de cien pesos son falsos.*

Banana. l. p. Pene. // **Buena banana.** Dícese del individuo agradable, ocurrente, simpático. // **Piola.** // Por contraposición: persona pícara, tramposa, de desconfiar. Actualmente de poco uso.

Banca. l. p. Influencia, poder, predicamento. *Es un hombre de banca en las esferas oficiales.* // l. jgo. Tallador, en los juegos bancados. // Persona que lleva la banca. // **Copar la banca.** Hacer frente en forma decidida a una situación difícil asumiendo los riesgos y responsabilidades que ello implique. // Jugarse el todo por el todo, aun en auxilio de otra persona. Del esp. **copar la banca**: en los juegos bancados copar un solo jugador todo el dinero que apuesta la banca que, de ese modo, juega contra él solamente. // **Pasar de punto a banca.** Dícese de quien, contando a priori con pocas responsabilidades de destacarse en un asunto o de triunfar en alguna confrontación, se convierte, inesperadamente, en dominador y triunfador. Del esp. **punto**: el que apuesta contra la banca en los juegos de azar. // **Tener banca.** Tener poder, influencia, predicamento.

Bancar. l. p. Sostener, mantener a alguien económicamente. *Estoy bancando a un amigo que está desocupado.* // Tolerar, soportar el carácter, la mala forma de ser de alguien. *Mi novia es caprichosa, pero yo la banco.* // Aguantar una situación desagradable, una mala racha, una enfermedad, etc., sin reacciones negativas, confiando en que todo pase. // Afrontar las consecuencias que puede acarrearle a uno mismo su propia manera de ser o de proceder. *Mi carácter me trae problemas, pero yo me la banco.* // Esperar a alguien que se demora. *Hace una hora que estoy bancando a mi esposa.* // l. jgo. Llevar la banca en los juegos bancados.

Banda. l. p. Borde de goma en las mesas de billar, donde rebotan las bolas. **Baranda.** // **Estar en banda.** Estar sin recursos, desposeído, sin sostén, sin rumbo. Tiene su origen en lo dificultoso que resulta para un jugador de billar impulsar su bola con el taco cuando ésta se encuentra tocando la banda (baranda) por la poca superficie libre que presenta. // **Irse en banda.** Caerse al suelo alguien o algo. // Fracasar en algo. Estas acepciones vienen de **banda**, como costado.

Bandear. l. p. Pasar, atravesar algo. *Bandear un arroyo.* // Sobrepasar a otro. *El zaino lo bandeó al tordillo a veinte metros de la raya.* // Exceder las penurias y problemas la capacidad de resistencia de quien las sufre.

Tirao por la vida de errante bohemio estoy, Buenos Aires, anclao en París. Curtido de males, bandeado de apremios, te evoco desde este lejano país.
Anclao en París.
Tango. Enrique Cadícamo, 1931.

// Propasarse en el trato. *No me hables en ese tono: te estás bandeando.* // Excederse en lo que se come o se bebe. *Me bandeé en la cena de ayer.* // Derribar, hacer caer a alguien. *Lo bandearon de un botellazo.* // Esquivar, eludir algo o a alguien. Del esp. **banda**: lado o costado de una embarcación. **Dar a la banda**: tumbar una embarcación sobre uno de los costados para que deje descubierto el otro, con el fin de carenarlo o limpiarlo, y **bandear**: mover a una y otra banda una cosa; pasar al otro lado, a la otra banda.

Bandearse. l. p. Excederse, propasarse, sobrepasarse. // Hacer lo incorrecto. // Caerse, irse al suelo.

Bandera. l. p. Alarde, aspaviento, exageración. // Dícese de la persona ostentosa, jactanciosa. *Me cansa ese tipo: es un bandera.* // **Banderola. Banderudo.** // l. del. Parte dentada de la llave (se compara la caña con el mástil y la paleta con el paño de la bandera). // **Bajar la bandera.** Definir una situación en forma concluyente; darle punto final, sin posibilidad de instancia alguna. *Me ofreció diez mil pesos por el coche y le bajé la bandera* (se lo vendí, sin una palabra más). Viene de la acción del **starter,** largador o abanderado que, bandera en alto, aguarda el momento en que estén bien alineados los caballos que van a correr una carrera para bajarla enérgicamente y, al grito de ¡ahura! o ¡vamos!, largarlos a correr. // p. ext. Conquistar, ganar algo con autoridad y personalidad. Imponerse.

... y aunque estaba en la palmera
como pude te paré,
hasta que vino el inglés
que te bajó la bandera.
Andá que te cure Lola.
Milonga. Luis Caruso.

// **Hacer bandera.** Hacer gestos ampulosos buscando llamar la atención. // Querer impresionar con palabrerío y ademanes. // Ostentar, fantochear. // Hacer **espamento.** // **Plantar bandera.** Equivale a **plantarse,** no seguir. // Llegar a un punto, una instancia límite y detener definitivamente toda acción, todo intento. *La timba me está arruinando: planto bandera. Renunció a su banca y plantó bandera con la política.* El origen de este dicho se remite a los tiempos en que los conquistadores alcanzaban un lugar, quizá tras grandes luchas y sacrificios, para posesionarlo y, una vez en él, plantaban en el suelo su bandera, como señal de dominio. Ya no había que seguir más. También se inspira en el acto de algunos escaladores de montaña que, a semejanza de aquéllos, clavan una bandera en la cumbre cuando llegan a ella tras ingentes esfuerzos. Hasta allí llegaron. Es el fin.
Banderola. l. p. Montante. // Ventana angosta y alargada que se halla sobre una puerta o ventana y se abre separadamente de ella. Del port. **bandeira:** parte superior de la ventana o de la puerta. // p. ext. Úsase como parag. de **bandera** (1ª y 2ª acep.). // **Hacer banderola.** Hacer bandera. // **Ser un banderola.** Ser pura apariencia, pura pinta. Ser fanfarrón, ostentoso, exagerado.

Y pensar que entré en el grupo de tu amor
  /siendo tan púa,
mas un ortiba en el fato me dateó con gran
  /afán,
batiéndome con firmeza que eras pura
  /banderola
y con más puestas de espaldas que el mismo
  /Karadagian.
Como chivo con tricota (Nochero).
Juan Pedro Brun, 1969.

NOTA. *Puesta de espaldas:* obviamente, acostada. *Karadagian:* luchador de catch que fue muy popular hacia los años 1950. En esta disciplina gana el luchador que pone de espaldas contra el piso a su contrincante por el lapso de tres segundos.

Banderudo/da. l. p. Que hace bandera. // Bandera, banderola.
Bandola. l. p. Bandoneón.

Tango lindo que se estira
en un bandola atorrante
y que sale agonizante
mientras se baila y se aspira...
Apología tanguera. *Enrique Cadícamo.*

BANDOLAS: PUESTOS DE VENTA
"Llamábase **bandolas** a unos puestos callejeros de venta al menudeo que se veían en Buenos Aires hacia 1860. Existían varios, que se instalaban en la recova de frente a la actual Plaza de Mayo (antes Plaza Grande y luego De la Victoria, por la reconquista de la ciudad el 12-8-1806, tras la derrota que se infligió a las fuerzas invasoras inglesas).
"Estas bandolas eran una especie de mercería o cachivachería volante. Constaba cada una de ellas de un cajón, como de dos varas de largo por una o más de ancho, colocado éste sobre cuatro pies. Todo el aparato era de pino, con una tapa con goznes. Abrían los señores **bandoleros** sus tiendas levantando esta tapa, que se convertía en estante o armazón.
"Sus efectos constaban en su mayor parte de peines, alfileres, dedales de mujer y de sastre, ro-

sarios, imágenes, anillos, pendientes y collares de vidrio o con piedras falsas e infinidad de chucherías, todas de poquísimo valor. Sus principales parroquianos eran los sirvientes, gente de color y los hombres de campo que bajaban a la ciudad a hacer sus compras.
"Es de suponer que la voz **bandola**, *en la acepción que aquí se le da, fue un derivado de* **banda**, *de* **bandolero** *y tuvo su origen en la inventiva popular." (José A.Wilde.* **Buenos Aires, desde 70 años atrás: 1810-1880,** *1ª ed., 1881.)*

Bandoleón. l. p. Corrupción de **bandoneón**. En un tiempo era frecuente oírla.
Bandolero. l. p. Decíase de la persona que atendía una **bandola**. // Humoríst. Bandoneonista. Fueyero. Fuera de uso actualmente.
Bandoneón. l. p. Instrumento musical de viento, a fuelle, que se ejecuta a dos manos, provisto de teclado para cada una de ellas, de voces melodiosas y de gran sonoridad. De origen alemán, se prestó tan bien para tocar el tango, que fue adoptado de inmediato en nuestro medio y se convirtió en un verdadero instrumento nacional. Fue creado por Heinrich Band, en 1835, con la finalidad de acompañar musicalmente los actos religiosos que se celebraban al aire libre, por su gran fuerza sonora. Tomó el nombre del apellido de su fabricante.

"Por razones de afinidad inefables gustó al argentino, que lo adoptó y lo hizo criollo. De esta manera, el bandoneón vino a reemplazar el sonido vivaz y alegre de la flauta, el violín y la guitarra. Y se hace tan carne en el tango, que se produce entre el tango y el instrumento una especie de simbiosis. Llama la atención su sonido entre queja y sollozo. La ambivalencia se hace polivalencia cuando se descubren otras similitudes. Y así, el bandoneón de germánico origen y fabricado a orillas del Rin, es considerado como argentino y representante del Río de la Plata." (Tulio Carella. **Picaresca porteña**, *1966.)*

FECHA DE SU APARICIÓN
"La esquina de Suárez y Necochea fue el punto de partida de las primeras orquestas típicas criollas (...) en las que irrumpieron un día, gimiendo de puro humanos, los bandoneones. Se podría fijar la del Centenario (1910) como la fecha aproximada de su aparición (...) Tres bandoneonistas extraordinarios que allí se anunciaron casi juntos a las masas porteñas, Genaro Spósito, Eduardo Arolas y Vicente Greco, con el gran Juan Maglio (Pacho) corren con la gloria tamaña de haber aportado al tango el bandoneón." (José Sebastián Tallon. **El Tango en su etapa de música prohibida**, *1959.)*

Bañadera. l. p. Antiguo vehículo automotor de transporte colectivo de pasajeros, semejante a un ómnibus sin techo, que se utilizaba frecuentemente hasta mediados del 1900 para paseos, excursiones, visitas guiadas, así como para transportar gratuitamente personas a los remates de lotes que se realizaban en la provincia de Buenos Aires. Por estar descubiertos y pintados de blanco, la gente los asemejó a grandes **bañaderas** (arg. por bañeras) y les dio tal nombre.

¿No apoliyá' en dos colchones
que te forré de arpillera?
¿No te hiciste una pollera
toda de color tomate
con la bandera'e remate
que afané en la bañadera?
Sinforosa. *Milonga. Raúl Hormaza.*

Bañarse. l. jgo. Sufrir una pérdida importante en el juego. // l. p. ¡**Andá a bañarte!** Expresión con la que se corta una conversación o discusión y se despide a alguien violentamente. // En general, forma de echar o despedir a alguien.
Baqué. l. p. **Vuaturé.** Automóvil pequeño de dos asientos. Se usó en las primeras décadas del 1900 entre gente de buena posición.

Lucís con orgullo
tu estampa elegante
sentado muy muelle
en tu regia baqué.
Pero yo sé. *Tango. Azucena Maizani, 1928.*

Baqueta. l. p. Uso excesivo o mal uso que se hace de una cosa, al extremo de desgastarla, dañarla o dejarla maltrecha. *Tener baqueta un traje, un coche, etc.* Del esp. **baqueta**: castigo que antes se imponía en España a un delincuente, desnudo de medio cuerpo arriba, obligándolo a correr en medio de una calle formada por soldados que lo azotaban en la espalda con correas, varas o portafusiles.

Baqueteado/da. l. p. Desgastado, dañado o maltrecho por el mucho uso o el mal uso que ha sufrido. // p. ext. Dícese de quien está cansado, agotado por un esfuerzo excesivo y continuado. // p. ext. Experimentado; que ha aprendido mucho de los reveses de la vida. Del esp. **baqueteado**: que ha padecido el castigo de la **baqueta**.

Baquetear. l. p. Dar uso excesivo a una cosa. Utilizarla sin cuidado. Dejarla maltrecha. // Cansar, desgastar a alguien con esfuerzos continuados. // Dar experiencia la vida a las personas con sus golpes y sinsabores.

Baquía. l. p. Conocimiento práctico que se tiene de caminos, senderos, trochas y atajos. // p. ext. Cancha, experiencia en las cosas de la vida. // Conocimiento amplio, dominio de un determinado oficio o profesión. *Un topógrafo de gran baquía.*

Baraja. l. p. sent. fig. Hombre, mujer; persona. Baraja es una palabra muy antigua del idioma español. Viene de **barajar** (en port. **baralhar**, en catalán **barallar**, una de cuyas antiguas acepciones era "disputar, reñir unas personas con otras"). También en español se usó antiguamente la palabra **baraja** como sinónimo de contienda, reyerta y lucha, así como se le decía **barajador** a quien andaba en pleitos y pendencias.

De allí, en nuestro medio pasó a llamarse baraja al hombre, a la mujer, a la persona, para calificarla en su valía, en su calidad. // **Baraja brava.** Persona de agallas, difícil de llevar por delante. Persona de avería. // **Baraja junada.** Se dice de la persona a quien se le conocen bien sus antecedentes y costumbres. Que ya no engaña a nadie. Igual que **cartón** o **naipe junado**. // **Baraja repetida.** Dícese de la persona molesta, cargosa, pesada, que cuesta sacársela de encima. Que a cada rato se le aparece a uno. Equivale a **figurita repetida**. // **Baraja salidora.** Mujer de la vida. // **Jugarse a una baraja** o **Jugarse la suerte a una baraja.** Jugarse entero en una situación límite arriesgando todo a una sola posibilidad. // **Mala baraja.** Persona de malas intenciones y bajos sentimientos. De desconfiar. // **No dar baraja.** No prestar atención a alguien, no darle participación, ignorarlo. Igual que **no darle bola, no darle pelota.**

IRSE A BARAJA

En algunos juegos de naipes, cuando un jugador decide no intervenir en la mano en disputa, pone sus cartas boca abajo, sobre la mesa, apartadas de él, o las coloca sobre el mazo. "Se va a baraja" (o "se va al mazo"). Esto significa que se retira de esa mano mientras los demás jugadores la definen y queda a la espera de la siguiente.

*Esta expresión **irse a baraja** o **irse al mazo**, recogida por el léxico popular, pasó a calificar la acción de quien, en situación de dar una opinión, prestar una ayuda o definirse, busca pretextos, se excusa, se aparta. Se abre de la cuestión. Es decir, **se va a baraja, se va al mazo.***

En la mesa de juego, el hombre se va a baraja porque no tiene cartas de valor, para no arriesgar su dinero en inferioridad de condiciones o, simplemente, porque teme perder. Pero su actitud no perjudica a otro. Si hizo bien o mal en irse a baraja el único beneficiado o perjudicado será él. Nadie más que él. En cambio, en el segundo caso, el que se va a baraja puede dejar desamparado a alguien que confiaba en él o sin apoyo a quienes necesitaban de su ayuda, de su opinión. Se retira solapadamente, buscando no comprometerse. Se abre por temor a complicaciones o porque no quiere ayudar. No importa a quién deje en banda. Tampoco le importa el desprecio que merecerá su actitud.

Barajado/da. l. p. Considerado, analizado, estudiado. *Ese asunto lo tenemos bien barajado.* // Estado, condición en que se presenta un caso, un negocio, una cuestión. *El caso viene mal barajado.* // p. ext. Mezcladas, confundidas personas o cosas.

Veía las mesitas de hierro de los cafés y confiterías de la recova que dividía las plazas De la Victoria y 25 de Mayo —que años más tarde demolió el intendente Alvear— rodeadas por borrachines paquetes, por otros ya transformados en verdaderos descamisados o que estaban por serlo, por soldados y marineros barajados con clases, oficiales y hasta jefes.
Mosaico criollo (Memorias de un vigilante.) *Fabio Carrizo (José S. Álvarez). 1ª edición, 1897.*

Barajar. l. p. Considerar, analizar, estudiar un asunto, un problema. *Estoy barajando las posibilidades de éxito que tengo.* // Arbitrar los medios para la solución favorable de un caso. // p. ext. Golpear. *Le barajé un castañazo.* // p. ext. Dar, entregar. Ofrecer. *Le barajé una contraoferta. Le barajé mi mejor sonrisa.*

La najusé de ganchete
y ¡qué papa estaba la mina!
Le eché el lente en una esquina,
en el momento'e cruzar.
Le barajé tres piropos
y ella, sin mirar siquiera,
me dio chance en la carrera,
coleándome al caminar.
Lunfa, lunfa (*Nocau lírico*).
Alcides Gandolfi Herrero, 1970.

// **Barajar y dar de nuevo.** Cuando en la discusión de un asunto se llega a un punto extremo del desentendimiento que imposibilita todo acuerdo, suele aconsejarse **barajar y dar de nuevo**, lo que significa serenar los ánimos, recobrar la sensatez y, en calma, volver al punto inicial del debate y recomenzar la conversación en procura de la solución buscada, dejando de lado todo lo dicho antes. Esta expresión viene del acto que se realiza en una partida de naipes cuando se reparten mal las cartas entre los jugadores o cuando, al distribuirlas, se ve o se da vuelta alguna de ellas y que consiste en reunirlas nuevamente, incorporarlas al mazo y volver a mezclarlas para, luego, repartirlas otra vez. Es decir, que se baraja y se da cartas de nuevo.

Baraje. l. p. Acción y efecto de barajar. // Mezcla de barajas. // sent. fig. Mezcla de personas, sentimientos, cosas, recuerdos.

En tu baraje gringo, ciudad mía,
vas perdiendo tus zarzos y tu brillo.
Tu malevaje está en la taquería
y apolya en orsay tu conventillo.
Una luz de almacén.
Edmundo Rivero, 1982.
NOTA. *Baraje gringo*: se refiere el autor a la mezcla de razas y nacionalidades que hacen a la ciudad de Buenos Aires, una de las más cosmopolitas del mundo.

Baranda. l. p. Borde de goma de las mesas de billar donde rebotan las bolas. // **Banda.** // Olor desagradable. // Olor a transpiración. // **Irse por baranda.** Igual que **irse de corbata** (corbata). // **Largar por baranda.** Abandonar a alguien. Desampararlo. Largarlo parado. // Rechazar tajantemente a alguien.

Barata. l. p. Sacarla barata. Salir de un problema, de una grave dificultad con un daño o perjuicio muy inferior al que se esperaba. *Sacarla barata en un accidente.* Del esp. **barata**: cosa que se consigue a bajo precio.

Baratieri. l. p. Parag. de **barato.** // De bajo precio. // De escaso valor monetario. Convierte el adjetivo **barato** en el apellido italiano **Baratieri.**

Baratín. l. del. Fajo o rollo de papeles de la medida de los billetes de papel moneda, cubierto arriba y abajo por billetes verdaderos para engañar a incautos haciéndoles creer que todos son legítimos. (Véase **cuento.**)

Baratinar. l. del. Acto de cambiar el baratín por el dinero del otro en el **trabajo del cuento.** // **Cambiaso.** (Véase **cuento.**)

Bárbaro. l. p. Muy bueno. Extraordinario. De lo mejor. *Mi esposa es una mujer bárbara. Esa orquesta tiene un ritmo bárbaro. Fue un banquete bárbaro.* // ¡**Bárbaro!** Interj. que equivale a ¡Muy bien! ¡Qué bueno! ¡Excelente! *—Mamá irá con nosotros a Bariloche. – ¡Bárbaro!* // Espectacular, imponente. // Exagerado. Excesivo. Probablemente por antífrasis de **barbaridad** (esp.), que asume entre nosotros similares acepciones. *Esa mujer es una barbaridad* (hermosa, agradable, inteligente). *Ese hombre baila una barbaridad* (muy bien, excelentemente).

Barberini. l. p. Parag. de **barbudo**, para disimular humorísticamente el concepto en el apellido italiano Barberini.

Barbeta. l. p. Igual que **barberini.**

Barbieri. l. p. Igual que **barberini.**

Barbijo. l. camp. Cinta saliente del sombrero que el hombre de campo ajusta a su barbilla, cruzándole las mejillas, para evitar que el sombrero caiga o se lo quite el viento. // p. ext. l. p. Herida de arma blanca en la cara. // p. ext. Cicatriz que deja esa herida. // **Feite.**

Y áhi nomás el taita
más zonzo o más lerdo,
se ligó un barbijo

que andaba sin dueño
y aflojó los brazos
y se vino al suelo.
Del pasao (Horas Negras). Del libro **Paja Brava**, de *José Antonio Trelles, 1915.*

Barbita. l. p. Dim. de barba. // Persona que usa barba. // **Chivo**.
Barbosa. l. p. Que tiene barba. Que usa barba. // **Chivo. Chividini.** Es parag. de **barbudo** para convertir esta voz en un apellido.
Barbusa. l. p. Parag. de **barbudo**.
Bardear. l. p. Decir inexactitudes. Contar falsedades. // Hablar mal de algo o de alguien. // Hacer barullo. Hacer lío. // Provocar.
Bardo. l. p. **Al bardo.** Improvisadamente, a lo que salga. // Irreflexivamente, sin detenerse a pensarlo.

Yo, que anduve entreverao
en mil y una ocasión
y en todas he guapeado.
Yo, que al bardo me jugué
entero el corazón,
sin asco ni cuidado...
¡Araca, la cana! Tango. *Mario F. Rada.*

// Inútilmente, al cuete, al botón. Sin provecho.

Es al bardo que quieras
trabajarme cachuzo
cuando nadie ha logrado
engrupirme potriyo.
Al naipe de tu cuore
le doy remanye de uso
y mi carpa truquera
vale un zarzo con briyo.
Gaby. (La crencha engrasada.)
Carlos de la Púa, 1928.
NOTA. *Cachuzo*: ya viejo. *Potriyo*: de joven.

// Al descuido, sin rumbo. *Caminar al bardo.* // p. ext. Barullo, problema, dificultad. *Me metieron en un bardo. Se armó un bardo tremendo.*
Barquinazo. l. p. Tropo con que se designa a la persona que camina con andar desacompasado o ruidoso, por comparación con el traqueteo de un vehículo descompuesto o desvencijado. Como si anduviese a los barquinazos.
Barra. l. p. Conjunto de personas a las que las une una amistad, un sentir, un propósito, un interés. // Grupo de hombres jóvenes que acostumbraban reunirse antiguamente en alguna esquina de barrio a comentar las novedades del día, a hablar de fútbol y carreras de caballos, de sus amores, etc. *La barra de la esquina.* // Conjunto de hombres que hacían lo propio en cafés o bares. *La barra del café.* // Grupo de simpatizantes y seguidores de alguien con predicamento al que siguen y aplauden. // Público asistente a las sesiones de cuerpos deliberativos, como el Senado y la Cámara de Diputados. // Sujetos que se reúnen para cometer desmanes y delitos. // Cantidad, gran número de personas o cosas. *Vino a verme con una barra de amigos. Me regaló una barra de corbatas. Me hizo una barra de acusaciones.* // Mostrador largo de bar, donde algunos clientes gustan beber y charlar de pie. Puede considerársela sucesora del **estaño**. // **Barra brava.** Grupo numeroso de hinchas de un club de fútbol que se caracterizan por su intemperancia y violencia, que cuentan con un jefe y, a veces, un subjefe, que gozan de la anuencia y hasta la protección de directivos de algunas de las instituciones, lo que aprovechan para presionar sobre ellos y los jugadores para lograr ciertas regalías y, en ocasiones, son autores de disturbios y desmanes dentro y fuera de la cancha donde se juegan los partidos.
Barraca. l. jgo. En el juego de dados llamado "pase inglés", puntaje con el que se pierde en la primera tirada. // l. p. p. ext. **Echar barraca.** Fracasar en algo, fallar en algún intento. // *En cada cosa que emprendo echo barraca.*
Barrero/ra. l. p. Dícese de la persona canchera, experta en las cosas de la vida. Capaz de salir airosa de cualquier dificultad. Proviene de **barrero** (l. turf.), que designa al caballo de carrera con aptitudes naturales para desenvolverse sin inconvenientes en pista barrosa o en pesada y aun hacerlo con mayor facilidad que en pista seca.
Barrilete. l. p. Mujer de vida airada. Prostituta.

—Che, Juan, ¿y la mina?
—¿Cuál de ellas? ¿El barrilete?
—No, hombre, la Ñata Pancha.
Diálogo anónimo. Publicado en diarios de Buenos Aires en 1885. (*Cfr. Luis Soler Cañas.* **Orígenes de la literatura lunfarda***, 1965.)*

Barrio de la Tierra del Fuego. l. p Véase Tierra del Fuego.
Barrio de las Latas. l. p. Véase Latas.
Barrio de las Ratas. l. p. Véase Ratas.
Barrio del mondongo. l. p. Véase Mondongo.
Barrio del Tambor. l. p. Véase Tambor.
Barro. l. p. despect. Orillas, lugares habitados por gente baja. // p. ext. Desorden, barullo, mezcla de cosas o situaciones; confusión. *Se armó tal barro en el debate, que nadie entendía nada.* Del esp. barro: mezcla que forman la tierra y el agua cuando se unen. // **Hacer** barro. Causar confusión. Ocasionar problemas. Complicar algo. // Equivocarse. Meter la pata.
Bartola. l. p. Descuido, irresponsabilidad. Despreocupación. // Desorden. // Haraganería, ociosidad. // **A la bartola.** m. adv. que significa hacer algo al descuido, porque sí, sin responsabilidad, a lo que salga. *Caminar a la bartola. Gastar el dinero a la bartola. Tirar la salud a la bartola.* // **Echarse** o **Tirarse a la bartola.** Darse a no hacer nada. Holgazanear. // Entregarse, no luchar contra la adversidad. Dejar que los problemas se vengan encima sin hacer nada por remediarlos. // Entregarse a una enfermedad. // Dejarse morir.
Bartola. l. p. Dícese del individuo irresponsable, despreocupado, desordenado, descuidado. // Haragán, ocioso. // Bartolero. *Ser un bartola.*
Bartolear. l. p. Actuar como un bartola.
Basurear. l. p. Ofender groseramente a una persona; ultrajarla, vejarla. // Humillar a alguien de cualquier manera. Tiene el significado de desmerecer a una persona tratándola o considerándola como una basura. // p. ext. Vencer a alguien con extrema facilidad en cualquier confrontación, apabullándolo. Del esp. basura: inmundicia y polvo que se recoge barriendo. // sent. fig. De ínfima calidad.
Basurero. l. p. Sirviente, mandadero de los prostíbulos, que vivía de propinas y se vestía con las ropas que le regalaban. Del esp. **basurero**: persona que saca las basuras de las casas y las lleva al lugar destinado para echarlas.

En casi todos los lenocinios había pulgos que se encargaban de cocinar, limpiar, hacer los mandados y servir en el reservado. O no pulgos, inadaptados sociales, desechos humanos, de sicología borrascosa y complicada, de pasado turbio y futuro incierto. Les pagaban entre todas, vestían con ropas que les regalaban los tenebrosos (...) y recibían el nombre de basureros o peones de patio. (Tulio Carella. **Picaresca porteña**, 1966.)

Basurita. l. p. Dícese, en general, de cualquier partícula extraña que se introduce entre el párpado y el globo ocular. *Me entró una basurita en un ojo.*
Bata. l. p. Batería. Equipo musical compuesto de plato, platillos, bombo, redoblante y ton ton. Voz relativamente nueva, es apóc. de batería y de uso corriente en el ambiente musical.
Batacazo. l. p. Hecho inesperado e impactante. // Triunfo sorpresivo. // p. ext. Logro casual, imprevisto. // l. turf. Triunfo inesperado de un caballo en una carrera en la que no se le asignaba chance alguna. // Dividendo (**sport**) elevado que cobran los apostadores de dicho caballo. Del esp. **batacazo**: golpe fuerte que da uno cuando cae y éste, por metátesis, del antiguo **bacada**, de igual sentido.

El batacazo y la cátedra
*El vocablo **batacazo** fue atrapado de antiguo por el ambiente turfístico para referirse al triunfo sorpresivo de un caballo en una carrera en la que, por antecedentes, no se lo contaba entre los candidatos a la victoria. La relación de esta acepción con el sentido que tiene el término en nuestra lengua madre es llamativa y curiosa. El habla hispana llama batacazo al golpe fuerte que se da uno cuando cae (digamos, cuando uno se escracha contra el suelo), pero en el caso del pingo que ganó una carrera "que no podía ganar", ocurre que el victorioso cuadrúpedo no sufre ninguna caída y, por consiguiente, no se da ningún golpe; por el contrario, se mantiene tan bien afirmado en sus cuatro patas, que gana la carrera. El que cae, sin duda, el que sufre el golpe es el público apostador que, en su mayoría, no confió su dinero a dicho animal "porque no podía ganar". La "cátedra", nombre que recibe en el argot turfístico esa mayoría porque "estudia" antecedentes, performances, genealogía, aprontes y posibilidades de triunfo de todos los caballos intervinientes en cada carrera, no podía apostar a tal competidor, falto de méritos en su historial. Y su victoria resulta un "rudo" golpe para ella, que es la que cae estrepitosamente, ominosamente*

vencida en sus conocimientos y en sus bolsillos. Es probable que, en alguna oportunidad, al comentar el triunfo de un caballo "que no estaba en los libros de los sabios", algún periodista haya escrito "la cátedra sufrió un batacazo", es decir, "cayó vencida en sus predicciones y recibió un fuerte golpe en su sabiduría y en su billetera", con correcto uso del vocablo español. Y puede ser que, con el tiempo, la acepción de **batacazo** *en el ambiente "burrero" haya dejado de designar al que cae para nombrar al que provocó la caída. De ahí que se diga "en la tercera carrera ganó un batacazo" o "se dio un batacazo".*

Bataclán. l. p. Nombre que se les dio a los teatros de género frívolo en los que actuaban bataclanas, por el Teatro Bataclán, de París, que realizaba este tipo de espectáculos. // Nombre genérico que recibió esa especialidad escénica. *Tengo una amiga que hace bataclán.* Del fr. **bataclán**: barahúnda.

Bataclana. l. p. Bailarina que se dedicaba al bataclán.

Bataraz. l. p. Nombre que se le daba a un antiguo billete de un peso, por su color. Viene de la voz guaraní **mbatará**: overo. // Matizado en el plumaje de aves, en especial de la gallina combinando los colores blanco, negro o pardo.

Batata. l. p. Turbación del ánimo. // Timidez, vergüenza. // Temor, susto. *¡Qué batata me pesqué en esa oscuridad!* // También suele emplearse como sinónimo de **albóndiga**.

Batemusa. lunf. Poeta. De **batir** y **musa**.

Batida. lunf. Delación, denuncia. **Batimento**. De **batir**. // l. pol. Búsqueda de delincuentes que hace la policía en una zona, rodeándola con efectivos, vehículos, perros adiestrados, etc. // **Razzia**. Del esp. **batida**: reconocimiento que se hace de algún terreno a fin de averiguar si acechan enemigos o malhechores.

Batidor/ra. lunf. Delator, soplón, alcahuete. // Confidente de la policía. // **Batilana, batilio, batistín**. // "Es la figura más repugnante del hampa. Catalogado de batidor, a su alrededor se le abre un enorme vacío, como si tuviera lepra. Al que se le acerca, por no conocerlo, se le avisa, para que no lo siga tratando." (José Barcia. **El lunfardo de Buenos Aires**, 1971.)

Batifondo. Confusión, barahúnda, alboroto. // Estrépito. // Gresca. Para José Gobello viene de "battifondo", forma dialectal del ital. **tocafondo**, término del juego, de varios significados. En la Argentina –agrega– se llamó batifondo al juego de azar consistente en apostar a favor de un participante en una partida de billar". (**Diccionario lunfardo**, 1989.) Coincidiendo en parte, Mario E. Teruggi, también lo remite al ital. **battifondo** "que es –dice– un término billarístico italiano que define un desafío múltiple en ese juego y, por extensión, la confusión resultante de tal desafío". (**Panorama del lunfardo**, 1974.)

Batilana. lunf. Batidor, delator, soplón. Es parag. para disimular el calificativo en el apellido italiano **Battilana**.

Encubridor de un hurto, lo cacharon.
Es mozo pierna y se salvó la cana,
hasta que un pobre roña batilana
lo ensució en un laburo y lo ensartaron.
El punguista. Yacaré (Felipe H. Fernández).
Nota. *Laburo:* aquí equivale a robo, afano. *Ensució:* denunció (véase **laburar** y **laburo**).

Batimento. lunf. Acción y efecto de **batir**. // Delación, alcahuetería. // p. ext. Conversación coloquial. Toma la figura del batidor, que se representa hablando de cerca y en voz baja.

Juan Martínez Zubiría
o Rojas o Pedro Acosta,
alias "el Flaco Langosta",
taura, choma y de avería,
es un taita pa la punga,
lo digo sensa aspamento.
A causa del batimento
se comió una cana lunga.
Tangos. Enrique González Tuñón.

Batir. lunf. Decir, contar, referir algo. // Delatar, soplar, alcahuetear. // p. ext. Nombrar a una persona por un apodo o mote. *A ese morocho le baten Rulito.* Del ital. jergal **battere**: decir.

Te baten todos "Muñeca Brava"
porque a los giles mareás sin grupo.
Pa mí sos siempre la que no supo
guardar un cacho de amor y juventud.
Muñeca Brava.
Tango. Enrique Cadícamo, 1928.

// Hablar, explicar algo.

*Disculpe, china, un momento,
si la vengo a interrumpir;
es que le quiero batir
mi amor, pero no de cuento.*
Del arrabal. *José Betinoti.*

// Declarar, confesar. // Avisar.

*Electrocardiograma
que te batió que te faltaba el aire
cuando llegaste, de yirar cansado,
y al tordo a la domani consultaste.*
Déficit *(Versos de yeca y atorro).*
Tino, 1977.

// **Batir de zurda.** Hablar con el corazón (el de la zurda). Hablar sinceramente. // **Batir el justo, batir la justa.** Decir la verdad.

*Pero, antes de piantarme, batirte yo quisiera,
batirte, mina, el justo, sin grupo, mi querer:
que este rante poeta, quijote y calavera,
busca un nido al cansancio, y es tu pecho, mujer.*
Nocau lírico.
Alcides Gandolfi Herrero, 1970.

// **Batir el santo.** Revelar algo que se guardaba en secreto. // **Batir la cana.** Informar a la policía del conocimiento que se tiene de un hecho delictuoso cometido o que se vaya a cometer. Delatar a quien lo haya perpetrado o esté por hacerlo. // Informar a la policía dónde puede hallar a un delincuente que busca. // p. ext. l. p. Dar a conocer a otros los propósitos de alguien. // Poner en conocimiento de terceros lo que alguien ha realizado y guarda en secreto. // **Batir la posta, batir pulenta, batir pulentería.** Decir la verdad, animado por la mejor intención. Equivale a **batir de zurda, batir el justo** y **batir la justa.** // **Batir fulería, batir mugre, batir ruina, batir sucio.** Hablar mal de una cosa, un asunto o una persona. Denigrar a alguien. // p. ext. Delatar. Alcahuetear.
Batista. lunf. Parag. de **batidor.** Véase **paragoge.**
Batistela. lunf. Parag. de **batidor.** // **Batista.** Véase **paragoge.**

*Y si no existieran tantos batistelas
y tiras y guardas que toman los puntos,
la lanza sería un sport que rindiera
más que los laburos de los otros juntos.*
El lancero *(La crencha engrasada).*
Carlos de la Púa, 1928.
NOTA. **Guardas:** se refiere a los guardas de los tranvías, que denunciaban a los pungas que operaban en esos vehículos. **Lanza:** punga.

Batistín. lunf. Parag. de **batidor.** Véase **paragoge.**

*Ya que sos consecuente,
llegate hasta el cafetín,
deschavalo al batistín
pa que lo june el ambiente.
(...) Me la dio por la zabeca
y me enterró hasta la nuca:
es el sotipe Peluca;
si lo ves, ¡dásela seca!*
La batida. *José Pagano.*

Batitú. lunf. Parag. de **batidor.** Véase **paragoge.**
Batuque. l. p. Nombre que se le daba a las fiestas ruidosas de los negros. // p. ext. Barahúnda, barullo, alboroto, bochinche, batifondo, escándalo. // Fiesta con mucho ruido. // Gresca generalizada.
Beaba. lunf. **Beava. Biaba.** // Golpiza, paliza, castigo físico. // l. del. Salteamiento perpetrado con violencia.
Beavista. lunf. **Biabista.** Que da la biaba.
Bebe. lunf. Afér. de **quibebe.** Lenocinio, prostíbulo, quilombo.
Beberaje. l. p. Bebida alcohólica. // Bebida, en general. // Bebida desagradable. "Parece basada en el gallego **beberaxe,** de igual significación." (Mario E. Teruggi. **Panorama del lunfardo,** 1974.) "Más que del port. **beberagem,** bebida, parece proceder directamente del esp. **beber** (al modo de hembraje, sabalaje, etc.)." (José Gobello. **Diccionario lunfardo,** 1989.)
Becerro. l. p. Violación sexual múltiple de una persona. *Dar un becerro.* Hacer víctima a alguien de un becerro.
Beguén. l. p. Enamoramiento, apasionamiento. // Capricho amoroso. // p. ext. Mujer que despierta la pasión de un hombre o vicever-

sa. *Su beguén lo llena de amor*. Del argótico francés **béguin**, con igual sentido, que se pronuncia "beguén".

A los sesenta abriles, viudo y solo:
libros, dos hijas y la noche ociosa,
pescó una rubia, treinta y ocho, hermosa,
un gran beguén, ardiente. P'andar colo.
El metejón. Héctor Chaponick.

Bejarano/na. l. p. Anciano. Persona o cosa vieja. // Antiguo, pasado de moda. De **viejo**.
Beligerancia. l. p. **Dar o No dar beligerancia**. Equivale a **dar o no dar bolilla, dar o no dar pelota**, etc. Antig., de poco uso.
Belín. lunf. Pene. *Nada, ni medio. Ese asunto no vale un belín. No gano un belín con mi trabajo. No me importa un belín.* // Asunto, cuestión. *¡Vos te venís con cada belín!...* // Excusa, evasiva, subterfugio. *Inventó mil belines para justificarse.* // Dificultad, complicación. *Este caso tiene muchos belines.* // Cuento, mentira, falsedad. *No vas a engrupirme con tus belines.* Esta voz proviene del gen. **belín**: pene.
Resulta llamativo cómo el hombre utiliza los nombres que él mismo les dio a sus atributos varoniles —que tanto suele halagar— con sentido tan negativo o despectivo: no me importa un belín; no vale un catso; no sirve para un porongo y aun no me importa un huevo.
Belinún, belinuna. lunf. Tonto, otario, gil. La terminación genovesa **un** lo enfatiza. De **belín**.
Bellaquear. l. p. Encabritarse las cabalgaduras. // p. ext. Resistirse por todos los medios posibles a realizar alguna cosa. // Rebelarse. Del esp. **bellaco**: pícaro, ruin, astuto.
Bellompa. l. del. **Beyompa**. Revés irreg. de **pabellón**. Es voz antigua. Se usaba mucho el afér. **yompa**. Referíase a los pabellones de los presidios.
Bentolina. lunf. Ventolina. Bento, vento, guita, biyuya, mosca. Es parag. de **bento**, dinero, voz que antiguamente se usaba mucho con b.

Che, madam, que parlás en francés
y tirás bentolina a dos manos;
que escabiás copetín bien frappé
y tenés gigoló bien bacán...
Muñeca Brava.
Tango. Enrique Cadícamo, 1928.

Berreta. lunf. Falso. Falsificado. // Imitación. Chafalonía. // Cosa de baja calidad. Muy ordinaria. *Anillo berreta. Vestido berreta.* // Aplicado a personas, falso, falluto.

Yo conocí en mis andanzas
la alegría y la tristeza;
la del tipo bien derecho
y la del tipo berreta.
A la señora Academia. César Bruto.

// Suele usarse, además, como sinónimo de **berretín** en la acepción de pretensión, engrupimiento, piyadura. Véase **berretín**.

Yo no sé con qué herramienta
te llenaron el altivo,
pobre mina espamentosa
con berreta de salón.
Guerrera. Carlos Waiss.

Berretada. lunf. Condición de berreta. // Falsificada, imitada. // Acción mala. Bajeza. // También se dice **berreteada**.
Berretero/ra. lunf. Que hace berretadas. // Falsificador. // Fabricante o comerciante de cosas falsas, adulteradas o de baja calidad. // Mentiroso, cuentero. Capaz de actos indignos. De **berreta**.
Berretín. lunf. Capricho. Fantasía.

Berretines locos de muchacho rana
me arrastraron, ciego, en mi juventud,
en milongas, timbas, y en otras macanas
donde fui palmando toda mi salud.
¡Cómo se pianta la vida!
Tango. Carlos Viván, 1929.

// Deseo vehemente. // Pasión. Enamoramiento intenso. Enceguecimiento amoroso. Metejón. *Tener un berretín con una mujer.* // Ilusión, esperanza. // Idea fija.

Mi vida, así, es un calvario,
te lo bato con franqueza.
Piantate de la cabeza
tu berretín de mandar,
que si no, vas a rajar
con tus pilchas de la pieza.
Cobrate y dame el vuelto.
Milonga. Enrique Dizeo.

// Atracción sin fundamento. // Afición desmedida por alguien o por algo. // Debilidad por alguien o por algo.

*Carreras, guitarra, gofo,
quinielas y cabarets,
es el berretín más grande
que en esta vida tendré.*
¡Soy una fiera! Milonga. Francisco Martino.

// Engrupimiento, piyadura, pretensión.

*No faltaba la guitarra
bien encordada y lustrosa
ni el bacán de voz gangosa
con berretín de cantor.*
El bulín de la calle Ayacucho.
Tango. Celedonio Esteban Flores, 1923.

// Enojo, rabieta, bronca.

*Ya me duele la zabeca
del soberbio berretín
porque el trompa del bulín
se piró con la Rebeca.*
Milonga del amuro.
Antonio A. Caggiano, 1915.

// Pena, tristeza, amargura.

*Has querido consolarme
con tu voz enronquecida
y tu nota dolorida
aumentó mi berretín.*
Bandoneón arrabalero.
Tango. Pascual Contursi, 1928.

// Objeto falsificado. *Anillo berretín. Cuadro berretín.* En este caso, es parag. de **berreta.** // Persona falsa. // l. del. Escondrijo. // Ano. **Sacarse un berretín.** Sacarse el gusto; darse el gusto. Hacer lo que se deseaba con vehemencia. // Quitarse de la cabeza una obsesión, un capricho, una fantasía, una bronca, una pena. // Dejar una mala costumbre o un vicio. *Sacarse el berretín de la bebida.*

ORIGEN DE BERRETÍN
José Gobello lo refiere al gen. **berretín,** *gorrito, "por trasposición de significado semejante a la que se da del fr.* **béguin,** *cofia, al argótico* *béguin, capricho". (Diccionario lunfardo, 1989.) Mario E. Teruggi dice que ese gorrito no es otra cosa que nuestro conocido birrete, en italiano llamado* **berettino,** *"cercano a la fonética lunfarda, por lo que también podría ser voz italiana". (Panorama lunfardo, 1974.) Para Américo Castro el vocablo proviene del milanés* **beretin,** *berreto, gorra, birrete. Por el cambio de significado compara con el fr.* **en être coiffée,** *en vasco* **casquete,** *que es rabieta infantil, tal vez del fr.* **casquette.** *(La peculiaridad lingüística rioplatense y su sentido histórico, 1941.)*
De suyo, como vemos, todos lo emparentan con gorro, gorrito o birrete, es decir, una prenda que se lleva en la cabeza. De ahí viene esta derivación del significado elaborada por nuestro lunfardo, ya que capricho, afición, deseo, antojo, enamoramiento, metejón, bronca, etc., son ideas y sentimientos que anidan en la cabeza. En cuanto a las acepciones de escondrijo y ano, Gobello las deriva del ital. jergal **berretino,** *bolsillo, como lugar donde se guarda algo, tal como lo hacen los presos que esconden alhajas, drogas o dinero dentro de un canuto que se colocan en el ano.*

Berretinar. lunf. Provocar berretines. // Ilusionar, turbar, engañar con cosas que pueden causar berretines. // Engatusar. En este caso, viene de **berretín,** como parag. de **berreta.** // Esconder, ocultar. Corre también **emberretinar,** con iguales significados.
Berretinarse. lunf. Pescarse un berretín. Sufrir un berretín. Estar dominado por un berretín. También se dice **emberretinarse.** *Se emberretinó con una bataclana que le saca la guita.*
Berretinero/ra. lunf. Que se pesca berretines. // Berretero.
Berretón/a. lunf. Aument. de **berreta** y **berretín.** En el caso de este último, salvo las acepciones de escondrijo y ano.
Berrinche. l. p. Rabieta. Bronca grande. // Bochinche, barullo, despelote. *Se armó un berrinche tremendo.* // También se usa como **berretín,** excepto en las acepciones de falso, escondrijo y ano. *Tener un berrinche con una mujer.* Del esp. **coraje.** // Enojo grande y, más comúnmente, el de los niños.
Besar. l. p. Acción de llevarse la botella a la boca para beber de ella. *Besar la botella.*

Bestia. l. p. Dícese de la mujer hermosa, muy atractiva físicamente. *Mirá esa bestia que pasa...*
Betún. l. p. Soborno, coima. // Dinero o cosa que se entrega en calidad de soborno. Equivale a **aceite**. Del esp. **betún**: ungüento para ennegrecer y dar brillo al cuero.
Betunar. l. p. **Embetunar**.
Beyompa. l. del. Revés irreg. de **pabeyón**. // Pabellón de presos. // Pabellón. Admite la forma **yompa**, por afér.
Biaba. lunf. Golpiza. Paliza. // p. ext. Castigo físico a una persona. // p. ext. Puñetazo. Trompeadura. // Alternaba antiguamente con **beaba**.
Opina José Gobello que proviene de "beaba, voz común de varios dialectos italianos que nombra al pienso que se da a las bestias, y metafóricamente, significa zurra". (**Diccionario lunfardo**, 1989.) Para Américo Castro viene del piamontés **biava**, paliza (**La peculiaridad lingüística rioplatense y su sentido histórico**, 1941), mientras que Mario E. Teruggi considera que "ha sido remitida a dialectos septentrionales italianos en los que se la registra bajo la forma de **biava**, deformación del italiano **biada**, avena, y, tal vez, desfiguradamente, paliza. Con todo –agrega– hay que tener presente que en el argot francés, **avoine**, avena, vale igualmente por paliza". A este efecto, cita a Albert Simonin, 1958, **Le petit Simonin ilustré, dictionaire d'usage**, París. (Cfr. **Panorama del lunfardo**, 1974.)

Me dijo que me marchara
(...) sin andar en compadradas,
porque me iba a dar la biaba
y me iba a hacer espiantar.
Un baile en lo de Tranqueli.
Anónimo, aprox. de 1880.

// **Dar la biaba**. Golpear a alguien. Dar una paliza. // p. ext. Obligar a alguien a trabajar en exceso o a realizar tareas agotadoras. *¡Qué biaba nos dio el capataz en el trabajo!* // p. ext. Desgastar física o mentalmente a las personas el paso del tiempo. *Lo vi muy venido a menos; los años le dieron la biaba.*

De un bulín a otro anduvo;
de Venus la laburaba,
y entre que bajo y que subo
el tiempo le dio la biaba.
Novela moral.
Álvaro Yunque (Arístides Gandolfi Herrero).

// p. ext. sent. fig. Golpear la vida a las personas con disgustos, pesares, enfermedades, etc. *La vida le dio una biaba tras otra.* // l. jgo. Ganarle a alguien una suma importante de dinero en el juego. *Le dieron la biaba en una timba.* // p. ext. Vencer a alguien ampliamente en una confrontación (un debate, un juego, un deporte, etc.). // l. del. **Biaba con caldo**. Golpiza con derramamiento de sangre. // **Biaba de estaro**. Sentencia del juez que condena a prisión. // **Biaba seca**. Golpiza que provoca la muerte de la víctima. // **Apurar la biaba**. Dar la biaba. // l. p. **Darse la biaba**. Acicalarse en demasía el hombre o la mujer. Con respecto al hombre, hacia los años 1900 era costumbre el lucimiento de su presencia: afeitarse a diario, masajearse la cara, pasarse alumbre en el rostro para que estuviera suave y brillante y, finalmente, ponerse talco o polvo de arroz en el cutis tras la afeitada. Algunos, además, se ponían brillantina en el cabello y, a falta de ésta, vaselina, para asentarlo y darle brillo. En el ambiente orillero este acicalamiento se acentuaba. Años después, se popularizó un fijador que llevaba el nombre de Gomina.

Porque usás la corbata carmín
y allá, en el Chantecler,
la vas de bailarín
y te mandás la biaba de Gomina,
te creés que sos un rana
y sos un pobre gil.
Niño bien.
Tango. Roberto Fontaina-Víctor Soliño, 1927.

// Con el mismo significado de excederse en algo, se aplicó también a hacer abuso de bebidas alcohólicas (*darse la biaba de whisky*), de drogas (*darse la biaba de cocaína*), así como darse a realizar voluntariamente un gran esfuerzo (*me di la biaba, pero no pude arreglar el camión*), torturarse con un pensamiento preocupante, un recuerdo penoso, etc. (*no paro de darme la biaba pensando en su traición*). // **Trabajo de biaba**. Dar una golpiza a alguien por encargo. // l. del. Perpetrar un asalto con gran violencia contra la víctima.

Biabado/da. lunf. Víctima de una biaba. // Que ha sufrido una golpiza.

Biabar. lunf. Dar la biaba. Hacer un trabajo de biaba.

Biabarse. lunf. Autoherirse, autolesionarse. // p. ext. Emborracharse. // p. ext. Drogarse. // p. ext. Acicalarse en exceso.

El nuevo amor le transformó las venas.
Volvió al empilche, se biabó el escracho,
se sacudió en un rock con los muchachos,
la risa abierta, la garufa amena.
El metejón. *Héctor Chaponick.*

Biabazo. lunf. Aument. de biaba.

Biabista. lunf. Sujeto que se dedica a dar golpizas por encargo. // l. del. Ladrón que roba valiéndose de la violencia contra su víctima. Secundado por uno o dos cómplices, cae sorpresivamente sobre la persona elegida y descarga contra ella una lluvia de golpes seguidos hasta reducirla a la indefensión para, entonces, despojarla. Estos maleantes eran muy despreciados antiguamente en el ambiente delincuencial.

Biandazo. lunf. Trompada. Golpe de puño. // p. ext. Golpe fuerte dado a alguien con algún objeto contundente. *Tomé el bastón y le di un biandazo.* También se usaba con v: viandazo. Esta voz podría derivar de **vianda** (piedra, pedrada, puñetazo), con influencia de **biaba** y **biabazo**.

Biandún. lunf. Golpe de cachiporra que se aplica en la base del cuello, detrás de la oreja, y que deja atontado al que lo recibe. Es una de las especialidades de los biabistas. // p. ext. Puñetazo, trompada. También provendría de **vianda**. La terminación genovesa **un** le da carácter aumentativo. Al igual que **biandazo**, solía emplearse con v: viandún.

Me hago el que mira pa' el cielo,
me le arrimo, tiro y... ¡pum!
Me acomodó tal viandún
que juí rodando po' el suelo.
*¿Disgraciao...? ¿Y qué hay con eso? Juan Manuel Pintos. Publicado en la revista **PBT** el 18-2-1905. (Cfr. Luis Soler Cañas.* ***Orígenes de la literatura lunfarda****, 1965.)*

NOTA. Se trata de un punga que narra un robo que le resultó frustrado. *Tirar:* "tirar la punga", es decir, llevar su mano al bolsillo del "candidato" elegido o al objeto que le quiere robar (alfiler de corbata, reloj, que antes se usaba en un bolsillo del chaleco, etc.). *Juí:* fui. *Viandún:* aquí se usa con v.

Biaraza. l. p. Viaraza.

Bibi. l. p. Muchacha. (Antonio Dellepiane. **El idioma del delito**, 1894.)

Bicicleta. l. p. Maniobra que consiste en conseguir un préstamo de dinero y colocarlo a un interés superior al contraído o en operaciones que rinden una ganancia mayor que dicho interés para, una vez recuperado el dinero más el interés o la ganancia, devolver el préstamo original y quedarse con la diferencia, sin haber arriesgado capital propio y volver a hacer la operación una y otra vez. Este tipo de maniobra es frecuente en tiempos de inflación y también se conoce con el nombre de bicicleta financiera. // **Hacer la bicicleta.** Postergar reiteradamente el pago de una deuda con promesas a nuevo término o renovación de cheques o documentos. // Demorar repetidamente el cumplimiento de un compromiso u obligación. *Prometió darme trabajo y me está haciendo la bicicleta.* // Anteojos, lentes. Por su forma. *Se puso la bicicleta y leyó la carta.*

Bicicletear. l. p. Hacer la bicicleta.

Bicicleteo. l. p. Acción y efecto de bicicletear.

Bicicletero/ra. l. p. Persona que realiza la maniobra llamaba bicicleta. // Fabricante o vendedor de anteojos. Véase **bicicleta**.

Bichar. l. p. Vichar. Espiar, atisbar, observar disimuladamente. // p. ext. Mirar.

Los teros, de a dos, bichaban cuidando el nido,
azorados ante el vuelo de un chimango o la proximidad de un hombre...
Sin rumbo. *Eugenio Cambaceres, publicado en París, 1885.*

Bichadores. l. p. Vichadores. Ojos.

Bichicome. l. p. Vagabundo. // Individuo que junta objetos que halla en las calles o en las plazas. Proviene del ingl. **beach-comber** (beach, playa; comber, rompiente): persona que recoge los objetos arrojados a las costas por los naufragios.

Bichoco. 1. camp. Caballo viejo. // Caballo que por su edad o sus enfermedades no está en condiciones de realizar determinados trabajos o correr velozmente.

¡Ah, si partía el corazón
ver tantos males, canejo!
Los perseguíamos de lejos
sin poder ni galopiar.
Y ¿qué habíamos de alcanzar
en unos bichocos viejos?
***El gaucho Martín Fierro.** José Hernández.*
NOTA. Martín Fierro habla de la lucha contra los indios en la frontera a la que había sido llevado.

// p. ext. Persona de edad avanzada que muestra dificultades mentales y físicas. *Estar bichoco. Ser bichoco.*

Ha de saber que el dotor
era dentrao en edá,
ansina que estaba ya
bichoco para el amar.
***Fausto.** Estanislao del Campo.*

// p. ext. **Andar con paso bichoco.** Salirle mal a alguien todas las cosas. Andar de mala suerte.

No hay mal, muchachos,
que dure cien años
ni siempre se anda con paso bichoco.
A lo mejor acertamos las ocho,
y ¡quién te aguanta ese día, corazón!
***Lunes.** Tango. Compuesto por Luis Padula sin letra, se llamó **Lunes 13**. En 1939 Francisco García Jiménez le puso letra y le dio el nombre **Lunes**.*
NOTA. *Las ocho:* antes se corrían normalmente ocho carreras por reunión en los hipódromos de Palermo, San Isidro y La Plata.
La palabra *bichoco* proviene de *bicho choco*: bicho al que le falta una pata o que camina con dificultades.

Bifacho. 1. p. Aument. de bife (**bistec**), con el sentido de grande y muy sabroso.
Bife. 1. p. Bistec. Lonja de carne vacuna que se come asada o a la parrilla. // p. ext. Golpe que se da a alguien en la mejilla con la mano abierta y de fuerte sonoridad. // Cachetada. Bofetón.

Juan Sosa levantaba la mano para pegarme un bife, pero, sacando coraje de las risas que oía detrás, no me movía un ápice.
Don Segundo Sombra.
Ricardo Güiraldes, 1926.

La Academia deriva a **bife** de **bistec** y a éste, del ingl. **beefsteak** (de **beef**, buey, y **steak**, lonja, tajada) y lo define como lonja de carne de buey o de vaca, asada (asada ligeramente) o a la parrilla. Mario E. Teruggi también lo da como anglicismo, derivado "de **beefsteak**, castellanizado **bistec**, reducido a **bife** en nuestras tierras", cuyo significado, incluso, "se amplía para equivaler a bofetón, posiblemente por la marca roja, comparable al color de la carne cruda, que éste deja en el rostro". (**Panorama del lunfardo**, 1974.) En cuanto a José Gobello, lo refiere al port. **bife**, bistec en su primera acepción y estima un cruce con el esp. **bofetada** en la segunda. (**Diccionario lunfardo**, 1989.)
// **Bife a caballo.** El que se sirve con dos huevos fritos colocados sobre él. // **Bife medio caballo.** Igual que el anterior, pero con un solo huevo frito. // **Bife vuelta y vuelta.** Bife jugoso, no muy cocido, que se pone breves momentos de cada lado sobre la plancha o parrilla. // **Ir a los bifes.** Emprender algo con toda decisión, teniendo como única finalidad el éxito. // Buscar solamente el beneficio material en algo que se realiza. Equivale a **ir al frente, ir a los billetes, ir a los mangos**, etc.
Bigotear. 1. p. Observar algo atentamente, analizando y meditando a conciencia lo que ocurre. // Meditar algo profundamente. De poco uso en la actualidad, se inspira en la figura del hombre concentrado en la observación de algo o en el análisis de un asunto, en tanto se acaricia o se retuerce con sus dedos las puntas de los bigotes, acción que era frecuente muchos años atrás, cuando los hombres usaban bigotes largos y puntiagudos.
Billetes. 1. p. Riqueza, fortuna. *Tener billetes.* Es extensión del esp. billete de banco: papel moneda. // **Ir a los billetes.** Igual que **ir al frente, ir a la plata, ir a los bifes**, etc. Véase **frente**.

Bingo. l. jgo. Juego de azar, similar a la lotería de cartones. // Lugar habilitado para la práctica pública de dicho juego.
Bio. l. p. Apóc. de biógrafo (fuera de uso).
Biógrafo. l. p. antig. Cinematógrafo, cine. Fuera de uso. // p. ext. Apariencia afectada, fingimiento, simulación, farsa. // Aspamento. Con estas acepciones conserva su empleo. Hoy no se dice "hacer cinematógrafo", sino "hacer biógrafo".

Y esa noche, en el jonca engayolado,
soportó de su naifa el besuqueo,
el biógrafo barato de la artista
que lo borró sin asco de la lista
con su comportamiento tan fulero.
¡Minga de faso! Pedro Milletari.

// **Hacer biógrafo.** Aparentar. Diquear. // Exagerar afectadamente un sentimiento o un estado de ánimo. Igual que **hacer cáscara, hacer escombro, hacer aspamento**, etc. // **Puro biógrafo.** Pura apariencia, pura afectación. Se dice de la persona que hace vana ostentación, que simula ser lo que no es, que promete hacer lo que no hará, que se da dique sin tener de qué. Estos dos dichos son tan antiguos como la desaparecida palabra biógrafo, pero mantienen plena vigencia. Parten del hecho de que el cine se inspira mucho en la ficción.
Blrome. l. p. Lapicera a bolilla. Por el nombre de su inventor, Ladislao Biro.
Biromista. l. p. Levantador de juego clandestino. Esta voz reemplazó a la anterior, lapicero, como se lo llamaba antes porque anotaba con lápiz las apuestas que recibía. Por la misma razón, también se le decía **faber** o **faberiano**, debido a la antigua marca de lápices Faber, de venta casi excluyente por entonces. La aparición de la birome actualizó el apelativo.
Birra. l. p. Cerveza. Del ingl. **beer**, cerveza, es una aproximación fonética de esta voz, que ha sido acuñada en los últimos años.
Bisagra. l. p. Rodilla. Por el movimiento que permiten a las piernas las rodillas, tal como las bisagras a las puertas y ventanas. // p. ext. Dícese del genuflexo, obsecuente y servil, porque dobla las rodillas ante otro.

Con respecto a la dueña del queco (...), ella no iba a la iglesia porque pensaba que "la fe debe estar en el corazón, no en las bisagras".
Filosofía lunfarda. Tino Rodríguez, 1987. (Comentario sobre el soneto "Amor de madre", de Federico Pedrido.)

Biyuya. lunf. Dinero, guita, vento. Se lo cree derivado de **biyete**, por **billete** (papel moneda), aunque José Gobello lo origina primariamente en el piam. **bëgienia**, grabado, sin descartar un cruce con billete. (Diccionario lunfardo, 1989.) Entendemos que **grabado** se relacionará en este caso con **impreso**, como lo es el billete de banco.

Todos somos hermanos macanudos.
Apretones..., sonrisas..., se chamuya...,
pero entrando en el juego la biyuya,
se acabaron los cortes y saludos.
Mangos. Iván Diez (Augusto A. Martini).

Biyuyera. lunf. Billetera, cartera. Porque lleva la biyuya.
Bizcocho. l. p. Bizco, por parag.
Bla, bla. l. p. Conversación banal. Charla inconsistente, inútil, que a nada conduce. // Argumentaciones engañosas. *Lo que estás diciendo es puro bla, bla.*
Blanca. l. p. Dinero, guita. **Tener blanca**: tener dinero. Actualmente en desuso, se originó en el esp. **blanca**: antigua moneda de vellón (aleación baja de plata usada en la fabricación de algunas monedas de escaso valor). // l. jgo. Carta sin valor en sí misma en algunos juegos de naipes. // l. p. También se le da ese nombre a la cocaína.
Blandengue. l. p. Blando, por parag. // Dícese de la persona blanda de carácter, manejable. // Se dice humorísticamente del pene cuando no alcanza la erección total.
Blanqueador. l. p. antig. Abogado. Procurador. Porque su tarea era la de "blanquear" la situación de una persona acusada de delito. También se lo llamaba **lavandero**.
Blef. l. p. angl. Mentira, falsedad, engaño. // l. jgo. En el póquer, simulación de un jugador que, haciendo una apuesta fuerte, intenta hacer creer a los otros que tiene un juego importante, cuando, en realidad, carece de ello. Del ingl. **bluff**: fanfarronada, baladronada.

Blefear. l. p. angl. Mentir, falsear, engañar. De blef.
Blema. lunf. Brema.
Bleque. l. p. **Dar una mano de bleque.** Hablar mal de alguien. Enlodar, ensuciar la reputación de una persona. Este dicho se emplea como contraposición de **dar una mano**, que significa ayudar, auxiliar a alguien en un mal trance, apoyarlo, sacarlo del apuro. Proviene del ingl. black, negro, y se vincula con el alquitrán que se usó cuando comenzaron a asfaltarse las calles de Buenos Aires, al que se llamaba **black** por su color y que la gente convirtió en **bleque**, con lo que, figuradamente, **dar una mano de bleque** a alguien equivalía a ensuciarlo, es decir, a empeorar su situación.
Blufear. l. p. Blefear.
Bluff. l. p. Blef.

La decencia la tiraron
en el tacho'e la basura
y el amor a la cultura,
todo es grupo, puro bluff.
Bronca. Tango. Mario Batistella, 1962.

Bobería. lunf. Relojería (de bobo, reloj).
Bobero. lunf. Relojero. // Ladrón que se especializaba en robar relojes.
Bobo. lunf. Reloj. Es voz muy antigua. La opinión más aceptada sobre el origen de esta acepción se remonta al tiempo en que era corriente entre los hombres llevar el reloj de oro en el bolsillo del chaleco, con una cadena, también de oro, que lo sujetaba y era introducida en el bolsillo del otro lado, todo lo que quedaba a la vista y era fácil de robar, es decir, se ofrecía como un bobo para que lo sustrajesen. Otros dicen que le dieron ese nombre al reloj porque trabaja las veinticuatro horas del día sin cobrar sueldo. José Gobello deriva esta voz del ital. jergal bobo, bogo, bovo, babosa, y fig. reloj. (Diccionario lunfardo, 1989.)

–¡Cómo!... En tu bobo, ¿qué hora es?
–La una y media clavada.
Ése no sirve pa nada:
en éste son la do y diez.
El toco. Bartolomé R. Aprile.

// **Bobo andante.** Cadena del reloj. // **Bobo con marroca.** Reloj con cadena. // **Bobo de polenta** o **de pulenta.** Reloj de oro. // **Bobo garroteado.** Reloj al que se le ha quitado con los dedos el anillo que lo sujetaba a la cadena, dejándolo en condiciones de ser robado. // **Hacer un bobo.** Robar un reloj.
Bocha. l. p. Cabeza. Por comparación con las bolas de madera que se usan en el juego de bochas y que llevan este nombre. // p. ext. Persona inteligente. Bocho. *Ese escritor es una bocha.* // Como adj. se emplea con el sentido de bien, bueno, muy bueno, excelente. *La fiesta fue una bocha* (muy buena) *¡Estuviste una bocha, Daniel!* (muy bien). Por elipsis, suele abreviarse en *¡una bocha, Daniel!* Implica aprobación y felicitación y equivale a estuviste un kilo, estuviste un montón y estuviste una masa o sus elipsis equivalentes (*¡un kilo, Daniel!*, etc.)
Bochado/da. l. p. Reprobado. // Rechazado. // Aplazado. Es voz del juego de bochas, indicativa de que una bocha ha sido bochada (golpeada, arrojada lejos) por otra contraria.
Bochar. l. p. Reprobar, rechazar. Aplazar en un examen. *El gerente bochó mi ascenso. Me bocharon en literatura.* Del esp. bochar: golpear una bocha contra otra en el juego de bochas, quitándola de su lugar y alejándola. // **Arrimar pero no bochar.** Define a la persona que inicia o intenta cosas pero que nunca concreta nada. El dicho viene del juego de bochas, en el que hay dos lances: impulsar la bocha para que se acerque al bochín (arrimar), con lo que se marcan puntos, o arrojarla con fuerza a fin de golpear a la contraria y alejarla del bochín (bochar). Hay jugadores expertos en "arrimar" pero que no saben bochar.
Bochín. l. p. Nombre que se le da en el juego de bochas a la bocha pequeña, a la que tienen que aproximarse las otras.
Bocho. l. p. Cabeza (véase cabeza por otras sinonimias). // Persona muy inteligente. *Mi maestro es un bocho.* Igual para el fem. *Mi maestra es un bocho.*
Bocina. l. p. Alcahuete, delator, soplón, batidor, ortiba. // Chismoso. // Dícese de la persona que habla en voz alta para que se enteren otros aparte de sus interlocutores.
Bocinar. l. p. Alcahuetear, delatar, soplar, batir, ortibar. // Ir con cuentos, con chismes. // Hablar en voz alta para que se enteren otros, aparte de sus interlocutores.

La mujer de Bartolo lo ve llegar temprano a la casa con un tremendo parche en la cabeza. El gordo se anticipa, pues sabe que la Maruja es capaz de bocinar su sorpresa y alarmar a los vecinos.
Sabihondos y suicidas.
Héctor Chaponick, 1982.

Bodega. l. p. Barriga, panza, estómago (en el hombre). Del esp. bodega: espacio interior de un buque, desde la cubierta hacia la quilla, en el que se almacenan cosas. // **Mandarse a bodega.** Comer, beber, sobre todo en abundancia. *Se mandó a bodega tres platos de ravioles.* // p. ext. Vencer, derrotar a alguien en una confrontación. *Se mandó a bodega a los mejores peleadores del barrio.*

*Mandando a bodega su troli de vino
junto con la mugre de su mishiadura,
está siempre escabio el vago Amargura,
que en tiempos pasados fue un gran malandrino.*
El vago Amargura (La crencha engrasada). *Carlos de la Púa, 1928.*

Bodegón. l. p. Fonda de baja categoría donde se come y se bebe. Es despect. Lisandro Segovia lo define: "Casa de huéspedes, restaurán o fonda donde se come mal y no hay toda la limpieza necesaria". (**Diccionario de argentinismos.** Publicación de la Comisión Nacional del Centenario, 1911.)

*La copa del alcohol hasta el final;
y en el final tu niebla, bodegón...*
Una canción. *Tango. Cátulo Castillo, 1953.*

Bodrio. l. p. Cosa desagradable a la vista. // Del mal aspecto. // Feo. // Mamarracho. // Ridículo. // Extravagante. // Desordenado, mezclado. // En sentido estético, de mal gusto. *Ese cuadro es un bodrio.* Proviene del esp. **bodrio** (de **brodio**, del lat. **brodium** y éste, tal vez, de la raíz germana **bru**, cocinar, en alemán **brot**, pan): caldo con algunas sobras de sopa, mendrugos, verduras y legumbres que se daba a los pobres en las porterías de los conventos. // Guiso mal condimentado. // Mezcla de sangre de cerdo y cebollas con que se embuten las morcillas.

Boga. l. p. Síncope de abogado. Es voz relativamente nueva.

Bola. l. p. Testículo. // Tonto, bobo (de **boludo**). *Ese tipo es un bola.* También se usa en pl.: *Ese tipo es un bolas.* // Rumor, versión, noticia. *No hagas correr esa bola.* // l. camp. Cada una de las piezas redondas de piedra o de otra materia pesada, forrada de cuero y unida a otra o a dos más por medio de ramales de guascas retorcidas o bien de trenzas formadas con tientos, con las que se arman las boleadoras de dos o tres bolas (en este segundo caso, llamadas **las Tres Marías**).

*Las bolas las manejaba
aquel bruto con destreza.
Las recogía con presteza
y me las volvía a largar,
haciéndomelas silbar
arriba de la cabeza.*
La vuelta de Martín Fierro. *José Hernández.*

// **Bola charrúa** o **pampa.** Instrumento ofensivo que usaban los indios del Río de la Plata y la Patagonia, que consistía en una bola de piedra, muy pesada, que se arrojaba a distancia volteándola a manera de honda. // **Bolas frías.** Dícese del individuo miedoso, cobarde. // **Bolas triste** o **bolas tristes.** Persona aburrida, amargada. Aguafiestas. // p. ext. Pelotudo. // **Como bola sin manija.** Andar de un lado para otro buscando la solución de un problema. // Andar sin ton ni son; sin rumbo; desorientado. Sin tener dónde parar. Como una bola que va rodando y que nadie puede agarrar para detenerla.

*Sos potrillo de dos años,
recién darás buen sport
cuando andés como yo anduve,
como bola sin manija.*
Pan Comido. *Tango. Enrique Dizeo, 1926.*

// **Dar bola.** Dar pelota. Dar bolilla. // Prestar atención a alguien, oírlo, obedecerlo. Aceptarlo. // Dedicarse a algo. *Darle bola al estudio.*

*Dale bola al laburo o al afano.
Amurá el berretín: la poesía
nunca te hará morfar, y es fulería
no acertar en la tecla ni en el piano.*
Sonetos mugre. *Daniel Giribaldi, 1968.*

// **Dar en las bolas.** Molestar, irritar, enfadar, enojar. *Tu proceder me da en las bolas. Ese sujeto me da en las bolas.* // **Estar en bolas.** Estar sin ropas; desnudo. // p. ext. Estar sin dinero, sin recursos, desamparado. **Pato. Seco.** // p. ext. No tener información de algo. Estar falto de noticias de algo o de alguien. *Nadie me explicó el caso: estoy en bolas.* // **Hacer correr la bola.** Hacer circular una versión, un rumor, una noticia. // **No dar bola.** Todo lo contrario de **dar bola**, esto es, no dar bolilla, no dar pelota, no atender, no llevar el apunte a algo o a alguien.

Y ahí anda tirado, nadie le da bola,
arrastrando el carro de su mala suerte.
Juna el manyamiento que le ha dao la muerte
para confinarlo pa siempre en gayola.
Canción de cana (Nocau lírico)
Alcides Gandolfi Herrero, 1970.
NOTA. *El manyamiento que le ha dao la muerte:* la muerte ya lo ha señalado. *Dao:* dado.

// **Quedar en bolas.** Quedar desnudo. // Haber perdido sus bienes o haber sido despojado de ellos. // Perder todo el dinero en el juego. // Quedarse sin noticias de alguien o de algo.

NO DAR BOLA
La gran aspiración de los jovencitos de antaño fue llegar a tener la libreta de enrolamiento. Era la llave que a los dieciocho años les abría las puertas de sus dos grandes aspiraciones: entrar en una casa pública a conocer mujeres y en los bares, a jugar al billar, dos pasos fundamentales para comenzar a gestionar la patente de hombre.
Las luces de las mesas de billar los atraían como a mariposas. Inclinarse debajo de ellas a hacer carambolas era uno de sus sueños juveniles en una época sin discotecas, boliches ni bailantas. Había muchachos prestos para aprender el juego, como los había "duros" que ni aprendían ni se preocupaban por ello y golpeaban sin piedad ni porqué las bolas de billar, haciéndolas saltar estrepitosamente fuera de la mesa y, lo que era más grave, abriendo tremendos tajos en el paño verde con la punta de sus tacos.
Cuando el dueño del "Café, bar y billares" los veía entrar, alertaba al mozo: "A ésos no les des bola". No se les entregaban las bolas para que jugaran al billar. Pero si entre el grupo el prohibido era uno solo, la cosa merecía una consideración: "A ustedes sí, pero a ése no le doy bola".
La frasecita salió bien pronto por la puerta siempre abierta del bar y se coló en el ingenio del habla ciudadana, que pasó a utilizarla para defenestrar a alguien. "No te doy bola" —como el rechazo en el bar— pasó a ser el rechazo al cuentero, al charlatán, al manguero, al falluto, al batidor. **No te doy bola:** *no te atiendo, no te llevo el apunte, no me interesás, no quiero saber nada de vos. Asimismo, se constituyó —como la del dueño del bar al mozo— en un consejo o una advertencia al amigo: "A ese que ves allí no le des bola".*

Bolaceador/a. l. p. Bolacero.
Bolacear. l. p. Mentir. Fantasear. Disparatar. "Deformación de **boracear** o **voracear**: decir disparates o insensateces." (Mario E. Teruggi. **Panorama del lunfardo,** 1974.) Del esp. **bola,** fig. y fam.: mentira, expresión contraria a lo que se sabe.
Bolaceo. l. p. Serie de mentiras o disparates.
Bolacero/ra. l. p. Persona que acostumbra a bolacear.
Bolada. l. p. Oportunidad, ocasión favorable que se presenta, digna de ser aprovechada. // **Aprovechar la bolada.** Aprovechar una oportunidad que se presenta, para beneficiarse. Viene de **bolada**: en el billar, serie ininterrumpida de carambolas que se hacen o de billas que se introducen en el **pool** o en el **snooker pool.** *Hice una bolada de cincuenta carambolas.* En estos casos, **aprovechar la bolada** significa no desperdiciar la oportunidad que se le ofrece al jugador cuando las bolas le quedan en una situación favorable para concretar una serie de aciertos. Del esp. **bolada**: tiro que se hace con la bola.
Bolazo. l. p. Mentira grande. // Noticia falsa. Es aument. de **bola** (3ª acep.).
Boleado/da. l. p. Atolondrado, aturdido, turbado, confundido, desorientado. // p. ext. Bobo, tonto. Del l. camp. **boleado**: animal que ha sido trabado en sus patas por las boleadoras. Porque en tal trance resulta afectado en su accionar, no puede coordinar sus movimientos, que se hacen torpes, y se halla aturdido por su situación.

Como zorro perdí el pelo,
pero adquirí la manía
relojear la gilería
y al primer punto boleao
con algún fato estudiao
dejarlo en Pampa y la vía.
El conventillo. Milonga. Arturo de la Torre.
NOTA. *Boleao:* boleado. *Estudiao:* estudiado.

Bolear. l. camp. Arrojar las boleadoras al animal que se quiere aprehender. // Acertar con las boleadoras las patas de un animal y hacerlo caer. // Pararse un animal indómito o arisco sobre sus patas traseras y tirarse para atrás con el propósito de despedir a su jinete. // sent. fig. Envolver, enredar, confundir a alguien: *lo bolearon con tanta charla.* // **Bolearse.** Turbarse; sentir vergüenza o timidez: *se boleó ante la presencia del jefe.* // **Criarse boleando cachirlas.** l. camp. Expresión que tiene el sentido de haberse criado alguien como un tonto, sin andar en las cosas de la vida y llegar a grande falto de conocimientos, de experiencia, de madurez. *Vos sí que te criaste boleando cachirlas.* **Bolear** viene de **bola**: cada una de las piezas que forman las boleadoras.

La ***cachirla*** *o* ***cachila*** *es un pájaro de nuestro país, pequeño, pardo, que hace el nido en el suelo y anda siempre yendo y viniendo de un lado a otro por el campo. El dicho acusa al aludido de haberse criado y formado como un gil, sin conocer ni aprender nada de la vida, de ser un papanatas. Tan papanatas como podría serlo quien intentara cazar cachirlas con boleadoras: una ridiculez, una idiotez.*

Boleta. l. p. **Hacer la boleta.** Vencer a un adversario en una confrontación. *Boca Juniors le hizo la boleta al Real Madrid.* // p. ext. Dar muerte a alguien. *Le hicieron la boleta de un balazo en la cabeza.* // p. ext. Despojar del dinero a alguien. *Le hicieron la boleta en una timba con trampa.* // l. gros. Consumar el hombre la conquista de una mujer, poseyéndola. // **Hacerse la boleta.** Suicidarse. Amasijarse, boletearse. // **Ser boleta.** Estar próximo a morir por amenazas o por un mal incurable. Proviene de la frase **hacer la boleta**, que define la acción del policía o inspector que labra en su talonario de boletas la infracción cometida por alguien.

Boleteada. l. turf. Suma de boletos apostados a un caballo en una carrera. // Total de boletos apostados en una carrera de caballos. // Total de boletos jugados en una reunión de carreras. De **boleto**.

Boleteado/da. l. p. Derrotado. Vencido. // Asesinado. // Suicidado. // Ejecutado. // Traicionado. De **boleta**. // l. turf. Dícese del grado de preferencia con que cuenta entre el público un caballo que disputa una carrera y que se refleja en la cantidad de boletos que se le apuestan. *Cascabelito es el más boleteado. ¡Qué poco boleteado está mi caballo!* De **boleto**.

Boletear. l. p. Tiene las mismas acepciones que **hacer la boleta.** // Mentir (en este caso proviene de **boleto**). // l. turf. Apostar el público a un caballo de carrera (también, de **boleto**).

Boletearse. l. p. Hacerse la boleta. Suicidarse. // Dañarse la salud, arruinar uno su vida, consciente o inconscientemente. *¡Con ese tren de vida que llevás, te estás boleteando!*

Boletero/ra. l. p. Mentiroso, embustero. // Vendedor de boletos.

Boleto. l. p. Mentira, embuste. // Billete para viajar en los medios de transporte. // l. turf. Billete de apuestas en las carreras de caballos.

Boliche. l. p. Nombre que se le daba antiguamente a los comercios de baratijas, modestos y escasamente surtidos y que luego pasó a designar a los almacenes que tenían despacho de bebidas y un lugar destinado al juego de barajas. En algunas zonas rurales solían contar, además, con un juego de sapo y un frontón para jugar a la pelota. // En general, casa de comercio al por menor o de poca importancia en que se venden comestibles y bebidas. // Borrachería. // p. ext. Café. Bar. Este vocablo, que se popularizó de antiguo entre nosotros, deviene de la también vieja voz de la germanía, **boliche**, que designa a un local pequeño de negocio escasamente surtido y, por extensión, a una casa de juego.

Bolichear. l. p. Estar continuamente en los boliches. // p. ext. Dedicarse a negocios de poca o ninguna importancia.

Bolichero/ra. l. p. Dueño de un boliche o persona que lo atiende. // Persona que se ocupa de negocios de poca o ninguna importancia.

*Le llegó su cuarto de hora
como bolichera en Flores;
hoy la oficia de señora:
tiene tres hijos dotores.*
Novela moral.
Álvaro Yunque (Arístides Gandolfi Herrero).

Bólido. l. p. Eufemismo por boludo. Irónicamente se le dice a la persona lenta, pesada, aplastada, de reacciones tardías. Por antífrasis burlona del esp. **bólido**, aerolito que atraviesa velozmente la atmósfera, y que entre nosotros pasó a denominar también lo que se desplaza a gran velocidad, como un coche de carrera, etc.

Bolilla. l. p. Dim. de bola. Con el mismo sentido que ésta, la hallamos en algunas expresiones populares. **Dar o no dar bolilla.** Igual que **dar o no dar bola.**

*Si ves unos guantes patito, ¡rajales!
A un par de polainas, ¡rajales, también!
A esos sobretodos de catorce ojales
no les des bolilla, porque te perdés.
¡Atenti, pebeta!*
Tango. Celedonio Esteban Flores, 1929.

NOTA. *Guantes patito:* guantes finos del color amarillo característico de los pichones de pato. *Polainas:* calzas de paño o de cuero que cubren la pierna por encima del zapato o botín hasta poco más arriba del tobillo y que se sujetan con cordones trenzados. *Sobretodos de catorce ojales*: en las primeras décadas del 1900 estaba de moda el uso de sobretodos que se prendían con muchos botones, desde el cuello hacia abajo. Las tres prendas citadas eran usadas por los hombres de buena posición y los que alardeaban de bacanes, pero también por los niños bien, los fifís y los chantas que pretendían aparentar.

// **Hacer correr la bolilla.** Desparramar una noticia, un rumor, una versión. Igual que **hacer correr la bola.**

*Te has perdido el vento al póquer
porque no tenés carpeta,
y, sin embargo, en la vida
nunca falta un buey corneta
que haga correr la bolilla
que sos un tigre mentao.*
Pan comido. Tango. Enrique Dizeo, 1926.

// **Bolilla con premio.** Dícese de la persona que le trae a uno complicaciones o disgustos. Es un modismo irónico que alude, con sentido de antífrasis, a las bolillas de las loterías oficiales que llevan los números de los billetes que salen premiados. *¡Vos sí que sos una bolilla con premio!*

Bolín. lunf. Bulín.

Bolistrique, bolistriqui, bolistroque. l. p. Bolas tristes. Boludo.

Bolita. l. p. Nombre que se le daba a una bebida sin alcohol antigua, cuyo cierre lo daba una bolita de vidrio que había en el interior del frasco: *Refresco de bolita.* // Pequeña bola de vidrio o de una pasta especial con que juegan los niños. // Nombre festivo que, por su forma, se le daba al automóvil Fiat, modelo 600. // Nombre gros. y peyorat. que se le da a la persona nacida en Bolivia. // **Jugar a la bolita.** Discutir un asunto o realizar una tarea despreocupadamente, sin darle la importancia debida. *¿Qué estamos haciendo, jugando a la bolita?*

Bolivianas. l. p. Bolas, huevos, testículos. Es parag. de **bolas.** // **Dar en las bolivianas.** Equivale a **dar en las bolas.**

Boliviano/na. l. p. Parag. de boludo. Bolas tristes.

Boliya. l. p. Bolilla.

*Yo, canchero y calavera,
de escuela rante y de rango,
continué bailando el tango
haciéndome bien el oso,
sin dar boliya a los cosos
ni usar pólvora en chimangos.
Y no está en mi perfomance.*
(Nocau lírico.) Alcides Gandolfi Herrero.

Bolo. l. p. Rumor que puede ser fundado o no, pero que corre y se agranda. // Mentira grande. // l. turf. Caballo que se cree seguro ganador de la carrera que va a disputar. *Tengo un bolo para la cuarta carrera.* // Fija.

Bolongo. l. p. Uno de los nombres que se le daba al prostíbulo. Seguramente, de **bolonqui**, revés de **quilombo.**

Bolonqui. l. p. Revés de **quilombo.** Prostíbulo. // p. ext. Barullo, desorden, despelote. *Armarse un bolonqui.* // p. ext. Mezcolanza, confusión de cosas e ideas. *Tener un bolonqui* *en la cabeza.* Acepciones basadas en el ambiente que reinaba en los prostíbulos. Véase **quilombo**.

Bolsa. l. del. Bolsa grande de tela que los biabistas echan sobre sus víctimas, cubriéndolas desde la cabeza hasta más abajo de la cintura para inmovilizarlas y golpearlas sin que puedan defenderse. // l. p. **Dar como en bolsa.** Dar una gran paliza. // **Estar hecho bolsa.** Hallarse agotado, sin fuerzas, decaído física y espiritualmente. // **Hacer bolsa.** Dejar a alguien maltrecho de una paliza o golpiza. // Agotar a alguien sometiéndolo a un esfuerzo excesivo. // Destruir, aniquilar algo (hacer bolsa un espejo, un coche, una fortuna, la propia vida). // Vencer categóricamente a alguien en una confrontación. *El campeón hizo bolsa al desafiante en el primer round.* // Derrumbar espiritualmente una mala noticia, un revés, una desgracia. *La muerte de mi amigo me hizo bolsa.*

—Se lo previne: Jacinto la faseaba
diagnosticó con cancha el matasano.
¡Pura milonga! Al cuore solamente
lo hace bolsa la angustia permanente
de viajar por la vida a contramano.
¡Minga de faso! Pedro Milletari.

// **Hacerse bolsa.** Morir o sufrir graves daños físicos a causa de un accidente. *Se hizo bolsa con el coche.* // p. ext. Suicidarse. *Desahuciado por los médicos, se hizo bolsa de un balazo.* // Esforzarse hasta el agotamiento por un esfuerzo físico o mental. // p. ext. Dar todo de sí por ayudar a alguien. *Me hice bolsa para ayudarte.* Como se advierte, las tres últimas expresiones populares se inspiran en el aspecto que ofrece una bolsa vacía, supuestamente en el suelo, arrugada, informe, aplastada.

Bolseros. l. p. Nombre que se le dio a un grupo de comerciantes al por mayor que apareció en la década de 1970, cuando se disparaba la economía del país. Acaparaban mercadería, especialmente artículos del hogar, comprando en grandes cantidades a los fabricantes, muchas veces sacándolos de serios apuros monetarios, por lo que conseguían precios inferiores al costo, lo que les permitía, luego, venderlos más baratos que en cualquier comercio del ramo y, en ocasiones, que los mismos fabricantes, cuando éstos ya habían subido el precio de sus productos. // **Bolseros de accidentes de trabajo.** Organización delictiva que tiene por finalidad aprovecharse de los accidentes de trabajo, falseando o exagerando los perjuicios sufridos por las víctimas, para llevar a juicio a los victimarios y reclamar sumas elevadas de dinero en concepto de daños y perjuicios.

Bolsiquear. l. p. Revisar los bolsillos. // Robar de los bolsillos.

No andés bolsiqueando el traje
ni me embalurdes la plata.
Yo te paso el santo, Ñata,
si no querés que te faje.
El raje. Milonga. Carlos Waiss.

Bolsiqueo. l. del. Acción y efecto de bolsiquear.
Boludazo/za. l. p. Aument. de **boludo**.
Boludear. l. p. Hacer o decir boludeces. De **boludo**.
Boludez. l. p. Acción propia de un boludo. // Tontería, estupidez, gilada.
Boludo. l. p. Tonto, bobo, imbécil, estúpido, gil, papa frita, pelotudo. // **Boludo alegre.** Más que boludo. Ironiza y enfatiza la calificación. Se dice del boludo que, consciente o no de su condición, vive feliz, despreocupado de ser como es y, en algunos casos, riéndose de sí mismo. // **Boludo al pedo.** Boludo e inútil. // **Boludo al trote.** Aument. de boludo. Véase nota sobre **pelotudo**.
Bollo. l. p. Enredo, complicación, desorden, barullo. *Armarse un bollo.* // Golpe de puño. Trompada. *Me ofendió y le encajé un bollo.*
Bomba. l. p. Noticia conmocionante. *Una noticia bomba.* // Mujer hermosa. *Esa rubia es una bomba.* // Mentira grande (en desuso). // l. turf. Fija. Bolo. // ¡Bomba! l. p. ¡Qué bien! ¡Qué bueno! *—Mañana nos visitará mamá. —¡Bomba!* // ¡Encantado! Con mucho gusto. *—Te invito a cenar. —¡Bomba!* // Muy bien, de lo mejor, excelente. *Una fiesta bomba.* // **Pasarla bomba.** Pasarla muy a gusto, espléndidamente. // **Caer como una bomba.** Aparecer inesperadamente en un lugar alguien que no tenía o no debía hacerlo o alguien cuya presencia produce fuerte desagrado o complicaciones. // Llegar de improviso una noticia conmocionante.

Bombear. l. p. Acción tendiente a perjudicar ex profeso a alguien. En el deporte, la acción del árbitro que, con sus fallos, impide la victoria de un deportista o de un equipo de ellos. En el turf, disponer el fracaso de un caballo en una carrera, como parte de una maniobra. En una mesa examinadora, arbitrar los medios para reprobar a un examinado. En una reunión, hacerle el vacío a alguien. En un equipo deportivo, no darle juego a uno de sus integrantes, etc. Equivale a **echar, mandar** o **tirar al bombo.**
Bombero. l. p. Persona que bombea. Véase **bombear.**
Bombilla. l. del. Herramienta especial que usan los ladrones y que insertan por el lado exterior de una cerradura cerrada y con la llave puesta del lado interior. Se adapta de tal manera a ésta, que la hace girar hasta que abre la puerta. El nombre alude a la bombilla del mate, porque "chupa" a la llave que está colocada. // **Pantalón bombilla.** l. p. Véase **pantalón.**
Bombo. l. p. Propaganda. *Están haciendo bombo con el plan del nuevo ministro.* // Panza de la mujer embarazada. // Maniobra tendiente a provocar el perjuicio o el fracaso de alguien (véase **bombear**). **Echar al bombo. Bombear.** // **Ir al bombo.** Ir al fracaso, a pérdida, al muere. *En este negocio bien sé que voy al bombo.* Igual que **ir a menos** o **ir muerto.** // l. turf. Salir a correr una carrera un caballo cuyo jockey tiene la orden de hacerlo fracasar, dada por sus responsables.

El cuidador en cuestión, ganador de varias estadísticas, me propone echar al bombo a un caballo, a espaldas de su propietario (...) Semejante propuesta encontró en mí la propia reacción del hombre que no está acostumbrado a traicionar la confianza de nadie.
Leguisamo de punta a punta.
Daniel Alfonso Luro, 1982.

Bombón. l. p. Mujer joven y hermosa. // l. del. Bala de revólver o de pistola.
Bonafide. l. p. Persona buena, sin maldad. De la expr. lat. **bona fide,** buena fe, que se popularizó entre nosotros por adoptarla como marca una firma cafetera. Voz antigua, en desuso.
Boncha. l. p. Revés de **chabón.**
Bondi. l. p. Tranvía. Nombre que se les dio a estos vehículos y que surgió casi inmediatamente a su aparición en nuestro medio. Con el tiempo, se llamó así también a los **colectivos** y ómnibus.
En cuanto al origen de este vocablo, opina Teruggi: "**Bondi,** tranvía, procede del **bonde** carioca. Incluso, la frase brasileña **comprar un bonde,** hacer un mal negocio, está sicológicamente emparentada con el lunfardo **venderle a uno un tranvía,** estafarlo, que deriva de un famoso cuento del tío. Según Terencio de Albuquerque (**Evoluçao semántica,** Montevideo, Boletín de Filología del Instituto de Estudios Superiores, VII, números 49, 50, 51, págs. 484/498, 1952), el norteamericano G. B. Greenought fundó en 1876 en Río de Janeiro la llamada 'Botanical Garden Rail Road Company', cuyos títulos emitidos (**bonds,** en inglés) tenían grabado un tranvía. La palabra **bond** en los títulos, pero más que nada el hecho de que los billetes de pasaje llevaran también la reproducción del vehículo, con **bond** debajo, fueron determinantes para que el público llamara **bondes** a los tranvías". (**Panorama del lunfardo,** 1974.)

—Entreverado co ladrone no he sabido jamás robare ne medio; ladero de mucho guapo, la pierna me hano temblado cuando hay visto refocilare la herramienta; amigote de cuentero, de escruche, biabista y punga, nunca l' echo el cuento a nadie ni he "trabajado" en lo bondi, ni he servido de campana ni de burrero tampoco.
La Tierra del Fuego. *Carlos Mauricio Pacheco. Sainete estrenado en Buenos Aires en 1923.*
NOTA. *Trabajar en lo bondi:* punguear o actuar como ayudante de un punga. El relato está en **cocoliche.**

Bondiola. lunf. **Mondiola.**
Boquetero. l. del. Ladrón que se especializa en abrir boquetes en paredes, pisos o techos de casas o comercios para entrar a robar.
Bora. lunf. Una de las voces más antiguas de nuestro lunfardo, actualmente fuera de uso, cuya raíz ronda los límites lunfardescos con los de los lenguajes delictivo y carcelario. Antonio Dellepiane la recoge en su **El idioma del delito** (1894) y dice de ella: "Libertad. // **Salir en bora:** salir en libertad", con clara connotación carcelaria. José Gobello la registra como lunfardo, también con la acep-

ción de libertad (**Diccionario lunfardo**, 1989), aunque, como Dellepiane, sin mencionar su procedencia.
A nuestro entender, el vocablo bien podría ser un brasileñismo, como tantos otros que fueron acuñados en nuestro país en aquellas épocas. En portugués existe **embora**, frase elíptica formada por la contracción del modismo **en boa hora**, con el significado de *en buena hora* o *con fortuna*, que se emplea para despedir a alguien que se retira, y también con el de *felizmente*. En segunda acepción, como adverbio, asume el sentido de *aunque, asimismo, no obstante* y, en tercera, como interjección, toma el significado de *¡no importa!* o *¡qué me importa!* (**Diccionario de português-espanhol**, de Julio Martínez Almoyna, Porto Editora Limitada, Porto, Portugal, s/f.) La primera de estas tres acepciones (despedida) tiene la lógica implicancia de irse, salir, ya que en una despedida alguien se va, lo que sin mucho esfuerzo nos aproxima a la idea de libertad o salir en libertad, que le reconocen Dellepiane y Gobello. Herederos del idioma portugués, los brasileños utilizan muy comúnmente la palabra **embora** con los sentidos citados y aun con el de echar, expulsar a alguien. **¡Vai embora!** se le ordena con irritación al que se demora en ir adonde se le ha mandado o se espeta con fastidio para echar a aquel cuya presencia resulta insoportable. Consiguientemente, **foi embora**, con el significado de salió o se fue, se emplea para indicar que alguien ha salido o se ha ido del lugar en que se hallaba.
Puede especularse, entonces, con la posibilidad de que, al oír entre nosotros a los brasileños decir **foi embora** respecto a alguien que se había ido de un sitio, la expresión haya calado fonéticamente como una frase de tres palabras: **foi en bora** (*fue en bora o salió en bora*), en la que, aplicada a un detenido que hubiera sido liberado, la palabra **bora** asumía, por asociación de ideas, el sentido de libertad: **foi en bora**: *salió en libertad*.
Boracear. l. p. Voracear.
Boracero/ra. l. p. Voracero.
Borrachería. l. p. Comercio de baja categoría donde se expenden bebidas alcohólicas para tomar allí. // Bar frecuentado por borrachos. // Conjunto, colectividad de borrachos.

Vos, que fuiste de todos el más púa
batí con qué ganzúa piantaron tus hazañas.
Por tu ausencia, en las borracherías
cambió en la estantería
el gusto de la caña.
No aflojés. Tango. Mario Batistella, 1934.

Borrachín/na. l. p. Ebrio consuetudinario. Curdela. Curda.
Borracho/cha. l. p. Dícese de la persona que se halla en estado de ebriedad. // Ebrio consuetudinario. *Estar borracho. Ser un borracho.* // l. turf. Se dice del caballo que, en carrera, va perdiendo su acción, cansado por el esfuerzo que ha realizado. Por comparación con el andar inseguro de un borracho.

De pronto, de atrás de Cote d'or, en grandes brazadas, avanzó Crash, caballo modesto que, aprovechando el desgaste de la lucha sin cuartel, se vino a las barbas (...) Yo, que lo vi, medí sus fuerzas y aconsejé de pasada a su piloto: "Seguilo, que va borracho". Me refería a Mineral, que se mantenía en la punta a fuerza de calidad, aun desinflándose.
Leguisamo de punta a punta.
Daniel Alfonso Luro, 1982.

Borrado/da. l. turf. Caballo que ha sido retirado de la carrera en que estaba inscripto para correr. // p. ext. l. p. Escapado, huido, prófugo. Porque se borró de la vista. *Cuando llegó la policía, el ladrón se había borrado.* // Excluido, descartado. Porque se lo eliminó de donde estaba incluido. // p. ext. Olvidado. // p. ext. Muerto (borrado de la lista de vivos). // **Lista de borrados.** l. turf. Nómina de los caballos que han sido retirados de una carrera. // p. ext. Avisos fúnebres que publican los diarios. // **¿Cómo vienen los borrados?** Frase popular que significa: *¿cómo andan las cosas?* o *¿qué novedades hay?* // **Vienen mal los borrados.** Tiene el sentido de *andan mal las cosas; hay problemas; hay malas noticias.*
Borrar. l. turf. Retirar de la nómina de competidores a caballos inscriptos en una carrera. // p. ext. l. p. Apartar, separar, excluir a alguien de un asunto. No tenerlo más en cuenta. // p. ext. Matar.
Borrarse. l. p. Retirarse. Apartarse de algo. Abrirse. // No querer saber nada más de una

cuestión. // Huir. Desaparecer. // Morirse. // Suicidarse.

Borratina. l. turf. Número elevado de caballos que han sido retirados de las carreras en que estaban inscriptos para correr. *A causa de la lluvia, hubo una gran borratina en el hipódromo.* // Número elevado de tachaduras de candidatos en las boletas electorales. En general, cantidad importante de borrados o eliminados en cualquier instancia.

Borrego/ga. l. p. Niño. Jovencito. Del esp. *borrego*: cordero o cordera de uno o dos años.

Borregada. l. p. Conjunto de niños o niñas. // Cosa de niños. Chiquilinada.

Bosta. l. p. Calificativo gros. que suele darse a la persona o cosa ordinaria, carente de valor, de baja condición, despreciable. Mantiene el femenino en todos los casos. *Tu obra es una bosta. Ese sujeto es una bosta.* // **Hacer bosta.** Igual que **hacer bolsa.** // **Hacerse bosta.** Igual que **hacerse bolsa** (1ª, 3ª, y 4ª. acep.). // **Más flojo que leña de bosta.** Dícese de la persona medrosa, cobarde, vacilante, que claudica en los momentos exigentes. La comparación se hace con la bosta del ganado caballar o vacuno que, seca, se usa en ocasiones como combustible, a falta de otro, pero que su escasa consistencia hace que se consuma rápidamente por el fuego.

AMONTONADOS COMO BOSTA DE COJUDO
Éste es un dicho muy antiguo que aún conserva total vigencia, aunque muchos que lo emplean desconocen el hecho que le dio origen. Se usa para expresar la situación de las personas que se encuentran apretujadas en un lugar incómodo, como podría serlo un ambiente reducido, un medio de transporte, etc.
"*Alude a los montones de bosta que forman los cojudos por la propensión que tienen a ir depositándola donde ven la de otro u otros que lo han hecho antes. La frase no puede ser más culta.*" (*Daniel Granada.* **Vocabulario rioplatense razonado.** *Montevideo, Uruguay, 1890.*) *Corresponde acotar que esta expresión tuvo su origen en los años en que el caballo era un medio de movilidad y transporte en nuestra ciudad capital, cuando los barrenderos municipales de aquella época eran los encargados de barrer la bosta de las calles, lo que hacían formando con ella montones (amontonaban la bosta de los cojudos –caballos enteros, no castrados–) que después recogían en carros o carretillas especiales.*

Bota de potro. l. camp. La frase **no es pa todos la bota'e potro** o **no es para todos la bota de potro** significa que hay tareas, funciones o procederes que son muy específicas y que, para realizarlas, se necesita conocimiento, habilidad, experiencia, y no son para audaces ni improvisados, como enlazar, domar, bolear, arrear ganado, etc., en lo que respecta a tareas del campo. El sentido de esta frase se hizo extensivo a toda otra actividad especializada y hoy es de uso frecuente.

–Sí, Juan, estoy con vos en que no se hizo pa todos la bota de potro.
–¿Y sinó? ¿Cómo querés que cualquier Giusepino o Carmelo caído hace tres meses a la Argentina como langosta al maizal, sea capaz de comportarse siquiera medianamente en el papel de gaucho, nada menos?
Titeo a los gauchos gringos. *Eduardo Montagne, 1906. (Cfr. Luis Soler Cañas.* **Orígenes de la literatura lunfarda**, *1965.*)

NOTA. *Bota de potro:* bota de montar hecha de una pieza con el cuero de la pata de un caballo.

Bota militar. l. p. Bota de caña alta, para el hombre, que se acordonaba más arriba del tobillo. Se consideraba elegante.

Me gusta lo desparejo
y no voy por la vereda.
Uso funyi a lo Maxera,
calzo botas militar.
Milonga del 900, *Homero Manzi.*

Bote. l. p. Automóvil lujoso de tamaño grande. Del esp. **bote** (del ing. **boat**): barco pequeño y sin cubierta que lleva tablones atravesados donde se sientan los que reman y sirve para transportar pasajeros y equipajes.

Botija. l. p. Niño. Pibe. De uso corriente en Uruguay. Del esp. **botija**: vasija de barro, redonda y de cuello estrecho y corto.

Lo que uno sabe de viejo,
a vos te falta, botija.
Pan comido. *Tango. Enrique Dizeo.*

Botín enterizo. l. p. Botín fino para hombre, de cabritilla, entero, sin cordones, que llevaba en sus costados cintas elásticas. Las cintas se estiraban al poner el pie y luego volvían a su anterior estado para sostener ajustado el calzado. Se usaba en las primeras décadas del 1900.

Aquel que, solito,
llegó al conventillo,
echado en los ojos
el funyi marrón.
Botín enterizo,
el cuello con brillo,
pidió una guitarra
y para ella cantó.
Ventanita de arrabal.
Tango. Pascual Contursi, 1927.

Botón. l. p. Agente de policía. Vigilante. Es común el revés **tombo**.

Hasta el botón de la esquina
me mira como diciendo:
¿en qué cosas andará?
Se tiran conmigo.
Tango. Luis y José Di Sandro.

// Alcahuete, batidor, delator, soplón. Por comparación despectiva con el policía. // **Al botón.** Inútilmente, al cuete, al pedo. // **Hablar al botón. Hacer algo al botón.** Sin razón, sin causa, injustamente. *Estoy padeciendo al botón por algo que no hice.* También se usa **al divino botón** para enfatizar.

–*Pido la parola, señor presidente: los hijuna gran siete'e los jueces han macaniao en esta ocasión con el amigo Corneta y han errao en sus fayos, encanando a un inosente q'se ha manyao dos años y pico'e cárcel al divino botón (...) Debemos hacerle una reseción dina de sus antecedente: yo boto por una farra con baile donde corra el vino y la cervesa y nos mamemos todos a su salú.*
Asamblea. Josué Quesada. Relato de comienzos del 1900. (Cfr. Luis Soler Cañas. **Orígenes de la literatura lunfarda**, 1965.)

¡DISPAREN A LOS BOTONES!
Hay quienes opinan que el nombre **botón** dado a los vigilantes tiene su origen en que "prende" al delincuente, como el botón a la ropa (entre ellos, José Clemente, **El idioma de Buenos Aires**, 1953), pero cuenta con mayor sustento la corriente según la cual el sustantivo botón, como vigilante, apareció durante la revolución del 26 de julio de 1890, en Buenos Aires, cuando a los revolucionarios que se habían aliado contra el gobierno de Miguel Ángel Juárez Celman les indicaban que, para hacer blanco en los agentes de policía que los reprimían desde los techos de los edificios, dispararan hacia los botones niquelados que aquéllos llevaban en sus chaquetas y que se distinguían a la distancia por su brillo. La orden era: "¡Apunten a los botones! ¡Disparen a los botones!", como forma de hacer blanco en sus cuerpos. A partir de ello, el camino fue corto para que **botón** equivaliera a vigilante.

AL BOTÓN
En cuanto al dicho **al botón**, que hoy se emplea en muchas expresiones populares (discutir al botón, trabajar al botón, enojarse al botón, preocuparse por alguien al botón, etc.), una versión antigua podría explicarnos su origen. Según ella, se habría usado por primera vez en la frase **hablar al botón**, con el significado que aún persiste de hablar en vano, inútilmente. Eran los tiempos en que cuando un policía detenía a un hombre, debía llevarlo caminando hasta la comisaría, a veces distante varias cuadras, trayecto que el detenido aprovechaba para jurar por su inocencia, por su honorabilidad, por la injusta vergüenza que padecerían su esposa e hijos, intentando ablandar el corazón del policía, para que lo soltara. Pero éste, acostumbrado a tales teatralizaciones callejeras, continuaba imperturbable su camino hacia la comisaría sin siquiera mirar al detenido, como si no lo oyera. El hombre le hablaba al botón (al policía), pero inútilmente, ya que éste no le llevaba el apunte.
No necesitó más la inventiva popular para dar a la frase **hablar al botón** el sentido que nos ocupa y, de ahí, emplear **al botón** como sinónimo de en vano, al cuete, sin razón, sin porqué, etc.

Botona. l. p. Fem. de botón.
Botonazo/za. l. p. Aument. de botón en la acep. de alcahuete, delator, etc.
Botonear. l. p. Batir, soplar, alcahuetear, delatar. De botón.
Bozal. l. p. Dícese de la persona que chapurrea, que habla defectuosamente. // p. ext. Extran-

jero que se expresa con dificultad en nuestra lengua. Del esp. **bozal**: "Aplícase al negro recién salido de su país. // Esportilla que se pone a las bestias en la boca para que no hagan daño ni se paren a comer. // Frenillo que se le pone a los perros para impedirles morder. // Tableta que se pone a los terneros para evitar que mamen". Como se ve, las figuras que surgen de estas tres últimas acepciones, aplicándolas a las personas que tienen dificultades en la dicción, dan la idea de que se les hubiese colocado un bozal en la boca.

Era un gringo tan bozal
que nada se le entendía.
¡Quién sabe de ánde sería!
Tal vez no juera cristiano,
pues lo único que decía
es que era pa-po-litano.
El gaucho Martín Fierro. José Hernández.
NOTA. *Ánde:* adónde. *Juera:* fuera. *Papo-litano:* napolitano.

Braguetazo. l. p. Golpe de suerte. Se aplica al hombre solamente, por provenir de bragueta. // **Dar o pegar un braguetazo.** Concretar un hecho afortunado. Se empleaba mucho antiguamente cuando un hombre de modestos recursos se unía a una mujer adinerada. De neto corte machista, se usa poco actualmente.
Bramaje. l. p. Revés irreg. de hembraje. De brame.
Brame. l. p. Revés de hembra. // Mujer, querida, amante, concubina. El revés correcto debería ser **brahem** o, fonéticamente, **braem**, pero son de dura pronunciación. Brame es más blando.
Breca. l. p. Afér. de **robreca**, revés de **cabrero**.
Brema. lunf. Baraja. // "Brema floreada o jamada: baraja marcada". (Antonio Dellepiane. El idioma del delito, 1894.) // "Naipe, del argótico **brême**. En ital. se da brema, con igual significado." (José Gobello. El lenguaje de mi pueblo, 1974.)
Breto. l. p. Afér. de sobretodo. // **Breto de madera.** Sobretodo de madera; ataúd, féretro.
Breva. l. p. Asunto o cosa que se presenta como muy tentadora o prometedora. // Mujer hermosa. Del esp. **breva**: primer fruto anual de la higuera, de tamaño mayor que el higo y generalmente muy sabroso. Las brevas ofrecen muy bello aspecto y, por su tamaño y peso, suelen caer del árbol cuando están maduras. // **Una breva a punto de caer.** Dícese de un asunto, un negocio o una conquista amorosa que se presenta como de concreción inminente, como que ya está maduro.

Flor de chaucha, que en la esquina
no ligabas ni una breva
porque andabas como un longi
chamuyándolo al botón.
Amarroto. Tango. Miguel Bucino.
NOTA. *No ligabas ni una breva:* no conquistabas a ninguna piba del barrio.

Brija. l. del. "Cadena del reloj. // **Traya. Marroca.**" (Antonio Dellepiane. El idioma del delito, 1894.)
Brillador, Brilladora. l. del. Linterna de bolsillo, muy usada por los ladrones.
Brillera. lunf. antig. Azúcar, por su brillo.
Brillo. lunf. Brillante. Diamante. **Briyo.** // **Brillo a la gurda.** Solitario de gran tamaño.

Ando en un coche polenta
diqueándome noche y día,
sin saber la gilería,
que me está envidiando el brillo,
que nací en un conventillo
de la calle Olavarría.
El conventillo. Milonga. Arturo de la Torre.

Brique. lunf. Fósforo, cerilla. Del gen. **bricchetto**, con igual significado, que se pronuncia *briqueto*, por lo que **brique** podría considerarse un apóc. fonético.
Briquetera. lunf. Caja de fósforos. Fosforera. // p. ext. Mujer que trabaja en una fábrica de fósforos.
Briqui. lunf. Brique.
Brisco. lunf. Prisco. // p. ext., gros. Homosexual pasivo. Compara el trasero con un durazno prisco.
Briyera. lunf. Brillera.
Briyo. lunf. Brillo.
Brócoli. lunf. Bobo, tonto, gil. Del ital. **brócolo**, de igual significado.
Brodo. lunf. Fraude. Estafa. // Engaño, mentira. // Complicación, lío. *Armarse un brodo.* // En ocasiones se empleó como sinónimo de calor, por el ital. **brodo**, caldo. *¡Qué brodo*

hace! // **Al brodo.** Inútilmente, vanamente, sin necesidad. // **Hablar al brodo.** Hablar sandeces. Macanear, mentir. // **Hablar al cuete,** en vano. // **Ir al brodo.** Ir al muere. Ir muerto (véase **muere** y **muerto**). Ir a la ruina. // **Mandar al brodo.** Estafar, defraudar a alguien. // **Mandarlo al muere.**
José Gobello remite este vocablo "al ital. brodo, caldo, por analogía con **tacho**". Acotamos que se llama **tacho** a una gran caldera que se colocaba sobre una especie de parrilla, a fuego lento, en la que se arrojaban caballos muertos para obtener sebo. Irónicamente, se decía que en esas calderas se hacía caldo.

Bronca. l. p. Disputa, altercado, pelea. // Antipatía, animadversión. *Tenerle bronca a alguien.* // Ira, enfado, enojo, rabieta. *Sentir bronca, tener bronca, estar con bronca.* Del esp. bronca: broma pesada o enojosa. Pelazga.

En la ginebra aburrida
sigo evocando mi vida
y la bronca de saber
que los años que se van
ya nunca podrán volver.
Madrugada. Tango. *Fernando Rolón, 1966.*

// Reto, reprimenda, protesta. Tirar la bronca.

Y el corazón, amurado,
me está tirando la bronca:
¡aguantate, no seas boncha,
que si no, pierdo la fe!
Se tiran conmigo. *Tango. Luis y José Di Sandro.*

// Dícese de la persona de mal carácter, rezongona, de reacciones airadas. *Mi jefe es un tipo bronca.*

Broncador/ra. l. p. Enojadizo, rezongón, irritable.

Broncar. l. p. Enojarse, rezongar, irritarse. *Tirar la bronca.*

Broncarse. l. p. Pescarse una bronca.

Bronquitis. l. p. Parag. de **bronca.** // **Andar con bronquitis.** Estar enojado.

Bruyir. lunf. Hervir. Arder. Quemar. Del gen. brûxâ: quemar. (José Gobello, **Diccionario lunfardo,** 1989.)

Buche. l. p. Hallamos esta voz en algunas frases populares. **¡Al buche!** Tiene el sentido de **para mí; esto me lo agarro; ¡a mi bolsillo!** // **Hacer buches.** Tragar saliva, como acción refleja de miedo o cobardía. *Cuando vio el peligro se puso a hacer buches.* // Contracción de los músculos faciales de los niños a punto de llorar. // **Sacar del buche.** Perder por una circunstancia imprevista algo que estaba a punto de conseguirse o de ganarse. // Quitarle algo a alguien cuando está por asirlo. La figura es la del que le quitan un bocado en el momento en que está por ingerirlo. *Fui a comprar la casa, pero llegó otro antes y me la sacó del buche.* Como complemento, remitirse a **buchón, desembuchar** y **embuchar.** Del esp. buche: bolsa donde las aves reciben la comida. // En algunos cuadrúpedos, estómago. // fam. Estómago de los racionales. // fig. y fam. Pecho o sitio donde se finge que se guardan los secretos.

Buchón/na. l. p. Delator, batidor, confidente policial. Porque suelta lo que tiene en el buche (lo que sabe, lo que conoce).

Buchonear. l. p. Delatar, batir, alcahuetear. // Revelar algo que se guardaba en secreto. De **buchón.**

Buchoneo. l. p. Acción y efecto de buchonear. // Cantidad de delaciones, alachueterías y chismes. *El buchoneo ayuda mucho a la policía.*

Budín. l. p. Mujer hermosa, tentadora. // p. ext. Asunto, negocio que se presenta como para aprovecharlo, al igual que un budín tentador. Invariable para los dos géneros.

–Dicen que el mozo es bien.
–¿Y ella?
–¡Un budín, compadre!
Con los 9. *Félix Lima, 1969.*

// Budín, como torta de harina o pan, huevos, azúcar, vainilla, pasas de uva, etc., es voz que viene del ingl. **pudding,** que, a su vez, deriva del fr. **boudin,** ambos con el mismo significado español.

Budinazo. l. p. Aument. de **budín.** Igual para los dos géneros.

Budinera. l. p. Sombrero. Galera. Por comparación con los moldes en que se hornean budines.

Buena. l. p. Abundancia, prosperidad, fortuna. Comodidad. Se usa en varias expresiones populares. // **Andar o estar en la buena.** Vivir cómodamente, con holgura, en la abundancia, sin problemas económicos. // **Darse la buena.** Cortarse una mala racha y comenzar una buena. // Concretarse felizmente algo tras algunos reveses. // **Echar buena.** l. jgo. Acertar en el juego. Lograr una buena ganancia. // l. jgo. En el juego de dados llamado **pase inglés**, ganar en la primera echada de dados, sacando siete u once, o hacerlo en alguna de las siguientes, al repetir el número que se sacó al principio. (véase **pase inglés**). // l. jgo. En el juego de la taba, echar suerte (véase **taba**). // p. ext. Cambiársele a alguien la vida, para bien.

Y vos..., estoy seguro que habrás echado buena
y que te dio vergüenza entrar en el bulín;
que ya no andás cuerpeándole al hambre ni a
las penas...
Lo que vos te merecés. Tango. Abel Aznar.

// **Buena banana, buena mandarina.** Dícese del pícaro, aprovechador o ventajero. // **Buena mano.** Buena persona, buen amigo. Persona dispuesta a prestar un servicio, a dar una mano. // **Buena mierda.** Mala persona. Sujeto de sentimientos innobles, indigno, ruin, rastrero. // **Buena onda.** Buen ánimo. Buena predisposición. Buen carácter. // Buen ambiente para alternar o tratar un asunto.
Buenazo/za. l. p. Aument. de **bueno**. // Persona de buenos sentimientos, pacífica, amable, servicial.
Bueno. l. p. Partido de desempate. // Partido deportivo, de naipes, etc., que se disputa para desempatar y definir un ganador cuando, de dos que se han jugado, cada oponente ganó uno. En este caso, al primero se lo llama **partido**; al segundo, **revancha** y al tercero, **bueno**. El ganador de éste resulta el vencedor definitivo.
Buenudo/da. l. p. Bueno y boludo. Dícese de la persona tan buena, crédula e inocente que se la toma por boluda.
Buey corneta. l. p. Véase **corneta**.
Bufa. l. p. Apóc. de **bufarrón**.
Bufarra. l. p. Bufarrón. Pederasta activo. // Lesbiana.
Bufarrón. l. p. Homosexual activo. Es deformación del esp. bujarrón (del fr. bougre y éste del lat. bulgarus, sodomita): pederasta activo. A su vez, pederasta viene del gr. pai-

derastés (de país, paidós, niño, y erastés, amante): el que comete pederastia. En cuanto a **pederastia**, proviene del gr. **paiderastia**: abuso deshonesto cometido contra los niños. Mario E. Teruggi opina que bujarrón pudo pasar a **bufarrón** por influencia del caló bufo, de igual significado. (**Panorama lunfardo**, 1974.) Se apocopa en bufo o bufa.
Bufarrona. l. p. Lesbiana.
Bufón. lunf. Bufoso. Bufosa. Arma de fuego del tipo del revólver, pistola, etc.
Bufonaso. lunf. Disparo de revólver o pistola.

Las nacas a su vida hicieron trizas.
Con la pena más fule jugó a risa
y aguantó sin chivar el esquinazo.
Cuando estuvo de buena no fue arisco.
Y hoy, al verse arruinado de los discos,
se fajó en el marote un bufonazo.
El suicidio. José Pagano.

NOTA. *Nacas*: revés de **canas**, prisiones.

Bufosa/bufoso. lunf. Revólver, pistola. Arma de fuego de puño. "Evidentemente sacada de bufar, que indica la acción de resoplar con fuerza o con furor de algunos animales. Trae a la memoria la palabra del argot francés tuff, pistola, y más todavía el onomatopeyismo buf, que en la jerga parmesana significa el disparo de un arma de fuego. // **Bufosa corta.** Revólver, pistola, trabuco. // **Bufosa larga.** Rifle, fusil, escopeta." (Antonio Dellepiane. **El idioma del delito**, 1ª edición, 1894.) Por su parte, Américo Castro lo deriva del ital. buffare: soplar con fuerza el viento (**La peculiaridad lingüística rioplatense y su sentido histórico**, 1941), en tanto que José Gobello lo vincula con el ital. jergal buf: disparo (**Diccionario lunfardo**, 1989).

No me desairee, hermosa,
porque si así lo hace, cielo,
será solo mi consuelo
matarme con la bufosa.
***Batifondo a la Ville de Roi**. Florencio Iriarte. Revista **Don Basilio**, Buenos Aires, 30-8-1900. (Cfr. Luis Soler Cañas. **Orígenes de la literatura lunfarda**, 1965.)*

Buitre. l. p. Dícese del individuo de mala calaña, abusador, que explota las necesidades

de otros en su propio beneficio. // Profesional que les saca el mayor dinero posible a sus clientes, aun sin atender bien sus asuntos. Del esp. **buitre**: ave de rapiña que se alimenta de carne muerta.
Bulebú. l. p. **Bulevú.**
Bulevú. l. p. Fineza, distinción. *Una dama todo bulevú.* // Gentileza en el trato. *Me atendieron a la bulevú.* // Cumplimientos. // p. ext. Exceso de cortesía. Amaneramiento en la atención o en la conversación. *Mucho bulevú, pero era fingido.* // p. ext. Alto nivel de vida. *Vivir a la bulevú.* // p. ext. Última moda. *Vestir a la bulevú.* Del fr. *¿voulez vous?*: ¿Desea, usted?, ¿Gusta, usted? ¿Me permite, usted? // **A la bulevú.** A lo grande, a lo señor, a lo bacán, a la última moda. En correspondencia con su cuna francesa, esta voz –ya en desuso– debería escribirse con **v** inicial y así aparece en muchos casos, pero en general se la ha usado con **b**, quizá por nuestra tendencia al uso fonético de esta letra, aun en casos de **v**.

Bulevú y bulevú con soda
El origen de **bulevú** *se remonta a los años en que comenzaron a llegar a Buenos Aires mujeres francesas de la vida en busca de ocupación. Algunas continuaron ejerciendo su oficio abiertamente en lugares de diversión o de prostitución. Otras encubrían su actividad como camareras en bares, confiterías y salones de baile, atendiendo las mesas a la par que concertando citas con sus clientes. Las que solo hablaban francés y aun las nuevas que comenzaban a chapurrear nuestra lengua, siguiendo la costumbre de su país se acercaban a las mesas con su* ¿*que voulez vous?* *(¿qué desea usted?) o, simplemente,* ¿*voulez vous...?* *(¿desea usted...?), que al porteño sonaba exóticamente atractivo y como sello de fineza y buen trato.*
Nato "porteñizador" de vocablos, el hombre de Buenos Aires relacionó ese **voulez vous** *con la sensación que recibía de tratamiento especial y, a partir de ese momento,* **bulevú** *–pura creación fonética– pasó a ser sinónimo de buen trato, alta atención, gentileza a la gurda, nivel de bacanería. Anoche estuve en una fiesta bacana: puro bulevú. Pero este flamante vocablo, que había pasado a ser tan descriptivo, no se quedó solo mucho tiempo. Muy pronto se le acoplaron otros dos, aporte criollo a la palabra acuñada, con los que se dio a luz una frase que enfatizó aún más, si hacía falta, el sentido de la expresión. Estas palabras fueron* **con soda.** *Voulez vous había llegado a París y en Buenos Aires le pusieron soda.*
El mismo lugar, las mismas mozas o camareras, la misma mesa, los mismos clientes, los mismos pedidos de whisky, vermouth, Pineral, Hesperidina o Pernod, pero esta vez la pregunta, ya con claro progreso idiomático: ¿voulez vous con soda? (¿lo quiere usted con soda?). Mitad franchute, mitad criollo, parecía acrecentar la fineza. Y así **bulevú con soda** *le dio un sello aumentativo, enfático a la primitiva* **bulevú** *(Esa mujer lleva un tren bárbaro: viajes, pieles, joyas..., ¡bulevú con soda!), pero no la desplazó: ambas coexistieron hasta su desuso tanto con el sentido de fineza y atención como con el de un alto nivel de vida.*

Se la engrupió un cajetilla
puro bulevú con soda.
Después formó en la gaviya
que toma la vida en xoda.
Novela moral.
Álvaro Yunque (Arístides Gandolfi Herrero).

Hay un pardo de chambergo requintado y taquito a la bulevú con soda, con más parada que trangüay elétrico sin corriente y más safao que tano de inquilinato.
¡**No me haga reír!** *Agustín Fontanella. Artículo publicado en la revista* **PBT** *a principios de 1900. (Cfr. Luis Soler Cañas.* **Orígenes de la literatura lunfarda,** *1965.)*

Bulín. lunf. Habitación, pieza. Cuarto donde se vive o se duerme. // Cotorro. // p. ext. Habitación para citas amorosas. // p. ext. Actualmente, departamento. *Ya es tarde, me voy al bulín.* Mario E. Teruggi lo define como "pieza de soltero o habitación para citas" y señala que "se lo ha derivado de la palabra francesa **boulin**, que los diccionarios definen como agujero practicado en la pared para que aniden las palomas y también como el hueco que deja en las paredes el maderamen de los andamios. La primera acepción –agrega– parece corresponder, por vía de la imagen nido de amantes, al concepto lunfardo de **bulín**. Sin embargo, la palabra francesa es demasiado técnica, propia de los colombófilos, y prácticamente desconocida para los ciudadanos comunes de Francia". (Panorama lunfardo, 1974.) José Gobello lo relaciona con "el italiano jergal **bolin** y **bulin**: casa". (Diccionario lunfardo, 1989.)

El bulín de la calle Ayacucho
que en mis tiempos de rana alquilaba,
el bulín que la barra buscaba
pa caer por la noche a timbear.
El bulín de la calle Ayacucho. *Tango. Celedonio Esteban Flores, 1923.*

Bulincito. lunf. Dim. de **bulín**.

Lo lleva el presentimiento
de que en aquel potrerito
no existe ya el bulincito
que fue su único ideal.
El ciruja.
Tango. Francisco Alfredo Marino, 1926.

Bulinero. lunf. De **bulín**. Decíase del portero o encargado de cuidar el orden en las **amuebladas**. // Que sale poco, que acostumbra estar en su casa. // **Pinta bulinera**. Pinta pobre, modesta, vulgar.

Tiene pinta bulinera
de gavión de rango misho...
Cartón junao. *Tango. Carlos Waiss.*

Bulo. lunf. **Bulín**.
Bulones. l. p. **Cortar bulones.** Tener miedo. Estar muy asustado. El dicho alude al movimiento reflejo de contracción del esfínter anal a causa del miedo o de un susto y que, en el supuesto del dicho, lo haría tan fuertemente como para cortar un bulón si se lo tuviera en el ano. *Escondidos del policía, los ladrones estaban cortando bulones.*
Bullón. lunf. Comida, en general. // p. ext. Estómago. // **Buyón**.

Pato, que peinás a la gomina,
hoy sos milonguero y compadrón.
Cuando te dé el espiante la mina,
volverás a nuestra esquina
a mangar para el buyón.
Pato. *Tango. Ramón Collazo, 1928.*

// **Ganar o ganarse el bullón.** Ganarse la vida. Ganarse el sustento, honradamente o no. *Se gana el bullón trabajando de chofer. Se vale de la punga para ganarse el bullón.* // **Parar el bullón.** Parar la olla. Comer y dar de comer a los suyos; proveerlos de los alimentos necesarios. // Sustentarle la comida a otro u otros. *Le paro el bullón a un amigo que está sin trabajo.*

La que a todo canero pecuniariamente
ayudó sin grupo y le paró el buyón,
y además de pilcha y de pliego pa indulto
le daba su amor.
La ex canchera (La crencha engrasada).
Carlos de la Púa, 1928.

// **Picar el bullón.** Sentir sensación de hambre. Igual que **picar el bagre**. // **Trabajar para el bullón.** Ganar en un trabajo apenas lo suficiente para comer. Igual que **salvar el bullón**.
José Gobello origina este vocablo en el gen. **buggio**: hervido. (Diccionario lunfardo, 1989.) Mario E. Teruggi, en cambio, lo refiere a **bouillon**, caldo, palabra argótica, y señala que "ha adquirido un significado propio entre nosotros, pues equivale a comida, en general, y, figuradamente, a vientre". (Panorama del lunfardo, 1974.)
Bullonada. lunf. Comilona. **Buyonada**.
Bullonar. lunf. Comer. **Buyonar**.
Bullonera. lunf. Estómago, vientre. **Buyonera**.
Bulto. l. p. Prominencia que forma la ropa interior o el pantalón del hombre en la parte que cubre el pene.
Buque. l. p. **Tomarse el buque.** Retirarse, escapar, huir. // Abandonar subrepticiamente a alguien, un lugar, una reunión, etc. *Cansada de ese haragán, la mujer se tomó el buque. Mientras ellos discutían, me tomé el buque.* Equivale a **tomarse el raje, tomarse el piro, tomarse el Conte Rosso**, etc. Precisamente, esta última frase dio origen a **tomarse el buque**. Véase **Conte Rosso**. // **Buque de la carrera**. Véase **carrera**.
Buraco. l. p. Agujero, abertura grande. // p. ext. Herida importante producida por una bala de grueso calibre, una cuchillada, etc. // p. ext. Perjuicio grave, especialmente monetario, que sufre o que se le causa a alguien. *Le hicieron un buraco jugando al póquer.* Equivale a *le hicieron un agujero jugando al*

póquer. Se la considera oriunda del port. **buraco**: orificio.

Burra. l. del. "Caja de caudales. Caja de hierro. // **Hacer una burra.** Robar de una caja de hierro. // **Burra de viaje.** Valija." (Antonio Dellepiane. **El idioma del delito, 1894.**) // **Cargar la burra.** Expresión que significa recoger el botín robado, tarea de la que se encarga un cómplice de los ladrones. En ocasiones, ese botín se deja en un lugar convenido, en tanto los ladrones se alejan sin llevar encima nada que los incrimine. En el momento oportuno, el compinche pasa por el lugar, lo recoge y lo lleva al sitio previamente establecido.

Burrero. l. turf. Aficionado a las carreras de caballos. Viene de **burro**, nombre festivo que se les da a los caballos de carrera por aquello de que "no ganó porque es un burro". // l. del. Ladrón que roba de los cajones de los mostradores en los que se guarda dinero.

El burrero estudiaba primero el terreno y luego "trabajaba" en complicidad con otro (el esparo), a veces un chico que hacía de carnada y provocaba la distracción del cajero o del dueño del comercio. Entonces, el burrero actuaba con una celeridad increíble, incluso cuando hacía falta "reventar el burro", es decir, violar su cierre o cerradura. A veces, "el burro pateaba". Esta expresión, patear el burro, significaba que había sonado el timbre o la alarma conectada al cajón violado.
Una luz de almacén.
Edmundo Rivero, 1982.

Burro. l. p. Festivamente, caballo de carrera. // Caballo de carrera de poca calidad. // l. del. Cajón de mostrador para guardar dinero. // **Burro coceador o burro pateador.** Cajón de mostrador provisto de alarma. // **Patear o cocear el burro.** Sonar la alarma del cajón violado. // **Reventar el burro.** Violar el cajón de un mostrador. // l. p. **Hacerse el burro.** Desentenderse de un hecho; ignorarlo a sabiendas. // No intervenir en una cuestión para no comprometerse, quizá pudiendo o debiendo hacerlo. // Hacerse el gil.

Busarda. lunf. Estómago, barriga, panza, vientre. // Boca. // **Buzarda.** Américo Castro lo da como vientre y lo remite al gen. **buzza**, vientre, del ital. **buzzo**, estómago. (La peculiaridad lingüística rioplatense y su sentido histórico, 1941.) Antonio Dellepiane lo define como **boca** y da como ejemplo la frase lunfarda "poner la caramayola en la **busarda**" (poner un pañuelo en la boca para sofocar a una persona). (**El idioma del delito**, 1ª. edición, 1894.) José Gobello, por su parte, registra: "busarda, lunf., boca (del ital. **bugiarda**, mentirosa) y **buzarda**, estómago, del bajo gen. **buzzo**, vientre", aunque admite que ambas voces se alternan en el uso. Nosotros acotamos que el ital. trae: **buzzo**, vientre, panza, barriga (de los animales) y **buzzone**, barrigón, panzón, tragón.

Vino también la lunfarda,
aquella que al trabucazo
le metió un espingardazo
de buten por la busarda.

NOTA. El párrafo citado es parte de una poesía lunfarda publicada en el año 1900 en la revista porteña **Don Basilio** y el 3 de septiembre de 1908 en el diario **Última Hora**, también de esta ciudad, ya desaparecido. Su autoría podría corresponder a un poeta suizo radicado en Buenos Aires que firmaba Charles de Soussens (Luces Lupont), según opina Luis Soler Cañas en **Orígenes de la literatura lunfarda, 1965**.

// **Busarda de piba.** Boca de niña. // **Salvar la busarda.** Ganar lo suficiente para comer. Igual que **salvar el bullón**.

Hoy, vieja, arruinada, con pilcha rasposa
—la que era de línea, la taquera fiel—,
salva la busarda junto a la cancela.
¡La chinche en el coco se le fue, tal vez!
***La ex canchera** (**La crencha engrasada**).*
Carlos de la Púa, 1928.

NOTA. *Cancela:* cancel, es decir, puerta cancel, la que se hallaba en los zaguanes de las casas de antes entre la puerta de calle y el vestíbulo. *Salvar la busarda junto a la cancela* era atender a los hombres de pie, en el zaguán, por poco dinero (véase **chistadero**). *Chinche en el coco:* orgullo, berretines.

Busca. l. p. Persona que, sin trabajo fijo, vive rebuscándose, generalmente, con la reventa de cualquier artículo que pueda conseguir a bajo precio. Es apóc. de **buscavidas**, en esp., fig. y fam., persona muy diligente en proporcionarse por todos los medios lícitos su subsistencia.

Buscaglia. l. p. **Busca.** Es parag. para disimular el calificativo en el apellido italiano Buscaglia.

Buscona. l. p. Prostituta callejera de bajo nivel.

Buseca. lunf. Comida hecha básicamente con lebrillo (en su reemplazo, mondongo), papas y porotos, a lo que se le agrega tocino o panceta, chorizo colorado, laurel, especias, etc. // p. ext. Estómago, barriga, abdomen. Del lombardo **busseca**: vientre de animal. // **Dar o pegar en la buseca.** Golpear a alguien en el estómago. *Le dio una trompada en la buseca.* // **Dar por la buseca.** Jugarle a alguien una mala pasada; traicionarlo. // p. ext. Matar.

Y mientras yo chamuyaba
de ese carrito en el feca,
me la dio por la buseca
y con el bacán se alzaba.
Milonga del amuro.
Antonio A. Caggiano, 1915.
NOTA. *Carrito:* dim. de carro. *Feca:* revés de café.

Bute. Hay discrepancias respecto a si debe ser considerada voz lunfarda. Por el sí, entre otros, está José Gobello, que la remite al caló de **buten**: excelente. (**Diccionario lunfardo,** 1989.) Entre quienes no están en esta línea tenemos a Mario E. Teruggi, para quien el vocablo "que para algunos autores parece representar la quinta esencia del lunfardo, no es más que una locución vulgar española registrada desde hace mucho tiempo en el diccionario académico". (**Panorama del lunfardo,** 1974.)

Señalamos que el esp. fam. trae **buten,** voz que solo tiene uso en la frase **ser de buten** para ponderar lo notable que es, en su línea, alguna persona o cosa.

Al margen de estas especulaciones, el término, que antaño gozó de amplia popularidad, fue perdiendo terreno lentamente y hoy apenas lo usan algunas personas mayores o aquellos que gustan recurrir en su lenguaje a palabras del léxico lunfardo o de su época.

Se emplea como **de bute, debute, de buten** y **debuten** y cuenta con variadas acepciones.

// De lo mejor, excelente, magnífico. *Una mansión de bute.* // De inmejorable calidad. Óptimo. *Un tapado de bute.* // Importante, grande.

Desde la vez que la vi
calé un amor tan morrudo
y tan de bute que dudo
que otro pueda amar así.
Batifondo a la Ville de Roi. Florencia Iriarte. Revista **Don Basilio,** Buenos Aires, 30-8-1900. (*Cfr.* Luis Soler Cañas. **Orígenes de la literatura lunfarda,** 1965).

// Perfecto, perfectamente, acabadamente. // Con clase, con calidad.

Remanyado canchero en la avería,
su vida de malevo es un prontuario.
Él me enseñó las dulces pijerías
para engrupir de bute a los otarios.
La canción de la mugre (La crencha engrasada). Carlos de la Púa, 1928.

// Ya mismo, en este instante, en el acto.

¡Quién te ha visto y quién te ve!
¡Tomate de bute el raje!
El raje. Milonga. Carlos Waiss.

El mismo sentido aumentativo que señalamos en esta voz, también se emplea con referencia a males y desgracias: **enfermo de bute, arruinado de bute, loco de bute,** etc.

Butifarra. l. p. **Tomar para la butifarra.** Tomar a alguien para la farra, es decir, como objeto de risa, de burla. Este vocablo se formó con la intención de disimular festivamente la palabra **farra** dentro de **butifarra,** aun a sabiendas de que esta última voz tiene un significado totalmente ajeno al de aquélla. Contiene **farra** con su sentido camuflado, pero entendible para quien lo conozca o lo advierta, en tanto puede pasar inadvertido para algún otro, lo que le da carácter festivo. Esta disimulación, a veces festiva, a veces irónica, la hallamos en muchas palabras debido al habla popular, generalmente, en forma de parag., como **bizcocho,** por bizco; **Lorenzo,** por loro (mujer fea); **Torterolo,** por tuerto, etc. Véase **paragoge.**

Esta voz proviene de **butifarra**, término español quizá proveniente del lat. **botulus**, tripa, y **fartus**, relleno: nombre que se les da a los embutidos con carne de cerdo. Como se advierte, no tiene nada que ver con nuestra acepción (como no la tiene bizcocho con bizco), que, reiteramos, tomó al vocablo español como excusa para una creación local. Agreguemos que también se le dice **butifarra** al pederasta pasivo, pero éste es una epéntesis de **bufarrón**.

Buyón. lunf. Bullón.
Buyonada. lunf. Bullonada.
Buyonar. lunf. Bullonar.
Buzarda. lunf. Busarda.
Buzón. l. p. Boca grande. // Persona que tiene la boca grande. // l. del. Calabozo, celda. Del esp. buzón (del lat. bucco Ónem, boca grande): abertura o conducto artificial para desagüe de los estanques. // Agujero por donde se echan las cartas en el correo. // **Vender un buzón**. En general, engañar, estafar a alguien con un cuento o hacerle creer algo que no es cierto. *Te vendieron un buzón*. El dicho viene de una estafa que, por su inventiva y originalidad, se hizo muy famosa, tanto como la de **vender un tranvía** (véase **tranvía**).

BREVE HISTORIA DE NUESTROS BUZONES
"Los buzones primitivos eran simples ranuras en las paredes o puertas de la Administración de Correos, a través de las cuales se introducían las cartas y pliegos, que caían en el interior de la oficina. Es tradición que el primero de estos buzones fue instalado en Buenos Aires en 1771.
"En 1858 se colocaron los primeros buzones en nuestra ciudad. Fueron sólo seis y estaban ubicados en lugares cerrados, generalmente, farmacias. (...) Todos los días, a las dos de la tarde, pasaba un buzonista a caballo para retirar la correspondencia, pero, excepto el buzón del puerto, los demás rara vez contenían carta alguna.
"Los seis buzones iniciales, que eran de madera, se convirtieron en veintidós metálicos en 1868 y, por iniciativa de Eduardo Olivera, que fue Director de Correos entre 1874 y 1880, fueron co-locados los tradicionales buzones colorados, al estilo de los 'pillar boxes' de Londres. De los 46 buzones que existieron en 1885, sólo 8 eran 'pilares de fierro' y los restantes 38, 'cajas del mismo metal incrustadas en las paredes' (...) La correspondencia era retirada diez veces al día, desde las seis de la mañana hasta las siete de la tarde." (Víctor García Costa. **Chasquis, postillones y carteros – La vida de nuestro pueblo**, Buenos Aires, 1982.)

VENDER UN BUZÓN
Esta estafa, por su inventiva y originalidad, se hizo muy famosa, tanto como la de vender un tranvía.
Un estafador se hacía pasar por dueño de un buzón público (de aquellos colorados de hierro que adornaban las esquinas) y, por lo tanto, único cobrador de todo el dinero que recaudara éste por el despacho de las cartas que en él se depositaran. Conseguido el "candidato" que podía ser un hombre del interior llegado con plata a Buenos Aires o un inmigrante que hubiera hecho fortuna, etc., "el dueño del buzón", tras un encuentro "casual" y una charla del momento, lo invitaba a tomar unas copas en un bar y, entre otras cosas, le comentaba la bondad del negocio que explotaba y el dinero que ganaba sin hacer nada. Se lo había comprado al Correo, pero ahora tenía que viajar con urgencia a Montevideo por un tiempo a hacer otro negocio muy importante y "como usted me ha caído bien y se ve que es una buena persona, vea, con que me dé el dinero que yo pagué para comprarlo, se lo vendo". Seguramente que para hacer "entrar" al incauto eran necesarias más de una reunión con varias copas de por medio, todas pagadas por el cuentero, que siempre exhibía un grueso rollo de billetes, pero al fin la ingenuidad del "candidato" sucumbía ante la brillante operación que se le ofrecía y compraba el buzón por una buena suma de dinero. Como correspondía, todo esto se hacía por escrito y se firmaba, claro, en la misma mesa del bar.

C

Cábala. l. p. Artilugio, palabras o amuletos a que se recurre en la creencia de que traerán suerte, fortuna y prosperidad. Los hay de los más sencillos a los más extravagantes. Es la misma voz española, a la que en nuestro medio se le ha incorporado otra acepción. Cábala, en esp. (del hebreo **cabbalah**, tradición), era, entre los judíos, la tradición oral que interpretaba las sagradas escrituras y fijaba su sentido. También era un arte supersticioso practicado por ese mismo pueblo para descubrir el sentido de las Escrituras por medio de anagramas, combinaciones de letras, astrología y nigromancia. Con el tiempo y en sentido figurado, se llamó cábala a todo cálculo supersticioso para adivinar lo futuro o lo oculto y misterioso, así como a una negociación secreta y artificiosa.

Como se ve, el sentido constante de estas acepciones es el de la superstición aplicada al estudio, la investigación, la interpretación y el manejo de lo secreto, oscuro o difícil de entender. En cambio, entre nosotros el término perdió ese halo misterioso que exige un estudio esclarecedor y, a diferencia del español, asumió el significado de artificio al que se recurre para coadyuvar a la concreción de algún deseo. *Para que un negocio me salga bien beso esta moneda de cobre; no falla. Para tener suerte cuando voy a jugar a la ruleta me pongo el calzoncillo a cuadros.* Lo dicho: nada de dudas ni interpretaciones complicadas. La seguridad es total: *Con esta cábala me va bien; se me da lo que deseo.* // **Cábula.** Se usa con igual sentido.

Cabalete. l. del. Bolsillo superior externo del saco, también llamado **shuca arriba**. // Bolsillo del saco, en general. // **Robar de cabalete.** Robo que realiza el ladrón en medios de transporte, colocándose al lado de su víctima, con los brazos cruzados, e introduciendo los dedos índice y mayor (**lanza**) de una de sus manos en el bolsillo del saco ajeno. // **Cabalete a la gurda.** Bolsillo lleno de dinero.

Caballo. l. p. Ignorante, inculto, bruto. Duro de entendimiento. Se usa el revés **yobaca**. // **Caer como un caballo.** Caer en un engaño. Ser víctima de un cuento. Caer como un ignorante. // **Correr con el caballo del comisario.** Llevar todas las de ganar en un asunto por las propias condiciones o por contar con la venia de alguien. La expresión tiene su origen en el ambiente de las carreras cuadreras en las que, cuando intervenía el caballo del comisario del pueblo era éste seguro ganador, ya que nadie se atrevía a derrotarlo. // **Largar el caballo.** Emprender una acción decididamente. Se compara con quien larga su caballo a todo correr para ganar una carrera.

La seguí y me coleó, y ya maduro,
largué el yobaca, listo pa'l ataque.
La alcancé sin parar, de un solo saque,
y me cantó una cita en el apuro.
Perfume. (Versos de yeca y atorro.)
Tino, 1977.
NOTA. *Yobaca:* revés de **cabayo**, caballo.

// **Volver con el caballo cansado.** Anuncia que quien fue altanero con nosotros o nos trató con indiferencia o egoísmo ha de regresar algún día a buscar nuestra amistad o nuestra ayuda cuando las cosas no le vayan bien. Este dicho campero se inspira en la figura de quien, montando un buen caballo, pasa de largo por el camino, engreído, saludando apenas, desde lejos, a los moradores de una casa o arrimándose a ellos unos instantes, como por compromiso, para retomar enseguida su andar, aunque el tirón sea largo, ufano de la calidad y el aguante de su pingo. **Ya va a venir con el caballo cansado** sentencia que algún día ese engreído volverá a pasar, esta vez con su caballo cansado por los esfuerzos a que es sometido y, sumisamente, pedirá permiso para entrar en la casa en procura de darle un descanso o a pedir prestado un caballo para reemplazarlo en su viaje y devolverlo a su regreso. La frase, plena de sabiduría, prendió en el habla popular ciudadana, que la aplica a muchas actitudes del ser humano.

Cabaret. l. p. Voz francesa que designó en Buenos Aires a los salones de diversión que funcionaban de noche, en los que actuaban conjuntos musicales con cantantes y trabajaban mujeres que bebían y bailaban con los clientes, de cuyos gastos ganaban una comisión, y salían, luego, con ellos, cuando cerraba el establecimiento.

Los cabarets aparecieron en nuestra ciudad hacia el año 1900 y proliferaron en poco tiempo. Junto con las mujeres del país que atendían al público, las había, también francesas, polacas, rusas, etc., que contrataban los dueños de esos salones y que iniciaban así el llamado "camino de Buenos Aires" que, con el correr del tiempo, las llevaba a Rosario y, poco a poco, a medida que se iban "desvalorizando", a otros lugares de categoría inferior.

En Buenos Aires, entre los más conocidos de esa época pueden citarse el Montmartre, que estaba en Corrientes al 1500; el Royal Pigall, en Corrientes al 800; el Fritz, el Armenonville, el L'abbayé, el Tabarín, el Parisiana, Los Altos del Casino y el de Hansen, que estaba en la por entonces periferia de la ciudad, donde hoy se encuentra el parque 3 de Febrero.

Es medianoche; el cabaret despierta; muchas mujeres, flores y champán.
Va a comenzar la eterna y triste fiesta de los que viven al ritmo del gotán.
Acquaforte.
Tango. Juan Carlos Marambio Catán, 1931.

Cabaretera. l. p. Mujer que trabaja en un cabaret.
Cabarote. l. p. Nombre que también se usaba por cabaret.

Mi debut fue en el Tibidabo, en plena Avenida, uno de los tres mayores cabarotes de la época.
Una luz de almacén.
Edmundo Rivero, 1982.
NOTA. El Tibidabo fue posterior a los mencionados en la voz cabaret.

Cabaroto. l. p. Cabaret.
Cabarute. l. p. Cabaret.

Tu música de amor fue un semitono desafinado y cruel, sonando al "tute", y tu final, un mishio cabarute, al que, para caer, sacaste abono.
Como un tango. *Leopoldo Díaz Vélez.*

Cabecear. l. p. Mover la cabeza hacia adelante o hacia un costado señalando a alguien o haciendo señales de algo. Este movimiento solía hacerlo el hombre a la mujer, en un baile, para invitarla a bailar. También lo hacen las prostitutas para ofrecerse a un hombre. Puede ser, asimismo, una seña convenida entre algunas personas con cierto significado secreto. // En el juego llamado truco, señal que hace un jugador a su compañero de que tiene puntos para el envido. En el fútbol, jugar la pelota golpeándola con la cabeza. Del esp. **cabecear:** mover la cabeza hacia uno u otro lado.

Cabecita. l. p. Cabecita negra.
Cabecita negra. l. p. Nombre despectivo que dieron los adversarios del peronismo a los provincianos que se allegaron a Buenos Aires a partir de 1945 en busca de trabajo y de un mejor nivel de vida. Esta mención alude al pájaro criollo que se conoce con tal nombre por tener su cabeza cubierta con plumas negras, en comparación con la tez morena y el cabello oscuro que caracteriza a muchos hombres del interior. Con el tiempo se simplificó la denominación, que se redujo a **cabecita,** con el mismo sentido discriminatorio y peyorativo.

Cabeza. l. p. En las loterías y en las quinielas nombre que se le da al primer premio. *¿Qué número salió a la cabeza?* // **Arrancar la cabeza.** Cobrarle a alguien un precio excesivamente elevado por algo que se le vende o un servicio prestado. *En el restaurante me arrancaron la cabeza. El abogado me arrancó la cabeza.* También se emplea **cortar la cabeza**. // **Cabeza a cabeza**. En total paridad. Sin sacarse ventaja. *Argentina y Chile van cabeza a cabeza en el campeonato de ajedrez.* Es frase del lenguaje turfístico indicativa de que dos o más caballos van definiendo una carrera en una misma línea, sin que haya ventajas entre ellos, que el lenguaje popular aplica a todo enfrentamiento de reñida definición. // **Cabeza fresca**. Dícese de la persona despreocupada en su manera de ser, que no se afecta por contratiempos, que no toma nada en serio. // **Comer la cabeza**. Influir sobre el modo de pensar de otro. Predisponerlo en favor o en contra de algo o de alguien. // Ilusionarlo. // Engañarlo. *Le comió la cabeza para que se pusiera en contra de mí.* Igual que **hacer la cabeza, hacer el bocho, hacer la croqueta**, etc. Con el mismo sentido corren **hacer la oreja y hacer el oído**. // **Cortar la cabeza**. Igual que **arrancar la cabeza**. // **Chiflar la cabeza**. Desvariar. Estar loco. *A vos te chifla la cabeza.* También se usan los sinónimos de cabeza: **chiflar el coco, el balero, la sabiola, el mate**, etc. // **Dar por la cabeza**. Darle su merecido a alguien. // Derrotar a alguien en alguna confrontación. // Sancionar severamente a alguien. // Ocasionar un grave perjuicio a alguien, intencionadamente. // **Estar de la cabeza**. Estar transtornado. Estar loco. Igual que **chiflar la cabeza**. // **Lavar la cabeza**. Sermonear, amonestar, reprender severamente a alguien. También se dice **dar champú**, con el mismo significado. Es locución nueva. // **Tener pajaritos en la cabeza**. Tener humos. Soñar grandezas. Imaginar cosas irrealizables. // Ser engreído, petulante. // p. ext. Desvariar. Estar loco. // **Tener un corso en la cabeza**. Véase **corso**. // **Zumbar la cabeza**. Igual que **chiflar la cabeza** y similares.

METÁFORAS DE CABEZA EN EL LENGUAJE POPULAR

Por sus afecciones: caspera; piguyenta; piojera; piojosa. *Por su contenido:* croqueta (quizá por el aspecto de la masa encefálica); fosforera (por el fósforo que contiene la masa encefálica); sesera (por los sesos). *Por lo que la cubre:* sombrerera. *Por su forma o tamaño:* balero; bocha; bochín; bocho; cacerola; calabaza; coco; mate; marote (posible epéntesis de mate); melón; sandía; tomate; zapallo; zeppelín. *Por su función:* carburadora (véase **carburar**); pensadera; pensadora; pensarosa (de **pensadera**); sabiola (de sabio; parag.); zabiola (con z, por cabeza). *Por su peinado:* aceitosa (por el aspecto que le daban la brillantina o la vaselina que el hombre usaba antiguamente en el cabello). *Por su pelo:* cepillera; cepillero; pelada; rompepeines. *Por sus pensamientos:* pajarera (relaciona los pensamientos con pájaros que revolotean dentro de la cabeza. De allí los dichos **tener pajaritos en la cabeza** y **volarse los pájaros**). Véase **cabeza y pájaros**. *Por su ubicación en el cuerpo:* altillo, azotea, capilla, coronilla, chimenea, terraza. *Por influencia italiana:* cocuza; cucuza; testa.

Es interesante destacar que la tendencia popular a invertir silábicamente las palabras (revés o vesre) no se ha manifestado en estos vocablos, ya que, de tantos que ha creado, sólo lo ha hecho con **mate** (tema, de uso muy reducido) y el originario cabeza (zabeca).

Cable. l. p. Ayuda, auxilio. // **Tirar un cable**. Prestar ayuda a alguien. *Tirame un cable: estoy sin trabajo.* // **Tener los cables pelados**. Estar loco. // Estar furioso. Es frase metafórica que considera a los nervios como cables y los asemeja a los de electricidad que, cuando están "pelados", es decir, sin la cobertura aislante y se tocan entre sí, producen un corto circuito, con el que se compara la furia o la locura. Véase **electricista**.

Cabrear. l. p. Enojar, rabiar, rezongar. Chivar. *Sus empleados lo hacen cabrear todos los días.* // Fastidiar. // p. ext. Desconfiar, recelar, sospechar. Alude a la cabra y a su genio característico.

Cabrearse. l. p. Enojarse, malhumorarse. Chivarse. // Fastidiarse. // Sentir desconfianza, recelos, sospechas. // p. ext. Sentir desagrado o repulsión por algo o por alguien. // Romper con una costumbre o un vicio. *Cabrearse con el cigarrillo.*

Cabreiroa. l. p. Cabrero. Juego de palabras con Cabreiroa, nombre de un famoso balneario de Orense, España, quizá mencionado entre nosotros por los inmigrantes españoles.

Cabrero/ra. l. p. Persona de mal carácter, enojadiza. // Disgustado, enojado.

Indignado por el opio
que me diste, tan fulero,
francamente, estoy cabrero...
Recordándote. *Tango. José De Grandis.*

// Receloso, desconfiado, difícil de embaucar.

La otra noche, en los Corrales,
hallé una china muy mona
(...) y ahí no más le formé un cuento
porque habiendo visto el vento
pensé poderla shacar.
Pero me había equivocado;
era una mina cabrera,
más reversa que una fiera...
Encuentro con una china. *Anónimo, aprox. de 1880. (Cfr. Antonio Dellepiane.* **El idioma del delito**, *1ª edic, 1894.)*

// Colérico, iracundo, furioso. // Contrario, opuesto a algo. *Para esas cosas soy cabrero.* // Apartado, alejado de algo. *Ando cabrero con el escolaso.* // Complicado, embrollado, enredado. *Ponerse cabrero un asunto.*

Amor, dejate de grupos
y no vengas con posturas,
que en tiempos de misciaduras
se hace cabrero el amor.
Los escrushantes. *Sainete.*
Alberto Vacarezza. Estrenado en Buenos Aires en 1911.
NOTA. *Misciaduras:* mishiaduras. De mishio.

Cabretilla. l. p. Cabrero. Es parag.
Cábula. l. p. Superstición. Creencia supersticiosa en objetos o factores que, utilizándolos de determinada manera o invocándolos, traerán suerte y prosperidad a quien lo haga. // **Cábala.**

Pepito – Esta manera de atarse la corbata trae suerte; lo mismo que la tiza en la suela de los botines... Se hacen tres rayas y dos puntos. Esta cábula me la enseñó un calabrés y me ha dado siempre muy buen resultado.
¡Jetattore! Gregorio de Laferrère. Obra teatral estrenada en 1904.

DISPARATES LLAMADOS CÁBULAS
Hay quien, porque una vez fue al hipódromo sin medias y ganó, toda ocasión que vuelve lo hace sin medias o se saca los zapatos antes de entrar, se quita las medias, las guarda en un bolsillo, torna a ponerse los zapatos y entonces, sólo entonces, entra. No importa que lo miren. El cabulero afronta con entereza la curiosidad ajena. Otro, porque ganó al póquer y recordó que esa noche, al sentarse a la mesa de juego, dijo "¡Qué incómoda es esta silla!", repite la misma frase toda vez que se sienta a jugar, aunque la silla que le toque sea lo excelso en comodidad. Otro, cuando tiene que tratar un negocio, se pone siempre la corbata roja –que la tiene nada más que para eso–, porque si va con otra, seguro que el negocio fallará. Una estudiante va a dar examen con la blusa de la hermana porque le dará suerte y hará que la aprueben. Y así pueden darse las más increíbles y disparatadas cábulas en busca de suerte: ponerse un sombrero roto o una prenda de vestir al revés, meterse en el bolsillo un carozo de durazno, no peinarse..., ¡pisar excremento de perro!... Hay quienes hacen un secreto sagrado de sus cábulas y no las revelan jamás, porque si lo hacen, seguro que perderán su poder y no "funcionarán" más. ¡Y vaya uno a encontrar después otra cábula tan eficaz!

Cabulear. l. p. Recurrir a las cábulas o cábalas.
Cabuleo. l. p. Acción y efecto de cabulear.
Cabulero/ra. l. p. Que recurre a las cábulas o cábalas. Que se vale de ellas.
Caburé. l. p. Dícese del hombre galanteador, seductor de mujeres. El vocablo, con tal acepción, está inspirado en el caburé, ave de rapiña nocturna, del grupo de los búhos, más pequeña que éstos, de color rojo oscuro y blanco, con pico verde. Vive en la Mesopotamia, en La Pampa y en la provincia de Buenos Aires, preferentemente. Sus plumas son consideradas como amuletos. Con su canto, que es muy melodioso, sus víctimas quedan como hipnotizadas. De ello viene la acepción de seductor en el habla popular.
Caca. l. p. Poca cosa. // Dícese de lo que no tiene valor o lo tiene mínimo. *Esto que me regalaron es caca para mí. Al custodio lo arreglamos con caca y nos dejará entrar.* // p. ext. Persona ruin, indigna, rastrera. Del esp. **caca**: excremento humano y especialmente de los niños pequeños.

Cacarear. l. p. Hablar sin parar. // Decir ciertas cosas, provocando. Del esp. **cacarear**: sent. fig. Ponderar, alabar con exceso las cosas propias.

Cacatúa. l. p. Individuo sin clase, mediocre, que busca llamar la atención con su vestimenta, en la creencia de que ello le da valimiento. // Mujer charlatana, chismosa.

En tu esquina rea cualquier cacatúa
sueña con la pinta de Carlos Gardel.
Corrientes y Esmeralda. *Tango.*
Celedonio Esteban Flores, 1934.

Cachada. l. p. Broma, burla que se le hace a alguien. Chanza. // p. ext. Ironía.

Cachado/da. l. p. Víctima de una cachada. // Descubierto. // Sorprendido en algo que ocultaba o disimulaba. // Apresado, aprehendido.

Cachador/ra. l. p. Que hace cachadas. Bromista, burlón.

Cachafaz. l. p. Dícese de la persona desfachatada, descarada, pícara. Proviene del ital. **cacciaffanni**: divertido.

Cachafaz. l. p. El cachafaz. Famoso bailarín de tango que lució sus habilidades hacia comienzos del 1900 y fue considerado, si no el mejor, uno de los mejores exponentes del baile de nuestra música popular por excelencia. Se llamó Ovidio José Benito Bianquet.

El Cachafaz, bien lo saben,
es famoso bailarín
y anda en busca de un festín
para florearse más.
El Cachafaz cae a un baile,
recelan los prometidos
y hasta tiemblan los maridos
cuando cae El Cachafaz.
El Cachafaz. Tango. Ángel G. Villoldo.

Cachar. lunf. Asir, tomar, agarrar. // Apoderarse de algo o de alguien.

Hoy que andás rechiflada y la miseria
te casca como mula patiadora,
te ha cachao el otoño, pobre grela,
y ni te dan cabida en la milonga.
¡Te ha cachao el otoño! Silverio Manco.
NOTA. **Patiadora**: pateadora. **Cachao**: cachado.

// Bromear, tomar el pelo, burlarse de alguien. *En la oficina lo cacharon por el color de su camisa.* // Encontrar a alguien que se busca o con el que uno quiere encontrarse. *Lo caché en la esquina y le chanté cuatro frescas.* // Descubrir, sorprender a alguien en algo que ocultaba o disimulaba. // **Cachar la canasta**. Escapar, huir, salir de prisa. // l. turf. Salir un caballo decididamente en la punta al inicio de una carrera. // **Cachar viaje**. Aceptar, dar la conformidad a una propuesta.

Yo no te ofrezco vitrola
ni pisito con estera,
ni moblaje Chipendale...,
¡pero yo te hago feliz!
Porque el peso pa'l mercado
lo tendrás siempre que quieras.
¿Qué decís, che, Filomena?
¿Cachás viaje? ¿Qué decís?
Cachá viaje.
Tango. Ernesto Cardenal y Jaime Vila.

Opina Mario E. Teruggi que **cachar** en sus acepciones de tomar, asir, sorprender, pescar a alguien in fraganti, "tal vez esté vinculado con el argot español, en el que se registra **cachá**, pinza o tenacilla, por donde pudo haber adquirido su significado de asir. Pero no se puede dejar de pensar aquí, por similitud fonética, en el inglés **to catch**, precisamente agarrar, que, en México y América Central (Malaret, 1946) dio origen a otro **cachar**, por vía del baseball, equivalente a atrapar en el aire (**abarajar**, de los argentinos)".

En cuanto a las acepciones de tomar el pelo, bromear, burlarse de alguien, mofarse, "parece tener otro origen. Según Malaret (1946) su uso está muy difundido por América Central y Ecuador, y acota que proviene de un verbo portugués, **cachar**, engañar, trampear (...) o bien, simplemente, de **cachar** (tomar, asir) derivó el sentido de embromar por vía de una elipsis de expresiones tales como **tomar el pelo, tomar para la farra, tomar para el churrete, tomar de punto** y similares, en las que el verbo inicial es siempre el mismo". (**Panorama del lunfardo,** 1974.)

Cacharpas. l. camp. Ropas y bártulos en general. // Ropas modestas, pobres. Del quechua **kacharpa**: trebejos, bártulos, ropa y utensilios sin valor. Prendas de los pobres.

Don Basilio – Pues se alivia del todo y se va rápido a arreglar con ésas las cacharpas más necesarias pa'l viaje: mañana, al aclarar, nos vamos de aquí.
Barranca abajo. *Florencio Sánchez. Obra teatral estrenada en 1905.*

Cache. l. p. Dícese de la persona o cosa mal arreglada y sin gracia ni gusto en los adornos que se ha puesto. // Cursi. Ridículo en su vestimenta, con pretensión de elegante. Por antífrasis de la voz quechua **k'acha**: elegancia, distinción y gracia en el porte. Que tiene apostura.
Cachería. l. p. Estado, condición o apariencia de cache.
Cacherío. l. p. Conjunto de caches.
Cachet. l. p. Toque distintivo de elegancia y señorío en el vestir y en los modos. *Tener cachet.* // Sello particular que la inspiración de un autor transmite a sus obras. // Remuneración, emolumento, paga que se abona a los artistas por su actuación. // Cotización de un artista. *Ese cantor tiene un cachet muy elevado.* // p. ext. Cotización de un profesional que diserta, da conferencias, clases magistrales, etc. Del fr. **cachet**: rasgo característico y distintivo. // Documento, aval que se extiende a favor de alguien.
Cachetada. l. p. Golpe dado en el cachete (mejilla) con la mano abierta. Del esp. **cachete**: carrillo de la cara, en especial si es abultado.
Cachetazo. l. p. Cachetada.
Cachila. l. p. Pájaro de la Argentina, pequeño, pardo. Muy andariego, hace su nido en el suelo y anda siempre rastreando por el campo, por lo que se le llama, también, correcaminos, aunque es más conocido por **cachirla**. // **Criarse boleando cachirlas.** Dicho popular que califica de tonto a alguien. **Vos te criaste boleando cachirlas** significa que el aludido es un papanatas, que no tiene ninguna experiencia en las cosas de la vida, como si sus mejores antecedentes fueran la estupidez de haberse formado tratando de cazar cachirlas con boleadoras.

(...) pero como ustedes saben, yo no soy manco, no soy lerdo, ni me crié boleando cachirlas.
Leguisamo de punta a punta.
Daniel Alfonso Luro, 1982.

Cachimba. 1. camp. Pozo poco profundo, ojo de agua, manantial de poco caudal o pozo artificial que se usaba en el campo ya para sacar agua ya para lavar la ropa. // l. p. Pipa para fumar. Dice Daniel Granada que "es voz importada de África, donde se llama así a la densa neblina que, al caer la tarde, se forma en algunos puntos de la costa". (**Diccionario rioplatense razonado.** Montevideo, Uruguay, 1890.) Probablemente la acepción de **cachimba** o **cachimbo** como pipa con la que se fuma comparará al humo que suelta ésta con la neblina citada. Entre nosotros es despectivo o burlón, aunque en port. **cachimbo**, también pipa, no lo es.

Ña Martiniana – Hacé de cuenta que todo ha pasado entre vos y él. Además, pa decir la verdá, yo no vide nada. 'Taba en la cachimba, lavando.
Barranca abajo. *Florencio Sánchez. Obra teatral estrenada en 1905.*
NOTA. *Vide:* vi. **'Taba:** estaba.

Cachimbear. l. p. Fumar en pipa.
Cachimbo. l. p. Cachimba.
Cachiporrero. l. del. Variante del biabista, aunque más cruel y violento, que reduce a sus víctimas a fuerza de golpes de cachiporra o con un palo. Véase **biabista**.
Cachirla. l. p. **Cachila**.
Cachirulo/la. l. p. Bobo, tonto, papanatas, papa frita, gil, otario.
Cachivache. l. p. Dícese de lo que es ordinario, que no sirve o que funciona mal. *Tu vestido es un cachivache. Este reloj es un cachivache.* // p. ext. Cosa desvencijada, dañada por el tiempo o por el uso: estropeada. *Mi coche está hecho un cachivache.* // Extensivo a personas: muy venido a menos. Del esp. **cachivache**: vasija, utensilio, trebejo roto o arrinconado por inútil.

*Nunca soñé que la vería
en un requiesquimpache
tan cruel como el de hoy.
Mire, si no es pa suicidarse,*

que por ese cachivache
sea lo que soy.
Esta noche me emborracho.
Tango. Enrique Santos Discépolo, 1928.
NOTA. *Requiesquimpache:* tiene el significado de hallarse alguien en un estado físico deplorable, como próximo a la muerte. Es un fonetismo de la expresión latina **requiescat in pace** (descansa en paz) que se aplica en la liturgia como despedida a los muertos.

Cacho. l. p. Pedazo, trozo, parte de algo. *Comí un cacho de pan. Dame un cacho de esa guita.* // p. ext. Instante, momento. *Esperá un cacho.* // Racimo de bananas. // l. del. Parte del producido de un robo que corresponde a quienes lo cometieron. Del esp. **cacho**: porción, trozo, parte de algo.

Hoy, ya libre'e la gayola y sin la mina,
campeando un cacho'e sol en la vereda,
piensa un rato en el amor de la quemera
y solloza en su dolor.
El ciruja.
Tango. Francisco Alfredo Marino, 1926.

Cachote. l. p. Aument. de **cacho**. // Puñetazo, trompis, trompada en el rostro. // Casote. // Cazote. En este caso viene del ital. **cazzotto**: sopapo, puñetazo, trompis.
Cachucha. l. p. Vagina. Parece provenir del esp. **cachucha** o **cachucho**: hueco de la aljaba en el que entra una flecha.
Cachusiento/ta. lunf. Desmejorado, venido a menos. Achacoso. Arruinado físicamente. Aplicado a cosas, deteriorado, dañado por el uso o el tiempo. De **cachuzo**.
Cachuza. l. p. fem. de **cachuzo**. // Cascada, deteriorada, descascarada. El vocablo comenzó a usarse para designar a la bolita con que jugaban los niños que, a fuerza de golpear a otras o ser golpeada, había sufrido cachaduras. A veces se la prefería a otras, porque las cachaduras eran como blasones, cicatrices de batallas ganadas contra otras bolitas en los baldíos del barrio o en el cuadrado de tierra que rodeaba el viejo árbol de la vereda. O porque, al ser su superficie rugosa, era más manejable para los dedos de los niños. Pero la innumerable sucesión de choques y golpes continuaban deteriorando a "la cachuza" hasta que, finalmente, sus cachaduras ya no le permitían rodar correctamente. Era su fin. Retirada de las lides callejeras, se guardaba como grato y admirado recuerdo.

¡Mi bolita lechera...! ¿Dónde andarás, amiga?
¡Y aquella mil colores, cachuza y atorranta!...
Barrio Once (La crencha engrasada).
Carlos de la Púa, 1928.
NOTA. *Lechera:* se le decía a la bolita de color blanco.

Cachuzo/za. lunf. Dañado, deteriorado, envejecido. Del esp. **cachar**: hacer cachos o pedazos alguna cosa, y de su p. p. **cachado**, hecho cachos, hecho pedazos. Nuestro **cachuzo** no tomó un significado tan terminante, sino que pasó a designar algo dañado, deteriorado, averiado, con muestras de golpes, pero que aun así puede ser de uso y, refiriéndose a personas, disminuido, maltrecho, achacoso por alguna enfermedad o por la vejez, pero no nulo. *Le vendieron un coche cachuzo. Me apenó ver tan cachuzo a mi maestro.*

Parque Patricios, viejo, con sabor a María,
y un chamuyo, un susurro que tengo en la
/memoria.
Empedrado cachuzo de Caseros y Loria,
te piso suavecito en mi melancolía.
Plaque de Parque Patricios.
Santiago Ganduglia.

La filosofía popular tomó la imagen de cachuzo y la emparentó, también, con la de una persona que muestra en su rostro, en su figura lo mal que la ha tratado la vida, la que le tocó o la que eligió.

Ayer, cuando tu raca era una rosa,
tayabas con la mersa milonguera (...)
Hoy t'encontrás cachuza y sin menega...
Te ha cachao el otoño. Silverio Manco.
NOTA. *Raca:* revés de cara. *Tayabas:* tallabas.

P. ext., la idea de cachuzo o cachuza le dio énfasis y colorido a algunas expresiones populares: **pinta cachuza, amor cachuzo, muza cachuza, poesía cachuza.**

Poesía cachuza, que estás de raye:
aunque te chingue el verso, no hay quien te ca-
lle, porque hay en tus entrañas aires lunfardos,
en los que flotan todos, chetos y pardos.
Lunfa cheto. Luis Alposta.

Cadenera. l. p. Mujer esforzada, luchadora, que no se achica en el esfuerzo ni ante adversidades. // Mujer que ejerce gustosa la prostitución para un hombre, afanándose por darle un buen pasar. // Prostituta.

Cadenero/ra. l. p. Caballo que se utiliza en el campo para sacar un carro o cualquier otro vehículo que se haya encajado o para ayudarlo a subir una cuesta. A este fin, se engancha al carruaje una cadena o **cuarta**, de la que tira el caballo. De ahí el nombre de **cadenero**. P. ext., la palabra se usó para designar a la persona luchadora, tenaz en el esfuerzo, generosa en la ayuda, valiente sin renuncios. Pero, en sorprendente antífrasis, también se dio en llamar **cadenero** al cafisho (que **tira el carro**), aunque este tipo de individuo no trabaja, no se esfuerza y vive sin hacer nada a costillas de una prostituta.

Busquen las minas de ahora
al mozo más milonguero:
¡yo tengo mi cadenero,
que de guapo me labora!
Dijo la grela (La crencha engrasada).
Carlos de la Púa, 1928.

Caduta. l. p. Decadencia. Venida a menos. // Ruina. *Estar en la caduta.* Del ital. **caduta**, caída y **caduto**: caído; que ha tenido bienes de fortuna pero los ha perdido y quedado en la pobreza.

Y con mi changa a cuestas sobre el repecho,
campeando la carga de la caduta,
sin que ni la esperanza tire una cuarta,
deseando caiga un rayo que bien me parta.
La caduta (Versos de yeca y atorro).
Tino, 1977.

Caduto/ta. l. p. Caduco. Achacoso, decrépito. // Arruinado económicamente.

Caer. l. p. Llegar a un lugar. *Caí al trabajo una hora tarde.*

Caés a la milonga
en cuanto empieza
y sos para las minas
el vareador.
Garufa. Tango.
Roberto Fontaina y Víctor Soliño, 1928.

// Llegar alguien sorpresivamente a un lugar sin haber sido invitado. // Ser víctima de una broma o un engaño. *Lo hicieron caer como un gil.* // Darse cuenta, de pronto, de algo que no se había advertido. Caer en la cuenta. *Yo no dudaba de ellos, pero caí cuando los sorprendí sonriéndose.*

MODISMOS CON CAER
// **Caerse algo.** Fracasar, frustrarse algo. *Ya se le cayeron tres noviazgos. Se me cayó una entrevista con el Presidente.* // **Caer como peludo de regalo.** Llegar alguien a un lugar donde su presencia produce conmoción. // Llegar imprevistamente una noticia en el momento oportuno para resolver o frustrar algo. // **Caer como un chorlito.** Ser víctima fácil de un cuento, una broma, un engaño. (Chorlito: ave zancuda, pequeña, fácil de atrapar.) // **Caer como una bomba.** Tiene el mismo sentido que **caer como peludo de regalo**. // **Caer como una patada** o **caer como una patada en el culo, en el estómago** o **en los huevos.** Expresa el efecto que produce una noticia profundamente desagradable o una mala acción de la que uno es víctima. // **Caer como una piedra.** Igual que **caer como una patada** y similares. // Darse violentamente contra el suelo sin poder amortiguar el golpe. // Hacerle mal a uno algo que ha ingerido. // **Caer de cajón.** Dícese de lo que se da por descontado, que se sobreentiende, que debe suceder por pura lógica. Obvio. *Eso cae de cajón.* Suele simplificarse en **de cajón**. *–¿Será favorable la respuesta? –¡De cajón!* // **Caer de culo.** Llegar a un lugar de casualidad, sin haberlo previsto. // Llegar a un lugar para bien, en buen momento, con suerte. // Por antífrasis, llegar para mal, en mal momento, para desgracia. // **Caer en la volteada.** Verse envuelto accidentalmente en una cuestión en la que no se tiene arte ni parte. // Ser inculpado de algo simplemente por hallarse en el lugar

donde ocurre un hecho incriminante (véase **volteada**). // **Caer parado**. Igual que **caer de culo**, 2ª. acep. // **Caer planchado, caer redondo**. Desmayarse, caer exánime. // Dar uno contra el suelo cuan largo es. // **Caer preso**. Ser detenido, encarcelado. Caer en cana. // **Caerle en todo** (a alguien). Criticarlo, censurarlo, acusarlo implacablemente. // **Caerse de maduro**. Ocurrir algo previsible, que debía suceder inevitablemente. Compara el caso con un fruto que, ya muy maduro, cae del árbol por su propio peso. Si no lo arrancaron a tiempo, tenía que caer. Por eso también se dice **cayó por su propio peso**, con igual sentido. // **Caerse la estantería**. Suceder algo imprevisto que hace fracasar en un instante cálculos, planes, proyectos, esperanzas. // l. turf. Producirse en una carrera el triunfo inesperado de un caballo al que la mayoría de los apostadores no lo tenía en cuenta (véase **estantería**). // **Caerse las medias, los calzoncillos, los pantalones**. Sorprenderse, desorientarse, inhibirse, asustarse, no saber qué hacer ante una situación imprevista, por lo sorprendente o impactante. // **Caerse una sota**. Declarar alguien menos de lo que tiene. // Quitarse la edad. Alude a la sota, baraja española que en algunos juegos vale diez puntos. *—¿Cuántos años tiene usted? —Cuarenta y dos. —Me parece que se le cayó una sota...*

Caerse. l. p. Abatirse, venirse abajo. // p. ext. Abandonarse. *Tengo que incentivar a mis vendedores porque son propensos a caerse.* Del esp. caer: minorarse, disminuirse, debilitarse, rebajarse, ceder en su intensidad o importancia una cosa.

Cafaña. lunf. Abyecto, ruin, zafio. // Rudo, rústico. // Persona de baja condición. // Miserable. // p. ext. Conjunto de personas rústicas, bajas, de malas costumbres. *Se codea con la cafaña.* Del ital. merid. **cafone**: zafio, rudo, tosco.

Reñidero mistongo de curdas y cafañas,
de viviyos de grupo y de vivos de veras,
la Cortada es el último refugio de los cañas
y la cueva obligada de las barras cocheras.
La cortada de Carabelas
(La crencha engrasada).
Carlos de la Púa, 1928.

Café. l. p. Reprimenda, reto. **Dar un café**. Actualmente también se dice **dar champú**, con igual sentido. (Véase **champú**.)

Caferata. lunf. Rufián. **Cafisho**. Es parag. de esta última palabra para ironizar el vocablo con el apellido italiano **Caferatta**.

Caferata, allá en Chiclana,
donde tengo mis amores,
donde vive mi esperanza,
vos sos rey, sos picaflor.
Donde tengo mi cotorro
adornado con primores,
vos sos príncipe sin grupos,
de mi reino sos señor.
Caferata. *Tango. Pascual Contursi, 1926.*

Cafetear. l. p. **Dar un café**. Amonestar, reprender, retar.

Cafetera. l. p. Automóvil antiguo. // Automóvil destartalado, desvencijado, que anda y no anda. Es burlón o despectivo, según se lo use.

Cafetín. l. p. Café, bar de ínfima categoría. // Café, bar pobre, modesto. Es voz despectiva.

Caficio. lunf. Una de las tantas formas en que se habló y se escribió **cafisho**.

Cafiche. lunf. Igual que **caficio**.

Cafichear. lunf. Usada por **cafishear**.

—Ortiban los otarios de yuguiyo
que me insulta, me casca y cafichea.
¡Mejor! De ellos me tira su bolsillo
y de mi macho, todo lo que sea.
La canción de la mugre
(La crencha engrasada).
Carlos de la Púa, 1928.

Caficho. lunf. Igual que **caficio**.

Cafife. lunf. Apóc. de **cafifero**.

Cafifero. lunf. Voz antigua, en desuso. El que tira la cañota en una casa de juego (véase **cañota**). // Por fonetismo se llegó a usar con el sentido de **canfinflero**.

Cafiolo. lunf. **Cafisho**. // p. ext. Elegante. La costumbre de los rufianes de hermosearse con afeites y lucir siempre bien vestidos adjetivó el vocablo y le dio tal significado, igual que a **cafisho**. *¡Qué cafiolo estás!*

Pero vivía engrupida
de un cafiolo vidalita

*y le pasaba la guita
que le chacaba al matón.*
El ciruja.
Tango. Francisco Alfredo Marino, 1926.

Cafisheada. lunf. Acción y efecto de **cafishear**. // Rufianería.
Cafishear. lunf. Explotar un cafisho a una prostituta. Vivir a expensas de ella. // Aplicar en provecho propio, de un modo abusivo, las cualidades o sentimientos de una persona. Vivir a costillas de ella. // Explotar a alguien, en general. // Obtener beneficios en perjuicio de otro. **Cafishar. Cafishiar.**

*La laburé en una tropa
con chata playa... y dejé
porque después me arreglé
pa cafishear viento en popa.*
El masajista. *Yacaré (Felipe H. Fernández).*

Cafishio. lunf. Cafisho.
Cafisho. lunf. Rufián. Explotador de prostitutas. // sent. fig. p. ext. Elegante, bien vestido (por lo atildados que eran en su vestir los cafishos). // p. ext. Refiriéndose a cosas: bien puesto, bien presentado, coqueto. *Un bulín cafisho.* "Italianismo, adaptación fonética del italiano **stoccafisso**, merluza o bacalao seco", según Mario E. Teruggi, quien agrega: "**stoccafisso** tampoco es italiano pues fue tomado del alemán **stockfisch**, literalmente pez palo, o sea, bacalao seco (...) De cómo **stoccafisso** vino a designar entre nosotros al proxeneta, es una historia interesante: en italiano se dice que un individuo parece un **stoccafisso** cuando es rígido y delgado y, evidentemente, el símil se aplicó a los rufianes de fines del siglo XIX por su andar tieso y duro. La comparación se convirtió, como sucede en muchos casos, en una metáfora, de modo que, en lugar de decirse **Fulano parece un stoccafisso**, se contrajo a **Fulano es un stoccafisso**. La deformación de la pronunciación italiana hizo el resto. Naturalmente que, en su país de origen, Italia, la palabra **stoccafisso** sólo se aplica al pez". (Panorama del lunfardo, 1974.)

CAFISHOS DEL CAFÉ CON LECHE
Este nombre, despectivo y ridiculizante, se le daba al rufián de mala muerte que alardeaba de cafisho porque convivía con una prostituta, pero que poco o nada de dinero recibía de ella, que era la que gobernaba la pareja, y que muchas noches, cuando la mujer salía en busca de clientes, iba al bar a "cenar" un café con leche, con pan y manteca —rebusque gastronómico de cualquier pato sin alardes— por 20 o 25 centavos, que era el módico precio en las primeras décadas del 1900.
"Los rufianes se dividían en grupos de acuerdo con sus nacionalidades", dice Juan José Sebreli. Los franceses y los polacos eran los más importantes. "El grupo más modesto lo constituían los rufianes criollos —los cafishos del café con leche, los llamaban, despectivamente, los franceses— que, en un comienzo, se conformaban con explotar a una sola mujer y luego terminaban formando bandas dedicadas a robarse mutuamente a las mujeres, a la vez que explotaban el juego clandestino. El Gallego Julio y Ruggerito serían los más famosos." (**Buenos Aires, Vida cotidiana y alienación**, 1966.)

Cafisio. lunf. Cafisho.
Caften. Cafisho, rufián. Explotador de mujeres. // Tratante de blancas. // p. ext. Dueño o regente de un prostíbulo. Proviene del turco **kaften**: "burgués que sostiene a cuatro mujeres". (Lisandro Segovia. **Diccionario de argentinismos.** Publicación de la Comisión Nacional del Centenario, 1911.)
Cafúa. l. p. Cárcel, calabozo. Del port. **cafúa**: antro, cueva, escondrijo, habitación miserable, sin olvidar que en gallego **cafúa** significa choza hecha con tierra aglomerada.

*Acusado de inmoral
por una caricatura,
el púdico don Torcuato
me ha traído a la cafúa.*
Cuarteta aparecida en **Don Quijote**, *periódico porteño, el 24 de abril de 1886. Don Torcuato de Alvear, intendente de la ciudad de Buenos Aires, halló inmoral un dibujo publicado en dicho periódico y accionó contra Sojo, su director.* (Cfr. Luis Soler Cañas. **Orígenes de la literatura lunfarda**, 1965.)

Cagada. l. p. Acción baja, ruindad. // Deslealtad. Fayuteada. *Hacer una cagada. Mandarse una cagada.* De **cagar**.

Cagadera. l. p. Diarrea. *Estar de cagadera.* // sent. fig. Miedo. Cobardía. *En situaciones difíciles, siempre le agarra la cagadera.* // sent. fig. Mala racha prolongada. Excomúnica. Mishiadura. *Hace meses que ando de cagadera.* De **cagar**.

Cagador/ra. l. p. Que caga. // Que hace cagadas. // Estafador. Cuentero. // Ruin. Rastrero. // Fayuto, traidor.

Cagar. l. p. Perjudicar a alguien con una acción baja, ruin. // Fayutear, traicionar. // Echar a perder un asunto, un negocio. *Se metió en el asunto y me cagó todos mis planes.* // Equivocarse, errar. *Hice una torta, pero la cagué: me olvidé de ponerle azúcar.* // p. ext. Malgastar, estropear, despilfarrar (el dinero, la salud, la honra, la vida). *En Las Vegas hizo cagar toda su fortuna. Entre curdas y drogadictos se está cagando la vida.* Del esp. **cagar**: evacuar el vientre. // fig. y fam. Manchar, deslucir, echar a perder una cosa. // **Cagar aceite.** Acobardarse, achicarse. Rehuir un enfrentamiento, dominado por el miedo. // Caer derrotado. Fracasar rotundamente. // **Cagar a golpes.** Dar una golpiza, una gran paliza a alguien. // **Cagar a pedos.** Dar una reprimenda severa. // **Cagar fuego.** Caer derrotado estrepitosamente. // Morir. // **Cagar la plata.** Despilfarrar el dinero. // p. ext. Tener siempre dinero, por más que se gaste. *¿Cómo hacés, que siempre tenés guita? ¿Cagás la plata?* // **Cagar la vida** (de alguien). Amargarlo. Quitarle la tranquilidad. Estropearle la vida. // **Cagarse en algo.** No darle ninguna importancia. No sentir el menor afecto por algo o por alguien. // **Cagarse en la plata.** No darle al dinero el valor de bien supremo en la vida. Despreciar su efecto corruptor. // **Cagarse la vida.** Estropear su propia existencia.

Cagarela. l. p. **Cagadera.**

Cagarla. l. p. Equivocarse. Cometer un error. // Estropear una situación. // Meter la pata. De **cagar**.

Cagarse. l. p. Asustarse, acobardarse. *Cagarse de miedo.* // No importar algo en lo más mínimo. *Me cago en tus condecoraciones.*

Cagazo. l. p. Susto, miedo, cobardía.

Cagueta. l. p. Asustadizo, miedoso, cobarde, pusilánime.

Caída. l. del. Entrada en la prisión. (Antonio Dellepiane, **El idioma del delito**, 1894.) *Ese tipo tiene más caídas que la Bolsa de Comercio.*

Caído/da. Tonto, bobo, melón. // Inocente, incauto. Pipiolo. // **Caído del nido.** Dícese de la persona inocentona, cándida. La acepción se nutre de la figura del pichón que cae de su nido antes de desarrollarse lo suficiente como para estar fuera de él. Se usa con sentido humorístico o irónico, aunque también se lo hace en forma despectiva o descalificadora. Con igual significado corren las expresiones **caído del catre, del cielo, de la cama, de la catrera, de la cuna, de la higuera, de la palmera, de la rama**, etc.

Teruggi la da como locución española incorporada por nosotros con acepción lunfarda. "Expresa la invalidez en que se halla un pichón y, por extensión, implica un ser crédulo o inocente o, más directamente, un pipiolo (del lat. **pipio**, pichón, que no es lunfardismo y que está registrado por la Academia). En lunfardo, la frase **caído del nido** tiene altísimo significado de tonto o ingenuo, pero como en ella parece predominar la idea de **caer**, se pierde el significado metafórico original y proliferan expresiones como **caído de la rama, caído de la palmera** (ya en desuso), **caído del catre**, todas con idéntica acepción." (**Panorama del lunfardo**, 1974.) Como aporte, acotamos que la Academia define **pipiolo** (dim. del lat. **pipio**, Ónem: pichón, polluelo): fam. Nombre que suele darse al principiante, novato o inexperto en cualquier materia.

Cajeta. l. p. Vagina. Es voz gros. Del esp. **cajeta**: Dim. de **caja**.

Cajetear. l. p. Acariciar la parte sexual de una mujer. // Perjudicar, engañar, estafar, defraudar. José Gobello le incorpora la acepción de **cavilar**, "que sólo se da en el lenguaje delictivo, porque las cavilaciones de los presos giran en torno al sexo". (**Diccionario lunfardo**, 1989.)

Cajetilla. l. p. Pisaverde, presumido, remilgado. Pura pinta. **Cajetiya.**

Pascualito Cantore (...), sumamente delicado en las comidas, luego que nosotros pedimos (...) nada menos que buseca, se decidió (...) pidiendo "un plato de caldo desgrasado". El mozo genovés, al oír esto, lo miró sorprendido y, luego de examinar la delgadez del "pituco", salió transmitiendo el pedido a los gritos a su cómplice de

la cocina: —¡Súbito, due busecce e un caldo disgrasato per un caquetiya enfermo!
Bajo el signo del tango.
Enrique Cadícamo, 1987.

// Bien vestido. Elegante. De buen porte y presencia.

Vos rodaste por tu culpa y no fue inocentemente, ¡berretines de bacana que tenías en la mente desde el día que un magnate cajetilla te afiló!
Margot. *Tango. Celedonio Esteban Flores.*

José Gobello refiere esta voz al esp. **jaquetilla**, chaquetilla, por metátesis. Otra tendencia la deriva del también esp. **cajetilla** (dim. de caja), paquete de cigarrillos. (**Diccionario lunfardo**, 1989.)
Bernardo González Arrili (**Buenos Aires, 1900**) recuerda que Domingo Faustino Sarmiento, en 1842, publicó un extenso análisis sobre la palabra **paquete** en cuanto a la acepción que ya se le daba en su época al dandy porteño como hombre esmerado en su elegancia, en el vestir a la última moda, quizás ostentosa y exageradamente. Esto es, de "haberse puesto el paquete" –como cubierta externa– para mostrarse prolijo y vistoso como se muestra un paquete que envuelve un regalo. El antiguo "estar hecho un paquete" (estar elegante), que había derivado en "estar paquete", acababa de devenir en "paquete", simplemente para designar al individuo elegante o al ostentador constante de su vestimenta y apariencia.
El hombre de la ciudad tomó el término **paquete** y lo vinculó con otro paquete, el de cigarrillos, que también se le presentaba atractivo, con finos diseños y figuras en su cubierta, muchas veces en colores, o sea, la cajetilla de cigarrillos, nombre que había sido importado por la inmigración española. Esta cuidadosa presentación se equiparó a la del tipo pintón y bien empilchado, de lucido exterior, como una cajetilla de cigarrillos. De ahí, **cajetilla** suplantó a **paquete** en la antigua acepción que ocupó a Sarmiento para designar al pura pinta, pisaverde, petimetre, lechuguino. Cabe agregar que en este caso el vocablo, femenino en su origen, pasó a masculinizarse. *El cajetilla de la otra cuadra. Vino a verme un cajetilla.*
Como se advierte, todo lo dicho corresponde exclusivamente al aspecto, a la presencia del **cajetilla**, a su exterior. En cuanto a su personalidad, pasamos a conocerla.

EL CAJETILLA: ESPÍRITU DEL COMPADRAJE
"El cajetilla era, por lo común, un jovenzuelo de familia adinerada que gastaba en sus arreos y aun le quedaban pesos para salir a derrochar.
"(...) De a uno o de a dos los cajetillas eran, como se sabe, excelentes muchachos; cuando se juntaban, les resbalaba la picardía y se hacían temibles. Podían gastar cien gentilezas en el 'Corso de las flores', como caballeros cumplidos, y más tarde entrar en una confitería para romper botellas y quebrar espejos o detenerse en una bocacalle central en espera de un candidato. Si el tal resultaba bien elegido, convertíanlo en víctima de cualquier maldad, aunque luego se abrazaran y terminaran cenando juntos.
"(...) No obstante el traje, llevaban dentro el espíritu vivo del compadraje. Eran igual al que se venía desde la orilla hamacando su hombría hasta las proximidades del Abasto o hacía pata ancha en la vereda del 'Apolo' la noche que se estrenaba un sainete con alusiones políticas y a la salida 'había biaba'. El funyi gris se reemplazaba por una galerita de ala angosta; el pañuelo de seda blanca, por un alto cuello 'palomita' o 'militar'; los leones angostos, por los pantalones de extremos doblados aunque no hubiese barro y, en fin, el saco negro cortón, por el de estilo inglés, largo, con uno o dos tajos al final del entalle. Pero dentro de todo ese atuendo iba el mismo 'cultor del coraje', con barniz o sin barniz, con facón o con revólver." (Bernardo González Arrili. **Buenos Aires, 1900.**)

Cajetiya. l. p. Cajetilla.
Cajetudo. l. p. Dícese del hombre dominado por su mujer. // **Calzonudo**, polludo. // Perezoso, lento, pesado, cachaciento. // p. amp. sig. Suertudo.
Cajón. l. p. **De cajón.** Dícese de algo que está sobreentendido, que cae por su propio peso, que tiene que producirse por la más estricta lógica. // Por supuesto, desde luego. *No pagaba sus deudas: era de cajón que lo enjuiciarían.*
Cajonear. l. p. Retener un expediente, un trámite, una propuesta, etc., con la intención

de no considerarla o demorar su tratamiento. *El proyecto de esa ley está cajoneado.* Tiene el sentido de guardar algo en un cajón para dejarlo dormir allí.

Cala. lunf. Coche tirado por caballos. Berlina.

Calabaza. l. p. Metáf. por **cabeza**.

Calabocear. l. p. Apresar, poner en el calabozo. // Encerrar. // p. ext. Esconder, guardar, atesorar, ahorrar, **amarrocar**. *Calabocear el dinero.*

Calado/da. l. p. Conocido, **junado**, **manyado**, remanyado. *A este tipo ya lo tengo calado.* // Descubierto, localizado. Calado por la policía. De **calar**.

Calambre. l. p. Sensación figurada de asombro, impresión o estupor que produciría algo impactante que se ve o que se oye. *Una rubia que da calambre. Un coche que da calambre. Una voz que da calambre.*

Calandraca. l. p. Individuo despreciable, vil, rastrero, sin valores éticos ni morales. // Infeliz, flojo, débil. // Viejo, achacoso. Del esp. calandraca: sopa que se hace a bordo cuando hay escasez de víveres, con mazamorra y pedazos de galleta. Es floja, de poco gusto, despreciada.

Calar. l. p. Observar con atención algo o a alguien estudiándolo detenidamente. // Conocer bien lo bueno y lo malo de un asunto o de una persona. *Para calar a alguien sólo me basta con oírlo hablar unos minutos.* Equivale a **junar**. // l. del. Observar atentamente y elegir lo que se va a robar. // **Calar la sandía**. Dicho antiguo, fuera de uso, que significaba estudiar un asunto o a una persona para conocerla bien.

En asunto de polleras no hay consejos valederos,
pero con tiempo y permiso calá la sándia y probá;
que las mujeres son bichos más astutos que los teros,
que por allá dan el grito, y los huevos...¡chi lo sa!
Atenti, muchacho (Nochero).
Juan P. Brun, 1969.

NOTA. El autor acentúa *sándia* en lugar de sandía. Recurre a un vulgarismo muy común antiguamente que no sólo ubica al tema en el tiempo y en el medio, sino que, además, al reducir el vocablo a dos sílabas por medio del diptongo ia, le da, justo, la medida del verso. *Tero:* teruteru. Ave zancuda de menor tamaño, muy domesticable, cuya hembra pone sus huevos entre las hierbas y luego corre hacia un lugar apartado donde lanza sus gritos, para no descubrir el sitio donde los puso.

Calce. l. p. Oportunidad. Ocasión favorable (o aparentemente favorable) que puede presentarse circunstancialmente a alguien en un momento dado o que se la brinda ex profeso otro como **changüí** para conocer sus intenciones o capacidad. **Dar calce**. // **Calzón. Alce**.

Caldo. l. p. **El caldo se puso espeso**. Indica que algo se ha complicado; que un asunto, una discusión, una relación se ha tornado conflictiva, insostenible. También que algo se ha tornado peligroso. // l. del. **Sangre**. // **Dar una biaba con caldo**. Darle a alguien una fuerte golpiza con derramamiento de sangre. Del esp. **caldo**: líquido que resulta de la cocción en agua de la vianda.

Caldosa. l. del. Sangrienta. Con derramamiento de sangre. **Biaba caldosa**. De caldo.

Calentar. l. p. Irritar, causar enojo. Enfurecer, **embalar**. // Despertar el apetito sexual. // **Calentar la pava**. Hacer enojar a alguien. // Buscar problemas, pendencias. Provocar. // **Calentar la pava (o el agua) para que otros tomen el mate**. Preparar para uno algo que, a la postre, aprovecharán otros. // Noviar con una mujer que tiene sexo con otro hombre. Del esp. **calentar**: enfervorizarse en la disputa o porfía. // Excitar sexualmente.

Calentarse. l. p. Irritarse, enojarse, enfurecerse, embalarse. // Preocuparse. // Excitarse sexualmente.

Calentito/ta. l. p. Dim. de caliente en todas sus acepciones. Respecto a la de estar enojado, irritado, etc., se emplea con sentido más enfático que caliente, que lo es más si se lo hace repetidamente. *Quedó calentito, calentito con la trompeadura que recibió.*

Me dejaste calentito, como chivo con tricota,
al dármela por el mate con la mayor precisión.
Tu laburo de puntiya en este olivo se nota
pero por tu cara rota me lo morfé de un tirón.
Como chivo con tricota (Nochero).
Juan P. Brun, 1969.

NOTA. *Puntiya:* puntilla. **Laburo de puntiya:** véase puntilla.

Calentón/na. l. p. Que se calienta. // Irritable, enojadizo. Chinchudo.

Calentura. l. p. Enojo, irritación, chinche, chivadura, embole. // Excitación sexual.

Calesita. l. p. Tiovivo. // p. ext. Maniobra que consiste en demorar el pago en efectivo de una deuda entregando cheques posdatados que, a su vencimiento, se reemplazan por otros de la misma condición y así sucesivamente. El nombre se inspira en las vueltas que da el deudor hasta cumplir con el pago.

Calesitero/ra. l. p. Dueño o encargado de una calesita. // Persona que realiza la maniobra llamada **calesita**.

Caliente. l. p. Irritado, enojado, chinchudo, chivo. // Excitado sexualmente.

—¡Pónganle el lazo a éste y métanle cuchillo en la verija, a ver si se le quitan las cosquillas! —dijo Andrés, caliente ya con el animal.
Sin rumbo. *Eugenio Cambaceres. Publicada en París en 1885.*

Calito. l. p. Galito.
Calo. l. p. Galo.
Caló. l. p. Jerga del bajo fondo. // Jerga de malvivientes. Del esp. caló: jerga que hablan los rufianes y los gitanos. "Abreviación de **zincaló** que en el dialecto gitano español significa gitano." (José Gobello, **Diccionario lunfardo**, 1989.) Acotamos que en español se llama **zíngaros** o **zinganos** a los gitanos.

Calor. l. p. Vergüenza. Por el rubor que cubre la cara de una persona avergonzada, como si se hallara acalorada. *Pasar calor. Sentir calor* (pasar vergüenza; sentir vergüenza). Con igual sentido se usa **verano**, por el mismo símil de acaloramiento. *¡Qué verano me hizo pasar!*

*Y como tendría el gusto
de chamuyarle mi amor,
antes de pasar calor
quisiera batirle el justo.*
Del arrabal. *José Betinoti.*

Calote. l. p. Hurto, robo, engaño, estafa, fraude, negociado. De **calotear**.

Calotear. l. p. Hurtar, robar, estafar, engañar. // Maniobrar dolosamente para ganar dinero. // Despojar. // Cometer fraude. // Realizar un negociado. En general, perpetrar una maniobra en perjuicio de alguien para ganar dinero. "En gallego equivale a engañar, timar o hurtar con astucia, que en Brasil sólo se usa para el concepto de dejar impaga una cuenta, clavar." (Mario E. Teruggi. **Panorama del lunfardo**, 1974.) José Gobello lo deriva del argótico **calotte**: robar (**Diccionario lunfardo**, 1989.) Otras tendencias lo remiten al port. **calote**: deuda que se contrajo con la intención de no pagarla.

*Me tienen gran estrilo
los naranjeros,
pues en cuanto los filo,
los caloteo;
y a los botones
les doy más trabajo
que los ladrones.*
Canillita. *Obra teatral de Florencio Sánchez, estrenada en 1902.*

Calzada. l. p. antig. gros. Mujer embarazada (fuera de uso).

Calzado/da. l. p. Armado. Que porta un arma. *Estar calzado. Ir calzado.*

Calzar. l. p. Portar un arma. Colocarse un arma entre las ropas. // Participar, meterse en un asunto, entrar en un lugar por propia voluntad, con la anuencia de alguien o merced a una circunstancia fortuita. *Calcé en la reunión justamente cuando hablaban de mí.*

Calzón. l. p. Equivale a **calce**. Ocasión, oportunidad.

*Vos, que me estabas junando,
me creíste un cualquiera
y, jugando a la zoncera,
un día me diste calzón.
Yo aproveché la ocasión
y entré a tayarte, taquera.*
Apronte. *Milonga. Celedonio Esteban Flores.*
Nota. *Entré a tayarte:* entré a tallarte: comencé a hablarte, a usar mi verba de conquistador.

Calzonudo. l. p. Pollerudo. Hombre que se refugia en las mujeres. // Dominado por las mujeres. // Cajetudo.

Callada. l. del. "Herramienta con aparejo que no produce ruido, usada por los escrushantes para forzar cajas de hierro" (Luis Contreras

Villamayor). // "Ganzúa especial que se mueve por una combinación, en forma tan lenta que no produce el menor ruido" (José Antonio Saldías). (Cfr. Adolfo Enrique Rodríguez. **Lexicón**. Centro de Estudios Históricos Policiales, 1961.)

Calle. l. p. Experiencia, baquía, cancha, clase. *Hacele caso a Pepe: tiene mucha calle.*

Cama. l. p. Celada. **Hacer la cama, preparar la cama, tender la cama** (a alguien). Prepararle una celada, distraerlo con conversaciones o alabarlo engañosamente con el fin de inducirlo a hacer o decir algo. Otras acepciones corresponden al esp. **hacerle la cama a alguien**: trabajar en secreto para perjudicarlo. // **Caído de la cama**. Dícese de la persona inocente, cándida (véase **caído**). // **Dejar de cama** (a alguien). Dejarlo extenuado por haberlo obligado a un gran esfuerzo físico. // Dejarlo maltrecho a causa de una golpiza. // Dejarlo muy abatido por haberlo vencido en alguna confrontación. // Dejarlo postrado, abrumado a causa de un disgusto o de una mala noticia que se le dio. *Lo dejé de cama.* // **Quedar de cama**. Quedar extenuado, maltrecho, abatido, postrado por alguna de las situaciones descriptas.

Camaleón. l. del. Ladrón o estafador que recurre a distintos disfraces para perpetrar sus delitos, con el fin de despistar a testigos y a la policía. Del esp. **camaleón**: reptil del orden de los saurios, de unos veinte centímetros de largo, al que se le atribuye la facultad de cambiar de color, porque al hincharse (generalmente cuando se asusta o se ve en peligro) se transparenta en algunas partes de su cuerpo y deja ver las distintas coloraciones que la respiración provoca en su sangre.

Camambuses. l. p. Botines, zapatos. Tarros, caminantes, fangues.

*Pobreza no es andar seco
ni con camambuses rotos...
¡Es no tener nada adentro!*
Coplas lunfas *(Nocau lírico).*
Alcides Gandolfi Herrero, 1970.

Este vocablo viene del guaraní **camambú**, nombre de una planta silvestre de flor amarilla y una frutilla, como ampolla, blanca y muy dulce.

Camarera. l. p. Nombre que se le daba a la mujer que atendía a los clientes en los cafetines que en un tiempo existían en Barracas, Dock Sur, La Boca y en "El Bajo" (calles Leandro N. Alem y Paseo Colón) y que, al terminar su trabajo, ejercían la prostitución con dichos clientes.

Camba. lunf. Revés de bacán.

Cambalache. l. p. Comercio de baja categoría en el que se compran, se venden o se permutan artículos usados de toda clase y tipo, también llamado **montepío**, **pío** o, simplemente, **compra venta**. Se lo origina en cambalache, término del port. fam. que significa trueque, permuta con intención de dolo; permuta engañosa; fraude, trampa, aunque tenemos en esp. **cambalache**, como proveniente de **cambio**, con el sentido de trueque de objetos de poco valor.

Cambalachero/ra. l. p. Que anda por los cambalaches. // Que hace operaciones propias de cambalaches. // Que compra a precio ruin. // Pichinchero.

Cambio. l. p. **Andar sin cambio** o **no tener cambio**. Expr. pop. muy antigua, ya fuera de uso. Significaba no tener dinero chico y, eufemísticamente, estar seco, estar pato. También era el recurso de quien eludía el pago de un gasto. *¿Pagás los cafés que tomamos, que ando sin cambio?*

Cambrón. l. p. Nombre que se le daba popularmente al barrendero municipal del 1900, encargado de limpiar las calles. Era por la tela con que estaba hecho el uniforme que vestía (saco y pantalón), llamada **cambrona**, rústica, gruesa, ordinaria. El término se usó irónicamente para hacerle bromas a alguien por su ropa. *¡Che, esos pantalones son de cambrona!* (o *son cambrones*). // **Musolino**.

Cambrona. l. p. Nombre de una tela de lana, gruesa, rústica, con la que se confeccionaban los uniformes de los trabajadores municipales que efectuaban la limpieza en la vía pública. Por extensión, pasó a ser sinónimo de ordinario.

Cambusa. lunf. Se usa con el mismo sentido de **camba**, inversión silábica de **bacán**. Igual para los dos géneros. *Un hombre cambusa. Una mujer cambusa.* // Empléase también para cosas. *Una casa cambusa. Un traje cambusa.*

Cambuse. lunf. Cambusa.

Camello. l. p. Distribuidor minorista de drogas. Compara su tarea de transportar cosas con la del camello.

Caminantes. l. p. Zapatos, botines. Nombre metafórico por la función que cumplen.

Caminantes de charol, riguroso traje negro, guantes blancos –de hilo–, raya al medio, violetas en la solapa del jacquet...
Con los 9. Félix Lima, 1964.

Caminar. l. del. Robar en compañía de otro ladrón. // Robar siguiendo las órdenes o indicaciones de otro ladrón. // Seguir el ladrón a un "jefe" para aprender de él. // l. p. Acción de las prostitutas callejeras en procura de clientes. Equivale a **yirar**. *–¿A qué se dedica esa señora? –Camina...*

Camión. l. p. Palabra que se usa con sentido superlativo para calificar la belleza física de una mujer. *Esa pelirroja es un camión.*

Camisulín. lunf. Chaleco. // Bolsillo del chaleco. Antiguamente, era de lucimiento en el hombre guardar en uno de ellos el reloj (**bobo**) de oro, unido a la cadena (**marroca**), también de oro que, cruzando el chaleco por delante, se introducía en el bolsillo del lado opuesto, ofreciéndose, tentadora, a la codiciosa vista del punga. Viene del esp. **camisolín** (dim. de **camisola**, camisa): peto de lienzo planchado con cuello y sin espalda, que se pone sobre la camiseta, a guisa de pechera, para excusar la camisola.

Camisulinero. lunf. Ladrón que se especializa en robar de los camisulines.

Camote. l. p. Tubérculo comestible semejante a la batata en cuanto a su apariencia y su gusto, aunque de coloración blanquecina. // Enamoramiento, metejón, metedura. *¡Tengo un camote con Elvira!* De **camothi** o **camotli**, batata, en lengua nahuatl, que hablaban los indios náhoas, de la altiplanicie mexicana, una de las civilizaciones más desarrolladas del continente americano a la llegada de los españoles.

Campana. lunf. Ayudante del ladrón que, mientras éste realiza su "trabajo", observa desde cerca y atentamente, hacia todos lados, para avisarle de la proximidad de algún policía o de cualquier otra circunstancia que pueda hacerlos peligrar. También se le llama **campana** al maleante que estudia la manera de robar a una persona o en una casa o negocio para ofrecerle el "trabajo" a un ladrón, mediante el pago de una comisión. José Gobello lo deriva del ital. jergal **campane**, orejas, por vía del gen. **stà de campann-a**: hacer la guardia. (**Diccionario lunfardo**, 1989.)

Campaneado/da. lunf. Vigilado, observado, estudiado. // Dícese de la persona a la que ya se le tiene conocida en su valía y su forma de ser. *A ese sujeto ya lo tengo bien campaneado.*

Campanear. lunf. Vigilar el campana, en tanto sus cómplices roban, para avisarles en caso de cualquier peligro que se presente. // Observar el campana los movimientos de una persona o los de una casa elegida para robar, a fin de facilitarles los informes a los ladrones que cometerán el atraco (véase **campana**). // p. ext. Estudiar detenidamente a una persona en sus actitudes y procederes. // p. ext. Mirar atentamente lo que sucede, sin intervenir. // En general, mirar.

Me detengo largo rato
campaneando tu retrato
pa poderme consolar.
Mi noche triste.
Tango. Pascual Contursi, 1915.

Campaneo. lunf. Acto y efecto de campanear.

Cana. lunf. Agente de policía, vigilante, **chafe**, **botón**. // Policía, en general. // Cárcel, prisión, calabozo. // Comisaría. // **Caer en cana.** Caer preso.

A causa de un batilana,
persona fule y fayuta,
que anda muy bien con la yuta
y me apuntó esta mañana,
he vuelto a caer en cana.
La batida. *José Pagano.*

// "**Cana a la gurda.** La Penitenciaría Nacional. // **Cana de arriba.** Arresto inmerecido. // **Cana misha.** El Departamento de Policía." (Antonio Dellepiane. **El idioma del delito**, 1894.) // **Batir la cana.** Denunciar a la policía algo o a alguien. // Delatar, en general. // Alertar sobre la proximidad o la presencia de la policía. // p. ext. Poner en evidencia algo. // Deschavar.

Bate cana la pilcha fulerina,
su floreado vestido de percal,
que prefiere el laburo de matina
a la curda nocturna del Pigall.
Floreo (La crencha engrasada).
Carlos de la Púa, 1928.

// **Dar la cana.** Descubrir, sorprender a alguien que se esconde o hace algo a ocultas. // p. ext. Descubrir las intenciones no manifiestas de alguien. // **Estar en cana.** Estar preso, encarcelado. // p. ext. Estar atrapado o complicado en un asunto. // p. ext. Estar dominado por un sentimiento. Estar enamorado. // p. ext. Estar dominado por un vicio. // Humoríst. Casado o próximo a casarse. // p. ext. Hallarse desahuciado (porque está preso de la muerte).

Y aunque mama, ¡pobre mama!,
prenda velas a la virgen,
yo sé bien que estoy en cana,
que ya no hay nada que hacer.
Hacelo por la vieja.
Tango. Rodolfo Sciammarella.

// **Tener en cana.** Tener preso. // p. ext. Guardar, esconder algo. // p. ext. **Acamalar.**

Que esto de la crisis
es porque el que afana
tiene el mango en cana
y nada más.
Ya vendrán tiempos mejores.
Tango. Ivo Pelay.

Américo Castro vincula **cana** con el veneciano **metere in cana**, meter en la cárcel, aunque también considera al fr. **canne**, "surveillant de la haute police" como emparentado con esta voz. (**La peculiaridad lingüística rioplatense y su sentido histórico,** 1941.) José Gobello lo remite al también véneto **incaenar:** encadenar (**Diccionario lunfardo,** 1989), en tanto que José Clemente lo apunta como "perteneciente al francés o a su argot, derivado de **canne,** policía". (**El idioma de Buenos Aires,** 1953.) Cabe señalar una corriente, que no cuenta con mucho sustento, según la cual **cana** es una voz de origen metafórico que alude a que los presos encanecen en la prisión.

Canal. l. p. Herida, tajo hecho en la cara con arma blanca. Feite. **Barbijo.**
Canaleta. l. p. **Canal.**
Canana. l. p. Nombre que se le daba a la cartera de cuero que llevaban al cinto los guardas de tranvía, con el dinero. Del esp. **canana**: cinto de lona o cuero con tubos o presillas para llevar cartuchos de armas de fuego.
Canario. l. p. Billete de cien pesos que circuló entre los años 1905 a 1935. Se lo llamó así por su color amarillo.

Che, pituca, no patinés los canarios,
que a tu viejo, el millonario,
lo voy a ver, al final,
con la bandera a media asta
cuidando coches a nafta
en alguna diagonal.
Pituca. *Tango. Enrique Cadícamo.*

Canasta. lunf. Cana, cárcel, prisión. Es parag.
Cancel. l. p. Puerta existente en las casas con zaguán y que separa a éste del hall o vestíbulo que da acceso a las demás dependencias de la finca. // **Hacer la cancel.** Atender a sus clientes las prostitutas, de pie, en el zaguán de una casa, junto a la puerta cancel. Véase **chistadero.**
Esta voz viene del esp. **cancela** (de **cancel** y éste del lat. **cancelli**: celosía): rejilla que se pone en el umbral de algunas casas para impedir el libre acceso del público al portal o zaguán.
Cancha. l. p. Espacio desembarazado destinado a ciertos deportes, diversiones, etc. (cancha de fútbol, de rugby, de polo, de golf, etc.). Este vocablo proviene del quechua **kancha**: "patio, lugar o espacio cercado. // Ámbito para deportes o espectáculos. // Corral para ganado". // p. ext. Experiencia, sabiduría en las personas. Conocimiento de las cosas de la vida. // Habilidad, presencia de ánimo para encarar situaciones comprometidas. // Destreza para realizar determinadas tareas. *Tener cancha. Ser una persona de cancha.* // **¡Abran cancha!** Intimación para despejar de personas un lugar y dejarlo libre. // Voz de alerta cuando se acerca un peligro (un vehículo descontrolado, un animal enfurecido, etc.). // Expresión de triunfalismo, de valentía por parte de quien sale a enfrentar un peligro,

una situación riesgosa o a un rival y pide que lo dejen solo en la emergencia. // **¡Abran cancha al charabón!** Se llama **charabón** (del guaraní **charabí**: con poco pelo o plumas o sin ellos) al pichón del avestruz. Cuando este animal comienza a caminar, es torpe y miedoso por la inseguridad que encuentra en sus largas patas, aún tiernas, débiles. Si se asusta, trata de escapar como pueda y esa falta de sostén lo hace correr bamboleándose de un lado a otro, cayéndose y levantándose, tropezando. De ahí el dicho ¡abran chancha al charabón!, para hacerle lugar. Esta misma expresión se usa en tono de burla cuando alguien a quien se considera torpe e incapaz pretende asumir un papel que le queda grande. // **Hacerse a la cancha.** Acostumbrarse a alguna situación, a algún ambiente nuevo. // Aprender algún oficio, una tarea, etc. // **En la cancha se ven los pingos.** Indica que las cosas no hay que declamarlas, sino hacerlas. Está dirigida a los alardeadores, que son pura palabra y nunca demuestran nada.

Canchar. l. p. Moler yerba groseramente. // Jugar de manos sin golpearse, a modo de pelea. // Simular una lucha con puñales imaginarios, acto que realizan los cuchilleros como ejercicio de adiestramiento y muestra de habilidad (véase **vistear**).

Canchereada. l. p. Acción de canchero. // **Avivada.** // **Apiolada.** // Suficiencia.

Cancherear. l. p. Hacerse el canchero. // Darse aires de suficiencia. **Sobrar.**

Canchero/ra. l. p. Experto. **Piola.** // Conocedor de las cosas de la vida y de la naturaleza humana. // Dominador de cualquier situación. // Dícese de quien se ha hecho experto en una actividad a la que ha dedicado mucho tiempo. *Canchero en motores de autos. Canchero en la doma. Canchero en la punga.* // Persona que cuida una cancha.

La mina obligada de todos los púas,
la criolla canchera, fiel del arrabal,
la que despreciaba el oro del magnate,
la paica de ley.
La ex canchera (La crencha engrasada).
Carlos de la Púa, 1928.

Candeal. l. p. Plato dulce preparado con leche, huevos, azúcar y una copita de vino oporto, que se servía a los enfermos como alimento liviano o como reconstituyente, muchas veces por indicación de los médicos. Con el mismo propósito también se les servía caldo de gallina. De ahí el dicho, tan antiguo como ese recurso, **son al ñudo los candeales y los caldos de gallina**, indicativo de que un enfermo ya no tenía cura, y que, por extensión, se aplicaba también a asuntos o situaciones que no tenían solución: *no tenían remedio* (**al ñudo**: en vano, inútilmente, al cuete. Véase **ñudo**). Del esp. **candeal**: trigo de harina muy blanca y de superior calidad. Pan que se hace con ese trigo.

Candidato/ta. l. p. Dícese de la persona fácil de embaucar en el sentido de que es el candidato ideal para que lo hagan víctima de bromas o engaños. // Ingenuo, crédulo, tonto. // l. del. Persona que ha sido elegida por un maleante o señalada por su cómplice para hacerla víctima de una estafa, un robo o un cuento. // Individuo al que siempre se le hacen pagar los gastos que hacen otros. Del esp. **candidato**: persona que ha sido propuesta para un cargo, aunque no lo sustente. En el caso de nuestra acepción, la persona ha sido elegida o propuesta como candidata a víctima. Quizás haya influido, también, el esp. **cándido**: sencillo, ingenuo, sin malicias, poco avisado.

Candombe. l. p. Baile de negros. // Lugar donde se baila. // Tambor alargado, de un solo parche, en el que los negros golpean con las manos para acompañar el baile llamado **candombe**. // Baile desordenado y ruidoso. // p. ext. Barullo, discusión airada, confusión, desorden, riña, pelea generalizada. *Armarse un candombe.* // **Dar un candombe.** Equivale a **dar un baile** (véase bailar, 1ª y 2ª acep.). Es afronegrismo procedente de **ndombe**, negro, voz del pueblo quimbandés, del África Ecuatorial, a orillas del río Onda.

Candombear. l. p. Bailar el candombe. // Tocar en el tambor que lleva ese nombre.

Candombero/ra. l. p. Que baila o que toca el candombe. // Negro que integra las comparsas que, en Carnaval, desfilan bailando el candombe al son de sus tamboriles.

¡Canejo! l. camp. Interjección eufemística por ¡carajo! Denota extrañeza, enojo o pena. Se emplea sola o se la enfatiza: ¡qué canejo!

Me da pena confesarlo,
pero es triste, ¡qué canejo!,
el venirse tan abajo,
derrotado y para viejo.
Me da pena confesarlo.
Tango. Carlos Gardel – Alfredo Le Pera.

Canela. l. del. Cárcel, prisión. Es parag. de cana. (Véase **paragoge**).
Canelón. l. drog. Sobrecito con cocaína. También se le llama **raviol**.
Canero/ra. lunf. Propio o relativo a la cana, al encarcelamiento, a la prisión. // Propio o relativo al ambiente orillero o del bajo fondo; a su forma de vida, a su filosofía, a su manera de sentir o de expresarse. // Arrabalero. // p. ext. Individuo que está preso de continuo.

Te llegás a la leonera
así me alcanzás, de paso,
junto a unos mangos y fasos
mi vieja pilcha canera.
La batida. *José Pagano.*
NOTA. **Leonera:** cárcel.

Canfi. lunf. Apóc. de **canfinflero**.
Canfinfla, canfinfle. lunf. Formas apocopadas de **canfinflero**. En un tiempo fueron de mucho uso.

–Canfinfle, dejá esa mina.
–¿Y por qué la vi'a dejar,
si ella me calza y me viste
y me da para morfar?
Me compra ropa a la moda
y chambergo a la oriental
y también me compra botas
con el taco militar.
Fragmento de la letra de uno de los primeros tangos, *de autor desconocido, que en su época se popularizaban cantados de boca en boca.*

Canfinflero. lunf. Rufián. // Hombre que explota a una mujer haciéndola ejercer la prostitución. // **Cafisho**. // En un tiempo corrían las variantes **canfi, canfinfla, canfinfle, canfingle, canfle, canfli, canflinfla, canflinfle, canflinflero, canflingle, canfunfa, canfunfla** y quizás alguna más, de mayor o menor uso, a las que solían recurrir poetas y letristas. Esta voz procede de **cafifero**, el que tira la **cañota** (véase esta voz) en una casa o mesa de juego, y éste de **cafife**, caja en el que el **cafifero** coloca el dinero que recauda.

PROFESIONALES DE LA LIBIDO
"Una buena parte de los músicos y de los bailarines vernáculos de la época (fines del 1800 y comienzos del 1900) era, ellos mismos, compadritos y canfinfleros. El músico y el bailarín del tango atraían con encanto irresistible a las rameras (...). El canfinflero más infeliz merecía el título, sin embargo, por su fisonomía patente de profesional de la libido. A distancia se percibía su olor a casa pública, a degeneración mental, a heredo alcohólico, a erotomanía."
José Sebastián Tallón (**El tango en su etapa de música prohibida,** *1959.*)

Soy el mozo canfinflero
que camina con finura
y baila con apostura
cuando tiene que bailar.
Y el que miran los otarios
con una envidia canina
cuando me ven con la mina
que la saco a pasear.
Los canfinfleros. *J. López Franco. Publicado en* **El criollismo de la literatura argentina.** *Ernesto Quesada, 1902. (Cfr. Luis Soler Cañas.* **Orígenes de la literatura lunfarda,** *1965.)*

Canfingle. lunf. Variante de **canfinflero**.
Canfle. lunf. Variante de **canfinflero**.
Canfli. lunf. Variante de **canfinflero**.
Canflinfla. lunf. Variante de **canfinflero**.
Canflinfle. lunf. Variante de **canfinflero**.
Canflinflero. lunf. Variante de **canfinflero**.
Canflingle. lunf. Variante de **canfinflero**.
Canfunfa. lunf. Variante de **canfinflero**.
Canfunfla. lunf. Variante de **canfinflero**.
Cangalla. lunf. Dícese del hombre inútil. // Ruin, rastrero, despreciable. // Cobarde. Si bien la germanía tiene la voz **cangalla**, carreta, que podría definirse como carruaje de andar lento, pesado, no se ve afinidad con las acepciones que esta voz generó en nuestro medio. Más vinculante la hallamos con el port. **cangalho**: persona vieja o inútil. // Individuo de mal carácter. // Engañador, fraudulento, traicionero. // Cosa vieja o en mal estado.

Cangrejo. l. del. "Aparato para reventar las cajas de hierro por su parte posterior, consistente en un cable de acero que abraza la caja y un dispositivo que lo aprieta, sosteniendo un taladro eléctrico con el que se hacen varias perforaciones que, luego, aplicando la 'pata del cangrejo' (especie de abrelatas gigante), se unen para formar una sola abertura, por la que se extraen los valores. // Pederasta pasivo." (Adolfo Enrique Rodríguez. Lexicón. Centro de Estudios Históricos Policiales, 1991.)

Cangüeco/ca. l. p. Patizambo, chueco. // p. ext. Persona que camina con dificultad. Suele pronunciarse **cangueco**, sin la diéresis.

—¿Y es gallega, che?
—Del centro'e la Coruña, pero más entrefina que fideos d'esos enredaos.
—Es raro, che, pues, por lo general, la que no es picada'e viruela es cangüeca o tiene verrugas hasta en los dientes.
Un rentista (Cuentos del arrabal).
Santiago Dellagri, 1910.

Canguela. lunf. Gente de la vida irregular, de costumbres nocturnas. // Prostíbulo con sala o patio para bailar. // Pobreza, miseria, **mishiadura**. No ha podido precisarse el origen de esta voz, que José Gobello supone perteneciente al lenguaje de los rufianes rosarinos de comienzos del siglo XX.

Canguelo. lunf. Miedo, temor. De la germ. canguelo, de igual significado.

Canilla. l. p. Canillita, apocop. // **Caniya**.

Canillita. l. p. Vendedor de diarios. Nombre que comenzó a darse desde comienzos del 1900 a los niños vendedores de diarios, a partir del sainete **Canillitas**, de Florencio Sánchez, estrenado en Rosario en 1902 y, algunos años después, en Buenos Aires, cuyo personaje principal era uno de esos niños. En esa época la venta de diarios en la vía pública dejaba muy pocos beneficios y estaba a cargo de niños de familias muy pobres que pregonaban su mercancía por las calles, los bares o trepándose a los tranvías. Era escena de todos los días verlos, flacuchos, malamente vestidos, en alpargatas o descalzos, mostrando bajo sus pantalones cortos las piernitas delgadas, puro hueso, en las que se destacaban las canillas (tibias), lo que motivó a Florencio Sánchez para dar tal nombre al protagonista de su obra. // **Caniyita**.

Canina. l. p. Ira, bronca, chinche, enojo. *Ando con una canina bárbara.* También se usa en la expresión **tener una bronca canina** (una gran bronca). Del esp. canino/na: hambre insaciable.

Canisha. l. del. **Canusha.** Cana, cárcel, calabozo. **Canushia.**

Canoa. l. p. Humoríst. Zapato o botín muy grande. Por comparación con la embarcación a remos del mismo nombre.

Canotier. l. p. Sombrero de paja, rígido, generalmente de color amarillento, y en menor cantidad blanco o negro, rara vez, marrón, muy popular entre los hombres de fines del 1800 y comienzos del 1900. Del fr. canotier: sombrero de paja, de copa plana y ala recta.

Cantador. l. del. **Pájaro cantador.** Oro. Se inspira en el color amarillo tan común en los canarios. // p. ext. Dinero.

Cantar. l. p. Confesar. // Declarar. // Delatar, batir, **deschavar**. Del esp. fam. cantar: descubrir, revelar lo secreto. // **Cantar claro.** Decir toda la verdad. // **Cantar cuatro frescas.** Gritarle verdades a alguien. // **Cantar de prestado.** Hacer o decir algo que le ha sugerido otro o hacerlo con la ayuda de alguien. // **Cantar el fiado.** Véase fiado. // **Cantar el justo o la justa.** Decir la verdad. Expresar lo que se siente. // **Cantar las cuarenta.** Decirle a alguien lo que se merece. // Ponerlo en conocimiento de algo aunque sea grave o doloroso. Viene del juego de naipes llamado "tute codillo" en el que quien posea el rey y el caballo de triunfos tiene una combinación que vale cuarenta puntos. En el "tute codillo", cuando un jugador cree tener cartas para ganar la mano, manda que se la juegue, pero puede ocurrir que otro jugador tenga la combinación citada y lo anuncie al entrar en baza: le canta "las cuarenta", con cuyo puntaje es muy probable que le gane. // **Cantar la tosca.** Irse de un lugar sin pagar lo que se ha consumido. // **Cantar para el carnero.** Véase carnero. // **Cantársele a uno.** Decir o no decir, hacer o no hacer lo que a uno le venga en gana. *Esto lo hago porque se me canta. Esto no lo digo porque no se me canta.* También se dice **se me canta en las bolas** o **se me canta en las pelotas**.

Cantar la violeta. l. p. Huir, escapar, hacerse humo. // **Cantar la tosca.**

Cantarle a Gardel. l. p. Frase que indica lo inútil de una protesta o de una queja ante un hecho consumado, cuando ya es tarde para revertir los hechos. *¿Ahora que terminó el partido y tu equipo perdió 4 a 0, te quejás? ¡Andá a cantarle a Gardel!* La queja es tan fuera de lugar y tan sin sentido, como ir a cantarle a Gardel, que no puede oír porque está muerto. Además, ¡ir a cantarle nada menos que a Gardel!...

Cantor/a. l. p. Elegante, vistoso, llamativo. Aplicable a personas o cosas. *Sombrero cantor. Pinta cantora. Bulín cantor.* Posiblemente inspirado en la presencia y el cuidado en el vestir que caracterizaba a los cantores de los conjuntos tangueros. // Delator, soplón, alcahuete. En este caso, de la germ. **cantor**: reo que declaraba en el tormento.

Con un peinado cantor, bien empilchada,
a veces en la puerta está parada
mordiendo la puntilla de su blusa.
La Flaca. Yacaré (Felipe H. Fernández).

Canusa. l. del. Cana. Cárcel, prisión. // **Dar la canusa** (a alguien). Equivale a **dar la cana**. De poco uso. También corrían **canusha** y **canushia**.

Pa mí es poco la canusa
y el código es un fideo
una vez que me cabreo...
El cafiso. Tango. Florencio Iriarte, 1918.

Canutero/ra. l. del. Que guarda cosas en el canuto. // **Acamalador**, amarrocador.

Canutín. l. del. Tubo metálico o plástico que emplean los presos para ocultar en el ano o en la vagina drogas, dinero o alhajas. // **Angelito.** // **Canuto.**

Canuto. l. del. Igual que **canutín**. // p. ext. Escondrijo, escondite (fuera de uso). Del esp. **cañuto** (de **caño**): tubo de madera, metal u otra materia que se emplea en diversos usos.

Canuza. lunf. Canusa.

Canyengue. l. p. Afronegrismo que comenzó a usarse para nombrar el ritmo del tango cuando comenzó a ser interpretado por las llamadas orquestas típicas, que habían incorporado bandoneón, violín y piano a los primitivos conjuntos. José Sebastián Tallon calificó a este ritmo como incisivo, excitante y provocador. (**El tango en su etapa de música prohibida,** 1959.) Este vocablo designó luego al tango bailado con abundancia de figuras (véase **corte**).

Ese cuerpo que hoy se marca en los compases
/tentadores
del canyengue de algún tango en los brazos de
/algún gil,
mientras triunfa tu silueta y tu traje de colores
entre el humo de los puros y el champán de
/Armenonvil.
Margot. Tango. Celedonio Esteban Flores.

// Arrabalero, orillero, del bajo fondo. // p. ext. Manera cansina de caminar del compadrito, hamacándose de un lado a otro.

Sos un malevo sin lengue,
sin pinta ni compadrada,
sin melena recortada,
sin milonga y sin canyengue.
El malevo. Tango. María Luisa Carnelli y Mario Castro.

Caña. l. del. Parte de la llave comprendida entre el aro y la paleta. // l. p. Bebida alcohólica hecha a base de aguardiente destilado de la caña de azúcar o de otras frutas, como duraznos, uvas, cerezas, etc.

Aquello no era trabajo,
más bien era una junción;
y después de un güen tirón
en que uno se daba maña,
pa darle un trago de caña
solía llamarlo el patrón.
El gaucho Martín Fierro. José Hernández.
NOTA. *Junción:* función. *Güen:* buen.

// **Bajar la caña.** Resolver por sí mismo y en forma terminante una situación. Dar un corte definitivo a una cuestión, a una discusión. // Cortar unipersonalmente una relación, una amistad. // Cobrar un precio abusivo por algo que se vende o un servicio que se presta. // Cerrar una operación comercial. *Me ofreció dos mil pesos por el caballo y le bajé la caña.* // p. ext. Golpear a alguien. Darle una paliza. //

Conquistar a una mujer. *Se hacía la indiferente, pero al final le bajé la caña.*

Cañazo. l. p. **De paso, cañazo.** Expresión popular que tiene el sentido de aprovechar el momento en que se está haciendo alguna cosa o se está en un lugar, para hacer algo que puede venir al caso o no pero que la oportunidad lo hace factible. Se origina en **cañazo** (o **cañonazo**), vaso de caña que se bebe, e implica: "ya que paso frente al boliche, entro y tomo una caña".

Cañemu. l. p. Inversión silábica de **muñeca**.

Cañifla. l. p. Caña (bebida alcohólica). // p. ext. Adicto a la caña. // p. ext. Borracho, ebrio consuetudinario.

El que no sabe de los secretos del alma del copetín, de ese terrible copetín desbordante de áurea cañifla, brindado por las manos de una sonriente y retumbada fémina de la vida fulerina, no sabe ni medio de la gran familia universal de shoficas.
Cómo se mató Cantalicio Gauna.
Juan Francisco Palermo, 1902. (*Cfr. Luis Soler Cañas,* ***Orígenes de la literatura lunfarda,*** *1965.*)

Caño. l. p. Dícese de la vivienda precaria, mísera. La voz proviene de los caños en que vivían los vagabundos en la zona portuaria (véase **atorrante**). // l. fút. Acción que ejecuta un jugador haciendo pasar la pelota por entre las piernas del adversario que tiene frente a él. También se le dice **túnel**. // **Dar con un caño.** Cobrar un precio abusivo por algo que se vende o un servicio que se presta. // Golpear, dar una paliza a alguien. // Decirle a alguien las cosas que se merece. // Ganarle a alguien fácilmente en alguna confrontación. // Ganarle a alguien mucho dinero en el juego. *Me dieron con un caño en la ruleta.* // Condenar severamente el juez a un reo. // Sancionar severamente a alguien. // **Ir a parar a los caños** o **irse a los caños**. Arruinarse, perderlo todo, sufrir un grave quebranto económico. Se inspira en los vagabundos y desocupados que vivían en los caños.

Cañón. l. p. Vaso doble de caña. // Caña. Cañazo.

Cañonazo. l. p. Vaso doble de caña. **Cañón.** // Vaso de bebida fuerte que se toma de un solo trago. *Mandarse un cañonazo.* // **Cañazo. Cañón.**

A mediodía –no siempre– un cañonazo en una confitería de la calle Florida, disparado en compañía de alguno de sus muchos amigos...
Con los 9. *Félix Lima, 1969.*

Cañota. l. jgo. Porcentaje que cobra sobre las apuestas el organizador de mesas de juego. *Tirar la cañota.* // p. ext. Coima, soborno. "Deriva de **cagnotte**. El galicismo se aclimató en Italia bajo la forma de **cagnotta**, por lo que pudo haber llegado a la Argentina a través de ese desvío." (Mario E. Teruggi. *Panorama del lunfardo*, 1974.)

Cañotear. l. jgo. Tirar la cañota. // Dar o recibir una coima o un soborno.

Cañotero/ra. l. jgo. Que tira la cañota. // **Cafifero.** // Que da o recibe coimas.

Capa. l. del. Cubierta de uno o más billetes de papel moneda que cubre un fajo de papeles comunes cortados a la misma medida que aquéllos, para dar la impresión de que el todo es una importante suma de dinero, con que se cometen ciertas estafas. Se la llama **capa del balurdo**.

Capacha. l. del. y l. p. Cárcel, calabozo, prisión. *Estar en capacha.*

Capear. l. del. Robarle a alguien el dinero que tiene en la billetera sin sacar ésta del bolsillo en que se encuentra. Del esp. **capear**: robar la capa.

Capelo. lunf. Sombrero. Del ital. **capello**: sombrero.

Capicúa. l. p. Dícese del número o la palabra que se lee igual de izquierda a derecha o a la inversa, como, por ejemplo, los números 67876, 82528, las palabras **anilina**, **Neuquén**, etc. La voz viene del catalán **cap-i-cua**, voz compuesta por **cap**, cabeza; **i**, por la conjunción y; **cua**, cola, que en principio se usó para nombrar a la ficha que en el juego de dominó puede dominar colocándola en cualquiera de los dos extremos de la línea formada por las que ya se han jugado.

Capilla. l. p. Cabeza. Del esp. **capilla**: capucha. // **Capiya.**

Capitalista. l. p. Banquero de juego clandestino.

Capo. lunf. Cabecilla. Jefe. Superior de un grupo de personas, una entidad o una orga-

nización. // Jefe de pandilla o de una banda de delincuentes. // Persona que tiene influencia o predominio absoluto en la zona o en el medio en que se desenvuelve. *El capo del barrio. El capo del club. Mi amigo es un capo en el Ministerio.* // Persona que domina ampliamente su oficio o profesión. *Un capo en mecánica de coches.* // **Capo mafia.** Jefe de una organización mafiosa. Del ital. **capo**: cabeza, jefe, caudillo.
Capocha. l. p. Cabeza. Del ital. **capoccia**: cabeza de alfiler o clavo.
Capote. l. p. **Hacer capote.** Descollar entre todos. // Atraer sobre sí toda la atención en un lugar. // Causar la mejor impresión. // Tener arrastre. // Ganar todos los premios de un certamen o concurso. // Impactar, atraer en una reunión un hombre a las mujeres o una mujer a los hombres. // Ser único ganador en una mesa de juego. Proviene del esp. **hacer capote** que, en algunos juegos de naipes, significa hacer todas las bazas.
Caput. l. p. Muerto. // Terminado. // Asunto concluido. Del al. **kapput**.
Caquero. l. p. Niño bien. Jovencito petimetre que vestía a la última moda, amanerado en su forma de ser y hablar. Vocablo de mediados del 1900 que sucedió a **petitero**. Viene de **caca**, cosa sin valor.
Cara. l. p. **A cara de perro.** Expr. pop. que supone pelear, disputar por una misma causa dos personas unidas por lazos familiares o amistosos, los que se dejan de lado en el enfrentamiento. El dicho pinta la imagen de dos perros que disputan una cosa, tirando de cada uno de sus extremos, mientras gruñen furiosamente y se miran con fiereza a los ojos.
Caracú. l. p. Tuétano. Médula de los huesos de los animales. Del guaraní **caracú**, con igual sentido. // **Temblar el caracú.** Estar aterrado. Equivale a **temblarle a uno hasta los huesos.** // **Sacarle a alguien el caracú.** antig. Matarlo.

Pues a Osorio, amigo viejo,
en el llano de Maipú,
sin sentir, "los dos Martínez"
le han sacado el caracú.
El detalle de la acción de Maipú. Sainete.
(*Cfr. Amelia Sánchez Garrido.* **Indagación**

de lo argentino. Publicación de la Direc. Gral. de Cultura del Ministerio de Educación y Justicia de la Nación, 1962.)
NOTA. Los dos **Martínez** son José de San Martín y Juan Martín de Pueyrredón.

¡Caracho! l. p. Eufemismo por ¡carajo!

Yo tengo una tristeza engayolada
que me tiene chacado y a la gurda.
Ni la farra ni el vento me embalurdan
ni un caracho me importa ya de nada.
Soneto de amor mistongo (Nocau lírico).
Alcides Gandolfi Herrero, 1970.

Carajear. l. p. Proferir carajos.
Carajo. l. p. Nada. *Ese negocio no me interesa un carajo.* // Sin valor. *Tengo un reloj que no vale un carajo.* // Como interj. se usa para enfatizar las expresiones de asombro, sorpresa, contrariedad, indignación, fastidio, susto, sorpresa. *¡Qué ciudad hermosa, carajo! ¡Se me mancó el caballo, carajo! ¡Estoy muerto de miedo, carajo!* También, como interj. se emplea para dar fuerza a cualquier cosa que se diga. *Hoy voy a encarar al jefe, ¡carajo! Las Malvinas son argentinas, ¡carajo!* // Se emplea, asimismo, para mencionar a una persona o cosa indefinida o desconocida. *¿De qué carajo me hablás? ¿Con quién carajo estuviste?* // **¡Al carajo!** Fuerte expresión de rechazo a una persona o cosa. *¡Al carajo, con ese individuo! ¡Al carajo, con tus celos!* Del esp. **carajo**: miembro viril masculino.
Caralisa. l. p. Nombre que se les daba a los rufianes de antes por los afeites que usaban en la cara. También se les decía **liso**, simplemente.
Caramayola. l. del. Pelota de género o pañuelo hecho un bollo que se metía en la boca de la víctima de un asalto para impedirle gritar mientras le estaban robando. // **Dar la caramayola.** Hacer un trabajo de caramayola. **Poner una caramayola en la busarda.** Poner una caramayola en la boca de alguien al tiempo que lo están asaltando. // **Caramayola sin vuelta.** Muerte por asfixia de una persona a causa de una caramayola. // **Caramayole. Caramayoli.**
Con respecto a la etimología de esta voz, tenemos en francés **caramagnole**, vasija portátil para llevar agua potable. Pero es más creíble que **caramayola** devenga de **cara-**

mañola, como se llama en algunas partes de España a una vasija provista de un tubo para beber el líquido que se le haya colocado. Este nombre pudo haber llegado a nosotros a través de la inmigración española, mucho más numerosa que la francesa, y habría dado origen al amer. **caramañola**, con la acepción de vasija que usan los soldados para llevar agua y que se ponen en la boca para beber. Esta acción, asimilada a la de sofocar a una persona poniéndole algo en la boca, aparece como la formadora de nuestro **caramayola**.

Carbonada. l. p. Guiso hecho con carne cortada en trozos pequeños, choclo, zapallo, papas y arroz. Del esp. carbonada: carne cocida cortada en trozos y después asada.

Carbónico. l. p. Papel delgado, con un tinte especial en una de sus caras, que se coloca entre dos hojas de papel con la parte entintada sobre el que está debajo, de modo que, al escribir o dibujar en la hoja superior, se fijan fielmente los rasgos en la inferior a modo de copia. Es argentinismo.

Carburadora. l. p. Cabeza. Toma las funciones de la mente como las de carburar un motor.

Carburar. l. p. Andar bien una cosa, un asunto. *El negocio está carburando.* // Pensar, cavilar, reflexionar, razonar. *Estoy estudiando el caso, pero necesito carburarlo un poco más.* De **carburar**: mezclar gases o aire atmosférico con los carburantes gaseosos o con los vapores de los carburantes líquidos para hacerlos combustibles o detonantes, principio en que se basa la marcha de los motores de explosión.

Carcamán. l. p. Nombre que se le daba al italiano de clase baja y mala presencia en tiempos de la inmigración masiva. // p. ext. Individuo viejo y achacoso. // p. ext. Individuo viejo, pícaro, mañoso, ladino. Del esp. **carcamal**: persona vieja y generalmente achacosa, posiblemente por cruce con el esp. **carcaman**: barco grande, malo y pesado.

Cardíaca. l. p. Ataque cardíaco. // Angina de pecho. En desuso. *Lo agarró la cardíaca. Lo chapó la cardíaca.*

Minas, guita, hasta honores. ¿Y a qué tanta
/viveza?
Mañana, en la catrera, en la calle, en la mesa
te chapa la cardíaca... y ¡adiós!
La cardíaca. *Joaquín Gómez Bas.*

Careta. l. p. Atrevido, descarado, desfachatado, insolente, cínico. En clara alusión a la cara inmutable propia de ese tipo de individuos. Se usa igual para los dos géneros. *El careta me miró, impasible. Esa mujer es una careta.* Del esp. **careta** (dim. de cara): máscara o mascarilla para cubrir la cara.

Caretear. l. p. Pedir dinero los jóvenes en la calle. Cuando un grupo de jóvenes no tiene dinero para viajar o para alguna gaseosa y un sándwich, salen separadamente a la calle a pedir monedas a los transeúntes, con las que luego hacen un fondo común para sus gastos. *¿Salimos a caretear, muchachos?* Es voz de la juventud porteña del 2000. Evidentemente, de **careta**.

Cargada. l. p. Broma, burla, cachada, tomadura de pelo. **Gastada**. // Dícese de la persona que lleva consigo un arma de fuego. Equivale a **calzada**. *Tené cuidado con esa persona, que va cargada.* // antig. irónic. Mujer embarazada.

Cargado/da. l. p. Dícese del dado o la taba cuando han sido preparados para jugar con trampa. (Véase **cargar**.)

Cargador/a. l. p. Que carga. // Bromista, burlón, gastador.

Cargamento. l. p. Broma, burla, cachada, tomadura de pelo. **Gastada**. *Ese hombre es un candidato para el cargamento.*

Cargar. l. p. Burlarse de alguien. Hacerle bromas. **Gastar**.

Canté un tango y la gente empezó a dejar de bailar y arrimarse al escenario. Aplaudían y tiraban cosas al aire. Troilo me miraba, maliciando:
—Mire, mejor bájese del palco, porque me parece que viene de cargada...
—¿Le parece? —pregunté
—Sí. Mire lo que hacen. Tiran cosas... Me parece que lo están cargando.
—¡Pero a mí, en los bailes, siempre me aplauden así!
Una luz de almacén. *Edmundo Rivero, 1982.*

// l. p. Acción de ubicar el hombre su pene en la entrepierna del pantalón. // **Cargar a la derecha. Cargar a la izquierda.** l. jgo. Preparar de un modo especial los dados o la taba para jugar con trampa. // **Cargar armas.**

Portar armas. // **Cargar con el choclo. Cargar con el fardo. Cargar con el muerto.** Dichos que significan llevar sobre uno culpas ajenas. Tener que responder por algo a lo que se es ajeno. // Tener que pagar el gasto de otros. // **Cargar la pila.** Juntar dinero. Acamalar. // Guardar el dinero en la billetera. // **Cargar las pilas.** Recuperar el ánimo cuando decae. Reaccionar de un momento de pesimismo. Recobrar las fuerzas. // **Cargar la romana.** Endilgarle a alguien culpas ajenas. // Penar el juez severamente a un delincuente. Este dicho viene de poner pesos disimulados en la balanza llamada **romana**, para que el fiel marque más de los que en realidad se pesa.

Carnerear. l. p. No plegarse a un paro o una huelga. Prestarse un trabajador a hacer el trabajo que no realiza un huelguista. // p. ext. **Fayutear.**

Carnero/ra. l. p. Trabajador que **carnerea**. // Rompehuelgas. // p. ext. Individuo sumiso que hace y dice lo que le ordena otro. // **Cantar para el carnero.** Morir. Este dicho está originado en el esp. **carnero** (de **carnarius**): lugar donde se echan los cuerpos de los difuntos. Osario. // Sepulcro familiar que hay en algunas iglesias.

Tiró unas cuantas patadas
y ya cantó pa'l carnero.
Nunca me puedo olvidar
la agonía de aquel negro.
El gaucho Martín Fierro. José Hernández.

Carniza. l. p. Carnicero.

Carozo. l. p. Muy poco. Una parte ínfima. Casi nada. // Carente de valor. Es común su uso en expresiones populares tales como: **A mí me tocaron (o me dejaron) los carozos.** Significa que en el reparto le tocó muy poco. // **No quedaron ni los carozos.** No quedó nada; absolutamente nada. // **Arreglar con carozos.** Pagar muy poco dinero a alguien por algo que vende o un servicio que presta. Estas acepciones se inspiran en la palabra **carozo**: cubierta de contextura leñosa que rodea a la semilla en algunas plantas y se halla dentro de sus frutas, como el durazno, el damasco, la ciruela, etc., y que se desecha por no ser comestible.

Carpa. l. p. Apóc. de **carpeta.** // l. gros. Promontorio que se forma en el pantalón del hombre cuando el pene está en erección. En este caso, la acepción proviene del americ. **carpa** (del quechua **carppa**, toldo, enramada): tienda de campaña.

Carpeta. l. p. Experiencia, baquía, cancha. // Destreza, habilidad, ingenio. *Tener carpeta. Ser una persona de carpeta.* // Del esp. **carpeta** (del fr. **carpette** y éste del ingl. **carpet**): "cubierta de badana o tela que se pone sobre las mesas" y que, entre nosotros, por extensión, se ha dado en llamar al paño que se coloca sobre las mesas de juego. La filosofía popular comparó la experiencia en las cosas de la vida con la experiencia en las mesas de juego. También p. ext. se llamó **carpeta**, con el sentido de **timba**, genéricamente, al juego por dinero que se practica sobre mesas con barajas, dados, etc. // Mesa de juego.

Ya después, en la carpeta,
empecé a probar fortuna
y muchas veces la suerte
me fue amistosa y cordial.
Otras veces salí seco,
a chamuyar con la luna
por las calles solitarias
del sensiblero arrabal.
Canchero. Tango. Celedonio Esteban Flores.

Carpetear. l. p. En sentido general, observar. // Mirar con disimulo. // Espiar. De **carpeta**.

Así hablaba Spaventa. Con meliflua y perrera expresión de hombre de mundo, que sabe lo que es carpetear el destino desde una mesa de café.
Aguafuertes porteñas. Roberto Arlt.

Carpeteo. l. p. Acción y efecto de carpetear.

Carpetero/ra. l. p. Persona que acostumbra estar en las mesas de juego. // Persona que tiene experiencia en los juegos de naipes y dados. // Persona a la que se le atribuye cancha, experiencia en las cosas de la vida.

Carpir. l. p. Hallamos esta voz en las frases **sacar carpiendo**, echar a alguien bruscamente, violentamente, sin contemplaciones, y **salir carpiendo**, escapar a todo correr, huir velozmente. *Cuando vio al policía, salió carpiendo.* Proviene del esp. **carpir** (del lat. **carpere**, tirar, arrancar): arañar, rasgar, que dio la acepción americana de escardar la tierra, limpiarla, extrayendo las hierbas inútiles. Sin duda el lenguaje popular se inspiró en la figura del jardinero dedicado a carpir la tierra para arrancar de raíz yuyos y malas hierbas (sacarlas carpiendo), arrojándolas fuera y librando a la tierra de ellas, para incorporar esta acepción nuestra a la voz española.

De pibe casi nunca me animé a someterle mis dudas y, si alguna vez lo hice, debo haber elegido mal el momento o la palabra, porque me sacó carpiendo.
Una luz de almacén. *Edmundo Rivero, 1982.*

Carpusa. l. p. Variante de **carpeta**, con el mismo sentido. *Con la carpusa que tengo, nadie me engaña.*

Carrera. Vapor o buque de la carrera. l. p. Buques que hacían el viaje desde Buenos Aires a Montevideo (República Oriental del Uruguay), ida y regreso, y que los fines de semana iban repletos de pasajeros que concurrían a las carreras del hipódromo de Maroñas. En los comienzos de esta línea, corrían naves de vela.

Por aquellos tiempos (1825) había tres paquetes, buquecitos a vela que hacían la carrera entre Buenos Aires y Montevideo: goletas Pepa, Dolores y Mosca; más tarde, la Flor del Río, Ninfa y otras. El pasaje costaba 16 pesos. Algunas veces, con vientos favorables, se hacía el viaje en 14 o 16 horas; pero otras, duraba muchos días.
Buenos Aires, desde 70 años atrás. *José A. Wilde. 1ª edición, 1881.*

Carrereado/da. l. p. Persona que ha andado mucho en la vida. // p. ext. Cansado del tanto trabajar, de golpes y sufrimientos en su existencia. // **Baqueteado.** Proviene del l. turf. en que se llama **carrereado** al caballo que se hace correr muy seguido sin darle el descanso aconsejable entre carrera y carrera, en lógico detrimento de su estado físico.

Carrero. lunf. Que tira el carro (véase **carro**). // Canfinflero, cafisho, rufián. // **Canchero.** Hombre de experiencia, que las sabe todas. *Me aconsejó un amigo, que es carrero viejo.*

Yo no he sido en esta vida malandrín, carrero y guapo. Hoy me está golpeando el cuore como garganta de sapo al pensar que te piantaste como se pianta un ladrón.
Adiós. *Enrique Cadícamo.*

// La acepción de canchero puede estar inspirada en el hecho de que el carrero anda por todos los lugares, calles y caminos, a toda hora, por sendas buenas y malas, con tiempo bueno o malo, hecho para solucionar él solo cuanta dificultad se le presente en su constante andar.

Carreta. l. p. Dícese de la persona lenta, cachacienta, lerda. // lunf. Prostituta de edad avanzada para ese oficio. Dentro de esta terminología, a la prostituta joven se la llamaba **carrito**; con los años devenía en **carro** y terminaba, ya mayor, en **carreta** o **carrindanga**. Del esp. **carreta**: carro largo, pesado, de andar lento.

Carretilla. l. p. Maxilar inferior del hombre. Quijada. Mandíbula inferior. Por su forma, comparada a una **carretilla**, en esp. carro pequeño de mano de una sola rueda en la parte anterior y dos varas en la parte de atrás, entre las que se coloca el conductor, que las toma para empujarla.

Carrindanga. l. p. Vehículo viejo, destartalado, de andar dificultoso. Es despect. // p. ext. lunf. Prostituta vieja (véase **carreta, carrito** y **carro**).

Carrito. lunf. Dim. de carro. Mujer que ejerce la prostitución en beneficio de un hombre. // p. ext. **Tirar el carrito.** Igual que tirar el carro. // P. ext. también se le dice **carrito** a la mujer que mantiene a un hombre, aun con un trabajo honrado.

Por las protestas y el lloro se manya que está la Juana entre con gana y sin gana de espiantarse por el foro y dejarlo a Garabito —su bacán— a todo estrilo con escracho de pabilo, sin el morfe y sin carrito.
Parte de la notable presentación que hace José González Castillo en el libreto, respecto del es-

cenario y los personajes de su obra teatral ***El retrato del pibe***, estrenada en Buenos Aires el 9-11-1908. *(Cfr. Luis Soler Cañas.* **Orígenes de la literatura lunfarda**, *1965.)*

Carro. lunf. Nombre que se les daba a las prostitutas cuando, por su edad, comenzaban a perder atractivos para ejercer su actividad. // En general, prostituta (véase **carreta**).

Tomando como fecha central el año del Centenario (...), las prostitutas iniciaban su carrera a los 16 años, no pocas veces alentadas por la bastardía moral de sus progenitores. A los 25 eran viejas o estaban envejecidas.
Picaresca porteña. *Tulio Carella, 1966.*

// **Tirar el carro.** Explotar el hombre a una o más prostitutas obligándolas a ejercer esa tarea en beneficio de él. Acotamos que, en ocasiones, la mujer lo hacía voluntariamente y muy a gusto para mantener a su hombre, enamorada o seducida por él.

Te ideaba muy bien tirar el carro
para ese compadrito haraganote.
Hoy tus dedos no lucen aquel zarzo
y no podés comprar ni uno de bronce.
¡Te ha cachao el otoño! Silverio Manco.

// Antiguamente, en el medio prostibular corrían muchas expresiones como las que siguen: **Carro a la gurda.** Prostituta hermosa, elegante, vestida con lujo, que gana mucho dinero. // **Carro amurado.** Prostituta empeñada por su rufián en algún prostíbulo, hasta cancelar una deuda (véase **comisionista**). // **Carro encajado.** Ramera internada en un hospital. // **Carro libre.** Prostituta que no tiene explotador ni querido que se beneficie con su actividad. // **Carro parado.** Decíase de la prostituta enferma y en tratamiento médico, a la que se le había retirado la libreta sanitaria para ejercer. // **Carro junado.** Ramera que tiene preso a su querido, quien la hace proteger por sus amigos y, de paso, vigilarla para que no lo abandone y se vaya con otro. Los ejemplos anteriores los vemos en **El lenguaje del bajo fondo**, de Luis Contreras Villamayor, 1969. // **Arrimar el carro.** Abordar el hombre a una mujer con el propósito de enamorarla. // Cortejar el hombre a una mujer. Igual que **atracar el carro.**

Tenía, sin grupo, pinta de bacana.
Empilchaba de bute con holgura;
y un tipo como yo, en la mishiadura,
quiso arrimarle el carro esa mañana.
Perfume (Versos de yeca y atorro).
Tino, 1977.

// **Parar el carro.** Hacer callar a quien miente o fanfarronea. // Hacer lo propio con quien se está excediendo en gritos u ofensas. // **Parar la chata.**

Carrocería. l. p. Humoríst. Cuerpo de una persona. // Cuerpo hermoso de mujer. *¡Qué carrocería tiene esa rubia!*

Carta. l. p. sent. fig. Persona, hombre, mujer. Del esp. **carta**: naipe. Compara la vida como un gran juego en el que las personas son simples barajas. // **Carta brava.** Persona de mucho carácter, difícil de ser llevada por delante. // Persona de cuidado, de avería. // Malandra. // **Carta junada, carta manyada, carta remanyada.** Individuo al que se le conocen sus antecedentes, su catadura, sus mañas, y ya no engaña a nadie. // **A salto y carta.** Véase **salto**. // **Jugarse una carta.** Hacer una tentativa. Intentar algo. Equivale a **tirarse un lance** (véase **lance**). // **Jugarse la última carta.** Hacer el último intento por lograr algo. // **Jugarse una carta brava.** Tomar una decisión extrema, sabiendo que se corre el peligro de fracasar y resultar seriamente perjudicado. // **Llorar la carta.** Fingir ante alguien una situación de extrema necesidad para pedirle ayuda. // Cuento antiguo que se hacía para reunir dinero recorriendo un barrio casa por casa y presentando a los vecinos una carta en la que se fraguaba una situación de angustiosa necesidad que padecería una persona, para la cual el mensajero —y, a la vez, recaudador— rogaba ayuda monetaria con tono plañidero y hasta con lágrimas. // antig. Buscar el hombre condoler a una mujer hablándole de sus penas, de su soledad, de cuánto la ama y la necesita, con el propósito de enamorarla.

La otra noche, en los Corrales,
hallé a una china muy mona;

y ahí no más, como por broma,
me le empecé a lamentar.
Entré a llorarle la carta
y ahí no más le formé un cuento...
Encuentro con una china. Anónimo. (Cfr. Antonio Dellepiane. **El idioma del delito.** 1ª edición, 1894.)

// **Poner las cartas sobre la mesa.** Exponer llanamente una situación; expresar lo que se piensa o lo que se pretende, sin ocultamientos ni subterfugios. Hablar claramente, a calzón quitado. Del esp. **poner las cartas boca arriba**, con igual significado. Viene del acto en que, finalizada una mano, en algunos juegos de naipes, los jugadores deben mostrar sus cartas para que se vea quién ganó, lo que se hace poniéndolas boca arriba sobre la mesa de juego.

LLORAR LA CARTA
En una tarde de verano del mil novecientos diez y tanto llamaron a la puerta del hombre porteño. Lo hicieron batiendo las palmas sin mucho vigor, como si estuvieran aplaudiendo (...) El hombre porteño despertó lentamente de su siesta y se acercó a la cancel. Del otro lado estaban el hombre humilde y la criatura.
(...) El hombre humilde se quitó la gorra con excesivo respeto y promulgó la frase, como si rezara: 'Hágalo por el chico, don. Aunque sean unas chirolas'. Y a través del enrejado tendió, temblorosamente, un papel, semi-escrito, semi-papel, semi-sucio, semi-todo. Una letra sin ortografía ni rasgos humanos decía algo que se parecía a lo siguiente: 'Buenas tardes y escuche don. El chico perdió a su padre y la madre está en el Hospital. Ayer enterramos al pobre hombre y no hay con qué ni pa el entierro ni para el pan de la criatura. Sea cristiano y déale una manito con siquiera unas chirolas'. Y enseguida un titular como para una sexta edición: 'Lista ausiliadora'. Debajo temblaban los nombres y apellidos a través de la letra esotérica de la carta. Luego, suspensivos anhelantes y los números con un signo pesos por delante, para no confundir.
El hombre porteño (...) miró al hombre humilde medio cerrando un ojo y desflecando una sonrisa que, según él, ni la misma Gioconda. Pero también advirtió al muchacho tras la suciedad perforada de su ropa y recogió su sonrisa. Se fue entonces a buscar las chirolas —que fueron unos pesos guardados para la yerba del bimestre— y los entregó al muchacho, que lloraba sin mirar lo que recibía. Después devolvió la carta, sin dejar constancia escrita de su buena fe. Y el hombre humilde se alejó con la criatura. Por encima de la medianera de ladrillos, el hombre porteño volvió a escuchar su llanto, derramado en palabras: 'Hágalo por el chico, señora. Aunque sean unas chirolas'. El hombre porteño se quedó partido por la duda, mirando hacia la vida, y dijo, susurrando: 'Me lloró la carta'. (Carlos Alberto Giuria. **Indagación del porteño a través de su lenguaje,** 1965.)

Cartear. l. jgo. Acción de dar cartas a los jugadores en los juegos de naipes. // Habilidad, destreza para dar cartas. // Habilidad del jugador fullero para dar a otros y darse a sí mismo las cartas que más le convengan a él.

Cartón/a. l. p. Tonto, bobo, crédulo, gil. // Naipe, baraja. // p. ext. Persona: hombre, mujer (véase **carta**). En estas dos últimas acep. se emplea siempre en masc. *¡Qué cartón macanudo es mi amigo! Esa mujer es un buen cartón.* // **Cartón junado, cartón remanyado.** Igual que **carta junada.** // **Cartón frilo.** Gil, otario (véase **frilo**). // **Cartón ligador.** Dícese de la persona de suerte. Que todo le sale bien.

Cartón pintado. l. p. Cosa sin valor, sin sustento. // Mentira, cuento. // Fantasía. Cosa imaginaria. // Dícese de las normas, costumbres, disposiciones, etc., que se consideran vanas o que no se respetan. *Las normas que prohíben la venta ambulante en la ciudad son cartón pintado.* Siempre se usa en singular, aun en casos como el ejemplo, en el que correspondería "cartones pintados" para concordar con "normas", plural. // Dícese de todo lo que es vano, fatuo, carente de entidad. *Es preciso orientar la vida hacia el amor, el trabajo, las buenas costumbres y, por encima de todo ello, la comunión con Dios: todo lo demás es cartón pintado.*

Cartonazo. l. p. Aument. de **cartón.**

Cartucho. l. del. Bala, balazo, tiro. *Le metió dos cartuchos al soplón.*

Casas. l. p. Nombre que se les daba a los prostíbulos. Se usaba en pl. *Ir a las casas:* ir al prostíbulo.

Cascada. l. del. **Billetera o cartera cascada.** Billetera o cartera que tiene mucho dinero.

Sé laburar muy campante
una cartera cascada:
sé lustrar una empiedrada
y hacer un grilo de espiante.
L. C. (Ladrón conocido). *José Pagano.*
NOTA. **Laburar, lustrar, hacer:** eufemismos por robar.

Cascajo. l. p. Artefacto o vehículo viejo y en mal estado. // p. ext. Persona vieja, achacosa. // p. ext. Persona arruinada físicamente. *Tiene cuarenta años y ya es un cascajo.* Del esp. fam. **cascajo:** vasija, trasto o mueble roto o inútil.

Y pensar que hace diez años
fue mi locura.
Que llegué hasta la traición
por su hermosura.
Que esto que hoy es un cascajo
fue la dulce metedura
donde yo perdí el honor.
Esta noche me emborracho. Tango.
Enrique Santos Discépolo, 1928.

Cáscara. l. p. Fanfarronada, alarde, **espamento, dique.** // **Hacer cáscara.** Fanfarronear, alardear, especialmente en voz alta, gesticulando, para llamar la atención. La germanía tiene **cascarada:** alboroto, pendencia, riña, tumulto, por lo que podría haber dado origen a **cáscara,** p. ext.

Cascarria. l. p. Suciedad, mugre, en general. También la que tenga una persona por falta de higiene, especialmente en el pelo, los tobillos y detrás de las orejas. Del esp. **cascarria:** lodo o barro que se adhiere al calzado o a la parte de la ropa que va cerca del suelo.

Cascarriento/ta. l. p. Dícese de la persona sucia, mugrienta. // sent. fig. Enojadizo, rezongón, **chinchudo, cabrero.** Del esp. **cascarriento:** que tiene **cascarrias.**

Cascarudo/da. l. p. Persona huraña, ruda, poco sociable. // Escarabajo: insecto coleóptero, de color negro, con alas gruesas y duras. Del esp. **cascarudo:** que tiene cáscara grande y gruesa. La primera acepción nuestra considera a la persona cascaruda como recubierta de una cáscara gruesa y dura con la que se aísla del vínculo social debido.

Cascotearse. l. p. Hacerse a los golpes que da la vida. Aprender por experiencia que nada es fácil ni todo es bueno. **Baquetearse.** *Ese joven tiene que cascotearse mucho todavía.* Viene del l. turf. en que **cascotear** significa preparar a un caballo de carrera que aún no ha debutado haciéndolo correr en la pista detrás de otro para que se acostumbre a recibir los "terronazos" —masas de arena y tierra— que levantan con sus cascos los caballos en plena carrera y que golpean con fuerza a los que van detrás.

Casimba. l. del. Billetera. Cartera. Se la origina en el port. **cacimba:** pozo en el que se acumula el agua en los terrenos pantanosos (es afronegrismo). Acotamos que el esp. trae **cacimba:** hoyo que se hace en la playa para buscar agua potable. // Balde. // Red para pescar.

Tomá caña, pitá fuerte,
jugá tu casimba al truco
y emborrachate. El mañana
es un grupo:
¡trascartón está la muerte!
Hermano chorro (La crencha engrasada).
Carlos de la Púa, 1928.

Casimiro/ra. l. p. Humoríst. Bizco, bizcocho. // p. ext. Tuerto, **torterolo.** Por unión de las palabras casi y miro.

Casita. l. p. Llamábase a la casa o vivienda en la que una sola mujer ejercía la prostitución. Es dim. de **casas:** prostíbulo. En desuso.

Caspera. l. p. Cabeza. Por la caspa que suele afectarla (véase **cabeza**).

Cassoulet. l. p. Nombre que llevaba un café céntrico de nuestra ciudad, que existió hacia 1880, muy conocido y de mal ambiente, especialmente de noche, donde se jugaba, se ejercía la prostitución y se guarecían malhechores.

EL CAFÉ DE CASSOULET
Era el paradero nocturno de todos los vagos de la ciudad y famoso entre la gente maleante, no solamente por la comodidad que, a poco costo, se obtenía en él, cuanto por la relativa seguridad de que se disfrutaba: en caso de producirse visita de la autoridad, los propietarios tenían dis-

puestas las cosas de modo tal que la clientela tenía fácil escape.
Estaba ubicado en la esquina de Viamonte (antes Temple) y Suipacha. Como dependencia del café y formando parte de la planta baja, que daba hacia la primera, había hasta la mitad de la cuadra una veintena de cuartos a la calle con puertas que se abrían a ésta y otra interior que daba al gran patio del café: eran otras tantas salidas clandestinas del antro misterioso.
Estos cuartos los ocupaban mujeres de vida airada, que eran como la crema de este mundo de vicio, cuyo centro era la famosa calle del Temple y que extendía sus brazos hacia las adyacentes, teniendo como encerrado entre ellos al corazón de la ciudad.
El café debía ser una mina de oro. Allí los ladrones con todo su cortejo de corredores y auxiliares, los asesinos, los peleadores, los prófugos, toda la gente que tenía cuentas que saldar con la justicia o tenía por qué saldarlas buscaba un refugio para dormir con tranquilidad, para hacer con todo sigilo una operación inconfesable o para ocultarse discretamente mientras pasaban las primeras averiguaciones subsiguientes a un delito descubierto por la policía.
Allí todo era cuestión de dinero. Teniéndolo, se hallaba desde la pieza lujosamente amueblada hasta al tugurio infame donde podía gozarse de las comodidades de un catre de los muchos que, en fila y pegados los unos a los otros, contenía un pequeño cuarto de madera, y desde el vino y los manjares exquisitos hasta las sobras de éstos.
(...) Tarde, en la noche, cuando el café se cerraba, decenas de desgraciados sin hogar tomaban posesión de las mesas del largo salón —bajo la vigilancia de los dependientes, que tendían sus colchones sobre las mesas de billar, cuando las otras estaban ocupadas— y por dos pesos de los antiguos encontraban un techo y una tabla para dormir y, por uno, lo primero y el duro suelo de los patios y pasillos.
Memorias de un vigilante, *Fray Mocho (José S. Álvarez). 1ª edición, 1897.*

Castaña. l. p. Puñetazo dado en el rostro. Trompada, **piña, castañazo.** Mario E. Teruggi considera probable que provenga del fr. **chataigne:** castaña. (**Panorama del lunfardo,** 1974.) Véase **castañazo.**

*Una noche que al cotorro
fue sin vento la garaba
la fajó de una castaña
aquel chorro escabiador.*
Se rechifló la percanta. *Silverio Manco.*

Castañazo. l. p. Aument. de castaña. José Gobello estima la probable influencia del gen. **castagnasso** (torta de castañas). Por nuestra parte, acotamos que en esp. tenemos **castañetazo,** golpe recio dado con las castañuelas o con los dedos y estallido que dan las castañas al reventar en el fuego, acepciones que metafóricamente también parecen aproximarse a nuestro **castañazo.**

*Y si alguno se retoba
queriendo meterse a guapo,
yo le encajo un castañazo
y a buscar quien lo engendró.*
El porteñito. *Tango. Ángel Villoldo, 1903.*

Castigarse. l. p. Por antífrasis, divertirse, darse los gustos. Voz nueva.
Catalana. lunf. Valija. Maleta.
Catalina. l. del. Punga que se hace en los vehículos de transporte de pasajeros. Consiste en tapar con un diario la vista de la víctima mientras le roban.
Catanga. l. p. Carruaje desvencijado, destartalado. // Irónicamente se usa también para desmerecer un vehículo, aunque se halle en buen estado. *¿Adónde vas con esa catanga?* Es voz proveniente del quechua **akatankka:** escarabajo que suele criarse en el estiércol con el que se alimenta y hace unas bolas en las que deposita sus huevos. Es de movimientos torpes y lentos. // p. ext. Todo insecto que se alimenta de alimentos digeridos. // fig. y fam. Bobo, tonto. Es grave injuria en guaraní apodar con este término.
Catar. l. p. Tomar, asir, agarrar.

Yo fui de los primeros qu'en la madrugada del 26 cataron el Rémiton y meta confite a los botones y a la plaza Libertá y después a los pampas del 11 de Cabayería, en cuanto se acercaron, sable en mano, por Talcaguano.
Pedrín. *Félix Lima, 1969.*
NOTA. **Rémiton:** fusil marca Remington. **Cabayería:** caballería. **Talcaguano:** calle Talcahuano. (Véase **botones.**)

// Agarrar, en el sent. fig. de tomar, pescar (una rabieta, un resfrío, una borrachera).

*Él pianta del bulín, cata una curda,
pela una fariñera bien mistonga
(pero que para un pesao es la gurda)
y, como él es mañoso como el zorro,
vuelve y arma otra bronca en el cotorro.
Y así todos los días, la milonga.*
La menega (Versos rantifusos).
Yacaré (Felipe H. Fernández).

// Quitar, sustraer, apoderarse de algo que no le pertenece. // p. ext. Estudiar a alguien; observarlo atentamente. **Junar.** // Conocer bien a alguien; adivinar sus intenciones. // Darse cuenta de algo.
Se remite esta voz al esp. catar (del lat. **captare**, coger, buscar): "probar, gustar, examinar, ver. // Juzgar. // Procurar. // antig. Guardar, tener", aunque no debe olvidarse que el port. tiene catar, "examinar atentamente. // Agarrar y matar los parásitos capilares" y que pudo haber dado origen a un dicho muy antiguo entre nosotros, ya en desuso: *escapá, piojo, que te cata el peine*, advertencia a alguien para que huyera porque se le avecinaba un peligro o podría ser descubierto por quien lo buscaba.

Caté. l. p. Elegante, distinguido. Lujoso. Del guaraní caté, de igual sentido.

Cátedra. l. turf. Denominación que se da en forma masiva al conjunto de personas expertas en cuanto se refiere a carreras de caballos, genealogía, antecedentes y estado de esos animales. *Guapetón es el favorito de la cátedra en el clásico del domingo.*

Catedrático. l. turf. Que pertenece a la cátedra. Experto en carreras de caballos.

Catinga. l. p. Olor intenso de la transpiración de los negros. // p. ext. Olor del sudor. // p. ext. Olor desagradable que despiden algunos animales y plantas. Del guaraní catí, catingá: olor fuerte, pesado, desagradable. Hediondo.

Catingada. l. p. Conjunto de negros. Cosas de negros.

Catingoso/sa. l. p. Que tiene catinga.

Catingudo/da. l. p. "Catingoso; especialmente, en sentido familiar o despectivo." (Daniel Granada. **Vocabulario rioplatense razonado**, 1890.)

Catramina. l. p. Vehículo destartalado por el uso y la vejez. Proviene del ital. **catrame**, alquitrán, por medio de **catramina** (producto derivado del **catrame**). Concuerda Gobello, que dice: "del ital. **catramina**, alquitrán" y señala que la voz "alude a los envases de hojalata de ciertas pastillas populares para la garganta que se expendían con el rótulo Catramina Bertelli" (**Diccionario lunfardo**, 1989), de color negro, alquitranadas. Se comparaba irónicamente la hojalata del envase con el material de que estaba hecho el vehículo aludido.

Catre. l. p. Especie de jangada que se construye con maderas livianas que se traban unas con otras y que se utiliza para transportar por el río maderas duras y pesadas que no flotan. Se usa de antiguo en Misiones, donde también se la conoce con el nombre de catre de balsa. Del esp. catre, cama ligera para dormir una sola persona (de cuatro, por sus cuatro patas). // p. ext. Cama, en general. **Me voy al catre**: me voy a la cama. // **Caído del catre**. Igual que caído de la cama, de la cuna, del nido, etc. Véase **caído**.

Catrera. Cama. Del esp. catre.

*Y si vieras, la catrera,
cómo se pone cabrera
cuando no nos ve a los dos.*
Mi noche triste.
Tango. Pascual Contursi (1915).

Catrerear. l. p. Dormir. Descansar en la cama.

Catriel. l. p. Muchacho. // Amante, concubino. De muy poco uso.

Catriela. l. p. Muchacha. Mujer joven. // Querida, concubina. De muy poco uso.

*La catriela que engrupe mi persona
es la flor de un comboy de fulería
que luce con tecor su compadrona
silueta remanyada en la avería.*
Floreo (La crencha engrasada).
Carlos de la Púa, 1928.
NOTA. **Tecor:** Revés de **corte**.

Catso, catzo. lunf. Pene. // Nada. Ni siquiera un poco. *Me importa un catso* o *no me importa un catso. Me dieron un catso* o *no me dieron un catso.* Del ital. **cazzo**: pene.

Caú. l. p. Ebrio, borracho. *Estar caú.* Del guaraní **ca-ú**, de igual significado.

Cayetano. l. p. Parag. de **cayado** (callado). // Reservado, retraído, callado. *Se lo veía siempre tranquilo, pensativo, cayetano.* // **Hacer algo de cayetano.** Actuar calladamente, sin prenuncio, sorpresivamente. *Se acercó de cayetano a la mujer y le dio un beso.*

Cayetano. l. p. Parag. de **cayo** (callo). Dureza que se forma en los pies, manos, rodillas, etc. por el continuo roce o presión de otro cuerpo.

Cayorda. l. p. Calloso. Que tiene callos en los pies. // Dícese de la persona que camina con dificultad. Viene del nombre de un antiguo remedio para combatir los callos que se llamaba **Callorda**.

Creyendo sobrarme lejos,
pasaste ayer, muy diquera,
abrazada a un gil cualquiera,
pelado, cayorda y viejo.
Bandera baja. *Carlos Waiss.*

Cazabobos. l. pol. Artefacto explosivo con que se atenta en casas, negocios, etc., colocándolo dentro de un objeto que se deja en un lugar para que llame la atención (una caja, una radio, un ramo de flores, etc.), a fin de que estalle al ser manipulado por alguien.

Cazar. l. p. Comprender, entender algo, darse cuenta. *¿Cazaste lo que te dije? ¿Cazás cómo viene el asunto?* // Asir, agarrar. *Le tiré la pelota y la cazó en el aire.* Tulio Carella (**Picaresca porteña**, 1966) cita cielos, poesías y coplas de antaño, entre ellas:

Tengo una criolla que es muy tremenda
y como un trompo para bailar;
cuando la cazo por la cintura
¡qué de vueltitas que le hago dar!

Cazote. lunf. Puñetazo, trompada en el rostro. **Cachote. Casote.** Del ital. **cazzotto**: sopapo, puñetazo, trompis.

Cegato/ta. l. p. Ciego. Del esp. **cegato**: corto de vista.

Cegatón/a. l. p. Aument. de **cegato**.

Celma. l. p. antig. Revés irreg. de **almacén**.

Celosía. l. p. Parag. de **celos** y **celoso**. *Tener celosía. Ser celosía.*

Centenario. l. p. Nombre que se le daba a un antiguo billete de cien pesos.

Cepillada. l. p. Reprimenda severa. Reto fuerte. Tiene el sentido de "cepillar la cabeza", como "lavar la cabeza" (véase **lavar**). // l. fút. Acción fuerte de un jugador contra otro del equipo contrario al que le engancha las piernas con las suyas para hacerlo caer. De poco uso actualmente (el término, no la acción).

Cepillar. l. p. Dar una **cepillada**.

Cepillar las baldosas. l. p. Bailar con lucimiento el tango con corte. Este dicho se originó antiguamente, cuando se organizaban bailes en los patios de los conventillos o en algunos cafetines o salones cuyos pisos eran de baldosa. La frase, elogiosa, apuntaba a expresar que el bailarín, con sus cortes, dejaba a las baldosas lustrosas, brillantes, tal como si las hubiera cepillado.

Cepilló las baldosas a su gusto
este bailarín, cantor y guitarrero.
Pesaba, como guapo y canfinflero,
los mil gramos del kilo, justo, justo.
El suicidio. *José Pagano.*

Cepillera. l. p. Cabeza. Véase **cabeza**. // **Cepiyera**.

Cepillero. l. p. Cabeza. // **Cepiyero**.

Cero. l. p. Nada. Nada de nada. Carencia absoluta de algo. // **Estar en cero.** No tener nada: cero de plata, cero de amores, cero de suerte. // **Número cero.** Nombre que se le da a una máquina de rapar el cabello. // p. ext. **Pelar con la cero.** Pasar la máquina número cero por la cabeza. // p. ext. Sacarle todo el dinero a alguien. Dejarlo pelado (de **pelar**).

Entre todos
me pelaron con la cero.
Tu silueta fue el anzuelo
donde yo me fui a ensartar.
Me tragaron
vos, "la viuda y el guerrero"
lo que me costó diez años
de paciencia y de yugar.
¡Chorra! Tango. *Enrique Santos Discépolo.*

Esta voz proviene del esp. **cero** (del ár. **cèfer**, vacío): signo de la numeración arábiga que carece de valor propio. // **Cero al as.** En el juego de dados llamado **generala** no anotarse ningún punto en el casillero correspondiente al número uno (as). Por extensión, estar cero al as pasó a significar no tener dinero, estar seco, pato. // **Estar o quedar cero al as.** Permanecer callado, quieto; no intervenir en una cuestión. *Todos discutían, pero yo, cero al as.* // Ser ignorado, dejado de lado. *Hablaban entre ellos, pero a mí me tenían cero al as. Se repartieron el dinero, y a mí, cero al as.* // Abstenerse, hacerse el distraído. *Él le pedía disculpas, pero ella, cero al as.*

¡Cha! l. p. Afér. de ¡pucha! Equivale a ¡ta!, aféresis de ¡puta!, como interj. de molestia, fastidio, contrariedad, enojo, sorpresa. // ¡Cha que lo tiró! Equivale a ¡ta que lo tiró! o ¡ta que lo parió! o ¡puta que lo parió! Corre, también, ¡cha que lo tiró de las patas!

Chabón/bona. l. p. Sínc. de chambón. Tonto, torpe, poco hábil. // Ingenuo.

Por seguir a mi conciencia
estoy bien en la palmera,
sin un mango en la cartera
y con fama de chabón.
Bronca. Tango. Mario Batistella, 1962.

// Se usa, asimismo, con el significado de persona innominada, al igual que coso, cusifai, tipo, etc. *Vino a verme un chabón de la otra cuadra.* Del esp. **chambón**: que juega torpemente o con poca habilidad. // p. ext. Torpe, chapucero, poco hábil.

Chabonada. l. p. Torpeza, chapucería, metida de pata. // Acción propia de un chabón. En esp. **chambonada**, con igual sentido.

Chacabuco. l. p. Enfermo, achacado, achacoso, chacado. *Estar chacabuco*. Es parag. de **chacado** (enfermo), disimulando el término con el nombre del campo de batalla donde el general San Martín, con sus tropas, venció a los españoles en 1817, y con el de la ciudad homónima de la provincia de Buenos Aires.

Chacado/da. l. p. Afér. de achacado. Enfermo.

Chacado/da. lunf. Robado. Por influencia de shacado.

Chacador/a. lunf. Afér. de achacador, con el sentido de shacador.

Chacadura. l. p. Enfermedad. Palma. Achaque. .// lunf. Robo. Hurto. // Botín de un hecho delictuoso. Por influencia de **shacadura**.

Chacamento. l. p. Enfermedad, chacadura. *No puedo curarme de este chacamento.*

Chacamento. lunf. Acción y efecto de chacar: robar, hurtar, quitar, despojar. Por influencia de **shacamento**.

Chacar. l. p. Afér. de achacar. Enfermar. *La bebida y el faso te van a chacar.*

Chacar. lunf. Robar, hurtar, quitar, despojar. *Me chacaron la billetera.*

Después fuiste la amiguita
de un viejito boticario
y el hijo de un comisario
todo el vento te chacó.
Flor de fango.
Tango. Pascual Contursi, 1914.

Chacarse. l. p. Enfermarse. De achacarse, por afér.

Chafalonía. l. p. Objetos, alhajas o joyas falsas, de poco valor o de fantasía. Del esp. **chafalonía**: objetos de plata u oro inservibles, para fundir.

Chafe. lunf. Vigilante, agente de policía.

—Y no contento con eso,
llamó al chafe y ¡sás!, en cana;
y me dejó una semana...
—¡Pucha!... Te la dio con queso...
¿Disgraciao?... ¿Y qué hay con eso?
Juan Manuel Pintos. Revista **PBT**, 18-2-1905. (Cfr. Luis Soler Cañas. **Orígenes de la literatura lunfarda**, 1965.)

Bernardo González Arrili (**Buenos Aires, 1900**) "aventura la opinión de que chafe fue, no más, una ligera variante de la palabra araucana **chape**, de uso cuando las inmigraciones de indios y mestizos del Arauco hacia las llanuras bonaerenses. **Chape** era un peinado en trenza de tres que usaban los jefes de tribus o sustitutos y sus mujeres. En cada caso valía como signo de autoridad. Del peinado, pasó el vocablo a la persona que lo usaba, y de ella, al mando. Puede muy bien haber derivado hacia la autoridad penitenciaria el día que cayó un araucano en cafúa y, por pintoresca, pasar de allí a todo vigilante uniformado".

Por su parte, Mario E. Teruggi dice que "la única palabra que hemos podido encontrar

sobre **chafe** está en la palabra argótica **gaffe**, que significa guardián de prisión o cárcel e, incluso, gendarme. La identificación de **chafe** con **gaffe** se señala aquí como una posibilidad que cuenta a su favor el hecho de que Dellepiane (1894) y Garzón (1920) lo registran con una doble grafía, **chafe** (o **chafo**) y **chaffe**". (*Panorama lunfardo*, 1974.)
A su vez, José Gobello lo remite a **chafo** y éste al ital. jergal **ciaffo**, agente policial, que dio el ital. general **ciaffero**, de igual significado. (*Diccionario lunfardo*, 1989.)
Sumándose a tan variadas opiniones, el Diccionario Sopena, edición de 1930, nos apunta: "**chafe**: en la República Argentina, vigilante, polizonte. Quizá de **chafarote**, con alusión al sable que usan estos funcionarios", y que en esp. fam. designa al sable o espada ancha.

Chaferola. lunf. Chafe.
Chaffe. lunf. Chafe.
Chafle. lunf. Chafe.
Chafo. lunf. Vigilante, agente de policía. Con el tiempo derivó en **chafe** y aun se deformó en **chaferola**, **chaffe** y **chafle**.

Me quitó el atado y, para que no me hiciera agarrar con un chafo, tuve que disparar.
La lavandera. Novela. Vital Montes, 1886. (*Cfr. Luis Soler Cañas. **Orígenes de la literatura lunfarda**, 1965.*)

Chala. l. p. Dinero. // Pasión amorosa. // Cigarrillo con envoltura de **chala** en vez de papel. Del quechua **chala**, voz que designa a la hoja que envuelve a la mazorca del maíz, a las espatas y tallos de esa planta y que p. ext. y fam. significa ligero, liviano, que no tiene peso.
Chaleco. l. p. Ser un caso de chaleco. No tener sensatez; decir o hacer disparates o cosas de loco. Por el chaleco de fuerza que se les pone a los dementes.
Chalequear. l. del. Hurtar de los bolsillos de los chalecos, donde antiguamente los hombres guardaban el reloj y, a veces, dinero.
Chaludo. l. p. Adinerado. Platudo. Que tiene mucho dinero. De **chala**.
Chamacuses. l. p. Chambacuses.
Chamamé. l. mus. Música muy popular, en el litoral argentino, especialmente en Corrientes, así como en Paraguay, de ritmo alegre y compás cautivante, con letras de encantadora sencillez o sana picardía, que cantan a la tierra, al pago, a la naturaleza, a las cosas hermosas de la vida y a los buenos sentimientos del hombre. // Baile en parejas de dicha música que incluye del hombre un zapateo y un grito recio y agudo, jubiloso y prolongado, llamado **sapucay** (véase esta voz).
Chambacuses. l. p. Zapatos. Botines. // Chamacuses. Voz de antigua data. En desuso.

Me he tardado porque se me mojaron los chambacuses jugando en el río.
Las lavanderas. Novela. Vital Montes, 1886. (*Cfr. Luis Soler Cañas. **Orígenes de la literatura lunfarda**, 1965.*)

Chambergo. l. p. Sombrero de hombre, blando, cuya ala se dobla hacia abajo por delante. // Gacho. La voz **chambergo** es corrupción de Schömberg, apellido del mariscal alemán que fue jefe del regimiento que se creó en 1669 para la guardia de Carlos II de España, al que dotó de un uniforme especial en el que se destacaba un sombrero de ala delantera levantada, al que se le dio su nombre.

Va, de compadre, masticando un pucho,
y un clavelito del color del ceibo
lleva en la cinta de su chambergo,
como regalo de un corazón.
El carrerito. Tango. Alberto Vacarezza, 1928.

Chambra. lunf. Silla (Antonio Dellepiane. *El idioma del delito*, 1894).
Champú. l. p. Preparado especial de consistencia jabonosa para el lavado del cabello. Del ingl. **shampoo**: lavar y limpiar la cabeza. // **Dar champú** o **dar un champú** equivale a **dar una lavada de cabeza** o **lavar la cabeza**, expresión popular que significa reprender severamente a alguien. // Humoríst. Champán, por aproximación fonética. Esta acepción es reciente.
Chamuchina. l. p. Cosa de poco o ningún valor. *Estas monedas son todo lo que tengo: pura chamuchina.* // Aplícase también a personas. Del amer. **chamuchina**: populacho.

Aniceto – ¡Don Zoilo! ¿Qué va' hacer? (...) ¡Un hombre grande!... ¡Increíble! ¿Usted cree que toda esa chamuchina de gente merece que una persona de bien se mate por ella?
Barranca abajo. Florencio Sánchez. Obra teatral estrenada en 1905.

Chamuyador/ra. lunf. Conversador. Hablador. De **chamuyo**.
Chamuyar. lunf. Hablar. Conversar. Del caló chamullar: conversar.

Ahora tenés vuaturé
y usás tapao petit-gris
y tenés un infeliz
que la chamuya en francés.
Tortazo. Milonga. Enrique P. Maroni.

// Hablar coloquialmente tratando de convencer o agradar a alguien. *Chamuyarse al jefe.* // Hablar, procurando engañar, engrupir, engatusar. *El cuentero se la chamuya a su víctima.* // Comentar, informar, chimentar.

Además, me han chamuyao
que la labura en la draga
y que es tirador de daga
marca cañón registrao.
Del arrabal. José Betinoti (Aprox. 1900).

Chamuyo. lunf. Conversación. Charla coloquial, persuasiva.

Un muchacho humilde y trabajador
le volcó un chamuyo bajito y galante
y con el milagro de una consonante
brotó una armoniosa milonga de amor.
La biaba de un beso. Tango. Enrique Cadícamo y Félix Manuel Pelayo, 1930.

// Charla íntima. Confidencia.

Le escapo a ese chamuyo
fulero y confidente
de aquellos que se sienten
amigos de ocasión.
Bien pulenta. Tango. Carlos Waiss, 1950.

// Conversación intencionada o engañosa. // Comentario, informe, chimento. (Véase **chamuyar.**) *Hay un chamuyo fulero de ese tipo.*

Chance. l. p. angl. Oportunidad. // Ocasión. // Posibilidad que se presenta de hacer o decir algo, solucionar un problema, salir de un enredo o encarar algo beneficioso. *Se me presentó la chance de hablar con el senador y la aproveché.* Del ingl. chance: ventura, suerte, fortuna, chiripa, azar, albur, casualidad, ocasión, oportunidad.

Chancleta. l. p. Mujer, en especial las bebés o de corta edad. Del esp. **chancleta** (dim. de chancla: zapato viejo y con el talón aplastado): chinela o zapato sin talón o con el talón doblado. // **Andar en chancletas.** No tener dinero (tiene el sentido de hallarse tan pobre como para no poder ni comprarse zapatos). // También se empleaba antes con sentido despectivo para calificar a alguien de ordinario. *Es gente de esas que andan todo el día en chancletas.* // **Dejar en chancletas** (a alguien). Despojarlo de su dinero. Dejarlo en la vía. Véase vía. // **Tirar la chancleta.** Salir la mujer de jolgorio sin reparar mucho en los límites. Equivale a tirar una cana al aire. // Entregarse la mujer a una vida disipada. // **Quedar en chancletas.** Perder alguien todo su dinero o ser despojado de él. // Ser abandonado un hombre por su mujer.

Yo conocí en mis andanzas
la alegría y la tristeza.
(...) La de aquel que fue en cafúa
porque lo ensució una grela
y la del otro cafishio
que al final quedó en chancleta.
A la señora Academia. César Bruto.

Chanchada. l. p. Indecencia, bajeza, ruindad, deslealtad, traición. Grosería, porquería, suciedad. Viene de **chancho**, puerco, y su hábitat.

Chancho/a. l. p. Cerdo. Puerco. // Individuo vil, ruin, desleal, traidor. // Dícese del inspector que controla la venta de boletos y el cumplimiento de los horarios en los vehículos de transporte de pasajeros. // **Dar margaritas a los chanchos.** Equivale al esp. **echar margaritas a los puercos**: ejecutar buenas acciones para quien es incapaz de apreciarlas. // **Ser como chanchos.** Ser compañeros, camaradas, amigotes entre sí dos o más personas. Se inspira en la promiscuidad en que viven los chanchos en sus chiqueros.

Chancho rengo. l. p. En la expr. pop. **hacerse el chancho rengo**, disimular, hacerse el distraído. // Procurar pasar inadvertido. // Tratar de eludir alguna obligación. Se inspira en el recurso del chancho que finge renquera para dar lástima cuando ve que el hombre se acerca para atraparlo.

Tampoco me faltan males
y desgracias, le prevengo.
También mis desdichas tengo
aunque ésto poco me aflije.
Yo sé hacerme el chancho rengo
cuando la cosa lo esige.
El gaucho Martín Fierro. José Hernández.
NOTA. *Esige:* exige.

Chanela. l. del. Claro, evidente. // l. pol. Conversación que se mantiene entre los secuestradores de una persona y la familia del secuestrado para negociar el rescate.

Chanfle. l. p. Oblicuo. Sesgado. // Dícese del corte hecho en un cuerpo en sentido oblicuo a la vertical o a la horizontal. Del esp. **chaflán**: cara, por lo común larga y estrecha, que resulta en un sólido de cortar por un plano una esquina o ángulo diedro. // lunf. Chafe, chafo, agente de policía.

Changa. l. p. Trabajo ocasional, generalmente de poca monta, cuya retribución se conviene directamente entre contratante y contratado. // sent. fig. Situación molesta, suceso perjudicial que le acontece a uno. // **Vivir de changas.** Subsistir realizando changas de tanto en tanto. **Changuear.** // **Ligarse una changa.** Conseguir un trabajo de changa. // p. ext. Verse uno involucrado en algo que no le compete o que no le interesa. // Tener que responder por lo que no hizo. // Pagar culpas ajenas.

Changador. l. p. Persona que en los sitios públicos se ocupa de transportar bultos o equipajes. Antiguamente era un oficio domiciliario que se realizaba por encargo. Del esp. changador (y éste del fr. **chargueur**, cargador); mozo de cordel.

EL CHANGADOR
Determinadas calles porteñas tenían como privilegio un changador. La de Corrientes y Esmeralda, dos, por puro lujo fulero. Eran mozos de cuerda que tomaban su nuevo apelativo de la changa, que no es burla ni chanza, como reza algún vocabulario, sino mero trabajo de pichuleo llevado con método y dignidad de profesión. El changador vivía realizando su faena, en pequeñas o grandes changas, cumpliendo el encargo de ir a buscar o llevar un paquete, maleta o baúl por esas calles de la ciudad mansas de tránsito y demoradas de peatones.
(...) Otras veces, naturalmente, el changador hacía el viaje para entregar una carta o traer una cajita de jabones de olor. La mano ruda se achicaba y poníase blanda para portar un ramo de flores o se endurecía para cargar con cien kilos. En refuerzo de sus artimañas, llevaba cada cual una correa de cuero crudo, bien sobada, de ancho como de una pulgada y de tres o cuatro metros de largo, con lo que se ataban envoltorios heterogéneos de manera que no había cuidado de avería. Si los paquetes eran muy menudos, las cosas inasibles o el material dispersable, para eso el changador llevaba al hombro permanentemente un trozo cuadrado de lona o, si el hombre era pobre, de dibujado cotín colchonero con el que se formaban los bultos más misteriosos que vieran pasar los chafes en las esquinas. (Bernardo González Arrili. **Buenos Aires, 1900,** 1967.)

CHANGADORES DEL DELITO
También se llamaba changadores a los cómplices de los tahúres que les presentaban a éstos 'candidatos' con dinero para que los desplumaran en el juego y que cobraban una comisión relacionada con el producido del 'negocio'." (Fray Mocho –José S. Álvarez– **Entre la cueva. Memorias de un vigilante.** 1ª edición, 1897.)
Asimismo, changador es el maleante que se dedica a estudiar la vida, carácter y costumbres de la persona que ha sido elegida para estafarla. Busca a la víctima entre gente de buena posición económica y, una vez que la tiene "estudiada", transmite la información al estafador, para que actúe. Trabaja también a comisión del dinero que se obtenga.

Changango. l. p. Guitarra. // p. ext. Guitarreada; baile amenizado con guitarras; baile. Fiesta, en general. Es festivo y, según el caso, despectivo.

Con gato y con fandanguillo
había empezao el changango,

y, para ver el fandango,
me colé haciéndome bola.
El gaucho Martín Fierro. *José Hernández.*

Changar. l. p. Hacer changas.
Chango. l. p. Niño. Muchachito. De uso en las provincias del noroeste argentino.
Changuear. l. p. Changar.
Changüí. l. p. Voz antigua que ya en 1890 merecía el análisis de Daniel Granada: "Con el verbo dar antepuesto (único modo con que se usa esta voz), entretener a alguien como facilitándole su intento; aparentar que se condesciende con lo que desea o ejecuta, por vía de pasatiempo o para sacar ventaja de su inocencia, particularmente en el juego". (**Vocabulario rioplatense razonado.** Montevideo, Uruguay, 1890.) José Gobello lo remite al término caló de igual grafía que significa engaño, decepción (**Diccionario lunfardo,** 1989) y Mario E. Teruggi dice que "aparece registrado en el argot español con el significado de persona inexperta y también de engaño, zalamería, de donde procede, sin duda, la acepción de ventaja aparente que se da en un juego a un adversario para engolosinarlo". (**Panorama lunfardo,** 1974.) // Suele emplearse **changüín.**
Chanta. lunf. Regresión de **chantapufi.** Incumplidor, informal, de poco o ningún crédito. // Macaneador, farolero. // Que alardea sin tener de qué. // Sujeto indigno, despreciable. // En el juego de bochas, golpe que da la bocha arrojada contra una contraria, desplazándola del lugar en que ésta se encontraba y quedando plantada en él. // **Andar chanta.** Estar en mala situación económica o anímica. // **Dar chanta.** Cantarle verdades a alguien, frente a frente. // Dar una paliza, trompear, golpear. // Abandonar a alguien; amurarlo. // Causar grave perjuicio a alguien. Del gen. **cianta**: impacto de una bocha contra otra.

Y si vengo de truquear
del almacén de la esquina,
dejás de ser gente fina
y ya ni el diablo te aguanta;
y me la querés dar chanta,
como si fuera una gallina.
Cobrate y dame el vuelto.
Milonga. Enrique Dizeo.

// **Dejar chanta.** Dejar a alguien abatido, tras vencerlo, sin poder de reacción. // Amurar a alguien. // **Quedarse chanta o tirarse a chanta.** Quedarse quieto, no actuar, no hacer nada cuando debería hacerse. // Sacar el cuerpo, eludir un compromiso. // Desoír una orden o una advertencia. // No pagar un gasto, no compartirlo. // No trabajar. Haraganear.

Voy, eso sí, yirando a la marchanta
en medio de este caos que me rodea,
con ganas de tirarme un cacho a chanta.
Pechazo mishio. *José Alonso Delgado.*

Chantada. l. p. Acción o actitud propia de un chanta. // Informalidad, incumplimiento, engaño, falsía. // Bajeza, ruindad.
Chantaje. l. p. Actitud tendiente a imponerse sobre la voluntad de alguien mediante amenazas o soborno. // Acción de exigir a alguien el pago de una suma de dinero amenazándolo, en caso de no entregarla, con difamarlo, dar a publicidad actos de su vida privada o atentar contra él o miembros de su familia. Del fr. **chantage,** de igual significado.
Chantajear. l. p. Ejercer el chantaje.
Chantajista. l. p. Que ejerce el chantaje.
Chantapufe. lunf. Chantapufi.
Chantapufi. lunf. Charlatán, macaneador. Fanfarrón. // Incumplidor, informal. // Farolero. // Insolvente, que alardea de solvencia. // Chanta.
"Masculino en su origen, proviene del genovés **ciantapuffi,** literalmente **plantaclavos,** usándose **clavos** en el sentido de deudas, por lo que la palabra indica un estafador o un tramposo que no cumple con sus compromisos (la expresión correcta italiana sería **ficcachiodi,** o sea, **clava clavos**). Como lunfardismo, **chantapufi** o **chanta** han variado algo en su significación, pues denotan un individuo charlatán y jactancioso." (Mario E. Teruggi. **Panorama lunfardo,** 1974.)
Chantar. l. p. Golpear, castigar. // Aplicar o encajar algo con fuerza. *Chantar una piña. En un descuido le chanté la inyección.*
"Es de ascendencia piamontesa que, en su forma original y en el juego de las bochas, indica el lanzar una de modo que golpee a otra y quede como 'plantada' en el lugar de ésta. Las locuciones **quedarse chanta o tirarse a**

chanta, no hacer nada y no querer trabajar o aflojar en el trabajo respectivamente, tienen ese parentesco. Este **chantar** piamontés es similar al verbo **chantar** castellano, que también deriva del latín **piantare** y que, además de clavar, fijar, significa decir algo en la cara de alguien, cantárselas claras. La convergencia entre los dos **chantares** es notable; por ello, cuando decimos 'no pude aguantar más y se las chanté', empleamos un verbo castellano, pero no en 'se quedó chanta mientras los demás trabajábamos', donde recurrimos a un dialectismo italiano. Por esta vía nació también la expresión **dársela chanta a alguien**, que vale por derrotarlo ampliamente, dejarlo sin respuesta." (Mario E. Teruggi. **Panorama lunfardo**, 1974.) En cuanto a José Gobello lo considera "extensión de significado del esp. **chantar**, no descartando la influencia del gen. **ciantá**, plantar, y sus derivados usuales en el lenguaje del juego de bochas". (Diccionario lunfardo, 1989.)

Chante. l. p. Acción y efecto de chantar.

Chantún/una. lunf. Aument. de **chanta**.

Chantunazo/za. Superlativo de **chanta**.

Chapa. l. p. En esp. hoja, lámina o trozo de metal, madera, cuero, etc. Por extensión, entre nosotros se le llama chapa a la placa metálica o plástica que llevan los rodados (coches, camiones, motos, etc.) con su número de matrícula. Chapa es, también, la que llevan en los uniformes los policías con su número identificatorio. Y, en general, lo es toda lámina de cualquier material que lleve un número, un nombre o designe una profesión. Estas acepciones, como se ve, son extensivas de la española. Pero, además, el término dio origen en nuestro medio a algunas expresiones populares, que citamos: **no ligar chapa**. Quedar fuera de algún asunto o negocio. // No lograr algo por falta de condiciones. // **Sacar** o **tener chapa**. Tener condiciones reconocidas en alguna materia. *Sacar chapa de guapo. Tener chapa de galán.* Es voz del l. turf. en el que se llama **chapas** a las placas metálicas que se colocan en el **marcador** de los hipódromos terminada una carrera, con los números de los caballos en el orden que cruzaron la línea de llegada. En nuestros hipódromos más importantes se coloca la chapa del clasificado hasta en sexto término, o sea, que los posteriores no obtienen chapa que los destaque. Esto dio origen a otros dichos. **No tener chapa**, no contar con ningún antecedente de valor; ser una persona ignorada, desconocida. **No ganar chapa**, ser un perdedor, un fracasado.

Chapa chapa. l. p. Nombre que se le da a quien tiene la costumbre de apoderarse de lo que encuentra a mano. // Persona que interviene en cualquier clase de negocio que le signifique ganar dinero, poco o mucho, lo que fuere. // Persona que vive de la coima. // p. ext. **Franelero**. De chapar.

Chapar. lunf. Agarrar, asir, apoderarse de algo.

En esta jungla espesa que es Buenos Aires
y en fule deambular rastreando el mango,
mi fiaca, que es fatal, desintoxico
chapando en la matina pala y pico;
y al laburo me voy, silbando un tango.
La caduta (*Versos de yeca y atorro*).
Tino, 1977.

// Ganar dinero en abundancia. // Recibir el importe de una coima. // Robar. Hurtar. // Catar algo: una rabieta, una borrachera, una enfermedad. *Chapé una gripe que me duró una semana. Me hiciste chapar una bronca mayúscula.* // p. ext. Adivinar, captar algo que no se manifiesta. *Le chapé la intención en su mirada.* // p. ext. Manosearse sexualmente una pareja. Franelear (porque se agarran). // p. ext. l. jgo. Acertar en el juego. *Chapé tres carreras seguidas. En la quiniela chapé el 19 a la cabeza.* // **Chapar a lo loco**. Ganar dinero en abundancia. También se dice **chapar sin asco** y **chapar tupido**. // **Chapar la shosha**. lunf. Chapar dinero. "Podría venir del gen. **ciappâ**, que equivale al **acciapare** italiano, pero hay que prestar atención a la existencia del **chapar** gallego, que quiere decir atrapar un manjar en la boca." (Mario E. Teruggi. **Panorama lunfardo**, 1974.)

Chape. lunf. Acción y efecto de chapar. // **Andar en el chape**. Estar metido en negocios, coimas, sobornos, etc.

Chapeta. l. p. Chabón, chambón, chapucero. Igual para el masc. y el fem. *Un chapeta. Una chapeta.* De **chapetón**.

Chapetón/na. l. p. Voz antigua que designa al europeo que, por ser nuevo en el país, tenía dificultades para hacerse a nuestras costumbres, realizar determinadas tareas, especialmente campestres, y cometía muchas equivocaciones. // p. ext. Chapucero, inexperto, torpe, chambón. Del amer. **chapetón**, con igual significado.

*Me fui reculando en falso
y el poncho adelante eché,
y en cuanto le puso el pie
uno medio chapetón,
de pronto le di un tirón
y de espaldas lo largué.*
El gaucho Martín Fierro. *José Hernández.*
NOTA. como se ve en el ejemplo, el vocablo *chapetón* está empleado como novato, nuevo en el lugar, poco conocedor.

Daniel Granada decía: "Inexperto, bisoño. Que no se da maña para ejecutar una cosa. Decíase, en especial, de la persona europea poco experimentada en las cosas del país". Y cita parte de este antiquísimo informe: "Al oydor, aunque chapetón en la tierra, este caso le hizo abrir los ojos de la consideración a todos lo que se le ofrecieron de castigo". (Vargas Machuca. **Apol. y disc. de las Indias Occidentales.** *Cfr.* **Vocabulario rioplatense razonado.** *Montevideo, Uruguay, 1890.)*
Fray Reginaldo de Lizarraga empleó el término hacia 1580 aproximadamente en su **Descripción de las Indias,** *comentando la forma en que se multiplicaron los caballos que habían traído los españoles en los años de la conquista: "Este ganado se ha multiplicado tanto en aquellos llanos, que á los chapetones les parece montañas de árboles, y así cuando caminan y no hay arbolillo tamaño como el dedo paraleno, viendo las manadas, dicen: '¿Pues aquella no es montaña? Vamos allá a cortar leña'. Y son las manadas de los caballos y las yeguas".* **(Descripción de las Indias.** *Fray Reginaldo de Lizarraga. Selección por Bernardo Canal Feijóo:* **Los fundadores,** *1967.)*

Chapetún/tuna. l. p. Aument. de chapeta. Chapetón.

Charabón. l. camp. (Del guaraní *charabí*: con poco pelo o plumas o sin ellos.) Nombre que se le da al pichón del avestruz. Cuando este animal comienza a aprender a caminar, es torpe y miedoso, por la inseguridad que encuentra en sus largas patas, aun tiernas. Si se asusta, trata de huir como pueda y esa inseguridad lo hace correr bamboleándose de un lado a otro, tropezando y, a veces, cayéndose y levantándose atropelladamente. De ahí el dicho **¡Abran cancha al charabón!**, irónico, que pide darle lugar, hacerle espacio a alguien que quiere pelear y alardea de guapo.

Charamusca. l. p. Desorden, alboroto menor. // Alarde aparatoso y vano. // Riña momentánea, más aparente que real. // Amenaza de discusión o pelea, que pronto se reduce a nada. El vocablo viene del amer. **charamusca**, llama que levanta la leña menuda, y que proviene del esp. **chamarasca** (a su vez del lat. flamma): leña menuda que al arder levanta mucha llama, y esa misma llama, que dura muy poco. La leña a que se refiere la acepción por el hecho de ser menuda es liviana e inconsistente, por lo que arde enseguida y produce una llama alta pero breve y, en poco tiempo, decae y cesa al consumirse la leña que la nutría. En esto se inspiró la imaginación popular para darle a la voz las acepciones mencionadas.

Charco. l. p. Voz despectiva con la que se designa al arrabal y a las orillas. *Nació en el charco. Muestra el charco en todas sus actitudes.* Del esp. **charco,** agua detenida en un bache u hoyo en el suelo. De aquí viene la acepción citada al comienzo, pues es frecuente que los arrabales y las orillas de una ciudad se hallan en terrenos bajos e inundables. En otro sentido, hallamos el término en una expresión popular antigua, que ya casi no se oye: **¡cómo será el charco, si el gato lo cruza al trote!**, indicativa de cuán minúsculo habrá sido un problema si lo ha solucionado alguien tenido por babieca, incapaz o medroso. El dicho alude a la fobia que el gato siente por el agua.

Charcón/cona. l. p. Dícese del caballo que es flaco por naturaleza. Por ext. suele aplicarse a otros animales, incluso al hombre.

Charleta. l. p. Charlatán. Dícese de la persona que habla mucho y sin sustancia. José Gobello (Diccionario lunfardo, 1989) lo remite al gen. **ciarletton,** que habla continuamente, aunque en español tenemos **charlatán,** que se aplica a quien habla con locuacidad e insustancialmente, al hablador indiscreto y al embaucador.

Charoles. l. p. Zapatos de charol. // Zapatos brillosos, bien lustrados. // Meton. por zapatos y botines. Del esp. **charol**: barniz muy lustroso y adherente, con brillo duradero. Se aplica a los cueros, entre ellos los de los zapatos.

Charque. l. p. Charqui.

Charqui. l. p. Carne salada y secada al sol, cortada en tiras. Del quechua **ch'arki**: "carne salada y secada al sol para guardar en conserva. Salpresa, chalona, cecina. // fam. Persona de cara enjuta".

Charré. l. p. Coche de dos ruedas y dos o cuatro asientos tirado por un caballo. Del fr. **charrette**.

Desde la cocina entreveíamos el galpón, al que iban llegando, como avanzada de fiesta, algunos charrés y gente de a caballo.
Don Segundo Sombra.
Ricardo Güiraldes, 1926.

Chasirete. l. p. Fotógrafo. Fuera de uso. De la voz francesa **chassis**, armazón, caja de un coche, y también armazón en que se colocan las placas fotográficas para revelarlas en la cámara oscura.

Chasis. l. p. sent. fig. Cuerpo humano. *Me duele todo el chasis. Mirá qué chasis tiene esa mujer.* // **Andar mal del chasis.** Estar enfermo. Del fr. **chassis**: marco, bastidor, que dio armazón del automóvil que comprende el bastidor con el motor y las ruedas y con todas las partes constitutivas del automóvil, a excepción de la caja y carrocería.

Chasque, chasqui. l. p. Individuo encargado de llevar o traer correspondencia. Del quechua **chaski**: forma de correo usada por los incas. // Posta en la que a determinadas distancias se hallaban mozos ágiles atentos a recibir cualquier mensaje para transmitirlo al inmediatamente siguiente y así sucesivamente hasta llegar a destino. // Nombre de estos mensajeros.

Chata. l. p. Embarcación de carga, baja, plana, apta para navegar en los ríos. // Carro grande, chato, sin toldo, de cuatro ruedas, que se emplea para cargas. Del gen. **ciatta**: barco de carga de fondo bajo y plano. // **Arrimar** o **atracar la chata.** Abordar el hombre a una mujer con la intención de enamorarla. Alude al movimiento de las chatas para acercarse al lugar de carga o descarga.

Chato/ta. l. p. Apodo que se le da a la persona que tiene la nariz aplastada. // Dícese de la persona que está abatida, mustia, sin poder de reacción. // **Dejar chato.** Dejar a alguien sin respuesta en una discusión presentándole pruebas y argumentos sólidos. // **Más chato que cinco de queso.** Aumenta el sentido de **dejar chato**. Alude a la chatura, la delgadez de la tajada de queso que vendían antiguamente por cinco centavos.

Chau. lunf. Hasta luego. Hasta pronto. Adiós. Saludo de despedida. Admite los dim. **chaucita, chauchita, chaucito, chauchito**. De origen dialectal italiano. José Gobello lo deriva del gen. **ciao**: hola, adiós. (**Diccionario lunfardo**, 1989.) Mario E. Teruggi expresa que **chau** "no es más que la adaptación fonética de **ciao**, fórmula de saludo que proviene del veneciano **sciao**, corrupción de **sciavo**, esclavo, con la que se quería expresar 'estoy a sus órdenes' o 'soy su esclavo' (Aldo Gabrieli, 1960. Peruggi, Dicc. 1956:134, **Diccionario dello stile corretto**, Verona: Aldo Mondadori.) Este saludo se emplea en Italia en los encuentros y no como despedida o al pasar, que es la forma en que se utiliza entre nosotros". (**Panorama lunfardo**, 1974.) Otra opinión es la de Lisandro Segovia, para quien es voz del dialecto milanés y la define como interj. de saludo o despedida. (**Diccionario de argentinismos.** Publicación de la Comisión Nacional del Centenario, 1911.) // También se usa como interj. con sentido de sorpresa, como ¡epa! o ¡la flauta! (*¡Chau, aquí hay algo escondido!*) o de contrariedad, como ¡caramba! o ¡qué broma! (*¡Chau, se largó la lluvia!*). Existe, además, la expresión **¡Chau, se acabó!**, enfática, con que se cierra una discusión o se da por finalizada una cuestión o un asunto. // **¡Chau, pinela! ¡Chau, picho!** Locuciones adverbiales que pueden emplearse como ¡Chau, se acabó! y también con el significado de ¡me largo! o ¡no sigo más!, cuando alguien se aparta de un asunto o se decide a abandonar, a romper con algo que lo perjudica, por ejemplo, un vicio. Asimismo, se emplea para expresar la satisfacción que se siente por haber solucionado un problema, con el sentido de ¡adiós, problema!

Chaucha. l. p. Inexperto. Novato. Bisoño. Principiante. // Bobo, melón. // De poco valor. *Las cosas que me regalaron son todas chauchas.* // Paga escasa. *Ganar chauchas en el trabajo.* // **Chauchas y palitos.** Muy poca cantidad de algo; casi nada. *De los cien pesos que tenía me quedan chauchas y palitos.* // Informe secreto. // l. turf. Dato en las carreras de caballos (también se dice **laucha**).

Los amigos se cotizan
en las buenas y en las malas.
A mí me dieron la chaucha,
yo la comparto con vos.
Preparate pa'l domingo.
Tango. José Rial, 1931.

Chaucha es una voz muy antigua en nuestro medio, tanto, que proviene del quechua cháucha, nombre que se le daba a la papa tempranera y a la muy menuda, que no sirve para comer y se usaba para semilla.
Dice Daniel Granada que chaucha "es la vainilla tierna de la habichuela, que en España llaman judía. Úsase también adjetivada en sentido figurado y familiar para indicar la pobreza y falta de gracia y lucimiento de una cosa. Así, *llevaba un vestido muy chaucha* (pobre, deslucido) y *¡qué chaucha estuvo la tertulia!*, es decir, poco concurrida y desanimada. Según Zorobabel Rodríguez –sigue Granada–, en quechua y araucano chaucha es una papa chica y tempranera. A su vez, Fideles P. del Solar dice que en la lengua quechua había algún vocablo semejante a chaucha que, como adjetivo, equivalía a tempranero, nuevo, precoz".
Agrega Granada que el vulgo llamó chauchas a las piezas de veinte centavos, por ser moneda nueva. Así advierte el sentido traslaticio que tiene en el Río de la Plata la palabra chaucha y señala: "aun lo pobre, desmedrado, ruin y falto de gracia y lucimiento, que es la aplicación que suele dársele vulgarmente en el Río de la Plata, entra en la clase de lo que no ha adquirido el conveniente y oportuno desarrollo y vigorosidad". (Vocabulario rioplatense razonado. Montevideo, Uruguay, 1890.)
Chauchera. l. p. Monedero. (Véase chaucha: Daniel Granada.)

Chauchón/ona. l. p. Aument. de **chaucha** (1ª y 2ª acep.).
Che. l. p. Vocativo del pronombre personal de segunda persona, singular y plural. *Vení aquí, che. Che, vengan aquí todos ustedes.* // Se emplea también como apelativo y como interjección de admiración, entusiasmo, alegría, asombro, sorpresa, afecto, familiaridad, enojo, ira, etc.

ORIGEN E HISTORIA DEL CHE ARGENTINO
Debemos a Ángel Rosenblat un amplio y pormenorizado estudio sobre este apasionante tema, publicado bajo el nombre del título en la revista Filología, año 8, Nº 3, de 1962, del Instituto de Filología y Literaturas Hispánicas de la Facultad de Filosofía y Letras de Buenos Aires (págs. 325 a 401) y también publicado por el Instituto de Filología Andrés Bello, de la Universidad Central de Venezuela, obra de la que ofrecemos un extracto.
Afirma Ángel Rosenblat que "el che argentino es un desarrollo del ¡ce! español, antiguo y clásico, con que se llamaba, se detenía o se hacía callar a alguien. Ese ¡ce! pronunciado ¡tse! hasta el siglo XVI era la forma lexicalizada de la interjección consonántica st o tst, que se remonta al st! latino (seguramente tenía también otras variantes), documentado en Nevio Plauto, Terencio, Varrón, Cicerón, etc., como llamada familiar de silencio y ha tenido desarrollos paralelos en otras lenguas románicas. De ese ¡ce! viene también el che valenciano (usado en Valencia, Castellón y Alicante), que es igualmente característico y coincide de manera extraordinaria con el rioplatense. ¿Y no tiene origen análogo, o será pura coincidencia, el ce (pronunciado che) del italiano del Val Camonica, en el norte de la Lombardía, documentado desde comienzos del siglo XIX con usos semejantes a los nuestros y que es tan caracterizador de sus habitantes como el che argentino y el valenciano?".

PRETENDIDAS ETIMOLOGÍAS INDÍGENAS
Menciona Rosenblat, "para descartarlas enseguida, las pretendidas etimologías indígenas", como la del origen araucano o pampa, y cita a Emilio Daireaux en su **Vida y costumbres en el Plata** *(Buenos Aires – París, 1888) en el que decía que "la palabra india más popular y más particular en la República Argenti-*

na es una exclamación: es el *che*, con que a cada momento se tropieza (...); es pampeano y especialmente legado por los primeros habitantes del país, los tehuenches (...) En la lengua india —sigue Daireaux— *che* significa hombre". Y comenta que, luego del asombro que produjo a los indios ver a los europeos y cuando comprobaron que eran hombres, exclamaron: ¡ches!, ¡ches! (¡hombres! ¡hombres!), con lo que la palabra quedó como exclamación y como llamada. A su vez, abunda Rosenblat, Rodolfo Lenz opina que *che* viene del mapuche (**Diccionario etimológico de las voces chilenas derivadas de lenguas indígenas americanas**, Santiago de Chile, 1904).

"*Che* —prosigue Rosenblat— es, efectivamente, 'hombre-gente' en las lenguas araucanas y está recogido así desde el vocabulario de Febrés, de 1764, hasta el pampa de Barberá y el **Diccionario comentado mapuche-español** de Esteban Erize (Buenos Aires, 1960). Entra en la composición de una serie de gentilicios: Pehuenches (gente de los pinares); Picunches (gente del Norte); Puelches (gente del Este); Huilliches (gente del Sur); Ranquelches —los famosos ranqueles de Mansilla— (gente de los cañaverales). Nadie ha señalado, sin embargo, que ese *che* se haya usado jamás como vocativo o como exclamación en ninguno de los dialectos araucanos (...) El origen pampa (o araucano de la pampa) está además absolutamente descartado por la antigüedad del *che* en el Río de la Plata, antes de haberse producido el menor contacto con los araucanos.

"Los sacerdotes Antonio Ruiz de Montoya (**Tesoro de la lengua guaraní**, Madrid, 1639, p. 119) y Paulo Restivo en sus notas y apéndices al **Arte de la lengua guaraní**, de Montoya, 1724, concuerdan —dice Rosenblat— en el origen guaraní del *che*, aunque en esta última obra aparece como ejemplo la frase: *che, ¿no tendrá un poco de paciencia?*

"Pero, a pesar de su antigüedad, nos parece evidente que es el *che* del español rioplatense que había penetrado ya en el guaraní (obsérvese la frase castellana de Restivo: *che, ¿no tendrá un poco de paciencia?* (...) El *che* tradicional propio del guaraní no es este apelativo o vocativo de segunda persona, sino el pronombre personal de primera persona, usado a cada paso como sujeto, como caso complementario o posesivo.

El mismo Montoya recoge en su **Tesoro** de 1639: '*che: yo, pronombre*'."

Acuerda Rosenblat que las obras mencionadas traen "abundante ejemplificación de ese *che*: **che abá** (yo soy hombre); **che mārāngatú** (yo soy bueno); **che angaipá mateté** (yo soy gran pescador); **che yuca** (me lastimó); **chebe** (para mí); **che á** (mi caballo); **checi** (mi madre)... ¿Podría ese *che*, equivalente a *yo* o *mí*, convivir tradicionalmente con un vocativo de segunda persona? Parece imposible. Nos vemos precisados a admitir que el *che* o *chi* con valor exclamativo que registraba Montoya había penetrado recientemente en el guaraní y que era un uso tan frecuente entre la gente de habla española, que, a través del bilingüismo, se incorporó al guaraní en el que seguramente llegó a alternar con el *che* tradicional, probablemente, con diferenciación".

EL CHE ARGENTINO Y EL VALENCIANO

Retornando a la ascendencia española del vocablo, destaca Rosenblat la enorme popularidad que ha logrado en Valencia, donde su empleo es casi semejante al que le damos entre nosotros, al punto que la llaman "la tierra del *che*". Como datos ilustrativos citamos algunos ejemplos que ofrece nuestro autor.

"Los diccionarios catalanes lo transcriben con la grafía *xe*, que representa en este caso la pronunciación *che*, igual que la nuestra. El **Diccionari Aguiló**, de Aguiló y Fuster, Barcelona, 1934, vol. VIII, dice: '**xe** (*che*) interjección vulgar del reino de Valencia'.

"El **Diccionario Catalá-Valenciá-Balear**, de Alcover-Moll, Palma de Mallorca, 1962, vol. X, trae **xe** (pronunciado *che*, con *e* cerrada o con *e* doble abierta): 'interjección típica del país valenciano usada para expresar muy diversos sentimientos, como admiración, entusiasmo, alegría, enojo (...) La terra del **xe**: el país valenciano'.

"El **Diccionario general valenciano-castellano**, de Joaquín Martí y Gadea, Valencia, 1891, reproduce el *che* con la grafía *ge*: 'trato de confianza que se da a personas jóvenes y de alguna intimidad. Suele emplearse en forma exclamativa denotando asombro, admiración, alegría o enojo. Es voz tan peculiar y propia de los valencianos que, en lenguaje festivo, se les suele llamar **ges** y a su país, la terra del **ge**'."

*(...) Se remite luego Rosenblat a "una canción titulada **el che**, con música de Rosita Rodrigo y letra castellana de Franco Padilla. Es una exaltación del **che** como rango regional característico:*

*Valencia, che,
por lindo ve
la juventud,
en vez de tú
llamarse che...
Es el che tan campechano
y tan cálido y cordial
que emigró y en la Argentina
no hay frase más popular.*

Concluye Rosenblat considerando que "parece sorprendente la coincidencia entre la región de Valencia, Castellón y Alicante con los países del Río de la Plata. Las dos zonas tienen de común el ser periféricas del castellano, más propensas a una serie de innovaciones independientes y también a la conservación de formas abandonadas u olvidadas por la lengua general (..) La evolución del ¡ce! en el Río de la Plata y en Valencia no es, pues, un hecho excepcional. Claro que, aunque esa evolución es independiente, estaba ya plenamente en germen en el castellano del siglo XVI".
*"Nuestro **che** tiene, pues, rica tradición hispánica. De llamada interjectiva se transformó en apelativo o vocativo de carácter familiar o en partícula introductoria o matizadora del diálogo, para manifestar cordialidad, familiaridad y hasta ciertas formas intermedias entre la campechanía y el respeto (**Diga, che**). Su profunda vitalidad en todas las capas sociales junto al **vos** responde al prestigio de lo afectivo, de lo familiar y de lo llano, y a la fuerza de la lengua popular en la vena y la cultura del Río de la Plata.*
*"Es tan habitual su asociación con el voceo –finaliza Rosenblat– que chechear no es sólo tratar de **che** sino simple equivalente de vosear o tratar de **vos**."*

Checato/ta. lunf. Chicato.
Checonato. l. p. Parag. de checo, revés de coche. // Parag. de cheque. Ambos, para formar el apellido **Cecconato**, que se pronuncia checonato. *Se compró un checonato último modelo. Firmame un checonato, que ando pato.*

Chechear. l. p. Tratar de che. *Me empezó a chechear. No me gusta que me checheen.*
Chele. l. p. Revés de **leche**. // Suerte, que puede ser buena o mala. *Tener buena leche. Tener mala leche.* Si no se usa el calificativo implica buena. **Tener chele**: tener buena chele.

*Era un bondi de línea requemada
y un guarda batidor, cara de rope.
¡Si no saltó cabrón por la mancada,
fue de chele, no más, de puro dope!*
Línea Nº 9 (*La crencha engrasada*).
Carlos de la Púa, 1928.

NOTA. Esta estrofa merece una explicación. La escena transcurre en un tranvía de una línea en la que se sabía que "trabajaban" mucho los pungas. El guarda del vehículo, cara de perro, era soplón, batidor. Un punga mete sus dedos en un bolsillo ajeno, pero le dan la mancada, es decir, lo descubren. De la Púa nos permite suponer que el guarda tuvo algo que ver en ello, pero lo que nos asegura es que, de pura suerte, el episodio no terminó en una gran bronca.

Chelibo. l. p. Revés de **boliche**.
Cheto/ta. l. p. Afér. de **concheto**.

*Poesía cachuza, que estás de raye;
aunque te chigue el verso, no hay quien te calle,
porque hay en tus entrañas aires lunfardos
en los que flotan todos, chetos y pardos.*
Lunfa cheto (*Con un cacho de nada*).
Luis Alposta, 1986.

Chefún. lunf. Revés de **funche**. // Funyi. Sombrero.

*Caferata, yo no quiero
recordarte lo pasado,
cuando andabas sin camisa,
sin botín y sin chefún...*
Caferata. *Tango. Pascual Contursi, 1926.*

Chic. l. p. Pinta. Elegancia. A tono con los dictados de la moda. // Pintón. Elegante. Del fr. chic: elegante.
Chica. lunf. Tableta de tabaco para mascar. // Porción de tabaco que se masca. Del ital. cicca (que se pronuncia **chica**): porción de tabaco de mascar; mascada y también colilla.

Cicca di sigaro: colilla de cigarro. // Como extensión de la acepción del esp. **chico/ca:** pequeño, se usa en la frase **no andar con chicas**, que equivale a no mentar cosas de poca importancia en el tratamiento o la discusión de un asunto. *No andemos con chicas, vayamos al fondo de la cuestión.*

Chicaje. l. p. Conjunto de cosas chicas, sin importancia o de poco valor. *Los otros se quedaron con la parte importante del botín y a mí me dejaron el chicaje.* // Inversión de poco monto. *¿Con este chicaje pensás entrar en la sociedad?*

Chicana. l. p. Embrollo, enredo que se hace con una finalidad premeditada. // Disfraz de la verdad. // Dilación, maquinación de los trámites e incidentes judiciales para demorar en todo lo posible los juicios. // Excusa, obstáculo que se inventa para no realizar algo o eludir el cumplimiento de una obligación. Del fr. **chicane**: embrollo, complicación, enredo. // p. ext. Disputa.

Chicaneador/a. l. p. Que chicanea.

Chicanear. l. p. Valerse de chicanas. // Embrollar, enredar un asunto. // Disfrazar la verdad. // Dilatar un juicio maquinando con los trámites e incidentes. // Inventar excusas u obstáculos para no hacer algo o eludir el cumplimiento de una obligación.

Chicaneo. l. p. Acción y efecto de chicanear.

Chicanero/a. l. p. **Chicaneador.** Que chicanea.

Chicar. lunf. Mascar la chica; mascar tabaco. // Enojarse, discutir, protestar. Del ital. **ciccare** (que se pronuncia chicare): masticar, mascar tabaco. // Rabiar.

Chicato/ta. lunf. Corto de vista. Miope. Cegatón. // Dícese del que usa anteojos. // **Checato.** Mario E. Teruggi define el vocablo como una deformación fonética del esp. **cegato**: corto de vista, por cruce con el ital. **accecato**: enceguecido. (**Panorama lunfardo**, 1974.) Acotamos que **cegato**, a su vez, proviene del lat. **cœcatus**, que significa cegado. José Gobello en su **Diccionario lunfardo** (1989) lo remite directamente al ital. **accecato**.

Me tiró un coquito
y yo, que soy chicato,
me ensarté a lo oscuro
y la llevé al bulín.
Justo el 31. *Enrique Santos Discépolo, 1930.*

Chicatón/tona. lunf. Aument. de **chicato**.
Chicatún/tuna. lunf. **Chicatón.**

Chico. l. p. Cambio (en dinero). // Billetes o monedas de menor valor. En desuso. También se decía **sencillo**. **No tengo chico o no tengo sencillo**: no tengo cambio.

Chicha. l. p. Sangre. // **Dar la chicha.** Golpear a alguien hasta hacerlo sangrar. De **chicha**, bebida alcohólica que se elabora con maíz fermentado y agua azucarada.

Chicharra. l. p. Timbre, campanilla eléctrica de sonido sordo, apagado. Del esp. **chicharra**, cigarra y referido al chirrido que produce este insecto.

Chicharrón. l. p. Trocitos de grasa de cerdo o vacuna, con restos de carne, fritos y muy tostados que se comen salados o se mezclan en la masa de algún tipo de pan. Del esp. **chicharrón**: residuos de las pillas del cerdo, después de derretida la manteca.

Chiche. l. p. Juguete. // Cosa delicada, que agrada a la vista. *Este jarroncito chino es un chiche.* // l. del. Armas, especialmente de fuego.

Chichipío/pía. l. p. Bobo. Tonto. Papa frita. Boludo. Melón.

Por vos anduve medio chichipío;
como un gil deshojé la margarita...
Y nada más... Para bancar tu hastío
me sobró labia y me faltó la guita.
Vitrolera. *Joaquín Gómez Bas.*

Chicho. l. p. Afér. de **pichicho**, perro pequeño. Es afectivo.

Chichón/chona. l. p. Que chichonea (véase **chichonear**). // p. ext. Marica. Suele decirse al hombre amanerado o afeminado: *¡Ay, chichón!...*, con el sentido de *¡Ay, mariquita!...* Va cayendo en desuso.

Chichonear. l. p. Bromear, hacer burlas, juguetear. De **chiche**, juguete.

Chichoneo. l. p. Acción y efecto de **chichonear**.

Chichonero/a. l. p. Que chichonea.

Chichones. l. p. Fest. Senos. Pechos de mujer. *¡Qué chichones tiene esa señora!* Del esp. **chichón**: bulto en la cabeza causado por un golpe.

Chiflar. l. p. Llamar a alguien con un silbido. Del esp. **chiflar**: silbar con la chifla o con la boca.

―*Mirá qué cosa tan rica.*
Casi la estoy por seguir.
―*No t'incomodés, hermano:*
chiflala, que va a venir.
Cuarteta de la carátula del tango **Chiflala, que va a venir**, de Ángel Villoldo (aprox. 1900). (Cfr. Tulio Carella. **Picaresca porteña**, 1966.)

// Esta voz se usa en algunas expresiones populares. // **Chiflar el balero, el mate, la sabiola**, etc. Estar loco, estar chiflado. Decir tonterías. // **Si te perdés, chiflame**. Dicho empleado al despedirse de alguien, dándole a entender que no se tiene el menor deseo de volver a verlo.

Chifle. l. p. Vaso de cuerno de animal vacuno que se usaba para llevar agua o bebidas alcohólicas en los viajes, especialmente en los que se hacían a caballo. // **Fierro chifle**. Véase **fierro chifle**. Del esp. **chifle**: vaso de cuerno, cerrado con una boquilla, en el cual solía guardarse la pólvora fina para cebar las piezas de artillería.

Y con algunos ardiles
voy viviendo, aunque rotoso;
a veces me hago el sarnoso
y no tengo ni un granito,
pero al chifle voy ganoso
como panzón al maíz frito.
El gaucho Martín Fierro. José Hernández.
NOTA. *Ardiles:* ardides. *Al chifle:* el gaucho Cruz, que es quien habla de esta manera, se refiere al vaso de cuerno que contenía ginebra.

// Esta voz tuvo, también, una acepción que corrió a comienzos del 1900 pero no perduró. Se la usaba en plural, **chifles**, y significaba pies. *Me duelen los chifles*. La hallamos empleada por Enrique Buttaro en su sainete **Fumadas**, del año 1902.

Pucho ― ¿*Sabés bailar?*
Rosa ― *¡Ya lo creo!*
Pucho ― *Entonces, la semana que viene te vi'a llevar a un baile pa que nos calentemos los chifles.*

// l. camp. También se le llama **chifle** o **chiflido** al viento frío. *Corría un chifle que calaba los huesos.*

Chijetazo. l. p. Deformación de **chicotazo**: golpe dado con el chicote o látigo. En sent. fig. y por lo rápido que es este golpe o latigazo, corren las expresiones **entró como un chijetazo** o **salió como un chijetazo**, que significan *entró o salió como una exhalación*. // Salivazo.

Chijete. l. p. Chijetazo. // Salivazo.

Chimenea. l. p. Cabeza. Porque está en lo más alto del cuerpo humano. // Galera alta. (Véase **cabeza**).

Chimentar. l. p. Transmitir chimentos. Chismear. // Propalar noticias en secreto. // Hablar de alguien a hurtadillas. Del esp. **chisme**: hablilla, cuento, murmuración, noticia con que se intenta enemistar a unos con otros.

Chimenteo. l. p. Acción y efecto de **chimentar**.

También te dejo encargao
que visites a mi lora.
Engrupila que yo ahora
me encuentro de veraneo,
pa evitar el chimenteo
de la gentusa habladora.
La batida. José Pagano.

Chimenterío. l. p. Cantidad de chismes. // Exceso de habladurías. // Conjunto de chimenteros.

Chimentero/ra. l. p. Que chimenta. // Hablador, cuentero, chismoso.

Chimento. l. p. Noticia, cierta o no, que se transmite calladamente de persona a persona. // Versión que puede no estar confirmada, pero que se anticipa como muy probable. // Informe que se pasa a hurtadillas para que no tenga mayor divulgación. // Habladuría, chisme, murmuración. // l. turf. Dato. Informe sobre un caballo que se cree ganará la carrera en la que está anotado. *Tengo el chimento de Peloduro en la cuarta carrera.* Véase **chimentar**.

Chimichurri. l. p. Condimento preparado con algunas verduras, como ajo, perejil, morrón y orégano, bien picadas, aceite, vinagre y alguna especia, con que se sazona la carne asada.

Chimichurria. l. p. Chimichurri.

China. l. camp. Mujer, en general. Del quechua y aimará **china**: sierva o criada. "Nombre que se le da, genéricamente, a la mujer en nuestra campaña. En el antiguo Perú, 'chinas' eran las doncellas que cuidaban el fuego sagrado en los templos del sol y esto hizo que conquistadores españoles llamaran **chinas** a las indias vírgenes del Perú, extendiéndose después el uso de este vocablo hasta los mestizos. El gaucho tomó del español llamar **china** a la mujer amada. Tiene sentido afectivo." (Félix Coluccio. **Diccionario de voces y expresiones argentinas**, 1986.)

Y sentao junto al jogón
a esperar que venga el día
al cimarrón se prendía
hasta ponerse rechoncho,
mientras su china dormía
tapadita con su poncho.
El gaucho Martín Fierro. *José Hernández.*
NOTA. *Jogón:* fogón.

// l. p. Fem. de **chino**. Mujer de facciones aindiadas, tez y pelo negro, descendiente de indios o con mezcla de sangre india. En ocasiones se usa con sentido despectivo.

–¿Qué significan esos gritos, sargento?
–¿Qué ha de ser, mi señor oficial? Que ahí en la oficina de guardia hay una china vieja más chillona que chancho en capilla.
¡No me haga reír! *Agustín Fontanella. Artículo publicado en la revista* **PBT**, *aproximadamente en 1905. (Cfr. Luis Soler Cañas.* **Orígenes de la literatura lunfarda**, *1965.)*

// l. del. "Cortaplumas. Lo mismo que vaivén de camisulín." (Antonio Dellepiane. **El idioma del delito**, 1894.) // **Dar chinazo**. Cortar desde afuera el bolsillo exterior de un saco o pantalón con un cortaplumas muy afilado o con una hoja de afeitar para sacar el dinero que guarde. Esto se hacía con frecuencia en los tranvías.
Chinaje. l. p. Conjunto de chinas. Chinerío.
Chinazo. lunf. Aument. de **chino**. // **Dar chinazo**. Véase **china**.
Chinato. lunf. Quinado. // Bebida quinada, es decir, preparada con quina. Del ital. **cinato**, de igual pronunciación y significado.
Chinche. l. p. Enojo, bronca, ira. // Enfermedad venérea. Relaciona la picazón que se siente en los órganos sexuales afectados con la picadura del insecto llamado chinche. // Negocio de compra venta de ínfima categoría. Porque está lleno de cosas viejas amontonadas, en desaseo, ambiente ideal para que allí proliferen las chinches. // l. del. Portamonedas de mujer. (Antonio Dellepiane. **El idioma del delito**, 1894.) // **Andar con la chinche.** Estar malhumorado, enojado. // **Pescarse una chinche.** Enojarse mucho. Pescarse una rabieta. // Contraer una enfermedad venérea. Igual que **agarrarse una chinche**. // **Ser un chinche.** Tener mal genio. Ser un cascarrabias. *Mi amigo es un chinche. Mi amiga es una chinche.* Esta voz proviene del esp. **chinche**: fig. y fam. persona chinchosa y molesta. **Chinchoso**: molesto y pesado (de **chinche**: insecto hemíptero de cuerpo casi elíptico que chupa la sangre humana y se cría especialmente en las camas).
Chinchera. l. p. Cama. (Por el insecto llamado chinche que se cría en las camas.)
Chinchibirra. l. p. Antigua bebida gaseosa sin alcohol. Del ingl. **ginger beer**, cerveza de jengibre. Teruggi dice que se le dio este nombre "a una bebida elaborada con frutitos de calafate por los presos políticos que, en 1930, fueron confinados a Tierra del Fuego" y que, posteriormente, fue sinónimo de cualquier bebida sin alcohol. (**Panorama lunfardo**, 1974.)
Chinchudo/da. l. p. Persona de mal carácter, fácilmente irritable, enojadiza, irascible. // Que padece enfermedad venérea. Del esp. **chinche**.

Nunca tendrás un macho
que por vos se haga chorro
cuando toda esa runfla de farra y cotorro
por chinchuda y por javie
no te dé más pelota.
Sor bacana (La crencha engrasada).
Carlos de la Púa, 1928.

Chinchulín. l. p. Nombre que se le da al intestino delgado del animal vacuno, ovino o porcino. // p. ext. Intestino, en general. // Tripa. Del quechua ch'únchull: intestino.
Chinear. l. p. Alternar con chinas.
Chinerío. l. p. Conjunto de chinas. Chinaje.
Chingado/da. l. p. Que chinga. Véase **chingar**.
Chingana. l. p. Baile barrial o baile que se realiza en las afueras de los pueblos. // Baile orillero. // Baile popular, en general.
Chinganear. l. p. Asistir a las chinganas. // antig. Bailar, en general.

Chingar. l. p. Equivocarse, errar, fallar, meter la pata. // Estar desparejo el corte de una camisa, una pollera, un vestido, etc., por tener lados de distintos largos.

—¡A quién veo!...
—Tené calma que no te habés engañao.
—¿Sos el Zurdo o m'e chingao?
—Soy el mesmo, en cuerpo y alma.
Batifondo a la Ville de Roi.
Florencio Iriarte. Revista **Don Basilio***, 30-8-1900. (Cfr. Luis Soler Cañas.* **Orígenes de la literatura lunfarda***, 1965.)*

Chino/na. l. p. Llámase al hombre de facciones aindiadas, tez oscura, pelo negro, generalmente lacio, descendiente de indios o con mezcla de sangre india. // También se usa como sobrenombre.

—Diga, don, ¿no ha venido el Chino Palma?
—Aquí ha estado, pero ya se fue.
El sargento Palma. *Martín Coronado. Obra teatral estrenada el 14-5-1906.*

Chipá. l. p. Torta o pan de harina de mandioca o de maíz.
Chipé. lunf. De lo mejor. De gran calidad. Excelente. *Una fiesta de chipé.* De la germ. **chipé**: superiormente, de un modo admirable. // p. ext. Exacto.

¿Y qué me dicen del lengue
con que engalana su cuello?
¿Y ese funlle con el sello
de una mina de chipé?
Las aves nocheras.
Libro popular de comienzos del siglo XIX. *(Cfr. Luis Soler Cañas.* **Orígenes de la literatura lunfarda***, 1965.)*

Chipén. lunf. Chipé.
Chipendale. lunf. Parag. de **chipé**. Se aplica, también a personas y cosas. *Un amigo chipendale. Un coche chipendale.* Del ing. **chipendale**: estilo de muebles creados por el ebanista de igual apellido.
Chipola. lunf. Hermoso, excelente. Aplícase a personas y cosas. *Mujer chipola. Bulín chipola. Negocio chipola.*

Chiqué. lunf. Ostentación, alarde. // Simulación, afectación. // Dique. *Darse chiqué.* // Estilo que se emplea para llamar la atención con modos afectados. Del argot **chiquer**: fingir, simular.
Chiquetazo. l. p. Chijetazo.
Chiquetero/ra. lunf. Que da chiqué.

Riachuelo en sombras bañao,
parece pintao
por Quinquela Martín.
El agua besa, chiquetera,
la quilla del viejo bergantín.
La ribera. *Tango. Manuel Romero, 1936.*

Chiquilín. l. p. Chiquillo, niño. // l. del. Bolsillo pequeño delantero del pantalón. El nombre está vinculado a su tamaño.
Chiquilinero. l. del. Ladrón que se especializa en sustraer dinero de los bolsillos llamados chiquilines.
Chiquizuela. l. p. Rótula. Hueso de la rodilla. Es corrupción de la voz española **choquezuela**, de igual significado.
Chirlo. l. p. Palmada. // Palmada que se le da a los niños. // Latigazo. De la germ. **chirlo**: golpe.
Chirola. l. p. Moneda, en general. *No me quedan más que unas chirolas.* Del amer. **chirola**: moneda de plata de veinte centavos que sustituyó en su momento a la peseta española en Chile y Río de la Plata, que también se llamó **chaucha**.

En fin, estoy en gayola,
sin fasos, mal empilchao.
del celador mal mirao
por carencia de chirola.
Desde la cana. *Yacaré (Felipe H. Fernández).*

Chirolear. l. p. Vivir de chirolas. // Pedir chirolas. // Manejarse con muy poco dinero.
Chiruza. l. p. Mujer vulgar, de baja condición. Es despect. de china.
Chiruzada. l. p. Propio de chiruzas. Grupo de chiruzas. Es despect.

Puente Alsina,
de la uña cachuza
a fuerza de probar el filo de los puñales,

*para la chiruzada de tus arrabales
cantó ya la lechuza.*
Puente Alsina (La crencha engrasada).
Carlos de la Púa, 1928.

Chispear. l. del. Mirar, espiar, junar. En desuso. Otras acep. son esp.

Chispitas. l. p. Nombre que se le da a los brillantes muy pequeños, llamados también brillantitos. Del esp. chispa: diamante muy chico.

Chistadero. l. p. Medio de que se valían en la Buenos Aires de antes algunas prostitutas que, por su avanzada edad o por alguna enfermedad, no podían desarrollar su actividad normalmente y que consistía en atraer hombres por la noche chistándolos desde las sombras de un zaguán.

"La ramera enferma era inútil. La Asistencia Pública le retiraba la libreta de sanidad. Se las excluía del servicio. Perdía el amor de su canfinflero al mismo tiempo que la protección de las autoridades. Se convertía en un peligro público, quedaba deshonrada y no siempre podía solventar los gastos de la cuarentena forzosa. De ahí que muchas, sin permiso, instituyeran el chistadero: la mujer se emboscaba en un zaguán y, detrás de la puerta entornada, chistaba al transeúnte. La cosa se hacía de pie, con rapidez, por pocas monedas. El chistadero solía ser una trampa donde la paica era el cebo y sus cómplices, escondidos, despojaban al gil de su plata, después de amasijarlo." (Tulio Carella. **Picaresca porteña**, 1966.)

Chistaderos en La Boca y el Dock Sur

"La orilla más peligrosa y turbulenta de la ciudad, indiscutiblemente sería, durante muchos años, La Boca y el Dock Sur, las calles Pinzón, Brandsen, Olavarría, Ministro Brin, Gaboto y, sobre todo, la esquina de Suárez y Necochea. Allí se amontonaban los café-concert emigrados del Paseo de Julio, los bares con camareras, los prostíbulos, los lupanares clandestinos y los chistaderos, puertas entreabiertas en calles oscuras, desde donde las prostitutas sin permiso chistaban a los transeúntes." (Juan José Sebreli. **Buenos Aires, vida cotidiana y alienación**, 1966.)
"En La Boca, hasta los años 1916, 17 y 18, Pinzón, Brandsen, Suárez, Olavarría, Necochea, Ministro Brin, Gaboto, parte de la ribera, calles adyacentes, la esquina de Suárez y Necochea, era el centro nocturno del tango típico y todo lo demás, un barrio de heliogábalos, de borrachos y de prostitución. Los restorantes, cafetines y despachos de bebidas compartían la clientela, las trifulcas, la paranoia, la tuberculosis y la lúes con chistaderos, clandestinos, prostitutas, cafés cantantes y bares de camareras." (José Sebastián Tallon. **El tango en su etapa de música prohibida**, 1959.)

Chitrulo/la. lunf. "Designa a la persona tonta, de pocas luces. Se lo considera despectivo. Es adaptación del ital. citrullo (...), necio, bobo, fatuo, estúpido. Citrullo corre en italiano desde 1704 (cfr. Mauro Cortelazzo y Paolo Zolli, Dizionario etimologico della lingua italiana. Bologna, 1979). Se trata de un derivado de **cetriolo**, cohombro, pepino y fig. tonto, que corre desde el siglo XVI (cfr. ídem) y procede del ital. citrus, cedro (cfr. ídem), A. Pratti considera que el significado es el de miembro viril." (Félix Coluccio. **Diccionario de voces y expresiones argentinas**, 1966.)

Chiva. l. p. Barba. Relaciona la barba del hombre con la de los cabríos. Del esp. chivo: cría de la cabra desde que deja de mamar hasta que es apta para la procreación. // Bronca, rabieta, chinche. *Estar con chiva*; estar con la chiva. (Véase **chivar**.)

Chivadura. l. p. Chiva (2ª acep.)

Chivar. l. p. Broncar, rabiar. Tirar la bronca. Alude al mal genio del animal cabrío.

Chivarse. l. p. Enojarse, broncarse, enchincharse, enfurecerse. (Véase **chivar**.)

Chivatada. lunf. Chivatazo.

Chivatazo. l. p. Enojo. Ira. **Tirar el chivatazo**: tirar la bronca. De chivar. // lunf. Delación, batimento. // p. ext. Acción indigna, bajeza, ruindad.

*¡Si se me encoje el ombligo
de pensar el trinquetazo
que me han dao! El bacanazo
no vale ni una escupida...
Y lo que es ella..., ¡en la vida
me soñé este chivatazo!*
Día de bronca. Evaristo Carriego.

Chivatear. lunf. Acusar, delatar, soplar, fallutear (véase **chivatazo**). // l. p. Jugar los niños entre ellos, corriendo y saltando bulliciosamente. Se inspira en los juegos de los cabritos cuando son pequeños. // l. p. Enojarse, rezongar, tirar la bronca.

El coso, más que cabrero
se la pasó chivateando:
¡Basta ya de andar chiyando
ni cacharme pa'l churrete!
¡Te vi'a bajar el copete!...
Y le acomodó una zurda
que la dejó más curda
que invitada de un banquete.
De rompe y raja. José Pagano.

Chivateli, chivatelli. l. p. Parag. de **chivo**. Barbado, barbudo. // Enojadizo. // Enojado, encolerizado, iracundo.
Chivato/ta. lunf. Delator, soplón, batidor. De la germ. **chivato**: soplón. // l. p. Antiguamente solía usarse aisladamente como **chivado**, es decir, enojado, cabrero. En este caso, de **chivar**.
Chivear. l. p. Transpirar, sudar. De **chivo**, por el olor fuerte de los caprinos.
Chivero/ra. l. p. Contrabandista en pequeña escala. // Dícese del periodista que hace pasar como noticias informaciones que lo favorecen o favorecen a personas de su conocimiento. De **chivo**.
Chividini. l. p. Parag. de **chivo** (véase **paragoge**). // **Barbado, barbudo.** *Me parece que a ese chividini lo conozco.* // Enojadizo. *El gerente es un chividini.* // **Chivatelli, chivudo.**
Chivo. l. period. Se dice de la noticia que publica un periodista para beneficio propio o de sus amistades, haciéndola pasar como información.
Chivo/va. l. p. Que usa barba. Barbudo. Por la barba que tienen los chivos. // Que huele a transpiración. Por el olor fuerte que tienen estos animales. *Tener olor a chivo.* // Enojadizo. De **chivar**. *Cuidate de ése: es un tipo chivo.* // Enojado, cabrero. *Estar chivo.* // **Caliente como chivo con tricota**. El dicho indica estar enojadísimo, furioso y toma la voz **caliente** con el sentido de airado, enojado para recurrir al símil de lo acalorado que se sentiría con toda su pelambre un chivo al que le hubieran puesto una **tricota** (véase esta voz). // **Largar el chivo**. Vomitar. // **Andar o estar chivo con algo o con alguien**. Estar distanciado. Haber tomado distancia. *Hace tres meses que ando chivo con el escolaso.* // No llevarse bien. *Ando chivo con mi suegra.*

Ando chivo con la yuta
porque tengo mis rebusques
y me aguanto cualquier copo
con las cartas que me dan.
Bien pulenta. *Tango. Carlos Waiss, 1950.*

Chivudo/da. l. p. Barbudo, barbado. Que usa barba. // Cabrero, enojado, chinchudo. // **Chivo.**
Chiyar. l. p. **Chillar.**
Choborra. l. p. Revés irreg. de **borracho**. De uso corriente.
Chocar. l. p. **Chocar los cinco**. Estrecharse las manos con otra persona como saludo afectuoso o respetuoso o en señal de felicitación o de acuerdo. Se refiere a los cinco dedos de la mano. Con menor empleo corre, también, la expresión **chocar los espárragos** (compara a los dedos con los tallos de estas plantas) así como **chocar**, simplemente, frase elíptica con igual sentido. Del esp. **chocar las manos**, con igual significado.

Lo miré a Francisco Maschio con los ojos húmedos por una emoción grandísima y advertí que él también experimentaba la misma sensación que le ponía un velo en los suyos.
—Dame esos cinco, Irineo.
—¡Choque, don Francisco! ¡Nos vamos a Buenos Aires!
Leguisamo de punta a punta.
Daniel Alfonso Luro, 1982.

Choclo. l. p. Mucho, gran cantidad. Un montón. *Tengo un choclo de cosas que hacer. Tiene un choclo de guita.* Del quechua **chocllo** y aimará **chhckhllo**: mazorca del maíz, especialmente cuando está madura y tierna. Posiblemente, la acepción popular mencionada tenga su origen en la gran cantidad de granos que contiene el choclo. // Culpa, cuando se la echan a alguien. *Ellos hicieron el escándalo y me cargaron el choclo a mí.* Equivale a **me echaron el fardo**. // Gasto importante. *Me salió un choclo ir con mi esposa al supermercado.*

Chocolata. l. p. Sangre, especialmente cuando sale de la nariz. *Le hizo saltar la chocolata de una trompada.* "Es adaptación de **cioccolata**, versión italiana del español **chocolate** que, a su vez, fue tomado del azteca (...) O sea que **chocolate** de México pasó a España, de ahí a Italia y, desde allí, recaló en la Argentina bajo disfraz itálico." (Mario E. Teruggi. **Panorama del lunfardo**, 1974.) Acotamos que **chocolate**, en azteca, es **chocolatl**, de **choco**, cacao y **latl**, agua.

Chocolate. l. p. Chanchullo, maniobra ilícita. *Se les descubrió el chocolate que habían preparado para quedarse con el dinero.* // p. ext. Desorden, barullo, despelote. *La discusión degeneró en un chocolate tremendo.*

Chocolatero/ra. l. p. Chambón, poco hábil, torpe. Inútil. *El electricista que me recomendaste es un chocolatero.* // l. turf. Jockey de poca habilidad. Maleta.

Chocho/a. l. p. Contento, satisfecho, feliz. *Estar chocho con su familia, con su casa, con su trabajo.* Del esp. **chocho**: lelo de puro cariño.

¡Choé! l. p. Revés de ¡hecho! con el sentido de realizado, llevado a cabo exitosamente. // Asunto concluido. Es exclamativo.

Una antigua poesía lunfarda anónima en la que se nos muestra con singular colorido la realización de una punga en un tranvía, nos sirve de ejemplo en cuanto al empleo de ¡choé! y merece una explicación:
El caso ocurre en la plataforma trasera de un tranvía que, seguramente, está llena de pasajeros que viajan de pie, como ocurría con frecuencia en algunas horas del día. Un punga manda a su compañero, el espáro, a que distraiga a la víctima que ha elegido para poder punguearle el dinero. Su misión es tirar de la soga del trole (troley), que conecta el motor del vehículo con el cable eléctrico de la vía pública y que le transmite la energía para su funcionamiento. Esto desconectaría al trole del cable y, privado del fluido eléctrico, el vehículo frenaría bruscamente, lo que ocasionaría la pérdida de equilibrio de quienes viajaban parados, entre ellos, la víctima elegida. Simultáneamente, como si se debiera a la frenada del tranvía, el espáro daría con todo su cuerpo contra aquélla, le aplicaría un fuerte pisotón en un pie, le metería un dedo en la boca y lo empujaría, todo lo que llevaría al "candidato" a tal estado de sorpresa, molestia y desconcierto que le impediría sentir los dedos delicados y sigilosos del compinche que entrarían y saldrían con rapidez de su bolsillo. La punga, así, se realizaría exitosamente, pero...

—*Haga espáro, compañero.*
Saque el trole y pise el yoca;
métale un dedo en la boca,
empújelo por delante...
—*¡Choé!*
—*¡Qué bacán atorrante!...*
Sólo unas cuantas chirolas...
El lunfardo de Buenos Aires.
José Barcia, 1973.

NOTA. **Haga espáro:** haga su trabajo de distracción. **Yoca:** revés de cayo. Callo.

Chofica. lunf. Revés de **caficho**, una de las variantes de **cafisho**.

Choma. l. p. Revés de **macho**. Varón. // Amante.

Tras la negra reja de la celda el orre
a su compañera, llorando, batía:
"¡Por vos me hice chorro! ¡Quereme paloma!..."
Pero indiferente al dolor del choma,
alzando los hombros, ella se reía...
Ella se reía. *Enrique Cadícamo.*

Chongo. l. p. Obrero. Obreracho. Laburante. Grasa. // Tipo ordinario, inculto. // Desubicado. // Homosexual activo.

"Palabra que, originariamente, designaba al obrero, pasó con el tiempo a ser sinónimo de homosexual activo. El único, creemos, que la rescató en su significado originario fue Juan José de Soiza Reilly, en 'Ladrones vestidos de mujer', artículo recopilado en **La escuela de los pillos**, Editorial Matera, 1920. Para volver a encontrar esta expresión debemos remontarnos hasta Carlos Correas en **La narración de la historia**, Centro, Nº 14, 1959." (Juan José Sebreli. **Buenos Aires, vida cotidiana y alienación**, 1966.)

Chop. l. p. Vaso característico de vidrio grueso y asa, a manera de jarra, en que se sirve cerveza directamente del barril, cuya capacidad es algo menor de medio litro. Proviene del fr. **chope** (del al. **schoppen** y éste del lat. **scaphium**: vaso para beber), con igual sentido.

Chope. l. p. Revés de pecho. // Chop.
Chorear. lunf. Chorrear.

*Derrochaba la vida
lo mismo que la guita,
choreando con aprete,
empilchando de bute,
desparramando fuerza,
despreciando y comprando
a la yuta y las minas.
El solitario. Alfredo de la Fuente.*

Chorede. l. p. Revés de derecho.
Choreo. lunf. Chorreo.
Choriceada. l. p. Comida a base de chorizos. // lunf. Acción y efecto de robar. // Producto de un robo.
Choricear. l. p. Comer chorizos. // lunf. Robar.
Chorizo. lunf. Chorro. Choro. Ladrón.

Nuestro reporter ha estado en la leonera y chamuyado con los chorizos que, como es natural, están morfando cana.
Deschavando la cana. Luis Contreras Villamayor. *Crónica periodística publicada en 1912 con el seudónimo de Canero Viejo. (Cfr. Luis Soler Cañas.* Orígenes de la literatura lunfarda, *1965.)*

Chorlito/ta. l. p. Ingenuo, inocente, inmaduro. Del esp. **chorlito**, ave zancuda de 25 o 30 centímetros de largo, fácil de apresar. // **Caer como un chorlito**. Caer tontamente, ingenuamente en una broma o en una trampa.

*Porque el zorro más matrero
suele cair como un chorlito;
viene por el corderito
y en el cepo deja el cuero.
El gaucho Martín Fierro. José Hernández.*
NOTA. **Cair:** caer.

Chornar. lunf. Dormir, apoliyar.
Choro. lunf. Chorro. Ladrón.
Chorreaje. lunf. Conjunto de chorros. // Ambiente de chorros.
Chorrear. lunf. Chorear, robar, hurtar. Afanar. Derivación del caló **chorar**, por robar. // **Chorrear de aprete.** Robar ejerciendo la violencia.
Chorreo. lunf. Acción y efecto de chorrear.

Chorrera. l. p. Gran cantidad. Abundancia de personas, cosas o situaciones. *Pasó una chorrera de manifestantes. Trajo una chorrera de libros. Soportó una chorrera de desgracias.* Del esp. **a chorros**: m. adv. fig. Copioso, abundante.
Chorro/a. lunf. Choro. Ladrón, en general. // p. ext. Dícese de la persona que gana dinero ilegalmente por medio de maniobras indebidas, coimas, negociados, etc. *Dicen que ese político es un chorro.* Del caló **chorro** o **choro**: ladrón.

*Hoy me entero que tu mama,
"noble viuda de un guerrero",
fue la chorra de más fama
que ha pisao la treinta y tres.*
¡Chorra! Tango. *Enrique Santos Discépolo.*
NOTA. *La treinta y tres:* la seccional 33ª de la Policía Federal.

Choteada. l. p. Acción y efecto de chotear.
Chotear. l. p. Juguetear, burlar, tomar el pelo. // Hacerle a alguien como despedida de soltero una broma que consiste en desnudarlo, romperle huevos en su cuerpo, echarle tierra o harina, etc. // Fornicar. Copular.
Choto. l. p. Chota. Pene. // Usado como adj., achacado, caduco. Inservible. Impotente. *Viejo choto.* Por asimilación y deformación de **chocho**. // p. ext. Indiferente, tranquilo. *Todos se peleaban, pero él estaba sentado, lo más choto.* Esta acep. corresponde al esp. **choto**: nombre que se le da a la cría de la cabra mientras mama. En este caso se la compara con lo aquietada que se halla dicha cría en tales momentos.
Chotón/na. l. p. Aument. de choto.
Chúa. l. del. Llave especial para delinquir. Ganzúa.
Chuca. lunf. Borrachera (véase **chuco**).
Chucear. l. p. Amenazar, atacar o herir con la chuza. // Azuzar, incitar, estimular. Provocar. // Tomar o tirar de las chuzas. // Peinarse o cortarse desprolijamente el pelo (véase **chuza**).
Chuco. l. p. Borracho. Ebrio. Del gen. ciucco: jugo, vino. Ebrio. **Prèndere la ciucca:** embriagarse, pescarse una borrachera.
Chuchero/ra. l. p. Miedoso, asustadizo. Cobarde. De chucho.
Chucho. l. p. Temblor. // Escalofrío. // Temor, susto, miedo. // **Tener chucho.** Tener miedo. Estar asustado. // **Llevarse un chucho.** Llevarse un susto. Del quechua **chúcchu**,

chúhchu: fiebre intermitente, calofrío. Enfermedad que se caracteriza por los temblores que produce en el cuerpo y en los miembros. Dicho temblor, semejante al que produce el miedo en algunas personas, le ha dado al vocablo la acepción citada.

El médico Antón del Prado
murió ayer con asma y chucho.
De treinta años ha expirado:
fue autor del libro afamado
"El arte de vivir mucho".
Francisco Acuña de Figueroa. (Cfr. Daniel Granada. **Vocabulario rioplatense razonado.** Montevideo, Uruguay, 1890.)

// "Del quechua **chubchu**, que pasó al guaraní como **chuchú**, que designa tanto al temblor como al tener miedo." (Mario E.Teruggi. **Panorama lunfardo**, 1974.) "Del argentinismo **chucho**, escalofrío, y éste del quechua **chúhchu**, tercianas, fiebres intermitentes." (José Gobello. **Diccionario lunfardo**, 1989.)

Una noche de tormenta
vi a la parda y me entró chucho.
Los ojos —me asusté mucho—
eran como refucilo;
al nombrar a San Camilo
le dije San Camilucho.
La vuelta de Martín Fierro. *José Hernández.*

Chuchos. l. turf. Caballos de carrera. // p. ext. Carreras de caballos. *Ir a los chuchos.* Se usa siempre en plural. No es término peyorativo. Del ital. **ciuccio**: borrico, burro.

Chumado/da. l. p. Afér. de **achumado**. Borracho.

Chumar. l. p. Afér. de **achumar**. Emborrachar.

Chumbador. l. p. Ladrador. Se dice del perro que chumba (ladra), pero que no ataca. Es chumbador, nada más.

Chumbar. l. p. Ladrar los perros, amagando acercarse a alguien, pero sin llegar a hacerlo. Se lo da como deformación de **zumbar**, voz de la provincia de Salamanca, España, que significa azuzar a los perros para que riñan.

Chumbazo. l. p. Balazo. Tiro. Disparo de un arma de fuego. // Ruido que produce el disparo de un arma de fuego. *Oyó el chumbazo y salió corriendo.* // Dícese, también, **chumbo**.

Chumbido. l. p. Ladrido. De **chumbar**.
Chumbo. l. p. Bala. Proyectil de arma de fuego. // p. ext. Balazo, disparo de un arma de fuego. // p. ext. Revólver, pistola. Del port. **chumbo**: plomo.

Me agacho y en el momento
el bruto me largó un chumbo.
Mamao, me tiró sin rumbo,
que si no, no cuento el cuento.
El gaucho Martín Fierro. *José Hernández.*

Chupa. l. p. Borrachera. De chupar.
Chupadero. l. del. y pol. Lugar oculto donde se lleva a los detenidos ilegalmente o a los secuestrados por maleantes.

Chupado/da. l. p. Borracho, ebrio, embriagado. // Demacrado. De aspecto enfermizo. Parece provenir del ital. **sciupato**: ajado, deteriorado. // l. pol. Persona secuestrada por la policía y detenida en secreto, ilegalmente. // l. del. Persona secuestrada, en general. // l. p. Despojado de su dinero en el juego, con un cuento o por un vividor. // l. p. Dícese del teléfono intervenido legal o ilegalmente para oír lo que habla el usuario.

Chupamedias. l. p. Adulador, genuflexo, alcahuete, obsecuente, lameculo. Para Mario E. Teruggi "se refleja en el argot francés en la expresión **lécher les bottes**, literalmente, lamer las botas, y también en el inglés **to bootlick**, lamer las botas". (**Panorama lunfardo**, 1974.)

Chupandín/a. l. p. Bebedor consuetudinario de bebidas alcohólicas. // Borrachín. Curdela.

Chupandina. l. p. Acción de ingerir bebidas alcohólicas. *Todos los días se manda su buena chupandina.* // Reunión, fiesta en la que se consumen bebidas alcohólicas en abundancia. *Celebraron el cumpleaños con una chupandina.*

Chupandinos. l. p. Término que comenzó a emplearse a partir de 1856 para designar a los simpatizantes del Partido Federal Reformista, cuyo líder era el doctor Nicolás Antonio Calvo. Según Mariano A. Pelliza (**La organización nacional**), el nombre **chupandinos** fue puesto "equivocadamente aludiendo a la supuesta intemperancia de la mayoría de sus miembros" y, según Adolfo Saldías, "fue a causa de esas reuniones en las cuales se hacía buen gusto de carne con cue-

ro y de vino". (*500 años de la lengua en tierra argentina*. Secretaría de Cultura de la Nación, 1992.)
Chupar. l. p. Ingerir bebidas alcohólicas abundantemente.
Chupasangre. l. p. Dícese de la persona que explota la necesidad de otra cobrándole abusivamente los servicios que le presta o los intereses del dinero que le facilita. // Persona que vive a expensas de otra.
Chupe. l. p. Chupi. // Bebida alcohólica. // Acción y efecto de chupar. *Darle al chupe.*
Chupete. l. p. Borracho, curda, dado a la bebida. // Aparato con el que se graban las conversaciones de los teléfonos pinchados.
Chupi. l. p. **Chupe.**
Chupín. l. p. Borrachín, curdela. De **chupar**. // Comida semejante a un guiso caldudo hecho a base de pescado.
Chupitegui. l. p. Borrachín, curdela, chupandín. De **chupar**. Es parag. para disimular el mote bajo la forma de un apellido.
Churrasca. l. p. Mujer hermosa, apetecible. Alude a lo hermoso que es a la vista un churrasco, a punto, hecho a la parrilla.

Vos fuiste el rey del bailongo
en lo de Laura y La Vasca.
¡Había que ver las churrascas,
cómo soñaban tras tuyo!
No aflojés. Tango. Mario Battistela (1934).
NOTA. **Laura y La Vasca:** clandestinos porteños que fueron famosos, con salones de baile y mujeres que ejercían la prostitución y que llevaban los nombres de sus dueñas.

Churrasco. l. p. Hermoso. Bello. Lindo.
Churrete. l. p. Se usa en la expr. pop. **tomar para el churrete**, que significa tomar a alguien para la broma, burlarse de él. De **churrete** (dim. del esp. **churre**: pringue sucia y espesa): mancha que se hace visible en alguna parte del cuerpo.
Churro. l. p. Apóc. de **churrasco**. Bello. Hermoso. Referido al hombre y a la mujer. Úsase siempre en masc. *Esa mujer es un churro. Ese hombre es un churro.*

El de mi zurda, alterao,
al ver en puerta ese churro,

me batió: "¡Seguila, turro!
¡Andá y ponete a su lao!".
Lunfa, lunfa **(Nocau lírico).**
Alcides Gandolfi Herrero, 1970.

Chusma. l. p. Nombre que se le daba al conjunto de personas que constituían las familias de una tribu indígena fuera de los hombres de guerra. La chusma la constituían las mujeres, los niños y los viejos, es decir, los que estaban relegados a tareas consideradas secundarias, los que siempre restaban en las tolderías y sólo salían de ellas si la tribu cambiaba de asentamiento, siguiendo lenta, dificultosamente y a distancia el paso de los guerreros. // Del esp. **chusma**: conjunto de gente baja o soez.

"Y nos condujo al palmar, de donde, como ocho días antes, habían partido los infieles con toda su chusma. (Policarpo Dufo. **Entrada que se hizo el año 1717 al castigo de los infieles***)." Publicado por M. R. Trelles,* **Revista del Archivo general de Buenos Aires.** *(Cfr.* **Vocabulario rioplatense razonado,** *Daniel Granada, Montevideo, Uruguay, 1890.)*

El término pasó a usarse para referirse a personas de baja condición social (*la chusma orillera*) como así también para definir individualmente a una persona grosera y soez (*es una chusma*). p. ampl. sig. pasó luego a equivaler a chismoso, chimentero, intrigante. *La peluquera es la chusma del barrio*. No varía para el masc.: *el chusma*.
Chusmaje. l. p. Conjunto de gente ordinaria, baja, soez. // Conjunto de chismosos. // Chusma.
Chusmear. l. p. Chismear. Intrigar.
Chusmerío. l. p. Chusmaje.
Chusmón/mona. l. p. Aument. de **chusma**, referido a persona.
Chuza. l. p. Palo a manera de lanza provisto de una aguja de hierro o un cuchillo en la punta. // p. ext. Cabello duro y recto. // p. ext. Cabello desordenado, descuidado, con muestras de no ser peinado. Del esp. **chuzo**: palo armado con un pincho de hierro en un extremo.

Mire, m'hijo, va a tener que lavarse bien la cara, las orejas y el pescuezo y peinarse las chu-

zas, pues tiene que marchar a la estancia de don Rafael Martínez (...) Lo quiere conchabar de pion, pa que me ayude.
Leguisamo de punta a punta.
Daniel Alfonso Luro, 1982.

Chuzar. l. p. Atacar o herir con la chuza.
Chuzaso. l. p. Golpe lanzado con la chuza.
Chuzo. l. p. Chuza. // l. camp. Caballo muy bueno y veloz.

Lo miré con orgullo de dueño y de domador, pues estaba seguro de que pronto sería un chuzo enviadiable.
Don Segundo Sombra.
Ricardo Güiraldes, 1926.

Ciapoli. l. p. Revés irreg. de policía.
Ciega. l. del. Linterna de luz débil, muy usada por los ladrones.
Ciego/ga. l. p. Sin dinero. **Estar ciego**: no tener dinero. El vocablo viene de algunos juegos de naipes, como el truco, en el que "estar ciego" significa no tener cartas de valor. Para hacérselo saber a su compañero, el que se halla en esa situación, le cierra ambos ojos, clara señal de "estar ciego".
Cieiro. lunf. Olor. (Antonio Dellepiane. **El idioma del delito**, 1ª edición, 1894.) Del port. **sheiro**: olor.
Cien. l. p. antig. Letrina. Fuera de uso.
Cigarrería con vuelto al fondo. l. p. Negocio de cigarrería que existía a comienzos del 1900, en cuya trastienda o en alguna dependencia interior había una prostituta que atendía a los clientes. El interesado en utilizar sus servicios compraba un atado de cigarrillos, por el cual pagaba una suma superior a la que correspondía y pasaba "al fondo", donde una ramera le daba el vuelto con sus atenciones.
Cimarrón. l. p. Mate amargo. // Mate. Del esp. **cimarrón**: animal montaraz; planta silvestre.

Que el compadre de Ramón
se muestre tan complaciente
que hasta el agua le caliente
cuando quiere un cimarrón...
¡Que se lo cuente a su madre! (Fausto y otros poemas selectos).
Estanislao del Campo, 1945.

Cimarronear. l. p. Tomar mate amargo. // Tomar mate. Del esp. **cimarrón.**
Cinco. l. p. Nombre que se le daba antiguamente al comisario de policía por los cinco ángulos dorados que llevaba en la presilla de su uniforme. Esta voz se usa también en distintas expresiones populares. // **Ni cinco.** Nada; ni un poquito. Nada de dinero. Viene de **no tener ni cinco centavos.** // **No dar ni cinco de bola o de bolilla.** No llevar el apunte. No prestar atención. No atender a alguien. // **No hablar ni cinco.** No decir nada; ni una palabra. // **No valer ni cinco.** No tener ningún valor. Se aplica a personas y cosas. *Tu reloj no vale ni cinco. Ese sujeto no vale ni cinco.* // **¡Choque esos cinco! ¡Vengan esos cinco!** Expresiones muy usadas antiguamente que se empleaban enfáticamente como efusiva salutación o felicitación, así como eran un medio de sellar un pacto, un negocio o comprometerse a hacer algo. **Chocar los cinco** tuvo en su tiempo el mismo valor que la firma más ceremonial. Y aun hubo quienes se ofendían cuando se les pedía la firma para concretar algo: *¡Firmar!... ¡Choquemos los cinco y basta!* Era el mejor seguro de total cumplimiento. La expresión se basa en los cinco dedos de la mano que, al cerrarse fuertemente en torno a la otra, sellaban fielmente cualquier trato.

–Nosotros representamos el delito y el comisario Rosi, la ley; y somos más nesesarios pa su esistencia, porque nosotros podemos vivir sin él; y él no sería nadie sin nosotros.
–Tenés razón.
–¡Vengan esos cinco!
Conferencia lunfarda. *Nemesio Trejo, 1907. (Cfr. Luis Soler Cañas.* **Orígenes de la literatura lunfarda**, *1965.)*

Cinchada. l. p. Acción y efecto de cinchar. // Juego que consiste en tirar dos caballos en sentido opuesto de cada extremo de una soga y en el que triunfa el que consigue arrastrar al otro. // El mismo juego, pero tirando personas de la soga. // l. del. En el juego del pato, acción en la que dos jugadores de equipos opuestos toman el **pato** de un asa cada uno y, sin aminorar la carrera de sus caballos, lo tiran con fuerza hacia sí, hasta que uno de ellos logra desprenderlo de la mano del otro. En caso de que, tras un determinado tiempo, ninguno de los dos logre quedarse con la bocha, el juez detiene la acción y hace reanudar el juego con un lanzamiento del **pato** similar al que se efectúa al comienzo del partido. Véase **pato**.

Cinchado. l. p. Dícese de lo que está atado con cuerdas, sogas o cables que lo rodean y lo sujetan, apretándolo. Del esp. **cinchar**: asegurar, sujetar la silla, el aparejo o la albarda con la cincha. // l. jgo. Mazo de naipes marcado o preparado para jugar con trampa.

Manejo un naipe cinchao,
la mosqueta sé tirar,
al más vivo sé currar.
Así, ya estoy presentao:
yo soy Pichón, el pesao,
pa lo que gusten mandar.
L. C. (*Ladrón conocido*). José Pagano.
NOTA. *Cinchao:* cinchado.

Cinchar. l. p. Tirar con fuerza de una cadena, una soga, etc., para mover o arrastrar algo muy pesado, hágalo el hombre o una bestia. // Practicar el juego de la **cinchada**. // p. ext. Alentar, animar a alguien, a un equipo deportivo, etc. **Hinchar**. // p. ext. "Hacer fuerza" mentalmente por la concreción de un asunto, el éxito de alguien, etc. // p. ext. l. jgo. Preparar un mazo de barajas para jugar con trampa. A esto también se le llama cinchar el naipe, cinchar la mula o jugar con la mula cinchada (véase **mula**). // p. ext. Trabajar duramente.

Laburando propiamente
nunca junté cinco mangos,
nunca fui dueño de nada;
meta yugar y yugar.
No bien el sol se pintaba,
ya me encontraba cinchando,
mancarrón de calesita
que, dando vueltas y dando,
no sabe de dónde viene
ni sabe pa dónde va.
Bronca (*Nocau lírico*).
Alcides Gandolfi Herrero, 1970.

Cipote. l. p. Pene. Del caló **cipote**: prepucio. (José Gobello. **Diccionario lunfardo**, 1989.)

Ciruja. l. p. Apóc. de cirujano. Recibe este nombre la persona que se dedica a recolectar de las bolsas de residuos domiciliarios o de los basurales trapos, papeles, botellas, vidrios y todo objeto que pueda revender, así como restos de alimentos que puedan serle de utilidad. // p. ext. Persona que vive en zona de basurales o cerca de una quema de basuras. // p. ext. Individuo sucio, abandonado. // p. ext. Vago.

"Se ha dicho que la denominación de ciruja proviene de esos sujetos que a principios del siglo XX se valían de cuchillos para cortar las lonas que cubrían los carros de basura camino de los vaciaderos y hacer caer su contenido; por analogía entre esa acción de despanzurrar los carros y una intervención quirúrgica, se los apodó **cirujanos**, que pronto se acortó en la forma de **cirujas** (...) Con anterioridad, Pinto (1952) había tratado la cuestión opinando que proviene del hecho de que los cirujas se dedicaban en un tiempo a juntar huesos, por lo que se los comparó con los médicos que, a veces, operan huesos." (Mario E. Teruggi. **Panorama del lunfardo**, 1974.) A su vez, Tino Rodríguez expresa que "se les decía cirujas –abreviaturas de cirujano– porque tomaban los huesos en el matadero y les eliminaban las imperfecciones para dejarlos mejor con los recortes". (**Filosofía lunfarda**, 1987.)

Cirujano. l. p. Ciruja.

Cirujear. l. p. Realizar tareas de ciruja.

Cívico. l. p. Soldado que antiguamente pertenecía a las milicias de la ciudad. // Vaso de cerveza de una capacidad aproximada al cuarto de litro, popular hasta los años 1940 por su bajo costo.

Clandestino. l. p. Llamábanse así los prostíbulos clandestinos. El funcionamiento de este tipo de burdeles fue tolerado durante cierto tiempo, aunque con algunas clausuras esporádicas, hasta el año 1935, en que se los prohibió por no contar con habilitación municipal. Pese a ello, algunos persistieron por más de un año, hasta que fueron clausurados definitivamente.

Claraboyas. l. p. Ojos. En desuso. Del esp. **claraboya**, tipo de ventana para dar luz a los ambientes.

Clase. l. p. Condición intrínseca que distingue a una persona y se manifiesta en su vida de relación bajo las formas de calidad, categoría, dominio de sí mismo, sensatez, amplitud de criterio, generosidad y excelencia. // Conjunto de condiciones que destacan a un deportista como tal y como persona. // Calidad. // Linaje. Estas dos últimas acepciones también se aplican a animales respecto a las actividades que se les hacen cumplir o a su genealogía.

TENER CLASE
"El hombre que tiene clase es, para el hombre porteño, un dotado en el que se hallan implícitos atributos que conforman un saber especial que sirve para salir de una situación perdida con aires de ganador. Más aún, un saber que le permite dejar en el ambiente, en la atmósfera una sensación de superioridad, de superación de lo anecdótico por lo esencial.

"(...) No es un ser superior: es el ser perfecto en el que restalla su manera de considerar las cosas. No tiene arrogancia ni desplantes; pero tampoco tiene lamentaciones ni reproches. No usa el decálogo de la soberbia, pero tampoco el de la humildad. Habla poco, economiza palabras, dice las precisas. Su manifestación peculiar y sintomática es el gesto, la mirada, la parsimonia. Su laconismo se agranda únicamente en la actitud, en la solución, en el final perfecto con que remata los sucesos, en la buena y, sobre todo, en la mala racha. El hombre porteño lo reconoce (...) en su manera de concluir un episodio. Lo reconoce en el hombre que en la noche de ruleta deja una fortuna en la última bola y sale del casino con una sonrisa y diciendo, apenas, por todo comentario: '¡Qué disparate! Me olvidé el encendedor en el hotel'.

"Lo reconoce en el hombre que sorprende la infidelidad de la que ama y se aparta de su lado diciéndole que ha dejado de quererla como antes. Lo reconoce en el hombre que se sienta a la mesa del pobre y toma los cubiertos con la misma simplicidad y los mismos errores y torpes maneras con que el dueño de esa pobreza ataca la comida del envite." (Carlos Alberto Giuria. *Indagación del porteño a través de su lenguaje*, 1965.)

Clásico. l. p. Generalmente usada en plural –clásicos– tiene el sentido de pruebas en las que una persona ha hecho gala de tener experiencia, cancha en las cosas de la vida, especialmente de la vida de juergas, juego y sexo. **Tener muchos clásicos corridos** o **tener muchos clásicos ganados** equivale a reunir dichas condiciones. Con referencia a la mujer de vida airada, era corriente, décadas atrás, la frase **tiene más clásicos corridos que Botafogo** en alusión al caballo de ese nombre que corrió hacia los años 1920 y fue uno de los mejores ejemplares del turf argentino.

Clavado/da. l. p. Dícese de lo que se estima seguro que ha de ocurrir (*es clavado que vendrá Juan*) o de lo que, ya ocurrido, se esperaba que sucediese (*era clavado que vendría Juan*). // l. turf. Dato, fija que se cree infalible en las carreras de caballos. *Tengo una clavada en la cuarta carrera.* // Acción y efecto de clavar. // Perjuicio que sufre una persona a la que no se le paga una deuda. // Situación del que inútilmente espera por culpa de alguien que no acude a una cita.

Clavar. l. p. **Clavar a alguien**: no pagarle una cuenta, una deuda. Dejarlo esperando en vano por no acudir a una cita concertada. // No cumplir con una obligación contraída con alguien. // l. jgo. En el juego de la taba, hacer que ésta caiga y quede "plantada", sin moverse, del lado de la "suerte" o "buena". // l. jgo. En el juego llamado **pase inglés**, ganar en la primera tirada sacando siete u once en la suma de los dos dados. En estas dos últimas acepciones también se dice **echar clavada**. *¡Qué tipo de suerte! ¡Echó diez clavadas seguidas!* // **Clavar barraca**. l. jgo. En el **pase inglés**, perder en la primera tirada sacando dos, tres o doce en la suma de los dos dados. // **Clavar el hocico.** Hacerle clavar el hocico a alguien; derribarlo en pelea. Derrotarlo ampliamente en alguna confrontación. El dicho se inspira en la acción de pialar un animal, que lo hace dar de cara contra el suelo. // **Clavar las guampas.** Morir, especialmente en pelea. // **Hacerle clavar las guampas a alguien.** Igual que **hacerle clavar el hocico.** Darle muerte, especialmente en pelea. Proviene de **guampa** (americ.): asta, cuerno, y de la acción de derribar un animal cornudo y, por extensión, un animal grande, indómito o arisco.

Mario E. Teruggi considera a **clavar** una voz lunfarda "equivalente a no pagar una cuenta, que parece estar algo emparentada con el caló, donde el verbo significa engañar o estafar, pero, a su vez, este **clavar** se conecta con el italiano **piantare un chiodo**, literalmente **plantar un clavo**, con idéntico sentido figurado, por lo que es posible que se haya producido un cruce entre italiano y argot o bien se trate de una convergencia". (**Panorama del lunfardo**, 1974.)

Clavarse. l. p. Equivocarse al elegir algo y quedarse con lo malo o lo peor. // Comprar algo que no da buen resultado. // Comprar algo para revenderlo y no hallar quien lo compre. // Esperar inútilmente a alguien que faltó a la cita. // Esperar largo tiempo un medio de transporte. // Tener que soportar la compañía de una persona insulsa, molesta, fastidiosa.

Clinch. angl. l. box. Posición en que quedan dos boxeadores cuando se abrazan durante una pelea o se traban los brazos de tal modo que se anulan mutuamente para pegar. En este caso, el árbitro debe separarlos y, luego, darles orden de reanudar la pelea. Se dice **entrar en clincho o caer en clinch**. Del ingl. clinch: agarrar, agarrarse, remachar.

Clines. l. camp. Crines. Se usa corrientemente en el campo. // p. ext. Cabellos largos, sucios y descuidados. Se emplea siempre en plural: **las clines**. Del esp. crin: cerdas que algunos animales tienen en la cerviz y en el cuello.

Clinudo/da. l. p. Persona que tiene los cabellos largos, sucios, desgreñados.

Coban. l. p. Revés de banco.

Cobani. l. del. Revés irreg. de **abanico**.

Cobrar. l. p. Recibir un castigo físico, una paliza. // l. del. Sancionar el árbitro una infracción cometida en una justa deportiva: **cobrar una falta**. En algunos deportes, como el fútbol, el básquet y el rugby, la penalización consiste en otorgar un lanzamiento de la pelota a favor del equipo afectado. Esto deviene en otra acepción del término: se dice que el ejecutor de la pena **cobra** la infracción. // p. ext. Desquitarse, vengarse de alguna ofensa o mala acción. *Juró que iba a cobrarse la traición que le habían hecho*. // **Cóbrate y dame el vuelto**. Expresión en desuso que se empleaba cuando alguien ponía a otro en evidencia con acusaciones irrefutables y luego lo desafiaba a desmentirlo o a proceder a la recíproca.

Cobre. l. p. Nombre que se le daba a las monedas de ese metal que se acuñaron antiguamente en nuestro país. Inicialmente, las había de diez, cinco y dos centavos, pero más tarde se acuñaron solamente de dos y un centavo. Hacia 1939 fueron reemplazadas por otras de igual valor pero de menor tamaño, para ahorrar metal.

No es raro que a uno le falte
lo que a algún otro le sobre.
Si no le quedó ni un cobre,
sino de hijos un enjambre,
¿qué más iba a hacer la pobre
para no morirse de hambre?
El gaucho Martín Fierro. José Hernández.

// **Moneda de cobre**. Mote que se le daba al individuo de poco valer, desleal, mal amigo, falso. Estaba motivado en el escaso valor que tenían las monedas de ese metal.

Creciste en el lodo de un barrio muy pobre.
Cumpliste veinte años en un cabaret.
Y ahora te llaman moneda de cobre,
porque vieja y triste, muy poco valés.
Moneda de cobre.
Tango. Horacio Sanguinetti, 1942.

MONEDAS DE COBRE
"*En el año 1822 el cambio en 'plata blanca', como se la llamaba, se hizo tan escaso en nuestro país que era difícil cambiar una onza sino con cierto premio. A fin de evitar este mal, se hicieron circular papeles de uno, dos y tres pesos. Un poco más tarde llegó de Inglaterra una fuerte remesa de monedas de cobre de diez, cinco y dos centavos.*
"*En acuñaciones sucesivas que se hicieron después de esa época, las monedas eran tan gruesas que el cobre llegó a ser un artículo de codicia: los almaceneros, pulperos y panaderos las reunían para venderlas a especuladores, que las llevaban por barricas a Montevideo, logrando muy buena utilidad. Más tarde, año 1861, las monedas que se sellaban ya no tenían ni la cuarta parte del espesor de las anteriores.*" (José A. Wilde. **Buenos Aires, desde 70 años atrás: 1810-1880**, 1ª edición, 1881.)

Cocear. l. p. Protestar. // Irritarse. // Reaccionar enojosamente.

—Déjelo quieto y no empiece
a querer andar jugando
sucio, ¿entiende?, pa llevarle
algún chisme a ese unitario;
porque en cuanto yo cocee,
vengo y la saco arrastrando
y la meto a un calabozo.
El sargento Palma. Martín Coronado.
Drama teatral estrenado el 14-5-1906.

// sent. fig. Presentir, maliciar, sospechar. // Imaginar.

Rechiflao, la aceitosa se me agita,
se enmaraña, patea,
y hasta la gargantuana desgañita
porque algo tropo mugre se cocea.
Himno del pato.
Yacaré (Felipe H. Fernández).
NOTA. *Algo tropo mugre se cocea:* algo muy sucio presiente.

Esta voz proviene del esp. **cocear**: dar, tirar coces. // fig. y fam. Resistir, repugnar, negarse a toda avenencia o acuerdo.
Cocinar. l. p. Urdir una maniobra, un negocio, etc. // Derrotar sin atenuantes a un adversario.

(...) en el famoso Gran Premio Nacional, donde el Vasco Jacinto Sola nos cocinara con Lacio...
Leguisamo de punta a punta.
Daniel A. Luro, 1982.

// p. ext. Dar muerte a alguien. Asesinar. // l. period. Tomar una nota o una noticia de un órgano periodístico y publicarla en otro, cambiándole la forma y la redacción para hacerla pasar por propia.
Cocinero. l. p. Cinco. Es parag. de **cocin**, inversión silábica de cinco.
Coco. l. p. **Cabeza**. Cráneo. // p. ext. Inteligencia, sabiduría. *Ese profesor tiene coco.*
Cocó. l. p. Cocaína.

Y una noche de champán y de cocó,
al arrullo funeral de un bandoneón,
¡pobrecita!, se durmió...,
lo mismo que Mimí,
lo mismo que Manón.
Griseta.
Tango. José González Castillo, 1924.

Cocoliche. l. p. Decíase del italiano inmigrante que, a poco de llegado a nuestro país, imitaba a los nativos para mostrar que se había acriollado. // Lenguaje chapurreado del italiano inmigrante que hace una mescolanza entre el suyo y el local. // Italiano que habla dicho lenguaje. // Persona estrafalaria para vestir. // Personaje cómico que actuaba con suceso en los circos de antaño, vestido de manera extravagante, que hablaba en un jocoso cocoliche y colaboraba con el payaso o con el tony.

EL COCOLICHE
"Lo encontramos, de sopetón, en el circo, como un actor pintoresco destinado a motivar la carcajada, suerte de tony traducido cuya virtud principal está en el contraste y en el vocabulario. Se le dio, sobre la arena sucia del redondel, una característica: la camisa. Era una camisa como una blusa, a grandes cuadros de colores chillones, fuera de uso, entonces, en la vida común. El indumento se completaba con un pantalón fuelludo abrochado, si fuera posible, por debajo del vientre, sostenido por una faja de lana que se asentaba, a su vez, en los huesos de la cadera. El todo se remataba con un sombrero deforme que debía necesariamente quedar chico sobre la cabeza frenética del ensortijado personaje y dar sombra visible a una cara llevada hasta al bermellón y unos bigotes retorcidos al agua formando dos ceros negros de redondez ejemplar. Así salía el individuo, detrás del payaso o el tony, cuando no ensayaba por su cuenta la vieja maña de hacer como si ayudara a retirar trastos y alfombras, mientras se armaban las jaulas. Pero su clase no se advertía, pese al refulgir cambalachero del atuendo, hasta que abriera la boca. El vocabulario era el estribo principal de aquella pared maestra del buen humor en la arquitectura ciudadana. La gracia consistía en deformar las palabras dándoles una tonada itálica con largas caídas a la modulación criolla, porque el cocoliche debía fingir de nativo con toda la violencia de un meridional y toda la desvergüenza del aventurero extraído de la menos incontrolada de las inmigraciones.
"El cocoliche no era, en realidad, más que una deformación estilizada de un tipo callejero abundantísimo: el italiota que, por falta de cultura, se apresura a acriollarse e imita de mala manera las formas del compadrito que comienza

a traer a las calles del centro las quebradas del tango suburbano y pegajoso.
"(...) En la calle aparecía cumpliendo oficios simples. Podía ser verdulero, zapatero o sillero ambulante y humilde. Podía ser carrero, y entonces sí, sobraba a cualquiera con su gauchismo de Carnaval y sus dicharados de comparsa. Era un manual intraducible de términos pronunciados con voces calurosamente peninsulares.
"(...) Fue sentimental, a pesar de todo, y dio su nota en contraposición con el nativo de guitarra y décimas apretando el acordeón antecesor del bandoneón posteriormente acriollado hasta parecer genuino.
"(...) Cocoliche inocentón en la vida y en remedo del circo y de la comparsa, dio de sí cuadros de color movido que alegraron calles porteñas y terminó borrándose en padres ejemplares, con mucha prole." (Bernardo González Arrili. **Buenos Aires, 1900**, 1967.)

Cocos. l. p. Testículos. En las expresiones **dar en los cocos, llenar los cocos, romper los cocos**, etc. Esta voz equivale a **bolas, huevos, pelotas**, etc.
Cocote. l. p. Prostituta de origen francés. // Prostituta que alterna con hombres de elevada posición. // También **cocota**. Actualmente de muy poco uso. Del fr. **cocote, cocotte**: mujer galante; querida.
Cocuza. Cocuzza. lunf. Cabeza. Del ital. **cocuzza, cucuzza**: cabeza.
Codeguín. lunf. Bobo, tonto, babieca, gil. También **godeguín**. Del dialectal italiano **codeghin**, nombre que se le da a un tipo de embutido muy popular en ese país. Reparemos que entre nosotros esta misma acepción se aplica, asimismo, al nombre de otro embutido: salame. *Tu amigo es un salame* (es un tonto).
Codito. l. p. Dim. de **codo**.
Codo. l. p. Amarrete, avaro, mezquino. Igual para los dos géneros.
Codo. l. p. Con distintas acepciones hallamos esta voz en algunos dichos populares. // **Darle al codo**. Ingerir bebidas alcohólicas en abundancia. Equivale al esp. **empinar el codo**. // **Doblar el codo**. Acción de ingerir bebidas alcohólicas. // l. turf. Girar los caballos de carrera uno de los tramos curvos de la pista. // p. ext. Dícese de la persona que ha entrado en edad avanzada y comienza a demostrarlo. *Siento que ya estoy doblando el codo de mi vida.* En este caso se inspira en el caballo de carrera que está girando el último codo para ingresar a la recta final, donde se acaba la carrera. // **Mancarse en el codo**. Fracasar una persona por debilidad o falta de condiciones en el momento preciso en que debe poner lo mejor de sí para resolver un asunto. Es también frase del l. turf. referida al caballo de carrera que se manca al doblar el último codo, cuando su jockey se apresta a requerirle que ponga en juego todo su esfuerzo.
Cofla. l. p. Revés de **flaco**.
Coger. l. p. Copular. Unirse carnalmente hombre y mujer, macho y hembra. // Fornicar. // p. ext. Perjudicar intencionadamente a otro. // Hacer a alguien víctima de un engaño, de una estafa. // p. ext. Derrotar a alguien en un juego, una competencia, etc. // También **cojer**. Del esp. **coger**: agarrar, asir, tomar. Américo Castro lo deriva de la voz rústica española **coger**, que significa cubrir el caballo a la yegua, vocablo que alcanzaría difusión en la Argentina por la importancia de su ganadería. (**La peculiaridad lingüística rioplatense y su sentido histórico**. 1941.)
Cogote. l. p. De cogote. Gratis, de arriba, de garrón, de upa.
Cogotear. l. p. Darse a conseguir algo gratuitamente, de arriba. Garronear.
Cogotudo/da. l. p. Rico, adinerado. Persona de fortuna. // p. ext. Aristócrata.
Cohete. l. p. Cuete.
Coima. l. p. Precio ilícito que se paga para lograr un beneficio, torcer voluntades, corromper personas. // Soborno. Cohecho. // Cometa. // Irónicamente, **coimisión**. // Aceite (véase esta voz). Del esp. **coima**: derecho que cobra el garitero o dueño de una casa de juego a los jugadores.
Coimear. l. p. Dar o recibir coima.
Coimero/ra. l. p. Que da coima. Que acepta o exige coima.
Cojer. l. p. Coger.
Cojón. l. p. Testículo, generalmente del caballo. // p. ext. Testículo de hombre. Del esp. **cojudo** (del lat. **coleux**, testículo): animal no castrado.
Cojonada. l. p. Actitud valiente y corajuda. // p. antífrasis. Tontería, estupidez. // Cosa sin valor. *No le des importancia a esas cojonadas.*

Respecto a esta antífrasis, remitirse a la nota sobre **belín**.

Cojonudo. l. p. **Cojudo.**

Cojudo. l. p. Que tiene cojones. // Valiente, guapo, corajudo. Del esp. *cojudo*: animal que no está castrado (véase **cojón**). // **Amontonados como bosta de cojudos.** Véase **bosta.**

Cola. l. p. Asentaderas. Trasero. // Último. // l. del. Cadena del reloj. (Antonio Dellepiane. El idioma del delito, 1894.) // **Por si cola.** Expr. pop. que significa *en caso de que se pueda, por si se puede, por si se da, por si pasa*, con el sentido de *por si se presenta la oportunidad, por si puede hacerse sin que lo adviertan, por las dudas.* Está claro que la expresión correcta debería ser "por si cuela". La expresión toma al esp. *colar* en su sentido de pasar algo con engaño. // **Colar una cosa:** ser creída.

Colador/a. l. dep. En fútbol dícese del arquero o de la defensa fácilmente vulnerable al ataque del equipo adversario. // l. carc. Empleado de la cárcel encargado de leer la correspondencia que los presos envían o reciben, con propósito de censura. Por clara comparación por el utensilio que se usa para que pasen los líquidos y retener lo que no lo sea.

Colear. l. p. Movimiento desacompasado que hace el barrilete en el aire por falta de cola. // Movimiento —esta vez acompasado— que hace la mujer con la "cola" al caminar. // p. ext. El mismo movimiento, más marcado e insinuante, dirigido al hombre que la mira o que la sigue. Del esp. *colear*: mover mucho la cola.

Colectivo. l. p. Vehículo automotor de transporte público de pasajeros.

Historia del colectivo

Fue, en su momento, un novedoso sistema —primero de este tipo en el mundo— que nació en nuestra ciudad capital en medio de una profunda crisis económica. Eran los tiempos en que los ciudadanos capitalinos tenían como medio de traslado el tranvía —ya eléctrico—, de precio popular y el automóvil de alquiler o los coches a caballo, también de alquiler, de costo más elevado.

*Debido al trabajo cada vez menor que tenían con estos automóviles de taxímetro, a uno de sus dueños se le ocurrió utilizar su coche como medio de transporte colectivo de personas, haciendo un recorrido fijo que unía dos puntos de la ciudad previamente determinados y recogiendo pasajeros en su itinerario. Inicialmente estos recorridos coincidían con los que servían las líneas de tranvías por diez centavos y, aunque el viaje por este nuevo sistema costaba el doble —veinte centavos—, la gente aceptó gustosa la novedad que, por una moneda más, le brindaba mayor comodidad y rapidez que el lento tranvía en el que muchas veces debía viajar de pie por hallarse colmado. Se bautizó a estos coches con el nombre de taxi colectivo. Se tiene al 24 de septiembre de 1928 como fecha de aparición del primero de ellos, que hacía el recorrido desde el barrio de Floresta hasta la estación Primera Junta del subterráneo de la actualmente llamada línea A. Este coche llevaba hasta siete pasajeros como máximo: tres en el asiento de atrás, uno o dos en el del chofer, que por entonces era tan largo como el de atrás, y dos más en un asiento anexo, desplegable, que se llamó **transportín**, ubicado en el amplio espacio que antaño había entre los asientos delantero y trasero.*

La original ideal y la pronta aceptación que había merecido entre los usuarios cundieron rápidamente y pronto fueron muchos los que imitaron al innovador, cubriendo con sus coches distintos recorridos y favoreciendo el rápido desplazamiento de la gente, satisfecha con el sistema. Con los años, los choferes se organizaron en líneas que llevaban sus números en el frente de los vehículos. Luego comenzaron a construirse coches especiales con mayor capacidad de pasajeros, lo que dio origen, finalmente, a una importante industria nacional.

Colgar. l. p. Despedir. Cesantear. *Me colgaron en el trabajo.* // Dar la espalda e irse, desairando a alguien. *Me di vuelta y lo dejé colgado.* // Dejar a alguien plantado por no acudir a una cita. // **Colgar la galleta.** Cortar unipersonalmente un noviazgo, una relación de pareja. // **Colgar los botines.** Dar por finalizada su actividad un jugador de fútbol o de rugby. // p. ext. Retirarse alguien de alguna actividad. // Renunciar. // Jubilarse. // **Colgar los guantes.** Abandonar su actividad un boxeador. Del esp. *colgar*: suspender una cosa, hacer que quede pendiente en el aire.

Colgarse. l. p. Acoplarse, pegarse a alguien por conveniencia. // Conectar clandestinamente la instalación eléctrica de una casa a la red domiciliaria pública. // p. ext. fest. Casarse.

Colibrillo/a. l. p. Transtornado, tocado, medio loco. // Loco alegre. Es derivación de colo (véase), como colifa y colifato. // Colibriyo.
Colifa. l. p. Apóc. de colifato. // Colibrillo.
Colifato/ta. l. p. Igual que colibrillo.
Colima. l. p. Revés irreg. de milico. Soldado conscripto. Por epéntesis, colimba, de uso general.
Colimba. l. p. Soldado conscripto. // Servicio militar, anteriormente obligatorio y ahora voluntario. *Hacer la colimba. Estar en la colimba.*
Colo/la. l. p. Revés de loco. Dio colibrillo, colifa y colifato.
Colo. l. p. Apóc. de colorado. Pelirrojo. Igual para el hombre y la mujer. *El colo, la colo.*
Colorada. l. del. Sangre. // Chocolata. // Mujer pelirroja. // l. turf. Nombre que se le da al disco rojo que en los hipódromos indica a los jockeys la línea de llegada de las carreras. Es un disco metálico de tamaño grande, para que sea visto desde lejos, que se halla ubicado a cierta altura y perpendicular a la pista, en el lado de la empalizada.

Me arrastra más la perrera,
más me tira una carrera
que una hermosa mujer.
Como una boca pintada
me engrupe la colorada
cual si fuera su mishé.
Palermo. Tango. *Juan Villalba y Hermido Braga (Domingo Herminio Bragagnolo), 1929.*
NOTA. *Perrera:* tribuna popular de un hipódromo.

// **Primero en la colorada.** Dicho que significa triunfar, lograr un propósito, como el caballo, que llega primero al disco. Equivale a **poner el número** (véase **número**). *Eran muchos los pretendientes al premio, pero al final, primero yo en la colorada.*
Colorado/da. l. p. Pelirrojo. Se usa el apóc. colo. // p. ext. Comunista.
Colores. l. p. Colorado, pelirrojo. // De todos los colores. En abundancia, en gran manera. Tener billetes de todos los colores: tener mucho dinero. // Tener problemas de todos los colores. // Poner a alguien de todos los colores. Decirle a una persona todo lo reprochable que se merece. Por consiguiente, ponerse alguien de todos los colores implica turbarse, trasmutarse, avergonzarse; ponerse colorado. Equivale al esp. **sacarle a uno los colores de la cara.**
Comboy. l. p. Convoy. Conventillo.
Comedor. l. p. Boca, por su función. // p. ext. Dentadura. // Dentadura postiza.
Comer. l. p. Derrochar, dilapidar. *Se comió una fortuna en timbas y juergas.* // Vencer a un adversario. *El campeón se comió al desafiante en dos rounds.* // Creerse un cuento, una mentira. *Le mintió descaradamente y él se la comió.* Caer en un engaño, en una trampa. *Se comió una estafa bien preparada.* // Aguantar callada y estoicamente una mala acción, una traición, un golpe artero. *Me comí la mala jugada que me hizo porque lo creía mi amigo.* // Contenerse, soportar alguna ofensa o maldad en espera del desquite. *Por ahora me la como, pero, cuando pueda, me la voy a cobrar.* // gros. Poseer a una mujer. // l. turf. Derrotar un caballo a sus rivales. *En los cien metros finales mi caballo se comió al puntero.* // l. del. Matar, asesinar. *En una pelea se comió dos tipos a cuchilladas.* // **Comerse los boletos.** l. turf. Instancia imaginaria que resta a quienes apostaron muchos boletos a un caballo que perdió su carrera (véase **boleto**). // Quedarse un levantador de juego clandestino con una apuesta, sin pasarla a su capitalista. // **Comerse la cana** o **comerse una cana.** lunf. Caer preso. Estar preso. // **Comerse un garrón.** l. p. Véase **garrón**. // **Comérsela doblada.** l. p. Ser engañado, burlado y no darse cuenta o advertirlo y callarse la boca, sin reaccionar. Es un dicho grosero que se inspira en la penetración del pene. // **Comérsela doblada, con moñitos y todo.** Forma aumentativa de **comérsela doblada.** // **Comerse una piña, una trompada, etc.** Recibir una piña, una trompada, etc. // **Comer vidrio.** Pecar de inocente. Creer uno todo lo que se le dice. Ser fácil de engañar. Es como decir que se le da de comer vidrio a alguien y no se da cuenta.
Cómica. l. del. "Se llama así a una variante del 'trabajo' de punga, aunque despreciada por los punguistas veteranos. Se hace con un esparo muy activo, quien tiene que armar un drama que atraiga y distraiga a la gente y permita 'trabajar' a su cómplice. El acto, por

lo general consistente en demostrar agudos síntomas de enfermedad, dolor o locura, está a cargo de un tipo con vocación, que en el ambiente se lo llama **cómico o payaso**." (Edmundo Rivero. **Una luz de almacén**, 1982.)
Cómico. l. del. Delincuente que hace "la cómica".
Comifusa. l. del. Comoifusa.
Comilón. l. p. Homosexual pasivo.
Comisionista. l. p. "Llamábase **comisionistas** a mujeres del bajo fondo, intermediarias entre los canfinfleros y los dueños de prostíbulos de campaña. Si se daba la necesidad de que una de sus mujeres le rindiera de una sola vez mucha plata, su 'protector' la sacaba del lupanar y la llevaba, entonces, sin engañarla, a una casa de comisiones.
"Se hallaba siempre en esas casas una cantidad considerable de mujeres. Algunas venían de afuera, sin 'protector', y se domiciliaban pagando, como pensionistas. Para ellas, estas casas eran algo así como agencias de colocaciones. Otras se hospedaban de momento con sus hombres, cuando, al regresar a los prostíbulos de la provincia, no encontraban mejor paradero. Mientras unas, la mayor parte, se alojaban a la espera de un 'empleo' en el interior, las otras permanecían internadas hasta conseguirlo en la Capital.
Las comisionistas se instalaban en caserones con espacio suficiente para el negocio, aunque el número de habitaciones rara vez era superior al de los burdeles. Según la edad y el aspecto de su 'mercancía', el 'protector' la entregaba en alquiler por 200, 500 o 1000 pesos. La 'comisionista' tenía convenio del alquiler por su negocio específico. La documentación de lo que pagaba se ponía en claro en los papeles y quedaba ella así con el derecho y la seguridad de volver a alquilar las candidatas al patrón del interior que solicitase 'personal de trabajo'. (…) En cuanto a la mujer alquilada, de la mitad de lo ganado, menos el descuento por gastos de pieza, lavado, comidas, etc., hasta recuperar su libertad, iba cubriendo con otro descuento la suma por la que había sido puesta en arriendo.
"(…) En las casas de las comisionistas se hacían bailes continuados. Prolongábanse a semanas y meses de duración. Cuando terminaban, volvían a comenzar con la renovación del elemento femenino, de lo cual se deduce en conclusión que se repetían casi sin pausa y sin fin. Es de imaginar el número de orquestas criollas que los propiciaron. Casi todas las de segundo y tercer plano se ganaban la vida en estas casas y en otras peores." (José Sebastián Tallon. **El tango en su etapa de música prohibida**, 1959.)

Comoifusa. lunf. Cabezón (Antonio Dellepiane. **El idioma del delito**, 1ª edición, 1894.) Igual para los dos géneros.
Compadrada. l. p. Acción o actitud característica del compadre. // Valentonada. // p. ext. Fanfarronería.
"En nuestro lenguaje, palabra de sentido peyorativo, vaga e imprecisa. Significa, en primer término, el modo propio del compadre, pero, además de ello, enuncia una determinada actitud, desentonada y antisocial, que nos evoca de inmediato el gesto ampuloso del baladrón (...) Una cierta pirueta que quiebra graciosamente la línea normal del baile, es una compadrada (…) y no tiene, en apariencia, al menos, nada de agresivo (…). // Una expresión retorcida pronunciada con una particular cadencia en la voz. // Un torcer la boca para hablar. // Un escupir por el colmillo. // Un gesto sobrador y provocador que preludia la acción. // *No me besés, que me osido.*" (Arturo López Peña. **Teoría del argentino**, 1958). NOTA. *Osido:* oxido.
Compadraje. l. p. Ambiente, ámbito de compadres. // Conjunto, grey de compadres.

El barrio lo admira. Cultor del coraje,
conquistó a la lunga, renombre de osado:
se impuso en cien riñas entre el compadraje
y de las prisiones salió consagrado.
El guapo. Evaristo Carriego.

Compadre. l. p. Gaucho que, con el crecimiento y la expansión de la ciudad, viose de pronto absorbido por ella, aunque resistiéndose a cambiar su modalidad de hombre libre, guapo y altanero. // p. ext. Valentón, pendenciero. // p. ext. Engreído, jactancioso. // p. ext. Elegante, pintón. *¡Qué compadre estás con ese traje!*

EL COMPADRE
"*El compadre era criollo, aventurero y romántico, caballero andante de los arrabales, tan fácil*

para los amores entre las voluptuosas cadenas del pericón o los acordes de un triste de circunstancias, como para las batallas." (Adolfo Saldías. **Páginas literarias**, *Colección Buenos Aires, 1902.) Este personaje de los arrabales que aparece en los albores del siglo XIX (...) era cuchillero y "malentretenido", razones por las cuales recibía el nombre genérico de "malévolo". De aquí, por metaplasmo, "malevo", nombre con el que será conocido posteriormente.*

"El vocablo compadre, en rigor, designa al parentesco espiritual entre el padrino de pila o de confirmación y el padre del bautizado o confirmado y, en lenguaje figurado y familiar, se usa para nombrar cordialmente al amigo.

Fume, compadre, fume y charlemos;
y mientras fuma, recordemos;
que como el humo del cigarrillo
hoy se nos va la juventud.
Nubes de humo.
Tango. Manuel Romero, 1923.

"Pero he aquí que la palabra compadre (...) si alude en el lenguaje académico a relaciones nobles, de protección y amistad, en el idioma porteño evoca ideas de desamparo y soledad, de agresión y pendencias. Tal vez, originariamente, el compadre orillero fuera el protector de sus amigos o el 'padrino' de su barriada (...) pero ese hipotético sentido (...) se ha ido desdibujando a favor de las notas salientes de una figura agresiva y áspera, sin remansos y ternura ni espiritualidad.
"(...) La ciudad crece. Un buen día o un mal día el hombre de la pampa se encuentra instalado en una zona neutra, en una franja intermedia entre el campo y la ciudad. (...) El hombre, a orillas de la ciudad, enfrentado con una estructura social que columbra superior, se debate en la impotencia y ese retorcerse de su indomable orgullo (...) será el alumbramiento del compadre. Así nace el compadre.
"Es un paisano signado por la ciudad (...) Tiene ahora un andar pesado y torcido y una mirada torva de perdonavidas (...) Deja de ser el paisano valiente, el hombre guapo, para convertirse en el guapo, a secas." (Arturo López Peña. **Teoría del argentino**, *1958.)*
"El compadre solía ser carrero, cuarteador, matarife, pero entre todos los barrios de Buenos Aires, el barrio de Corrales fue el más famoso por su compadraje." (Jorge L. Borges. **Revista Universidad de Antioquía**. *Medellín, Colombia, Nº 200, enero/marzo 1986.)*

Compadrear. l. p. Tener actitudes de compadre. // Alardear, fanfarronear, jactarse, bravuconear, darse corte.

No te apures, Carablanca,
que no tengo quien me espere,
como entonces, cuando iba
compadreando la alegría
de ser feliz.
No te apures, Carablanca.
Tango. Carlos Bahr, 1942.

// Por antífrasis se usa, también, irónicamente, como mostrar fallas, defectos o carencias que no pueden ocultarse.

Campaneá cómo el cotorro
va quedando despoblado:
todo el lujo es la catrera,
compadreando sin colchón...
Viejo smocking.
Tango. Celedonio Esteban Flores, 1930.

Compadreo. l. p. Acción y efecto de compadrear. Fanfarronada, jactancia, alarde.

Compadrito. l. p. Hombre porteño de las orillas, joven, que eligió tomar al compadre como ejemplo para su vida y se dio a imitarlo en su habla, en sus actos y hasta en sus movimientos. Afectado, engreído, pendenciero, tomó el camino que lo llevaría a los cafetines, la bebida, el juego, a tirar la daga y, quizá, a cafisho. // Bravucón, pendenciero. // Valentón. // Envanecido. Jactancioso.

EL COMPADRITO
"Hablo de un compadrito que tenía nombre de compadrito: se llamaba Nemesio Trejo y frecuentaba, hacia mil ochocientos sesenta y tantos, un almacén en el cual se reunían payadores, guapos y gente del hampa, que se llamaba 'Almacén de la Milonga' y que estaba situado en la esquina de Charcas y Andes, es decir, Charcas y José Evaristo Uriburu." (Jorge Luis Borges. **Revista Universidad de Antioquía**. *Medellín, Colombia, Nº 200, enero-marzo 1986).*

Un tango ironizó:
Compadrito a la violeta,
si te viera Juan Malevo,
¡qué calor te haría pasar!
No tenés siquiera un cacho
de ese barro chapaleado
por los mozos del lugar.
Compadrón. *Tango. Enrique Cadícamo.*

UNA FORMA DEL MALEVAJE AGRESIVO
Tobías Garzón define al compadrito: "Hombre del bajo pueblo, vano, engreído y fachendoso" (**Diccionario argentino.** *Barcelona, 1910) y aporta la siguiente semblanza debida a Carlos Estrada: "Usa siempre chambergo –un sombrero blando de castor– para poder echar el ala delantera sobre sus ojos. Fumador de tabaco negro, tiene la dentadura impregnada de nicotina y escupe por entre dientes y colmillo, lanzando a la distancia salivazos que podrían servir de antisárnicos con preferencia a muchos de importación. Camina pavoneándose, como si tuviera desgonzadas las articulaciones de piernas y cadera y los anillos de la espina dorsal. Su mirada es provocadora y desdeñosa, como la de un perdonavidas de oficio". Y concluye: "Se rodea de un pequeño círculo que lo admira y lo sigue (...) Tiene un público devoto e incondicional (...) Nunca actúa solo; necesita del grupo que lo asista catalíticamente (...) Es el remedo del guapo (...) Es una forma organizada del malevaje agresivo". (Cfr. Arturo López Peña.* **Teoría del argentino,** *1958.)*

BAILARÍN Y CHAMUYADOR
"El compadre pasa por tres etapas o se desarrolla en tres tiempos (...) Se inicia de compadrito, madura en compadre y fina en compadrón.
"El compadrito es el aprendiz de un arte menor, que puede llevarlo al taller del compadre o al boliche del compadrón. El compadrito luce su traje y, por si ocurriera algo grave, carga cuchillo (...) Pero el cuchillo –en eso igual al compadre– prefiere llevarlo en la sisa del chaleco porque se saca más pronto.
"(...) El compadrito, como es joven, abusa de la pelambre; gran jopo aceitado bajo el chamberguito de color gris, cuya ala hace sombra a la cara y oculta los ojos denunciadores indiscretos. El aprendizaje favorece los amoríos de zaguán y bailongo. A las chinitas las hace suspirar la apostura del compadrito; si caen en las redes del amorío, ellas mismas lo impelen a hacerse compadre. Pero, para llegar a tal graduación, lo primero es saber chinganear; lo segundo, aprender a chamuyar. Porque la admiración chiruza nace de ahí: del buen porte en el bailongo y de las palabras acarameladas suspiradas en la oreja.
"(...) El compadrito trabaja en las cosas más dispares, aunque le gustan los oficios que ofrecen cierta independencia y ocupan pocas horas. Entre los preferidos, el de carrero, mozo de stud o carnicero." (Bernardo González Arrili. **Buenos Aires, 1900.** *1967.)*

FIGURA CARACTERÍSTICA
"Usa alpargata con puntera negra, medias blancas, chaqueta corta, pañuelo anudado al cuello, dejando ver dos iniciales bordadas. Sobre la negra y lustrosa cabellera reposa un chambergo de ala corta y copa alta, abollado en varios puntos. Tiene los brazos caídos, las piernas flojas y el cuerpo ligeramente encogido hacia un costado, como esquivando una estocada, y en su rostro achinado brillan dos ojos negros, rasgados y burlones." (Juan A. Piaggio. **Caló porteño.** *Publicado en* **La Nación** *el 11-2-1887. Cfr. Luis Soler Cañas.* **Orígenes de la literatura lunfarda,** *1965.)*

Compadrón. l. p. Hombre de los ambientes bajos que la oficia de taura, bravo y guapo. Que lo es, si la ocasión se le presenta propicia, nada más. Alardeador, fabulador, taimado, falso; más verba que realidad. Capaz de sacar el cuchillo rápidamente, si lleva ventaja, o de olvidarse de que lo lleva encima si se las ve mal. Tan peligroso e impetuoso en el oportunismo, como calmo y componedor si no se siente bien seguro. Habitué de los prostíbulos –aunque no fuera a ellos para satisfacer sus instintos–, gustaba alardear en ese medio y, a veces, armar alguna bronca. Siempre estaba a mano del político que lo necesitara y eso le brindaba un manto de protección. // p. ext. Elegante, pintón, diquero. *¡Qué compadrón estás con ese traje!*

Compadrón,
prontuariado de vivillo
entre los amigotes que te siguen,
sos pa mí, aunque te duela,

compadre sin escuela
retazo de bacán.
Compadrón.
Tango. Enrique Cadícamo, 1927.

Compadronamente. l. p. De manera compadrona. // p. ext. Con elegancia, con dique.

Me doy a imaginar un órgano hidráulico de inmensas proporciones, accionado por cerveza, que no toque sino tangos: "Cara Sucia", "Mi noche triste", "¡Piantá, piojito!"... En su torno bailan infinidad de vigilantes con los cascos compadronamente echados sobre los ojos. **Una semana de holgorio (Tres relatos porteños).** *Arturo Cancela.*

Completo. l. p. Nombre que se le da al café con leche, acompañado de pan y manteca, y al café con leche acompañado de medialunas y manteca, que se toma en confiterías y bares.
Compositor. l. turf. Cuidador, preparador de caballos de carrera. // También se le da ese nombre al que hace lo propio con los gallos de riña, adiestrándolos para pelear.
Compota. l. p. Hematoma que produce una trompada en la órbita ocular. *Le puso un ojo en compota.* Por el color oscuro que presenta, comparándolo con el de la compota.
Comprador/ra. l. p. Lisonjero, adulador. Engañador. // Que compra voluntades con ardides. // l. del. "El que se ocupa de comprar a los ladrones los objetos robados" (Antonio Dellepiane. **El idioma del delito.** 1ª edición, 1894). // Reducidor.
Comprar. l. p. Ganar la buena disposición, la confianza de alguien con buenos modos, lisonjas, adulaciones, engaños o ardides. // Creer, tomar como cierto algo engañoso que le cuentan o que simulan en su presencia. *Le contaron una mentira tremenda y él compró. El jugador de fútbol fingió que había sido golpeado y el referí compró y sancionó una falta.*
Concha. l. p. Crica. Parte sexual femenina. // ¡**La concha de la lora!** Expresión de disgusto, enfado, fastidio. En este caso, **lora** significa mujer y también prostituta, que es la acepción tomada para esta expresión nacida en los prostíbulos. (Véase **lora**.)
Conchabar. l. p. Amer. Tomar a alguien para que haga un trabajo asalariado, generalmente de orden inferior. // p. ext. Emplear a alguien, en general. Del esp. **conchabar**: unir, asociar.
Conchabarse. l. p. En general, emplearse bajo patrón. Véase **conchabar**.
Conchabo. l. p. Trabajo, tarea, labor.

...Por ahora el negocio es para unos cuantos gringos que andan haciendo el cuento de las libretas con promesas de conchabos y cartitas para el presidente del comité...
Con los 9. *Félix Lima.*

Concheto/ta. l. p. Joven que hace un culto del estar a la moda de los niños bien en sus gestos, lenguaje, vestimenta, gustos, diversiones, etc. Con el uso se convirtió en **cheto** (véase **niño bien**).
Conchifú. lunf. Vulva. (Antonio Dellepiane. El idioma del delito, 1894.)
Conchudo/da. l. p. Malintencionado, perverso, avieso, traicionero, ruin.
Condón. l. p. Preservativo masculino que se usa en el acto sexual. Esta voz se emplea en muchos países y se la origina en Condom, apellido de un higienista inglés del siglo XVIII, que habría sido el inventor de este preservativo. Sin embargo, Mario E. Teruggi, que también remite el vocablo a **condom** o **cundum**, acriollado como palabra aguda, opina que "tiene una etimología muy brumosa, pues nunca se ha comprobado la existencia de un médico o coronel de ese apellido que supuestamente inventó el tal adminículo de goma". (**Panorama del lunfardo**, 1974.) Acotamos que los primeros condones que se fabricaron lo fueron de tripas de carnero y que los diccionarios antiguos los definían así: "cubierta de tripa de carnero, goma u otra materia flexible y, al mismo tiempo compacta, que sirve para proteger el pene y preservar al hombre de la infección sifilítica o venérea en los coitos sospechosos".
Coneja. l. p. Tenemos a este vocablo en la frase **correr la coneja** (véase **correr**). Del esp. **coneja**: hembra del conejo.
Conejear. l. p. Pasar hambre, sufrir necesidades. // Padecer económicamente. **Correr la coneja** (véase **correr**).
Confesor. l. del. Juez. Porque se debe confesar la verdad ante él.

Confidente. l. del. Delator, soplón. Batidor de la policía. Alcahuete. (Véase **lanza**.) Del esp. confidente: espía; persona encargada de observar y escuchar.

Confite. l. p. Bala. // Tiro, balazo. Compara a la bala con un confite. Del esp. confite: pasta de azúcar en forma de bolillas.

—Parece que los muchachos se divierten a tiros —continuó diciendo Pancho, con buen humor. —Aquí, en la Boca, todas las noches hay confites —respondió Crisanto.
Café de camareras. *Enrique Cadícamo, 1973.*

Conga. l. p. Baile, fiesta, diversión. *Estar de conga. Ir de conga.* // Lío, barullo, escándalo. *La discusión degeneró en una conga tremenda.* // Asunto, fato. Rebusque, maniobra, negociado. *¿De dónde sacás dinero? ¿En qué conga andás?*

Recorriste, baquiano, la cancha facilonga del acomodo; siempre fuiste luz en la conga de manotear tupido; siempre primero vos.
La cardíaca. *Joaquín Gómez Bas.*

Coniba. l. del. Revés de **abanico**, agente de policía.

Contamusa. lunf. Mentiroso, cuentero. Fabulador. // Charlatán. "Del gen. **contamusse** (contâ, narrar; mossa, vagina y, en sent. fig., cuento, mentira)." (José Gobello, Diccionario lunfardo, 1989.)

Contamuse. lunf. Plural de contamusa. Suele usarse indistintamente.

Contar. l. p. Con sus acepciones españolas de numerar o computar la cosas y referir un suceso, sea verdadero o fabulado, se usa en algunas expresiones populares. // "¿A mí me la venís a contar?" significa *¿a mí, que no soy ningún gil, querés engañarme?* También, *¿a mí, que conozco bien el caso, venís a explicármelo?* // **Contar de vado.** Mentir, macanear, inventar una historia. De poco uso actualmente. // **Contar las costillas.** Contar el dinero que tiene una persona o averiguar cuánto gana o cuánto tiene.

Hoy sé que tenés un soco que apura la biaba y chilla, que te cuenta las costillas y siempre dice que es poco.
Bandera baja. *Carlos Waiss.*

NOTA. *Soco:* revés de coso. *Contar las costillas*: contar el dinero que tiene encima la mujer, a la que obliga a ejercer la prostitución.

// **Contárselo a Magoya, a Mongo, a Serrucho.** Indica que no se cree lo que alguien cuenta y se lo manda a buscar a otro que pueda creerle, a personajes imaginarios como Magoya, Mongo o Serrucho (véanse estas tres voces).

Conte Rosso. l. p. Nombre de un buque de pasajeros que antiguamente hacía el servicio de Italia a Buenos Aires y regreso, con escalas. // **Tomarse el Conte Rosso.** Irse, escaparse, fugarse, desaparecer, tomarse el olivo. Inspirada en casos que se daban de inmigrantes italianos que, luego de estar unos años en nuestro país, tomaban este buque en secreto para volver a Italia, abandonando, a veces, a su familia.

Mientras yo tiraba siempre con la mula bien cinchada, ella, en juego con su coso, mayorengo y gran bacán, se tomaba el Conte Rosso, propiamente acomodada, y en la lona de los chivos me tiró en el cuarto round.
Barajando. *Tango. Eduardo Escariz Méndez, 1928.*

NOTA. *Tirar con la mula bien cinchada*: tallar al monte haciendo trampas (véase **mula**). *Chivos:* alude a los cuernos.

Contramoquillo. l. p. **Dar contramoquillo.** Obtener un triunfo resonante, aplastante sobre otro, especialmente si dicho triunfo no era previsible. // p. ext. Dejar muy mal parado a alguien. (Véase **moquillo**.)

Quiere un pibe a la gurda que en el baile con corte les dé contramoquillo a los reos del Norte, los fifís del Oeste, los cafishios del Sú.
Sonatina. *Celedonio Esteban Flores.*
NOTA. *Sú:* sur.

Contrera. l. p. Parag. de **contra**, para darle forma de apellido. // Opositor. Contrario. Comenzó a usarse en el primer gobierno peronista para designar a los opositores y luego pasó a ser empleado para nombrar tanto al que se opone a algo, así como al que lo hace sistemáticamente.

Contursi. l. p. Se usa en la expr. pop. ¿qué me contursi? con el significado de *¿qué me contás?* Es locución nacida en el sainete argentino de principios del 1900 y parag. de **contar** para formar el apellido Contursi, por Pascual Contursi, célebre autor de letras de tango.

Conventillero/ra. l. p. Morador de un conventillo. // p. ext. Chismoso, escandaloso, barullero, liero. Chusma.

Conventillo. l. p. Nombre que se le dio a las casonas viejas, de muchas habitaciones, generalmente en mal estado y malas condiciones de habitabilidad, que se alquilaban por piezas, en cada una de las cuales se albergaban familias enteras. Estas casas proliferaron a mediados del 1800, fruto especulativo de la necesidad habitacional porteña debida al crecimiento demográfico de la ciudad y al gran número de inmigrantes que llegaban al país. Eran verdaderos antros de miseria, hacinamiento y promiscuidad; sin cocina, con algún que otro baño para todos sus ocupantes y sin las mínimas condiciones de salubridad. El nombre se apocopó en **convento**, que dio, luego, **convoy** y **comboy**, así como el revés **yotivenco**. El vocablo proviene del esp. **conventillo** (dim. de **convento**, casa donde vive una comunidad religiosa): "convento de algunas ciudades o lugares subalternos más pequeños y con menos religiosos que el principal" y de los también esp. **conventico, conventillo** o **conventito** (todos dim. de **convento**), fig. y fam. "casa de vivienda en la que suelen habitar mujeres perdidas y hombres ambiciosos".

MISERIA Y ESPECULACIÓN
Nuestra ciudad, que en 1810 contaba con 55.000 habitantes, llegó, en 1869, a 180.000, de los cuales 90.000 eran extranjeros. Entró al año 1900 con casi 850.000 pobladores, entre ellos, más de 400.000 extranjeros, y totalizó en 1914, año de la Primera Guerra Mundial, 1.500.000, con cerca de 1.000.000 de inmigrantes, más del 50% de su población.
Esta explosión demográfica dio nacimiento al lamentable, indigno, vergonzante y oprobioso conventillo al superar abrumadoramente la capacidad habitacional de un conglomerado urbano que no estaba preparado para ello.
"La mudanza de los grupos tradicionales porteños al Barrio Norte (alrededor de 1880) permitió el alojamiento de familias numerosas que se hacinaron en los ya obsoletos caserones del sur. Los especuladores, a su turno, no tardaron en acondicionar vetustos edificios de la época colonial o en hacer construir precarios alojamientos para esta demanda poco exigente y ansiosa para obtener, mal o bien, un techo. La improvisación, el hacinamiento, la falta de servicios sanitarios y la pobreza sin demasiadas esperanzas hicieron el resto." (Jorge Páez. **El conventillo.** *1970.)*
"Estas casas, confundidas las edades, las nacionalidades, los sexos, constituían una especie de gusaneras donde todos se revolvían, saliendo unos, entrando otros, cruzando los más con esa actividad diversa del conventillo. Húmedos los patios, por allí se desparramaba el sedimento; estrechas las celdas, por sus puertas abiertas se veía el mugriento cuarto lleno de catres y baúles, sillas desvencijadas, cuadros almazarronados (...) y ese desorden donde duermen seis." (Ceferino de la Calle –Silverio Domínguez– **Palomas y Gavilanes***, 1886.) (1)*
"Al terminar los años 1880, Buenos Aires cuenta con 1770 conventillos en los que pernoctan 51.915 personas (...) En 1887, pico de la década, los conventillos son 2835. A mediados de 1890 el número decrece a 2249. Los barrios o parroquias más populares son: Concepción (Caseros, Solís, México y Chacabuco), Piedad (Alsina, Sarandí, Ayacucho, Paraguay, Uruguay y San José), Socorro (Paraguay, Uruguay, Callao y Río de la Plata), San Nicolás (Uruguay, Cuyo, Esmeralda y Paraguay), Balvanera (México, Boedo, Victoria, Medrano, Córdoba, Paraguay, Ayacucho y Sarandí) y San Telmo (Chacabuco, México, Paseo Colón y Caseros)." (Jorge Páez. **El conventillo***, 1970.)*
"Las casas de inquilinato, con raras excepciones si las hay, son edificios antiguos, mal construidos en su origen, decadentes ahora, y que nunca fueron calculados para el destino a que se los aplica. Los propietarios no tienen interés en mejorarlos, puesto que así, como están, les producen una renta que no podrían percibir en cualquier otra colocación que dieran a su dine-

ro." (Guillermo Rawson, **Estudio sobre las casas de inquilinato de Buenos Aires**, 1885.) (1)
"El terreno que ocupa un conventillo pertenece, generalmente, a un rico que lo alquila a un empresario de viviendas para pobres. Algunas veces, el mismo rico construye las habitaciones, de madera, en la generalidad de los casos, de ladrillo y barro en las excepciones. El número de las celdillas está en relación directa con la avaricia del dueño y del arrendatario. Casi siempre las construyen en ambos lados del terreno, dejando en el centro una calleja que sirve a los inquilinos de entrada y de salida, de patio, cocina y lavadero. Esta calleja es el intestino recto del conventillo. En las habitaciones, los hombres, las mujeres, los niños, los perros, los loros y las gallinas viven y duermen estirados." (Santiago de Estrada. **Viajes y otras páginas literarias,** 1889.) (1)

EL CÓLERA Y LA FIEBRE AMARILLA

"El conventillo es un taller de epidemias en que cada una de sus inmundas camas es el tálamo en el cual la fiebre amarilla y el cólera se recrean (...) Tiene de común con los sepulcros el blanqueo exterior y la podredumbre interior, pero guarda en sus entrañas corrompidas algo que no se encuentra en las tumbas: la lepra moral.
"Enjambres de moscas zumbadoras e hidrofóbicas, parecidas a las de Montfauçon hormiguean en el zaguán del conventillo y pasan alternativamente de algún puchero puesto al fuego a la corriente tortuosa de agua podrida que surca el mal enladrillado patio. Allí, en el fondo, fermenta la basura, conjunto heterogéneo de huevos, papeles, recortes de lienzo, cáscaras de frutas, coles descompuestas y hierba mate usada, esperando que le llegue la hora de atravesar la ciudad exhalando los últimos restos de sus miasmas. Las paredes de los calabozos llamados dormitorios contienen pegotes de sebo, tiznes de mechas de candil, humedad, verdín, vegetaciones de parásitos, costras de inmundicias difíciles de reconocer, exudaciones y manchas producidas quizás por los vómitos de algún colérico abandonado. En una palabra: penetrar en un conventillo es para la vista y el olfato como penetrar en un gran estómago de entorpecida digestión.
"Habitan tales antros gentes de todas las profesiones, sexos y edades: lavanderas, cocineros, peones, obreros; viejos, jóvenes y niños desconocidos, porque en ningún empadronamiento figuran sus nombres. El conventillo es la olla podrida de las nacionalidades y las lenguas." (Santiago de Estrada. **Viajes y otras páginas literarias,** 1889.) (1)
"Sus habitaciones, verdaderas celdas, son ocupadas por familias obreras, la mayoría con 3, 4, 5 y hasta seis hijos, cuando no por 3 o 4 hombres solos (..) y sirven de dormitorio, sala, comedor y taller a sus moradores. Pocos son los conventillos donde se albergan menos de ciento cincuenta personas. Todos son focos de infección." (Adrián Patroni. **Los trabajadores en la Argentina**, 1898.) (1)

CALAMIDAD Y AGUANTADERO

"Cada habitación albergaba a una familia entera de abuelos, hijos y nietos. Raramente un biombo separaba la pieza en dos. La enfermedad, la alegría, el amor y los disgustos, todo transcurría como una calamidad en común." (Ezequiel Martínez Estrada. **La cabeza de Goliat**, 1940.) (1)
En esos conventillos convivían "italianos, españoles, polacos, rusos, sirios, portugueses, libaneses, franceses, búlgaros, uruguayos y criollos de la ciudad y del interior. Se mezclaban los laburantes que le peleaban a la vida desde el alba hasta que caían rendidos de fatiga con los malandrines. Por eso, los yotivencos cobraron la fama de refugio de los nenes del escruche, de la lunza a punta de ganchos, de la fiola, etc. Eran aguantaderos de púas y puntos de avería, que se confundían con los hombres honestos, con sus mujeres y su larga prole (...), hijos que a veces agarraban para el lado de los tachos e hijas que sólo necesitaban una vaga promesa del gavión para tomarse el raje, cansadas de la mishiadura, de la máquina de coser o de la fábrica". (José Barcia. **El lunfardo de Buenos Aires**, 1973.)
Los conventillos tenían su nombre propio. Los bautizaba el ingenio popular. Quizás el más famoso, por la cantidad de piezas que contaba y de inquilinos que albergaba, fue el llamado "Las 14 provincias" (eran los años en que el país estaba dividido políticamente en ese número de provincias, aparte de diez gobernaciones y el distrito federal). Se recuerdan, también, entre otros, "Babilonia", "El conventillo de Ara-

vena", "El gallinero", "El palomar", "El sarandí", "La cosecha negra", "Los dos mundos", etc.
(1) Cfr. Jorge Ríos. **El conventillo (La historia popular)**, 1970.

Convento. l. p. Forma apocopada de **conventillo.** // Inquilinato. // El apóc., de clara connotación irónico-festiva, retrotrae el nombre a la voz española que la originó, claro que sin la menor connotación lingüística. Véase **conventillo**.

Conversa. l. p. Forma apocopada de conversación. Se usa casi siempre en la frase **estar en la conversa** (estar en la conversación), con el significado de estar bien informado, entender mucho de un tema, estar ligado a gente de poder y de mando. // Estar en la onda.

Convoy. l. p. Deformación humorística de **conventillo** y **convento**. Como muchas de estas deformaciones –a las que siempre fue afecto el porteño–, está destinada a ironizar o disimular humorísticamente palabras disonantes o desagradables con otras que las disfrazan. En la oportunidad se recurrió al nombre del vaquero estadounidense (**cowboy**), que solía pronunciarse **convoy**.

Copado/da. l. p. Dominado por una idea o un sentimiento obsesionante. // Entregado de lleno a una causa o a una empresa a la que dedica todo su afán. // Totalmente entusiasmado por algo. *Estar copado por la arqueología.* // p. ext. Profundamente enamorado. *Copado por una mujer*. Véase **copar**.

Era un gran jockey, que sumaba el buen jinete al hombre corajudo que, en los momentos decisivos, no miraba a los costados, sino adelante, copado por una pasión que nos invade cuando nos vemos en un final reñido y escuchamos el grito de miles de bocas que nos empujan a la victoria.
Leguisamo de punta a punta.
Daniel Alfonso Luro, 1982.

Copar. l. p. Hacer frente en forma decidida a una situación difícil, asumiendo los riesgos y responsabilidades que exija. *Ninguno se animaba a aceptar el desafío, pero yo la copé.* También se dice **copar la banca** o **copar la parada**. // Obsesionar, entusiasmar. *Esa mujer no me va a copar.* // Captar. Dominar. *Con las primeras palabras, el orador logró copar a su auditorio.* Del esp. **copar**: en los juegos bancados, cubrir un solo jugador el dinero que apuesta la banca, la que, de ese modo, juega contra él solamente.

Coparse. l. p. Entusiasmarse sobremanera, obsesionarse por algo o por alguien.

Cope. l. p. Acción y efecto de copar. *¡Tengo un cope con el jazz antiguo!* // p. ext. Cosa, cuestión, tema. *¿En qué cope andarán esos tipos?* // Asunto entretenido, gracioso, festivo. *Estábamos aburridos, pero cayeron visitas y se armó un cope bárbaro.* Estas dos últimas acepciones son recientes y circulan entre los jóvenes.

Copera. l. p. Alternadora. // Mujer que en bares o salones de baile o diversión acompaña y entretiene a los clientes y percibe una comisión por el importe de las copas de bebidas que éstos consumen y les pagan a ellas.

Copero/ra. l. p. Lujoso, suntuoso, elegante. // l. dep. Deportista o equipo de deportistas frecuente ganador de copas en torneos. *Independiente es un equipo de fútbol copero.*

Copetín. l. p. Preparado hecho con la mezcla en distintas proporciones de bebidas alcohólicas y algunos condimentos especiales. // Cóctel. Américo Castro lo deriva del nombre de un vasito de terracota: "del genovés **cuppetin**, *beverino, se di terracota*; **coppetin, cazzette**. Este tosco vasito de barro –dice– ascendió por la escala social y terminó usado por la clase alta". (**La peculiaridad lingüística rioplatense y su sentido histórico,** 1941.) Por su parte, José Gobello lo remite "al esp. **copa**: líquido que cabe en una copa". (Diccionario lunfardo, 1989.)

Coquear. l. p. Mascar hojas de coca.
Coquero/ra. l. p. Que coquea.
Coquitos. Dim. de **cocos**: testículos (véase **cocos**).

Corbata. l. bill. Espacio que queda en la mesa de billar entre una bola –que no es la jugadora– y la baranda. // **Irse de corbata** o **irse por baranda.** l. bill. Pasar la bola jugadora (la bola con la que se juega) por el espacio que hay entre la baranda y la bola a la que se deseaba golpear, sin llegar a tocar a ésta. // p. ext. l. p. Perder un negocio, una oportunidad o fracasar en algo por muy poco, por una pequeñez. // p. ext. l. p. Irse, huir, escapar.

No faltaba más, ahora:
querer rajar de corbata,
y siendo una mishia gata,
dárselas de gran señora.
De rompe y raja. José Pagano.

Cordero ensillado. l. p. Dícese de un cordero hecho al asador con el pan, el vino, la ensalada, fruta, etc., es decir, una comida completa a base de cordero asado, sin que falte nada. *Se desafiaron a jugar un partido de bochas por un cordero ensillado.*

Cordón. l. p. Borde, generalmente de granito, que tienen las veredas. Del esp. **cordón**: cuerda por lo común redonda.

Cornelio. l. p. Cornudo. Es parag.

Corneta. l. p. Batidor, delator, soplón. // p. ext. Falso, taimado. // "Aplícase al animal vacuno al que le falta uno de sus cuernos o lo tiene mutilado. Estos animales son muy molestos e incómodos en la manada, porque tropiezan con los otros y los lastiman. En Río Grande del Sur tiene el mismo significado. Beaurepaire-Rohán presume que es voz peculiar de Brasil, pero nosotros consideramos que es española y que los riograndenses la tomaron de sus vecinos, los orientales del Uruguay. Es verdad que **corneta** es, también, término portugués, pero la ganadería en el Plata es más antigua que en el Brasil y debe inferirse la procedencia en el uso de dicha palabra." (Daniel Granada. **Vocabulario rioplatense razonado.** Montevideo, Uruguay, 1890.)

BUEY CORNETA
El lenguaje popular acuñó la expresión **buey corneta** *para calificar a la persona que procede de manera inconveniente, buscando perjudicar a alguien, tratando de entorpecer algo, delatando o chismeando por el solo hecho de hacer daño, aun sin el menor beneficio propio. También se le llama* **buey corneta** *a la persona que va a contramano de las cosas y los hechos considerados corrientes y naturales. Esto dio origen a la sentencia* **nunca falta un buey corneta**, *con el significado de que en un grupo de personas unidas por ideales, aspiraciones o problemas comunes, nunca falta alguno que desentone o actúe perjudicialmente para el conjunto.*

Cornetita. l. p. Dim. de **corneta**. // Batidor, delator, soplón.

Cuando escuches este tango
que una orquesta arrulladora
en el hall de una milonga
se dispone a hacer vibrar,
acordate que hay un hombre,
cornetita sopladora,
que apuntado por tu culpa
vaga enfermo, mas no implora,
y le dispara a la yuta
sin poderse acomodar.
La cornetita. Celedonio Esteban Flores.

Corno. l. p. Deformación de **cuerno**, que se emplea con sentido negativo. Voz influida por el ital. **corno**: cuerno. // **No importar un corno.** No importar nada, no importar un pito. Se usa **corno** como más enfático que cuerno, por el sonido fuerte de la letra o. *Me importa un corno* o *no me importa un corno.*

Corralito. l. p. Diose este nombre a la inmovilización a que se afectó por disposición oficial el dinero colocado en depósito, cajas de ahorro o plazo fijo en entidades bancarias de la Argentina, a partir de noviembre de 2001. Esta medida fue tomada en las postrimerías del gobierno del presidente Fernando de la Rúa, que renunció a su mandato el 20 de diciembre del mismo año. La gravísima situación económica que sufría el país motivó que se resolviera coartar la libre disponibilidad del dinero en dólares que tuvieran los bancos de sus clientes, pero esto trascendió antes de su efectivización, por lo que los titulares de las cuentas más importantes retiraron todos sus dólares en pocas horas, lo que causó la fuga del país de miles de millones de esa moneda.
El decreto respectivo, que salió a luz con el hecho ya consumado, prohibió el retiro de dólares de los bancos, salvo en sumas menores mensuales. A poco se lo prohibió definitivamente, a menos que lo hiciera convertido a pesos a la paridad 1 dólar = $1,40, siempre en reducidas sumas mensuales, equivalentes a las autorizadas para extraer dinero en pesos. (Véase **Pesificar.**)
Díjose entonces que el dinero había quedado "en el corralito", es decir, donde no se podía mover o donde podía tener poco movimiento,

en comparación con los llamados "corralitos", pequeños cercos hechos generalmente con varillas de madera y piso blando, que se emplean en las casas para colocar dentro de ellos a los bebés que ya empiezan a gatear y a desplazarse, por su propia seguridad, en tanto no se los pueda vigilar.

Correo. l. del. Se llamaba así a un hilo de coser, muy delgado, que se colocaba ingeniosamente en las puertas de las casas en las que no se advertían movimientos de sus moradores. Si se lo hallaba roto, indicaba que alguien había entrado. En cambio, si por unos días el hilo no aparecía cortado, significaba que en la casa no entraba gente y, por lo tanto, se presentaba propicia para ingresar a robar. También solía colocarse un papelito hábilmente pegado entre la puerta y el marco con el mismo fin. // **Colocar** o **poner el correo.** Colocar el hilo o el papel citados. // Al que realizaba esta tarea se lo llamaba **cartero.**

Pa'l scruche soy certero,
hábil pa'l escamoteao;
sé colocar un correo
si la yugo de cartero.
L. C. (Ladrón conocido.) *José Pagano.*

Correo sin estampilla. l. p. Llámase así a la persona chismosa, que trae y lleva cuentos a unos y a otros. // Alcahuete.

Correr. l. p. Tener chance; contar con posibilidades a favor; estar vigente. *Tu solicitud de préstamos corre.* // Apretar, apurar a alguien para el logro de un fin. *Lo voy a correr diciéndole algo que lo asuste.* // **Correr con el caballo del comisario.** Tener perspectivas seguras de lograr algo por estar vinculado a quien decide o contar con el apoyo de algún influyente (véase **caballo**). // **Correr con la vaina** o **correr con la parada.** Buscar impresionar o asustar a alguien con apariencias o bravuconadas vanas, sin sustento. Da la imagen de quien alardea mostrando la vaina de un cuchillo que, en realidad, está vacía. // **Correr de atrás.** Estar a la expectativa de cómo se desenvuelve o cómo se maneja una situación para presentarse en el momento oportuno y quedar bien o sacar buen partido. Viene del l. turf. **correr de atrás**: mantener el jockey contenido a su caballo en los puestos de retaguardia durante una carrera, especulando con el desgaste de fuerzas de los punteros en lucha y ahorrando energías a su montado, para hacerlo atropellar en los tramos finales de la prueba con mayor resto físico. // **Correr la coneja** o **correr la liebre.** Carecer de lo esencial, padecer necesidades, pasar hambre; buscar en vano el sustento. Alude al esfuerzo del perro que persigue a la liebre inalcanzable.

Esta vida es puro grupo, ¡qué vas a hablarm'e
/la vida!
¡Si habré corrido la liebre, mangando pa mal
/comer!
En esta lucha del morfi hay tan sólo una salida:
tener las pilchas bacanas y una bonita mujer.
Esta vida es puro grupo. *Tango.*
Alberto Yavarozzo y E. Carreras Sotelo.

// **Correrse una fija.** Hacer algo convencido de que va a salir bien. Tener absoluta confianza en el éxito de lo que se emprende. Es voz del l. turf. en que dicha frase significa tener la convicción del triunfo de un determinado caballo en una carrera. // **Correrse una rumbeada.** Disponerse a realizar algo en la creencia de contar con posibilidades de lograrlo. Es la misma frase que en el l. turf. implica confiar los allegados a un caballo de carrera en la posibilidad de su triunfo, atento a lo bien preparado que se encuentra, a sus buenos ejercicios, etc. // **Hacer correr.** Apurar algún asunto. Activar un trámite. Emprender una acción decididamente. *Le pedí que hiciera correr mi pedido de ascenso.* // p. ext. Aproximarse el hombre a una mujer con intención de conquistarla. *La vi tan hermosa, que hice correr y me acerqué para hablarle.* También proviene del l. turf. en el que **hacer correr** indica la acción del jockey de un caballo de carrera que, en un momento dado, exige a su cabalgadura para que corra más velozmente. Esto puede ocurrir en los primeros tramos de la carrera, para lanzarlo a asumir la vanguardia del lote; también al girar el último codo, si va en punta, para alejarse de sus rivales o, si va rezagado, para acercarse a los punteros antes de entrar en la recta final y, finalmente, ya en ella, cuando le requiere el último esfuerzo para lograr la victoria. // **Hacer correr la bola, la bolilla, la pelota.**

Difundir un rumor, una noticia, una especie. Véase **bola, bolilla, pelota.** // **No corre.** Véase **no corre.**
Correrla. l. p. Vivir de farra en farra. Andar de garufa corrida. // Darse a una vida de satisfacciones. // Por antífrasis, pasarla mal, padecer necesidades. En este caso es frase elíptica por **correr la coneja** o **correr la liebre.**
Corrida. l. p. Dícese de la mujer experta en la vida airada. // l. turf. Ensayo que un caballo cumple en la distancia de la carrera en que está anotado para correr. // Figura de baile en el tango. Véase **corte.**

Ahora una corrida,
una vuelta, una sentada,
¡así se baila el tango,
un tango de mi flor!
Así se baila el tango. *Tango.*
Elisardo Martínez Vilas (Marvil), 1942.

// **Hacerse una corrida.** Ir de paso a un lugar o ir por breve tiempo. *Ya que estaba a dos cuadras de tu casa, me hice una corrida para venir a saludarte.*
Corrido/da. l. p. Dícese del hombre de mundo. // Canchero. Experto en las cosas de la vida. // Que anduvo en francachelas, diversiones dudosas, etc. Del esp. **corrido/da**: fam. Experimentado y astuto.
Corso. l. p. Celebración de la fiesta de Carnaval en la vía pública con desfile de coches, carruajes ornamentados, comparsas, gente disfrazada, etc. Del ital. **corso**: carrera. // Rambla.

Los corsos de antes
Fueron famosos y de gran brillo los corsos que se realizaban antiguamente en los barrios porteños más tradicionales, así como en muchas ciudades del país. Al efecto, se destinaba un tramo de una avenida o de una calle ancha en el que los coches y carruajes circulaban lentamente, de ida y vuelta, mientras la gente, a lo largo del recorrido, desde la vereda o desde una hilera de palcos armados de madera que se colocaban en el centro de la calzada, intercambiaba con sus ocupantes saludos, bromas, serpentinas, papel picado e inocentes chorritos de agua perfumada lanzada por medio de pomos. Estos corsos se llevaban a cabo todas las noches de Carnaval, entre las 21 y las 24, en calles iluminadas especialmente con hileras de lamparitas de colores que cruzaban la calzada de lado a lado.

Un corso en la cabeza
Por ser el corso una mezcla heterogénea de colores, música, disfraces, ruidos, bocinas de coches, pitos, matracas, bullicio, el habla popular –vocacionalmente ingeniosa, humorística, gráfica– le llamó corso, también, a las rarezas, las extravagancias, los berretines y aun a la locura de algunas personas, equiparando la confusión de cosas que representa un corso carnavalesco con la confusión de ideas. Y así se dijo **tener un corso en la cabeza** *o* **en el mate** *o* **en el marote** *o* **en la azotea**, *etc. con el sentido de* **estar rayado** *(véase* **rayado**), *medio loco o decididamente loco. Pero si este corso se evidenciaba como muy grave, ya se dice que la persona* **tiene un corso a contramano o de contramano.**

Vos tenés en el marote
todo un corso'e contramano,
sos un caso de escopeta,
de chaleco y algo más.
Chichipía. *Tango. Nolo López.*

Cortada. l. p. Calle corta, de una o muy pocas cuadras. Generalmente, son angostas. En Buenos Aires existen muchas, entre ellas Carabelas, Luis Dellepiane, C. M. Della Paolera, Escribano, etc.
Cortado/da. l. p. Sin dinero o con muy poco dinero. *Andar o estar cortado.* // **Estar más cortado que tabla de picar carne.** Este dicho es de la época en que la carne se picaba en las casas, con cuchilla, sobre una tabla, la que, por consiguiente, estaba llena de las marcas que le dejaba tal operación.

La meneguina anda escasa y nosotros andamos más cortaus qu'tabla'e picar carne
(*Josué Quesada,* **Asamblea.** *Relato periodístico de principios del 1900. Cfr. Luis Soler Cañas,* **Orígenes de la literatura lunfarda.** *Buenos Aires, 1965.*)

¡Cortala! l. p. Expresión que se emplea con el sentido de ¡callate!, ¡dejate de molestar!, ¡terminala!

Cortante. l. del. Tijera (Antonio Dellepiane. El idioma del delito, 1894.)

Cortarla. l. p. Callarse. Dejar de molestar. Terminarla.

Cortar luz. l. turf. Ganar un caballo una carrera por más de un cuerpo de ventaja, es decir, de modo que haya luz (espacio) entre el anca del ganador y el hocico del segundo. Esta voz se usa mucho en las carreras cuadreras, en las cuales, cuando un caballo tiene reconocida superioridad sobre otro contra el que va a correr, suele establecerse la condición de "cortar luz", lo que significa que el considerado superior, en caso de imponerse, debe hacerlo por más de un cuerpo de ventaja. Si así no lo hiciera, aunque gane, se lo tendrá por perdedor.

Cortarse. l. p. Alejarse, apartarse, retirarse, separarse. // Abandonar a alguien. *Íbamos juntos a hacer el negocio y, de pronto, se cortó solo.* // l. turf. y l. dep. En una carrera, distanciarse ampliamente el puntero de sus rivales. // l. fút. Avanzar velozmente un jugador llevando la pelota hacia el arco contrario, sin adversarios en su camino.

Los muchachos se cortaron
al verme tan afligido,
y yo me quedé en el nido
empollando mi aflicción.
El bulín de la calle Ayacucho.
Tango. Celedonio Esteban Flores, 1923.

Corte. l. p. Vanagloria, presunción, ostentación. // **Dar corte.** l. p. Atención que se presta a alguien. // **No dar corte.** No prestarle ninguna atención a alguien. // **Darse corte.** Darse tono. // Aparentar más de lo que se es o se tiene. Alardear, ostentar, darse importancia. // **Corte de manga.** Acción ofensiva dirigida a alguien que se realiza poniendo una mano sobre la coyuntura del otro brazo y doblando éste, todo hecho con enérgico ademán. Es una señal de rechazo y repulsa, de negación rotunda a algo que se ha pedido y de desafecto o desagrado hacia la persona a la que va destinada. // **Hacer un corte de manga.** Realizar el ademán descripto en el dicho anterior. // Abandonar alguien a quien necesitaba una ayuda o apoyo que esperaba. *Cuando más te necesitaba me hiciste un corte de manga.* // p. ext. Abandonar a alguien. *Cansada de ese borrachín, la mujer le hizo un corte de manga.* // p. ext. Traicionar a alguien. // **Garantizar el corte.** Comencemos por presentar como ejemplo de este modismo un fragmento de **Compadrito 1887** de Juan A. Piaggio, que cita Luis Soler Cañas en su **Orígenes de la literatura lunfarda**, 1965.

–¿*Vamos a atorrar? Son las once.*
–¿*Estás soñando? ¡Hay farra!*
–¿*De veras, che?*
–¿*Y cómo no? Cuando te lo digo, ya sabés.*
–¿*Qué tal es el batuque?*
–*Con firulete, acordiona, violín y flauta.*
–*Garanto el corte.*

Dice Cañas que, al analizar Vicente Rossi este diálogo en **Cosas de negros**, opina que **garanto el corte** está expresado "en el sentido de que será una reunión donde podrán comer, beber y divertirse". Confiesa Cañas —seguidamente— que no ha dado con esa acepción de corte y expresa que "el **garanto el corte** de uno de los interlocutores, después que el otro aclaró que el bailar era 'con firulete, acordiona, violín y flauta', le parece muy claro y definitivo. ¿Qué son, en definitiva —agrega— los cortes y las quebradas sino firuletes?".

En este punto, nos permitimos aportar nuestra opinión. Al respecto, recordamos haber oído a los mayores en nuestra niñez y aun en nuestra mocedad el empleo de la frase **garanto el corte** en el sentido de garantizar que algo va a ser bueno, inobjetable. Tal como lo hacían los sastres "a medida" de aquellas épocas, orgullosos de su "corte", al asegurar a sus clientes la perfección del trabajo que les era recomendado: "le garanto el corte". O como diría alguien al recomendarle a un amigo: "Andá a hacerte un traje con mi sastre: te garanto el corte". Atento a esto y coincidiendo con Rossi, la expresión en el ejemplo citado indicaría que el éxito de la farra estaba asegurado.

Corte. l. del. Cortafierro. Santo.

Corte. l. p. figura que hacen el hombre y la mujer en el baile del tango. Al igual que en el malambo, baile en el que, sobre la base del zapateo constante, el bailarín se luce haciendo las más variadas figuras con sus piernas y, a veces, solamente con sus pies, el tango también sirvió de inspiración al hombre para crear figuras de baile propias, distintivas de esa música novedosa y entradora que halagaba el oído, tocaba el sentimiento y buscaba expresarse en la danza.

De Barraca al Sur,
de Barraca al Norte,
lo que a mí me gusta
es bailar con corte.
Anónimo, de fines del 1800. (Cfr. Tulio Carella. **Picaresca porteña**, 1966.)

EL CORTE: BELLEZA Y ESPECTÁCULO

En sus comienzos, cuando el tango se bailaba entre hombres en las esquinas de barrio, con la música de un organito, de un acordeón, o, a falta de ello, al compás de una perfecta ejecución silbada, los bailarines hacían gala de sus cortes, algunos creados por ellos mismos, fruto exclusivo de su imaginación canyengue, los que, después, serían ensayados y realizados por los atentos contertulios que los rodeaban entusiasmados.
Cuando la mujer fue ganada por el tango, el corte alcanzó su máxima expresión de belleza y como espectáculo. Ella le dio, con su gracia, el toque de elegancia que necesitaba este baile popular. Supo ser partenaire *para el lucimiento de algún bailarín, supo brillar con luz propia entre las mejores y los mejores, supo, también, ensamblarse con el hombre en parejas que hicieron época y llegaron a ser leyenda.*

Soy milonguera, me gusta el tango
y en los bailongos me sé lucir.
¡Hago unos cortes y unas quebradas
y unas sentadas, que son así!
(...) Fíjese usted esta sentada
y esta corrida, que es de mi flor.
Luego estos pasos cadenciosos
y esta quebrada que da calor.
Mire este ocho... ¡Qué bonito!
Y esta media luna singular...
La Milonguera.
Tango. Vicente Greco, 1915.

NÓMINA DE CORTES

Todos los cortes tienen nombre propio. Algunos, debido a sus creadores; otros, impuestos por sus cultores, atendiendo a las figuras que representan. Ofrecemos seguidamente la nómina de los que hemos logrado recopilar.
Cortar el césped; el abanico; el acomodo; el alfajor; el arrastre; el corte; el cuadro; el dieciséis; el enganche; el espejito; el garabito; el giro; el medio corte; el ocho; el paseo con golpe; el paseo de lado; el paso atrás; el pique; el punteo; el volteo; la corrida; la cruzada; la ida y vuelta; la lustrada; la marcha; la media luna; la parada; la quebrada; la refalada; la salida completa; la salida simple; la sentada (o la asentada); la trabada; la vuelta; las tijeras.

Cortina. l. p. Parag. de **corto** con su mismo significado y, además, el de poco, escaso. *Una pollera cortina. Un sueldo cortina.* // **Estar cortina.** Andar corto de dinero. *Ayudame con unos mangos; ando cortina.* // **Quedar cortina.** Quedarse corto. Hacer menos de lo que debía hacerse. Pagar menos de lo que debía pagarse. *Te quedás cortina con lo que me estás pagando; me debés mucho más.* También se dice **venir cortina:** *venís cortina con lo que me estás pagando...* // **Bajar la cortina.** Cortar en forma tajante y definitiva un vínculo, una relación. *Los amigos le bajaron la cortina por su mala acción.* En este caso se inspira en el símil de la cortina metálica de un local, que se baja y corta el acceso a toda persona. // Petiso.

Corto. l. p. Se emplea igual que **cortina:** estar corto (véase **cortina**). // Persona de baja estatura. Petiso.

Cosa. l. p. Revés de saco. // Fem. de **coso.**

Cosaco. l. p. Nombre que se les da a los miembros del Cuerpo Guardia de Seguridad de la Policía de la Capital Federal. Tiene connotación despectiva. // l. p. Policía a caballo. Del esp. cosaco (del kirghis **kasak,** caballero): soldado ruso de tropa ligera.

Cosifai. l. p. **Cusifai.**

Coso/a. lunf. Cosa o persona que se alude cuyo nombre se ignora, no se recuerda o no quiere pronunciarse. *Me presentaron a un coso que trabaja en un diario.* // Suele usarse con sentido despect. para hablar de alguien que no agrada. *A ese coso no lo soporto.* // Fulano. Tipo. **Cusifai.** // Del ital. **coso:** fulano. // Objeto cualquiera.

El día del casorio
dijo el tipo'e la sotana:
el coso debe siempre
mantener a su fulana.
Haragán. Tango.
Manuel Romero-José Luis Bayón Herrera, 1928.

Tiene de todo lo que tiene un barrio:
hasta un coso, a la puerta, en camiseta,
está radiografiando a una pebeta
que pasea un esqueleto extraordinario.
Mi barrio. Constantino (Tino Rodríguez).

Costeleta. l. p. Bife de costilla. Chuleta.
Costelete. l. p. Cotelete.
Costillas. l. p. **Contar las costillas.** Expr. pop. que significa contar, calcular, informarse del dinero que tiene alguien. *¿Por qué tantas preguntas sobre mi patrimonio? ¿Me estás contando las costillas?* Esta expresión viene, a su vez, de otra acepción de este dicho indicativa de que una persona está tan flaca que se le pueden contar las costillas. Véase **contar**.
Coté. lunf. Costado. Lado. **Mirar de coté:** mirar de costado. También se usa **cotén**, con igual significado. **Andar de un cotén a otro cotén:** andar de un lado a otro. Del fr. côté: lado, costado, margen, sitio, lugar.
Cotelete. lunf. Costado. Lado. Igual que **coté**, aunque tiene una connotación más expresiva. **Mirar de cotelete:** igual que **mirar de coté**. Es derivación del lunf. **coté**, con influencia fónica del fr. cotelette, chuleta. // **Ganar de cotelete.** Triunfar fácilmente. // **Hacer algo de cotelete.** Hacerlo con suma facilidad, sin esfuerzo.

—Señores: debo decirles algo importante —levantó la voz, mirando de cotelete el reloj con malla de oro que centelleaba en su fina muñeca...
Duendes en el Café de la Muerte.
Héctor Chaponick, 1986.

Cotizarse. l. p. Colaborar en el pago de un gasto o participar en una contribución monetaria. *Nos cotizamos todos para pagar la fiesta. Estamos reuniendo dinero para ayudar a José. ¿Con cuánto te cotizás?* // Brindarse en todo momento, estar siempre bien dispuesto, leal, amigablemente.

Los amigos se cotizan
en las buenas y en las malas.
Preparate pa'l domingo.
Tango. José Rial, 1931.

Cotorrita de la suerte. l. p. Véase **organito**.
Cotorrito. l. p. Dim. de **cotorro**. // Cuartito, piecita. Es afectivo.
Cotorro. l. p. En su origen fue el nombre que designó a la habitación en la que vivía un hombre soltero o la que un hombre usaba para sus citas amorosas. Con el tiempo, los cotorros pasaron a funcionar en departamentos y también a estar en manos de mujeres que escondían en ellos sus amoríos. // **Bulín.** Bulo. Del esp. cotarro: asilo o albergue nocturno para pobres y vagabundos.

Y entre el vino y el último tango
pa'l cotorro te lleva un bacán...
¡Ay, qué sola, Estercita, te sientes!...
Si llorás..., dicen que es el champán.
Milonguita. Tango. Samuel Linnig, 1920.

Cráneo. l. p. Cabeza. // Dícese de la persona muy inteligente, de gran capacidad mental, por meton. con el nombre de la caja craneana, en la que se halla el cerebro. *El profesor de filosofía es un cráneo.* Equivale a **bocho**. // l. jgo. Cabeza, en el sentido del número agraciado con el primer premio de la lotería o de la quiniela. *Salió el 19 al cráneo.*
Crepar. lunf. Morir. // Morir violentamente. Del ital. crepare: s. fig. Morir.

Ahí tiene el Palacio de Cristal, un convento ruso-calabrés de a dies pesos por mes el bulín. Para verano, es regularcito..., pero áhura..., ¡de bronconeumonía crepó un moisés anteayer con gorro de piel de oso y todo!...
Pedrín. Félix Lima, 1969.
NOTA. *Moisés:* nombre que se le daba a los judíos, en general, y que se hacía extensivo a los rusos.

Crepe. l. p. Tela de seda o papel acresponados. Del fr. crêpe, con igual significado.
Cri. l. del. Monedero de cierre a presión. Es voz onomatopéyica por el ruido que hace al cerrarse.

Crimen. l. p. Este vocablo se emplea, en sent. fig., en algunas expresiones populares. // **Estar para el crimen**. Equivale a **estar para matarla** y se dice de una mujer hermosa, atrayente que "está para poseerla". Con el tiempo, también la usó la mujer para referirse a un hombre que la atrae. // Esta expresión se emplea también con el sentido de hallarse uno en una instancia extrema, límite, en que puede perder el control de sus actos. En este caso, **estar para el crimen** significa encontrarse en un estado de incontrolable furia o desesperación, capaz de llevarlo a cometer hechos gravísimos. // **Un día para el crimen**. Se dice del día en que a uno todo le sale mal y las cosas se le dan al revés, así como del día en que, doblegado por una racha prolongada de desdichas, siente impulsos de adoptar alguna actitud extrema.

Crique. l. p. Gato. // Máquina compuesta de un engranaje de piñón y cremallera con un trinquete de seguridad, que sirve para levantar grandes pesos a poca altura y que se usa especialmente con los vehículos automotores cuando hay que cambiar un neumático, una rueda, etc. Del fr. **cric**, con igual significado.

Cristiano. l. p. Bien. // Bueno. // Mejor. // Útil. // **Ser o estar más cristiano**. Ser o estar mejor que otro, más útil, más manuable. Dicho de muy antigua data y de uso preferente en nuestra campaña. **Un día cristiano**: un día bueno, hermoso. **Hoy no ando muy cristiano**: no estoy muy bien de salud. **Una herramienta más cristiana que otra**: una herramienta mayor o en mejor estado o más útil que la otra. Es derivación del dicho español **no ser o no estar muy católico**: no ser o no estar muy aceptable.

(Doña María llena los vasos con el contenido de una de las botellas. Toribio apura su vaso con rapidez y se pone a contemplarlo con desaliento.)
–Puro vidrio... ¿No tiene otros más cristianos, señora?
El sargento Palma. Drama teatral estrenado el 14-5-1906. Martín Coronado.
NOTA. Toribio se refiere a que el vaso es de vidrio muy grueso y, por consiguiente, de capacidad reducida, y reclama uno más delgado, que contenga más bebida.

Croqueta. l. p. Cerebro. Del esp. **croqueta** (del fr. **croquette**): fritura de carne muy picada en forma de bollo. El aspecto y la forma de este bollo han sido comparados con el cerebro. // p. ext. Cabeza.

–Vamos Rolito, tesoro, no me compliqués la croqueta; conformate con que ustedes me caen simpáticos. Le estoy poniendo el hombro por primera vez en mi vida a algo, sin reclamar guita.
Duendes en el Café de la Muerte.
Héctor Chaponick, 1986.

Crosta. lunf. Capa que se forma sobre algo y que se endurece y se seca. Es deformación del esp. **costra**: "cubierta exterior endurecida. Postilla de una llaga o grano que se va secando". Esta voz se ha visto influenciada por el ital. **crosta**: costra, postilla. // p. ext. Sucio, miserable. Persona de baja condición. // Ordinario. Esta segunda acepción parecería provenir del esp. **costroso**: persona que tiene costras y, p. ext., sucio, desagradable.

Crotear. l. p. Vagabundear, andar de un lado a otro sin medios para subsistir. De **croto**.

Croto. l. p. "Vago o linyera y también individuo sin recursos. // Persona que no tiene aptitudes, especialmente para los deportes. Proviene del apellido del gobernador de la provincia de Buenos Aires, José Camilo Crotto, quien, en 1920, a raíz de la mala situación económica que atravesaba el país, dispuso que corrieran trenes gratuitos del ferrocarril provincial para el transporte de los desocupados que iban a levantar las cosechas. Esas gentes viajaban en vagones de carga y, al verlos pasar, los habitantes de los pueblos los designaban con la expresión 'ahí van los de Crotto', frase que pronto se acortó a 'ahí van los crotos', con lo que el apellido adquirió el significado que aún perdura, ampliado." (Mario E. Teruggi. **Panorama del lunfardo,** 1974.)

Pianto sin dar las hurras, lo más choto,
luego de embagayar cuatro zonceras
en un placar mistongo de arpiyera
y al poco tiempo se graduó de croto.
Croto. *Pedro Felipe Oría.*

Crudo/da. l. p. Con el sentido de falto de madurez, inicialmente calificó a la persona bisoña o poco avispada, para luego extenderse a indicar carencia de condiciones en el ejercicio de alguna actividad. En este sentido, se aplicó primero al jugador de fútbol poco habilidoso y más tarde se generalizó. *Ese arquero es un crudo. El ingeniero que contraté me resultó un crudo.* // l. impr. Texto compuesto pero aún sin corregir. // **Mandar a alguien crudo.** Enviar a alguien a ocuparse de un asunto sin prevenirlo de los problemas que lo afectan o de los peligros que pueda correr.

Cruz. l. p. Hallamos esta voz en la frase **hacerle la cruz a alguien**, con el sentido de cortar una amistad, una relación; no querer saber más de una persona o cosa. *A ese individuo le hice la cruz. Le hice la cruz a la bebida.* Viene de la antigua costumbre de hacer una cruz con ambos dedos pulgares o índices de cada mano y besarla cuando se amenazaba a alguien o se rompía con él.

Cuadrado/da. l. p. Ignorante, bruto, torpe. Del ital. quadro: irón. tonto, necio.

Cuadrera. l. camp. Carrera de caballos que se corre en zonas rurales. El nombre viene de cuadra, porque cuando se corrían en la calle de algún pueblo, se hacían generalmente calculando la distancia por correr en cuadras. También se llaman **pencas**. // ant. Beodez, borrachera. En desuso.

LAS CUADRERAS

En su medio se las llama **carreras**. *El hombre de campo no dice "el domingo hay cuadreras", sino "hay carreras". El término "cuadreras" se usa actualmente más en las ciudades para referirse a este tipo de competencias.*

Se llevan a cabo siempre sobre tierra en calles o rutas vecinales. El recorrido es corto: por lo común, entre 200 y 300 metros. Pocas veces se hace más extenso. En la mayoría de los casos se trata de desafíos en los que compiten dos caballos solamente, entre cuyos dueños se formaliza una apuesta en dinero que, en ocasiones, paga el perdedor tras la carrera y, en otras, cuando el monto de la apuesta es importante, se deposita previamente en manos de un tercero, que será el encargado de entregar el dinero al propietario del caballo vencedor. A esta carrera se la llama "depositada".

Estos eventos cuentan con dos autoridades importantes. Una, inexcusable: el **rayero** *o juez de raya, a cuyo cargo corre dictaminar, en caso de un final ajustado, qué caballo ha sido el ganador de la prueba. Instalado al borde de la calle, justo en la línea imaginaria de llegada o* **raya**, *a veces parado sobre algo que lo eleva del nivel del suelo, clava su vista en las cabezas de los caballos que vienen porfiando por la victoria hasta el instante en que cruzan la línea de sentencia, para luego volverse al público y dar el fallo de viva voz: "Ganó el alazán" o "el zaino" o "el de adentro" o "el de afuera" (véase* **rayero**). *La otra autoridad importante es el* **largador** *o* **abanderado**, *que es quien da la orden de partida a los competidores, pero puede prescindirse de él, en caso de que así se acuerde, y dejar que la largada corra por cuenta de los mismos jockeys (véase* **abanderado**).

Las cuadreras son siempre motivo de fiesta popular y, según las mentas de los caballos que corran, suelen atraer gente de otros pueblos. Entre ésta se allegan algunos con sus parejeros, que aprovechan la ocasión para probar suerte en algún desafío improvisado. La oportunidad también resulta propicia para que alguien instale en el lugar una parrilla al aire libre para la venta de sandwiches de chorizo o de vacío y vino de damajuana. No faltaba, antes, la vecina que ofrecía empanadas y pasteles "caseros" que llevaba en su canasta de mimbre, así como el paisano que vendía números para la rifa de un caballo que exhibía, números que, luego, se pondrían dentro de un sombrero para que una dama o un niño extrajeran de allí, "sin mirar", el que resultaría ganador del premio.

En los casos de "depositadas" o de desafíos concertados con anterioridad, las condiciones de la carrera se acuerdan con la suficiente anticipación. En los que se producen en el momento, los detalles se discuten ahí mismo, especialmente las condiciones de la largada y si se correrá con o sin largador. La largada es fundamental, teniendo en cuenta los tiros cortos de estas carreras, puesto que una pequeña ventaja que pueda obtener algún caballo en el momento de la partida podría resultar difícil de descontar al final. La diferencia de calidad que pudiera haber entre los competidores se compensa con el peso que llevarán éstos encima, a cuyo efecto se pesan los jinetes con sus monturas. Si se considera a los caballos en condiciones parejas de posibilidades, se iguala el peso de ambos jockeys y

sus equipos con piezas de metal, en lo posible de plomo, que se colocan en la montura del más liviano. Si existe diferencia de calidad entre los caballos, se establece cuántos kilos de ventaja debe dar el mejor al otro, para lo que se emplea el mismo procedimiento, y así aquél corre con 2, 3, 4 kilos o más que su rival.
Otra cuestión que se discute son los detalles de las partidas, así, en plural, como veremos.
Estas carreras se largan con los caballos en movimiento. A tal fin, los jinetes llevan a sus cabalgaduras a cierta distancia de la línea de largada. Ya los caballos se hallan nerviosos, por su propio genio y porque saben que van a correr; se mueven, intranquilos, resoplan, caracolean... En mutuo acuerdo, a una voz o una seña, los jinetes largan a sus pingos, a medio correr y a la par, hacia el punto de partida. La cosa es que ambos lleguen a dicho punto en una misma línea, hocico a hocico, para iniciar la carrera con el envión que llevan. Y esto es lo difícil. A veces, por culpa de los animales. Nerviosos, alguno de ellos mañerea antes y el jockey tiene que levantar –sofrenarlo–, con lo que se frustra el intento (partida errada). Pero las más de las veces son los mismos jinetes quienes dificultan la largada. Expertos en estas lides, se saben todas las mañas y en plena corrida hacia la línea van diciéndose cosas nada gratas o burlándose entre sí, en tanto uno y otro espían la acción de su rival, para ver si, ya sobre la raya, puede sorprenderlo en algún descuido o excedido de confianza, a fin de largar con alguna ventaja o tomando el impulso una fracción de segundo antes. Otras veces, aunque vayan corriendo parejos y en condiciones de poder largar juntos, uno de ellos "levanta" repentinamente a su caballo casi sobre la raya y vuelta a retroceder para iniciar una nueva partida en la que quizá sea el otro el que "levante". El propósito es irritar al adversario, ponerlo nervioso para tratar de ventajearlo de alguna manera. Hay que tener en cuenta que un caballo P. S. C. (pura sangre de carrera) emplea normalmente 6 segundos para recorrer los primeros cien metros de carrera, es decir, que descuenta entre 16 y 17 metros por segundo inicial, lo que da 1,60 a 1,70 metros por cada décima de segundo. Hubo y hay "caballos cuadreros" P. S. C., algunos de los cuales han visitado con éxito los circos oficiales. Los hay, también, de buena cruza con animales puros y no puros totalmente, pero por regla general, la velocidad de éstos en carrera es algo menor que la de sus congéneres de hipódromos, en lo que mucho influye, también, la pista en que corren, casi siempre una calle de tierra. Asimismo andan en los 7 segundos para los primeros cien metros de carrera. Esto nos da una idea de la ventaja que puede sacar en la partida el que largue una fracción de segundo antes que su rival, ventaja que, sea medio pescuezo o pescuezo, puede resultar indescontable en el corto tiro de una cuadrera.
*En fin, decididos a largar después de tantos amagos y cuando los caballos van llegando en un nuevo intento a la línea de salida, uno de los jinetes invita: "¿vamos?" y, si el otro está de acuerdo, responderá: "¡vamos!", con lo que lanzarán a sus pingos en busca de la victoria. Debido a estas artimañas, en ocasiones se pacta entre las partes el número máximo de partidas que podrán realizarse (por ejemplo, cinco), con la condición de que si resultaran infructuosas se anulará la carrera o se recurrirá a un largador, que será el encargado de dar la orden de partida. Finalizada la carrera, le tocará el turno a la siguiente, que podrá ser alguna programada de antemano o un desafío producto del momento. Los caballos se dirigirán al punto de partida, montados o llevados de tiro, caminando ante el público que los observará detenidamente, tras lo cual hará las apuestas, que se formalizan a viva voz. "Voy cincuenta pesos al alazán." "¡Pago!", le responde quien acepta. "Doy cien a ochenta a mano del tordillo", ofrece alguien que da **usura** (véase esta voz). "¡Pago!", se oye más allá. Esto es suficiente. Las apuestas están selladas. Cruzada la raya por los caballos, el perdedor se aproximará al ganador y le entregará el dinero jugado.*

Le corro con mi manchao
al alazán de Cirilo
y no le pido ni un kilo,
como le dio al coloreado.
El desafío.
René Ruiz y Gualberto Márquez (Charrúa).

Cuadro. lunf. Bobo, tonto, gil. **Cuadrado.** La expresión **gil a cuadros** ironiza y le da más fuerza, igual que **otario cuadro**. // Pabellón de presos en las cárceles. // Equipo de fútbol.

La primera acep. viene del ital. **testa quadra**, que significa persona muy inteligente o de buena cabeza y, por antífrasis, tonto, necio.

Por cuatro mangos que han llovido,
¡quién sabe cómo!, te has engrupido.
Te creés que sos un diputao
y sólo sos un gil a cuadros empilchao.
¡Qué hacés, qué hacés! Tango.
Jesús Fernández Blanco-Luis César Amadori.

Cualunque. lunf. Cualquiera. // p. ext. Don nadie. // p. ext. Poca cosa (refiriéndose a personas o cosas). *Ese sujeto es un cualunque. Guiaba un coche cualunque.* Del ital. *qualunque:* cualquier, cualquiera. Es despect.

Cuarenta. l. p. **Las mismas cuarenta.** La misma historia. Los mismos cuentos. Los argumentos de siempre. La misma rutina.

Siempre las mismas cuarenta:
laburo, morfi y laburo.
Siempre viviendo de apuro
sin poder apoliyar.
Bronca (Nocau lírico).
Alcides Gandolfi Herrero, 1970.

// **Mantenerse uno en sus cuarenta.** Persistir en su opinión o creencia. Equivale al esp. **mantenerse uno en sus trece.** // **Otras cuarenta.** Otra historia. Otras cuestiones. Otras razones distintas de las que se están tratando o de las que se conocen. Estas expresiones vienen de **cantar las cuarenta** (véase **cantar**).

Cuarta. l. p. Cadena, cable o soga que se ata a un vehículo o carruaje descompuesto o empantanado, de la que se tira por medio de caballos o de otro vehículo para arrastrarlo y sacarlo del trance. La misma ayuda se le presta por este medio a un vehículo excesivamente cargado o en dificultades para subir una cuesta. Este nombre viene del lazo, doblado en cuatro para hacerlo más resistente, que se utilizaba en el campo para realizar tal operación. Era el lazo reducido a la cuarta parte de su largo. También se le llama cuarta al caballo que cumple esta tarea. *Ese percherón es una cuarta formidable.* // **Andar de la cuarta al pértigo.** Vivir lleno de dificultades y en constante trajín y angustia buscando subsanarlas. // Hallarse en muy mala situación económica. //

De cuarta. (Ser de cuarta.) Frase que califica a algo o a alguien como de muy baja calidad o categoría. Equivale a decir que es de cuarta categoría. *Un político de cuarta. Un poema de cuarta.* // **Gil de cuarta.** Véase **gil.** // **Pan de cuarta.** Equivale a **gil de cuarta** y lo compara con un pan ordinario, tosco. // **Tirar una cuarta.** Ayudar a alguien en un apuro.

Tengo un pingo que en el barro
cualquier carro tira y saca.
Overo de anca partida,
que en un trabajo de cuarta,
de la zanja siempre aparta
la rueda que se ha quedao.
El *cuarteador*. Tango. *Enrique Cadícamo.*

Cuarteador. l. p. Persona que está a cargo de una cuarta. // Que se dedica a cuartear. // Nombre que se le daba al encargado de ayudar con su caballo y su cuarta a subir las calles cuesta arriba a los tranvías cuando su tracción era a sangre.

EL CUARTEADOR
"*Tenía su ciencia, su plan, su gesto y, acaso, hasta su genealogía (...) 'Dar cuarta', ¡ése no era asunto para todos! Era una ciencia y un arte. (...) ¡Hay que nacer cuarteador!... No se sabe bien de dónde venían: medio orilleros y medio malevitos, no acertaban a quedarse en lado alguno de la división (...) Ciento veinte pesos al mes, un día franco por semana, ocho horas de servicio —cuatro y cuatro—, más tres animales a sus órdenes.*
"*El cuarteador de la esquina de Gurruchaga y Paraguay merece una mención detenida. Era de la 'Tierra del Fuego' (véase este nombre), crudo y áspero. No tenía más de veinte años de edad, pero cuarenta vividos. Le gustaba lo que a todos los de su serie: en el pie la zapatilla de colores surtidos o el botín de capellada gris y el taco alto; los 'leones' de rayas negras y grises, ligeramente bombachudos, con bolsillos de través; el saco, cortón y negro, negro brillante, como los usados para los 'casorios' y bautizos; en el cuello, un pañuelito blanco, ni grande ni chico, capaz de un nudo y dos puntas que, en su marcha, acariciaban un cachete, porque la caricia de la seda tiene mucho de mujer; sobre la melena cuidada, que acomoda cada media hora, el peine de asta,*

una gorra medio ferroviaria, con larga visera de hule quebrada hacia arriba, hasta mostrar el amarillo cartón interior. Como adorno nada superfluo, una flor que podía ir en la oreja, en el ojal o en la boca, sujeto el tallo por los dientes parejitos como cinchada de las buenas y blancos, como si figurara un negro en la familia.
"(...) Usaba un pingo flor, especialmente uno, su crédito, zaino petiso y gordo, de fea estampa (...), pero en toda la ciudad no se había conocido mancarrón que se afirmara como ése y sacara un 'tranguay', aunque viniera de las carreras hasta el tope.
"(...) El caballo no debía dar un tranco de más ni el cuarteador efectuar un movimiento innecesario. Todo estaba medido y calculado con sobrada anticipación. Caballo y hombre cinchaban parejo (...) Cuando aparecía el tranvía, un 'golpe' de cornetín avisaba si venía 'con necesidá'. Si el coche estaba vacío o liviano, la corneta daba una nota; si venía muy lleno o con los animales 'pesados', dos toques agudos lo advertían.
"(...) Cuando el coche pasaba por allí, el hombre y el caballo se movían; aquél alzaba un pie y se trepaba al estribo delantero, con golpe impecable; éste comenzaba a andar tomando el mismo paso que traían arrastrando el carromato. El tranco de los tres animales se igualaba. Entonces, el cuarteador, con un movimiento de la mano, prendía el gancho del balancín en un agujero que la plataforma del tranvía llevaba en los dos lados. Ése era el momento en que el caballo de la cuarta pegaba el envión, tan notable, que los pasajeros lo sentían dentro del coche, junto al ruido que metía el mayoral al pegar con el mando del látigo sobre la lata gruesa de la plataforma, a fin de estimular la colaboración de sus pingos.
"(...) Terminada la 'cuesta arriba', el hombre sujetaba apenas las riendas; el animal entendía y aflojaba la marcha, lo bastante para desenganchar, dejando a los otros dos que siguieran parejos, como si los engañara. Entonces, caballo y conductor se despedían del coche (...) y volvían a la parada a esperar otro necesitado de ayuda." (Bernardo González Arrili.
***Buenos Aires, 1900**, 1967.)*

Cuartear. l. p. Dar una cuarta. // p. ext. Ayudar a alguien en un apuro.
Cuartudo/da. l. p. Dícese de la persona de asentaderas anchas, voluminosas. // p. ext. Dícese de quien está siempre sentado, por pereza, y le cuesta o le molesta levantarse de su asiento para hacer algo. // Perezoso, haragán, en general.

Don Zoilo – ¿Quiere un poco de agua? ¡A ver ustedes, cuartudas, si se comiden a traer agua pa esta criatura!
***Barranca abajo**. Florencio Sánchez. Obra teatral estrenada en 1905.*

Cuaterno. l. p. En la lotería familiar, acertar cuatro de los cinco números de una línea. // Racha de cuatro aciertos consecutivos. *Hice cuaterno: acerté las cuatro primeras carreras.* // Puñetazo dado en la cara. Porque se golpea con cuatro dedos del puño.

*Una mañana, cabrero,
le di un cuaterno en la raca,
porque me dejó de araca
con la guita del puchero.*
***Milonga del amuro**. Antonio A. Caggiano, payador y poeta, 1915.*

Cuatro. l. p. Figura que se hace en el baile del tango (véase **corte**). // **Hacer el cuatro.** Orden que daba antiguamente la policía a las personas sospechadas de ebriedad y que consistía en cruzar una pierna a la altura de la rodilla de la otra y sostenerse en un pie, para ver si mantenían el equilibrio.
Cuatro armas. l. del. Nombre que se les daba a los delincuentes que eran expertos en la variada gama del robo: biaba, escruche, hacer el cuento y punga.
Cuatrochi. l. p. Cuatro ojos. Dícese de la persona que usa anteojos. Es festivo. Por el apellido italiano Quatrocchi. // Anteojudo.
Cuatro de copas. l. p. Se le dice al gil, bobo, tonto, inmaduro, chichipío, papa frita. Por el cuatro de copas, considerado el naipe de menor valor en las cartas españolas, aunque los otros cuatros, solos, tampoco tienen valor.
Cuatro ojos, cuatrojos. l. p. Cuatrochi; que usa anteojos.
Cuca. l. p. Cabeza.
Cucuza, Cucuzza. lunf. Cabeza (véase esta voz por otras sinonimias). // Cocuza. Cocuzza. Del ital. **cocuzza, cucuzza**: cabeza.
Cucha. lunf. Cubil. Casilla del perro. // irónic. y fest. Cama. *Me voy a la cucha.* // ¡Cucha! o

¡A la cucha! Modo despectivo de sacarse de encima a una persona, de echarla. Actualmente de poco uso. Del ital. **cuccia**: cubil, cama de los perros; fest. cama, lecho, camastro.

Cuchara. l. p. Voz usada en la expr. **meter la cuchara**, que significa opinar, decir o hacer algo en un momento inoportuno. Entrometerse. // **Meter la pata**, decir o hacer alguna inconveniencia.

Cuchillero. l. p. Que usa cuchillo o cualquier arma blanca. Hábil en su uso. // Pendenciero, peleador, que acostumbra pelear a cuchillo.

Cuchufleta. l. p. Cosa de poco valor; ordinaria. // Cosa en desuso. Del esp. **cuchufleta**: frase o dicho de chanza.

Al levantar el telón,
Juana, broncando a la gurda,
estará a la mano zurda
metiendo en un pañolón,
a manera de balurdo,
unas cuantas cuchufletas:
camisas, batas, chancletas
y un manto de paño burdo.
Presentación hecha por José González Castillo, en su libreto, del escenario y personajes de su obra **El retrato del pibe**, *estrenada en 1905. (Cfr. Luis Soler Cañas.* **Orígenes de la literatura lunfarda**, *1965.)*

Cuchuflito/ta. l. p. Petimetre. Pajarón. Poca cosa.

Cuentero. l. p. Delincuente que se especializa en utilizar cuentos para estafar a sus víctimas. Entre los cuentos que se hicieron más famosos podemos citar el del **filomisho** o **guitarra**, del **legado**, del **tío**, del **toco mocho**, vender un **buzón**, vender un **tranvía**, etc.

Cuento. l. p. Relato engañoso, historia fraguada concebida por los maleantes para robar o estafar a sus víctimas. // Mentira, engaño, en general. // l. del. **Formar un cuento**. "Relatar una historia inventada con el objeto de engañar a alguien y sacarle dinero. Lo mismo que filar el cuento." (Antonio Dellepiane, El idioma del delito, 1894.) // **Irla de cuento**. Disponerse a engañar a una persona. // Dedicarse a formar cuentos. // Vivir haciendo cuentos. // **Tomar el cuento**. Creer una historia inventada. Caer en el engaño. // **Trabajo de cuento**. Formar o filar un cuento.

Cuerdas. l. p. **Estar contra las cuerdas**. Hallarse afectado por un problema insoluble o de muy difícil solución, con muy escasos medios para afrontarlo. // **Tener a alguien contra las cuerdas**. Llevar a una persona a una situación tal que no encuentre salida ni respuesta a planteos, requerimientos o acusaciones que se le hagan. // Apabullar a alguien con presiones que le impidan reacción alguna. Estas frases derivan de **tener a un boxeador contra las cuerdas**, expresión del l. box. que significa haber hecho retroceder un boxeador a su contrincante hasta que queda apoyado contra las cuerdas del ring, lugar en que, si quiere eludir el ataque, no puede retroceder más, le es difícil salir hacia los costados si el rival sabe impedírselo y, además, no se halla en posición cómoda para responder a los golpes que recibe.

Cuerito. l. p. Nombre que se le daba al billete de un peso hacia los años 1950 por su color amarronado.

Cuero. l. p. Piel de las personas. // p. ext. Cuerpo de las personas. Del esp. **cuero**: piel que cubre la carne en algunos animales.

A mí no me matan penas
mientras tenga el cuero sano.
Venga el sol en el verano
y la escarcha en el invierno.
Si este mundo es un infierno,
¿pa qué afligirse el cristiano?
El gaucho Martín Fierro. *José Hernández.*

// l. del. **Billetera**. Del tiempo en que todas las billeteras o carteras se hacían de cuero.

Hacés tu enfoque al vichenzo
y un palpe más que ligero
de grilo, de chiquilín,
de culata y de sotana.
El cusifai ni se escurre
cuando le pirás el cuero.
De tu lanza no se aviva
ni el más piola ni el más rana.
Lancero (Nocau lírico).
Alcides Gandolfi Herrero, 1970.

NOTA. **Enfoque:** acción de ver, ubicar. **Palpe:** roce que se hace con el dorso de la mano en el bolsillo de la víctima elegida, para saber si lleva dinero.

// **Dar el cuero.** Tener valentía, coraje, para enfrentar una situación difícil o peligrosa. *A mí me da el cuero para encarar a esa gente.* // **Jugarse el cuero.** Arriesgar todo, aun la vida, por algo. // **Poner el cuero.** Afrontar el peligro, corriendo todos los riesgos. // **Esquivar el cuero.** Eludir una situación peligrosa. Acobardarse, achicarse. // **Sacar el cuero.** Hablar mal de alguien. Cuerear. Mario E. Teruggi lo remite a la expresión española **sacar tiras del pellejo**, con igual significado. (**Panorama del lunfardo**, 1974.) // **Sostener con el cuero.** Responsabilizarse, jugarse por alguien o por lo que se ha hecho o dicho.

Soy del barrio'e Monserrat,
donde relumbra el acero.
Lo que digo con el pico
lo sostengo con el cuero.
Payada. Nemesio Trejo. *(Cfr. E. M. Suárez Danero.* **El sainete***, 1970.)*

Cuerpear. l. p. Hurtar el cuerpo, hacer un regate, moviéndolo rápidamente hacia un lado u otro. Esquivar algo o a alguien.

Carlos – ¡Ése..., con sólo mirar una vez, es capaz de cortar el dulce de leche!... ¡Hay que ver cómo le dispara la gente! Los que lo conocen, desde lejos, no más, ya empiezan a cuerpearle, y si lo encuentran de golpe y no tienen otra salida..., ¡se bajan de la vereda, como si pasara el presidente de la República!
Jettatore. Gregorio de Laferrère. *Obra teatral estrenada en 1904.*

// Empujar con el cuerpo. Pechar. // p. ext. Eludir una situación, un compromiso, una dificultad. Equivale a sacar el cuerpo.

Hacés mal en darte a la bebida... ¿Qué sacás con eso? Vos sabés cuerpiarle de bute a la mala suerte; que otro, en tu lugar, habría quedao como pa remate. Pero te sobran condiciones a vos...
La Tierra del Fuego. *Sainete.*
Carlos Mauricio Pacheco, *1923.*

Cuervo. l. p. Cura. Sacerdote. Por el color negro de su hábito. Se usa con sentido burlón. // Nombre que se le da al club San Lorenzo de Almagro, así como a sus socios, simpatizantes y jugadores, por haber sido fundado por el sacerdote Lorenzo Maza.

Cuete. l. p. Cohete. Se usa en la expr. pop. **al cuete** (al cohete) con el significado de en vano, inútilmente, sin razón, sin motivo, sin utilidad alguna. Admite los aumentativos **al santo cuete** y **al santísimo cuete**. *Me estoy preocupando por ese hombre, pero sé que es al cuete.* Del esp. **cohete**: "tubo de cartón o de papel lleno de pólvora y cerrado en sus extremos", uno de los cuales está provisto de una mecha que, al darle fuego, chisporrotea y llega así al interior del tubo, provocando la explosión de la pólvora. Todo este proceso dura de uno a tres segundos, es decir, que hay que comprar el cohete, gastar dinero, encender la mecha, esperar la explosión y... ya está todo. Varios pasos que llevan tiempo y dinero para que, en un brevísimo instante, se produzca un ruido fuerte y nada más. La expresión **al cuete** capta todas estas circunstancias para calificar a las cosas que se hacen sin que conduzcan a nada; sin utilidad, sin provecho, sin resultado valorable y, por extensión, a algún hecho que ocurre sin motivo estimable.

Maschio me dijo: "Caid está perdiendo al cuete allá, en Palermo; pierde carreras que debería ganar; yo no sé qué pasa, pero estoy seguro que con vos en el lomo ganaríamos de galope alegre... ¿No te animás a venirte a Buenos Aires, a corrérmelo?..."
Leguisamo de punta a punta.
Daniel Alfonso Luro, 1982.

Cufa. lunf. Cana, cárcel, calabozo, prisión. Del gen. **cõffa**: canasta. En ital. **coffa**: cesta, cestón, canasta. Es interesante recordar que **canasta** es parag. de **cana** y que **encanastado** lo es de **encanado**.

Matufia que la esgunfia, que la estufa:
el escabiar la tiene repiantada
y el cocó la encanó, fula, en la cufa.
La mina del cocó. Fernando Giribet.

Cui cui, cuiqui. l. p. Miedo. *Tener cui cui.* Es costumbre, cuando se le dice a alguien "tenés cui cui", reforzar la expresión juntando por las yemas los cinco dedos de una mano y poniendo ésta para arriba, ademán que busca imitar la contracción del esfínter anal a causa del miedo. Véase **arrugar**.

Cuja. l. carc. Nombre dado al camastro de la prisión. // p. ext. Cama. // p. ext. Cárcel, prisión. Del esp. **cuja**: armadura de la cama.

Culadera. l. p. En el juego del rango, al saltar rozar con las asentaderas (el culo, por eso el nombre) la espalda del que está agachado (el burro). // Yeta, mala suerte, mala racha. *Andar* o *estar de culadera*. Equivale a *andar* o *estar como el culo* (véase **culo**).

Culanchar. l. p. En el juego de la taba, echar culo, es decir, que la taba lanzada caiga al suelo con la cara más plana del hueso para arriba, llamada **culo**, con lo que pierde el lanzador (véase **taba**). // p. ext. Achicarse, rendirse, someterse.

Culastro. l. p. **Pulastro**.

Culastrón. l. p. Aument. de **culastro**.

Culastrún. l. p. **Culastrón**.

Culata. l. del. Bolsillo trasero del pantalón. *Robar de culata*. Robar de dicho bolsillo. // Traste, asentaderas. Del esp. **culata** (de **culo**), sent. fig. Parte posterior de una cosa.

Culateada. l. del. Robar del bolsillo trasero del pantalón. // l. del. Robo, sustracción de efectos de un camión, sacándolos por la parte trasera. // l. p. Culatazo. Golpe que da hacia atrás un arma de fuego al ser disparada.

Culatero. l. del. Ladrón que se especializa en robar de los bolsillos llamados **culatas** o de los camiones, por la parte trasera de éstos.

Culear. l. p. Copular. Fornicar.

Culera. l. p. Nombre que se le da a la taba que cae más de **culo** (mala) que de **buena** (suerte).

¡Qué quiere! Así jué siempre. Unos son hijos;
otros, entenados. Pa algunos la vida es lo mes-
mo que taba culera.
El linyera. Enrique Larreta, 1940.

// p. ext. **Racha culera**. Sucesión de hechos perjudiciales, yeta persistente, mala racha. // p. ext. Culona; mujer de asentaderas grandes.

En el rancho
de ño Pancho
lo esperaba
la puestera.

(*Más culera*
que una taba.)
La donna e mobile (*Cuentos de muerte y*
de sangre). Ricardo Güiraldes, 1915.

// l. p. Silla. Por lo que uno asienta en ella.

Una catrera otomana,
una mesa, una culera,
un balde, una escupidera
y cualquier otra macana.
Parte de la notable descripción que hace José González Castillo del escenario de su obra teatral **El retrato del pibe**, estrenada el 9-11-1908. (*Cfr.* Luis Soler Cañas. **Orígenes de la literatura lunfarda**, 1965.)

Culero. l. p. Pieza de cuero que los hombres se colocan exteriormente en el pantalón por la parte de los muslos para evitar el roce de los instrumentos de trabajo con la ropa. // **Saco culero**. Nombre que se le dio antiguamente al saco con dos tajos cortos atrás que comenzaron a usar los elegantes y luego fue adoptado por los cafishos. En algunos casos llevaban tres botones de nácar a cada lado de los tajos.

Culo. l. p. Parte plana de la taba, también llamada "mala", opuesta a la parte córnea, llamada "carne", "buena" o "suerte" (véase **taba**). La voz **culo** es española, pero ha dado origen entre nosotros a muchas expresiones del habla popular. // **A mí nadie me toca el culo**. Nadie me va a desmerecer, ofender o basurear impunemente. // **Andar con el culo a cuatro manos**. Estar sumamente preocupado. // Estar muy asustado, dominado por el miedo. // **Andar de culo**. Andar de mala suerte. *Hoy ando de culo: todo me sale mal*. Por antífrasis, andar de buena suerte. *Hoy ando de culo: todo me sale bien*. Se usa más en el primer caso. // **Besar el culo**. Adular, halagar obsecuentemente a alguien. Actuar servilmente con alguien. Igual que **chupar, lamer y oler el culo**. // **Cada cual hace de su culo un pito**. Cada uno hace lo que se le antoja, aunque sea lo contrario de lo que corresponda, de lo que se espera que haga o de lo que la creencia general interpreta. Lo vincula con la homosexualidad del hombre. // **Caer como el culo**. Llegar a un lugar alguien cuya presencia es indeseable o conflictiva. // Afectar a alguien alguna expresión, un gesto o la actitud de una persona. // Causar mal efecto una comida o una bebida. // Disgustar una noticia que se recibe. // **Caer de culo.** Llegar alguien de casualidad a un lugar. // **Como culo y calzoncillo.** Dícese de las personas que se llevan muy bien, que son muy amigas. El dicho es *andan siempre juntos, como culo y calzoncillo.* También, *se llevan o son como culo y calzoncillo.* Con el mismo sentido se dice **como culo y camisa.** // **Como el culo.** Mal. Muy mal. Pésimo. *Ando como el culo. El tenor estuvo como el culo. El negocio me salió como el culo. Ese vestido te queda como el culo. Te portaste como el culo conmigo. Me informaron como el culo.* // **Cuidarse el culo.** Poner cuidado uno para que no le descubran algo malo que ha hecho o hace o para que no trascienda algún antecedente que lo perjudique. // **Culo estrecho, culo parado.** Dícese de la persona engreída, fatua, orgullosa. // **Culo roto.** Suertudo. Afortunado. Persona a la que todo le sale a pedir de boca. Tiene referencia sexual. // **Culo sucio.** Persona de pocos valores humanos. *No te relaciones con ese culo sucio.* // l. jgo. Juego de naipes en el que el as de oros es llamado **culo sucio.** Separados del mazo los otros tres ases, se distribuyen las cartas entre los jugadores, que van descartando los pares a medida que los forman hasta que algunos de ellos se queda con el as de oros. Será el perdedor y llamado **culo sucio.** // **Chupar el culo.** Igual que **besar, lamer** y **oler el culo.** // **Dar por el culo.** Traicionar a alguien. // Desquitarse, vengarse de alguien. // Derrotar a alguien. También se dice **dar por culo** o **dar por el orto.** En todos los casos es expresión grosera y de clara connotación de anormalidad sexual. // **De algún culo saldrá sangre.** De algún lado se obtendrán los recursos para hacer algo. Alguien tendrá que financiarlo; a alguien le costará, pero tendrá que sacrificarse. // **De culo.** De casualidad. // De suerte. Por fortuna. *Me salvé de culo en el accidente.* // **Echar culo.** l. jgo. En el juego de la taba errar el tiro de modo que ésta caiga del lado que se pierde, llamado **culo.** // l. jgo. En el juego de dados llamado **pase inglés,** sacar **barraca** al arrojarlos en el primer tiro, o sea, dos, tres o doce,

con lo que se pierde (véase **pase inglés** y **barraca**). // p. ext. Acobardarse, achicarse, aflojar, asustarse. // p. ext. Rehuir la lucha, el esfuerzo. // **En el culo del mundo.** Lejos, muy lejos. // Lugar despoblado, abandonado, solitario. *Se fue a vivir al culo del mundo.* // **En la loma del culo.** Igual que **en el culo del mundo.** // **Escapar con el culo ensalivado.** Librarse de algún mal a último momento. Salvarse de algún grave perjuicio cuando ya parecían perdidas las esperanzas. También se dice **salvarse con el culo ensalivado.** *Lo habían rodeado para trompearlo, pero se escapó con el culo ensalivado, porque llegó la policía.* El dicho es grosero y vincula los casos a que pueda aludir con el acto sexual contra natura a punto de concretarse. // **Estar para el culo.** Hallarse de mal humor, enojado, desganado, amargado, pesimista. // Andar de malas. // Estar enfermo. // **Fruncir el culo.** Igual que **echar culo** en el sentido de acobardarse, achicarse, aflojar, asustarse. // **Lamer el culo.** Tiene el mismo significado que **besar, chupar** y **oler el culo.** // **Meter el dedo en el culo.** Presionar, apretar a alguien para obligarlo a hacer o decir algo. // Decirle a alguien algo que lo pone en evidencia. // Irritar. Enfurecer. // Abusarse de alguien que le ha dispensado confianza. // Tomar a alguien por tonto; abusarse de él, maltratarlo, explotarlo. *En el trabajo le meten el dedo en el culo y se calla la boca.* // **Mostrar el culo.** Poner alguien en evidencia su catadura. // Demostrar sus falencias. // Dejar al descubierto sus intenciones ocultas. // **Mostrar la hilacha.** // **No está tan lejos el culo del calzoncillo.** Indica que el cálculo que se hizo o la cifra que se dio están muy próximos a la realidad. // Que se está a punto de lograr el fin que se procura. // Que se están descontando las ventajas que lleva alguien. // **No saber ni limpiarse el culo.** Ser inmaduro. // Dícese de la persona inútil. // **Oler el culo.** Igual que **besar, chupar** y **lamer el culo.** // **Plata en mano, culo en tierra.** Significa que algo no se hará si no se paga por adelantado y al contado el precio convenido. // **Quedar para el culo.** Quedar mal ante otros por alguna actitud asumida o a causa de dichos o actos debido a terceros y que lo involucran. // Quedar muy afectado por algo malo que haya hecho o por algún error cometido. // Quedar mal a consecuencia de una enfermedad. // Pasar un papelón. Con el mismo sentido se emplea **quedar como el culo**. *Me hicieron quedar como el culo con sus chismes.* // **Romper el culo**. Abochornar a alguien en alguna confrontación: un debate, una discusión, etc. // Derrotar a alguien en un enfrentamiento deportivo, un juego, etc. // Hacer quedar mal a alguien ante otros. Es grosero y también de connotación sexual anómala. // **Romperse el culo**. Sacrificarse, esforzarse, brindarse al máximo por un logro. // **Salvarse con el culo ensalivado**. Igual que **escaparse con el culo ensalivado**. // **Ser culo**. Ser capaz, tener valor, tener agallas para realizar algo difícil o enfrentar una situación riesgosa. Por consiguiente, **no ser culo** significa carecer de esos valores. // **Tener culo**. Tener suerte. // **Tener el culo sucio**. No contar con buenos antecedentes de moralidad y dignidad. // Estar implicado en algo incorrecto. // p. ext. Dícese de quien oculta algo malo a sabiendas. // **Tener más culo que cabeza**. Dícese de la persona a la que las cosas siempre le salen bien aunque no sepa planearlas ni haga méritos para ello. // **Tocar el culo**. Abusarse de alguien, aprovecharse de él. Desmerecerlo, ofenderlo, a sabiendas de que no reacciona. En estos casos equivale a **meter el dedo en el culo**.

Culón/a. l. p. Que tiene el culo grande. // Suertudo, afortunado.

Cumparsa. l. p. Comparsa. Conjunto de personas disfrazadas o vestidas ex profeso estrafalariamente, que desfilan, cantan y bailan en las fiestas carnavalescas.

Cumplido. l. del. Dícese del preso que ha salido en libertad tras haber cumplido el plazo de su condena.

Cuna. l. p. **Caído de la cuna**. Bobo, tonto, inmaduro. Véase **caído del nido**.

Cuña. l. p. Influencia. Recomendación. // Persona influyente que puede ayudar o beneficiar a alguien. Del esp. **cuña**: "prisma triangular de madera o metal usado para hender, apretar o calzar cuerpos sólidos o para llenar grietas o huecos". Del mismo modo que una cuña puede estar introducida en un cuerpo, **tener alguien una cuña** significa contar con alguna persona en determinado lugar (una institución, etc.) a la que puede recurrir en busca de alguna ayuda o favor.

Cuñada. l. p. Mujer de un rufián, con respecto a otra del mismo individuo.

Cuore. lunf. Corazón. Es el ital. **cuore**, de igual significado.

¡Araca! Cuando a veces oís La Cumparsita,
yo sé cómo palpita tu cuore al recordar
que un día lo bailaste, de lengue y sin un mango,
y ahora el mismo tango bailás hecho un bacán.
Bailarín compadrito. *Tango.*
Miguel Eusebio Bucino, 1929.

NOTA. *La Cumparsita:* Tango. Letra y música de Gerardo H. Matos Rodríguez, 1925.

Cupé. l. p. Automóvil de dos puertas. Del esp. **cupé** (del fr. **coupé**): "berlina, coche cerrado de cuatro ruedas y dos asientos, tirado por caballos, con pescante exterior delantero para el cochero". Se diferencia de la **victoria**, que también es de cuatro ruedas y dos asientos, en que ésta es descubierta y tiene capota rebatible. Estos vehículos fueron usados por nuestra sociedad hasta la aparición de los automóviles con motor de explosión.

Cura. l. p. "Nombre que se le daba hacia comienzos del siglo XX –cuando los hombres usaban bigotes grandes y patillas tupidas– a los que estaban afeitados, por aquello de que los sacerdotes iban siempre con el rostro bien rasurado." (Café de camareras. Enrique Cadícamo, 1973.)

Curado/da. l. p. Ebrio, borracho.

Curarse. l. p. Embriagarse, emborracharse, encurdelarse.

Curcuncha. l. p. Giba, joroba.

Curcuncho/cha. l. p. Giboso, jorobado, encorvado. Del quechua **kurkúnchu**, giboso.

Curda. lunf. Borrachera, beodez.

Una canción
que me mate de tristeza,
que me duerma, que me aturda...
Y en el frío de la mesa
vos y yo, los dos en curda.
Una canción. *Tango. Cátulo Castillo, 1953.*

// Borracho, beodo, ebrio. // Afecto a la bebida. // Bebedor consuetudinario.

*Yo tengo bien templado el de la zurda
y tomo sin motivo ni razón.
Yo tomo porque sí, de puro curda.
Pa mí siempre es buena la ocasión.*
De puro curda. *Tango. Abel Aznar.*

Curdela. lunf. Dícese de la persona que se embriaga frecuentemente. Borracho. // Borrachera.

*Revirao anda el malevo
por el piro de la grela.
Se cortó de los amigos,
de la timba y el café...
Me han pasao el batimento
que lo junaron curdela
escupiendo maldiciones
por la mina que se fue.*
Metejón Malevo *(Nocau lírico).
Alcides Gandolfi Herrero, 1970.*

Curdeli. lunf. Curdela.
Curdelín. lunf. Curdela.
Curdelón. lunf. Aument. de curdela.

*Garabita..., garabita,
(...) muchas veces has pensado
en tu vieja, la finada,
y en tu viejo, curdelón.*
Garabita. *Tango. Pascual Contursi, 1926.*

Curdelún. lunf. Curdelón. Por influencia del gen. en la terminación un.
Currado/a. lunf. Estafado. Defraudado. De currar.
Currar. lunf. Estafar, defraudar, engañar. // Vivir del engaño. // Explotar a alguien. "Del caló **currelar**, trabajar y extensivamente hurtar." (José Gobello, Diccionario lunfardo, 1989.)

*Siempre sé tener conducta
por más contras que me busquen,
aunque muchos se embalurden
que soy punto de currar.*
Bien pulenta. *Tango. Carlos Waiss, 1950.*

Currero/ra. lunf. Que curra.
Curro. lunf. Estafa. Fraude. // Rebusque para ganar dinero o para vivir bien. // **Vivir del curro.** Vivir del engaño, explotando a alguien o explotando situaciones de las que se puede sacar provecho. *¡Qué bien se te ve, che! ¿En qué curro andás?*

*Esta coplita, te juro,
nos dice algo que es ley:
en el país del laburo
el curro siempre fue rey.*
Coplas ciudadanas *(Versos de yeca y atorro). Tino, 1977.*

Curses. 1. turf. Carreras de caballos. *¿Vamos a las curses?* Se usa siempre en pl. En ing. y fr., course, carrera.
Cursiadera. l. p. Diarrea. De cursiar.
Cursiar. l. p. Evacuar el vientre, afectado de diarrea. Colitis. Del esp. curso: flujo de vientre, diarrea.
Cursiento/ta. l. p. Que padece de diarrea o colitis. // p. ext. Sucio, de mal aspecto. // p. ext. Cobarde (por remisión al esp. **cagón**: que evacúa el vientre muchas veces y, también, medroso, cobarde). Del esp. **curso**. Véase cursiar.
Curtir. l. p. Relacionarse. Tratarse. // Ser compinche. *Ahí anda, curtiendo con una sarta de malandras.* // Afilar. **Transar.** // Tener relaciones íntimas hombre y mujer. Es palabra nueva, creada por los jóvenes.
Cusifai. l. p. Coso. Tipo. Sujeto innominado. Es de tono despect. y se emplea igual para ambos géneros. *El cusifai. La cusifai.* "Podría derivarse de **cosiffato**, que en italiano quiere decir similar o semejante." (Mario E. Teruggi. **Panorama del lunfardo, 1974.**) Para José Gobello es un cruce de **coso** con la expresión italiana *¿cosa fai?* (¿qué hacés?) y atribuye el cambio de la o por u a una interferencia genovesa. (**Diccionario lunfardo, 1989.**)

D

Daga. l. p. Puñal de doble filo, corto. // En general, arma blanca de hoja corta. Del esp. **daga**: arma blanca antigua, especie de espada corta, con guarnición para cubrir el puño y gavilanes para los quites, que solía tener dos cortes, aunque las había también de uno, tres o cuatro filos. // **Tirador de daga**. Amigo de pelear con armas blancas. // Cuchillero. // p. ext. Faquero. Aunque este término deriva de **faca**, se usa en forma genérica para designar a las personas que usan armas blancas. // **Tirar la daga**. Batirse en duelo a cuchillo. *Hubo hombres que tiraron la daga por esa mujer.*

Le cruzan por el rostro, de estigmas violentos,
hondas cicatrices, y quizás le halaga
llevar imborrables adornos sangrientos:
caprichos de hembra que tuvo la daga.
El guapo. *Evaristo Carriego.*

Dagor. l. p. Revés de **gorda**.
Dagur. l. p. Revés de **gurda**. A la dagur: a la gurda.
Dandy. l. p. angl. Hombre elegante, bien vestido, de modales finos. // Petimetre, pisaverde. Pura pinta. La Academia lo registra desde 1936 como **dandi**: angl. por pisaverde, lechuguino. También, al plural **dandis** o **dandies**, así como **dandismo**: "reunión o conjunto de **dandis** o **dandies**. // Afición a imitar a los **dandis**. // Dicho o hecho propio de un **dandi**". Es la voz inglesa **dandy**, pisaverde, trasladada a nuestro medio, que le agregó la acepción de hombre elegante, distinguido.

Vestido como un dandy, peinao a la gomina
y dueño de una mina más linda que una flor,
bailás en la milonga, con aires de importancia
luciendo tu elegancia y haciendo exhibición.
Bailarín compadrito.
Tango. Miguel Eusebio Bucino, 1929.

Daqueri, daquier, daquiere, daquieri. Inversiones silábicas de **querida**. También **darique**.
Dar. l. p. Entra este verbo en la formación de muchas expresiones populares. // **Dar a la sin hueso** (a la lengua). Hablar mucho. Chismear. // **Dar alpiste, dar artículo, dar beligerancia, dar bola, dar bolilla, dar corte, dar de las que saltan, dar la hora, dar pelota**. Atender a alguien. Prestarle atención. Hacerle caso, llevarle el apunte. // **Dar calambre**. Supuesta sensación que causaría el asombro, estupor o la admiración producida por algo impactante, como si lo dejara a uno paralizado, tal como ocurre cuando se siente un calambre. *Una mujer tan hermosa que da calambre.* // **Dar calce, dar calzón, dar changüí**. Dar a alguien una oportunidad, una aparente ventaja para, en un momento dado, tomarlo desprevenido. // **Dar con todo. Dar con un fierro**. Actuar violentamente contra alguien, física o verbalmente. // Vencer ampliamente a alguien en el juego o en cualquier otra confrontación. // **Dar cui cui**. Provocar o sentir miedo. // **Dar chanta**. Trompear a alguien, darle una paliza. // Abandonar a alguien, amurarlo. // Derrotar a alguien contundentemente. // Cantar verdades cara a cara. // **Dar chinazo**. l. del. Cortar con un cortaplumas o una hojita de afeitar el bolsillo exterior de un saco o pantalón para robar dinero (de **china**: l. del. cortaplumas). // lunf. También solía usarse como **dar trinquetazo**. //

Dar el acite, el espiante, el olivo, el opio, el piante, el piro, el raje. Echar, despedir, expulsar a alguien. Dejar cesante. // **Dar el amuro.** Amurar. // Abandonar alguien a su pareja. // Empeñar un bien en una casa de préstamos. // l. del. Encarcelar, poner preso. // **Dar el cambiaso.** l. del. Vender un objeto de valor y cambiarlo hábilmente por otro similar, pero falso, en el momento de entregarlo. // l. del. Cambiar un paquete que contiene recortes de papel por otro que tiene dinero (cuento del legado). // **Dar el dulce.** Engañar a alguien con un ardid para hacerlo caer en una trampa. // Convencer con promesas y apariencias vanas. // También se usa con el sentido de **dar calce, dar calzón** y **dar changüí.** // **Dar el enaje.** Igual que **dar el aceite** y equivalentes. // Esconder una cosa. *Cuando vio llegar a la policía, le dio el enaje al reloj que había robado.* // **Dar el esquinazo.** Escapar de alguien. // Eludir a un perseguidor. // Desaparecer de la vista de otros. // Dejar a alguien plantado. // Cortar individualmente una relación amorosa. // **Dar el manyamiento.** Véase **manyamiento.** // **Dar el pesto.** Golpear a alguien, darle una paliza. Derrotar a alguien en el juego o en cualquier otra confrontación. // **Dar el remanye.** Llegar a conocer bien a una persona en sus antecedentes, su manera de ser y las intenciones o intereses que la mueven. // Individualizar o hallar la policía a un delincuente que busca. // **Dar el resto.** Dar alguien todo de sí. Hacer el máximo esfuerzo. // Jugarse entero por algo. // **Dar el rostro.** l. del. No entregarle a un ladrón sus cómplices la parte que le corresponde del producido de un robo. Suele usarse también como **cortar el rostro** (véase **rostro**). // **Dar el toco.** Sobornar. Coimear. // l. del. Darle a un ladrón sus cómplices la parte que le corresponde de un robo. // **Dar el viscachazo.** Echar sobre alguien una mirada rapidísima para advertir sus intenciones. // Hacer lo propio para descubrir la ubicación de una cosa. // Poner sobre aviso a alguien con una mirada sobre la proximidad de una persona o de un peligro. // **Dar en el coco.** Golpear en la cabeza. // p. ext. Desagradar algo. *Ese individuo me da en el coco.* // Caerle mal a alguien una cosa que se hace o que se dice. // Causar preocupación algo. // **Dar en el forro, dar en el forro de las pelotas, dar en el quinto forro, dar en el quinto forro de las pelotas, dar en las guindas, dar en las pelotas, dar en los cocos, dar en los coquitos, dar en los huevos, dar en los quimbos,** etc. Molestar profundamente algo o alguien. Causar gran fastidio. Irritar, exacerbar el ánimo. // **Dar guerra.** Molestar una persona a otra con el propósito de provocarla. // **Dar jarabe.** Demostrar amplia superioridad sobre alguien en cualquier confrontación. *¡Qué jarabe le dio Guillermo Vilas a su rival! Le ganó 6-0, 6-2 y 6-1.* El dicho se inspira en el enfermo que no opone resistencia a que le den jarabe por la boca. // **Dar la biaba.** Darle a alguien una paliza, una golpiza. // Obligar a alguien a trabajar exageradamente o a hacer grandes esfuerzos. // Exigir el adiestrador a un deportista en sus entrenamientos. // Derrotar a alguien ampliamente en alguna confrontación. // p. ext. Comer o beber mucho. *Le dio la biaba a tres platos de macarrones. Le dio la biaba a una botella de ginebra.* // **Dar la cana.** Apresar. Meter preso. // Descubrir, poner en evidencia a alguien que trata de hacer algo ocultamente. // Hallar algo que estaba escondido. // **Dar la caramayola.** Véase **caramayola.** // **Dar la chicha o dar chicha.** Golpear a alguien hasta hacerle brotar sangre. // También se usa con el mismo sentido que **dar la biaba** y **dar jarabe.** // **Dar la fila.** Apuesta que consiste en elegir uno entre varios candidatos a ganar una confrontación y dejarle a alguien a su favor la totalidad de los demás competidores, con cualquiera de los cuales éste ganará. // **Dar la galleta.** Cortar individualmente una relación amorosa. *La novia le dio la galleta.* También se usa **colgar la galleta.** // **Dar la lata.** Hablar sin parar. // Hablar sandeces. // Aburrir con una conversación insulsa o banal. // lunf. Entregar la prostituta a su cafisho las latas que gana en el prostíbulo (véase **lata**). // **Dar la mancada.** l. del. Denunciar a alguien que cometió o que va a cometer un delito. // Descubrir la policía a un maleante en el momento en que está cometiendo un delito. // **Dar la salsa.** Igual que **dar el pesto.** // **Dar las aceitunas.** Igual que **dar el aceite, el espiante** y sus equivalentes. // **Dar leña.** Castigar, golpear a alguien; darle una paliza. // **Dar manija.** Predisponer a favor o en contra de algo o de alguien. // Incitar o estimular a alguien para que diga o no diga, haga o no haga algo. // **Dar pifia.** Igual que dar calce, dar calzón y sus equivalentes. // **Dar por el culo, dar por el orto.** Traicionar. Hacerle a alguien una mala jugada. // Hacerle pagar caro a alguien algo que ha hecho. De clara connotación sexual. // **Dar por la cabeza.** Apabullar a alguien en un debate, una discusión o una confrontación. // Demostrar amplia superioridad sobre alguien. // **Dar ropa.** l. del. Palpar. Rozar con el dorso de la mano el bolsillo de una persona para saber si lleva dinero. // **Dar trinquetazo.** Traicionar. // Cometer contra alguien una acción baja, ruin. Véase **trinquetazo**. // **Dar un baile.** Vencer a alguien con amplitud. Igual que dar jarabe. // **Dar un café.** Reprender severamente. Actualmente corre dar champú, con el mismo sentido. // **Dar un jabón.** Dar un susto. // **Dar un manijazo.** Prestar ayuda a alguien; recomendarlo, apoyarlo en alguna gestión. // Animar a alguien para que haga algo. // Levantar el ánimo a alguien que está decaído. // **Dar un tubazo.** Llamar por teléfono. // **Dar una lavada de bocha, de bocho, de cabeza, de mate, de sabiola,** etc. Equivale a dar un café. // **Dar una mano.** Ayudar, auxiliar a alguien en un momento de necesidad. // **Dar una mano de bleque.** Desacreditar, difamar, enlodar a alguien. Véase **bleque**. // **Dar una marimba.** Igual que dar el pesto, dar la biaba y dar un baile. // **Dar una patada.** Responder con una ingratitud a una buena acción. // **Dar vuelta de un revés.** Golpear fuertemente a alguien en la cara con el dorso de la mano. // **Dar vuelta el codo.** Estar entrada en años una persona. // También se usa con el sentido de **empinar el codo**: ingerir bebidas alcohólicas. Véase **codo**.

Darse. l. drog. Drogarse. // Suceder, ocurrir algo. *¿Cómo podía pensar que iba a darse esta lluvia?* // **Darse barraca.** Fracasar en un intento. // Salir algo al revés de lo que se esperaba (véase **barraca**). // **Darse buena** o **darse la buena.** Acertar con un plan. Tener éxito en un intento. Salir bien algo. // Pasar de una racha mala a una feliz. // **Darse clavada.** (véase **clavada**). // **Darse culo** (véase **culo**). // **Darse el juego de...** Suceder, ocurrir algo que se prolonga en el tiempo, ya sea para bien o para mal. // **Darse el juego de vidurria.** Vivir una etapa de vida fácil, cómoda, placentera. // **Darse el juego de malaria.** Sufrir una racha de males de todo tipo. Salir mal todas las cosas que se emprenden. // **Darse el juego de pileta.** Hallarse en mala situación; ver que todo se hunde, como se van al fondo las cosas que se arrojan a una pileta.

Poco a poco todo ha ido
de cabeza pal empeño.
Se dio juego de pileta
y hubo que echarse a nadar.
Viejo smocking. Tango.
Celedonio Esteban Flores, 1930.

// **Darse la biaba.** Acicalarse en exceso. // Ingerir bebidas alcohólicas en abundancia. // **Darse manija, darse máquina.** Irritarse, exacerbarse a sí mismo. // Atormentarse con un pensamiento o un recuerdo triste o negativo. // Por antífrasis, darse ánimo para hacer algo. *Estuve dándome máquina un rato hasta que decidí encarar al jefe.* // **Darse vuelta.** Cambiar de actitud. Hacer lo contrario de lo que se había pensado o se había anunciado. // l. drog. Drogarse. **Estar dado vuelta**: hallarse bajo los efectos de la droga.

Dársela, dárselas. l. p. Aparentar lo que no se es o creerse lo que no se es. *Dársela de bacán. Se les da de cantor.* Tiene el mismo sentido que irla (la va de bacán; la va de cantor). Véase **ir**.

Datero. l. turf. Personaje que en los hipódromos da el dato del caballo que, supuestamente, ganará una carrera. Lo hace con varias personas a cada una de las cuales da los nombres de otros tantos caballos, y a las que cita en distintos lugares, para después de la carrera. Con tantos caballos que "datea", hay posibilidades de que alguno de ellos gane, caso en el cual acude al punto de la cita con el que ganó, en procura de una propina.

Dátil. l. del. Dedo. // p. ext. Punga. Un buen dátil: un punga hábil.

Está muy del ala que, con los dátiles finos que tenés, me hayas afanao el pinche con un poroto que es recuerdo de don Pedro del Brasile...
Mr. Le Blond flechado por Cupido. Revista *Papel y Tinta, 1908, firmado por FAZ, que para Luis Soler Cañas sería Félix Alberto de Zabalía. (Cfr.* **Orígenes de la literatura lunfarda,** *1965.)*

Dato. l. turf. Informe confidencial sobre qué caballo será el posible ganador de una carrera. De aquí se extendió a información de fuente segura: *tengo el dato de que el ministro va a renunciar*; o de información, en general: *dame algún dato que pueda orientarme para encontrar esa casa*. // Informe, en general, que se transmite confidencialmente.
De atrapa. l. del. Véase **atrapa**.
De bute, debute, de buten, debuten. Véase **bute**.
Dedal. l. del. **Trabajo de dedal.** Sustracción que hace el punguista con sus dedos de los bolsillos ajenos. Viene de dedo.
Degollar. l. p. Maniobra que cometían los guardas de tranvías, consistente en vender varias veces los boletos usados, que alzaban del suelo, para quedarse con el dinero de dicha venta. // Entregar menos vuelto del que corresponde. *¡Eh, che! ¡Me degollaste el vuelto!* // Pagar menor cantidad de dinero que la apostada a quien ganó la apuesta. // **Degoyar.**
Degoyar. l. p. Degollar.
Delantera. l. p. fest. Senos de la mujer. Es voz de cuando los equipos del añorado fútbol de antes contaban con cinco jugadores en su línea de ataque, llamada línea delantera, que, si era buena, efectiva, podía motivar expresiones como "¡qué delantera tiene este equipo!". La frase trascendió el ambiente futbolístico y se aplicó a la mujer que también luce una buena línea adelante: "¡qué delantera tiene esa mujer!", que actualmente se sigue usando, aunque las tácticas modernas del fútbol han llevado a que los equipos tengan sólo tres o dos delanteros. O uno. O ninguno.
Dengue. l. p. Dedo. // **Dengue pichivirlo.** Dedo meñique. Quizá del esp. dengue: sent. fig. Menudencias, pormenores.
Dentre. l. p. Amago. // Ataque. // Sondeo, averiguación disimulada. Intento de sonsacar algo o alguien. // Lo que se dice o se hace al solo efecto de conocer la reacción de alguien. Es deformación del esp. **entre**, por prótesis. De **entrar**: acometer, embestir.
Depósito de contraventores. l. p. Nombre que se le daba a la Alcaldía Segunda que funcionó hasta el 20 de noviembre de 1892 en la actual dirección del Departamento de Policía, Moreno 1550, donde se detenía a los infractores a los edictos policiales.

Depre. l. p. Apóc. de depresión. // Desánimo. Bajón. Es voz relativamente nueva. *Andar con la depre.*
¡Dequera! l. del. interj. Voz de alarma: ¡alerta!, ¡cuidado!, ¡atención! Aviso de un peligro próximo. ¡Dequera, el coniba! (¡Cuidado: el vigilante!). ¡Dequera: el gil! (¡Atención: el gil!). Indica que se acerca el candidato que se está esperando para robarle, hacerle un cuento, una broma, etc. // Corre la forma ¡dequerusa! La voz **dequera** proviene de la expr. ingl. **take care** (que se pronuncia *teic quéar*), que llama a tener cuidado, estar atento. Por influencia fonética se convirtió en **dequera**.
Dequerusa. l. del. Dequera. Es parag. Véase **paragoge**.

En una cárcel de las muchas a que fui a cantar,
pregunté a un internado por qué estaba allí.
Contestó: —¡Dequerusa! ¡La prensa!
Y dejé de verlo.
Una luz de almacén. *Edmundo Rivero, 1982.*

// ¡**Dequerusa: la merluza!** Expresión que significa ¡atención: el merlo!, es decir, ¡atención, que ahí viene el gil! o sea, el candidato que se está esperando, quizá para hacerle un cuento. // La palabra **dequerusa**, como parag. de **dequera**, si se aplica a una persona tiene el sentido de que se trata de alguien no confiable, de un individuo de cuidado, pero en el constante enriquecimiento que nutre a la lengua popular, ha sumado también la acepción de elegante, distinguido, quizá por influencia de **diquero/ra** con cruce de **papusa** y **pintusa**. *Pinta dequerusa. Parla dequerusa.*

Si yo fuese un chaludo batemusa
y vos, una percanta regalada,
la roncha de mi viola abacanada
dedicaba a tu pinta dequerusa.
Soneto 1°. *Emilio V. Di Sandro.*

De rebute, de rebuten. l. p. Véase **bute**.
Derecha. l. p. **Hacer una cosa por derecha.** Hacer algo limpiamente, correctamente, legalmente. Sin subterfugios, sin trampas ni componendas. *Mi casa, mi coche, mi dinero, todo lo hice por derecha.* // **Decir algo por derecha.** Decir la verdad. // Lo contrario es **por izquierda** (véase **izquierda**).

Derecho/cha. l. p. Dícese de la persona justa, recta, correcta, íntegra, leal: sin dobleces ni falsedades.

Bien sabes
que no hay envidia en mi pecho,
que soy un hombre derecho,
que soy como siempre fui.
No te engañes, corazón.
Tango. José María Caffaro Rossi.

// **Derecho al pataleo.** Facultad que se reclama de protestar, manifestar desacuerdo, gritar, patalear a quien se siente víctima injusta de un hecho, aun a sabiendas de la inutilidad de su reclamo, como un mero acto de desahogo. *Tener derecho al pataleo.* // **Derecho de piso. Pagar el derecho de piso.** Dícese de las dificultades con que tropezará quien se inicie en un trabajo o en una función que le es desconocida, hasta que se haga a ella. // **Derecho viejo.** Decir o hacer algo sin vueltas, vacilaciones ni preámbulos. // **Andar derecho.** Estar de suerte. Gozar de una buena racha. // **Entrar derecho viejo.** Véase **entrar**. // **Ir derecho.** En el deporte, en el juego, en cualquier confrontación, actuar con la sola finalidad de vencer. // l. turf. Salir un caballo a correr una carrera con la mira de sus responsables puesta sólo en el triunfo. No participar en maniobras ni componendas. *El caballo va derecho.* También se dice va al frente, va a ganar, va a la plata, va a los bifes, va a los billetes, va a los mangos, etc.

Correr derecho siempre, respetar a quien le da trabajo es hacerse, a la postre, el verdadero y auténtico porvenir. Porque cuando un profesional de la fusta o del training procede torcidamente, la confianza es como la estampilla, como la moral: una vez usada o perdida, ya no sirve sino como algo decorativo.
Leguisamo de punta a punta.
Daniel Alfonso Luro, 1982.

Dernier, a la. l. p. Del modismo francés **au dernier cri** (al último grito, o sea, el último grito de la moda): lo más de moda, lo más moderno (aplicable a costumbres, prendas de vestir, peinados, alhajas, etc.). **Vivir a la dernier:** Darse una vida a lo más moderno, con los gustos más nuevos.

Bate cana el requinteo
de esa piba rantifusa
que al amuro de la tarde
vuelve estufa del taller,
que su sueño es ser bacana,
ser diquera papirusa
y pasar con los otarios
una vida a la dernier.
La engrupida. (*La crencha engrasada*).
Carlos de la Púa, 1928.

NOTA. *Bate cana:* deschava, descubre, denuncia.

Desamurar. lunf. Acción que emprendían los canfinfleros para retirar a sus rameras de las casas de las comisionistas, donde las habían dejado en alquiler (véase **comisionista**). Generalmente, lo hacían a la fuerza, sin respetar convenio anterior alguno. "Acompañados siempre en esos trances de algunos colegas, caían en busca de su propiedad, daga en mano, para desamurarla de prepotencia. Claro que, a veces, alguno de ellos debió sufrir una humillación sofocante, al encontrarse con que su protegida se había ido con otro." (José Sebastián Tallon. **El tango en su etapa de música prohibida**, 1959.) // Desempeñar, rescatar alguna alhaja o efecto empeñado en un montepío. // l. pol. Poner en libertad a un preso. // Sacar algo que se tenía guardado o escondido.

Desarmadero. l. del. Lugar al que se llevan los autos o camiones robados para que se desarmen y se vendan sus piezas sueltas.

Desbolado/da. l. p. Empelotado, embolado, aturdido, confundido. Que mezcla las cosas o sus propias ideas.

Desbolar. l. p. Empelotar, confundir las ideas o las situaciones. Embarullar las cosas. // Hacer lío.

Desbolarse. l. p. Empelotarse, aturdirse, bolearse, confundirse. Mezclar las cosas o las ideas.

Desbole. Despelote, confusión, barullo, lío.

Descamisado. l. p. Nombre dado con sentido peyorativo a la gente que, el 17 de octubre de 1945, marchó desde distintos puntos del país hacia Buenos Aires para sumarse a la de la Capital Federal en su apoyo al general Juan Domingo Perón que apuntaba como candidato a presidente de la Nación y había sido detenido. El término, aunque se lanzó con sentido despectivo, fue tomado inmediatamente como emblema por los partidarios de Perón, así como por éste y su esposa María Eva Duarte.

Descangayado. l. p. Estropeado, maltrecho, averiado, desvencijado. // Desgarbado. Del port. *escangalhado*: estropeado, hecho pedazos, desordenado.

Chueca, fané, descangayada,
la vi esta madrugada
salir del cabaret.
Flaca, tres cuartas de cogote,
una percha en el escote,
bajo la nuez.
Esta noche me emborracho. *Tango.*
Enrique Santos Discépolo, 1928.

Descangayar. l. p. Estropear algo o a alguien. // Arruinar, deteriorar, averiar. "Doble ascendencia parecería tener este verbo, pues se tiene en gallego **escangallar**, descoyuntar, fatigarse mucho, y en portugués **escangalhar**, romper, estropear. Es posible que estas formas extranjeras se hayan cruzado con el castellano, **descuajaringar** (descuajeringar en el habla pop. argentina), para adquirir su grafía actual." (Mario E. Teruggi. **Panorama lunfardo**, 1974.)

Descojonante. l. p. Desordenado, despelotado, confuso. // Asombroso. Impresionante. // Impactante. *Una mujer descojonante.* // Muy gracioso, divertidísimo. **Una farra descojonante.**

Descojonar. l. p. Causar desorden, confusión. // Asombrar, impresionar. // Impactar. // Divertir.

Descolado/da. l. p. Desvencijado, estropeado, deshecho. // Venido a menos, arruinado. Se aplica a personas y a cosas. Es corrupción del esp. desencolado. (Véase descolar.)

Y mañana, cuando seas
descolado mueble viejo
y no tengas esperanzas
en tu pobre corazón...
Mano a mano.
Tango. Celedonio Esteban Flores, 1923.

Descolar. l. p. Desvencijar, estropear, deshacer. Arruinar. Es corrupción del esp. desencolar: despegar lo que estaba pegado con cola; desencolarse: despegarse lo que estaba pegado con cola.

Desconche. l. p. Desbole, despelote, despiole, confusión, lío, griterío.

Descostillarse. l. p. Vemos esta voz en la expr. pop. **Descostillarse de risa**, que significa reír a más no poder; reír hasta agotarse. Es corrupción del esp. desternillarse: "romperse las ternillas (tejido cartilaginoso que forma láminas en el cuerpo de los vertebrados, como los cartílagos intercostales) y, en sent. fig., desternillarse de risa".

Descraneado. l. p. Demente, loco, colifato. De **des** (prefijo que indica negación o inversión) y **cráneo**. Es voz de reciente creación.

Descuajeringado/da. l. p. Maltrecho, desvencijado, destartalado, descangayado. Es deformación del esp. descuajaringado (véase descuajeringar). // Tratándose de un mueble, un coche, etc., desvencijado; en mal estado por demasiado uso y descuido. // p. ext. Dícese de la persona maltrecha o que camina con signos de malestar o agotamiento. // p. ext. Mal vestido o con las ropas en desorden.

Descuajeringar. l. p. Destartalar, descangayar, descalabrar, desvencijar. Es deformación del esp. descuajaringar, descuajaringarse: "relajarse, resentirse mucho el cuerpo con el cansancio, y éste de **descuajar** (de des y cuajar): descuagular lo cuagulado, condensado o cuajado. // Hacer caer en la desesperanza y el desaliento. // Arrancar plantas de cuajo o de raíz".

Descuajeringarse. l. p. Desvencijarse, desarticularse, descalabrarse, descangayarse algo por el transcurso del tiempo o por el mucho uso o mal uso que se le ha dado. // Venirse abajo, desmejorar grandemente una persona por la edad, los achaques, la desesperanza o la mala vida que lleva. Véase descuajeringar.

Descuidista. l. del. Ladrón que actúa aprovechando el descuido, la distracción de una persona para hacerla víctima de un robo. Estos robos son, generalmente, de poca monta: efectos o prendas dejados en un auto momentáneamente sin ocupantes; mercaderías, de algún mostrador; bolsos o maletines puestos por instantes en el suelo, bicicletas, etc.

"De delinquir por la mala junta, complicidad o encubrimiento, se podía acusar hasta a los niños (fines del 1800 y comienzos del 1900). Los descuidistas, por ejemplo, eran ladrones infantiles. El clima del hampa era el clima de la comunidad suburbana." (José Sebastián Tallon. **El tango en su etapa de música prohibida,** *1959).*

Quizá el "descuidismo" haya sido una forma del delito iniciada por niños y jovencitos, en una ciudad de escasa población y pocas oportunidades para practicarlo. Pero, con los años, el crecimiento poblacional que la convirtió en una gran urbe, abarrotada de gente ocupada, preocupada, afiebrada, brindó tantas oportunidades que los descuidistas pasaron a conformar una rama importante de la delincuencia ciudadana, sin limitaciones de edad.

Descuido. l. del. Hurto, sustracción que practican algunos maleantes aprovechando un descuido o distracción de la víctima para despojarla de algo (véase **descuidista**).

Descular. l. del. Robo que se lleva a cabo abriendo o violentando algo por la parte trasera, como una caja fuerte, un camión, etc.

Deschavar. lunf. Abrir una puerta o ventana forzándola. // p. ext. Confesar algo íntimo, que se guardaba en reserva. // Revelar un secreto. // Sincerarse. // Confesar ante la policía o el juez. // Informar algo que se sabe de otro. *Deschavar a alguien.*
Con respecto a este vocablo, José Gobello opina que abandonó su significación técnica original para asumir una función metafórica. "Oriundo de Génova (**descciava**), significó primero abrir —deschavar— una puerta o una caja de caudales y pasó a significar más tarde abrir el corazón y confesarse." (Prólogo a **Orígenes de la literatura lunfarda**, de Luis Soler Cañas, 1965.)

Suelo a veces, curda, cuando estoy de farra,
deschavar cantando mi vida ruflera;
entonces, en silencio, escucha la barra
una historia triste de mi compañera.
Cacho de recuerdo (La crencha engrasada). *Carlos de la Púa, 1928.*

Deschavarse. lunf. Sincerarse, confesar. Véase **deschavar**.

Deschavate, farabutte,
no naciste pa cafisho.
Al laburo dedicate,
que ahí está tu salvación.
Farabutte.
Tango. Antonio C. y Joaquín Barreiro.

Deschavarse
"(...) El hombre porteño, en su soledad aristocratizante, necesita verter en alguna parte su disconformidad, su experiencia, su esperanza. (...) Generalmente, se le escapa el yo sentimental y se deschava, abre su corazón, lo echa a volar como un pájaro desordenado. Una circunstancia puede mediar como excusa, como agente, como intermedio: generalmente es la ginebra, vestida de vino tinto o de copetín. También pueden ser culpables el disco de la vitrola o la guitarra del recién llegado. Se deschavó a la sordina. Así es siempre. El hombre porteño no da vuelta el saco de su vida sino en un tono crepuscular, con ojeras azuladas. Deschavarse es decir lo que se tenía guardado en la cartera del 'yo' vergonzante o prudente, vaya uno a saber."
"(...) Pero no se trata de hacer una suerte de confesión católica ni de hacer llantos sobre el muro de los lamentos. No. En la confesión hay una especie de catarsis, de expulsión de males, de pecados o de dolores inéditos. El hombre que se confiesa dice sus hechos penables, registra su error, enumera su pasado aborrecible. Y se desprende de todo ello mediante la oración y el arrepentimiento. Pero en esa enumeración no está incluido el quién es sino el qué ha hecho. Cuando el hombre porteño se deschava, dice qué cosa es él mismo a través de su anécdota, descubre el todo de su ser y se queda desnudo, a campo raso, en medio de las palabras. Y no pide ni da perdón: no se libera de su obsesión ni quiere liberarse de ella. Se deschava para que vean quién es a través de la circunstancia, pero al final se queda con su congoja, la carga sobre el hombro de su paciencia o de su esperanza." *(Carlos Alberto Giuria.* **Indagación del porteño, a través de su lenguaje,** *1965.)*

Deschave. lunf. Acción y efecto de **deschavar** o **deschavarse**.

Chamuyos de una noche de verano,
berretín de potriyo sin mancada,
deschave de caficio veterano
que tiene una gran pena amarrocada.
Inicial rea (La crencha engrasada).
Carlos de la Púa, 1928.

Deschavetado. l. p. Dícese de la persona sin juicio, sin fundamento. // Colifato, chiflado, loco.

Deschavetarse. l. p. Perder el juicio. Chiflarse. Volverse loco. Del esp. **perder la chaveta**: fig. y fam. perder el juicio; enloquecer.
Desemberretinarse. lunf. Quitarse un berretín de la cabeza. // Deshacerse de una obsesión, de algo que perturba, que complica la vida.
Desempaquetar. l. del. Abrir con llave igual, con ganzúa o forzándola una puerta que está empaquetada, es decir, cerrada con llave. // "Desabotonar a una persona para dejarla en punga." (Antonio Dellepiane. **El idioma del delito**, 1894.) Esto significa abrir el saco o sobretodo de alguien –cosa que se hace con gran delicadeza y disimulo– para dejar al alcance del punga los bolsillos del saco, del chaleco y del pantalón de la víctima elegida. Este "trabajo" lo hace un auxiliar del punga. Luego actúa éste.
Desempilchado. l. p. Despilchado, sin pilchas, sin ropa. // Mal vestido. // Harapiento.
Desempilchar. l. p. Dejar a alguien sin pilchas, sin ropas o muy mal vestido.
Desenchufarse. l. p. Apartarse, abstraerse, desconectarse temporalmente de algún problema o alguna preocupación, para distenderse, meditar el caso serenamente o porque no se quiere saber más del asunto.
Desengrilar. lunf. Robar de los bolsillos. // Sacar algo que se guarda en un bolsillo. // p. ext. Se usó poéticamente con el sentido de sacarse algo de adentro de uno: soltar una pena, una confesión, una bronca. // **Desengriyar**. Del lunf. **grilo**. bolsillo. Véase **desgrilar**.

*Y al sentirme rechiflado,
como bicho acorralado
que no tiene salvación,
yo desengriyo la bronca
que encana mi corazón.*
Bronca. *Alcides Gandolfi Herrero, 1970.*

Desengillar. lunf. Desengrilar.
Desengriyar. lunf. Desengrilar.
Desgraciado. l. p. Tonto. Apocado. // Mala persona. // Avieso. Del esp. **desgraciado**: falto de gracia; desagradable.
Desgraciarse. l. p. Caer en desgracia. // Quedar fuera de ley por haber cometido un asesinato. // "Embarazarse por primera vez una mujer soltera." (Lisandro Segovia. **Diccionario de argentinismos**. Comisión Nacional del Centenario, 1911.)

Me salvé raspando. Estaba yo medio curda y llegué con retraso a la cita... Sí, se han desgraciao de veras. Han matao al carbonero y a un gringo que dormía en el mismo cuarto...
En el barrio de Las ranas. *Obra teatral estrenada en 1910. Enrique García Velloso. (Cfr. Luis Soler Cañas. **Orígenes de la literatura lunfarda.**, 1965.)*

Desgrilar. lunf. Robar de los bolsillos. // Sacar algo de los bolsillos. // Desengrilar, desengrillar, desengriyar, desgrillar, desgriyar.
Desgrile. lunf. Acción y efecto de desgrilar.
Desinflado/da. Dícese de quien se halla sin fuerzas, decaído. // Aplastado, vencido. Aplícase a personas y cosas. *Un deportista desinflado. Un auto con el motor desinflado.*
Desinflarse. l. p. Venirse abajo una persona, desmoronarse un proyecto, una promesa, un negocio, una esperanza, una candidatura, así como el accionar de un deportista desgastado por el esfuerzo que ha hecho. // l. turf. Ceder en su acción un caballo, impedido por el cansancio de seguir el ritmo de la carrera. // Achicarse, acobardarse alguien durante una lucha, una contienda o una confrontación cualquiera. // Derrumbarse un ídolo en la consideración de sus seguidores. // Desgastarse un motor; perder fuerza. Del esp. **desinflar**: 2ª acep. Desanimar, desilusionar rápidamente.
Despatarro. l. p. Desorden, abandono, confusión de personas y cosas en un lugar. Del esp. **despatarrarse**: abrirse de piernas con exageración. // Caerse al suelo abierto de piernas.
Despelotado/da. l. p. Embarullado, complicado, desordenado, confundido, enredado. Aplícase a personas y cosas. *Ese tipo es un despelotado. El asunto está despelotado.* También se usa **empelotado**.
Despelotar. l. p. Embarullar, complicar, desordenar las cosas, las ideas, las personas. // Confundir, enredar. // Alborotar. Escandalizar. Del esp. **despelotar** (de des y pelote): enmarañar el pelo. (**Pelote**: pelo de cabra que se emplea para rellenar muebles de tapicería y para otros usos industriales). José Gobello opina que puede haber un cruce con el esp. **pelotera**: disputa, riña. (**Diccionario lunfardo**, 1989.)
Despelote. l. p. Barullo, complicación. Desorden de personas, cosas o ideas. // Confusión. // Griterío. // Escándalo. // Alboroto,

lío, riña. *La reunión terminó en un despelote tremendo.* Véase **despelotar**.

*Mi viejo falegnane era grandote
y un cuore chiquilín; siempre en la vía.
Su vida no fue más que un despelote,
y un poco, claro está, por culpa mía.*
El viejo. Julián Centeya (Amleto Vergiati).

Despilchado/da. l. p. Desempilchado. Sin pilchas, sin ropa. // Mal vestido. // Harapiento.

*El andar tan despilchao
ningún mérito me quita...
Sin ser un alma bendita,
me duelo del mal ajeno.
Soy un pastel con relleno
que parece torta frita.*
El gaucho Martín Fierro. José Hernández.

Despilchar. l. p. Quitar las ropas. // Dejar a alguien sin ropas o con muy pocas de ellas.
Despilcharse. l. p. Quitarse uno sus ropas. // Desvestirse. // Desnudarse.
Despiolado/da. Despelotado. // Sin juicio o de poco juicio. Sin fundamento. // Embarullado, complicado, desordenado. También se aplica a cosas. *Un hombre despiolado. Un asunto despiolado. Un balance despiolado.*
Despiolar. l. p. **Despelotar.**
Despiole. l. p. **Despelote.**
Despiporre. l. p. Barullo, despelote, despiole. // Mezcla inentendible de ideas, palabras, actitudes. // Discusión airada. // Riña generalizada. // Por antífrasis, de lo mejor. En grado sumo. *Cantamos, bailamos, nos divertimos a lo grande: la fiesta fue un despiporre.* Del andalucismo **despiporren**: lo mejor de una cosa, según José Gobello (**Diccionario lunfardo**, 1989).
Desquicio. l. p. Desorden, desorganización, confusión, despelote. Del esp. **desquiciar**: desencajar una cosa; sacarla de quicio y, como m. adv., **fuera de quicio**: fuera de orden o de su estado regular.
De todos los colores. l. p. Dicho que significa de lo más variado, de toda clase, en gran abundancia. *Tener penas de todos los colores. Padecer problemas de todos los colores.* // **Tener plata de todos los colores**: ser una persona acaudalada.
Devoto. l. p. y l. carc. Nombre que se le da a la actual Cárcel del Servicio Penitenciario Federal, antigua Alcaidía de Contraventores de la Policía Federal Argentina, que se halla en las calles Bermúdez y Nogoyá, del barrio Villa Devoto de la ciudad de Buenos Aires (Véase **Depósito de Contraventores**).
Día del arquero. l. p. Véase **arquero**.
Dibujado/da. l. p. **Estar dibujado.** Estar en vano en un lugar donde no se lo considera o se es inoperante; como si no fuese real, como si fuese un dibujo y no una persona. *Ese senador está dibujado: hace y dice lo que le indica el ministro.* // Ocupar un cargo sin que se lo tenga en cuenta para nada, como si no existiese. *El jefe está dibujado: nadie le lleva el apunte.* // No tener autoridad ni derecho a opinar ni poder de decisión. *En la casa manda la mujer. El marido está dibujado.* Es voz nueva.
Dibujar. l. p. Voz nueva, que se aplica con el sentido de fraguar, inventar, como, por ejemplo, fraguar papeles, documentos, planillas, etc., asentando movimientos u operaciones inexistentes. Se dice que se dibujan porque no son reales.
Dientuda. l. p. Máquina de escribir. // l. del. Sierra pequeña usada por los escrushantes.
Dientudo. l. p. Nombre que se le da al piano por comparación de sus teclas con dientes.

*—Vamos, dijo Juan Diego, dirigiéndose a Guillermo, haz sonar al dientudo.
—Tienes razón, contestó éste, y fue a sentarse al piano.*
¿Inocentes o culpables? Antonio Argerich. Novela publicada en 1884. (Cfr. Luis Soler Cañas. **Orígenes de la literatura lunfarda**, 1965.)

Diez. l. p. Puntaje máximo establecido tácita y popularmente para calificar algo o a alguien, partiendo de cero. *Una fiesta magnífica, una escultura hermosa, una bella mujer está diez puntos. Un deportista que se lució en su especialidad estuvo de diez.* // **Estar en las diez de última**. Dícese de quien apenas puede con sus males, que está enfermo sin posibilidades de cura o que se halla agonizando. Se aplica a personas y animales. Referido a cosas, se dice de la que está en mal estado, ya sea por el paso de los años o por el mal uso que se le haya dado. *Este traje está en las diez de última. Mi empresa está en las diez de* *última*. También se dice del que ha llegado a un estado extremo de pobreza. Esta expresión viene de algunos juegos de naipes, como el tute, en los que se llama **las diez de última** a la última baza que se alza y que otorga al que la gana diez puntos de beneficio además de los que lleve logrados hasta ese momento. Por tal motivo, en esta baza se definen muchas veces los juegos, lo que hace que algún jugador perdidoso se esmere y esfuerce por ganarla, como única esperanza que le resta. Por eso, **salvarse con las diez de última** significa liberarse de una mala situación, evitar una derrota que se presentaba como inminente, gracias a una circunstancia a veces fortuita que se presenta a último momento. // **Pedir o exigir las diez de última**. Reclamar de alguien o de algo el último esfuerzo en pos de un logro. *Desde el rincón le pedían al boxeador las diez de última para que ganara la pelea. Le exigí a mi coche las diez de última para salir del pantano.*

¡Cómo le pegué de firme y con toda el alma al pobre viejo Caid, exigiéndole las diez de última! Y respondió: se estiró como bordona y a cada lonjazo adelantaba como si fuera de goma... Mi caballo entraba..., entraba... Ya no había luz con el puntero... Ya estábamos a la cincha... ¡Ya te tengo, Negro!...
Leguisamo de punta a punta.
Daniel Alfonso Luro, 1982.
NOTA. Caid fue un muy buen caballo de carrera que corrió en el Hipódromo Argentino hacia 1920.

Diga. l. p. Voz en desuso. Equivale a señor. ¡Eh, diga!, vale como *¡Eh, señor!* // *¿Me da una moneda, diga?* // También es voz de requerimiento para ser atendido. **Diga, don, ¿va a decidirse?**, significa *Oiga, don, ¿va a decidirse?*

Diguea. l. p. Corrupción de **diga** en el sentido de decir. Equivale a *hable, diga*. Vocablo caído en desuso.

No me diguea de amores, que ando más que rechicao.
Abecedario y parolas. *Yacaré (Felipe H. Fernández). Diario* **Crítica**, *1915. (Cfr. Edmundo Rivero.* **Una luz de almacén**, *1982.)*

Dinenti. lunf. Ainenti.

Dique. lunf. Ostentación, lucimiento exagerado, exhibicionismo. // Coqueteo. // **Dar dique**. Alardear, buscando impresionar o seducir a alguien. // l. del. Ofrecer en venta algo valioso (una alhaja, un reloj, etc.) y mostrarlo al candidato a comprarlo, para cambiarlo hábilmente por otro similar, pero falso, en el momento de cerrar el trato.

Dejate de darme dique,
si soy un gil bien debute...
Soy pa vos un farabute
porque sos viva y sos piola.
Bandera baja. *Carlos Waiss.*

Diquear. lunf. Lucir, ostentar, alardear, pavonear, jactar. // **Dar dique. Darse dique.** // Coquetear.

Rante musa me sube desde el pecho,
se diquea en mi boca, bate el justo
para que escriba con rechifle y gusto
lo que tus ojos deschavar me han hecho.
Metejón en lunfasoneto.
Héctor Negro (Ismael Héctor Varela).

Diqueo. lunf. Acción y efecto de diquear.

Diquero/ra. lunf. Que se da dique. Dícese del que gusta aparentar, lucirse, hacer ostentación.

Pebeta porteña, tu cuerpo y tus ojos,
tu melena negra, tu diquero andar,
los besos de fiebre de tus labios rojos
hacen a mi vida soñar y soñar.
Pebeta porteña (Nocau lírico).
Alcides Gandolfi Herrero, 1970.

// Elegante, pintón. *Coche diquero. Traje diquero.* // Compadrón. // Jactancioso, presumido.

Te acoplaste al cotorro
de este vate arrabalero,
que, te juro, hasta diquero
por tenerte se volvió.
Recordándote.
Tango. José de Grandis, 1929.

Dire. Apóc. de director.

Discos. l. p. Pulmones. **Tener los discos rayados.** Estar enfermo de los pulmones. Véase **rayado**.

Disfrazar. l. p. Encontramos esta voz en la expresión popular ¿**de qué me voy a disfrazar**? o ¿**de qué me disfrazo**?, que refleja el planteo angustioso que se hace quien se ve enfrentado repentinamente a un problema que, por lo imprevisto, lo grave y lo urgido de solución, le resulta imposible afrontar con posibilidades de éxito. ¿**De qué me disfrazo**? equivale a *Y ahora, ¿qué hago? ¿Cómo salgo de ésta? ¿Cómo soluciono esto?* Disfrazar es voz esp. que significa desfigurar la forma de personas o cosas; mudarlas en apariencia, para que no se conozcan.

DISFRACES QUE ORIGINARON LA ACEPCIÓN
El origen de la acepción criolla de la frase es antiguo. Se inició en una cárcel capitalina hacia el mil novecientos veintitantos, en lo que por entonces constituyó la sensacional fuga de un preso que ganó la calle caminando tranquilamente, vestido de mujer, y consolidó su ciudadanía criolla en el vestuario de una cancha de fútbol, sitiada por decenas de "hinchas" enfurecidos que, a la finalización del partido, esperaban la salida del referí para repartírselo a pedacitos. Los sitiadores planeaban ya tomar por asalto el refugio del atribulado juez, cuando un iluminado directivo del club tuvo la idea salvadora. Corrió a una iglesia, afortunadamente próxima a la cancha, y volvió con el cura, a cuyo paso se abrían, respetuosos, los energúmenos, quizá suponiendo que el árbitro, resignado a lo peor, había pedido la extremaunción antes de despedirse de este mundo. Pero al sacerdote, cuya misión es trabajar por la salvación de las almas, le cupo en la oportunidad salvar una vida de carne y hueso. Se quitó su ropa y la cambió con la del atemorizado soplapitos. Instantes después, la puerta del vestuario volvió a abrirse para que saliera "el sacerdote", cuya sotana venía a medida para ocultar el temblor de sus piernas. El árbitro acababa de salvarse disfrazado de cura.
*Este singular episodio dio nacimiento a otra ingeniosa expresión popular: **disfrazarse de cura** que, en su aplicación, tomó un giro con respecto a la del caso que la originó. En aquél, el protagonista se salvó disfrazado de cura; el nuevo dicho, en cambio, no admite ni siquiera esa posibilidad ante una situación extrema: "de ésta no me salvo **ni disfrazado de cura**". No hay esperanza. No hay salvación. Con el tiempo, la implacable negación a escaparle uno a alguna fatalidad incorporó una nueva sentencia con el mismo sentido que la anterior: no me salvo **ni disfrazado de mono**.*

Doblar el codo. l. p. Véase **codo**.
Doble cinco. l. del. Llave de doble bandera o paleta, que tiene cinco dientes en cada una de ellas y usan los ladrones para violar puertas.
Doblete. l. p. Acción que se repite una vez en el mismo evento o en el mismo día, como correr un caballo en dos carreras de la misma reunión hípica: se dice que **corre en doblete**. Si triunfa en las dos, se dirá que **ganó en doblete** o que **hizo doblete**. Puede aplicarse a distintas circunstancias: aprobar dos exámenes en el mismo día, tener que dar dos conferencias, etc.
Dogo. l. p. Tipo, coso; hombre. El hombre usa este término para referirse a sí mismo con el sentido de agalludo, bravo, capaz, canchero y, aunque su empleo se ha reducido, aún mantiene vigencia. *Este dogo se las sabe todas. ¿A este dogo le venís con ese cuento?*

Te creés que soy un mishé
y que voy muerto en el yogo,
y no manyás que a este dogo
que tal apronte te pega,
le vas a dar más menega
que la que dio Botafogo.
Apronte. Milonga. Celedonio Esteban Flores.

Dogor. l. p. Revés de **gordo**.
Dolape. l. p. Revés de **pelado**.
Dolce far niente. l. p. Véase **far niente**.
Dolce vita. ital. Vida dulce. Vida divertida. Vida fácil. Muy usado entre nosotros.
Dolorosa. l. p. Adición. Cuenta a pagar por una comida, especialmente si es elevada.
Dona. lunf. Mujer. Esposa. Concubina. Del ital. *donna*: mujer, esposa.
Don Fulgencio. l. p. Fulgencio. // Bobo, inocente, melón. // Por el nombre del personaje de una historieta antigua, creado por Lino Palacio, que reunía esas características.
Donna. lunf. Dona.
Don Patricio. l. p. fest. Sin dinero, seco, pato. Loc. antig. que usaba el nombre Patricio

–parag. de **pato**– para disimular tal condición. *Te manda saludos don Patricio* era un velado mensaje dado a un amigo, que significaba: *estoy pato; ayudame.*
Don Paulino. l. p. fest. Parag. de pavo: bobo, tonto, que se empleaba en una conversación para calificar disimuladamente a alguien.
Dopado/da. l. p. Drogado. Persona que se halla bajo el efecto de alcaloides. // l. turf. Caballo al que se le han aplicado estimulantes antes de correr una carrera.
Dopar. l. p. Estimular por medio de drogas. // Drogar. En inglés **dope** es droga, narcótico, y **to dope** es el verbo drogar. No obstante, José Gobello opina que esta voz viene "de **dope**, tonto, término del **cant** asumido por el **slang** para designar el estado producido por la ingestión de ciertas sustancias". (Diccionario lunfardo, 1989.)
Doparse. l. p. Drogarse.
Dope. l. p. Revés de **pedo**.
Doping. l. p. angl. Medio para estimular o estimularse con el empleo de drogas.

La luna, que es la hembra de todo calavera,
me najusa de arriba, como desde un balcón.
A mí ya no me ensarta. ¡Si no tengo siquiera
el doping de un cariño, que es morfi de ilusión!
***En esta madrugada** (Nocau lírico).*
Alcides Gandolfi Herrero, 1970.

Dorima. l. p. Revés de **marido**.
Dormida. l. p. En el argot de la prostitución, pasar la noche con un hombre una prostituta: *tomar dormida.*

Entonces yo le batí
que le hablase a la madama,
que conmigo a la posada
pensaba irse a dormir.
Y cuando venga su mino,
dígale que lo despida,
que usté ha tomao dormida...
***Encuentro con una china.** Anónimo. (Cfr. Antonio Dellepiane. El idioma del delito)*

Dormidera. l. del. Robo que se practica contra pasajeros de trenes o de ómnibus que se han quedado dormidos.
Dormirse. l. p. Demorarse un tiempo haciendo algo con empeño.

...Don Máximo Acosta se me había ido cinco o seis cuerpos..., tal vez seis..., y no contento con la ventaja, seguía apretando los tacos al puntero y se dormía en una tanda de latigazos.
Leguisamo de punta a punta.
Daniel Alfonso Luro, 1982.

// **Dormirse en la ventanilla.** l. turf. Hacer una apuesta fuerte a un caballo en el hipódromo. Esta frase viene de cuando en los hipódromos los expendedores de boletos de apuestas debían despegarlos uno a uno de los talonarios en que se hallaban, con lo que la operación se demoraba sensiblemente cuando alguien jugaba muchos boletos, por lo que se decía que el jugador "se había dormido" apostando en la ventanilla.
Dos de oros. l. p. Los ojos, sobre todo cuando están muy abiertos. Por la baraja que lleva ese nombre y presenta dos grandes monedas de oro.
Dotala. l. del. Bolsillo interior del saco y del chaleco. Es fem.: *la dotala.*
Drama. l. p. Problema, dificultad, preocupación. *¿Qué drama tenés?* equivale a *¿qué problema tenés?, ¿qué te preocupa?, ¿qué problema te hacés por eso?* // También se usa como pedido de explicaciones o con sentido provocador. *¿Qué drama tenés conmigo?* significa *¿qué tenés contra mí?, ¿qué tenés que reclamarme?* Del esp. drama (4ª. acep.): suceso de la vida real capaz de interesar y conmover vivamente.
Drema. l. p. Revés de **madre**.
Drepa. l. p. Revés de **padre**.
Drogui. l. p. Droguis. Bebida alcohólica, en general. Porque embota, como la droga. // **Darle al drogui, pegarle al drogui.** Ingerir bebidas alcohólicas.
Droguista. l. p. Persona bebedora, aficionada a las bebidas alcohólicas. // Borracho, curda.

En otra forma: que, como droguista, el profesor Landormy es un vil chocolatero. Su reacción pupilar es normal; tiene un ojo en compota por efecto del encontronazo con un puño ajeno, nada más.
***Historia funambulesca del profesor Landormy.** Arturo Cancela, 1944.*

Dublé. l. p. Doblado, en el sentido de reproducido, falsificado. // Objeto falso que se ha fabricado imitando a otro legítimo.

—Le alcancé una servilleta... y el bobo se lo hice luz marcando las diez y media. Temprano rajé pal pío y me ligaron...
—¿Cincuenta?
—De los chicos... de tu hermana recibí carta...
—¿Deveras?
—¡Si era el tacho de dublé! ¡Para mí que están de güelga los tachos de oro!
Después del baile. Enrique Gunguito, 1907. (*Cfr. Luis Soler Cañas. Orígenes de la literatura lunfarda, 1965.*)
NOTA. *Le hice luz el bobo:* le robé el reloj en un santiamén. *Pío:* montepío. *De los chicos...:* frase que tiende a negar, minimizar o descreer de la veracidad de una cifra, especialmente si se trata de dinero.

—Este traje me costó mil pesos.
—De los chicos...
—Tengo un sueldo de dos mil pesos.
—De los chicos...

Es decir, no de la moneda corriente, sino de otra de un valor supuestamente menor, más chica. En el ejemplo de Gunguito, esta frase se fingía disimular irónicamente: "de los chicos... no tengo noticias".
La palabra **dublé** figura en los diccionarios españoles con el significado de oropel, plaqué o similar y proviene del fr. **doublé**, duplicado o doblado (hecho a semejanza). En cuanto a **oropel**, es una cosa de mucha apariencia pero de poco valor, y **plaqué** es una chapa muy delgada de oro o plata que se adhiere a la superficie de otro metal de menor valor para que el todo aparente ser de oro o plata. Enrique Santos Discépolo empleó acertadamente el vocablo con el sentido de dobleces, falsedades.

Que el mundo fue
y será una porquería,
ya lo sé.
En el quinientos seis
y en el dos mil también.

Que siempre ha habido chorros,
maquiavelos y estafaos,
contentos y amargaos,
valores y dublés...
Siglo XX, cambalache. *Tango*, 1935.

Dulce. l. p. Engaño, ardid. // Calce, calzón, changüí. // **Dar el dulce.** Convencer a alguien con engaños, apariencias o promesas (como se da un dulce o un caramelo a un niño, para conformarlo). // **Estar dulce.** Estar de buenas, alegre, distendido. // **Tener la sangre dulce.** No preocuparse por nada. No hacerse mala sangre.
Durañona. Parag. de **duro.** Disimula el calificativo en el apellido Durañona. // Persona severa, inflexible, dura. *Mi jefe es un tipo Durañona.* // **Largar durañona.** Largar duro, largar parado. // No dar participación. // Negar un pedido. // No dar propinas. Véase **duro** y **parado.**
Durazno. l. p. Parag. de **duro.** // Terco, obstinado. *¡Qué durazno sos para entender las cosas!* // **Largar durazno.** Igual que **largar durañona.**
Durelli. l. p. Parag. de **duro,** para disimular el calificativo en el seudo apellido Durelli. // Durañona, durazno.
Duro. l. p. **Duro y parejo.** Esfuerzo continuado, ahínco y perseverancia que exige algo que se está haciendo o que se va a hacer. *Estoy trabajando duro y parejo para terminar este libro.* // **Largar duro.** No entregarle a alguien algo que espera, que se le ha prometido o que le corresponde. // No dar participación a alguien en un asunto. // Negarse al pedido de alguien. // No dar propina al mozo que lo atendió a uno.
Este modismo se inspira en el estado de erección en que queda el hombre cuando, tras apasionados besos y caricias, una mujer lo despide (lo larga) sin acceder a su requerimiento final: lo larga duro. También se usan con igual sentido largar durañona, durazno y durelli, así como largar parado, en el caso, sinonimia nada sutil de duro.

E

Echar. l. p. Verter el líquido de un recipiente en otro. // Servir una bebida alcohólica en un vaso. Del esp. **echar** (del lat. **ejectare**, arrojar): impeler una cosa para que vaya a parar a alguna parte. // Hacer caer una cosa en un sitio.

Palma – ¡Es llover! No da resuello; el tiempo se ha descolgao con ganas. Doña María, eche otra caña, ¡qué diablos!
***El sargento Palma.** Martín Coronado. Drama teatral estrenado el 14-05-1906.*

// Mandar a alguien obligadamente a un lugar y desentenderse de él, dejándolo abandonado a su suerte.

*Ay comienzan sus desgracias,
ay principia el pericón;
porque ya no hay salvación
y que usté quiera o no quiera,
lo mandan a la frontera
o lo echan en un batallón.*
***Martín Fierro.** José Hernández.*
NOTA. *Ay:* l. camp. ahí. *El pericón*: sent. fig. el baile, en el sentido del sufrimiento, los males, el drama.

// "Poner a una persona frente a otra o a un animal frente a otro para que contiendan, luchen, corran, etc." (Lisandro Segovia. **Diccionario de argentinismos**. Publicación de la Comisión Nacional del Centenario, 1911.)
// Encontramos esta palabra en modismos de la más variada gama, en los que adopta diversas acepciones, como arrojar, dar, darse, hacer, mandar, etc. // **Echar al bombo.** l. turf. Disponer el fracaso de un caballo en una carrera. // p. ext. Determinar el fracaso de una persona en alguna actividad. *Echar a alguien al bombo en un examen, en una competencia deportiva, en una licitación*, etc. Igual que **mandar** o **tirar al bombo** (véase **bombo**). // **Echar al medio.** Ignorar, no dar participación a alguien en un asunto en el que podría o le correspondería intervenir. Igual que **mandar** o **tirar al medio**. // **Echar al tacho.** Equivale a echar al medio y mandar al tacho. Véase **tacho**. // **Echar barraca.** Véase **barraca**. // **Echar buena.** l. jgo. Acertar en el juego. // En el juego de la taba, lograr que ésta caiga del lado con que se gana. Véase **taba**. // En el juego de dados llamados **pase inglés**, sacar los puntos con que se gana. // p. ext. Cambiarle a alguien la suerte, para bien. // Superar alguien una etapa negativa y entrar en una positiva y próspera. // Salirle a alguien bien un asunto. // **Echar clavada.** l. jgo. En el juego de la taba, lanzarla de modo que al caer quede plantada, inmóvil, del lado con que se gana, como "clavada". // l. jgo. En el juego de dados llamado **pase inglés**, ganar en el primer lanzamiento de dados. // p. ext. Salir bien un asunto en el primer intento. // **Echar culo.** Véase **culo**. // **Echar el fardo.** Culpar a alguien de algo que no ha hecho. Igual que **encajar el fardo, enchufar el fardo, meter el fardo** y **tirar el fardo**. De fardo: bulto grande que se envuelve o prepara para transportar. // **Echar el muerto.** Igual que echar el fardo. // **Echar el resto.** Véase **resto**. // **Echar leña al fuego.** Agravar una situación o una discusión con opiniones o acusaciones que la empeoran. Como se aviva el fuego

cuando le agregan leña. Igual que **tirar leña el fuego**. // **Echar los perros**. Negarse a recibir a alguien. // Echar a alguien con cajas destempladas. Es dicho nacido en el campo. // Por antífrasis, manifestar el hombre a una mujer la atracción que siente por ella o hacerlo la mujer con el hombre. Acep. de muy reciente creación debida a los jóvenes. Véase **galgos y perros**. // **Echar mala**. l. jgo. Perder en el juego. // En el juego de la taba, caer ésta del lado con que se pierde. Véase **culo**. // En el juego de dados llamado **pase inglés**, sacar los puntos con que se pierde. // p. ext. l. p. Cambiarle a alguien la vida, para mal. // Cortarse una etapa de bienestar y pasar a una desafortunada. // **Echar mierda o tirar mierda**. Hablar mal de alguien o de algo. // **Echar, mandar o tirar para atrás**. Igual que **echar, mandar o tirar al bombo**. Véase **bombo**. // **Echarse o tirarse a la bartola**. Véase **bartola**. // **Echarse o tirarse a la retranca**. Véase **retranca**. // **Echarse para atrás**. Volverse de lo prometido. // Desistir de un compromiso que se había asumido. // Acobardarse, achicarse, aflojar. Igual que **echar culo**. // Engreírse, envanecerse, darse aires de superioridad. // **Salir echando putas**. Escapar a todo correr. // **Echar un galgo**. **Echar los galgos**. Expresión indicativa de que alguien que se ha ido o que huye es inalcanzable. ¡Que le echen un galgo! // **Salir echando putas**. Escapar a todo correr.
Efe. l. p. Revés irreg. de fe, por prótesis. **Tenerse efe**. Tenerse fe, tenerse confianza en sí mismo. **Tenerle efe a alguien**. Creer, confiar en él.

¿Qué quedó de aquel jaileife
que en el juego del amor
decía siempre "mucha efe
me tengo pa tallador"?
Uno y uno.
Tango. Lorenzo Juan Traverso, 1929.

Electricista. l. p. antig. Metáfora por neurocirujano, por comparación festiva de los nervios con cables eléctricos. Véase **cable**.
Embagayado/da. lunf. Ladrón que lleva encima el producto de un robo. // Estafado, engrupido, engañado. Víctima de un cuento. // Cargado de bultos o paquetes.

Yo, que estaba palpitando
desde enfrente la largada,
al junarte que salías
de apurón y embagayada,
me escondí, te lo confieso,
de vergüenza y de dolor.
Adiós. *Enrique Cadícamo.*

NOTA. *La largada*: el escape, la huida. El autor se refiere al momento en que una mujer abandona a su hombre.

Embagayar. lunf. Hacer un paquete. Empaquetar. Tanto en el sentido de engañar o estafar a alguien como en el de hacer un lío o envoltorio.

Tus pilchas embagayá
y de la pieza piantate,
que ya tengo lleno el mate
de tanto y tanto aguantar.
El raje. *Milonga. Carlos Waiss.*

Embalado. l. p. Que ha tomado velocidad. // Apurado, ansioso, afanado por hacer algo. // Posesionado por un sentimiento que lo domina.

Si soy así,
¿qué voy a hacer?
Nací buen mozo
y embalao para el querer.
Si soy así. *Tango. Antonio Botta, 1933.*

// Entusiasmado, interesado en suma por un asunto o un negocio. *Estoy embalado con la propuesta de instalar un restaurant*. // Enamorado. // Obsesionado.

Bandoneón,
hoy es noche de fandango
y quiero confesarte la verdad:
copa a copa, pena a pena, tango a tango,
embalado en la locura
del alcohol y la amargura.
Che, bandoneón.
Tango. Homero Manzi, 1950.

Embalado/da. // Enojado. Iracundo. *Estoy embalado por una mala jugada que me hicieron*. Véase **embalar**.
Embalar. Embalarse. l. p. Tomar velocidad. Apurarse. // Ansiar. // Afanarse por hacer al-

go. // Posesionarse de un sentimiento dominante. // Obsesionarse. // Enojarse, enfurecerse. Del fr. emballer: embalar. // Arrebatarse. // fig. Engañar. Sin duda, con influencia de **emballage**: fam. embalaje. // Aceleración.

Embale. l. p. Velocidad, rapidez. // Apuro. // Ansia, afán. // Sentimiento que posesiona. // Obsesión. Enamoramiento. // Enojo, furia.

Embalurdado/da. lunf. Engañado, trampeado, defraudado, estafado. // Enredado en problemas. // Confundido.

Embalurdar. lunf. Engañar con cuentos, ardides o trampas. // Defraudar, estafar. // Enredar con problemas. // Confundir. // Hacer o meter el **balurdo**.

Si te encontrás rechiflao
prevenilo al de la zurda:
si una mina lo embalurda,
puede dejarlo nocau.
Consejos pa la salú (Nocau lírico).
Alcides Gandolfi Herrero, 1970.

Embalurdarse. lunf. Engañarse, equivocarse, confundirse. // Enredarse, embrollarse.

Siempre sé tener conducta
por más contras que me busquen,
aunque muchos se embalurden
que soy punto de currar.
Bien pulenta. Tango. Carlos Waiss, 1950.

Embarrar. l. p. Complicar a alguien en un asunto sucio. // Calumniar, desacreditar a alguien. *Lo embarró ante la novia.* // Malograr algún asunto, negocio, plan, etc. *Discutió con el comprador y embarró el negocio.*

Embocar. l. p. Acertar. Intentar algo y tener éxito, por mérito o por suerte. // Aplicar un golpe exacto. *Embocar una piña en la mandíbula.* Del esp. **embocar**: meter algo por la boca. // Entrar por un sitio estrecho.

Embolado/da. l. p. Confundido. *Este problema me tiene embolado.* // Complicado. *El negocio se ha embolado.* // Enojado, cabrero. *Estoy embolado por tu mal proceder.* Equivale a empelotado. De embolar.

Embolar. l. p. Confundir, complicar, embarullar. // Enojar, causar bronca. Parece una contracción de la frase **dar en las bolas**. Véase **bolas**.

Embole. l. p. Acción y efecto de **embolar**. Confusión. Complicación. // Enojo. Bronca.

Embolsicar. l. p. Meter algo en el bolsillo. // Guardar, ahorrar, acamalar. // Amarrocar. // sent. fig. Asumir, acumular enseñanzas y experiencias.

Me la dieron como a un zonzo,
pegadita con saliva;
mas mi cancha no la pierdo
por mal juego que se dé.
Y si he quedao arañando,
como gato panza arriba,
me consuelo embolsicando
la experiencia que gané.
Barajando.
Tango. Eduardo Escariz Méndez, 1928.

Embrague. l. p. **Patinar el embrague.** Tener dificultades para hablar. // Tartamudear. Se compara esta dificultad con la que se tiene cuando no se puede embragar. Del esp. **embrague**: mecanismo dispuesto para que un eje participe o no, a voluntad, del movimiento de otro.

Embretado/da. l. p. Inmovilizado. // Sin saber cómo actuar en una situación. // Acuciado por problemas. // Apretado. // Apresado. De **embretar**: meter en un brete a los animales (véase **brete**).

¿No ves que estoy embretao,
vencido y maniao
en tu corazón?
Malevaje.
Tango. Enrique Santos Discépolo, 1928.
NOTA. **Embretao:** embretado. **Maniao:** maneado.

Embretar. l. p. Poner animales en el brete. // p. ext. Poner a alguien en dificultades; llevarlo a una situación difícil de resolver. // Apretar (1ª acep.). // Apresar. (Véase **embretado**.)

Embrocado/da. lunf. Observado detenidamente. // Acechado, vigilado. De **embrocar**.

Embrocantes. lunf. Anteojos. // **Embrocantes de pulenta:** anteojos de oro.

Como un chico que va a cometer una travesura,
Gardel tomó de la mesa un par de anteojos con
una patilla quebrada y sujeta con hilo arrolla-

do, colocándoselos muy divertido, mientras me decía: estos embrocantes son de mi vieja.
Bajo el signo del tango.
Enrique Cadícamo, 1987.

// Largavista.

*Los domingos me levanto
de apoliyar mal dormido
y a veces hasta me olvido
de morfar por las carreras.
Me cacho los embrocantes
y el correspondiente habano
y me tomo un automóvil
para llegar bien temprano.*
Soy una fiera. Milonga. Francisco Martino.

Embrocar. lunf. Mirar con atención, detenidamente, estudiando y analizando lo que se ve. // Observar los movimientos de alguien. // Acechar, vigilar, espiar. Del ital. **imbroccare**: adivinar, ver, acertar, dar en el blanco.

*Don Ruperto – Por favor, hable usted español, si quiere que le entendamos. A ver, ¿qué quiere decir "campana"?
Ladrón – El que está embrocando al chafe cuando se tira una punga. (1)*
A las diez en punto. Miguel Ocampo. Obra teatral estrenada en 1893. (Cfr. Luis Soler Cañas. **Orígenes de la literatura lunfarda,** 1965.)
(1) NOTA. El que está observando si un policía cercano advierte que su compinche está pungueando a alguien. Véase **campana**.

// l. del. Ver, descubrir la policía a un sujeto que anda buscando.

Como él siempre está sobre aviso y teme que lo embroquen (...), camina una cuadra y la desanda para ver si alguien lo sigue y da quinientas vueltas antes de llegar a un punto deseado.
Perspectivas (Memorias de un vigilante).
Fray Mocho (José S. Álvarez).

Embroncar. l. p. Pescarse una bronca. // Broncar.
Embronque. l. p. Acción y efecto de embroncar.
Embroque. lunf. Acción y efecto de embrocar. // Mirada.

Embuchar. l. p. Guardar interiormente, en silencio, alguna duda que se siente o algo penoso u ofensivo que se ha padecido. El español trae **embuchar,** introducir comida en el buche de un ave, y **embuchado,** entripado, enojo mal disimulado.
Emi. l. p. Revés irreg. de mí. Muy en desuso. Tuvo uso frecuente hasta mediados del 1900. Se empleaba con la preposición **de.** *Acordate de emi en el reparto. Aprendé de emi, que tengo experiencia.* // También usábase como **mío** o **mía.** *Ese dinero es de emi.*
Emilio. l. p. fest. **E-mail** (correo electrónico). Voz nueva.
Empacado/da. lunf. Guardado, ahorrado, amarrocado. De **empacar.**
Empacador/a. lunf. Que empaca, que guarda, que ahorra. Amarrocador. De empacar.
Empacar. lunf. Guardar, ahorrar, amarrocar, especialmente, dinero. Hacer el paco. Viene de **paco.**

*Lo que hace falta
es empacar mucha moneda,
vender el alma, rifar el corazón,
tirar la poca decencia que te queda.
¡Plata, mucha plata! ¡Ésa es la razón!
¡Qué va cha ché!*
Tango. Enrique Santos Discépolo, 1926.

Empacarse. l p. Piantarse, resistirse una bestia a obedecer. En esp. tenemos **empacarse** proveniente de **en** y **paco** (del quechua **paco,** rojizo), nombre que se le da a la llama. Alude a la obstinación con que se planta este animal: emperrarse, obstinarse; retraerse de seguir haciendo lo que se estaba ejecutando. José Gobello remite esta palabra al quechua **pákko:** ganado lanar, en general.
Empalmada. l. del. Maniobra que consiste en escamotear naipes con la palma de la mano para hacer trampa en el juego. // l. del. Robo que se realiza apoderándose de dinero o cosas de valor de poco tamaño, que se esconden en la palma de la mano. (Véase **empalmador.**)
Empalmador. l. del. Ladrón que se especializa en **empalmar.**

Solían actuar en los comercios. Con la palma de la mano hacia abajo y con la ayuda de un adhesivo, "chupaban" del mostrador dinero

que pudiera quedar a su alcance, pequeñas joyas o, en general, cualquier objeto de valor que cupiera bajo la palma. Son todavía famosos los empalmadores de los casinos, que suelen ser los únicos ganadores frecuentes, "aspirando" fichas del paño de apuestas o sus contornos.
Una luz de almacén. *Edmundo Rivero, 1982.*

Empalmar. l. del. Sustraer naipes al efectuarse el corte del mazo, cubriéndolos con la palma de la mano, a fin de utilizarlos en beneficio propio. // Sustraer dinero, joyas, etc., ocultándolos bajo la palma de la mano. (Véase **empalmador**.)

Empapelado/da. l. p. Sobornado, coimeado. Que ha recibido dinero para hacer o favorecer algo ilícito. // l. p. Que se le han colocado en sus bolsillos papeles con anotaciones de juego clandestino para incriminarlo. // l. del. Procesado.

Empapelar. l. p. Sobornar, coimear. Entregar dinero a alguien para hacer o favorecer algo ilícito (asimila **papeles** con el dinero en billete). // l. pol. Colocar la policía papeles con anotaciones de juego clandestino en los bolsillos de una persona que detiene a fin de tener una excusa para incriminarlo. // l. del. Procesar a alguien. Por la cantidad de oficios (papeles) que llevan los expedientes de un juicio.

Empaquetado/da. l. p. Cerrado con llave. *Cuando salgo dejo el bulín empaquetado.* // Encerrado. *Estuve todo el día empaquetado en la pieza: no quería ver a nadie.* // Engañado, engrupido, víctima de un cuento (porque le hicieron el paquete). Véase **paquete**. // Oculto, escondido, guardado. *Tiene toda la plata empaquetada.* // Vestido con elegancia; paquete. // l. pol. Encarcelado. // l. jgo. Dícese del mazo de naipes que ha sido preparado para jugar con trampa. // l. del. Dícese del hombre que tiene el saco o el saco y sobretodo abotonados.

Empaquetar. l. p. Encarcelar. // l. jgo. Preparar el mazo de naipes un jugador fullero para jugar con trampa. // l. p. Cerrar con llave una pieza o una casa.

(...) y el patrón de casa, chivo,
el bulín me ha empaquetado.
Su puerta me ha clausurado
por no poderle abonar.
Se tiran conmigo.
Tango. Luis y José Di Sandro.

// Encerrar. // Engañar, engrupir.

Nueve años de ordenanza, chofer y luego secretario de un director de departamento, lo dotaron de (...) cierta frialdad para mentir, para empaquetar giles, para ofrecer cometas...
Sabihondos y suicidas.
Héctor Chaponick, 1982.

// Vestir con elegancia o con lujo. // Ocultar, esconder, guardar. // Acamalar.

¿Porque empaquetaste vento
andás echado p'atrás?
Yo, sin guita, valgo más:
¡empaqueté sufrimiento!
Coplas lunfas (Nocau lírico).
Alcides Gandolfi Herrero, 1970.

Empardado/da. l. p. Igualado, empatado.
Empardar. l. jgo. En el juego del truco igualar con una carta del mismo valor la que ha sido jugada por un adversario. // p. ext. Igualar, emparejar en méritos, condiciones o habilidad. *Con la guitarra en la mano, no hay quien me emparde. Cuando discute algo, si no la gana la emparda.* Posiblemente devenga del esp. **parear**: igualar dos cosas comparándolas entre sí. // **De las que no se empardan.** l. jgo. Baraja que en el juego del truco no tiene otra de igual valor, por lo que no se la puede empardar, como el siete de oros, el siete de espadas, el as de bastos y el as de espadas. // p. ext. Dícese de la persona o cosa a la que se considera que no tiene igual. Se usa con sentido de ensalzamiento. *Un cirujano de los que no se empardan. Un asado de los que no se empardan.*

Mi cuna, mi laburo y mi apellido
baten el justo de un pasao florido
que ni Anchorena con su vento emparda.
Batiendo el justo.
Yacaré (Felipe H. Fernández).

Empavonado. l. p. Dícese del ojo cuando la piel que lo rodea se halla amoratada por efecto de un puñetazo. *Tener el ojo empavonado.*
Empavonar. l. p. Amoratar los contornos del ojo con un golpe de puño. Del esp. **pavonar**: dar pavón (**pavón**: color azul, negro o café con

que se cubre la superficie de los objetos de hierro y acero para preservarlos de la oxidación).

Empedado/da. l. p. En pedo. Borracho, ebrio.

Empedar. l. p. Emborrachar, embriagar, poner en pedo.

Empedarse. l. p. Emborracharse, embriagarse, ponerse en pedo.

Empelotado/da. l. p. Confundido, complicado. *Un hombre empelotado. Un asunto empelotado.* // Enojado, cabrero. *Ya me tiene empelotado ese caradura.* Viene de **pelotas** (testículos) y tiene el sentido de *algo que da en las pelotas* o *que rompe las pelotas.* Equivale a embolado. (Véase **bolas, embolado, pelotas** y **romper**).

Empiedrada. Piedra preciosa. // Gema engarzada en un anillo. Hay divergencias sobre si es o no voz lunfarda.

Empilchado/da. l. p. Provisto de ropa. // Vestido con elegancia. // Vestido. *Estar bien o mal empilchado.* Si el vocablo se usa sin especificar bien o mal, se entiende como bien empilchado. Véase **empilchar**.

Los mocetones más empilchados y ladinos fueron los que debutaron metidos en sus grandes botas de charol con el taco como aguja y con todo el frente bordado.
De oruga a mariposa (Memorias de un vigilante). *Fray Mocho (José. S. Álvarez), 1ª edición, 1897.*

Empilchar. l. p. Vestir. // Vestir con elegancia. Si se usa sin especificar bien o mal, se entiende como empilchar bien. De **pilcha**.

Es de los caretas el tipo más puro.
Se empilcha de bute para despistar.
El atrapador (La crencha engrasada). *Carlos de la Púa, 1928.*

Empilche. l. p. Ropa, vestimenta, pilcha. // Pilchaje.

Empiparse. l. p. Hartarse de comer o de beber. // lunf. "Desentenderse deliberadamente de algo. Del gen. **impippâse**: desentenderse; no dársele a uno un pito." (José Gobello. **Diccionario lunfardo, 1989.**)

Empuado/da. Predispuesto, influenciado por algo o por alguien. // Enojado, ofendido. // Herido con arma blanca o con una púa.

Empuar. l. p. Influir, acicatear, predisponer a alguien en contra de algo o de alguien. // Herir con arma blanca o con una púa. Véase **púa**.

Emputecer. l. p. Estropear, enquilombar, corromper, degenerar una situación. *Emputecer una reunión amigable.* Del esp. **emputecer**: prostituir, corromper a una mujer.

Enajado/da. lunf. Escapado, fugado, evadido, huido. // Echado, despedido. // Najado (véase **enajar**).

Enajamiento. lunf. Escape, fuga, evasión, huida. // Despido, expulsión. // Najamiento. Véase **enajar** y **najar**.

Enajar. lunf. Escapar, fugar, huir, evadir. // Irse, salir. // Despedir, echar. Véase **najar**.

Se arregló con la madama,
juntos del tambo enajamos;
a una posada llegamos,
en donde un cuarto pidió.
Encuentro con una china *(anónimo). (Cfr. Antonio Dellepiane.* **El idioma del delito,** *1ª edición, 1894.)*

Enaje. lunf. Escape, fuga, huida, evasión. // Ida, salida. // Despedida, expulsión. // **Dar el enaje.** Dar el raje. Despedir. // **Dar el enaje a una cosa:** esconderla.

Y ahí nomás le largué un lengo
mistongo que yo tenía
y le batí si quería
darle el enaje al bacán.
Encuentro con una china *(anónimo). (Cfr. Antonio Dellepiane.* **El idioma del delito,** *1ª edición, 1894.)*

Enano. l. p. **Trabajar como un enano.** Expr. pop. que tiene el significado de trabajar mucho; trabajar sin cesar.

La frase tiene su origen en la actividad circense, especialmente, en la de antaño, en que los circos empleaban a los enanos para armar y desarmar incesantemente los escenarios en que se desarrollaban los distintos actos. Al finalizar cada número, los enanos entraban a todo correr para quitar los elementos que se habían usado y poner en su lugar los que se utilizarían en el número siguiente. Esto hacía que los enanos anduvieran prácticamente atrás de los actores que dejaban de actuar y delante de los que entrarían a hacerlo, con el agregado de que, por intervalos, tenían que intervenir como protagonistas en números cómicos. Es decir, que trabajaban sin cesar. En realidad, se abusaba laboralmente de estas personas, a sabiendas de que fuera de esta ocupación les resultaba muy difícil conseguir otra.

Encajar. l. p. Ponerse algo encima. *Encajarse el sombrero. Encajarse el sobretodo.* // Trasladar algo a otro. *Encajarle una obligación. Encajarle un tipo aburrido para que lo atienda.* // Dar un golpe a alguien. *Encajar una trompada. Encajar una patada.* // Insultar. *Encajar una puteada.* Del esp. **encajar**: meter una cosa dentro de otra.

Encanar. lunf. Meter en cana, meter preso, engayolar.

*(...) y yo, que estaba cantando,
se vino derecho a mí.
Me dijo que me dejara
de cantar la semifusa,
que me iba a dar la marusa
y me iba a hacer encanar.*
Un baile en lo de Tranqueli *(anónimo, aproximadamente de 1880). Cfr. Eduardo Romano.*
Brevario de la poesía lunfarda, *1994.)*
NOTA. *Marusa:* marrusa.

// Dar la cana: descubrir la policía a alguien que busca. // p. ext. Guardar, ahorrar, acamalar. *Mango que agarra, mango que encana.* // p. ext. fest. Casarse (con el sentido de caer en cana). // p. ext. Se usa con el significado de llegarle a uno la muerte (*lo encanó la muerte*).

*¡No sabés las ganas que tengo de verte!
Aquí estoy varado, sin plata y sin fe.
Quién sabe, una noche me encane la muerte
y ¡chau, Buenos Aires!, no te vuelvo a ver.*
Anclao en París.
Tango. Enrique Cadícamo, 1931.

Encanastado/da. lunf. Encanado. En cana. Preso. Véase **canasta**.
Encanastar. lunf. Encanar. Meter en cana. Véase **canasta**.
Encane. lunf. Acción y efecto de encanar.
Encanushar, encanushiar. lunf. Variantes de encanar.

Encanutado/da. l. del. Encanado. // Preso castigado con encierro solitario. // Preso que guarda un canuto en el ano. // Objeto que se guarda en el canuto. // p. ext. l. p. Encerrado. *Hace días que está encanutado en su habitación.* // Guardado, escondido. *Tiene toda la plata encanutada.* De **encanutar**.

Encanutar. l. del. Encanar, encanastar. // Castigar a un preso con encierro solitario sin que vea a nadie más que a su guardián, por mal comportamiento. // Introducir en el ano o en la vagina un canuto que guarda dinero, drogas o alhajas pequeñas. Esta maniobra la realizan hombres y mujeres en las cárceles para esconder algunas de sus cosas. // p. ext. l. p. Guardar, esconder, encerrar.

Encanutarse. l. del. Introducirse un canuto en el ano o en la vagina. // p. ext. l. p. Retraerse, retirarse alguien por cierto tiempo a un lugar para abstraerse de la vida exterior. // Meterse en cama por enfermedad. // Internarse en un establecimiento de salud.

Encapillante. l. p. "Traje de hombre completo" (Antonio Dellepiane. **El idioma del delito**, 1894), lo que hoy llamaríamos terno, o sea, traje compuesto de saco, chaleco y pantalón. Del esp. **encapillar**: ponerse ropa por la cabeza.

Encarajinado/da. l. p. Complicado, embarullado. // Estropeado. *Las tratativas por el negocio se han encarajinado.* Viene de **carajo**.

Encarajinar. l. p. Complicar, embarullar, estropear, con el sentido de "ponerse algo como el carajo o irse algo para el carajo". Véase **carajo**.

Encarnar. l. p. **Encarnar el espinel.** expr. pop. Véase **espinel**.

Encocorarse. l. p. Rebelarse, envalentonarse, insolentarse. Del esp. **encocorarse**: fam. fastidiar, incomodar, molestar mucho.

Enconchado. l. p. Dícese del hombre perdidamente enamorado de una mujer y sometido a ella. // Encajetado.

Enconcharse. l. p. Enamorarse el hombre perdidamente de una mujer y someterse a ella. // Encajetarse. De **concha**: vulva.

Encopado/da. l. p. Que está en copas. Mareado por la ingestión de bebidas alcohólicas, aunque sin llegar a emborracharse.

Encoparse. l. p. Estar en copas. Ponerse en copas. // Marearse con bebidas alcohólicas, aunque sin llegar a la embriaguez. Del esp.

copa (del lat. **cuppa**, cuba o tonel): vaso con pie, apropiado para beber.

Encordada. l. p. Nombre que se le da a la guitarra, por las cuerdas que lleva. Es afectivo.

La clásica encordada
de los grandes cantores
deschavaron sus penas
en sus piringundines,
volcando la milonga
como un ramo de flores
en medio de las broncas
y de los copetines.
La cortada de Carabelas (La crencha engrasada). *Carlos de la Púa, 1928.*
NOTA. *Deschavaron:* tendría que estar en singular, aunque no daría el metro.

Encufado/da. lunf. En cufa. Encanado, preso.
Encufar. lunf. Meter en cufa. Encanar, meter preso.
Enculado/da. l. p. Enojado, disgustado. Malhumorado. Con cara de culo.
Encularse. l. p. Enojarse, disgustarse. Malhumorarse. Poner cara de culo. *Se enculó por una tontería.*
Encurdado/da. lunf. Que está en curda. Encurdelado. Ebrio, borracho.
Encurdar. lunf. Encurdelar. Embriagar, emborrachar. Poner en curda.
Encurdarse. lunf. Encurdelarse. Embriagarse, emborracharse. Ponerse en curda.

¿Por qué me creés diquero, capaz de agravios,
capaz de chimentarte? Batí, ¿por qué?
Si acaso estoy en curda, ¿no fue en tus labios
—copetines de ensueño— que me encurdé?
Chamuyo al oído.
Dante A. Linyera (Francisco B. Rímoli).

Encurdelado/da. lunf. En curda. Ebrio, borracho. Encurdado.

En la puerta de un boliche
un bacán encurdelado,
recordando su pasado,
que la mina lo dejó...
Ivette. *Tango. Pascual Contursi, 1914.*

Encurdelar. lunf. Poner en curda. Embriagar, emborrachar. Encurdar.

Encurdelarse. lunf. Ponerse en curda. Embriagarse, emborracharse. Encurdarse.

Para mí ya no hay consuelo
y por eso me encurdelo
pa olvidarme de tu amor.
Mi noche triste. *Tango. (Nombre primitivo: El arroyito.) Pascual Contursi, 1915.*

Enchalecar. l. p. Colocar a los locos, en sus ataques de insanía, el llamado "chaleco de fuerza" que le sujeta los brazos al cuerpo y les impide movimientos que puedan dañar a otros o a ellos mismos. // Castigo que se aplicaba antiguamente y que consistía en fajar el cuerpo del castigado con un cuero fresco o mojado de animal que, al secarse, se encoge y oprime. // l. del. "Maniobra del punguista que consiste en aprisionar a una persona desde atrás, sujetándolo por ambos brazos. Una vez así, aprisionado, otro le limpia los bolsillos." (Adolfo Enrique Rodríguez. **Lexicón**. Centro de Estudios Históricos Policiales, 1991.)

Enchastrado/da. lunf. Manchado, sucio. // Pintarrajeado. // p. ext. Denigrado. De enchastrar.

Enchastrar. lunf. Ensuciar, manchar. // Pintarrajear. // p. ext. Denigrar, ensuciar la honra de una persona. "Del gen. **inciastrâ**: embadurnar." (José Gobello. **Diccionario lunfardo**, 1989.)

Enchastre. lunf. Acción y efecto de enchastrar. // Suciedad, mancha. // Trabajo de pintura mal hecho.

Enchinchado/da. l. p. Enojado, cabrero, chivo.
Enchincharse. l. p. Enojarse, cabrearse, chivarse. Del esp. **chinchar**: vulgarismo por molestar, fastidiar, a su vez de **chinche**.

Enchufado/da. l. p. Entregado de lleno a una idea, un sentimiento, un asunto, un negocio, etc. // Copado. // l. pol. Detenido, arrestado, encarcelado.

Enchufar. l. p. Lograr que alguien se interese y se entregue de lleno a una idea, un sentimiento, un asunto, un negocio, etc. // p. ext. Encajar, enjaretar. *Le enchufaron una deuda que no había contraído.* // p. ext. Entregar, brindar. *Enchufar un piropo.* // p. ext. Dar, aplicar. *Enchufar una piña.* // p. ext. Copular (penetrar el hombre). // l. jgo. Acertar. Se emplea con preferencia en la quiniela y en las carreras de caballos. *Enchufé el 29 a la cabeza.* En-

chufé las dos primeras carreras. // l. pol. Arrestar, apresar, encarcelar (*enchufar en la cárcel*). Del esp. **enchufar**: conectar un aparato eléctrico con el tomacorriente.

Endurance. l. turf. Nombre con que se designa la resistencia física natural que caracteriza a algunos caballos de carrera, capaces de sobrellevar sin mengua una campaña prolongada y exigente. Hay quienes remiten el vocablo al francés **endurance**: resistencia, duración, paciencia, y otros al inglés de igual grafía y significado, opciones muy valederas por el vínculo directo que tuvo nuestro turf desde sus comienzos con Inglaterra y Francia, especialmente con el primero de éstos. No obstante corresponde tener en cuenta que nuestro idioma tiene el verbo **endurar** (del lat. induràe): endurecer, sufrir, soportar, tolerar, dilatar, dar largas a un asunto. Como se ve, prácticamente lo mismo.

Enfarolado/da. l. p. Ebrio, borracho (de **farol**: vaso de vino). // Agrandado, engrupido. // Adornado, acicalado, elegante, bien vestido.

Ropita, tengo bastante;
vos estás enfarolada
y la modista arreglada
con estos diez por delante.
Un dato. Leopoldo Rodríguez, payador y poeta de las primeras décadas del siglo XIX. (*Cfr.* Luis Soler Cañas. **Orígenes de la literatura lunfarda**, *1965.*)
NOTA. *Estos diez por delante*: estos diez pesos que le vas a entregar.

Enfarolamiento. l. p. Ebriedad, embriaguez. // Engrupimiento. Piyadura. // Elegancia, acicalamiento.

Enfarolar. l. p. Embriagar, emborrachar. // Adornar, acicalar, vestir bien. // Agrandar, engrupir.

Farabute ilusionado
por la mersa de magnates
que enfarolan tu presencia...
Farabute.
Tango. Antonio Casiani y Joaquín Barreiro.

Enfermo/ma. l. p. Eufemismo que se usaba antes para dar a entender que alguien se hallaba preso. **Estar enfermo**: estar preso.

Enfriado/da. l. p. Muerto. // Asesinado. De **enfriar**.

Enfriar. l. p. Matar. // Asesinar. Por el frío de un cuerpo muerto. Del argot fr. **refroidir**: matar, asesinar. En fr., **refroidir**: refrescar, enfriar.

Enfundar. l. p. sent. fig. Callarse la boca. Guardarse lo que se tenía para decir. Por callar un instrumento musical y guardarlo en la funda. // **Enfundar la mandolina**. Véase **mandolina**. Del esp. **enfundar**: guardar en una funda.

Engamelar. lunf. Esposar o encadenar a un preso. // Engrillar. Del esp. **gamella** (de **camella**, voz de igual significado): arco de cada extremo del yugo a que se unen las bestias.

Enganchado/da. l. p. Enamorado. // Comprometido para casarse. // Dícese de quien se ha conectado clandestinamente a la red eléctrica domiciliaria. // l. pol. Atrapado por la policía. // l. drog. Atrapado por la droga. // l. p. Atrapado, en general.

Enganchar. l. p. Atrapar a alguien amorosamente. // Comprometer a alguien en un asunto. // Conectar clandestinamente una finca a la red eléctrica domiciliaria. // l. pol. Atrapar la policía a alguien. // l. drog. Atrapar la droga a alguien. // l. p. Conseguir algo. *Enganchar un trabajo*. // Atrapar, en general.

Yo te traté como seda,
te quise hacer algo gente,
pero la calle Corrientes
te enganchó, de grupo, un día.
Bandera baja. Carlos Waiss.

Engañabobos o **atrapabobos**. l. p. Trampa explosiva disimulada. Véase **cazabobos**.

Engayolado/da. l. p. Que está en **gayola**. // Preso, encanado, encufado.

Mi musa está en las copas,
mi musa está en el tango,
en todos los que ruedan,
en el dolor y el fango;
en las minas que yiran
y en los engayolados;
en los pibes sin morfi
y en los que están palmados.
Musa rea (Nocau lírico).
Alcides Gandolfi Herrero, 1970.

// Comprometido en casamiento. // Casado. // Atrapado, preso de un sentimiento, de un amor.

Hoy te veo engayolado:
te chapó una solterona
que podría ser tu nona
y que es toda tu pasión...
Y seguís amarrocando
para que ella, tu monona,
se las dé de gran princesa
a costillas del chabón.
Amarroto. Tango. Miguel Bucino.

Engayolar. l. p. Meter en **gayola**. // Apresar, encanar, encufar. // Guardar. // Atrapar a alguien amorosamente. // Comprometer en casamiento. // Casar. // Atrapar, en general.

Siempre las mismas cuarenta:
el despertador que suena
me engayola a la cadena
batiéndome: ¡a laburar!
Bronca (Nocau lírico).
Alcides Gandolfi Herrero, 1970.

Engomado/da. l. del. Cerrado. Clausurado. *Una puerta engomada.* // Abrochado, abotonado. Dícese de la persona que tiene sus ropas abotonadas y es difícil punguearla, lo que pone a prueba la habilidad del punga. Véase **desempaquetar**.
Engomar. l. del. Cerrar, clausurar. Cerrar una puerta. // Cerrar con llave las puertas de las celdas. // Cerrar las prendas de vestir. Abrochar, abotonar.
Engominado. l. p. Que tiene gomina en el cabello. // Peinado a la gomina. (véase **gomina**.) // Muy usado peyorativamente antes como **fifí**, **pituco** (véanse estas voces).
Engominar. l. p. Poner gomina en el cabello. // Peinar con gomina.
Engordar. l. p. Dar facilidades a alguien (dejarlo engordar) para que se confíe en exceso y luego sorprenderlo descuidado. Equivale a **dar changüí, dar pifia y dar soga**. // l. pol. Dejar la policía libre a un delincuente a fin de seguirle los pasos para obtener pruebas en su contra o descubrir a sus cómplices. // l. p. Mantener a un holgazán.
Engrampar/se. l. pol. Encadenar, engrillar. Poner las esposas. // Descubrir, sorprender a alguien en una actitud ilícita o comprometida. *Lo engramparon cuando intentaba robar un auto.* // Atarse a una obligación, un sentimiento, un amor. // Comprometer en casamiento. // Comprometer a alguien en un asunto. Del esp. **grapa (grampa)** y éste del ár. **krampe**: gancho, pieza metálica cuyos dos extremos doblados se clavan para unir dos cosas.
Engranado/da. l. p. Enojado, enfadado. Iracundo. De **engranar**.
Engranar/se. l. p. Enojarse, enfadarse. Pasar de la calma a la ira. Del esp. **engranar**: endentarse los dientes de dos ruedas giratorias.
Engrane. l. p. Acción y efecto de engranar. // Enojo, enfado, ira. *Un cliente me hizo pescar un engrane tremendo.*
Engrasado. l. p. Sobornado, coimeado, arreglado, untado, aceitado.
Engrasar. l. p. Sobornar, coimear, arreglar, untar, aceitar. Como se pone grasa a ruedas y engranajes de una maquinaria para que funcione convenientemente.
Engrilado/da. lunf. Engrillado.
Engrilar. lunf. Engrillar.
Engrillado/da. lunf. Que ganó mucho dinero. Que hizo fortuna. // Adinerado. // **Engrilado. Engriyado.**
Engrillar. lunf. Ganar mucho dinero. Hacer fortuna. // Guardar algo en el grillo (véase **grillo**). // Ahorrar. // Acamalar. // **Engrilar. Engriyar.**
Engrisar. lunf. Meter, guardar, ocultar una cosa dentro de otra. // Ocultar algo, en general. José Gobello lo deriva del ital. jergal **grigio**: gorrita y bolsillo (**Diccionario lunfardo**, 1989).
Engrupe. lunf. Acción y efecto de engrupir o engrupirse. // Piyadura, engrupimiento. *Tiene engrupe de orador y nadie lo soporta.*
Engrupichir. lunf. Deformación humoríst. de **engrupe**.

Y tiene tal carpa para armar los pacos
y tiene tal labia para engrupichir
que muchos corridos, que no fueron mancos,
menyaron el cuento recién en el fin.
El cuentero (La crencha engrasada).
Carlos de la Púa, 1928.

Engrupido/da. lunf. Engreído, piyado.

¿Y esas grelas que engrupido
te tenían con su amor?
¿No manyás que vos has sido
un mishé de lo mejor?
Uno y uno.
Tango. Lorenzo Juan Traverso, 1929.

// Engañado.

*Analizá mi prontuario
para que yo no te bata
que estás engrupida, Ñata.
¡Cachar de gato a este zorro
y venirse pa'l cotorro
con dos miserables latas!*
De rompe y raja. José Pagano.
NOTA. Véase **latas**.

Engrupimiento. lunf. Engreimiento, envanecimiento, piyadura. // Engaño.
Engrupir. lunf. Engañar. Mentir. // Hacer el cuento. Embaucar.

*¡Cuántas veces,
a mate amargo,
al estómago engrupía
y pasaban muchos días
sin tener para morfar!*
Champagne tangó.
Tango. Pascual Contursi, 1914.

Engrupirse. lunf. Engreírse, envanecerse, piyarse. // Engañarse a sí mismo.
Engualichado/da. l. p. Hechizado, embrujado. // Víctima de un **gualicho**. Véase **gualicho**.
Engualichar. l. p. Hechizar, embrujar. Véase **gualicho**.
Enguaridar. l. del. Albergar, dar refugio, especialmente a los perseguidos por la justicia. José Gobello lo origina en el esp. **guarida**: amparo o refugio para acogerse o ponerse en seguridad (**Diccionario lunfardo**, 1989). Acotamos que el esp. antiguo tiene **guarir**: guarecerse, refugiarse, acogerse en alguna parte.
Enguile. lunf. Engrile.
Enguille. lunf. Engrile.
Engulada. lunf. Comida. // Comida abundante. Comilona. // Panzada. Hartazgo. // **Engullada**. // p. ext. Se usó como equivalente de cuento, mentira, con el sentido de algo que le quieren hacer tragar a uno.

*Uno cuenta: yo, a mi Rosa,
le regalé una leñada
porque me hizo la parada
de que quería espiantar...
¡Fijate qué paladar
el mío, pa esa engullada!*
Un diálogo en una pulpería. Pepino el 88 (José J. Podestá). Aproximadamente, 1880. (Cfr. Luis Soler Cañas. **Orígenes de la literatura lunfarda**, 1965.)

Engullar. lunf. Engular.
Enhebrar. l. p. Causar un perjuicio a alguien intencionalmente, en beneficio propio. // Estafar, engañar, hacer víctima de un cuento a alguien. *Lo enhebraron vendiéndole una joya falsa.* // p. ext. Vencer, derrotar. Igual que **vacunar** en su significado y en la subyacente acepción sexual de penetrar, en este caso, por el hilo que entra en el ojo de la aguja.
Enjailaifarse. l. p. Vestirse como un **jailaife**. // Ponerse elegante.

Y, en fin, además de tanto enajailaifarse a la moda, a "El Cívico" le gustaba, como al famoso compositor de tangos, Arolas, ponerse alguna vez los anillos sobre los guantes y llevar un ponchito de vicuña sobre los hombros.
El tango en su etapa de música prohibida. José Sebastián Tallon, 1959.

Enjaretar. l. p. Introducir una cosa o una persona entre otras, en forma sutil o no. *Le enjareté el expediente entre los que tenía para resolver. Les enjaretamos uno de los nuestros en la comisión directiva.* // Endilgar a alguien errores o culpas que no le corresponden. // Encargar a alguien trabajos o misiones desagradables. // Echar en cara. *Le enjareté el perjuicio que me causó.* // Decir una verdad cara a cara. // Insultar. *Le enjareté una puteada.* // Dar un golpe a alguien. *Enjaretar una trompada.* // Ponerse una prenda de vestir. *Enjaretarse el sobretodo.* Del esp. **enjaretar**: hacer pasar algo por una jareta. **Jareta** (del ár. **xarita**, trenza): costura que se hace en la ropa, doblando la orilla y cosiéndola por un lado, de suerte que quede un hueco para insertar por él una cinta o cordón, a fin de encoger o ensanchar la vestidura cuando se ata al cuerpo. También del esp. **enjarretarse**: meterse sutilmente en un asunto o negocio.
Enjaulado/da. l. p. Encarcelado.
Enjaular. l. p. Meter preso, encarcelar. // Encerrar a alguien; no dejarlo salir. *Hay mujeres que tienen enjaulados a sus esposos.* // p. ext. Empeñar un bien en una casa de préstamos.

Tuve que enjaular el bobo. Es voz de la germ.: enjaular, encarcelar.

Enjetado/da. l. p. Con cara de enojado. De jeta: cara.

Enjetarse. l. p. Enojarse. // Poner cara de enojado. De jeta: cara.

Enquerosenado/da. l. p. Embriagado. Por comparación fest. del querosene con las bebidas alcohólicas, especialmente el vino.

Enquilombado/da. l. p. Complicado. Embarullado. *Asunto enquilombado. Vida enquilombada. Persona enquilombada.* De **quilombo**.

Enquilombar. l. p. Complicar. Embarullar. Desordenar. // Alborotar. // Escandalizar. // Hacer quilombo. Por el ambiente que reinaba en los quilombos, donde se mezclaban hombres con prostitutas, se bebía, se bailaba, había grescas, intervenciones policiales, etc.

Enristrar. l. p. Hacer dinero. // Hacer dinero rápidamente. // Ganar dinero en algún negocio, juego o apuesta. Del esp. enristrar: hacer ristras de ajos. Se compara la acción de incorporar ajos a la ristra con la de ir sumando dinero.

Enroscar. l. p. Engañar a alguien con un cuento o una mentira. Envolverlo con ingenio y habilidad. // Engrupir, embrollar, embalurdar. // **Enroscar la víbora.** Hacer víctima de un cuento a alguien.

Enroscar la víbora

Este dicho tuvo su origen en la teatralización que hacen algunos vendedores callejeros que, con una víbora alrededor del cuello y colgada sobre sus hombros, ofrecen sus mercancías en tanto prometen a los curiosos que reúnen un espectáculo asombroso que les ofrecerá la víbora, claro que después que le compren dichas mercancías. Por fin, cuando han hecho sus muchas o pocas ventas, juntan sus cosas, meten a la víbora en una valija y se retiran tranquilamente, mientras algún espectador frustrado quizá comente con otro: "Nos enroscó la víbora".

Ensartada. l. p. Equivocación. Error. Metida de pata. // Trampa, cuento, engañifa.

Ensartarse. l. p. Equivocarse. Cometer un error. Meter la pata. // Caer en una trampa, cuento o engañifa que se le ha tendido. Del esp. ensartar: pasar por un hilo, alambre, etc., varias cosas.

Ensartenado/da. l. p. Atrapado, apresado, enganchado. Ensartado. Recurre al símil de quien se halla ya en la sartén, listo para ser freído, sin poder escapar (antig.).

Ensillar. l. p. Enojarse, cabrearse, chivarse. // **Ensillar el picaso.** Montar en cólera. Del esp. ensillar: poner la silla a una bestia.

Ensobrado/da. l. p. Metido en la cama. // Acostado. // Guardado. // l. pol. Preso, encanado.

Ensobrar. l. p. Meter en cama. // Acostar. // Guardar algo. // l. pol. Meter preso, encanar. De ensobrar: meter, guardar en un sobre.

Ensombrado/da. l. p. Puesto a la sombra. // Encarcelado, encanado. // p. ext. Amarrocado, acamalado.

No te echés a la bartola
dejándome aquí, ensombrao,
sin vento, seco, amurao
en la frígida gayola.
La batida. *José Pagano.*

Ensombrar. l. p. Poner a la sombra. Encarcelar, encanar, guardar.

Enterizo. l. p. Véase **botín enterizo**.

Enterrarse. l. p. Perder una suma importante de dinero en el juego. // Endeudarse. // Complicarse cada vez más en una situación perjudicial.

Entierro. l. p. Pérdida grande en el juego. // Endeudamiento importante.

Entonado/da. l. p. Chispeado; algo bebido. // Alegre por la bebida.

Entonar. l. p. Chispear, alegrar la bebida alcohólica. Probablemente del esp. entonar: dar vigor al cuerpo. // **Entonar el garguero.** Dícese de cuando se toman una o dos copas de bebida previamente a algo, una reunión, una comida, etc. (como para entonar la voz).

Entrada. l. p. **De entrada.** m. adv. De inicio. Antes que nada. *De entrada le dije lo que pensaba de él.* Igual que **de movida, de arranque** y **de salida.** Del esp. de primera entrada: al primer intento; de buenas a primeras.

Entrador/a. l. p. Persona agradable, que siempre cae bien; que, proponiéndoselo o no, se gana naturalmente la simpatía y confianza de los demás. // p. ext. Persuasivo.

Era un bacán de pretensiones,
gran entrador y aventurero.

Ligó programas a montones
y fue el perfecto gigoló.
Quemá esas cartas.
Tango. Manuel Romero, 1928.

Entrainer. l. turf. Persona que cuida y prepara caballos de carrera, también llamado cuidador, preparador o trainer. Es deformación del fr. **entraineur**: adiestrador. Véase **trainer** y **tiempo**.

Entrancado/da. l. p. Que se pescó una tranca. // Ebrio, borracho. De **tranca**: borrachera (véase). // Inmovilizado. Impedido de hacer algo por alguna circunstancia que lo inhibe. Del esp. **atrancar**: asegurar una puerta por dentro por medio de una tranca.

Entrancarse. l. p. Pescarse una tranca. // Emborracharse, embriagarse. // Estar impedido de hacer algo por alguna razón que lo inhibe.

Entrañudo. l. p. Recio, duro, rudo. // Cruel, insensible. Del esp. **entraña**: sent. fig. Voluntad, afecto de ánimo. Índole y genio de una persona.

Entrar. l. p. Acceder, prestar conformidad a una propuesta. // Convencerse o ser convencido por otro. // Caer en un engaño. Ser víctima de un cuento. *Entró como un gil.* // Ceder, rendirse. *Al principio se negaba, pero insistí y entró.* Del esp. **entrar**: penetrar, introducirse. // **Entrar como un caballo, entrar como un gil, entrar con patas y todo.** Caer tontamente en una broma o en un cuento. // **Entrar derecho viejo.** Acceder a una proposición sin pensarlo. Aceptar en el acto.

Se va la vida,
se va y no vuelve.
Escuchá este consejo:
si un bacán te promete acomodar,
entrá derecho viejo.
Se va la vida. *Tango.*
Luis Mario (María Luisa Carnelli), 1929.

// **Entrar en vereda.** Entrar en razones. // Encaminarse. // Reconocer un error o una equivocación y enmendarse. // Dejar de actuar mal y hacer lo correcto. // **Entrarle a uno el frío.** Achicarse, acobardarse. // **Entrarle a uno el parate.** Cansarse, ceder, disminuir el ímpetu que se llevaba. No poder continuar el ritmo de una acción. *Al boxeador le entró el parate en el último round.*

Entre. l. p. Sondeo, tanteo. // Averiguación disimulada en una conversación con vistas a conocer las intenciones o la capacidad de alguien. // Dichos o acciones dirigidas a alguien con la finalidad de hacerlo caer en un engaño. // Cosa dicha con el propósito de sonsacarle algo a alguien. // p. ext. Piropo, palabras halagadoras dirigidas por el hombre a una mujer con el fin de preparar el terreno para intentar enamorarla. // p. ext. Ataque fingido contra alguien para evaluar su reacción. // Ardid de los jugadores fulleros que dejan ganar ex profeso a sus víctimas en las primeras sesiones de juego, para que tomen confianza, y desplumarlas después. // l. turf. Aproximación que hace el jockey de un caballo al que corre delante de él, para estudiar su reacción y sus reservas físicas. // **Dentre.** De entrar.

Entreverado/da. l. p. Dícese de la persona que anda metido en problemas o cosas nada limpias o sospechosas.

Entreverarse. l. p. Meterse alguien en un asunto, un negocio o una conversación aun sin ser invitado a ello. // Meterse en problemas o cosas sucias o sospechosas. // l. jgo. Salir modestamente gananciosos de una reunión de juego. *No gané mucho: apenas pude entreverarme.* // l. dep. Alcanzar un deportista o un equipo deportivo una ubicación aceptable en un campeonato o torneo. // l. tuf. Llegar un caballo cerca de los que ocuparon los primeros puestos en una carrera. *En ésta se entreveró, pero en la próxima, ganará.* Del esp. **entrevero**: mezcla confusa.

Entrevero. l. p. Riña, pelea, duelo.

¡Qué fletes tráiban los bárbaros!
¡Como una luz de ligeros!
Hicieron el entrevero
y en aquella mezcolanza,
éste quiero, éste no quiero,
nos escogían con la lanza.
El gaucho Martín Fierro. *José Hernández.*
NOTA. ***Tráiban:*** traían.

Envenenado/da. l. p. Amargado. // Indignado. *Envenenado por una ofensa. Envenenado por la política sucia del país.* // Dícese de la persona pesimista.

Envenenar. l. p. Amargar a alguien; provocarle indignación; predisponerlo en contra de otro. Llenarle la cabeza con chismes. Del esp.

envenenar: inficionar con veneno y, en sent. fig., emponzoñar.

Enyantar. l. p. Comer. Es deformación del esp. yantar, comer la comida del mediodía o la principal, por prótesis de la partícula **en**.

En tu casa todo el año
a la hora del puchero,
enyantás de prepotencia
lo que nunca te ganás.
Farabute.
Tango. Antonio Casiani y Joaquín Barreiro.

Enyante. l. p. Acción y efecto de enyantar. *Ya es la hora del enyante.* // Comida.

Enyetar. lunf. Provocar la mala suerte de alguien por la supuesta transmisión de un influjo maléfico que se atribuye a personas, animales o cosas. "Embrujar, aojar. De **jeta** o **jetta:** embrujo, maleficio, aojo. Del fr. **jet** (tomado del antiguo italiano) y éste del lat. **jactus** (tiro, acción de tirar); de donde **jeter,** del lat. **jacio** (tirado, arrojado, echado, lanzado) y este último del sánscrito **jug,** lanzar. Es muy posible, también, que el concepto maléfico **jetta** venga de **jetha,** nombre con que se designaba a una célebre pitonisa o maga que vivía en un socavón de la montaña Heidelberg, Alemania. El señor Lisandro Segocia se pregunta si viene del napolitano **gettatura**." (Roberto Arrazola. **Diccionario de modismos argentinos,** 1943.) Otra opinión es la de José Gobello, que remite el vocablo a yeta, "al italiano meridional **jettatura,** influjo maléfico (incorporado ya al italiano general)". (Diccionario lunfardo, 1989.) // Véase yeta.

¡Ésa!... l. p. Interjección festiva de aprobación, apoyo, felicitación o aplauso. Se emplea cuando alguien dice o hace algo bien o cuando se decide a hacer algo animosamente. Es una exclamación vigorosa, alentadora, que se pronuncia enfatizando y prolongando las dos vocales: ¡éeesaaa!...

Esbornia. lunf. Borrachera. // Pesadez, adormecimiento ocasionado por haber bebido mucho alcohol. Del ital. **sbornia**: borrachera, mona, embriaguez, turca. **Prèndere una sbornia**: pescarse una borrachera.

Si entrás en los entreveros
donde hay que volcar el codo,
piantale a las cocteleras,
dale al whisky o semillón,
y cuando empecés con uno,
metele al mismo con todo
y si chapás una esbornia,
chapátela a lo varón.
***Atenti, muchacho** (Nochero).*
Juan Pedro Brun, 1969.

Escabiado/da. lunf. Ebrio, borracho, curda.
Escabiador/a. lunf. Ebrio consuetudinario. // Borracho, curda.

Por eso es que, chorro viejo,
escabiador, mujeriego,
sólo te pido, te ruego
que me quieras escuchar.
Hacelo por la vieja.
Tango. Rodolfo Sciammarella.

Escabiar. lunf. Ingerir bebidas alcohólicas.
Escabio. lunf. Bebida alcohólica. // **Escabio/a.** p. ext. equivale a ebrio, borracho. *Me da pena verlo escabio todos los días.* "Procede de **scabi,** vino, antiquísima voz de ital. jergal." (José Gobello, Notas para el libro **La crencha engrasada,** de Carlos de la Púa, edición de 1928.)

La mulata chingolo
me llamó para bailar;
yo, que no tenía ni medio,
le dije que no bailaba,
y un escabio me gritaba:
¡puta, que es micho el bacán!
Un baile en lo de Tranqueli. *Anónimo, aprox. de 1880. (Cfr. Eduardo Romano.* **Brevario de la poesía lunfarda,** *1994.)*
NOTA. *Micho:* misho.

Escalera. l. del. Llave larga, de cuatro dientes, que usan los delincuentes.
Escapelar. lunf. Saludar el hombre quitándose el sombrero. Del ital. **scappellare,** con igual significado.
Escarbadiente. l. del. Alfiler de corbata. También se lo llamaba **espina**. Ambos nombres por su largo y delgadez.
Escarparo. lunf. Zapatero. Del ital. **scarpaio**: zapatero, vendedor de zapatos.
Escarpiante. lunf. Zapato. Del ital. **scarpe,** zapato.

Escasany. l. p. Escaso. *Ganar un sueldo escasany.* // Seco, pato, sin dinero. *Estar escasany.* Parag. humoríst. de **escaso** bajo la forma de un apellido, en este caso, Escasany, nombre que le dieron a una famosa y antigua joyería y relojería de nuestra ciudad sus dueños, que llevaban dicho apellido. Véase **paragoge**.

A veces, escasany y chacabuco,
palmieri y con las cartas reviradas,
me voy al naipe sin cantar retruco.
Bodegón (Sonetos mugre).
Daniel Giribaldi, 1968.

Escashato/ta. lunf. Achacado. // Chacabuco. // Estropeado, arruinado. Del ital. merid. scascià: desmejorar físicamente una persona a causa de la edad o de alguna enfermedad.

Escashiato/ta. lunf. Escashato.

Escoba. l. mús. Guitarra. // l. jgo. Nombre de un juego familiar de naipes, también llamado **escoba de quince**. // **Pasar la escoba**. Dicho popular que significa arrasar con todo o con todos. // Superar en cualquier evento a la totalidad de los intervinientes. // l. jgo. Ganar todo el dinero que hay en juego. Igual que **pasar el rastrillo**.

Escobero. l. p. Guitarrero. El que toca la guitarra.

Escolasador/a. lunf. Escolaseador.

Escolasar. lunf. Escolasear.

Escolaseador/a. lunf. Que escolasea. // Jugador. // Jugador empedernido. // Escolasador. Escolazador.

Escolasear. lunf. Jugar por dinero. Timbear.

Viejo boliche de rioba
donde la mersa orillera
se juntaba a escolasear.
Y al tute, al monte, a la escoba,
por una carta fulera
tenía un mes que mangar.
Boliche. *Carlos A. Alberti.*

// Metafóricamente suele emplearse con el sentido de quitar algo, escamotear, despojar. *Me escolasearon la billetera en el bondi.*

Recuerdo de un amuro ranfañoso,
luce un tajo de guapo; marca rea,
un feite en re-fa-si meticuloso
que un cacho de nariz le escolacea.
El feite (La crencha engrasada).
Carlos de la Púa, 1928.
NOTA. El autor usa escolasea con c.

Escolaso. lunf. Acción y efecto de escolasear. // Juego por dinero. // Timba. // Lugar donde se juega por dinero. *Al lado del boliche funciona un escolaso.* // Con el sentido extensivo de juego, se usa como asunto, cuestión, fato, tramoya, yeite; negocio. *¿En qué escolaso andás?* // También se emplea con el sentido figurado español de la palabra juego: habilidad o arte para conseguir una cosa.

Loca, entre cafishos y gaviones
armó, con su escolaso consentido,
el viaje a los morlacos con envido
detrás del resplandor de los leones.
La mina del cocó. *Fernando Giribet.*

Estas acepciones dieron origen a la expresión popular **manyar el escolaso**: descubrir las intenciones de alguien; darse cuenta de algo que se ocultaba o disimulaba. En cuanto al origen de **escolaso** no hemos dado con una clara definición. Por nuestra parte, lo creemos vinculado al italiano scola, escuela. Recordamos que en nuestros lejanos años mil novecientos treinta y algo, cuando un grupo de amigos se dirigía a una timba, si alguien preguntaba adónde iban, la respuesta, festiva, era: a la escuela.

Escolazador/a. lunf. Escolasador.

Escolazo. lunf. Escolaso.

Escombrero/ra. l. p. Que hace escombro.

Escombro. l. p. Ostentación, alarde, fanfarronería. // Exteriorización exagerada de un sentimiento o estado de ánimo. // Alharaca. Espamento. Esparo. Estas acepciones son antiguas y probablemente estén inspiradas en el acto de hacer escombros, es decir, en las demoliciones de casas o edificios, reducir a escombros la mampostería, tarea que antes hacían los obreros a golpes de mazas pesadas, con lo que producían ruidos fuertes y molestos.

Escomúnica. l. p. Pertinaz mala suerte. Yeta. // Excomúnica (véase esta voz).

Escondedor/a. l. p. Engañador. Taimado. // Que esconde sus sentimientos y propósitos. // **Esconder la partida**. Ocultar algo que se sabe o lo que se piensa hacer. Viene de la misma frase que en l. turf. significa no dar a conocer el tiempo empleado por un caballo de carrera en un ejercicio o **partida** ni la forma en que la cumplió o realizarla en horarios desacostumbrados y, en lo posible, sin testigos.

Escoñado/da. lunf. Estropeado, arruinado. // Achacoso.

Escoñar. lunf. Romper, estropear, arruinar. Deshacer. Del ital. **sconciare**: deteriorar, estropear, dañar, ajar, con influencia del gen. **scognare**: quebrar, romper.

Escopeta. l. p. Encontramos esta voz en el dicho **un caso de escopeta** aplicable a la persona a la que se considera sin juicio, disparatada, despistada, irresponsable, tal como si su caso no diera para otra solución que se disparara o le disparasen un tiro de escopeta.

Escorcha. lunf. Fastidioso, cargoso, cansador, molesto. Aburridor.

Escorchar. lunf. Fastidiar, cargosear, molestar. Aburrir. Del ital. **scocciare**: quebrar. // Cascar los huevos. // Aburrir, fastidiar.

Escorchón/a. lunf. Que escorcha. // **Escorcha**.

Escrachado/da. lunf. Estropeado. Destrozado. // Maltrecho a golpes. // Estrellado contra una pared, una puerta, etc. // Fotografiado. Retratado. // Descubierto en una actitud incorrecta o sospechosa. // Denunciado. // Puesto en evidencia. // Repudiado pública y masivamente en su domicilio o lugar de trabajo (véase **escrache**). Esta acepción es muy reciente. // l. del. Conocido por la policía. Manyado. Junado.

Escrachador/a. lunf. Que escracha. // Delator, soplón. // Fotógrafo. // Retratista. // Máquina de fotografiar. Véase **escrachar**.

Escrachar. lunf. Estropear, destrozar. *El jarrón cayó de la mesa y se escrachó en el piso.* // Estrellar algo o a alguien contra una pared, una puerta, etc. *Lo escrachó contra la pared de una trompada.* // Dejar a alguien maltrecho a golpes. // Delatar, soplar. Este vocablo provendría del gen. **scraccâ**: expectorar, escupir. José Gobello concuerda con ello aunque también admite la posibilidad de que devenga del piam. **scracè**, de igual significado. (Diccionario lunfardo, 1989.) P. ext., **escrachar** asume varias acepciones más. // Hacerle el escrache a alguien (véase **escrache**). // Poner a alguien en evidencia. *Lo escrachó como traidor ante los amigos.* // Sorprender a alguien en actitudes ocultas. // Manyar, junar. *A ese sujeto lo tengo bien escrachado.* // Fotografiar. // Retratar. // sent. fig. Escribir, registrar, dejar sentado lo que se siente o lo que se piensa.

*Hoy me senté a escribir. Tenía ganas
de escrachar en un pelpa lo que siento
y darles a junar el sentimiento
que me embarga de cheno y de mañana.*
Aflojando. *Juan Carlos Coiro.*

Es de advertir que en muchas de sus acepciones la voz **escrachar** tiene claramente que ver con **escracho**: cara, rostro. Hacerle el escrache a alguien, descubrirlo en actitud oculta, ponerlo en evidencia, manyarlo, junarlo implica conocer o dar a conocer la verdadera cara de esa persona, la que no se ve, la que esconde. Es como mostrar el retrato esencial del individuo, que se oculta a la vista del hombre desprevenido. Al escracharlo, se muestra en toda su verdad el anverso de una cara que sólo nos mostraba su reverso. En cuanto a la acepción de dejar escrito un pensamiento o un estado de ánimo, es extensión de fotografiar o retratar.

Escrache. lunf. Acción y efecto de escrachar. // Deschave. // Acción y efecto de poner en evidencia a alguien. // Acción y efecto de repudiar masivamente a una persona. Esta acepción corresponde a una modalidad popular reciente que alcanzó rápida difusión y consiste en rechazar públicamente a alguien que se ha ganado la aversión general o de una parte de la ciudadanía. El procedimiento se cumple cubriendo la fachada de la finca en que se domicilia el repudiado con leyendas alusivas a los cargos que se le imputan, pintadas con grandes letras, y la concentración en el lugar de grupos numerosos de personas que portan pancartas con el nombre del acusado y los hechos que se le incriminan, cosas que también se corean en voz alta al compás de bombos, tambores, pitos y matracas. Esto se efectúa con personajes vinculados a los anteriores gobiernos de facto que hubo en el país, así como con estafadores de la fe pública, funcionarios venales, evasores y políticos corruptos.

Escrachería. lunf. Casa de fotografías.

Escrachero/ra. lunf. Fotógrafo. Retratista. Escrachador.

Escracho. lunf. Rostro, cara. // Cara fea, desagradable. // Mujer fea.

—Mentira, señor, no le crea. No tiene más que verle el escracho para mangiar que es un compadre con más parada que Mansilla... ¡Quién lo ve al atorrante!... No le crea, señor oficial... No me haga reír. Agustín Fontanella. *Artículo periodístico de la revista* **PBT**, *aproximadamente de 1900. (Cfr. Luis Soler Cañas.* **Orígenes de la literatura lunfarda***, 1965.)*
NOTA. **Mansilla:** se refiere a Lucio V. Mansilla, general argentino que participó en la guerra contra Paraguay (1865-1870). Fue, además, diputado, ministro y escritor y se lo tenía por hombre muy elegante. Falleció en 1923.

// Fotografía. Retrato.

*Un armario algo arruinao,
encima de éste un portrete
y el escracho de un pebete
vestido de Juan Soldao.*
Parte de la notable presentación que hace José González Castillo del escenario y personajes de su obra teatral **El retrato del pibe**, estrenada el 9-11-1908. (Cfr. Luis Soler Cañas. **Orígenes de la literatura lunfarda**, 1965.)

// Otra de las antiguas acepciones de **escracho** como carta, escrito, ya la registraba Antonio Dellepiane en **El idioma del delito**, de 1894.
// Finalmente, en la jerga delictiva se le llamó **escracho** al cuento del billete premiado.

ORIGEN DEL TÉRMINO
"Estamos frente a un interesante caso de polisemia, cuyo problema esencial consiste en determinar de dónde proviene el vocablo **escracho***. Segovia (1911; 208) piensa, con dudas, que puede ser de origen italiano; más recientemente, algunos autores se han inclinado a derivarlo del argot francés (véase Gobello, 1963; 195). Efectivamente, Esnault (1965; 269) registra la voz* **escracho** *(bajo la forma de* **escrache***) usada desde el siglo pasado (XIX) con el significado de pasaporte y también de papel de liberación del preso, pero aclara que dicha voz ha sido tomada del argot italiano* **scaracio**, *billete, escrito, diario, y añade, como información complementaria, que en el lunfardo argentino vale por foto judicial. O sea que ese autor, un poco por vía de Italia, nos devuelve la atribución. Naturalmente, puede pensarse en otros orígenes: así, sobre la base de que en inglés* **to scratch** *significa arañar o raspar, a alguien se le puede ocurrir (Schallmann, 1946; 17) que podría venir de esa fuente, ya que en la acepción de billete de lotería falsificado se sobreentiende que ha sido raspado; o si no, con mayor fantasía, puede asociarse mentalmente el arañar con el desfiguramiento del rostro y, por ahí, hallar el pasaje a la acepción de cara fea (Cammarotta, 1970; 91).*
"Existen otras sendas por las que podría aventurarse cualquier investigador para explicar la etimología de **escracho**. *Baste recordar que en italiano* **scaracio** *significa escupitajo, gargajo, de donde no cuesta mucho hacer derivar primero una comparación 'fea como un gargajo', que luego se contraería metafóricamente a persona muy fea. O puede recurrirse al verbo* **scaracciare**, *romper, destrozar, que manifiestamente está presente en una de las acepciones de* **escrachar**, *la que, a su vez, ha engendrado el adjetivo* **escachato** (**schiacciato**, *en italiano), roto, destrozado y, figuradamente, muy fatigado. O, si no se desea ir tan lejos, se puede echar mano al verbo castellano* **escachar**: *cascar, aplastar, despachurrar, como insinúa Cammarota (1970: 91)." (Mario E. Teruggi,* **Panorama del lunfardo**. *1974.)*

Escruchante. l. del. Escrushante.
Escruchar. l. del. Escrushar.
Escruche. l. del. Escrushe.
Escrushante. l. del. Ladrón que practica el escrushe. // Que se especializa en abrir puertas y ventanas para entrar a robar.

EL ESCRUSHANTE
"El escrushante es una interesante variedad de la familia lunfarda. Los que la forman son, por lo general, individuos de avería, hombres avezados en todas las asperezas de la vida.
"Brotan de las capas inferiores de la sociedad y rara vez alcanzan otras más elevadas; son constante y permanentemente víctimas del que ha campeado —estudiado— el robo a realizar y su fin es generalmente desastroso. Concluyen por ser un harapo humano a fuerza de consumirse en las

cárceles o en los más bajos fondos de la corrupción.
"De todos los lunfardos, el escrushante es el más desgraciado: sus robos son los más fáciles de descubrir, sus condenas son las más largas, sus días son los más negros, pues cuando no está preso lo andan buscando.
"Sus golpes los reciben ya estudiados por el campana, que percibirá una buena parte sin riesgo. Éste es el que moldeará las llaves que el escrushante fabricará en los ratos de ocio, en su tugurio, donde tiene su pequeño taller 'ad hoc'; el que estudia las costumbres del habitante de la casa que se va a robar; el que levanta el plano de sus entradas, salidas, caminos fáciles para escapar, parada del vigilante, hora en que hace la ronda y demás datos útiles. En posesión de todos estos elementos, el escrushante tienta su empresa y va dispuesto a todo." (**El burro de carga** –**Memorias de un vigilante**. *Fray Mocho (José S. Álvarez). 1ª edición, 1897.*)
Nota. Para mejor comprensión, remitirse a las voces **avería, campana, parada** y **ronda**.

Escrushar. 1. del. Entrar a robar en un inmueble violando los accesos, por escalamiento, fractura o mediante el empleo de llaves ganzúas. // "Abrir, fracturar una puerta o un mueble." (Antonio Dellepiane. **El idioma del delito,** 1894.) "Del ital. jergal **scrus**: robar con fractura." (José Gobello. **Diccionario lunfardo,** 1989.)

Escrushe. lunf. Acción y efecto de **escrushar**. // **Escrushante.** // **Escruche.**

Y siempre al tanteo de lo que cuadraba,
todos los laburos se los repasó.
Fue escruche, ladero, furquista de biaba
y, por lerdo, nunca, jamás fracasó.
El vago Amargura (La crencha engrasada). *Carlos de la Púa, 1928.*

Escrusho. lunf. **Escruche.**
Esculapio/pia. l. p. Bobo, tonto, otario, gil.
Escupida. l. p. Confesión. **Deschave.** Declaración. // **Delación, batimento.** Porque se escupe (se suelta por la boca) lo que se sabe de algo o de alguien. // Escape, huida. // **Salir como escupida de músico.** Dicho de origen antiguo que significa salir a todo escape, huir velozmente. Graciosamente descriptivo, se inspira en el músico que ejecuta un instrumento de viento y que, necesitando escupir, debe hacerlo rápidamente para volver a poner el instrumento en su boca tratando de no perder una nota. *Cuando vio al policía, el punga salió como escupida de músico.* Suele reducirse a **salir como escupida**.

–Mirá, gil (...), te vi'a dar un consejito... Te bas a berlo a Laferrer, ¿sabés?, al Círculo'e armas, y en un escritorio que tiene a la derecha, t'estiende en el ato una ordensita. Y salís más ligero que escupida'e músico.
Un consejo. *Josué Quesada. (Cfr. Luis Soler Cañas.* **Orígenes de la literatura lunfarda,** *1965.)*
Nota. El autor se refiere a Gregorio de Laferrère (1867-1913), político, diputado, escritor y autor de obras teatrales consagradas, asiduo concurrente al Círculo de Armas, centro social que existía en su época en la ciudad de Buenos Aires.

Escupidera. l. p. Orinal. Bacín. Recipiente de loza, metal o material plástico que se usa para orinar o depositar excrementos humanos. Del esp. **escupidera**: recipiente propio para escupir en él. // p. ext. Delator, batidor, soplón (porque escupe –suelta por la boca– las cosas que sabe). En esta acepción, el término es masculino. *Tené cuidado con ese sujeto, que es un escupidera.* // **Pedir la escupidera.** Disculparse, pedir perdón después de haberse negado a hacerlo, por arrogancia. // Humillarse. // Rebajarse. // Someterse. // Avenirse a decir, hacer o aceptar algo que no se deseaba, por temor o conveniencia. // Abandonar un esfuerzo, una pelea, por cobardía o por sentirse incapaz de proseguir. // Asustarse, achicarse ante el peligro. Se inspira en el símil de la persona que por susto o temor siente que va a evacuar y pide la escupidera para no hacerse encima.
Escupir. l. p. Confesar. Deschavar. Declarar. // Delatar, batir. // Escapar, huir. *Cuando se armó la pelea, preferimos escupir de ese lugar.*
Escurrirse. l. p. Darse cuenta de algo que ocurre o que está por ocurrir y no se había advertido antes. // Adivinar las intenciones ocultas de alguien. // Advertir uno lo que se está tramando en su contra. Avivarse, despabilarse, **apiolarse**. *Se escurrió de la trampa que le habían tendido justo cuando estaba por caer.*

Eschiafo. lunf. Esquiafo.
Eschifrunista. lunf. Esquifrunista.
Esgunfiador/a. lunf. Que esgunfia. // Fastidioso, cargoso, molesto, escorcha.
Esgunfiamiento. lunf. Cansancio, fastidio, molestia, aburrimiento, hastío, desgano.

> (...) Parecía un viejo y, sin embargo, no tendría más de veinte años (...) Digo veinte años y diría cincuenta, porque ésos eran los que representaba su esgunfiamiento de mascarón chino y sus ojos enturbiados como los de un antiguo lavaplatos.
> **Aguafuertes porteñas.** Roberto Arlt.

Esgunfiar. lunf. Fastidiar, molestar, aburrir, hastiar, desganar. // p. ext. Importunar. Para José Gobello deviene "del ital. gonfiare: llenar de aire (sobreentendido, i coglioni, los testículos)", aunque en ital. también tenemos **sgonfiare**, como provincialismo, con las acepciones de aburrir, fastidiar.

> –¿Tiene sentido esta vida? Trabajamos para comer y comemos para trabajar. Minga de alegrías, minga de fiestas, y todos los días lo mismo. Esto esgunfia, ya.
> **El juguete rabioso.** Roberto Arlt.

Esgunfio/a. lunf. Fastidioso, molesto. *¡Qué individuo esgunfio!* // Cansado, aburrido, fastidiado. *Estar esgunfio.*

> Vuelve hacia mí, que, esgunfio en la catrera, la apoliyo sin fasos... Tu remedio
> hará feliz a mi ilusión ranera...
> ¡Guita del corazón..., shosha cabrera,
> compadecete porque estoy sin medio!
> **Himno del pato.**
> Yacaré (Felipe H. Fernández).

Espamentar. l. p. Hacer espamento.
Espamentero/ra. l. p. Que hace espamento. // Exagerado. Alarmista. // Ostentoso, **farolero**.
Espamento. l. p. Deformación del esp. **aspaviento**. Demostración exagerada, aparatosa, para impresionar o lucirse. // **Aspamento**.

> Te olvidaste del atorro
> y del roñoso convento.
> Hoy tenés apartamento
> con muebles Luis XVIII

> y me batís "mi pochocho"...,
> haciendo mil espamentos.
> **Apronte.** Milonga. Celedonio Esteban Flores.

Espamentoso/sa. l. p. Que hace espamento. // Aspamentoso. Espamentero. // p. ext. Llamativo. *Se presentó con una traje espamentoso.*

> Ahí tenés tu poyerita,
> tu samica con moñito,
> tu piyama espamentoso
> y un suéter sobrador.
> **Adiós.** Enrique Cadícamo.

Espantarse. l. p. Huir. *Cuando fueron a buscarlo, ya se había espantado.* // "Antig. Mudarse de casa." (Antonio Dellepiane. **El idioma del delito**, 1894.) // Apiolarse, avivarse, escurrirse de algo que ocurre o que está por ocurrir y no se había advertido. *Se espantó enseguida de que no le convenía el negocio.* Es voz muy antigua que se usó hasta mediados del 1900.
Esparar. lunf. Hacer esparo. // Realizar el **esparo** (ayudante del punguista) ademanes y acciones estudiadas para distraer a una persona y facilitar la tarea del punga. // p. ext. Fingir, amanerar.

> Es al bardo que vengas con macanas bonitas
> esparando un jotraba que manqué refulero.
> Para mí, con estuche, no valés cinco guitas.
> **Gaby (La crencha engrasada).**
> Carlos de la Púa, 1928.

NOTA. *Jotraba*: revés de trabajo. *Esparando un jotraba*: buscando con modos lindos y fingimientos "trabajar" a su hombre. **Es al bardo:** es inútil. **Manqué refulero:** me di cuenta de que es falso, mentiroso. **Con estuche:** ni aun presentada dentro de un estuche, como las cosas buenas.

Esparo. lunf. Aspamento. Hacer esparo. // l. del. Nombre que se le da al ayudante del punga encargado de distraer a la persona elegida para punguearla o para alertar a su compinche de la presencia de la policía o de alguien que haya advertido la maniobra. // Tarea que realiza dicho maleante. Señal o señales que hace. Solía usarse el revés **ropaé**, que luego fue sustituido por los irreg. **ropero** y **ropa** de pronunciación más cómoda.

Trabajaba de yunta, pues el esparo
es ladero que todo lanza necesita
pa embrocar la yuta y darle al otario
un empujoncito cuando se precisa.
El lancero (La crencha engrasada).
Carlos de la Púa, 1928.

Espárrago. l. p. Dedo. Por comparación con los tallos provistos de yemas característicos de esa planta. // p. ext. Pie. De empleo frecuente antiguamente, esta aceptación ha caído en desuso. *Me duelen los espárragos.*

Espejeime. l. del. Asunto, caso, tema, fato. Se usa en la expresión **manyar o junar el espejeime** con el sentido de conocer perfectamente el asunto de que se trata o conocer muy bien un determinado lugar y el ambiente o elemento humano que lo caracterizan. En desuso. También corría **espejaime**.

Una parda te dio el dulce de su guita mal ga-
/*nada,*
enganchada en la berreta de tu pálido cartel;
una mina de esas tantas, una mina carrereada;
que junaba el espejeime del asilo San Miguel.
El pibe Bermúdez. *Carlos Waiss.*
NOTA. *Enganchada en la berreta de tu pálido cartel:* engañada por tu falsa fama. *Asilo San Miguel:* cárcel para mujeres contraventoras que se instaló en Punta Arenas y Ávalos, de la Policía Federal.

Espejo vichadero o vichador. l. jgo. Espejuelo adosado en la parte que da a la palma de la mano de un anillo que usaban los jugadores fulleros para ver las barajas que iban dando a los demás jugadores. El anillo era de hojalata, como se usaba mucho en el ambiente canero. Véanse **vichar** y **anillo vichadero**.

...y mi anillo de hojalata
con espejo vichadero,
que me fritaba a los "vivos"
como ranas al sartén.
Barajando.
Tango. Eduardo Escariz Méndez, 1928.

Espejito. l. jgo. Nombre que se le daba al espejo vichadero.
Esperijusar. lunf. Piracusar. Pirajusar.
Esperijuse. lunf. Piracuse. Pirajuse.

Espeso/sa. l. p. Hallamos esta voz en la expr. pop. **ponerse espeso**, con el sentido de que una cuestión, un asunto o negocio se complica, se hace confuso, difícil. *El asunto se ha puesto espeso. La cosa se puso espesa.* También se dice, generalizando, *el caldo se ha puesto espeso* con igual significado, en el que **caldo** equivale a cuestión, negocio o cosa. Del esp. **espeso**, trabado, y fig. sucio, desaseado.

Espianta casimbas. l. del. Llámase así al ladrón que se especializa en robar carteras o billeteras. Véase **casimba**.

Espiantado/da. lunf. Escapado, huido, fugado. // **Piantado** (acep. de loco), colifato, chiflado, demente, rayado. // Despedido, echado. // Robado, hurtado.

Espiantador/a. lunf. Huidizo. Que escapa fácilmente. // Ladrón.

Espiantadura. lunf. **Piante** (acep. de locura), chifladura, demencia, raye.

Espiantar. lunf. Irse, escapar, huir, fugar.

(...) les diré que voy a repartir a la noche,
que es peligroso andar por aquí. Y después
espiantamos los dos juntos y no les damos nada.
El lavandero. *Novela. Vital Montes, 1886.*
(Cfr. Luis Soler Cañas. **Orígenes de la literatura lunfarda**, 1965.)

// Despedir, dejar cesante, echar.

Me visto y me voy al tambo
derecho a darle la biaba,
y me dijo la madama:
"¡espiantá, otario afanado!"
Encuentro con una china (anónimo, aprox. de 1880). (Cfr. Antonio Dellepiane. **El idioma del delito**, 1894.)

// Robar, hurtar, quitar.

Eduardo – Si eres tan hombre, debés tener el valor de tus actos.
Se dice: "sí, vieja, yo le espianté el anillo a la otra. ¿Y qué? Para algo debe servir el no tener vergüenza".
En familia.
Obra teatral. Florencio Sánchez, 1905.

// Sent. fig. Enloquecer (por el hecho de irse, escaparse la cordura). // sent. fig. Escaparle a algo. *Tengo que espiantarle al escolaso, que me es-*

tá arruinando. // sent. fig. Escapársele a uno palabras o expresiones que debía guardar. Véase **piantar**.
José Gobello opina que **espiantar** representa un cruce de los términos italianos **piantare**, abandonar a una persona, y **spiantare**, mandar a la ruina. (**Diccionario lunfardo**, 1989.) A su vez, Mario E. Teruggi dice que **espiantar** y sus derivados **piantar, piantarse,** como ir o irse vienen "del ital. **spiantare**, desarraigar, con modificación del sentido itálico, pero hay que recordar que **espiantador** (Lugones, 1879) vale por ladrón, especialmente el que roba por sorpresa y huye. (Villamayor, 1915), presumiblemente el que arrancaba (spiantaba) la cartera, una alhaja, etc. y echaba a correr".

Espiantarse. lunf. Piantarse. Escaparse, irse, fugarse. De **espiantar**.

¡Vení p'acá!… ¿Cómo vas
a espiantar? ¡no manyás
que ya me tenés vencido?
¿No ves que si yo me quedo
sin vos, no podré vivir
solito?… ¡Y te querés dir!…
El retraro del pibe. *José González Castillo. Obra teatral estrenada en 1908.*

Espiante. lunf. Acción y efecto de **espiantar**. **Tomarse el espiante**: irse, escapar. // Huida, escape, raje.

Pensé que fueras el verso
más intenso de mi vida,
porque aún sangra la herida
que tu espiante me causó.
Recordándote. *Tango. José de Grandis.*

// **Dar el espiante**. Echar a alguien; despedirlo, darle el raje.

Pato, que peinás a la gomina,
hoy sos milonguero y compadrón.
Cuando te dé el espiante la mina,
volverás a nuestra esquina
a mangar para el bullón.
Pato. *Tango. Ramón Collazo, 1928.*

// Despido, expulsión. // Robo, despojo que se comete con gran rapidez, aprovechando una distracción de la víctima elegida. // Acción de esconder, ocultar alguna cosa. // Quitarse, desprenderse de algo que no agrada o que perjudica. *Le di el espiante al traje viejo. Darle el espiante al escabio.* // **Grillo del espiante**. Bolsillo trasero del pantalón (porque es el más fácil para robar). // **Tocar la polca del espiante**. En las reuniones sociales con baile de hace un siglo, se acostumbraba finalizar la fiesta tocando una polca. Era la señal de que la reunión había finalizado y que los concurrentes debían retirarse. Por eso se la llamó **la polca del espiante**. De ahí la expresión pasó a usarse, también, con el significado de que ha llegado el momento de irse, de escapar de algún lugar para evitar males. Asimismo, se usa **tocar el espiante** con el mismo sentido.

Espichar. l. p. "fam. Salir completamente el líquido de una vasija. Agotarse." (Lisandro Segovia. **Diccionario de argentinismos.** Publicación de la Comisión Nacional del Centenario, 1911.) // p. ext. Morir (porque se va la vida del cuerpo). // Pronunciar un discurso.

Espiche. l. p. Herida de arma blanca en el vientre. // Oratoria, perorata, arenga, discurso. // Muerte. *Tuvo un espiche lento*. La primera acep. deviene del esp. **espiche**: arma o instrumento puntiagudo; la siguiente, según Gobello (**Diccionario lunfardo**, 1989), de la expresión **soltar el espiche**: soltar la estaquilla que se coloca para tapar un agujero, como en las cubas, y fig., soltarse a hablar, que concuerda con la segunda acepción española de la voz. Nosotros nos inclinamos por remitir ésta al ing. **speech** (que se pronuncia *spich*): discurso, arenga, perorata, alocución, disertación, como opina Mario E. Teruggi (**Panorama lunfardo**, 1974).

Espina. l. del. Alfiler de corbata. Escarbadiente. Por lo largo y fino.

Espinel. l. p. El dicho **encarnar el espinel** significa valerse de maneras, argucias para impresionar a otros premeditadamente, con la finalidad de obtener algún beneficio posteriormente. // Andar el cuentero en busca de candidatos para estafarlos. // Salir a la calle el hombre en busca de mujeres para enamorar o viceversa. // Caminar una ramera en procura de clientes. // Ocuparse el jugador fullero en armar una mesa de juego para despojar a incautos. Viene del esp. **espinel** (de espina): cordel largo del cual penden varios ramales con anzuelos, propio para pescar en parajes de mucho fondo, donde no pueden utilizarse las redes. En el espinel se ponen carnadas para que los peces, al intentar comerlas, muerdan el anzuelo.

Espiracusar. lunf. Piracusar.
Espiracuse. lunf. Piracuse.
Espirafusar. lunf. Piracusar.

Y cuando beso una mano
lo hago en laburo sencillo;
y, con los labios, el brillo
le espirafuso de afano.
L. C. (Ladrón conocido). *José Pagano.*

Espirafuse. lunf. Piracuse.
Espirajusar. lunf. Piracusar.
Espirajuse. lunf. Piracuse.
Espirajushar. lunf. Piracusar.
Espirajushe. lunf. Piracuse.
Espirajushiar. lunf. Piracusar.
Espirajushie. lunf. Piracuse.
Espirar. lunf. Escapar, huir, desaparecer, fugar, salir corriendo. Irse. *Tomarse el espiro.* // Despedir, cesantear, echar. Largar. *Dar el espiro.*

Pero ella lo espiró. Era una fija.
Y él volvió al insomnio y a sus hijas,
a sus graves tertulias y a algún vino.
El metejón. *Héctor Chaponick.*

// Hurtar, robar, hacer desaparecer algo.

Sé plegar un toco mocho
y espirar una pelpera;
y una alfiler corbatera
al vuelo la desabrocho.
L. C. (Ladrón conocido). *José Pagano.*

// p. ext. Morir (expirar). Puede suponerse que este significado le haya sido adjudicado a **espirar** como una extensión de irse, desaparecer, porque el que muere desaparece de este mundo. También es probable que la acepción se deba a una confusión acústica con **expirar**. La Real Acad. no considera a **espirar** como sinónimo de morir y entre las acepciones que ofrece la que más se aproxima al caso es **exhalar**, que podría haberse tomado en el sentido de exhalar el último suspiro. En cambio, algunos diccionarios de la lengua lo consideran con el sentido de dejar de existir. (Saturnino Calleja. **Diccionario Enciclopédico de la Lengua Española e Hispano-Americana**, Madrid, 1924.)

Espirarse. lunf. Escaparse, fugarse, irse. Escabullirse. // Morir (irse de este mundo). // En sent. fig. se usó poéticamente con el sentido de escapársele a uno un suspiro o una expresión íntima reflejo de un sentimiento.

Se oyen los tangos enronquecidos
que los diez labios de un bandoneón
largan al aire como quejidos
que se espiraran de un corazón.
Barrio Piñeyro.
Dante A. Linyera (Francisco B. Rímoli).

Espiro. lunf. Partida, huida, raje. // Despedida. Expulsión. // p. ext. Muerte.

En mitad de la pista te cambiaste de apero,
y de la mina aquella que se tomó el espiro
quedó una flor de dama que, viviendo en Retiro,
para cruzar Corrientes se vacuna primero.
Status. *Nyda Cuniberti.*

NOTA. *Se tomó el espiro:* el espiro de una vida que cabe suponer irregular. *Retiro:* la autora ubica la escena en los comienzos del 1900, cuando la "high society" se trasladó a la zona norteña de Buenos Aires y cruzar la calle Corrientes era entrar en el sur de la ciudad, aquél de las carencias y de los conventillos que había abandonado huyendo de la fiebre amarilla.

// **Dar el espiro.** Despedir, echar, expulsar. Dar el raje. // sent. fig. Quitarse algo de la cabeza. Romper con un recuerdo.

Hoy, que te di el espiro'e mi cabeza,
te veo de yiranta con un necio
que te lleva colgada y en el feca
la juega de dorima y garpa el precio.
A potién. *Juan Carlos Coiro.*
NOTA. *Llevar colgada:* llevar del brazo.

Esponja. l. p. Dícese de la persona que toma bebidas alcohólicas en exceso (por la propiedad de la esponja de absorber con facilidad los líquidos). // Borracho, curda.

Esponsor. angl. Fiador. Patrocinador. Del ing. sponsor, de igual significado.
Esponsorear. Anglic. de curso reciente, que tiene el sentido de avalar, fiar, patrocinar una gestión, un emprendimiento o una actividad y que es de uso muy frecuente con alusión a los medios artísticos y deportivos en los que una persona o empresa patrocinan y avalan financieramente el quehacer de alguien o de alguna institución. Es el ingl. sponsor: fiador, patrocinador.
Espor. l. turf. Sport.
Espusa. lunf. Espuza.
Espusulento/ta. lunf. Espuzulento.
Esputsa. lunf. Espuza.
Eputzulento/ta. lunf. Espuzulento.
Espuza. lunf. Olor nauseabundo, hedor, fetidez. Del ital. **puzza** y **puzzo**: hedor, olor irresistible, que da **puzzare**: heder, oler mal, apestar, y **apuzzare**, de igual significado.
Espuzulento/ta. lunf. Que huele mal. Que hiede. Véase **espuza**.
Esquena. lunf. Espalda. Del gen. **schenn-a**: espalda. En esp. tenemos **esquena**: columna vertebral. Véase **esquenún**.

¡La pucha, que sos reo
y enemigo de yugarla!
La esquena se te frunce
si tenés que laburarla.
Haragán.
Tango. Manuel Romero – Bayón Herrera.

Esquenún/nuna. Haragán. Perezoso. Fiacún. De **esquena**.

En el puro idioma del Dante, cuando se dice "squena dritta", se expresa lo siguiente: "espalda derecha o recta", es decir, que a la persona que se le rinde el homenaje de esta poética frase, se le dice que la espalda derecha; más ampliamente, que sus espaldas no están agobiadas por trabajo alguno, sino que se mantienen tiesas debido a una laudable y persistente voluntad de no hacer nada (...) Se aplica a los holgazanes. El pueblo ha asimilado la calificación, pero, encontrándola excesivamente larga, la redujo a "squenún". El un final es onomatopéyico, redondea la palabra de modo sonoro y, expresando la misma haraganería, la endulza de jovialidad particular.
Aguafuertes porteñas. *Roberto Arlt.*

Esquiafo. lunf. Bofetada. Cachetada. Del ital. schiaffo: bofetón, bofetada. **Dare uno schiaffo**: dar una bofetada.
Esquifrunista. lunf. Ladrón que actúa con una prostituta como cómplice para robar a los clientes que ésta consiga.

Una vez elegido "el candidato", la mujer lo llevaba a un lugar ya previsto: una casa o un hotel. Después, ella hacía de modo que la ropa con la billetera del inocente quedara al alcance del esquifrunista. Llegado el momento (y no hace falta explicar cuál era el momento), la billetera cambiaba de dueño. Después había cien variantes. Por ejemplo: a) la dama no aceptaba pago alguno: era honesta y "estaba deslumbrada"; por lo tanto, no había necesidad de buscar la billetera; b) por el contrario, la dama reclamaba su pago airadamente y consideraba la falta de la billetera como excusa, lo que hacía entrar en escena a su "protector"; c) el gil maliciaba la cosa y se ponía "difícil", con lo que también entraba el hombre, etc.
Una luz de almacén. *Edmundo Rivero.*

No hemos dado con alguna opinión sobre la etimología de esta antigua voz lunfarda, por lo que aventuramos la nuestra, en el sentido de que podría tener algo que ver con **esquifada**, también antigua palabra de la germ., que designa a una junta, reunión o conjunto de ladrones y rufianes.
Esquifuzo/za. lunf. Sucio. // Repugnante. Mario E. Teruggi lo da como modificación del ital. schifoso, asqueroso (**Panorama del lunfardo**, 1974). José Gobello lo remite al ital. meridional schifoso: que causa náuseas (**Diccionario lunfardo**, 1989).
Esquilar. lunf. Esquillar.
Esquillar. lunf. Protestar, enfurecerse, rabiar, renegar, broncar, chivar. // Impacientarse. // Esquilar. Esquivar. Posiblemente del ital. squillare: resonar, retumbar.

Pero yo, que soy cabrero
para eso de estar en cana,
le dije: nadie la afana
pa que se ponga a esquilar.
Encuentro con una china. *Anónimo, aprox. de 1880. (Cfr. Antonio Dellepiane.* **El idioma del delito,** *1894.)*

Esquillo. lunf. Bronca, rabia, chivadura. De esquillar. También se dice **esquilo**.
Esquinazo. l. p. **Dar el esquinazo.** Hacerle una mala jugada a alguien. // Traicionar. // Faltar a una cita, dejando plantado a alguien. // Cortar individualmente una relación amorosa. Abandonar a su pareja. // Este modismo viene de la frase familiar española **dar esquinazo**: burlar a un perseguidor doblando la esquina para huir u ocultarse.

Me apena
verte con ella del brazo.
Si a mí me dio el esquinazo,
a vos ¿qué no te dará?
No te engañes, corazón.
Tango. José Caffaro Rossi, 1926.

// p. ext. Abandonar algo que perjudica, una mala costumbre, un vicio, etc.

Y si querés adelanto
debés darle el esquinazo
al alcohol y al escolaso,
que el sport no da pa tanto.
Del arrabal. *José Betinoti.*

Esquiyar. lunf. Esquillar. Broncar, rabiar, chivar.
Esquiyo. lunf. Esquillo. Bronca, rabieta, chivadura.

Bulín, que ya no te veo;
catre, que ya no apoliyo;
mina, que de puro esquiyo
con otro bacán se fue.
Ivette. *Tango. Pascual Contursi, 1914.*

Estampa. l. del. Molde o impresión de una llave que antiguamente se hacía de cera para fabricar una copia. Esta copia se efectuaba a mano con limas pequeñas por verdaderos artesanos, con el fin de entrar a robar en una casa o negocio.
Estantería. l. p. **Caerse la estantería.** Expresión que denota el acontecer de un hecho inesperado, que viene a trastocar, a tirar abajo todo lo que estaba previsto, lo que se esperaba que debía suceder según las normas, las posibilidades y un orden previsible. De pronto, ocurre el hecho conmocionante y todo se desmorona, fracasa. La frase nos remite a la figura de una estantería en la que, como es presumible, las cosas están acomodadas, puestas en orden. Imprevistamente, la estantería se cae y se produce un desbarajuste total.
El dicho se emplea ante situaciones de todo orden, desde la derrota electoral imprevista de un político cuyo triunfo se descontaba, hasta la victoria en las carreras de un caballo que nadie había tenido en cuenta por sus malos antecedentes, lo que ocasiona la pérdida del dinero a la mayoría de los apostadores, que no habían creído en él. A ambos, al político y a los apostadores, se les cayó la estantería.
Estaño. l. p. Mostrador en el que se toman bebidas alcohólicas, de pie, que eran corrientes en los bares de antaño. // p. ext. Nombre que se le daba al bar que tenía ese tipo de mostrador. // **Ir al estaño.** Ir a beber a un bar. // **Andar de estaño en estaño.** Ir a beber de bar en bar. // **Tener estaño.** Tener cancha, experiencia. Ser ducho en el conocimiento de los hombres y las cosas de la vida. Del esp. **estaño**: metal más duro y dúctil que el plomo, de color parecido al de la plata que, ligado con el cobre, forma el bronce.

En mil estaños nocheros
y en escolazos de madrugada
palmé una vida casi vacía
y hoy, que hago cuentas, no tengo nada.
Madrugada.
Tango. Fernando Rolón, 1966.

// **Hacer estaño.** Pasar horas bebiendo y charlando con amigos o circunstantes junto al mostrador de un bar.

Son cosas de los estaños,
de poetas y varones:
el Hombre, el Vino y la Noche
se juntan por tres razones.
La primera es la aventura,
la segunda es la amistad
y la tercera es más grande:
¡es pura casualidad!
La estrella. *Juan Carlos Lamadrid.*

Estaquear. l. p. Estirar un cuero de animal fijándolo con estacas por sus extremos. // Atar a un hombre, tirado en el suelo entre cuatro estacas, por medio de maneadores sujetos a las muñecas y tobillos. Este castigo se aplicaba antiguamente en los cuarteles o en las comisarías de campo.

Estar. l. p. Voz española (del lat. stare): existir. // Hallarse en determinado lugar, en determinada situación, condición o modo de ser.

La inventiva popular tomó este verbo para dar forma a expresiones tan incontables como pintorescas que pintan con gracia y vehemencia situaciones o estados de ánimo a los que suelen llevar las circunstancias. Vayan seguidamente muchas de ellas. // **Estar águila.** antig. Estar seco, pato, pobre, mishio. // **Estar al pedo.** Hallarse en un lugar inútilmente, sin que su presencia importe o sea de utilidad o en medio de personas que no le llevan el apunte ni lo tienen en cuenta. // Estar en un lugar sin tener nada que hacer, simplemente dejando correr el tiempo. *Estuve al pedo en la esquina durante una hora.* Igual que **estar al botón** y **estar al cuete**. // **Estar cero kilómetro.** Gozar de muy buena salud. // Sentirse de lo mejor. Compara el buen estado en que se halla uno con el de un vehículo sin estrenar que, por esta razón se lo llama cero kilómetro. // **Estar cocinado.** Estar o sentirse vencido por un problema que no puede solucionar. *En este juicio estoy cocinado.* // Haber acordado una maniobra, un plan, etc. *Ya está cocinada la inclusión de Fulano en la lista de candidatos.* // **Estar como el culo.** Dícese de algo muy mal hecho. *Ese dibujo está como el culo. Estuviste como el culo en tu disertación.* // Hallarse alguien mal de ánimo, de salud o económicamente. // Andar con dificultades, estar de mala racha, etc. // Andar mal, en general. // **Estar con el culo a cuatro manos.** Estar asustado. // Hallarse sumamente preocupado por un problema que puede acarrear graves dificultades. // **Estar con la depre.** Estar deprimido, sufrir depresión anímica. Es un modismo reciente, que toma **depre** como apóc. de **depresión**. // **Estar contra las cuerdas** o **contra las sogas.** Hallarse frente a graves dificultades con escasas posibilidades de solucionarlas. Véase **cuerdas**. // **Estar copado.** Dominado por un amor, una pasión, un ideal. Entusiasmado con un proyecto, un emprendimiento. Véase **copado**. // **Estar de la azotea, del** balero, del bocho, **de la cabeza,** del coco, **de la croqueta, del mate, del melón, de la sabiola, de la zabeca,** etc. Estar loco, colifato, piantado, rayado. // **Estar de la cuarta al pértigo.** De un lado para otro, procurando salir de una situación angustiosa. Véase **cuarta**. // **Estar de turno.** Haber sido elegido como blanco de bromas, de cachadas. // Ser víctima de una racha de males y contratiempos. *Estoy de turno: todo me sale mal.* // **Estar diez puntos.** En perfecto estado. Se aplica a personas, animales o cosas: un deportista, un caballo de carrera, una situación, un automóvil están diez puntos. // Dícese de la mujer hermosa. *Mi vecina está diez puntos.* // **Estar embalado.** Decidido, listo, motivado para emprender algo. // Estar molesto, enojado, furioso. *Estoy embalado con mi amigo por lo que me hizo.* // Estar enamorado. *Estoy embalado con esa mujer.* // **Estar en banda.** Significa estar pobre, sin recursos. // Abandonado. // Amurado. // Desorientado. // Desinformado de algo. *Estoy en banda respecto a esa cuestión.* Véanse **banda** y **baranda**. // **Estar en cana.** Estar preso, encanado, engayolado. // p. ext. Atrapado en un asunto desagradable o perjudicial. // p. ext. Enamorado (preso de un amor). // p. ext. fest. Casado. // p. ext. Desahuciado (preso de la muerte). Véase **cana**. // **Estar en copas.** Haber ingerido bebidas alcohólicas, aunque sin llegar a embriagarse. // Estar alegre por efectos de la bebida. // **Estar en el ajo.** Estar en la **joda** (toma ajo como revés irreg. de joda), en la **onda**, en la **pomada**. // **Estar en el candelero.** Estar expuesto a la consideración popular; promocionado. Ser persona pública. // **Estar en el fato.** En la cuestión, en el asunto de que se trata. Entender de una cuestión. // También se usa con el sentido de **estar en el ajo**. // **Estar en el humo.** Igual que en el ajo y en el fato. // **Estar actualizado.** // **Estar en el ruido.** Vivir en el ambiente de la diversión, de la juerga, de la francachela. // **Estar en el yeite.** Igual que **estar en el ajo** y equivalentes. // **Estar en la joda.** Véase **joda**. // **Estar en la lona.** Hallarse caído, derrotado, vencido por males de todo tipo. // Estar en la ruina económica. Véase **lona**. // **Estar en la onda.** Véase **onda**. // **Estar en la palmera, en la parra, en la rama.** Seco, arruinado, sin medios. // Estar tirado. // **Estar en la pomada.** Véase pomada. // **Estar en la vía, en la viola, en la rúa, en los caños.** Igual que estar en la palmera y equivalentes. // **Estar en orsay.** Hallarse uno fuera de lugar, desubicado, equivocado. Véase orsay. // **Estar en Pampa y la vía.** Véase Pampa. // **Estar en pedo.** Dícese del que habla tonterías, sinrazones y disparates. *Vos estás en pedo: ¿cómo vas a proponer esto?* Viene de estar en pedo: estar borracho. // **Estar en pelotas.** Sin dinero, pato. // Ignorar algo. *Yo estaba en pelotas de lo que estaban tramando.* Viene de estar en pelotas: en cueros, falto de ropas. En el caso, falto de dinero, de noticias. // **Estar entre San Juan y Mendoza.** Ebrio, borracho. Alude a esas dos provincias, las mayores productoras de vinos del país. // **Estar en yanta.** Sin dinero, sin trabajo. Estar en llanta. // **Estar fallo al oro.** No tener dinero. También, fallo a oros. Véase fallo. // **Estar forfai.** Véase forfai. // **Estar frito.** Arruinado. Perdido. // **Estar fuera de foco.** Igual que estar en orsai. // **Estar fundido.** Cansado, agotado, agobiado por algún esfuerzo. // Sin energías para reaccionar de algún revés. // Arruinado, quebrado. // **Estar hecho.** Estar borracho. Es contracción de la frase estar hecho una uva, de igual significado. // Tener suficiente dinero como para cumplir con las obligaciones dinerarias. // Conformarse con lo que se tiene o con lo que se gana. *Con mi sueldo y la paz de mi hogar estoy hecho.* // Finalizar una reunión de juego con la misma cantidad de dinero con que se empezó; no haber ganado ni perdido. Salir hecho. // **Estar hecho bolsa, hecho bosta, hecho caca, hecho mierda, hecho moco, hecho torta,** etc. Estar muy venido a menos, derrumbado física y anímicamente; aplastado. // **Estar hecho una uva.** Estar borracho. Estar hecho. // **Estar lleno.** Cansado, harto de una persona, de una cosa o de una situación. // **Estar lleno de piojos.** Seco, pato, indigente. // **Estar más cerca del arpa que de la guitarra.** Dícese de quien, a causa de una enfermedad o de la vejez, parece próximo a morir. Relaciona el arpa con el cielo y la guitarra con la Tierra. // **Estar meado por los perros.** Tener mala suerte. Salirle a uno todo mal. // **Estar muerto.** Anonadado por una mala noticia. // Vencido, derrotado. // Agotado, sin energías. // **Estar muerto por una mujer:** estar perdidamente enamorado. Del mismo modo, la mujer por un hombre. // **Estar parado.** Disfrutar de una situación económica holgada. // **Estar parado en la loma.** Adoptar una actitud de orgullo, de superioridad o de indiferencia respecto a otros por gozar de un buen pasar económico. No condolerse por el necesitado. // **Estar para la cachetada.** Hallarse sin ánimo, sin fuerzas por infortunios padecidos; indefenso para impedir que sobrevengan otros; esperando nuevos males. // **Estar para la joda.** Sentirse de buen ánimo, alegre, con ganas de divertirse. // Por antífrasis, estar para la cachetada. // **Estar para el crimen.** Véase crimen. // **Estar planchado.** Cansado, agotado por algún esfuerzo. // Abatido anímicamente. // Sin ganas de nada. // **Estar podrido en plata.** Tener mucho dinero. Ser dueño de una fortuna. // **Estar por el suelo.** Caído, sin fuerzas, vencido. Venido abajo. // **Estar rayado.** Igual que estar piantado. // **Estar reventado.** Igual que estar fundido. // **Estar revirado.** Airado, furioso. // Enloquecido. Con el significado de dado vuelta de su estado normal. // **Estar tirado.** Pato, seco, arruinado. Es contracción de la frase estar tirado como el perejil. Véase tirado. // **Estar verde.** Ser inmaduro. Carecer de experiencia.

Estarado/da. lunf. Encarcelado, engayolado, encanado. De estaribel.

Estarar. lunf. Encarcelar, engayolar, encanar. De estaribel.

Estaribel. lunf. Cárcel, gayola, prisión. De la gem. estaribel: cárcel.

Estaribel de Mayamiento o de mangiamiento. Depósito de contraventores de la Policía Federal que existía en la calle 24 de Noviembre de la ciudad de Buenos Aires, donde los presos eran sometidos periódicamente al manyamiento.

No tratés de rostrear ni de enajar, porque, como te conozco el bulín, te haré portar en cana, pasarás al Estaribel de Mangiamiento y pegarás la güelta al mundo.
Mr. Le Blond, *flechado por Cupido.* Revista **Papel y Tinta**, 25-6-1908, *firmado por F.A.Z., iniciales que Luis Soler Cañas supone*

*eran las de Félix Alberto de Zabalía. (**Oríge-nes de la literatura lunfarda**, 1965.)*
NOTA. *Güelta:* vuelta. Véase **vuelta al mundo.**

Estaro. lunf. Cárcel, prisión, gayola. // "**Estaro chico.** Comisaría. // **Estaro a la gurda.** Penitenciaría. // **Estaro de minas.** Cárcel correccional de mujeres. // **Tomar de estaro.** Aprehender." (Antonio Dellepiane. **El idioma del delito**, 1894.) // **Estaro de manyamiento o de mangiamiento.** Igual que **Estaribel de Manyamiento o de Mangiamiento.**

Estaso. lunf. **Estazo.**

Estazo. lunf. "Ignorante, tonto, poco listo, otario, gil, cartón, vichenzo, etc." (Antonio Dellepiane. **El idioma del delito.** 1894.)

(...) Es que yo tengo un otario
que lo ando por afanar;
estoy por ver si el bulín
me arregla, porque es estazo,
y después el esquinazo
de buten se lo he de dar.
Encuentro con una china. *Anónimo, aprox. 1880. (Cfr. Antonio Dellepiane.* **El idioma del delito***, 1894.)*

Esteca. lunf. Cada una de las partes en que se divide el monto de un robo cuando se hace el reparto entre quienes intervinieron en el hecho. Del ital. *stecca*: astilla, porcioncita de madera. Nuestra acepción lunfarda le da a esteca el significado de parte de un todo. Pero advirtamos que no sólo esa "porcioncita de madera", como parte de algo, se aviene a dicha acepción, sino que también "astilla" (que es **stecca**) se relaciona con la acción de repartir ese mal habido dinero, ya que se llama **astilla** a la parte proporcional que recibe cada caco de un robo en el que ha participado, y **astillar** es el acto de pagar o entregar dinero a otro u otros.

Estirar. l. p. Encontramos este vocablo en las expr. pop. **estirar la jeta** y **estirar la pata**, con el sentido de morir. **Estirar la jeta** también se emplea con el significado de poner cara de enojado.

... ái no más me tiré al suelo
y lo pisé en las paletas.
Empezó a hacer morisquetas
y a mezquinar la garganta...
Pero yo hice la obra santa
de hacerle estirar la jeta.
El gaucho Martín Fierro. *José Hernández.*

Estirar/se. l. p. Elevar el monto de una oferta, de una apuesta, coima, dádiva, etc. *Me ofrece usted cien pesos, estírese a ciento veinte y se lo vendo.*

Estofado. l. p. Asunto, negocio, plan. // Asunto turbio, chanchullo, maniobra ilegal. // **Arruinar el estofado.** Estropear un plan, un negocio, un fato. // **Cocinar el estofado.** Urdir un plan para un asunto sucio. // **Ganarse el estofado.** Ganarse el sustento.

Desde 1900 me gano el estofado a pura puñalada de pluma.
Con los 9. *Félix Lima, 1908.*

// **Quemarse el estofado.** Estropearse un proyecto cuidadosamente preparado o un negocio cuando ya se lo consideraba seguro. // En general, frustrarse algo cuando se lo creía a punto de concretarse.

Me parece que muy pronto
va a quemarse el estofado
y tus veinte años diqueros
tomarán el tobogán.
Y en tu casa, de recuerdo,
quedarán los cuatro rulos
de tus tiempos de mocosa
en papel de celofán.
Bandera baja. *Carlos Waiss.*

Este vocablo es el mismo **estofado** esp., nombre que lleva una comida que se prepara rehogando carne en una cacerola con manteca o aceite, agregándole cebolla, ajo, hojas de laurel, sal, pimienta y rociándola cada tanto con gotas de vino blanco, lo que se cocina a fuego lento y se va controlando por momentos, cuidando que no se queme, hasta que se consuma el caldo. Todos estos pasos y el tiempo que demanda la cocción se comparan en las acepciones de esta voz con el tiempo y los detalles que llevan el estudio cuidadoso de un plan. Si, no obstante tanto esmero, se llega a **quemar el estofado**, es de imaginar la frustración que sobrevendrá a quien lo preparó. // **Manyar el estofado.** Entender de un asunto. // Conocer las intenciones de alguien. // Descubrir algo que se mantenía en secreto. Esta acep. se la remite al ital. **mangiar la foglia**: pescar las cosas al vuelo.

Estrada. lunf. Calle. Del ital. **strada**: camino, calle, avenida. En esp. tenemos **estrada**: camino, pero más propio resulta **strada**, que es calle.

Estrafute. lunf. Dícese de lo que menoscaba o maltrata, que deja mal parado. Es voz dialectal de ital. meridional.

Estraquín. lunf. Tipo de queso blando, muy gustoso. // Sent. fig. Mujer hermosa. *Bella, esbelta, graciosa, era un estraquín para saborear.* Se lo vincula con el gen. **stracchin**, famoso queso italiano, muy sabroso. Aunque el ital. trae **stracchino** como nombre de dicho queso, es más probable que esta voz se haya incorporado a nuestro lunfardo a través del gen. **stracchin** por medio de la importante inmigración genovesa arribada al país hacia el siglo XIX.

Estrecho/a. l. p. **Hacerse el estrecho** o **la estrecha**. Se dice de la persona que se da aires de importante o finge delicadeza y finura en su trato. También, de quien oculta algo haciéndose el desentendido o negando lo que sabe. // **Hacerse la estrecha.** Hacerse la virtuosa una mujer conocida por sus andanzas.

Estrilado/da. lunf. Enojado, rabioso, furioso. No obstante estas acepciones con las que ha trascendido este vocablo, corresponde tener en cuenta que Renata de Halperín en su **Contribución al estudio del italianismo en la República Argentina**, 1925, señala que Eduardo Gutiérrez, el autor de **Juan Moreira**, empleaba en sus folletines el término **estrilado** con el significado de conocido, calado, lo que ocurría hacia 1880 aproximadamente. (Cfr. **Orígenes de la literatura lunfarda.** Luis Soler Cañas, 1965.)

Estrilador/a. lunf. Que se enoja fácilmente. // Que se enoja con frecuencia. Véase **estrilado**.

Por eso quiero advertirle
que soy muy estriladora
y no quiero que otra lora
venga a mandar en mi amor.
Encuentro con una china. Anónimo, aprox. de 1880. (Cfr. Antonio Dellepiane. **El idioma del delito**, 1894.)

Estrilar. lunf. Renegar, rabiar, broncar. // Protestar. // **Esquillar.** Del ital. **strillare**: chillar, gritar.

Anoche, en lo de Tranqueli,
bailé con La Voladora
y estaba la parda Flora
que cuando me vio, estriló.
Un baile en lo de Tranqueli. Anónimo, aprox. de 1880. (Cfr. **Brevario de la poesía lunfarda.** Eduardo Romano, 1994.)

Estrilo. lunf. Enojo, rabieta, bronca. Ira.

Solari en la estacada, con el cuore de alquilo,
lejos de los chochamus que chimentan camorra,
como un gil a la gurda, que amasijado atorra,
encanutado, estufo, masticaba el estrilo.
Love story. Luis R. Furlan.

// **Armar estrilo, formar estrilo.** Originar un escándalo, un despelote. Armar lío. Armar bronca.

Se presentó el mayorengo
con un talero en la zurda.
Formó un estrilo a la gurda
con los que estaban allí.
Un baile en lo de Tranqueli. Anónimo, aprox. de 1880. (Cfr. Eduardo Romano. **Brevario de la poesía lunfarda**, 1994.)

Estrolada. lunf. Biaba, paliza, castigo. *Dar o recibir una estrolada.*

Después de batirte el justo
y dejarte bien parada,
te voy a dar un consejo,
por si querés retornar:
hacelo piola y sin bulla,
mas no te prometo nada
con respecto a la estrolada
que te podrías ligar.
Batiendo el justo (Nochero). Juan P. Brun.

Estrolado/da. lunf. Maltrecho, estropeado, vapuleado, deteriorado. Castigado. Biabado. De **estrolar**.

Por eso el pobre, que la amaba tanto,
al mancarla tan ruin vivió tirado;

y el cuore, que es riñón del sentimiento,
se le fue agrietando con el tiempo
hasta quedar sin fuerzas y estrolado.
*¡**Minga de faso**! Pedro Milletari.*

Estrolador/a. lunf. Que estrola.
Estrolar. lunf. Biabar, golpear, trompear. Dar una paliza fuerte. // Trompear. // Dejar maltrecho.
Estrole. lunf. Acción y efecto de estrolar. // Biaba. Paliza. Trompeadura. *Dar el estrole.*
Estrunge. lunf. Especial, muy bueno, excelente. De gran calidad. Se acostumbraba a usar con el adv. muy. // **Estar del estrunge** o **muy del estrunge**. Estar o ser de lo mejor en su género. *Un bacán muy del estrunge. Una fiesta muy del estrunge.* También, **estrunje**.
Estrunzo. lunf. Dícese del hombre que vale poco, que es poca cosa. // Bobo, papanatas. Es napolitanismo. También **estrunso** y **estrunzio**.
Estufado/da. lunf. Aburrido, hastiado, fastidiado. // Desganado. // Malhumorado. **Estufo**. Del ital. **stufato**, adj. y p. p. de **stufare**, con igual significado.
Estufar. lunf. Aburrir, hastiar, fastidiar. // Desganar. // Malhumorar. Del ital. **stufare**, de igual significado.
Estufarse. lunf. Aburrirse, hastiarse, fastidiarse. // Desganarse. // Malhumorarse. En ital. **stufarsi**, de **stufare**, de igual significado.
Estufo/fa. lunf. Estufado. *Ya me tenés estufo con tantos rezongos.*
Estuque. l. p. Maquillaje. // Llamábase a las cremas, polvos y cosméticos que usa en su rostro la mujer. Del esp. **estuque**: "costra, corteza, y **estuco**: masa de yeso y agua de cola que se usa en escultura. // Pasta de cal y mármol pulverizado, propia para enlucidos, que luego se barnizan con aguarrás y cera".

Viejo smocking, ¡cuántas veces
la milonguera más papa
el brillo de tu solapa
de estuque y carmín manchó!
Viejo smocking.
Tango. Celedonio Esteban Flores, 1930.

Excomúnica. l. p. Suerte adversa y pertinaz. Mala racha prolongada. Yeta constante de todas las cosas que se emprende. // Maleficio. *Ando con una tremenda excomúnica. Alguien me echó la excomúnica.* Del ital. **scomúnica**: excomunión, anatema.

F

Faber. l. p. Levantador de juego clandestino. El nombre es antiguo y le fue impuesto por el de la marca de lápices homónima –originalmente alemana– porque en aquellas épocas los levantadores de juego no disponían de otro elemento que el lápiz para anotar las jugadas que recibían. Con el tiempo, la aparición de la **birome** –lapicera a bolilla inventada por Ladislao Biro en nuestro país–, le sumó el nombre de **biromista**, que comenzó a desplazar al de **faber**.
Faberiano. l. p. Parag. humoríst. de **faber**, simulando un nombre o apellido.
Fabriquera. l. p. Obrera de una fábrica.

Decime
si conocés la armonía,
la dulce policromía
de las tardes de arrabal,
cuando van las fabriqueras,
tentadoras y diqueras,
bajo el sonoro percal.
Muchacho.
Tango. Celedonio Esteban Flores, 1924.

Faca. l. p. Cuchilla grande y puntiaguda. // p. ext. Arma blanca corta. Para algunos, viene del port. **faca**: "instrumento cortante compuesto de una lámina de un solo filo y cabo. // Cuchillo". Otros lo derivan del esp. **faca**: "cuchillo corvo y también cuchillo grande y puntiagudo, que suele llevarse envainado".
Facazo. l. p. Golpe lanzado con una faca. // Herida producida con una faca. // p. ext. Cuchillada, puñalada.
Facilongo/ga. l. p. Fácil. Muy fácil.
Facón. l. p. Cuchillo grande, recto, con gavilán y de punta aguda. El gaucho lo empleaba en sus duelos y peleas, raramente en sus tareas diarias. Américo Castro lo origina en el port. **facão**: grande faca (La peculiaridad lingüística rioplatense y su sentido histórico, 1941), en tanto que para José Gobello es un aumentativo del esp. **faca**. // **Facón caronero**. El que, por ser muy grande, el gaucho debía llevarlo debajo de las caronas.

Y ya salimos trensaos
porque el hombre no era lerdo.
Mas como el tino no pierdo
y soy medio lijerón,
lo dejé mostrando el sebo
de un revés con el facón.
El gaucho Martín Fierro. José Hernández.
NOTA. *Sebo:* grasa. *Mostrando el sebo:* dicho que significa "con el vientre abierto".

Facha. l. p. Cara. Rostro. *¿Qué te pasa, que tenés esa facha? Me miró con facha de enojado.* // p. ext. Pinta. Elegancia. // **Tener facha.** Tener pinta. Ser elegante. // **Hacer facha.** Hacer pinta. Lucirse. (Véase **pinta.**) Del ital. **faccia**, de igual sentido.
Facha bruta. l. p. lunf. Dícese de la persona de semblante desagradable, chocante. // Cara de rasgos duros, hoscos. Del ital. **faccia brutta** o **brutta faccia**: persona de cara fea.
Facha tosta, fachatosta. lunf. Caradura, desvergonzado, desfachatado. Del ital. **faccia tosta**. Caradura. Cara de bronce o de vaqueta, que tiene el sentido de cara inmutable, característica de los caraduras.
Fachero/ra. l. p. Que tiene facha, es decir, cara hermosa. // Que tiene pinta.
Facheta. l. p. Fachita.

Fachita. l. p. Dim. de facha.
Fachinero. l. p. Valiente. Guapo. // Resuelto, decidido ante el peligro. Quizá de **fachinero**: hombre que vive en los **fachinales** (americ. por terrenos bajos e inundables), como hombre duro, rudo.
Faina. lunf. Torta delgada hecha a base de harina de garbanzos, agua, sal y algo de pimienta, que se cocina al horno en grandes fuentes de metal circulares y chatas. Se usa más en masc. aunque la voz originaria, faina (gen.), de igual significado es fem.
Fajada. l. p. Acción y efecto de fajar. // Paliza. Biaba.
Fajador/a. l. p. Que faja. // Dícese de la persona agresiva, inclinada a la violencia. // p. ext. Comerciante que cobra precios superiores a los que corresponden.
Fajar. l. p. Castigar, golpear. Dar la biaba. *Lo fajó hasta que confesó.*

Nunca armaba bronca por divertimento,
pero ya en la bronca, fajaba de veras.
El Ñato Cernadas (La crencha engrasada). *Carlos de la Púa, 1928.*

// Herir. *Fajar una puñalada.* // Cobrar precios mayores de los que corresponden. *Me fajaron cincuenta pesos por un paraguas que vale la mitad.* // Beber en exceso. *Se faja dos litros de vino por comida.* // Beber rápidamente. *Se fajó una ginebra de un trago.* // Comer mucho. Comer bien. *Nos fajamos una tallarinada que nos dejó pipones.* // Drogarse. *Lo vi cuando se fajaba un nariguetazo.* // En algunos casos se usa como **dar** o **darse**, con sentido enfático. *Se fajaron un beso espectacular.* // También se emplea con la acepción de **decir**, **hacer** o **realizar**. *Se fajó un espiche de una hora. Se fajaron tres días jugando al póquer.*
Falanfe. l. p. Hambre. Inanición.
Falanfear. l. p. Comer. Morfar. Alimentarse.
Falopa. l. p. Cosa ordinaria, de baja calidad. // Imitación. Falso. // Droga. Alucinógeno.

Así le doy falopa al sentimiento
y me tomo el espiro de la bronca
del siempre laburar y nunca un mango.
¿Qué querés? Yo me dopo con un tango.
La caduta (Versos de yeca y atorro). *Tino, 1977.*

Falopeado/da. l. p. Drogado. // Adulterado.
Falopear. l. p. Drogar. // Adulterar.
Falopero/ra. l. p. Drogadicto. // Adulterador.
Falsa escuadra. l. p. **Estar en falsa escuadra.** Estar desubicado. // Dícese de planes o situaciones sin sentido, sin razón de ser.

Barquina pensó, como la mayoría de los mortales, salir de su soltería en falsa escuadra y formar un hogar.
Bajo el signo del tango.
Enrique Cadícamo, 1987.

Fallar. l. p. No cumplir con una obligación que se había contraído. // Faltar a la amistad, lealtad o fidelidad. // Traicionar. // Equivocarse. Del esp. **fallar**: frustrarse o faltar.
Fallo. l. p. En la expresión popular **estar fallo al oro**, no tener dinero; estar seco. Del esp. fallar: en algunos juegos de naipes no tener cartas del palo que se juega. // **Fallo al mate.** Equivale a loco, piantado, colifato. Porque "está fallo" a la cordura.
Falluteada. l. p. Incumplimiento. // Deslealtad, infidelidad. // Traición. // Fayuteada.
Fallutear. l. p. Fallar. Fayutear.
Fallutería. l. p. Falluteada. Fayuteada.
Falluto/ta. l. p. Falso. // Incumplidor. // Desleal, infiel. // Traidor. // Mal amigo. // Berreta. // Imitación. *El reloj parecía de oro, pero era falluto.* // Falso, en el sentido de falto de verdad o de realidad.

Bien te comiste vos tus tres años en Las Heras.
Y yo no puedo decir que mis 70 entradas son fallutas.
Nuevas aguafuertes. *Roberto Arlt.*
NOTA. **Las Heras:** nombre con el que se conocía a la Penitenciaría Nacional, que se hallaba ubicada en el predio determinado por la avenida Las Heras, Salguero, Juncal y Coronel Díaz, con entrada por la primera de ellas; hoy demolida.

Mario E. Teruggi dice de **falluto**: "hipócrita, falso. Algunos han visto una desviación de **fallito**, fracasado o quebrado, en italiano; otros (...) supusieron que podría venir del napolitano **faglio**: trampa, pero no hay evidencias serias de estas dos filiaciones (...) Quizá su origen haya que buscarlo en el italiano **fagliare** o en el castellano **fallar**, que indican no seguir el palo en el juego de cartas. El último se usa en la Argentina en el sentido de faltar a una cita, no cumplirla, con lo que puede engendrar **incumplidor** y demás". (**Panorama del lunfardo**, 1974.) José Gobello se inclina por "el murciano **falluto**: de pura apariencia; que no vale". (**Diccionario lunfardo**, 1989.)

Fandango. l. p. Antiguamente se llamaba así a las fiestas amenizadas con música de la gente pobre o de las orillas, con el sentido de barullo o barullero. // p. ext. Fiesta con baile y jarana. // Bullicio, lío, desorden, tumulto, batifondo. // Enredo, disputa, riña. Del esp. fandango: antiguo baile español, muy popular.

Tampoco podré olvidar
cuando armaste aquel fandango
a los acordes de un tango
que salimos a bailar.
Muchacha del cafetín (Nochero).
Juan Pedro Brun, 1969.

Fandanguero/ra. l. p. Persona que le gusta asistir a las fiestas bailables y ruidosas. // Barullero, liero. De **fandango**.

Fandiño/ña. l. p. Gallego. Español, en general. Por el apellido español **Fandiño**.

Fané. l. p. Marchito, venido a menos, deslucido, vencido. Aplícase a personas o cosas. *Sufrí mucho al verlo con ese traje fané.* "Galicismo por fuera de moda o de mal gusto." (Mario E. Teruggi, **Panorama del lunfardo**, 1974.) "Del fr. **se faner**: perder la propia belleza." (José Gobello. **Diccionario lunfardo**, 1989.)

Berretines que tengo con los pingos,
metejones de todos los domingos.
Por tu culpa me encuentro bien fané...
¡Qué le voy a hacer!.. Así debe ser...
Palermo.
Tango. Juan Villalba-Hermido Braga, 1929.

Fanega. l. p. Gil, otario, melón. Persona fácil de engañar.

Ella le manya al escracho de fanega
y lo quiere engrupir, pero él la juna
y al humo, por si cola, le hace una
entrada pa afanarle la menega.
La menega. *Yacaré (Felipe H. Fernández).*

Fanegada. l. p. Tontería. Idiotez. Gilada. // Conjunto de fanegas.

Fanfa. l. p. Alardeador, ostentoso, presumido. Es apóc. del esp. **fanfarrón**, de igual significado.

Fanfa, cobarde y soplón,
con berretines de rana;
charlatán a la macana,
pura bulla y poca acción.
Los orres del bodegón
ya lo tienen remanyado.
Ortiva (Nochero). *Juan Pedro Brun, 1969.*

Fangos. lunf. Sínc. de **fanguses**: zapatos. // Caminantes, tamangos, tarros.

Fangote. lunf. Barullo, desorden, despelote, despiole. Lío, escándalo, tumulto. *La interpelación al ministro terminó con un fangote mayúsculo.* // Cantidad, montón de cosas. *Un fangote de guita. Un fangote de trabajo. Un fangote de insultos.* Del esp. **fango**: barrizal, barro, lodo, mezcla de agua, tierra y otras sustancias que ésta contenga. Tal cantidad de cosas y el desorden en que se encuentran en el fango allanaron el camino a las acepciones citadas.
Otro ejemplo del mismo caso lo tenemos en la palabra **barro**, de sentido similar al de **fango**, a la que caben también las acepciones de barullo, desorden, despelote, etc. *Con tantas instrucciones que recibió se le hizo un barro en la cabeza. ¡Qué barro hiciste con mis papeles! Con las cosas que dijo armó un barro en la reunión del Consejo.* Finalmente, tengamos en cuenta que la forma actual **embarrar la cancha** implica complicar las cosas, embarullarlas, empeorarlas. // lunf. "Envoltorio, paquete. Del gen. **fangotto**: pequeño paquete." (José Gobello, **Diccionario lunfardo**, 1989.)

Fanguería. lunf. Zapatería. // Fábrica de zapatos. // **Fangushería**.

Fangusero/ra. lunf. Zapatero. // Vendedor de zapatos. // Fabricante de zapatos. // **Fangushero**.

Fanguses. lunf. Zapatos. Fangushes, fangusos, fangos. // **Fanguses de babosa**. Zapatos de charol. Véase **babosa**.

Fanguyo. lunf. Zapato. // Enredo, confusión, fangote. // p. ext. Componenda, negociado, asunto turbio. Por cruce del esp. **frangollo** (mezcla de legumbres y granos triturados que se da como pienso al ganado –p. ext. re-

voltijo–, en el que prevalece la idea de mezclar, entreverar, con el lunf. **fangusos** o **fanguses**, zapatos, y con probable influencia del lunf. **fangote**.
De cómo **fanguyo** (zapato, simplemente zapato) pudo haber ganado el significado de fangote, enredo y componenda, resulta tema de interesante deducción. La cosa comienza a vislumbrarse cuando tomamos en cuenta que el esp. **frangollo** para nosotros es, fonéticamente, **frangoyo**, lo que ya nos va aproximando a nuestra palabrita. Quizás el aporte de otra palabra, **fangote**, de igual raíz que **fanguyo** y con sentido casi similar al de **frangollo**, que se haya cruzado en el camino, pudo haberle dado a **fanguyo** la fuerza suficiente para atrapar la idea que le ha dado cabida en nuestro lenguaje popular. Como se observa, la cuestión tiene mucho de fonetismo.

Cuando vengas para el centro,
caminá junando el suelo,
arrastrando los fanguyos,
pegadita a la pared,
como si ya no tuvieras
ilusiones ni consuelo,
que si no, baten los giles
que te has echao a perder.
¡Atenti, pebeta!
Tango. Celedonio Esteban Flores, 1929.

Faninte. lunf. Haragán, ocioso, vago. Que no hace nada. Del ital. **non fare niente**: no hacer nada. (Antig.).
Faquero. l. p. Dícese del individuo que usa faca. // Que usa armas blancas, en general. // Cuchillero. Del esp. **faca**: cuchillo corvo; cuchillo grande y puntiagudo que suele llevarse envainado.
Farabutada. lunf. Farabuteada.
Farabute. lunf. Bribón, pícaro. // Fanfarrón, ostentoso. // Chanta. // Torpe. // Irresponsable. Del. ital. **farabutto**: pícaro, bribón; hombre deshonesto, cuyo fem. es **farabutta**: pícara, mujer de mala vida.

No atienda cuentos, mi vida,
de cualesquier farabute.
Conmigo estará de bute
si me aceta la partida.
Del arrabal. *José Betinoti.*

NOTA. **Aceta**: acepta. **Aceptar la partida**: aceptar la invitación. Viene del envite que se hacen los jockeys para largar una carrera cuadrera. Véase **cuadrera**.

EL FARABUTE DESDE LA EDAD MEDIA HASTA EL SIGLO XXI
*La historia de la palabra **farabute** nos transporta a través de los siglos hasta la Edad Media, época en la que nos encontramos con la antecesora del citado italiano **farabutto** (que por entonces no tenía femenino), bajo la forma del esp. antiguo **faraute**, que a su vez deriva del esp. más antiguo **haraute**, del también antiguo alto alemán **heriwalto**.*
***Faraute**, al igual que sus predecesoras, sirvió para designar al heraldo o rey de armas de segunda clase que tenían los generales y grandes señores para transmitir mensajes, hacer proclamas y llevar los registros de la nobleza. De allí, la voz se avino a nombrar al organizador de alguna cosa y luego, al que, al comenzar la comedia, recitaba el prólogo. Pero vaya a saberse por qué razón, si por la personalidad que fueron adquiriendo los farautes, el vocablo se vino totalmente abajo y pasó a designar al bullicioso y entrometido que quiere dar a entender que lo dispuso todo, aunque haga poco o nada; al que busca figurar y destacarse; al simple mensajero y, por fin, al mandadero de rufianes y prostitutas.*
*Vemos así que, de una u otra manera, la figura del **farabute** porteño ha ido pergeñándose a sí misma desde la Edad Media con antecedentes no muy blasónicos que fueron estereotipándola hasta conformar al tipo que hoy ostenta tal título, pues su antecesor **faraute** no pasó de ser un heraldo o rey de segunda clase al servicio de sus señores, un mensajero, un auxiliar de la comedia, un bullicioso o entrometido que busca destacarse y, como último galardón, un mandadero de rufianes y prostitutas. Lo que para nosotros conforma un perfecto farabute.*

Fariña. l. p. Harina gruesa de mandioca. Del port. **farinha**, de igual significado. // Cariz, aspecto que presenta un caso. Se emplea con mayor frecuencia cuando es inconveniente o negativo. *Me citó el juez: mala fariña.*
Fariñela. l. p. Fariñera.

Soy el taita de Barracas
de aceitada melenita
y francesa planchadita
cuando me quiero lucir.
Si me topan, me defiendo
con mi larga fariñela
y me lo dejo al pamela
como carne de embutir.
El taita. Tango. Silverio Manco, 1907.

Fariñera. l. p. Faca. Cuchillo grande. **Fariñela.** Del port. **faca farinheira**: cuchilla que emplean los brasileños para cortar la carne asada recubierta de farinha.

Far niente. l. p. No hacer nada. Descansar, haraganear, ociar. Hacer fiaca. Tirarse a chanta. Del ital. **il dolce far niente**: la dulce ociosidad.

Porque ahura soy reo no me crean maula.
Fui como canario pa la oscura jaula.
De la cárcel tengo prontuario'e matón
y si estoy viviendo la vida, atorrante,
es porque me tira el far niente rante
y es porque me gusta vivir de rondón.
Contrafilo.
Dante A. Linyera (Francisco B. Rímoli).

Farol. l. p. Vaso grande de vino. *Se mandó cuatro faroles en un ratito.* Voz inspirada en el tamaño de los faroles que tenía el alumbrado de la vía pública de la ciudad de Buenos Aires.

Faroles. l. p. Metáfora por ojos, generalmente aplicada a la mujer. *Con sólo una mirada de esos faroles consigue lo que quiere.* // ¡Adelante con los faroles! Voz de estímulo para alentarse a sí mismo o para dar ánimo a otros al iniciar una acción o reanudarla tras una pausa o revés. Deviene del antig. ¡adelante con los faroles!, orden que se daba a un grupo expedicionario que salía de noche en una zona despoblada o boscosa para que aquellos que portaban faroles marcharan adelante a efectos de iluminar el camino.

Farolito. l. p. ¡Acabala, farolito! Exige que calle o se quede quieto alguien que nos fastidia o molesta.

Farra. l. p. Diversión. // Francachela, jarana, juerga, orgía, parranda. // Broma, burla. *No te enojes, te lo dije en farra.* // **Tomar para la farra.** Burlarse de alguien. Tomarlo para divertimento. Agarrarlo de punto.

Palabra de antigua data. Ya la usaba Antonio Dellepiane en su **Idioma del delito** y, también para el mismo tiempo, Rubén Darío: "Tiene su hogar en Venezuela. Se casó con una venezolana a bordo de un buque de guerra. Su oficina está en cada país de América en que haya farra". (Estudios sobre **Jean Richepen y sobre Bryson, corresponsal del New York Herald**, publicados en La Nación del 29 de abril y del 16 de mayo de 1894. Citado por Antonio Dellepiane. El idioma del delito, 1894.)

Te gustaban las alhajas,
los vestidos a la moda
y las farras con champán.
Flor de fango.
Tango. Pascual Contursi, 1914.

Farrear. l. p. Andar de farra. Jaranear, parrandear. // Bromear. // Tomar a alguien para hacerlo objeto de burlas. Divertirse a costillas de alguien.

Ramona – ¿Y quién piensa en ese desgraciao? ¡Si yo no he hecho más que farrearlo!... ¡Hombres como ése yo tengo a patadas!
Fumadas. Sainete de Enrique Buttaro. Estrenado en 1902.

Farrindanga. l. p. Farra. Fiesta.

Farrista. l. p. Amigo de farras. // Bromista. // Divertido.

Fasear. lunf. Fumar. // **Fasulear.** // Del lunf. **faso**, cigarrillo, cigarro, y éste "tal vez del ital. **fascio**, atado, manojo, a través del véneto **fasso**, por alusión a la forma en que se expendía el tabaco". (José Gobello. **Diccionario lunfardo**, 1989.)

Después de campanearlo largamente
y apoyarle en el cuore su sabiola,
le dijo con carpeta a la garaba:
se lo previne: Jacinto la faseaba
y nunca a mis consejos les dio bola.
¡Minga de faso! Pedro Milletari.

Fasera. lunf. Obrera que trabaja en una fábrica de cigarrillos. // **Fasolera.**

Fasero/ra. lunf. Cigarrero. Vendedor de cigarros o cigarrillos.

Faso. lunf. Cigarrillo. Cigarro. Véase **fasear**.

Porque estoy todo el día en la catrera,
panza arriba, mirando el cielo raso
y le meto a los mates y a los fasos
balconeando la davi a mi manera,
(...) me gritás como chiva descarriada
que por vago que soy, estás cansada
de andar cinchando al cuete de la soga.
Yoga. *Darwin Sánchez.*

Fasolera. lunf. Fasera.
Fastrai. l. p. **Fastrás.**
Fastrás. l. p. Cachetada doble. **Fastrai.** Es voz onomatopéyica que representa el ruido de dos cachetadas seguidas, una dada con la palma de la mano y la otra, invirtiendo inmediatamente el movimiento del brazo, con el dorso.

Éste es mi choma de zurda
que me achaca el ventolai,
el que a fuerza de fastrai
sacó a esta grela a la gurda.
Dijo la grela (La crencha engrasada).
Carlos de la Púa, 1928.
NOTA. *Sacar a la gurda:* sacarla buena; de ley.

Fasulear. lunf. Fumar, por interferencia fonética de **fasear**.
Fasules. lunf. Billetes de banco. // Dinero. **Tener fasules:** tener dinero. Se usa en pl. "Del nap. **fasule**, poroto, y extensivamente dinero." (José Gobello, **Diccionario lunfardo**, 1989.)
Fato. lunf. Asunto. Caso. Yeite. *No sé en qué fato anda, pero siempre tiene dinero.* // p. ext. Acuerdo secreto, turbio, sucio.

Al más robreca taquero
lo tuve desconcertao;
si alguna vez me ha indagao,
y en el fato más fulero,
no he precisao lavandero
porque estoy bien preparao.
L. C. (Ladrón conocido). *José Pagano.*

Fayar. l. p. Fallar.
Fallo. l. p. Estar fallo al oro o fallo a oros. No tener dinero. Andar seco. // **Estar fallo a la suerte.** Andar sin suerte. // **Estar fallo a los discos.** Estar enfermo de los pulmones. Del esp. **fallo**: carecer de cartas de un determinado palo en algunos juegos. Estar fallo al basto, por ejemplo, significa no tener ninguna carta de bastos en la mano. Véase **fallar**.

Andaba fallo al oro y fallo al cuore,
¡déficits muy jodidos de arreglarse!
Déficit (Versos de yeca y atorro).
Tino, 1977.

// **Salir o salirle al fallo** (a alguien). Descubrirle algo que ocultaba. Decirle algo que le duele. Darle en el punto débil. Darle donde falla. Del esp. **salir al fallo**: jugar de inicio una baraja de un palo al que está fallo un jugador, obligándolo a jugar un triunfo, cosa que generalmente lo perjudica.

Le ha salido justo al fallo una mina dequerusa,
la que vino pa cobrarse todo aquello que hizo
                                           /mal...
Por eso es que está garpando con su pena rantifusa
y arrastrando su recuerdo por las calles de arrabal.
Metejón malevo (Nocau lírico).
Alcides Gandolfi Herrero, 1970.

Fayuteada. l. p. Falluteada.
Fayutear. l. p. Fallutear.
Fayutelli. l. p. Falluto, fayuto. Parag. de **fayuto**, para disimular festivamente el calificativo bajo la forma de un seudo apellido italiano.
Fayutería. l. p. Fallutería.
Fayuto/ta. l. p. Falluto.
Feba. l. p. Muchacha. Mujer joven.
Feca. l. p. Revés de **café**.
Feca con chele. l. p. Revés de café con leche.
Feite. l. p. Tajo, herida de arma blanca en el rostro. // Cicatriz que deja dicha herida. *"En la cara luce un feite que hoy es vieja cicatriz"*, dice el tango **Cartón junao**, de Carlos Waiss. El término proviene del español **afeitar**: raer con navaja o máquina a propósito el pelo de cualquier parte del cuerpo, especialmente la barba o el bigote. **Afeitar** tomó también entre nosotros la acepción de herir a alguien con arma blanca en el rostro.
Felpeada. l. p. Acción y efecto de felpear.
Felpear. l. p. Amonestar severamente. Retar. // Dar una paliza. Castigar con golpes. Del esp. **felpa**: zurra, paliza. // fig. y fam. Reprimenda severa.

Felpudismo. l. p. Servilismo. Obsecuencia. Dícese del acto de sumisión a que se entregan voluntariamente algunas personas ante sus superiores o ante los poderosos, a quienes sirven incondicionalmente y de quienes soportan estoicamente sus humillaciones y exabruptos. El vocablo viene de **felpudo**: estera que se coloca a la entrada de las casas o de algunos ambientes para que se limpien los zapatos quienes van a entrar. El símil de la acepción es servir de felpudo a alguien.

Felpudo. l. p. Nombre que se le da al adulador, obsecuente, servil. Véase **felpudismo**.

Fémina. lunf. Del ital. **fémmina**: mujer, moza.

Gambeta – ¿Que perdiste la postura pa las mujeres y ya no sos aquel güen mozo copador de amores que ande entraba hacía roncha en el corazón de cualquier fémina?
La Tierra del Fuego. *Carlos M. Pacheco. Sainete estrenado en 1923.*

Fenómeno/na. l. p. Espléndido. Extraordinario. *Ese orador es un fenómeno.* // Interjección de asentimiento, aprobación: *–¿Nos vemos en el café? –¡Fenómeno!* De admiración: *¡Fenómeno, profesor, su clase fue magistral!* De alegría: *–Te ganaste el primer premio. –¡Fenómeno!*

Ferramenta. lunf. Cualquiera de las herramientas que usan los ladrones para entrar a robar a casas o negocios. // p. ext. Revólver (también como herramienta de trabajo). El tango la menciona: *"su vieja ferramenta la tuvo que amurar"* (empeñar). (**Cartón junao**, tango de Carlos Waiss.)

Ferramentusa. lunf. Ferramenta.

La vida se dio en contra; cambiaron de pilchaje.
Ya no hay ferramentusa, ni chumbo ni estilete;
ni hace falta el escabio del alcohol, que es brebaje
pa sentirse guapo con fayuto coraje.
¡Guapos! (Nocau lírico).
Alcides Gandolfi Herrero, 1970.

Ferretería. lunf. Surtido de ferramentas (véase esta voz). *Llevaba su ferretería en una valija.* // Del esp. **ferretería**: "comercio donde se venden objetos metálicos. // Conjunto de objetos de hierro que se venden en las ferreterías, como cerraduras, clavos, herramientas, etc".

Ferro. lunf. Billete de un peso, moneda nacional. // Dinero.

Mango que caiga a tu mano,
no aflojés, no seas otario,
que se olvide el pobre ferro
que conoció libertad...
¡Guardá, viejo, guardá! (Nocau lírico).
Alcides Gandolfi Herrero, 1970.

Ferrocarril. l. jgo. Juego de naipes, variante del **bacará**.

Fesa. lunf. Tonto, idiota, estúpido. Igual para el masc. y el fem. *Un fesa; una fesa.* Del ital. **fesso**, con igual significado. También se usa **feso**.

Festichola. l. p. Fiesta muy divertida, con música, baile y bebidas. Antiguamente solía usarse con tono despectivo, pero poco a poco fue perdiendo esa connotación y pasó a designar una fiesta muy alegre y animada.

Fetén. lunf. De muy buena calidad. De lo mejor. Excelente. Superior. *Es un amigo fetén.* Suele usarse en forma repetida para darle énfasis. *Fue una farra fetén, fetén.* Como *polenta,* polenta (véase **polenta**). De la germ. **de fetén**: muy bueno, de lo mejor.

Fiaca. lunf. Pereza, desgano, falta de voluntad. Haraganería. Ganas de no hacer nada. Linusa. Abandono. Del ital. **fiacca**: flema, cachaza, debilidad, cansancio, desgano, con el aporte del gen. **fiacca**: astenia, debilidad por falta de alimento.

Para Roberto Arlt, "esta palabra es auténticamente genovesa. La fiaca –dice–, en el dialecto genovés expresa: desgano físico originado por la falta de alimentación momentánea; deseo de no hacer nada. Languidez, sopor o ganas de acostarse en una hamaca paraguaya durante un siglo. Los genoveses de la Boca, cuando observaban que un párvulo bostezaba, decían: 'tiene la fiacca encima', y de inmediato le recomendaban que comiera, que se alimentara".
(Aguafuertes porteñas.)

Piantame los papeles, los libros, la linyera...
Piantá... y dejame solo, como un macho fulero...
Paro el coche. Me planto. ¡Tengo una fiaca, hermano!...
¡La vida me ha sobao como a un matungo viejo!
Fiaca. Dante A. Linyera (Francisco B. Rímoli).

Fiacún/na. lunf. Que padece o hace fiaca. // Perezoso, haragán, indolente. Dice Roberto Arlt que "se llamaba **fiacunes** primitivamente a los muchachones que no hacían nada (...) que se pasaban la mañana sentados en una esquina o en el umbral del despacho de bebidas de un almacén". Con el tiempo –agrega– "entró como calificativo de la situación de todo individuo que se siente con pereza. Y hoy el **fiacún** es el hombre que normalmente no tiene ganas de trabajar". (**Aguafuertes porteñas**.)

Fiado. l. p. **Cantar el fiado.** Muy común en las primeras décadas del 1900, significaba confesarle alguien al mozo de un bar o restaurante que no tenía dinero para pagar la consumición que había hecho. Esta práctica se daba entre los habitués de tales comercios que, en el caso, llamaban al mozo a la hora de pagar o se acercaban a hablarle prudentemente y le pedían que les hiciera la gauchada de aguantarlos "hasta mañana" y se hiciera cargo del gasto, que se le reintegraría con una propina por el favor. Le cantaban el fiado.

Y si andás sin cambio encima,
cantale el fiado a algún mozo,
en una forma muy digna
pa evitarte el papelón.
Seguí mi consejo.
Tango. Eduardo Trongé, 1928.

NOTA. *Sin cambio:* eufemismo por no tener dinero.

Fiambre. l. p. Muerto. // Cadáver. // p. ext. Reunión o fiesta deslucida, aburrida. // p. ext. Persona que aburre, cansadora, pesada. // p. ext. Charla insulsa, molesta. *Una conversación fiambre.* Del esp. *fiambre*: carne cocida que se deja enfriar. Pasado de tiempo o de la sazón oportuna.

Araca, Chacarita:
sos barrio que empilchás siempre de negro.
Tiene cuerdas de lágrimas tu viola;
seis cuerdas donde chivan los que fueron.
Quebrás el metejón y los engrupes;
de todo berretín sos el veneno.
¡Cuántos fiambres se meten en tus rúas,
buscando la catrera pa sus huesos!...
Chacarita.
Iván Diez (Augusto Arturo Martini).

Fiambrera. l. p. Fosa. Tumba. // Cementerio. // p. ext. Morgue. De **fiambre**.

Fianqueti. lunf. Hambre. Inanición.

Ficha. l. p. Individuo, persona, sujeto, especialmente si es de cuidado. *Ese tipo es mala ficha.*

Fichado/da. l. p. Conocido, junado, remanyado. Dícese de la persona a la que se le conocen sus antecedentes, su manera de proceder, sus propósitos. *A vos ya te tenemos bien fichado.* // Vigilado. *La esposa lo tiene fichado.* // Elegido para hacerlo víctima de un cuento, de un robo, de una punga. // l. jgo. Caballo o baraja a la que se le ha apostado. // Número al que se le ha jugado a la ruleta, a la quiniela, etc. Porque se le han puesto las **fichas** que, en el caso, equivale a dinero.

Fichar. l. p. Observar, estudiar, junar algo o a alguien. // Vigilar, registrar datos y acciones de alguien. *Fichar a una persona.*

Mendoza hizo dos o tres pasadas confirmatorias, fichando al hombre. Ese era Bertonasco, sin grupo, el terraja, el chantún, el firulete de la calle Victoria.
Sabihondos y suicidas.
Héctor Chaponick, 1982.

// Acechar, espiar, vichar. *Fichar los movimientos de una casa.* // Elegir a alguien. Señalarlo, marcarlo, con algún fin.

Yo sé que me ha fichao la tenebrosa;
la veo sobre el negro carromato,
mostrarme su guadaña espamentosa
pa transportarme hasta la Quinta'el Ñato.
Agonía de un rufián. *Carlos A. Alberti.*

// Echarle el ojo un hombre a una mujer o viceversa.

Cuando andés por la vereda
y te fiche un bacanazo,
vos hacete la chitrula
y no te deschavés.
Que no manye que está lista
al primer tiro de lazo
y que por un par de leones
bien plantados te perdés.
¡Atenti, pebeta!
Tango. Celedonio Esteban Flores, 1929.

// Apostar con fichas en los juegos en que éstas reemplazan al dinero, como la ruleta, el punto y banca, el póquer, etc. // En general, apostar. En las carreras de caballos: *le fiché al 9 en la cuarta*. En el monte: *le fiché a la sota*. En la quiniela: *le fiché al 45 a la cabeza*. // Registrar los empleados de un negocio o empresa, en fichas al efecto, la hora de entrada y salida del trabajo. Del esp. **ficha**: pieza pequeña de marfil, hueso, etc. empleada en sustitución y representación de moneda. // Tarjeta en que se inscriben determinados pormenores o datos de personas o cosas.

Fideo. l. p. Flaco. Persona muy delgada. Del esp. **fideos** (del lat. **fides**, cuerda): pasta alimenticia hecha a base de harinas, en forma de cuerdas delgadas. // Broma, burla, chanza. // **Tomar para el fideo.** Tomar a alguien como objeto de bromas y pullas. // p. ext. Barullo, bochinche, escándalo. *Armarse un fideo*.

Fideos. l. p. Humoríst. Cabellos, especialmente cuando quedan pocos en la cabeza. // **Piolines**.

Fieltro. l. p. Pócima, brebaje, preparado al que se le atribuyen poderes mágicos para solucionar problemas amorosos o económicos así como contra el mal de ojo, la envidia, etc. Del esp. **filtro**, bebida, brebaje que se supone con virtud para conciliar el amor de una persona.

–Ahí tenés a la Pancracia,
que me tiene medio muerto
de amor y, por más que hago,
me abatato si la veo.
–Porque vos sos un otario (...)
–Pero hermano, ¡si he probao
casi toditos los medios!
¡Hasta he largao cinco nales
a una bruja, por un fieltro!
Así se hace. Francisco Benavente, 1910.
(Cfr. Luis Soler Cañas. **Orígenes de la poesía lunfarda**, 1965.)

Fiera. l. p. Dícese de la persona capaz, que se destaca. *Fulano es una fiera para dirigir empresas*. // Derecho, macanudo. // Valiente, tenaz. // Amigo, gran tipo. *¿Cómo te va, fiera?* // Por antífrasis, también se usa en sentido despectivo, hiriente, con el sentido de chanta, macaneador, vago, inútil, etc.

Y a rematar la suerte cayó al boliche
la mujer del famoso as de cartón
y diciéndole ¡Fiera! ¡Rajá p'adentro!
Barreme bien la pieza; cuidá el buyón.
As de cartón. Tango. Roberto A. Barboza.

// **Despertarse, escaparse, piantarse la fiera.** Dicho que habla del "otro yo que tenemos adentro". Ese que está como dormido, sujeto por las normas de buenas costumbres y de convivencia que impone la vida de relación. Es "la fiera" aplacada que, en algunas circunstancias, no puede sujetarse, sale de su claustro al exterior y se muestra en un estallido de enojo, de ira, de furor. *Se despertó la fiera. Se me piantó la fiera*.

De ésta no te salva ni el gong.
¡Vamos, que se me pianta la fiera!
¡Levantate'e la catrera!
¡Te vi'a quemar el colchón!
El que atrasó el reloj.
Tango. Enrique Cadícamo.

Fierrazo. l. p. Coito.
Fierrito. l. p. Temor, miedo, pavura. *Entrarle a uno el fierrito* o *agarrarle a uno el fierrito*. // Capricho amoroso, metejón. *Tiene un tremendo fierrito con esa mujer*. // Coito. // l. del. Revólver pequeño.

Fierro. l. p. Cuchilla, cuchillo, facón. Arma blanca, en general.

Diba ya tan cerca
del indio matrero
que viendo era al ñudo
regatiar el cuero,
pronto pa peliarme
se dio contra el suelo.
Y áhi nomás toparon
mi fierro y su fierro.
Del paso (Horas negras). Del libro **Paja Brava** de José Antonio Trelles, 1915.
NOTA. **Diba:** iba. **Regatiar:** regatear.

// Berretín. Entusiasmo exagerado por algo o por alguien. // Metejón. **Fierrito** (2ª. acep.). // Miedo. *Hizo la macana y anda con un fierro bárbaro de que lo descubran*. // Cosa segura. *–El domingo estaré en la cancha, como el fierro. ¿Me apoyás en mi moción? –¡Como el fie-*

rro! // l. turf. Fija considerada imperdible. *Jugale al 5 en la primera, que es un fierro.* // **Meter fierro.** Acelerar a fondo un vehículo. // Tomar medidas rigurosas. // **Fierro a fondo.** Ir con un vehículo a toda velocidad (en este caso, el fierro es el acelerador, que se oprime "hasta el fondo" (o **a la tabla.** Véase tabla). // Hacer algo a toda prisa. // **Tocar fierro.** Creencia de que tocando algo metálico se contrarresta la influencia maléfica que se le atribuye a alguien o se aleja la mala suerte. Equivale a **tocar madera.** Del esp. fierro: hierro.

¡Fierro chifle! l. p. Expresión muy antigua, que se empleaba cuando se acercaba alguien considerado jettatore, como un alerta para escaparle y, también, para contrarrestar el influjo maléfico que se le atribuía.

¡Fierro chifle!
Por favor, hacete a un lado.
¡Fierro chifle!
Que nos vas a contagiar.
¡Toquen fierro,
que aquí se acerca la yeta!
Y hágale una gambeta
quien no quiere en la pileta
tristemente naufragar.
Fierro chifle. Tango. A. Tagle Lara, 1928.

Fifar. l. p. Copular.
Fifi. l. p. Petimetre. // Niño bien, atildado en el vestir, siempre al día con la moda. // Afeminado. José Gobello lo origina "en el argótico escolar **fifils** (reduplicación de **fils**): nenito". Por nuestra parte acotamos que el fr. trae **fifi**, voz cariñosa que se emplea con los niños, y cierto tipo de disfraz, que pudo haber sido comparado con el atuendo del petimetre en la acepción local.

Llevabas en tu cara
rante de fifí
más polvo que una carretera.
Pato. Tango. Ramón Collazo, 1928.
NOTA. *Polvo:* se refiere al talco o polvo de arroz que usaba antiguamente el hombre en la cara como signo de elegancia.

Fifiolo. lunf. Cafiolo, cafisho, canfinflero. Es deformación de **cafiolo,** por medio de su regresión **fiolo,** con cruce de **fifí,** por lo atildados en el vestir que eran los **cafishos.**
Figasa. l. p. Fugasa.
Figura. l. p. Paso lleno de gracia y elegancia canyengue con que se adorna el baile del tango. Existen de las más variadas y fantasiosas. Creadas por la inventiva de los propios bailarines, dieron motivo a verdaderos duelos en confrontaciones que buscaban consagrar al mejor. También se las llamaba **cortes,** y al baile, **tango con corte.** Festivamente se les decía **firuletes.**
Fija. l. p. Seguro. Cosa que se considera que ocurrirá sin ninguna duda. *En fija que Fulano será ministro.* // l. turf. Caballo que se considera seguro ganador de la carrera que va a disputar. *Churrinche es una fija.* // Apuesta que hace el público a un caballo, descontando su triunfo. *Churrinche está jugado en fija.* // Dato, información que se da sobre un caballo que se cree ganará la carrera en que está inscripto. *Me dieron una fija para el domingo.*

Leguisamo —me dijo una mañana don Jorge, con el programa en la mano—, usted debe tener entre sus montas de hoy, tres fijas: Sufeta, Faultless y Roi de Trèfle...
Leguisamo de punta a punta.
Daniel Alfonso Luro, 1982.

// El vocablo proviene del esp. fijo, y éste del lat. fixus: firme, seguro. // Permanente, inmutable, invariable.
Fijota. l. p. y l. turf. Aument. de fija. Más que fija.
Fila. l. p. **Dar la fila.** Apuesta que conciertan dos partes sobre un caso que tiene varias posibilidades de resolución o una competencia que cuenta con varios competidores y según la cual una de las partes elige una posibilidad o un solo competidor y le deja a la otra el resto de las chances. A este resto se le llama **la fila.** Es de uso en el ambiente turfístico, cuando un caballo se destaca netamente "a priori" sobre sus rivales en una carrera. En algunos casos, el que **da la fila** suele apostar una suma de dinero menor que el que **la toma.**
Filado/da. lunf. Huido, escapado. // Observado, vigilado. // Engañado con un cuento.
Filar. lunf. Irse, retirarse, marcharse de un lugar. // Escaparse, huir. // Observar, campa-

near. // Ponerse a conversar un ladrón con el candidato elegido para estafarlo, mientras lo va estudiando para ver la forma en que puede hacerle el cuento.

—"Preparate a filar aquel otario,
que parece bacán de mucho vento
y, si mal no lo embroco, viene escabio",
decía Juan. Y el compañero, atento,
al mísero vichenzo lo manyaba
dispuesto a trabajárselo de cuento.
El legado del tío. Anónimo, aprox. de 1880. (Cfr. Antonio Dellepiane. **El idioma del delito,** 1894.)

// p. ext. Cometer una estafa contra alguien por medio de un engaño.

Así ya lo ven, señores,
¡quién se lo imaginaría
que el otario que caía
yo mismo tenía que ser!
Creí bien hecho mi cuento
y ella me filó primero,
largándole tan fulero
como ustedes ya me ven.
Encuentro con una china. Anónimo, aprox. de 1880. (Cfr. Antonio Dellepiane. **El idioma del delito,** 1894.)

En el sentido de irse, escaparse, **filar** proviene del gen. filàsela: marcharse rápidamente. En las acepciones de observar, campanear y hacer el cuento, del caló filo, cara, rostro, según José Gobello (**Diccionario lunfardo,** 1989) quien opina que "en este caso se da un proceso análogo al que se da en el amer. **semblantear:** mirar a uno a la cara para conocer sus intenciones". Véanse **filo** y **filo misho.**
Filiar. l. p. Observar a alguien. Del esp. filiar: tomar la filiación a alguno. Actualmente en desuso.

Cuando quedamos solos, mi padrino me
filió de reojo, sonriendo. Aguanté con
indiferencia aquel principio de burla...
Don Segundo Sombra.
Ricardo Güiraldes, 1926.

Filipino. l. p. Se usa en la expr. pop. **punto filipino.** Véase **punto.** // **Filipipón.**

Filipipón/na. l. p. Tonto, gil, melón. // **Punto filipino.**
Filo. lunf. Ayudante del punga, a quien éste le descarga lo que ha robado para que, en caso de ser acusado, no se halle en su poder lo sustraído. // Cuentero que "fila" a la víctima elegida para estafarla. Véase **filar.**

Barrio de guapos, barrio de filos,
cancha maleva del jarangón;
cuerdas de tangos, lazos de estilo
te atan con nudos a mi emoción.
Barrio Piñeyro.
Dante A. Linyera (Francisco B. Rímoli).

// Dinero, **guita, menega, shosha.**

Y si es mucho el paterío
porque hace falta más filo,
llegate a lo de Camilo,
laburala a su fulana,
así salgo de la cana;
si no, vi'a morir de estrilo.
La batida. José Pagano.

// Acción y efecto de **filar,** en el sentido de saber hablar, saber conversar para convencer, especialmente si se trata de enamorar. // Novio, novia. **Tener un filo.**

Cuando suelo llevar flores,
un ramito les refilo,
aunque a veces un estrilo
se chapa algún descontento,
porque soy pierna pa'l cuento
y ...; ¡terrible para el filo!
El terrible. Tango. Ángel G. Villoldo.

// **Chamuyar de filo.** Equivale a **chamuyar fino,** es decir, hablar con fineza, simpatía y seducción.

Te chamuya de filo. Se regala
y te quiere ayudar. Bate: "me apena
que pierdas ese embarque en Guatemala..."
Y te larga con todo: "Voy de viaje;
pagá el café las copas y la cena.
¡Dejé el cambio chico en otro traje!".
Chantapufi. Miguel Tabares.

Filo misho. lunf. **Filo misho.**

Filo misho. lunf. Cuento del filo misho. Estafa que consiste en vender a un incauto una máquina, llamada **guitarra**, que le presentan como fabricadora de billetes papel moneda. // **Guitarra**. Esta voz proviene de filo (véanse filar y filo).

Fajao por la vida de ragú y de vicio,
descolao y viejo, junao y sin vento,
encontró el rebusque pa vivir de cuento
con el toco mocho, con el filo misho.
Canción de cuna (Nocau lírico).
Alcides Gandolfi Herrero, 1970.

Filosa. l. del. Dícese de toda arma blanca.
Filote. l. p. Coito.

La madama manejaba el movimiento del quilombo (...) "¡Chicas, menos amor y más lata!". Y el estribillo repicaba toda la noche. Solía golpear la puerta con los nudillos para activar el filote y evitar que los aprovechadores gozaran más de lo que pagaban.
Picaresca porteña. *Tulio Carella, 1966.*

Filtrado/da. l. p. Cansado, agotado, sin fuerzas. *Estoy filtrado: corrí diez kilómetros.*
Final. l. turf. Término, fin de una carrera de caballos. Se dice que hubo final reñido o que la carrera fue con final, cuando dos o más caballos llegan al disco luchando cabeza a cabeza por el triunfo. En cambio, si el ganador lo hace sin esfuerzo, por amplia ventaja, se dice que no hubo final, que la carrera fue sin final.

Para el récord de mi vida
sos una fácil carrera,
que yo me animo a ganarla
sin emoción ni final.
Canchero.
Tango. Celedonio Esteban Flores, 1930.

¡Finila! lunf. ¡Finíshela!
¡Finíscola! lunf. ¡Finíshela!
¡Finísela! lunf. ¡Finíshela!
¡Finíshela! lunf. ¡Acabala! ¡Terminala! ¡Dejate de escorchar! Del ital. ¡finiscila!, del mismo significado, voz del verbo **finire**: acabar, terminar, finalizar.
Finochieto. l. p. Fino, finito. // Finado, muerto. Es parag. de fino y finado.

Finoli. l. p. Fino, distinguido. Igual para el masc. y el fem.

Buen empilche, buen lomo y un tallar literario.
Que la mina es finoli, desde lejos se embroca.
Esos cinco minutos que uno tiene de otario:
se me vino de River y me le fui de Boca.
Soneto del adiós a la musa finoli.
Luis Alposta.

Finuchio. l. p. Fino. // Finado.
Finucho. l. p. Fino. // Finado.
Finushio. l. p. Fino. // Finado.
Finyingo. l. p. Fiyingo.
Fioca. lunf. Revés por aféresis de cafiolo. // Cafisho. // p. ext. sent. fig. Elegante; bien vestido.

(...) ¿El crujir del percal por las mañanas,
que escapa cuando brillan los aceros,
y el llanto de las minas que, sin ganas,
a los fiocas les dan sus monederos?...
¿Qué se ficieron? *Carlos A. Alberti.*

Fiola. lunf. Tirar la fiola. Equivale a **tirar el carro**. Véase **carro**.
Fiolo. lunf. Afér. de cafiolo. // **Cafisho**. // Por cruce con fifí dio fifiolo.
Fiolito. lunf. Afér. de cafiolito, dim. de cafiolo.
Firulete. l. p. Adorno o cosa superflua, a veces innecesaria y fuera de lugar, que se coloca en la cabeza, las manos o la vestimenta de una persona para lucir mejor. // En general, adorno con que se busca embellecer personas o cosas. *Salió a la calle llena de firuletes.* // Palabrerío vano, rodeo antes de resolverse a decir algo. *Dejate de firuletes y decime la verdad.* // Formalidades excesivas que se exigen en algunos casos. *¡Cuántos firuletes para una simple solicitud de socio!* // sent. fig. Dícese de las atracciones, vanidades y locuras que jalonan una vida desordenada. Del esp. **florete**: movimiento de la danza española que se hacía con ambos pies en forma de flor.

Tuvo su amor: la mina y un purrete,
y alejado de todo firulete,
dejó el estaño y olvidó las mesas
en donde el escolaso no era risa.
Cazó el laburo y se metió a carniza
y ahora corta cogote y milanesas.
Redención. *Juan Bautista Devoto.*

// En general, figura de baile en el tango con corte. Véase **corte**.

¿Quién fue el raro bicho
que te ha dicho,
che, pebete,
que pasó el tiempo
del firulete?
El firulete.
Milonga. Rodolfo M. Taboada, 1958.

Firuletear. l. p. Hacer firuletes. // Hacer cosas para lucirse. // Coquetear. *Le gusta firuletear con los hombres.*

Firulo. l. p. Quilombo. Prostíbulo. // Probablemente por influencia del acto prostibulario y del vocablo **filote**, se emplea ocasionalmente como sinónimo de esta voz.

Sentada en la cocina del firulo,
se acuerda de aquel tiempo la madama,
en que tenía un piojo en cada rulo
y en que a la vieja la llamaba mama.
Amor de madre. Federico Pedrido.

Fiyingo. l. p. Cuchillo de tamaño pequeño.

Mancado en la rayuela, puesto al revés el grilo;
misho, como enyetado, orejeando la borra
del último café, la esperanza cachorra,
yo era solo un fiyingo desmangado y sin filo.
Love story. Luis R. Furlan.

Flaco/ca. l. p. Muchacho, muchacha. Hombre, mujer. Es voz nueva que se usa entre gente joven. *¿Cómo te va, flaco?* No denota obligadamente cariño o amistad ni que el aludido sea flaco. *Yo conozco a ese flaco; es un sinvergüenza.* // Coso, tipo, individuo. *No le des bolilla a cualquier flaco que se te acerque.*

Flanela. l. p. Franela.

Flashear. l. p. Echar una mirada rápida sobre algo o alguien. // Calar a alguien en un instante, con una sola mirada. Es palabra muy reciente nacida y popularizada entre los jóvenes. Del ingl. **flash**: relámpago, destello. // Relampaguear, centellar.

Fleco. l. p. Hallamos esta voz en el modismo **hacer fleco** (a alguien) con el sentido de apabullarlo, avergonzarlo, derrotarlo ampliamente y también con el de dejarlo maltrecho a golpes. Dicho relativamente nuevo, se inspira en las tiritas a que queda reducido un trozo de tela o de papel cuando se lo corta en flecos. *Alcanzó al ladrón y lo hizo fleco a trompadas.*

Fletar. l. p. Echar, expulsar, despedir a alguien. *Lo fletaron del trabajo.* // Sacarse a alguien de encima. *Me tenía cansado con su charla y lo fleté.* Del esp. **fletar**: alquilar una nave o parte de ella para transportar personas o despachar mercaderías.

Fletarse. l. p. Colarse, introducirse en un lugar a hurtadillas. // Hacer acto de presencia en una reunión y formar parte de ella, sin ser invitado.

Flete. l. p. Caballo bueno. Es cariñoso y, a veces, admirativo. No se le dice flete a cualquier caballo; el término es, de por sí, calificativo. Flete es el pingo noble, capaz, esforzado, veloz, hermoso.

Con su flete,
muy paquete
y emprendao,
iba Armando
galopiando
pal poblao.
La donna e mobile (Cuentos de muerte y sangre). Ricardo Güiraldes.

¡Qué fletes tráiban los bárbaros!
¡Como una luz, de ligeros!
El gaucho Martín Fierro. José Hernández.

Flirt. l. p. angl. Coqueteo, galanteo, amorío. Del ing. **flirt**, de igual significado.

Flirtear. l. p. angl. Coquetear, galantear entre sí una pareja, sin mayor seriedad ni compromiso.

Flirteo. l. p. angl. Acción y efecto de flirtear.

Flojazo/za. l. p. Aument. de flojo.

Flojo/ja. l. p. Temeroso, miedoso. // Persona de poca convicción, incapaz de sostener sus principios. // Pusilánime, falto de ánimo para enfrentar exigencias o adversidades. // Que no tiene resistencia para los trabajos fuertes. // Cobarde. // Cagón.

Pero Cute Eyes, encelado por sus últimas victorias, no era ya el caballo flojo que se entregaba a dos tirones, ya que Jacinto Sola, que lo condujo en esa carrera, terminó por entenderlo y, a doscientos metros de la raya (...) encontré que el

flojo se agrandaba, que el caballo sin alma se disponía a pelear.
Leguisamo de punta a punta.
Daniel Alfonso Luro, 1982.

Flor. l. p. De lo mejor, excelente, de primera. *Una guitarreada flor.*

Era una flor de hembra, vos la junaste bien... ¡Y te imaginás que yo no iba a perderme esa fiesta!
Sabihondos y suicidas.
Héctor Chaponick, 1982.

// Grande, importante. *Un debate flor. Una bronca flor.*

...Una mina que, al pasar, me cerró el ojo, diquera, te hizo despertar la fiera y, en defensa de tu honor, hiciste un lío flor que terminó en la primera.
Muchacha del cafetín (Nochero).
Juan Pedro Brun, 1969.
Nota. *La primera:* comisaría 1ª de la Policía Federal.

// Metafóricamente, tajo, herida, cicatriz en la cara producida por arma blanca. Feite, barbijo. *Luce una flor en la mejilla, recuerdo del primer duelo que tuvo.* // l. jgo. Marca que hace en las barajas el jugador fullero para conocer las que va entregando a los otros jugadores. // **Flor de afano.** Robo grande, importante. // **Flor de culo, flor de ojete, flor de tarro.** Suerte excesiva. // **Flor de piba.** Muchacha, mujer buena, macanuda, derecha. // **Flor de pingo.** Caballo noble, útil, obediente, esforzado. // **Flor del barrio o del pago.** Dícese de la mujer más hermosa del lugar. // **Flor y flor.** Enfático. Resalta aún más la calidad de la flor.

Me engrupieron tu belleza, tu juventud y tus mangos, la dulzura de tus besos, con su ternura de amor, que cuando quise avivarme estaba hasta los tamangos,

como en las letras de tango: con metejón flor y flor.
Batiendo el justo (Nochero).
Juan Pedro Brun, 1969.

// **Flor y truco.** Tiene el mismo significado de flor y flor. *Alquilé un departamento flor y truco.* Viene del juego de naipes llamado truco. Al cantar flor y truco, el jugador anuncia que tiene flor, o sea, tres cartas del mismo palo, lo que es un juego valioso y, además, invita a su rival a disputar los tantos del truco, teniendo o aparentando tener, también, barajas de valor para este envite. // **De mi flor.** De lo mejor. Es ponderativo; alaba el gusto de uno: *un tango de mi flor,* y también, jactancioso, pondera una autoría: *les recitaré un poema de mi flor.* Del esp. **flor**: lo más puro y escogido de una cosa.

Flor de Ceibo. l. p. Flor nacional de la República Argentina. // Marca que identificó a una serie de artículos de vestir, económicos, que, con apoyo del gobierno de Juan D. Perón, llegaban a la gente de escasos recursos hacia mediados del siglo XX. Este nombre fue usado despectivamente por los opositores políticos de la época. Y así **Flor de Ceibo** se empleó como calificativo de ordinariez aplicable a personas y cosas. *Un grupo de gente Flor de Ceibo. Un baile Flor de Ceibo.*

Floreado/da. l. jgo. Naipe o baraja a la que se le hace una marca para jugar con trampa. // **Brema floreada o jamada.** Baraja marcada.

Florear. l. jgo. Marcar los naipes. Acción propia de los jugadores fulleros, que hacen marcas que sólo ellos conocen en las cartas de mayor valor para saber, cuando las reparten, a quiénes se las entregan. Esta acep. viene de la germ. **florear**: arreglar las cartas para hacer trampas en el juego. // l. turf. Ejercitar un caballo de carrera sin mayores exigencias para mantenerlo en buen estado de competitividad. Para esto se lo hace correr a voluntad y se lo exige alternativamente en determinados momentos, especialmente en los doscientos metros finales del floreo, en tanto se va observando su comportamiento en la prueba. Esta acep. proviene del esp. **florear**: adornar con flores. // Tocar dos o tres cuerdas de la guitarra con tres dedos sucesivamente, sin parar, con lo que se luce el ejecutante.

Floreo. l. p. Acción y efecto de florear.
Floreros. l. p. Humoríst. Zapatos, botines; calzado, en general. En desuso.
Flotadores. l. p. Humoríst. Senos de la mujer.
Fogarata. l. p. Epént. de fogata. Fuego hecho al aire libre con madera, papeles, hierbas secas o cualquier elemento combustible que produzca llama. Del esp. fogatal, de igual significado.
Fomento. l. p. Se usa en el modismo **madurado a fomentos**. Este dicho se inspira en el hecho de que algunas frutas, por razones de comercialización, son arrancadas verdes de la planta y, luego, maduradas con calor en cámaras especiales. Y semeja el caso al de una persona de pocas luces, a la que se considera como "arrancada verde", es decir, falto de madurez, por lo que se trató de darle maduración dándole calor, como a las frutas, pero con fomentos, aunque sin resultado positivo por lo que evidencia. Del esp. fomento: calor, abrigo que se da a una cosa. // Paño caliente que se aplica exteriormente en partes afectadas del cuerpo, con algún remedio o, a veces, sólo para dar calor. Véase **verde**.
Fondín. l. p. Despect. de fonda. Casa de comidas de baja categoría.

Y aquel buzón carmín...,
y aquel fondín
donde lloraba el tano
su rubio amor lejano,
que mojaba con bon vin.
Tinta Roja. Tango. Cátulo Castillo.

EL FONDÍN DE LA CATALANA.
"Hacia 1850 existía en la esquina de Victoria (hoy Hipólito Yrigoyen) y Defensa la 'casa de altos de Escalada', de dos plantas, un inquilinato en cuya planta baja había varios fondines, entre éstos, uno muy acreditado llamado 'el fondín de la Catalana', propiedad de una rechoncha hija de Barcelona, donde iban a comer los tenderos de esas inmediaciones, españoles los más. El 'mondongo a la catalana' era muy celebrado por los epicúreos de aquella época (...) aunque se decía que 'los tenderos concurrían allí atraídos por el mondongo de la Catalana'.
"En estos comercios todo era sucio, muchas veces asqueroso: manteles rotos, grasientos y teñidos con vino Carlón; cubiertos ordinarios y por demás desaseados. El menú no era muy extenso,

ciertamente. Se limitaba generalmente a lo que llamaban comida **a uso del país**: sopa, puchero, carbonada con zapallo, asado, guiso de carrero, porotos, mondongo, albóndigas, bacalao, ensalada de lechuga y poca cosa más. Como postre, orejones, carne de membrillo, pasas, nueces, queso (siempre del país) y ése de inferior calidad. El vino que se servía quedaba, puede decirse, reducido al añejo, seco de la tierra y, particularmente, Carlón." (José A. Wilde. **Buenos Aires, desde 70 años atrás** −1810/1880−. Publicado por primera vez en 1881.)

Forcete. l. p. **De forcete**: a la fuerza; bajo presión; obligadamente. *Tuve que trabajar horas extra de forcete, por imposición del jefe.*
Forfai. l. p. angl. Eliminado, apartado, separado, descartado. // Que ha quedado fuera de algún asunto, alguna cuestión, alguna cosa. // Hecho a un lado, ignorado. // p. ext. Echado, expulsado de algún lugar. // También, **forfait**.

Esponja − Yo la dormía allí, en el conventillo de don Costa; pero como no formaba, me declararon forfait. Tuve que atorrarla por los cafetines...
Ganarse la vida. Pedro E. Pico.
Obra teatral estrenada el 10-10-1907.

// Sin dinero. *Forfai a la guita* o *forfai de guita*. // Sin amor. *Forfai al amor* o *forfai de amor*. // Sin salud, mal de salud, enfermo. *Forfai a la salud* o *forfai de salud*.

¿Qué vale la juventú,
farra, mina, escabio, vento?...
¡Ya sabés que todo es cuento
si andás forfai de salú!
Consejos pa la salú.
Alcides Gandolfi Herrero, 1970.

// En general, sin nada, carente de todo.

Y si estuvo en cana o arrancó las minas,
fue a causa de un tango fulero o triunfal.
A veces, por tangos, el buyón se estira
y a veces, por otros, se queda forfai.
El cachafaz. (La crencha engrasada).
Carlos de la Púa, 1928.

El vocablo proviene del ing. **forfeit**: perder el título o derecho a una cosa. // l. jgo. No ratificar a un caballo inscripto en una carrera; retirarlo de la competencia.

Formador/a. l. p. Que forma; que paga. // Persona siempre dispuesta a pagar los gastos entre amigos. // Candidato elegido para hacerle pagar la consumición de otros. // Hombre que paga los caprichos de una mujer o que la mantiene o mujer que hace lo propio. De **formar**: pagar. Véase esta voz.

Formar. l. p. En general, pagar.

¡Cha, si formaran por chiflar los tangos!...
Pero ni eso, ninguno me da bola...
Anda pata la rante muchachada,
locos por agenciar una chirola...
Himno del pato.
Yacaré (Felipe H. Fernández).

// Pagar una cuenta o una deuda.

Apenas logré cachar
la meneguina espianté
y rápido calculé:
tengo algo de bueno al fin;
de aquí formo pal bulín
y pal trompa del café.
Un dato. Leopoldo Rodríguez, payador y poeta de comienzos del siglo XIX. (Cfr. Luis Soler Cañas. **Orígenes de la literatura lunfarda**, 1965.)

// **Formar bronca.** Armar lío, bochinche, batifondo, escándalo. Igual que **formar estrilo**.

¿No formaste un batifondo
el día de mi cumpleaños,
porque convidé a Petrona
con una copa'e moscato,
y vos, cabrera, te cráiste
que me l'andab'afilando?
Cosas de la vida. Ángel G. Villoldo.
NOTA. *Cráiste:* creíste.

// **Formar un cuento.** Hacer un cuento; engañar a alguien buscando un beneficio; estafar. Igual que **filar un cuento**.

Cuando el vento ya escasea
le formo un cuento a mi china,
que es la paica más ladina
que pisó el barrio del sur.

Y como cáido del cielo
entra el níquel al bolsillo,
y al compás de un organillo
bailo el tango a su salú.
El porteñito. Tango.
Ángel G. Villoldo, 1903.

Formativo. l. p. Nombre que se le daba a los bailes en que los hombres debían pagar entrada. De **formar**: pagar. Véase esta voz.

Formayo. lunf. Decíase de la mujer hermosa. *Un formayo a punto para comer. ¿Cómo voy a perderme ese formayo?* Del ital. **formaggio**: queso. // p. ext. Muerto. Cadáver. Compara el olor fuerte de algunos quesos con el que produce un cadáver en descomposición.

Forme. l. p. Pago. // Pago de una adición o cuenta. *No tengo para el forme.*

Formi. l. p. Forme.

Forrado/da. l. p. Adinerado, platudo, rico.

Forrarse. l. p. Ganar mucho dinero. Enriquecerse.

Forrear. l. p. Abusarse de alguien. Tratarlo desconsideradamente. // Tomar el pelo, burlarse de alguien. // Utilizar a alguien en beneficio propio y luego deshacerse de él sin agradecerle ni retribuirlo de ninguna manera. // p. ext. **Franelear**, en el sentido de demorar ex profeso el cumplimiento de una obligación o una promesa y también de halagarlo o adularlo por conveniencia. De **forro** (preservativo), que se tira tras haberlo usado.

Forro. l. p. Preservativo, condón. Porque "forra" al miembro viril masculino. // p. ext. Dícese de la persona baja, despreciable. *No entiendo que seas amigo de ese forro.* // p. ext. Cansador, aburrido, pesado. *No aguanto a ese individuo: es un forro.* // **Dar en el forro** o **en los forros**. Se usa con el sentido ambivalente de algo o alguien que no interesa en lo más mínimo, así como de algo o alguien que resulta molesto, fastidioso, desagradable. En ambos casos se emplea ya como sinónimo de testículo, ya de escroto. Como testículo: *ese asunto me da en el forro* o *en los forros*, que equivale a *me da en las bolas, en los huevos, en las pelotas, en los quimbos, en los quinotos*, etc. Como escroto: *ese asunto me da en el forro de las bolas, de los huevos*, etc. que se enfatiza con *me da en el quinto forro de las bolas*, etc.

Nunca un buen cadenero ha de tirarte el carro,
squenuna, vichenza, samporlina, gilota,
que me das en los quimbos, justamente en el forro.
Sor bacana (La crencha engrasada).
Carlos de la Púa, 1928.

// **Romper el forro, romper los forros.** Tiene el sentido de fastidiar, molestar. *No me rompas los forros con tu problema.* // **Tomar a alguien de forro, usar de forro.** Utilizar a alguien cuando se lo necesita y luego deshacerse de él, como se hace con un forro, después de usarlo.

Fortacho. l. p. Nombre que se le dio al antiguo coche marca Ford, "a bigotes", sin palanca de cambios, cuando comenzaron a aparecer otros modelos más novedosos. Formado por la unión de las palabras **Ford** y **tacho**, se empleaba tanto con acento humorístico, como burlón y hasta despectivo. El correr de los años y, con ello, la comprobación de que esos coches perduraban, aptos, a través del tiempo, dio origen a otra acepción reinvindicatoria del término, y **fortacho** pasó a designar al hombre fuerte, de buen físico y de gran resistencia corporal. Luego se incorporaron sus aument. **fortachón** y **fortachún**, éste con terminación genovesa.

Zamora buscó afuera y dio en uno de sus soldados, chinazo, fortacho y buen mozo aumentativamente... Lo espió, haciéndose el rengo...
Venganza (Cuentos de muerte y de sangre). Ricardo Güiraldes.

// Cuerpo, físico de las personas. *¿Cómo anda el fortacho?*

Y si andás medio cansao
y no responde el motor,
falto de acelerador,
porque ya no da el fortacho,
vos prendétele al vinacho:
¡cuánto más tinto, mejor!
El vinacho. Milonga. Alfredo Navarrine.

Fortachón/ona. l. p. Aument. de fortacho.
Fortachún/una. l. p. Aument. de fortacho.
Fosforera. l. p. Cabeza. Por el fósforo que contiene el cerebro. Véase **cabeza**.

Fósforo. l. p. Dícese de la inteligencia, talento, ingenio. Del esp. **fósforo**: metaloide que se encuentra en el cerebro humano. **Tener fósforo**: ser inteligente.

Con respecto a esta acepción, cabe recordar el pensamiento de un punzante humorista, quien dijo que con la grasa que contiene el cuerpo humano puede hacerse media docena de velas; con el hierro, un clavo, y con el fósforo, una luz para un flash.

A VOS NO TE VI NI EN CAJA DE FÓSFOROS
Este dicho, muy antiguo, expresa que alguien es un perfecto desconocido, un ignorado, un don nadie. "¿Quién sos?... ¡A vos no te he visto ni en caja de fósforos!" Era lapidario: ¿quién te conoce?, ¿de dónde saliste? La expresión aludía a las características cajitas de fósforos que se conocieron hasta las primeras décadas del 1900 en cuyas cubiertas figuraban fotografías de personajes populares, artistas, deportistas, cantores, etc. La cantidad y variedad de personas que aparecían en dichas cajas justificaba la ironía del dicho.

Allí, en el Ministerio, se daba un corte bárbaro, y aún me parece ver su figurita, que parecía recortada de una caja de fósforos.
Los bocetos de un miope (Memorias de un vigilante) Fray Mocho (José S. Álvarez), 1ª edición, 1897.

Fotuto/ta. lunf. Deteriorado, dañado, arruinado. // Enfermo, muy venido a menos. Del ital. **fottuto**: engañado, arruinado.
Fragata. l. p. Billete moneda nacional de mil pesos emitido en 1944, que recibió tal nombre por el dibujo de la ex fragata *Presidente Sarmiento* que llevaba impreso.
Fragote. l. p. Malestar, intranquilidad en las filas militares. // Indicios, síntomas de rebelión armada. // p. ext. Lío, despelote, confusión, barullo. Esa voz surgió a mediados del siglo XX cuando comenzaron las actividades sediciosas militares que culminaron con la rebelión que derrocó al presidente Juan D. Perón el 16 de septiembre de 1955. Probablemente provenga del esp. **fragor**: ruido, estruendo.
Fraile. l. p. Nombre que se le da al número trece en algunos juegos, como la quiniela, lotería, carreras de caballos, etc. Proviene de

la antigua creencia de que el trece es número de yeta asociada a la también antigua superstición de que cruzarse con un fraile traía mala suerte.
Franchute/ta. l. p. Apodo dado a la persona de nacionalidad francesa.

En el sicolíptico teatro Royal, el empresario Seguin presentaba renovados elementos de franchutas en la primera etapa del "Chemin de Buenos Aires", antes de caer en la rosarina residencia de Madame Safo o en otra cualquiera de la calle Riobamba.
El sainete. *E. M. Suárez Danero, 1970.*

// Nombre que se le da a todo lo que tiene acento u origen francés.

Ya no se las tasa a las milongueras por las condiciones solas de bailar: hoy las preferidas son las ventajeras y las más franchutas para chamuyar.
El choclo (La crencha engrasada). *Carlos de la Púa, 1928.*

Según como se lo use, el vocablo puede tener connotación afectiva, humorística o despectiva. Proviene del esp. **franchute**: "nombre despectivo que le da el pueblo a los franceses".
Franela. l. p. Roce de cuerpos, caricias que se hacen los enamorados entre sí para excitarse sexualmente. // **Hacer franela.** Rozarse, acariciarse hombre y mujer con intenciones de excitación sexual. // Dícese de quien da vueltas para demorar una contestación, el cumplimiento de una obligación o la solución de un asunto. *Me viene franeleando hace tres meses con la promesa de un trabajo.* // No hacer nada. Haraganear. Hacer sebo. // **Ser un franela.** Ser adulador, obsecuente con alguien.

Historia del vocablo
Mario E. Teruggi remite el vocablo al argotismo parisiense *franelle*, deformación de *flâner*, vagar ociosamente, callejear, que desde mediados del siglo XIX se aplicó en los lupanares al cliente que se limitaba a hacer conversaciones con las pensionistas sin consumir sus "mercancías". En la Argentina fue inicialmente palabra prostibularia, que pronto amplió su significado para incluir los toques que, *como una especie de aperitivo, se permitían gratuitamente entre candidato y pupila. Con esta segunda acepción –diferente de la original francesa–* **franela** *alcanzó las calles por vías masculinas y pasó a significar el conjunto de caricias excitantes que practican los enamorados.* (**Panorama del lunfardo**, 1974.)

Similar criterio asume Luis Soler Cañas: "**Franela** o **flanela**: subsistió la primera. La segunda, empero, denota con más fidelidad su origen en el vocablo francés **flanelle**, que Simonin (**Le Petit Simonin Illustré**. *París, 1959) define así: 'client qui pénetre dans un établissement (boite de nuit, maison vouée à la galanterie) et y séjourne un moment sans consomner, mais en jouissant gratuitement du spectacle'.*
"En su tiempo –sigue Soler Cañas– hacer franela, además de su connotación sexual, tenía el significado de no hacer nada o de hacer sebo (...) Hoy se dice **franelero** *(que franela o que hace franela) a la persona que se dedica, en unión de otra, presumiblemente de sexo contrario, a acariciarse y toquetearse. Con ese sentido –agrega– la emplea Silvia Moyano del Barco* (**Luz era su nombre.** *Buenos Aires, 1962): 'Me dicen que te has ido, no me dejás ni una palabra. No sé nada, y dos días después te encuentro franeleando y haciendo la pebeta con un muchacho que podría ser... bueno..., más que tu hijo...'.*
"Antes, **franela** *o* **flanela** *se le decía al cliente de un prostíbulo que se entretenía con las pupilas charlando, bromeando, bebiendo o cantando, haciéndoles perder el tiempo (...) En suma, la idea es esencialmente la misma: el franela no hace nada de lo que, presumiblemente, se va a ejecutar en un lenocinio; el que en un banco de la plaza o al arrimo de un muro discretamente en sombras, anda a los pellizcos con su dama, tampoco en definitiva hace nada... De ahí que, legítimamente, haya pasado la expresión* **hacer franela** *a cobrar el significado de* **hacer sebo**". (**Orígenes de la literatura lunfarda**, 1965.)
*En cuanto a José Gobello, define: "***franela***: excitación sexual producida por el manoseo y el contacto de los cuerpos, y* **franelear***: de la expresión argótica* **faire flanelle***, asistir a un prostíbulo sin hacer gastos, por cruce con el esp.* **franela***, cierto tejido de lana".* (**Diccionario lunfardo**, 1989.)

—*A ver, franelas, dijo. ¿A eso vienen acá? Y se dirigió fríamente al piano, apartó a Juan Diego, el cual le rogaba los dejara bailar y, haciéndose sorda a todas las súplicas, cerró el instrumento y se guardó la llave, diciendo:*
—*Esta noche no hay música.*
—*¡Pero, madama!...*
—*No. No puedo consentir que vengan a pasar el rato aquí, sin hacer nada; ya saben que no quiero franelas y, si no van al cuarto a pasar visita, no les voy a permitir que vuelvan a entrar.*
¿Inocentes o culpables? Novela de Antonio Argerich, 1884. (*Cfr.* Luis Soler Cañas. *Orígenes de la literatura lunfarda*, 1965.)
NOTA. La escena del ejemplo transcurre en un lupanar. *Pasar visita* significa entrar a una habitación a alternar con una de las prostitutas del lugar.

Franelear. l. p. Hacer franela. // **Fratachar.** // Dar vueltas y demorar todo lo posible una contestación, el cumplimiento de una obligación o la solución de un asunto. // No hacer nada. Haraganear. Hacer sebo. // Adular, halagar, alabar a alguien para obtener algún beneficio.
Franeleo. l. p. Acción y efecto de **franelear.**
Franelero/ra. l. p. Que hace **franela.**
Franfiña. lunf. Ladrón precoz. // Aprendiz de ladrón. Ladronzuelo. // Ladrón. // **Granfiña.**

De pibe, franfiña; después fue lancero;
jotrabó de furca y atracó'e culata.
Se hizo todo el curso pa llegar a grata
y escruchó de santo, soplete y llavero.
Canción de cuna (Nocau lírico).
Alcides Gandolfi Herrero, 1970.

Franfiñar. lunf. Robar. **Granfiñar.**
Fraque. l. p. Frac.
Fratachar. lunf. Franelear. // Pasar el **fratacho.**
Fratacho. lunf. Tabla manual, chica, provista de asa, que se usa para alisar el revoque. // Pasar el fratacho. Franelear. "Del lombardo *fratazzo*, fratás". (*Diccionario lunfardo.* José Gobello, 1989.) En esp., fratás: instrumento de madera para igualar y alisar los revoques o el guarnecido de cal en las paredes. En ital., *fratasso*.
Fregar. lunf. Importar, interesar algo. Se usa en la expr. pop. **me ne frega o me ne frego,** con el sentido de no me importa, no me interesa en lo más mínimo. Deviene del ital. **fregarsene**: no importarle a uno algo, y éste de **fregare**: fregar, rozar. De aquí el significado de **me ne frega** (no me roza).
Frégoli. l. p. Nombre que se le daba a un tipo de sombrero de hombre, flexible, de alas encorvadas hacia arriba en sus bordes, que se usó hacia fines del 1800 y comienzos del 1900. Lo puso de moda entre nosotros el transformista Leopoldo Frégoli, que actuó con éxito en Buenos Aires en junio de 1885 y lo usaba en sus actuaciones.
Frente. l. p. Voz que se emplea en algunos modismos. // **De frente** (decir o hacer algo de frente). Hablar sin rodeos ante otros. Hacer algo a la vista, sin ocultamientos. // Sinceramente, con franqueza. // **De frente, mar.** Igual que **de frente,** esta vez empleando la voz militar que ordena marchar. *Voy a decirte la verdad de frente, mar.* // **Ir al frente.** l. turf. Se dice que un caballo de carrera **va al frente** cuando sus responsables disponen que sea corrido con el propósito de ganar, es decir, que vaya **derecho,** que no vaya al **bombo.** Véanse **derecho** y **bombo.** // P. ext., significa, en todos los órdenes, hacer algo con la sola finalidad de lograr el éxito. // **Mandar al frente.** l. turf. Igual que **ir al frente** (1ª acep.). // p. ext. Descubrir ante otros las intenciones quizás ocultas de alguien. *Supe que mentía y lo mandé al frente delante de todos.* // Acusar a alguien. *Un soplón de la policía lo mandó al frente.* // Enviar a alguien a cumplir una misión difícil o peligrosa. // **Mirar de frente.** Mirar a los ojos sin temor, con franqueza. // **Pasar al frente.** l. turf. Superar un caballo a sus adversarios en un tramo de una carrera y tomar la delantera. // p. ext. l. p. Salir alguien de una mala situación económica y pasar a la de abundancia. // l. jgo. Obtener ganancias en el juego luego de haber estado perdiendo.
Fresca. l. p. Amanecer; primeras horas del día. // Atardecer, últimas horas de la tarde. En ambos casos, porque son los momentos en que la temperatura ambiente es más baja. Se usa siempre con el art. **la.** *Ensillé el caballo para salir con la fresca.*
Frilo/la. l. jgo. Baraja que no tiene valor por sí sola. // p. ext. l. p. Tonto. Inútil, que no sirve para nada.

*En el naipe de la vida
sos un frilo remanyado,
mezcla rara de chicato
con empaque de señor.*
Don Juan Mondiola. Tango. Oscar Arona.

Frío. l. p. **Muerto de frío.** Dícese del inútil, incapaz, que no tiene iniciativa ni carácter. // Temeroso, asustadizo. // **Entrarle a uno el frío.** Asustarse. Achicarse, acobardarse, aflojar.

Fritar. l. p. Freír. // p. ext. Engañar, embaucar, estafar. *Fritarse un gil.* Da la idea de comerse frito a alguien, por las acep. de **comer** en el sentido de hacer caer a alguien en un cuento, una trampa, derrotarlo, etc. Véase esta voz.

Frito. l. p. Abatido, arruinado. Hundido económicamente. *Estar frito. Quedar frito.* // Sin respuesta. Sin poder de reacción. *Me dejó frito con lo que me contó.* // **Ir frito.** Ir muerto.

*Por ello muchas veces me repito:
¿no te das cuenta que con su amor vas frito?...
¿Qué todo es grupo, capricho, manganeta?*
Con vino y soda (Nochero).
Juan Pedro Brun, 1969.

Froilán/ana. l. p. Tonto, otario. Persona de poco valer.

*Hoy todo se ha ido. Las grelas son gilas.
Los púas, froilanes que yiran de atrapa.
La mersa, chitrulos, mangueros de gilas.
¡Los guapos de pogru, la comen de yapa!*
Cacho de recuerdo (La crencha engrasada). Carlos de la Púa, 1928.

Fruncido/da. l. p. Acobardado, asustado, achicado. // Vanidoso, estirado, engrupido. De trato y expresión soberbia. De **fruncir**.

Fruncir. l. p. Arrugar, acobardarse, asustarse, achicarse. De la expr. pop. **fruncir el culo, el ojete, el orto,** etc, por el movimiento de contracción del esfínter anal atribuible a un acto reflejo en los momentos de miedo o susto, y ésta del esp. **fruncir:** arrugar la frente y las cejas en señal de desabrimiento o de ira y, también, hacer arrugas pequeñas en las telas. // Engreír, envanecer. // **Fruncir la nariz:** darse aires de soberbia. Esta acep. es por antífrasis de otro significado del esp. fruncir: afectar compostura, modestia y encogimiento.

Fruta. l. p. **Dar para fruta.** Darle una gran golpiza a alguien. Pegarle en exceso. // Dar una reprimenda severa. // Derrotar ampliamente a alguien en cualquier confrontación. // l. del. Estafar a alguien.

*Desconfiale al que te muestre
la puntita del ovillo
con disimulo de otario
pa un negocio de ocasión,
porque ése... te da pa fruta con tuti:
de fija es pillo
que te hace comer un brillo
de bronce o algún garrón.*
Atenti, muchacho (Nochero).
Juan Pedro Brun, 1969.

NOTA. *Comer un brillo de bronce:* comprar un anillo de bronce en la creencia de que es de oro. *Comer un garrón.* Véase **garrón**.

Fuego. l. p. **Cagar fuego.** // Sufrir una derrota, en general. *Un novato lo hizo cagar fuego al campeón.* // p. ext. Morir. // También se usa como acobardarse, achicarse.

Fuelle. l. p. Bandoneón. Metáfora inspirada en el accionar de ese instrumento, que asemeja el movimiento de un fuelle. // Pulmón. Por igual motivo. En este caso se emplea en plural (*tiene los fuelles picados*), salvo que deba particularizarse (*tiene un fuelle picado*). Véase **picado**. // **Fueye**.

*Tango viril y canyengue
(...) naciste con bota y lengue
en el ambiente oriyero
y el invicto fachinero,
más bailarín y más piola,
te estrenó con fueye y viola
entre el fanguyo ranero.*
Tango macho. Bartolomé R. Aprile.

Fueye. l. p. Fuelle. Bandoneón.
Fuellero/ra. l. p. Bandoneonista. Persona que toca el bandoneón.
Fueyero/ra. l. p. Fuellero.
Fuerte. l. p. Dícese del hombre o de la mujer hermosos, de buen físico. **Estar fuerte.** *¡Qué fuerte está esa mujer!* Es voz nueva.

Fugasa. lunf. Masa de harina, agua y sal, igual que la de la pizza y horneada como ésta, pero que se recubre con mucha cebolla y, además, si se gusta, se rellena con queso. // También, **Figasa.** En ital. focaccia, hogaza, aunque es más probable que proceda del gen. fugassa, de igual significado.

Fulbito. l. fút. Juego de destreza que se realiza con una pelota de fútbol, haciéndola rebotar repetidamente en los pies, rodillas, pecho, hombros y cabeza sin que toque el suelo. **Hacer fulbito.** Es voz nueva.

Fule. l. p. Apóc. de **fulero.** // Feo.

¡Mírenla a la vampiresa!
Fule y mistonga gatita,
largarme seco y sin guita
galgueando así en este apuro.
De rompe y raja. *José Pagano.*

// En mal estado físico. // Enfermo, débil. // Golpeado, estrolado.

Engolfao en un tren aspamentoso,
más de un giorno piantó, fule y mormoso,
con una pateadura soberana.
El Ruso (Versos rantifusos).
Yacaré (Felipe H. Fernández), 1916.

Fulerazo/za. l. p. Aument. de **fulero.**

Fulería. l. p. Condición de **fulero.** // Acción baja, vil. // Fayuteada. // Cosa de poco valor. // Imitación, falsificación. // Pobreza, miseria, mishiadura. // **Estar fulería.** Estar en la mala. Andar mal vestido. Estar sin dinero. // Dícese de la persona falsa, fayuta, traicionera. *Un tipo fulería.* Del esp. fullería (de **fullero**): trampa cometida en el juego. // sent. fig. Astucia y habilidad para engañar.

Fulerín/na. l. p. Fulero. Fulería.

Fulerino/na. l. p. Fulero. Fulería.

Fulero/a. l. p. Feo. Fea. Aplícase a personas, animales o cosas.

Sé que entré a la pieza y prendí la vela,
sé que me di vuelta para verla bien...
¡Era tan fulera que la vi y di un grito!
Lo demás fue un sueño: yo me desmayé.
Justo el 31.
Tango. Enrique Santos Discépolo, 1930.

Los recuerdos más fuleros
me destrozan la cabeza:
una infancia sin juguetes,
un pasado sin honor...
Como abrazao a un rencor.
Tango. Antonio Miguel Podestá, 1930.

// Acción o cosa mal hecha o con mala intención o con intención escondida.

Me dijo: ¿piensa filarme
con un cuento tan fulero?
Soy mina de un mayorengo
y lo he de hacer encanar.
Encuentro con una china. *Anónimo. (Cfr. Luis Soler Cañas.* ***Orígenes de la literatura lunfarda***, *1965.)*

// Ordinario. De baja categoría. // Mísero.

En la apagada cheno de mi davi tan sola,
en el sobre adentrado en un hotel fulero,
cavila en mi piojera, que a veces está cola,
la musa que genera la gremu de mis versos.
Pretensión (Versos de yeca y atorro).
Tino, 1977.

// Falso. Imitación de algo bueno. // Bajo, grosero.

Conocedor de frases y de modales
de la jerga fulera del arrabal,
les contaba trenzadas fenomenales
en las que siempre jugaba rol principal.
As de cartón.
Tango. Roberto A. Barbosa, 1930.

// Pobre, seco, pato. **Andar fulero:** no tener dinero.

—*Cuando vamos a las carreras (...) nos dedicamos a la punga.*
—*¿Y les dura mucho el dinero?*
—*¿Usted no conoce la milonga: "el lunes cobro el vento y el martes ando fulero?".*
Trata de blancas. *Enrique García Velloso. Crónica periodística de principios del 1900. (Cfr. Luis Soler Cañas.* ***Orígenes de la literatura lunfarda***, *1965.)*
NOTA. Los lunes eran los días en que los cafishos cobraban las latas que ganaban sus prostitutas. Véase **latas.**

// Mufado, torcido. // Cabrero, enojado, irritado, colérico, furioso. *No te acerques a Pepe, que hoy anda fulero.*

Esgunfio, lleno y bastante chivo
de aguantar y aguantar a la fulana,
el orre se levantó fulero y esta mañana
entró a'comodar un mono para el olivo.
Filosofía de un raje (Nochero).
Juan Pedro Brun, 1969.

// Mísero. Arruinado.

Ése ha sido algún cabrero
que de bronca me ha ensuciao.
Los que me ven empilchao
quisieran verme fulero.
Del arrabal. José Betinoti.

// Decaído, mal de salud. *Esta enfermedad me tiene fulero.* // Indigno. // Desacreditado. // Desgraciado, infeliz.
En cuanto al origen de esta voz, Mario E. Teruggi opina que "derivaría del caló **ful**, falso, que el diccionario académico recoge en las acepciones de chapucero, inaceptable y, también, persona falsa, embustera y sin seso. Ninguna de ellas concuerda con el sentido lunfardo, que es malo, desagradable o feo, pero están próximas". Recuerda, además, que, en gallego, **folleiro, fullero**, significa "de mal gusto o de ínfima calidad, aplicable a ropas". (**Panorama del lunfardo**, 1974.)
Para Américo Castro (**La peculiaridad lingüística rioplatense y su sentido histórico**, 1941), deriva del port. **fulo**. En cuanto a José Gobello, la refiere "al esp. pop. **fulero**, poco útil (y éste del caló **ful**, falso)" pero dice que la acepción de **irritado** "supone un cruce con **fulo**".

Fulerón/a. l. p. Aument. de **fulero**.

El flaco Pantaleón ata la chata,
de traje fulerón y en alpargatas.
Lunes.
Tango. Francisco García Jiménez, 1939.

Fulgencio. l. p. Dícese del individuo crédulo, cándido y p. ext. otario. También **don Fulgencio**. Hacia mediados del 1900 el dibujante Lino Palacio publicó una historieta cuyo personaje llevaba este nombre y reunía tales características.

Full. l. p. angl. **A full**. Expresión que se emplea para indicar que algo se hizo con gran esfuerzo, con toda dedicación. *Se ocupó de mi caso a full.* También se usa con el significado de mucho, en exceso. *Llueve a full.* Es palabra nueva.

Fulminante. l. p. Fósforo.

Fúlmine. l. p. Jettatore. Persona a la que se le atribuyen poderes o influencias maléficas tanto para sí misma como para aquellos a quienes se acerca. Su sola presencia es, para algunos, anuncio de mala suerte, de desgracias.
Todo indica que el vocablo proviene del ital. **fúlmine**: relámpago, rayo, centella. Aunque la relación parezca *prima fascie* no muy directa, cabe considerar que cuando se produce uno estos fenómenos, puede causar susto, alarma —especialmente un rayo o una centella—, y aun ocasionar algún perjuicio. Refuerza esta hipótesis una expresión popular italiana que dice "un fúlmine a ciel sereno", que literalmente expresa "un rayo en cielo sereno" y que significa una desgracia imprevista en medio de la calma, como sería extensivamente la aparición de un **jettatore** o **fúlmine** ante uno con su supuesta poderosa carga agorera.
Completemos este análisis señalando que en nuestro idioma **fulminado** significa herido o muerto por un rayo o una descarga eléctrica: **fulminar** (del lat. **fulminare**; de **fulmen**, rayo): arrojar rayos y también excomulgar. Finalmente, **fulminante** se dice de la enfermedad repentina y mortal cuyos nombres participan de la misma raíz **fulmin**.

Fulo/la. l. p. Iracundo, furioso. Pálido a causa de la ira.

Dio en el suelo una patada,
una pared se partió,
y el dotor, fulo, miró
a su prenda idolatrada.
Fausto. Estanislao del Campo.

Esta voz deriva de **fulo**, nombre de unos negros africanos que fueron traídos a América del Sur, especialmente a Brasil, los que se distinguían por no tener la piel de color negro corriente entre los de su raza, sino un tanto amarillento pálido. Esto dio origen a la acepción de algo que muda de color y, p. ext., a dicho cambio a causa de una sensación fuerte o de un estado de ánimo como la ira, etc., que se instaló en Brasil y que dio la expresión *ficar fulo de raiva*, ponerse pálido de rabia. De esta manera, fulo pasó a ser sinónimo de enojado, iracundo, furioso. *Estoy fulo porque me traicionaron*. Es un claro brasileñismo. // Por amp. sig. y por cruce con fule, apóc. de fulero, suele emplearse ocasionalmente con el sentido de feo y fea.

Tenés la pinta de grela fula
y andás batiendo que sos muy papa.
Cachito'e barro,
sobra'e los reos,
¡pucho'e resaca!
Rea emberretinada. *Silverio Manco.*

Fumado/da. l. p. Defraudado, engañado, trampeado. Dícese de quien ha sido despojado de su dinero con un cuento o con trampas en el juego. *Se lo fumaron jugando al monte*. // **Fumado en pipa.** Que ha sido engañado o despojado con suma habilidad y fácilmente. De fumar.

Fumante. l. p. Cigarro, cigarrillo, faso.

Pase un fumante, colega, que ando más
a pie que desterrado paraguayo.
Pedrín (Entraña de Buenos Aires).
Félix Lima, 1969.
NOTA. El dicho alude a la situación de indigencia en que se hallaban muchos ciudadanos paraguayos hacia los años 1900, obligados a refugiarse en nuestro país por razones políticas.

Fumantería. l. p. Cigarrería.
Fumar. l. p. Defraudar, engañar, trampear a alguien. *Está seco: se lo fumó una mujer.*
Funcar. l. p. Funcionar. // Andar bien un asunto, un negocio, un trabajo, una relación. *¿Cómo anda tu negocio? ¿Funca o no funca?* // Copular. Posiblemente, del esp. funcionar, por la similitud de sus acepciones.
Funche. lunf. **Funyi.** Sombrero. Corre el revés chefún.
Funda. l. p. Camiseta. // Condón. // Mortaja.
Fundas. l. p. Medias (antig.).

Fundido/da. l. p. Arruinado. Quebrado. // Que ha perdido todo su dinero. // En la miseria. Mishio. // Agotado por un gran esfuerzo. // Enfermo de gravedad, con peligro de muerte. // En general, perjudicado, en situación grave.
Fundir. l. p. Arruinar. Provocar la quiebra de alguien. // Hacerle perder todo su dinero. // Someter a alguien a un gran esfuerzo hasta dejarlo agotado. // Hacer quedar mal a alguien ante otros. *Me fundió con su acusación*. Del esp. **fundir**: derretir o liquidar metales o minerales.
Fundirse. l. p. Arruinarse, quebrar. Perder todo el dinero. // Quedar en la miseria.
Funghi. lunf. **Funyi.** Sombrero.
Fungo. lunf. **Funyi.** Sombrero.
Funlle. lunf. **Funyi.** Sombrero.
Funshe. lunf. **Funyi.** Sombrero.
Funshería. lunf. **Funyería.** Sombrerería. // Fábrica de sombreros.
Funye. lunf. **Funyi.** Sombrero.

Yo me eché el funye a los ojos
y rajé a lo de Etelvina,
y con ella, en la cocina
nos pusimos a matear.
Un baile en lo de Tranqueli. *Anónimo.*
(Cfr. Eduardo Romano. **Breviario de poesía lunfarda***, 1994.)*

Funyería. lunf. Sombrerería. Fábrica de sombreros. **Funshería.**
Funyi. lunf. Sombrero. Si bien sombrero también se dice –o se decía– funche, funge, funghi, funlle, funye y quizá de otras maneras, la voz más popularizada siempre lo fue funyi, en singular (*el funyi*), aunque el término italiano que la produjo es voz plural. **Funyi** y sus similares vienen del ital. jergal **fungo**, hongo, seta, cuyo plural es **funghi** que, entre nosotros, dio **funyi**.

Mi macho es ese que ves, ¡pinta brava!,
de andar candombe y de mirar tristón.
Su pañuelo orillero lo deschava
y lo vende su funyi compadrón.
La canción de la mugre (La crencha engrasada). *Carlos de la Púa, 1928.*

Furbo. lunf. De mala entraña. Taimado, pícaro. // Malandra. // Individuo peligroso. Del ital. **furbo**: taimado, ladino, tunante.

Furca. lunf. Tipo de robo con violencia que llevan a cabo dos o tres malhechores. La técnica consiste en aproximarse al "candidato" y, con los mejores modales, preguntarle la hora, dónde queda una calle, pedirle fuego para el cigarrillo, etc. En tanto, uno de ellos, especialista en la cuestión, se desliza detrás del interpelado y, en un instante, con una llave de brazo, le lleva la cabeza hacia atrás, le inmoviliza un brazo tomándolo férreamente de la muñeca y le clava una rodilla en la zona lumbar. El atacado siente como si fueran a arrancarle la cabeza, apenas puede respirar por la presión que ejerce el brazo del **furquista** en su cuello y no puede resistir el dolor de esa rodilla hundida en su espalda. Así, inmovilizado y oyendo "si te movés, te quemo", no puede ofrecer la menor resistencia y sólo desea que lo suelten, aunque le quiten todo lo que lleva encima, cosa que hacen en breves instantes los maleantes, para huir inmediatamente.

Es el abrazo reo de una amistad más rea,
que marroca el gañote del grilo al antebrazo.
Amuro que hace manso al gil que más cocea
y convierte en badana al púa y al machazo.
El golpe de furca (**La crencha engrasada**)*. Carlos de la Púa, 1928.*

// "Proviene de **forca** (ital.), horca, que, a su vez, deriva del lat. **furca**. Forca es también castellano antiguo y se lo encuentra, además, en gallego y portugués, por lo que, si se desea, puede atribuirse a esos idiomas el origen de **furca**." (Mario E. Teruggi. **Panorama del lunfardo**, 1974.) José Gobello lo refiere al siciliano **furca**, horca.

Furcar. lunf. Aplicar la furca. Dar un golpe de furca. // p. ext. Engañar, estafar, hacer el cuento. Defraudar. Véase **furca**.

Furquear. lunf. Furcar.

Furquero/ra. lunf. Que aplica la furca. Furquista.

Furquista. lunf. Maleante que practica la furca. Furquero.

Fusilado/da. l. p. Cansado. Agotado. *Hoy trabajé quince horas: estoy fusilado.* // En la ruina. Quebrado. // Pato, seco. *Prestame mil pesos, que estoy fusilado.*

Fusilar. l. p. Cansar, agotar a alguien. // Arruinar, mandar a la quiebra. // l. fút. Hacerle un gol a un arquero con un tiro fortísimo.

Fuso/sa. lunf. Afér. de **rantifuso**.

Futa. lunf. Se usa en la expr. pop. me ne futa: "no me importa; me importa un bledo. Del napolit. fottere, con igual significado". (Mario E. Teruggi. **Panorama del lunfardo**, 1974.) Equivale a me ne frega o no me frega. Véase **fregar**.

Fututo. lunf. Fotuto.

G

Gacho. l. p. Sombrero de hombre, flexible, cuya ala delantera se usa inclinada hacia abajo. // Chambergo. Del esp. **gacho**: encorvado, inclinado hacia la tierra.

*Gacho gris, compadrito y diquero,
fiel testigo de un tiempo de farras
(...) requintado y echado a los ojos
lo llevaba en mis noches de taita.*
Gacho gris.
Tango. *Juan Carlos Barthe, 1930.*

// p. ext. Hundido en la cabeza (en referencia al sombrero).

*Miró en torno suyo,
gacho el funghi hasta los ojos;
el bulín era una fija,
según el que lo entregó.*
Escruche. *Bartolomé S. Aprile.*

NOTA. *El bulín era una fija:* era fácil entrar en él a robar, como se lo había explicado el entregador. Véase **campana**.

Gaita. l. p. Gallego. Español, en general. Originado en el nombre del instrumento musical español de viento.

Gala. l. p. Lucimiento. Alarde. Jactancia. Del esp. **gala**: gracia, garbo, gallardía.

*Mi gala en las pulperías
era, cuando había más gente,
ponerme medio caliente,
pues cuando puntiao me encuentro,
me salen coplas de adentro
como agua de la vertiente.*
El gaucho Martín Fierro. *José Hernández.*

NOTA. *Caliente:* encopado, entonado por la bebida. *Puntiao:* punteado, tiene el mismo sentido que caliente.

Galera. l. p. Chistera. Sombrero hongo, de copa alta. // Nombre que se le daba al que lo usaba. Corría el nombre **galerita**, irónico, despect. Del esp. **galera**: carro grande, de cuatro ruedas, con cubierta de toldo, para transportar personas. La acepción alude a la forma de la cabina de este carruaje.

Galerazo. l. p. Aument. de **galera**. // Golpe dado con una galera. // Saludo exagerado que se hace quitándose la galera. *Saludó al intendente con un galerazo.*

Galerita. l. p. Dim. de **galera**. Con sentido irón. o despect. se usaba para calificar de pitucos o fifís a los hombres que usaban galera.

¿Qué te creés, que soy como más de cuatro galeritas que andan vestidos a l'última moda de París y después, cuando suben al tránway se sientan al lao d'éste o del otro que va liendo alguna revista para matar dos pájaros de un tiro y que muchas veces no tienen níqueles pa'l viaje?
Callejeras. *Cuento. Federico Mertens. Revista* **PBT***, Buenos Aires, 1905. (Cfr. Luis Soler Cañas.* ***Orígenes de la literatura lunfarda****, 1965.)*

Galerudo/da. l. p. Que usa **galera**. // p. ext. Persona adinerada. // p. ext. Bacán, bacana, en el sentido de persona de buena posición.

Galguear. l. p. Tener imperiosa necesidad de algo y estar padeciendo por ello (como galgo que corre tras una liebre). *Galguear por un trabajo.* // Sufrir serios aprietos económicos.

Ando galgueando con mi empresa. // Tener que pedir dinero a uno y otro para subsistir. Viene del esp. **galgo**, cierto tipo de perro de caza, por el esfuerzo que hace este animal cuando se lanza a atrapar una liebre, que no le va en zaga en velocidad.

Galguiento/ta. l. p. Muy necesitado. // Hambriento. En general es despectivo y se emplea para designar al que padece necesidades y privaciones por haraganería, desidia o por la costumbre de vivir de la ayuda de los demás. De **galguear**.

Galito. l. p. Dim. de **galo**. // **Calito**.

Galo. l. p. Trozo de algo. Pedazo. Cacho. *Dame un galo de esa torta.* Probablemente del esp. **cala**: pedazo que se corta del melón o de alguna fruta semejante para probarla. Usada comúnmente por los niños, esta voz cayó en desuso. // **Calo**.

Galocha. l. p. Cubierta de goma que, a manera de funda, se coloca sobre el zapato, al que recubre totalmente, para usar en los días de lluvia. Del esp. **galocha**: calzado de madera o de hierro propio para andar por la nieve o el barro.

Galope. l. p. Con el sentido de algo que resultó o resultará muy fácil de resolver se usa en frases como *fue un galope para mí. Esto va a ser un galope.* Viene del l. turf. en que se dice que fue un galope la carrera que un caballo ganó con total facilidad, sin necesidad de emplearse a fondo.

Gallareta. l. p. Hallamos esta voz en el dicho **salga pato o gallareta**, que significa emprender algo resueltamente corriendo el albur de un resultado incierto. Se inspira en la acción del cazador de patos, al ver levantar rápido vuelo de una laguna a un ave, le dispara para no perderse la presa, sin detenerse a ver si se trata de un pato o de una gallareta, ave también de laguna, parecida a aquél, sobre todo en vuelo, pero de carne desabrida. // **Tomar pato por gallareta**. Confundir una cosa por otra.

Gallego/ga. l. p. Entre nosotros, español, gaita.

Galleta. l. p. Lío, embrollo, confusión, mescolanza. // Sopapo, bofetada, cachetada. // Despido, cesantía. *Le dieron la galleta en el trabajo.* // Ruptura de noviazgo o de pareja realizada unilateralmente por una de sus partes. *La novia le dio la galleta.* En estos dos últimos casos también se emplea la forma **colgar la galleta**. // l. camp. Pan que se hace en zonas rurales o en algunas ciudades del interior en forma de bollo o semejante al llamado **pan criollo** (véase), crocante, que se conserva varios días. // l. camp. Pie grueso, abultado. También pie chato.

Miré al recién llegado. El pecho era vasto; las coyunturas, huesudas como las de un potro; los pies, cortos, con un empeine a lo galleta; las manos gruesas y cuerudas, como cáscara de peludo.
Don Segundo Sombra.
Ricardo Güiraldes, 1926.

// Enredo de hilos o sogas, difícil de deshacer. // Nudo de tamaño grande que se hace en el pañuelo del cuello.

Vestía ropas oscuras y tenía en el cuello un gran pañuelo blanco de seda, sujeto por una galleta.
Café de camareras.
Enrique Cadícamo, 1973.

Este vocablo proviene del esp. **galleta** (del fr. **galette**, de **galet**, guijarro): pan ázimo, dos veces cocido, de mucha duración y especie de pasta dulce y seca que elaboran las confiterías y panaderías.

Galletazo. l. p. Aument. de **galleta** en la acep. de sopapo, bofetada, etc.

Galleteado/da. l. p. Abofeteado, sopapeado. // Despedido, cesanteado. // Amurado. Abandonado por su novia o pareja.

Galletear. l. p. Hacer un lío, un embrollo. // Dar de bofetadas. // Despedir, cesantear. // Romper una relación de pareja o un noviazgo unilateralmente. **Dar la galleta. Colgar la galleta.** Véase **galleta**.

Gallo. l. p. antig. Decíase del buen bailarín (en desuso). // l. del. Guardiacárcel. Guardián nocturno. Porque siempre están atentos, como el gallo. // ¡Ah, gallo!... Exclamación de felicitación, alabanza o exaltación para premiar a quien protagoniza un acto de habilidad, audacia o valentía. Lo usa, a veces, el propio protagonista del hecho como un grito de triunfo. Es voz de las riñas de gallos.

Gamba. lunf. Pierna. Del ital. **gamba**, pierna.

Y comenzó a retarlo, diciéndole, muy agresivo: usted es un imitador. El único rengo auténtico soy yo... Y golpeándose con sonoras palmadas su pierna defectuosa, agregó airadamente: esta

gamba es de palo de roble y florece en primavera... ¡Sépalo, señor!
Bajo el signo del tango.
Enrique Cadícamo, 1987.

// Billete de cien pesos. "Es argotismo por cien francos, **jambe**, pero ha sido tomado, a su vez, de **gamba** que, en jerga delictiva italiana, significa cien liras (Esnault, 1965)." (Mario E. Teruggi. **Panorama del lunfardo**, 1974.) // **Media gamba**. Cincuenta pesos.

Juná a la rusa Rebeca
(...) y a la Rosalía, la chueca,
no la's junao, ¡caramba!,
que siempre fue pa su camba
hacendosa y consecuente
y le aporta diariamente
nada menos que dos gambas.
De rompe y raja. *José Pagano.*

// Buena persona. Amigo, compañero, compinche. Canchero. *Un tipo gamba.* // **Hacer gamba**. Acompañar. **Hacer pata**. *Estoy esperando a un amigo, ¿me hacés gamba?*
Gambardella. l. p. Gamba. Pierna. Por parag., para formar el apellido ital. Gambardella. Véase **paragoge**.
Gambeta. l. p. Movimiento que se hace para regatear el cuerpo a fin de eludir algo o a alguien.

La rubia lo malició
y, por entre las macetas,
le hizo unas cuantas gambetas
y la casilla ganó.
Fausto. *Estanislao del Campo.*

// l. fút. Regate que hace un jugador de fútbol, de rugby, de handball, etc. para que no le quiten la pelota. // p. ext. Excusa, ardid usado para evitar un compromiso o cumplir con una obligación. *Hace un mes que anda con gambetas para no pagarme.* // **Gamba**: cien pesos.

¡Estuvo un kilo cuando batió que no tenía un
    /tejo!
¡Andan sin diez gambetas en el grilo
y se largan igual a dar consejos!...
Sonetos mugre. *Daniel Giribaldi, 1968.*

Esta palabra proviene del esp. **gambeta**: movimiento que se hace en la danza jugando y cruzando las piernas con aire. // Corcoveo del caballo.
Gambetear. l. p. Hacer gambetas. Del esp. gambetear: hacer gambetas el bailarín. // Corcovear el caballo. Véase **gambeta**.
Gambeteador/dora. l. p. Que hace gambetas. // Que sabe gambetear.
Gambusa. l. p. Gamba. // Pierna. // Persona lista, piola. // Tiene las mismas acepciones que **gamba**.
Ganar. l. p.

¿A QUIÉN LE GANASTE?
"El hombre porteño es contemplador de la vida y de sus circunstancias. (...) Es, por instinto, graduador de todo lo que constituye su alrededor virtual (...) Los hombres, las mujeres, el mundo de lo individual que se pone a su lado, vienen y son para él con su historia o su leyenda. Son sus méritos, la acumulación de su prosapia lo que rápidamente busca el hombre porteño para situarlo y asignarle su justo lugar y estimación (...), y dice, entonces, ante el presuntuoso que quiere saltar por encima de esta condición '¿A quién le ganaste?' o 'Y ése, ¿a quién le ganó?' (...) Pide antecedentes, credenciales al ayer de quien desea cobrar autoridad en la materia, el 'background' de los ingleses estadísticos. '¿A quién le ganaste?' Hace la pregunta, pero conoce o intuye la respuesta sin triunfos.
"(...) ¿A quién le ganaste? lo dice echando su cabeza hacia atrás, desafiante, con una insolencia llena de garantías. Es verdad que a veces pone injusta pasión y que su estimación proviene de la zona de sus antipatías personales. Entonces, ese '¿a quién le ganaste?' no es un reproche por su falta de victorias, sino un desprecio puntiagudo de los triunfos del otro, una subvaloración de esos méritos, una mirada echada como al descuido sobre la lista de sus contrincantes, a los que empuja hacia la inferioridad. Y la semi pregunta adquiere entonces una fuerza agresiva y aviesa, la misma que siempre llega de las formulaciones peyorativas."
Carlos Alberto Giuria. **Indagación del porteño a través de su lenguaje**, *1965.*

Ganchete. l. p. Se usa en la expr. pop. de ganchete, que significa de reojo. **Mirar de ganchete**: mirar de reojo.

Gancho. l. p. Dícese de la condición peculiar que tiene una persona o cosa, que atrae, que conquista, que "engancha". Un libro **tiene gancho** cuando desde que comienza a leerlo, el lector se siente tan atrapado por el tema que no puede suspender su lectura. // Apoyo, ayuda para conseguir algo. *Un amigo me tiró un gancho y pude solucionar el problema.* // Firma. *Poner el gancho en un contrato.* // Cebo, ardid para atraer, para "enganchar" a alguien. // **Hacer gancho.** Mediar para que se establezca o se restablezca una relación amorosa entre dos personas. // Pretexto, excusa. // Nariz. // Dedo.

Ganchos. l. del. Dedos. Por los dedos del punguista, que agarran, que "enganchan" cosas de los bolsillos.

Sé colocar la zabeca
en el peor zafarrancho.
Soy liviano con los ganchos
y jotrabo bien de peca.
L. C. Ladrón conocido. José Pagano.
NOTA. *Liviano con los ganchos:* suave para "trabajar" con los dedos en la punga. *Jotrabo:* revés de trabajo.

Gangul. l. del. antig. Prendedor de mujer. (Antonio Dellepiane. **El idioma del delito,** 1894.)

Ganso/sa. l. p. Individuo lento, atolondrado, torpe. // Bobo, otario.

Garaba. lunf. Mujer joven. Muchacha. // Querida. Amante.

Garabito. lunf. Dim. de garabo. Muchacho. Hombre joven.

El fuelle melodioso termina el tango papa.
Una pebeta hermosa saca del corazón
un ramo de violetas, que pone en la solapa
del garabito guapo, dueño de su ilusión.
Oro muerto (Girón porteño).
Tango. Julio P. Navarrine, 1926.

Garabo. lunf. Hombre, en general. // Hombre, en relación con su mujer.

En una cortada ya están los garabos
pa ver si disputan la paica diquera,
la paica que supo meterles los clavos
de su ranfañosa pasión milonguera.
Del hampa. Silverio Manco.

// Amante de una mujer. Concubino.

Cotorro en gris...
Una mina ya sin chance, por lo vieja,
que sorprende a su garabo
en el trance de partir...
Lloró como una mujer. Tango.
Celedonio Esteban Flores.

Esta voz tenía algunas particularidades en cuanto a su aplicación. **Garabo** *era el hombre de barrio, amigo de sus amigos, sociable, de buena presencia. Es decir, no era sinónimo de hombre en el más lato sentido de la palabra. No se decía "el garabo" cuando se hablaba de un chorro o de un policía o de un ministro, también hombres.* **Garabo** *definía al tipo de pueblo, entrador, a veces fachero, en una neta concepción individualista.* **Garabos** *podían ser los que se reunían a charlar en una esquina o en la mesa de un bar. Pero una junta de chorros o una reunión de policías o una sesión de ministros no era una reunión de garabos. Mas la cosa cambiaba si al hombre —fuese quien fuere— se lo consideraba en relación con su mujer o con la mujer que lo acompañara. Si el chorro salía del baile con su grela o el policía iba del brazo con su filo o el ministro estaba tomando pernod con una dama, nadie iba a pensar que se ofendía al léxico lunfardo si alguien decía que "la mujer estaba con su garabo", en este caso, con "su hombre". Aunque el título de* **garabo** *les cayera tangencialmente.*

GARABO: ¿GARABATO?
El origen de esta voz es incierto (José Gobello. **Diccionario lunfardo,** *1989). No sabemos de una opinión concreta en este sentido, pero nos llama fuertemente la atención por la semejanza en su grafía y concepto, la palabra española* **garabato:** *"aire, garbo y gentileza que tienen algunas mujeres y les sirve de atractivo aunque no sean hermosas".*
Pero ¿quién iba a decirle **garabato** *en nuestra porteña ciudad a la mujer dueña de esos dones?* **Garabato,** *en la forma más corriente entre nosotros, es todo lo opuesto a tantas beldades. Entonces, si ésa hubiera sido la cuestión y ése el gran dilema, bien pudo haberse recurrido a solucionar el problema con un simple apócope que convirtiera a* **garabato** *en otro vocablo y*

le quitara la dureza de su pronunciación y lo negativo de su calificación. **Garaba** *es más suave, más armónica, más entradora y no ofrece remedos de semejanza con aquélla.*
¿Podría, así, haberse originado la palabra **garaba** *con acepciones criollas y de allí haberle sucedido el masculino* **garabo** *y los diminutivos* **garabita** *y* **garabito***? Como aporte a estas suposiciones agreguemos que en la germ. la voz* **garabo** *significa* **garabato** *y define, como el español, a cierto tipo de gancho. ¿Podría haber colaborado fonéticamente para dar nacimiento a* **garaba***,* **garabo***? Llegados a este punto, nos viene otra pregunta: ¿no tiene* **gancho** *una mujer con aire, garbo y gentileza? Esto es pura y simple coincidencia, es cierto, porque la acepción de* **gancho** *en ese sentido es de un siglo posterior a la palabra que nos ocupa, aunque no deja de ser curioso.*
En el desconocimiento de si nuestra opinión tiene algún punto de contacto con alguna otra, permítansenos estas especulaciones, nada más que como tales, en las que nos ha atrapado ese poderoso imán que tiene el maravilloso mundo de la semántica.

Garca. l. p. Afér. de **garcador**, revés irreg. de **cagador**. Falluto, traicionero, tramposo. De **cagar**.
Garcada. l. p. Revés irreg. de **cagada**. De **cagar**.
Garcador/a. l. p. Revés irreg. de **cagador/a**. // Garqueta. De **cagar**.
Garcaíno/a. l. p. **Garcador**. Actualmente de poco uso.
Garcar. l. p. Revés irreg. de **cagar**. Véase esta voz.
Garcarse. l. p. Revés irreg. de **cagarse**. De **cagar**.
Garcha. l. p. Pene. Miembro viril masculino.
Garchar. l. p. Copular.
Gardel. l. p. **¡Andá a cantarle a Gardel!** Dicho que se emplea para señalar a alguien, irónica y crudamente, la inutilidad de sus protestas o de sus quejas ante un hecho consumado, irreversible: *¡Andá a cantarle a Gardel!* Son tan vanos, tan sin sentido esos reclamos, como lo sería pretender cantarle un tango a Gardel, que está muerto. Además, cantarle un tango nada menos que a Gardel... // **Ser Gardel**. Considerando a Gardel como ídolo, significa ser o estar de lo mejor. *Con un buen trabajo, un coche y una linda piba soy Gardel.*

Nota. Carlos Gardel, cantor y compositor de tangos, considerado el máximo intérprete de esta música popular argentina, que llevó a muchos países americanos y europeos, también fue actor cinematográfico. Se llamó Charles Romuald Gardés. Nació en Toulouse, Francia, donde aún se encuentra la casa en que vivió en 1890 y murió en Medellín, Colombia, en un accidente de aviación, en 1935.

Garfiña. lunf. **Granfiña**.
Garfiñar. lunf. **Granfiñar**.
Garfios. l. p. Dedos; en especial, los de los punguistas. Del esp. **garfio**: instrumento corto y puntiagudo propio para asir y sujetar alguna cosa.

Eso decía Sofanor,
de apodo "Garfios Ligeros"
quien, como el gran Malcuzinsky
se ha asegurado los dedos,
herramientas de trabajo
que cuida con mucho esmero.
Artículo 1º *(Versos de yeca y atorro).*
Tino, 1977.

Garganta. l. p. Se usaba en la frase **muy de la garganta** con el sentido de óptimo, apetecible, bocado ideal. Como el conocido **boccata de cardinale**. Véase **garganta**. // Como **garganta de sapo**. Compara el movimiento y el ruido continuo que hace la garganta del sapo con los latidos fuertes y acelerados del corazón humano en situaciones riesgosas, impactantes o emotivas.

Aquel mediodía, cuando me presenté delante del rico hacendado, el corazón me latía como garganta de sapo.
Leguisamo de punta a punta.
Daniel Alfonso Luro, 1982.

Gargantada. l. p. Dícese de algo que está como a punto para aprovecharlo sin pérdida de tiempo. Que está **muy de la garganta** (véase **garganta**). Una mujer hermosa, un sabroso plato de comida, son **gargantadas**. Como lo es, también, para un cuentero, la proximidad de una víctima para embaucarla o para un punga la de una candidato para desplumar. Y si la cosa se presenta como fácil y segura, será una **gargantada de bute** (véase **bute**).

Fue en el bondi; un ladero y un chorizo:
los dos van a pescar..., tiran en yunta;
y han junao a un fandiño que se apunta,
gargantada de bute..., cara'e guiso.
Afano (Versos rantifusos).
Yacaré (Felipe H. Fernández), 1916.
NOTA. *Van a pescar:* a pescar una víctima para robarle el dinero. *Fandiño:* equivale a gallego, con el sentido de español, corriente entre nosotros. *Se apunta:* se muestra. *Gargantada de bute:* como un plato fácil y sustancioso. *Cara'e guiso:* por la cara de tonto que tiene.

Gargantuana. l. p. Propio de la garganta. En el ejemplo siguiente, se toma al vocablo con referencia al habla.

La limpieza es el cacho más cafishio de la gramática, porque bate el justo de las parolas con todos sus tantos, sin farolerías gargantuanas (...) La limpieza en el chamuyo es muy conveniente, porque los que se empavonan con palabras difíciles, a veces se empacan y les sale la viuda.
Abecedario y parolas. *Yacaré (Felipe H. Fernández). Publicado en el diario* **Crítica,** *en 1915. (Cfr. Edmundo Rivero.* **Una luz de almacén,** *1982.)*

Garifo/fa. l. p. Vivo, listo, sutil, ingenioso. // Listo, activo.

Dos de ellos, que traiban sable,
más garifos y resueltos,
en las hilachas envueltos
enfrente se me pararon
y a un tiempo me atropellaron
lo mesmo que perros sueltos.
El gaucho Martín Fierro. *José Hernández.*

// Pintón, elegante. *Anda lo más garifo con su pilcha nueva.* // Contento, satisfecho, campante. *Le cantó cuatro frescas y se quedó lo más garifo.* Del esp. **jarifo** (del ár. **sarif**: noble, excelente): rozagante; adornado.

Garpar. l. p. Revés irreg. de **pagar**, por prótesis de la letra **r** al final, para que el vocablo mantenga la función de verbo.

A una extraña vecina, la Meneca,
que tenía un malvón, al que cuidaba,
le pusieron los muebles en la yeca
porque la pobre, bueno, no garpaba.
Desde entonces. *Natalio Schmucler.*

Garpatuto. l. p. Dícese del que paga siempre los gastos que hacen otros, los gastos de los amigos, los caprichos de las mujeres, etc. Compuesto por **garpa** (de **garpar**: que paga) y la voz italiana **tutto**, todo.

Garpe. l. p. Acción y efecto de garpar.

Garqueta. l. p. Garca, garcador, garcaíno.

Garra. l. p. Tesón, voluntad, ahínco. Espíritu de lucha. // Fuerza, coraje, valentía. // Impulso generoso y tesonero que anima a no claudicar, a no darse por vencido, a luchar hasta último momento. Tiene garra la persona que enfrenta situaciones difíciles y se esfuerza por superarlas sin amilanarse. También la tiene el deportista que no ceja en su lucha por no caer vencido, el caballo de carrera que es alcanzado por otro cerca de la meta y recurre a sus últimas fuerzas para no ser superado, etc.

Garrapata. l. p. Dícese de la persona que se pega a otra con la finalidad de conseguir algún beneficio de ella y no la deja ni a sol ni a sombra en procura de lograr su objetivo. // Persona que vive a costillas de otra. // **Chupasangre.** Del esp. **garrapata**: insecto ácaro, parásito de animales, a los que chupa la sangre.

Garrón. l. p. Gratis. De arriba. *Comer de garrón. Viajar de garrón.* // Acaecimiento que involucra y perjudica a quien no tiene nada que ver en el caso. // Engaño, cuento, estafa que sufre alguien. En las dos últimas acep. se dice **ligarse un garrón** o **comerse un garrón.** *Lo echó a palos a mi amigo, y yo, que estaba con él, me ligué el garrón: a mí también me pegó. Le hicieron un cuento y se comió el garrón.* La voz proviene del esp. **gorrón**, persona que tiene por hábito comer, divertirse, vivir a costa ajena, por alusión a los estudiantes españoles de antaño que comían gratuitamente y llevaban una gorra, lo que les dio el nombre de **gorrones**. Gorrón, a su vez, dio **gorrista**, del mismo significado y también el modismo adverbial **de gorra**: a costa ajena. El cruce entre nosotros con el también esp. **garrón**, extremo de la pata de los cuadrúpedos, dio esta grafía al vocablo con las acepciones locales.

*No me gustan los boliches,
que las copas charlan mucho
y entre tragos se deschava
lo que nunca se pensó.
Yo conozco tantos hombres,
que eran vivos y eran duchos,
y en la cruz de cuatro copas
se comieron un garrón.*
Bien pulenta. Tango. Carlos Waiss, 1950.
NOTA. **Cruz de cuatro copas:** cruz imaginaria que forman las cuatro copas de bebida de otras tantas personas sentadas a la mesa de un bar.

// l. p. También se le llama **garrón** al favor que concede gratuitamente una prostituta a otro hombre a espaldas de su rufián. Véase **garronear**. // l. del. Encarcelamiento de una persona por un delito que no ha cometido. Véase **garronear**.

Garroneado/da. l. p. Persona que ha sido víctima de un garrón.

*Repasada por todos,
garroneada por muchos,
no tendrá la aliviada
de mi amor cadenero,
por un taura principio
de desdén a los puchos.*
Gaby (La crencha engrasada).
Carlos de la Púa, 1928.
NOTA. **Repasada:** que ha pasado por muchas manos. **Pucho:** resto del cigarrillo después de haber sido fumado; cosa despreciable.

Garronear. l. p. Vivir a costa de otro. // Conseguir algo sin tener que pagarlo. // Comer, vivir, divertirse sin pagar.

*Fútbol, timbas y carreras
eran cosas indecentes;
sólo el cine era tu vicio...,
si podías garronear.*
Amarroto. Tango. Miguel E. Bucino, 1951.

// Disfrutar de los favores de una prostituta gratuitamente.

*"Lo milongueado nadie me lo quita",
pensaba, turro y por sentirme rana,
mientras la garroneaba a la Susana
un año y diome, sin pagar un guita.*
La Susana (Sonetos mugre).
Daniel Giribaldi, 1968.
NOTA. **Diome:** revés de medio.

Garronero/ra. lunf. Que garronea.
Garrote. l. p. Nombre que se le daba a la suma de un millón de pesos de los que corrían hacia la década de 1970. // lunf. **Dar garrote:** acción y efecto de **garrotear** (véase esta voz).
Garroteado. lunf. Que ha sufrido el garrote. // Reloj al que le han aplicado el garrote. Véase **garrotear**.
Garrotear. lunf. Acto de abrir con los dedos pulgar e índice ejerciendo presión en sentido contrario con ambos sobre el anillo del reloj de bolsillo para desprenderlo de la cadena a la que está unido, robo en el que se especializan muchos pungas. Es voz de la bribia, con igual grafía y significado, derivada del esp. **garrote**: instrumento de suplicio usado en España para la ejecución de los condenados a la última pena y que se componía de una argolla y un tornillo que la ajustaba a un poste, con la que se estrangulaba al sentenciado. A este tipo de estrangulación se le llamaba **dar garrote**.
Garsón. l. p. Mozo de restaurante o café. Voz usada en los comienzos del 1900 entre la "gente bien", que no prendió en el habla popular. Del fr. **garçon**: muchacho.
Garsonier. l. p. Departamento o habitación para encuentros íntimos. Era el escape de personas de buen nivel económico. Del fr. **garçoniére**: cuarto de soltero.

El profesor había andado por el Tigre en muy buena compañía y, desde la salida del Tabarís hasta el incidente de la calle Gaona, había estado internado en una suntuosa garçoniére, donde había dormido la mona.
Historia funambulesca del profesor Landormy. *Arturo Cancela, 1944.*

Al igual que **garçon**, este vocablo no caló en el lenguaje popular. Por el contrario, se lo ironizaba.

*¡Oh, callejón de turbios caferatas,
que fueron taitas del bandoneón!...*

¿Dónde estará mi garsonier de lata,
testigo de mi amor y su traición?
Viejo rincón. *Tango. José de Grandis, 1925.*

Garufa. lunf. Diversión, farra, juerga. // Vida despreocupada, de diversiones y placeres. *Ir de garufa. Vivir de garufa.*
"Parranda, jarana. No conocemos la etimología, pero en gallego se registra **garula** y **gallaroufa**, jarana, alagazara, que pudieron haberse cruzado con el castellano **garulla**, conjunto desordenado de gente." (Mario E. Teruggi. **Panorama del lunfardo, 1974.**)

Recordaba aquellas horas de garufa,
cuando minga de laburo la pasaba;
meta punguia y al codillo escolaseaba
y en los burros se ligaba un metejón.
El ciruja.
Tango. Francisco Alfredo Marino, 1926.
NOTA. *Punguia:* punga.

// p. ext. Se da este nombre a la persona farrista, juerguista.

Garufa, ¡pucha, que sos divertido!
Garufa, ya sos un caso perdido...
Garufa. *Tango. Roberto Fontaina – Víctor Soliño, 1928.*

// Acompañada del verbo **ir** se usa para dar énfasis a modismos relacionados con irse, escaparse, huir, abandonar, amurar, etc. *El preso limó los barrotes de la celda y se fue de garufa. La mujer no lo soportó más y se le fue de garufa.*

Garufear. lunf. Ir, salir, vivir de garufa. // p. ext. Derrochar, dilapidar. *Se garufeó una fortuna en la ruleta.*

Garufero/ra. lunf. Que se da a la garufa. // **Garufista. Garufa.**

Garufista. lunf. Garufero. Garufa.

Gastar. l. p. Bromear, burlarse de alguien, tomar a alguien para la broma. *Me gastaron toda la noche por mi traje a rayas.* Del esp. gastar: consumir, destruir.

Gastarse. l. p. Hacer esfuerzos, preocuparse por algo o por alguien. *Me gasté aconsejándote y no me hiciste caso.*

Gatillar. l. p. Pagar. Pagar una cuenta, una deuda. *Tuve que gatillar mil pesos para salir del problema.*

Gato. l. p. Persona que vale poco; infeliz. *Es un pobre gato.*

Creeme, viejo, hacete más ranún y piantate
de la cabeza el grupo del metejón ingrato:
laburala de guiso, como un bacán, y armate
de alguna piba otaria, pa no pasar por gato.
Experiencia. *Dante A. Linyera (Francisco B. Rímoli), 1928.*

// Mujer que ejerce la prostitución con hombres adinerados o que es mantenida por alguno de ellos. Es voz nueva, que compara a dicha mujer con un gato que se tiene en una casa, al que se cuida y se mima. // l. del. Cómplice del escrushante que se introduce en la casa elegida para robar y permanece escondido hasta una hora determinada de la noche, en que saldrá de su escondite y abrirá desde adentro la puerta de entrada o una ventana para que acceda su compinche y perpetrar el robo. A esto se le llama **meter un gato** en una casa. La acepción está inspirada en los hábitos nocturnos de los gatos. El vocablo proviene del esp. **gato**: fig. y fam. ladrón. Ratero que hurta con mucha maña.

El papel de gato no lo desempeñaba cualquiera. Era necesario dedicarse a él y hacerse una especialidad: acostumbrarse a estar inmóvil por horas enteras, a esperar sin hacer ruido, a no estornudar ni toser: en fin, a hacerse un cadáver.
El burro de carga (Memorias de un vigilante). *Fray Mocho (José S. Álvarez), 1ª edición, 1897.*

Gauchada. l. p. Ayuda que se presta desinteresadamente. // Favor solidario. // Auxilio generoso.
Daniel Granada, en 1890, definía así al término: "acción propia de un gaucho. Acción ejecutada con sutil habilidad para conseguir alguna cosa que ofrece dificultades o para librarse de algún riesgo o peligro. Treta". (**Vocabulario rioplatense razonado.** Montevideo, Uruguay.) A su vez, José Gobello dice: "Acción realizada con astucia, favor que se brinda generosamente y sin esperar recompensa alguna". (**Diccionario lunfardo, 1989.**)
Por nuestra parte, entendemos que las acepciones de "sutil habilidad", "treta", "astucia"

y otras semejantes que pudiesen correr, sin ser descalificatorias del gesto solidario, acercan a la idea de un acto que se realiza con cierto estudio y especulación, quitándole a la gauchada la espontaneidad e inmediatez con que se brinda. Advertimos que estos conceptos han prendido, ya que en la actualidad una gauchada es franco sinónimo de ayuda, apoyo, auxilio que se presta de corazón, libre de especulaciones y, si es preciso, con amplio espíritu de sacrificio. Por eso, el agradecimiento de quien la recibe: *gracias, me hiciste una gran gauchada.*

> *Llegué a Buenos Aires una mañana (...) Sus perfiles de gran ciudad, el ajetreo comparable a las grandes capitales del mundo, el trato del porteño, siempre dispuesto a la gauchada, atrapan al extranjero, sensible al cariño que brindan sus habitantes.*
> **Leguisamo de punta a punta.**
> Daniel Alfonso Luro, 1982.

Gaucho. l. p. Nombre que se le daba al hombre de nuestro campo, generalmente encargado de las tareas rurales. Hábil, experto en tan duras faenas, conocedor como nadie de los animales de labor, de la fauna silvestre y aun de los animales más feroces del medio; sumamente entendido de la naturaleza –de la que se sabía parte– y de sus fenómenos; profundamente enamorado de su tierra, fue elemento vital, insustituible en el gran esfuerzo que demandaba el desarrollo de nuestra incipiente economía rural anterior y posterior a la gesta emancipadora, así como valeroso y sacrificado soldado al servicio de la Patria, ya ofreciéndose espontáneamente en momentos de peligro, ya presentándose a filas de inmediato cuando se lo requirió y aun cuando fue alzado de sus pagos y de su familia sin previo aviso para sumarlo a algún batallón.
Fue relegado en la escala social del país que ayudó a cimentar. Se lo tuvo presente sólo para los trabajos de mayor exigencia, para guerrear o cuando hacía falta su voto en alguna elección. Fue explotado, despreciado y denigrado por muchos. Otros, en cambio, lo erigieron en víctima del desagradecimiento, la injusticia y la soberbia de una clase predominante que tenía sus ojos puestos en Europa, sus espaldas vueltas hacia lo nuestro y opinaba que el progreso exigía el sacrificio del paisano y del gaucho.
José Hernández (1834-1894) en su célebre **Martín Fierro** (12-1-1873) nos pintó con claridad meridiana la vida de nuestro gaucho, su trabajo, sus sufrimientos y sus luchas en un medio hostil en el que siempre tenía deberes. Derechos, nunca.

EL GAUCHO MARTÍN FIERRO
(fragmentos)

> *Y apenas la madrugada*
> *empezaba a coloriar,*
> *los pájaros a cantar*
> *y las gallinas a apiarse,*
> *era cosa de largarse*
> *cada cual a trabajar.*
> *Este se ata las espuelas,*
> *se sale el otro cantando,*
> *uno busca un pellón blando,*
> *éste un lazo, otro, un rebenque*
> *y los pingos, relinchando,*
> *los llaman desde el palenque.*
> *El que era pión domador*
> *enderezaba al corral,*
> *ande estaba el animal*
> *bufido que se las pela...,*
> *y, más malo que su agüela,*
> *se hacía astillas el bagual.*
> (...)
> *Y mientras domaban unos,*
> *otros al campo salían*
> *y la hacienda recogían,*
> *las manadas repuntaban,*
> *y ansí, sin sentir, pasaban*
> *entretenidos el día.*
> (...)
> *Ricuerdo..., ¡qué maravilla!,*
> *cómo andaba la gauchada,*
> *siempre alegre y bien montada*
> *y dispuesta pal trabajo.*
> *Pero hoy en día, ¡barajo!,*
> *no se la ve de aporriada.*
> (...)
> *Ay comienzan... sus desgracias,*
> *ay principia el pericón,*
> *porque ya no hay salvación,*
> *y que usté quiera o no quiera*
> *lo mandan a la frontera*
> *o lo echan a un batallón.*

(...)
*Él anda siempre juyendo,
siempre pobre y perseguido.
No tiene cueva ni nido,
como si juera un maldito,
porque el ser gaucho, ¡barajo!,
el ser gaucho es un delito.*
(...)
*Él nada gana en la paz
y es el primero en la guerra.
No le perdonan si yerra,
que no saben perdonar.
Porque el gaucho en esta tierra
solo sirve pa botar.*

ORIGEN DE GAUCHO

Mucho se ha dicho y escrito sobre el origen y la antigüedad de la palabra **gaucho**. Hay quienes le confieren carta de ciudadanía autóctona, como quienes la remiten a la más variada gama de idiomas. Vayan, seguidamente, algunas opiniones y sus fundamentos:
"El historiador Enrique de Gandía encontró la bendita palabra en documentos de 1750 conservados en archivos bonaerenses, pero en letra de molde aparece en el 'Diario de la demarcación' o 'Diario de viaje' de Juan Francisco Aguirre (1758-1811), quien lo escribió siendo comisario de Demarcaciones hacia 1783-1784. Al referirse a la campaña de la Banda Oriental, escribe: 'gauchos o gauderios son unas gentes que, aprovechándose de la soledad de estas campañas, entre otras habilidades tienen la de hacer su faena'. Anteriormente, en documentación portuguesa, los vocablos 'changadores, gaudéricos y gáuchos' figuran en una 'Noticia particular do Continente', de Río Grande do Sul, escrita por Sebastián Francisco Bettamio y fechada en 19 de enero de 1780, pero publicada en 1858.
"(...) En un documento escrito en Río Grande por el capitán José de Molina, en carta al gobernador Pedro de Cevallos, el 24 de abril de 1763, le dice: 'También hice poner en libertad a los presos que estaban en la cárcel y poner en ella a un gauderio llamado Pedro'.
"(...) En cuanto a cómo se formó la palabra gaucho, hay quienes pensaron en una derivación de **gau-che**, esto es, una formación mixta de castellano y araucano, porque che es gente. Aurelio Porto, por afición, también a partir de **gauche**, propone la siguiente derivación: **guahu-che**, es decir, 'gente que canta triste'. Se toma para ello del padre Antonio Ruiz de Montoya, quien dice que **guahú** significa 'canto de los indios', y de Bautista Caetano de Almaida Nogueira, quien agrega que **guahú** es la acción de cantar triste.
"(...) Finalmente, hay quienes opinan que gauderio se formó de **gaudere** y gaucho, de **gaudio**. Ambas 'tendrían que ver con el gozo y la alegría y fueron utilizadas por los jesuitas en sus estancias para nombrar a nuestros criollos'." (**500 años de la lengua en tierra argentina**, editada por la Secretaría de Cultura del Ministerio de Educación y Cultura de la Nación, Buenos Aires, 1942.)

MÁS OPINIONES

También Daniel Granada nos habla sobre tan apasionante tema: "En cuanto a su procedencia autóctona, se la remite al araucano **catchú**, **cachu** o **cachú** (compañero) o **huachu** (guacho) o **cauchú** (muchos); al quechua **huakcha** (pobre, huérfano) o **cauchu-k** (hechicero errante); al pampeano **cauchú** (muchísimo) y **cachú** (camarada); al guaraní **huacho** (animal solo) o a voces parecidas del aimará, del cauquense o del charrúa.
"Respecto a su origen de extramuros, se la deriva del gitano **gaudsho** (gacho); del canario **guanche**, del castellano **guacho** (por trasposición del castellano **gau** más el araucanismo **che**); del vasco **uauch** (criatura); del árabe **washi** (huraño, bravío) o de **chaouch** (tropero): del portugués **guaxo** (estar contento); del inglés **gawky** (desgarbado); del hebreo **gue**, que pasó a **gau** (ganado) y de allí a **gaucho** (vaquero), para citar las más conocidas." (**Vocabulario rioplatense razonado**. Montevideo, Uruguay, 1890.)

Gaucho/cha. l. p. Dícese de la persona servicial, siempre lista para hacer favores, bien dispuesta ante el necesitado; correcta, responsable.

Gavilán. l. p. Hombre que ronda a una mujer. // Hombre que seduce a una mujer. // Gavión. Del esp. **gavilán**, ave del orden de las rapaces.

*Me dicen que se voló
con no sé qué gavilán,*

sin duda a buscar el pan
que no podía darle yo.
El gaucho Martín Fierro. *José Hernández.*

Gavión. l. p. Conquistador de mujeres. // Filo. Del port. **gaviao**, gavilán.

No hay que hacerle, ya estás viejo,
se acabaron los programas;
hacés gracia con tus locos
berretines de gavión.
Enfundá la mandolina. *Tango.*
Horacio Zuviría Mansilla, 1930.

Gay. l. p. Homosexual masculino pasivo. // p. ext. Homosexual.
Gayego. l. p. Gallego.
Gayola. l. p. Cárcel. Probablemente del port. **gaiola**, jaula, aunque es término de antigua data española: **gayŏla** (del lat. **caveŏla**, dim. de **cavea**, jaula), fig. y fam. chirona, cárcel.
Gigoló. l. p. Amante mantenido por una mujer. Del argot francés **gigoló**, de igual significado. Se pronuncia **yigoló**, siguiendo la fonética francesa.

Aquel tapado de armiño,
todo forrado en lamé,
que tu cuerpito abrigaba
al salir del cabaret,
cuando pasaste a mi lado
prendida a tu gigoló.
Aquel tapado de armiño. *Tango.*
Manuel Romero, 1928.

Gil. lunf. Tonto, ingenuo, otario. // Cartón, cuadro, vichenzo. Del esp. fam. **gilí**, lelo, que, a su vez, deriva del caló **jil**, con igual significado.

"Gil es, dentro de la tabla del mérito humano, según lo juzga el hombre de Buenos Aires, el último lugar de la escala que califica a los crédulos e ingenuos. Acentúa todavía su sentido despectivo cuando califica de **gil a cuadros, gilastrún, gilardo, giliberto, logi, gilimursi** y **gilurdo**, como si de este modo quisiese imponer su tono de afirmación ilevantable y condenatoria (...) A Gardel se le atribuye este consejo: 'No avivés a los giles, que los giles nacen y mueren giles'." (*José Barcia.* **El lunfardo de Buenos Aires,** *1973.*)

Pensás en aristocracias
y derrochás tus abriles...,
¡pobre mina, que entre giles,
te sentís Mimí Pinsón!
Pompas de jabón (Pompas).
Enrique Santos Discépolo, 1925.

// **Gil a cuadros.** Expresión enfática y humoríst., que aumenta la condición de gil. Anteriormente, **otario cuadro** (del ital. **cuadro**, cuadrado, que también dio **testa cuadra**: tonto, necio). // **Gil a la acuarela** (antig.), **gil a la violeta** (antig), **gil al trote, gil de cuarta,** tienen el mismo significado exaltativo de gil a cuadros, aunque **gil de cuarta** los supera aún, pues desciende al así calificado en la cuarta categoría de los giles. // l. del. **Gil cabrero.** Decíase de la persona a la que se había intentado hacer un cuento, sin éxito, por su reacción al advertir la maniobra. // **Gil de feria.** Igual que **gil a la acuarela** y similares. // **Gil embanderado.** También enfatización humorística de gil, en este caso tan a la vista, tan evidente, como si llevara una bandera de gil.

Pero, ¿no ves, gilito embaderado,
que la razón la tiene el de más guita?
¿Que la honradez la venden al contado
y la moral la dan por monedítas?
¡Qué va chaché!
Tango. Enrique Santos Discépolo, 1926.

// **Hacerse el gil.** Hacerse el tonto ex profeso. // Disimular, fingir distracción. // Hacer alguien como que no advierte lo que se dice o se hace. // Mirar para otro lado cuando no se quiere ver algo.

Ayer te vi pasar con aires de bacán
en una vuaturé copera.
Te saludé y vos te hiciste el gil,
como si no me conocieras.
Pato. *Tango. Ramón Collazo, 1928.*

// **Correr para los giles.** l. turf. Dícese del caballo que "va al bombo". No lo hacen correr sus allegados con el propósito de que gane la carrera en que interviene, sino, por el contrario, con el de que fracase. En consecuencia, el caballo "corre para los giles" que lo apuestan, inocentes de la maniobra. Véase **bombo.**

Gila. lunf. Femenino de gil. Se usa cuando va precedida del art.: *la gila, una gila*. En otros casos, se emplea indistintamente con gil: *¡qué gila que es esta muchacha!, ¡qué gil que es esta muchacha!*

Haciéndote la gila, como en un guiño,
coqueta y cachadora, te divertís
azuzando al perrito de mi cariño.
Y como el pobre chumba..., vos te reís.
Chamuyo al oído.
Dante A. Linyera (Francisco B. Rímoli).

Gilada. lunf. Cosa de giles. // Conjunto de giles. // Tontería, idiotez.
Gilardo/da. lunf. Gil. Es parag., en el que se disimula el calificativo de gil en la forma de un nombre propio. Véase **paragoge**.
Gilardún/a. lunf. Gil.
Gilastro/a. lunf. Gil. "Gilastro, al igual que gilastrón, gilastrún, giliberto, gilimursi, gilurdo, son vocablos que se basan en la homofonía coincidente de su parte inicial con la palabra original, gil y que (...) se los emplea ex profeso para dar impresión de suficiencia y versación en el habla popular o para causar efectos reideros." (Mario E. Teruggi. **Panorama del lunfardo**, 1974.) José Gobello dice de **gilastro, gilastrón** y **gilastrún** que son despect. agenovesados; a **giliberto** lo cita como deformación de **gil** por influencia del nombre **Gilberto**, y a **gilurdo**, influenciado por el esp. **palurdo**. A estos vocablos mencionados como sinónimos de **gil** podemos agregar **gilardo, gilberto, gilernún, gilardón, gilardún, gilito, gilo, gilón** y **gilún**, con mayor o menor uso en el habla popular y en poesías lunfardas.
Gilastrón/a. lunf. Gil.
Gilastrún/a. lunf. Gil.
Gilberto/a. lunf. Parag. de gil. Véase **paragoge**.

Yo soy hijo del lunfardo
y es mi cuna arrabalera.
Yo conocí a las percantas
más vivas y más gilbertas.
A la señora Academia. *César Bruto.*

Gilería. lunf. Gilada, tontería, idiotez. // Grupo de giles. // Cantidad de giles.

Gilernún/a. lunf. Gil.

Yo que soy un esgunfio a la piúbela, les digo a todos ustedes que son una punta de gilernunes que ignoran lo que tiene de más noble y puro la soberana del corazón: ¡la muerte!... Vivir..., vivir... así...
Y, rápido, llevó a sus secos labios la boca espumosa de la botella; simultáneamente, el índice de la mano derecha apretó el resorte del Smith, que produjo una detonación. El cuerpo de Cantalicio Gauna rodó inerte...
Cómo se mató Cantalicio Gauna.
Juan Francisco Palermo, 1902. (Cfr. Luis Soler Cañas. **Orígenes de la literatura lunfarda***, 1965.)*

Gilberto/ta. lunf. Gil.
Gilimursi. lunf. Gil.

De gilimursi puede batirse simplemente gil, turro, marmota, godeguín, gil al trote, mandioca, chitrulo, gilurdo, papanata, vichenzo, vichenzino.
Abecedario y parolas. *Yacaré (Felipe H.Fernández). Publicado en el diario* **Crítica***, en 1915. (Cfr. Edmundo Rivero.* **Una luz de almacén***, 1982.)*

Gilito/ta. lunf. Gil.
Gilo/la. lunf. Gil.

Yo la oreja paré. Me le hice el gilo
y le mangué una luca al taita viejo
que así me aconsejaba.
Sonetos mugre. *Daniel Giribaldi, 1968.*

Gilón/a. lunf. Gil.
Gilote/ta. lunf. Gil.
Gilún/a. lunf. Gil.

Ellas se sienten seguras con tipos como nosotros, que ya conocemos mundo. Son gilunas, que se cansan de esos pibes que se van en aprontes, que son pura pinta y nada más, ¿junás?
Sabihondos y suicidas.
Héctor Chaponick, 1982.

Gilurdo/da. lunf. Gil.
Giniebra, giñebra. l. p. Modismo por ginebra. Muy usado antiguamente.

Palma – A ver, váyanse arrimando:
hay que festejar el golpe.
Sirva giniebra. Yo pago.
El sargento Palma. *Martín Coronado.*
Obra teatral estrenada el 14-5-1906.

Giurda. l. p. Se usa en la expresión **a la giurda**, con el mismo sentido que **a la gurda** y **a la guiurda**. Véase **gurda** y **guiurda**.
Globero/ra. l. p. Que dice globos. Que miente.
Globo. l. p. Mentira. La acepción viene de las mentiras que se cuentan exagerando hechos, inflándolos, como se infla un globo.
Godeguín. lunf. **Codeguín**.
Godino. l. p. Dícese del que abusa sexualmente de los niños. Se inspira en el nombre de un violador y asesino de menores, Cayetano Santos Godino, llamado "el petiso orejudo", que fue condenado en 1914 a prisión perpetua y confinado en el penal que existía para esa fecha en Ushuaia, Tierra del Fuego.
Gofo. lunf. Juego de naipes de origen italiano. En ital. **goffo**.
Gola. l. p. Adorno de tela fina, plumas o encajes que usaban las mujeres en el cuello. Del esp. **gola**, garganta. // p. ext. Voz, especialmente, la del cantor.

Es que la gola se va
y la farra es puro cuento.
Andando mal y sin vento,
todo, todo se acabó.
Vieja viola. *Tango.*
Hnos. Frías y Humberto Correa, 1950.

Golilla. l. p. Pañuelo, comúnmente de seda, con dibujos, que el hombre usaba antes alrededor del cuello. Del esp. **golilla** (dim. de **gola**, garganta): cuello especial, almidonado, que han usado los ministros togados y demás curiales.

*Tulio Carella (***Picaresca porteña***, 1966)*
cuenta que hacia fines del 1800 se cantaba
una milonga:

Somos los criollos mentados
de los pagos de las orillas
que nos ponemos golillas
de pañuelos floreados.

Goliya. l. p. **Golilla**.

Golombo. l. p. Deformación de **quilombo**.
Golpe. Robo, atraco, asalto. // Estafa. // En general, hecho delictuoso que produce o tiende a producir la obtención de dinero. José Gobello la considera palabra lunfarda derivada del ital. jergal **colpo**: robo. // **Golpe bajo.** Acción desleal. Traición. Desagradecimiento. Proviene del l. box. en que se llama así al golpe que un boxeador aplica a su adversario por debajo de la línea del cinturón, lo que es punible, y resulta muy doloroso. // **Golpe de furca.** Véase **furca**. // l. turf. Dícese del triunfo inesperado de un caballo que, por carecer de antecedentes o por sus malas carreras anteriores, no se creía con posibilidades de triunfo, lo que hace que pague un **sport** (véase) elevado y dé ganancias importantes a quienes hayan apostado a su favor.

Boneto tenía un caballo llamado Campanazo
(...) Señalando al pingo, me dijo, días después:
(...) "mirá, con éste vamos a pegar otro golpe
parecido o mejor que con la yegua. Me lo corrés
quietito, en el fondo, y arriba me lo mandás.
¿Te animás?
Leguisamo de punta a punta.
Daniel Alfonso Luro, 1982.
NOTA. **Correr quietito, en el fondo:** dejar correr al caballo tranquilo, sin apurarlo, en los últimos puestos del pelotón de competidores. **Arriba me lo mandás:** en los tramos finales de la carrera arremetés violentamente.

Goma. l. del. Bastón de goma o trozo de manguera que usa la policía para golpear. // Preservativo masculino. Condón.

Nos mirábamos espantados. Teníamos horror de
la goma, ese bastón que no deja señal visible en
la carne; ese bastón de goma con que se castiga el
cuerpo de los ladrones en el Departamento de Po-
licía cuando son tardíos en confesar sus delitos.
El juguete rabioso. *Roberto Arlt.*

// **Hacer de goma.** Superar ampliamente a alguien. *El luchador lo hizo de goma a su rival.* // Demostrar condiciones ante otros. *Al profesor que me tomó examen lo hice de goma.*
Gomán. l. p. Revés de **mango** (peso moneda nacional).

Tráime (si es que me das bola)
siquiera un gomán, m'hijita.

No faltés a la visita,
acordate de tu coso
que, aunque chorro y ranfañoso,
¡sabe llamarte Grelita!
Desde la cana. Yacaré (Felipe H. Fernández).

Gomas. l. p. Humoríst. Senos de la mujer, en comparación con las pelotas de goma.

Gomera. l. p. Especie de honda compuesta por una tira de goma sujeta por sus extremos a cada uno de los brazos de una horqueta y provista de un trozo de cuero en el que se colocan piedras y proyectiles variados para lanzarlos estirando la goma y soltándola bruscamente.

Gomía. l. p. Revés de **amigo**.

Gomina. l. p. Marca de un fijador de cabello masculino que comenzó a usarse en la segunda década del 1900 y se llamaba Gomina Brancato, por adición del apellido de su fabricante. El nombre implicaba un diminutivo de fantasía de la palabra goma, pegamento, porque fijaba el cabello fuertemente. Algunos lo usaban de tal manera que llevaban el pelo formando una superficie lisa y compacta en la que todos los cabellos estaban pegados unos con otros. A éstos se les decía que tenían el pelo lamido y se los llamaba **lamidos**. // Nombre que se les daba a los que usaban este fijador. Era despectivo y burlón. Tenía el sentido de pituco, petimetre.

Fue de nuevo cuando un rana,
apuntándome a la mina,
le batió: "largá al gomina
que te lo vamo'a lustrar...
Después lo vas a encontrar
planchadito, allá en la esquina".
Y no está en mi performance
(Nocau lírico). Alcides Gandolfi Herrero, 1970.

Gong. l. p. **Salvar el gong** (a alguien). Dícese de quien, en el instante mismo en que está por sucederle algo grave, se beneficia con un hecho imprevisto que lo salva, como salva el gong, cuando suena, al boxeador que está recibiendo fuerte castigo. Del ingl. **gong**: campana que se hace sonar para indicar el comienzo y la finalización de cada round en el boxeo. Véase **round**.

Gorila. l. p. Este término nació hacia 1955, cuando ya se estaba gestando el movimiento cívico-militar que terminó derrocando al presidente constitucional Juan Domingo Perón. Se tomó de una audición radial denominada "La revista dislocada", muy popular entonces, en la que se cantaba una canción con el estribillo "deben ser los gorilas, deben ser, que andarán por aquí". El vocablo se aplicó inmediatamente a los conspiradores y luego a los opositores recalcitrantes del peronismo. // Matón. // Guardaespaldas. // Grandote, fornido, corpulento, urso.

Gorilón/a. l. p. Aument. de **gorila**.

Gorro. l. p. Encontramos esta voz en la expr. pop. **apretarse el gorro**, que tiene el sentido de escapar, huir, salir corriendo. // p. ext. Irse de un lugar en el que no se siente a gusto. *Cuando la reunión se hizo pesada, me apreté el gorro y me fui a dormir.*

Y aguante el que no se anime
a meterse en tanto engorro;
o si no, aprétese el gorro
y para otra tierra emigre.
El gaucho Martín Fierro. José Hernández.

Este dicho se inspira en la figura de quien, en el momento de salir corriendo, se sujeta el sombrero o el gorro con la mano, para que el aire que va desplazando en su huida no se lo quite de la cabeza.

Goruta. l. p. Revés de **tarugo** (véase esta voz). // Italiano.

Vos sos la Ñata Pancracia,
hija del tano Geralto,
un goruta flaco y alto
que trabajaba en la Boca.
¿No te acordás, gringa loca,
cuando piantaste al asfalto?
Tortazo. Milonga. Enrique P. Maroni.

Gotán. l. p. Revés de **tango**.

Gozar. l. p. Cachar, cargar. Divertirse a costa de alguien, burlándose de él. // Gastar. *Lo gozaron sus amigos por su corbata chillona.* // Del esp. **gozar**: tener gusto, complacencia, satisfacción y alegría de una cosa.

Grafiña. lunf. **Granfiña**.

Grafiñar. lunf. Granfiñar.

–¡Pobrecito! A lo mejor está al primer sueño, durmiendo como un otario..., soñando que está a la cantina, felice e contento, mientras que el loro le grafiña todo.
Mateo. *Obra teatral.* Armando Discépolo, 1923.
NOTA. *Loro* va por lora (mujer).

Graja. lunf. Dinero, guita, shosha. (Antonio Dellepiane. *El idioma del delito,* 1894.)

Granfiña. lunf. Ladrón precoz. // Aprendiz de ladrón. Ladronzuelo. // p. ext. Ladrón. // Franfiña, grafiña.

Granfiñar. lunf. Robar. // Hurtar. // Despojar de algo a alguien. Puede provenir de la germ. **garfiñar** (antig. **garfa**: uña, garra): hurtar, robar, o del ital. jergal **agranfignare**: robar. Acotemos que el idioma italiano tiene **granfiare**: arañar, y que las palabras de la germ. **garfiñar** y **garfiña** fueron incorporadas al diccionario español por la Real Acad.

Gran siete. l. p. **La gran siete.** Expresión de sorpresa, admiración, exaltación, alegría, contrariedad o susto. *¡La gran siete, no te esperaba! Una fiesta de la gran siete. Cayó un rayo de la gran siete. ¡La gran siete, me saqué la lotería! Me dio un disgusto de la gran siete.*

Grapa. l. p. Aguardiente de uva, de fuerte tenor alcohólico. Del ital. **grappa**: aguardiente.

Grapín/a. l. p. Dícese del bebedor consuetudinario. // Borrachín.

Grapini. l. p. Grapín.

Grasa. l. p. Obrero. // Persona de condición humilde. // p. ext. Torpe, tosco, inhábil. // Inculto. En todos los casos es despect.

Este vocablo hizo su aparición en nuestro medio hacia 1945, cuando las masas populares comenzaron a volcarse a Plaza de Mayo para expresar su adhesión al entonces coronel Juan Domingo Perón, compuestas en su mayoría por trabajadores de la más modesta condición, entre ellos, muchos que procedían directamente de fábricas o talleres, vestidos con sus mamelucos y ropas de trabajo, manchados de aceite o de grasa de las máquinas que manipulaban. Se los llamó **grasas**, *nombre que luego tuvo las acepciones citadas.*

Grasería. l. p. Lugar en que se fabricaba grasa de potro. Véase **tacho**.

Graserío. l. p. Conjunto de grasas.
Grasienta. l. del. Cartera de hombre. Billetera.
Grasón/a. l. p. Aument. de **grasa**.
Grasún/a. l. p. Aument. de **grasa** con la incorporación de la terminación genovesa **un**.
Grata. lunf. Ladrón, en general. // Maleante de predicamento entre sus pares. Del. l. del. ital. **gratta**: ladrón.

Fue grata de pesada,
terrible malandrino,
pero de tanta máquina
se vino colibriyo.
El solitario. Alfredo de la Fuente.

Gratarola. l. p. Gratis. Gratuitamente. // De balde. // De arriba. Parag. humoríst. para convertir la condición de gratis en un apellido italiano. *Con lo que gané a la ruleta, el veraneo me salió gratarola* (gratis). *¿No te das cuenta de que estás protestando gratarola?* (de balde). *Por separar a los que se peleaban, me ligué una paliza gratarola* (de arriba). // l. del. También, pero como parag. de **grata**, se usa con el significado de gran ladrón o, simplemente, ladrón. En cualquiera de las acepciones se lo usa, a veces, con doble t.

Tenía el manyamiento;
ya ningún grattarola
le tenía confianza,
porque estaba rayado
con boleto de ida,
sin ninguna esperanza.
El solitario. Alfredo de la Fuente.

Grébano. lunf. Italiano. "De origen genovés, que en ese dialecto designa a un rústico o patán, pero que, como lunfardismo, se ha hecho sinónimo de italiano." (Mario E. Teruggi. **Panorama del lunfardo,** 1974.)

Desde la puerta del almacén, una voz lo detiene: –Che, grébano, vení... Tocá "la marianina". Entonces, el napolitano se dirige al centro de la calle y, haciendo una mueca picaresca, comienza a dar vueltas al manubrio de su organillo.
Caló porteño. Juan A. Piaggi. **La Nación,** *11-2-1887. (Cfr. Luis Soler Cañas.* **Orígenes de la literatura lunfarda,** *1965.)*

Grédano/a. lunf. Grébano.
Grela. lunf. Mujer. // Mujer joven o de no mucha edad. // **Mina.**

El mejor elemento de vida cadenera
pasó por sus boliches, tranquila y respetada;
desde la mina aquella de reloj pulsera
a la grela orillera de la crencha engrasada.
La cortada de Carabelas. (La crencha engrasada). *Carlos de la Púa, 1928.*

El origen de esta voz no ha quedado establecido fehacientemente. José Gobello (Diccionario lunfardo, 1989) lo considera incierto. Mario E. Teruggi recuerda que en gallego grela significa coneja y, figuradamente, mujer muy fecunda. Además –agrega– otra voz fonéticamente afín –garela– significa muchacha desvergonzada (Panorama del lunfardo, 1974).

Grelo. lunf. Varón. De poco uso.
Grelún/a. lunf. Tonto, estúpido, otario.
Grévano. lunf. Grébano.
Grilero. lunf. Ladrón que se especializa en robar de los grilos. // **Grillero.**
Grilete. lunf. Bolsillo lateral del pantalón. Grillete. Grillo. Grilo.
Grilo. lunf. Bolsillo lateral del pantalón. Grillo. Griyo.

Los grilos que ayer fueron tan chaludos,
que largaron la mosca y los morlacos,
hoy son pobres cogotes agalludos;
pa la vianda, morrudos,
pero ¡pa la menega, flojos y flacos!
Himno del pato.
Yacaré (Felipe H. Fernández).

Grillero. lunf. Ladrón que se especializa en robar de los grilos. **Grilero.** Se usa más esta última voz.
Grillete. lunf. Grillo. Grilo. Grilete. Bolsillo lateral del pantalón.
Grillo. lunf. Grilo.
Gringada. l. p. Acción o actitud propia de gringo. // Grupo, conjunto de gringos.
Gringaje. l. p. Gringada. De connotación despectiva.
Gringo/a. l. p. Extranjero, en general. // Italiano. // **Hablar en gringo.** Expresarse en un lenguaje incomprensible. Seguramente viene de **griego**, que dio la expresión **hablar en griego**: hablar un idioma ininteligible.

"Término vulgar con que se moteja al extranjero cuya habla difiere totalmente de la castellana, como el inglés, el alemán, el francés y el italiano. Así no se dice nunca gringo al español, al hispanoamericano, al brasileño ni al portugués. "La costumbre de llamar gringos preferentemente a los italianos es por la sencilla razón de que en el Río de la Plata la inmigración italiana era entonces tan predominante que tocándolos a cada paso, ofrecíase a cada instante la ocasión de habérselas con ellos y de usar consiguientemente el calificativo de que se trata, ora por vía de gracia en sentido familiar, ora con enojo entre el común de la gente." (Mario E. Teruggi. **Panorama del lunfardo,** *1974.)*

Llega en cerdudo lenguaje
un gringo diciendo "güi"
y mil monos, luego, aquí
le imitan el aire y traje
o le encargan que trabaje
en la pública enseñanza.
¡Buena va la danza!
Francisco Acuña de Figueroa (1790-1862).
(Cfr. Daniel Granada. **Vocabulario rioplatense razonado.** *Montevideo, Uruguay, 1890.)*
NOTA. *"Güi"*: debe tratarse del **oui** francés: sí.

UNA LEYENDA SINGULAR
"Gringo: voz usada en toda América para designar al extranjero de otra lengua que está más en contacto con la población local y que, en la Argentina, por la inmigración masiva, terminó por ser gentilicio de italiano. Para esta voz, se elaboró una singular leyenda: los soldados de Beresford, de la primera invasión inglesa (1806), cantaban por las calles de Buenos Aires una canción que comenzaba: 'green grow the rushes (o roses) in Ireland' (verdes crecen los juncos {o rosas} en Irlanda), cuyos sonidos iniciales 'grin grou' habrían quedado en los oídos de los porteños y dado origen a gringo (en el siglo XIX gringo se aplicó preferentemente a los ingleses). La investigación lingüística (véase Gobello 1953/1963; 29/31) ha probado que la palabra gringo existe en castellano de mucho antes que las invasiones inglesas y parece ser

una deformación de griego, tomado como expresión hablar en griego, o sea, una lengua desconocida a cualquiera." (Mario E. Teruggi.)

Gringerío. l. p. Grupo, conjunto de gringos. Es despect. // **Gringada. Gringaje.**

Griseta. l. p. Muchacha humilde, independiente, amiga de galanteos y amoríos, pero no de costumbres licenciosas. En fr. **grisettes**, palabra que dio origen a **griseta**.

*Francesita,
que trajiste, pizpireta,
sentimiental y coqueta,
la poesía del quartier,
¿quién diría
que tu poema de griseta
sólo una estrofa tendría:
la silenciosa agonía
de Margarita Gautier?
Griseta.
Tango. José González Castillo, 1924.*

NOTA. *Quartier:* en este caso, barrio, vecindad. *La poesía del quartier:* la poesía popular.

Grisín. l. p. Pan seco, en forma de bastoncitos, crocante, que se desmenuza fácilmente. // **Glisín.**

Griyo. lunf. Grilo.

Grogui. l. p. Mareado, aturdido, abombado a causa de un golpe o de golpes fuertes. // En boxeo se dice que un boxeador está grogui cuando se halla mareado por los golpes que le propina su contrincante. Del ingl. **groggi**, con igual significado, y éste de **grog**, bebida inglesa hecha con aguardiente, azúcar y limón, con lo que **groggi** sería estar bajo los efectos de dicha bebida.

Groncho. l. p. Dícese del individuo ordinario. // Grasa. // Torpe. // Inculto.

Grone. l. p. Revés de **negro**. No varía para los distintos sexos. *El grone, la grone.*

Groso/a. l. p. Grande, importante, con referencia a algún asunto, negocio, negociado, etc. *La Aduana está investigando un contrabando groso.* Del ital. **grosso**: gordo, espeso, abultado.

Grúa. l. p. Levantador clandestino de juegos. // Prostituta. Ambos porque "levantan". El pasador de juego, levanta jugadas y la prostituta, levanta viaje. Véanse **levantar** y **viaje**.

Grullo. l. p. Afér. de **mangrullo** (parag. de mango), peso moneda nacional. Un grullo, un peso.

*"Esto sí que es amolar",
dije yo pa mis adentros.
"Van dos años que me encuentro
y hasta aura no he visto un grullo.
Dentro en todos los barullos,
pero en la lista no dentro."
El gaucho Martín Fierro. José Hernández.*

NOTA. *Dentro:* entro.

Grupín. l. p. Gurupí.

Grupo. lunf. Mentira, cuento. // Falsedad, engaño, patraña. // **De grupo.** Con falsedades, con engaños, con mentiras. *Hacer o decir algo de grupo.* De origen incierto.

*Contando sus proezas en un boliche
un guapo que, de grupo, hizo cartel,
a giles engrupía pa chupar de ojo
con famosas hazañas que no eran de él.
As de cartón. Tango. Roberto A. Barboza.*

// **Irla de grupo.** Actuar con falsedades, con intenciones ocultas. // Vivir fingiendo, mintiendo. *La va de grupo.* // **Irla con grupos.** Mentir, tratar de engañar. // **No irla con grupos.** No aceptar mentiras ni componendas.

*... que aunque me apañe la yeta
yo con grupos no la voy,
y ya verá que no soy
un guiso a la vinagreta.
El cafiso. Tango. Florencio Iriarte, 1918.*

// **Sin grupo.** En serio, sin engaños, sin vueltas. Realmente.

*Me encuentro sin chance
en esta jugada:
la muerte, sin grupo,
ha entrado a tallar.
¡Cómo se pianta la vida!
Tango. Carlos Viván, 1928.*

// **Senza grupo.** Expresión que alterna con **sin grupo**, con el mismo significado. Reemplaza la prep. esp. **sin** por la ital. **senza**, lo que le da algo de gracia.

*No me importa ni el tiempo pasado
ni la hora presente. Vivo adelantado,
senza grupo, alegre... ¡La vida está aquí!
Si el hombre progresa, yo lo cacho al hombre;
no tengo siquiera la carga del nombre
y el dolor humano se me da un maní.*
Contrafilo.
Dante A. Linyera (Francisco B. Rímoli).

// l. del. Auxiliar del estafador. Es el encargado de engañar, engrupir con un cuento a la víctima elegida para entregársela "**adobada**" al estafador, que completará la maniobra para quedarse con el dinero del "candidato". Véase **cuento**.

*Siendo, pues, el momento de empezar
a desplegar el grupo su elocuencia,
se puso con empeño a trabajar.
Llevóse al gil aparte, sin violencia,
y consiguió encenderle la codicia
con la suma tan grande de la herencia.*
El legado del tío. Autor anónimo. (Cfr. Antonio Dellepiane. **El idioma del delito.** *1ª edición, 1894.*)

Gruyo. l. p. Grullo.
¡Guá! l. p. ¡Guau!
Guacha. l. p. Látigo de cinta ancha. // Mujer mala, perversa.
Guachada. l. p. Acción baja, ruin. Traición.
Guacho/a. l. p. Animal que ha sido criado separado de la madre. // Animal que, muerta su madre, se crió en las casas. // Huérfano. // Desamparado. // Solo en la vida. // Solitario. // p. ext. Mala persona, ruin, malintencionada.

*"Tenemos dudas sobre si **guacho** haya de considerarse como quichua y sacado de **huachu**, pobre, huérfano, opina Rufino José Cuervo, y de ahí haya derivado en la voz despectiva **guacho**, por el que no tiene padre conocido, o si sea el chibcha **guacha, guasga**, mancebo, en que **guacha** es lo específico. Igual o mejores títulos que el quichua o el chibcha puede alegar en su favor el araucano con el vocablo **huachu**, que significa guacho o ilegítimo."* (Daniel Granada. **Vocabulario rioplatense razonado.** *Montevideo, Uruguay, 1890.*)

Guadaña. l. p. Uno de los nombres que se le da a la muerte a raíz de su personificación como un esqueleto envuelto en un manto blanco, portando una guadaña con la que, simbólicamente, corta la vida de las personas.

*¡Vamos!... ¿No ves que ella ríe?
¡No es de este siglo llorar!
¡Dale!... Mandate otro whisky.
¡Total, la guadaña
nos va a hacer sonar!*
Whisky. Tango. Héctor Marcó, 1951.

Guadañar. l. p. Metáfora por causar la muerte. Véase **guadaña**. // Deformación de ganar. Del ital. **guadagnare**: ganar, lograr.
Guai. l. p. Asunto, cuestión, hecho, fato, yeite. Negocio. // Embrollo, despelote, lío.

*Una noche un tal Loyola
me embrocó en un guai fulero.
Saltó la bronca: taquero,
celular, biaba y gayola.*
El conventillo. Milonga. Arturo de la Torre.
NOTA. *Celular:* vehículo policial para transportar personas detenidas. Recibe el nombre por las pequeñas celdas individuales internas con que cuenta para tener separados a los detenidos (es voz española).

Gualicho. l. p. Hechizo que se realiza con la finalidad de causar males a una persona. // Brebaje preparado por brujos o hechiceros y que, supuestamente, esclavizará amorosamente a la persona que lo beba, respecto a quien se lo sirva. Por lo común, se vuelca en el mate. Daniel Granada lo remite al araucano **huecuvu**, aunque señala que los pampas tienen **huecufú** y gualichú (Vocabulario rioplatense razonado, Montevideo, Uruguay, 1890). Por su parte, José Gobello lo origina en el tehuelche **walleechu**, nombre del genio del mal (Diccionario lunfardo, 1989).
Guampa. l. camp. Asta, cuerno. // **Hacerle clavar las guampas a un animal.** Voltearlo, como si se le hiciera clavar los cuernos en la tierra. Puede deberse al quechua **huampa**. // p. ext. l. p. **Hacerle clavar las guampas a alguien.** Vencerlo, derrotarlo, matarlo. "En los estados brasileños de Río Grande del Sur, Paraná y San Pablo tienen

guampa, cuerno de buey y, particularmente, vaso que de él hacen para beber agua en los viajes. Parece que tomaron el vocablo del Río de la Plata." (Daniel Granada. Vocabulario rioplatense razonado. Montevideo, Uruguay, 1890.)

Guantes. l. p. **Colgar los guantes.** Dicho popular que significa retirarse un boxeador de la actividad; abandonar el boxeo. Cuelga los guantes porque ya no los va a usar más. P. ext., se dice cuando alguien decide abandonar lo que estaba haciendo o retirarse de alguna actividad. Tiene el mismo sentido que **colgar los botines**, aunque éste se relaciona con el fútbol. Véase **colgar**.

Guapear. l. p. Actuar con guapeza. // Acción o actitud de guapo. // Enfrentar un riesgo, un peligro, una adversidad, con valentía y entereza.

Guapetón/a. l. p. Que alardea de guapo. // Bravucón.

Guapeza. l. p. Condición, calidad de guapo. // Aire, actitud, acción de guapo. // Desplante de valentía. // Coraje.

Guapo. l. p. Valiente, corajudo, temerario. // p. ext. Trabajador esforzado. Resistente para el trabajo.

El guapo fue un resto de matrero y paria
que vivió su instinto rojo y primitivo;
prepotente, noble, valiente y altivo,
con algo de bardo y de payador.
Guapo de la guardia vieja.
Tango. Enrique Cadícamo.

Guarangada. l. p. Acción propia de un guarango. // Grosería. Falta de respeto. Acto reñido con la educación. // **Guaranguería**.

Guarango/a. l. p. Grosero, irrespetuoso, atrevido, descomedido, descarado. Del quechua **guaranas** o **hurrancca**: conjunto de indios mandados por su jefe o cacique, denominado **curaca**.

Guaranguear. l. p. Actuar en forma guaranga.

Guaranguería. l. p. Guarangada. // Conjunto de guarangos.

¡Guarda! l. p. ¡Cuidado! ¡Atención! ¡Atenti! ¡Araca! ¡Dequera! Del esp. **guardar**, entre otras acep.: cuidar, observar, precaverse de un peligro, y la interj. ¡guarda!, ¡cuidado!, con influencia del ital. **guarda**: mira. // **¡Guarda el pomo!** Expresión de alerta, *¡guarda el pomo: ahí viene el jefe!* o de prevención amenazadora: *¡guarda el pomo conmigo: no me grites!*, que implica *¡cuidado, que podés pasarla mal!*

Guardabarros. l. p. humoríst. Orejas.

Guardado/a. l. p. Apresado, encarcelado, engayolado, encufado. // Amarrocado.

Guardar. l. p. Apresar, encarcelar, engayolar, encufar. // Amarrocar. Del esp. **guardar**, entre otras acep.: conservar, retener una cosa y, también, encerrar una cosa. // **Mandársela a guardar a alguien.** Imponer una persona a otra sus condiciones, fuerza, habilidad o picardía. // Perjudicar intencionadamente a alguien. // Vencer a un adversario. // Apabullar a alguien. *Se la mandé a guardar.* Es locución grosera vinculada al acto sexual.

Guardia. l. p. **Bajar la guardia.** Entregarse, ceder, abandonar la lucha ante la adversidad, dominado por el pesimismo o la sensación de que todo esfuerzo es inútil para proseguir luchando. Equivale a **bajar los brazos**. Viene del acto de un boxeador que, agotado por el ritmo de la pelea o por el castigo que recibe, carece de fuerzas hasta para sostener en alto los brazos con que se protege y los baja involuntariamente, quedando indefenso ante el ataque de su rival: baja la guardia.

Guasca. l. camp. Tira o ramal de cuero o de cuerda que sirve de rienda, látigo, etc. Del quechua **waska** o **huasca**: cuerda, lazo. // sent. fig. Pene (voz grosera).

Guascazo. l. camp. Golpe dado con una **guasca**. // Golpe dado con una vara, un palo, un sable, etc.

¡Vieras qué tajo, hermanito!
¡Y en la cara!... ¡Dios nos guarde!
Va a quedar a la miseria
con el guascazo del sable,
marcao pa toda la vida.
El sargento Palma. Obra teatral.
Martín Coronado. Estrenada el 14-5-1906.

Guasquear. l. camp. Dar golpes con la **guasca**. // p. ext. En general, dar golpes contundentes con algún objeto largo, como una vara, etc. // Dar un salto hacia el costado. // p. ext. sent. fig. Castigar, golpear a uno las circunstancias, los contratiempos, la vida. *Guasqueado por la mala suerte.*

Envuelto en su poncho,
guasqueao por el viento,
igual que un fantasma
llevando su cruz,
va el gaucho al tranquito
rumiando su pena
camino del rancho,
sin alma y sin luz.
Lonjazos (Rezo gaucho). *J. Fernández.*
NOTA. Guasqueao: guasqueado.

¡Guau! l. p. Interjección que se usa con sentido de sorpresa, de asombro, de admiración, etc.: *¡guau! ¡qué regalo hermoso!; ¡guau! ¡qué edificio enorme!; ¡guau! ¡qué hombre elegante!* Es expresión casi exclusiva de la mujer.
Guay. l. p. Guai.
Guayaca. l. camp. Bolsa de punto, larga y angosta, que se usaba para llevar monedas de plata y oro y, con el tiempo, dinero corriente. // Especie de cartera o bolsa de menor tamaño que se empleaba para guardar el tabaco que se consumía diariamente. Del quechua **huayacca**: saco o costal que sirve para llevar dentro las cosas de una parte a otra.

Prendimos fuego, arrimamos la pavita en que volcamos el agua de un chifle, para yerbear, y, tranquilos, armamos un par de cigarrillos de la guayaca, que prendimos en las primeras llamaradas.
Don Segundo Sombra.
Ricardo Güiraldes, 1926.

Guerra. l. p. **Armar guerra.** Exacerbar los ánimos, promover cuestiones litigiosas entre personas, con el propósito de originar una discusión o pelea. // **Buscar guerra, querer guerra.** Provocar a alguien demostrando la clara intención de discutir o pelear con él. // Evidenciar el deseo de tener comunión sexual. *En la forma como me miró se veía que quería guerra.* // Tener interés en armar una reunión de juego. *Insistió en hacer una mesa de póquer: quería guerra.*
Guerrera. l. p. Dícese de la mujer buscadora de hombres.

Sos la mina más guerrera
que en mi vida he conocido.
Estuviste en veinte fatos
dando rienda al corazón.
En el barrio te rejunan
como un caso ya perdido
desde el día que tomaste
la primera comunión.
Guerrera. *Carlos Waiss.*

Güevada. l. p. Huevada.
Güevón/a. l. p. Huevón.
Güevudo/da. l. p. Huevudo.
Guía. l. jgo. Se llama así a la baraja que los jugadores fulleros colocan en el mazo de una manera especial que les indica dónde están las barajas o el juego que han preparado en su beneficio.
Güífalo. lunf. Güífaro.
Güífano. lunf. Güífaro.
Güífaro. lunf. Italiano. Es burlón y despect. También **güífalo** y **güífano**. Empleada inicialmente para nombrar al extranjero, al gringo en general, esta voz pasó definitivamente a designar al italiano.

Nunca me he querido ensuciar para darme corte.
Me llamarán güífaro; pero lunfardo, nunca.
Caló porteño. *Juan A. Piaggio.* **La Nación,**
11-2-1887. (Cfr. Luis Soler Cañas. **Orígenes de la literatura lunfarda,** *1965.)*

Guigne. l. p. Guiñe.
Guille. l. p. Guiye.
Guillo. l. p. Guiye. En el caso del ejemplo, equivale a atracción, incitación.

Para colmo de males, tus mirones
tienen guillos de dulces metejones,
que al más furbo lo vuelven cartonazo.
Soneto 1º. *Emilio V. Di Sandro.*

Guindas. l. p. Testículos. Bolas, pelotas. // **Romper las guindas.** Véase **romper**.
Guiña. l. p. Guiñe. // Mala suerte, infortunio. // Marca que se hace en una baraja. Véase **guiñar**.

—Y a usted, Pepito, ¿cómo le ha ido estos días?
—¿A mí? ¡Muy mal! Con una guiña bárbara. He estado preso...
¡Jettatore! *Gregorio de Laferrère. Comedia estrenada el 30-5-1904.*

Guiñar. l. jgo. "Hacer una marca o señal en una baraja doblando uno de su ángulos. Dícese, también, **guiñar la oreja**." (Antonio Dellepiane. **El idioma del delito,** 1894.)

Guiñe. l. p. Mala suerte. Infortunio. Persistente racha adversa en la vida o en el juego. *Andar de guiñe. Sufrir un guiñe.* Del fr. guigne, de igual significado.

Almuerzo frugal en el restaurant del Paddock. Concurrencia lamentablemente escasa. Tarde de guigne, confiado en el buen augurio de mi llegada, he jugado como un cronista de sport de diario grande. A la altura de la séptima carrera, me quedan seis pesos por todo capital.
El cocobacilo de Herrlin (Tres relatos porteños). *Arturo Cancela.*

Guiñudo/da. l. p. Que trae mala suerte.

—¡Tanto gusto, Pepito! ¿Sabe que está más delgado?
—Así es, he perdido dos kilos; pero es mejor. Dicen que la gordura es guiñuda.
¡Jettatore! Gregorio de Laferrère. Comedia estrenada el 30-5-1904.

Guiso. l. p. Tonto, bobo. // Torpe. // Asunto, fato, guai.

(...) y él, desconfiando recién
—señores —dijo—, es preciso
que no me tomen por guiso
porque soy un mozo... bien.
Versos criollos. *Elías Regules, 1915.*

// **Armarse un guiso.** Producirse un enredo de cosas o situaciones. // Estallar un desorden, un barullo, un escándalo. // Hacerse inentendible una cuestión. Mezclarse las cosas, las ideas, los conceptos. *Se armó un verdadero guiso en el debate: nadie entendía nada.* Del esp. **guiso** (guisado): comida que se prepara con varios elementos, que pueden ser carne cortada en trozos pequeños, arroz, papas, batatas, también cortadas, ajo, cebolla, panceta, laurel, etc. Esta mezcla dio la expr. pop. **armarse un guiso.** // **Estar en el guiso.** Equivale a **estar en la pomada, estar en la onda** (véanse estas dos expresiones).

Guita. lunf. Dinero, en general. *Tener guita.* // Centavo. *No tengo ni un guita; no tengo ni cinco guitas.* De la bribia y del esp. fam. **guita:** dinero, moneda corriente y, también, caudal, bienes. Este origen es de creencia general, aunque José Bonilla Amado, en su **Jerga del hampa,** lo deriva "del sánscrito **gita,** que significa canto, música. De aquí que las denominaciones de dinero sean música, guita, guitarra". (Cfr. José Barcia. **El lunfardo de Buenos Aires,** 1973.)

Guitarra. lunf. Guita, dinero. De la bribia y del esp. pop. Véase **guita.**

Dame corte, guitarra, porque es feo
que este mistongo reo
la talle así, forfait, ciego y chivato.
¡Araca, que peligra el morfeteo!
Soy un froilán..., un miserable pato...
Himno del pato.
Yacaré (Felipe H. Fernández).

// l. del. Nombre que se le daba a un aparato de fabricación casera que se ofrecía en venta a incautos como impresora de dinero. Antes de hacer la demostración a la víctima elegida, se colocaban en su interior billetes papel moneda nuevos y, una vez con el candidato, ponían a la vista de él, en un extremo del aparato, papeles blancos del tamaño de los billetes y hacían funcionar la máquina accionando una manivela. A este movimiento, comenzaban a salir por el otro extremo los billetes que habían sido introducidos de antemano y que, para el incauto, eran los que iba imprimiendo la máquina. La venta se hacía a muy buen precio, lógicamente, y el comprador, feliz por su adquisición, se llevaba el aparato a su casa para fabricar dinero.

Guitarreada. l. p. Forma de hablar elusivamente, sin centrarse en la cuestión, con el propósito de no dar una opinión o una respuesta concreta. // Conversación vana, hueca. // Conversación rebuscada para disimular el desconocimiento de un tema. // Sanata. // Demora en una resolución.

Guitarrear. l. p. Hablar dando vueltas a una cuestión para no concretar una opinión o una respuesta. // Hablar mucho y no decir nada. // Hablar en forma rebuscada para disimular el desconocimiento de un tema. // Sanatear. // Demorar una resolución. *Hace meses que me viene guitarreando y no me consigue el trabajo.*

Guitarrero/a. l. p. Persona que acostumbra a hablar y hablar sobre un tema, sin decir nada en concreto. Divaga y se va en ambigüedades. Habla mucho y dice poco. El dicho viene de los cantores, verseadores, payadores o guitarreros de antaño que, al compás de sus guitarras, improvisaban narraciones, poesías o discurrían sobre temas de actualidad y eran capaces de estar largo rato cantando y verseando; claro que, en su caso, lo hacían opinando. Y criteriosamente en la mayoría de los casos.

Guitero/a. lunf. "Acaudalado, adinerado." // l. del. "Preso que en la cárcel hace de tesorero de un fondo común." (Adolfo Enrique Rodríguez. **Lexicón**. Centro de Estudios Históricos Policiales, 1989.)

Guiurda. lunf. A la guiurda. Equivalente de a la gurda. Véase gurda.

—Estás a la guiurda con ese lengo...
—Me lo dio la paica. ¿Vamos a atorrar? Son las once...
—¿Estás soñando? ¡Hay farra!
—¿De veras, che?
Caló porteño. *Juan A. Paggio.* La Nación, *11-2-1887. (Cfr. Luis Soler Cañas.* **Orígenes de la literatura lunfarda***, 1965.)*

Con referencia al ejemplo citado, Soler Cañas nos dice: "a la guiurda, a la gurda: en este caso, muy bien, de muy buen aspecto; elegante. También se escribió a la giurda. Las dos primeras grafías y más regularmente la segunda, son las mayormente usadas. La tercera puede ser una reproducción deficiente. Hoy día se dice (cuando se dice) a la gurda. Fernán Silva Valdés dice en su **Vocabulario lunfo** *que es un vocablo algo comodín: todo lo que está bien o sale bien hecho es a la gurda. Benito Lugones y Antonio Dellepiane consignan a la gurda. Luis Contreras Villamayor trae a la guiurda y a la dagur".* (**Orígenes de la literatura lunfarda***, 1965.)*

Guiya. lunf. Estafa que se realiza al solicitar cambio en un comercio o recibir un vuelto grande, escamoteando uno de los billetes recibidos o sustituyéndolo por otro de menor valor, para reclamar que no se le entregó el importe justo. También se le dice **el cuento del cambio**. // p. ext. Cuento, engaño. Es bras.: **guilha**, estafa, fraude, engaño.

Guiyar. lunf. Engañar a alguien con un cuento o una maniobra para despojarlo de su dinero. // p. ext. Ganar dinero, enriquecerse. // p. ext. Ahorrar, acamalar dinero. // p. ext. Planear, planificar, inventar, idear.

Embroyado de ayer, todo de olvido,
guiyó la magia de no ver las cosas
y escolasa al misterio las furiosas
recordaciones de su tiempo herido.
De frente. *Juan Carlos Lamadrid.*

Guiyarse. lunf. Engañarse uno mismo. Tratar de convencerse de algo. *Se guiya a sí mismo diciéndose que ella lo quiere.* // Ganar dinero, enriquecerse. // Pararse. // p. ext. Proveerse, munirse. // p. ext. Capacitarse para algo.

Para vos fue un pique fácil
hablar de sapos y suizas,
cabaletes, aguileras,
caramayola, alcaucil.
El juez era el arzobispo;
la indagatoria, la misa;
las pilchas, lompa, sotana,
yuguiyo y camisulín.
Ya con eso te guiyaste
pa la mersa de los ranas
y no fuiste aquel recluta
que una mina del Bonpland
enganchó con cuatro mangos
de su guita mal ganada.
Ya te habían dado el dulce
p'aspirar a mucho más.
El pibe Bermúdez. *Tango. Carlos Waiss.*

// Adquirir conocimiento, experiencia. *En la vida guiyó sabiduría* // Conseguir algo. *Guiyó un par de zapatos nuevos.*

Guiye. Engaño, cuento, trampa. *Me estafaron con un guiye habilísimo.* // Asunto, negocio. Fato, maniobra. *Le descubrieron un guiye fulero.* // Ganga, rebusque. *Tiene flor de guiye: es ñoqui en el Congreso* (véase **ñoqui**). Estas acepciones son claramente lunfardas y provienen de **guiyar**. // Berretín. *Tengo un guiye tremendo con el baile.* // Atracción, encanto. *En la mirada de ella hay un guiye irresistible.* // p. ext. Clave, punto principal de una cuestión.

—Para interesarlo al intendente, le diremos que nos manda el gobernador.
—¡Ése es el guiye!

// Idea fija. // Pensamiento obsesivo. // Chifladura. // Guille, guillo, guiyo.

*Al principio, te lo juro,
pensé en darte la biaba,
pero luego, poco a poco,
le di al guiye marcha atrás.
Era darte demasiado
y eso a vos no te importaba...*
Adiós (La luna del bajo fondo).
Enrique Cadícamo, 1940.

GUIYE: ¿MECHÓN DE CABELLO?
"*Guille, a veces escrito guiye, muy usado para significar una ganga ventajosa de la que se disfruta, muy a menudo el significado se restringe para designar una amante cuyos favores se disfrutan gratuitamente. La forma habitual con que aparece en el habla lunfarda es tener un guille, o bien se dice que cierta cosa es un guille. Ignoramos si la acepción de manceba o mujer gratuitamente disfrutada es anterior o no a la cosa o situación que se aprovecha. De cualquier modo, guille tiene aspecto de palabra francesa y, partiendo de esa posibilidad, nos hemos encontrado con el argotismo guiche: mechón o guedeja recurvada que llevaban en la frente las mujeres fáciles. Por extensión, en la segunda mitad del siglo pasado (siglo XIX) guiche pasó a designar el mundo de los rufianes (Esnault, 1965). Es probable que la idea del 'mechón profesional' haya terminado por ser el equivalente de mujer que se posee o trabaja para uno, con lo que se estaría próximo a los significados lunfardos. Sin embargo, nos apresuramos a declarar que no tenemos ninguna prueba de esta probable etimología, que sólo presentamos a título de posibilidad que merece ser explorada.*" (Mario E. Teruggi. **Panorama del lunfardo**, 1974.)

Guiyero/a. lunf. Cuentero, estafador, vividor.
Guiyo. l. p. Guillo, guille, guiye.
Gunfio/a. lunf. Afér. de **esgunfio**. // Esgunfiado, aburrido, cansado, hastiado. *Estar gunfio*.

*Gunfio de los amigos, de copas y de farras
breca con los jotrabas de los puntachos bravos,
pa' de escolazo, monte, ferrocarril, guitarra,
que afanaron mis noches, mi salud, mis centavos.*
En esta madrugada (Nocau lírico).
Alcides Gandolfi Herrero, 1970.

Gurda. A la gurda. lunf. Modo adverbial que equivale a excelente, óptimo, en grado sumo, lo máximo, de la mejor calidad. // Muy sencillo; fácil, facilísimo. *Yo te soluciono ese asunto; para mí es a la gurda*. // Mucho, en abundancia, sobremanera.

*No te vengas con la Lola
ni con tu hermana, la zurda,
mirá que bronco a la gurda
si no te venís vos sola.*
Autor anónimo. Aprox. 1880. (Cfr. José Barcia. **El lunfardo de Buenos Aires**, 1973.)

// "**Mayorengo a la gurda.** Comisario de policía. // **Lunfardo a la gurda.** Ladrón que no tiene una especialidad determinada, que se dedica a todo género de robo. // **A la gurda para espiantar.** Veloz, rápido para huir. // **Escracho a la gurda.** Rostro hermoso. // **Ir o estar a la gurda con la mina.** Festejar, hacer el amor y ser correspondido. // **Contento a la gurda.** Muy alegre. // **Tomar un estrilo a la gurda.** Montar grandemente en cólera." (Antonio Dellepiane. **El idioma del delito**, 1894.) Y se pueden agregar: **bacán a la gurda, amigo a la gurda, gil a la gurda, laburar a la gurda, cana a la gurda** (por mucho tiempo), etc. En cuanto al origen de esta voz, ya en 1894 Dellepiane se preguntaba si vendría del esp. **a la gorda**, esto es, **a lo grande**, criterio que luego se generalizó entre los lingüistas del lunfardo. También se usó **a la giurda** y **a la guiurda**. Véase esta última voz.

Gurí. l. p. Niño, muchacho. Voz común en la Mesopotamia argentina y en las provincias del norte. Del guaraní **ugiri**: niño. Es afectivo.

Gurupí. l. p. Grupí, grupín. Auxiliar doloso del rematador que, mezclado entre los asistentes a una subasta, como si fuera uno más de ellos, hace posturas falsas, con el propósito premeditado de llevar a los oferentes a subir las ofertas del bien que se remata y que calla cuando alguien del público ha llegado al precio que se desea obtener. Si se da el caso de que dicho precio no se alcance, el rematador hace como que vende el bien a su compinche por la última postura que hizo, y éste finge adquirirlo como si fuese un comprador real, con lo que el lote vuelve a poder de su dueño o se retiene para ser sacado a remate posteriormente o en otra subasta.

La Bolsa (...) se había convertido en casa de juego, donde todo parecía arreglado para desplumar al incauto que cayera entre aquella nube de gurupíes y coimeros.
Dos novelas sociológicas.
Ernesto Quesada, 1892.

"El argentinismo **gurupí**, como el mejicanismo **gurupié**, como el cubanismo **gurrupié**, vienen del francés **groupeur** (comisionista o comisionado) y éste del verbo **grouper** (arreglarse, combinarse), que tiene idéntica raíz (**groupe** o **croupe**) que el conocidísimo **croupier** (coime), raíz que envuelve el concepto de conglomerado o conjunto, grupo o gavilla." (Roberto Arrazola. **Diccionario de modismos argentinos**, 1943). Acotamos que **coime**, esp., es el encargado o cuidador de un garito.

H

Hacer. lunf. Robar. **Hacer una música**: robar una cartera. **Hacer un grilo**: robar de un bolsillo. De la jerga ital. *hacer*: robar. // p. ext. Poseer el hombre a una mujer (es gros.).

Le hice el bobo y la marroca
y cuando quise espiantar,
al cruce me salió un boca
que me hizo emberretinar.
La mancada. *Ernesto Gorge. (Cfr. Tulio Carella.* **Picaresca porteña***, 1966.)*
NOTA. *boca:* revés de cabo. En el caso, cabo de policía.

// **Hacer**, sin especificar qué, a secas, significa hacer dinero, hacer fortuna. *Yo la hice; ahora la disfruto. Trabajé, pero al final la hice.* Con las acepciones corrientes, producir, formar, fabricar, crear, ejecutar, **hacer** entra en la formación de muchos modismos. // **Hacer atmósfera.** l. p. Preparar el ambiente, predisponer las opiniones a favor o en contra de alguien o del caso que se va a tratar. // **Hacer banco.** l. dep. Ocupar un jugador (en fútbol, básquet, rugby, etc.) la plaza de suplente durante un partido en espera de que lo llamen para reemplazar a alguno de los que están jugando. La frase se inspira en el hecho de que los suplentes se sientan en un banco, al costado de la cancha. // p. ext. l. p. Estar a la espera de una resolución, una citación o un turno. // **Hacer bandera.** l. p. Llamar la atención. // Hacer ostentación. // Hacer alharaca. // **Hacer biógrafo, hacer cáscara, hacer escombro, hacer esparo, hacer roncha.** l. p. Alardear, fanfarronear, jactarse. Ostentar, aparentar. // **Hacer bolsa, hacer bosta, hacer caca, hacer mierda, hacer moco, hacer polvo, hacer pomada, hacer puré, hacer sonar, hacer torta.** Derrotar ampliamente a alguien en una confrontación. // Apabullar, aplastar a alguien verbal o físicamente. // Aniquilar, deshacer, destruir una cosa, un plan, etc. *Les hice polvo el proyecto que tenían. Hice torta el espejo contra el piso.* // Moler a golpes. // Matar. // p. ext. Malgastar, dilapidar. *Hizo bolsa su herencia. Entre farras, milongas y timbas hizo pomada su salud.* // **Hacer cancha.** l. p. Hacer lugar para que se desarrolle alguna acción o para que pase alguien. Dejar espacio. Igual que **abrir cancha**. // **Hacer capote.** l. jgo. Ser único ganador en un partido de juego. // p. ext. l. p. Concitar la admiración, simpatía y voluntad en el medio en que uno se halla. // Sobresalir, destacarse netamente en un conjunto de personas. Del esp. **hacer capote**: en algunos juegos de naipes hacer un jugador todas las bazas. // **Hacer comer tierra.** l. p. Vencer a alguien en pelea o en duelo. Dejarlo tendido en el suelo. *Le hizo comer tierra.* // **Hacer correr la bola.** l. p. Difundir una versión, una noticia con el propósito de que llegue a muchas personas o, expresamente, a una o algunas determinadas. // Pasar un chimento. // **Hacer de goma.** l. p. Hacer lo que uno desee con una persona o cosa. *El domador lo hizo de goma al caballo.* // Dejar a alguien maltrecho de una golpiza. Viene del hecho de que un trozo de goma se dobla, se estira o se tuerce a voluntad de uno. // **Hacer dique.** lunf. Fanfarronear, alardear, lucirse. // Buscar impresionar con la presencia, con la apariencia. Igual que **darse dique**. // **Hacer el alambre.** l. del. Matar a un preso en la cárcel oprimiéndole el cuello con un alambre hasta asfixiarlo. // **Hacer el artículo.** l. p. Alabar, elogiar, exaltar las condiciones de alguien o de algo. // **Hacer el cuento, hacer el verso.** Engañar a alguien con un cuento, con una historia inventada. // Mentir. // **Hacer el entre o el dentre.** l. p. Recurrir a un ardid para hacer caer a alguien en una celada a fin de descubrir sus intenciones, su poderío, o hacerle decir algo que se desea saber. Hacerlo entrar (véase **entrar**). // En un duelo, especialmente con arma blanca, amagar o aparentar que se lanza un toque a fondo ya para probar la reacción del rival, ya para intimidarlo, ya para que se cubra por ese lado y atacarlo inmediatamente por otro. // **Hacer el oído.** l. p. Convencer con palabras apropiadas a alguien; interesarlo en algo. // Ilusionar o engañar a alguien con propuestas tentadoras. // Predisponer a una persona a favor o en contra de alguien o de algo. // **Hacer el paco, hacer la guita, hacer la guitarra, hacer la mosca.** l. p. Enriquecerse, labrarse una fortuna. // **Hacer el paquete.** l. p. Embaucar, estafar. // Engañar a alguien, envolverlo, hacerle creer lo que uno quiere. // Reunir mucho dinero, enriquecerse. Equivale a **hacer el paco** y similares. // l. jgo. Preparar un mazo de cartas para jugar con trampa. // **Hacer el tren.** l. p. Acompañar a alguien; seguirlo en las cosas que haga. Equivale a **seguir el tren** (véase **tren**). // Simular ante otro que se está de acuerdo con lo que hace o dice, para ganar su confianza o con alguna otra finalidad preconcebida. // Cortejar el hombre a una mujer. // **Hacer esparo.** lunf. Llevar a cabo el esparo (ayudante del punga) las maniobras tendientes a distraer a la víctima elegida para robarle, en tanto su compinche le sustrae el dinero. // **Hacer facha, hacer pinta.** l. p. Lucirse, darse corte. Exhibir uno su elegancia, su atuendo. // **Hacer fiaca, hacer huevo, hacer sebo.** l. p. Haraganear. Ociar. No hacer nada. // **Hacer franela.** l. p. **Franelear.** Excitarse sexualmente con caricias el hombre y la mujer. // Dilatar con excusas la solución de un asunto o el cumplimiento de una obligación. // Adular por interés a alguien. // Haraganear. Hacer sebo. No hacer nada. // **Hacer fruncir.** l. p. Asustar, atemorizar (véase **fruncir**). También se dice hacer fruncir el culo, el ojete, el siete, el upite, con el mismo sentido. // **Hacer gamba, hacer pata.** l. p. Acompañar, prestar apoyo a alguien (véanse **gamba** y **pata**). Equivale a hacer el tren o seguir el tren en su primera acep. Hacer gambeta. l. p. Igual que hacer gamba. Hacer gambetas. Véase Gambetear. // Hacer gancho. Véase gancho. // **Hacer hocicar.** l. p. Derrotar, vencer a alguien. // Provocar su fracaso. // **Hacer la boleta.** l. p. Véase **boleta**. // **Hacer la diligencia.** l. p. Concretar algo. // Perpetrar una estafa, una golpiza, etc. // Matar. // Seducir el hombre a una mujer. // **Hacer la vida.** l. p. Ejercer una mujer la prostitución. // **Hacer ola.** l. p. Hacer aspavientos. // Llamar la atención. // **Hacer pata ancha.** l. p. Véase **pata ancha**. // **Hacer picar.** l. p. Lograr que una persona caiga en un engaño (compara con el pique de los peces). // Causar intencionadamente el enojo, la ira de alguien. // **Hacer quilombo.** l. p. Hacer barullo, desorden, escándalo. // Complicar, estropear las cosas. // **Hacer sapo.** l. p. Fracasar. // Perder. *Aposté en cinco carreras y en todas hice sapo.* // **Hacer saltar para arriba.** l. p. Causar grave daño físico o económico a alguien. Derrotarlo ampliamente. Aniquilarlo. // Dejar a alguien maltrecho a golpes. // Matar a alguien. Viene del dicho **hacer saltar para arriba**, que expresa el momento en que un duelista clava su cuchillo en el vientre de su rival, golpe que se lanza de abajo hacia arriba. También se dice *lo levantó con el cuchillo*. // **Hacer un agujero.** l. p. Ocasionarle a alguien un serio perjuicio económico. // Ganarle mucho dinero en el juego. // **Hacer un hijo macho.** l. p. Causar un grave revés a alguien. También se emplea como hacer saltar para arriba y hacer un agujero. // **Hacerse aire, hacerse humo.** Escapar, huir, desaparecer. Irse sin dejar rastros, como el humo. // **Hacerse el burro, hacerse el chancho rengo, hacerse el gil, hacerse el oso, hacerse el pancho, hacerse el sota, hacerse la pipistrela.** l. p. Hacerse el tonto, el desentendido. Tratar de pasar inadvertido. // Simular desconocimiento de lo que se está tratando. // Mirar para otro lado. // **Hacerse el estrecho.** l. p. Hacerse el interesante. Hacerse rogar. // Demorar algo para que vuelvan a pedírselo. // Hacerse el puritano. Véase **estrecho**. // **Hacerse el piola.** l. p. Hacerse el vivo, el canchero. // **Hacer-

se la rata. l. p. Faltar a clase los estudiantes por propia decisión, sin comunicárselo a sus mayores. Es el esp. **hacerse la rabona** o **hacer novillos.** // **Hacerse mierda.** l. p. Quedar maltrecho a causa de un golpe, una caída, un accidente, etc. // **Matarse.** // **Suicidarse.** // p. ext. Atormentarse, venirse abajo por un sufrimiento, una contrariedad, una enfermedad. *El abuelo está hecho mierda por la muerte de su esposa.* También corren **hacerse bolsa, hacerse bosta, hacerse caca, hacerse moco, hacerse puré, hacerse torta.**

Hacha y tiza. l. p. Se usa en la expr. pop. **de hacha y tiza,** que indica lo arduo y reñido de una confrontación, en la que los contendientes brindan todos sus esfuerzos por prevalecer. *Un duelo de hacha y tiza; una discusión de hacha y tiza.*

Tuve varios entreveros con F. T. Rodríguez, entreveros que lo dejaban a uno contento cuando, después de mucho luchar, ganaba en un final de hacha y tiza.
Leguisamo de punta a punta.
Daniel Alfonso Luro, 1982.
NOTA. *F. T. Rodríguez:* jockey muy popular que corría en la época en que lo hacía Leguisamo.

Hachazo. l. p. Tajo, corte, cuchillada. // Golpe aplicado con el filo de un arma blanca. **Andar a los hachazos:** andar a las cuchilladas. **Lucir un hachazo, mostrar un hachazo:** tener una herida de arma blanca. **Tirar un hachazo:** lanzar una cuchillada. Del esp. **hachazo:** golpe dado con el hacha.

Nada le importa de la envidia ajena,
ni que el rival puede tenderle algún lazo:
no es un enemigo que valga la pena,
pues ya una vez lo hizo ca...er de un hachazo.
El guapo. *Evaristo Carriego.*

Hamacarse. l. turf. Moverse en forma de balanceo un jockey desde su montura hasta la cabeza del caballo que monta, en forma intensa, reclamando de él un último esfuerzo para ganar la carrera. // p. ext. Darse con gran empeño y sacrificio a superar un momento difícil, a salir de una situación complicada. *¡Hay que hamacarse para salir de ésta!* // Entregarse de lleno a un trabajo duro, exigente. *Tenemos que hamacarnos para hacer este trabajo.*

Como yo tenía vergüenza de haber pegado tanto a mi caballo para perder tan lejos, insistí, me hamaqué de nuevo, le clavé de nuevo los tacos...
Leguisamo de punta a punta.
Daniel Alfonso Luro, 1982.

Hamaque. l. turf. y l. p. Acción y efecto de hamacarse.

Hándicap. l. p. angl. Guarismo que se establece a través de una escala a efectos de determinar la valoración de deportistas, equipos deportivos, caballos de carrera, etc. para igualar chances en competencias en que se enfrenten entre sí. // Ventaja que se da o se recibe por medio de este sistema.

Hansen. l. p. Nombre de un restaurante, cervecería y salón de baile que existía en lo que hoy es el parque 3 de Febrero, sobre la avenida de Las Palmeras, hoy avenida Sarmiento. Inaugurado en 1869, funcionó durante 43 años, mudanza a otro local de por medio, hasta que cerró y fue demolido en 1912. Su dueño, Herr Hansen, era dinamarqués, no alemán, como algunos creían.

RECREO DE BACANCITOS Y MALANDRAS
"Lo de Hansen, en Palermo, era una mezcla de prostíbulo suntuario y de restorante. Un comercio precursor, podría decirse, con el agregado de sus frecuentes peleas, del cabaret proceloso que precedió a los actuales. Fue recreo de los bacancitos y de los malandras abacanados en el exacto decir con que los malandrines mismos lo definían. Y de patoteros y de gente de avería diversa. Las orquestas eran las mismas que solicitaban los salones de baile hebdomadarios de la clase media: Campoamor, Poncio, Bazán, Padula, el tano Vicente, el tano Prudente, Zambonini (el autor de **La Clavada***, que en cierta ocasión obligó a tocar su tango toda la noche, de puro guapo, a una orquesta de italianos de La Boca); y no se discute que en lo de Hansen las orquestas quáqueras de los prohibicionistas se ponían al día con los tangos."*
(José Sebastián Tallon. **El Tango en su etapa de música prohibida***, 1959.)*

Hecho. l. p. **Estar hecho.** Estar borracho. Debe tratarse de una abreviatura de **estar hecho una uva,** como era común decir de los ebrios, por el vino, hecho de uva. // Estar conforme, satisfecho con lo que se ha logrado y no aspirar a algo más. *Me nombraron jefe en mi oficina: ya estoy hecho.* // Estar a salvo de una mala situación económica que se sufrió. // Haber hecho fortuna. // l. jgo. Culminar una reunión de juego con la misma cantidad de dinero con que se comenzó a jugar. En este caso también corre **salir hecho.**

Herramienta. l. del. Arma, en general. **Ferramenta, ferramentusa.** // sent. fig. Capacidad, baquía, valores, condiciones, valentía que se considera que debe tener alguien para ser capaz de determinadas acciones. De ahí el dicho *¿con qué herramienta?,* que expresa la creencia de que alguien carece de capacidad para hacer algo. *¿Con qué herramienta vas a dirigir la empresa? ¿Con qué herramienta vas a debatir conmigo?* La pregunta lleva implícita la respuesta: no te reconozco condiciones.

Hervir. l. p. **Hacerse hervir.** Considera que alguien es tonto, inmaduro, **crudo** (véase esta voz) y lo compara con una comida que está cruda y necesita ser hervida.

Parece mentira que con tanta escuela,
al final de cuentas no ibas a servir
ni pa ver quién viene, pedazo'e pamela.
¡Che, viejo, me extraña: andá a hacerte hervir!
Tan grande y tan zonzo.
Tango. Enrique Dizeo.

High life. l. p. angl. **Jailaife.**

Higuera. l. p. Voz que hallamos en algunas expresiones populares. // **Bajar de la higuera.** Indica la necesidad de despabilarse, avivarse y darse cuenta de que algo ocurre. Dejar de ser crédulo, inocente. *¿Vos creés en la justicia humana? ¡Bajá de la higuera!* // **Caído de la higuera.** Dícese del bobo, tonto, gil. Igual que **caído del cielo, del catre** y similares. // **Estar sentado en la higuera.** Estar tranquilo, en medio de situaciones conflictivas, sin afectarse por lo que ocurre a su alrededor. *Las deudas nos agobian y vos seguís sentado en la higuera.* // **Tirarse bajo la higuera.** Hacer fiaca olvidado de todo, despreocupado.

Hijo. l. p. **Hijo de Mitre.** Decíase en su momento de la persona que gozaba de preferencias y trato distinguido. *Parecía hijo de Mitre por la forma en que lo atendían.* También se usaba para poner a alguien en su lugar. *¿Qué te das esos aires? ¿Sos hijo de Mitre, acaso?* En alusión a Bartolomé Mitre, presidente de la República Argentina en el período 1862-1868. // **Hijo de puta.** Insulto gravísimo. El peor de que puede ser objeto una persona. Sin embargo, por antífrasis, también puede tener sentido laudatorio o admirativo, según se lo emplee. ¡Qué hijo de puta! puede ser la exclamación elogiosa que arranca la persona que ha realizado una hazaña, el jugador de fútbol que hace un gol espectacular, etc. También puede elogiar a quien tiene una salida o una ocurrencia original o para el que comete una picardía de aquéllas. Para abundar, aconsejamos remitirse a **¡aijuna!**

Hilacha. l. p. Índole de bajeza; condición de ordinariez; falta de clase. // Defecto, falla. **Mostrar la hilacha.** Dejar al descubierto la poca clase que se tiene, el bajo origen de quien presume, la falta de cultura.

Niño bien, que naciste en el suburbio
de un bulín alumbrado a querosén,
que tenés pedigré bastante turbio
y decías que sos de familia bien,
¿no manyás que estás mostrando la hilacha
y al caminar con tu aire compadrón
se ve bien claro que tenés mucha facha...
para lucirla detrás de un mostrador?
Niño bien.
Tango. Roberto Fontaina - Víctor Soliño, 1927.

// Poner en evidencia, de pronto, una intención o un sentimiento que se ocultaba.

Quién creyera, milonguera,
vos que siempre te reíste
y que siempre te burlaste
de la pena y del dolor...,
ibas a mostrar la hilacha
poniéndote seria y triste
ante una pobre muñeca,
modestita y sin valor.
Alma de loca. Tango. J. Font - G. Cavaza.

// La palabra viene del esp. **hilacha**, nombre que se le da a la hila que se desprende de la tela.

Hilo. l. p. Teléfono. // **Al hilo.** Continuamente, sin interrupción. *Le encajé tres sopapos al hilo.* La primera acep. es una sinécdoque que llama hilo al cable del teléfono y, de aquí, al aparato. Es curioso que, para hacerlo, no se haya recurrido directamente a la palabra cable, sino que se haya utilizado una segunda voz.

Hincha. Se dice del individuo fastidioso, pesado, cansador. Es abreviación de **hincha pelotas, hincha guindas, hincha huevos**, etc. // Simpatizante de un club deportivo, un deportista, un artista, etc., que sigue animosamente la trayectoria de su preferido.

Hinchada. l. p. Conjunto de hinchas.

Hinchar. l. p. Fastidiar, importunar, molestar. **Hinchar las bolas, hinchar las guindas, hinchar los huevos, hinchar las pelotas, hinchar los quinotos.** // Desear con vehemencia el éxito de alguien. // Estimular, alentar a un equipo deportivo o a un deportista. Del esp. **cinchar**: hacer fuerza.

Hinchón/na. l. p. Aument. de hincha.

Hinchún/na. l. p. Aument. de hincha, con la terminación genovesa **un**.

Hora. l. p. **No dar la hora o no dar ni la hora.** No atender a alguien, despreocuparse de él, no llevarle el apunte, no darle bola, ignorarlo. *Me gusta mi vecina, pero ella no me da la hora.* // Negativa rotunda a ayudar a alguien. *–¿Qué te dé dinero? ¡A vos no te doy ni la hora!* Este dicho comenzó a circular hacia los años 1940, cuando la por entonces Unión Telefónica, prestadora de la telefonía del país, instaló el servicio de informar la hora por ese medio, lo que se lograba marcando 81. Pero ocurría que a veces el sistema no funcionaba correctamente y aunque uno discara esos dígitos, el teléfono quedaba mudo. No se recibía el informe de la hora. Se decía, entonces, "marqué el 81 pero no me dieron la hora", lo que dio nacimiento al dicho.

¡Che, rea vestida a plazos,
con desplantes de señora,
que no me das ni la hora
desde que pescaste al ganso!
Andá que te cure Lola.
Milonga. L. Carusso.

Horchata. l. p. Llámase así a la persona indolente, aplastada. También calificada como cobarde. // **Tener sangre de horchata.** Ser indolente, frío, abúlico. Dícese de la persona que no reacciona ante ofensas, insultos o provocaciones. Decirle a alguien que tiene sangre de horchata equivale a decirle que no tiene sangre o que tiene horchata en lugar de sangre. // Por antífrasis, esa misma frialdad, acusatoria en el caso citado, asume el sentido de alabanza en la aplicación del mismo dicho cuando se elogia la serenidad, la frialdad que demuestra alguien para enfrentar con éxito una situación difícil. *Tiene una envidiable sangre de horchata para afrontar las dificultades.* El modismo se inspira en la **horchata**, bebida refrescante que se hace a base de almendras, pepitas de sandía o melón, chufas, etc., de color blanquecino, que se sirve helada o con trozos de hielo en el vaso. De su color y de su temperatura, totalmente distintos de la sangre, surgió la comparación.

Horizontal. l. p. **Ponerse horizontal.** Acostarse a descansar o a dormir.

Hotel alojamiento. l. p. Nombre que se les daba hasta hace pocos años a los hoteles destinados únicamente a alojar parejas de amantes mediante el pago de una suma determinada por períodos de dos horas, generalmente. Antes eran llamados **casas amuebladas**, luego **amuebladas** a secas, **muebles, hoteles alojamientos** y hoy **albergues transitorios**.

Hotel del gallo. l. p. Nombre que recibía antiguamente el Departamento de Policía de la Capital Federal que inicialmente se encontraba sobre la calle Bolívar, dando su frente a la Plaza de Mayo. En el año 1888, se trasladó a la calle Moreno 1550, donde se encuentra en la actualidad. El edificio anterior fue demolido unos diez años después de esa fecha, para construir el que existe hoy. El gallo que lleva el escudo policial como símbolo de alerta del cuerpo motivó el nombre de **Hotel del gallo**, porque allí se alojaba a los detenidos.

Hueco. l. p. Denominación que se le daba antiguamente a los terrenos baldíos y a los solares desocupados, muchos de los cuales se convirtieron con el tiempo en plazas. Es un argentinismo y deviene del esp. **hueco**: vacío.

UNA CIUDAD CON MUCHOS HUECOS
Entre muchos de los huecos con que contaba la ciudad en formación, mencionaremos los que cita José A. Wilde en su **Buenos Aires, desde 70 años atrás (1810-1880)***, 1ª edición, 1881:*
Hueco de salinas. *Tomaba un gran espacio de la esquina sudoeste que forman las calles hoy llamadas Rincón e Hipólito Yrigoyen.*
Hueco de las cabecitas. *Se llamaba así al espacio que hoy ocupa la plaza Vicente López; ello se debía, conforme con la tradición que nos ha llegado, a que allí se arrojaban las cabezas de las ovejas y corderos que eran sacrificados en el Matadero del Norte, con ubicación en las actuales calles Las Heras y Pueyrredón.*
Hueco de Doña Engrasia. *Recibía este nombre por el de una mujer anciana que tenía su casucha dentro de él. Actualmente constituye la plaza Libertad.*
Hueco de laguna. *Levantaba sus montones de basura en lo que hoy es calle Saavedra y México.*
Hueco de botello. *Estaba sobre el ángulo noroeste de Tacuarí y Alsina.*
Hueco de los olivos *(que después fue plaza), en la manzana siguiente a la del actual Congreso Nacional, rumbo oeste.*
Agreguemos a esta lista el **Hueco de los sauces***, que se encontraba "en lo que hoy constituye la plaza Juan de Garay (Garay, Solís, Pavón y Luis Sáenz Peña); donde el gobernador Juan Manuel de Rosas, vencido en la batalla de Caseros el 3 de septiembre de 1852, escribió, a lápiz, sobre un papel, su renuncia, enviándola desde allí a la legislatura de la provincia de Buenos Aires".*

Hueso. l. jgo. Nombre que se le da a la taba, que es de hueso, y al dado, por semejar un hueso pequeño. **Los huesos, los huesitos**: los dados.

Los magos del cubilete
con un huesito cargado
al pase inglés se llenaban.
Y los shacaos de forcete,
al manyar el estofado,
tremendas broncas armaban.
Boliche. *Carlos A. Alberti.*

// l. p. sent. fig. Ayuda dineraria, generalmente de poco monto, que se presta a un necesitado. *Tirame un hueso, amigo, que ando en la vía.* Por obvia comparación con los huesos que suelen tirarse a los perros.
Huesuda. l. p. Antecedido por el art. la, **la huesuda**, nombre que se le da a la muerte por la forma en que se la representa, como un esqueleto.

Cuando ya no espere nada,
nada más que lo fatal;
cuando june a la huesuda
que se ha colao al cotorro
para fajarme el mamporro
del apoliyo final...
El apoliyo final *(Nocau lírico).*
Alcides Gandolfi Herrero, 1970.

Huevada. l. p. Acción o expresión de un **huevón**. // Tontería. // Cosa de poca importancia.
Huevear. l. p. Hacer huevo, hacer sebo, haraganear. // Decir **huevadas**.
Huevo. l. p. Testículo. // p. ext. Coraje, guapeza, valentía. **Tener huevos**. // **Hacer huevo**. Hacer fiaca, haraganear, hacer sebo. **Huevear**. // **No importar un huevo**. No interesar un asunto o no importar una persona. También se dice **importar un huevo**, con igual sentido: *ese caso me importa un huevo*. // **Poner huevos**. Corajear, poner garra, jugarse entero, jugarse el todo por el todo. // **Poner los huevos sobre la mesa**. Del mismo sentido, aunque más enfático, que **poner huevos**, esta expresión está relacionada con el juego, con la timba, cuya azarosa propuesta de felicidad o frustración le gusta comparar al hombre con las que ofrece la vida. "Es de hombre", en una mesa de juego, taurear, guapear, no achicarse nunca, "poner los huevos sobre la mesa", lo que equivale a volcar su hombría sobre ella. De ahí el sentido de la frase para esa y otras instancias de la vida. // **Hinchar, llenar, romper los huevos**. Véanse **hinchar, llenar** y **romper**.
Huevón/vona. l. p. Bobo, gil, chambón. // p. ext. Inocente, ingenuo.

Al novio dicen gavión;
a lo barato, bicoca;
la comisión es cañota
y el ingenuo es un huevón.
Pa la Real Academia
(Versos de yeca y atorro). Tino, 1977.

Huevudo/da. l. p. Huevón.

Humo. l. p. sent. fig. Cigarrillo. // Cigarrillo de marihuana. // **Estar en el humo.** Estar en la onda, en el clima, en el asunto de que se trata. // Dominar, tener amplio conocimiento de un tema, un asunto, una cuestión. // Estar vinculado a personas o círculos influyentes o de poder. // **Irse al humo.** Lanzarse rápidamente, en el acto, en pos de algo. // Abalanzarse decididamente contra alguien para atacarlo. Esta frase nació en el campo y se inspiró en la figura de quien se allega al lugar donde se está haciendo un asado, guiado por el humo que vio a la distancia.

¡Hurra! l. p. angl. Interj. de alegría o entusiasmo. También se emplea para vitorear: ¡viva! Del ing. ¡hurrah!, con igual significado, y de empleo corriente en los países de Europa septentrional. Poco usada actualmente entre nosotros, agregó, no obstante, la acepción de saludar como alejamiento o despedida triunfante de algo, con la que mantiene vigencia. // **Dar las hurras e irse.** Retirarse satisfecho tras haber hecho o dicho lo que correspondía. // Abandonar un lugar en el que uno no se halla a gusto con los circunstantes o con el tema que se trata. *Di las hurras y me fui.* // Despedirse para siempre de algo. *Hastiado de vivir en curda, anoche, en la puerta del boliche, di las hurras y pianté para siempre.*

¡TRES HURRAS POR AQUELLOS HURRAS!
La inglesa palabrita se popularizó entre nosotros gracias al *fútbol*. De seguro que por este medio llegó a ser en su tiempo la más conocida de ese idioma, pues se la habló en todos los medios sociales, aun en aquellos más despojados de cultura idiomática y menos interesados en ella. **Hurra**, así, pronunciada a lo criollo, fue palabra corriente para el pueblo, especialmente los domingos, cuando se volcaba a las canchas de fútbol, aplaudía a los equipos que salían al campo de juego y se aprestaba a disfrutar del espectáculo. Pero antes, y como parte de él, participaba a gusto de un acto de importante sencillez. En un momento dado, cesaban los aplausos, el público se silenciaba:
—Ahora van a dar las hurras.
Quienes asisten hoy a los partidos de fútbol saben bien de qué manera es recibido un equipo por la hinchada contraria cuando sale a la cancha. En el mejor de los casos, por un coro estentóreo de gritos, silbidos e insultos. Y menos mal. En otros, con los más variados objetos lanzados a mano o con las hondas. Y ello porque la distancia impide que lleguen los escupitajos y la orina. Esto obligó a la instalación de túneles plásticos extensibles y rebatibles, que protegen a los jugadores, a través del cual llegan casi hasta el centro del campo.
Hubo otro fútbol. Muchos lo ignoran. Otros, ya menos —el tiempo no se detiene—, lo recordarán. Hubo otro fútbol, más humano, más franco, más leal. Hubo un fútbol que quien escribe vio y gozó, en el que los partidos comenzaban con un acto simple, sencillísimo, pero cordial y amigable. Y terminaban con el público saliendo por la misma calle, unos y otros, comentando las incidencias del encuentro.
Cuando un equipo entraba a la cancha —sin túnel, casi entre el público— era recibido por los aplausos de su parcialidad, que callaban cuando hacía su presentación el rival, a su vez aplaudido por su hinchada. Pero esto no era todo. El conjunto local formaba fila frente a la tribuna oficial y, dirigido por su capitán, vivaba a su adversario ocasional dando las hurras para ellos. Imaginemos que se tratase de River Plate y Boca Juniors, para citar a los clubes de mayor convocatoria popular. El capitán del conjunto local alzaba su brazo derecho y decía, a fuerte voz:
—¡Tres hurras por Boca Juniors!
Esto equivalía a "¡tres vivas por Boca Juniors!: ¡viva! ¡viva! ¡viva!" y sus compañeros, también brazos en alto, adherían: "¡ra!..., ¡ra!..., ¡ra!...". Vueltos a la otra tribuna lateral, se repetía la ceremonia que en todos los casos era seguida en silencio por el público y, a su término, aplaudida por todos los espectadores y los jugadores rivales, de pie, a corta distancia, quienes, a su vez, cumplían seguidamente el mismo homenaje:
—¡Tres hurras por River Plate! —que hallaba igual apoyo afectuoso en las colmadas tribunas.
¿Cuándo dejaron de darse estas hurras? Un día fue. Un día que escapó hacia el olvido. Un domingo en que los intereses salieron a la cancha antes que los jugadores y ocuparon todos los espacios. No dejaron lugar para ningún acto amistoso, que perdió todo sentido.
Atrapados por el recuerdo, desde aquí damos tres hurras por aquellos hurras que hoy sonarán risibles y ridículos a muchos oídos.

I

Idea. l. p. **Tener idea**. Dudar, desconfiar del estado en que se encuentra una cosa (*le tengo idea a esta comida*), de una situación o de alguien. // No simpatizar, no agradarse de alguien. Tener formado un concepto desfavorable de una persona. *Le tengo idea a ese individuo.*

Idioso/a. l. p. De mal carácter. Se aplica al hombre y a los animales.

Imbancable. l. p. Que no se puede bancar (véase **bancar**). Que no se puede soportar. *Una situación imbancable. Un olor imbancable.* // Pesado, cargoso, inaguantable. *Ese vendedor es imbancable.* // Que no se puede avalar. *No te apoyo más: tu conducta es imbancable.* // Que no se puede mantener económicamente. *El presupuesto de mi casa es imbancable.*

Imperial. l. p. Nombre que recibieron los tranvías de dos pisos que corrieron hacia mediados del 1900 en nuestras principales ciudades. Del esp. *imperial*: parte superior de un coche de camino, etc., donde pueden ir pasajeros. // Cerveza que se sirve en un vaso delgado y alargado. // Nombre de este vaso.

Imperdible. l. turf. Fija. // Caballo al que se cree seguro ganador de la carrera que va a disputar. // p. ext. l. p. Asunto que se considera de segura realización. // **Correrse una imperdible**. Tener la seguridad del triunfo de un caballo en una carrera. // p. ext. l. p. Estar convencido del resultado feliz que va a tener un asunto, un negocio (*se corre una imperdible con el proyecto que presentó*).

El caballo en cuestión daba la sensación de andar muy bien y con él se corrió la barra una imperdible, pero grande fue la decepción cuando al tungo le tocó hacer cola en la forma más lamentable.
Leguisamo de punta a punta.
Daniel Alfonso Luro, 1982.

Incendiar. l. p. Desacreditar, denigrar, desprestigiar a alguien. // Hacer que alguien pase un papelón. // **Quemar, incinerar**. Es voz relativamente nueva, que surgió para reemplazar con más fuerza a **quemar**.

Incendiarse. l. p. Desacreditarse, desprestigiarse uno mismo por algo que hace o dice. // Pasar un papelón. // **Quemarse, incinerarse**, aun ex profeso.

Incinerar. l. p. Igual que **quemar** e **incendiar**, aunque se la emplea como más enfática. Del esp. *incinerar*: reducir a cenizas.

Incinerarse. l. p. Quemarse uno mismo por algo que hizo o dijo. Puede ocurrir por error o ex profeso. *Sabía que me incineraba, pero tuve que decir la verdad.*

Indiada. l. p. Suele llamarse así al conjunto de jóvenes que se reúne en patota para cometer desmanes. La acepción se debe a los malones que lanzaban los indios antiguamente contra las poblaciones y que también se llamaban indiadas.

Infernal. l. p. Esta voz, española, se define como "perteneciente o relativo al infierno. // Malo, dañoso. // Que causa sumo disgusto o desagrado". Así se lo interpreta y emplea entre nosotros, herederos de la lengua hispana. Pero proclives natos al juego de las antífrasis, la hemos enriquecido con una nueva acepción que la reivindica de un infierno antecedente. Y ahora le decimos **infernal**, también, a lo que nos impresiona como muy agradable, hermoso o espectacular. *Tuvo un éxito infernal con su concierto. Llegó del brazo de una mina infernal.*

Ipso pucho. l. p. En el acto, ya mismo, a continuación, inmediatamente. Combinación fest. de nuestro **sobre el pucho** con el lat. ipso facto.

Irla. l. p. Este vocablo, formado por el verbo ir y el sufijo la, expresa la actitud de quien aparenta ser lo que no es o que asume funciones que corresponden a otro o se da una importancia que no tiene. Es de mucho uso en nuestros medios y da origen al modismo **la va**. La va de algo que no es; la va de algo que le queda grande. **Irla de bacán**: la va de bacán. **Irla de guapo**: la va de guapo. **Irla de sabio**: la va de sabio.

Porque usás la corbata carmín
y allá, en el Chantecler,
la vas de bailarín,
y te mandás la biaba de gomina,
te creés que sos un rana
y sos un pobre gil.
Niño bien. Tango.
Roberto Fontaina - Víctor Soliño.

// **¿De qué la vas?** Pregunta que se dirige a quien se da aires de importancia o finge un papel que no le corresponde o quiere hacer creer a otro lo que no es. El solo hecho de enunciarla indica que el que la formula no necesita ni espera respuesta: *¿De qué la vas, si te conocemos bien y sabemos perfectamente quién sos y de lo que sos capaz?*

¡Isa! lunf. ¡Alerta! ¡Atención! ¡Cuidado! *¡Isa, la cana!* // ¡Vámonos! ¡Larguémonos! *¡Isa, qué se largó a llover!* // ¡Muy bien! ¡Eso es! *¡Isa, qué buen discurso!* Se la tiene como formada por la inversión de la afirmación sí con la prótesis de la a para darle una fuerza sonora que no la tendría bajo la simple forma de is, aunque no se aprecia qué relación pueda tener esta unión con las acepciones que le caben. También se usan los parag. **isolina** e **isolaina** con igual sentido.

¡Isolaina! lunf. ¡Isa!

¡Isolina! lunf. ¡Isa!

Ispa. l. p. Inversión silábica de país. De uso frecuente.

Izquierda. l. p. **Hacer algo por izquierda**. Hacer o lograr algo con procederes incorrectos, ilegítimos, recurriendo a subterfugios o componendas. *Todo lo que tiene ese concejal lo consiguió por izquierda.* Lo contrario es **por derecha**. Véase esta voz.

J

Jabón. l. p. Cerote, temor, miedo, susto, pánico. Parece provenir del esp. pop. y fam. **jabón,** zurra de palos, **dar un jabón:** tratar con rudeza a alguien, reprender severamente. De donde **jabón** pudo haber tomado el significado de temor, miedo a la zurra o a la reprimenda.

Se vinieron en tropel
haciendo temblar la tierra.
No soy manco pa la guerra
pero tuve mi jabón,
pues iba en un redomón
que había boliao en la sierra.
Martín Fierro. José Hernández.
NOTA. El ejemplo se refiere a un ataque de los indios. *Boliao:* boleado.

Jabonado/a. l. p. Dícese de quien ha sido objeto de una maniobra para desplazarlo del lugar que ocupa. Véase **jabonar.**

Jabonar. l. p. **Jabonar el piso.** Maniobrar, intrigar para desplazar a alguien del lugar o cargo que desempeña. Da la idea de ponerle jabón en el piso para que resbale y caiga.

Jaboneado/a. l. p. Atemorizado, asustado.

Jabonear. l. p. Atemorizar, asustar.

Jabonearse. l. p. Atemorizarse, asustarse.

JABONAR, JABONEAR: NO SON LO MISMO

Jabonar es palabra española que cuenta con dos acepciones: fregar o estregar la ropa u otras cosas con jabón y agua para lavarlas o ablandarlas (en este caso, la barba) y, en segundo término, acto de *dar un jabón*: dar a alguien una zurra de palos o reprenderlo severamente. De la primera deriva el dicho local **jabonar el piso,** al que también se le pone jabón para fregarlo y limpiarlo, aunque en el caso sólo se lo haya hecho para que esté resbaloso y con otra finalidad.
*Nuestro léxico popular cuenta, asimismo, con el vocablo **jabonear,** que no es más que una corrupción de **jabonar** por epéntesis. Sin embargo, nada tiene que ver con la primera acepción de esta voz; por el contrario, se la ve atada a la segunda. **Jabonear, jabonearse** se presentan como tener temor, miedo a la zurra o a la reprimenda. No se dice está **jabonado** por estar asustado ni **jabonarse** por asustarse. Como no se dice le **jabonearon el piso.***
El lenguaje popular argentino suele ofrecernos casos de singular curiosidad semejantes a éste en el que de las dos acepciones de una misma palabra original hayan nacido dos palabras de distinta grafía y significado.

Jabonera. l. mús. "Integrante de una orquesta de señoritas que simulaba ejecutar el violín sin emitir sonido alguno por él, en razón de haber encerado previamente las cuerdas e hilos del arco. Generalmente, se trataba de una prostituta que, mediante señas, se entendía con alguno de los espectadores para encontrarse fuera de ese lugar. A veces, sin que se tratase de una prostituta, su presencia tenía por finalidad hacer número para dar mayor importancia al conjunto musical." (Adolfo Enrique Rodríguez. **Lexicón.** Centro de Estudios Histórico Policiales, 1991.) El nombre de **jabonera** se debía a que "jabonaba" (una forma de decir "enceraba") las cuerdas del violín y los hilos del arco.

Jacobo. l. p. Judío. Por el hecho de que, cuando comenzaron a allegarse los judíos a nuestro

país, ese nombre era uno de los más frecuentes entre ellos, Jacobo pasó a ser casi un sinónimo de judío. *Este reloj se lo compré a un jacobo.*
Jacoibo/a. l. p. **Jacobo**, judío. Festivamente, por la tendencia que tenía el judío al comenzar a hablar en nuestra lengua de deformar las palabras terminadas en ovo y uevo, pronunciandolas oivo.
Jai. l. p. Apóc. de **jailaife**. Atildado, coqueto, pituco, petimetre, lechuguino. // p. ext. Elegante. // p. ext. Bacán. // **A lo jai.** A lo bacán, a lo gran señor.

De allí nos vamos a pie,
dos cuadras, hasta Garay,
donde tomamo' el tranguay
que a Palermo va seguro,
y al lado mío, te juro,
te darás un corte jai.
Autor anónimo, antig. (*Cfr. José Barcia.* **El lunfardo de Buenos Aires**, *1973.*)

// **Ponerse jai, sentirse jai, ser jai.** Ponerse elegante, sentirse a gusto, ser bacán.

En menos de una hora, el chino Julián repartió el toco, qu'era de mil quinientos. Con uno de a cincuenta reales, como apañé yo, te hubieras puesto jai.
¿No manyás que aburrís? Cuento de Eduardo Montagne, 1906. (*Cfr. Luis Soler Cañas.* **Orígenes de la literatura lunfarda**, *1965.*)

Jaife. l. p. Sínc. de **jailaife**.
Jail. l. p. Apóc. de **jailaife**.
Jailafe. l. p. **Jailaife**.
Jai lai, jailai. l. p. **Jailaife**.
Jailaifa. l. p. **Jailaife**.
Jailaife. l. p. Pituco, petimetre. Hombre atildado. Coqueto. // Elegante. // Bacán. // Individuo de la llamada clase alta. Del ing. **high life**: alta sociedad, expresión esta corriente en el Buenos Aires febril de fines del 1800, adoptada, justamente, por la clase alta en la que todo lo inglés y lo francés era signo de distinción. Las clases populares la transformaron en **jailaife** y sus derivados para usarla muchas veces con sentido burlón, irónico o despectivo.

Luego se largó un jailaife,
muy bien vestido y de leva,
y dijo que en lo de Esteban
el bobo le habían punguiao.
Un baile en lo de Tranqueli. Autor anónimo, aprox. de 1880. (*Cfr. Eduardo Romano.* **Breviario de poesía lunfarda**, *1994.*)

NUESTROS "HIGH LIFE"
"El antecedente inmediato de este vocablo fue **high life**, expresión inglesa muy usada en el último tercio del siglo XIX. Cuando el pueblo se apoderó de la palabra, la convirtió en **jailaife** y sirvió para designar al elegante. Pero el concepto que el escritor Eugenio Cambaceres tenía del **high life** de su tiempo y de su patria no era muy lisonjero. Hablando de nuestros "**high life** de a cuatro por un peso", decía: 'A las dos de la mañana, el **high life** se manda mudar a su casa en todas partes donde se cuecen habas; pero, según parece, para nuestro **high life** es de **high life** hacer las cosas al revés del **high life**. El **high life** entre nosotros no asoma las narices a los bailes sino a las dos de la mañana. Botas de cabritilla, tacos Luis XV y todo lo demás high life de la época: un guarangaje de los que ya no se ven'." (*Cfr. Luis Soler Cañas.* **Orígenes de la literatura lunfarda**, *1965.*)

Jailefe. l. p. **Jailaife**.
Jaileife. l. p. **Jailaife**.

¿Qué quieren los cosos
jaileifes de Francia,
que te han disfrazado
y te han hecho un bacán?
Serás siempre extraño
en su aristocracia.
Serás siempre un hijo
allá, en tu arrabal.
Tango argentino. Tango. Alfredo Bigeschi.

Jamado/a. lunf. Marcado. // Dícese de la baraja marcada o del mazo al que se le han marcado barajas para jugar con trampa. // **Naipe jamado.** Naipe marcado. // p. ext. Persona conocida, manyada, remanyada. // p. ext. Observado, junado. *Un punguista jamado.* // p. ext. Comprendido, entendido. *Una explicación jamada.*
Jamar. lunf. Marcar con señales especiales las barajas para hacer trampa en el juego. // p. ext.

Conocer bien a una persona o cosa. // p. ext. Observar, mirar algo o a alguien con suma atención. // p. ext. Comprender, entender una cosa. // **Jamar una brema.** Marcar una baraja. Es voz proveniente del caló jamar: comer.

Jamón. 1. p. f. antig. Violín. Alude a su forma. // Pierna gruesa, especialmente de mujer.

Jándica. 1. p. Corrupción por fonetismo de hándicap.

Jarangón. 1. p. Fiesta bulliciosa, muy animada. // Fiesta desordenada. // Desorden, alboroto, tumulto, escándalo. // Riña. // Pelea entre varias personas. *Armarse un jarangón.* Del esp. jarana: bulla, jaleo. // Pendencia. Alboroto.

Hoy tus pocas primaveras
te hacen soñar en la vida
y en la ronda pervertida
del nocturno jarangón.
Pompas de jabón (Pompas).
Tango. Enrique Cadícamo, 1925.

Jarifo/a. 1. p. Garifo.

Jaula. 1. del. Cárcel, calabozo. // 1. mús. Bandoneón, cuando está cerrado y en su caja. // Caja del bandoneón.

El entusiasmo era uno solo y por una letra que andaba por hacerse tango: de Cátulo Castillo, **La última curda.** *Hubo un momento en que el tarareo no alcanzó y Bavio Esquiú le dijo a Troilo:*
—Gordo, chapá la jaula.
Una luz de almacén.
Edmundo Rivero, 1982.

Jaulero/a. 1. mús. Bandoneonista.

Javie. 1. p. Revés de **vieja**, preferentemente hablando de la madre: *la javie, la vieja.*

Jay. 1. p. Apóc. irreg. de **jailaife**.

Jermu. 1. p. Revés reg. de **mujer**.

Jerquear. 1. p. Copular. Es voz ant.

EVOLUCIÓN DE UN VOCABLO
Jerquear no ha llegado a tener un uso masivo. Quien escribe recuerda haberla oído con alguna frecuencia hasta los años 1950, aunque aún hoy suele aparecer de vez en cuando. Poco o nada se han ocupado de ella, por lo que hemos hallado sobre su origen. En el trance, consignamos que la creemos descender de **cojer** *(copular) a través de su revés* **jerco.** *Si bien el término que cuenta con esta acepción se escribe preferentemente con g,* **coger,** *respetando el español que lo vincula (coger: agarrar, asir, tomar), también admite* **cojer,** *con j, que vaya a saberse por qué ha sido preferido para dar forma a* **jerquear.** *En esta ocasión asistimos a una de las tantas y peculiares características de la lexicología popular.* **Jerco** *es el revés de* **coger,** *pero al pasar la terminación* **er** *a la primera sílaba deja de ser verbo: no cumple con la obligación de terminar en* **ar, er** *o* **ir.** *Para que sea verbo, para que mantenga esa función, necesita de alguna de esas terminaciones, de las cuales* **er** *o* **ir** *no sirven, porque darían* **jercer, jercoer** *o* **jercir, jercoir,** *disonantes e insulsas. Resta la terminación* **ar,** *de la primera conjugación, que, incorporada a* **jerco,** *nos daría* **gercoar** *o* **gercar** *(ésta por supresión de la* **o***). De ellas,* **jercar** *es la que suena mejor, sin duda, aunque ese* **car** *resulta demasiado duro y mejoraría si le suavizáramos la dicción silábica final. ¡Ya está!* **Ear** *hace más suave a ese* **ar** *(silabar-silabear). Pero el ingreso de la* **e** *exige cambiar la* **c** *por* **q** *para conservar el fonetismo de ese final, con lo que se obtiene* **jerquear,** *de dicción fácil y audición agradable.*
¿Quién piensa todas estas cosas para dar formación a una palabra? Nadie, seguramente. La armonía y la gracia que busca el hablar para expresar su pensamiento con claridad y agrado al oído son cualidades espontáneas que hacen a la cultura de las lenguas, aun de las que no cuentan con diccionario, cultura que puede carecer de normas y regímenes pero que es naturalmente sabia y pródiga para agraciar a sus vocablos, aunque se trate de los que puedan ser considerados incultos.

Jeringa. 1. p. Dícese de la persona molesta, fastidiosa, aburrida. ¡Qué tipo jeringa! equivale a *¡qué tipo insoportable!*, etc.

Jeta. 1. p. Cara, semblante, rostro. Del esp. jeta: labios gruesos y abultados. // p. ext. fam. Cara. // Hocico de cerdo. // **Dar por la jeta.** Dar de trompadas.

—Cayate, que tengo estrilo porque me la dio...
—¿Con pan?
—No, hermano, que con galleta, y si no le rompí el mate...

—¿*Qué me decís, che?*...
—¡*Parate, que se la di por la jeta!*
¡**Manyáme!** *Germán M. Méndez, 1908.
(Cfr. Luis Soler Cañas.* **Orígenes de la literatura lunfarda,** *1965.)*

// p. ext. Cara fea, desagradable. // **De jeta.** De gorra, de garrón, gratuitamente. // **Estirar la jeta.** Morir. Por la distensión de los músculos faciales que se produce con la muerte. Véase **estirar.**
Jetatore. lunf. Jettatore.
Jeteador/ra. l. p. Pedigüeño, manguero, garronero.
Jetear. l. p. Mangar. Garronear. Véase jeta.
Jetero/ra. l. p. Jeteador, manguero, garronero.
Jetón/tona. l. p. Dícese de la persona que tiene cara grande o rasgos muy pronunciados. También de cara fea o de labios prominentes.
Jetra. l. p. Revés de traje.
Jettatore. lunf. Persona a la que una superstición muy antigua le atribuye poderes o influencias magnéticas capaces de incidir sobre otros para perjudicarlos o causarles daño, desde los de menor cuantía hasta los irreparables. Según la creencia, habría jettatores que ignoran tener estos poderes y, por consiguiente, el perjuicio que ocasionarían sería involuntario, aunque esto no los libra del ostracismo social al que están condenados, pero la superstición asegura que hay otros que, teniendo conciencia cabal de ese malhadado poder, se deleitan practicándolo, haciendo daño y hasta alardeando, orgullosos, de sus terribles facultades ocultas.
Este poder podrían ejercerlo con un deseo, una palabra, una mirada o, simplemente, con su nefasta presencia, con lo que la sola proximidad de un jettatore mueve a los supersticiosos a apartarse de él con o sin pretexto alguno y, a veces, ostensiblemente, para evidenciarle el rechazo que les provoca.
La superstición llega a tal extremo que quienes la sienten hasta se privan de pronunciar el nombre del jettatore, temerosos de atraer sobre ellos males tremendos por el sólo hecho de haberlo nombrado.
Esta voz viene del ital. **iettatore:** persona de mal agüero. **Iettatura:** mala suerte, desdicha.

Carlos – *Los jettatores son hombres como los demás, en apariencia, pero que hacen daño a la gente que anda cerca de ellos...* ¡*Y no tiene vuelta!*
Si, por casualidad, conversa usted con un jettatore, al ratito, nomás, le sucede una desgracia.
¡**Jettatore!**... *Gregorio de Laferrère.*
Obra teatral estrenada en 1904.

Jettatura. lunf. Yeta. Mala suerte. Excomúnica. Meadura.

Carlos – *Cuando se habla de jettatores, tía, hay que hacer así. Es la forma de contrarrestar el mal, de impedir que la jettatura prenda. Eso: tocar fierro y decir "cus, cus". Es lo único eficaz inventado hasta el presente.*
¡**Jettatore!**... *Gregorio de Laferrère.*
Obra teatral estrenada en 1904.

Jica. l. del. "Pinza de cirugía o alambre preparada para efectuar sustracciones de bolsillos, carteras, alcancías y buzones o para accionar desde afuera pasadores interiores de puertas y ventanas. // l. del. Lámina metálica o plástica, untada con un adhesivo, pendiente de un hilo, que se introduce en alcancías —generalmente de iglesias— para sustraer el dinero que contienen." (Adolfo Enrique Rodríguez. **Lexicón,** Centro de Estudios Históricos Policiales, 1989.)
Jicador. l. del. Jiquero.
Jife. lunf. Jailaife (por contracción).

En cuanto me topo con un paisano, se me hace que el sol brilla como un "cien" de la Nación; y asolbo el aire como si juese el champaña que chupan los jifes...
Entre guachos. *Cuento. Javier de Viana, 1906. (Cfr. Luis Soler Cañas.* **Orígenes de la literatura lunfarda,** *1965.)*
NOTA. *Un cien:* un billete de cien pesos. *Asolbo:* absorbo. El personaje del cuento (vago, compadrito, que se hace el gaucho) no dice aspiro el aire, sino absorbo, y aclara: como si fuese champán.

Jirafa. l. del. Linterna. // l. p. Persona alta, especialmente si es delgada.
Jockey. l. p. angl. Jinete de caballos en pruebas o competencias ecuestres.

Joqueta. l. p. Mujer jockey. Acuñado en nuestro país como fem. de jockey cuando la mujer comenzó a correr caballos de carreras en los hipódromos oficiales, alrededor de los años 1970.

Joda. l. p. Broma, burla, chanza. // Ardid, engaño. // Asunto secreto, a veces turbio. *¿En qué joda andará ese tipo?* // Daño, perjuicio. // Molestia. // Dificultad, inconveniente. // p. ext. Farra, juerga, vida disipada.

Esta palabra ha dado origen a muchos modismos, de los cuales citaremos los que han ganado más popularidad o presencia. // **Andar de joda.** Divertirse. Andar en francachelas. // Tomar la vida en broma. // **Andar** o **estar en la joda.** Estar vinculado al ambiente de la corrupción y los negociados. // **Estar para la joda.** Hallarse de buen humor, propenso a la diversión. // Por antífrasis, andar de capa caída, venido a menos. Equivale a **estar regalado** y **estar para el cachetazo.** // **Fuera de joda.** En serio, en verdad, sin engaño. // **Ir de joda.** Salir a farrear, a divertirse. // **No estar para la joda** o **no estar para jodas.** Hallarse malhumorado, irritado, sin ánimo para bromas. // **Parar la joda.** Cesar una broma, una burla. // Suspender una jarana, una juerga. // Dejar de hacer algo malo o incorrecto que se ha tomado por costumbre. // Abandonar una vida desordenada. Equivale a **parar la mano.** // **Pura joda.** Pura mentira, pura farsa. // Pura farra, puro derroche. // Nada en serio. // **¡Qué joda!** ¡Qué contratiempo! ¡Qué macana! ¡Qué perjuicio! ¡Qué pena! // **Ser una joda.** Ser un tropiezo, un impedimento, un inconveniente. // **¡Se acabó la joda!** ¡Se colmó mi paciencia! ¡No me molestes más! ¡No te banco más! ¡Se terminó esta vida equivocada! // **Sin joda.** Igual que **fuera de joda.** // **Tomar en joda.** Tomar las cosas en broma o sin responsabilidad. // No darle la importancia que merecen una persona o una cosa.

Joder. l. p. Bromear, chancear. **Cargar, gastar.** // Engañar, trampear. // Divertirse, farrear, jaranear. // Dañar, causar perjuicio.

*Yo era un pibe, ¿sabés?, la vi llorando
y me jodí pa toda la cinchada;
me entró a fajar la pena, la congoja...*
Desde entonces. *Natalio Schmucler.*
Nota. *Pa toda la cinchada:* para toda la vida.

// Provocar dificultades. // Molestar, cargosear, fastidiar. *Siempre está jodiendo con la historia de sus buenos tiempos.* Es voz arcaica española que tiene el sentido de copular, pero que se escribe con **h, hoder,** y que entre nosotros sonó como **joder.**

Joderse. l. p. Perjudicarse. // Molestarse a sí mismo. // Enfermarse. *Andar o estar jodido.* // Afectarse mental o síquicamente. *Me jodió mucho la muerte de mi padre.*

Jodido. l. p. Perjudicado, dañado. // Enfermo. // Afectado mental o síquicamente. // Dícese de la persona molesta, fastidiosa. // p. ext. Ruin, perverso, de mala entraña. // p. ext. Feo. // p. ext. Cruel, doloroso.

*Y bebió en diez años toda la alegría
y supo en diez años toda la crueldad
cuando dio el remache de la fulería
la seña jodida de la enfermedad.*
La pebeta de Chiclana (*La crencha engrasada*). *Carlos de la Púa, 1928.*

Jodón/dona. l. p. Que jode. // Bromista, farrista, juerguista. // Molesto, cargoso, fastidioso.

Jonca. l. p. Revés de **cajón.** // **De jonca.** De cajón: evidente, obvio, palmario.

Jopo. l. p. Copete. // Parte del cabello que se levanta natural o artificialmente sobre la frente en forma de onda grande, muy pronunciada en ocasiones. Lo usaban los hombres de principios del 1900.

*Yo quiero un hombre sincero
de los del tiempo del jopo,
que al truco conteste ¡quiero!
y en toda banca va al copo.*
Mama, yo quiero un novio.
Tango. Roberto Fontaina, 1928.

Este vocablo proviene del esp. **hopo** (en fr. houppe: borla, fleco, copete, penacho): rabo o cola que tiene mucho pelo o lana, como la de la zorra, la oveja, etc. y que en Murcia dio **hopo:** penacho de caña verde. Este **hopo** español y murciano se acostumbra a pronunciar aspirando la **h,** lo que le da un sonido parecido a la **j,** sonido que sin duda sirvió para que entre nosotros se colocara esta letra como inicial del término, tal como ocurrió con **joder** (véase). En cuanto al penacho de la

caña verde, también se lo llama **jopo** en muchas partes de nuestro país.
Jotraba. l. p. Revés irreg. de **trabajo**.

"Broadcasting". Llega un mueble qu'es artista.
No tiene qué morfar..., busca jotraba...
—¿El señor director?...
—Sí, ¿Qué desea?
—Quisiera trabajar... Soy cancionista...
El director artístico.
Iván Diez (Augusto A. Martini).
NOTA. *Mueble:* mujer.

Jotrabar. l. p. Revés irreg. de **trabajar**.

Se embalurda con dos cañas,
le hace cruz al abanico
y para andar algo piola
la jotraba de chofer.
Cartón junao. Tango. Carlos Waiss, 1947.

Jovato/a. l. p. Viejo, en general. // Refiriéndose a personas, hombre o mujer de edad avanzada. Anciano. // También se usa con respecto a animales o cosas: *perro jovato; sobretodo jovato.* De **jovie**, revés de **viejo**, con la terminación **ato**, que conforma el antónimo de novato.
Jovie. l. p. Revés de **viejo**.
¡Joya! l. p. Interjección popularizada en los últimos años, especialmente entre los jóvenes, y que vale por ¡de acuerdo!, ¡muy bien!, ¡muy bueno!, ¡excelente!, ¡perfecto! Equivale también a ¡masa!, igualmente nueva.

—Te invito a un baile.
—¡Joya!
—Traje este libro para estudiar.
—¡Joya!

// **Estar joya.** Sentirse bien, estar satisfecho, hallarse cómodo. Es, sin duda, la versión moderna de **estar piola, estar bacán** y **estar de la banana.** // **Venir joya.** Caerle a uno algo bien; serle útil. // Llegar alguien en un momento oportuno. *Me venís joya: tengo que pedirte un favor.*
Juego. l. p. Formas, modos, atenciones tendientes a ganar la voluntad de alguien. *Con un juego hábil logró el aumento del sueldo.* También corre **jueguito**. // Asunto, fato. *Este juego es peligroso.* // **¡A mi juego me llamaron!** Indica que algo que se nos propone o que debemos hacer nos es tan conocido que resultará fácil y agradable hacerlo. // **Darse juego** o **darse el juego.** Suceder, ocurrir, producirse algo. *Darse juego de buena suerte. Darse el juego de garufa.*

Se dio el juego de remanye
cuando vos, ¡pobre percanta!,
gambeteabas la pobreza
en las casas de pensión.
Mano a mano.
Tango. Celedonio Esteban Flores, 1923.
NOTA. **Se dio el juego de remanye:** te remanyamos. Te conocimos bien.

Jugado/a. l. p. **Estar jugado.** Dícese de quien está comprometido en algo sin poder echarse atrás. // Confiado a una sola posibilidad; puestas en juego sus últimas energías, sus últimos medios. // Hallarse en una situación de la que no se podrá salir con bien y no tener otra opción que afrontar lo que ocurra. Del l. jgo. **estar jugado:** situación en que se encuentra un jugador que ha apostado el resto de su dinero a una jugada. Si gana, podrá continuar jugando o retirarse con dinero. Si pierde, también deberá retirarse, aunque con los bolsillos vacíos.
Jugar. l. p. Actuar, proceder (véase **juego**). // **Jugar a dos puntas.** Dícese de la actitud de quien persigue un fin, pero no descuida la posibilidad de embarcarse en otro sentido, aun totalmente opuesto al primero, en caso de fracasar éste. Si falla en uno, puede acertar en el otro. Viene del dicho del l. jgo. **jugar a dos puntas** o **tirarse a dos puntas**, que en el póquer o el juego de dados llamado generala significa tener un proyecto de formar escalera, es decir, cuatro cartas o cuatro dados de numeración corrida, y tratar de conseguir el número que falta para completar la escalera, número que puede ser del extremo superior o del inferior de la combinación que se tiene, con cualquiera de los dos se armaría el juego que se busca.
Juiciosa. l. del. Cárcel, por el supuesto de que en ella los presos deben estar juiciosos.

...este águila que les cuento
que ahora sufre un tormento,
pues la punga tiene cosas

de alegrías y lamentos.
Y hoy le tocó "La Juiciosa".
Desde La Juiciosa
(Versos de yeca y atorro). Tino, 1977.

Julepe. l. p. Miedo. Susto. *Agarrarse un julepe. Llevarse un julepe.*

Julepe: ¿jarabe o reprimenda?
El origen de este vocablo presenta dos interesantes posibilidades. Nos ha venido del esp. **julepe** *(del ár.* **chuleb** *y éste del persa* **gul***, rosa y* **ab***, agua —lo que daría* **gulab***, agua de rosas—), que tiene dos acepciones: poción compuesta de aguas destiladas, jarabes y otras materias medicinales, y fig. y fam. reprimenda severa; castigo. Si nuestro* **julepe** *se vio inspirado en la primera de ellas, podría entenderse que el temor, el miedo sería que le den a uno ese jarabe. Tengamos presente que antiguamente no se cuidaba de disimular con sustancias dulces el gusto de ese tipo de remedios (que nada tenían que ver con la suavidad del agua de rosas), lo que justificaba el temor a beberlo, que comenzaba cuando el médico se sentaba a escribir la receta:*
—Doctor, ¿me va a dar un julepe?
¡Y claro que se lo daba! Si, en cambio, nuestro julepe proviene de la segunda acepción, se daría un caso semejante al de **jabón** *(véase), en el que el miedo sería a la reprimenda o al castigo.*

Julepeado/a. l. p. Atemorizado, asustado.
Julepear. l. p. Atemorizar, asustar.
Julien. l. p. Antiguo restaurante porteño que, en su momento, fue punto de reunión de la gente de buena posición.

Ahora vas con los otarios
a pasarla de bacana
a un lujoso reservado
del Petit o del Julien,
y tu vieja, ¡pobre vieja!,
lava toda la semana
pa poder parar la olla
con pobreza franciscana
en el triste conventillo
alumbrado a kerosén.
Margot. *Tango. Celedonio Esteban Flores.*

Junado. lunf. Visto. Conocido. Manyado, remanyado. Se aplica a personas y cosas. *En el barrio ya lo tienen junado.* // Descubierto en algo oculto o censurable. *Fue junado cuando vendía dólares falsos.* // Malhechor bien conocido por la policía.

¡Araca, hermano! Juná
que ayí se viene la yunta
y puntea el sardo en punta:
vos sos junao, ¡rajá!
El toco. *Bartolomé Rodolfo Aprile.*
NOTA. **Ayí:** allí. **Yunta:** en ocasiones, se usaba como **yuta** (policía).

Junadores. lunf. Ojos. Porque junan: miran.
Junamento. lunf. Junamiento.
Junamiento. lunf. Acción y efecto de **junar**. // Observación cuidadosa; estudio atento de los movimientos y actitudes de alguien. // l. del. Observación, cuidadoso estudio de los movimientos de una casa en la que se piensa entrar a robar. // **Manyamiento**.
Junar. lunf. Mirar, observar atentamente a alguna persona o cosa. Del caló **junar**: oír, escuchar, atender.

Así vivo, sucio, piojoso, escupido,
pero soy más libre que el humo. Tendido,
juno la existencia como una visión.
Siempre panza arriba, sin preocupaciones,
triunfador de un mundo que anda a los tirones
sin saber siquiera qué es el corazón.
Contrafilo.
Dante A. Linyera (Francisco B. Rímoli).

// Ser experto en un tema. Entender de una cuestión. // Tener experiencia, conocimientos en general.

No sólo enseñaba cortes y quebradas,
también daba clases de hombría y de bien.
Junaba de noches y de madrugadas.
A lo Megata. *Tango. Luis Alposta, 1981.*

// Conocer bien a alguien, saber lo que vale.

Hace rato que te juno
que sos un gil a la gurda.
Pretencioso cuando curda,
engrupido y charlatán.
Uno y uno.
Tango. Lorenzo Juan Traverso, 1929.

Dice Mario E. Teruggi que esta palabra "se lunfardizó con el sentido de mirar, observar cuidadosamente. Este cambio semántico tal vez nació del hecho de que el junar español se empleaba frecuentemente como voz de atención o llamado, por lo que, al oírlo, los argentinos pudieron haberlo tomado como equivalente a prestar atención, tener cuidado, con lo que pasó, finalmente, a ser sinónimo de mirar. Posteriormente, **junar** sumó el significado, por traslación, de adivinar las intenciones, darse cuenta de algo y similares. Esta evolución es comparable a la que sufrió el italianismo manyar". (**Panorama del lunfardo,** 1974.)

Junín. l. p. Usado en la frase **ir a Junín**, significaba ir a alguno de los prostíbulos que se hallaban antaño en la calle de ese nombre y vecinas de nuestra ciudad.

"En los alrededores de Junín y Lavalle se amontonaban los prostíbulos más famosos de la época (fines del 1800 y principios del 1900): Mamita, Norma, El chorizo, Clarita, Las Esclavas, El Gato Negro, Las Perras. Tanta fama llegaron a tener que **ir a Junín** *se convirtió en una frase hecha." (Cfr. Juan José Sebreli.* **Buenos Aires, vida cotidiana y alienación,** *1966.)*

Juntar. l. p. Unir a un hombre y una mujer en concubinato. Del esp. **juntar:** acoplar, unir carnalmente.

Juntarse. l. p. Unirse un hombre y una mujer en concubinato. Formar pareja hombre y mujer sin casarse.

Justiniano. l. p. Justo, en el sentido exacto. *Eso es justiniano lo que pienso.* // En el momento preciso. *Llegaste justiniano.* // Que alcanza apenas. *Confórmense: la comida es justiniana.* Es parag. de **justo,** que convierte al adjetivo en un nombre propio.

Copas, pingos, farras, minas,
archivalo en la memoria.
Gastate lo justiniano,
sin pretender figurar.
¡Guardá, viejo, guardá! (Nocau lírico).
Alcides Gandolfi Herrero, 1970.

Justino. l. p. Justo, justiniano. Es parag.

Justo. l. p. **Batir el justo** o **la justa.** Decir la verdad. Sincerarse.

Sin la menor intención
de herirte en tus sentimientos,
te voy a batir el justo
con toda moderación.
Sin descender a venganzas,
insultos o ensañamientos
que, por tu espiante, pudieran
nacer en mi corazón.
No vas a volver jamás (Nochero).
Juan Pedro Brun, 1969.

K

Kaften. l. p. Caften.
Kaú. l. p. Caú.
Keco. l. p. Queco, queko, quilombo.

*"Hay muchas voces para designar el sitio en que se practicaba la prostitución: prostíbulo (de prostituta: **pro**, delante; **statuere**, exponer), lenocinio (de **lenón**, alcahuete), lupanar (de **loba**, como se llamó en Roma a las yirantas), burdel (del bajo latín **bordellum, burdellum**: cabaña, tugurio, lugar de asilo y hospedaje), mancebía (**mancipium**: esclavo vinculado a las faenas del campo y luego sirviente, que deriva de **manus** y **capera**, mano y coger). El argentino contribuyó con algunos sinónimos: queco (o **queko, keko**; no hay acuerdo ortográfico), quilombo, golombo, quihebe, quibe, bebe, quilo, tambo, pesebre."* (Tulio Carella. **Picaresca porteña**, 1966.)

Keko. l. p. Keco.
Kinotos. l. p. Quinotos: testículos. Véase quinotos.
Knock down. l. box. Caída que sufre el boxeador en el ring a causa de un golpe de su rival, siempre que se ponga de pie y se halle en condiciones de seguir boxeando en tanto que el juez le cuenta ocho segundos (cuenta de protección). En caso de que demuestre no hallarse en tales condiciones, el juez proseguirá la cuenta hasta diez, con lo que lo declarará perdedor por **knock out**. Es voz inglesa adoptada por nuestro boxeo.
Knock out. l. p. Caída que sufre el boxeador en el ring tras ser golpeado por su adversario, de la que no se repone antes que el juez cuente diez segundos. Si dicho boxeador se pusiese de pie antes, pero el juez lo nota obnubilado, vacilante, con la vista perdida, proseguirá la cuenta hasta diez, y lo declarará perdedor de la pelea, pues no se halla en condiciones de seguir boxeando. A esta instancia se la llama **knock out técnico**.
Al igual que **knock down**, esta palabra, también inglesa, integra el lenguaje corriente de nuestro boxeo, pero en tanto que aquélla no ha sufrido modificaciones en su escritura, **knock out** adoptó grafía propia en nuestro medio: **nocau** o **nocaut**, por fonetismo, de las que la segunda es más usada.

L

La. l. p. Partícula enfática de función pronominal, que da fuerza expresiva a lo que se dice. Se usa antepuesta al verbo y también como sufijo. *La vive como un rey. La yuga todo el día.* // *"Morfala con champán." "Dormila en colchón de plumas."* (*Seguí mi consejo.* Tango. Eduardo Trongé.) Distinto es su significado cuando antecede a formas del verbo ir. En este caso indica la actitud engañosa de quien pretende mostrarse como lo que no es. *La va de poeta. La fue de honesto hasta que lo descubrieron.* Véase **irla**.

Laborante/a. lunf. Laburante.
Laborar. lunf. Laburar.

*Sobre el pucho me aboqué
pa sacar limpio al goruta,
que lo había catao la yuta
laborando en "societé".*
Desde la cana.
Yacaré (Felipe H. Fernández).

Laboro. lunf. Laburo.
Laburante. lunf. Que labura. Que trabaja. // Trabajador. Lavorante. // p. ext. l. del. Delincuente (véase **afanar**).
Laburar. lunf. Trabajar. Desempeñar cualquier tarea, labor u ocupación.

*Que si hoy no estoy laburando,
por usté, mi alma, le juro,
si mañana no laburo
tal vez le pase raspando.*
Del arrabal. José Betinoti.

// Esforzarse en procura de un objetivo. // Procurar granjearse los favores o la buena voluntad de alguien con atenciones, zalamerías, etc. *La secretaria se lo labura al jefe.* // Engañar a alguien con el objeto de hacerlo víctima de un cuento o estafa (laburar de cuento). // Cortejar el hombre a una mujer. // l. del. Robar, en general (véase **afanar**). Del ital. lavorare: trabajar.
Laburo. lunf. Trabajo. // Acción y efecto de trabajar. // p. ext. Esfuerzo tendiente a un logro.

*Aprendé de mí, que ya estoy jubilado:
no vayas al puerto, ¡te puede tentar!
Hay mucho laburo, te rompés el lomo,
y no es de hombre pierna ir a trabajar.*
Seguí mi consejo.
Tango. Eduardo Trongé, 1928.
NOTA. *Jubilado:* equivale a persona de experiencia.

// l. del. Robo, en general.

*Pero una noche,
que pa un laburo
el taura manso
se había ausentao...*
Dicen que dicen.
Tango. Alberto J. Ballestero, 1930.

// **Laburo de furca.** Asalto con aplicación de un golpe de furca. Véase **furca**. // **Laburo de grilo.** Robo, sustracción de algo de un bolsillo. // **Laburo de punga.** Punguear (véase). // **Laburo fino.** Robo o estafa realizada con mucho cuidado y habilidad. // p. ext. Atenciones y delicadezas que se tienen por interés para con alguien.
Lache. l. p. Afér. de **cambalache**. // Montepío, pío, casa de compraventa.

Ladeado/a. l. p. Enojado, molesto, malhumorado. Rechiflado. // Estado de ánimo mal dispuesto del que no le andan bien las cosas. // **Andar ladeado.** Estar enojado, andar chinchudo. // p. ext. Estar en la mala. Andar de mala suerte.

Ladearse. l. p. Salirse del buen camino. Corromperse. // Enojarse, molestarse, malhumorarse. Rechiflarse. Del esp. ladear: declinar el camino derecho.

Ladero/a. l. p. Persona que se apega a otra y la sigue a todos lados. // Persona que acompaña a otra con el fin de protegerla, apoyarla o ayudarla en algo. // l. del. Auxiliar que acompaña al ladrón en determinados robos.

La va que fue ladero
de puntos remanyados.
Cartón junao. Tango. *Carlos Waiss, 1947.*

Ladilla. l. p. Dícese de la persona inquieta, vivaracha, astuta. // Individuo molesto, fastidioso. // Niño pícaro, sagaz. Del esp. **ladilla**: parásito pequeño, de cuerpo casi redondo y aplastado, que se agarra fuertemente de las partes velludas del cuerpo humano y molesta mucho con sus picaduras. // **Ladiya.**

Ladrar. l. p. Protestar, gritar, reclamar, advertir en vano, sin ser oído, sin ser interpretado. Del esp. **ladrar:** fig. y fam. Impugnar, motejar. Amenazar sin acometer.

Cuando manyés que a tu lado
se prueban la ropa
que vas a dejar,
te acordarás de este otario
que un día, cansado,
se puso a ladrar.
Yira, yira.
Tango. *Enrique Santos Discépolo, 1929.*

Ladrillo. l. p. Ladrón. De la germ. **ladrillo**, diminutivo de ladrón. // **Ladriyo.**

Los jueces lo condenaron
sin comprender que Ladrillo
fue siempre bueno y sencillo,
trabajador como un buey.
Ladrillo.
Tango. *Juan Andrés Caruso, 1926.*
NOTA. En el ejemplo se usa como apodo.

// l. drog. Porción de hojas de marihuana, prensadas de tal modo para su transporte, que por su forma y tamaño semeja un ladrillo.

Lagartija. l. p. Dícese de la persona muy delgada. También de la persona inquieta, movediza.

Lágrima. l. p. Calificativo que se le da a la persona que promueve sentimientos de lástima o que busca provocarlos. *Esa mujer es una lágrima.* // Llorón, quejoso. // Amargado, pesimista, infeliz. // p. ext. Dícese de una reunión triste o aburrida. *La fiesta fue una lágrima.*

Lambeculo. Obsecuente, adulador, genuflexo. Es corrupción de lameculos. José Gobello lo considera vocablo del habla popular (*Diccionario lunfardo*, 1989). Mario E. Teruggi dice que es voz lunfarda y señala: "en España, **lameculos**; en el argot francés, **lechecul** y en el slang inglés, **ass-kisser**, besaculos. En lunfardo se tiene, además, las variantes **oleculos** y **oledor** y de estos últimos es probable que derive el sustantivo invariable **olfa**, que quizá sea un cultismo por apócope de olfatear u olfateador." (*Panorama del lunfardo*, 1974.)

Lambedor/ra. Corrupción de lamedor. Lambeculo.

Lamber. Adular, alabar, halagar a alguien con algún interés o, simplemente, por servilismo u obsecuencia. Es corrupción de lamer. Véase **lambeculo**.

Lambeta. Que lambe. Igual que **lambedor**. Es corrupción de lamedor. Ver **lambeculo**.

Lamentar. l. p. antig. Requebrar. // Contar el hombre cuitas y penas a una mujer con la intención de enternecerla y enamorarla. En desuso.

La otra noche, en los Corrales,
hallé a una china muy mona:
y ahí no más, como por broma,
me le empecé a lamentar.
Encuentro con una china. Autor anónimo.
(*Cfr.* Antonio Dellepiane. **El idioma del delito**, *1894.*)

Lampar. lunf. Dar, entregar. // Pagar. *Lampá lo que me debés.* // l. del. Robar. *Armas en mano, nos lamparon a todos en el bar.* Esta última acepción parece haberse visto influenciada por limpiar (limpiarle el dinero a alguien) a través del esp. **lampazo**: estropajo grande hecho en filácticas que se emplea para limpiar las cubiertas o la humedad de las embarcaciones. En cuanto a las de dar y pagar, José Gobello piensa que podrían vincularse al véneto **lampanti** o al piamontés **duè lampant**, dinero contante. (Diccionario lunfardo, 1989.)

Lance. l. p. Acto que se realiza para probar fortuna, a conciencia de lo inseguro de su éxito. // **Tirarse un lance.** Intentar algo de resultado incierto. *Tirarse el lance de ganar a la ruleta. Tirarse el lance con una mujer* (de enamorarla). // l. turf. Apostar a un caballo en una carrera en la que sus posibilidades de triunfo son remotas, con la esperanza de cobrar un buen sport en caso de que gane. *Me tiro un lance con Picaflor en la segunda carrera.* Del esp. **lance**: acción de arrojar la red de pesca. La comparación se basa en que cuando se arroja la red no se puede asegurar qué se va a pescar ni si se va a pescar algo.

Lancear. l. p. Tirarse un lance (de **lance**). // l. del. Punguear. **Tirar la lanza.** Despojar a las personas del dinero que guardan en los bolsillos, utilizando la **lanza** (de **lanza**).

*Cuando no era tan junado por los tiras
la lanceaba sin tener el mayamiento.*
El ciruja.
Tango. Francisco Alfredo Marino, 1926.

Lancero/a. l. p. Que gusta tirarse lances (de **lance**). // l. del. Punga. Ladrón que tira la lanza (véase **lanza**).

Al atardecer, "La Moreira" se iba con otras al café de "La Pichona", en la calle Pavón entre Rincón y Pasco (barrio de lupanares), donde "trabajaba" como pupila, como lancera, como proxeneta y como bailarina. Como lancera, porque tiraba la lanza a los giles alcoholizados y al gringuerío con plata.
El tango en su etapa de música prohibida.
José Sebastián Tallon, 1959.

Lanceroni. l. p. Parag. por **lancero** para simular el calificativo en un apellido. De **lance**.
Lanceroti. l. p. Igual en todo sentido que **lanceroni**.
Lanceta. l. del. Lanza.
Langa. l. p. Afér. apoc. de **palangana**. Hablador. De conversación pesada.

... un tipo, sacudido por la metedura, se le deschava a la sofaifa, que ahora puede jugar con cartas a la vista, frente al langa del poético chamuyo.
Del comentario de Tino Rodríguez sobre el poema **Metejón en lunfasoneto** de Héctor Negro (Ismael Héctor Varela). (Cfr. Tino Rodríguez. **Filosofía lunfarda**, 1987.)

Langosta. l. p. Sobrenombre que se les daba antiguamente a las personas que eran mal consideradas por sus costumbres y proceder.

*Que soy malo, murmura la gente,
que a llamarme Langosta llegó:
que jamás me encontraron sonriente
y que miro con rabia y rencor.*
Langosta. *Tango. Juan A. Bruno, 1925.*

Langostero. l. p. Empleado que contrataba transitoriamente el Ministerio de Agricultura para destruir las langostas en la época que las mangas causaban gran depredación en la campaña.

Lanza. l. del. Originalmente se llamó así a la herramienta usada por algunos punguistas para robar. Podía ser una pinza delgada y chata, una tijera con el filo mellado y las puntas recortadas o unos ganchos de alambre que introducían hábilmente en los bolsillos ajenos para robar. Era como meter una lanza y así se la llamó. Pero los más osados, los más confiados en su habilidad o, simplemente, aquellos que, en caso de ser descubiertos, no deseaban que se les encontraran objetos incriminantes, apostaron a la delicadeza y sensibilidad de sus dedos y, con el índice y el mayor, formaron una pinza natural de exitoso funcionamiento, que también fue llamada **lanza** y dio este nombre al que la practicaba. **Lanza** fue, así, sinónimo de **punga** y **punguista**.

Lanzar. l. p. Entregar obligadamente dinero o valores bajo amenazas. *Revólver en mano, me obligó a lanzar la plata que tenía.* // Confesar, revelar algo que se ocultaba. *En el interrogatorio lanzó todo lo que sabía.* Del esp. **lanzar**: arrojar, soltar, echar.

Largar. l. p. Entregar algo a la fuerza. *La mujer tuvo que largarle su anillo al ladrón.* // Desembolsar dinero. *¿Cuánto vas a largar para nuestra colecta?* // Rechazar. *Le pedí ayuda y me largó a los gritos.* // Confesar, revelar lo que se sabe. *Frente al juez largó la verdad.* // Decir algo que surge espontáneamente. *Me vino a la mente y lo largué.* // Desprenderse de alguien. *Quiso acompañarme pero lo largué a las dos cuadras.* // Echar a alguien. *Su esposa lo largó de la casa por vago.* // Despedir, cesantear. *Lo largaron del trabajo.* // Poner en libertad a un preso. *Lo detuvieron pero lo largaron a los dos días.* // Partir los competidores de una carrera. // Dejar de hacer algo que se hacía.

Yo asistí esa noche con el Malevo Muñoz (Carlos de la Púa). Gardel, después de interpretar algunos tangos, cantó, como una novedad, una canzoneta napolitana. Al día siguiente, apareció en una página de **Crítica**, *en recuadro y negrita, un brulote firmado por el Malevo, con el siguiente epígrafe: "Carlitos, largá la canzoneta".*
Bajo el signo del tango.
Enrique Cadícamo, 1987.

Este vocablo forma parte de muchas expresiones populares, entre las cuales citamos las siguientes: // **Largar duro, largar durañona, largar durazno**. Negarse al pedido de alguien. // No darle participación a alguien en un negocio, una ganancia, un reparto, etc. // Abandonar a alguien en una mala situación, pudiendo ayudarlo. Largar duro es una frase popular muy antigua y se refirió originalmente al estado en que se retira un hombre cuando la mujer con la que tuvo un aparte excitante de besos y caricias lo despide sin acceder a su apasionada pretensión final. Lo larga duro, lo larga parado. ¿Hay sinonimia más clara de erecto? // **Largar el escabio, largar el chupi, largar el estaño**. Abandonar el vicio de la bebida. // **Largar el hueso**. Abandonar los juegos de dados. Puede extenderse al de la taba. // **Largar el chivo, largar el pato, largar los chanchos**. Vomitar. // **Largar el rollo**. Hablar largamente. Confesar todo lo que se sabe de algo. // **Largar la sin hueso** o **soltar la sin hueso**. Confesar, deschavarse. Soltar la lengua (que no tiene hueso). Equivale a **largar el rollo**. // **Largar mugre**. Hablar mal de alguien. // l. del. Delatar. Dar informes a la policía para que ubique o detenga a un delincuente. Igual que **soltar mugre** y **batir mugre**. // **Largar muerto**. Equivale a largar duro, aunque sin participar de su origen. En este caso el dicho alude al estado anímico en que queda quien recurre a alguien como única tabla de salvación y es rechazado. // **Largar parado**. Igual que **largar duro**, con el mismo origen. // **Largar por baranda**. Abandonar a alguien. Desampararlo en un momento de necesidad. // Cortar unilateralmente una relación amorosa. *La novia lo largó por baranda.* Véase **baranda**.

Larguía. l. p. Parag. de **largo**. *Una reunión larguía. Un discurso larguía.*

¡Larguía! l. p. Interj. equivalente a ¡largá! o ¡larguen! con el sentido de ¡acábenla! ¡termínenla!, ¡córtenla!, ¡basta!, reclamando el cese inmediato de algo molesto, irritante, escandaloso, etc. // También se usa como interj. de despedida, como ¡lárguense!, ¡váyanse!, ¡fuera de aquí! Es parag. del esp. ¡**largo**!, expresión con que se manda imperiosamente a alguien que se vaya, dándole forma de apellido. Véase **paragoge**.

Las Latas. l. p. Véase **Latas**.

¡Las pelotas! l. p. Interj. que denota asombro, sorpresa, enojo, admiración, etc. *¡Las pelotas, qué tormenta! ¡Las pelotas, qué orador! ¡Las pelotas, cómo fastidiás!*

Las Ranas. l. p. Nombre que se le dio a un barrio de viviendas precarias que se formó a fines del 1800 en lo que hoy es el Parque de los Patricios, entre las vías de la ex Compañía General de Ferrocarriles y la actual avenida Amancio Alcorta, "donde vivían hacinadas en antros de latas y cajones más de trescientas personas en medio de una nube de moscas y una incesante humareda que surgía del suelo, arrastrándose sobre la basura y comiendo los restos hediondos que arrojaban los carros". (Juan José Sebreli. **Buenos Aires, vida cotidiana y alienación,** 1966.) El autor se refiere a que en el lugar se arrojaba la basura de la ciudad. En cuanto al nombre del barrio, se debía a su proximidad a la Laguna de las Ranas, donde abundaba este tipo de batracios, que muchos iban a pescar. También se lo conoció como Barrio de Las Latas, de Las Ratas y, finalmente, como La Quema, cuando se instaló allí una quema de basuras. Era refugio de gente de mal vivir, hampones y mujeres de la vida. En ese lugar se encuentra actualmente el estadio del Club Huracán, la mayoría de cuyos simpatizantes se llaman a sí mismos "quemeros" como muestra de apego al viejo barrio.

Cada barrio pintoresco de Buenos Aires tiene su característica propia (...) Las Ranas, sus chalets de "latón armado", bajo cuyos agujereados techos cobíjase la "haute" femenina del malevaje.
Con los 9. Félix Lima, 1964.

*Del cogote, como un escapulario,
le colgaba un prontuario
de avería.
(Al barrio de Las Ranas
hizo temblar con sus macanas.)*
Langalay (La crencha engrasada).
Carlos de la Púa, 1928.

Las Ratas. l. p. Véase **Ratas.**
Lastrada l. p. Comida. Comilona. Morfada.
Lastrador/ra. l. p. Que lastra. Comilón. Morfón.
Lastrar. l. p. Comer, morfar, manyar. // p. ext. l. jgo. Ganarle mucho dinero a alguien en el juego. *Le lastraron todo el vento al póquer.* // l. p. gros. Poseer el hombre a la mujer. Del esp. **lastrar**: ponerle lastre a la nave. **Lastre**: cosa de peso que se pone en el fondo de la nave para que ésta se sumerja hasta el punto conveniente. De esta acepción se tomó entre nosotros la de comer, por la comida que se envía al estómago, al interior de uno, como el lastre al interior de la nave, así como las figuradas de "comerle" la plata a alguien o "comerse" el hombre a una mujer.
Lastre. l. p. Comida, alimento.
Lata. l. p. sent. fig. Sable. Espada.

*—Por supuesto, hubo fandango...
—La lata ahí nomás peló
y al infierno lo aventó
de un cintarazo el changango.*
Fausto. Estanislao del Campo.

LATA: MONEDA PROSTIBULARIA
Ficha metálica que en los prostíbulos equivalía al pago del servicio de una prostituta. Cada lata valía por un cliente, esto es, un servicio, y tenía el valor de una suma determinada de dinero. La forma en que el cliente pagaba, variaba: el hombre compraba una lata a la madama y la entregaba a la meretriz por adelantado, para recibir la atención de ella, o el cliente pagaba a la madama el importe del servicio y entraba a la pieza de la mujer que, luego de la relación, recibía de aquélla la lata correspondiente. Las prostitutas entregaban las latas a sus cafishos, quienes las canjeaban por dinero, en el mismo prostíbulo, los lunes. Les correspondía el cincuenta por ciento de su valor. El resto era para la madama.

*¡Qué vida más arrastrada
la del pobre canfinflero!
El lunes cobra las latas
y el martes anda fulero.*
Cuarteta popular hacia el último tercio del 1800.
NOTA. *Fulero:* sin dinero.

"Dame la lata fue el primer tango impreso. En este tango, el rufo reclama las latas a su mujer, que vuelve del prostíbulo. En la carátula de otro tango, **Lunes,** *se ve a varios cafiolos que reciben las latas de sus minas, a las puertas del lenocinio. El lunes es día de reposo para ellas y de cobro para ellos."* (Tulio Carella. **Picaresca porteña,** 1966.)
Corresponde agregar, como complemento, que la letra del tango **Lunes** *es posterior a su música, pero no hace mención alguna a las latas ni a lo que representaban, sino a la vapuleada fama del lunes como día inicial de la semana laboral.*

// **Meter la mano en la lata**. Apoderarse ilegalmente de dinero en la función que se cumple. // Ganar dinero con maniobras ilegales. // Participar en componendas, negociados, coimas, etc. Este dicho recuerda la antigua costumbre de la gente sencilla que prefería guardar sus ahorros en envases de lata vacíos de aceite, dulce, etc., antes que depositarlos en un banco, y alude a la acción de quien, subrepticiamente, "mete la mano en la lata" para sacar dinero a escondidas de su dueño.
Latas. l. p. Barrio de Las Latas. Véase **Las Ranas.**
Latear. l. p. Dar lata. Cansar, molestar a uno con una conversación o discurso insulso, fastidioso. Del esp. **lata**: discurso o conversación fastidiosa y, en general, todo lo que causa hastío o disgusto por lo pesado e impertinente.
Laterío. l. p. Conversación o discurso insulso, fastidioso. Véase **latear.** // Conjunto de alhajas ordinarias o falsas.
Latón. l. p. Nombre que se les daba antiguamente a los policías por el sable que llevaban. Era más común en la provincia de Buenos Aires.

A las cansadas, cayó la policía, con un médico que avanzó hacia el finao y lo descubrió ante nosotros y los dos latones que lo acompañaban.
Don Segundo Sombra.
Ricardo Güiraldes, 1926.

Laucha. l. p. Nombre que se da a un ratoncito muy común campestre y casero. // Ratón joven. // sent. fig. Dícese de la persona lista, sagaz, escurridiza. // l. turf. Fija. Caballo que se tiene por seguro ganador de la carrera que va a correr, cosa que se mantiene en secreto, escondida, como una laucha. También se le dice **chaucha**, por similitud fonética, o **chauchita**. Véase **chaucha**. *Me dieron una laucha para el domingo.*

Laura. l. p. Antiguo y famoso salón de baile porteño que llevaba el nombre de su propietaria, en el que, además, las bailarinas concertaban citas con los clientes.

Era un clandestino elegante que "se situaba audazmente cerca del centro, en Paraguay y Pueyrredón. La clientela se componía de personajes selectos: bacanes, actores, comediógrafos, financieros, médicos, grandes propietarios, funcionarios, señores, en fin, que necesitaban ocultar sus aventuras. Había una sección vermut para jóvenes y horas especiales para los viejos. La casa de Laura se distinguía porque sabía complacer inteligentemente a todos y por la calidad superior de sus mujeres, que no eran asuntos de compadritos vulgares. En su mayoría eran amantes de los clientes mismos, mantenidas o libres". (José Sebastián Tallon. **El tango en su etapa de música prohibida,** *1959.)*

Lavandero. lunf. Abogado. En especial, abogado defensor de delincuentes. Por el hecho de que lava, limpia, las faltas cometidas (véase **limpiar**).

*A más, sirve ese ladero
pa que, diligentemente,
se llegue rápidamente
a ortibarle al lavandero.
Porque así, el tordo canchero,
que en la defensa la suda,
se encuadre en forma sesuda
en el artículo trece,*

*que claramente establece
cuando haya casos de duda.*
Rimas caneras. José Pagano, 1965.

Lavar. l. p. **Lavar la cabeza.** Sermonear, reprimir, amonestar severamente a alguien. Dar un reto mayúsculo. Según Mario E. Teruggi (**Panorama del lunfardo,** 1974), provendría del fr. **laver la tête à quelcun.**

Lavandina. l. p. Lejía. Agua con sales alcalinas en disolución que se usa en la limpieza. Nombre de la marca que la lanzó a la venta inicialmente, pasó con el tiempo a denominar al producto.

La Vasca, María. l. p. Véase **Vasca.**

Lavativa. l. p. Persona insulsa, pesada, aburrida, pegajosa. *No pude desprenderme en toda la reunión de ese lavativa.* Del esp. **lavativa**: jeringa que se emplea para dar enemas. // fig. y fam. Molestia, incomodidad. De donde el nombre de la sensación pasó entre nosotros a designar al que la produce.

Lavorar. lunf. Laborar, laburar, en todas sus acepciones, incluso, la de robar y delinquir.

Ya no lavora. El hombre se ha retirado del oficio. Es incapaz de levantarse con un reloj de níquel, aunque lo tenga a tiro de uña.
Pedrín. *Félix Lima, 1969.*

L. C. l. del. Abreviatura de **ladrón conocido.** Individuo calificado como tal por la policía.

*La chirona ya poblé,
de vivo me diplomé,
y aquí me tienen presente
diqueando con la patente
que tengo como L. C.*
L. C. (Ladrón conocido). José Pagano.

Leche. l. p. Semen. // Suerte, hado, sino, que puede ser favorable o adverso, según el contexto de lo que se exprese. *¡Qué leche la mía! ¡Me gané un departamento en una rifa!* (Buena leche, buena suerte.) *¡Qué leche la mía! ¡Me gané un departamento en una rifa y perdí el número!* (Mala leche, mala suerte.) En general, cuando se dice simplemente ¡qué leche! tiende a significar buena leche. // Dinero. *En este negociado hay mucha leche.* Se usa, también, al revés: **chele.** // **Leche aguada.** Mala suerte, mala leche. *Andar con la leche aguada.* Alude al agua que le agregaban a la leche antiguamente los lecheros que la repartían a domicilio. // **Criado a leche de higos.** Dícese del tonto. // **Dar leche.** Dar beneficio. *Mi negocio me da buena leche.* // **De leche, de pura leche.** Por suerte, afortunadamente, de pura suerte. // **Mala leche.** Mala suerte. // Malas intenciones, malos sentimientos, perversidad. // Dícese de la persona que tiene esos sentimientos.

Lechero/a. l. p. Que tiene leche. Suertudo, afortunado. Tarrudo.

Lechucear. l. p. Anunciar desgracias. Agorar. // Desear males para alguien. // Hacer maleficios en contra de alguien. // p. ext. Tarea del empleado de las funerarias que, en los hospitales, está atento a que se produzca el fallecimiento de algún internado para tratar de conseguir el servicio mortuorio para la empresa que representa. Viene de **lechuza** (véase), ave que se considera de mal agüero.

Lechudo/a. l. p. Lechero.

Lechuza. l. p. Nombre que la superstición popular le da a la persona a la que se le atribuyen poderes maléficos para llevar la mala suerte a alguien. Esta creencia transmite a esa persona la funesta condición que se le adjudica a la inofensiva ave nocturna que lleva ese nombre. // Empleado de las casas funerarias que en los hospitales procura conseguir para su empresa el sepelio de quienes allí fallezcan.

Lechuzón/zona. Aument. de **lechuza**.

Legado. l. del. Cuento del legado, del tío o del otario. Estafa que se comete para sacarle el dinero a alguien con el cuento de una supuesta herencia destinada a fines benéficos.

LEGADO DE PAPELES DE DIARIOS
Dos estafadores se disponen a llevar a cabo el cuento. En tanto uno de ellos aguarda por el foro el momento de entrar en escena, el otro camina por la calle simulando ser un hombre de campo, recientemente llegado a la ciudad. De ojo perspicaz, ubica al candidato (el otario), con el que promueve un encuentro "casual" y, tras una charla inicialmente informal en que desborda de inocencia y credulidad, le dice que es portador de una importante suma de dinero que un tío, antes de morir, le pidió que entregara en donación a un hospital (o una iglesia o un asilo o... lo que fuere). Y le muestra un paquete dentro del cual, según lo que se ve por una de sus puntas discretamente abierta, hay una gruesa suma de dinero en billetes, legado del noble tío fallecido. Como le ve cara de hombre honrado, le ruega que se encargue de esa misión, ya que él no sabe moverse en la ciudad, no sabe cómo llegar a ningún hospital y está deseando tomar el tren que lo lleve de regreso a su pueblo.

Un transeúnte pasa "casualmente" por allí y oye "casualmente" la conversación (es el ladero del "hombre de campo", que aparece en el escenario por el foro). Cordialmente, pide permiso para intervenir en el caso, que el inocente paisano le concede, se lleva aparte al otario y lo insta a que aproveche esa gran oportunidad, que simule aceptar el encargo de entregar el legado y se quede con todo el dinero. Total..., el paisano regresará a su pueblo, conforme, y nadie se enterará del asunto. No le pide nada a cambio, sólo lo hace como un favor.

Despierta su codicia, el otario se ofrece gustoso a entregar ese dinero a un hospital. Pero el paisano, con humildad ("usted comprenderá, señor, es para que mi tío siga su descanso en paz"), quiere saber si está tratando con un hombre solvente y, a sugerencia del buen mediador, el otario se ofrece a demostrarlo. A este fin va en busca de una suma de dinero ("no pretendo que sea igual a la del legado, señor") que, finalmente, exhibe, ya ansioso.

Satisfecho el paisano por esa muestra de solvencia, interviene otra vez el gentil mediador y "para mayor seguridad de ustedes dos" propone colocar el paquete con el legado y el dinero probatorio en el ancho pañuelo de cuello que lleva el paisano, hacer un atado con ellos y entregárselo al "buen señor" para que se lleve todo, su plata y la del encargo. Mientras se hace el envoltorio, el ladero mantiene una animada conversación con el otario, quien no advierte que, en maniobra tan rápida como hábil, el paisano le escamotea el dinero.

Finalizado el acto —digno del mejor sainete—, los tres se separan. Dos de sus actores se reunirán, a poco, en un lugar antes convenido. El tercero irá a su casa, donde, al abrir el envoltorio, sólo hallará un paquete con un montón de papeles de diario cortados del tamaño de los billetes papel moneda.

Leiva. l. p. Le iba. Vocablo que se utilizaba sarcásticamente al dirigirse directa o indirectamente a alguien que contaba cosas o inventaba historias en las que él le iba a hacer o le iba a decir esto o aquello a otros, cosas que nunca llegaba a concretar por alguna razón. Es un juego humoríst. de palabras, ya en desuso, en el que se formaba el apellido **Leiva** con las voces **le iba**. En ocasiones, cuando alguien contaba cosas de este tipo, ocurría que alguno de los oyentes le decía a otro: *Che, ¿lo viste a Leiva?*

Pepito – El jockey de Esperanza le estorbó el paso a mi caballo, apretándolo contra los palos (...) Me hizo una pillería al ver que le iba a ganar la carrera.
Don Rufo – Puede ser que así sea, pero me está pareciendo, amigo, que usted siempre se queda en Leiva.
¡Jettatore! Gregorio de Laferrère.
Obra teatral estrenada en 1904.

Lengo. lunf. Pañuelo, en general. Con el tiempo se convirtió en **lengue**.

Lengue. lunf. Pañuelo, en general. // Pañuelo blanco, largo, de seda, que el hombre llevaba anudado al cuello.

Lleva el lengue hecho galleta,
con el funyi arremangado,
y se va ladeando todo
con andar acompadrado,
mientras pica en la vereda
con su taco militar.
Cartón junao. *Tango. Carlos Waiss, 1947.*
NOTA. *Galleta:* nudo ancho que se hacía el hombre con el pañuelo que llevaba al cuello. Por lo ancho, se lo comparaba con una galleta y se le daba ese nombre.

Lenguero. l. del. Ladrón que se especializaba en robar pañuelos. // **Anillo lenguero.** Véase **anillo**.

Lengüeta. l. p. Chismoso, chimentero. // Alcahuete, batidor. // Insolente, mal hablado. De lengüetear.

Lengüetear. l. p. Chismear, chimentar. Alcahuetear, batir. // Hablar mal, insolentarse. Del. esp. **lengüetear**: sacar de la boca la lengua agitándola y moviéndola repetidamente.

Lentazo. l. p. Mirada rápida hecha con la intención de captar algo en un brevísimo instante. De **lente**. Actualmente los jóvenes han creado la palabra **flashear** (de **flash**) para definir esta acción.

Lente. l. p. Mirada. // **Echar el lente, tirar el lente.** Mirar, observar detenidamente. Del esp. **lente**: anteojo sin patillas que se sujeta a presión sobre la nariz, de uso común antiguamente.

La najusé de ganchete
y ¡qué papa era la mina!
Le eché el lente en una esquina,
en el momento'e cruzar.
Lunfa, lunfa (Nocau lírico).
Alcides Gandolfi Herrero, 1970.

Lentear. l. p. Equivale a **echar el lente** y **tirar el lente**. Véase **lente** y **lentazo**.

Lenteja. l. p. Parag. por **lento**. // Tardo, pesado, lento para actuar o para discernir.

Leñada. l. p. Paliza, golpiza, tunda. Del esp. **leña**: castigo, paliza.

León. l. p. Pantalón, por afér. Se usa más en pl.: **leones**.

Leona. l. p. Mujer físicamente muy atractiva.

Leonera. l. del. Depósito de detenidos, en general. // Pabellón de detenidos en la Alcaldía de Tribunales. // Antiguo cuadro quinto del Departamento de Policía de la Capital Federal. // Cárcel, en general. Del esp. **leonera**: sitio donde están encerrados los leones.

–A ber, che, lé la notisia, que soy medio corto'e bista.
–Oí: "Un bravo"; éste es el título. "Gumersindo Correas (alias 'el otario con yantas de goma') señaló ayer de un tajo a su mujer porque ésta no quería largarle vento. Escenario: un cuarto pobre del Paseo de Julio. El bravo se aloja provisoriamente en la leonera."
Cuadritos lunfardos del 900. *Crónica policial narrada en tan peculiar estilo por Josué Quesada. (Cfr. Luis Soler Cañas. Orígenes de la literatura lunfarda, 1965.)*

// **Caer o meterse en la leonera.** Llegar desprevenidamente a un lugar en el que se ha de padecer algún mal o donde lo están esperando para causárselo.

Leones. l. p. Pantalones. Es afér. de esta voz, con incorporación de la letra **e** a modo de epéntesis para formar la palabra **leones**.

*Sabe escribir y leer,
no tiene pinta de otario.
Si te querés convencer,
te remito a su prontuario:
tres por hurto; dos por robo;
catorce contravenciones,
antiayer afanó un bobo
y once pares de leones.*
Tangos. Enrique González Tuñón, 1953.
Nota: **Tres por hurto**, etc.: tres condenas por hurto, etc.

Leva. l. p. Apóc. de **levita.** // También se le llama **leva** al que la usa.

Lleva una leva que, cuando camina, se mueve como si tuviera resorte. Se baja del trambay sin tocar la campanilla y se da media vuelta haciendo volar la levita, y queda sereno sobre el bastón.
Caló porteño. Juan A. Piaggio. *La Nación,* 11-2-1887. (Cfr. Luis Soler Cañas. **Orígenes de la literatura lunfarda,** 1965.)
Nota. Accionada por el guarda, que tiraba de una soguita, la campanilla sonaba en la cabina del conductor del tranvía, para indicarle que detuviera el vehículo a fin de que descendiera un pasajero.

Levantadero. l. p. Lugar donde las prostitutas se reúnen para que las ubiquen sus clientes. *Levantan clientes, levantan viaje.* (Véase **levantar.**)
Levantador. l. del. Ladrón de vehículos (automóviles, camiones, etc.). Porque los "levanta" de la calle. // l. jgo. Persona que se dedica a recibir apuestas clandestinas de juego. **Pasador.** // Conquistador de mujeres. // Conquistadora de hombres.

Levantador de juegos
*Llámase así a la persona que se dedica en forma clandestina a recibir apuestas para la quiniela (o quinela) y para las carreras de caballos. A tal actividad se le llama **levantar juego.** El levantador tiene su clientela que le encarga la jugada y le paga por adelantado o juega al fiado y, si pierde, le paga un día determinado, por ejemplo, los lunes. En este caso, la mayoría de las apuestas se "pasan" por teléfono. Hay clientes que hasta tienen una especie de cuenta corriente.
Algunos levantadores "trabajan" para sí mismos, es decir, hacen también de banqueros, pero como es necesario contar con cierto respaldo económico –porque a veces los aciertos son importantes–, la mayoría lo hace para **capitalistas**, que bancan las apuestas y les pagan una comisión sobre el monto total de jugadas que pasen. Esta comisión es mayor para la quiniela que para las carreras de caballos. En caso de acierto, el capitalista entrega el dinero a pagar al levantador, quien se lo lleva a su cliente. Fuera de los levantadores, muy pocos conocen al capitalista.
El levantador tiene, además, otros nombres: quinielero, grúa (porque levanta), **lapicero** (véase esta voz), **faber** o **faberiano** (véanse), redoblonero, corredor de bolsa, **arbolito** (véase), etc.*

Levantar. l. p. Robar vehículos en la vía pública. // Recibir apuestas de juego clandestino. // Conquistar un hombre a una mujer. Conquistar una mujer a un hombre.

*Te la piyaste que levantás programa
porque una mina te dio un poco de bola.
¡Sos bueno, vos también!*
Tango. J. A. Caruso, 1929.

// Conseguir clientes las prostitutas (levantar viaje). // Pagar un gasto, una cuenta, una deuda. *¡Por fin pude levantar la hipoteca!* // Apresar a una persona la policía. *Lo levantaron al chorro en la casa de la novia.* // Acción del jinete que, llevando su caballo al galope, lo sofrena por algún motivo y lo detiene o aminora su carrera. La voz se inspira en el hecho de que el caballo sofrenado así, bruscamente, levanta la cabeza por el tirón de las riendas, en tanto el jinete se incorpora en su montura para dar más fuerza a la acción.

Levante. l. p. Reprimenda severa. *Le dio un levante porque llegó tarde.* // Conquista de una mujer por un hombre o viceversa. *Hacer un levante.* En general, acción y efecto de **levantar.** Para Mario E. Teruggi "concuerda exactamente con el fr. **faire un levage** y con el slang ingl. **to make a pick up**". (Panorama del lunfardo, 1974.)

Ley. l. p. De ley. Dícese de la persona honesta, recta, íntegra, de buenos principios. *Un hombre de ley. Una mujer de ley.* Del esp. **ley**: calidad, peso o medida legal que deben tener las cosas. // Cantidad de fino que deben tener las ligas de metales preciosos, fijado por las leyes. Se dice que una joya, una alhaja, una moneda es de ley cuando está hecha totalmente con metal precioso o con la aleación determinada legalmente.

Que yo creí que porque usaban pantalones
eran sinceros y más de ley.
Comadre. *Tango. Celedonio Esteban Flores.*

Liebre. l. p. Carencia, necesidad, hambre. Falta de lo esencial. *¡Hay una liebre en casa de Fulano!...* También se dice **coneja**. // **Correr la liebre, correr la coneja.** Pasar hambre, carecer de lo esencial. Véase **correr**.

Liendre. l. p. Dícese de la persona astuta, pícara, vivísima. Del esp. liendre, huevecillo del piojo.

Lienzos. l. p. Pantalones. // Sábanas. (Antonio Dellepiane. El idioma del delito, 1894.)

Liga. l. p. Suerte. // Racha de sucesos favorables. // **Andar o estar de liga.** Andar de buenas (en el trabajo, en el amor, en el juego). // **Mala liga.** Mala suerte. Racha desafortunada. // l. del. Nombre que se dio a sí mismo una organización clandestina que opera en los remates para comprar a un bajo precio mediante turbias maniobras.

Ligador/ra. l. p. Que liga. Que tiene suerte. De liga.

Ligar. l. p. Conseguir, obtener, lograr. Del esp. ligar: en ciertos juegos de naipes, juntar dos o más cartas del juego que se intenta.

Pa mí no habrá chocolate
ni migas del presupuesto
porque no ando del cabresto
de ningún alto manate.
Gracias si ligo algún mate,
amargo, como mi suerte.
De la lucha (Paja brava).
José Antonio Trelles.

// Si se usa **ligar** sin especificar bien o mal, se entiende que quiere decirse **ligar bien**, esto es, irle a uno bien las cosas. // Tener suerte. Ser afortunado. // Dársele una racha de sucesos favorables. // Tocarle a alguien algo bueno en un reparto. // Tener suerte el hombre con las mujeres o la mujer con los hombres. // Tener suerte en el juego. // **Ligar mal.** Irle mal a alguien en todas las cosas que emprende.

Ligaroti. l. p. Ligador. Que anda de liga; que tiene buena suerte. Es parag., para formar un seudo apellido italiano.

Limones. l. p. fest. Senos de la mujer. Alude a su forma.

Limosnero. l. del. Ladrón que se dedica a robar en las alcancías de las iglesias. Su nombre viene de limosna, como se llamaba antes a las ofrendas de los fieles. En tiempos en que estas ofrendas consistían solamente en monedas, las alcancías eran vaciadas con la ayuda de una ballena de las que se usaban en el armado de los corsés antiguos.

Limpiar. l. del. Absolver. "Actualizar los prontuarios policiales dejando constancia de los sobreseimientos de causas que aún no tenían registrada la resolución, así como hacer constar el *sin efecto* de capturas anteriormente dispuestas por la autoridad competente. // Hacer desaparecer dolosamente los antecedentes de un delincuente de su prontuario." (Adolfo Enrique Rodríguez. Lexicón. Centro de Estudios Históricos Policiales, 1991.) // Robar. Hurtar. *Le limpiaron la billetera en el colectivo.* // Asesinar. *La mafia limpia a los batidores.* // l. jgo. Ganarle a alguien todo su dinero en el juego.

Limpio. l. p. Persona correcta, de buen proceder y sanas intenciones. // Persona que no tiene antecedentes policiales. // l. del. Maleante aún no conocido por la policía. // Delincuente al que se le ha **limpiado** su prontuario. // p. ext. Que no tiene dinero (porque tiene limpios —vacíos— los bolsillos). // p. ext. Dícese de quien ha perdido todo su dinero en el juego.

Línea. l. p. **De línea.** Dícese de la persona correcta, justa, honesta, derecha. Equivale a **de ley** (véase **ley**). *Un hombre de línea. Una mujer de línea.*

Por mujer, por de línea, por canchera,
por hermosa, por gaucha y por bonita,
va mi rima de zurda, ¡flor canera!,
a su negra melena compadrita.
Floreo (La crencha engrasada).
Carlos de la Púa, 1928.

Esta locución viene de la expresión militar **de línea**, que se aplica a los soldados que ya se hallan suficientemente adiestrados como para entrar en combate a fin de distinguirlos de aquellos que aún no lo están.

Linusa. lunf. Pereza. Fiaca. *Tener linusa. Andar con la linusa.*
Linuso/a. lunf. Perezoso. Fiacún.
Linyera. lunf. Nombre que se les daba a los trabajadores golondrina que llegaban de distintos lugares, aun del extranjero, para trabajar en las cosechas, tras lo cual regresaban a sus puntos de origen. // p. ext. Vagabundo que anda de un lado a otro trabajando en changas. // Vagabundo que vive solamente de lo que encuentra o de lo que le dan. // Nombre que se le da al hato que llevan consigo los linyeras. // p. ext. Bolsa o atado en el que se envuelven los afectos y pertenencias menores de quien se traslada a otro lugar. A esta bolsa también se la llama **mono, bagayo** o **bagayito**.
José Gobello lo remite "al piam. jergal **lingèra**: pandilla de vagabundos, y éste al piam. **linger**, pobre".

Pero esto se acaba, al fin...
y que estrile lo que quiera...
Ahura arreglo mi linyera,
me pianto..., ¡y a otro bulín!
El retrato del pibe. José González Castillo. Obra teatral estrenada el 9-11-1908.

Linyerear. lunf. Andar de linyera. Vagar, vagabundear.
Liso. l. p. Vaso grande de cerveza, de vidrio liso, al contrario del chop, que es acanalado. // Cafisho, rufián, explotador de mujeres. Es abreviatura de **caralisa**, como también se los llamaba, porque llevaban la cara empolvada con talco y lustrosa por el alumbre que se pasaban.

Broncamos una cheno y el encono
desembocó en un yeite bien debute:
tu cambio por un liso farabute
le restó brillo y luz a tu abandono.
Como un tango. Leopoldo Díaz Vélez.

Listo/a. l. p. **Estar listo.** Hallarse en una grave situación de salud o de cualquier otra índole de la que no se puede salir con bien. Tiene el sentido de estar listo para el cajón.
Liviana. l. p. En la expresión **andar en la liviana** o **andar de liviana**, estar en la buena, pasarla bien, vivir sin sobresaltos. Del esp. liviano: ligero, leve.

Él andaba de liviana,
usaba muy bien los ganchos,
pero nunca falta un chancho
que te haga una macana.
Desde La Juiciosa
(Versos de yeca y atorro). Tino, 1977.

// **Ir de liviana.** Vivir con un trabajo fácil o vivir sin trabajar.
Llanta. l. p. **Yanta.** Equivale a desamparo, miseria, paterío. // **Quedar** o **estar en llanta.** Frase que tiene el sentido de hallarse alguien en grave dificultad económica, sin medios para superarla. // **Dejar en llanta.** Abandonar a su suerte a alguien que se halla en muy mala situación, pudiendo ayudarlo. Tiene su origen en la expr. pop. **dejar en llanta** que significa pasar en coche sin auxiliar a alguien que está detenido en el camino junto a su vehículo por haber pinchado o reventado una goma (un neumático). Véase **yanta**.
Llavero. l. del. Ladrón especializado en el empleo de distintos tipos de llaves falsas o ganzúas para entrar a robar en fincas o negocios. // Entre los ladrones, el encargado de llevar las distintas llaves para abrir puertas. // Carcelero. Guardián de cárcel que tiene las llaves de las celdas.
Llenar. l. p. Cansar, fastidiar, hastiar. *Ese individuo me llena con su fanfarronería.* // **Llenar las bolas, llenar las guindas, llenar los huevos, llenar las pelotas, llenar los quimbos,** etc. (Véase **bolas, guindas, huevos, pelotas, quimbos,** etc.)
Lleno/a. l. p. Cansado, fastidiado, hastiado. *No me molestes más. Ya me tenés lleno.*
Llorar. l. p. **Llorar la carta.** Expr. pop. antigua que se usaba con el sentido de requebrar a una mujer, procurar ablandar su corazón, enternecerla con el fin de enamorarla. // Lamentar, contar males y padecimientos con dicho propósito (véase **lamentar**). // Contar un cuento dramático inventado con el propósito de engañar o sensibilizar a alguien en busca de algún beneficio. // Clamar perdón o misericordia. *Después que me arruinó el negocio vino a llorarme la carta.* (Véase **carta**.)
Lloronas. l. camp. Espuelas. Por el sonido que hacen al dar sus rodajas contra el suelo.
Loca. l. p. Prostituta. // Mujer de vida airada. // p. ext. y humoríst. Homosexual pasivo. //

Darle a uno la loca. Ocurrírsele, de pronto, algo que ni siquiera tenía pensado. // Tener una intuición. // Impulso instantáneo de hacer o decir algo. *Me iba a acostar y se me dio la loca por ir a pescar.*

Locatelli. l. p. Parag. por **loco**, bajo la forma del apellido italiano Locatelli. Véase **paragoge.**

Loco/a. l. p. Actualmente, voz con la que se designan entre sí los jóvenes. *¿Cómo te va, loco? ¿Me acompañás, loca?* Tiene el mismo sentido que che. *¿Cómo te va, che? ¿Me acompañás, che?* // **¡Ah, loco!** Expresión antigua de salutación o felicitación, hoy en desuso. Era corriente cuando alguien hacía algo destacable. // **Loco de la guerra.** Dícese del individuo divertido, desinhibido, capaz de las cosas más insólitas, riesgosas o desopilantes. // **Loco de la vida.** Muy contento, dichoso, feliz. **Estar loco de la vida** significa estar loco de alegría. // **Loco lindo.** "Dícese del que hace de la vida una perpetua fiesta, una alegría sin control ni fundamento." (Carlos Alberto Giuria. **Indagación del porteño a través de su lenguaje**, 1965.)

Lofiar. lunf. Quitar el dinero a alguien con astucia o con engaños. // Sustraer, hurtar, robar, en general.

Logi. lunf. Revés de **gilo**, gil.

No sabés, coqueta infame,
que por más que hoy seas bacana,
y haya un logi que te brinde
con su empleo un buen pasar,
que esa suerte dura poco...
La cornetita.
Tango. Celedonio Esteban Flores.

Lola. l. p. Mujer, en general. *Bailé con una lola encantadora.* // Lío, embrollo, mezcla de ideas y situaciones. *¿Tanta lola por esa tontería?* // **Querer lola.** Buscar problemas, provocar discusiones, buscar pelea. Igual que **querer guerra** (2ª. acep.). // Tener deseos de divertirse. // **No querer lola.** Buscar la tranquilidad. No querer meterse en problemas. También se dice **querer** o **no querer lolas.**

Los amigos no se arriman,
se florean con gambetas;
la mina no quiere lolas:
se entreveró con un gil.
Se tiran conmigo.
Tango. Luis y José Di Sandro.

"¡ANDÁ QUE TE CURE LOLA!"
Es éste un dicho de muy antigua data entre nosotros, aunque su cuna es puramente española.
Pisó tierra argentina de la mano de la Gran Inmigración del 1800 y se aferró con firmeza al habla de todas nuestras clases, al punto que aún hoy mantiene plena vigencia.
Se sabe que nació en cierto pueblo de Galicia, al noroeste de España, en el que vivía una mujer llamada Dolores, que tenía un buen cartel de curandera y que, como es costumbre en ese país, era conocida por Lola, como todas las Dolores.
La fama de la tal Lola trascendió del terruño y se extendió por toda Galicia de modo tal que en toda esa zona cuando alguien padecía de un mal físico o sentimental se le aconsejaba que recurriera a la probada infalibilidad de esa mano santa: "Anda a que te cure Lola". Así: **anda**, *con acento prosódico en la* **a** *inicial, como corresponde al español.*
Con el tiempo y desparecida Lola a consecuencia de una enfermedad que no se supo curar, el gracejo popular tomó la frase para sacarse de encima al que cansa con sus lamentaciones o con el cuento de sus enfermedades: "¡Anda, que te cure Lola!". Ya sin la preposición **a**, *con lo que se torna imperiosa la expresión y convierte la intencionalidad de* **anda** *más en* **vete** *que en* **ve**. *Diríamos, una clara manera de darle el olivo a alguien. Casi como nuestro* **¡Andá a cantarle a Gardel!**
Más tarde la frase se empleó para despachar al molesto o fastidioso por cualquier concepto y así llegó a nosotros en boca de los gallegos que emigraron a nuestro suelo. Aquí se la ciudadanizó, aunque acentuando **andá**, *como corresponde al argentino básico, y en la actualidad es uno de los dichos que se han conservado intangibles a través del tiempo, ya que no le ha alcanzado la modificación que en España se le introdujo posteriormente. Hoy, allá, se dice: "Anda, que te cure Hortensia, que Lola está de licencia".*

Lolas. l. p. Senos de la mujer.

Lolitas. l. p. Dícese de las niñas adolescentes, precoces en su físico, que tienen formas de mujer. Esta voz apareció en la década de 1990, fue explotada por la televisión y por algunos desfiles de modas, al igual que muchas de esas niñas, pero pronto todo cayó en desuso.

Lomo. l. p. Cuerpo hermoso, en general. En la mujer alude al físico exuberante; en el hombre, al cuerpo trabajado en la gimnasia. // p. ext. Cuerpo del hombre o la mujer. // **Agachar el lomo.** Ponerse a trabajar. *Hay que agachar el lomo para ganarse la vida.* // **Sacudir el lomo.** Despojarse de la modorra. Sacudir la fiaca y disponerse a trabajar. // p. ext. Darle una tunda a alguien. *Sacudirle el lomo.* Proviene del esp. lomo: parte central e inferior de la espalda. En las dos expresiones citadas se advierte la semejanza del empleo entre **lomo** y **esquena**, dado que entre nosotros lomo también es espalda. Por consiguiente, **agachar** y **sacudir el lomo**, en el sentido de trabajar, es lo mismo que **agachar** y **sacudir la esquena**. Véase esta voz.

Lompa. l .p. Pantalón. Es afér. de **talompa**, revés irreg. de **pantalón**. También se usa en pl.: **lompas**.

...Pero lo que pronto deben
reformar, pues no hay derecho,
es el lompa sin bolsillos,
¿dónde mete uno los dedos?
Artículo 1º. *(Versos de yeca y atorro).*
Tino, 1977.

Lona. l. p. **Estar en la lona.** Estar arruinado económicamente, sin solución a la vista. // Estar seco, pato, águila, misho. Es frase tomada del l. box. **estar en la lona** que se refiere al boxeador tumbado sobre la lona que cubre el piso del ring por los golpes de su adversario, sin poder levantarse, mientras el árbitro le cuenta los fatídicos diez segundos que sellarán su **knock out** y su derrota. Véase **knock out**.

Longhi. lunf. Lonyi.

Longhipietro. lunf. Lonyi. Es parag. de **longhi** con la inclusión del nombre italiano Pietro.

Longi. lunf. Lonyi.

Me embarullaste la vida
con ese amor de arrebato
que sin ninguna medida
volcaste de tu pasión...
Y yo, que la voy de vivo,

entré de longi en el fato
y hubo milonga pa rato
en mi orre corazón.
Batiendo el justo (Nochero).
Juan Pedro Brun, 1969.

Longipietro. lunf. Longi, lonyi. Igual que longhipietro.

Lonyi. lunf. Bobo, tonto, inocentón, otario, gil. José Gobello lo deriva "del caló longui, cándido, por interferencia del italiano". (Diccionario lunfardo, 1989.) Por su parte, Mario E. Teruggi opina que "según varios autores sería vesre irregular de gil, del que, por deformación, derivarían éste y otras formas como loyi, longui y longi que, a su vez, engendran longipietro, longibardo y similares, todas con el sentido de tonto. No estamos muy seguros —aclara— de que longi, longui, loyi y otras provengan del vesre deformado e irregular de gil. Tenemos presente la expresión popular madrileña hacerse el longui: hacerse el loco (Alonso, 1955:240), de la que podría haber derivado. Tampoco ignoramos el argotismo parisiense long, que significa, precisamente, fácil de engañar, tonto; el que paga a sus amantes (Esnault, 1965:394) y que pudo ser oído en los lupanares con ascendencia francesa de fines del siglo XIX bajo la forma de ce long-ci u otra similar, muy próxima a la fonética de longi". (Panorama del lunfardo, 1974.)

Lonyipietro. lunf. Parag. de lonyi.

Loquero. l. p. Manicomio. Casa de locos. // p. ext. Barullo, desorden, confusión, batifondo. *Esta reunión es un loquero.* Del esp. **loquero**: guardián de locos. Jaula de locos.

Lora. l. p. Mujer, en general. // Amante, concubina, querida.

Vieja viola, garufera y vibradora,
de las noches de parranda y copetín,
de las tantas serenatas a la lora
que hoy es dueña de mi cuore
y patrona del bulín.
Mi vieja viola. Tango. Humberto Correa.

// Mujer fea. // Prostituta. Mujer de vida airada.

De la Boca vienen loras
con polleras de cancán,

*sin que les falte la bota
ni en la liga el puñal.*
El circo nacional. Poesía publicada en **La Broma**, *periódico de la colectividad morena de Buenos Aires, el 24 de enero de 1880. (Cfr.* **Luis Soler Cañas. Orígenes de la literatura lunfarda,** *1965.)*

// Corría antes la expresión ponderativa ¡ah, lora!, que era corriente cuando una mujer hacía algo destacable.
Lorenzo. l. p. Loro. Mujer fea. Es parag. humoríst. de **loro**, para disimular el calificativo bajo la forma del nombre propio Lorenzo.
Lorfiar. lunf. Lofiar.
Loro. l. p. Mujer fea. // Mujer charlatana, gritona.

*Y me has cambiao,
¡gran disgraciao!,
por ese escuálido loro.
Te has agenciao
un bacalao...
¡Qué querés con ese loro!*
Tango. Manuel Romero, 1928.

// **Loro barranquero.** Frase que se emplea para exagerar la fealdad de una mujer. // ¡**Ah, loro!** Equivale a ¡ah, loco! Véase loco.
Luca. l. p. Nombre dado al billete de mil pesos. José Barcia opina que no se conoce bien su origen y dice que esta palabra es conocida en la germ. madrileña y en la replana peruana, así como en ciertos ambientes de Chile, y cita a José Bonilla Amado para quien **luca** significa en la replana mil soles y también tiene el significado de mil en la giria (**El lunfardo de Buenos Aires,** 1973). Mario E. Teruggi lo remite al caló español **luca**, como peseta. // Circulan las paragoges **lucarda** y **lucrecia**, la primera, por cruce con cucarda y la segunda, para darle forma de nombre de mujer.
Lucarda. l. p. Luca.
Luciérnaga. l. p. Usábase antes para mencionar un brillante o diamante importante, por el brillo.

*El pibe Oscar se sacó del lengue
pichivirro un zarzo con luciérnaga.*
La muerte del pibe Oscar.
Luis Contreras Villamayor, 1926.

Lucrecia. l. p. Luca.
Lunfa. lunf. Apóc. de lunfardo.

*Yo canto en lunfa mi tristeza de hombre
y ando en la vida con mi musa rante.
Ella es así, maleva; yo, atorrante.
Camina a mi costao y tiene nombre.*
La musa mistonga.
Julián Centeya (Amleto Vergiati).

Lunfardesco/a. lunf. Relativo o perteneciente al lunfardo.
Lunfardía. lunf. Habla lunfarda. // Estudio del lunfardo.
Lunfardismo. lunf. Palabra, locución, modismo lunfardo.
Lunfardista. lunf. Persona que estudia o que se especializa en el lunfardo.
Lunfardo. lunf. Ladrón.

La fonda de Pavón era uno de esos hoteles llamados vulgarmente de a cuatro reales el plato, sucio, oscuro, bañado en vino y en grasa, adonde iban a comer los lunfardos de la peor especie durante sus épocas calamitosas.
La lavandera. *Novela de Vital Montes, 1886. (Cfr.* **Luis Soler Cañas. Orígenes de la literatura lunfarda,** *1965.)*

// Jerga de ladrones y gente del bajo fondo porteño que se extendió a la población orillera, que se la apropió gustosa y le incorporó nuevas voces y modismos, adaptándola al común de su expresión corriente. // Lenguaje popular que captó esta terminología, la enriqueció con vocablos inmigrados o de su creación y le dio una personalidad distinta y propia que caracterizó en su momento al porteño para luego alcanzar gran difusión.

*La afición es berretín;
es la cama, la catrera;
es la fea, la fulera,
y la piecita, bulín.
En esta jerga sin fin
es funda la camiseta;
es lo malo, una berreta,
y la cárcel, La Juiciosa;
es diquera la coqueta
y la fiambrera, una fosa.
Delación es batimento;*

habitación es *cotorro;*
ladrón es *choro* o es *chorro*
y es dar cita, *apuntamento.*
Inquilinato es *convento;*
muy vencido, *rejugado;*
muy conocido, *rejunado;*
es mentir, *engatusar;*
es igualar, *empardar,*
y enojado, *rechiflado.*
Un pedido es un *pechazo;*
es el vientre, la *buseca;*
una estafa es una *peca*
y es el jugar, *escolazo.*
El escapar, *irse al mazo,*
el delator, *alcahuete;*
el avaro es *amarrete,*
un idóneo es un *canchero,*
el galanteador, *lancero,*
y el bolsillo, *cabalete.*
El elegante es *shusheta*
un sucio es un *rantifuso;*
el repugnante, *esquifuso;*
la trompada, una *miqueta.*
Es la mala suerte, *yeta;*
ladrona en tiendas, *mechera,*
la cuchilla, *fariñera,*
y la bella, *papirusa;*
la cabeza es la *piojera*
y la paliza, *marrusa.*
Versos de yeca y atorro (frag.) Tino, 1977.

El lunfardo
Inicialmente jerga del ambiente delincuencial y del bajo fondo porteño, de reducido y específico repertorio, se abrió pronto, generosamente, a la incorporación de nuevas voces, ajenas a su cuna canera, se enriqueció sin pausa con palabras y locuciones que aportaba la inmigración europea de mediados del siglo XIX, trastrocándolas muchas veces en su forma o significado, e incorporó ávidamente indigenismos, argentinismos y americanismos que le confirieron el caudal suficiente como para reclamar en el lenguaje común el lugar que supo ganarse por su vigor y vitalidad. La creatividad y la imaginación popular colaboraron eficazmente en la expansión del lunfardo que, tras una pausa de resistencia purista, recaló en todas las clases sociales y alcanzó el indiscutido lugar en las letras, el canto, el teatro y el periodismo que le correspondió como parte importante de nuestro idioma nacional.

Tuvo sus detractores, desde Antonio Dellepiane (postrimerías del 1800) hasta Jorge Luis Borges últimamente, entre otros, pero infinidad de estudiosos e investigadores se dieron a la tarea de interpretarlo y reivindicarlo.

Origen y Etimología
Para muchos lingüistas, entre ellos José Gobello, **lunfardo** *proviene "del ital.* **lombardo***, natural de Lombardía, tal vez por vía del romanesco* **lombardo***, ladrón, con interferencia fonética genovesa". (***Diccionario lunfardo***, 1989.) En cuanto a Mario E. Teruggi, "la palabra* **lunfardo***, de origen y etimología desconocidos, aunque algunos suponen que puede haber derivado por deformación de* **lombardo** *(Villanueva, 1962:34-55), significó primitivamente ladrón y, por extensión, fue también aplicada a la germanía de éstos. Desde hace varias décadas ha caído en total desuso el término* **lunfardo** *como sinónimo de ladrón y sólo se lo emplea como sinónimo del argot primitivamente porteño". Agrega este autor que, según Villanueva, se tendría la transformación* **lombardo, lumbardo** *y de éste* **lunfardo***, pero no considera concluyente tal opinión. (***Panorama del lunfardo***, 1974.)*

Primeras manifestaciones
"Allá por los alrededores de 1880 comienzan a difundirse las expresiones de la jerga lunfarda tanto en la prosa como en el verso, a trascender de su cerrada circulación dentro del ámbito criminal a la muchísima más amplia jurisdicción del pueblo. Los periódicos y los escritores populares no tardaron en apoderarse del léxico en mayor o menor medida.
"A principios de 1879 y nada menos que en el diario **La Nación***, el periodista Benigno B. Lugones dio a conocer muchas de las peculiares designaciones lunfardas en dos artículos que trataban de los usos y costumbres de los ladrones, por él denominados* beduinos urbanos y caballeros de la industria. *No fue, sin duda, el primero que las utilizó, aunque por cierto el empleo que hizo de ellas no fue puramente literario, sino más bien técnico-didáctico. En periódicos de la época, anteriores y posteriores a los dos artículos de Lugones he podido ver utilizadas palabras de prosapia o uso lunfardo. En un periódico porteño –***La Broma***, 4 de enero de 1882– encon-*

*tré la palabra **lunfardo** empleada con un sentido ligeramente distinto, si bien no lejano o al menos afín al de amigo de lo ajeno.*

"¡Siempre tú, famoso lunfardo, entuerto y lepra de la sociedad, pechador menguado, sanguijuela de tus amigos y colegas!
"En 1883 decía un cronista:
"El lunfardo no es otra cosa que un amasijo de dialectos italianos de inteligencia común y utilizado por los ladrones del país, que también le han agregado expresiones pintorescas; esto lo prueban las palabras ancún, estrilar, shacamento *y tantas otras.*

"La precedente es posiblemente la más antigua definición del lenguaje lunfardo existente y tiene para nosotros, por lo tanto, indudable valor histórico, cualquiera sea la opinión que pueda sostenerse acerca de su exactitud." (Luis Soler Cañas. **Orígenes de la literatura lunfarda***, 1965.)*

¿QUÉ ES EL LUNFARDO? OPINIONES

"Mezcla compleja de viejos modismos técnicos del hampa, de voces de la germanía y el caló, de vocablos dialectales de origen itálico, de arcaísmos y de creaciones propias de la dinámica del castellano rioplatense, además de contribuciones de muy distinta procedencia (porteñismos, argentinismos, americanismos, brasileñismos, etc.), el lunfardo aparece designado con esta denominación ya a comienzos de los años 1880, como vehículo lexical vigorosamente expansivo y no sólo como coloratura verbal de minúsculos bolsones sociales.
"Por esa razón se lo percibe y se lo evalúa con creciente alarma hacia el 1900, especialmente en la crítica erudita de intelectuales como Ernesto Quesada —el de **El criollismo en la literatura argentina** (1902)— y Miguel Cané, uno de los fundadores y decanos de la novedosa Facultad de Filosofía y Letras de la Universidad de Buenos Aires.
"En los cuarenta años que van de 1890 a 1930, a pesar de estos reparos y cautelas, el vocabulario o las marcas del lunfardo aparecen de manera adventicia en muchos autores de época, como Juan A. Piaggio, José S. Álvarez, Antonio B. Masiotti, Nemesio Trejo, Carlos Mauricio Pacheco, Santiago Dallegri, Félix Lima, Evaristo Carriego, etc. y se convierten en veta especializada y constante en poetas y cronistas 'lunfardescos' de los años 1910 y 1920, como Bartolomé Aprile, Ángel G. Villoldo, Yacaré (Felipe H. Fernández), 'Carlos de la Púa' (Carlos R. Muñoz), Celedonio Flores, Pascual Contursi, Dante A. Linyera (Francisco B. Rímoli), Alberto Vacarezza, Iván Diez (Augusto A. Martini), 'Last Reason' (Máximo Teodoro Sáenz), etc.
"(...) Desde los primeros acercamientos testimoniales o críticos se insistió en vincular a esta especie lingüística con los territorios de la marginalidad y el delito. Para muchos autores, sin embargo, el lunfardo no es en puridad jerga hamponesca sino un argot nacido en el Río de la Plata (...) que se fue renovando y ampliando según leyes de constitución y desarrollo propias de las hablas urbanas, que, a lo largo de su vida histórica —no registrada en los diccionarios usuales—, extendió su influencia a la vida cotidiana, los usos literarios, el trato familiar, etc., hasta el punto de constituir una peculiaridad profundamente arraigada en muchas esferas." (Jorge B. Rivera. **El lunfardo**. Publicado en **500 años de la lengua en tierra argentina**, editado por la Secretaría de Cultura de la Nación, 1992.)

"SINIESTRAMENTE ALEGRE"

*Antonio Dellepiane (**El idioma del delito**, 1894) trata al lunfardo como un argot y dice que "es un tecnicismo profesional. Derivado de las necesidades de la profesión del malvado, respondiendo admirablemente a esas mismas necesidades, expresivo, sintético, rico y extenso en medio de su relativa indigencia, manifiesta la naturaleza y el papel que le asignamos en mil formas diferentes. Obsérvense los términos que posee, las ideas que traduce, los objetos que nombra y se verá que esos objetos, esas ideas y esos términos son los directa o indirectamente relacionados con el ejercicio de la profesión del delito.*
"(...) Todas las grandes pasiones del malvado, todas las modalidades de su ser moral, sus gustos, sus tendencias, sus ideas sobre el mundo, el alma o la vida futura se manifiestan en el argot. La holgazanería, la brutalidad, la desvergüenza, el espíritu malévolamente burlón, la inclinación a la obscenidad, el grosero materialismo de sus creencias, están allí patentes. Es grosero y bestial. Bestializa todo lo que toca, rasgo

perfectamente armónico con el tipo físico de quienes lo hablan. Es, ante todo, siniestramente alegre. Consiste en una colección de abominables rasgos de ingenio fijos y monetizados, de metáforas sucias y de pésimos juegos de palabras."

Dialecto chúcaro y receloso

"El lunfardo es un vocabulario gremial, como tantos otros; es la tecnología de la furca y de la ganzúa. Imaginar que esa lengua técnica –lengua especializada en la infamia y sin palabras de intención general– pueda arrinconar al castellano, es como trasoñar que el dialecto de las matemáticas o de la cerrajería pueda ascender a único idioma.

"(...) Desertar porque sí de la casi universalidad del idioma, para esconderse en un dialecto chúcaro y receloso –jerga aclimatada en la infamia, jerigonza carcelaria y conventillera que nos convertiría en hipócritas al revés, en hipócritas de la malvivencia y de la ruindad– es proyecto de malhumorados y rezongones." (Jorge Luis Borges. **El idioma de los argentinos**, 1953.)

Hacia un lenguaje propio

"Debido a que se trata de un lenguaje técnico, el lunfardo carece de palabras de intención general, que expresen conceptos abstractos. Pero algunos estudiosos saben que el latín en sus comienzos fue pobre y debió tomar en préstamo del griego vocablos que expresaran ideas metafísicas.

"Ocurre, sin embargo, que al lunfardo propiamente dicho se le sumaron voces de origen popular. El pueblo intenta tropos con una sucesión veloz. Se cansa de designar un objeto con la misma palabra (...) Uno de los hechos que hasta ahora no han sido señalados es que la mayoría de estos sinónimos son de índole jocosa. Nada más alejado del espíritu lunfardo que lo dramático.

"(...) El lunfardo ha pasado al dominio público y esto propone nuevos problemas. Si bien, como ya se ha dicho hasta el cansancio, el lunfardo es un lenguaje técnico y, por lo tanto, pobre, resulta que, en comparación con los lenguajes del bajo fondo de otros países, es el más rico en vocablos y frases de doble sentido.

"Lo que ve el estudioso es que el lunfardo técnico o **clásico** *es un hecho histórico, es decir, del pasado. El problema cambia de aspecto al ampliarse en una proporción que nadie imaginó hasta hace pocos años.*

"La importancia intelectual que está adquiriendo el lunfardo justifica que se lo estudie intensamente. Los habitantes del país han dado su aprobación.

"(...) Corrompidos por el orgullo, nuestros intelectuales no han visto el parentesco entre las letras lunfardas y la literatura picaresca. Somos un pueblo con un idioma en fracción, esto es, sin idioma; lo cual quiere decir: un pueblo que carece de unidad. Seremos un solo pueblo cuando nos decidamos por un lenguaje, de común acuerdo. El lunfardo no es un idioma ni un dialecto; es sólo la expresión de un esfuerzo hacia un lenguaje propio."

Estas opiniones las debemos a Tulio Carella, quien concluye tan importante exposición con un concepto que cabe resaltar: *"En vano, desde Platón hasta el siglo XX se ha venido repitiendo que el pueblo es maestro de idiomas y, por consiguiente, la única autoridad; el lenguaje, arte colectivo de expresión, está hecho por el pueblo".* (**Picaresca porteña**, 1966.)

Habla de la comunidad mayor

"Todo el mundo repite que el lunfardo es un lenguaje ocultista, secreto, hermético; una germanía inventada por nuestros ladrones para entenderse sólo entre ellos. En realidad habría que ver si el impulso inicial de la formación de la germanía es ocultista o, apenas, diferenciativo. (...) Pero es que el lunfardo no es una germanía, no es el habla particular de la comunidad menor, es el habla de la comunidad mayor, como que fluye de los estratos bajos de la población (en la que se vuelcan los inmigrantes), que son mayoritarios. (...) La confusión se explica. Los primeros que estudiaron el lunfardo fueron policías o criminólogos: lunfardo quiere decir ladrón.

"(...) El lunfardo –y estoy dando ese nombre al **resultado de la influencia que los inmigrantes ejercieron sobre el habla de los porteños**– *reemplazó muy pronto a su impulso lúdico inicial por el impulso diferenciativo. Esto no quiere decir que haya conseguido despojarse por entero de su aire travieso (...) El nativo bonaerense, precisamente cuando la ciudad le creció a los costados y dejó de ser un gauchito o un gaucho que podía valerse del habla diferente de los gauchos para convertirse en ciudadano, se encontró con que la inmigración le estaba dando los elementos para fabricarse un*

habla propia, un habla diferencial que sustituyera la gauchesca. Ésta ya no podía servirle, porque era rural y el compadrito no era rural, sino urbano. El orillero, el compadrito hizo entonces del lunfardo su habla diferencial. No hay que asustarse por ello. Hay que dar gracias porque la venida de voces inmigradas que se despeñó sobre el habla nativa fue tremenda y es de admirarse de que no haya prevalecido al fin, convirtiendo al habla española en habla de sustrato. El idioma salvó entonces al habla de sucumbir a la invasión.

"(...) Superado el impulso lúdico, porque ya no hay inmigrantes de quienes burlarse; superado el impulso diferenciativo merced a la nivelación social o, en todo caso, recluido al ámbito de la delincuencia y sus imitadores, ¿a qué impulso obedece ahora el lunfardo? La respuesta a esta pregunta me resulta fácil y cómoda. Incorporado definitivamente al habla a tal punto que no siempre podemos discernir en ella los elementos nativos y los elementos lunfardos o importados, responde a un impulso afectivo." (José Gobello. **El lenguaje de mi pueblo***, 1974.)*

Segunda lengua

"El lunfardo, ya se sabe, no constituye un idioma, sino un vocabulario. Empezó siendo una jerga técnica: la de los individuos de avería. Ladrones o lunfardos*; luego se mezcló con el lenguaje popular, cotidiano familiar y de la calle, se combinó con porteñismos no lunfardos, con argentinismos. Como todo argot, es una segunda lengua que se apoya en las estructuras de otra y vive superpuesta a ella. Cuando se dice que un individuo habla o escribe en lunfardo, no se quiere significar que exista una sintaxis lunfarda propia, ajena a la castellana. Quiere darse a entender, sencillamente, que ese individuo se expresa según los moldes y mecanismos de nuestra lengua madre e incluso utilizando sus voces, pero apelando con preferencia y en forma mayoritaria o predominante a los vocablos y giros de extracción o circulación lunfarda. El solo vocabulario lunfardesco sin el soporte y las bisagras del castellano, no habilita a nadie para expresarse, salvo que lo haga muy rudimentariamente. No sé si el castellano sufrirá algún día el proceso a la vez desintegrador y fecundo del latín, de cuya corrupción nacieron las lenguas romances. Es improbable aseverarlo con certeza, aunque es lógico pensar que ello ocurra. En todo caso imagino muy difícil que del castellano corrompido o enriquecido, pero indudablemente modificado, surja un nuevo idioma que responda a las características actuales del lunfardo." (Luis Soler Cañas.* **Orígenes de la literatura lunfarda***, 1965.)*

Argot argentino

"Estoy convencido de que, mientras persista la creencia de que el lunfardo —o cualquier otro argot— fue lengua de ladrones, o lo es, no se podrá ver ni comprender cabalmente la naturaleza y el significado que posee en la sociedad moderna (...) Este concepto de que el lunfardo es el habla de la gente de mal vivir o, si se quiere de otra manera, la jerga del hampa, ha demostrado una tenacidad y capacidad de persistencia realmente asombrosas, al extremo de que mucha gente instruida todavía se aferra a él, a pesar de que nada cuesta comprobar que los lunfardismos (...) están en la boca de todos. Se trata de una tergiversación cuyos efectos han sido sumamente dañosos para la cabal comprensión de nuestro argot", dice Mario E. Teruggi. *"(...) El pecado capital del lunfardo, como el de todos los argots, es muy difícil de lavar. Con todo, la génesis de un argot puede, no debe ser el único criterio para juzgarlo, con omisión de su posterior desarrollo. Es un error que (...) en términos humanos equivaldría a evaluar a un individuo en base a su primera infancia únicamente."*

"Hace ya un siglo que el lunfardo se va extendiendo a todo el país" —agrega nuestro autor, quien señala que *"se halla en vías de cesar de ser el argot capitalino para convertirse en el argot argentino. Habrá en el futuro, por lo tanto* —concluye—, *una manera de hablar, como ya la hay, característica de los argentinos con matices fonéticos y voces propias que la distinguirán del castellano de otras regiones. Y habrá, también, en ese complejo lingüístico argentino un argot nacional edificado sobre la base del lunfardo".* (**Panorama del lunfardo**, *1974.)*

Lunfardología. 1. Estudio del lunfardo, su semántica, usos y proyección.
Lungo/a. lunf. Alto. Persona de estatura alta. Del ital. **lungo**: largo, extenso.

Era lungo y delgado como alambre;
siempre de traje azul y portafolio;
con un pibe mordido por la polio
y una mujer histérica y el hambre.
Tres puntos. Luis Alposta.

// **Hacerla lunga**. Prolongar, demorar algo en demasía. // Hablar mucho sobre el mismo tema. // **Saberla lunga**. Tener cancha, experiencia, sabiduría. Conocer las cosas de la vida. *Me asombró con sus consejos: se ve que la sabe lunga.* // **Tirarla a la lunga**. Demorar algo ex profeso. *Cuando tiene que pagar algo la tira a la lunga.*

Lupines. l. p. **¡Andá a vender lupines!** Dicho popular con el que se busca quitarse a alguien de encima por fastidioso, cuentero, pedante, etc. Tiene el sentido de echarlo a la calle y alude a los antiguos vendedores callejeros de lupines que abundaban por los barrios. Del ital. **lupino**: planta leguminosa también llamada así en España, donde se la conoce más como **altramuz**, que da un fruto de grano menudo y achatado envuelto en una vaina, del mismo nombre, semejante al poroto, que se come después de quitarle el amargor con agua y sal. Se popularizó entre nosotros con la llegada de los inmigrantes italianos, que son afectos a comerlo, aunque tienen un dicho –*non valere un lupino*– que se refiere al insignificante valor monetario de uno de esos porotitos y no a su gusto.

Lurpiada. l. p. Acción baja, indigna. (Fuera de uso.) De **lurpiar**.

Lurpiar. l. p. Causar daño a alguien. // Engañar. // Defraudar. (Fuera de uso.) Es voz gallega, de igual significado.

Lusante. l. del. Farol. Linterna.

Lustrada. l. p. Figura de baile en el tango que era muy celebrada antiguamente. "Consistía en que, en un determinado pasaje, la mujer se colocaba servilmente en cuclillas y simulaba lustrar los zapatos del bailarín." (Enrique Cadícamo. **Café de Camareras**, 1973.) Véase **corte**. // p. ext. l. fút. Acción violenta de un jugador de fútbol que barre con sus piernas las del adversario. // l. del. Robo.

Lustrar. l. fút. Jugada violenta en el fútbol. Véase **lustrada**. // l. del. Robar. Despojar a alguien de algo limpiamente, sin ser advertido. Equivale a **limpiar**. *Le lustraron la billetera en el colectivo.*

Lustre. l. p. **Hacer algo al lustre**. antig. Realizar algo, ejecutar un trabajo a la perfección, de manera inobjetable. // p. ext. l. del. antig. **Trabajo al lustre**. Estafa, cuento, engaño concebido y ejecutado sin fallas, tanto, que el afectado sólo se da cuenta cuando ya no tiene nada que hacer. Del esp. **lustrar**: bruñir, darle brillo a algo.

Pero, en cambio, una minona
que me tuvo rechiflado
y por quien hasta de espaldas
con el lomo caminé,
me enceró con su jueguito
tal al lustre preparado
que hasta el pelo de las manos
de la bronca me arranqué.
Barajando.
Tango. Eduardo Escariz Méndez, 1928.

Luyir. lunf. Gastarse, deteriorarse algo por el uso. // Brillar una tela a causa de su desgaste. Probablemente de **lûxî**, que en dialecto genovés significa brillo (del ital. **lux**: unidad de alumbrado). El término **luyir** se empleaba anteriormente con frecuencia en nuestro medio, para referirse al brillo de las telas que se hallaban desgastadas por el uso, lo que se hacía muy evidente sobre todo en sacos y pantalones azules o negros, que eran de uso corriente hace años. La voz cayó en desuso.

Luz. l. p. Dinero. *Si hay mucha luz entro en este negocio.* // Dícese de la persona de mente ágil, veloz para pensar y decidir. *Mi hijo es una luz.* // l. jgo. En el póquer, dinero o ficha equivalente que pone en juego el jugador que es mano antes que se den las cartas (véase **alumbrar**). // **Cortar luz**. l. turf. Ganar un caballo a otro una carrera por más de un cuerpo de ventaja, es decir, de modo que haya espacio (luz) entre su anca y la cabeza de su rival.

–¡Bah!... Ya se desengañaría si hiciéramos una partidita.
Nicanor, no sabiendo ya cómo negarse, objetó, mientras el deseo de ganar le golpeaba en las arterias:
–Como quiera, entonces, pero estoy, desde ahora, seguro que el coloreo me va a cortar luz.
Don Juan Manuel (Cuentos de muerte y de sangre). Ricardo Güiraldes, 1ª edición, 1915.

// **Hacer** luz. Apoderarse de algo rápidamente. // p. ext. Hurtar, robar. *Le hizo luz la cadena de oro.* // Hacer desaparecer algo con presteza; ocultarlo, esconderlo en brevísimo instante. *Hizo luz el revólver cuando vio al policía.*

Luz mala. l. p. Fosforescencia propia de los huesos de animales que se hallan diseminados en los campos y que, de noche, es fácil de advertir. En las zonas rurales se la llama **luz mala** y se cree que quien la ve ha de sufrir alguna desgracia.

El que menos, pasó un momento de terror en la vida. Uno se topó con la viuda; otro con una luz mala que trepara en ancas del caballo; a aquél le había salido el chancho y este otro se perdió en el cementerio poblado de quejidos.
Al rescoldo
(*Cuentos de muerte y de sangre*).
Ricardo Güiraldes. 1ª edición, 1915.

M

Macana. l. p. Garrote; palo grueso y corto. // Disparate, despropósito, tontería.

*Berretines locos de muchacho rana
me arrastraron, ciego, en mi juventud;
en milongas, timbas y en otras macanas
donde fui palmando toda mi salud.
¡Cómo se pianta la vida!*
Tango. Carlos Viván, 1929.

// Contrariedad. *¡Qué macana: perdí el tren!* // Error, equivocación. *Cometí una macana al salir con este frío.*// Inconducta, mal comportamiento.

*Así es el gordo este de la esquina,
que, dicen, anda en la postrer boqueada
e hizo traer de la parroquia al cura
a ver si le perdona sus macanas.*
El chanta
(Versos de yeca y atorro). Tino, 1977.

// Fabulación. Historia inventada. // p. ext. Mentira.

*Son macanas: no fue un guapo
haragán y prepotente,
ni un cafisho de avería
el que al vicio te largó.
Vos rodaste por tu culpa
y no fue inocentemente...*
Margot. Tango. Celedonio Esteban Flores.

// **Charlatán a la macana.** Dícese de la persona que habla por hablar, que fabula, que miente. // **Hablar a la macana.** Hablar sin fundamento. Decir tonterías. Hablar al cuete.

"El jurista Segovia en su **Diccionario de argentinismos** escribe: **Macana**: disparate, despropósito, tontería. Eso, que ya es demasiado, no es todo. Macana se le dice a las paradojas; macana a las locuras; macana, a los contratiempos; macana, a las perogrulladas; macana, a las hipérboles; macana, a las incongruencias; macana, a las simplonerías y boberías; macana, a lo no usual... Es palabra limítrofe que sirve para desentenderse de lo que no se entiende y de lo que no se quiere entender. ¡Muerta seas, macana, palabra de nuestra sueñera y de nuestro caos!" (Jorge Luis Borges. **El idioma de los argentinos**, 1953.)
Macanazo. l. p. Aument. de macana.
Macaneador/a. l. p. Que macanea. // Que dice o hace macanas.

EL MACANEADOR
"Macaneador es, ante todo, el hombre que distorsiona la verdad con pequeñas verdades. Sin incurrir en el mentiroso propiamente dicho, el macaneador es una especie de fanfarrón con cortina metálica, porque actúa en el mundo de la palabra y no en el del acto. Pero macaneador es, también, el conversador extenso y vano al propio tiempo, lo que se llama un latoso inofensivo, pero insoportable; el macaneador es, a ratos, una especie del exagerado, del tipo sin idea de la proporción; macaneador es, a veces, para el hombre porteño, el sujeto chistoso o, acaso, el murmurador, y, finalmente, el individuo que cambia de opinión con cada gobierno o con cada mujer que lleva del brazo. Pero siempre el vocablo acusa, como hilo conductor de ese collar de acepciones, la idea del fraude intrascendente, del fraude sin diablo y sin in-

fierno, sin castigo viniendo de parte del semejante no macaneador." (Carlos Alberto Giuria. **Indagación del porteño a través de su lenguaje,** *1965.)*

MENTIROSO INTRASCENDENTE
"Embustero en escala diminuta, mentiroso intrascendente, fantasioso ocasional o cuentero plagiador cuya primera víctima crédula puede ser él mismo, el macaneador, descendiente lejano del ostentador farolero, surgía claro, preciso, inconfundible, sin parecerse a sus congéneres registrados en los vocabularios del idioma nacional.
"(...) Faltaba a la verdad sin necesitarlo y, desde luego, sin propósito ofensivo. Equivocaba por puro placer de equivocarse. Afirmaba hoy lo que podía desmentir mañana y se comprometía a realizar tareas que nunca pensó siquiera iniciar.
"(...) Daba nombres y fechas exactas para afirmar lo que decía y, al repetirlas tres veces, ya quedaba todo incorporado en su mente como si hubiera existido la persona y cumplido la tal data.
"Siempre conocía al que le era posible facilitar un empleo, perdonar una multa, conseguir una ventaja. Nadie le escuchó decir que no sabía una noticia o que no se había enterado en tiempo de esta o la otra novedad.
"(...) Llegaba a coleccionar enfermedades que nadie conocía, usado medicamentos que aún estaban en experimentación, sufrido operaciones en que se ponían verdes los mejores bisturíes del mundo. Había recorrido todas las casas de departamentos, comido en todos los restaurantes, dormido en las camas de todos los hoteles, viajado por tierra, por agua, por aire en todas direcciones y en compañía de los personajes más importantes de la banca, los autores más conocidos de las letras, los artistas más aplaudidos de las tablas.
"(...) A todas sus mentiras, grandes y chicas, desarrolladas con un desparpajo de chiquilín inconsciente, se las disculpaba con una palabra: macanas." (Bernardo González Arrili. **Buenos Aires,** *1900, 1967.)*

Macanear. l. p. Fabular. Inventar historias. Hacer o decir desatinos, disparates, tonterías. // Hacer cosas incorrectas, locuras. // Equivocarse. // Mentir.
Macaneo. Acción y efecto de **macanear**.

Macanudo/a. l. p. Excelente, superior, extraordinario. Se aplica a personas y cosas. *Una persona macanuda. Una comida macanuda.*
Maceta. l. p. Caballo de cascos grandes que camina con dificultad o que tiene nudos en las patas. // p. ext. Caballo viejo. // p. ext. Caballo desmedrado, flojo, casi inservible. // Matungo. // p. ext. Burlonamente se le dice maceta cuando quiere desmerecerse a un caballo.

...un buen asado con cuero para servirlos con "prontitud y esmero" en la mesa donde festejábase el triunfo de cualquier maceta en 1' 45" los 1600 metros.
Con los 9. *Félix Lima, 1ª edición, 1908.*
NOTA. En una buena pista de un buen hipódromo, emplear un minuto y cuarenta y cinco segundos para recorrer la distancia de 1600 metros es pésimo tiempo. Lo corriente oscila entre 1' 35" y 1' 37", aunque muchas veces se bajan estos tiempos.

// También por extensión y refiriéndose a personas, se dice de aquellas que por su edad avanzada o sus achaques no pueden realizar determinadas tareas. *Viejo maceta.* Es despect.
Macró. l. p. Proxeneta. // Hombre que explota a mujeres obligándolas a ejercer la prostitución. // Hombre que encubre, concierta o permite en su casa este ilícito comercio. // p. ext. Propietario o regente de un prostíbulo. "Pertenece al francés o a su argot. De maquereau, tratante de blancas." (José Clemente. **El idioma de Buenos Aires,** 1953.)

ORIGEN DE MACRÓ
Respecto a este vocablo, Mario E. Teruggi nos narra una curiosa historia lingüística: "Macró viene del francés **maquereau,** *que viene del francés antiguo* **maquerel,** *que a su vez fue tomada del holandés medio* **makelaer,** *que significa, precisamente, intermediario o rufián (el vocablo se encuentra también en alemán,* **makler,** *intermediario, negociador, usurero). De modo, entonces, que* **maquereau** *significó primitivamente rufián y luego se lo extendió a ciertos peces —los escombros— en razón de una vieja leyenda pesquera de Europa que sostenía que los escombros actuaban como intermediarios de los cardúmenes de arenques a los que acompañaban guiando las hembras hacia los machos para que formaran parejas. Por ello, el*

*argot francés emplea varios términos ícticos para denominar lo que en lunfardo –por otra vía– también se identifica como un pescado, el **stoccafisso**". (**Panorama del lunfardo**, 1974.)*

PROSTITUTAS VÍA MONTEVIDEO
"En Constitución, la orilla turbulenta de la ciudad estaba en las proximidades del Arsenal de Guerra; allí, entre Rincón y Pasco, se encontraba el café 'La Pichona', donde 'La Moreira', famosa prostituta de la época, bailaba el tango, aprovechando, junto con su macró, 'El Cívico', a tirar la lanza.
*(...) "De Francia, de Polonia, de Austria eran traídas miles de mujeres para ejercer la prostitución. La Dirección de Inmigración sólo exigía una pequeña formalidad: el macró, que había hecho todo el viaje junto a la mujer (el 'colí', 'paquete' o 'peso falso'), seguía rumbo a Buenos Aires, en tanto la mujer desembarcaba en Montevideo, donde la esperaba una presunta parienta –otra mujer del rufián–, y, un par de días después, ambas se dirigían a Buenos Aires en el Vapor de la Carrera." (Juan José Sebreli. **Buenos Aires, vida cotidiana y alienación**, 1966.)*
Nota. *Vapor de la Carrera:* buque de pasajeros que hacía el viaje Buenos Aires-Montevideo, ida y regreso.

Macuco. l. p. Bueno. Muy bueno. Morrocotudo. // Hermoso, agradable a la vista. Es contracción de **más** y del esp. **cuco**, pulido, bonito, mono (fig. y fam.)
Macuo. l. p. Sínc. de **macuco**.

*Tango macuo y chamuyón
como garganta'e calandria,
con vos no tayan los mandrias,
ventajeros de ocasión.*
Tango macho. *Bartolomé R. Aprile.*

Macha. l. p. Borrachera, boedez. *Pescarse una macha.* Del quechua **macha**, de igual significado.
Machado/a. l. p. Borracho, beodo. De **macha**.
Macharse. l. p. Emborracharse, embriagarse. De **macha**.
Machazo/a. l. p. Aument. de **macho**. // Varonil, recio, fuerte. *Un individuo machazo. Una respuesta machaza.* // p. ext. Muy grande, enorme. *Un susto machazo.* // p. ext. Noble, leal, íntegro. *Un amigo machazo.*

Machete. l. p. Papel de medidas muy reducidas en el que los estudiantes resumen los datos de un examen escrito que deben rendir y llevan oculto para copiarse luego de él. // p. ext. Pene (gros.).
Machetear. l. p. Preparar un machete para un examen. // Copiarse de un machete. // p. ext. Copular (gros.).
Machieta. l. p. Maquieta.
Macho. l. p. Hombre corajudo, valiente, esforzado. // Concubino, respecto a su amante. *Siempre se la veía con su macho.*

*Mi macho es ese que ves,
de puro lengue corrido,
taura viejo y conocido
por su saque de revés.*
Dijo la grela *(La crencha engrasada).*
Carlos de la Púa, 1928.
NOTA. *Saque de revés:* trompada o cachetazo dado con el revés de la mano.

Machona. l. p. Niña, jovencita que prefiere jugar con los varones. // Mujer que anda tras los hombres. // Mujer de maneras masculinas. Del esp. **macho**: animal de sexo masculino.
Machorra. l. p. Lesbiana. Del esp. **machorra**: hembra estéril.
Machucar. l. p. Estrecharse las manos fuertemente dos personas como gesto de saludo cordial, sincero, efusivo, o como sellando un compromiso, un pacto. **Machucar las manos, machucar los cinco, machucar los espárragos** (dedos), equivale a **chocar las manos, los cinco, los espárragos**. También admite, simplemente **machucar**. *¡Machucá, hermano!*

*Aquí estamos los dos,
bien frente a frente.
Dame tu mano,
machucá la mía.*
Pa mí es igual. *Tango. Enrique Cadícamo.*

Madam. l. p. Señora. En algunos círculos se usaba como señal de respeto y distinción. En otros, de otro nivel, se lo hacía con sarcasmo, generalmente dirigiéndose a mujeres que se daban aires de importancia. Del fr. **madame**: señora.

*Che, madam, que parlás en francés
y tirás ventolín a dos manos,*

que escabiás copetín bien frappé
y tenés gigoló bien bacán...
Muñeca brava.
Tango. Enrique Cadícamo, 1928.

Madama. l. p. Dueña o regente de un prostíbulo. Del fr. madame: señora. Mario E. Teruggi recuerda que antiguamente se llamaba madama también a la partera o comadrona. Y agrega que, como regente de prostíbulo "tuvo otros nombres prestados: **mayorengo**, se le dijo, como al mayoral del tranvía o a todo individuo que ostentaba algún mando; **botona**, como al chaferola, **patrona** y el vesre **tronapa**; **dueña**, **encargada** y, con bastante posterioridad se la llamó **cabrona**". También nos pinta crudamente las características de este siniestro personaje del submundo social.

LA MADAMA
"La figura de esta mujer era típica: cuerpo grueso y fofo, pelo teñido de rubio y cargada de alhajas, no siempre falsas. Por lo general se trataba de una puta vieja retirada de las actividades, dueña de un marido más o menos legítimo. Fumaba en largas boquillas de ámbar o de marfil, de acuerdo con la vida implantada por las vampiresas de la pantalla cinematográfica o se entregaba a la doméstica tarea de hacer crochet o calceta, para no aburrirse. Fumar o tejer le permitía estar con el ojo alerta.
*"(...) La madama recibía el precio estipulado cobrando una ficha... Vigilaba el movimiento desde su sitio: una silla, un estrado, un mostradorcito, un escritorio, una mesa. La **madán** o **madama**, se le decía a la rectora de las casas de prostitución con falsa ceremonia, acaso con auténtico deseo subconsciente de que esos monstruos fueran, de verdad, franceses. Casi siempre lo eran.*
"(...) Vivían en las habitaciones privadas del burdel de manera muy burguesa con el boato propio de su mentalidad: carpeta de felpa roja, fruteras o centros de mesa, grandes aparadores y trinchantes, camas oceánicas y mullidas, cortinas de macramé, el inevitable tarjetero con tarjetas postales, un fonógrafo, almohadones pintados y bordados, una cola de vaca para peines, peinetas y peinetones, un puff y equipo para mate, de plata, como adorno."
(*Panorama del lunfardo*, 1974.)
NOTA. La ficha que entregaba la madama se llamaba **lata** (véase esta voz) y su valor equivalía al dinero abonado por el cliente. Respecto a la "cola de vaca", antiguamente solía colgarse una cola de ese animal o de caballo en algunas casas para prender en ella peines o peinetas.

Madán. l. p. Madam.
Madona. l. p. ¡A la Madona! Locución interject. demostrativa de distintos estados de ánimo, como asombro, estupor, sorpresa (*¡la madona, qué espectáculo!*), aunque también, contrariamente, angustia, desilusión (*¡la madona, qué disgusto!*), indignación, etc. // **De la madona**. Indica algo hermoso, de calidad. *Un brillante de la madona. Una bailarina de la madona.* Antig., mantiene cierta vigencia. Proviene de la expr. pop. italiana ¡**per la madonna**!, ¡por la Virgen! Asimismo, puede expresar algo grande, importante, etc. *Un espectáculo de la madona. Una bronca de la madona.*

Vos, que sos una rana de la madona,
rejunando de reojo mi situación,
fresca, como un quesito de La Martona,
¡meta hacerme cosquilla en el corazón!
Chamuyo al oído.
Dante A. Linyera (Francisco B. Rímoli).
NOTA. *La Martona:* marca de una fábrica de productos lácteos.

Madrugador/ra. l. p. Que madruga (véase **madrugar**). // Ventajero. // Ligero, rápido para actuar.
Madrugar. l. p. Anticiparse a otro en hacer algo. // Aprovechar una ocasión, una oportunidad antes que lo haga otro que está al aguardo. // Atacar a alguien por sorpresa antes que éste lo haga. *Advertí que iba a golpearme y lo madrugué con una trompada.* // **Ventajear**. Del esp. **madrugar**: ganar tiempo en una solicitud o empresa.

Hace cuatro días, loco de contento,
vivo el movimiento como un carrousel.
Ella, que pensaba amurarme el uno,
¡justo el treinta y uno yo la madrugué!
Justo el 31.
Tango. Enrique Santos Discépolo, 1930.

Madruguista. l. del. Ladrón que entra a robar en las casas entre la media noche y la madrugada.

Madurar. l. del. Preparar el ayudante del punga (**esparo**) a la víctima que han elegido para que éste pueda robarle con facilidad. // **Madurado a fomentos.** (Véase **fomento.**) Del esp. madurar: preparar y poner en su punto una idea, un proyecto, etc.

Mafia. l. del. Asociación delictiva dedicada a los ilícitos de más alto nivel, que abarca desde los maleantes y asesinos más abyectos hasta personajes y funcionarios más encumbrados, dirigida por un jefe (capo mafia), absoluto y poderoso, a veces conocido; otras, ignorado. Del ital. mafia: asociación de delincuentes de Santa Lucía, hampa siciliana.

Mafioso/a. l. del. Relativo a la mafia. // Miembro de la mafia. // p. ext. Delincuente temible. // p. ext. Facineroso.

¿Piensa, acaso, en el coso
que la espera en la esquina?
¿En aquel que le dijo
que era muy bailarina,
con tapín de mafioso,
compadrito y ranún?
Sonatina. *Celedonio Esteban Flores.*

Magallana, Magallanes. Tonto, otario. // **Hacerse el magallanes, hacerse la magallana.** Hacerse el tonto, el desentendido; intentar pasar inadvertido. Es un dicho muy antiguo, fuera de uso, que posiblemente haya derivado de otro dicho anterior, **hacerse el portugués**, de igual significado, reemplazando a la nacionalidad del célebre marino portugués Fernando de Magallanes, por su apellido.

Magoya. l. p. Personaje imaginario al que se remite a alguien a quien no se le cree lo que está diciendo. *¡Andá a contárselo a Magoya!* Igual que *andá a contárselo a tu abuela.* Equivale a *¡andá a contárselo a Mongo o a Serrucho!* // **Esto no lo arregla ni magoya o ¡que lo arregle magoya!** Dícese de lo que se ha estropeado al extremo de no tener arreglo o solución. En ambos casos, alterna **Mongo** con **Magoya**.

Magura. l. p. "Bueno, excelente. // **Magura de buten.** Muy bueno, notable, admirable." Así lo registra Antonio Dellepiane en **El idioma del delito**, editado por primera vez en 1894. Esta voz cayó en desuso hace tiempo. Es probable que esta palabra descienda del esp. **majura**, equivalente al también esp. **majeza** (calidad de majo y también ostentación y alarde de dicha calidad), ya que majo es quien en su porte, acciones y vestimenta muestra libertad, elegancia y guapeza, y **guapeza** en esp. es condición de guapo (animoso, elegante, atrayente, bien parecido). Como se ve, acepciones muy próximas a las de nuestra antigua y desaparecida **magura**.

Maíz frito. l. camp. **Saltar como maíz frito.** Dar un salto a causa de un susto. // Reaccionar instantáneamente ante una alusión, una acusación, un ataque, etc. // **Salir como maíz frito.** Salir corriendo velozmente. Estas expresiones se inspiran en la forma en que saltan los granos de maíz cuando se los pone a la sartén.

Habían estado escondidos
aguaitando atrás de un cerro...
¡Lo viera a su amigo Fierro
aflojar como un bendito!
Salieron como maíz frito
en cuanto sonó un cencerro.
El gaucho Martín Fierro. *José Hernández.*
Nota. El autor relata el ataque de un grupo de indios a un puesto fronterizo.

Mala. l. p. Adversidad, infortunio, suerte adversa. *Andar o estar en la mala.* // **Mala pata.** Mala suerte, yeta, **malaria** (véase esta voz). // **Echar mala.** Véase **echar**.

Malandra. l. p. Maleante, delincuente. **Malandrín.** Es sínc. de esta última. // Persona de mal vivir. Alterna con **malandro**. Del esp. **malandrín** (del provenzal **malandrín** y éste del lat. **male**, mal y el neerlandés **slendern**, vagabundear): maligno, malvado, perverso, bellaco.

Estoy hecho en el ambiente
de muchachos calaveras,
entre guapos y malandras
me hice taura pa tallar.
Me he criado sin dar pifia
en bulines y carpetas,
me enseñaron a ser vivo
muchos vivos de verdad.
Bien pulenta.
Tango. Carlos Waiss, 1950.

Malandraca. l. p. Malandra, por prótesis.

Malandrín/drina. l. p. **Malandra.** Del esp. malandrín: maligno, malvado, perverso. Bellaco.

Está en cana, prontuariado
como agent'e la camorra,
profesor de cachiporra,
malandrín y estafador.
¡Chorra!
Tango. Enrique Santos Discépolo.

Malandrinada. l. p. Acción o dicho propio de un malandrín.
Malandrino/a. lunf. Maleante, delincuente. Malandra, malandrín. Del ital. malandrino: salteador de caminos, bandido, vagabundo. // Pícaro, perverso, maligno, malvado.

Vinieron los hijos, ¡todos malandrinos!
Llegaron las hijas, ¡todas engrupidas!
Ellos son borrachos; ahora, asesinos;
y ellas, las mujeres, están en la vida.
Los bueyes (La crencha engrasada).
Carlos de la Púa, 1928.

Malanfia. lunf. Malevaje.
Malanfiar. lunf. "Comer. // Hacer vida de malevo." (Adolfo Enrique Rodríguez. **Lexicón.** Centro de Estudios Históricos Policiales, 1989.)
Malanfio. lunf. Complicación, dificultad. // Desorden lío, barullo. *Se armó un malanfio tremendo.* // Asunto turbio. Negociado. *Lo descubrieron metido en un malanfio escandaloso.*
Malaria. l. p. Adversidad, infortunio. Mala. // Mala racha prolongada. // **Estar en la malaria.** Estar en la mala, en situación muy mala. Es parag. de **mala**, recurriendo al nombre de la enfermedad llamada **malaria**.
Mala vida. l. p. Vida de vicio y corrupción. // Vida de prostitución. // **Entregarse a la mala vida.** Dedicarse al ejercicio de la prostitución.

EL APOGEO DE LA MALA VIDA
"Durante la década del 20 (1920), bajo el gobierno refinado y liberal de Alvear, se llega al apogeo de la llamada mala vida *de Buenos Aires. La Compañía de Revistas Francesas de madame Rasimi, en 1922, y el Bataclán, en 1923, traen junto con el auge del desnudo en los escenarios porteños la moda de la cocaína.*

Alrededor del tráfico de drogas y de la trata de blancas, se organizó una vasta red: los dancings de Alem (1), los cafetines de La Boca, los cabarets de la Corriente angosta (2), de Paraná, de Maipú, los departamentos de Esmeralda, el famoso café 'La Puñalada', de Rivadavia y Libertad, el restaurante Julien, de Esmeralda y Lavalle. Buenos Aires era, en esa época, el primer mercado mundial de carne humana." (Juan José Sebreli. **Buenos Aires, vida cotidiana y alienación,** 1966.)
NOTA. (1) *Alem:* avenida Leandro N. Alem. (2) *Corrientes angosta:* actual avenida Corrientes que, antes, era una calle angosta como las características del microcentro.

¡Malaya! l. camp. **¡Malhaya!**
Malerba. l. p. Malo, mala. // Ordinario, falso, berreta. Es parag. de **malo** para formar el apellido Malerba.
Malerva. l. p. Malerba.
Maleta. l. turf. Mal jinete. Como si el caballo llevase sobre su lomo una maleta, un peso muerto, en vez del jockey habilidoso y capaz que lo conduce sabiamente y sabe cómo montarlo para que el animal no sienta tanto su peso. // p. ext. l. p. Torpe, inhábil, incapaz. // p. ext. Flojo, cobarde. Del esp. **maleta:** calificativo que se aplica a los malos toreros.

Dicen los amigos que mi vino es triste,
que no tengo aguante ya para el licor,
que soy un maleta que ya no resiste
de la caña brava ni el macho sabor.
El vino triste. *Tango. Manuel Romero.*

Maletear. l. p. Hacer cosas de maleta. Actuar como un maleta.
Maletero/a. l. del. Tipo de descuidista. Ladrón que opera en las estaciones ferroviarias, terminales de micros, aeródromos o puertos robando valijas, maletas o bolsos, en los descuidos de sus propietarios.
Malevaje. l. p. Ambiente propio de malevos. // Conjunto de malevos.

APOGEO Y EXTINCIÓN DEL MALEVAJE
"El mundo del malevaje orillero se halla en su apogeo hacia 1870 y se extingue antes de terminar el siglo, a medida que los arrabales de la Gran Aldea son asimilados al orden y a la

vigilancia de la ciudad cosmopolita, donde hasta la delincuencia requiere técnicas más organizadas y menos atrevidamente heroicas (...) En las primeras décadas de nuestro siglo XX se va extinguiendo el mundo casi fabuloso del malevaje arrabalero, de los bailongos suburbanos, de los inquilinatos céntricos, de las mujeres que eran motivo de riñas memorables en cafetines de moda." (Jaime Rest. **Notas para una estilística del arrabal,** Publicación del Instituto de Extensión Cultural, Obra Social de la Secretaría de Estado de Obras Públicas, 1965.)

*El malevaje, extrañao,
me mira sin comprender.
Me ve perdiendo el cartel
de guapo, que ayer
brillaba en la acción.*
Malevaje.
Tango. Enrique Santos Discépolo, 1928.

Malevo. l. p. Contracción de **malévolo.** // Sujeto de avería. Maleante. // Matón, pendenciero. // p. ext. Guapo, valentón, taita. Del esp. **malévolo** (del lat. **malevolus**; de **male,** mal, y **volo,** quiero): propenso e inclinado a hacer mal.

*Era un malevo buen mozo
de melena recortada.
Las minas lo cortejaban,
pero él las trataba mal.
Era altivo y lo llamaban
El taita del arrabal.*
El taita del arrabal. Tango.
Luis Bayón Herrera y Manuel Romero, 1922.

¡Malhaya! l. camp. Interj. de contrariedad o enojo. Se emplea con el sentido de ¡maldición! *¡Malhaya con esta sequía!* // También se usa como maldito o maldita, con el sentido de ¡maldito sea! o ¡maldita sea! en expresiones tales como *¡malhaya el traidor!* Corren las formas **¡Malaya!** y **¡Malhaiga!,** esta última de menor uso.
Mamá. l. p. Voz que suele usarse como equivalente a amiga, querida, con fuerte connotación afectiva. Así a una amiga se la saluda: *Hola, mamá, ¿cómo te va?*; o se la aplaude: *¡Te felicito, mamá!,* o se le responde a un requerimiento: *Sí, mamá.* Lo mismo ocurre con **papá.** // **¡A mamá!...** Expresión de suficiencia de la mujer experta, conocedora, canchera, cuando alguien pretende engañarla y que significa: ¿a mí me vas a engañar?, ¿tan luego a mí? ¿Con la cancha que tengo? ¿A mí, que me las sé todas?
Mamada. l p. Beodez, embriaguez, borrachera.

*Calculen cómo sería
la mamada que agarré
que, sin más, me figuré
que yo era el mismo gobierno,
y más leyes que un infierno
con la tranca decreté.*
Gobierno gaucho.
Estanislao del Campo.

Mamado/a. l. p. Ebrio, borracho. // **¡Avisá, si estás mamado!** Expresión con la que se le observa a alguien que lo que está diciendo o haciendo es una tontería, un disparate, propio de un loco o de un borracho, que no sabe lo que hace. // **¡Ni mamado!** Modismo que se emplea para decir que de ninguna manera se hará o se dirá determinada cosa. Equivale a ¡ni borracho! y a ¡ni loco!
Mamar. l. p. Emborrachar, embriagar. Del esp. **mamar:** chupar la leche de los pechos, extraerla aplicando a ellos los labios.
Mamarse. l. p. Emborracharse, embriagarse.

*Otra cosa: cuando llegue,
sea de noche o de día,
por allá a una pulpería,
no se me mame ni juegue.*
Anastasio el Pollo a Aniceto el Gallo
(Acentos de mi guitarra).
Estanislao del Campo.

Mambo. l. p. Confusión, barullo, lío. **Armarse un mambo.** Producirse un batifondo, una discusión violenta, una pelea. // Cuestión, asunto, fato. **Estar en el mambo.** Conocer, dominar el caso de que se trata. // Estar en el acomodo, en los negociados. // Tener vínculos con gente del poder. // **Tener un buen mambo.** Tener buena disposición, buena onda (véase **onda**). // **Tener un mambo en la cabeza.** Estar preso de una gran confusión. // Estar loco o medio loco. // **Irse de mambo** o **pasarse de mambo.** Excederse en algo. // Tomarse demasiada confianza. // Faltar al respeto. Insolentarse. Es voz nueva que alude al mambo, baile de origen cubano.

Mamerto/a. l. p. Bobo, tonto, gil. Caído del nido.

La percanta que engrupe, los amigos que gozan
con el sopapo que uno recibe por mamerto.
La familia que bronca y el bullón que escasea...
¿Esto es vivir?... ¡Piantame de mí esos versos!
Fiaca.
Dante A. Linyera (Francisco B. Rímoli).

Mamporro. l. p. Trompada. Puñetazo. Golpe fuerte dado con el puño. *Lo desmayó de un mamporro.* // Golpe que se da uno al caer al suelo o chocar contra algo. *Resbaló y se dio un mamporro contra el piso.* Del esp. **mamporro**: golpe o coscorrón que hace poco daño.

Mamúa. l. p. Borrachera.

Al ver llegar la morena
que no hacía caso'e naides,
le dije, con la mamúa:
"va... ca... yendo gente al baile...".
El gaucho Martín Fierro. *José Hernández.*

// Curdela, ebrio consuetudinario.

–Y te das a la cerveza. Te das con la sabia lentitud que conocen los mamúas, lentitud que empieza en mirar cómo espumea el vaso; lentitud en tomarlo para llevarlo a los labios; lentitud en escabiar...
Nuevas aguafuertes. *Roberto Arlt.*

Mancada. lunf. Robo, golpe delictivo fracasado al ser descubierto en el momento que el ladrón va a llevarlo a cabo. // **Dar la mancada.** Sorprender a un ladrón en el momento en que va a cometer un robo. También se dice **fajar la mancada.** (Véase **mancar.**)

Se da dique que hace poco
le fajaron la mancada...
Cartón junao. *Tango. Carlos Waiss, 1947.*

// Fayuteada. Mala acción.

Minga de fulería, siempre derecho.
De gurda jotrabó. Ni una mancada.
A mala que se dio, le puso el pecho.
Pa él lo mismo todo que la nada.
Guiso. *Julián Centeya (Amleto Vergiati).*

// Falla. Error grueso, equivocación. // Frustración, fracaso.

También fue mugre, mishiadura y pena,
escolaso, cafúa y desencanto.
Todas mancadas para curda y llanto,
que se dan en la mala y en la buena.
Tango. *Joaquín Gómez Bas.*

Mancadilla. lunf. Es parag. de **mancada.** *Dar la mancadilla.*

Mancado/a. lunf. Descubierto, reconocido. // Sorprendido en flagrante delito. // **Trabajo mancado.** Robo frustrado. Hecho delictuoso descubierto en el momento de perpetrarlo.

Mancar. lunf. Fracasar. // Frustrarse un delito por ser descubierto el delincuente cuando está por perpetrarlo. Sorprender in fraganti a un ladrón. Del ital. **mancare**: faltar, fallar, errar. // No cumplir. // No ocurrir.

Vivirás mientras siga copando la patriada
un taura arrabalero que despreció la yuta,
mientras se haga un escruche sin que salga
/mancada,
mientras taye la grela de la crencha engrasada,
mientras viva un poeta, un ladrón, una puta.
El entrerriano (La crencha engrasada).
Carlos de la Púa, 1928.

// Entender, comprender algo.

Cuando llegue el final, si la de blanco
me lleva con el cura antes que al hoyo,
que el responso sea en lunfa, así lo manco.
Yo no aprendí el latín de puro criollo.
Una luz de almacén.
Edmundo Rivero, 1982.

// Junar, conocer bien a una persona. Esta acepción y la anterior posiblemente sean debidas a un cruce de **mancar** con **manyar.**

Si tardás en llegar tengo pavura
de que te hayas peleao en la milonga.
Vos sabés que no falta un caradura
y yo te manco bien, cara chinonga...
Biaba. *Celedonio Esteban Flores.*

Mancarrón. l. p. "Aplícase al caballo viejo, ya muy estropeado, casi inservible por efectos de su vetustez. Derivado de **manco**, adjetivo que se aplica al animal que tiene perdido el uso de las manos y que, en sentido figurado, equivale a defectuoso. Los araucanos dijeron **mancu, mancun**, pero es indudable que tomaron el vocablo de los españoles, puesto que éstos importaron el caballo a América." (Daniel Granada. **Vocabulario rioplatense razonado**. Montevideo, Uruguay, 1890.)

Abandonamos el viejo rancho bamboleante, rodeados por la partida y montados de dos en dos en mancarrones inservibles, a cuyas piernas hubiese sido una locura confiarles una esperanza de salvación.
De oruga a mariposa (Memorias de un vigilante).
Fray Mocho (José S. Álvarez). 1ª edición, 1897.

Mancarse. l. p. Lesionarse, quebrarse un caballo una de sus patas. // p. ext. sent. fig. Fallar, fracasar un asunto, un negocio. // Incumplir una persona. Del esp. **mancar** (de **manco**): lisiarse, herirse en las manos. // Faltar, dejarse de hacer una cosa por falta de alguno.

Mancusado/a. lunf. **Junado**, conocido, manyado. De **mancar** (5ª acep.).

Mancusar. lunf. Entender, comprender algo. // Conocer. // p. ext. Contemplar. De **mancar** (4ª y 5ª acep.).

No quiero que me mancusen
por biabas, versos ni tangos.
Quiero que batan: "fue un colo;
buscó emociones, no mangos".
Coplas lunfa (Nocau lírico).
Alcides Gandolfi Herrero, 1970.

Manchón. l. p. Manguito. Rollo de piel que usan las mujeres para abrigarse las manos. // p. ext. Trozo de goma que se coloca entre la cubierta cortada o perforada del neumático de un automotor y la cámara, para proteger y resguardar a ésta, a fin de que no se pinche o deteriore. Del fr. **manchon**: manguito.

Mandaparte. l. p. Que se manda la parte (véase **parte**). Que finge, que simula. // p. ext. Cuentero, charlatán, fabulador.

Mandarina. l. p. En la expr. pop. **ser buena mandarina**. Ser pillo, astuto, pícaro. *¡Vos sí que sos una buena mandarina!* // **¡Chupate esa mandarina!** Se le dice a quien ha recibido un reto severo o le han cantado verdades en la cara o ha recibido una respuesta aplastante. Tiene el sentido de *¡digerí, si podés, lo que te han dicho!*

Y si alguno creyó que la pelea
vendría por el lado de esa mina,
se equivocó, porque, jovata y fea,
también era una buena mandarina.
Popea. Nyda Cuniberti.

Mandarse. l. p. Hacer algo decididamente, sin vacilar y con convicción. *Se mandó, furioso, a la oficina del jefe.* // Beber. *Mandarse un remedio. Mandarse un whisky.* // Comer. *Mandarse un plato de ravioles.* // Hacer algo, bueno o malo. *Mandarse la parte. Mandarse una corajeada. Mandarse una macana.*

Acomodarse al sol de la fenestra,
romper la libretita del jolgorio,
mandarse aseptobrón, y que esta fiesta
perdure hasta que me hagan el velorio.
Aflojando.
Juan de la Caye (Juan Carlos Coiro).

Mandilo. lunf. **Mandilo de busarda**. Servilleta. (Antonio Dellepiane. **El idioma del delito**. 1ª edición, 1894.) Del esp. **mandil**: delantal para proteger la ropa en trabajos de mecánica. // Delantal de mujer.

Mandioca. l. p. Gil, otario, babieca. En desuso.

Mandoble. l. p. En general, golpe físico o emocional que se aplica o se recibe. // l. turf. Dícese del triunfo de un caballo en una carrera en la que no se le asignaba chance para ganar, según los entendidos. // Sport elevado que abona dicho caballo a sus escasos apostadores (véase **sport**). La voz proviene del esp. **mandoble**, golpe dado con la espada que lleva tal nombre, y lo vincula al golpe que sufre en sus bolsillos el público que, en su mayoría, había apostado a otros caballos a los que se les asignaban mayores posibilidades de triunfo. **Mandoble** viene de **man**, mano, y **doble**, en referencia a la espada que el esgrimidor maneja con las dos manos.

Mandoleón. l. p. Bandoneón. Es deformación de esta voz por influencia del ital. **mandola**, que también dio **bandola** por bandoneón (*tango lindo, que se estira en un bandola atorrante...*). Mandola es el nombre italiano de un instrumento musical de cuerdas parecido al laúd, cuyo diminutivo es **mandolino**, que entre nosotros dio **mandolina** y **mandolín**, que lo reemplazaron en el uso.

Mandolín. l. p. Dim. de **mandola**. Véase **mandoleón**.

Mandolina. l. p. Dim. de **mandola**. Véase **mandoleón**. // **Enfundar la mandolina.** Irse de un lugar. // Prepararse para abandonar un lugar. // p. ext. Llamarse a sosiego. // p. ext. Callarse la boca. Hacer silencio. *Si hay discusión, vos enfundá la mandolina y no abrás la boca.* El dicho se inspira en la acción del músico que tocó la mandolina para amenizar una reunión, finalizada la cual enfunda su instrumento para retirarse.

No hay qué hacerle, ya estás viejo;
se acabaron los programas
y hacés gracia con tus locos
berretines de gavión (...)
Enfundá la mandolina,
ya no estás pa serenatas,
te aconseja la minusa
que tenés en el bulín.
Enfundá la mandolina.
Tango. *Horacio Zuviría Mansilla, 1930.*

Mandolión. l. p. Bandoneón. Corrupción del vocablo **mandoleón**.

Esto te dije ayer, cuando bailamos
aqueya pena'e mandolión sentida...
¡Emoción rantifusa que palmamos
en el monte con puerta de la vida!
Inicial rea (**La crencha engrasada**).
Carlos de la Púa, 1928.

Mandoneón. l. p. Bandoneón. Corrupción de la voz por la misma vía que **mandoleón**.

Manflora. l. p. **Machorra**. // Mujer de aspecto y modos de hombre. // Mujer que siente atracción por las personas de su mismo sexo. Posiblemente por influencia del vocablo **manflorita**, que es un amer. de mayor uso en Méjico y considerado barbarismo por hermafrodita.

Manfloro. l. p. Dícese del hombre afeminado en su aspecto y actitudes. // Hombre que siente atracción carnal por las personas de su mismo sexo. Parece haber sido formado como masc. de **manflora** y, por lo tanto, deberse a la misma fuente originaria.

Manga. l. p. Pedido de dinero. Pechazo. Sablazo.

Mi imaginación voló a Montmartre, donde recordaba haber visto a algunos jóvenes compatriotas anclados, iniciándose en la cruel manga y a los cuales siempre pude tirarles unos salvadores francos. Aquello podía ser el tema para la letra de un tango. Pedí al camarero un café doble y cognac, encendí un "Aristón" de "estraperlo" y me puse a escribir unos versos que fui lucubrando de un solo tirón en menos de una hora, a los que titulé "Anclao en París".
Bajo el signo del tango.
Enrique Cadícamo, 1987.

NOTA. **Anclao en París:** uno de los notables tangos de Cadícamo, que logró gran popularidad. Le puso música Guillermo D. Barbieri y se estrenó en 1931.

// Cantidad numerosa de personas, animales o cosas. *Una manga de fanáticos. Una manga de problemas.* // **Tirar la manga.** Pedir dinero. // **Vivir de la manga.** Vivir del dinero que le dan los demás.

Otra sociedad en la que fueron parejeros fue una impresión de bonos falsificados de entidades benéficas (...) Hasta los mozos de los grandes hoteles ayudaban a estas buenas señoras a tirar la manga a sus propios clientes.
Sabihondos y suicidas.
Héctor Chaponick, 1982.

Manganeta. l. p. Engaño, ardid, matufia, trampa. // Excusa para eludir una respuesta, una obligación o compromiso. // Artimaña de quienes, con gran habilidad y ligereza de manos, hacen desaparecer cosas o las cambian por otras sin que se advierta, como algunos ladrones o como los prestidigitadores. // **Hacer una maganeta.** Jugar una mala pasada. // Engañar.

Es voz proveniente del l. camp. **enlazar de manganeta**, que significa arrojar el lazo, sin revolearlo, a las patas delanteras de un animal que corre, con la finalidad de que se enrede en él y caiga al suelo. Su origen lo hallamos en el esp. **mangana**: lazo que se arroja a las manos de una bestia o res, cuando va corriendo, para derribarla.

Mangangá. l. p. Dícese de la persona molesta, cargosa, fastidiosa. Viene del nombre guaraní de un abejón muy común en nuestro país, que produce una miel pastosa y consistente y anida con preferencia en las cumbreras, cañas tacuaras, palos y ramadas. Produce un fuerte zumbido al volar y resulta molesto cuando, en ocasiones, revolotea insistentemente alrededor de las personas. De ahí los dichos **dar vueltas como un mangangá** referido a la persona que no se despega de otra, de la que piensa obtener algo, y **ser pesado como un mangangá**, dirigido al individuo molesto y fastidioso. // Peso, unidad monetaria. En este caso proviene de **mango**.

El trompa de la relojería (...), llorando a moco tendido, denunció que esa noche su negocio había sido saqueado y, en joyas y otros artículos de platería, justipreciaba lo robado en treinta mil mangangases.
La muerte del pibe Oscar.
Luis Contreras Villamayor, 1926.

Mangar. lunf. Pedir, **pechar**. Pedir algo prestado. Pedir dinero. Del caló **mangar**: mendigar, limosnear.

*Y yo, con mil sacrificios,
te lo pude al fin comprar:
mangué amigos, vi usureros
y estuve un mes sin fumar.*
Aquel tapado de armiño.
Tango. Manuel Romero, 1928.

Mangaso. lunf. Mangazo.

Mangazo. lunf. Aument. de **manga**. Pechazo. Sablazo.

*No pungueo ni vivo del mangazo.
No soy caficio, bailarín ni rana,
ni he cruzao de un barbijo a mi fulana,
ni m'embroca la yuta el chivatazo.*
Batiendo el justo.
Yacaré (Felipe H. Fernández).

// l. camp. Golpe dado con el mango del rebenque.

Don Zoilo – ¡No, no, no, no! ¡De aquí no se mueve nadie! A la primera que quiera dirse, le rompo las canillas de un mangazo.
Barranca abajo. *Florencio Sánchez.*
Obra teatral estrenada en 1905.

Manghín/ghina. lunf. Manyín. Borrachín, curdela, escabiador.

Su nombre figura casi sin interrupción en el libro de entradas del Depósito de Contraventores, a partir del año 1885, en que debutó. Es el decano de los manghines.
Pedrín. *Félix Lima, 1969.*

Mangiamiento. lunf. Manyamiento.

Mango. lunf. Peso moneda nacional. Unidad monetaria.

*Que por más que me arremango
no veo ni un mango
ni por equivocación.
Y por más que la pateo
un peso no veo
en circulación.*
¿Dónde hay un mango?
Ranchera. Ivo Pelay.

Este vocablo, provincial portugués y también brasileño, fue usado para designar la moneda de mil reis y aún se sigue usando en Brasil para nombrar el dinero en general, como entre nosotros. Hay quienes opinan que esta voz con tal acepción viene del hecho de que el dinero es el mango, la manija para lograr lo que se desee o se necesite, pero esta teoría no es compartida por la mayoría de los filólogos lunfardos. // **Al mango.** l. p. M. adv. que significa **a todo lo que da**, **a todo lo que se pueda**, **a fondo**, **al máximo**. Proviene, seguramente, del dicho gaucho **clavar el cuchillo al mango** o **hasta el mango**, es decir, hasta donde ya no se puede más; hundir la hoja completa, hasta que el propio mango detenga el golpe. De ahí pasó a emplearse en automovilismo: *íbamos al mango* o *con el acelerador al mango*, esto es, al máximo de velocidad posible, con el acelerador presionado a fondo. Luego se trasladó con similar sentido a todo el ámbito popular: *el volumen de* *la música estaba al mango, ese hombre está loco al mango, el teatro estaba al mango* (lleno). // **Hasta el mango.** Imponerse sobre alguien rotundamente o ponerlo en evidencia: **se la puse hasta el mango** o **se la metí hasta el mango**, aunque ésta es una expresión gros. pues refleja el sentido de penetración. // **Ir a los mangos.** l. turf. Ir al frente (véase **frente**). // p. ext. l. p. Tener alguien interés puramente material en un asunto. Igual que **ir a los billetes** o **ir a los papeles**, en los dos casos. Véanse **billetes** y **papeles**.

Mangrullo. l. p. Atalaya ubicada en las ramas de un árbol o levantada con un armazón de troncos y palos, provista de una pequeña plataforma, con acceso por una escalera rústica de ramas. // Nombre que se le da al que está de vigía en la atalaya. // Mango, peso moneda nacional, por parag. *Un mangrullo*: un peso. Admite el afér. **grullo**.

Manguear. lunf. Mangar.

Manguero/a. lunf. Pedigüeño, pechador, sablista. Que manga. Que tira la manga.

Manguyos. lunf. Peso, unidad monetaria. // Mangrullos, mangruyos, mangos. Es parag. de esta última voz.

Manife. lunf. Revés irreg. de **fémina**, mujer. // Uno de los nombres que se les daban a las rameras que atendían en los prostíbulos.

Tenían el encargo de dar su merecido a quienes pretendían divertirse sin pagar el precio estipulado o a quienes le faltaban el respeto a los manifes. A estos compadrones se les llamó pesebreros. Recuérdese que al local se le decía pesebre y pesebrera a la cortesana.
Picaresca porteña. *Tulio Carella, 1966.*

Manija. l. p. Autoridad, poder, influencia. *Tener manija.*

Para colmo, en la parroquia empezaba a tallar un suboficial retirado, con una amplia casa para hacer política y la gran manija de la Secretaría de Trabajo.
Sabihondos y Suicidas.
Héctor Chaponick, 1982.

// **Dar manija** (darle manija a alguien). Motivarlo para que aumente la pena o la preocupación que lo aflige. // Animarlo, alentarlo para sacarlo de un estado afligente o depresivo. // Incitarlo para que haga o no haga algo. // Predisponerlo a favor o en contra de alguien. En general, influir sobre una persona con un propósito determinado. *Mi esposa sabe cómo darme manija cuando me ve decaído.* // Apoyar a alguien.

Para poner en marcha los motores de los primeros automóviles, era preciso introducir una "manija" de hierro por la parte delantera del vehículo, "manija" que penetraba en el motor y, al girarla fuertemente de izquierda a derecha, provocaba la ignición que lo ponía en marcha. Eso era **darle manija**. La imaginación popular tomó la acepción de este dicho y la trasladó a otras circunstancias, como las que hemos señalado.

Manijazo. l. p. Aument. de **manija**. // Apoyo, recomendación para favorecer a alguien. // Palanca.

Manijear. l. p. Dar manija. Influir, predisponer, incitar, animar a alguien para que haga o no haga algo, para ponerlo a favor o en contra de algo o de alguien. // Apoyar, recomendar, palanquear a alguien. Véase **palanca**.

Mano. l. p. Trompada. Piña. // **Poner una mano**. Pegar una trompada. // **Comerse una mano**. Recibir una trompada. Esta voz también se emplea en algunas expresiones populares de distinto significado y connotaciones. // **A mano**. l. jgo. Dícese cuando un jugador finaliza una sesión de juego sin ganar ni perder, es decir, con la misma suma de dinero con que comenzó. Equivale a **salir hecho** o **estar hecho**. // **Bajo mano**. En el juego de bochas, lanzamiento que hace un jugador tomando la bocha con la palma de la mano puesta hacia abajo. // **¿Cómo viene la mano?** Pregunta que tiene el sentido de *¿cómo anda la cosa?, ¿cómo va el negocio?, ¿cómo te va?, ¿cómo andás de salud?*, etc. La interrogación –siempre bien intencionada– vincula implícitamente los vaivenes de la vida con los del juego, especialmente con los de cartas, que se desarrollan por manos que pueden ser favorables o no. // **Dar una mano de bleque**. Desacreditar, difamar, ensuciar a alguien. De **bleque** (arg. por el ingl. **black**, negro), nombre que se le da entre nosotros a la brea, que es negra y mancha. Antiguamente se decía, también, **dar una mano de be-**

tún, con igual sentido. De **betún**: cierto compuesto para ennegrecer y dar lustre al cuero. // **Estar** o **quedar a mano**. Haber saldado una deuda. // Haber devuelto un favor haciendo otro. // Cobrarse una venganza. En todos los casos, responder –considerando que se lo hace equitativamente– a lo que se tiene por deuda o por acreencia. // **Ganar de mano**. Anticiparse a la acción de otro; madrugarlo (véase **madrugar**). La frase proviene de algunos juegos de naipes en que a cartas o a puntos iguales que se enfrentan, gana el jugador que es mano. // **Mano mora**. Dícese de la persona a la que se le atribuyen poderes como para causar males a otros. // **Mano a mano**. Iguales, empatados. Que ninguno está en ventaja con respecto a otro. Que dos o más personas no se deben nada entre sí.

Nada debo agradecerte,
mano a mano hemos quedado.
No me importa lo que has hecho,
lo que hacés ni lo que harás.
Los favores recibidos
creo habértelos pagado...
Mano a mano.
Tango. Celedonio Esteban Flores, 1923.

Mano brava. l. p. Asunto complicado. Situación difícil. *Estar metido en una mano brava*. // Dícese del matón, del sujeto de avería.

Es que a mí me han hecho el cuento
que usté es una mano brava,
que acostumbra dar la biaba
diariamente por el vento.
Del arrabal. José Betinoti.
NOTA. ***Dar la biaba por el vento:*** golpiza del cafisho a su mujer, a la que siempre exige más dinero.

Manopla. l. p. Instrumento de hierro con cuatro anillos en los que se introducen cuatro dedos de la mano, desde el índice al meñique, de manera que éste quede empuñado, y que tiene una parte ancha al frente, a veces con tachas, que se emplea para herir con golpes de puño. Del esp. **manopla**: pieza de la armadura que cubría y protegía la mano.

Marrocas. lunf. "Vestido completo" (Antonio Dellepiane. El idioma del delito, 1894).

Manteca. l. p. **Tirar manteca al techo.** Divertirse a todo tren. Gozar de una festichola. // p. ext. Darse la gran vida.

Manú. lunf. Tonto, gil. // Preso que hace trabajos inferiores en la prisión. Del caló **manú**, hombre, varón y éste quizá de **manú**, primer hombre creado por Brahma, según la mitología india.

Manya alpiste. lunf. Borrachín, curdela. Toma manyar por ingerir, en este caso, ingerir bebida. // **Manyalpiste**. Véase **alpiste**.

Manya brócoli. lunf. Gil, melón, otario. // Italiano.
Este vocablo tenía connotaciones despectivas hacia los italianos llegados por la inmigración del 1800 que, en gran número, habitaban la ciudad de Buenos Aires y que tardaban en hacerse a nuestra manera de ser, por lo que se los ridiculizaba y, a veces, se los engañaba fácilmente. **Brócoli** (del ital. **bròccolo**, cuyo plural es **bròccoli**) es el nombre con que se conoce una variedad de repollo, del que se diferencia por ser de color más oscuro. En italiano y en sent. fig., **bròccolo** también significa bobo, tonto.
Sucedió que en los duros comienzos de su vida en nuestro país, los italianos –como tanta gente local de modestos recursos– se acostumbraron obligadamente a comer puchero en el que incluían **brócoli**, verdura a la que eran afectos desde su terruño. La acepción de bobo, tonto, que la voz trajo de Italia, así como esa afición a comer brócoli sirvieron para armar **manya brócoli**, con el mismo sentido. Poco costó, después, que esta palabra identificara al inmigrante italiano.

Manya caña. lunf. Borrachín, curdela. **Manya alpiste** (véase esta voz).

Manyada. lunf. Comida. // Comilona. // Morfada. De **manyar**. // l. pol. Fila de personas formada para identificar entre ellas a un delincuente. (Adolfo Enrique Rodríguez. Lexicón. Centro de Estudios Históricos Policiales, 1991.) Esta acepción viene de **manyamiento**.

Manyado/a. lunf. Conocido. Requeteconocido. // Junado. // l. del. Conocido por la policía. // "Lunfardo manyado: ladrón conocido que ha pasado por el acto del manyamiento." (Antonio Dellepiane. El idioma del delito, 1894.)

Mucho más manyao sos vos,
así que tené paciencia.
No te doy la preferencia,
¡si somos chorros los dos!
El toco. Bartolomé R. Aprile.
NOTA. *Manyao:* manyado.

Manyamiento. lunf. Acción y efecto de manyar. // Conocimiento que se tiene de algo o de alguien. // l. pol. Procedimiento que realizaba la policía para identificar a los delincuentes.

Cara de abuelo bueno, ojos achicados de tanto mirar desgracias, sabios en la observación, en el manyamiento, en el silencio oportuno y en calcular a veces el sopapo medido y a tiempo para poner en caja a un atorrante.
Duendes en el Café de la Muerte.
Héctor Chaponick, 1986.

EL MANYAMIENTO
"En la policía llaman **manyamiento** al acto en virtud del cual, una vez detenido el lunfardo (ladrón, genéricamente), es hecho ver por los vigilantes todos de la Capital, distribuidos en tercios, y por los agentes de pesquisa, para que, una vez visto en la calle por cualquiera de ellos, sea detenido.
"Los reconocimientos son los martes y los viernes, para los agentes de policía, en el patio del depósito de presos por contravenciones, situado en la calle 24 de Noviembre. Es un acto verdaderamente imponente y vergonzoso para el detenido a quien quede un resto de vergüenza y amor propio.
"El acto se ejecuta colocándose los tercios a quienes toca ese reconocimiento en dos hileras, dándose el frente y separados por una distancia de cinco a seis pasos. Un empleado destinado al efecto, con una lista, nombra a uno de los que van a ser reconocidos y que, en pelotón, se hallan apartados. El nombrado da un paso al frente y el empleado pronuncia en voz alta el nombre o nombres, pues es sabido que hay lunfardos que tienen un sinnúmero de nombres y apellidos, según el que hayan dado en cada prisión que han tenido. Este nombre o nombres es repetido en voz alta, con el apodo que tenga cada uno, y por el llavero que los custodia, al primer vigilante o clase que forma a la cabeza del tercio o primer tercio que esté en la punta más próxima al llavero, quien lo repite a su vez del mismo modo al de al lado, y así sucesivamente, siempre en voz alta, procediendo de igual manera la hilera de enfrente. Mientras se va nombrando, el detenido camina despacio entre las dos hileras, para que sea bien reconocido. Si baja la cabeza o anda muy deprisa o se pone a hacer contorsiones con el cuerpo o la cara, vuelven a hacerlo empezar de nuevo.
"Este acto se ejecuta dos veces al día, los martes y los viernes, una por la mañana y otra por la tarde, para que los tercios de las secciones se releven distribuidos de manera que en los diecisiete reconocimientos que hay en el mes, pueda pasar vista sobre un hombre todo el cuerpo de vigilantes. Antes de pasar al depósito 24 de Noviembre, el lunfardo va al Departamento Central de Policía, donde permanece días en exposición en la sala de servicio de los agentes de pesquisa.
"A este acto de reconocimiento, los lunfardos llaman **mangiamiento**, pronunciando la g como en italiano, de donde indudablemente se origina la palabra.
"(...) Cuando un lunfardo va por la calle, solo o acompañado, aunque no cometa acción delictuosa ni daño alguno, si es encontrado por un vigilante o agente de pesquisa que lo conoce por el **mangiamiento**, es detenido y conducido a la comisaría más próxima. Igual sucede si lo ven en un café, teatro, confitería o cualquier otro sitio público.
"Una vez en la comisaría, como no pueden justificar su detención y es necesario darle entrada en los libros de la Policía de alguna manera, califican su detención como verificada por 'escándalo, ebriedad y uso de armas', sin que exista nada de esto." (Antonio Dellepiane. **El idioma del delito,** 1894.)

Manyaoreja. l. p. Adulador, chupamedias. // Oreja, orejero. // **Manyoreja.** "Deriva del ital. **mangiare**, comer, y el castellano **oreja**, con el que se describe con realismo casi fotográfico la actitud típica del soplón, que susurra casi al oído de su superior las denuncias y acusaciones contra sus compañeros y amigos." (Mario E. Teruggi. **Panorama del lunfardo,** 1974.)

Manyapapeles. l. p. Dícese de la persona muy estudiosa. // p. ext. Oficinista. // p. ext. antig. Procurador, abogado. Del ital. **mangiare**: comer, y el esp. **papel.**

Manyapolenta. l. p. **Manyapulenta.**

Manyapulenta. l. p. antig. Usábase como gentilicio despectivo de italiano, debido a que éstos, recién llegados a nuestro país, comían polenta muy seguido, por ser comida barata, y la llamaban **pulenta**.

Manyar. lunf. Comer, alimentarse. *Es la hora de manyar.* Del ital. **mangiare**: comer. // Conocer, comprender una cosa. *Este asunto lo manyo bien.* // Conocer bien a alguien. *A este tipo lo manyo como si lo hubiera parido.*

Mina, que te manyo de hace rato,
perdoname si te bato
que yo te vi nacer.
Tu cuna fue un conventillo
alumbrado a kerosén.
Flor de fango.
Tango. Pascual Contursi, 1914.

// Saber. *Este profesor manya su materia.* // Entender. *¿Manyás lo que te digo?*

Recuerdo que te hablaba en mi lunfa canero,
el que nunca manyabas un pito y te reías.
El que cuidaba un dique, pa vos era un diquero,
y a las cosas de goma les decías gomías.
Vieja. *Natalio Schmucler.*
NOTA. Véanse **diquero** y **gomía**.

// Mirar. *Manyá esa mina que viene.* // Observar. *Manyá si se acerca alguien.* // Contemplar. *Me gusta manyar el paisaje.* // Vigilar. *Manyalo a Juan, que no haga macanas.* // Percibir. *En este asunto manyo algo raro.*

Está enferma, sufre y llora,
y manya con sentimiento
que así, enferma y sin vento,
más naides la va a querer.
El Motivo (Pobre paica).
Pascual Contursi, 1914.

// Adivinar una intención. *Te manyo que querés engrupirme.* // Sorprender algo o a alguien. *La novia lo manyó filando con otra.*

—L'anduve afiland'un tiempo,
pero le di el esquinazo
un día que many'el juego.
—¿Te jugaba sucio, entonces?
—Filaba con un malevo.
Galleta. *Ángel Villoldo.*

// Reconocer la policía a los detenidos. Llevar a cabo el **manyamiento** (véase esta voz).
Excepto la primera acepción (comer, alimentarse), las restantes provienen del modismo italiano **mangiare la foglia**: entender la cuestión. Para comparar, aconsejamos ver manyar el **escolaso**, manyar el **espejeime** y manyar el **estofado**.

Manyín/na. lunf. Borrachín, curdela, escabiador, manayacaña.

Manyoreja. l. p. Manya oreja.

Manyún/na. lunf. Persona que come mucho. Comilón. De **manyar**, con terminación genovesa.

Maquieta. l. p. Representación teatral caricaturesca, grotesca, que hace un actor de algún personaje. Del ital. **macchietta**: caricatura; una bella macchietta: un tipo raro, ridículo. // p. ext. Caricatura de hombre o de mujer.

Con los timbos chuecos y la cara inquieta
por una fulera sonrisa pintada,
pasó por mi lado como una maquieta,
como último mango de última parada.
¡Qué fule es la vida! (Nocau lírico).
Alcides Gandolfi Herrero, 1970.

NOTA. *Como último mango de última parada:* como el último peso de la última apuesta.

Maquillaje. l. p. Conjunto de afeites que usan las mujeres para embellecer su rostro. // Afeites y pinturas con que se caracterizan los actores y actrices cinematográficos o teatrales y los que actúan por televisión. Del fr. **maquillage**, de igual significado.

Maquillar. l. p. Colocar maquillaje.

Máquina. l. p. Dícese de un cuerpo hermoso de mujer. *Mirá qué máquina tiene esa mujer. Mirá esa máquina que se acerca.* // l. pol. y del. Picana eléctrica. *Le metieron la máquina hasta que declaró.* // l. del. Revólver, pistola. *No sale a la calle sin su máquina.*

Maquinear. l. p. y del. Aplicar la picana eléctrica.

Maranfio. lunf. Malanfio. // Negociado. Asunto turbio. // p. ext. Complicación, dificultad. // p. ext. Lío, desorden, barullo.

Se armó un maranfio como para que la cana sacase a pasear al Neptuno. Dos puntos se habían

lanzado, uno contra otro, trenzándose en violenta pelea... Se daban como en "Sin novedad en el frente" (...) saltando sobre mesas y sillas.
Jeringa. Novela. Jorge Montes, 1975.

Marca. l. p. Herida de arma blanca. // Feite, barbijo. // Cicatriz de una herida de arma blanca. // Persona que vigila a otra. // l. dep. En algunos deportes por equipos, jugador que tiene la misión de controlar a un jugador adversario y tratar de anularlo.
Marcar. Herir con arma blanca a alguien, especialmente si es en la cara, por la marca que queda a la vista. // Vigilar atentamente a alguien; estar atento a lo que hace. // l. dep. Controlar un jugador de un equipo deportivo a otro del bando adversario y tratar de anularlo en su acción.
Mar en coche. l. p. **La mar en coche.** Modismo que da idea de gran abundancia, de la posesión de bienes materiales valiosos, de una suma de hechos favorables. *Tiene varias casas, automóviles, dinero, una familia excelente...¡la mar en coche!* // Pedido excesivo por algo que no corresponde. *Para hacer lo que le encargué me pidió la mar en coche.*
Marcha atrás. l. p. Homosexual pasivo.
Marchanta. l. p. Arrebatiña. // **Tirar a la marchanta.** Arrojar dinero, golosinas u objetos entre varias personas para que los hagan suyos los primeros que los tomen. // Tirar algo al aire, a cualquier parte. // Malgastar, derrochar, dilapidar. *Tirar a la marchanta una fortuna. Tirar la salud o la vida a la marchanta.*
Marengo. l. p. Nombre de una antigua moneda de oro francesa que llegó a nuestro país por medio de la inmigración. Pasó a convertirse en sinónimo de dinero (*tener marengos*) y, finalmente, por fonetismo, de **peso**, nuestra unidad monetaria, vía **mango**.

—¿Yo, ladrón?... ¡Yo no tengo sino estafas!
—¿Y la estafa no es robo?
—¡No, señor! ¡No es robo!... Dígame, ¿qué va a hacer uno cuando ve un tano —napolitano— que, a fuerza de no comer junta unos marengos y lo primero que hace es largarse a su tierra?... ¡Quitárselos!
—¡Pero eso está mal hecho!
—Pero, señor, ¿y uno va a tener la sangre fría de dejar que se lleve la plata del país?
—¿Y acaso la plata es tuya?
—¡Claro que es mía! ¿Cree que no soy argentino?
El panal de la lengua (Memorias de un vigilante). Fray Mocho (José S. Álvarez). 1ª edición, 1897.

Mareques. l. p. Palabra que no trascendió mucho en el tiempo. Equivale a **marengos** y por consiguiente, a **mangos**, es decir, dinero o pesos.

Los mareques que traían
aquellos pobres naciones,
rápidos, en fin, pasaron
a manos de los ladrones.
Los verdaderos cuentos del tío. Ernesto Quesada, 1902. (*Cfr. Luis Soler Cañas. Orígenes de la literatura lunfarda, 1965.*)
NOTA. *Naciones:* extranjeros. Véase **nación**.

Mariano. l. p. Nombre que se daba antiguamente a los carreros, especialmente a los conductores de chatas.

En el radio central ningún mariano puede entrar con pingo tirando de la lanza.
Con los 9. Félix Lima, 1969.

// Hombre guapo, valiente, corajudo. // Como curiosa antífrasis, también se empleaba, por parag., con la acepción de **marica**. En desuso en los dos casos.
Marido. l. p. Hombre que mantiene a una mujer.

Nada te importó, che, ingrata,
todo lo echaste a rodar.
Ese afán de figurar
enfermó tu alma de olvido.
Y áhura hasta tenés marido...
¡Las cosas que hay que aguantar!
Tortazo.
Milonga. Enrique F. Maroni, 1929.

// Hombre que hace vida común con una mujer de la vida. // Cafisho que explota a una prostituta.

En los prostíbulos, las pupilas retaban a los hombres que las entretenían más de lo que consideraban normal —dos o tres minutos—; aminorando el

deleite, inhibiéndolos con una malevolencia que señalaba su desinterés por el placer ajeno. El temor a la regenta, que acudía a tocar la puerta con los nudillos (...) el temor al marido, que vigilaba con suspicacia a su obrera –la mina de oro–, inspiraban esa conducta de pasivo rechazo.
Picaresca porteña. *Tulio Carella, 1966.*

Marimba. l. p. Paliza, tunda, golpiza. Acepción inspirada en el golpeteo que se hace contra el tambor africano llamado **marimba.**

Hace ya más de veinte años, en sus mocedades, este paisano había jurao cortarle la cresta al gayo que le arrastraba el ala a su china, pero ese hombre era el finao Jasinto, entonces mozo pudiente en el partido, y le encajaron una marimba'e palos, acusándolo de pendenciero.
Al rescoldo (Cuentos de muerte y de sangre). *Ricardo Güiraldes. 1ª edición, 1915.*

// p. ext. Barullo, confusión, alboroto, despelote. *La discusión derivó en una marimba de proporciones.*

Maringote. l. p. Marinero. Es corrupción de esta voz. Suele usarse con connotación despectiva. *El cafetín estaba poblado de curdas, malandras y maringotes.*

Mariposa. l. p. Marica, afeminado. Homosexual masculino.

Mariposón. l. p. Aument. de **mariposa**, con igual sentido.

Maroma. l. p. Desorden, barullo, bataola. // Pelea generalizada. Esta voz alude al lazo que empleaban los indios en sus guerras contra el blanco, al que se le dio ese nombre. Del esp. maroma (del ár. **mabroma**): cosa retorcida como cuerda. // Cuerda retorcida y gruesa.

Marosca. lunf. ¡A la marosca! Se usa como expresión de sorpresa, asombro o admiración: *¡A la marosca! ¡Qué hermoso espectáculo!* o de contrariedad, enojo, fastidio: *¡A la marosca! ¡Se me acabó el dinero!* José Gobello (**Diccionario lunfardo**, 1989) lo considera un eufemismo del ital. ¡la Madonna! y Mario E. Teruggi lo remite al vocablo napolitano **marosca**, eufemismo por **malora**: en mala hora; perdición (**Panorama del lunfardo**, 1974).

Marote. l. p. Cabeza. Podría ser epént. de mate (cabeza), influenciado por el fr. ma-rotte, tema, manía (cosas que anidan en la cabeza), aunque quizá derive directamente de cabeza.

Marquillado/a. l. jgo. Dícese del naipe al que se le ha hecho una marca para reconocerlo durante el juego quien está en el secreto. // Mazo que tiene cartas marcadas. Del esp. **marquilla**: dim. de **marca**.

*Con las cartas de la vida
por mitad bien marquilladas,
como guiyan los malandras,
carpeteros de cartel...*
Barajando.
Tango. Eduardo Escariz Méndez, 1928.

Marquillar. l. jgo. Marcar barajas para jugar con trampa. (Véase **marquillado.**)

Marroca. lunf. Cadena de reloj. // Cadena, en general.

*A una posada llegamos
en donde un cuarto pidió;
y a eso de la madrugada
me hizo el vento y la marroca
y, espiantándose, la loca
amurado me dejó.*
Encuentro con una china. *Autor anónimo.* (Cfr. Antonio Dellepiane. **El idioma del delito**, 1894.)
NOTA. *Me hizo el vento y la marroca:* me robó el dinero y la cadena del reloj. Véase **hacer.**

Marrocar. lunf. Amarrocar. Guardar, esconder.

*No hay soca que digan los minos "no tengo".
Él sabe en seguida donde la marrocan:
la casimba cargan de rofo sombrero
o rofo de tarros o rofos de ropa.*
El atrapador (La crencha engrasada).
Carlos de la Púa, 1928.
Nota. *Soca:* revés de caso. *Rofo:* revés de forro. **Cargar de rofo sombrero, de tarros, de ropa:** guardar el dinero en el forro del sombrero, etc.

Marroco. lunf. Pan. Marroque.

*El bulín donde tantos muchachos,
en su racha de vida fulera,*

encontraron marroco y catrera,
rechiflado, parece llorar.
El bulín de la calle Ayacucho.
Tango. Celedonio Esteban Flores, 1923.

Algunos autores lo dan como originario del caló **manrró**; otros, del argot francés **maroc**; otros, del jergal. ital. **marocco**. José Gobello lo refiere al ital. jergal **maroc**, pan, aunque estima que puede presumirse un cruce con el caló **manrró**, pan (**Diccionario lunfardo**, 1989). Antonio Dellepiane (**El idioma del delito**, 1894) cita a **marroque** (marroco) como derivado del vocablo de la bribia **manrró** y menciona una cuarteta que le dio a conocer un criminal español detenido en la penitenciaría.

Al pan le llaman manrró
al tocino, valevale,
al agua dicen pañi;
el estaribel, la cárcel.

Marronazo. l. p. antig. Trompada, puñetazo. Quizá del esp. **marrón**: piedra que se tira a un bolo hincado en el suelo en el juego llamado **marro**.
Marroque. lunf. Marroco. Pan.
Marroquería. lunf. Panadería.
Marrusa. l. p. Biaba, paliza, zurra. Tal vez esté relacionado con **marronazo**.

Se ha creído la rantifusa
con humos de gran bacana
que, por temor a la cana,
no va a ligar la marrusa.
El cafiso. *Tango. Florencio Iriarte, 1918.*

Martingala. l. jgo. Combinación que estudian y ponen en práctica algunos jugadores para tratar de ganar en ciertos juegos de azar, como la ruleta. Generalmente, las martingalas se basan en el cálculo de probabilidades. // p. ext. Artimaña, ardid, treta, artificio.
Martona. l. p. fest. Dícese de la mujer de senos grandes. Por la tradicional marca de productos lácteos que lleva ese nombre, relacionando los senos con las ubres. // p. ext. Suerte, leche. Actualmente de poco uso.
Marusa. l. p. Marrusa.
Más. l. p. Ser lo más. Modismo que equivale a ser lo mejor, lo máximo entre pares. *Mi amigo es lo más. Mi sicólogo es lo más.* Es locución nueva, popularizada por los jóvenes.
Masa. l. del. "Sustancia que usan los escrushantes y punguistas de madrugada para sacar el molde o impresión de las llaves. La materia generalmente empleada es la cera virgen." (Antonio Dellepiane. **El idioma del delito**, 1894.)
¡Masa! l. p. Interj. de uso en los últimos años, especialmente entre los jóvenes y que equivale a ¡muy bueno!, ¡buenísimo!, ¡perfecto! Tiene el mismo sentido que ¡joya!, nacida en el mismo medio. *Papá vendrá a vivir con nosotros. –¡Masa!* // **Estar masa.** Proceder muy bien. Desempeñarse muy bien. *Estuviste masa en el debate, Daniel.* Puede abreviarse en *¡Masa, Daniel!* // **Pasarla masa.** Pasarla de lo mejor, de maravilla. *En mis vacaciones la pasé masa.*
Masaje. l. p. sent. fig. Biaba, paliza, estrolada.

Si hay alguno que se "raiga"
entre todo el compadraje.
le voy a dar un masaje,
¡me caiga muerto, me caiga!
El masajista. *Yacaré (Felipe H. Fernández).*
NOTA. *Raiga:* ría. *¡Me caiga muerto!:* juramento: ¡Que me caiga muerto (que me muera) si no lo hago!

Masajista. l. p. Biabista. Golpeador, pegador. // Individuo contratado para golpear a alguien. // Prostituta.

Soy de la mersa punguista,
talla fuerte entre los gruesos.
¡Radical hasta la muerte!
Me llaman "El Masajista".
El masajista. *Yacaré (Felipe H. Fernández).*

Masca afrecho, mascafrecho. l. p. Hombre que practica el sexo oral con la mujer. // Sujeto despreciable, vil, rastrero.

Ya todo ha finichio... Con la cocaína,
con las milongueras, con los mascafrechos...
¡Cómo no extrañarte, mi ambiente, mi mina!
¡Hoy estoy garpando todo el mal que he hecho!
Cacho de recuerdo (La crencha engrasada). *Carlos de la Púa, 1928.*

Mascada. l. p. Porción de tabaco que se toma de una vez en la boca para mascarlo. Después de haberlo masticado durante un tiempo, se expulsa de la boca (largar la mascada). De ahí que este vocablo haya tomado también la acepción de vómito y que, al hecho de vomitar, se le diga, asimismo, **largar la mascada**.

Masera. l. p. Sombrero Masera, sombrero **Maxera**. Véase esta voz.

Masoca. l. p. Masoquista. Es apóc. // Pesimista. Véase **masoquearse**.

*Lo trataba a su padre de masoca
porque supo ser siempre un laburante,
mientras él era sólo un delirante
que pensaba en tener la mosca loca.*
Soneto a un malevo que no leyó a Borges.
Luis Alposta.

Masoquearse. l. p. Torturarse voluntariamente en sentido síquico o físico; deprimirse, aplastarse ante una dificultad; engrandecerla, exagerarla en vez de buscar la solución. De **masoquismo**: perversión del apetito genésico que, para practicar el acto sexual, requiere de violencias especiales, particularmente la flagelación aplicada en las nalgas o en los riñones.

Matagatos. l. p. Revólver pequeño, de muy bajo calibre, que carga una sola bala. // **Porque una vez maté un gato, me llamaron matagatos**. Dicho popular en desuso. Referíase a la persona que por haber hecho algo notable o haber tenido un acierto por intuición o casualidad, se la cree capaz de otras hazañas.

Matambre. l. p. Sínc. de **mata hambre**. Lonja de carne que se saca de entre el cuero y el costillar de los animales vacunos. // Comida que se prepara con dicha lonja enrollándola y rellenándola con tocino, huevos duros, verduras, etc. // p. ext. Muerto. Difunto. De poco uso. // **Arrollar como un matambre**. Achicarse, acobardarse; abandonar una discusión, una pelea por temor o por falta de garra, de entereza. Viene de **arrollar** y alude al matambre porque se arrolla.

La disparada de Ciervo era famosa por su espectacularidad: el caballo picaba sacando ocho, diez y hasta doce cuerpos..., pero las más de las veces sucedía que, en cuanto le daba alce, el caballo arrollaba como un matambre y dejaba pasar al pelotón sin ofrecer lucha.
Leguisamo de punta a punta.
Daniel Alfonso Luro, 1982.

NOTA. **Le daba alce:** debido a la ventaja que llevaba, dejaba de exigirlo, para serenarlo y reservarle energías.

Matar. l. p. Efecto figurado que causa una persona que en un lugar impresiona, se destaca por su distinción, su manera de ser, su hablar, su simpatía, su inteligencia, su sabiduría, etc. *Había muchas mujeres hermosas, pero mi amiga mataba. Todos opinaron muy bien, pero cuando lo hizo Fulano, mató.*

Match. l. p. angl. Competencia deportiva individual o por equipos. // **Partido** (véase esta voz). *Un match de fútbol, un match de tenis, un match de ping pong.* Del ingl. **match**: competir. // Partido, juego, contienda.

Mate. l. p. Acebo de hojas lampiñas, oblongas, flores axilares blancas y fruta roja. Abunda en América del Sur y con sus hojas se hace una infusión. // Hojas de ese arbusto convenientemente preparadas para la infusión. // Nombre de la infusión hecha con tales hojas que se toma con bombilla en una pequeña calabaza vaciada o en un recipiente al efecto, que constituye una bebida tradicional para toda hora especialmente en Argentina y Uruguay. // Calabaza vaciada de su contenido en la que se toma mate. // Recipiente de madera, metal, cerámica o cualquier otro material que se emplea a manera de calabaza para tomar mate. // p. ext. Cabeza, festivamente, comparando la cabeza humana con una gran calabaza. La voz proviene del quechua **mata**, nombre que se le daba a la calabaza vacía que se usaba como recipiente.

*Hoy tenés el mate lleno
de infelices ilusiones.
Te engrupieron los otarios,
las amigas, el gavión.*
Mano a mano.
Tango. Celedonio Esteban Flores, 1923.

// Inteligencia, sabiduría. **Tener mate**. // **Darla por el mate**. Equivale a darla por la cabeza: golpear en la cabeza. // p. ext. Vencer, derrotar a alguien.

¡Oh, César, hasta ayer casi divino!
De los idus de marzo te advirtieron,
pero el consejo te importó un pepino.
Y aunque fuiste el mejor en el combate
y las minas jamás te resistieron,
lo mismo te la dieron por el mate.
Julio César. Nyda Cuniberti.

// **Fallo al mate.** Estar alguien fallo al mate significa estar loco, rayado, piantado. Equivale a **tener un corso en el mate y tener pajaritos en el mate.** // **Mate cocido.** Infusión que se prepara a manera de té con yerba mate y se sirve en una taza.

Matear. l. p. Tomar mate. También se dice yerbear.

Matete. l. p. Mezcla de sustancias deshechas en un líquido formando una masa inconsistente. // p. ext. Embrollo, confusión, despelote. // Tumulto. // Reyerta, disputa entre varias personas. Del guaraní **matété**: conjunto de cosas reciamente unidas.

Mateo. l. p. Nombre que se le daba al cochero que manejaba un coche de alquiler para pasajeros, tirado por uno o dos caballos, muy de moda para pasear a fines del 1800 y principios del 1900. // Nombre que tenía dicho vehículo. Hoy sólo se ven muy pocos cerca de algunos paseos públicos, provistos de taxímetros, como los autos de alquiler. // Caballo que tira de esos coches. Esta voz viene de la obra teatral **Mateo**, de Armando Discépolo, estrenada en 1923, en la que el protagonista, Miguel, es dueño de uno de tales coches, cuyo caballo se llama Mateo.

Matón. l. p. Peleador, pendenciero. // Sujeto de avería. Del esp. **matón** (de **matar**), espadachín bravucón y pendenciero.

Matonear. l. p. Provocar. // Llevarse la gente por delante. // Asustar, imponerse por la fuerza.

Matoneo. l. p. Acción y efecto de matonear.

Matraca. l. p. Inicialmente, se le dio este nombre a la ametralladora, por el ruido de sus disparos sucesivos. Posteriormente, se hizo extensivo al revólver y a la pistola. Del esp. **matraca** (del ár. **mitraca**, martillo): rueda dentada de madera que al girar produce gran ruido al golpear sus dientes contra una paleta colocada al efecto y que suele usarse en carnaval y en fiestas familiares. // Pene.

Matufia. l. p. Maniobra urdida para engañar o perjudicar a alguien. // Ardid tendiente a ocultar algo. // En general, argucia destinada al engaño o al fraude. // p. ext. Artimaña, vueltas y revueltas para eludir una respuesta o el cumplimiento de una obligación. *Andar con matufias.* Se usa, también, **matunfia**. Para Mario E. Teruggi su origen es incierto: "podría derivar de **mastrussa**, embrollo o intriga en genovés, pero las evidencias son sumamente magras". (**Panorama del lunfardo**, 1974.) "Puede corresponder a engaño, embrollo, fraude, enjuague, etc. *¡Cuánta matufia electoral!* Es italianismo." (Rodolfo Ragucci. **Palabras enfermas y bárbaras**, 1945.)

¿Nos detendremos a levantar el velo que encubre a las operaciones fraudulentas? ¿Seguiremos al señor Martel en la explicación de las diversas formas de matufia, de tontos, de gatos, etc.?
Dos novelas sociológicas.
Ernesto Quesada.

Matufiador/ra. l. p. Amigo de matufias. Engañador, embrollón. // Pícaro, tramposo. Matunfiador.

Matufiero/a. l. p. Matufiador. Matunfiador. Matunfiero.

Matunfia. l. p. Matufia.

Matunfiador/ra. l. p. Matufiador.

Matunfiero/a. l. p. Matufiero.

Matungo. l. p. Caballo viejo. // Caballo achacoso, inservible. // p. ext. Dícese del caballo de poca calidad. // p. ext. Úsase festivamente para desmerecer un caballo. *Tiene ilusiones de ganar la carrera con ese matungo.* // p. ext. Úsase como sinónimo de torpe, inútil. *Ese pintor es un matungo.* // Por epént. dio **maturrango** de igual sentido y con otras extensiones. Parece derivar del esp. **matalón** (de **matalote**): caballo muy flaco, endeble, de mal paso y que suele tener mataduras. Las **mataduras** –de matar: herir o llagar a la bestia el roce del aparejo– son estas llagas o heridas que afectan al animal y, p. ext., otras que tuviese por distinto origen. José Gobello (**Diccionario lunfardo**, 1989) también lo origina en el español, aunque lo remite directamente a **matar**. En cambio, Américo Castro (**La peculiaridad lingüística rioplatense y su sentido histórico**, 1941) lo

considera un port.: "**matungo**: cavalho velho ou que para pouco presta", criterio que también sustenta José Clemente (**El idioma de Buenos Aires**, 1953).
Creemos más probable la descendencia hispana del vocablo si consideramos que fueron los conquistadores españoles quienes trajeron los caballos a nuestras llanuras y, seguramente, junto con ellos, la terminología ad hoc.
Maturrango. l. p. Decíase del extranjero recién llegado al país, desconocedor de nuestros usos y costumbres. // Aplícase al que monta mal a caballo. // Torpe, pesado, inútil. // Viejo, achacoso. Es epént. de **matungo**.

Gacho gris...
Es verdad que ya estoy maturrango
para usarte lo mismo que antaño;
sin embargo, contigo y un tango
me parece que vuelvo a vivir.
Gacho gris.
Tango. Juan Carlos Barthe, 1930.

Maula. l. p. Miedoso, cobarde. Igual para masc. y fem. Es muy despectivo. Del esp. maula: cosa inútil y despreciable. // Engaño o artificio encubierto. // Persona tramposa o mala pagadora. // Haragán, perezoso, mal cumplidor de sus obligaciones.

¡Maula, que ante el insulto callaste!
¡Maula, que, cobarde, te achicaste!
¡Maula! Que sólo te creés valiente
cuando una noche de farra
te ves enfrente
de una mujer.
Maula.
Tango. Roberto Fontaina-Víctor Soliño.

Maulear. l. p. Obrar como un maula.
Maxera. l. p. **Sombrero Maxera**. Sombrero de hombre que llevaba tal nombre por el de su fabricante y que fue de uso corriente desde fines del 1800 hasta poco más allá de la segunda década del 1900 aproximadamente. Se distinguía por su copa alta, hundida en la parte superior y, también, por dos hundimientos menores que llevaba a ambos costados delanteros. De ala recta, con cinta y moño, tenía ventiladores con ojales metálicos a los costados.

Me gusta lo desparejo
y no voy por la vereda.
Uso funyi a lo Maxera,
calzo botas militar.
Milonga del 900. *Homero Manzi.*

Mayoral. l. p. Empleado uniformado que cobraba los boletos en el tranvía. // Guarda de tranvía. Del esp. **mayoral** (de mayor): el que gobierna el tiro de la diligencia.
Mayorenga. lunf. Decíase de la mujer que regenteaba un prostíbulo. También se la llamaba **mayorengo**. // **Madama**.
Mayorengo. lunf. Oficial de policía. // p. ext. El que manda. // p. ext. Se le decía mayorengo –irónica y despectivamente– a la madama de un burdel por el mando ostentoso que ejercía en esas casas. Del jerg. ital. **maggiorengo**, señor, persona importante (seguramente del ital. **maggiore**, mayor: mayor del ejército, y de **maggiorente**, jefe). // Con el tiempo y por su parecido fonético con mayoral –guarda de tranvía– se empleó con este significado. // "**Mayorengo misho**. Oficial inspector. // **Mayorengo a la gurda** o **mayorengo grande**. Comisario. // **Gran mayorengo**. Jefe de Policía. **Mayorengo de estaro**. Alcaide de prisión. // **Mayorengo de crimen**. Juez del crimen. // **Mayorengos que jaman el tiempo**. Los miembros de la Comisión de Cárceles y Casas de Corrección (**jamar el tiempo**: inspeccionar, tomar informes)." (Antonio Dellepiane. **El idioma del delito**, 1894.)
Mayorenguía. lunf. Comisaría. También se le decía "panadería, cana chica y estaro misho". (Antonio Dellepiane. **El idioma del delito**, 1894.)
Mazacote. l. p. Masa mal preparada, dura, pesada, sin amalgamar. // Guisado que se espesa y endurece. // p. ext. Mezcla confusa de cosas, ideas, opiniones, situaciones, etc. Del esp. **mazacote** (aument. despect. de **masa**): hormigón (mezcla de piedras menudas y mortero de cal y arena). // fig. y fam. Manjar duro, apelmazado y pegajoso.
Mazamorra. l. p. amer. Maíz blanco, quebrado, que se cuece en agua hirviendo y luego se vuelca en leche con azúcar. También se suele hervir directamente en leche para, después, agregarle azúcar. Al igual que el arroz con leche, se toma frío o caliente, como desayuno, merienda o postre. Es más popular en el inte-

rior. Si bien este plato es de elaboración casera, en las primeras décadas del 1800 existían **mazamorreros** que lo preparaban y salían a venderlo en forma ambulante en la vía pública.
Mazamorrero/ra. l. p. Vendedor ambulante de mazamorra, muy popular en las primeras décadas del 1800.

El mazamorrero
*"Desde antes del mediodía hasta las dos o tres de la tarde, andaba por nuestras calles el mazamorrero. La mazamorra jamás podía hacerse tan sabrosa en las casas particulares como la que traía el mazamorrero, probablemente por no ser tan pura la leche que se empleaba en la ciudad como porque le faltaba el sacudimiento continuado que experimentaba por varias horas en los tarros.
"La vendían en unos jarritos de plata que llamaban 'medida'. Salía a la puerta de calle la criada y, a veces, la señora en persona, con una fuente, y allí volcaba el mazamorrero un número de medidas arreglado a la familia."* (José A. Wilde. **Buenos Aires, desde 70 años atrás. (1810-1880), 1ª edición, 1881.**)

Mazo. l. p. Juego completo de naipes. Del ital. mazzo: lío, manojo, atado, baraja. // **Irse al mazo.** Equivale a irse a baraja (véase **baraja**).

Taura entre los tauras,
viviyo pa'l mazo,
rey de la milonga...
Y pa'l castañazo,
fajador sin grupo,
como nunca vi.
Va de contra (Nocau lírico).
Alcides Gandolfi Herrero, 1970.

Meadura. l. p. Yeta, mala suerte, **mishiadura, excomúnica.** Del esp. mear, por el dicho **estar meado** o **estar meado por los perros**, que significa estar de mala suerte.
Mear. l. p. Lo hallamos en algunas expresiones populares. // **Meado por los perros.** Que todo le sale mal. Desafortunado, enyetado. // **Mear contra el viento.** Ir en contra de la corriente. Oponerse a lo razonable. Protestar sin razón. // **Mear fuera del tarro.** Errar. Equivocarse de palabra o de hecho. // Expresar algo que no tiene nada que ver con lo que se está tratando. // Hacer algo indebido. Equivale a **agarrar para el lado de los tomates.** (Véase **tomates**.)
Mearse. l. p. Asustarse. Achicarse. Inspirado en la figura del que se orina a causa de un susto. // **Mearse de risa.** Reírse a más no poder. Por la propensión que tienen algunas personas a orinarse cuando se ríen mucho.
Media botella. l. p. Petiso. Persona de baja estatura.
Media gamba. l. p. Cincuenta pesos. La mitad de una **gamba** (cien pesos).
Medialuna. l. del. Bolsillo superior del saco. // Figura de baile en el tango (véase **corte**).

Hay que verla cuando marca
el cuatro o la medialuna...
¡Con qué lujo lo hace, ahijuna!
¡Es una hembra de mi flor!
Cuerpo de alambre.
Tango. Ángel Villoldo, 1916.

Medias. l. p. Caerse las medias (véase **caer**).
Medio. l. p. **No me importa ni medio.** No me interesa nada, absolutamente nada. // **No me hace ni medio.** No me afecta. No me llega ni me roza. El origen de estos dos dichos podríamos ubicarlo en los tiempos finales de la colonia y principios del poscolonialismo, época en la que, entre tantas monedas de distintos nombres y valores que circulaban en nuestro medio, figuraba el real español, que perduró por varios años. **No me importa ni medio** y **no me hace ni medio** significaban que a la cosa de que se trataba no se le asignaba ni el valor de medio real. Es decir, nada. Una versión distinta alude a un billete de cinco centavos que llegó a existir posteriormente, pero su circulación fue reducida y su vida tan efímera como para no merecer su paso a la posteridad en algún modismo. Finalmente, otra teoría nos remite al "medio argentino", moneda nacional que junto con el "argentino" se creó el 5 de noviembre de 1881, por Ley 1.130, mas este "medio" tuvo un valor inicial de dos pesos con cincuenta, lo que ya no era tan poco como para calificarlo de nada, sentido de los dos dichos expuestos. // **Tirar al medio.** Dejar de lado a alguien ex profeso en algún asunto o negocio. // Dejar a alguien librado a su suerte, pudiendo auxiliarlo. Negarle ayuda. // **Partir por el medio.** Causar un

grave perjuicio a alguien. Arruinarlo económica o sentimentalmente. *La estafa que sufrí me partió por el medio*. Los dos dichos últimos toman a **medio** como **mitad** o equivalente. Así, **partir por el medio** da la idea de partirlo a uno por la mitad, destrozarlo, y **tirar al medio** vincula a arrojar a alguien **al medio del río**, o sea, donde no se puede recibir ayuda (imaginemos el Río de la Plata, nuestro vecino), locución esta que también corría con ese sentido en la época originaria de ambas expresiones: **me dejó tirado en medio del río**, que se redujo a **me tiró al medio**.

Medio sardo. lunf. Cabo de la policía. Véase **sardo**.

Melange. l. p. Mezcla. // Mezcla confusa. // p. ext. Batifondo, barullo. // p. ext. Maniobra, maquinación. Del fr. mélange: mezcla.

Esquina porteña, vos hiciste escuela
en una melange de caña, gin fizz,
pase inglés y monte, bacará, quiniela,
curdelas de caña y locas de pris.
Corrientes y Esmeralda.
Tango. Celedonio Esteban Flores, 1934.

Melón. l. p. Cabeza. // p. ext. Persona inteligente. // Inteligencia. *Ese catedrático es un melón*.

Melón/lona. l. p. Bobo, tonto, gil, idiota, torpe.

Melonada. l. p. Tontería, torpeza, gilada.

Melonazo/a. l. p. Aument. de **melón** en su acep. de bobo, tonto, etc.

Mellizos. l. p. Senos de la mujer. En desuso.

Menega. lunf. Dinero. // p. ext. Riqueza, fortuna. Véase **meneguina**.

Meneguina. lunf. Dinero. // p. ext. Riqueza, fortuna. Mario E. Teruggi dice que "se ha sostenido que es una deformación de **many guineas**, muchas guineas", aunque deja abierta la posibilidad de que se trate de una voz genovesa (Panorama del lunfardo, 1974). José Gobello opina que "tal vez venga del milanés **meneghin, meneghina** (el milanés o la milanesa) por considerarse a los milaneses gente de dinero. Por suponérselo diminutivo –agrega–, el pueblo lo convierte habitualmente en **menega** (Diccionario lunfardo, 1989).

Y si se trata
de alguna mina
la meneguina

me hago ligar.
Y si resiste
en aflojarla
con cachetiarla
me la va a dar.
El taita. Silverio Manco, 1907.

Menesunda. l. p. Meresunda.

Mengueche. l. p. Personaje imaginario, igual que **Magoya, Mongo, Mongo Aurelio** y **Serrucho**. Véanse estas voces.

Menonfio. l. del. Lío, barullo. Embrollo.

Menos. l. p. **Ir a menos**. Realizar algo con el deliberado propósito de fracasar o, por lo menos, de no lograr el éxito. *El boxeador fue a menos porque le pagaron para ello*. Se puede ir a menos dolosamente, como en el ejemplo citado, o puede hacérselo sacrificadamente, en beneficio de otro que hasta puede ignorarlo. *Fue a menos en la final del campeonato de ajedrez porque se enteró de que su adversario necesitaba el dinero del premio*. // l. turf. Salir un caballo a correr una carrera para no ganarla por disposición de sus allegados. Igual que **ir al bombo, ir para atrás, correr para los giles**, etc. La frase viene del juego de cartas llamado **tute cabrero** en el que, según las barajas que le hayan tocado, uno puede jugar en procura de hacer el mayor puntaje (**ir a más**) o para hacer el menor. En este caso se dice que **va a menos** o que **se tira a menos**.

Menta. l. p. Fama, renombre, celebridad. // Puede tenerse buena o mala fama; entonces se tendrán **buenas** o **malas mentas**. // Comentarios recordatorios que se hacen respecto a sucesos o personas. Si se emplea sin el calificativo, se entiende que se trata de **buenas mentas**. Se usa en plural. De **mentar**.

Hubo grandes jockeys que se destacaron: Tomás Conde, Pablo Aguilers, Fernando Pérez, Isabelino Díaz, Ramón Garrido, Moisés Peñaloza y otros nombres que conocí por mentas de don Ignacio Correas, que gustaba recordar cuando me agarraba mano a mano.
Leguisamo de punta a punta.
Daniel Alfonso Luro, 1982.

Mentar. l. p. Comentar sucesos pasados o hablar de la fama de alguien. Del esp. **mentar** (de **mente**): nombrar, mencionar.

Merca. l. p. Cocaína. // Estupefaciente. Droga, en general. Podría provenir de Merck, marca de un laboratorio que, entre otros productos, elaboraba cocaína que se destacaba por sus cualidades aplicables con fines medicinales. // Es apóc. de **mercadería** y, por extensión, también se emplea en tal sentido para referirse al botín producido por un hecho ilícito.

Merengue. l. p. Barullo, enredo, confusión, mescolanza. Complicación. *Armarse un merengue. Verse metido en un merengue.* Del esp. merengue: dulce que se hace con claras de huevo y azúcar. Por lo mucho que hay que batir las claras para darles el punto necesario.

Meresunda. l. p. Mezcla confusa de cosas. *En su escritorio tiene una meresunda de papeles.* // Confusión de ideas. *Tener una meresunda en la cabeza.* // Lío, enredo, embrollo. // Escándalo. // Pelea generalizada. *La fiesta terminó en una gran meresunda.* // Asunto, negocio, fato. *¿En qué meresunda andás?* // Cosa de que se trata. *Voy a explicarte cómo es la meresunda.* // p. ext. Droga, doping. *El caballo corrió con la meresunda.* // **Menesunda.**

Merlín. lunf. **Merlo.**

Merlo. lunf. Tonto, gil, otario, melón, papa frita. Del ital. merlo: simplón, bobalicón, gaznápiro. // **Merluza.**

Merluza. lunf. **Merlo.** Es parag. humoríst. para disimular el calificativo con el nombre de **merluza**, pez de carne comestible que abunda en nuestro país. Véase **paragoge**.

Piguya – ¡Político!... ¡Hágame un tango!...
¿Y vo andá en eso, che? Yo, ante m'hago pisar
d'un carro'e verdulero. No soy yo, el hijo'e mi
tata, que se met'a merluza pa que otro muente
del turro'e los mejoramientos económicos del pái.
Yo sé lo que pagan esos ruina'e los comiteses...
La promesa de la paica. Juan Francisco Palermo. Obra teatral en lunfardo, de comienzos del 1900. (Cfr. Luis Soler Cañas. **Orígenes de la literatura lunfarda,** 1965.)

Mersa. lunf. Conjunto de personas de baja condición social. // Cada una de esas personas. *Siempre anda metido entre la mersa. Al verlo me di cuenta de que era un mersa.* // p. ext. Conjunto de personas o cosas que no agradan. *Vino a verme con una mersa de amigos. Me trajo una mersa de chismes.* // **Merza.**

Opina José Gobello que podría venir "del piamontés **mersa**, palo; cada una de las cuatro series de naipes en que se divide la baraja, por traslación de significado". (**Diccionario lunfardo,** 1989.) Mario E. Teruggi admite esta posibilidad, aunque, no obstante, considera incierto su origen y sugiere que también el vocablo "podría estar emparentado con el genovés **mersa** o **merza**, mercader". (**Panorama del lunfardo,** 1974.)

El que te baile bien debe ser púa,
manyado entre la merza de los guapos.
Haber hecho un jotraba de ganzúa
y tener sensación de la cafúa.
Tango viejo (La crencha engrasada).
Carlos de la Púa, 1928.

Mersada. lunf. Conjunto de mersas. // Acción propia de un mersa.

Mersón/sona. lunf. Aument. de **mersa.**

Mesada. l. pol. Detención de treinta días que podía aplicar el jefe de policía antiguamente a los contraventores. // l. pol. Nombre que se le daba a la reunión de malvivientes que, estando detenidos, se seleccionaban antiguamente para desfilar ante personal policial para que los conocieran (**manyamiento**), enviándolos desde el Depósito de Contraventores al Departamento de Policía para que los reconocieran los pesquisantes. (Adolfo Enrique Rodríguez. **Lexicón.** Centro de Estudios Históricos Policiales, 1989.)

A fuerza de canas se volvió de línea,
pues en la mesada sacó provechosas
lecciones de púas, espianta-casimbas,
cargadas de grilo, culata o de sota.
El lancero (La crencha engrasada).
Carlos de la Púa, 1928.

NOTA. *Cargada:* el autor emplea esta voz como robo, hurto, despojo. Véanse **casimba, grilo, culata** y **sota.**

Meta fierro. l. p. Con toda intensidad. Con todo lo que se puede. A todo lo que da. En los casos de duelo a cuchillo equivale a **fierro a fierro,** es decir, intensamente, cuchillada tras cuchillada. En automovilismo, significa a toda velocidad, con el fierro (acelerador) a fondo.

Meta y ponga. l. p. Modismo que indica una acción intensa y sostenida. *En el Senado hubo una discusión de meta y ponga. Los dos caballos se trenzaron en un final de meta y ponga. Boca Juniors y River Plate jugaron un partido de meta y ponga.*

*Engrupen tus alhajas en la milonga
con regio farolero brillanteril
y al bailar esos tangos de meta y ponga
volvés otario al vivo y al rana, gil.*
Che, papusa, oí.
Tango. Enrique Cadícamo, 1927.

Metedor/ra. l. p. Persistente, tenaz. // Animoso. // Audaz, arriesgado. // l. jgo. Acertador en el juego, especialmente en las carreras de caballos y en la quiniela. // l. jgo. Persona que apuesta fuerte. Véase **meter**.

Metedura. l. p. Metejón, metida, en el sentido de enamoramiento profundo. Apasionamiento amoroso.

*Mas no todo en la vida está perdido,
ni la porca miseria tanto dura;
al fin le llegó un gil con metedura
que le dio, entre otras cosas, apellido.*
Mala suerte. *Nyda Cuniberti.*

Metejón. l. p. Metedura. Apasionamiento amoroso.

*Ya sabe que lo quiero
con toda mi ilusión.
Y que soy toda suya,
que suyo es mi cariño,
que nuestro será el niño
fruto del metejón.*
Arrabalero. *Tango. Eduardo Calvo, 1927.*

// l. jgo. Pérdida importante en el juego. // Deuda grande que se contrae.

Pepito – El miércoles me acompañó hasta la puerta del club y esa noche tuve un metejón bárbaro. ¡Fue un caso clavado de jettatura! A cuatro reyes, me ligaron cuatro ases y en un pozo que nadie abrió, paso con una real de mano por no mirar las cartas...
¡Jettatore!... *Gregorio de Laferrère.*
Obra teatral estrenada en 1904.

Metejoneado/a. l. p. Metido. Enamorado profundamente, apasionadamente.

No hay caso. Un tipo metejoneado no escucha ni cree en los consejos. Tiene que meterse y engayolarse primero. Si le sale bien, ¡fenómeno!, y si le sale mal, él mismo tiene que comerse el sapo y resolver por la suya.
Duendes en el Café de la Muerte.
Héctor Chaponick, 1986.

// Dícese de la persona que ha contraído deudas importantes. *Está tan metejoneado que no puede vivir tranquilo.*

Meter. l. p. Distintas acepciones del verbo español **meter** han dado origen a otras tantas de nuestro lenguaje popular, que las ha incorporado a aquéllas. // Comenzar algo y proseguir haciéndolo con esfuerzo y dedicación. *Vamos a meterle a este balance así lo terminamos pronto.* // Entusiasmarse, compenetrarse en algo. *A medida que ensayábamos la obra nos íbamos metiendo cada vez más en ella.* Ambas de **meter**: inducir a hacer una cosa. // Golpear, pegar. *Le metió una piña en la cara.* De **meter**: dar. // Acertar, embocar. *En una noche de póquer metió tres escaleras reales.* De **meter**: hacer. // Apostar fuerte en el juego. *Cuando me gusta una carta al monte le meto toda mi plata.* De **meter**: poner el dinero que se ha de jugar. // Enamorarse profundamente de alguien. De **meter**: dejarse llevar con pasión por alguna cosa. // Contraer deudas importantes. *Para evitar la quiebra tuve que meterme con usureros.* De **meter**: gastar, invertir. También hallamos el vocablo en muchos modismos de uso corriente. // **Meter el dedo en el culo.** Abusarse de alguien. Tomarlo por tonto; engañarlo. // **Meter el perro.** Engañar, estafar. Hacer pasar una cosa por otra (para abundar, véase **perro**). // **Meterse a alguien en el bolsillo.** Conquistarlo, tenerlo dominado. Hacer lo que se quiera con él. // **Meter fierro.** Acelerar a fondo un automotor, una moto, etc. // p. ext. Apurar un asunto. // **Meter la cuchara.** Entrometerse en un asunto. // Equivocarse. Igual que **meter la pata**. // **Meter la mano en la lata.** Sustraer dinero del lugar donde uno se desempeña o aprovechar su función para enriquecerse indebidamente con maniobras dolosas. El dicho viene de cuando se acostumbraba a guardar dinero en envases

vacíos de hojalata y alguien metía la mano en ellos para sacarlo. // **Meter la mula.** Igual que meter el perro. Véase mula. // **Meter la nariz.** Espiar, curiosear. Entrometerse. // **Meter la pata.** Decir o hacer algo inconveniente en el momento menos oportuno. // Equivocarse. // **Meter la púa.** Poner cizaña. Sembrar dudas o celos. Incitar a alguien contra otro. // **Meter las de andar.** Igual que meter la pata (porque con ellas se anda). // **Meter los cuernos.** Serle infiel al cónyuge o pareja. También se dice poner los cuernos. Del esp. cornudo: dícese del hombre engañado por su mujer. // **Meter los garfios.** Meter el punga los dedos en los bolsillos ajenos para robar (véase punga). // **Meter pata.** Equivale a meter fierro.
Meterete/a. l. p. Entrometido.
Metida. l. p. Enamoramiento. Metedura, metejón.

De nada sirve guapear
cuando es honda la metida.
¡Pobrecita, mi querida!
Toda la vida
la he de llorar.
Nubes de humo.
Tango. Manuel Romero, 1923.

Metido/a. l. p. Enamorado apasionadamente. // Metejoneado.

¡Qué lindo es estar metido
y vivir pensando en ella,
mientras la vela al quemarse,
va formando su silueta!
¡Qué lindo es estar metido!
Tango. Pascual Contursi, 1927.

Mezquinar. l. p. Obrar con mezquindad, tacañear. Del esp. **mezquino:** avaro.

Doña María, eche otra caña (...)
Cuando uno ha pasao la noche
sobre el lomo del caballo,
con el aguacero encima,
no hay que andarle mezquinando
al gusto, ¿no te parece, Toribio?

// p. ext. Esquivar. // Tratar de evadirse de un compromiso o una obligación. // Sacarle el cuerpo a un asunto. Escurrir el bulto.

El enemigo está al frente;
tiene mucho poderío,
y antes de que pase el río
ha de morir mucha gente.
Yo tal vez sea el primero;
no me pienso mezquinar...
Los dos ejemplos citados pertenecen al drama teatral **El sargento Palma,** de Martín Coronado, estrenado en Buenos Aires el 14 de mayo de 1906 y se refieren a la batalla de la Vuelta de Obligado.

Miché. lunf. Mishé.
Micho/a. lunf. Misho.
Miciadura. lunf. Mishiadura.
Miércoles. l. p Eufemismo por mierda. *Me enojé y lo mandé a la miércoles.* // En algunos casos se emplea como interj. *¡Miércoles, llegó la policía!* (de alarma). *¡Miércoles, qué contratiempo!* (de disgusto). *¡Miércoles, cuánta gente!* (de sorpresa), etc.
Mierda. l. p. Dícese de lo que no tiene el menor valor o es de valor despreciable. // Bajo, ruin. Aplícase a personas y cosas. *Ese individuo es una mierda. Estos zapatos me resultaron una mierda.* // p. ext. Poco; casi nada; nada. *Gano una mierda con mi trabajo. ¿Qué logré después de tanto aconsejarlo? ¡Mierda!* Del esp. **mierda:** excremento humano y, por extensión, el de algunos animales. // fig. y fam. Suciedad, porquería. // **Echar mierda** o **tirar mierda.** Hablar mal de algo o de alguien. *Estuvo echando mierda sobre nuestro proyecto. Estuvo echando mierda sobre nuestro amigo.* // **Estar hecho mierda.** Estar agotado por algún esfuerzo. // Hallarse abatido, enfermo, maltrecho. También se dice **estar hecho bosta.** // **Hacer mierda.** Aniquilar. Abatir. Dañar seriamente algo o a alguien. *Hizo mierda el espejo de un botellazo. Con toda facilidad hizo mierda a su adversario.* // **Dejar por la mierda.** Dejar a alguien lejos en cualquier confrontación. *Corrimos una carrera y lo dejé por la mierda.* // **Mandar a la mierda.** Sacar a alguien con cajas destempladas. Desentenderse drásticamente de algo o de alguien. *Mandar a la mierda un asunto. Mandar a la mierda a una persona.* // **Tirar mierda al río.** Dilapidar, despilfarrar, malgastar lo que se tiene. *Se juega la plata como si tirara mierda al río.*
Miguelito. l. p. Tipo de clavos hechos con un alambre grueso de acero alargado y doblado de tal modo que, una vez en el suelo, siempre

queda con una de sus puntas hacia arriba. Con la intención de perforar las gomas (neumáticos) de los vehículos y dejarlos en llanta, se suele emplear en conflictos populares.

Milanesa. l. p. Mentira grande. Mentira. // **Mandarse una milanesa.** Mentir. Mentir grandemente. // **La verdad de la milanesa.** Dícese de la verdad o de una razón que, por algún motivo, está oculta o no puede vislumbrarse. **Decir la verdad de la milanesa** es explicar cuál es el meollo de un asunto.

Milanesada. l. p. Cantidad de mentiras.

Milico. l. p. Soldado conscripto. // Antiguo vigilante de campaña. // p. ext. Vigilante, policía. // p. ext. Persona uniformada de alguna fuerza armada o de seguridad. Es apóc. del esp. **miliciano.** // Antiguo billete de mil pesos. En este caso es parag. de **mil.**

Milonga. l. p. Tonada popular de versos octosílabos nacida en el Río de la Plata. Es antecesora inmediata del tango y se la considera como la etapa intermedia entre éste y la habanera cubana que, en su tiempo, gozó de gran aceptación en nuestro medio. La milonga, de ritmo alegre, juguetón, cobró vida en la voz de grandes payadores y se afianzó con el baile, que cautivó a las clases populares. De neta y profunda raigambre criolla, dio origen al tango, pero no por ello claudicó. Su compás y su cantar no perdieron vigencia y supo correr parejas con el tango en las preferencias del público. // p. ext. Lugar donde se baila. Salón de baile. // p. ext. Baile. *Ir a la milonga.* // p. ext. Bailarina que trabaja en un cabaret. **Milonguera.** José Gobello ubica esta voz como afronegrismo que significa palabra. (Diccionario lunfardo, 1989.)

Milonga de aquel entonces,
que trae un pasado envuelto...
De aquel 911
ya no te queda ni un vuelto.
Milonga que en lo de Laura
bailé con la parda Flora...
Milonga provocadora,
que me dio cartel de taura...
¡Ah, milonga'e lo de Laura!
En lo de Laura.
Milonga. Enrique Cadícamo, 1943.

// Asunto, fato, cuestión.

(...) *y jaliva en mano, con la guita, las picamos los cuatro en el De Soto para el Aeroparque. Todo está arreglado: boletos, horario y toda la milonga.*
Sabihondos y suicidas.
Héctor Chaponick, 1982.

// Cantinela, palabrerío cansador. // Reproches, rezongo continuo. *¡Siempre la misma milonga!*

Si caigo una sera en curda,
fija empieza la milonga,
y me batís, meta y ponga,
¡basura!, ¡reo a la gurda!
Cobrate y dame el vuelto.
Milonga. Enrique Dizeo.

// Charla vana. Hablar siempre de lo mismo. Vueltas y vueltas que se le dan a una cuestión. *Me tenés aburrido con esa milonga.* // Mentira, cuento. Verso. *A mí no vas a engrupirme con esa milonga.* // Componenda, negociado, arreglo turbio. Confabulación: manejo oculto.

Yo he visto en esa milonga
muchos jefes con estancia
y piones en abundancia
y majadas y rodeos.
He visto negocios feos
a pesar de mi inorancia.
El gaucho Martín Fierro. *José Hernández.*
NOTA. *Inorancia:* ignorancia.

// Barullo, lío, despelote. Discusión.

(...) *Y como él es mañoso como zorro,*
vuelve y arma otra bronca en el cotorro.
Y así es, todos los días, la milonga
La menega. *Yacaré (Felipe H. Fernández).*

Milongón. l. p. Aument. de **milonga.** *Anoche armamos un milongón de primera.* // Por antífrasis, se usa con sentido despect.; baile de baja categoría. *¿Cómo podés ir a un milongón de ésos?* // p. ext. Barullo, pelea, despelote.

Milonguear. l. p. Bailar la milonga. // Cantar la milonga. // Bailar.

Milonguera. l. p. Bailarina que trabaja en cabarets o salones de baile. // Mujer a la que le gusta bailar. // Mujer que concurre a las milongas. // También **milonga** o **milonguita.**

*Mina, que fue en otro tiempo
la más papa milonguera
y en esas noches tangueras
fue la reina del festín...*
El motivo (Pobre paica).
Pascual Contursi, 1914.

Milonguero/a. l. p. Cantor de milongas. // Asiduo concurrente a las milongas. // Bailarín. // Perteneciente o relativo a la milonga. // Propio del ambiente de la milonga, entendiendo por milonga el entorno de la diversión nocturna donde prima el baile.

*La milonga entre magnates
con sus locas tentaciones,
donde triunfan y claudican
milongueras pretensiones,
se te ha entrado muy adentro
en tu pobre corazón.*
Mano a mano.
Tango. Celedonio Esteban Flores, 1923.

MILONGUERO
*"Se hizo peyorativo, pero fue culpa de una gringada que llamó milonga al baile y milonguero al bailarín. No hay tal cosa en su origen. La milonga es canto y mereció el verso de Almafuerte, que dio categoría a los de otros cien poetas de criolledad acabada (...)
"Milonguero no era el que bailaba, sino el que cantaba. Por extensión dábasele el título al que gustaba andar mixturado con guitarreros o al que buscaba entre las flores de consonancia, muchachas que enamorar (...)
"Los que no lo entendieron, en intento despectivo, llamaron milonguero al bailarín y milonga a cualquier bailongo. La verdad sigue siendo ésta: milonguero era el cantor que gustaba de los versos y los anudaba de a cinco: uno y uno, dos y uno." (Bernardo González Arrili.*
Buenos Aires, 1900, *1967.)*

Milonguita. l. p. Dim. de **milonga**, pasó a ser, poéticamente, el nombre que se le daba a la mujer que, iniciada como bailarina en los salones de baile, terminaba siendo nada más que un objeto de entretenimiento y placer. Esta sinonimia se le debe a Samuel Linnig.

*Cuando sales por la madrugada,
Milonguita, de aquel cabaret,
toda tu alma, temblando de frío,
dice ¡ay, si pudiera querer!*
Milonguita. *Tango. Samuel Linnig.*

Millonaria. l. p. fam. y fest. Firma. La acepción viene de la época en que solamente la gente de dinero tenía cuenta corriente en los bancos y, por consiguiente, firmaba cheques. *Estampar la millonaria.* Ahora, a la firma se le dice **gancho**.

Mina. lunf. Mujer, en general. // Querida. *Salió de paseo con su mina.* // Mujer que es pareja de un hombre. // **Mina sin shacar.** "Mujer virgen." (Antonio Dellepiane, El idioma del delito, 1894.) En este caso, **shacar** está empleado como seducir.

La etimología de esta voz ofrece diversas interpretaciones, desde quienes la derivan de **mina** *como que la mujer así llamada era una mina de oro para su cafisho, siguiendo con aquellos que la remiten a un jergal. ital.,* **minna,** *mujer, o* **miniera,** *con la acepción de prostituta, hasta los que ven en el vocablo un lusitanismo por contracción del portugués* **menina** *("mulher nova, solteira e de maneiras delicadas"). José Gobello la deriva del ital. jergal* **mina,** *mujer, y señala que "esta voz, que acumula en Buenos Aires 120 años de existencia y vigencia" tenía connotaciones lupanarias. (***Cultura lunfarda,** *Publicación de la Academia Porteña del Lunfardo, 1994.)*

*En la pieza del cotorro
yo tuve mina y catrera
y en el ropero del cuarto
yo colgué mi viola rea.*
A la señora Academia. *César Bruto.*

El lunfardo y el idioma popular le dieron muchos nombres a la mujer, además de mina: bandeja, catriela, cosa, dulce, feba, fémina, garaba, grela, mosaico, minusa, naifa, nami, paica, percanta, percantina, percha, pebeta, piba, rombo, ropero, sofaifa, etc.

*Yo a la mina le bato paica, feba, catriela,
percanta, cosa, piba, budín o percantina,
chata, bestia, garaba, peor es nada, fémina,
cusifai, adorada, chirusa, nami o grela.*
Mina. *Yacaré (Felipe H. Fernández).*

Minaje. lunf. Conjunto de minas.
Minerío. lunf. Minaje.
Minantes. lunf. Caminantes, por afér. // Zapatos.
Minga. lunf. Equivale a un ¡no! rotundo.

—Me pidió cien pesos.
—¿Se los diste?
—¡Minga!

// Nada.

—Hay una insuficiencia coronaria
y al cuore, amigo, llega poca sangre:
minga de sal y minga de laburo,
poco cansancio, nada de fiambre.
Déficit
(Versos de yeca y atorro). Tino, 1977.

// p. ext. Sin.

Era una mina posta, minga de grupo,
empilchada de seda, como bacana.
El Ñato Cernadas (La crencha engrasada). Carlos de la Púa, 1928.

// Proviene de la voz quechua **minka** que, en general, define a un trabajo comunitario entre personas que se ayudan unas a otras cada vez que se necesitan, y que no se remunera, sino que se paga con otro, aunque antiguamente se llamaba así al trabajo voluntario de pocas horas que, en día festivo, hacían los peones rurales, sin más recompensa que unas copas de aguardiente.
Minguia. lunf. Minga.
Mino. lunf. Homosexual pasivo. Marica. // Amante de una mujer. *El mino de Fulana.*
Minón. lunf. Mujer de gran belleza. *Bailé con un minón espectacular.*
Minona. lunf. Mina.
Minusa. lunf. Mina.
Minushia. lunf. Mina, minusa.

El bacán le acanaló
el escracho a la minushia;
después espirajusó
por temor a la canushia.
Copla popular de los años 1900. (Cfr. Luis Contreras Villamayor. **El lenguaje del bajo fondo,** *1915.)*

Miqueta. lunf. Golpe de puño. Trompada. Del gen. **micchetta**: pan pequeño. Comparar con nuestro **bollo**, que también es pan pequeño y que igualmente asume la acepción de trompada o puñetazo.
Miquetero/a. lunf. Golpeador.
Mirantes. l. p. Ojos.
Mirones. l. p. Ojos.
Misa. l. del. Llamábase así al interrogatorio a que se sometía a los detenidos. Al juez se lo llamaba **arzobispo**.
Misciadura. lunf. Mishiadura.
Misché. l. p. Mishé.
Mischio/a. lunf. Mishio.
Miscio/a. lunf. Mishio.
Mishé. l. p. Hombre que mantiene a una mujer y le da todos los gustos. // Hombre que paga generosamente los favores de una mujer. Del argot **miché**, de igual significado.

¡Ah!... La pobre percanta de la bata rosa
quiere tener menega, ser poderosa,
tener "apartament" con mishé y gigoló,
muchas joyas de bute, un peleche a la moda...
Sonatina. *Celedonio Esteban Flores.*

Mishería. lunf. Mishiadura.
Mishetón. l. p. Despect. de mishé.

Él se lo había dicho: "del laburo,
sin hacer estación, venite a casa".
(...) Pero ella se olvidó. Sucia y borracha,
llegó como a las nueve la muchacha
por seguirle la farra a un mishetón.
Los bifes —los vecinos me decían—
parecían aplausos, parecían
de una noche de gala en el Colón.
Biaba. *Celedonio Esteban Flores.*

Mishiadura. lunf. Pobreza, escasez, miseria. // Mishería.

Si junás mi bulín te da pavura.
¡Qué negra mishiadura!
La más honda miseria peliaguda
me tiene sin amargos y sin feca.
Himno del pato.
Yacaré (Felipe H. Fernández).

Mishio/a. lunf. Pobre, sin dinero, indigente. // En la mala. // Que padece mishiadura. // Que sufre carencias. // Deslucido, impresentable. *Un vestido mishio.* Del gen. miscio: pobre; carente de dinero.

Misho/a. lunf. Mishio.

Cuando el bacán está en cana
la mina se peina rizos;
no hay mina que no se espiante
cuando el bacán anda misho.
Autor anónimo. (Cfr. Antonio Dellepiane. **El idioma del delito**, 1894.)

El ejemplo es una de las muy pocas poesías auténticamente lunfardas que existían hacia el año 1880 aproximadamente, escritas por los propios delincuentes. (Cfr. Luis Soler Cañas. **Orígenes de la literatura lunfarda**, *1965.) Añade este autor que en 1894 Dellepiane se creyó obligado a dar "una versión poética castellana" de la cuarteta:*

Cuando el amante está preso
la amada se hace coqueta;
no hay mujer que siga a su hombre
en cuanto pobre lo sienta.

Mishote. lunf. Mishoti.
Mishoti. lunf. Vocablo de antigua data. Mishio. Pobre, sin dinero, pato, seco, fallo al oro, forfai. También mischio, miscio, misio, micho, michote, mishote.

Tomaré un poco de caña con limonada para abrirme el apetito. Son las diez y todavía no he almorzado. Lo peor es que ando mishoti.
La lavandera. *Novela de Vital Montes, 1886. (Cfr. Luis Soler Cañas.* **Orígenes de la literatura lunfarda**, *1965.)*

Mistongo/a. lunf. Humilde, pobretón. "Pobre; de poco valor; falso. Lo mismo que misho." (Antonio Dellepiane. **El idioma del delito**, 1894.) "De mala muerte." (José Barcia. Vocabulario en **Pedrín**, de Félix Lima, 1969.) "Muy pobre, casi miserable." (Félix Coluccio **Diccionario de voces y expresiones argentinas**, 1986.) "Cosa de poco mérito, valor, importancia o significación." (Roberto Arrazola. **Diccionario de modismos argentinos**, 1943.) "Lo ridículamente escaso, lo que ofrece poca utilidad o ganancia: humilde, insignificante: malo, venido a menos, deslucido: miserable." (Adolfo Enrique Rodríguez. **Lexicón.** Centro de Estudios Históricos Policiales, 1989.)
El vocablo viene de **mishio**, con la desinencia **ongo**, que puede darle connotación afectiva o despectiva, según se use, aunque siempre se refiera a algo humilde, modesto, pobre. *Ella y yo, juntos, al calor de mi bulincito mistongo. ¡Mirá en qué bulín mistongo vine a caer!*

En mi bulín mistongo
no hay cintas ni moñitos
ni aquellos retratitos
que cita la canción.
Por qué soy reo. *Tango.*
Manuel A. Meaños - Juan M.Velich, 1929.

—Decime, che, ¿la mondonga con que t'ibas a casar...?
—De araca me vi'a matar por un'hembra tan mistonga.
¡Manyame! Germán M. Méndez, 1908.
NOTA. **Mondonga:** gorda. **Matar:** considera a ese casamiento como un suicidio.

Mistongueli. lunf. Mistongo. Es parag. para formar con mistongo un seudo apellido italiano. Véase **paragoge**.
Mistonguería. lunf. Conjunto de mistongos. // Propio de mistongos. // Cantidad de cosas sin ningún valor. // Pobreza. // Mala racha.
Mistonguero/a. lunf. Pobre, humilde, de mala muerte. // Deslucido.

La orquesta mistonguera musita un tango fulo.
Los reos se desgranan buscando entre el montón
la princesita rosa de ensortijado rulo
que espera a su Romeo como una bendición.
Oro muerto (Girón porteño). *Tango.*
Julio F. Navarrine, 1926.

Mita y mita. l. p. Mitad y mitad. Mitad a cada uno. Por mitades (tratándose de compartir o de repartir algo entre dos).
Miti y miti. l. p. Mita y mita.
Mitre. l. p. Hijo de Mitre. Se les decía a los jóvenes ricos (*Parece hijo de Mitre*), a los que gozaban de privilegios (*Como si fuera hijo de Mitre*), al que pretendía tenerlos o al que pedía demasiado (*¿Y vos quién sos? ¿Hijo de Mi-*

tre?). Aludía esta expresión popular a Bartolomé Mitre, militar, político y escritor argentino, que presidió nuestro país durante el período 1862-1868.

Moco. l. p. Cosa sin valor, despreciable. *Mirá el dinero que tengo: esto es moco.* // **Moco de pavo.** Tiene el mismo sentido que **moco**. Este modismo se refiere al apéndice carnal que el pavo tiene sobre su pico y que generalmente cuelga, flojo, al costado de su cabeza.

Mochar. l. p. En general, quedarse con parte de algo que tiene que entregarse o repartirse con otros. *Antes de repartir el dinero le mochó quinientos pesos.* // l. del. Adulterar el número de un billete de lotería. Esta maniobra se realiza para engañar a alguien haciéndole creer que el billete tiene premio. Del esp. **mochar** (desmochar): cortar la parte superior o la punta de alguna cosa dejándola mocha.

Mochero/a. l. del. Especialista en adulterar billetes de lotería.

Mochila. l. p. Tropo con el que se designa a un jorobado o a una persona cargada de espaldas. Alude a la mochila que se lleva a la espalda, cargada sobre los hombros. Es masc. o fem. según a quien se nombre: *el mochila, la mochila.* Hacia los años 1930 y siguientes corría en nuestros hipódromos principales un buen jockey que se llamaba Pedro Felipe Falcón, al que, por ser encorvado de espaldas, se lo llamaba "Mochila Falcón".

Moishe. l. p. Nombre genérico que se le daba al judío y que aún perdura, derivado de Moisés. Por ser muy común entre los judíos que llegaron a nuestro país con la gran inmigración, pasó a convertirse en gentilicio. *Mi amigo es moishe. Me enamoré de una moishe.* También corría **moishele**. // Avaro. // Que no gasta ni presta dinero. *No seas moishe, prestame cien pesos.*

Moishele. l. p. **Moishe**. Igual para el masc. que el fem.

Mojar. l. p. Recibir una porción menor, magra en el reparto de algo. *En un toco de cinco mil pesos, apenas mojé cien.* // l. jgo. Acertar en menor grado. *Jugué en ocho carreras y sólo mojé una.* Del esp. **mojar**: sent. fig. Introducirse en un negocio o tener parte en él. // **Mojar el garguero.** Ingerir bebidas alcohólicas. Equivale a **calentar el garguero.** // **Mojar la oreja.** Desafiar a alguien a pelear. Era una costumbre antigua entre chicos y jóvenes mojarse un dedo de la mano con saliva y tocar con él la oreja del otro, lo que era señal de desafío a pelear. // Desafiar a alguien en cualquier sentido.

Mojarras, mojarritas. l. camp. Se usaba esta voz con el mismo significado que hoy se emplea la palabra **ratones** para mencionar los pensamientos que dan vueltas en la cabeza y quitan la tranquilidad y el sueño a causa de problemas, disgustos, o por motivaciones amorosas o eróticas. **Tener mojarras** o **tener mojarras en la cabeza** equivalían a los actuales **tener ratones** o **tener ratones en la cabeza** o **ratonearse**. La voz se inspira en **mojarrita** (o **mojarra**), pez pequeño y muy movedizo. Como el ratón.

Yo también tenía mis mojarras en la cabeza que, a veces, coleaban haciéndome sonar la orillita del alma.
Don Segundo Sombra.
Ricardo Güiraldes, 1926.

Molde. l. p. **Quedarse en el molde.** Abstenerse de intervenir en una cuestión (conversación, debate, pelea) fingiendo distracción, desinterés, simulando no comprender el caso o demostrando total indiferencia por el asunto. *Todos discutían a gritos, pero yo me quedé en el molde, mirando por la ventana.* // Ser testigo de un hecho y no involucrarse para evitar complicaciones. Recurre la expresión al símil de la inmovilidad en que queda un líquido o una masa que se vierte en un molde.

Mondiola. lunf. **Bondiola**. Embutido que se hace con carne de cerdo, cuyo gusto es parecido al del jamón crudo. Del ital. **bondiola**, cierto salchichón. // **Juan Mondiola**. Personaje de historieta de mediados del 1900 que representaba a un porteño de principios de ese siglo, alto, flaco, traje negro, pañuelo blanco al cuello, con galleta, gacho negro, ladeado; piola, canchero, filósofo a la criolla y galanteador.

Mondongo. l. p. Barriga. Panza. Vientre. Del esp. **mondongo**: intestino y panza de los animales (y éste de **mondejo**: relleno de la panza del cerdo y del carnero). // Estómago de los vacunos que, convenientemente limpiado, se emplea en la preparación de algunos platos de comida. // Comida: especie de guisado que se hace con mondongo en trozos pequeños, porotos, garbanzos, tocino o panceta, chorizos colorados, papas cortadas también en trocitos y condimentos.

Hasta que una noche, ¡maldito bailongo!
Acaso en curdela, quizás el destino,
con la fariñera le cortó el mondongo
a un gil, rechiflado por culpa del vino.
El vago Amargura (La crencha engrasada). *Carlos de la Púa, 1928.*

// **Barrio del mondongo.** Se le llamaba así antiguamente a un sector del barrio Montserrat, que se hallaba en las cercanías de un matadero allí existente, en el que habitaban negros casi exclusivamente, muy consumidores de mondongo, que adquirían en dicho matadero. También se le dio el nombre de **Barrio del Tambor**, por la afición de los negros a tocar ese instrumento, que sonaba constantemente en ese sector.

Bulín bastante mistongo,
aunque de aspecto sencillo,
de un modesto conventillo
en el barrio del Mondongo.
Parte de la notable presentación que hace José González Castillo del escenario, en el libreto de su obra teatral **El retrato del pibe**, estrenada el 9-11-1908. (Cfr. Luis Soler Cañas. **Orígenes de la literatura lunfarda**, 1965.)

Mondonguera. l. p. Estómago. Panza. Barriga.

La mondonguera de ragú palpita,
silba, bronca, la bufa, chilla, grita
por esta crisis rea...
Himno del pato.
Yacaré (Felipe H. Fernández).

Mongo. l. p. Persona imaginaria a la que se le remite lo que no se cree, lo que no se puede o no se quiere hacer, así como a la persona molesta y fastidiosa. *¡Andá a contárselo a Mongo! ¡Ahora, que lo haga Mongo!* También se usa con el sentido de negación, como **minga**, quizá por parecido fonético y ortográfico. *¿Que yo vaya a ese lugar? ¡Mongo!* Corren las formas **Mongo Aurelio** y **Mongocho** con igual significado.
Mongo Aurelio. l. p. Mongo.
Mongocho. l. p. Mongo.

Mongui. l. p. Bobo, lelo, idiota. Voz gros., nueva. Es deformación apoc. de **mogólico**, con el mismo sentido.
Mono. l. p. Bulto pequeño que se hace con las pocas ropas y enseres que se tienen, envolviéndolas en una tela, una sábana, etc., para llevarlas con uno. // **Bagayo, bagayito, linyera.** // l. period. Facsímil de diario o revista que se proyecta. // **¡A papá mono, con bananas verdes!** Frase que significa *¿A mí van a engañarme? ¿Justamente a mí, con toda la experiencia que tengo?* Alude al mono, que conoce bien de bananas y no van a engañarlo dándoselas verdes.
Monseñor. l. del. Herramienta para violar las cerraduras que tienen puesta la llave del lado de adentro y que toma a ésta desde afuera y la hace girar hasta abrirlas.
Monte criollo. l. jgo. Cierto juego de azar bancado que se practica con cartas españolas.
Montepío. l. p. Casa de empeños y compra venta. También se las llamaba por su afér., **pío**. Eran comunes antiguamente. Del esp. **Monte de piedad**: establecimiento público que hace préstamos a bajo interés sobre ropas y alhajas. Con influencia del también esp. **Monte pío**: depósito de dinero formado ordinariamente de los descuentos hechos a los individuos de un cuerpo o de otras contribuciones de los mismos para socorrer a sus viudas o huérfanos o para facilitarles auxilio en sus necesidades. También se llama así al establecimiento que cumple esa función.
Montón. l. p. Equivale a **mucho**. *Dormir un montón. Saber un montón.* // También expresa la reunión de cualidades que exaltan a una persona o cosa. *Mi amigo es un montón. Tu coche es un montón. Esa rubia es un montón.* // Aplícase con el significado de muy bien, muy bueno, excelente, etc. *¡Estuviste un montón con tu discurso, Daniel!* En estos casos suele abreviarse en *¡un montón, Daniel!* Es voz relativamente nueva.
Montonazo. l. p. Aument. de **montón**.
Mopio. l. p. Tonto, botarate, lelo. Suele usarse como **mongui**.
Moquillo. l. p. **Dar moquillo.** Ganarle a alguien en alguna confrontación (en un debate, en el deporte, en el juego, etc.) Es dim. de **moco**, del quechua **mocco** y éste del también quechua **moccacuni**: desconcertar, desarticular. Véase **contramoquillo**.

Mora. l. del. Bala. Proyectil de arma de fuego. (Antonio Dellepiane. **El idioma del delito**, 1ª edición, 1894.) // **Mano mora**. Persona a la que se atribuyen influjos maléficos que pueden manifestarse con su sola presencia o mirando o tocando alguna cosa, que recibirá su supuesto maleficio.

Morado. l. p. Cobarde, miedoso. Flojo. En desuso.

Morder. l. p. Ganar o recibir en un reparto una porción menor de un todo importante. *De tanto dinero apenas mordí cincuenta pesos.* // Recibir una paga en concepto de soborno. *Te soluciono el caso, pero tengo que morder algo.* // Coimear. Del esp. morder: clavar los dientes en alguna cosa.

Aunque es justo que quien vende
algún poquitito muerda,
tiraban tanto la cuerda
que con sus cuatro limetas
él cargaba las carretas
de plumas, cueros y cerdas.
El gaucho Martín Fierro. José Hernández.

Mordida. l. p. Participación menor en un negocio o en el beneficio de un hecho ilícito. // Coima, soborno, cohecho. Véase **morder**.

Morfada. lunf. Comida. // Comida abundante. Comilona.

Y aseguran los que han visto a tu adorada
meterle al diente cuando está en El Tropezón,
que es mejor que convidarla a una morfada
comprarle un traje y un tapado de visón.
¡Qué querés con ese loro!
Tango. Manuel Romero, 1928.

Nota. *El tropezón:* restaurant muy popular que se hallaba en la calle Callao, entre Bartolomé Mitre y Cangallo (esta última actualmente Presidente Juan Domingo Perón).

Morfar. lunf. Comer. Manyar, lastrar. // Estafar, hacerle el cuento a alguien. *Morfarse un gil.* // Ser víctima de una estafa o un cuento. *Morfarse el cuento.* // Poseer el hombre a una mujer. En este caso es gros. // Padecer, aguantar.

Es manyao por la barra como "El Ruso",
y hace poco, por gil y rantifuso,
le han dao diez años pa morfar, de cana.
El Ruso. Yacaré (Felipe H. Fernández).

// Abatir o matar en pelea a alguien. *Vengan de a uno, que me los morfo a todos.* // Despojar del dinero a alguien.

—Filaba con un malevo.
—¿De veras?...
—Un vividor
que le hacía el schacamento
contándole mil historias
y morfándole los pesos
pa comprar, según decía,
los muebles pa'l casamiento.
Galleta. Ángel Villoldo.

// Actitud del homosexual. *Se la morfa.* // l. fút. Retener la pelota excesivamente un jugador, jugándola sin cederla a compañeros de su equipo aunque éstos se hallen en buena posición y libres de adversarios. // **Morfarse los libros**. Estudiar afanosamente. // **Morfarse un garrón**. Comerse un garrón (véase **garrón**). // **Una bibi sin morfar**. Una doncella. (Antonio Dellepiane. **El idioma del delito**, 1894.)

Origen de morfar

Gobello remite esta voz "al ital. jergal **morfa**, *boca, que dio también el fr.* **morfer** *y los argóticos* **morfieiller** *y* **morfiler**: *comer (la presencia de la forma* **morfilar**, *registrada en Benigno B. Lugones con anterioridad a* **morfar** *puede indicar que el lunfardo no recibió este término directamente del gergo, sino a través del argot."* (**Diccionario lunfardo**, 1989.) *A su vez, Teruggi define* **morfar**: *"con cierta implicancia de voracidad, que origina* **morfada**, *comida pantagruélica, y* **morfón**: *glotón. La mayoría de los autores argentinos lo han atribuido al argot francés vía* **morfiler**, *que ya lo utiliza Rabelais bajo la forma de* **morfiailler** *(hacia fines del siglo XIX, en Buenos Aires,* **morfar** *coexistía con* **morfilar**, *lo que apoya esta interpretación). A pesar de que todo parece claro, en el argot francés se registra otro verbo,* **morfier**, *también comer, al que Esnault (1965:439) asigna una raíz germánico lombarda que supuestamente pasó al bajo latín y que se vuelve a dar en el furbesco italiano y en el lunfardo. O sea, que los propios franceses afirman que* **morfier-morfiler** *son préstamos (la zona fronteriza ítalo-francesa* *presenta fuerte contaminación lingüística, especialmente, el dialecto piamontés).*

"Por nuestra parte –prosigue Teruggi-, agregaremos que **morfente** *es el nombre de los dientes incisivos en napolitano y* **morfenta** *es boca en dialecto parmesano (Altamira, 1956:147). Aún aparecen otras complicaciones, pues en caló español existe el verbo* **murgir** *de igual significado y, por si fuera poco, el diccionario académico registra* **muflir** *y* **moflir**, *también comer, provenientes de la onomatopeya* **mufl** *o* **mofl**, *que es la que engendró el castellano* **moflete**. *Es decir, parecería que una antigua raíz* **mof**, **muf** *o* **morf** *ha estado jugando en varios idiomas con la significación de boca, que dio origen a una serie de verbos emparentados, entre ellos,* **morfar**". *(***Panorama del lunfardo***, 1974.)*

Para completar la información, aconsejamos remitirse a **morfilar**, *en esta misma obra.*

Morfarla. lunf. Comer, con el agregado de la partícula **la**, que le da énfasis.

Cuidate del "surmenage",
dejate de hacer macanas,
dormila en colchón de plumas
y morfala con champán.
Seguí mi consejo.
Tango. Eduardo Trongé, 1928.

Nota. En el ejemplo, *morfala* equivale a la **morfás**, con la misma fuerza expresiva. Una cosa es decir **morfo con champán** y otra, muy otra, **la morfo con champán**. Es más enfático, como decir "me doy dique morfando con champán".

Morfe. lunf. Morfi.
Morfete. lunf. Morfi. Comida.
Morfetear. lunf. Morfar. Comer.
Morfeteo. lunf. Morfi, morfe. Comida.
Morfi. lunf. Comida. Morfe, morfete, morfeteo.
Morfil. lunf. Tortilla. (Antonio Dellepiane. El idioma del delito, 1894.)
Morfilar. lunf. Comer. Morfar, morfetear.

ANTIGÜEDAD DEL VOCABLO
Dice Luis Soler Cañas que Miguel Ocampo, autor de la obra teatral **A las diez en punto**, estrenada en Buenos Aires en 1893, "reincidió" con **Otra revista**, *modesta piecita escénica, en la que entre algunos lunfardismos, se encuentran voces como* **morfilar** *y señala:*

"Destaco el empleo de **morfilar** *en la obrita de Ocampo porque es uno de los contados textos en que se encuentra este vocablo.* **Morfilar** *significa comer y el primero en usarlo y en definirlo (hasta ahora) es Benigno B. Lugones en su artículo* **Los caballeros de la industria** *(1879).*

"En la estafa, el gil (sinónimo de otario) ve los objetos con que va a ser robado, pasea con los lunfardos, a veces **morfila** *(come) y* **atorra** *(duerme) con ellos, les revela sus secretos y, cuando nota que ha sido chacado, sus amigos están lejos.*

"(...) En el siglo XIX ni Drago, en **Los hombres de presa**, *ni José S. Álvarez, en* **Memorias de un vigilante** *consignan el verbo. Tampoco Antonio Dellepiane en* **El idioma del delito**, *donde figura, en cambio, otra palabra mucho más rara pero que, con toda evidencia, parece tener relación con la que me ocupa:* **morfil**, *con el significado de tortilla.*

"Podría pensarse que de **morfil** *derivó* **morfilar** *y que, de la acepción particular de* **comer tortilla** *se pasó a la de comer. Mas lo cierto es que morfilar viene del francés* **morfiler**, *que también significa comer, conforme lo define y lo ejemplifica Albert Simonin en su* **Le petit Simonin Illustré** *(París, 1959), donde, entre otros datos útiles, recuerda que Rabelais emplea la palabra* **morfiailler**." *Concluye Soler Cañas (***Orígenes de la literatura lunfarda***, 1965) diciendo que en* **Otra revista** *usa el verbo un policía que aleja a dos mujeres de la calle Florida, donde habían ido en busca de "clientes", y les dice:*

Si por mí fuera, les juro
que las dejaría pasar;
pero peligra el conchavo
y no podrá morfilar.

Morfis. lunf. Morfi. Comida.
Morfo. lunf. Morfi. Comida.

Siempre me acuerdo de cuando me portaron al Veinticuatro –por nada, bien lo sabés; por haberle pegao un barbijo a l'hijo'el cantinero que

te andab'arrastrando el ala– y *que vos, a escondidas, me portast'el morfo todo el año.*
Callejeras. *Cuento. Federico Mertens. Revista* PBT, *1905. (Cfr. Luis Soler Cañas.* Orígenes de la literatura lunfarda, *1965.)*
NOTA. Veinticuatro (véase esta voz).

Morfón/fona. lunf. Comilón. Que come mucho. // l. fút. Jugador que retiene la pelota excesivamente tratando de eludir a sus adversarios o jugarla, sin cederla a compañeros de equipo aunque éstos se hallen en buena posición y libres de adversarios. // **Morfón**, masc.: homosexual pasivo.

Morfoni. l. p. **Morfón**. Parag. humoríst. para disimular el calificativo de morfón bajo la forma de un seudo apellido italiano. Se emplea en los mismos casos que **morfón**.

Morir. l. p. **Tener que morir**. Verse obligado por necesidad o por cualquier otra circunstancia a aceptar alguna imposición, acceder a lo que no se desea, hacer lo que no se quiere o recurrir a alguien a disgusto. *Para conseguir el préstamos tuve que morir con el contador, al que le tengo tanta bronca.*

Morlaco. l. p. Peso; unidad monetaria. // Dinero, en general.

Hoy sos toda una bacana:
la vida te ríe y canta,
los morlacos del otario
los tirás a la marchanta,
como juega el gato maula
con el mísero ratón.
Mano a mano.
Tango. Celedonio Esteban Flores, 1923.

Mormoso/a. l. p. Dícese de la persona que se halla maltrecha, contusionada, tumefacta a causa de una gran golpiza. Podría derivar del esp. **muermoso**, que designa a las caballerías que padecen **muermo** (enfermedad muy contagiosa de los caballos y transmisible al hombre, caracterizada por ulceración y flujo de la mucosa nasal e infarto de los ganglios intermaxilares). Es, también, opinión de José Gobello (Diccionario lunfardo, 1989), aunque Mario E. Teruggi (Panorama del lunfardo, 1974) dice que "parece que hay que remitirlo al Brasil" y agrega que "existe **mormoso** en gallego, pero limitado a la cabeza enferma de **muermo**". A su vez, Américo Castro (La peculiaridad lingüística rioplatense y su sentido histórico, 1941) lo da como derivado del portugués **mormoso** (que tiene **muermo**). "El muermo –señala– afecta a la nariz del caballo, de suerte que esto debe significar en su origen con la nariz estropeada de un puñetazo". Concluye: no creo que tenga que ver con el catalán **norma**, cachetada, y aporta el siguiente ejemplo:

¡Aquí se te han acabao los cortes! ¡Porque yo (de un tirón le rompe la solapa) te vi'a dejar mormoso!
Dársena Norte. *Sainete de Malfatti y Llanderas, 1930.*

Morondanga. l. p. Para la lengua española **morondanga** es una mezcla de cosas inútiles y de poco o ningún valor, considerada así, en su conjunto. El término fue tomado por nuestro lenguaje popular para calificar con sentido individual a la cosa que se considera ordinaria, tosca, burda, de poca o ninguna calidad y aun falsificada. Se lo usa con la preposición **de** antepuesta: un anillo de oropel es **un anillo de morondanga**, una escultura falta de arte, tosca es **una escultura de morondanga**, etc. La acepción se hizo extensiva a personas consideradas ordinarias, vulgares y sin mérito alguno: **un escritor de morondanga**, **un amigo de morondanga**, etc.

Morrudo/a. l. p. Fornido, fuerte, vigoroso. Fortachón. Del esp. **morrudo**: que tiene morro; bezudo, hocicudo.

Mortadela. l. p. Humoríst. Muerto. Posiblemente se trate de una parag. del ital. **morto** o **morta** (muerto o muerta), que se ha compuesto festivamente recurriendo al nombre del tan conocido fiambre y quizá esta misma voz –fiambre– haya colaborado en la formación de la palabra, ya que también conlleva la acepción de muerto. // **Ir mortadela**. Equivale a **ir muerto**. // **Tirarse a mortadela**. Igual que **tirarse a muerto**. Véase **muerto**.

Mosaico. l. p. Parag. de moza, mujer joven. // p. ext. Mujer. Se usaba en masc.: un mosaico, una mujer. Hay opinión, también, de que en este nombre influyó el vestir de la mujer, con ropas de variados colores, lo que llevó a la comparación con el mosaico, tipo de baldosa con dibujos de colores que se colocaban en patios, zaguanes, etc.

Mosca. Hay quienes la considera palabra de nuestro lenguaje popular, pero es propia del lenguaje familiar español con la acepción de dinero. La diferencia entre ambos –relativa– es que entre nosotros **mosca** significa mucho dinero, una fortuna. Cuando se dice que alguien **tiene mosca** o **tiene la mosca** quiere decirse que tiene mucha plata. No obstante, también empleamos el término simplemente como sinónimo de dinero.

–¿Con cuánto arreglan a los músicos?
–Con veinticinco nales por noche. El magistro se encarga de repartir la mosca.
Con los 9. *Félix Lima, 1969.*

// **Quedarse mosca.** Dícese de la actitud de una persona que se hace la desentendida en un hecho que ocurre ante su presencia para no involucrarse.

–Y tu amigo, ¿qué hizo?
–Se quedó mosca.

Esta expresión suele simplificarse y reducirse simplemente a **mosca**, con el mismo significado.

–Y tu amigo, ¿qué hizo?
–Mosca.

Mosca loca. l. p. Mucho dinero. Una fortuna. *Tener la mosca loca.*

Lo trataba a su padre de masoca
porque supo ser siempre un laburante,
mientras él era sólo un delirante
que pensaba en tener la mosca loca.
Soneto a un malevo que no leyó a Borges.
Luis Alposta.

Mosche. l. p. Moishe.
Moschele. l. p. Moishe. Moishele.
Mosqueta. l. p. Juego engañoso en el que un fullero con algunos cómplices estafan al público y que, corrientemente, se lleva a cabo subrepticiamente en la vía pública.

¡ACIERTE DÓNDE ESTÁ LA BARAJA Y GANE!
Una de las maneras de realizar este juego es utilizando tres barajas, que el tallador muestra al público que lo rodea y le propone que apueste en qué lugar va a colocar una determinada de ellas. Una vez que han sido vistas por todos las pone en una mesa boca abajo y comienza a cambiarlas velozmente de lugar durante unos instantes mientras incita a los circunstantes: "¡Acierte dónde está la carta y gane!". Cada tanto y como por descuido, deja que se vea dicha carta para que los "candidatos" la sigan con la vista mientras él la va pasando de un lado a otro junto con las demás hasta que suspende este manipuleo. Pero ya habrá hecho un hábil escamoteo y la baraja vista no se hallará en el lugar en que, aparentemente, "tenía" que estar, con lo que la persona que apostó perderá su dinero.
*El fullero juega siempre contra una sola persona, la primera que decide apostar y, para atraer a los curiosos, cuenta con algunos auxiliares que de tanto en tanto actúan como jugadores y que saben de antemano en qué lugar va a colocar la huidiza baraja en el momento en que les toca intervenir a ellos. Así preparados, uno apuesta a esa carta, con lo que "acierta" y recibe el dinero del tallador. Hacen esto dos o tres veces y luego dejan de jugar a la espera de que lo hagan quienes fueron testigos de sus "aciertos". Esta misma artimaña suele hacerse también con una bolita y tres tapitas o cáscaras vacías de nuez. El fullero, que –como se advierte– es un verdadero prestidigitador, mueve la bolita sobre la mesa y la va tapando alternativamente con cada una de las tapitas. Cuando detiene su accionar, toda la evidencia es que la bolita se halla cubierta por una tapa determinada y a ella se hace la apuesta que, inexorablemente, será fallida, pues se la encontrará bajo la más impensada. Este juego está prohibido y es de ver las corridas de los cuenteros cuando el campana con que cuentan les avisa de la proximidad de la policía (véase **campana**).*

Mosquetero. l. p. Humoríst. Dícese del que practica la mosqueta.
Mostaza. l. p. Enojo, ira, furia. // **Subirle a uno la mostaza.** Enojarse, enfurecerse.
Mostrador. l. p. Experiencia, baquía, **cancha**. **Tener mostrador.** Ser una persona de experiencia en las cosas de la vida. Del esp. **mostrador**: mueble alargado en el que se exhiben

las mercaderías en los comercios y tras el que atiende a sus clientes el comerciante. Nuestra acepción se inspira en el supuesto de que una persona tras el mostrador aprende a conocer a la gente y sabe cómo tratarla. // **Espamento, bandera.** Compara el exhibicionismo que hace un espamentoso con la exhibición de artículos propia de los mostradores. *Estuvo haciendo mostrador con su billetera llena de dinero.* // p. ext. humoríst. Senos prominentes de una mujer, comparándolos con lo ancho de los mostradores. *¡Qué mostrador tiene esa mujer!*

Mota. l. p. Pelo crespo y corto, generalmente de las personas de raza negra. // Cada uno de esos rulos. Del esp. **mota**: nudillo o granillo que suele formarse en los tejidos defectuosos y que se corta con tijera.

Picao de viruela, bastante morocho,
encrespao el pelo lo mismo que mota;
un hondo barbijo a su cara rota
le daba un aspecto de taita matón.
El tigre Millán. Tango. Francisco Canaro.

Mover. l. p. Copular el varón (es voz gros.). *Moverse a una mujer.* // **Mover el piso.** Igual que **serruchar el piso** (véase **serruchar**). // **Mover las tabas.** Caminar. // Bailar.

Movida. l. p. Voz que sintetiza todo lo concerniente a la diversión nocturna. La movida comprende los bailes, los boliches, las discotecas, el ruido, la farra, el divertimento que actualmente comienza después de medianoche y sigue por lo menos hasta las 6 ó 7 de la mañana. *En verano, la movida está en Villa Gesell.* // **De movida.** De inicio, de salida, de arranque, de primer intento; lo primero que se hace. *De movida lo insulté; después lo eché de casa.* Igual que **de entrada y de salida**.

Mueble. l. p. Humoríst. Mujer, especialmente cuando ya no es joven. Del fr. **meuble**: mueble.

Porque las mujeres no son como los pollos, que uno alcanza para dos amigos. Nosotros, los del sexo, no queremos saber de bromas al respecto. Entendemos que el mueble nos pertenece, que es de nuestro uso exclusivo, y no hay más.
Eugenio Cambaceres. Revista **Post Pourri**, 1881. (Cfr. Luis Soler Cañas. **Orígenes de la literatura lunfarda**, 1965.)

// Uno de los nombres que tomaron las casas de alojamiento para parejas. De **amueblados** o **amuebladas** pasaron a ser **hoteles alojamiento** y, más tarde, **alojamientos temporarios**, pero siempre prevaleció sobre ellos el nombre de **mueble**, sínc. de **amueblada**.

Muere. l. p. **Ir al muere.** Esta expresión equivale a ir a la muerte; ir a morir (**El general Quiroga va en coche al muere.** Jorge Luis Borges); ir muerto; ir al fracaso; no tener ninguna chance desde el inicio, por falta de posibilidades o porque se ha decidido su fracaso. *Ir al muere en una licitación. Ir al muere en un negocio.* // l. turf. **Ir al muere un caballo.** Hacer correr a un caballo en una carrera con el propósito de que no gane.

Muerto. l. del. Producto de un robo, que se oculta. *Lo pescó la policía con el muerto encima. Tenía el muerto escondido en su casa.* // l. p. Adición, cuenta a pagar. *El muerto me salió un ojo de la cara.* // **Cargar el muerto** o **cargar con el muerto.** Cargar con la culpa de otro. // Tener que hacerse cargo de un gasto. // **Ir muerto** o **ir muerto en la parada.** No tener la participación que se espera en algún asunto o negocio. // l. turf. Se dice que **va muerto** el caballo cuyos responsables lo hacen correr una carrera con el deliberado propósito de que fracase. // l. p. P. ext., se dice que va muerto el deportista al que no se le ha provisto de medios para que compita decorosamente, así como quien es llevado a realizar cualquier empresa sin los elementos, la preparación o el apoyo necesarios. // **Levantar el muerto.** Pagar el gasto que se ha hecho entre varios. En este caso equivale a **cargar con el muerto** o **cargar el muerto**. // l. del. Recoger un cómplice de los ladrones el botín de un robo que ha sido escondido preventivamente, para trasladarlo a un lugar convenido de antemano. // **Tirarse** o **echarse a muerto.** l. p. No hacer lo que a uno le corresponde. // Dejar que otros hagan las cosas por uno. // Abandonar un asunto en el que se debe participar. // Abrirse de una obligación. // No hacer nada. No trabajar. // **Tirarse a chanta.**

Rechiflate del laburo,
no trabajés pa los ranas;
tirate a muerto y vivila
como la vive un bacán.
Seguí mi consejo. Tango. Eduardo Trongé.

// **Estar muerto o muerta por alguien.** Estar muy enamorado de alguien. // **Tener muerto o muerta a alguien.** Convencimiento de que ese alguien está perdidamente enamorado de uno. // **¡Que me caiga muerto!** Juramento, ya en desuso. Equivale a *¡que me muera si no hago tal cosa!*, *¡que me muera si lo que digo no es cierto!* Solía simplificarse en *¡me caiga muerto!*

Mufa. lunf. Fastidio, mal humor, mal estado de ánimo. Andar con la mufa, estar con la mufa.

¡Chapá los brolis y estudiá, carajo!,
mi viejo, amargamente me gritaba.
Y yo no le hacía caso y, por lo bajo,
lleno de mufa y bronca lo puteaba.
Tarde. *Natalio Schmucler.*

// Mala suerte. Yeta. *Ando con la mufa: todo me sale mal.* // Depresión, amargura, esplín.

Contame una historia distinta de todas;
un lindo balurdo que invite a soñar;
quitame esta mufa de verme por dentro
y este olor a muerte de mi soledad.
Contame una historia. *Tango.*
Alfredo Mario Iaquinandi, 1966.

MUFA: MOHO ITALIANO Y ALEMÁN
*José Gobello opina que el vocablo proviene "del véneto **star muffo**: estar melancólico, triste (y éste del italiano **muffa**: moho; **venire la muffa al naso**: encolerizarse)". Lo hallamos en su **Diccionario lunfardo**, edición de 1989.*
*A su vez, Mario E. Teruggi lo da como "proveniente del italiano, que se emplea como sinónimo de moho. El original **muffa** fue introducido en Italia desde Alemania y corresponde a **muff**, de igual significación. En Argentina designa un cierto estado de ánimo, una depresión o **spleen** poco marcado. Con este sentido figurado (...) vino a denotar enojo, mal humor, aburrimiento, mala suerte (últimamente).*
*"(...)Los alemanes cuentan con un verbo, **muffeln**, que significa, precisamente, entre otras cosas, irritarse, estar de mal humor. O sea, que concuerda exactamente con uno de los significados actuales de **mufarse** o **amufarse**, pero (...) entendemos que se trata de una mera coincidencia, pues no se advierte la posibilidad de que el neologismo lunfardo haya sido influido por la lengua teutona." (**Panorama del lunfardo**, 1974.)*

Mufado/a. lunf. Fastidiado, malhumorado. // Decaído. Amargado. // Desafortunado, enyetado. De **mufa**.

Mufar. lunf. Fastidiar, malhumorar. Deprimir. // Enyetar. Dar mala suerte (véase **mufa**).

Mufarse. lunf. Fastidiarse, malhumorarse. // Decaerse, amargarse. // Enyetarse.

Mufoso/a. lunf. Dícese de la persona que suele fastidiarse, malhumorarse o deprimirse. También de la que tiene mala suerte o de aquella a la que se le atribuye el poder de ocasionarla.

Mujica. l. p. Mujer. Es parag., para formar el apellido Mujica.

Mula. l. p. Engaño. Mentira. Trampa. // **Meter la mula.** Engañar, mentir, trampear. Igual que **meter el perro** (véase **perro**). Respecto al origen de **meter la mula**, una versión antigua dice que se debe a una maniobra de los leñadores chaqueños, que llevaban la leña para vender en carros tirados por una o dos mulas y, al poner el carro sobre la balanza para pesar la leña, lo hacían de modo tal que las patas traseras de las mulas se apoyaran también sobre la balanza, con lo que se aumentaba el peso real de la carga. Advertida la treta, era clásico el grito del encargado de la balanza: "¡Che, no me metas la mula!", o sea, "no me metas la mula en la balanza". Sobre la veracidad de esta versión hay discrepancias; muchos dan fe de ello. // p. ext. Persona que transporta drogas por cuenta de traficantes.

*Con la acepción de engaño, mentira, Ivo Pelay en la letra y Francisco Canaro en la música, compusieron **El tango de la mula**, una de cuyas estrofas expresa:*

Si te dice tu marido
que el negocio anda torcido
y, por causa del negocio,
a cenar va con su socio,
¡mula!
¿Que tu amante va al dentista?
¡Mula!
¿Que te adora alguna artista?
¡Mula!

// **Tener la mula cinchada.** l. jgo. En juegos de naipes, tener el mazo preparado para jugar con trampa, es decir, para meter la mula. El dicho compara irónicamente al fullero con quien ha cinchado una mula para realizar un trabajo. Del esp. **cinchar**: ponerle cincha a una cabalgadura para montarla o emplearla en alguna tarea.
Mulero/a. l. p. Que mete la mula. // Mentiroso, engañador, falsario, cuentero.
Mulita. l. p. Cobarde, maula. Flojo para la lucha y para afrontar la adversidad. Alude a la **mulita**: tatú o armadillo común en el Río de la Plata, muy asustadizo.
Muñeca. l. p. Habilidad para realizar algunas tareas manuales. Muñeca, la del orfebre, la del ebanista, etc. // Destreza, energía y vigor que exigen en manos y brazos algunas profesiones, como las de jockey, de domador, etc. *Ese jinete tiene muñeca.* // p. ext. Capacidad, habilidad de una persona para manejar una situación. *Un político de mucha muñeca.*
Muñeca brava. l. p. Dícese de la persona que demuestra tener mucha muñeca.

Acosta, Torterolo, Antúnez, Artigas,
el Noy Canal, Di Tomaso...,
muñecas bravas de entonces
que hoy se merecen los bronces
del cariño popular.
Leguisamo de punta a punta.
Daniel Alfonso Luro, 1982.
NOTA. El autor menciona los apellidos de algunos muy buenos jockeys que corrían en nuestros hipódromos principales en los años en que también lo hacía Irineo Leguisamo, uno de los más grandes profesionales de la fusta rioplatense.

// Sujeto de avería. // Tahúr. Persona que maniobra con las barajas. // p. ext. Mujer de vida airada que sabe manejar a los hombres.

Te baten todos "Muñeca Brava",
porque a los giles mareás sin grupo.
Pa mí sos siempre la que no supo
guardar un cacho de amor y juventud.
Muñeca Brava.
Tango. Enrique Cadícamo, 1928.

Muñequear. l. p. Manejar con habilidad y astucia una situación. // Saber tratar con personas influyentes la solución de un asunto. // Emplear la propia destreza para un logro personal.

Fue así que en 1923 la estadística fue
mía, muñequeando la porfía con los mejores
jinetes de este pago legendario...
Para Irineo Leguisamo (Leguisamo de
punta a punta). *Daniel Alfonso Luro, 1982.*

Murga. l. p. Conjunto de músicos improvisados y disfrazados que, en comparsa, se presentan en carnaval. Lo grotesco del espectáculo y la baja calidad de sus interpretaciones dieron al vocablo connotación peyorativa y han hecho que se le llame **murga** a un equipo deportivo que cumple malas actuaciones, especialmente a un equipo de fútbol. // Del esp. **murga**: compañía de músicos que, con la esperanza de recibir propinas, toca a las puertas de las casas donde se celebra algún cumpleaños u otro fausto suceso. // fam. Cualquier orquesta destemplada o de poco fuste.
Murra. lunf. Juego que se hace entre dos personas que extienden simultáneamente una mano cerrada o con uno o más dedos abiertos, al azar, en tanto cada una de ellas canta un número no mayor de diez. Al hacer esto, se suman los dedos abiertos de ambas manos. Si la suma coincide con la cifra cantada por uno de los jugadores, gana éste. Si no, se sigue "tirando" hasta que haya un ganador. Los aciertos equivalen a un punto. El puño cerrado vale cero. // **Fácil como un empate de murra.** Dícese de algo que es sencillo, facilísimo (en desuso). Viene del juego de **murra**, en el que ocurre que, al tener tan solo diez números para cantar cada jugador, es muy frecuente que ambos coincidan y que, por consiguiente, se registren empates. Aunque en español tenemos **morra**, que nombra a este juego, es probable que haya arribado al país por vía de la inmigración genovesa, que tiene **müra**.
Mus. l. p. No. Nada, en general. Del esp. **no hay mus**: no; nada. // En silencio, callado. *Todos gritaban y se peleaban; pero yo, mus.* // **No decir ni mus.** No decir nada. Quedarse en silencio. *El acusado no dijo ni mus en el juicio.* // **No tener ni mus.** No tener nada. // **Quedarse mus.** Quedarse callado. Quedarse quieto.

Equivale a **quedarse en el molde** (véase molde). Estas últimas, de la locución adverbial esp. fig. y fam. **sin decir tus ni mus**, que significa sin chistar, sin decir palabra. Todas estas expresiones así como las españolas que las originan provienen del juego de naipes llamado **mus** (voz de origen vasco). En este juego –de cartas españolas– la voz **mus** significa pasar, no abrir juego, y si así lo van repitiendo todos los jugadores intervinientes, se baraja y se da cartas nuevamente. // **No hay mus**. Expresión del jugador que no pasa y manda iniciar la mano. P. ext. dio origen a la acepción de negar lo que se pide.

Mushio. lunf. Misho.

Musa. l. p. Apóc. de musarela, que se usa con el significado de mus en las expresiones **estar musa** y **quedarse musa**.

Musarela. l. p. Parag. humoríst. de mus para convertir el vocablo en el nombre del queso llamado **musarela**. Se usa en todos los casos en que pueda decirse mus. **No decir musarela, no tener musarela, quedarse musarela**. Véase mus. Del ital. **muzzarella**: cierto tipo de queso fresco y consistente.

Musho. lunf. Mushio, misho. // p. ext. Enfermo, triste. Abandonado.

Música. l. del. Billetera. Cartera. // p. ext. Dinero. // "Cartera para guardar el dinero. // **Música de buten**. Cartera con mucho dinero. // **Hacer una música**. Robar una cartera." (Antonio Dellepiane. **El idioma del delito**, 1894.) // Historia inventada. *No me vengas con esa música*. // **¡Paren la música!** ¡Paren el barullo! ¡Hagan silencio! ¡Basta de gritos! ¡Dejen de discutir! // **¡Ma qué música ni música!** Se usa para denostar todo lo bueno que se está diciendo de alguien o de algo. Indica que uno no se lleva de antecedentes ni mentas. *¡Ma qué música ni música: a ese guapo lo corro a sopapos!*

Musicante. lunf. Músico. Persona que ejecuta algún instrumento musical.

El gringo musicante ya desafina
en la suave habanera provocadora,
cuando se anuncia a voces, desde la esquina,
el Boletín –famoso– de Última Hora.
El alma del suburbio. *Evaristo Carriego.*

NOTA. *Última Hora:* diario porteño ya desaparecido.

Músico. l. del. Ladrón que se especializa en el robo de carteras y billeteras (véase **música**).

Musiquín. l. del. Monedero.

Musolino. l. p. Nombre genérico que se les daba a los barrenderos públicos que hacia los años 1900 realizaban la limpieza de las calles de la ciudad de Buenos Aires. La mayoría de ellos eran italianos y el nombre se les endilgó por el de un bandido de ese país, Giuseppe Musolino, tan famoso en aquellas épocas por sus crímenes que sus mentas llegaron al nuestro.

EL MUSOLINO
"Los barrenderos de las calles de la ciudad vestían uniforme gris verdoso y gorra con chapa de metal, numerada. Un bandido itálico les prestó el apellido popular: Musolino. El barrendero podía haber nacido en no importa cuál península del Mediterráneo; ello no lo eximía de la representación honoraria del bandidaje calabrés.
"Iban munidos de un escobillón de cerdas y de una pala de mango largo. El tacho recolector, casi redondo, tenía uno de sus lados levemente aplastado para poder apoyarlo en las espaldas. Llevaban sujeto el tacho por una correa en banderola.
"Al levantar los desperdicios, las hojas de los árboles, las boñigas, conforme iban andando, un diestro movimiento del brazo izquierdo echaba la pala por encima de los hombros para descargarla en el tacho. Cuando éste estaba mediado o lleno, se dejaba en la esquina de la cuadra, sobre el cordón de la vereda, en espera del carrito que recogía el contenido de todos los tachos del barrio.
"Años después, los tachos crecieron de tamaño y dejaron de cargarse en las espaldas; corrían sobre dos ruedas; se les añadió una tapa, para evitar el mosquerío, y ya comenzaron los barrenderos a andar con mayor comodidad (...)."
(Bernardo González Arrili. **Buenos Aires 1900**, 1967.)

Muzzarella. l. p. Musarela.

N

Nabo. l. p. Bobo, tonto, gil. // Pene.
Naca. l. p. Revés de **cana.**
Nación. l. p. Decíase del extranjero. Se empleaba más con referencia a los italianos, por ser la colectividad más numerosa entre los inmigrantes. // p. ext. Usábase también la forma **nacional**, aunque en menor grado. La voz proviene del esp. **nacional**: individuo de la milicia nacional.

Ordene que a ese organito que pasa, el cabo lo haga anclar a la vuelta de la comisaría y que el nación toque medio a la sordina "La Morocha". Era de mi tiempo...
Pedrín. *Félix Lima, 1969.*
Nota. Casi todos los organilleros de antaño eran italianos. **Organito** se emplea como meton. por **organillero**.

// También se les llamaba **naciones** a las comunidades negras que hacia la segunda mitad del siglo XIX existían en las orillas de Buenos Aires, que se agrupaban por su nacionalidad de origen y tenían sus reyes y reinas.
Nacional. l. p. Peso. Unidad monetaria. Es abreviatura de **peso moneda nacional**. Solía apocoparse en **nal**. // También se usaba para designar al extranjero, como parag. de **nación**.
Naco. l. p. Trozo de tabaco negro trenzado, de tamaño mediano, manuable, que el hombre llevaba consigo, del que desprendía porciones menores, a veces, con su cuchillo, para **chicar** (masticar), lo que era común hasta fines del siglo XIX. Este tabaco era oriundo del Brasil, de gusto fuerte, y llegaba a nuestro país en trenzas largas que aquí los comerciantes cortaban en trozos para vender al por menor. El **naco** también servía para hacer cigarrillos. Al efecto, se picaba una porción con un cuchillo y se envolvía esta picadura en un papel especial que se vendía en los almacenes. **Naco**, en port., significa trozo, lo que dio origen al término entre nosotros.

Palma – Pa emparejar sacá el naco y armate unos cigarritos.
El sargento Palma. *Martín Coronado. Drama teatral estrenado el 14-5-1906.*

Naifa. l. p. Mujer. Podría ser un revés irreg. de **fémina**.
Nife. l. p. Cuchillo. Del ing. knife, cuchillo (aunque se pronuncia *knaif*).
Naipe. l. p. sent. fig. Hombre. Mujer. Persona. // **Naipe bravo**. Persona de temer. Individuo de avería. Persona de agallas. // **Naipe marcado**. Dícese de la persona a la que se la conoce bien en cuanto a sus antecedentes, sus inclinaciones y su manera de ser. // Persona manyada. Junada. // **Irse al naipe**. Abandonar algo que se estaba haciendo. Callar o no hacer algo que debería hacerse. // Arrugar, acobardarse. Rehuir un enfrentamiento. Igual que **irse a baraja** o **irse al mazo**. // **Dar o no dar el naipe**. Tener o no tener agallas, coraje, el valor suficiente para enfrentar algo o a alguien. Igual que **dar o no dar el cuero**. En esp. **dar o no dar el naipe**: tener o no tener habilidad o disposición para hacer una cosa.
Najamiento. lunf. Escape, huida, raje. // Expulsión, despido. De **najar**.

Najar. lunf. Escapar, huir, rajar. // Expulsar, despedir. De la germ. **najarse**: largarse, marcharse (y éste del ár. **nacha**: escapatoria). *Cuando el malevo dormía la paica najó del bulín.*

Najusamiento. lunf. Acción y efecto de **najusar**.

Najusar. lunf. Escapar, huir, rajar. // Expulsar, despedir. // **Najar**. // Ver, mirar, percibir, conocer. Por cruce de **najar** con el revés de **junar**.

Me batieron de pibe
que eran nueve las musas
de la mitología.
Pero a mí no me cabe
ese bagayo'e grupos:
yo najuso una sola,
¡y ésa es la musa mía!
Musa rea (Nocau lírico).
Alcides Gandolfi Herrero, 1970.

Najushamento. lunf. Najusamiento.
Najushiamento. lunf. Najusamiento.
Najushar. lunf. Najusar.
Najushiamiento. lunf. Najusamiento.
Najushiar. lunf. Najusar.
Nal. l. p. Afér. por **nacional**: peso papel moneda. Unidad monetaria.

¡Pero, hermano, si he probao
casi toditos los medios!
¡Hasta he largao cinco nales
a una bruja por un fieltro!
Así se hace. Francisco Benavente, 1910.
(Cfr. Luis Soler Cañas. Orígenes de la literatura lunfarda, 1965.)
NOTA. *Fieltro:* deformación de filtro: bebida, brebaje que se supone con virtud para conseguir el amor de una persona.

Nami. lunf. Revés de **mina**.
Napia. l. p. Nariz grande. // Nariz. Es voz dialectal italiana: **nappia**, nariz grande. El idioma italiano tiene **nappa**: nariz grande; narigón.
Naranja. l. p. Nada. **No pasa naranja.** No pasa nada. // **Estar naranja.** No tener dinero. Estar seco, pato. *Prestame unos pesos: estoy naranja.* // **Quedar naranja.** Quedar afuera de algo. *Todos comieron y yo quedé naranja.* Suele sintetizarse: *Todos comieron y yo, naranja.*

Naranjo. l. p. Sin dinero. Seco, pato. Sin nada. *Hoy sos hombre de fortuna, pero yo te conocí naranjo.*

Narigueta. l. p. Persona de nariz grande. Narigón. Del esp. fam. **narigueta** que, contrariamente, es dim. de **nariz**.

Nariguetazo. l. p. Pizca de cocaína que se aspira por la nariz. *Se da tres o cuatro nariguetazos por día.*

Naso. l. p. Nariz. Del ital. **naso**: nariz. Entre nosotros se emplea generalmente con el sentido de nariz grande.

Nefutar. lunf. "Se me ne futa. No me importa; me importa un bledo. Del napolit. **fottere**, con igual significación." (Mario E. Teruggi. **Panorama del lunfardo**, 1974).

Negro/a. l. p. Trato afect. que suelen darse entre sí los cónyuges.

Volvé mi negra buena,
volvé pa perdonarme,
pues vos sola has de darme
dicha y felicidad.
Volvé, mi negra. Tango. J. A. Diez Gómez.

// Como contrasentido, es también voz gros. y discriminatoria, de intención despectiva, que se emplea como calificativo para las personas oriundas del interior del país o de países vecinos, cuya tez es oscura, muestra de una subyacencia racista incomprensible e injustificable.

Nicle. l. p. Deformación de **níquel**, nombre con que se conocía antiguamente a las monedas circulantes por el alto porcentaje de ese metal que contenía su aleación.

(...) A través de la puerta abierta se ve a correligionarios entreteniendo sus ocios. Algunos en intencionada cháchara y los más, en un modesto "monte" que les volatiliza los nicles.
Fragmento de la presentación de la escena y los personajes del acto 2º, primer cuadro, de Un guapo del 900, obra teatral de Samuel Eichelbaum (título original, 1940).

Nido. l. p. **Caído del nido.** Véase **caído**. // **Patear el nido.** Hacer fracasar alguien ex profeso los propósitos de otro. Desbaratar sus planes. // Descubrir un secreto que alguien guardaba celosamente. // p. ext. Enamorar a la mujer de otro.

Niente. l. p. Nada. Es el ital. **niente**: nada.
Ni fu ni fa. l. p. Indefinido, ambiguo. Que no es una cosa ni la otra. *Ese político no es ni fu ni fa: no se pronuncia a favor ni en contra del gobierno.* // No me hace ni fu ni fa. No me importa. No me afecta. No me llega. No me preocupa. Del esp. no decir ni fu ni fa: callarse.
Ninte. l. p. antig. Niente. // Nada. Fue desplazada en el uso por **niente**.

—El alquiler es...
—Aquí no pago ninte.
Con los 9. *Félix Lima, 1969.*

Niño bien. l. p. Nombre que se le daba al joven de familia pudiente que alardeaba de su posición social y económica, vestía a la última moda europea y mostraba afectación en su manera de ser. La expresión se acuñó alrededor del 1900, cuando las llamadas "grandes familias" argentinas vivían encandiladas por las modas y costumbres de Europa, especialmente de Inglaterra y Francia, y los niños bien salían a la calle o iban a los salones ya a lucir su prestancia y sus modelos, ya a patotear y hacer escándalos (véase **patota**).

Niño bien, pretencioso y engrupido,
que tenés berretín de figurar;
niño bien, que llevás dos apellidos
y tenés de escritorio el Petit Bar...
Niño bien. *Tango.*
Roberto Fontaina - Víctor Soliño, 1927.

Níquel. l. p. Moneda corriente, fracción del peso. Se la llamaba así por el alto porcentaje de este metal que tenía en su aleación, lo que hizo que, con el tiempo, se la acaparara para venderla como metal, que tenía más valor que la moneda en sí. Por fin dejó de acuñarse y se la reemplazó por otra de aleación más baja. Eran piezas de cinco, diez y veinte centavos.
Nísperos. l. p. Testículos. // Hinchar los nísperos. Hinchar las pelotas, hinchar los huevos, etc. // Pies. *Mover los nísperos*: bailar.
Nocau. l. p. angl. por **knock out** (véase **nocaut**).
Nocaut. l. p. angl. Vencido, derrotado. Postrado, abatido. *Su fracaso amoroso lo dejó nocaut.* Del ingl. **knock out**: desmayado por un golpe. Fuera de combate. Es voz del l. box. que se aplica cuando un boxeador es derribado a causa de un golpe de su adversario, por lo menos, por un lapso de diez segundos, con lo que pierde la pelea. Si lo es por menos de ese tiempo, se le llama **knock down**, simplemente caída, con lo que puede seguir peleando tras incorporarse. // Se usa, también, **nocau**.

Por eso me deschavo, por eso yo te canto
en este round postrero, te juro me has dejao
como nadie ha podido, durmiendo en el encanto
del apoliyo dulce de un lírico nocau.
Nocau lírico (Nocau lírico).
Alcides Gandolfi Herrero, 1970.

No corre. l. p. Dícese de la persona que ha sido excluida de algún asunto, negocio o actividad. // p. ext. Persona a la que no se la tiene en cuenta.

El modismo es de neto corte turfístico. Los propietarios de caballos de carrera deben inscribirlos en los hipódromos con cierta anticipación a la fecha de las competencias. Pero ocurre que, entre esta fecha y la de la carrera, algunos de ellos son retirados de la prueba, por distintos motivos (alguna lesión, una enfermedad, etc.). Se los borra. No se presentarán a correr. Y en los diarios y revistas especializadas, así como en las pizarras del hipódromo aparecerá en la nómina de inscriptos, junto al nombre del caballo la leyenda no corre. "Caburé: no corre." No integra la lista de competidores. Esta figura ha sido captada por el lenguaje popular para designar a quien ha sido excluido o no tomado en cuenta en algún asunto.

No corre
El viejo político salió de la trasnochada reunión en la que se eligieron los candidatos a diputados que presentaría su partido. Llegó al café, donde lo esperaban sus amigos, pendientes de esta selección.
—Van de candidatos López, Pérez, García y González.
—¿Cómo? ¿Y Fernández?
—No corre.
La dama agraciada trata de decidir con cuál de sus admiradores irá al teatro esa noche. Una amiga le sugiere:

—¿*Fulanito?...*
—*No; ése no corre.*
El frustrado candidato a diputado y el galán han sido borrados de la lista por voluntad de alguien que tiene potestad para hacerlo. De la misma manera que se retira un caballo de una carrera por decisión de su propietario. Figuraba entre los posibles participantes. Pero fue borrado. No corre.
No corre *es taxativo. Si en algún momento pudo ser, en un instante deja de serlo. Terminó.*
—*Pero ¿y el trámite de mi pensión, que estaba por ser aprobado?...*
—*Lo siento.* **No corre más.**
Esto ya es peor. El candidato a diputado no corrió en esa oportunidad, pero quizás en otra pueda hacerlo. Fulanito no fue al teatro con la dama, pero tal vez se le brinde la posibilidad otro día. Como el caballo, que se retiró de aquella carrera pero ya correrá en otra. En cambio, el expediente **no corre más.** *Estaba andando, infundía esperanzas; pero, de pronto, desapareció definitivamente de la escena. Para siempre. Como el caballo que se manca y hay que sacrificarlo.*

Nochero. l. p. Cochero de plaza que trabajaba en horas de la noche. // Coche que cumplía ese horario. // l. pol. Vigilante nocturno.

Noqueado/a. l. p. Que está **nocaut**. // p. ext. Vencido, derrotado, postrado, abatido. Véase **nocaut**.

Noquear. l. p. Derribar un boxeador a otro por el término mínimo de diez segundos, que cuenta el árbitro de la pelea. // p. ext. Provocar el abatimiento, la postración de alguien, un hecho que lo afecta profundamente.

Novoa. l. p. Parag. de **nueve**. // Parag. de **nuevo**.

Nuca. l. p. sent. fig. Cabeza. // **Andar mal de la nuca.** Estar mal de la cabeza. Estar **rayado, piantado**. // **Dar por la nuca.** Dar por la cabeza: derrotar a alguien; causarle un gran perjuicio; estafarlo, traicionarlo. // **Estar de la nuca.** Estar loco. Es sinécdoque de cabeza.

Nueva. l. pol. **La nueva.** Nombre que se le dio a la Penitenciaría Nacional desde que fue construida. También se la llamó "La Quinta" (véase **Penitenciaría**).

Nueve. l. jgo. Juego de naipes similar al **bacará** (véase esta voz).

*En el nueve y otros juegos
llevo ventaja y no poca
y siempre que dar me toca,
el mal no tiene remedio,
porque sé sacar del medio
y sentar la de la boca.*
La vuelta de Martín Fierro.
José Hernández.

// **Nueve puntos.** Velocidad máxima que alcanzaban los tranvías eléctricos. Se la daba el conductor accionando una manivela que giraba sobre la tapa metálica del motor —que se hallaba en la plataforma delantera del vehículo— en la que había diez topes, numerados del cero al nueve, con cuyos contactos se lograba la velocidad deseada o la detención del coche, con el cero. // **Andar o estar con los nueve.** l. p. Estar malhumorado, irritado. // Estar furioso, es decir, en el punto máximo de la ira.

(...) *Cuando Juan entró en mi habitación, no sé con qué motivo, le grité:*
—¿*Qué está haciendo ahí, amigo? ¿No sabe que estoy con los nueve? ¿Y que soy capaz de pegarle un tiro al que me mire fijo?*
Leguisamo de punta a punta.
Daniel Alfonso Luro, 1982.

Numerero. l. jgo. Persona que toma apuestas clandestinas de quiniela y carreras de caballos para pasarlas a su capitalista, quien las banca. El nombre viene porque su tarea es la de anotar números. // **Biromista. Faber. Faberiano. Grúa. Lapicero. Levantador. Pasador. Quinielero.**

Número. l. p. **Poner el número.** Ganar. Triunfar. Obtener algo. Imponerse a otro u otros. *La discusión fue dura, pero por fin les puse el número. Ella se negaba a mis requerimientos, pero al final le puse el número.* Viene de la frase turfística **poner el número** que alude al acto de colocar en el marcador de los hipódromos la chapa con el número del caballo ganador de una carrera. (En realidad, en el marcador se colocan los números del primero al sexto, en el orden de llegada, pero está claro que el que más importa es el del ganador.)

Ñ

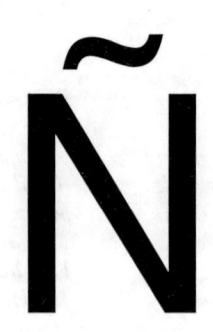

Ñaca. 1. p. Revés de **caña**.

*Era mi cotorro bulín que reunía,
como en una cufa, la gente ranera:
el mate, la ñaca y el faso corrían
mientras la encordada entraba en carrera.*
Cacho de recuerdo (La crencha engrasada). *Carlos de la Púa.*

¡Ñácate! 1. p. Interj. que equivale a ¡zas! Se usa generalmente para enfatizar algo que se dice. *Lo encaré y, ¡ñácate!, le di una piña.*

Ñaña. 1. p. Afectación. Capricho. Remilgo. // p. ext. Evasiva. Se usa más en pl. // **Andar con ñañas.** Andar con vueltas, con caprichos o evasivas. Poner dificultades. // p. ext. Enfermedades menores; chocheras; rarezas en las personas de edad: *tener ñañas.* Del araucano **ñaña**: hermana mayor, niñera y, p. ext., madre. **Andar con ñañas**: dicho araucano que significa llamar a la ñaña; clamar por ella en busca de protección o de auxilio.

Ñañoso/a. 1. p. Afectado, caprichoso, mañoso. Que tiene ñañas. Que anda con evasivas o con vueltas. Que pone dificultades. Véase **ñaña**.

Ñapar. 1. p. **Añapar.**

Ñaquear. 1. p. Tomar caña. Viene de ñaca, revés de **caña**.

Ñata. 1. p. Nariz pequeña. Nariz.

Ñato/a. 1. p. Dícese de la persona de nariz pequeña, roma o respingada. // Apodo de hombre o de mujer.

*Un juez, ñato como un dogo,
de gran sabio blasonaba
y el amor propio chocaba
de un antiguo pedagogo.*

*Mas éste exclamó: ¿qué dices?
¡Pobre chato! No te alabes:
¿Qué has de saber, si no sabes
dónde tienes las narices?*
Francisco Acuña de Figueroa. (Cfr. Daniel Granada. **Vocabulario rioplatense razonado.** Montevideo, Uruguay, 1890.)

Ñaupa. 1. p. Encontramos esta voz en la expr. pop. en tiempos de ñaupa, con el significado de antaño, tiempo antiguo; de un tiempo remoto que no puede precisarse. *Me contó una leyenda del tiempo de ñaupa. Tenía un traje raído, del tiempo de ñaupa.* El vocablo proviene del quechua ñaupaco: antiguamente. (José E. Clemente. **El idioma de Buenos Aires,** 1953.)

Ño, ña. 1. p. Corrupción, por afér., de señor, señora. De antiguo muy corriente en el campo, va perdiéndose su uso. *Ño Zoilo, ña Lucía.*

Ñoba. 1. p. Revés de **baño**.

Ñoque. 1. p. **Ñoqui**. Trompada, puñetazo.

Ñoqui. 1. p. Comida que se hace con puré de papas, harina, sal y agua o leche y que, una vez amasada, se corta en trocitos que se hierven y luego se sirven aderezados con tuco, pesto o manteca. // Trompada, puñetazo. **Ñoque.** // En la actualidad, esta voz ganó una nueva acepción entre nosotros: persona que figura como empleada en una repartición pública aunque nunca concurre a trabajar y sólo lo hace a fin de mes para cobrar su sueldo. La creencia de que se tendrá prosperidad comiendo ñoquis los días 29, o sea, casi a fin de mes, que es cuando cobran los sueldos, le dio el nombre de **ñoqui** a estos personajes.

Ñorse. l. p. Revés de **señor**. Curiosamente, en fem. se usa la misma palabra. *El ñorse, la ñorse*.

Ñudo. l. p. Se emplea en la expr. pop. **al ñudo**, con el significado de en vano, inútilmente, al cuete. Es un modismo originado en el interior del país y adoptado pronto por el lenguaje urbano, que compara la inutilidad del esfuerzo por concretar o solucionar algo imposible (*es al ñudo reclamar contra la injusticia social*) con la de desatar un nudo difícil de deshacer. Proviene del esp. **ñudo**: nudo, lazo hecho de tal forma que cuanto más de tire de sus cabos, más se aprieta y se cierra.

Volvía al cabo de tres años
de tanto sufrir al ñudo,
desertor, pobre y desnudo,
a procurar suerte nueva.
Y lo mesmo que el peludo
enderecé pa mi cueva.
El gaucho Martín Fierro. José Hernández.

O

Obispo. l. del. Cortafrío para violentar cerraduras.

Obligar. l. p. Antigua costumbre de nuestra campaña que consistía en obligar a alguien –porque sí– a tomar una copa de bebida alcohólica.

¡Tomo y obligo!
Una pulpería o un boliche de campo. Entra un parroquiano, se arrima al mostrador, donde no es raro que se encuentre otro hombre, y exclama, en alta voz, provocadora: –¡Tomo y obligo! Para agregar: –A mí, sírvame una caña. Y queda a la espera de que el que está a su lado, atravesado por su mirada, pida, a su vez, de beber.
No es una invitación. De cordial no tiene nada. Mucho menos, su tono. *¡Tomo y obligo! ¡Obligo a que tome!* Es la valentonada de un pendenciero, de un buscador de peleas, de un "valiente" cuyo goce es ver a un hombre achicarse ante su "guapeza" frente a otras personas, lo que bien vale el pago de alguna copa de caña. Porque había quienes aceptaban la obligación por no ser hombres de pelea o porque había ido al boliche sólo a tomar unos tragos en tranquilidad.
Pero ocurría que, a veces, el aludido no aceptaba la invitación, porque no le agradaba que le pagase la copa un desconocido, porque él bebía cuando se le antojaba y no cuando lo obligaban o porque no le gustaba el tono provocador del otro sujeto. La negativa equivalía a un desafío. "¿Me desprecia?", era la reacción ante la "ofensa". Y la ofensa había que repararla en un duelo a cuchillo.
Cuando el "invitado" aceptaba, podría ocurrir que el "obligador" –que sólo iba en busca de pendencia– bebiera su copa rápido y volviera a lanzar otro *¡Tomo y obligo!* y otros cuantos quisiera, cada vez más enardecido por el alcohol, buscando que llegara el momento en que su "invitado" no quisiera beber más. Y ahí saltaba el "*¿me desprecia?*", precursor del desafío a duelo.

Me gusta y por eso le pego al alpiste,
a nadie provoco ni obligo jamás.
Total, si tomando yo me hago algún daño
lo hago conmigo: de curda, no más.
De puro curda. Tango. Abel M. Aznar.

Obreracho/a. l. p. Despect. de obrero. Laburante, grasa, chongo.

Ocote. l. p. Ano. // Suerte. Culo, en el sentido de tener suerte. "Proviene del quechua okkoti, ano." (Lisandro Segovia. **Diccionario de argentinismos**. Publicación de la Comisión Nacional del Centenario, 1911.)

Ocho. l. p. Figura de baile en el tango. Véase corte.

Una sentada y pasamos
haciendo un ocho diquero,
cuando saltó un patotero
y así se puso a chiyar:
–¡Qué nos venís a enseñar
lo que es un tango oriyero!
Y no está en mi performance (Nocau lírico). Alcides Gandolfi Herrero, 1970.

Ofri. l. p. Revés de frío.

Oído. l. p. **Hacer el oído.** Hablarle a alguien coloquialmente para influir en su manera de pensar respecto a alguien o a algo. Predispo-

nerlo a favor o en contra. // Ilusionar o engañar a alguien con propuestas tentadoras. // **Tocar de oído.** Opinar de algo sin conocimiento del caso, sino llevándose por lo que dicen o piensan otros.
Ojal. l. p. Ano. // Ocote, orto, culo, en el sentido de suerte. *Tiene su buen ojal para el juego.* Se halla casi en desuso. // Herida de arma blanca (se compara la herida con un ojal). Del esp. ojal: agujero que atraviesa algunas cosas.
Ojear. l. p. Creencia de que algunas personas pueden causar daño a otras por el solo hecho de mirarlas. // Hacer el llamado **mal de ojo.** Del esp. ojear: dirigir los ojos y mirar a determinada parte.
Ojeo. l. p. Acción y efecto de ojear. // Daño causado por ojear.
Ojete. l. p. Ano, orto, ocote. // Culo, en el sentido de suerte. **Tener ojete:** tener suerte. Del esp. ojete: ojal que se hace en telas o cueros.
Ojetudo/a. l. p. Suertudo, afortunado. // Tarrudo.
Ojito. l. p. Cierto tipo de bolita de vidrio que usan los niños en sus juegos. // **De ojito.** Equivale a de ojo, de arriba.
Ojo. l. p. **De ojo.** Gratuitamente. Equivale a de arriba, de garrón, de gorra, de ojito, etc. *Comer o beber de ojo.*
Óleo. l. p. Olivo, aceitunas, espiante, raje. **Darle el óleo a alguien:** darle el raje, echarlo, despedirlo. **Tomarse el óleo:** irse, desaparecer. Véase olivo.
Olfa. l. p. Adulador, genuflexo, servil. Es apóc. de olfatear y tiene el sentido de **olerle el culo a alguien,** que, al igual que el vocablo **lameculos,** significa ser su incondicional alcahuete. Alude a la costumbre de los perros de olfatearse el ano unos a otros. Del esp. olfatear: oler repetidamente y con ahínco. Indagar, averiguar, husmear.
Olivarse. l. p. Escaparse, huir, tomarse el olivo. Véase olivo.
Olivo. l. p. Expulsión. Cesantía. // Huida, fuga, escape. // **Dar el olivo.** Despedir a alguien de su trabajo. // Echar a alguien de un lugar. // Romper individualmente una relación amorosa y echar de su lado a su pareja.

No vas a batir ahora
que te sentís sorprendida
porque te he dado el olivo
y ando de aquí para allá
en todos los escolazos...,
estaños..., cualquier guarida,
tirando el carro'e la vida
sin sentir ni fu ni fa.
Orre y sentimental (Nochero).
Juan Pedro Brnn, 1969.

// Abandonar algo; romper con una costumbre o un vicio. **Darle el olivo** a la bebida, al juego.

Abajate la pollera
por donde nace el tobillo,
dejate crecer el pelo
y un buen rodete lucí,
comprate un corsé de fierro,
con bulones y tornillos
y dale el olivo al polvo,
a la crema y al carmín.
¡Atenti, pebeta!
Tango. Celedonio Esteban Flores, 1929.

// **Tomarse el olivo.** Irse, escapar, fugar, rajar. Desaparecer.

El pibe Oscar y sus compañeros, en cuanto se dieron cuenta de que la cana estaba encima y no había probabilidades de tomarse el olivo, ni aun a fuerza de faca o bufonasos, levantaron el almohadón del asiento trasero y arrojaron las alhajas al cajón, sentándose nuevamente.
La muerte del pibe Oscar.
Luis Contreras Villamayor, 1926.

NOTA. La expresión *tomarse el olivo* es propia de la tauromaquia española y significa guarecerse el torero tras la barrera de protección, lo que, a veces, debe hacerlo velozmente, perseguido por el toro.

// En todos los casos citados y con el mismo significado suelen utilizarse, en lugar de olivo, **aceitunas, aceite, óleo, espiante, piro, raje,** etc. *Dar las aceitunas, dar el raje, tomarse el aceite o el piro,* etc.
Olla. l. p. **Destapar la olla.** Poner en evidencia algo que se ocultaba. // Poner al descubierto un secreto, una maniobra de forma tal que cause escándalo. Del esp. olla: vasija redonda con asa que sirve para hacer comida. El dicho sugiere el acto de destapar una olla para ver

qué es lo que se está cocinando, con alusión al verbo **cocinar**: urdir una maniobra.
Onda. l. p. Ánimo, predisposición. **Tener buena onda. Tener mala onda.** *El profesor tiene buena onda para con sus alumnos.* // Información, dato. *Me pasaron la onda de que el ministro ya renunció.* // Conocimiento que se tiene de algún tema o asunto. *Estar en la onda de los negocios bursátiles.* // **De onda.** Con la mejor intención. *Te lo digo de onda, como amigo.* // Sin ningún interés material o personal. *Este consejo te lo doy de onda.* // **Estar de onda.** Estar de moda. *La pollera larga está de onda.* // Ser popular. *Ese cantor está de onda. Cantar un tema de onda.* // **Haber buena o mala onda.** Existir buen o mal ambiente en un lugar o entre un grupo de personas. *En mi oficina hay buena onda.* // **Tirar buena o mala onda.** Aportar opiniones o mensajes positivos o negativos. *En las reuniones de comisión el tesorero siempre tira malas ondas.* Del esp. **onda**: ondulación que se produce en el aire al transmitir el efecto de agentes físicos, como la luz, el calor, el sonido.
Opertuso. l. p. **Pertuso.** Ano. // p. ext. Culo. // p. ext. Suerte, al igual que **culo, ocote, ojal** y **ojete**. *Tener opertuso.* // **Pertuso.**
Opiar. l. p. Aburrir, cansar.
Opiarse. l. p. Aburrirse, cansarse.

Leonor – Venimos de hacer una visita donde nos hemos opiado en grande.
¡Jettatore! Gregorio de Laferrère.
Obra teatral estrenada en Buenos Aires en 1904.

Opio. l. p. Aburrimiento. Tedio.

Un soneto me pide el amor propio
y en mi vida me he visto en tal apuro.
Si cuatro versos ya me dan laburo,
antes de los catorce será un opio.
Soneto *(Antología del soneto lunfardo).*
Luis Alposta.

// Persona, acto, asunto aburrido. *Esa mujer es un opio. La reunión fue un opio.* // **Dar el opio.** Despedir, echar, expulsar. Igual que **dar el olivo.** // Abandonar a alguien; amurarlo (véase **amurar**).

Y me bate el de la zurda,
tocándome el amor propio,
que me quiere dar el opio
con un bacán a la gurda.
El cafiso. Tango. Florencio Iriarte, 1918.

Oreja. l. p. **Parar la oreja** o **las orejas.** Escuchar con atención. Afinar el oído. Del esp. **azuzar las orejas**: prestar mucha atención; poner gran cuidado. Remite a la acción del animal que endereza sus orejas cuando ve u oye algo que lo sorprende o le infunde recelo.

Me encontraba, como digo,
en aquella soledá,
entre tanta oscuridá,
echando al viento mis quejas,
cuando el grito del chajá
me hizo parar las orejas.
El gaucho Martín Fierro. José Hernández.

Orejear. l. jgo. Movimiento suave que hace el jugador con sus dedos pulgar e índice, corriendo lentamente las cartas que le han tocado para ir descubriendo, poco a poco, el palo, la letra o el número de las que se hallan detrás de la primera, que tiene a la vista. Es una forma de vivir más la emoción del juego, de vislumbrar lentamente el mensaje del azar, a la vez que un innegable intento de "atraer mentalmente" a la carta o cartas que necesita para hacer el juego que desea. Del esp. **tirar la oreja**: jugar a las barajas.
Orejeo. l. p. Acción y efecto de orejear.
Orejudo. l. p. Nombre que se le daba al simpatizante o miembro del Partido Conservador que, en su tiempo, llegó a rivalizar en el orden nacional con la Unión Cívica Radical. Remitía al apodo con que se conocía a uno de sus dirigentes, Marcelino Ugarte. // **Petiso orejudo** (véase **Godino**).
Organito. l. p. Órgano pequeño portátil, que se toca haciendo girar una manivela. Era común verlos por nuestra ciudad ya desde fines del 1800, llevados al hombro por sus dueños que de tanto en tanto se instalaban en alguna esquina de barrio, lo apoyaban en un palo largo que tenían en la base a tal efecto y comenzaban a hacer girar su manivela para que el instrumento se diera a desgranar las notas de un tango, un vals o una polca ante los vecinos que hacían rueda y que, luego, fi-

nalizado el "concierto", recompensaban al organillero con algunas monedas.

Con el tiempo y para dar mayor realce a su "función", así como para ver mejorados sus ingresos, el organillero incorporó a su "espectáculo" una cotorrita –*la cotorrita de la suerte*– que solía estar dentro de una casita de madera ubicada sobre el órgano. Este animalito estaba adiestrado para salir de su casita a requerimiento del musicante y sacar de una cajita, con su pico, una pequeña tarjeta para quienes pagaran un precio determinado (diez o veinte centavos). A una palabra del organillero, la cotorrita tomaba una de color rosa, si se trataba de una dama, o celeste, si era un varón, y la entregaba con el pico al solicitante. Dicha tarjeta era siempre portadora de un buen vaticinio: "Pronto conocerá al hombre de su vida"; "Una mujer rubia lo ama en secreto"; "Este año ganará la lotería".

Organito viene del esp. **organillo** (dim. de **órgano**): órgano pequeño accionado a manubrio.

Al paso tardo de un pobre viejo
puebla de notas al arrabal
con un concierto de vidrios rotos
el organito crepuscular.
Dándole vueltas a la manija
un hombre rengo marcha detrás,
mientras la dura pata de palo
marca del tango el compás.
Organito de la tarde.
Tango. G. Castillo y C. Castillo.

PALABRA ANTIGUA
"*Organillo fue la palabra generalmente usada por los escritores de fin del siglo XIX y comienzos del XX. Los argentinos, empero, preferimos los diminutivos en ito. El pueblo dijo y dice* **organito**.

"*(...) En principio, uno se siente tentado a creer que la voz* **organito** *fue adoptada en tiempos relativamente recientes y en nuestro siglo (XX). Mas la verdad es que ese diminutivo es bastante antiguo entre nosotros. Incluso, en la letra impresa, como lo certifica este aviso en un ejemplar de* **La Pampa**, *de 1879:*

"ORGANITO *con dos cilindros y variaciones de piezas, casi nuevo, se vende. Se dará muy barato, por la mitad de su valor. Calle Libertad 153, darán razón." (Luis Soler Cañas.* **Orígenes de la literatura lunfarda***, 1965.)*

Orilla. l. p. Arrabal. Barrio alejado en un centro urbano. Se usa más en plural. // Dícese de los barrios periféricos.

El término las orillas cuadra con sobrenatural precisión a esas puntas ralas en que la tierra asume lo indeterminado del mar.
Evaristo Carriego. *Jorge Luis Borges, 1930.*

Del esp. **orilla**: término, límite. Borde de una superficie. Parte de la tierra que está contigua al mar, al lago o al río.

Orillero/a. l. p. Relativo a los barrios de las orillas: a su ambiente, a su gente, a sus costumbres. // Persona que vive en un barrio de las orillas. // Arrabalero.

Las mozas más lindas del baile orillero
para él no se muestran esquivas y hurañas,
tal vez orgullosas de ese compañero
que tiene aureolas de amores y hazañas.
El guapo. *Evaristo Carriego.*

EL ORILLERO
"*El orillero tenía su indumento, su palabra y su cantar con música de milonga. No fue el compadre ni el compadrito, y mucho menos el compadrón, con los que se lo confunde. El orillero podía ser compadre o no. Era un personaje de extramuros, para decirlo como los de antes, aquellos que se engolaban en papel de barba y tinta negra secada con arenilla.*

"*El centro lo asustaba un poco. Su pago alcanzaba desde las Barracas del sur o desde el Almagro del oeste o desde los baldíos de Palermo, al norte, no más que hasta la calle Centro América.*

"*(...) El orillero trabajaba poco y mal, pero trabajaba. Era la materia proveedora de mayorales crinudos, de carniceros de esquina, de carreros de chata y, también, de cuarteadores de* **tranguays**.

"*(...) Medio lechuzón, era callado y observador, temeroso de la pifia del compadrito y del 'niño' de la patota, dos enemigos de su cruda inadaptación al empedrado.*

"*(...) El orillero tenía su mundo en las casas suburbanas, su vocabulario mechado con giros cam-*

peros y adjetivos de bodegón; su centro social, en los despachos de bebidas de los almacenes esquineros, donde se tertuliaba hasta poco más de las diez de la noche, porque madrugar era obligado y las lámparas daban, justamente, 'querosén' para cuatro horas de luz desde las seis de la tarde.
"Creía que el barrio era suyo. Su país podía sumar veinte manzanas y las bocacalles de su cuadra, límite de la patria chica, de donde era forzoso expulsar a todo advenedizo en cuanto mirara con detenida curiosidad a una muchacha vecina.
"(...) En el fondo, era un infeliz que se asustaba de la ciudad y se echaba gratuitamente como adversarios al compadre y al compadrito, sin dejar de admirarlos y aun de quererlos emular.
"(...) En síntesis, el orillero era pobre y no hacía nada para dejar de serlo, honrado como el que más y falto de ambiciones monetarias, como un hidalgo en su decadencia holgazana.
"(...) Del orillero cabal, que no era malo, salió, sin duda, el compadre que alcanzó a vivir explotando temores o mujeres, mesas de juego o comités. Confundirlos es un desacierto.
"(...) Con todo, hay que reivindicar al orillero. No era malevo, sino cuando, equivocado, se metía a compadrear. Naturalmente era un infeliz sin cultura." (Bernardo González Arrili. **Buenos Aires 1900,** *1967.)*

Orion. l. p. Sombrero de fieltro para hombre, de copa hundida, ala corta, dura y provisto de una cinta. Se lo consideraba símbolo de distinción.
Orquesta típica. l. p. Véase **típica.**
Orre. l. p. Revés de **reo,** en el sentido de vago, vagabundo; desfachatado, piola; no en el de criminoso, culpado por la justicia. Igual para el fem.

Palermo, cuna del orre,
por tu culpa ando sin cobre,
sin honor ni dignidad.
Soy manguero y caradura,
paso siempre mishiadura
por tu raza caballar.
Palermo.
Tango. Juan Villalba y Hermido Braga.
NOTA. La letra del tango se refiere al Hipódromo Argentino, conocido también como Hipódromo de Palermo, por estar situado en el barrio de ese nombre.

Orsai. l. p. Se usa en las expr. pop. **Estar orsai, estar en orsai** o **quedar orsai, quedar en orsai,** que tienen el significado de hallarse o sentirse desubicado, desairado, equivocado, fuera de la realidad. También **orsay.**

Y esas ganas tremendas de llorar
que a veces nos inundan sin razón...
Y el trago de licor que obliga a recordar
que el alma está en orsay, che, bandoneón.
Che, bandoneón. *Tango. Homero Manzi.*

// Fuera de tono. // Hallarse en un medio extraño. // Quedar mal parado. // p. ext. Fuera de lo legal, de lo correcto.

—Ésa es guita negra, seguro, fuera de juego, guita en orsay; el viejo es medio escondedor.
Sabihondos y suicidas.
Héctor Chaponick, 1982.

// Del ing. **off side:** dícese en fútbol del jugador del equipo atacante que, en el momento de ser lanzada la pelota por un compañero hacia el arco contrario, tiene un solo jugador adversario entre él y la línea final del campo rival. Es posición prohibida para jugar. Está fuera de juego. Por lo menos, para hallarse habilitado, debe haber entre él y la línea citada dos jugadores del otro equipo.

Ortelano. l. p. Ano. Orto. // Culo, en el sentido de suerte. *¡Qué ortelano tiene para el juego!* Es parag. (véase esta voz).
Ortiba. lunf. Revés irreg. de **batidor.** // **Ortiva.**

Pero también ese olfato le enseñaba que un hombre con su historia podía acusarse de cualquier fulería menos de ser traidor a sus mandantes.
"¿Ortiva a los sesenta y seis años? Ni mamado, che."
Sabihondos y suicidas.
Héctor Chaponick, 1982.
NOTA. El autor escribe el término con v, forma que fue muy usada, quizá por influencia fonética de **lavativa,** ya que **batidor,** que lo origina, se escribe con b.

Ortibar. lunf. Revés irreg. de **batir,** influenciado por **ortiba,** voz esta a la que se le incorporó la r final para darle forma de verbo.
Ortiva. lunf. **Ortiba.**

Ortivar. lunf. Ortibar.
Orto. l. p. Ano. // Culo. // Suerte, como ocote, pertuso, etc. *Tener orto.*
Oso/a. l. p. **Hacerse el oso.** Simular distracción o desconocimiento del tema para no involucrarse en algo. // Hacerse el gil (véase **gil**).
Otario/a. l. p. Tonto, imbécil, papanatas. // Cándido, crédulo, simplón. // Infeliz, falto de espíritu.

Mirá, Ñata, es necesario
que hablemos como es debido,
porque ya estoy aburrido
de hacer el papel de otario.
Cobrate y dame el vuelto.
Milonga. Enrique Dizeo.

// Persona de poca experiencia en la vida. // Hombre al que las mujeres licenciosas le sacan el dinero. // Candidato al que, por su falta de luces, eligen timadores y cuenteros para hacerlo su víctima. // **Cuadro. Vichenzo. Cartón.** // **Otario a la gurda.** Otario al máximo. // **Cachar o tomar de otario.** Tomar a alguien por tonto. Tratar de engañarlo.

Querés cacharme de otario
al junarme tan tranquilo
y te me venís sin filo
ahora que es tan necesario.
De rompe y raja. *José Pagano.*
NOTA. *Venís sin filo:* sin dinero. Es el reclamo del cafisho a su mujer.

// **Cuento del otario.** Estafa también llamada **cuento del legado** (véase **legado**). // **Otario cuadro.** Equivale a **otario a la gurda.** // **Shacador de otarios.** Maleante que le quita el dinero a personas incautas valiéndose de cuentos o ardides. // **Trabajo de otario.** Cuento que se lleva a cabo para engañar a una persona.
Irónicamente suele llamarse otario a sí mismo el individuo que se siente menospreciado en sus opiniones e ignorado cuando aconseja, aunque él se sabe seguro y bien ubicado. *Hacele caso a este otario: largá las farras y el juego.*

Cuando te dejen tirao
después de cinchar, lo mismo que a mí,
cuando manyés que a tu lado
se prueban la ropa que vas a dejar,
te acordarás de este otario
que un día, cansado, se puso a ladrar.
Yira..., yira.
Tango. Enrique Santos Discépolo, 1929.

// El vocablo **otario** proviene de **otaria**, género de mamíferos pinnípedos, como la foca, el lobo marino, etc., de movimientos torpes y lentos cuando están en tierra, lo que ha dado origen a nuestro **otario** y sus acepciones.
Oveja. l. p. Dícese de la persona sumisa, ciegamente obediente, temerosa.

Queremos, de todas veras,
que haya un Congreso decente
y no un congresito oveja
que, en lugar de dictar leyes
que hagan el bien de esta tierra,
se ocupe de pagar robos
denominándolos deudas.
Carta de Ventosa Sarjada. *"Enderezada nada menos que a su amigo don Bartolomé Mitre, presidente de la República." (***Composiciones festivas.***) Estanislao del Campo.*

Overo/a. l. camp. Dícese de los animales vacunos o caballares que presentan en su pelo manchas blancas, marrones o negras. // p. ext. Contuso, lleno de hematomas y moretones, en alusión a las manchas citadas. *Lo dejó overo a trompadas.*
Oyo. l. p. Forma vésrica irreg. de yo (en desuso). Se lo empleaba con sentido de suficiencia. *Seguí mi consejo..., mirá que te lo dice don Oyo...*
Oyo. l. p. Hoyo, fosa, sepultura.

Di para atrás unos pasos
hasta que pude hacer pie.
Por delante me lo eché
de punta y tajo, a lo criollo;
metió la pata en un oyo
y yo al oyo lo mandé.
El gaucho Martín Fierro. *José Hernández.*

P

Pa. l. p. Apóc. de **para.** *Es un maestro pa tocar el fuelle. ¿Pa qué me llamaste?* // fam. Apóc. de **papá.**
Pace. l. p. Muerte. // Morir. **Irse al pace**: morir. De la locución latina **requiescat in pace**: descansa en paz, con la que se despide a los muertos. En desuso.
Paciencia y pan criollo. Modismo muy antiguo, ya en desuso, que aconsejaba tomar las cosas con calma y serenidad por más mal que se presentaran o resignarse a lo irremediable.

¿Se fue?... ¡Mala suerte!
Paciencia y pan criollo...
¡Qué tanta milonga
por una mujer!
En la vía. Tango. Eduardo Escariz Méndez.

Paco. lunf. Dinero. // Suma importante de dinero. // Fajo de billetes papel moneda. *El paco no le cabía en el bolsillo.* // Paquete hábilmente preparado por los estafadores que simula contener muchos billetes de banco, pero sólo tiene algunos en sus cubiertas interior o superior. El resto lo constituyen papeles de diario recortados (véase **cuento**). Del ital. **pacco**: paquete, envoltorio, lío, atado.
Pacoy. lunf. Paco.

¿Dónde están aquellos briyos
y de vento aquel pacoy
que diqueabas, ¡poligriyo!,
con las minas del convoy?
Uno y uno. Tango. Lorenzo Juan Traverso.

Pachá. l. p. Pashá. *La vive como un pachá.*

Padrino pelado. l. p. Grito característico que antiguamente acostumbraban los niños a dirigir al padrino de una boda o de un bautismo cuando salía a la calle, luego de la ceremonia, para que les arrojara monedas a la marchanta. Lo de "pelado" era una exhortación fest. para que demostrara tener dinero (véase **pelado**). Del esp. padrino pelón (pelón: pobretón).
Padrone e soto. l. p. Véanse **patrón** y **soto.**
Paganini. l. p. El que paga.

Yo le aconsejaría que, por ahora, los usase de cristales ahumados, porque tiene un poco de conjuntivitis; pero como él es el paganini, si no la va con eso de ver el mundo color culo de perro, que se los encargue con vidrios comunes.
Historia funambulesca del profesor Landormy. Arturo Cancela, 1944.

// p. ext. Dícese de la persona que por gusto o por ostentación acostumbra a pagar gastos que hace con otros. // Persona a la que siempre se le hace pagar la consumisión de una mesa compartida con otros. Es parag. de **pagador**, llevada a formar el apellido del célebre violinista genovés Nicolás Paganini (1784-1840).
Pagar. l. bill. En los distintos juegos de billar, dejar un jugador a su adversario en posición muy favorable. // l. p. Desafiar a una apuesta. *Pago cien pesos a que hoy se aprueba la ley.* Esto es, *apuesto cien pesos a que hoy se aprueba la ley.* O, de otro modo, *pago doble contra sencillo a que hoy se aprueba la ley.* Significa *apuesto 2 a 1 a que hoy se aprueba la ley.* // p. ext. Aceptar una apuesta.

—*Apuesto cien pesos a que hoy se aprueba la ley.*
—*Pago.*

// **Pagar el pato.** Véase pato. // **Pagar los platos rotos.** Tener que responder por los perjuicios causados por otros. // **Pagar por bueno.** Tener que pagar algo viejo u ordinario que se ha roto al precio de nuevo o de calidad. // **Quedar pagando.** Quedar alguien desairado ante un hecho que lo priva de toda defensa o reacción, sea por haber sido puesto en evidencia, sea por una acusación que lo deja sin respuesta.

Paica. l. p. Muchacha. // Mujer joven, en general.

El conventillo luce su traje de etiqueta.
Las paicas van llegando dispuestas a mostrar
que hay pilchas domingueras,
que hay porte y hay silueta
a los garabos reos, ansiosos de tanguear.
Oro muerto (Girón porteño).
Julio P. Navarrine, 1926.

// Concubina.

Así cantaba
un pobre punga
que a la gayola
por culpa de ella,
fue a descansar,
mientras la paica,
con sus donaires,
por esas calles
de Buenos Aires
se echó a rodar.
¡Araca, corazón! Tango. A. Vacarezza.

// Antepuesta al nombre, calificaba como una mujer brava, de agallas (*la paica Rosalía*). Según Mario E. Teruggi, "se ha pensado que deriva del quechua **pallka**, cosa bifurcada en horqueta, por una obvia asociación sensual de ideas". (**Panorama del lunfardo,** 1974.)

Paja. l. p. Masturbación. Del caló **pajabar**, tocar las partes pudendas.

Pajarera. l. p. Cabeza. Viene de los dichos **tener pajaritos en la cabeza** (véase **pajarito**) y **volársele a uno los pájaros de la cabeza** (véase **pájaro**).

Pajarito. l. p. fam. Pene del niño. // Inocente, cándido. // **Tener pajaritos en la cabeza.** Ser engreído. Tener humos en la cabeza. // Soñar con grandezas. // Imaginar cosas irrealizables. Tener ilusiones vanas.

Pájaro. l. p. Idiota. Melón. Otario. // **Volársele a uno los pájaros de la cabeza.** Perder la paciencia. Estallar en ira. Violentarse. Se abrevia en **volarse los pájaros.**

Pájaro cantador. l. del. Oro. Por comparación del color de ese metal con el del plumaje amarillo de la raza más común de los canarios.

Pajarón/rona. l. p. Aument. de **pájaro.**

Pajarraco. l. p. Dícese de la mujer extremadamente fea. // Individuo extraño, raro en su manera de vestir, en su actitud de hosquedad, de retraimiento. Invariable para los dos géneros.

Pajero/a. l. p. Masturbador.

Pajuerano/a. l. p. Persona llegada del interior que no conoce la ciudad ni la gente ni sus costumbres. De **pa** (para) y **juera** (afuera).

Palanca. l. p. Influencia. Ascendiente. **Tener palanca.** // Persona que usa de su influencia y su poder para favorecer a alguien.

Palangana. l. p. Dícese de la persona charlatana, pesada, de conversación insulsa, aburrida. Probablemente porque se compara esa bocaza que habla y habla con la boca grande de una palangana. Del esp. **palangana:** jofaina; vasija de gran tamaño y poca profundidad que sirve principalmente para lavarse la cara y las manos.

Palanganear. l. p. Hablar sin cesar; sin sentido. Irse en palabras.

Palanquear. l. p. Influir. Volcar una persona su ascendiente a favor de alguien. // Recomendar.

Palanqueta. l. p. Palanca de hierro que usan los delincuentes para abrir puertas y ventanas.

Paleta. l. del. Pieza de la llave situada en la extremidad de la caña, plana, sin dientes, que usan los escrushantes.

Pálida. l. p. Dícese de lo que deprime, entristece y desanima o tiene la intención de hacerlo. Un gesto agrio, una observación pesimista, una opinión intencionadamente contraria, una mala noticia, etc., son pálidas. Es voz nueva. *Ir con pálidas. Tirar pálidas.* Del esp. **pálido:** fig. Desanimado, falto de expresión, viveza y colorido.

Palito. l. p. Baile folclórico muy antiguo, con figuras y zapateo, que fue muy popular en el interior del país. // l. jgo. En las carreras de caballos, quiniela y lotería familiar, dícese del número once. Por comparar con dos palitos a los dos números uno que lo componen. También se le dice palo.

Palma. l. p. Enfermedad. // Decaimiento, cansancio, agotamiento. *Me voy a la cama: ando con una palma tremenda.* // Paterío, mishiadura. *Esta palma me obliga a recurrir a los amigos.* Las dos primeras acep. derivan de **palmar**; la tercera nos remite a **palmera**.

Palmado/a. l. p. Decaído. Enfermo. // Cansado. Agotado. // Pato, seco.

Palmador/ra. l. p. Que palma, que paga. // Que paga el gasto de otros. // **Paganini**. // Frecuente perdedor en el juego. // Perdedor, en general.

Palmar. l. p. Verse obligado a entregar algo por la fuerza. *Me apuntó con el revólver y tuve que palmarle todo mi dinero.* // Pagar. Pagar una deuda. Pagar una cuenta. *Me palmó las diez lucas que me debía.* // Enfermar, provocar una enfermedad. *Yo sé que el cigarrillo me va a palmar.* // Morir. *Palmó tras larga enfermedad.* // Perder en el juego. *Palmé mil pesos a la ruleta.* // Perder, en general. // Despilfarrar. *En noches de juerga palmé mi dinero y mi salud.*

Y así se palma las noches
en estaños de vinacho,
desmantelada la pinta
frente al vaso de carlón...
¡Pensar que este prepotente,
tan sobrador y tan macho,
se vino barranca abajo
por cosas del corazón!
Metejón Malevo (Nocau lírico).
Alcides Gandolfi Herrero, 1970.

// **Palmar el rollo.** l. jgo. Sufrir una fuerte pérdida en el juego (perder el rollo de billetes).

Bajo Belgrano, sos un monte crioyo
tayado entre las patas de los pingos.
Creyente y jugador, palmás el royo,
rezando y taureando,
en la misa burrera del domingo.
Bajo Belgrano (La crencha engrasada).
Carlos de la Púa, 1928.

// De la germ. **palmar**: dar algo por fuerza y del esp. **palmar**, perteneciente o relativo a la palma de la mano (con la que se entrega) y fam. morir, fenecer.

Palmera. l. p. Pobreza, **paterío, mishiadura**. // Enfermedad. // Abatimiento, postración. // **Estar en la palmera** o **estar palmera**. No tener dinero. Estar seco, sin medios económicos.

Por ser bueno,
me pusiste a la miseria;
me dejaste en la palmera,
me afanaste hasta el color.
En seis meses
me comiste el mercadito,
el puestito de la feria,
la ganchera, el mostrador.
¡Chorra! Tango. Enrique Santos Discépolo.

// Estar enfermo, postrado. Desahuciado.

Campaneame bien, hermano:
estoy listo, en la palmera.
Yo sé bien: la que me espera
muy pronto me va a llevar.
Hacelo por la vieja.
Tango. Rodolfo Sciammarella.

// **Darse juego de palmera.** Sufrir una temporada de escasez de dinero. // Darse una racha de paterío.

Nació conmigo allá, en Boedo y Chiclana,
y se hizo mansa en juego de palmera.
Nunca una bronca. Siempre cadenera.
Vivo con ella muy de la banana.
La musa mistonga.
Julián Centeya (Amleto Vergiati), 1964.

Palmeta. l. p. Equivale a **palmado** en todas sus acepciones. // **Paganini**.

Palmieri. l. p. Parag. de **palmado**. Disimula el calificativo en el apellido Palmieri que llevaba como nombre una antigua joyería y relojería de Buenos Aires. // Parag. de **palmador**: perdedor. *Es un eterno palmieri en el juego.* También se emplea con el sentido de **pagador**, porque palma el gasto que hacen otros. En este caso equivale a otra parag.: **paganini**.

Palo. l. p. Un palo. Un millón de pesos. // **Palo verde.** Un palo verde: un millón de dólares. // Número once en el juego. Viene de **palito**. // **Palo y palo.** l. turf. Castigo reiterado que aplica el jockey a su caballo con el látigo en plena carrera para estimularlo a que corra más velozmente o no se achique. Equivale a "látigo y látigo" y proviene del esp. **palo** en su acepción de golpe aplicado con un palo. // p. ext. **Palo y palo** habla de un duro enfrentamiento de cualquier tipo entre personas (*discutieron palo y palo el asunto*) o de una reprimenda severa y prolongada (*el jefe estuvo media hora palo y palo con sus empleados*). // **Como palo de gallinero**. l. p. El dicho **dejar** o **poner** (a alguien) **como palo de gallinero** significa desacreditar, desprestigiar, ensuciar a una persona diciendo o haciendo cosas contra ella. *Lo puso como palo de gallinero delante de sus amigos.* Alude a lo sucios que están dichos palos con los excrementos de las gallinas, que duermen de noche paradas sobre ellos. // **Estar al palo**. Estar el hombre en estado de erección. // **Poner palos en la rueda**. Trabar, dificultar de distintas maneras los proyectos o el trabajo de alguien. Se inspira en la acción de quien coloca palos en la rueda de un vehículo para evitar que avance. Es de sentido semejante a **petardear**. Estas tres últimas expr. pop. vienen del esp. **palo**: trozo de madera mucho más largo que grueso. // **Ser de un palo**. Dícese de una persona correcta, íntegra, de una línea. También se dice **ser de un solo palo**. Provienen éstos de algunas combinaciones en ciertos juegos de naipes en que las cartas deben ser del mismo palo. En este caso, del esp. **palo**: cualquiera de los cuatro grupos iguales de la baraja que, en la española, son: oros, copas, espadas y bastos.

Paloma. l. del. Nombre que se le da a un sistema de mensajes que usan los presos para comunicarse con el exterior. Para ello se emplea un cordel largo a cuyo extremo se ata algún peso (una piedra, un trozo de metal, una papa, etc.) y un papel con el mensaje, lo que se arroja por la ventana de la celda en un momento determinado para que alguien, en el secreto, lo recoja y, a su vez, ate al extremo del hilo otro mensaje, drogas, etc., que recogen, con el hilo, los detenidos. Se le da ese nombre porque los mensajes, de papel, van por el aire, como vuelan las palomas. // **Carne de paloma**. Se le dice a la persona cobarde, miedosa. También, **bosta de paloma**.

Palomar. l. p. Conventillo. Casa de muchas habitaciones donde vive mucha gente.

Palomas. l. p. fam. Manchas de materia fecal en los calzoncillos.

Palpe. l. del. Leve roce con el dorso de la mano que hace el punga por el lado exterior de un bolsillo para saber si guarda dinero. Del esp. **palpar**: tocar con las manos para percibir las cosas por el tacto.

Palpitada. l. p. Acción y efecto de **palpitar**. Corazonada.

Palpitador/ra. l. p. Que palpita. Que tiene pálpitos. // Uno de los nombres que se le dan al corazón por su accionar, al que igual que bobo, tacho, etc.

Palpitar. l. p. Presentir. Intuir. Tener una corazonada. *Palpito que hoy vamos a hacer un buen negocio.* // Sospechar, imaginar. *Palpito que esto es obra de un alcahuete.* // Estar a la expectativa de que suceda algo. // Esperar, ansioso, esperanzado.

¡Qué lindo es estar metido,
palpitando que ella vuelva!
Y sentir, muy despacito,
el taconear por la vereda...
¡Qué lindo es estar metido!
Tango. Pascual Contursi, 1927.

// Seguir el desarrollo de los acontecimientos con suma atención. *Palpitar una discusión. Palpitar el final de una carrera.* // Hacer cálculos. Estudiar posibilidades. Analizar un caso.

Dejá que los entendidos
palpiten sangre y aprontes
de toda la parentela
de la raza caballar.
Yo me atrevo a asegurarte
que va a ganar al galope
el potrillo Patas Blancas,
hijo de Necesidad.
Preparate pal domingo.
Tango. José Rial, 1931.

// Esta voz, muy antigua y que mantiene rigurosa actualidad, proviene del port. **palpitar**, que significa presentir, conjeturar, imaginar, presumir, considerar.

Pálpito. l. p. Presentimiento, intuición, corazonada. // Imaginación. Presunción, sospecha. "Del port. **palpite**, *pressentimento, intuiçao de ganhar (no yogo).*" (Américo Castro. **La peculiaridad lingüística rioplatense y su senti-**

do histórico, 1941.) "Corazonada, presentimiento, inspiración que sobreviene al espíritu y que nos mueve a escoger o hacer, sin motivo apreciable, una cosa con preferencia a otra; v. gr. escoger un número determinado en la ruleta o en la lotería, jugar en las carreras a un determinado caballo, apostar a determinada carta en el juego de naipes, etc." (Lisandro Segovia. **Diccionario de argentinismos.** Publicación de la Comisión Nacional del Centenario, 1911.) "Representa un cruce del port. palpite, presentimiento, y el ital. pàlpito, palpitación." (José Gobello. **Diccionario lunfardo, 1989.**)

Con tu pálpito he salido
a flot'en la situación;
no pensé qu'el mancarrón
que me indicaste ganara
y feo los galopara
tan contenido en su acción.
Un dato. *Leopoldo Rodríguez, payador y poeta de principios del 1900. (Cfr. Luis Soler Cañas.* **Orígenes de la literatura lunfarda,** *1965.)*

Pamela. l. p. Sombrero hongo de hombre. Del esp. **pamela**: sombrero de paja, bajo de copa y ancho de alas, que usan las mujeres en España, especialmente en verano. // Tonto, otario, gil. Tal vez por influencia de **panete**.

Parece mentira que, con tanta escuela,
al final de cuentas no ibas a servir
ni pa ver quién viene, ¡pedazo'e pamela!
¡Che, viejo, me extraña! ¡Andá a hacerte hervir!
¡Tan grande y tan zonzo!
Tango. Enrique Dizeo.

Pampa. l. p. Nombre que se les da a las personas de rasgos aindiados. Por los indios que vivían en las llanuras argentinas, llamados **pampas**.

El tape Burgos quedó impávido mirando
su copa. Un gesto de disgusto se arrugaba
en su frente angosta de pampa.
Don Segundo Sombra.
Ricardo Güiraldes, 1926.

Pampa. l. del. Extracto de lotería adulterado. Esta adulteración se realiza pegando con suma habilidad en el lugar donde figura el número agraciado con el premio mayor, el de otro billete que, por supuesto, tiene en su poder el autor del fraude, con lo que aparenta haber ganado "la grande". Extracto y billete en mano, el cuentero busca al "candidato" le muestra que su número "ganó un premio", que él no sabe cuánto dinero representa, porque no entiende nada de esas cosas y se lo ofrece en venta por un precio sumamente inferior al del premio que supuestamente le corresponde. La codicia hace caer en el engaño al "candidato", que compra el billete. Esto se conocía con el nombre de **cuento** o **trabajo del toco mocho** (Antonio Dellepiane. **El idioma del delito,** 1894) y es de muy antigua data. // **Pampa y la vía.** Estar en **Pampa y la vía**: no tener dinero; estar seco. Este dicho también es antiguo y se remonta a la época en que el Hipódromo Argentino, actualmente en el barrio capitalino de Palermo, se hallaba en Núñez. Cuando finalizaban las reuniones de carreras llegaba a la esquina de la calle Pampa y su cruce con las vías del ex Ferrocarril Central Argentino un tranvía que transportaba de regreso al centro, gratuitamente, a los aficionados. Allí se dirigían, pues, tras hacer varias cuadras a pie, aquellos que habían perdido todo su dinero en las carreras. **Estar en Pampa y la vía** a la espera de ese medio de transporte, era clara señal de hallarse pato, fundido. De ahí la expresión tomó ese significado en general. // **Dejar en Pampa y la vía** (a alguien). Despojarlo de todo su dinero. Dejarlo seco.

Como zorro perdí el pelo
pero adquirí una manía:
relojear la gilería
y al primer punto boleao
con algún fato estudiao
dejarlo en Pampa y la vía.
El conventillo. *Milonga. Arturo de la Torre.*

Panadería. l. del. Comisaría.

No te quiero portar a la panadería como un
vulgar chafe, pero, en cambio, vamos a hacer un
pacto. Te tengo lástima por tu busarda'e piva y
tu shiairo'e juventud.
Mr. Le Blond flechado por Cupido. *Revista* **Papel y Tinta,** *25-6-1908, firmado por*

FAZ, que Luis Soler Cañas supone se trate de Félix Alberto de Zavalía. (Cfr. *Orígenes de la literatura lunfarda*, 1965.)
NOTA. *Shiairo:* posiblemente del port. *cheiro:* aire. En este caso, aire de juventud.

Panarino. lunf. Panaro.
Panaro. lunf. Asentaderas. Traste, culo. *Camina, coqueta, moviendo su panaro.* "Es voz dialectal napolitana que significa rectamente **panera**, cesta para pan y, en sentido traslaticio, igual significado que el lunfardo." (Mario E. Teruggi. **Panorama del lunfardo**, 1974.)
Pan comido. l. p. Dícese de lo que es muy fácil de hacer o de conseguir; del adversario fácil de vencer, etc. Tan fácil como comer un trozo de pan; tanto, que ya se da por comido anticipadamente. *Este trabajo es pan comido para mí. El desafiante es pan comido para el campeón.*
Pancracio/a. l. p. Bobo, gil, tonto. **Pánfilo.**
Pan criollo. l. p. Nombre que se le da a un tipo de pan —muy sabroso— que se elabora con masa de pan común a la que se le agrega grasa vacuna y se le da un determinado número de vueltas en la sobadora. Dícese que para lograr el punto exacto, deben ser dieciseite. // **Paciencia y pan criollo.** Dicho popular. Véase **paciencia**.
Pancho/a. l. p. Tranquilo. // Inmutable. // Cómodo. **Quedarse pancho o quedarse lo más pancho.** Con las acepciones citadas es de uso muy frecuente. *Aguardame pancho, que ya te traigo el dinero* (tranquilo). *Lo insultaron, pero él se quedó lo más pancho* (inmutable). *En este sillón estoy pancho* (cómodo). Suele emplearse como frase elíptica con igual sentido. *Todos se agarraron a trompadas; pero él, pancho.* // **Hacerse el pancho.** Hacerse el burro, hacerse el gil, hacerse el oso.
Pancho. l. p. Tipo de salchicha alemana que se popularizó hace algunas décadas entre nosotros y se come con mostaza, mayonesa y ketchup en trozos o en sandwich. Es el clásico **hot dog** estadounidense.
Pan dulce. l. p. Trasero de mujer. Panaro, traste, culo, siempre referido a la mujer. El nombre viene de cuando los panes dulces eran redondos y achatados, no como ahora, que a muchos les dan forma cilíndrica. // **Más bueno que pan dulce.** Modismo que se aplica a la persona reconocidamente buena. Por el tradicional pan dulce de las fiestas navideñas con su simbolismo de paz y buena voluntad.

Andás errada, mi Robustiana..., ¡cremeló!...
Si yo no tengo por qué desairarte..., ¡al contrario!...
¿Cómo te vi'a desairar, si te debo miles y mil'e favores?... Y después, que sos más buena que pan dulce...
Callejeras. Cuento. Federico Mertens. Revista *PBT*, 1905. (Cfr. Luis Soler Cañas. *Orígenes de la literatura lunfarda*, 1965.)

Panete. l. p. Bobo, tonto, papanatas. Otario. Gil. **Pánfilo. Pangrullo.**

¡Victoria! ¡Saraca, victoria!
¡Estoy en la gloria! ¡Se fue mi mujer!
Me da tristeza el panete,
chicato, inocente, que se la llevó.
¡Cuándo desate el paquete
y manye que se ensartó!
Victoria. Tango. Enrique Santos Discépolo.
NOTA. *Desatar el paquete:* darse cuenta de algo que no se había advertido. Salir del engaño (véase **paquete**).

Pánfilo/a. l. p. Bobo, tonto, papanatas, panete, gil, otario, pancracio. Del esp. pánfilo: pachorrudo, cachazudo, tardo, flojo y desidioso.
Pangrullo. l. p. Igual que **pánfilo** y **pancracio**.
Pangruyo. l. p. **Pangrullo.**
Panqueque. l. p. Masa delgada, circular, de unos veinte centímetros de diámetro, que se prepara con harina, leche, huevos y un poco de manteca. Se fríe en manteca de los dos lados pero, como es delgada, se la coloca en la sartén y se la da vuelta en un instante. Hay quienes lo hacen con suma habilidad, arrojándola al aire con un movimiento de la sartén y haciéndola caer en ésta del lado a freír. // p. ext. Se llama **panqueque** a la persona que no sostiene una idea o una opinión y hasta es capaz de opinar de un momento a otro en contra de lo que lo había hecho antes. Se aplica mucho en política. El calificativo se originó en la forma rápida en que se da vuelta un panqueque. *Ese político es un panqueque. Mi abogado se dio vuelta como un panqueque.* Esta voz viene de **panqueque**,

panqué, especie de bizcocho (del ing. **pan**: cartón, y **cake**: pastel; pastel o pasta delgada como el cartón).

Pantalón a la francesa. l. p. Pantalón masculino que se usó hacia fines del siglo XIX, de piernas muy anchas a la altura de la rodilla y angostas en el empeine. Era muy usado por los compadres y los cafishos.

Pantalón bombilla. l. p. Pantalón masculino apretado a las piernas y ajustado al tobillo. Lo usaban los niños bien, los cajetillas, los que querían presumir de elegantes y los compadritos a fines del siglo XIX y principios del XX. Por lo largo y delgado se lo comparaba con la bombilla del mate.

Y con esa pilcha que te diera brillo,
lengue, charolado, pantalón bombilla,
piantaste un día de tu conventillo
buscando las luces con otra familia.
***Apología tanguera** (Nochero).*
Juan Pedro Brun, 1969.

NOTA. ***Charolado**:* zapatos de charol. (Véase **charol**.)

Pantallas. l. p. Humoríst. Orejas.

Panza arriba. l. p. **Estar panza arriba** o **estar tirado panza arriba**. Estar sin hacer nada, despreocupándose de todo, sin importar lo que ocurra alrededor. // Haraganear, hacer fiaca. Tomado de la figura de quien está acostado boca arriba, indolentemente, dejando correr el tiempo.

Allá no hay que trabajar,
vive uno como un señor.
De cuando en cuando un malón
y si de él sale con vida,
lo pasa echao panza arriba
mirando dar güelta el sol.
El gaucho Martín Fierro. José Hernández.

Paño. l. p. Clase, índole, estirpe; categoría, calidad de una persona. // **Ser de buen paño.** Ser buena persona, confiable, seria, correcta, responsable. // **Conocer el paño.** Conocer bien a una persona; sus antecedentes, su modo de ser; saber de lo que es capaz, de sus intenciones, de lo que puede esperarse de ella. // Entender, conocer bien un asunto, un negocio, un fato. Del esp. **paño**, tela. Por consiguiente, los modismos citados equivalen a **ser de buena tela** y **conocer la tela.**

Papa. l. p. Atrayente, hermoso, excelente. *Una mujer papa.*

Pebeta de mi barrio, papa, papusa,
que andás paseando en auto con un bacán,
que te has cortao el pelo como se usa
y que te lo has teñido color champán.
Pompas de jabón (Pompas).
Tango. Enrique Cadícamo, 1925.

// Bellamente, distinguidamente. *Una bacana que empilcha papa.* // Útil, provechoso. *Un trabajo papa.* // Asunto fácil. *Este caso es una papa para mí; lo arreglo enseguida.* // Agradable, gracioso, divertido. *La fiesta fue una papa.* // Droga alucinógena. Estimulante. Doping. *El caballo corrió con la papa.* // l. turf. Dato. Fija. *Me dieron una papa para el domingo.* // Agujero en la media. // Enfermedad terminal, generalmente, cáncer. *Tener la papa.* // En otro sentido, **tener la papa** es estar en conocimiento de un secreto, de algo reservado. Igual que **tener la paponia** o **tener la posta.** Esta voz proviene del esp. **papa**, nombre que se le da a la comida de los niños y alude a la forma en que se la elogia cuando se les brinda: *¡Qué rica papa va a comer el nene!, ¡qué rica papa para el nene!*, etc. // **¡Papa o papita para el loro!** De rechupete. De perillas. Dícese de lo que le llega a uno oportunamente y le es de provecho; que no debe desperdiciarse. *En el suelo había un anillo de oro. Imaginate: ¡papita para el loro!* Equivale a otro dicho que tiene el mismo sentido: **¡lechuga para el canario!**

Papá. l. p. Voz de connotación afectiva que suele usarse como equivalente a amigo o querido amigo. Así, a alguien que se lo ve afligido se le dice: *Vení, papá, decíme qué te pasa*; a un amigo se lo saluda: *¿Cómo te va, papá?*; se lo aplaude: *¡Te felicito, papá!* o se le responde cuando pide algo: *¡Cómo no, papá!* Lo mismo ocurre con **mamá.** // **¡A papá!** Expresión de suficiencia que se usa con el significado de *¡A mí! ¿Tan luego a mí?* Suele emplearse cuando alguien advierte que quieren hacerlo víctima de un engaño, un cuento, una burla, etc. *¡A papá!* Se inspira en la reacción del padre a quien su hijo pretende

engañar: *¿A mí, a mi edad, con lo que te conozco, con la cancha que tengo, me vas a engañar?* // Con igual significado, la mujer usa ¡a mamá!... // ¡A papá mono, con bananas verdes! Véase mono.
Papa frita. l. p. Tonto, gil, otario.
Papagayo. l. p. Orinal. Recipiente de vidrio de forma alargada, con base a un costado, que se usa para que el hombre orine en la cama. // Dícese de la mujer fea.
Paparulo/a. l. p. Bobo, tonto, gil. // De pocas luces. // Inocentón. // p. ext. Inexperto, inhábil.

Vivís broncando a la gurda
porque estoy en la catrera;
batís que me tiro a chanta
y el laburo me hace mal.
Y no manyás, paparula,
que me rompo la sesera
pensando esa letra'e tango
que te va a hacer inmortal.
Inmortal (Nocau lírico).
Alcides Gandolfi Herrero, 1970.

DE COMER LA PAPA A COMER MOSCAS
Con la raíz papa existen en el español familiar muchas palabras que califican a una persona de simple, sencillota, asombradiza, bobalicona, tonta, etc. Las tenemos en papahuevos, papamoscas, papanatas, páparo, paparote y papatoste, de mayor o menor uso. El esp. papa (comida) proviene del también esp. papar (del lat. papare: comer), aplicable al movimiento que hacen los niños con las mandíbulas cuando no tienen dientes y comen cosas blandas, como purés, etc. De allí papar tomó extensivamente en español la acepción de comer sin masticar por no tener dientes y, finalmente, la de comer.
Al papamoscas también se le llama comemoscas o boca abierta. Es un tonto asombradizo que anda siempre boquiabierto mirando admirado cuanta tontería ocurre a su alrededor. Se dice que está papando moscas con el sentido de que va papando, consciente o no, las moscas que entran por su boca abierta.
La misma acepción de papar la encontramos en papahuevos, ya que también los niños comen huevos pisados. En cuanto a papanatas (papar natas), la voz nata se usa en España con el mismo sentido de natillas (cierto manjar compuesto de huevos, leche, azúcar y canela), alimento muy corriente en la niñez. De pájaro, paparote y papatoste no hemos hallado etimología. De cualquier manera, todos esos calificativos apuntan a alguien al que se lo considera inmaduro (como un niño) y, p. ext., bobo, tonto, etc.
Esto nos lleva a considerar que nuestro paparulo constituya un acople de la citada raíz papa de aquellas voces con el lunfardo chitrulo, que también tiene los mismos significados. Nosotros teníamos para nuestro uso las palabras españolas papa, papamoscas y papanata (esta última sin la s castellana), pero carecíamos de una palabra propia con la misma raíz que las representara en nuestro léxico casero. Mas contábamos con el lunfardo chitrulo, de similar sentido, y poco costó empalmarlo con papa y dar nacimiento a paparulo, de gran sonoridad y fuerza expresiva, porque una cosa es decirle a alguien papamoscas o papanatas y otra, sin duda, es decirle paparulo. Después vino papa frita, que quiere decir lo mismo, pero que ya parece escaparle a esos orígenes.

Papeles. l. p. Antecedentes, historia de una persona. Currículum. // Pedigré. // p. ext. Prontuario policial. // **Manyar los papeles** (de alguien). Conocer bien el origen, los antecedentes de una persona. Del esp. papel: documento o manuscrito de cualquier clase.

No me mirés de reojo
por encima de esas pieles,
si manyo bien tus papeles
pa que esto te cause enojo.
Andá que te cure Lola.
Milonga. Luis Caruso.

// **Quemarse los papeles.** Fallar, fracasar rotundamente un plan que se había elaborado cuidadosamente y que se consideraba de seguro éxito. // Quedarse sin argumentos ni medios para discutir o resolver una cuestión. // l. turf. Perder su dinero los apostadores de un caballo que fracasó, al que le habían apostado fuerte por haberlo creído ganador seguro. *Se corrieron una fija con Berrinche, pero se les quemaron los papeles.* // **Ir a los papeles.** Igual que ir a los billetes, ir a la plata, ir al frente, etc. Emprender algo con el firme propó-

sito de triunfar, de lograr lo que se persigue. // Intervenir en un asunto pensando solamente en su interés personal, por encima del asunto en sí. // l. turf. Se dice que un caballo **va a los papeles** cuando sus allegados disponen hacerlo correr "derecho", o sea, con el propósito de ganar la carrera en que interviene. Equivale a **ir a la plata, ir al frente**, etc.
Papeleta. l. p. antig. Documento de identidad. // Documento, en general.

–¡Alto a la policía! ¡No se mueve naides!
–¿Qué busca, mi sargento, por estos pagos? ¿En qué le podemos servir?
–¡En nada, amigo!... ¡A ver, caballeros, formensen en ese limpio; vamos a revisar las papeletas!
De oruga a mariposa (Memorias de un vigilante). José S. Álvarez. 1ª edición, 1897.
NOTA. **Limpio:** sector de terreno desocupado y sin árboles.

// **Papeleta de conchabo.** "Documento de uso obligatorio hasta fines del siglo XIX para los peones en la campaña. En él, el empleador acreditaba que el peón trabajaba a sus órdenes. Su carencia daba lugar a la detención policial y aplicación por los jueces de paz del procedimiento previsto para los vagos (condena al servicio de las armas o realización de servicios públicos sin sueldo por varios años). (Adolfo Enrique Rodríguez. **Lexicón,** Centro de Estudios Históricos Policiales, 1991.)
Pápira. l. del. Cartera. Billetera. Del esp. fam. papiro: billete de banco.
Papirusa. l. p. Hermosa. Bella, referido a la mujer. Es afectivo y delicado. // También se extiende a cosas de uso apreciables: *una pollera papirusa, una joya papirusa.*

PAPIRUSA: CIGARRILLO
"Las primeras mujeres que aquí, en la Argentina, fumaron en público fueron polacas y rusas. Pedían cigarrillos en su idioma: 'dame una papirusa' (papjerosy). Esta palabra eslava, repetida con frecuencia, llama la atención a los jóvenes noctámbulos, frecuentadores de lugares de mala fama, quienes la toman de inmediato con simpatía para designar con ella a una mujer de esa o de cualquier otra categoría: papirusa. Pintoresca y muy porteña sinonimia incorporada a la jerga popular desde aquel lejano entonces." (Enrique Cadícamo, **Bajo el signo del tango,** 1987.) Muy pronto, **papirusa** tomó el sello afectivo y delicado que la caracteriza.

En tu esquina, un día, Milonguita, aquella
papirusa criolla que Linnig cantó,
llevando un atado de ropa plebeya
al hombre tragedia tal vez encontró.
Corrientes y Esmeralda.
Tango. Celedonio Esteban Flores, 1934.

Paponia. l. p. Cosa buena; sumamente buena; excelente; óptima. // Asunto cuya concreción favorable se considera segura. // Algo infalible. *Esta inversión en la Bolsa es una paponia.* // Negocio beneficioso y fácil de realizar. // Ganga. // Chance afortunada. *Se me dio la paponia de conseguir una beca y no la desperdiciaré.* // Mujer hermosa. **Papa. Papirusa.** // l. turf. Fija. Caballo al que se cree seguro ganador de la carrera que va a disputar. *Churrinche es una paponia en el clásico de hoy.*
Papusa. l. p. Mujer hermosa y, a la vez, agradable, graciosa. **Papirusa.**

Pensá, pobre pebeta, papa, papusa,
que tu belleza un día se esfumará
y que, como las flores que se marchitan,
las locas ilusiones se morirán.
Pompas de jabón (Pompas).
Tango. Enrique Cadícamo, 1925.

// Aplícase, también, a las cosas que agradan, que llenan el ojo.

¿No te traje (...) unas botas
con las cañas de gamuza
y una pollera papusa
hecha de seda crepé?
Ivette. *Tango. Pascual Contursi, 1914.*

Papusa podría ser parag. de **papa,** aunque a este respecto Mario E. Teruggi expresa: "Ignoramos hasta qué punto la supuesta paragoge **papusa** haya estado influida por el gallego **papuxa,** cierto pájaro y también parte pudenda femenina". (**Panorama del lunfardo,** 1974.)
Papuso. l. p. Hermoso, agradable, grato. // p. ext. Provechoso.

¡Barrio Piñeyro! Barrio malevo,
rincón papuso del arrabal,
en tus callejas mi canto nuevo
supo ser macho, como un puñal.
Barrio Piñeyro.
Dante A. Linyera (Francisco B. Rímoli).

Paquear. Disparar repetidamente armas de fuego. De poco uso.

Paquero. l. del. Delincuente que se especializa en el empleo del **paco** para delinquir.

Paquete. l. p. Elegante, bien vestido, acicalado. *¡Qué paquete estás!* // l. del. Balurdo. Engaño, cuento. **Comerse el paquete**: caer en un engaño. // l. jgo. Mazo de naipes preparado para jugar con trampa. // l. p. Asunto o negocio bien presentado para impresionar bien. // Mujer fea. // Persona cargosa, cansadora, insoportable. // Individuo torpe, sin gracia. // l. del. Persona ingenua, crédula. *A ese paquete lo engañamos fácilmente.* // l. dep. Deportista inhábil, de pocas condiciones. Se aplica mayormente en fútbol y en boxeo. // l. turf. Maleta. Dícese del jockey torpe. Como si en lugar de un jinete experto que sabe montar y acompañar con su cuerpo los movimientos del caballo, el animal llevara en su montura un gran paquete que se mueve para todos lados. // En general, persona que demuestra natural e incorregible torpeza en su quehacer habitual y en cualquier actividad. Este vocablo proviene del esp. **paquete**: lío, bulto o envoltorio de poco peso y volumen. // Mazo de cartas o papeles o conjunto de ellos contenidos en un sobre o cubierta. // fam. Hombre que va muy compuesto y sigue la última moda.

Si vas a los bailes, parate en la puerta:
campaneá a las minas que sepan bailar.
No saqués paquetes que dan pisotones,
¡que sufran y aprendan a fuerza'e planchar!
Seguí mi consejo.
Tango. Eduardo Trongé, 1928.

// **Hacer el paquete**. Hacer dinero. Ganar mucha plata. **Acamalar**. *No le interesa la reelección de intendente: ya hizo el paquete.* // Hacerle creer a alguien lo que no es cierto. // l. del. Armar un cuento con el propósito de engañar a alguien. // l. del. Preparar el **balurdo** (envoltorio en el que aparenta haber un fajo de billetes y que, en realidad, está formado por papeles de diario recortados con sólo uno o dos billetes reales en sus cubiertas y que se usa en el trabajo del cuento). Véase **cuento**. // **Abrir el paquete** o **desatar el paquete**. Apercibirse de haber caído en un engaño cuando ya nada puede hacerse por remediarlo. Remite a la figura de quien recibe un paquete muy bien presentado pero que, al abrirlo, se desengaña con su contenido.

El caso fue que, cuando abrió el paquete
que aportó al matrimonio la fulana
y descubrió un pastel de la gran siete,
comenzó la historia a ser como era:
ella, a seguir yirando la manzana,
y el avivado gil, en la catrera.
Mala suerte. Nyda Cuniberti.

NOTA. En el ejemplo, *abrir el paquete* significa descubrir el pasado de la fulana.

Paquetear. l. p. Lucirse. Hacer pinta. Mostrarse elegante. De **paquete**.

Paquetín. l. dep. y turf. Torpe, inhábil, maleta. De poco uso en la actualidad. Es término burlón que equivale a **paquete**, pero no es diminutivo de éste.

Paquetón. l. p. Aument. de **paquete**.

¡Pará! l. p. Voz que ordena suspender en el acto lo que se está haciendo o diciendo. Tiene el sentido de ¡esperá!, ¡aguardá! (*¡Pará, todavía no es el momento!*), ¡quedate quieto!, ¡no hagas eso!, ¡no lo digas! (*¡pará, cerrá la boca!*). Es corrupción del esp. ¡espera!, entre nosotros, ¡esperá!

Parada. l. p. Ostentación. Exhibicionismo. // Vanidad. Fanfarronería. // Apostura. Empaque. Presencia impactante. // Actitud desafiante, valiente y decidida.

Yo tengo un pedigré que no se achica
y hago pata ancha en cualquier parada...
¡Ni amortajado lo verán que hocica
a este tungo en su última largada!
Agonía de un rufián. Carlos A. Alberti.

// Lugar en la vía pública donde se venden diarios y revistas. // Lugar donde se detienen los vehículos de transporte de pasajeros para que asciendan o desciendan éstos. // Lugar de facción de un agente de policía. Antiguamente, en muchas esquinas de la ciudad, aun en barrios alejados, se ubicaban vigilantes que cumplían allí su horario de trabajo y aun durante la noche entera. Además de cumplir su misión policial, estos vigilantes se hallaban al servicio del vecindario y dispuestos a cualquier requerimiento que les incumbiera. A esos puntos de ubicación se les llamaba **paradas**. En horas de la noche los vigilantes de las distintas paradas se mantenían en contacto por medio de la **ronda** (véase esta voz). // l. jgo. Dinero que se arriesga en el juego a una sola suerte. Del esp. **parada**: lugar donde se para. // **Copar la parada**. Enfrentar solo, sin ayuda alguna, con valor y decisión una situación peligrosa en nombre propio o en defensa de otros. Es voz del lenguaje de juego que tiene el sentido de aceptar alguien la apuesta que propone otro. // **Ir en la parada**. Tener participación en un asunto o negocio. // **No ir en la parada** o **no ir nada en la parada**. No participar en un asunto o negocio. // Hacer algo en forma desinteresada, sin pedir ni esperar retribución alguna.

... y como le cuido la espalda, tengo que ver las traiciones que se le hacen y castigarlas a mi modo. No voy nada en el asunto. Jamás voy nada en las paradas en que me juego el peyejo.
Un guapo del 900. Samuel Eichelbaum. Obra teatral estrenada en 1940.

// **Pura parada**. Apariencia engañadora. Farolería. Dícese de quien aparenta ser, valer o tener lo que no es ni vale ni tiene. // Dícese del alardeador que, llegado el momento de actuar, no sirve para nada o rehúye la prueba. // Persona que la va de guapo y valiente y, en el fondo, es un cobarde.
Parado/a. l. p. Aplícase a la persona que tiene solucionada holgadamente su situación económica. // **Estar parado**. Ser rico. Disponer de una fortuna. // **Caer parado**. Llegar a un lugar en un momento muy oportuno. // Salir con bien de una circunstancia difícil. De la expresión gauchesca **caer parado**: caer de pie el jinete cuya cabalgadura lo despide al corcovear o a causa de una rodada. // **Estar parado**. Haber suspendido alguien una actividad que desarrollaba, por su propia cuenta y decisión. *No opero en la Bolsa: estoy parado hasta que suba*. // Haberse visto obligado a suspender su actividad obligado por alguna razón. *El boxeador está parado porque se lesionó la mano*. // **Largar parado**. l. turf. Véase **largar**. En estos casos, del esp. **parar**: cesar en el movimiento o en la acción.
Parador. l. turf. Dícese del jockey que, en una carrera, corre con la única misión de entorpecer la acción de otros competidores para favorecer el triunfo de un caballo determinado. Del esp. **parar**: cesar en el movimiento o en la acción.
Paragoge. esp. El vocablo es español, pero lo incluimos en esta obra, con su significado, para ayudar a un mejor entendimiento del uso que se le dio —y aún se le da, aunque en menor escala que antaño— en nuestro medio. El habla popular, imaginativa, pintoresca, pícara, halló en la paragoge un fértil medio lingüístico para incorporar a su léxico voces que, aparentando ser sustantivos o adjetivos, ocultan la condición de una persona o el calificativo que se le asigna. En ocasiones se hacía por pura gracia o ironía; otras, para transmitir de manera velada un mensaje que podía ser de prevención. Todo esto, claro está, para ser entendido por quienes conocían este particular léxico.
Así nacieron **Altamirano** (alto), **Arribeños** (arriba), **Barbieri** (barbudo), **Batilana** (batidor), **bizcocho** (bizco), **Blandengue** (blando), **canasta** (cana), **Escasany** (escaso de dinero), **Gratarola** (gratis), **Sequeira** (seco), **Torterolo** (tuerto), **tragedia** (traje) y muchísimos más. Y así podrían darse casos como este diálogo:

—*¡Tenés sombrero nuevo! ¿Dónde lo compraste?*
—*En lo de Gratarola.*
Entendamos: le había salido gratis. Quizá tomándolo "al descuido" de la percha de un restaurante.
O este aviso:
—*Lo vi a Barbieri y me dio saludos de Batilana.*
El aviso es: ese tipo de barba es un batidor.
O la burla, ante un tuerto:
—*Mañana voy a cenar con Torterolo.*

Paralítica. l. dep. Golpe que en algunos deportes por equipos se aplica con la rodilla en el muslo de un jugador, que lo imposibilita para seguir jugando por un rato debido al fuerte dolor que produce.

Paralítico. l. del. Automóvil robado que se esconde por un tiempo. Porque no anda.

Parar. l. p. Frecuentar, ser habitué de un lugar (un bar, un club, una esquina, etc.) Del esp. **parar**: vivir, alojarse.

El porteño para en este o en aquel café. Es su remanso, su ínsula, su oasis para saciar la necesidad de beber el sentimiento fraterno de la barra. Allí se consagra su sociabilidad.
El lunfardo de Buenos Aires.
José Barcia, 1973.

// Mantener a alguien. Ayudarlo económicamente. *Estoy parando a un amigo que no tiene trabajo.* Del amer. **parado**: en pie. // Derecho. // **Parar el carro, parar en seco, parar la chata.** Hacer callar a alguien que agrede, ofende o falta al respeto. // **Parar la mano.** Suspender o cortar definitivamente algo que se está haciendo. *Parar la mano con la bebida, con el juego, con la droga.* // Mandar callar a alguien. *¡Pará la mano, con tanta mentira!* // **Parar la olla.** Ganarse el sustento diario. // Ganar dinero para la comida. // **Parar la oreja.** Escuchar con atención. // **Parar la pelota.** Detener una versión, un chisme. *Esa versión nos perjudica: hagan parar la pelota.* // Suspender una discusión por cierto tiempo cuando los ánimos están caldeados. // Suspender el tratamiento de un asunto por cualquier circunstancia. // **Parar las antenas.** Prestar suma atención.

Pararse. l. p. Enriquecerse. Hacer fortuna. Prosperar. // Pasar de la mala a la buena situación económica. De **parar**.

Parate. l. p. Disminución repentina de una acción, que puede llevar a un cese total. // **Agarrarle a uno el parate.** Disminuir casi totalmente el movimiento de su negocio; cortarse una racha buena que se disfrutaba. También se aplica este dicho en el l.turf. al caballo que declina en su accionar en plena carrera, por cansancio o falta de calidad, y lo van pasando todos.

Parche. l. p. **¡Ojo al parche!** Expr. pop. que tiene el sentido de advertencia bien intencionada o amenazadora, según el contexto en que se emplee. *Ojo al parche con esos amigos, que te van a traer problemas. Cuidate de ofenderme, ¡ojo al parche!*

Parda. l. p. Igualada. Empatada. Se usa en algunos juegos de naipes. **Estar parda** significa que una mano está empatada por dos jugadores, contrarios entre sí, que han jugado cartas de igual valor. // **Parda va la burra.** En la jerga del juego de barajas, se dice cuando una mano está empatada. Alude al color pardo, el más común de estos animales. // p. ext. Suele emplearse en otros casos con el sentido general de igualar.

Es de muy mala intención
y por nada se acobarda;
si se halla en farra no tarda
en largar alguna ronca:
¡A mí naides me destronca!
¡Cuando no, la saco parda!
Diálogo en una pulpería. *Pepino el 88 (José J. Podestá), aprox de 1880. (Cfr. Luis Soler Cañas.* **Orígenes de la literatura lunfarda***, 1965.)*

NOTA. *Cuando no, la saco parda*: si no la gano, la empato; pero perder, nunca. Se refiere a una pelea.

Pardo/a. l. p. Dícese de la persona de piel oscura. Mulato. Del esp. **pardo** (del lat. **pardus**, leopardo, por el color): de color como el de la tierra o el de la piel del oso común, llamado oso pardo. // Solía usarse como apodo: *el pardo Cepeda; la parda Jacinta.*

Anoche, en lo de Tranqueli,
bailé con la Voladora
y estaba la parda Flora
que en cuanto me vio, estriló.
Estaba el mulato Pancho,
lunfardo muy atrevido,
y éste, en cuanto me vido,
me dijo: ¿qué hacés aquí?
Un baile en lo de Tranqueli. *Anónimo. Aproximadamente, de fines del 1800. (Cfr. Eduardo Romano.* **Breviario de la poesía lunfarda***, 1994.)*

Parecido/a. l. p. Parejo, equilibrado. Se usa cuando se habla de alguna confrontación, especialmente deportiva, aunque también es extensivo a otros órdenes. *Los dos gallos son bravos: la riña va a ser parecida.* Del esp. **parecido**: semejante, análogo.

Ya veíamos los caballos cuando entraron a la cancha (...) y nos colocamos en el sitio menos cargado de gente, a media distancia, donde por lo general se define la carrera, a no ser que resulte muy parecida.
Don Segundo Sombra.
Ricardo Güiraldes, 1926.

Parejero. l. camp. Dícese del caballo adiestrado para correr a la par de otro. // Caballo de carrera.

Parlar. lunf. Hablar. José Gobello descree que pueda derivar "del esp. **parlar**: hablar con soltura" y la considera "un derivado del ital. **parlare**: hablar". Acotamos que en esp. **parlar** es hablar con soltura o desembarazo. // Hablar mucho o insustancialmente. Proferir palabras ciertas aves que remedan las articulaciones de la voz humana.

Y es por eso que desprecio a los tauras de
                                /Patricios
porque, minga de yuguiyo, usan lengue y
                                   /parlan mal.
La engrupida (La crencha engrasada).
Carlos de la Púa, 1928.
NOTA. *Minga de yuguiyo:* No usan camisa de cuello sino pañuelo de cuello.

Parla tutto, parla tutti. l. p. Hablador. Charlatán. Formado con las palabras italianas **parla**: habla (de **parlare**) y **tutto** (todo) o **tutti** (plural de **tutto**), es decir, habla de todo. *No le hagas caso a ese individuo: es un parla tutto.*

Parlo. lunf. Reloj. Bobo. // **Parlo con marroca o con traya.** Reloj de bolsillo con cadena. De la germ. **parlo**, reloj de bolsillo.

Parné. lunf. Dinero. Biyuya, guita, vento. De la germ. **parnés**: dinero, moneda corriente; caudal, bienes.

Dale gracias a la gambeta
que apañaste en la experiencia
y a la astucia de hombre sabio
si hoy cargás mucho parné.
Copen la banca.
Tango. Enrique Dizeo, 1927.

Parola. lunf. Palabra. // Versión a la que no se le asigna fundamento ni validez. *Son parolas.*

¡Remanye de bute que me dan las grelas!...
¡Apunte de limpio, la merza del barrio!...
Lo demás... son charlas de turros pamelas;
parolas de giles, coceos de otarios.
El pibe Ricardo (La crencha engrasada).
Carlos de la Púa, 1928.
NOTA. Por si este ejemplo necesitara aclaración, digamos que narra la satisfacción de quien se sabe motivo de atracción de las mujeres y está visto como persona sin antecedentes policiales por el reaje del barrio. Y eso es lo que a él le importa. Todo lo que hablen otros de él son palabras de giles.

Parolar. lunf. Hablar. // Hablar mucho, procurando convencer. Del ital. **parola**, palabra.
Parolear. lunf. Parolar.
Parolero/a. lunf. Hablador. Conversador. Charlatán. **Parla tutto.** Véase **parolar**.
Parra. l. p. **Subirse a la parra.** No gastar dinero. // Beber vino en abundancia.
Parrilla. l. pol. "Mesa o cama metálica sobre la que se coloca a una persona para aplicarle la picana eléctrica." (Adolfo Enrique Rodríguez. Lexicón. Centro de Estudios Históricos Policiales, 1991.) // **Tener en la parrilla** (a alguien). Dicho antiguo que significa estar haciéndole un "trabajo", un cuento a alguien y tenerlo ya casi próximo a caer, o sea, de "comérselo", como quien tiene carne cocinándose en la parrilla y espera el momento en que esté a punto para comerla.
Parte. l. p. **Mandarse la parte.** Jactarse de lo que se es o de lo que se tiene. // Fanfarronear, aparentando ser lo que no se es o tener lo que no se tiene. // Exagerar con la voz y los ademanes la narración de un hecho en el que se ha intervenido. // Mentir, fantasear para ocultar o disimular algo. // Representar una farsa exagerada.

Vení, Ñata, quiero hablarte,
mas no levantés la cresta,
no ensayés ni una protesta
ni te me mandés la parte.
De rompe y raja. José Pagano.

// Imponer la autoridad o el mando que se tiene. // Hacer valer alguien su carácter y energía sobre otros. // p. ext. Protestar airadamente. Tirar la bronca. Del esp. **parte**: papel de cada uno de los actores que representan una obra escénica.

Andate a emberretinar
donde no pueda encontrarte.
Yo sé que te sobra arte
para saber engrupir,
¡pero aquí, en este bulín,
me mando solo la parte!
El raje. *Milonga. Carlos Waiss.*

MANDARSE LA PARTE
"*Desde antiguo se dijo en el teatro español 'hacer la parte', es decir, repetir el papel escrito, asumiendo en el escenario el papel de personaje, o sea, de persona sin su ser suyo, transformándose en lo que no se es a través del gesto, de la ficción, del maquillaje. El actor 'hace su parte', su papel, se convierte de pronto en un príncipe con una calavera en la mano, pero en su camarín, en la soledad de su camarín, apunta sobre la pared caprichosa el número del hotelucho que le recomendaron para esconder su pobreza real. El hombre porteño acepta el mágico poder de la representación, pero la circunscribe al instante del teatro, y ya fuera de él advierte enseguida en cada Hamlet al muchacho del café que en el escenario se hace interrogaciones metafísicas. Y cuando el amigo se le acerca y con gesto espectacular le hace una historia de folletín a través de una cara conseguida para el caso, o cuando el hijo le explica con ademanes doloridos y miradas tristes aquello de que el profesor tuvo la culpa de su incapacidad para el examen, el hombre porteño, el de la mirada sin descanso, dice, sin piedad conocida: 'no te mandés la parte'.*" (Carlos Alberto Giurda. **Indagación del porteño, a través de su lenguaje**, *1965*).

Partenaire. l. p. Actor o actriz que en el teatro tiene como papel secundar a los actores principales. // En el batacián o en las revistas, bailarina de relleno que acompaña a la bataclana o a la vedette. // p. ext. Segundón. Persona que secunda a alguien. Del fr. **partenaire**: compañero en el juego. Colaborador.

Me han contado, y perdoname
que te increpe de este modo,
que la vas de partenaire
en no sé qué bataclán.
Audacia. *Tango. Celedonio Esteban Flores.*

Partener. l. p. **Partenaire.** Suele usarse así, siguiendo la fonética francesa.

Partida. l. turf. Ensayo preparatorio para una carrera o para mantenerse en estado que hace un caballo sobre una distancia corta, que puede ser de 400 hasta 800 metros, por lo común. // **De partida.** p. ext. l. p. Modismo que significa de inicio, en el primer momento, de arranque. *Entré a su oficina y de partida lo increpé.* Viene del l. turf. en que la expresión **de partida** alude al momento de largarse una carrera. *De partida mi caballo sacó un cuerpo de ventaja.*

Partido. l. p. **A esa (o a esta) altura del partido.** Expresión popular referida a una circunstancia que se está viviendo y que exige saber interpretarla. Equivale a "a esta edad"; "a esta altura de los hechos"; "en la forma en que se presentan las cosas"; "en esta situación crítica"; "ahora, que ya no se puede hacer nada"; "ahora, cuando no hay tiempo", etc. El modismo también justifica la actitud a veces extrema que se adopta ante una realidad inocultable, ya sea aceptándola resignadamente o encarándola con medidas de emergencia. *Tengo cincuenta años y a esta altura del partido debo aceptar cualquier trabajo que se me ofrezca. A esa altura del partido y para evitar la quiebra tuve que presentarme en convocatoria.*
La frase es de origen deportivo y se inspira en la situación de un deportista o de un equipo perdidoso que, considerando problemático revertir la derrota que va sufriendo, resuelve, **a esa altura del partido**, entregarse a su suerte y seguir jugando nada más que a la espera de que finalice el encuentro o, por el contrario, recurrir a un cambio de planes, de tácticas y a intentar esfuerzos supremos para no caer vencido.

Partir. l. p. **Partir la tierra.** Expresión laudatoria que se emplea para exagerar la belleza o la calidad de algo. *Compró un coche que parte la tierra. Lo vi con una mujer que partía la tierra.*

Partusa. l. p. Parte. Se usa en la expr. pop. **mandarse la partusa** (mandarse la parte). Es parag.

Pas. l. p. Nada. Del fr. **pas**: no, ni, nada. En desuso. Solía apocoparse en **pa** o **pa'**.

Pa' de grelas y milongas,
buscá más aire y más sol.

Piantá la luz del farol,
porque la percha rezonga.
Consejos pa la salú (Nocau lírico).
Alcides Gandolfi Herrero, 1970.
Nota. *La percha rezonga:* en el ejemplo, *percha* (véase esta voz) se usa con el significado de cuerpo. En tal sentido, *la percha rezonga* expresa que el cuerpo se enferma, sufre. *Farol:* representa la vida nocturna.

Pasacalles. l. p. Carteles de tela que se usan para avisos comerciales o anuncios políticos y también con saludos o felicitaciones para algún vecino y se colocan cruzando la calle a regular altura sujetos en sus extremos a postes de alumbrado, árboles, etc.

Pasada. l. p. Pasado. // Vivencias. Momentos recordables de una vida. Del esp. pasada: tiempo que pasó; cosas que sucedieron en él.

En fin..., eso pasó...
¿Qué?... ¿Estás llorando?...
Mirá, si te hace daño mi pasada,
después de darle un beso a la finada
yo me voy, si vos querés...,
pa mí es igual.
Pa mí es igual. Tango. Enrique Cadícamo.

// l. turf. Ejercicio suave que cumple un caballo en el tiro de la carrera que va a correr, días antes de la prueba. // l. jgo. Apuesta de carreras o quiniela que se hace (que se pasa) a un pasador de juego clandestino. // l. jgo. Apuesta de juego que lleva o transmite el pasador a su capitalista o banquero.

Pasado. l. p. En la frase popular **estar pasado**, haber bebido en exceso. Estar ebrio. Del esp. **pasarse:** excederse.

Pasador. l. jgo. Levantador, recibidor de apuestas clandestinas para las carreras o quiniela.

Pasar. l. p. Dar. Entregar. Alcanzarle algo a alguien. *Pasame esa silla. Le pasé cien pesos a Juan, que estaba seco.* // Defraudar. No entregar a alguien la parte que le corresponde. *Repartió la ganancia con su amigo y a mí me pasó.* // Insolentarse. Faltar al respeto. *¡No te pasés conmigo!* // Tomarse alguien una confianza que no se le dispensa. // Conquistar sexualmente el hombre a la mujer o viceversa. *Mi vecina tenía fama de haberse pasado a todos los muchachos del barrio.* // **Pasar al cuarto.** Engañar, defraudar estafar a alguien. // Derrotar, vencer a alguien. *Se lo pasó al cuarto.* En los dos casos tiene connotación lupanaria. Viene de cuando las prostitutas de un burdel se acercaban a los hombres que esperaban en el patio para excitarlos y llevárselos a su cuarto (pasarlos al cuarto). // **Pasar al frente.** Superar una situación económica adversa y prosperar. // Estar perdiendo en el juego y, de pronto, pasar a ganar gracias a un golpe de suerte. // **Pasar calor.** Sufrir vergüenza (véase **calor**). // **Pasar como a poste caído** (a alguien). Eludirlo fácilmente. // Pasar un deportista en velocidad a un adversario con suma facilidad (en el fútbol, en el rugby, en una carrera, etc.). // Desconocer, ignorar ex profeso la autoridad de alguien y hacer lo que a uno se le antoje. *Nadie obedece al jefe: lo pasan como a poste caído.* También se dice **como alambre caído**. En todos los casos significa sin ninguna dificultad o con la nula que pueden ofrecer un poste o un alambre que se hallen en el suelo para pasar por sobre ellos. // **Pasar el fardo.** Echarle a uno la culpa o la responsabilidad que cabe a otro u otros. Igual que **echarle** o **encajarle el muerto**. // **Pasar el rastrillo.** Ganar el dinero a todos los jugadores con que se compite en una mesa de juego. // **Hacer capote** (véase **capote**). Es lenguaje de la ruleta, en la que croupier *pasa el rastrillo* (retira de la mesa con una pala especial, semejante a un rastrillo sin dientes, las fichas apostadas a los números y chances perdidosos). // **Pasar el santo.** Véase **santo**. // **Pasar el trapo.** Hablar mal de alguien. Equivale a **dar una mano de bleque**. // Eliminar a alguien de una lista, de una nómina en la que estaba incluido. // Desplazar a personas indeseables (tiene el sentido de hacer limpieza). // Despedir, cesantear en cantidad. **Pasar el rastrillo.** // **Pasar la escoba.** Igual que **pasar el trapo**, excepto la primera acepción. // **Pasar la pala.** Arrasar, dominar. // **Pasar la pelota.** Trasladarse responsabilidades unos a otros. Echarse culpas recíprocamente. // Pasarse unos a otros un asunto que no se puede o no se quiere resolver. Es locución futbolística que se refiere a cuando los jugadores se van cediendo la pelota entre sí. // **Pasar por arriba** o **pasar por encima**. Igual que **pasar como a poste caído**. Además, vencer a alguien con suma facilidad. // **Pasar un verano**. Véase **verano**.

Pasarla. l. p. **Vivirla** (véase esta voz). Manera en que se está viviendo, pasando el tiempo o una etapa de la vida. *Pasarla bien. Pasarla mal.* // **Pasarla bomba.** Pasarla de lo mejor; espléndidamente. Véase **bomba**. // **Pasarla negra.** Vivir un mal momento. // **Pasarla piola.** Estar viviendo tranquilamente, sin problemas, sin complicaciones. Lo mismo que **pasarla al pelo, pasarla de primera** o que el antig. **pasarla banana,** etc. Véase **piola**.

Pasarse. l. p. Excederse, propasarse, descomedirse en el trato. // Faltar al respeto. // Tomarse más confianza que la permitida. // p. ext. Hacer algo mejor de lo esperado. Decir o hacer algo que supera lo corriente. *Te pasaste con tu tesis.* // **Pasarse al patio, pasarse de la raya, pasarse para el otro lado.** Excederse en el trato amistoso o familiar que se le concede. Ir más allá de lo correcto o permitido. Faltar al respeto. // **Pasarse de revoluciones.** Estar dominado por una ira incontenible. // Estar ansioso por comenzar algo que ya ha sido planificado; no poder contenerse por hacerlo. // p. ext. Estar rayado. Estar borracho. Estar drogado. Dicho relativamente nuevo. Proviene del automovilismo. // **Pasarse de vivo.** Abusarse de alguna situación favorable para lograr ventajas personales, aun en perjuicio de otros. // Lucrar a costillas de otros. // **Pasarse la pelota.** Véase **pasar la pelota**.

Pascualina. l. p. Aplícase a la mujer crédula, inocentona y, p. ext., tonta. Esta voz se halla en desuso, pero es interesante advertir que el masculino, Pascual, no se empleaba con este significado.

Pase. l. jgo. **Pase inglés.**

Pase inglés. l. jgo. Juego de dados que se practica entre varias personas, cada una de las cuales participa a medida que pierde la que jugó anteriormente. Antes de iniciar el juego, el jugador de turno pone sobre la mesa el dinero que arriesga, que cubren los restantes. Hecho esto, arroja a la mesa dos dados, de los que se suma la cantidad de puntos que muestra cada uno en su cara superior. Si la suma da 7 u 11, el jugador gana sin más trámite el dinero apostado y tiene opción a seguir tirando los dados. Todo esto se repite si vuelve a sacar el mismo puntaje. Pero si en el primer lanzamiento la suma de los dados da 2, 3 o 12 (se dice que **sacó barraca**), el tirador pierde en el acto y cobran su dinero los que apostaron en su contra. En caso de que no salga ninguno de los números citados y se den las restantes combinaciones posibles –4, 5, 6, 8, 9 o 10–, el jugador debe seguir arrojando los dados hasta repetir el número que se le dio en la primera tirada, con lo que gana y puede seguir jugando. Si antes de tal repetición se da el 7, pierde y debe pasar los dados al que tiene a su derecha, que reanudará el juego de la misma forma.

Pasear. l. pol. "Antiguo procedimiento de hacer reconocer a los detenidos con antecedentes enviándolos a distintas dependencias policiales para que el personal de éstas los observe y conozca. // l. del. Secuestrar a una persona y llevarla a otro lugar para darle muerte." (Adolfo Enrique Rodríguez. Lexicón. Centro de Estudios Históricos Policiales, 1991.)

Pashá. l. p. **Vivir como un pashá.** Modismo muy antiguo que significa vivir de lo mejor, a lo grande, dándose todos los gustos. // **Pachá**.

Pasney. l. p. Dinero, plata, **guita, menega, shosha.** Parece cruce de **pasta**: dinero, con el ingl. **money,** también dinero. Muy común antiguamente, se halla en desuso. Véase **pasta**.

Paso. l. p. **Andar con el paso cambiado.** Estar malhumorado, molesto, enojado. // Andar de malas, con problemas y angustias. // Estar de mala suerte. // Dejar de actuar con corrección y hacer lo indebido.

Dicen que soy un perdido,
que llevo el paso cambiado,
dicen que vivo extraviado,
pero no saben por qué.
Caña. Tango. Julián Araujo.

Paspado/a. l. p. Que tiene la piel o los labios secos, agrietados. // Bobo, tonto, **melón**. // Miedoso, flojo. Véase **pasparse**.

Pasparse. l. p. Producirse una erosión, costra o grieta en la piel, especialmente en los labios de una persona. // p. ext. Azonzarse, idiotizarse. // p. ext. Asustarse, achicarse. Estas dos últimas acepciones se hallan fuera de uso. Del quechua **pháspay** o **phaspáyay**: formarse asperezas en el cutis; resecarse la piel, poniéndose áspera.

Pasta. l. p. Calidad. Clase, índole. Aplícase a personas y animales. *Un hombre de pasta. Un* *caballo de pasta.* // Categoría, ética y moralidad de una persona. *Un juez que demuestra su pasta.* // Dinero. Del esp. **pasta**: porción de oro, plata u otro metal fundido, sin labrar.

Y ahura que fulero estoy
tengo el bulín que pagar.
El trompa se v'a cabrear
si la pasta no le doy.
El toco. Bartolomé R. Aprile.

// l. drog. Cocaína semielaborada. // Marihuana procesada. Del esp. **pasta**: masa hecha de una o diversas cosas machacadas. *¿De qué pasta estás hecho?* Reproche a quien procede mal.
Pastachuta. l. p. **Pastashuta.**
Pastashuta. l. p. Dícese de los fideos frescos o secos hervidos y servidos con pesto o tuco y queso rallado. Del ital. **pasta**: masa hecha con harina y **asciutta**: seca.
Pastel. l. p. Lío, embrollo, confusión, despelote. // Asunto, negocio, **fato**. Del esp. **pastel**: fig. Chanchullo, enjuague.
Pastenaca. l. p. Zanahoria, zanagoria. Bobo, tonto. // Persona simple. Pudo haber llegado a nosotros a través del nap. **pastënaca** o del catalán **pastenaca**, ambos de igual significado.
Pasticho. lunf. Pastel, embrollo, confusión, desorden. // p. ext. Chapucería. Del ital. **pasticcio**: embrollo.
Pastilla. l. del. "Sustancia que usan los escrushantes y punguistas de madrugada para sacar el molde o impresión de las llaves que quieren duplicar. La materia generalmente empleada es la cera virgen. Igual que masa." (Antonio Dellepiane. El idioma del delito, 1894). Del esp. **pastilla** (dim. de **pasta**): porción de pasta, generalmente pequeña y de figura cuadrangular o redonda.
Pasto. l. drog. Marihuana.
Pastorear. l. p. Cortejar el hombre a la mujer. // Mirar, observar, espiar. De uso escaso actualmente. Del esp. **pastorear** (de **pastor**): llevar a apacentar los ganados y cuidar de ellos.
Pásula. lunf. Gorrión. Se origina en el gen. **póssoa**, gorrión, que en ital. es **passero**.
Pata. l. p. Pierna, pie del hombre. Es extensión del esp. **pata**: pierna y pie de los animales. // Compañero de andanzas. // Compañero circunstancial (véase **hacer pata**). Esta voz se emplea en muchos modismos, de los que citaremos los más populares. // **Pata ancha. Hacer pata ancha** es voz del l. camp. y define la acción de un duelista a cuchillo para afirmarse en el suelo y no dar ventajas; tal como si procurara ensanchar sus pies (sus patas) para plantarse mejor. P. ext., esta frase asumió también el significado de mostrar coraje, valentía y arrojo.

Pues toda la tierra es cancha
y de esto naides se asombre.
El que se tiene por hombre
ande quiera hace pata ancha.
El gaucho Martín Fierro. José Hernández.

// **Pata de cabra.** l. p. Llámase así a cierta enfermedad virósica de la piel. // l. del. Palanca de acero en forma de zigzag que usan los escrushantes para violentar puertas y ventanas. // **Pata de cangrejo.** l. del. "Herramienta en forma de abrelatas, de gran tamaño, para violentar, accionando a palanca, cajas de hierro por la parte posterior." (Adolfo Enrique Rodríguez. Lexicón, Centro de Estudios Históricos Policiales, 1991.) // **Pata de plomo.** Preso que se impone a los otros por medios violentos y ejerce autoridad sobre ellos. En ocasiones, hasta los representa en sus reclamos. // **Pata santa.** fest., renco, cojo. // **A pata suelta, a pata tendida.** En la frase **dormir** o **roncar a pata suelta** o **a pata tendida**, dormir profundamente y por largo tiempo.

Pero el indio es dormilón
y tiene un sueño projundo.
Es roncador sin segundo
y en tal confianza es su vida,
que ronca a pata tendida
aunque se dé güelta el mundo.
La vuelta de Martín Fierro. José Hernández.
Nota. *Projundo*: profundo. *Sin segundo*: es el primero. Y tanto lo es, que no hay otro que ni siquiera merezca la condición de segundo. (Véase **segundo**.) *Güelta*: vuelta.

// **Andar a pata.** Estar sin coche, sin vehículo en que moverse. Sin medios de movilidad. // **Andar en patas.** Estar descalzo. No tener calzado. // **Bailar en una pata.** Estar loco de contento. Vivir un momento de máxima felicidad. // **Estirar la pata**. Morir. Por la relajación de los músculos que se produce en la muerte. Igual que **estirar la jeta** (véase **jeta**). // **Hacer pata**. Acompañar. *Voy a la estación, ¿me hacés pata?* // Apoyar. *Presentá tu teoría: yo te hago pata.* // **Mala pata**. Mala suerte. Racha adversa. // **Meter la pata**. Decir o hacer algo inconveniente o hacerlo en un momento inoportuno. // Equivocarse. // **Meter pata**. Apurarse. Hacer algo rápidamente. // Acelerar el vehículo en que se viaja. Viene de la frase **meter pata**, que en automovilismo significa pisar el acelerador para imprimir más velocidad al coche, lo que se hace con el pie, o sea, con la pata. // **Por debajo de la pata**. Indica que algo se hace o puede hacerse con suma facilidad. *Este trabajo lo hago por debajo de la pata*. Proviene del juego de bochas y se refiere al caso de un jugador que, por broma o jactancia, lanza la bocha por debajo de su pierna para mostrar que el tiro es fácil para él. Eso mismo suele hacerse en la pelota a paleta. // **Tirar la pata**. Igual que **estirar la pata**. // **Verle las patas a la sota**. Descubrir algo que se pretendía ocultar. // Adivinar intenciones. Para su origen, véase **sota**.

Patacón. l. p. Antigua moneda de plata que circuló en nuestro país equivalente a noventa y seis céntimos de peso fuerte. // p. ext. Se usaba como sinónimo de moneda nacional. // Billete que emitió en el año 2001 el gobierno de la provincia de Buenos Aires, de valor equivalente a un peso por la iliquidez debida a la crisis económica que afligía al país. Del esp. **patacón**: antigua moneda de plata del peso de una onza. // Paso largo. // Paso sin apuro. De **pata**. // **Andar a patacón por cuadra**. Caminar. // Caminar por no tener dinero o vehículo para viajar. // Caminar teniendo que ir lejos.

Patada. l. p. En los tiempos en que el motor de los automóviles se ponía en marcha haciendo girar una "manija" de hierro al efecto, ocurría a veces que dicha "manija", impulsada por el mismo sistema que actuaba en reversa, giraba bruscamente en sentido contrario al que se le estaba dando. A esto se le llamaba **patada** y era tan repentina como fuerte, al punto de provocar intensos dolores y hasta quebraduras en el brazo. // Golpe de electricidad que se siente al tocar un cable o artefacto eléctrico que no se halla bien aislado. // p. ext. Indirecta. Alusión encubierta. *Hizo como que acusaba a otro, pero la patada era para mí.* // p. ext. Acción baja. Ruindad. Traición. *No esperaba semejante patada de un amigo.* **Devolver con una patada, pagar con una patada**. Responder con una ingratitud o una ofensa a una ayuda, un consejo, una prueba de cariño que se recibe. *Lo albergué en mi casa y me pagó con una patada: se llevó mi reloj de oro.* // Del esp. **patada**: golpe dado con el pie o la pata.

Patadura. l. p. Dícese del que no tiene habilidad para practicar un deporte, en especial con referencia al fútbol. // **Tronco**. // p. ext. Persona torpe, que hace todo mal.

Patagonia. l. p. Aplícase a la persona que tiene los pies grandes. De **patagones**: nombre de los indios que habitaban lo que hoy es la Patagonia argentina y que tenían los pies grandes.

Patalear. l. p. Protestar. Reclamar airadamente. Irritarse por algo y expresarlo vivamente. *Patalea porque le aumentaron el alquiler*. Del esp. **patalear**: dar patadas en el suelo con violencia.

Pateada. l. p. Caminata prolongada. De **patear**.

Pateador. l. del. Nombre que se le daba al cajón del mostrador provisto de timbre de alarma, que sonaba al abrirlo. El cajón sin la alarma se llamaba **burro** y algunos ladrones hábiles lo abrían con facilidad para robar el dinero que contenía. Si tenía timbre y sonaba, se decía que el burro había pateado. Véase **burro** y **burro pateador**.

Y aunque siempre tuvo minas retrecheras que hacían las latas con facilidad, tiró bien la lanza y en giras burreras forzó pateadores con facilidad.
El vago Amargura (*La crencha engrasada*). Carlos de la Púa, 1928.

NOTA. *Hacían las latas:* ganaban dinero en los prostíbulos (véase **lata**). *Giras burreras:* salidas en busca de **burros** para violar. *Forzar pateadores:* abrir los burros provistos de alarma sin que ésta sonara.

Patear. l. p. Caminar. Del esp. **patear**: dar pasos: andar mucho; hacer diligencias para el logro de una cosa. // Frustrar, hacerle fracasar algo a alguien. Arrebatarle lo que está por conseguir o concretar: un trabajo, un negocio,

etc. *Iba a comprar la moto, pero se me adelantó otro y me pateó el negocio.* // Echar, despedir. *Lo patearon del empleo.* // Romper unilateralmente una relación de pareja. *La novia lo pateó.* // Gastar mucho dinero. Derrochar. *Se pateó treinta mil pesos en un viaje a Río.* // Caer mal una comida. Indigestar. *Me pateó el tuco de los fideos.* Del esp. **patear**: dar patadas. // **Patear el burro** o **cocear el burro**. Sonar la alarma al abrir con fines de robo un cajón de mostrador (véase **burro**). // **Patear el nido**. Llevarse un hombre la mujer de otro. La frase es de origen rural y se inspira en la acción de destruir el hombre con el pie los nidos de alimañas que encuentra en su campo (los patea). // p. ext. Echar a perder alguien lo que otro había planeado. Arruinarle un negocio a otro. // **Patear el tablero**. Provocar un gran barullo, un desorden en medio de una situación tranquila. // Estropear los planes de alguien. Hacerle fracasar un asunto cuando ya estaba por concretarlo. El dicho nos ofrece la imagen de quien patea un tablero de ajedrez en el momento en que dos personas juegan, concentrados, un partido. // **Patear en contra** o **patear para el otro lado**. Actuar contra los propios intereses o contra los de su grupo. // Dícese de la actitud del homosexual pasivo. Es expresión del fútbol y se refiere al caso de un jugador que accidentalmente impulsa la pelota hacia su arco. // **Patear para el mismo lado**. Solidarizarse con una persona, un proyecto, etc. // Obligación implícita de los matrimonios, parejas, hermanos o amigos de estar unidos en el común esfuerzo diario.
Paterío. l. p. Pobreza. Indigencia. **Mishiadura**. // Conjunto de personas sin dinero, secos, patos.
Patero. l. p. Vino casero que se elabora machacando las uvas con los pies, o sea, con las patas, lo que le da su nombre.
Patifuso/a. l. p. Estupefacto, asombrado, atónito. Patitieso. Es corrupción del esp. **patidifuso**, de igual significado.
Patilludo/a. l. p. Fastidiado, harto, aburrido. *Me tenés patilludo con tu charla.*

Hace mucho tiempo, cuando alguien aburría a uno con su presencia o con su charla, se decía que le hacía crecer la barba, en alusión al tiempo que tenía que aguantarlo. De allí viene **patilludo**, *por* **patillas**, *parte del vello de la cara.*

Patín. l. p. Prostituta. Yira. Yiro. Ramera que callejea en busca de clientes. Por comparación con quien anda patinando por las calles. // **Patín, patín**. Repetición que se emplea como aumentativo de **patín**. *Yo conozco a esa mujer: es patín, patín.* Del esp. **patín**: aparato para patinar. // l. del. Candado provisto de combinación alfabética o numeral para ser abierto.
Patinada. l. p. Pérdida en el juego. // Equivocación. // Fracaso. De **patinar**.
Patinador/ra. l. p. Perdedor. // Perdedor consuetudinario.
Patinadora. l. p. Patín, 1ª acep.
Patinar. l. p. Gastar dinero. // Gastar mucho dinero. *Se patina la guita comiendo y bebiendo a lo bacán.* // Dilapidar, derrochar, en general. *En noches de vicio y locuras se está patinando la salud.* // Perder dinero en el juego.

Maldito seas, Palermo,
me tenés seco y enfermo,
mal vestido y sin morfar;
porque el vento
los domingos
me patino con los pingos
en el Hache Nacional.
Palermo. *Tango.*
Juan Villalba-Hermido Braga, 1924.
NOTA. **Hache Nacional:** Hipódromo Nacional, situado en el barrio capitalino de Palermo, conocido, también, como Hipódromo de Palermo.

// Yirar. Ejercer la prostitución.

Hoy la juné en San Telmo. ¡Pobrecita!
Yiraba. Sin querer le di la cana,
y al verla patinando me dio gana
de entrar a amasijarme con cebita,
pa que fuera más perro el sufrimiento...
La Susana (*Sonetos mugre*).
Daniel Giribaldi, 1968.

// Fallar en algún intento. *Quise convencer al juez, pero patiné.* // Fracasar tratando de enamorar a una mujer. // Resbalar. *Pisó el piso mojado y patinó.* // **Patinar el embrague**. Tartamudear. Tener dificultades para hablar.
Patiyudo/a. l. p. Patilludo.
Pato. l. p. y dep. Deporte que se practica con dos equipos de hombres a caballo, enfrenta-

dos, y que consiste en llevar una especie de pelota hacia la valla del campo adversario. Es un juego muy antiguo, autóctono, que practicaban nuestros indígenas divididos en dos bandos numerosos de hábiles jinetes que se disputaban la tenencia de un animal menor, del que tironeaban para poseerlo o lo arrojaban al aire para que lo tomara un compañero de equipo. Con el tiempo, el animal empleado pasó a ser un pato envuelto en una bolsa de la cual sólo asomaba el cogote. El juego ya era practicado por los hombres de campo y los gauchos.

En la actualidad, el pato ha alcanzado gran difusión en nuestro país y constituye un deporte nacional. Los partidos son disputados por dos equipos de cuatro jugadores montados en caballos de raza o de muy buena cruza, altamente adiestrados al efecto. El campo de juego es de amplias medidas y en cada uno de sus límites hay una gran red en forma de manga, con un aro grande en su extremo, que se ofrece de frente a los jugadores.

El pato es hoy una pelota de cuero con asas para que los jugadores la tomen de ellas. El juego consiste en meter el pato en la red del equipo contrario, lo que equivale a un tanto. Gana el partido el equipo que convierta el mayor número de tantos. En tal procura, es de ver la habilidad, la destreza de jinetes y caballos prodigándose en el esfuerzo. El pato vuela por el aire, lanzado por un jugador hacia su compañero, que lo toma en alto y, a galope tendido, corre hacia la red adversaria, mientras sus rivales tratan de impedir que marque. Así, entre pases, regates, carreras y tantos marcados en acciones espectaculares, se desarrolla este deporte apasionante. La Argentina cuenta con los mejores equipos de este deporte en el orden mundial.

Pato/a. l. p. Pobre, seco, sin dinero, **misho**. Originado en la propiedad del plumaje del pato, que siempre está seco aunque el ave acabe de salir del agua, debido a la impermeabilidad de sus plumas. Por este motivo, antiguamente se decía **estar seco como un pato** o **más seco que un pato**, hasta que, finalmente, se redujo a **estar pato**. // Vómito. **Largar el pato**: vomitar.

Patota. l. p. Conjunto de personas que se agrupan con un fin determinado y con el propósito de hacer pesar su número para lograrlo, sea por presión o por la violencia. // Pandilla de jóvenes que se reunían antiguamente en Buenos Aires y salían por las calles a hacer escándalos o atacar a personas por venganza, antipatía o por puro entretenimiento. Estos jóvenes, llamados **patoteros**, eran "niños bien", es decir, que pertenecían a la considerada clase alta de la sociedad porteña y se citaban en bares o confiterías, donde también causaban destrozos "para divertirse".

Con el tiempo, las patotas comenzaron a integrarse con jóvenes de variada extracción y hoy ya están compuestas por elementos antisociales que buscan hacer daño por el daño mismo o como medio para atemorizar y cometer robos. No hallamos datos fidedignos sobre el origen de esta voz. A título de acotación, consignamos que la giria brasileña tiene patota: bando, turma. (**Bando**: cuadrilla de malhechores. **Turma**: grupo de personas que realizan ciertos trabajos o ciertos actos.)

LA PATOTA
"La juventud dorada hacía ostentación de la impunidad que gozaba por la gracia de sus padres, provocando escándalos nocturnos en los teatros de variedades, en los 'cafés-concert', en lo de Hansen. La 'indiada del 90' (1890) se transformó en la 'patota del 900' (1900), más refinada y elegante, pues había pasado por Europa dejando sus medidas a los sastres más famosos de París y de Londres y preludiaba de ese modo la artificialidad y satisfacción del 'muchacho distinguido' que tiraba manteca al techo en la década del 20 (1920). Las confiterías de moda de la época eran la de Del Gas, de Rivadavia y Piedras, y La Perfección, de la calle Corrientes, antes que fuera invadida por las patotas." (Juan José Sebreli. **Buenos Aires, vida cotidiana y alienación**, 1966.)

"La patota o la indiada gastaba bien el dinero de papá. Casas especialmente establecidas para ellos dieron mucho que ganar a sus propietarios. Después de una movida escena callejera, se comía en embarullada francachela con canto, música y discursos. Algún famoso orador ensayó sus mejores períodos después de presenciar un abundante y equitativo reparto de 'piñas'. El francés colegial se practicaba macarrónicamente con mujeres a las que se encontraba pasada la

media noche, para continuar el escandalete desde varios coches de plaza, camino de Palermo 'hacia una confitería bailable'.

"En los salones amplios de la confitería, los patoteros y las faldicortas practicantes del francés –polacas en su mayoría– bailaban mazurcas, valses y pasos dobles hasta el amanecer, acompañados por más barullo que música, con el coro estridente de los indígenas de cuello duro, que remedaban los malones, y echaban cerveza al piano, bautizando o confirmando a las gringas, bañándolas con champaña. Cuando la intimidad les amparaba, dábanse unos a otros lecciones de tango, que así entró después aquel baile en los salones familiares, como un contagio vengativo del compadrito, pariente cercano, aunque sin 'menega' del niño bien que desparramaba la 'guita' del papá o la pensión de alguna abuela, viuda de un 'guerrero del Paraguay'." (Bernardo González Arrili. **Buenos Aires, 1900,** *1967.*)

Patotear. l. p. Cometer desmanes en banda. // Atacar, ofender, molestar en la calle a las personas un grupo de patoteros, o provocar desórdenes en los comercios. // Llevarse por delante a alguien. // Actuar con prepotencia. // Amedrentar.

Patotero. l. p. Integrante de una **patota.**

EL PATOTERO

"Patotero es el compadrito de buena casa; el niño bien, borracho, mujeriego, bravucón y perdonavidas. Es el heredero acomodado, que es calavera porque se aburre de no hacer nada. Se lanza a la mala vida porque le sobra dinero, amistades e influencias para asegurarse la impunidad. Otra característica del patotero es que rara vez obra y daña individualmente; aislado, suele ser un buen muchacho. Sólo es temible en patota cuando, a la impunidad que le asegura su plata y su familia, puede sumar la impunidad del número y la fuerza. El patotero suele acabar en un buen empleo del Estado, en diputado de la Nación y hasta en ministro." Manuel Gil de Oro. **La Argentina que yo he visto,** *1917. (Cfr. E. M. Suárez Danero.* **El Sainete,** *1970.)*

"Los patoteros 'jugaban a la guerra' con el malevaje en el barrio de prostíbulos de Junín y Lavalle, en la churrasquería del bosque de Palermo, en lo de Hansen o en el café La Pajarera,

del stud del mismo nombre, frente al costado bajo del hipódromo. En tiempos en que el boxeo no estaba permitido, lo practicaban en la quinta Delcasse, como así la lucha romana, el palo y la esgrima. A precursores de vasta resonancia en las memorias del deporte argentino –Jenevé, Jorge Newbery– se los vio ir en las barras que se divertían dando palizas modernistas a los malevos." (José Sebastián Tallon. **El tango en su etapa de música prohibida,** *1959.)*

Patoterismo. l. p. Acción y efecto de patotear.

Pato vica. l. p. Individuo fornido, alto, de cuerpo trabajado en el gimnasio –de lo que hace un culto– que, en la actualidad, se emplea como guardaespaldas, custodio o personal de vigilancia, especialmente en discotecas, boliches bailables, bailantas, etc. Anteriormente, hacia mediados del 1900, se llamaba así, irónicamente, a los jóvenes que lucían lo que creían era un cuerpo bien formado, aunque lo que mostraban eran sólo unos kilos de más. El nombre viene de los patos grandes para consumo, alimentados especialmente para que engordaran, que se vendían en esa época y que llevaban la marca Vica.

Patria. l. p. Nombre que se le daba a los bienes y animales que pertenecían al Estado. // Caballo o vacuno que tiene cortada la mitad de la oreja derecha, señal indicatoria de que pertenece al Estado. // Patrio. (Véanse **reyunar** y **reyuno.**)

Ya no era el paria, el desheredado, el caballo patrio que cualquiera ensilla y nadie cuida: era el cabo Fabio Carrizo...
De paria a ciudadano (Memorias de un vigilante). *Fray Mocho (José S. Álvarez) 1ª edición, 1897.*

// Decíase de lo que se tenía como algo grande, intenso, importante. *Tiene un berretín patria con esa mujer* (acep. en desuso). // **Botines patria.** Llamábase así al calzado que proveía el Estado a los soldados conscriptos. P. ext. e irónicamente se les daba este nombre a los botines y zapatos ordinarios.

Patriada. l. p. Acto que se realiza animado por el deseo de servir a la patria. // p. ext. Acción que se lleva a cabo para solucionar un problema propio o ajeno, quizás en condiciones

desfavorables, sin medir riesgos sino por un impulso repentino, casi irreflexivo. // Acción desinteresada y riesgosa tendiente a servir, a ser útil a alguien. // Empresa que se acomete a sabiendas de que las posibilidades de fracasar son superiores a las de tener éxito.
Patricio. l. p. Pato. Seco. Sin dinero. Es parag. de pato. // **Don Patricio.** Véase **paragoge**.
Patrio. l. p. **Caballo patria** (véase **patria**). Estos caballos podían ser usados por quienes los necesitaran, pero nadie debía apropiarse de ellos. Se hallaban en campos pertenecientes al Estado y, una vez utilizados, tenían que ser retornados a los lugares de donde se los había sacado o a otros al efecto. Solía haber patrios en las postas para que se los tomara como sustitutos de los caballos que llegaran cansados, mas debían ser dejados en la posta siguiente. Martín Fierro compara el gaucho de sus tiempos con los caballos patria.

Él anda siempre juyendo,
siempre pobre y perseguido;
no tiene cueva ni nido,
como si juera un maldito.
Porque el ser gaucho, ¡barajo!,
el ser gaucho es un delito.
Es como el patrio de posta:
lo larga éste, aquél lo toma,
nunca se acaba la broma.
Dende chico se parece
al arbolito que crece
desamparao en la loma.
El gaucho Martín Fierro. José Hernández.
NOTA. *Juyendo:* huyendo. *Juera:* fuera. *Dende:* desde. *¡Barajo!:* eufemismo por ¡carajo!...

Patriota. l. p. Que hace **patriadas**. // Servicial, sacrificado, voluntarioso. Amigo de prestar ayuda. *Lo hizo de puro patriota.*
Patrona. l. p. Esposa. Ama de casa. // Madama de un prostíbulo.
Patronato. l. p. **Tomar para el patronato** (a alguien). Tomarlo de tonto. // Abusarse de su ingenuidad. // Hacerlo víctima de un cuento. El dicho se inspiró en las estafas que cometían personas que visitaban casas y comercios solicitando colaboraciones en efectivo para ayudar al antiguo Patronato de la Infancia, sin pertenecer a esa institución, y sólo en beneficio propio. De ahí nació el dicho **te tomaron para el Patronato** (te tomaron por zonzo) alusivo a quien había sido víctima de un cuento o una estafa.
Patrón y soto. l. p. Antiguo juego de naipes de origen italiano (**padrone e sotto**) que los inmigrantes de ese país trajeron al nuestro. Se juega por vino y el que gana se convierte en el patrón, toma el vino y tiene el derecho de elegir a quién invitará a beber. Esto dio siempre origen a muchas reyertas, motivadas por los que eran excluidos del convite, por lo que llegó a ser prohibido. **Patrón**, en ital.: **padrone**, y **sotto**: debajo, que en el caso serían patrón y su segundo.
Patuso. l. p. Pato. Seco. Sin dinero.

Vento de mi ilusión, que te escurriste
sin dejar ni el olor de tu esquinazo,
batí: ¿por qué te fuiste?
pa dejarme patuso, solo y triste,
¡caballero del sable y del mangazo!
Himno del pato.
Yacaré (Felipe H. Fernández).

Paulina. l. del. Llave ganzúa de paleta doble, que usan los escrushantes.
Paulino/a. l. p. Parag. de pavo. // Bobo, tonto, ingenuo. // **Don Paulino**.
Pavada. l. p. Propio de pavos. // Tontería, zoncera, bobada. // Cosa o hecho carente de valor o de importancia. Véase **pavo**.
Pavear. l. p. Decir o hacer pavadas.
Pavito. l. p. Trasero de mujer. Alude a **pavita**, pava de poca edad, muy sabrosa (**pava**: hembra del pavo).
Pavo/a. l. p. Bobo, tonto, babieca, melón. // Trasero de mujer (véase **pavito**). // **Moco de pavo**. Véase **moco**. Del esp. fam. **pavo**: hombre soso, pesado.
Pavura. lunf. Miedo. Terror. Si bien el esp. tiene **pavura**: pavor, espanto, José Gobello (*Diccionario lunfardo*, 1989) la remite al ital. **paura**: miedo, temor, pavor. **Una gran paura**: un miedo cerval. Mario E. Teruggi, en cambio, opina que "no es más que un cruce entre el ital., **paura** y el castellano **pavor**". (*Panorama del lunfardo*, 1974.)
Payana. l. p. **Ainenti** (véase esta voz). Del quechua **pállana** (y éste de **palla**: reunir, juntar algunas cosas). // Juego de los cantillos.

Payé. l. p. Gualicho. // Talismán, mascota, amuleto. // Hechizo. // Hechicero. Del guaraní payé: hechizo, hechicero.

Payo/a. l. p. Albino. Muy rubio. Posiblemente del quechua p'akko: rubio.

Payuca. l. p. Apóc. de payucano.

Payucano/a. l. p. Aplícase a la persona oriunda de provincia. // Provinciano. Paisano. Campesino. // P. ext. Cándido, crédulo. Del esp. payo (del lat. pagus, aldea): aldeano. // Campesino ignorante y rudo.

¡P'cha! l. p. Sínc. de pucha. Se usa más como ¡cha! *¡Cha, con este tiempo!*

Pebeta. l. p. Mujer joven. // Querida. *Hoy salgo con mi pebeta.*

Mientras que una pebeta,
linda como una flor,
espera, coqueta,
bajo la quieta
luz de un farol.
Melodía de arrabal.
Tango. Alfredo Le Pera.

Pebete/ta. l. p. Pibe, niño, chico. // p. ext. Pan pequeño, de corteza blanda, tostada, con mucha miga y algo de azúcar. Lleva el nombre por su tamaño menor.

PEQUEÑO MALOLIENTE
Se llama **pebete** *en español a una sustancia que, encendida, exhala un humo muy aromático y se usa para perfumar habitaciones y, fig. y fam. irónicamente, a cualquier cosa que despida mal olor. Y se denomina* **pebetero** *al vaso que se emplea para quemar el* **pebete**, *que es de tamaño pequeño. Aunque entre nosotros, nuestras abuelas (para muchos serán las bisabuelas), por regla general, al* **pebete** *lo llamaban perfume y al* **pebetero**, **pebete**.
Pebete *proviene del lat.* **pipare**, *que significa piar; emitir su voz los polluelos como los pichones de algunas otras aves.*
Como se advierte, en todo este entorno se mueve la idea de pequeño, que es común al vaso y a los polluelos, aunque no tienen nada en común las dos acepciones dispares de **pebete**: *buen olor y mal olor. La antífrasis se vuelca en el modismo español ¡vaya un pebete!, expresión sarcástica que era de oírse en una reunión cuando entre los circunstantes comenzaba a percibirse el olor nada grato de algún efluvio incontenido y de origen inubicable que no tenía ningún parentesco con los pebetes de las buenas costumbres.*
Esta relación pequeño-maloliente se trasladó a los niños, inicialmente a los pequeñuelos que aún no manejan su continencia, para extenderse luego a los niños en general –olientes o no–, a todos los cuales se los llamó **pebetes**.

¿ESPAÑOL O ITALIANO?
Respecto al origen de esta palabra hay opiniones coincidentes o divergentes con la expresada, algunas de las cuales desarrollamos a continuación.
"La usamos los argentinos con la significación de 'niño', 'chiquillo'. Su femenino es pebeta. En cuanto a su origen, Malavet, en su **Diccionario de americanismos**, *2ª edición, pág. 401, explica: 'En las jergas de Italia es* pivo, pivello, *la denominación más común para muchachuelo, pilluelo. En dialecto genovés,* pivetto *significa* ragazzino, muchachito *(M. L. Wagner.* **Notas bibliográficas**: *revista Filología Española, xv, 1928, pág. 195)'. Como variante de pebete usamos también* **pibe** *y* **piba** *para el femenino. Se usa también el colectivo* **piberío** *(conjunto de chiquillos) y también* **pivada**." *(Rodolfo Ragucci.* **Palabras enfermas y bárbaras**, 1945.)
"*Proviene de* **piveto**, *muchacho, voz dialectal italiana. Kany (1960:81) difiere sospechando que puede estar emparentado con* **pebete**, *sustancia aromática, usado eufemísticamente por cosa maloliente y, de ahí, por antífrasis, equivale a niño. La interpretación de Kany es aceptada también por Corominas (1961:435).*" (Mario E. Teruggi. **Panorama lunfardo**, 1974.)

NOTA. *Kany, Charles E.* **Semántica hispanoamericana**, *Madrid. Corominas, Juan.* **Breve diccionario etimológico de la lengua castellana**, *Madrid.*
"*Del esp.* **pebete**: *pasta hecha con polvos aromáticos que al quemarse exhala un aroma muy fragante (por antífrasis).*" (*José Gobello.* **Diccionario lunfardo**, 1989.)

Peca. l. jgo. Nombre que se le da a las trampas que se cometen en algunos juegos de azar (barajas, dados, etc.). // **Meter la peca.** Hacer trampas en el juego. // **Vivir de la peca.**

Tener a la peca como única fuente de ingresos. Es probable que esta voz devenga del port. **peça**: engaño, ardid, estratagema, maña, burla.

FORMAS DE PECA
En los juegos de cartas bancados –monte, bacará o nueve, etc.–, la trampa la comete el tallador cambiando las barajas con rapidez y habilidad para hacer salir la que lo haga ganar a él o preparando el mazo previamente con la misma finalidad, en lo que se llama **atar la mula** *o* **cinchar la mula**. *En los juegos no bancados –póquer, tute, truco, etc.–, la realiza el fullero cada vez que le toca repartir las cartas. Al barajar, las va ubicando con tal destreza que, al distribuirlas, se favorece a sí mismo o beneficia a otro, que puede ser su cómplice.*
Otras formas de peca son: jugar con naipes que han sido marcados sutilmente con señales que sólo conoce el fullero; quien sabe así las cartas importantes que tienen los demás jugadores; hacer el fullero con la uña marcas apenas perceptibles en las barajas de mayor valor a medida que las va recibiendo, para reconocerlas después, cuando le toque repartir a él y saber quién las recibe; usar anillo con **espejo vichadero** *(véase); jugar en complicidad dos o más personas en una misma mesa, entendiéndose por señas convenidas en perjuicio de otros jugadores, etc.*
Para contrarrestar la posible comisión de la peca, en algunos lugares donde se practican juegos no bancados y se apuestan sumas importantes, el mazo de cartas se cambia por otro nuevo cada vez que da toda la vuelta a la mesa y torna al jugador que dio la primera mano. De este modo, ningún jugador lo toca dos veces.

Pechador/dora. l. p. Que pecha. Que pide dinero. // Pedigüeño, **manguero**.
Pechar. l. p. Pedir dinero. // En general, pedir algo prestado o regalado. // **Mangar. Tirar la manga.** "Es acepción que también se da en la germanía." (José Gobello, **Diccionario lunfardo,** 1989.)
Pechazo. l. p. Pedido de dinero. // Pedido de alguna cosa, en general. // **Manga, mangazo.**
Pecho colorado. l. p. Nombre que se le daba al billete de mil pesos que circulaba hacia los años 1940 por su color, en alusión al pájaro de ese nombre que tiene tal característica.

Pechuga. l. p. irónic. Senos de la mujer. Es parag. de **pecho.** Del esp. **pechuga**: cada una de las partes laterales del pecho de las aves y, en especial, la de gallinas, patos y pavos, consideradas de las más sabrosas.
Pedalear. l. p. Andar en bicicleta. // P. ext. y por el hecho de que trasladarse en bicicleta exige el constante esfuerzo de la propia acción, **pedalear** tomó entre nosotros la acepción de trabajar, dedicarse con esfuerzo y constancia en pos de un logro. *Estoy pedaleando un asunto importante.* // p. ext. **Bicicletear**: demorar con mañas o engaños el cumplimiento de una promesa, gestión, obligación, el pago de una deuda, etc. *Me está pedaleando; ya me hizo venir tres veces por esa contestación.* Del esp. **pedalear**: mover el pedal o pedales, especialmente en velocípedos.
Pedazo. l. p. Se emplea como síntesis de cualidades, méritos, elogios, etc., referido a personas o cosas. *Ese coche es un pedazo. ¡Qué pedazo de mujer! ¡Estuviste un pedazo con tu disertación!* // p. ext. Dícese del pene grande.
Pedigré. l. p. angl. Genealogía, ascendencia, linaje. Del ingl. **pedigree**, de igual significado. // **Tener pedigré.** Ser de raza. De pura sangre. Tener un animal genealogía de sangre pura. Se aplica a animales domesticados por el hombre y preservados en su linaje (caballares, vacunos, lanares, porcinos, gallináceos, etc.). // p. ext. Dícese de la fama, antecedentes, categoría de una persona, que pueden ser excelentes (un caballero de pedigré) o pésimos (un mafioso de pedigré).

Tengo línea, soy de bute
pa un trabajo de carpeta
y aunque no visto shusheta,
tengo clase y pedigré.
Matasano. Tango. Pascual Contursi.

Pedo. l. p. Embriaguez, beodez, borrachera.

Entre cuatro bayonetas
me tendieron en el suelo.
Vino el mayor medio en pedo,
y allí se puso a gritar:
"¡Pícaro, te he de enseñar
a andar reclamando sueldos!".
El gaucho Martín Fierro. José Hernández.

// Suerte, casualidad. *Acertar de pedo o de puro pedo.* // **Al pedo.** Inútilmente. Sin razón ni sentido. *Es al pedo que te esfuerces.* // **Estar al pedo.** Estar de más. // No ser tenido en cuenta. // No servir de nada la presencia de alguien. En las acepciones citadas es frecuente usar pepe en lugar de pedo (acertar de pepe..., etc.). // **Estar en pedo.** Estar borracho. // p. ext. Decir tonterías. // p. ext. Estar equivocado. // **Ni en pedo.** Equivale a nunca, jamás, de ninguna manera. *Ni en pedo haría eso.*

Pegada. l. p. Acierto. // Golpe de suerte. // Concreción feliz de un asunto. *Fue una pegada contratar a ese abogado.*

Pegado/a. l. p. **Quedar pegado.** Verse implicado en un problema ajeno. // Complicarse en un asunto sin desearlo y sin poder liberarse de él. Es voz relativamente nueva. Del esp. pegar: adherir, conglutinar una cosa con otra.

Pegar. l. p. Criticar, censurar severamente a alguien. Hacerlo blanco de ataques o acusaciones. *Los diarios le están pegando al Presidente.* Del esp. pegar: dar, asestar; maltratar dando golpes. // p. ext. Acertar (véase **pegarla**).

Pegarla. l. p. **Acertar.** // Dar un golpe afortunado. // Intentar algo problemático y concretarlo felizmente. // Acertar de casualidad.

Peinar. l. jgo. Simular que se barajan los naipes. Esto es, tomar el mazo en la mano y efectuar el movimiento del baraje, pero sin mezclar las cartas. Es propio de jugadores fulleros. // l. fút. Rozar un jugador suavemente la pelota con la cabeza o con el empeine del pie para hacerla llegar a un compañero de equipo o para enviarla al arco contrario. // l. turf. Rozar el jockey suavemente con su fusta el cuerpo del caballo tendido en carrera para hacerle saber que no debe ceder en su acción, porque ahí está el látigo, siempre dispuesto a exigir.

Peine. l. p. Persona. Sujeto. Individuo. *El bolichero me fía; es un buen peine.* No varía para el fem. *Cuando no tengo plata, la Pirucha me fía; es un buen peine.* Del esp. fam. peine: persona sutil y astuta.

Pelada. l. p. **Cabeza.** (Véase esta voz.) // Cabeza carente de pelo. // Calvicie.

Pelada. l. p. **La pelada.** Uno de los nombres que se le dan a la muerte. Actualmente de poco uso.

Pelado/a. l. p. Dícese de la persona calva o totalmente carente de pelo en su cabeza. // Pobre, seco, indigente. Que no tiene dinero. // **Padrino pelado.** Véase **padrino**.

Pelandra. lunf. Apóc. de **pelandrún.** Se usa para el masculino y el femenino.

—¡Vamos, vamos, pelandra!,
dice el coso que llega.
—Esa cara de otario que tenés no te pega.
Levantate ligero y unos mangos pasá.
Sonatina. Celedonio Esteban Flores.

Pelandrún. lunf. Haragán, holgazán. // Abandonado, vago. // Sinvergüenza, pícaro, vivillo. // Bobo, tonto. José Gobello lo remite al gen. **pellandrón**: perezozo (Diccionario lunfardo, 1989). Mario E. Teruggi dice que "haragán aparece como **pelandrone** en varios dialectos, pero su uso está generalizado en toda la península itálica". (**Panorama del lunfardo**, 1974.) Acotamos que, en efecto, la palabra **pelandrone** se encuentra en diccionarios de la lengua italiana con tal significado (p. ej. Emilio Martínez Amador. **Dizionario italiano-spagnolo**, 1957).

Como quedaste en la vía
y tu viejo, un pobre tano,
era chivo con los cosos
pelandrunes como vos,
me pediste una ayuda
y entonces te di una mano,
alquilando un cotorrito
en el centro pa los dos.
Lloró como una mujer.
Tango. Celedonio Esteban Flores, 1929.

Pelandrunería. lunf. Propio de un **pelandrún**. // Holgazanería, haraganería, vagancia.

Pelar. l. p. Huir, escapar. *Aprovechó un descuido de su custodio y se las peló. Salir pelando.* // Sacar una cosa que está guardada dentro de otra. *Peló el cuchillo y lo atacó. Peló diez pesos de la billetera.*

El otro día, al abrir una mujer la cartera en el puesto, se le caen cinco pesos. El Pibe los tapa con el pie y después los alza. Vamos a casa y no había ni medio de carbón.
—Andá a ver si te fían.

—No hace falta —me contesta el loco y pela los cinco mangos.
Judas Iscariote (El juguete rabioso). Roberto Arlt.

// p. ext. Ganar, triunfar con facilidad. *Un juvenil se peló el campeonato de tenis. En los doscientos metros llanos el nigeriano se los peló a todos.*

—¿El sereno? Suele también vigilar "con recargo" nocturno. Tal es el caso del sereno del stud del Tigre Dionisio, horas antes de que Ajó se pelara el clásico Nacional en diciembre de 1909.
Pedrín. Félix Lima, 1969.

// **Pelar la chaucha.** Expr. pop. que significa sacar la billetera del bolsillo para darle dinero a alguien o para pagar una cuenta o un gasto. Como se advierte, el dicho se ajusta a la primera acepción de esta voz: sacar una cosa que está guardada o dentro de otra (la billetera se guarda en el bolsillo). Viene de pelar la vaina de la chaucha para sacar su fruto.

Pelechada. l. p. Acción y efecto de pelechar. // Vestida. // Bien vestida. De **pelechar**.

Pelechar. l. p. Vestir. // Vestir bien. // Cambiar la indumentaria común que se usaba por otra de calidad. // Empilchar. Del esp. **pelechar** (de **pelo y echar**): echar pelos o plumas el animal. Recordamos que **pelechar**, como hacer fortuna, es esp.

Sólo quiero recordarte
que conmigo has pelechado,
que por mí te has hecho gente
y has llegado a ser ranún.
Caferata. Tango. Pascual Contursi, 1926.

Peleche. l. p. Ropa. Vestimenta, en general. // Vestimenta de calidad.

¡Quién te viera, tan escasa
de vergüenza y de peleche,
empezarla a los berridos
al sonar el charlestón!
Audacia. Tango. Celedonio Esteban Flores.

Pelecho. l. p. Peleche.
Pelela. l. p. Bacín de los niños. Es deformación de **escupidera**, como le llaman a ese bacín los niños.

Pelete. l. p. Se usa como **pelo** únicamente en el dicho **al pelete**, equivalente al esp. **al pelo**: a punto, con toda exactitud, a medida del deseo, a tiempo, a propósito, a ocasión, etc., también de uso corriente en nuestro medio.

Película. l. p. **De película.** Expresión enfática que califica algo como superior a lo común, de excepción. Alude a la forma impactante y llamativa con que se presentan en las películas cinematográficas personajes y casos para impresionar al espectador. *Una casa de película. Un paisaje de película. Una mujer de película.* Como si tales cosas sólo pudieran verse en el cine. // **Hacer la película.** Exagerar, mentir. Pretender impresionar o engañar. *Le hizo la película con el cuento de su enfermedad para sacarle dinero.* // También se usa con el sentido de **hacer el oído** (véase oído).

Pelo. l. p. **Pelo en pecho.** Se usa en la frase **un hombre de pelo en pecho** para definir a un hombre valiente, guapo, taura.

Peloduro. l. p. Aplícase al hombre oriundo de provincias que tiene el cabello algo rígido. No varía para el fem. Es voz despect. y discriminatoria.

Pelota. l. p. Atención que se presta a alguien: *dar pelota; no dar pelota.* // Noticia. Rumor. Chisme. *Se corre la pelota de que van a echar al gerente.* // Testículo. // **Dar pelota.** Atender a alguien; prestarle atención; llevarle el apunte; hacerle caso. Darle bola. Darle bolilla. Esta expresión popular surgió como consecuencia inmediata y natural del nacimiento del dicho **no dar pelota**, que la antecedió. **No dar pelota** es frase del fútbol, de antigua data, que se emplea cuando a un determinado jugador sus compañeros no le dan juego, por alguna razón. No le pasan la pelota. No le dan pelota. *En el equipo no lo quieren a García, por eso no le dan la pelota.* P. ext., este dicho pasó a significar, también, no prestarle atención a alguien, ignorarlo, no tenerlo en cuenta, no dirigirle la palabra, no llevarle el apunte, etc. Resultaba lógico que, por contraposición, surgiera **dar pelota**, con su sentido positivo. También suele decirse **dar** o **no dar de las que saltan** (alude a las pelotas de goma), de igual sentido. // **Dar en las pelotas.** Molestar profundamente algo. Causar gran fastidio. Irritar, exacerbar el ánimo. // **Estar en pelotas.** No tener dinero. Estar seco. *Presta-*

me unos pesos; estoy en pelotas. // **Estar desprevenido.** Estar desinformado; ignorar completamente algo. *Yo estaba en pelotas de la maniobra que habían urdido.* Igual que **estar en bolas.** // **Quedar en pelotas.** Perder todo el dinero en algún mal negocio o en el juego. // **Romper las pelotas.** Fastidiar, cansar, aburrir. Igual que **romper las bolas.** (véase romper). // **Tener pelotas.** Ser valiente, guapo. Igual que **tener huevos.** // **Tío pelotas.** Pelotudo. Boludo. *¡Sos un tío pelotas: siempre te engañan!* // **¡A las pelotas! ¡Las pelotas!** Exclamación de sorpresa, de asombro o de admiración. *¡Las pelotas, qué gentío!*

Pelotear. l. p. Dar vueltas a un asunto, dilatar su resolución, llevarlo de una persona a otra para su tratamiento. // Tener a una persona de aquí para allá por alguna gestión. // Amonestar a alguien severamente. Del esp. *pelotear*: arrojar una cosa de una parte a otra. // l. fút. Patearle pelotas a un arquero en las prácticas a modo de entrenamiento. // l. dep. y l. jgo. Dominar ampliamente a un adversario en algún deporte o juego.

Pelotudear. l. p. Decir o hacer pelotudeces. // Estar sin hacer nada, perdiendo el tiempo. *Ahí está, pelotudeando, sin salir a buscar trabajo.*

Pelotudez. l. p. Dicho o acto propio de un pelotudo. // Cosa sin importancia. *¿Vas a enojarte por esa pelotudez?*

Pelotudo/a. l. p. Boludo, tonto, otario. // Indolente, lento, torpe. La voz viene de **pelotas** (testículos), como indicando que alguien tiene las pelotas tan grandes que casi no puede moverse, que lo entorpecen.

Machismo y descalificación
*Es de advertir cómo el hombre recurre a los nombres que él mismo les ha dado a sus atributos machistas —de los que gusta envanecerse— utilizándolos en calificaciones despectivas o denigrantes. Tenemos los ejemplos de **boludo** (de bolas, testículos) con su aumentativo **boludazo**; **huevón** (de huevo, testículo) y, en el caso, **pelotudo** (de pelotas, testículos), también con el aumentativo **pelotudazo**. Asimismo, son corrientes los dichos **no vale un huevo**; **no sirve para un carajo**; **no me importa un porongo**, **no me importa un catso**, etc. Sin duda es un curioso caso de antífrasis, ya que, por otra parte, el hombre se ufana con ex-*presiones tales como *es **un tipo de pelotas**; es **un tipo de cojones**; ese sí que tiene las **bolas bien puestas**, todas laudatorias, al igual que **con los huevos que tengo no le temo a nada ni a nadie**, que hablan de guapeza, coraje y hombría.*

Pelpa. l. p. Revés de papel, como tal y como billete papel moneda. *En la billetera tenía pelpas de todos los colores.*

Pelpera. l. p. Billetera. Porque tiene pesos papel. Toma el revés de papel, **pelpa**, para formar la palabra.

Peludismo. l. p. Nombre que se le daba al radicalismo (Unión Cívica Radical), partido político cuyo jefe Hipólito Yrigoyen, a quien llamaban "El Peludo", fue presidente de la Nación en el período 1916-1922 y reelegido en 1928. Un golpe militar encabezado por el general José Félix Uriburu, en 1930, le impidió cumplir este segundo mandato. (Véase **Peludo.**)

Peludista. l. p. Perteneciente o relativo al **peludismo**, fracción de la Unión Cívica Radical que lideraba Yrigoyen. Véase **Peludo.**

Peludo. l. p. Especie de tatuejo o armadillo que tiene el cuerpo cubierto de pelos largos. // Embriaguez, borrachera. En este caso, eufemismo de **pedo** por epént.

*Bueno, en vano te chingás
y estás lloriqueando al ñudo;
andá... y cachate un peludo,
a ver si así la olvidás.*
Gayeta. Ramón Aymerich, 1912.

// Complicado. Difícil de solucionar. *Éste es un caso peludo.* // **Como peludo de regalo.** Noticia que llega en el momento menos esperado y que impacta. // Persona que llega sorpresivamente a un lugar y provoca gran conmoción. // **¡Viejo y peludo!** Exclamación de saludo a alguna figura popular o de aplauso a quien ha realizado algo importante. *¡Leguisamo, viejo y peludo!* era el grito común del público cuando este jockey ganaba una carrera.

Peludo. l. p. El Peludo. Apodo que se le daba al doctor Hipólito Yrigoyen, presidente de la República por dos veces (véase **peludismo**). Este apodo se lo aplicaron irónicamente sus adversarios políticos, los conservadores (Partido Conservador), por la costumbre de Yrigoyen de vivir recluido en su casa de la calle Brasil, de nuestra ciudad, y de la que casi no salía más que para concurrir a su despacho. Se lo comparaba con el **peludo**, armadillo que está siempre metido en su cueva. Dícese que también mereció ese mote el doctor Yrigoyen por su abundante cabellera negra, contrariamente a otro líder radical de la época, Marcelo Torcuato de Alvear, presidente de la Nación de 1922 a 1928, dueño de una calva muy pronunciada.

Penca. l. camp. Carrera de caballos que se corre en calles o caminos vecinales del interior, generalmente debida a desafíos que se hacen los propietarios de los animales. // Carrera cuadrera. // Beodez. Borrachera. *Pescarse una penca*: emborracharse.

Para el récord de mi vida
sos una fácil carrera,
que yo me animo a ganarla
sin emoción ni final.
Te lo bato, pa que sepas,
en esta jerga burrera,
que vos sos una potranca
para una penca cuadrera,
pero en cambio yo ya he sido
relojeao pal Nacional.
Canchero. *Tango. Celedonio Esteban Flores.*
NOTA. *Nacional:* Clásico Nacional. Es la carrera más importante para potrillos que se corre en nuestros hipódromos.

En cuanto al origen de penca como carrera de caballos no hemos encontrado citas entre los autores consultados, pero tenemos en el esp. la palabra **penco**, equivalente a jamelgo o caballo matalón, es decir, flaco, de mal pelaje, desmedrado y aun con mataduras. Si de ella viene nuestra **penca**, podría pensarse que se trata de un término inicialmente festivo, por haber sido estas carreras campestres —por lo menos en sus antiquísimos comienzos— simples confrontaciones entre caballos comunes y aun de labor, sin cruzas ni preparación especial, es decir, festivamente, entre **pencos**. Respecto a **penca**, voz española antigua, se trataba de un azote de cuero que usaban los verdugos para golpear a los delincuentes, que dio en la germanía **pencar**, con el sentido de azotar el verdugo, que no guarda relación con el caso.

Pendejada. l. p. Cosa propia de pendejos. // Chiquilinada. // Tontería.

Pendejo/a. l. p. Niño, pebete, chico, púber. // Jovencito inmaduro. Del esp. pendejo: pelo que nace entre las ingles. Alude a la pequeñez de estos pelos.

Compañera buena que engrupí pendejo,
mujercita gaucha, que nunca fayó,
la que tenía en los ojos un dejo
de esa tristeza que hoy tengo yo.
Cacho de recuerdo *(La crencha engrasada). Carlos de la Púa, 1928.*
NOTA. *Engrupí pendejo:* engañé de pendejo; engañé cuando pendejo.

Péndex. l. p. Pendejo. Es voz nueva.

Péndulos. l. p. humoríst. Senos de la mujer.

Penitenciaría. l. p. Nombre con el que se conocía popularmente a la Penitenciaría Nacional y, corrientemente, en el vulgo, **Penitenciaria**, sin acento ortográfico y de pronunciación grave, es decir, acentuada prosódicamente en la penúltima sílaba.

Su construcción fue dispuesta por el doctor Emilio Castro, gobernador de la provincia de Buenos Aires, en el año 1869, pero las obras comenzaron tres años después, en 1872. Primeramente se llamó Penitenciaría de Buenos Aires y se inauguró el 28 de mayo de 1877. "Erigida en la calle Las Heras al 3240, era pertenencia de la provincia de Buenos Aires, ya que la capital aún no se había federalizado. Cuando este hecho se produjo, en 1880, pasó a denominarse Penitenciaría Nacional. Con la asistencia del presidente Domingo Faustino Sarmiento en el acto de la inauguración, 710 presos provenientes de la cárcel del Cabildo fueron alojados en su nueva morada.

"El edificio fue construido con abundancia de largos pabellones, ya que, según rezaban los considerandos, el sistema celular era inhumano 'para los hombres de nuestro país, acostumbrados a las inmensas llanuras de nuestros campos'.

"Por su parte, José Hernández, en el capítulo XII de su libro dedicado al hijo mayor de Martín Fierro y titulado precisamente **La Penitenciaria** (...), entre otras cosas entendió:

'El porqué tiene ese nombre
'naides me lo dijo a mí,
'mas yo me lo explico ansí:
'le dirán Penitenciaria
'por la penitencia diaria
'que se sufre estando allí'."
Las cárceles.
Carlos Cúneo, 1971.

Acotemos que este establecimiento carcelario abarcaba el predio determinado por las actuales calles Las Heras, Salguero, Juncal y Coronel Díaz, y que también se la llamó "La Nueva" y "La Quinta", este último nombre por los jardines y huertas que la rodeaban. En julio de 1961 se dispuso su demolición y hoy se levanta una gran plaza en ese predio.
Pensadera. l. p. Cabeza. Metáfora por su función. Véase **cabeza**.
Pensadora. l. p. Pensadera. Cabeza. Ver **cabeza**.
Pensarosa. l. p. Pensadera, pensadora. Cabeza. Véase **cabeza**.
Peñarol. l. p. Casa de empeños. Montepío. (Por parag. de **peña**, forma apoc. de empeño, para disimular festiva e irónicamente la palabra.)
Pepa. l. p. Piña. Trompada. // l. fút. Gol. *Les metimos cuatro pepas* (cuatro goles). // l. del. Prisión perpetua (por las iniciales P.P.).
Pepe. l. p. Eufemismo por **pedo**. Con el mismo sentido se emplea en la expresión **al pepe**: al pedo, es decir, inútilmente (*corrimos al pepe; no lo alcanzamos*) o sin sentido (*ésta es una conversación al pepe*). // **De pepe o de puro pepe.** De casualidad. *Acerté de puro pepe.* Igual que *acerté de pedo*.
Pepino. l. p. humoríst. Nombre que se le daba antiguamente en el leng. popular al individuo italiano, al igual que **goruta**, **grébano**, **tano**, etc., aunque estos últimos eran más usuales. // sent. fig. Pene, por comparación de su forma con la del pepino, fruto de la planta del mismo nombre. // P. ext. de esta última acepción, en l. fut.: gol. *Racing le metió cuatro pepinos a Huracán.* // Nada; una nada; ni medio. *Busqué informes para mi conferencia y no encontré un pepino. Me pidió explicaciones y no le dije un pepino.* // **No importar un pepino.** No interesar. No darle relevancia a algo o a alguien. *Ese asunto no me importa un pepino.* También se dice *ese asunto me importa un pepino* o *esa persona me importa un pepino*, del mismo modo que **importar un pito**, **importar un carajo** y **no me frega o me frega**. Véanse. Procede de **pepino**, planta cucurbitácea, de tallos rastreros y fruto pulposo, cilíndrico, alargado, con muchas semillas chatas y pequeñas en su interior, que crece y se expande como el zapallo en los terrenos y que antes crecía en forma casi silvestre en los amplios fondos que tenían las casas, razón por la que a su fruto no se le asignaba mayor valor, lo que dio origen a la acepción. // Nombre del fruto de dicha planta, que se come en ensaladas. // **Al revés del pepino.** Expresión popular que significa que algo salió contrariamente a lo deseado o esperado (*quise hacer un buen negocio y me salió al revés del pepino*) o que alguien o algo es lo contrario de lo que aparenta o debería ser.

Minguito – Vos sos al revés de todo el mundo. Todo el mundo canta cuando está contento y vos cantás cuando estás triste.
Servando – Entonces, me parezco a vos, que sos, también, al revés del pepino: te ponés serio para decir macanas.
Un tal Servando Gómez. *Obra teatral de Samuel Eichelbaum, estrenada en 1942.*

Pequero/a. l. jgo. Que se dedica a la **peca**. Jugador fullero.

Yo soy Pichín, "El Pesao",
guapo, pequero y cafishio,
inventor del filo misio
y del cambiaso ensobrao.
L. C. (Ladrón conocido). *José Pagano.*
NOTA. *Filo misio:* filo misho. **Ensobrao:** ensobrado (véase **cambiaso**).

Pera. l. p. Inasistencia a una cita: *hacer la pera*. // Mentón.
Percal. l. p. Tela de modesta calidad que se empleaba para vestidos de mujer; la más común entre la gente humilde. Fue llevada por el canto, la poesía y el teatro populares a convertirse en símbolo de sencillez y pureza que representaba a la mujer de barrio entregada a su hogar y a la obrera que sucumbía doce horas diarias en el taller de planchado o en la

fábrica para llevar unos míseros pesos a la pobreza de su familia. A esa que luego, a la tardecita, salía con su vestido de percal a la puerta de su casa a echar a volar sueños e ilusiones. Pero también fue símbolo discriminatorio propicio para que las grandes señoras de seda y petit-gris tuvieran otro motivo descalificatorio para esa pobreza ofensiva e insultante que, afortunadamente, estaba tan allá, en aquellos barrios adonde no alcanzaban sus miradas. *¿Cómo iba a detenerme a conversar con una mujer que viste de percal?*
En esp. se llama **percal** (del persa **parcale**: tela ligera) a una tela de algodón más o menos fina propia para vestidos de mujer y otros usos.

Percalera. l. p. Costurera. // Mujer que trabajaba en las fábricas de ropa. // p. ext. peyorat. Mujer humilde. De **percal**.

Percanta. l. p. Amante. Concubina, respecto a su compañero. Es afectivo. *Voy a visitar a mi percanta. Hice un verso para mi percanta.* // p. ext. Mujer joven. // p. ext. Mujer, en general.

¿POR QUÉ, ATORRANTA?
*Para Mario E. Teruggi (**Panorama del lunfardo**, 1974), **percanta** se trata de un vocablo "con sentido algo peyorativo y aun burlón". Señala que "Malavert (1946) lo emplea como derivado de una voz italiana, opinión a la que adhieren Casullo (1964) y Guarnieri (1967). Cammarota (1963) en cambio nos dice que **percanta** es un híbrido entre **percalera** —mujer humilde— y **atorranta**, ramera, interpretación ingeniosa —agrega— que ignoramos si es correcta, pero no suministra ninguna prueba". A su vez, José Gobello estima probable que provenga del esp. **percal** (**Diccionario lunfardo**, 1989), criterio con el que coincidimos porque en los días en que nació esta palabra, además del esp. **percal** circulaba el ital. **percalle**, con igual significado, que pudo sumar su influencia en la génesis. Por otra parte no hemos tenido oportunidad de ver que **percanta** se usara dentro de un contexto que denotara —como dice Cammarota, según Teruggi— esa supuesta relación de humildad con prostitución, tan lejana en el caso de su originaria **percal** por cuanto jamás lo vistieron las rameras, cuya profesión las llevaba a lucir buenas ropas en busca de ser más atractivas. **Percalera y atorranta** no tenían por qué confluir para dar **percanta**. En tren de disquisiciones podríamos argumentar que **percanta** es una combinación de **percalera y santa**, que tampoco tienen razones obligadas de coexistir humana o semánticamente.*

Percantina. l. p. Dim. de **percanta**. // Mujer joven.

*Yo tengo una percantina
que se llama Nicanora
y da las doce antes de hora
cuando se pone a bailar.*
Cuerpo de alambre.
Tango. Ángel Villoldo, 1916.
NOTA. *Dar las doce antes de hora:* que se adelanta, que está delante de lo corriente. Que está por encima de otros.

Percha. l. p. Elegancia, pinta, apostura. *Tener percha.*

Perdedor. l. p. Salir de perdedor. Triunfar después de una mala racha pertinaz. // Pasar de una mala situación a una muy buena. // Dar un golpe de suerte que cambie la vida. // En general, conseguir, de pronto, algo que se estaba negando.

Perder. l. p. Perder aire o perder viento. l. p. Modismo que significa perder ascendiente, perder autoridad, perder la posición en que uno se hallaba. // Desubicarse. Quedar fuera del tema. // p. ext. Perder popularidad. Esta expresión, antigua, se inspiró en los globos aerostáticos que por alguna avería comenzaban a perder presión y descendían. Se decía que **perdían aire**.

Pereira, Pereyra. l. p. Barba que deja crecer el hombre en el mentón y que no excede de éste. Es parag. de **pera**, nombre que se le da al mentón. Véase **paragoge**.

8 a.m. En la puerta del pío establecido en la esquina de las calles Talcahuano y Corrientes, la que mira al sur, acciona la venerable pereyra del señor Smuggen.
Con los 9. *Félix Lima, 1969.*

Perejil. l. p. Gil, melón, otario. // Crédulo, confiado, inocentón. // Estar tirado como el perejil. Véase **tirado**.

Peringundín. l. p. Danza muy movediza que bailaban los inmigrantes italianos, oriunda de ese país. // Lugares de baile que se popularizaron en nuestro país hacia los años 1860, a los que concurrían personas de dudosa moralidad. // Fondín, boliche de comidas o de bebidas, de baja categoría.// **Piringundín**.

Cuando los sineisis se suben a la parra, bailan el peringundín con la botella en la mano.
Caló porteño. Juan A. Piaggio. **La Nación**, *11-2-1887. (Cfr. Luis Soler Cañas.* **Orígenes de la literatura lunfarda***, 1965.)*
NOTA. *Sineisis:* equivale a **zeneizes**, genoveses.

PERINGUNDÍN

Un importante aporte para el conocimiento del origen de este vocablo constituye el estudio que hace Luis Soler Cañas en su **Orígenes de la literatura lunfarda***, edición de 1965, que extractamos y presentamos seguidamente.*
"*La voz* **peringundín** *sirvió originariamente para designar una danza y, más tarde, por extensión, el lugar o la casa donde se la bailaba. Con el tiempo,* **peringundín** *pasó a ser el nombre de los locales donde se danzaba, en general, y muy posiblemente se ejercía o se favorecía la prostitución. El vocablo es genovés, según Vicente Rossi (***Cosas de negros***), y el compadrito de Piaggio dice que le gustan los* **sineisis** *cuando bailan el* **peringundín** *con la botella en la mano.*
"*En la novelita* **Los amores de Giacumina**, *de Cristilis Ministrilis, seudónimo de Ramón Romero, publicada en 1886, 'se habla entre otros bailes del peringundín con firuleti' y del 'peringondín con revoltico'. Del mismo año —agrega— es la novela* **Palomas y gavilanes**, *donde, según parece, su autor, el médico español Silverio Domínguez, habla del* **peringundín** *como de un determinado tipo de baile: 'tocaban gatos y cielitos, polkas y cuadrillas con unos aires quebrados propios del peringundín y del baile criollo'.*
"*Tobías Garzón dice en su* **Diccionario Argentino** *(Barcelona, 1910): 'Peringundín. — s. m. arg. Así se llamaban ciertos bailes o* **sundines** *que se daban para la gente del pueblo los jueves, domingos y días feriados y que duraban desde las cuatro de la tarde hasta las ocho de la noche. Estuvieron en boga en el Rosario de la Santa Fe por el año 1867. El dueño de la casa donde se verificaban los* **fandangos**, *que eran públicos, cobraba a los hombres un real por cada seis minutos de danza y pagaba a las mujeres dos o más pesos bolivianos, moneda que corría entonces, por todo el tiempo que duraba el* **peringundín**. *Allí asistían muchas sirvientas y era de verse cómo sudaban la gota gorda algunas de las bailarinas, aquellas que por ser buenas mozas y bailar mejor que las otras, eran solicitadas por los pardos antes de sentarlas sus compañeros, y no se oía, terminados los seis minutos de ordenanza (lo que hacía saber el bastonero por algunos golpes de mano) sino los gritos entusiastas de ¡pido!, con que los galanes extendían las manos a las cholas, algunas de las cuales parecían haber salido del baño vestidas pues tenían las ropas sudosas y pegadas al cuerpo. En la casa había una especie de cantina o confitería donde se servían* **por su real conocimiento**, *licores, dulces y otros comestibles. Hasta de trajes proveía el dueño de casa a las muchachas que iban mal vestidas. Estos bailes se propagaron en otras provincias, como en Córdoba, donde corrió con ellos su nombre, el que ahora ha cambiado en cierto modo su significado, denotando, familiar y festivamente, cualquier* **sundín** *o baile entre la gente plebe'.*
"*Atendiéndonos a esta definición de Tobías Garzón —dice Soler Cañas—, podríamos decir que* **peringundín** *significa primeramente una danza determinada, luego la función de baile en general y, por último, el local donde se danzaba. Habría que ver hasta dónde es exacto y se corresponde con la realidad lo afirmado por el diccionarista citado.*
"*Que los peringundines eran conocidos en Rosario de Santa Fe en aquella época, lo comprueba una noticia aparecida el 14 de marzo de 1875 en el diario* **La Capital**, *que dice: 'En uno de los centros de corrupción que existen en esta población, patentados por la policía, tuvo lugar noches pasadas un escándalo donde hubo vasasos, palos, etc. Nos referimos a esas casas donde se baila todas las noches y que el vulgo las apellida* **peringundines**. *Hasta la sola palabra produce repugnancia, y que haya todavía personas que sostengan esas casas donde se corrompen las costumbres, donde se pisotea la moralidad y se pervierten menores que concurren a compartir de las miserias de esa vida depravada'.*
"*Como puede apreciarse —acota Soler Cañas— aquí el diario rosarino aplica la voz a designar el edificio o local donde se realizaban bailes, pe-*

ro con un significado mucho más complejo, pues afirma que 'tales casas son centros de corrupción donde se corrompen las costumbres, donde se pisotea la moralidad y se pervierten menores'. Habla igualmente de vida depravada. Es por ello factible conjeturar que la danza y la música alternaban en los **peringundines** con la prostitución, el alcohol y, posiblemente, el juego.
"La voz **peringundín** también está usada en unos versos titulados **El Circo Nacional** y publicados el 24 de enero de 1880 en el periódico **La Broma** en el sentido de lugar poco recomendable donde se baila y al que concurren mujeres de ocasión.
"Alberto Ghiraldo en **Carne doliente** (1906) se refiere al **peringundín** como salón o lugar de baile."

¿ORIGEN FRANCÉS O GENOVÉS?
Aporta, además, Soler Cañas a tan interesante estudio, señalando una coincidencia que califica de significativa o, por lo menos, sugestiva: "**Périgourdine** es el nombre de una antigua danza francesa, y entre **périgourdine** y **peringundín** hay bastante parecido, especialmente en la pronunciación".
No implica esto para Soler Cañas que el vocablo lunfardo —voz genovesa según Vicente Rossi— tenga origen francés pero especula con que podría habernos llegado por vía **xeneise**.
"La **périgourdine** fue particularmente danzada en el Périgord, de donde toma su nombre. Según el **Nouveau Larousse Ilustré**, tomo VI, París, (...) esta danza 'participaba a la vez de la **farandole** y del **galop** con que concluyen los bailes (...) y la música era de un ritmo arrebatador'.
"Por su parte, el **Diccionario de la música, técnico, histórico, bio-bibliográfico**, 3ª edición, Madrid, 1900, obra de la musicógrafa hispana Luisa Lacal dice que la **périgourdine** es 'una antigua danza flamenca de las llamadas de **vueltas en rueda**' y que 'tomó su nombre del país de Périgord'. En tren de hipótesis —concluye nuestro autor—, podría conjeturarse que la **périgourdine** pasó a Italia y que de allí la trajeron los genoveses a la Boca del Riachuelo. La cuestión es saber si vino la danza o solamente la palabra y si **peringundín** ya tenía en Génova el significado de **casa de baile** o si esa acepción nació entre nosotros."

Pernó. l. p. Pernod.
Pernod. l. p. Licor elaborado con ajenjo y otras hierbas, muy de moda a fines del 1800 y comienzos del 1900. El nombre es el de su fabricante.

Mandate tus buenas cañas,
hacete amigo del whisky
y antes de morfar rociate
con unos cuantos pernods.
Seguí mi consejo.
Tango. Eduardo Trongé, 1928.

Perrear. l. p. Trampear. Estafar. Meter el perro. del esp. **perrada**: acción villana y desleal.
Perrera. l. p. Nombre que se le da al vehículo municipal en el que se recogen los perros que andan sueltos en la calle. // l. turf. fest. Nombre que los aficionados a las carreras de caballos dieron a la tribuna popular de nuestros hipódromos.

Los domingos por la tarde
enfilá pa la perrera,
que entre esa mersa burrera
bien sé que te avivarás.
Don Juan Mondiola. *Tango. Oscar Arona.*

Perrero/a. l. p. Defraudador, estafador, tramposo, cuentero. Que mete el perro (véase **perro**). Del esp. **perrada**: acción villana y desleal.
Perrito. l. p. Nombre que se le daba a un cuchillo que tenía como marca de fábrica un perro estampado en la hoja.
Perro. l. p. Cosa ordinaria, de mala calidad. // Trampa, engaño. // **A cara de perro**. Véase **cara**. // **Día perro**. Día feo, tormentoso, frío. También día de mala suerte. // **Meter el perro**. Hacer trampa. Antiguamente se decía que la frase derivaba de la maniobra de algunos fabricantes de chorizos que los adulteraban mezclando carne de perro con la de cerdo. // **Vuelta del perro**. Véase **vuelta**.
Persecuta. l. p. Obsesión persecutoria. **Andar con la persecuta**: tener la idea tenaz de que se es un perseguido por la fatalidad o por personas que quieren hacerle daño. Es voz relativamente nueva.
Persianas. l. p. Párpados. **Cerrar las persianas**: cerrar los ojos.

Pertuso. l. p. Ano. Es voz genovesa con igual significado. // p. ex. Suerte. **Tener pertuso:** tener suerte. // **Opertuso.**

Pesada. l. del. Rama de la delincuencia que comprende a individuos peligrosísimos dedicados a secuestros extorsivos, robos o asaltos de gran monto, golpes comando, etc., que no se detienen ante nada para lograr sus fines.

*Otros compadres notorios
son los taitas de La Aguada,
toda gente muy pesada
con ribetes de tenorios.*
Diálogo en una pulpería. *Pepino el 88 (José J. Podestá), aprox. 1900. (Cfr. Luis Soler Cañas.* **Orígenes de la literatura lunfarda,** *1965.)*

// **Andar en la pesada.** Pertenecer a una banda de ese nombre. // Actuar como lo hacen esos maleantes. // **La cosa viene pesada.** Significa que un asunto o negocio se está poniendo peligroso.

Pesado. l. p. Sujeto que anda en la delincuencia más peligrosa, donde todo vale. // Maleante sin límites ni escrúpulos. // Individuo de avería. // Bravucón, valentón. // Guapo. // Irónicamente, también se le dice pesado al individuo que camina lentamente y bamboleándose, como los malevos.

*Era guapo de bute y bien plantado,
ganador de la noche con estilo,
y su facón, de legendario filo,
marcó a tajo su fama de pesado.*
Rendención. *Juan Bautista Devoto.*

// Dícese de la persona cargosa, molesta, insufrible. *Los vendedores tienen fama de ser pesados.* // Lento para entender o para discernir. *¡Qué pesado sos para entender las cosas!*

Pescado. l. p. Pesquisa (por homofonía). Policía de investigaciones que viste de civil.

*Mas ¡ay!, que con el sardo no contaba
que a caballo en la esquina aparecía,
y otro pescado que en su busca andaba
recorriendo las calles todo el día.*
El legado del tío. *Anónimo. (Cfr. Antonio Dellepiane.* **El idioma del delito,** *1894.)*

// Mujer poco agraciada. *Salió a bailar con un pescado.* // p. ext. Mujer, en general. *En la reunión había algunos pescados que llenaban el ojo.*

Pescante. l. p. Experiencia, baquía, cancha. // **Tener años de pescante.** Ser un hombre de experiencia y sabiduría. Se inspira en la figura del carrero que, sentado todos los días en el pescante, está hecho a los rigores de todo tipo que enfrenta en su duro trabajo. De **pescante:** asiento para el cochero y para el conductor de carros.

... es un personaje que se muere de cancha, con muchos años de pescante, que desecha a la naifa porque la embrocó muy carrereada.
Del comentario de Tino Rodríguez (fragmento) sobre el poema **Gaby,** *de Carlos de la Púa. (Cfr.* **Filosofía lunfarda,** *1987.)*

Pesebre. l. p. Prostíbulo.
Pesebrera. l. p. Mujer de prostíbulo.
Pesebrero. l. p. Nombre que se le daba a los porteros de prostíbulos y a los malevos pagados para que mantuvieran el orden en esas casas. Ocultos estos últimos en la finca o mezclados entre los concurrentes, aparecían cuando alguien alteraba el orden, no quería pagar el precio estipulado para el acto sexual o molestaba a las rameras y le daban tremendas palizas, tras lo cual lo arrojaban a la calle.

Pesheto. lunf. Llámase a uno de los cortes de carne vacuna preferidos por su sabor, con el que se preparan diversas comidas, como estofado, milanesas, etc. // fest. Senos de la mujer.

Pesificar. l. p. Convertir depósitos bancarios o préstamos concertados en dólares a pesos argentinos. El vocablo nació hacia fines del 2001 en plena época del **corralito,** cuando el gobierno devaluó el peso, cuya paridad estaba 1 a 1 respecto al dólar y liberó la cotización de esta moneda que en seguida triplicó dicha paridad.
Debido a la gran maniobra financiera llevada a cabo para entonces y explicada en la palabra **corralito,** que posibilitó la fuga de una multimillonaria suma de dólares, se prohibió a los ahorristas y depositantes de esa moneda retirar su dinero de los bancos, salvo en menguadas cuotas mensuales y a una paridad de 1 dólar = $ 1,40, cotización que también se aplicó a los créditos y débitos existentes

entonces en la moneda norteamericana. Los fuertes reclamos de todo tipo registrados a lo largo de todo el país mantuvieron latente esa medida durante mucho tiempo.

Pestear. l. p. Dar el pesto. **Darle el pesto a alguien**: propinarle una paliza. // Zurrar, golpear. Dar la biaba. *Se hizo el compadrito y lo pestearon.* // p. ext. Vencer con facilidad, con amplitud a alguien en cualquier confrontación. *El campeón lo va a pestear a su rival.* Este vocablo viene del ital. **pestare**: pisar, majar, machacar, aplicable a machacar con el **pestello** (pisón) en el **mortaio da pestare** (mortero para pisar) para hacer la **pestata** (moledura), que no son, ni más ni menos, que todos los pasos que se dan para hacer el **pesto** con que condimentamos nuestras pastas. Además, **pestare** significa patear, apalear, maltratar a alguien, acepción derivada de la forma en que se golpean y machacan las cosas en el mortero. Está clara, como se advierte, la ascendencia de nuestro pestear y sus acepciones (véase **pesto**).

Pesto. l. p. Condimento de origen genovés que se prepara con aceite, sal, albahaca, ajos y nueces bien molidos en un mortero, con el que se sazonan algunas comidas, especialmente las pastas. // p. ext. Paliza, zurra, golpiza, biaba. *Lo descubrieron robando y le dieron el pesto.* // p. ext. Pérdida importante que se sufre en el juego. *¡Qué pesto me dieron en la timba!* // p. ext. Victoria aplastante que se obtiene sobre uno o más rivales. *El caballo que jugué les dio el pesto a todos de punta a punta.* Del ital. **pesto**, de **pestare** (véase **pestear**).

Petaca. l. p. Persona de baja estatura. Igual para el masc. y fem. *Una mujer petaca. Un hombre petaca.* En cambio, en el aument. lleva los dos géneros: *una mujer petacona. Un hombre petacón.* // Petiso. Del esp. **petaca**: estuche de tamaño pequeño que sirve para llevar cigarros o tabaco picado.

Petardear. l. p. Actuar directa o indirectamente con el propósito de entorpecer un proyecto, la ejecución de una obra, etc., obstaculizándola con intrigas, murmuraciones, atentados, etc. Es voz de reciente data y equivale a **poner palos en la rueda** (véase **palo**). Viene del esp. **petardo**: canuto o cosa semejante que se llena de pólvora y se liga fuertemente en sus extremos para que, al prenderle fuego, produzca una fuerte explosión.

Petisa. l. del. Cierto tipo de llave corta que usan los ladrones.
Petisero. l. del. Llavero que se especializa en el empleo de llaves petisas. Véase **llavero**.
Petiso/a. l. p. Dícese de la persona baja. // p. ext. Caballo de poca alzada. // **Petiso de los mandados**. Persona a la que se utiliza para trabajos de poca importancia, mandados, etc., y se la tiene de aquí para allá constantemente. Es locución campera que designa al caballo, generalmente un petiso, que se destina para tareas menores, incluso la de emplearlo para ir a buscar provisiones, etc.
Petitero. l. p. Jovencito atildado en el vestir, ostentoso en sus gastos, pagado de sí mismo. Petimetre, asiduo concurrente al Petit Café (de allí su nombre). Los petiteros derivaron en un grupo juvenil opositor al peronismo en tiempos de Juan D. Perón.

EL PETITERO
"Surge durante la década del 50 (1950) un tipo humano específico conocido en el folklore local con el nombre de 'petitero' (por ser su primer lugar de reunión el Petit Café de Santa Fe y Callao), especie de 'teddy-boy' mucho más inofensivo que el inglés y que, como aquél, adopta el consumo ostensible característico de las clases altas con las que trata de mezclarse, y es desdeñado, no obstante, por el auténtico 'niño bien'. El 'petitero' no vive en el Barrio Norte, por cuyas calles se pasea ufano; su zona ecológica es Caballito, Flores, Floresta, Villa del Parque, barrios típicos de la clase media adinerada. De las galerías de Caballito y Flores surge también el hábito de caminar arrastrando mocasines como forma adolescente del consumo ostensible de zapatos. Las formas de ostentación de estos adolescentes se reducen, casi exclusivamente, a la vestimenta." (Juan José Sebreli. **Buenos Aires, vida cotidiana y alienación**, 1966.)

Petróleo. l. p. Tropo para nombrar al vino tinto, en alusión a su color oscuro y también, festivamente, como si fuese un combustible necesario para poder movilizarse.
Petrolero/a. l. p. Bebedor de vino tinto. // Bebedor de vino. // Curdela.
Piachentín/tina. l. p. Dícese de lo que es agradable, hermoso, gustoso. *Una mujer piachentina.* José Gobello lo refiere "al gen. **piaxen-**

tin: queso de tipo parmesano" (**Diccionario lunfardo**, 1989). Nosotros acotamos que el ital. tiene **piacente**, que se pronuncia "piachente" y significa agradable, que place.

Pial. l. camp. Lazo que se arroja a las patas delanteras de caballos o vacunos para derribarlos y sujetarlos. Del amer. **peal, pial**: tira pequeña de tela o de cuero que, pasada por debajo del pie, se usaba para sujetar por los bordes el pantalón o la polaina del hombre de campo; y éste, a su vez, del esp. **peal**: media sin pie que se sujetaba a éste con una trabilla.

Pialar. l. camp. Voltear a un caballo o vacuno arrojándoles el pial a las patas delanteras. Véase **pial**.

Pialarse. l. camp. Enredarse, trabar un caballo o vacuno sus patas delanteras en el pial. // p. ext. l. p. Enredarse, mezclarse, acoplarse alguien en un asunto o negocio. *Siempre busca pialarse en algún cuento o estafa.*

Pianito. l. p. y l. del. Planchuela que usa la policía para sacar impresiones digitales y que se entinta para aplicar a ella los dedos.

Piano. l. pol. y del. "Pequeña tabla de poco más de un centímetro de espesor, forrada de chapa de zinc, en la que con un rodillo de goma se aplica la tinta sobre la que se hace apoyar los dedos a las personas cuyas impresiones deben ser registradas. // Madero de unos quince centímetros de largo con cinco acanaladuras (una para cada dedo) sobre el que se coloca la ficha para registrar las impresiones digitales de una persona, aplicando sus dedos uno a uno. // l. p. Máquina de escribir." (**Revista Policial**. Cfr. Adolfo Enrique Rodríguez. **Lexicón**. Centro de Estudios Históricos Policiales, 1989.) // **Tocar el pianito, tocar el piano**. Someterse al registro de las impresiones digitales. *En la comisaría me hicieron tocar el pianito.* // **Tocar el piano**. Robar. Por el modo con que suele representarse esta acción, abriendo la mano, con la palma hacia arriba, y cerrando uno a uno, consecutivamente, los dedos desde el meñique hasta el pulgar. // También se usa **pianola** con el mismo sentido que **pianito** y **piano**.

Pianola. l. del. **Tocar la pianola**. Igual que tocar **el pianito** o **el piano**, en el sentido de registrar las huellas dactilares. De **pianola**: aparato similar a un piano que, accionado por pedales, sirve para ejecutar temas musicales que se hallan impresos en rollos que van rodando por la acción de los pedales. Hay pianolas que también sirven como pianos.

Di concierto de pianola
manyando minga'e solfeo,
y aunque me tengo por feo,
colgué mi fotografía
donde está la galería
de los ases del choreo.
El conventillo. Milonga. Arturo de la Torre.

Piantadino. l. p. Persona que escapa, que huye. Que siempre se las ingenia para desaparecer cuando le conviene hacerlo. Viene del nombre de un antiguo personaje de historieta que representaba a un preso que siempre escapaba de la cárcel. // Piantado, loco, rayado. Las dos acepciones son parag. de **piantado**.

Piantado/a. l. p. Afér. de **espiantado**. // Escapado, huido, fugado. // Despedido, cesanteado, echado. // Quitado, hurtado, robado. // Loco, rayado, ido. De **piantar**.

Piantar. lunf. Afér. de **espiantar**. // Irse, huir, escapar, rajar. Véase **espiantar**.

¡Cómo se pianta la vida!
¡Cómo rezongan los años!
¡Cuántos fieros desengaños
nos van abriendo una herida!
¡Cómo se pianta la vida!
Tango. Carlos Viván, 1929.

// Despedir. Dejar cesante. Echar a alguien.

Ayer, un mozo elegante
con pinta de distinguido,
mostrando ser muy constante,
desde el taller me ha seguido.
Mas cuando estuvo a mi lado,
me habló como un caramelo
del sol, la luna y el cielo,
y lo pianté con razón.
Mama, yo quiero un novio.
Tango. Roberto Fontaina, 1928.

// Despojar. Apoderarse de algo. // Quitar, sacar. Arrancar.

Piantame de mí todas esas macanas:
ya no quiero más libros,

ya m'esgunfian los versos;
no me hablés de percantas,
ni de amigos..., ni nada.
¡La vida me ha sobao
como a un matungo viejo!
Fiaca.
Dante A. Linyera (Francisco B. Rímoli).

// Enloquecer. (Se pianta la cordura, la razón.) // Romper con alguna costumbre, un recuerdo, un vicio, etc. *Piantarle al cigarrillo.* // Escaparle a algo.

Refrescos, limones, chufas,
no los tomés ni aun en broma.
¡Piantale a la leche, hermano,
que eso arruina el corazón!
Seguí mi consejo.
Tango. Eduardo Trongé, 1928.

// Escapársele a alguien palabras o expresiones demostrativas de sus sentimientos en momentos especiales. *No pude evitar que se me piantaran unas lágrimas.*

"Está listo", sentenciaron las comadres,
y el varón, ya difunto en el presagio,
en el último momento de su pobre vida rea,
dejó al mundo el testamento
de estas amargas palabras
piantadas de su rencor.
Como abrazao a un rencor.
Tango. Antonio Miguel Podestá, 1930.
NOTA. *Abrazao:* abrazado.

// Quitarse algo de la cabeza: una idea, un berretín, etc.

Piantate de la cabeza
tu berretín de mandar,
que si no, vas a rajar
con tus pilchas de la pieza.
Cobrate y dame el vuelto.
Milonga. Enrique Dizeo.

Piantarse. lunf. Afér. de **espiantarse.** Véase espiantar.
Piantavotos. l. p. Dícese de los políticos que por sus antecedentes, su actuación, sus declaraciones o su personalidad perjudican al partido que representan y alejan a los votantes.

Piante. lunf. Afér. de **espiante.** Acción y efecto de **piantar.** // p. ext. Raye, locura.

De un convoy agonizante
sale una chica que espera
al bacán que prometiera
buscarla pa darle el piante.
Pintura de arrabal (Nocau lírico).
Alcides Gandolfi Herrero, 1970.
NOTA. *Convoy:* conventillo. *Darle el piante:* sacarla del conventillo.

Piayentín/a. l. p. **Piachentín.**
Piba. lunf. Muchacha. // Muchacha buena.

¡Cuántos días felices pasé
al calor del querer de una piba
que fue mía, mimosa y sincera!...
Y una noche de invierno, fulera,
hasta el cielo de un vuelo se fue.
El bulín de la calle Ayacucho. Tango.
Celedonio Esteban Flores, 1923.

Pibe/a. lunf. Niño. // Chico de corta edad. // Muchachito. Afectivamente, también se le dice a personas jóvenes y aun, entre sí, suele ser trato entre personas mayores con el mismo sentido afectivo y la equivalencia de muchacho. En cuanto a **piba** también se emplea con el significado de novia, noviecita. *Esta noche iré al cine con mi piba.* Para José Gobello esta voz debe tener más de cien años de vigencia y la deriva del gen. **pivetto** (niño) y éste del ital. jergal **pivello:** niño. (Diccionario lunfardo, 1989.)
Piberío. lunf. Conjunto de pibes.
Pibito/a. lunf. Dim. de **pibe.** // Suele usarse con connotación despectiva. *A vos te conozco bien, pibito.*
Pica. l. p. Resentimiento, inquina, ojeriza, animadversión hacia alguna persona. *Estar de pica con alguien. Tenerle pica a alguien. Tenerse pica dos personas entre sí.* Del esp. **pique:** enojo, disgusto que se tiene con alguien.
Picada. l. p. Entremés. // Plato que acompaña a un aperitivo o que se sirve antes de una comida y consta de encurtidos, quesos, aceitunas, anchoas, picles, etc. (Del esp. **picar:** tomar una pequeña porción de un manjar.) // Carne molida. (Del esp. **picar:** cortar, partir, dividir en pedazos muy pequeños.) // l. p. Corrida o carrera corta. // Carrera de autos o

de motos que se corre clandestinamente en calles de menor tránsito o en calles internas de parques. Se organizan por desafíos y se corren prestamente, tras lo cual protagonistas, amigos y asistentes se dispersan con rapidez para evitar ser descubiertos. Suelen ser causa de graves accidentes.

Picado/a. l. p. Enfermo de los pulmones. Tuberculoso. Del esp. picado: dañado, echado a perder. // Achispado. Algo ebrio. // **Picado de viruela.** Dícese de la persona que tuvo viruela y cuya cara quedó con las marcas de las erupciones características de esa enfermedad.

Picao de viruela, bastante morocho,
encrespao el pelo lo mismo que mota;
un hondo barbijo a su cara rota
le daba un aspecto de taita matón.
El tigre Millán. Tango. Francisco Canaro.
NOTA. ***Picao:*** picado.

Picaflor. l. p. Dícese del hombre galanteador, enamoradizo. Tenorio. Del esp. picaflor: pájaro mosca (familia de pájaros troquílidos, tenuirrostros, que tienen el pico largo, delgado y ordinariamente arqueado). Son pequeñísimos, llegan a pesar menos de cinco gramos, pero cuentan con abundante plumaje de colores vivos y hermosos. Tienen la particularidad de sostenerse en el aire, en el mismo lugar, moviendo sus alas, y aun de volar hacia atrás. Con su pico beben el néctar de las flores, en tanto se sostienen en el aire; luego vuelan en busca de otra flor. El proceder de estas aves de libar en una flor y luego ir en busca de otra le dio el nombre de **picaflor** al hombre mujeriego, que va de conquista en conquista.

Picar. l. p. Comer una **picada.** Del esp. picar: tomar una pequeña porción de un manjar. // Moler carne. Del esp. picar: cortar, partir, dividir en pedazos muy pequeños. // Iniciar a gran velocidad una corrida o una carrera el hombre, un animal, un vehículo, etc. // Irse, alejarse rápidamente de un lugar. **Picársela. Picárselas.** *Los ladrones picaron cuando vieron al policía. La conferencia era aburrida y yo me las piqué.* Esta acepción parece originada en el **picar** de uso en la provincia española de Salamanca, que tiene el sentido de irse, marchar o escapar, que quizá llegó a nosotros en los años de la inmigración y que dio aquí la voz **pique,** con el significado de partida, inicio y otras extensiones. // l. jgo. Comenzar a apostar con precaución en algún juego. *Cuando abrieron la mesa de ruleta piqué con tres fichas al cinco. No salió y volví a jugarle; esta vez, diez fichas.* De **pique** y éste, de **picar.** // Caer en un engaño, en una trampa. *Le hicieron tan bien el cuento, que picó enseguida.* En el caso, del esp. picar: morder el pez el cebo del anzuelo. // **Picar el bagre. Picar el buyón.** Tener hambre. Sentir esa sensación en el estómago.

Esas minas veteranas
que siempre se conformaban,
que nunca la protestaban
aunque picara el buyón.
Champagne tangó.
Tango. Pascual Contursi, 1914.

Picardo. l. jgo. Se le llama así al número 43 en la quiniela y otros juegos por la antigua marca de cigarrillos de ese nombre, fabricados por la firma Piccardo y Compañía.

Picarse. l. p. Irse, marcharse, escapar. // **Picársela. Picárselas.** Del esp. picar (3ª acep.). // Enfermarse de los pulmones. // antig. Enfermarse de tuberculosis. Del esp. picar: comenzar a echarse a perder una cosa.

Picársela. Picárselas. l. p. Irse, marcharse, escapar. // **Picarse.**

Picaso. l. p. Picazo.

Picaterra. lunf. Gallina. Del ital. jergal **piccaterra,** gallina, nombre dado a esta ave por su costumbre de estar constantemente removiendo y picando la tierra en busca de insectos para comer.

Picazo. l. p. Aplícase al caballo de color oscuro y de frente y patas blancas. Viene del esp. **picaza,** nombre que también se le da a la urraca, pájaro córvido, de pico y pies negruzcos, plumaje blanco en el vientre y arranque de las alas y negro con reflejos metálicos en el resto del cuerpo. // **Montar el picazo.** l. p. Montar en cólera. Enojarse.

Pic nic. l. p. angl. Paseo que se hace hacia las afueras de la ciudad llevando alimentos y bebidas para comer al aire libre. De la voz inglesa **picnic,** que tiene igual significado.

Picotear. l. p. Comer pequeños bocados de distintas comidas. // Comer frugalmente. //

p. ext. Ganar o conseguir un poco de dinero de aquí y de allá para subsistir. *No tiene trabajo: vive picoteando.* Del esp. **picotear**: punzar las aves con el pico.

Picotero/a. l. p. Que picotea. Dícese de la persona que va consiguiendo un poco de dinero de un lado o de otro para vivir. // l. jgo. Persona que arriesga muy poco dinero en las jugadas, que apuesta cuando se cree seguro y se conforma con ganancias menores. // Jugador que procura lograr pequeñas ventajas en perjuicio de otros jugadores.

Pichi. l. p. Apóc. de **pichicata**. // Novato, principiante, inexperto. // Ingenuo, candoroso, inocentón. // Bobo, tonto, gil. Es voz relativamente nueva, por lo que no puede relacionársela con las antiguas **pichibirlo** y **pichibirro**, que, como niño o muchachito, parecerían próximas a novato e ingenuo, y podrían dar a **pichi** la apariencia de un apócope, que no lo es.

Pichibirlo/a. lunf. Niño. Chico. Muchachito. Jovencito. // p. ext. Dedo meñique. // p. ext. Chiquilín: bolsillo pequeño delantero del pantalón. // **Pichibirro, pichivirlo, pichivirro.** "Tal vez del piam. picirlo: niño." (José Gobello. Diccionario lunfardo, 1989.)

La grela de línea, la taquera pura
que de pichibirla conoció el rigor
con aquel malevo de lengue y de faca
o con otro peor.
La ex canchera (La crencha engrasada).
Carlos de la Púa, 1928.

Pichibirro/a. lunf. Pichibirlo. Tulio Carella en su **Picaresca porteña**, 1966, usa **pichibirra** con el sentido de prostituta: "Con ser de origen y educación tan diferentes, las **pichibirras** adquirían modos profesionales que las nivelaban y permitían reconocerlas sin dificultad, sobre todo en el desempeño de sus funciones. Reaccionaban con exasperada irritación contra los que únicamente buscaban un estímulo para su autoerotismo; es decir, contra los que iban a practicar lo que en buen criollo denominamos franela".

Pichicata. lunf. Estupefaciente, en general. // Droga estimulante. // p. ext. Doping. *El caballo corrió con la pichicata.* // Pequeña porción de estupefaciente que se aspira. // p. ext. fest. Remedio; especialmente, remedio poderoso contra males graves. *No sé qué pichicata le dieron, pero sanó.* Es homofonía del ital. **pizzicata**: pulgarada, punteada, nombre que se le daba antiguamente a la cocaína.

"Esta droga fue introducida a nuestro país hacia 1910. Se la aspiraba como el rapé, tomando una pulgarada, un pellizco –de ahí **pichicata***, deformación de* **pizzicata***, punteada–. Los canfinfleros no tardaron en usar la uña del dedo meñique, larga, distintivo de su vida ociosa, ya que ningún trabajo manual la quebraba."* (Tulio Carella. **Picaresca porteña**, 1966.) Este autor se refiere a que los canfinfleros colocaban la pulgarada de cocaína sobre dicha uña para aspirarla, lo que solían hacer en público para ostentar. Mario E. Teruggi dice de **pichicata** que es *"sinónimo de inyección y estupefaciente que proviene de un cruce entre* **picchietare***, picar con aguja o lezna, y* **pizzicare***, pellizcar, y se apocopa en* **pichi***".* (**Panorama del lunfardo**, 1974.) José Gobello la deriva del ital. **pizzicata**, pulgarada (**Diccionario lunfardo**, 1989).

Pichicatear. lunf. Consumir pichicata. Administrarla a otro.

Pichicatearse. lunf. Ingerir pichicata. Drogarse.

Pichicatero/a. lunf. Consumidor de estupefacientes. Drogadicto.

Pichicho. l. p. Aplícase al perro cachorro. // p. ext. Perro de tamaño chico. Se apocopa en **chicho**. Posiblemente del araucano **pichi**: pequeño.

Pichincha. l. p. Ganga. Ocasión. // Compra o adquisición ventajosa. // Cosa que se compra a bajo precio. Del port. **pechincha**, de igual significado.

Pichinchear. l. p. Hacer pichinchas. Comprar a bajo precio. // Regatear el precio de algo para comprarlo barato. // Recorrer comercios en busca de los que venden a bajo precio. Véase **pichincha**.

Pichinchero/a. l. p. Que hace o busca pichinchas. // Que discute los precios para conseguir rebaja. Que pichinchea.

Pichinín/nina. lunf. Niño. // Pequeño, de corta edad. *El más pichinín del grupo tiene cinco años.* Del gen. **piccin**: pequeño, de poca edad.

Pichirulo/a. Bobo, tonto, babieca. // p. ext. Cándido, inocentón. Posiblemente se deba a un cruce de **pichi** y **paparulo**. Véanse estas voces.

Pichivirlo/a. lunf. Pichibirlo.
Pichibirro/a. lunf. Pichibirlo.

Los pichivirros han salido, alegres y chillones, a las calles. Las mamás, las pibas y el reaje en general, desatándose del sopor, lo han invadido todo con la alegría del vivir en sus ojos llenos de bondad cristiana.
El tano Vidurria. *Juan Francisco Palermo, 1903. (Cfr. Luis Soler Cañas.* **Orígenes de la literatura lunfarda,** *1965.)*

Picho. l. p. Nombre de una persona imaginaria, como **Magoya, Mongo, Pinela, Serrucho,** etc., a la que se lo remite a alguien a quien no se le cree lo que está diciendo (*andá a contárselo a Picho*) o a la que se menta cuando algo no tiene remedio ni solución aparente (*ahora, que lo arregle Picho*). // **¡Chau, Picho!** Expresión cortante con la que se da por terminado un asunto, una discusión, etc. *Hay que hacer esto y ¡chau, Picho!* O sea, "se hará esto y se terminó la discusión. No se hable más del caso". También indica el cese de alguna situación o estado. *Nos devolvimos los anillos mutuamente y ¡chau, Picho! Me tomé dos aspirinas juntas y ¡chau, Picho!*

Pichonera. l. p. Nido de los palomares donde las palomas cuidan a sus pichones. // p. ext. Dícese de la casa que tiene muchas habitaciones en cada una de las cuales habitan varias personas. // Casa de inquilinato. // p. ext. Cárcel. // **Estar en la pichonera.** Estar atrapado, agobiado por las deudas. *Mis acreedores me tienen en la pichonera.* // p. ext. Estar atrapado en un romance. // p. ext. Estar preso.

Pichuleador/ra. l. p. Persona que pichulea. // Pichulero.

Pichulear. l. p. Pichinchear. // Regatear. // Tratar de conseguir ganancias o ventajas mínimas en cualquier asunto. // Hacer negocios de poca monta. // Ganar o conseguir un poco de dinero de un lado o de otro para subsistir. // Apostar arriesgando muy poco dinero y conformarse con ganancias menores. Es derivado de **pichinchear.**

Pichuleo. l. p. Acción y efecto de **pichulear.**
Pichulero/a. l. p. Que pichulea. // **Pichuleador.**
Pie. l. p. **Ir al pie.** Recurrir a alguien con poder o capacidad para que le resuelva un problema. // Someterse por necesidad o conveniencia a la voluntad de alguien. *Solamente el contador podía autorizarme el préstamo, así que tuve que ir al pie.* La frase viene del truco, juego de barajas en el que el jugador que es mano se descarta de una baraja sin valor y cede a su compañero (el pie) la misión de jugar la carta que considere buena (va al pie). // **Levantar el pie del acelerador.** Serenarse, calmarse, tranquilizarse. Si se está enojado, procurar deponer el enojo. Es un dicho del automovilismo que significa reducir la velocidad a que se lleva un coche, lo que se logra levantando el pie que oprime el acelerador, con lo que se atenúa o se detiene la marcha.

Piedra. l. p. Dícese del individuo ignorante, bruto. Duro de cabeza. // l. jgo. En el dominó, ficha que se juega y perjudica al adversario. // **Cara de piedra.** Caradura, desvergonzado. **Facha tosta.** // **Casa de piedra.** Nombre que se le da al Casino de la ciudad de Mar del Plata, por tener su frente recubierto de piedra.

Piedrún/druna. l. p. Aument. de **piedra,** con terminación enfática genovesa.

Pierna. l. p. Aplícase a la persona avispada, astuta, piola. // Hábil, capaz en lo suyo. // Persona siempre dispuesta a reuniones, juegos, diversiones, etc. // l. jgo. Cada jugador que compone una mesa de juego. *Esta noche jugamos al póquer, ¿sos pierna?*

Yo, que tuve fama y guita
y fui pierna en todo juego,
me he quedado sin boleto
cuando la vida se va...
¡Guardá, viejo, guardá! (Nocau lírico).
Alcides Gandolfi Herrero, 1970.

// En todas las acepciones citadas puede usarse **gamba,** con el mismo sentido (**gamba,** en ital.: pierna). // **Abrirse de piernas** o **abrirse de gambas.** Véase **abrirse.**

Piernada. l. p. Acto o dicho propio de un pierna. // l. del. Culminación favorable de un hecho delictivo.

Y los chorros, que buscan la piernada,
hacen morder al guiso gargantada
que les largó unos duros por el paco.
Afane *(Versos rantifusos).*
Yacaré (Felipe H. Fernández), 1916.

NOTA. *Morder:* como picar el anzuelo. *Guiso gargantada:* gil, bocado fácil. Véase **gargantada**.

Piernear. l. p. Proceder como un pierna. // Bailar. Mover las piernas. // **Piernar**.

Piernún/a. l. p. Aument. de **pierna**, con terminación enfática genovesa.

Pifia. l. p. Changüí. Chance, oportunidad que se le da a alguien. **Dar pifia**. // **No dar pifia**. No dar ninguna chance, ninguna oportunidad. Véase **changüí**.

Me he criado sin dar pifia
en bulines y carpetas.
Me enseñaron a ser vivo
muchos vivos de verdad.
Bien pulenta.
Tango. Carlos Waiss, 1950.

// Broma, burla. Frase burlona. *No acepté la pifia y se enojó*. // Error, falla, desacierto. *La única pifia de esa mujer fue creer en ese hombre*. Este término viene del esp. **pifia**: golpe falso dado con el taco en la bola de billar.

Pifiada. l. p. Acción y efecto de pifiar. **Pifia**.

Pifiador/dora. l. p. Persona que pifia. // Taco de billar que suele pifiar.

Pifiar. l. p. Burlarse de alguien. // Hacer bromas. // Errar, fallar, equivocarse. Véase **pifia**.

Pigall. l. p. Famoso cabaret que se hallaba antiguamente en la calle Corrientes al 700 de la ciudad de Buenos Aires.

El Odeón se manda la Real Academia,
rebotando en tangos el viejo Pigall,
y se juega el resto la doliente anemia
que espera el tranvía para el arrabal.
Corrientes y Esmeralda.
Tango. Celedonio Esteban Flores, 1934.

No la mareó las luces, el vento ni los bríyos.
La Maleva fue siempre fiel al arrabal.
Nacida entre las broncas,
la mugre, los cuchiyos,
permaneció oriyera bailando en el Pigall.
La Maleva (La crencha engrasada).
Carlos de la Púa, 1928.

NOTA. Debería decir "no la marearon", pero no da el metro, al que alguna vez no se ató de la Púa.

Piguyento/a. lunf. Piojoso. De **piguyo**.

Piguyo. lunf. Piojo. Del gen. **pigheuggio**: piojo.

Pija. Pene. // p. ext. Aplícase al individuo avispado, vivo, piola. Igual para los dos géneros. *Un hombre pija. Una mujer pija.* Mario E. Teruggi lo considera lunfardo, derivado del caló **picha**. (Panorama del lunfardo, 1974.) Para José Gobello "es el término **pija**, miembro viril, proscripto del lenguaje social". (Diccionario lunfardo, 1989.) // **No hay pija que te venga bien**. Expresa que nada lo conforma, nada le agrada. Es gros.

Pijería. l. p. Viveza, picardía, ranada. Astucia. Estratagema. De **pija**.

Pijindrín/drina. l. p. Vivo, pícaro, astuto, rana. // **Pija**.

Pijoteada. l. p. Acción y efecto de **pijotear**. // Pequeñez, ridiculez, nimiedad. // Mezquindad, tacañería. Equivale al esp. **pijotería**, de igual significado. Véase **pijotear**.

Pijotear. l. p. Mezquinar, cicatear, escatimar. Del esp. **pijota** (del lat. *pisciota* y éste del lat. *piscio*, pez): merluza pequeña.
Esta pequeñez de las **pijotas** las hacía menospreciables para quienes querían llenar sus barcas de peces grandes, pero no para aquellos que igual se conformaban con peces de menor tamaño. Se los llamó **pijoteros** y el sentido de esta voz se extendió para designar a la persona que se interesa en las cosas nimias, miserables, ridículas, como así también al mezquino y cicatero. A su vez, **pijotero** dio **pijotería**: pequeñez, ridiculez, nimiedad, mezquindad y cicatería. Todas estas voces son españolas, no así el verbo **pijotear**, que deviene de ellas y es creación nuestra.

Lo agarramos mano a mano
entre los dos al porrón.
En semejante ocasión
un trago a cualquiera encanta,
y Cruz no era remolón
ni pijoteaba garganta.
El gaucho Martín Fierro. *José Hernández.*

Pila. l. p. Mucho. Un montón de cosas. Gran cantidad. *Tengo una pila de personas que entrevistar*. Del esp. **pila**: montón o cúmulo de cosas de la misma especie colocadas unas sobre otras.

Pilcha. l. p. Prenda de vestir. Ropa, en general.

Campaneo mi catrera
y la encuentro desolada.
Sólo queda de recuerdo
el cuadrito que está ahí.
Pilchas viejas, unas flores
y mi alma atormentada:
eso es todo lo que queda
desde que se fue de aquí.
Amurado. Tango. *José de Grandis, 1926.*

// l. camp. Prenda del recado en el caballo de montar. // En plural, también equivale a objetos de uso diario en general.

Tomando el retrato de su madrecita
que estaba, sin marco, tirao a un rincón,
prendió fuego al rancho, con todas sus pilchas,
y triste, en su pingo, de allí se alejó.
Lonjazos. J. Fernández.

// Mujer. Compañera. Querida.

Yo también tuve una pilcha
que me enllenó el corazón.
Y si en aquella ocasión
alguien me hubiera buscao,
siguro que me habría hallao
más prendido que un botón.
El gaucho Martín Fierro. José Hernández.
NOTA. *Enllenó:* llenó.

Pilchaje. l. p. Conjunto de pilchas. // Vestimenta de una persona. // Empilche.

Sin más vueltas ni simpleza
vaya envolviendo el pilchaje
y baja, tomando el raje...
Ya no la quiero en la pieza.
¡Mírenla a la vampiresa!
De rompe y raja. José Pagano.

Pilchar. l. p. Quitarle a alguien sus pilchas. Véase **pilcha**.
Pilchería. l. p. Comercio donde venden ropa. Tienda. Sastrería.
Pilcherío. l. p. Igual que **pilchaje**.
Píldora. l. p. **Dorar la píldora**. Preparar a alguien lentamente, con cuidado, para hacerle un cuento o lograr algún beneficio de él. Proviene del esp. **dorar la píldora**: fig. y fam., suavizar, paliar una mala nueva. // l. del. Bala. Proyectil de arma de fuego.

Pileta. l. p. **Darse juego de pileta**. Padecer una seguidilla de dificultades, problemas económicos, fracasos, etc. // *Se dio el juego de pileta y tuve que vender la casa y el coche*. La frase **darse juego de** significa ocurrir reiteradamente uno de los lances o posibilidades que pueden producirse en algunos juegos: p. ej. que en el monte la banca gane varias manos seguidas (se da juego de banca); que lo haga el punto (se da juego de punto); que en la ruleta estén saliendo varios colorados seguidos (se da juego de colorados); que en las carreras de caballos estén ganando los preferidos del público (se está dando juego de favoritos); que en la casa haya siempre discusiones (se da juego de bronca). // **Estar en la pileta**. Estar pato, seco. Estar arruinado. // **Ir o irse a la pileta**. Arruinarse. Quebrar económicamente. // Fracasar. // **Tirarse a la pileta**. Jugarse el todo por el todo. Tomar una decisión drástica en un momento límite. // Arriesgarse en una situación difícil a triunfar o fracasar.

Pillado/a. l. p. Piyado.
Pilladura. l. p. Piyadura.
Pillar. l. p. Piyar.
Pillarse. l. p. Piyarse.
Pinchado/a. l. p. Desanimado, decaído. Abatido. Descorazonado. *No tengo ganas de nada: estoy pinchado.* // Aplícase al teléfono que ha sido intervenido por un juez o se lo ha conectado clandestinamente a otro para oír lo que se habla por él.

Pinchadura. l. p. Desánimo, decaimiento. Abatimiento. *Con la pinchadura que tengo no quiero ni salir de casa.*

Pinchar. l. p. Desanimar, abatir, descorazonar a alguien. *Me pinchó con tan malas noticias.* // Intervenir un teléfono o conectarlo clandestinamente a otro para oír lo que se habla por él. Viene del esp. **pinchar**: herir con una cosa punzante. En cuanto a la acep. de nuestro l. p., la comparación se hace con un globo, una pelota o el neumático de un vehículo que, al pincharse, pierden el aire que los sustenta, se desinflan y quedan reducidos a objetos informes e inservibles. // p. ext. Copular.

Pincharse. l. p. Desanimarse, abatirse, decaer, descorazonarse. Véase **pinchar**.

Pinche. l. p. Empleado de baja categoría. // Mandadero. Del esp. pinche: mozo de cocina. Toma el sentido de ayudante. // l. del. Alfiler de corbata.
Pinchila. l. p. Pene.
Pindonga. l. p. Poronga. Pene. Por influencia del esp. **pindonga** (mujer callejera) y ésta posiblemente de **pendanga**, ramera, mujer pública.
Pindonga. l. p. ¡Pindonga! Interj. que se usa para expresar una negativa absoluta. Tiene el sentido de ¡no!, ¡nada!, ¡ni medio!, ¡nunca!, ¡jamás!, ¡qué esperanza!, etc.

–¿Vas a prestarle los mil pesos a ese tipo?
–¡Pindonga!

// ¡La pindonga! Exclamación de asombro, sorpresa o admiración. *¡La pindonga, cuánta gente!* Equivale a ¡la poronga...!, que también suele usarse en el caso.
Pinela. l. p. Nombre que se le da a una persona imaginaria, como **Magoya, Picho, Serrucho, Mongo,** etc. y se usa en la expr. pop. ¡chau, Pinela! como forma tajante de dar por terminado un asunto o una cuestión. Equivale a ¡chau, Picho! *Pegué un puñetazo en la mesa y, ¡chau, Pinela!, ahí se acabó el griterío.*
Pingo. l. p. Caballo, en general. Es voz afectiva. // Caballo, como compañero, amigo. *Mi pingo relinchaba, contento de verme llegar.* // Caballo de calidad. *¡Ése sí que es un pingo!* // p. ext. Hombre derecho, servicial, generoso, dispuesto a la ayuda. *Daniel es un pingo: nunca me va a fallar.*

Éste se ata las espuelas,
se sale el otro cantando,
uno busca un pellón blando,
éste un lazo, otro un rebenque,
y los pingos, relinchando,
los llaman desde el palenque.
El gaucho Martín Fierro. *José Hernández.*
NOTA. *Pellón:* pelleja curtida que forma parte del recado de montar. *Palenque:* poste al que se atan los caballos.

Pinta. l. p. Aspecto, presencia, apostura de una persona. Prestancia, elegancia. Del esp. pinta: señal o aspecto que permite apreciar la calidad de personas o cosas.

Reyes, príncipes, señores de la industria y de la banca (...), el Casino de Montecarlo y todo el boato de una época fastuosa, ante cuyo público nuestro Zorzal (Carlos Gardel) lucía su pinta inconfundible y sus excepcionales condiciones de artista.
Leguisamo de punta a punta.
Daniel Alfonso Luro, 1982.

// En el juego de la taba, se llama a la cara que muestra ésta una vez en el suelo, tras ser arrojada por el jugador. Si es la cara con la que se gana, se dice que la pinta es **buena** o es **suerte**. Si se da lo contrario, se dirá que la pinta es **mala** o **culo**.

Hoy me tenés hasta acá
y lo que quiero es perderte;
aunque algún día he de verte,
porque tu percha se acaba,
que andarás como la taba
cuando la pinta no es suerte.
El raje. *Milonga. Carlos Waiss.*

// Hacer pinta. Mostrarse, lucirse, pavonearse. // p. ext. Aparentar lo que no se es. *Hace pinta de bacán y es un poligrillo.* // **Pura pinta.** Dícese de la persona que por su vestimenta, sus modos, su habla pretende causar impresión pero que todo es exterior pues, por dentro, es todo lo opuesto de lo que muestra.

POR LA PINTA
*Dicho popular muy en boga que significa **por la muestra, por lo que se ve, por lo que asoma, por lo que aparenta,** como causal para formarse un juicio o tomar una decisión aun a riesgo de equivocarse.* Por la pinta, ese vestido debe ser muy fino. Por la pinta, en esa cantina debe comerse bien. Por la pinta, este abogado debe ser bueno.
"*La letra del tango* **Margot** *fue tomada de la poesía de Celedonio Flores* **Por la pinta,** *que se publicó en* **Última Hora** *y ganó un concurso con $5,00 de premio. A Gardel le gustó, buscó a 'Cele' y le pidió que le cambiara el nombre; le puso* **Margot** *y Gardel le hizo poner música por su guitarrista 'el Negro Ricardo' y lo grabó.*" (Enrique Cadícamo. **Bajo el signo del tango,** *1987.*)

Nota. *Última Hora era el nombre de un diario capitalino ya desaparecido.*
Por la pinta es frase del lenguaje de algunos juegos de naipes, como el truco, en el que un jugador, guiándose solamente por que la pinta de sus cartas le dice que tiene dos del mismo palo, o sea, posibilidades de tener puntos para el envido, arriesga, sin ver cuántos puntos tiene. Por la pinta, real envido. *En este caso, viene del esp.* pinta: *señal indicadora del palo de los naipes españoles. El recuadro del naipe de oros tiene en su parte superior una sola raya; el de copas, dos; el de espadas, tres y el de bastos, cuatro.*

Pintado/a. l. p. Coimeado, sobornado. Equivale a **aceitado, untado.** // Dícese de la persona que está de más, que se la ignora, como si no existiese. *Ustedes resuelven todo, ¿y yo?... ¿Estoy pintado?* El español tiene su equivalente: *¿qué pinto yo aquí? ¿nada? ¡Pues me voy!* // Se aplica a la persona a la que se la ubica en un cargo, aun importante, simplemente para que figure y haga acto de presencia, en tanto las decisiones las toman otros. *El ministro no corta ni pincha. Está pintado.*
Pintar. l. p. Coimear, sobornar. Tiene el sentido de **aceitar, untar.** // Colocar a una persona en un cargo con el objeto de que figure mientras las decisiones corren por cuenta de otros. *Para cubrir las apariencias, pintamos un contador.* Del esp. fam. **pintar** (del lat. pictum, supino del lat. pingere: pintar): importar, significar, valer. // **Pintar bien.** Presentarse bien en sus comienzos un asunto o negocio. // **Pintar el carro.** lunf. Vestir bien un cafisho a su prostituta. // **Pintar la cara.** En un enfrentamiento deportivo dícese cuando uno de los contendientes domina ampliamente a su adversario y lo vence con holgura. *Nos pintaron la cara y nos hicieron cuatro goles.* // **Pintarse solo.** Ser muy capaz para algo. *Para arreglar estos problemas me pinto solo.*
Pintón/tona. l. p. Que tiene pinta. Elegante. Del esp. **pintón:** dícese de la fruta que va tomando color al madurar. Véase **pinta.**
Pintusa. l. p. Igual que pinta pero principalmente en las acep. de estampa, figura, presencia.
Piña. l. p. Trompada. Puñetazo. // p. ext. Golpe que se da uno al caer o contra algo. *En la oscuridad me di una piña contra la puerta.* // Choque de un vehículo (*darse una piña contra un árbol*) o de dos vehículos entre sí.
Piñazo. l. p. Aument. de piña.

Al viejo lo controlamos con dos piñazos, si no se nos cae antes del susto.
Sabihondos y suicidas.
Héctor Chaponick, 1982.

Piñón. l. p. Aument. de piña. // **Piñazo.**
Pío. l. p. Afér. de **montepío:** casa de empeños o de compra venta. // **Cambalache.** // **Lache.**

*El lengue y el jetra mío,
el zarzo, marroca y bobo,
alzalo rápido todo
y andá a quemarlo en el pío.*
La batida. José Pagano.

Piojera. l. p. Metáfora por cabeza. Alude a los piojos que la parasitan. (Véase **cabeza** por otras sinonimias.) // p. ext. Habitación sucia, desordenada. // p. ext. Lugar falto de higiene, donde vive gente hacinada. // p. ext. Cárcel, calabozo.

*¡Pero tan luego a mi edá
que me suceda esta cosa!
¡Si es p'abrirme la piojosa
de la bronca que me da!*
Día de bronca. Evaristo Carriego.

Piojoso/a. l. p. Que vive en la indigencia. // Sucio, maloliente. // Dícese de las cosas ordinarias (*llevaba un vestido piojoso*) o que carecen de valor (*un negocio piojoso*).
Piola. l. p. Pene. // Astuto, canchero, vivo. *Un tipo piola. Una mujer piola.* // Hábil para las tareas que desempeña. *Un mecánico piola para afinar motores.* Respecto al origen de esta voz José Gobello opina que "el paso del esp. **piola**, cabo delgado, al porteño **piola:** pene, se corresponde con el esp. **guasca:** ramal de cuero, al porteño **guasca:** pene. La segunda acepción –añade– procede de **limpio:** delincuente que carece de antecedentes policiales, por inversión silábica, cruce con el arg. **piolín:** piola delgada y atracción de **piola:** pene, por cuanto **pija:** pene, significa también persona ingeniosa, sutil". (Diccionario lunfardo, 1989.) // p. ext. Tranquilo, sereno. *Todos*

estaban nerviosos; yo, en cambio, piola. // Conforme, satisfecho. *Con el sueldo que gano estoy piola.* // **Dar piola.** Llevarle el apunte a alguien. Dejarlo que hable o que haga. // **Dar soga** (véase esta voz). // **Asunto o negocio piola.** Interesante, factible, conveniente. Fácil. // **Quedarse piola.** Abstenerse de hacer o de decir algo. // Ignorar algo que sucede en su presencia o es de su conocimiento, ya sea por temor, desinterés o conveniencia. Ofrece el aument. **piolón** y el dim. **piolita.**

Piolada. l. p. Avivada. Canchereada. // Astucia. // Artimaña.

Piolín. l. p. Piola delgada de algodón o cáñamo. // Revés de **limpio.** // Dícese de la persona que no tiene antecedentes policiales, cuyo prontuario está limpio. // Vivo, canchero, piola. // Pícaro. // Tranquilo, satisfecho, a gusto. Se hace más enfático repitiendo el vocablo: **piolín, piolín.**

Junaba todo lo tuyo
como lo de la mayor grandeza.
Tus grupos en mis oídos
eran música de violín.
Y arrimando mis achuras
al fuego de tu belleza,
era un choma sin cabeza,
gozando piolín, piolín...
Como chivo con tricota (Nochero).
Juan Pedro Brun, 1969.

Piolines. l. p. Cabellos, especialmente cuando quedan pocos en la cabeza. De **piolín.** // **Acomodarse los piolines o atarse los piolines:** peinarse.

Así vivo en el calvario
de la vida rantifusa
pa aguantar todos los clavos
que remachan mi ilusión.
Bate el tiempo en los piolines
que la davi espiracusa...
Ofrenda lunfarda (Nocau lírico).
Alcides Gandolfi Herrero, 1970.

Piolita. l. p. Dim. de **piola.**
Piolón/lona. l. p. Aument. de **piola.**
Pionono. l. p. Parag. de **piojo.** Disimula la palabra en **pionono:** bizcocho blando, relleno y arrollado.

Pioyuyenta. lunf. Cabeza. De **piguyo,** piojo. // **Piguyenta.** Véase **cabeza** por otras sinonimias.

Pa mí que pa embudarse la pioyuyenta han desenterrao de entre la linyera uno a la bersaglieri, sin siquiera arrancarle la pluma'e pavo rial...
Titeo a los gauchos gringos. Edmundo Montagne, 1906. (Cfr. Luis Soler Cañas. *Orígenes de la literatura lunfarda,* 1965.)
NOTA. *Embudarse la pioyuyenta:* ponerse un embudo en la cabeza. En el caso, un sombrero de bersagliere.

Pipiolo/a. l. p. Gil, otario. Del esp. **pipiolo** (dim. del lat. **pipio:** pichón, polluelo): principiante, novato, inexperto. fam. Chiquillo, niño.

A tu juego te llamaron si hay bochinche en el
/pantano
porque sos la zurda linda, la muñeca. Si es en
/vano
que chamuyen los pipiolos que pegás..., pero de
/atrás.
Copen la banca.
Tango. Enrique Dizeo, 1927.

Pipistrelo/a. lunf. Inculto, ordinario, rústico, torpe. // p. ext. Tonto, opa, otario. Del ital. **pipistrello:** murciélago. Seguramente, la acepción se debe a las características de este animal, que es nocturno y durante el invierno vive aletargado (lo que propondría la comparación con un opa). Además, es torpe en su vuelo, especialmente si hay luz.

Me llaman "La Pipistrela"
y yo me dejo llamar.
Es mejor pasar por gila
si una es viva de verdad.
Pipistrela. Tango. Fernando Ochoa.

Pipón/pona. l. p. Dícese de la persona que ha comido o bebido hasta hartarse. // Atracado de comida o bebida. // p. ext. Satisfecho en su ego, en su orgullo. *El orador estaba pipón con tanto elogio.* // p. ext. Ganador de mucho dinero en el juego. *Esa noche salió pipón de la timba.* Del esp. **apiparse (pipa** es tonel;

apiparse: llenarse el tonel): atracarse de comida o bebida.

Pique. l. p. Pequeña fracción de dinero sobrante o faltante de un monto. *Me falta un pique para completar el importe del alquiler. Si me sobra un pique, te lo regalo.* Esta acep. deviene del esp. pico: parte indeterminada en que una cantidad excede a un número redondo. // Partida veloz. Arranque veloz: el pique de un auto; de un corredor pedestre; de un caballo de carrera, etc. De **picar.** l. del. Llave especial que usan los delincuentes para abrir puertas. // **A los piques** (andar a los piques). Con rapidez, con apuro, precipitadamente. // Andar de un lado a otro con premura para solucionar alguna dificultad. // **Desde el pique.** Desde el principio. Desde el primer momento. De inicio. *Desde el pique supe que mentías.*

*Desde el pique, viejo, te juné
la intención de quererme comprar,
pero yo soy de buen pedigré...
¡A otra parte andá a golpear!*
Gloria. Tango. Armando J. Tagini.

Piquero. l. del. Ladrón que se especializa en el uso de la llave llamada pique.
Piquetero/a. l. p. Nombre que se le da a cada una de las personas que, unidas por comunes sentimientos de reclamos y protestas, se concentran en lugares clave para cortar rutas y vías ferroviarias estableciéndose en ellas en gran número e impidiendo todo paso. La finalidad es producir un hecho conmocionante que obligue a que sean atendidos en sus necesidades. Por regla general no van armados y pueden permanecer hasta meses en esos sitios —donde acampan— si sus reclamos no son satisfechos. A la fecha de edición de esta obra, eran frecuentes estos actos de protesta en nuestro país. La voz viene del esp. militar **piquete:** corto número de soldados que se emplea en diversos servicios.
Piracusar. lunf. Irse, escapar, huir, **rajar, espiantar, pirar,** alejarse. **Esperijusar, pirajusar, espiracusar, espirajusar.** // p. ext. Hurtar, robar. De **pirar.**
Piracuse. lunf. Acción y efecto de **piracusar. Esperijuse, pirajuse, espiracuse, espirajuse.** De **pirar.**

Pirado/a. lunf. Escapado, huido, **rajado, espiantado,** alejado, **espirajusado, pirajusado, espiracusado, espirajusado.** // p. ext. Ido, en el sentido de **piantado** (como loco, **rayado**), porque se refiere a "ido de la cabeza".
Pirajusar. lunf. **Piracusar.**
Pirajuse. lunf. **Piracuse.**
Pirajushe. lunf. **Piracuse.**
Pirajushiar. lunf. **Piracusar.**
Pirar. lunf. Irse, marcharse de un lugar. Huir, **rajar, espiantar.** Desaparecer de un sitio.

*Y vi que te pirabas.
Ya lejos te perdías,
grandiosa francesita,
muñeca de París.*
Visión (Nocau lírico).
Alcides Gandolfi Herrero, 1970.

// p. ext. Hurtar, robar. Por el hecho de "hacer desaparecer" un objeto, dinero, etc.; "rajarlo" de donde se hallaba. **Pirar un reloj.**

*Hacés tu enfoque al vichenzo
y un palpe más que ligero de grilo,
de chiquilín, de culata y de sotana.
El cusifai ni se escurre
cuando le pirás el cuero;
de tu lanza no se aviva
ni el más piola ni el más rana.*
Lancero (Nocau lírico).
Alcides Gandolfi Herrero, 1970.

NOTA. *Hacer el enfoque:* ver. Descubrir con la mirada.

// Echar, despedir. Dejar cesante: **dar el piro.** *El jefe le dio el piro por haragán.* Equivale a *el jefe lo piró por haragán.* Esta palabra viene del caló **espirar,** que significa huir, fugarse.
Pirobar. lunf. Copular.
Pirobo. lunf. Cópula. Coito.
Piróscafo. l. p. **Tomarse el piróscafo.** Irse. Huir, escaparse de alguien o de algo. Igual que **tomarse el piro** o **tomarse el buque.** Antes era corriente la frase **tomarse el Conte Rosso,** que tenía el mismo sentido. Véase **Conte Rosso.** Del esp. **piróscafo** (del gr. pyr, pyrós, fuego y skáfe, barco): buque de vapor.
Pirulo. l. p. Año. *Un niño de un pirulo. Un jovato de ochenta pirulos. El juez lo condenó a diez pirulos de cana.*

Pisahuevos. l. p. Dícese de la persona que camina apoyándose excesivamente en las puntas de los pies, dando la impresión de que se cuidara de pisar algo. // En general, persona que, sin tener defectos en sus piernas, camina con algún movimiento distinto del normal.

Pisante. l. p. Pie. De la germ. pisante (de pisar): pie del hombre o del animal. // p. ext. Zapato.

Pisar. l. p. Inferiorizar, disminuir a alguien. Ignorarlo, faltarle al respeto. Pasar por encima de él. Del esp. pisar (del lat. **pisare**: majar, machacar): poner, sentar el pie sobre una cosa. // **Pisar el palito.** Caer en un engaño, una trampa. Creer una mentira. // p. ext. Equivocarse, cometer un error. // **Pisar el poncho.** Véase poncho. // **Pisar fuerte.** Tener mando, poder. Ser autoridad y ejercerla. // Tener influencias en algún medio. *El canciller pisa fuerte en el gobierno.* // **Pisar la banana.** Caer en una trampa que se le ha tendido. // **Pisar la raya.** antig. Aceptar un desafío a pelear. De la costumbre ya en desuso del pendenciero que traza una raya en el suelo con su zapato o con el cuchillo y desafía a alguien a que la pise. Si alguno lo hace, significa que está dispuesto a pelear.

Pishar. l. p. Orinar, hacer **pis**. En general se remite esta voz al ital. **pisciare**: mear, orinar, a lo que adhiere Mario E. Teruggi, aunque haciendo la salvedad de que "Camilo José Cela (**Diccionario secreto**, tomo II, Madrid-Barcelona, Alfaguara, 1971) nos aclara que la onomatopeya del ruido de la micción fue **pis** en castellano, o sea, similar al sonido **sh** o **sch**". (**Panorama del lunfardo**, 1974.)

Pishón/shona. l. p. Que orina mucho.

Pisingallo. l. p. Maíz pequeño, puntiagudo, colorado y el más a propósito para hacer rosetas o pororó; entre nosotros, pochoclo o palomitas de maíz. De la voz quechua **pissankalla**, de igual significado.

Pisón. l. p. Pisante. // Pisotón.

Pispar. l. p. Espiar, atisbar. Observar algo o a alguien disimuladamente. Podría devenir del port. **bispar**: descubrir algo a lo lejos; entrever, percibir, notar. // Ver con dificultad.

Pispear. l. p. Pispar.

Pispireta. l. p. Pizpireta.

Pistola. l. p. Piola. Persona ligera, astuta. // Persona de cuidado.

Pitada. l. p. Fumada. Bocanada de humo que aspira el que fuma. // Corta porción de tabaco para fumar de una vez en el pito, cachimbo o pipa. // Poco o ningún valor que se le asigna a algo. **No vale una pitada** o **no vale ni una pitada**, por el hecho de que una pitada es totalmente efímera: humo que se aspira, se expele y en un instante se desvanece y pasa a ser nada. De **pitar**: fumar.

Porque en sus impulsos de alma pendenciera
desprecia el peligro, sereno y bizarro.
¡Para él la vida no vale siquiera
la sola pitada de un triste cigarro!
El guapo. Evaristo Carriego.

Pitar. l. p. Fumar. "...ya sea en pito, cachimba o pipa, ya sea en cigarro. Es voz vulgar y familiar. Beaurepiere-Rohán entiende que tanto **pitada** como **pitar** y **pito** vienen del guaraní **pité** o del tupí **piter**: chupar, sorber." Así nos lo dice Daniel Granada quien, a su vez, entiende que "**pitar** y **pitada** se derivan de **pito** y que éste no es otra cosa que el sentido traslaticio de la flautilla llamada **pito** por la semejanza que con ella tiene la pipa de fumar que lleva ese nombre". (**Vocabulario rioplatense razonado.** Montevideo, Uruguay, 1890.)

Pito. l. p. Pene. // Pipa de fumar ordinaria. // Pipa de fumar, en general. // Se usa mucho en sentido despect. y mantiene ese sentido en algunas expresiones populares. // **No importar un pito.** No interesar en lo más mínimo. No darle ninguna relevancia a algo. // **No tocar un pito a la vela.** Equivale a no cortar ni pinchar. Dícese que la persona **no toca un pito a la vela** cuando no se la tiene en cuenta para nada, cuando se la toma por una figura decorativa donde se encuentra, y su presencia u opinión no se consideran ni pesan (véase **tocar**). // **No valer un pito.** No tener ningún valor. No valer nada. Se aplica a personas y cosas. A estos modismos podemos agregar **hacer pito catalán** y **hacer pito inglés**, que ya cayeron en desuso, especialmente el segundo, y que significan irse, marcharse de un lugar, abandonar secretamente a alguien. *La mujer se cansó de él y le hizo pito catalán.* Con el mismo sentido se decía **tocar pito catalán** o **tocar pito inglés**.

// Por sinécdoque se llama **pito** al árbitro en algunos juegos deportivos, especialmente en el fútbol.

Pituco/a. l. p. Dícese del individuo joven, bien vestido, pero afectado, amanerado. También tiene el sentido de petimetre, cajetilla.

En Chile se le llama **pituco** a la persona flaca, endeble, y también a la carta de menor valor en la baraja. Estas acepciones no están muy lejos de pintar a nuestro **pituco** como poca cosa, persona de escaso o ningún valor. La palabra pudo habernos llegado de allá y asumir aquí, p. ext., el sentido que aún conserva. Pero también pudo haber ocurrido a la inversa, es decir emigrar de nosotros a Chile, donde se la captó para darle aquellos significados. Al margen de estas especulaciones, José Gobello la deriva "de **Pituca**, hipocorístico de Petrona". (**Diccionario lunfardo**, 1989.)

Pitucón/na. l. p. Aument. de **pituco**.

Pituquear. l. p. Hacerse el pituco. Tomar actitudes y afectaciones de pituco.

Pituquería. l. p. Condición de pituco. // Conjunto de pitucos. *En la fiesta estaba toda la pituquería.*

Pituso/a. l. p. Persona de abolengo o que se hace pasar por tal. Del esp. **pituso**: pequeño, hermoso, gracioso, refiriéndose a niños.

Pero quiso la taba rantifusa...
mandarse de culata en la tirada:
yo escolazo de yuta en la parada
y vos, de pichibirra bien pitusa.
Soneto 1º. Emilio V. Di Sandro.

NOTA. El autor compara la vida con la taba: a veces se da la buena; otras, la mala. En este caso, la taba (la vida) se mandó de culata (cayó de culo, dio mala) para el hombre, porque él apenas llegó a ser vigilante, mientras ella pasea por la ciudad su pinta de bacana.

Piú bella. l. p. Se usa en la expr. pop. **pasarla a la piú bella**, con el sentido de vivir de lo mejor, alegremente, sin preocupaciones, disfrutando de la vida. // p. ext. irón. Haraganear, ociar, darse al no hacer nada. Del ital. **piú**, más, y **bella**, bella.

Piyado/a. lunf. Engreído, fatuo, pagado de sí mismo. De **piyar**.

Piyadura. lunf. Engreimiento, fatuidad. Engrupimiento.

Piyar. lunf. Engreír, infatuar. **Engrupir**. // Tomar, en el sentido de agarrar, pescar, como piyar o piyarse un resfrío. // **Piyar una curda**. Embriagarse, **encurdelarse**. // Como tomar y agarrar, también se aplica a la acción de subir a un medio de transporte. *Piyó el colectivo y se fue al centro.*

Si bien tenemos en esp. **pillar** (del lat. **pilare**: despojar, robar): hurtar, robar, apoderarse de una cosa con violencia y, también, coger, agarrar una cosa, José Gobello (**Diccionario lunfardo**, 1989) deriva la voz del gen. **piggiâ**: tomar (con violencia o sin ella) y para la primera acepción confronta con el gen. **piggiâ ûnn-a ciucca**: agarrar una borrachera.

Piyarse. lunf. Engreírse, infatuarse. Engrupirse. Pagarse de sí mismo. *Desde que lo nombraron jefe se la piyó.* // Tomarse, agarrarse algo, con el sentido de pescarse algo. *Se piyó un metejón en los burros.* // Dárselas de personaje. Creerse importante. *Es sólo un enfermero y se la piya de médico.*

Placero. l. p. Nombre que se les daba a los coches de plaza, de tracción a sangre, para conducir pasajeros en la ciudad. // Conductor de estos vehículos. Con el tiempo el nombre fue reemplazado por **Mateo** (véase). Del esp. **coche de plaza**: el destinado al servicio público por alquiler y que tiene un punto fijo de parada en una plaza o en una calle.

Planchado/a. l. p. Agotado físicamente. Cansado a más no poder. Extenuado. // Tirado en el suelo, sin fuerzas para levantarse. // Desmayado; sin sentido. // Abatido, anonadado, aplastado por una mala noticia o un grave problema. // p. ext. Muerto. De **planchar**.

Planchar. l. p. Agotar, fastidiar, cansar a alguien. *Me dejó planchado con su interminable conversación sobre la metempsicosis.* // Dejar tirado a alguien en el suelo, a golpes, sin que tenga fuerzas para levantarse. // Desmayar a alguien. // Abatir, anonadar, aplastar a alguien llevándole una mala noticia o causándole un grave problema. // Quedarse una mujer sin bailar en un baile. *La Ñata planchó toda la noche.* Esta acepción compara la figura de la mujer que está en su asiento, sin moverse de allí en vana espera de algún hombre que la saque a bailar, con la de las que trabajaban en los talleres de planchado de antes, que también pasaban horas de pie o sentadas, haciendo su tarea. Las anteriores equiparan a la persona agotada, desmayada, abatida, tirada en el suelo o muerta con una prenda que ha sido planchada y se deja estirada en algún lugar.

Plantar, plantarse. 1. p. Tomar la decisión de cesar lo que se está haciendo. Cortarlo de raíz. // **Plantar bandera.** Equivale a plantarse (véase bandera).

¡ME PLANTO!
Hay un momento especial en la vida en que uno comprende que no conviene seguir con lo que está haciendo. O que no se debe seguir. Que es riesgoso o que es malo. Que daña. Que envilece, que denigra. Y toma la sabia decisión de no seguir. Se planta. Plantarse es eso: parar; dar un corte definitivo; no ir más allá de donde se está, de donde se ha llegado, que a veces implica detenerse justo en el borde. "No va más, me planto." O, simplemente, "planto", en una determinación que en ocasiones exige un coraje y un valor con los que no se creía contar.
La frase viene de algunos juegos de naipes en que el jugador va recibiendo cartas de a una hasta que llega el momento en que entiende que tiene buen juego o que ha llegado a un punto en el que, de seguir pidiendo cartas, corre el peligro de "pasarse" de un cierto límite y perder. "No sigas", alcanza a oír la voz de la lejana cordura. Y planta. No quiere más cartas. No sigue en el intento.
Por traslación, se dice que planta el hombre cuando toma la sabia decisión de cortar de plano una situación, algo que está haciendo y que un cachetazo de lucidez le hace ver que está mal que lo haga. Planta el curda, cuando comprueba que el alcohol está destruyéndolo. Planta el calavera cuando descubre que la farra no es más que falsa alegría con falsos amigos. Planta el esposo mujeriego cuando advierte que está destrozando la vida de su esposa. Planta el burrero, que está llevando su hogar a la ruina. También planta, dolido, el hombre que ha estado jugándose día a día por quien no se lo merece. Planta el hombre descorazonado, cuando se resigna a no luchar más contra la corriente. Y planta el hombre cuando un rayo de luz quiebra las tinieblas de su espíritu y le hace ver que minuto a minuto se está alejando cada vez más de Dios. ¡Me planto! ¡Basta! ¡No más!

Yo ya estaba en la pendiente
de la ruina sin remedio,
pero un día dije ¡planto!
y ese día me planté.
¡Tengo miedo!
Tango. Celedonio Esteban Flores, 1926.

Plata. 1. p. Dinero, al igual que en el esp. fam. Pero veamos otros nombres que ha ganado esta voz en nuestro medio, con el aporte del lunfardo y del lenguaje popular, algunos en desuso y otros en plena vigencia; entre ellos, blanca, chala, ferro, guita, guitarra, mangangá, mango, manguse, manguyo, menega, meneguina, mosca, paco, pacoy, parné, pasney, pasta, pongue, polenta, pulenta, rollo, shosha, vento, ventolín, ventolina, etc. // **Plata dulce.** Dícese del dinero que se gana con facilidad. // **Plata en mano** o **plata en mano, culo en tierra.** Modismo que significa que algo no se hará si no se paga por adelantado el precio convenido y al contado. // **Plata fresca.** Dinero recién obtenido. Dinero de contado. // **Ir a la plata.** Hacer correr a un caballo en una carrera con el claro propósito de ganar por parte de sus allegados, sin intervenir en maniobras ni componendas. // p. ext. Encarar algo con la firme intención de triunfar. // p. ext. Intervenir alguien en un asunto pensando solamente en su interés personal por encima del asunto en sí. *El caso no me importa; yo voy a la plata; me ocupo sólo porque me pagan.*

Plato. 1. p. Situación divertida, festiva. *¡Qué plato nos hicimos con el susto que se llevó Pepe!* // p. ext. Persona divertida. *Este Pepe es un plato.*

Platudo/a. 1. p. Que tiene mucha plata. Persona adinerada. // Rico. De plata.

Plomazo. 1. p. Aument. de plomo.

Plomo. 1. p. Bala de arma de fuego. // Balazo. Por ser el plomo uno de los metales que entran en la fabricación de los proyectiles, especialmente en los de calibres menores. // 1. mús. Dícese del encargado de transportar instrumentos, micrófonos, bafles, elementos electrónicos, etc., en las bandas de músicos. // Persona aburrida, pesada.

Pasan por mi mente cien duendes de la noche ida: colegas, cantores, músicos, gente de teatro,

mezclados con hinchas anónimos (o famosos),
mangueros, vividores, plomos...
Una luz de almacén.
Edmundo Rivero, 1982.

Pochoclo. l. p. Maíz tostado. Rosetas de maíz. // Pororó, pisingallo. Del quechua **choclo** y aimará **chhokllo** (mazorca de maíz, principalmente cuando está tierna y lechosa) y guaraní **pororog**: ruido de cosa que revienta.

Podrida. l. p. Altercado, desorden, despelote, despiole, escándalo. **Armarse la podrida.** *Comíamos tranquilamente, pero cuando hablé de política, se armó la podrida.* También se dice **saltó la podrida.** Del esp. **podrir, pudrir**: corromper, dañar una cosa.

Podrido/a. l. p. Dícese de la persona malintencionada, perversa, dañina, de bajos sentimientos. Del. esp. **podrido**: se dice de la persona o institución que está dominada por la inmoralidad. // Aburrido, hastiado, fastidiado. *Este trabajo ya me tiene podrido. Estoy podrido de oírte hablar de la crisis.* // Denota abundancia. *Estar podrido en dinero.*

Pogru. lunf. Revés de **grupo**, en la acepción de mentira, falsedad, engaño.

Polca del espiante. l. p. Véase **espiante**.

Polenta. lunf. Muy bueno. Excelente. De gran calidad. // Hermoso. // Dícese de la persona derecha, macanuda, piola, canchera. *Un hombre polenta. Una mujer polenta.* // Oro, por su color. **Embrocantes de polenta**: anteojos de oro. // Dinero. Del jerg. ital. **polenta**: oro. // Fuerza, vigor, potencia física, dinamismo, energía. *Un luchador con mucha polenta.* Se emplea por atribuir a la comida de origen italiano llamada polenta, hecha con harina de maíz, la facultad de dar fuerza y potencia física. // **Quedarse polenta.** Quedarse tranquilo, satisfecho. // No intervenir por propia decisión en algo que ocurre ante uno. // **Vivir polenta.** Darse buena vida. No pasar necesidades. Vivir tranquilo. // **Polenta, polenta.** Repetición que enfatiza la expresión. *Vive en una casa polenta, polenta.* Suele alternar con **pulenta**.

Ando en un coche polenta
diqueándome noche y día,
sin manyar la gilería
que me está envidiando el briyo,
que nací en un conventillo
de la calle Olavarría.
El conventillo. Milonga. Arturo de la Torre.

Polenta
"*Aparte de designar a la comida de harina de maíz,* **polenta** *es un lunfardismo por potencia o vigor. En Italia esta acepción no sólo es desconocida sino contraria al uso corriente, pues cuando se dice que un individuo es un* **polentone**, *se denota que se mueve con lentitud y torpeza. Quizá en lunfardo hubo un cruce entre* **polenta** *y potencia, por la similitud inicial de los vocablos. Por otra parte, a causa de su color,* **polenta** *se ha hecho sinónimo de oro.*
"*(...) La idea de* **polenta**, *metal noble, ha conducido a una actual adjetivación que, usada sólo en invariable femenino, equivale a excelente, de superior calidad. Se trata de un caso de polisemia.*" (Mario E. Teruggi. **Panorama del lunfardo**, 1974.)

Polentería. lunf. Calidad de polenta. // Esplendidez, magnificencia, lujo.

Poligrillo/a. lunf. Poligriyo.

Poligriyo/a. lunf. Andrajoso. Vagabundo. // Pelagato, poca cosa, pobre diablo. Puede haberse originado en una homofonía de **colibriyo**.

A mi sueño de rante poligriyo
yo te juno llegar, mina diquera,
pa compartir conmigo la catrera
endulzando mis noches de apoliyo.
Soneto del poligriyo (Nocau lírico).
Alcides Gandolfi Herrero, 1970.

Polisada. lunf. Apoliyada. Dormida. **Polishada.**

Polisar. lunf. Apoliyar. Dormir. **Polishar. Polizar.** Es deformación de **apoliyar**. Un valioso ejemplo del uso de este vocablo nos presenta Luis Soler Cañas en su **Orígenes de la literatura lunfarda** (1965) al citar la siguiente cuarteta anónima:

Estando en el bolín polizando
se presentó el mayorengo:
a portarlo en cana vengo;
su mina lo ha delatado.
Nota. Bolín: bulín.

Dice Soler Cañas que "son escasas las piezas conocidas que pueden incluirse dentro del registro de la literatura auténticamente lunfarda, es decir, escrita por los propios delincuentes. Tan escasas, que apenas llegan a cuatro. La primera de ellas fue dada a conocer por Benigno B. Lugones en un artículo aparecido en 1879 (la del ejemplo) y, al hacerlo, expresó que era la única poesía lunfarda existente, afirmación que, desde luego, corre por cuenta de su autor.
"En polizando –prosigue– se reconoce fácilmente el tan común apoliyando (durmiendo). A este respecto, debo consignar que el **Diccionario lunfardo español** publicado por el doctor Antonio Dellepiane en 1894 en su obra **El idioma del delito**, no tiene la voz **apoliyar** ni tampoco **polizar**, pero registra, en cambio, **poliso**, con la significación de lecho, y **poliso colgante**, con la de hamaca, así como **pulisa** (cama) y **pulishar** (dormir). Gana de pulishar –dice el mismo vocabulario– es tener sueño."
Polishar. lunf. Polisar.
Polisho. lunf. Poliso.
Poliso. lunf. Cama. Catre. Catrera. Polisho. // Apoliyo. Véase polisar.
Poliya. l. p. Sínc. de poligriyo.

Gil de bute y a la gurda,
te tuteás con los poliyas
que en Devoto hacen capote
cuando llegan con el mes.
El pibe Bermúdez. Tango. Carlos Waiss.

Polizar. lunf. Polisar.
Polizo. lunf. Poliso.
Polla. l. turf. Carrera de caballos en la que intervienen tres o más competidores, cuyos propietarios depositan previamente una determinada suma de dinero cada uno, cuyo total corresponderá al que resulte ganador de la competencia. En algunas ocasiones se estipula un porcentaje elevado de ese total para el primero y el resto para el segundo. Suelen disputarse en algunas reuniones de carreras cuadreras. // **Polla de potrancas, polla de potrillos**. Primer clásico importante que corren en los hipódromos oficiales –primero las hembras, después los machos– los caballos de dos años y que se disputa sobre una distancia de 1600 metros. // En general, apuesta que se hace entre varias personas, cada una de las cuales elige una opción y deposita una suma de dinero previamente establecida, cuyo total lo percibe el ganador.
Pollera. l. p. Falda, saya. // Falda del vestido femenino. // P. ext. y por sinécdoque, mujer.

Cuando veo una pollera
no me fijo en el color.
Las viuditas, las casadas o solteras,
para mí son todas peras
en el árbol del amor.
Si soy así. Tango. Antonio Botta, 1933.

En esp. la palabra **pollera** deviene del lat. **pullaria**, femenino de **pullarius**: pollero, y designa a la mujer que se dedica a criar y vender pollos. También se le llama **pollera** al cesto o red estrecho de arriba y ancho de abajo que sirve para criar y guardar pollos. Fuera de estas acepciones polluelas, la palabra se aplica al armazón de mimbre, de forma de campana, en que se pone a los niños para que aprendan a caminar, es decir, nuestro conocido andador. Por último, se le dice –o se le decía– **pollera** al vestido que se colocaban antiguamente las mujeres españolas entre una especie de miriñaque y la saya.
En todas estas acepciones hay algo en común, que es la forma del cesto en que se guardan los pollos, del andador y la que asumía la saya debido al miriñaque, esto es, "estrecho de arriba y ancho de abajo", forma característica de la pollera femenina que conocemos, lo que sin duda motivó la acepción nuestra. Se entiende, la que corresponde a los años en que se originó y que ya no define cabalmente a muchas de las polleras que hoy usan las mujeres.
Pollerudo. l. p. Dícese del hombre dominado por las mujeres. // Hombre que se escuda en las mujeres. // Calzonudo. Cajetudo.
Pomada. l. p. **Estar en la pomada**. Ser parte o estar muy vinculado a un determinado círculo de poder. // Tener pleno conocimiento o dominio de una situación, un suceso o un secreto. *Me lo dijo un amigo que está en la pomada.* // **Hacer pomada**. Derrotar ampliamente a alguien. // Apabullar a una persona con verdades o argumentos irrefutables. *Lo hice pomada en el debate.* // Aniquilar, moler a golpes a alguien. // p. ext. Destruir,

deshacer. *Hizo pomada el teclado del piano de una trompada.* // p. ext. Disipar, despilfarrar. *Hizo pomada la fortuna que heredó.* // p. ext. Matar. **Estar hecho pomada.** Hallarse agotado, exhausto a raíz de un gran esfuerzo físico o abrumado por problemas o disgustos. Pomada está tomada de su igual española que significa mixtura o composición de una sustancia grasa y otros ingredientes, blanda, pastosa, informe, para usos medicinales y caseros. De donde **estar en la pomada** indica que se es parte integrante de algo (como el ingrediente) y **hacer pomada**, al igual que **estar hecho pomada**, nos remiten al estado informe a que se reduce algo que ha sido destrozado y a lo deshecho que queda alguien física o espiritualmente.

Pomo. l. p. Pene. Actualmente de poco uso. // Nada. Ni un comino. Ni medio. **No se ve un pomo. No me importa un pomo.** En estos casos, pomo equivale a porongo, del cual tal vez provenga por corrupción, y asume la función que en frases como las citadas cumplen **pito, catzo** y otras, también sinónimos de pene. **No se ve un pito. No me importa un catzo**, etc.

Pompas de jabón. l. p. Expresión que considera a los halagos que dan el dinero, la fama y los éxitos materiales que exaltan la vanidad como cosas totalmente efímeras, tanto como los globos o pompas que hace el agua jabonosa al infiltrarse el aire y que vuelan brillantes, coloridas, hermosas, pero duran muy poco; pronto estallan y se desvanecen. Del esp. pompa: globo o ampolla que forma el agua y especialmente la de jabón.

La duda de Gardel
Una de las primeras poesías que escribió Enrique Cadícamo en su juventud llevaba como título **Pompas de jabón** *y pasó a ser la letra de un tango que compuso con Roberto Goyeneche en el año 1925, titulado* **Pompas.**

"Yo no conocía a Gardel –dice Cadícamo– (...) Razzano me lleva una vuelta a un cine de la calle Lavalle para presentármelo. Al mirarme, notando, quizá, que mi rostro era más de adolescente que de adulto, lo primero que me dijo fue: –¿Cuántos años tenés?... ¿dieciséis?... Luego, en su proverbial tono cachador, agregó: –¿A quién le punguiaste la letra de **Pompas**?"
Bajo el signo del tango.
Enrique Cadícamo, 1987.

Triunfás porque sos, apenas,
embrión de carne cansada
y porque tu carcajada
es dulce modulación.
Cuando, implacables, los años
te inyecten sus amarguras,
ya verás que tus locuras
fueron pompas de jabón.

Ponchada. l. p. Lío, atado que se hace con un poncho que previamente se extiende y se llena de cosas para luego cerrarlo por las cuatro puntas, alzarlo y llevarlo. *Se llevó una ponchada de duraznos.* // p. ext. Gran cantidad. *Una ponchada de trabajo. Una ponchada de guita. Una ponchada de problemas.* Véase **poncho.**

Ponchazo. l. p. Golpe dado con el poncho. // **A los ponchazos.** Hacer algo a los ponchazos significa hacerlo de a poco, aprovechando momentos libres o a medida que se cuenta con elementos o dinero para ir haciéndolo. P. ext., se aplica a lo que se hace sin cuidado, sin método, a lo que salga. // **Andar a los ponchazos.** Estar pasando una mala situación económica o una racha adversa y enfrentarla con los pocos medios de que se dispone, con esfuerzo y sacrificio. Estos modismos se inspiran en las situaciones de riesgo que muchas veces ha debido afrontar al hombre de campo, inerme, obligado a defenderse sólo con su poncho, como el ataque de otro hombre, de un animal o para apagar un principio de incendio, etc. Son dichos de origen campero mas ganaron pronto la ciudad y hoy los emplean hasta personas que jamás usaron poncho.

Poncho. l. p. Manta de abrigo contra el frío y de protección en general contra las inclemencias del tiempo, que se usa desde muy antiguo en nuestro territorio, con la que el hombre cubre su cuerpo. El vocablo proviene del arauc. pontho. En algunos países americanos lleva una abertura en el centro, para pasar la cabeza de modo que la prenda caiga hacia abajo y proteja todo el cuerpo hasta las rodillas, modalidad que también suele verse entre nosotros. Pero el verdadero poncho, el tradicional, el que conoció el país desde sus orígenes, es el ancho, de tela gruesa –la más preciada, la de vicuña–, con prolongaciones a modo de flecos en sus extremos. El que se distinguió como símbolo autóctono, el que dio calor al esfuerzo impar de aquellos que a lo largo de nuestro territorio bregaron por la prosperidad de la nación; el de los paisanos y gauchos devenidos soldados libertadores que vencieron al Ande y al León. El que los cubría y abrigaba generosamente en las largas y frías noches del descanso, en campaña, a la intemperie. // **Poncho patria**. Poncho que el Estado proveía a militares y policías. // **A poncho**. Indica que algo se hace a pura voluntad, sin los medios necesarios, sin ayuda. *Esta casita la hice con mi esposa a poncho, no más.* También se dice **a puro poncho**. // **Arrastrar el poncho**. Modismo que significa buscar pelea; desafiar a pelear; provocar, desafiar, en general.

El gaucho que tiene ganas de pelear, arrastra el poncho, provocando a que se lo pisen. El circunstante que se le atreva, se levanta rápidamente y le da una ligera pisada, poniéndose inmediatamente en guardia, con lo que empieza la pelea a cuchillo o daga.
De ahí el dicho: ¿qué, me estás arrastrando el poncho? (¿qué, me estás desafiando?).
Vocabulario rioplatense razonado.
Daniel Granada. Montevideo, 1890.

// **Estar a poncho**. Estar a oscuras sobre un asunto. Ser completamente ajeno a lo que ocurre o lo que se está tratando. // **Pisar el poncho**. Aceptar un desafío a pelear (véase **arrastrar el poncho**). // **A mí nadie me pisa el poncho**. Bravuconada que tiene el sentido de "a mí nadie me desafía sin llevarse su merecido" o "¡pobre del que se anime a pelear conmigo!".
Poner. l. p. Hallamos esta voz en muchas expresiones populares, de las cuales citaremos algunas de las más en boga. // **Poner el hombro**. Apoyar, ayudar a alguien; auxiliarlo, colaborar con él. // **Poner el lomo**. Trabajar. Trabajar con ahínco. // Esforzarse por realizar algo. *En este asunto tenemos que poner el hombro todos.* También corre **agachar el lomo**. Del esp. **lomo**: parte central e inferior de la espalda. // **Poner el número**. Véase **número**. //

Poner en vereda. Poner en su lugar a alguien que se desubicó, que se insolentó, que faltó al respeto. Del esp. **vereda**: camino angosto formado comúnmente por el tránsito de peatones y ganados y que se sigue obligadamente para no invadir los sectores vecinos. De donde **poner en vereda** a un animal significa hacer que vuelva a dicho camino el que se ha apartado de él. // **Poner huevos**. Poner coraje, valentía, decisión en alguna empresa. // **Poner la firma**. Avalar algo. // Asegurar algo que se dice. *El juez ya decidió condenarlo; ponele la firma.* // **Poner la tapa**. Véase **tapa**. // **Poner los huevos sobre la mesa**. Jugarse entero en pos de un logro. Esta expresión, de neto corte machista, proviene de comparar la vida, sus vaivenes, pruebas y adversidades, con las que se presentan en una mesa de juego, donde siempre hay que estar dispuesto a jugarse el resto sin hesitar, sin temblar, poniendo sobre la mesa no sólo sus cartas, su juego y su dinero, sino, además, su entereza, su hombría, es decir, los huevos con que el hombre las simboliza. // **Poner overo**. Maltratar, apabullar a alguien verbal o físicamente. Compara con el animal **overo**, llamado así por las manchas grises, negras o marrones que presenta. // **Poner toda la carne en el asador**. Volcar todos los medios con que se cuenta para la concreción de un propósito. Extremar hasta el último recurso. Hace la comparación con el que pone al asador toda la carne de que dispone y queda a la espera de que alcance para todos los comensales.
Ponerse. l. p. Pagar. // Contribuir, ayudar con dinero. *Tuve que ponerme para la colecta del hospital.* // **Poniendo estaba la gansa**. Dicho que invita o intima a pagar, a cumplir con un pago o a colaborar.
Pongui. l. p. **Pongue**.
Ponible. l. p. Dícese de la mujer sexualmente atrayente. *Esa mujer está ponible.* Proviene de **poner**, con acepción de penetrar.
Ponja. l. p. Revés irreg. de **Japón**. // p. ext. Japonés.
Popoff. l. p. Nombre de un personaje creado por el teatro de sainete inspirado en el apellido judío de igual grafía. Se lo representaba delgado, de barba profusa a hirsuta, pelo desgreñado, vestido con exceso de ropa y casi siempre con sobretodo y galera. Era pres-

tamista usurero y avaro; implacable perseguidor de sus deudores. La popularidad que alcanzó este personaje hizo que **popoff** se convirtiera en sinónimo de judío.

Poronga. l. p. **Porongo**. Pene.

Porongo. l. p. Pene, pija, poronga. Es voz grosera. Del araucano **purunco** y éste del quechua **purunkko**: calabaza silvestre, oblonga, de gusto amargo; calabaza ahuecada para poner en ella líquidos u otros objetos.

Pororó. l. p. Rosetas de maíz frito. // Pochoclo. Véase **pisingallo**. Del guaraní **pororog**, ruido de cosa que revienta.

Poroto. l. p. Brillante o diamante grande. Perla grande. *Lucía un anillo con un poroto que deslumbraba.* Del quechua **purutu**: alubia o judía americana. // Tanto, punto que se anota en algunos juegos de cartas. // **A la altura de un poroto**. Dícese que alguien quedó o está a la altura de un poroto por alguna circunstancia, equiparándolo con la ínfima altura que tiene esta semilla. // **Anotarse un poroto, apuntarse un poroto**. Quedar bien. Llamar la atención. *Con su verba, se anotó un poroto en la reunión.* // Dar una opinión acertada. // Vaticinar algo que se cumplió. // Protagonizar un acto destacado. // **No valer un poroto**. Aplícase a la persona o cosa a la que no se le asigna ningún valor, en alusión a la nada que vale un simple poroto. // **Poroto a poroto**. Se dice de una lucha intensa en la que los contendientes no se sacan ventajas uno al otro. Puede tratarse de un debate, una competencia deportiva o un juego y equivale a la expresión **tanto a tanto**, de uso en algunos juegos de barajas.

Porra. l. p. Pelo largo en el hombre. // Cabellera abundante, tupida, desgreñada. Del esp. **puerro** (del lat. **porrus**), por la raíz abundante que tiene el bulbo de esta planta.

Porrudo. l. p. Que usa porra. // Persona de cabello largo, abundante. // Cabellera desgreñada.

Lo conocí retobao;
me acerqué y le dije, presto:
"por...rudo que un hombre sea,
nunca se enoja por esto".
Corcoveó el de los tamangos
y creyéndose muy fijo,

"más porrudo serás vos,
gaucho rotoso", me dijo.
El gaucho Martín Fierro. *José Hernández.*
NOTA. **Por...rudo:** encubiertamente, porrudo.

Portasenos. l. p. Prenda de vestir interior que usan las mujeres para sostener sus senos. // Sostén.

Portavento. lunf. Cinturón o tiradores que se usaban ahuecados en parte o acondicionados para guardar dinero. De **portar**: llevar, y **vento**: dinero.

Portugués/guesa. Persona que asiste a un espectáculo sin pagar entrada. // Persona que asiste gratuitamente a un espectáculo con la condición de aplaudir a los actores cada vez que le sea indicado. // Claque. // Garronero. Estas acepciones vienen de la tradición que atribuye a los portugueses la condición de tacaños (antig.).

Posada. l. p. "Casa de hospedaje nocturno y lugar disimulado de prostitución." (Antonio Dellepiane. **El idioma del delito**, 1894.) Del esp. **posada**: mesón; casa de huéspedes.

Entonces yo le batí
que le hablase a la madama
que conmigo a la posada
pensaba irse a dormir.
Encuentro con una china. *Autor anónimo. (Cfr. Antonio Dellepiane.* **El idioma del delito**, *1894.)*

Posta. lunf. De buena calidad, de lo mejor, óptimo. // Hermoso. *Negocio posta. Mujer posta.*

Por eso fue chorede de una fulana
que era una mina posta, minga de grupo,
empilchada de bute, como bacana,
pa despistar la fule davi que le cupo.
El Ñato Cernadas (*La crencha engrasada*). *Carlos de la Púa, 1928.*
NOTA. **Chorede:** revés de derecho: fue derechamente, rectamente hacia la fulana.

// Verdad. *No me engañes; decime la posta.* // Seguro, fidedigno. *Una información posta.* Suele repetirse para enfatizar. *Una información posta, posta.* // l. turf. Caballo al que se cree ganador seguro de la carrera que va a disputar.

Tengo una posta para el domingo. En este caso equivale a **fija** y a **número puesto**. El origen de esta voz ha sido adjudicado al adv. ital. **apposta**: adrede, expresamente, a propósito, apropiadamente (José Gobello. **Diccionario lunfardo**, 1989), aunque también en esp. tenemos **aposta** como adverbio y también con el sentido de adrede, a propósito, de intento, actualmente de poco uso. "A veces, en italiano se dice **bella posta** con el mismo significado –argumenta Mario E. Teruggi– y podría suponerse que, al fijarse la atención en **bella**, se llegó a la acepción lunfarda. Conviene recordar que en gallego **aposto** significa apuesto y también oportuno, conveniente, en tanto que **posto**, en Brasil, vale por colocado, puesto. Según la semántica, parecería que el galleguismo es el que más se aproxima al concepto lunfardo, pero sería aventurado adherir a cualquier interpretación sin otras pruebas." (Panorama del lunfardo, 1974.)

Postamente. lunf. Cabalmente. Justamente. Verdaderamente. Oportunamente. De **posta**.

Poste. l. p. Se emplea esta voz en la expr. pop. **pasar como a poste** o **como a un poste caído**. Pasar en carrera a alguien con suma facilidad, como si se pasara a un poste, a un madero, clavado en el suelo o caído. // p. ext. Engañar, eludir, ignorar a alguien en un asunto que le concierne. // Desconocer, pasar por sobre la autoridad de alguien. También se dice, con igual sentido, **pasar como a alambre caído**.

Postichelo/a. lunf. Deformación de **posta**, con igual acepción. La rebuscada forma italiana hace al vocablo festivo y efusivo. *Estoy metido en un negocio postichelo.*

Potra. l. p. Cabellera abundante. // Cabellera abundante y descuidada. // Porra. // Dícese de la mujer joven, hermosa, como femenino de **potro**, que se aplica al varón de iguales atributos. // Suerte.

Potrillo. l. p. Caballo joven. En los de carrera, se los considera hasta la edad de tres años, según el **Stud book** argentino. Del esp. **potro**: caballo joven de cualquier edad comprendida entre el nacimiento y la muda de los dientes de leche, cosa que suele ocurrir a los cuatro años y medio.

Potro. l. p. Caballo arisco e indómito. // Dícese del hombre joven, hermoso.

Poya. Polla.

Precisa. l. p. **La precisa.** Equivale a la información real, la verdad exacta, la noticia fidedigna. *Hoy renunciará el intendente. Tengo la precisa.* // Recomendación. *El aspirante al trabajo vino con la precisa: una carta del ministro.* // l. turf. Pichicata, doping, estimulante que se le inyecta a un caballo para que rinda más en carrera. *Piojito correrá con la precisa.* También se aplica a deportistas que usan estimulantes. Del esp. **preciso**: necesario, indispensable para un fin.

Prenda. l. camp. Esposa. // Compañera del hombre. Es afectivo. *Mi prenda me despierta siempre con un mate.* Del esp. **prenda**, que deriva del también esp. **peindra** (del lat. **pignera**, pl. de **pignus**, prenda), forma antigua por **prenda**: fam., lo que se ama mucho, como mujer, hermanos, amigos, etc. Entre nosotros el vocablo asumió sólo la acepción de esposa o compañera del hombre, que era de mucho uso en el campo antiguamente.

Prenderse. l. p. Tomar parte en algo, decidida y entusiastamente. // Abrazar una causa con convencimiento y disposición. // Aferrarse a una idea, un sentimiento o a una persona. // Darse a algo. *Durante el viaje, cada tanto se prendía a la botella de ginebra. Se prendieron en una partida de ajedrez que duró dos horas.* Del esp. **prender**: asir, agarrar, sujetar una cosa.

—*Soy autoridá –dijo, aflojando, el policía.*
—*Y buen bailarín, ¿no es así mi agente? –dijo ella.*
—*Regular... –respondió, halagado, el botón.*
—*¿Y entonces...?*
—*Entonces, ¿qué?*
—*Entonces, ¿qué le parece si nos prendemos a un tango de mi flor?*
—*¿Aquí, en la vía pública?...*
...Y el agente se prendió a ella, bailando como un profesor.
Café de camareras.
Enrique Cadícamo, 1973.

// **Prenderse al queso.** Aferrarse a algo o a algún lugar donde se saca provecho. // **Prenderse como abrojo.** Apegarse, encariñarse con algo o con alguien (**abrojo**: fruto espinoso de la planta del mismo nombre, con cuyas púas se adhiere a la ropa o cabellos de las personas o al pelo de los animales).

Yo, que en el secreto estaba,
puse fin a mi venganza
cuando vi al cantor aquel
que a los labios de la infiel
como abrojo se prendió.
Amigazo. Tango. F. Brancatti - J. M. Velich.

// **Prenderse como saguaipé.** Aferrarse fuertemente a algo o a alguien. Se usa igual que **prenderse como abrojo**. (Saguaipé: especie de larva parásita en el hígado de los carneros.)
Prendido. l. p. **Estar prendido, ir prendido.** Participar en algún asunto o negocio. *El gerente también estaba prendido en el robo al banco.* // Tomar parte en una distribución de beneficios, de dinero, etc. // **Estar prendido o ir prendido en todas.** Sacar partido en todas las circunstancias en que uno se encuentre.
Prepear. l. p. Intimidar, amedrentar, valerse de la prepotencia. // Usar de la violencia para conseguir algo de alguien. Es sínc. del también nuestro **prepotear**, de igual sentido.
Prepo. l. p. Apóc. de prepotencia. // **De prepo.** Por ejercicio de la prepotencia. *Conseguir algo de prepo. Imponer su voluntad de prepo.* Véase **prepotear**.
Prepotear. l. p. Intimidar, amedrentar, valerse de la prepotencia. // Usar de la violencia para conseguir algo. // **Prepear**. Del esp. prepotencia (del lat. **pro potentia**): poder superior al de otros o gran poder.
Prepotente de canushia. l. del. "Penado que en las cárceles o presidios es respetado y temido por sus compañeros de encierro. Es toda una potencia y de él depende que se declare o no una huelga, un desorden o se cometa una falta colectiva o individual en el establecimiento. Es pederasta activo. Los hay en cada pabellón." (Luis Contreras Villamayor. Cfr. Adolfo Enrique Rodríguez. **Lexicón**, Centro de Estudios Históricos Policiales, 1991.)
Preso. l. p. Torpe, inútil, incapaz, inservible. // Tronco. // Pesado, lento, poco vivaz. // Duro de entender.

Juan Mondiola,
vos, que tenés experiencia
y sos ducho en ésa ciencia
que se llama seducción;
che, Juancito,
explicámele a este preso
la emoción que brinda un beso
cuando talla el corazón.
Don Juan Mondiola. Tango. Oscar Arona.

Prima. l. p. **De prima.** Primeramente, de inicio, antes que nada, en el acto, sin hesitar. *Me narró su historia y, de prima, le respondí: –¡Andá a contárselo a Serrucho!* Véase **Serrucho**. // **De primera**, refiriéndose a calidad. *Nos trajo carne de prima para hacer el asado.* Es un modismo relativamente nuevo originado en el esp. **primeramente**: previamente, antes de todo. // l. mús. Guitarrista solista.
Primero de mayo. l. p. Nombre que se le da irónica y festivamente a la persona desafecta al trabajo, al haragán. Por la celebración en esa fecha del Día del Trabajo o de los Trabajadores, acontecimiento de proyección casi mundial en que se produce el cese general de actividades con excepción de los servicios públicos esenciales.

Haragán,
si encontrás al inventor
del laburo, lo fajás.
(...) Si en tren de cararrota
pensás continuar,
Primero de Mayo
te van a llamar.
Haragán. Tango.
Manuel Romero - L. Bayón Herrera, 1928.

Primus. l. p. Nombre con el que se llamó genéricamente a todo calentador de gas de kerosene con bomba de presión, por ser el de esta marca el primero que se fabricó y el más popular.

El primus nunca fallaba
con su carga de aguardiente,
y habiendo agua caliente
el mate era allí el señor.
El bulín de la calle Ayacucho.
Tango. Celedonio Esteban Flores, 1923.

Pris. l. p. Porción de cocaína que se aspira. Del fr. **priser**: tomar rapé, que da **prise**: porción de rapé que se aspira.

Prisco. l. p. Homosexual pasivo. Es voz antigua, ya en desuso, proveniente del nombre de un tipo de durazno llamado **prisco**, fruto de tamaño grande y color rojizo, con una hendidura de arriba hacia abajo que forma dos hemisferios, como un trasero humano. Se decía, también, **brisco**, al igual que a dicho durazno.
Prise. l. p. Pris.
Prisé. l. p. Pris, prise.

Trajeada de bacana, bailás con corte
y por raro snobismo tomás prisé...
Che, papusa, oí.
Tango. Enrique Cadícamo, 1927.

Procurador. l. p. Es voz netamente española, proveniente del lat. **procurator** (que procura) y define el título habilitante para ejercer ante los tribunales la representación de alguna de las partes en un juicio. Este título intermedio en la carrera de abogacía, fue en un tiempo la meta de muchos estudiantes de escasa vocación intelectual sin más aspiraciones que la de justificar un trabajo o contar con un medio válido para participar en la actividad tribunalicia y alternar con letrados y jueces, aunque fuese en pleitos de menor cuantía, dándose ínfulas de abogados. Para otros, más audaces, era una carrera que se avenía a su limitado intelecto y su ilimitado caradurismo, que les permitía ganarse la vida "pichuleando" un poco de aquí, un poco de allá. La mayoría de ellos no tenía ni oficina para atender a sus clientes, como el personaje que pasamos a describir característico de una época lejana.

EL PROCURADOR
"En la esquina de la cuadra donde abriera sus puertas un juzgado de paz —pleitos chicos y trampas grandes— había un almacén y en una de sus mesas del despacho de bebidas plantaba su bufete de pequeño abogado un personaje que la gente denominaba 'el procurador' (...) Era siempre una calamidad familiar y un fracasado profesor de Derecho, merecedor de los calificativos de embrollón y macaneador con el que el consenso del barrio premió su esfuerzo dialéctico en el abogadear incesante.
"(...) El procurador era, realmente, hombre de totales recursos, conocía el valor exacto de los vocablos empleados en Derecho y la triquiñuela, mitad ilegalidad y mitad idiomática, de determinadas palabras asustadoras (...) Requerido a tiempo, era un testigo que daba fe de cómo se llamara, qué estado civil tuviera, qué tiempo llevaba en el país un fulano que no había visto nunca. Por un par de pesos servía momentáneamente de pariente cercano de cualquiera, sin importarle la presencia audiencial del mismísimo juez, que lo conocía a él mejor que a sus propios hijos, pues lo veía atestiguando verdades con mucha mayor frecuencia que a los otros, atestiguadores contradictorios de mentiras. Por cinco pesos hacía una presentación escrita y por diez, una defensa en papel sellado, sobre la mesa pringosa del almacén, cubierta con un diario doblado en dos a manera de carpeta de escritorio.
"(...) Cada una de sus audiencias, a la hora que fuese, costábale al cliente, demandado o demandante, un 'cañonazo', como una salva de honor. En cada consulta, para explicar el procedimiento a seguir, uno; para ponerle adecuado término, otro; si se vislumbraba una transacción, dos (...) Cada cañonazo era una copita de caña. Caña con durazno, con damasco o con guinda, para variarle el gusto, y que estaba de cuerpo presente dentro de grandes frascos de vidrio sobre el mostrador de hojalata.
"(...) El hombre hablaba por cuatro, sabíase los códigos de memoria y citaba sus artículos e incisos sin verificar su numeración. Garrapateaba con letra que sus clientes le envidiaban, al punto de poder hacer perfiles ingleses con una pluma cucharita que llevaba un mes de oxidada sobre el escritorio grasiento del dueño del almacén.
"(...) Eran ya las nueve pasadas de la noche cuando levantaba su cátedra y se marchaba inseguro sobre la debilidad de sus piernas, no sin dar antes, como de yapa, una solución feliz para el entredicho con Chile." (Bernardo González Arrili. **Buenos Aires, 1900,** 1967.)

Provechito. l. p. Regüeldo, eructo de los niños.
Púa. l. p. Arma blanca que fabrican los presos con trozos de metal que van desgastando y afilando contra el piso, paredes o bordes de las camas hasta terminarlos en puntas muy agudas. Se origina en el esp. **púa**, que, a su vez, proviene del esp. **puya**, y significa entre otras cosas cuerpo delgado rígido y puntia-

gudo, así como el pincho o espina del erizo, puerco espín, etc. **Púa** era, asimismo, voz antigua por **puya**, nombre de la punta acerada que llevan las garrochas de los picadores y vaqueros.

—Ya sé quién es ese compadrito. Pero, en cuanto se me cruce, le voy a encajar una púa.
Café de camareras.
Enrique Cadícamo, 1973.

// Piola, canchero. // Bravo, de agallas. En este caso, deviene del esp. fig. y fam. **púa**: persona sutil, astuta y taimada.

*Vos, que fuiste
de todos el más púa,
batí con qué ganzúa
piantaron tus hazañas.*
No aflojés. Tango. Mario Battistela, 1934.

Puaso. l. p. Puazo.
Puazo. l. p. Herida producida por una púa. // p. ext. Herida de arma blanca. // **Puntazo**.
¡Pucha! l. p. Eufemismo por ¡puta! Interj. de sorpresa, admiración, molestia, disgusto, pena, etc. ¡*Pucha, cuánto tiempo sin verte!* ¡*Pucha, que canta bien este tenor!* ¡*Pucha, qué cansado me tenés!* Corren las formas **¡pucha, digo!** y **¡la gran pucha!**

*Viene el hombre ciego al mundo,
cuartiándole la esperanza
y a poco andar ya lo alcanzan
las desgracias a empujones.
¡La pucha, que trae liciones
el tiempo con sus mudanzas!*
Martín Fierro. José Hernández.
NOTA. *Cuartiándole:* cuarteándole, es decir, llevado por la **cuarta**, en este caso, llevado por la esperanza. *Liciones:* lecciones.

¡Pucha, digo! l. p. Igual que ¡pucha! o ¡la gran pucha! (Véase pucha).

*Y en el bulín rasposo me pasaré las horas
mascándome esta yeta que me sigue. No quiero
saber nada, ¡nada!, ¡pucha digo! ¡Si vieras
cómo estoy de cansao! ¡Cómo estoy de fulero!*
Fiaca. Dante A. Linyera (Francisco B. Rímoli), 1928.

Puchear. l. p. Fumar. **Fasear**.
Pucherear. l. p. Alimentarse modestamente. // Comer lo indispensable para vivir. // Comer **puchero**. El puchero que conocemos, tan abundante de ingredientes y sustancioso, fue, en tiempos de la inmigración europea a nuestro país, comida de todos los días para mucha gente y consistía en trozos de carne barata hervidos con algunas verduras. Véase **puchero**.
Puchereo. l. p. Acción y efecto de **pucherear**.
Pucherete. l. p. Voz que define a un puchero sabroso. // En general, puchero.

*No vayás a lecherías
a pillar café con leche.
Mandate tus pucheretes
en el viejo Tropezón.*
Seguí mi consejo.
Tango. Eduardo Trongé, 1928.
NOTA. *Tropezón:* El Tropezón. Famoso restaurante que existió en la avenida Callao entre Bartolomé Mitre y Cangallo (actual Presidente Perón) de Buenos Aires, cuyo plato tradicional era el puchero de carne vacuna o gallina.

Puchería. l. p. Cigarrería. De pucho.
Puchero. l. p. Comida muy popular en nuestro país. Un puchero "completo" puede estar hecho con verduras varias, como choclo, papa, batata, cebolla, zapallo, zapallito, zanahoria, acelga, puerro, apio, repollo y garbanzos; además, chorizos, panceta y trozos de carne de vaca o de gallina (puchero de carne o de gallina). Se hierve todo junto y el caldo se usa para hacer sopa. Servido el puchero, puede acompañarse con fariña y condimentarse a gusto con mostaza. En tiempos críticos el puchero era mucho más simple y comida obligada día y noche (véase **pucherear**). Viene del esp. **puchero**: alimento diario y regular. // **Ganarse el puchero**. Ganarse el sustento. // **Trabajar para el puchero**. Trabajar para ganar solamente lo necesario para comer. // **Puchero todos los días**. Dícese de la rutina que cansa, sea cual fuere. // **Puchero de cola**. l. p. El puchero más modesto, en el que la carne ha sido reemplazada por un trozo de cola de vaca, que es más económica y tiene poca carne. // p. ext. **Comer puchero de cola**. Ocupar ("comerse") el último puesto, es de-

cir, "llegar cola" en alguna competencia deportiva o cualquier confrontación.

(...) Correr en la pista soñada... Para llegar a eso, a tocar el cielo con las manos, cuánto debí rogarle a don Pedro Guillén. Me volvía hasta cargoso (...)
Así las cosas, hasta que un día me gritó, casi enojado: "Bueno..., bueno..., sí, te voy a hacer el gusto..., así te sacás las ganas de comer puchero'e cola en el hipódromo".
Leguisamo de punta a punta.
Daniel Alfonso Luro, 1982.

Puchimbal. l. p. **Puchimbol** (angl.). Especie de pelota de cuero, inflable, que pende de un tope de madera y que usan los boxeadores para entrenarse golpeándola y haciéndola rebotar contra dicha madera. Del ing. **punching ball**, de **punch**: golpear, y **ball**: pelota, con igual significado.

Puchito. l. p. Dim. de **pucho**. Poco, muy poco. Véase **pucho**. *Con puchitos mantiene a su familia.*

Pucho. l. p. Colilla del cigarrillo. // Parte final del cigarrillo que se está fumando o se dejó de fumar. Del quechua **puchu**: residuo, resto, cosa que sobra.

Mas allá, parados, con los pies cruzados, un pucho coronando la oreja, medio perdido entre una mecha rebelde que se escapa del sombrero descolorido y ajado, estaban los gauchos pobres y menos considerados.
De oruga a mariposa (Memorias de un vigilante). *Fray Mocho (José S. Álvarez) 1ª edición, 1897.*
NOTA. Antiguamente había quienes acostumbraban colocarse, apretado por la oreja, un pucho de cigarrillo que apagaban para volver a encenderlo y fumar en otro momento.

// Poco. Casi nada. *Sólo tengo un pucho de cosas que hacer. Ya termino.* // p. ext. Sobrante de algo. Residuo, resto. // p. ext. Cosa de poco o ningún valor. // Lo poco que uno tiene de algo.

Yo llevé un moro de número,
¡sobresaliente el matucho!
Con él gané en Ayacucho
más plata que agua bendita.
Siempre el gaucho necesita
un pingo pa fiarle un pucho.
El gaucho Martín Fierro. *José Hernández.*
NOTA. **Fiarle:** apostarle. **Un pucho:** algo de dinero.

// **Sobre el pucho.** Inmediatamente. En el acto, enseguida, ya mismo. *Le contesté sobre el pucho. Sobre el pucho le di una piña.*

Se quedó de apoliyo para siempre
mientras pitaba un faso en la cocina;
la grela se escurrió y rajó gritando,
y sobre el pucho, no más, cayó zumbando
el tordo que se trajo la vecina.
¡Minga de faso! *Pedro Milletari.*

// Daniel Granada aporta: "**pucho:** sobra o resto y también lo que vale muy poco o casi nada y se desperdicia. *No hay más que un pucho* (una sobra) *de tal o cual cosa.* // *Sólo me queda un pucho* (resto) *de ella.* // *No vale un pucho* (es cosa despreciable). // *Un pucho* (desperdicio) *de cigarro*". (**Vocabulario rioplatense razonado.** Montevideo, Uruguay, 1890.)

Puerta. l. p. **En puerta.** Lo que se muestra a la vista en un momento dado. // Asunto que está por concretarse. *Tengo un negocio en puerta que me hará millonario.* // l. jgo. Baraja que se muestra cuando se da vuelta el mazo.

El de mi zurda, alterao,
al ver en puerta ese churro,
me batió: "¡seguila, turro,
andá y ponete a su lao!".
Lunfa, lunfa (Nocau lírico).
Alcides Gandoldi Herrero, 1970.

// **Bronca en puerta.** Presagio de que va a saltar la bronca.

Avivao del escolaso,
junando la bronca en puerta,
salí a la calle desierta
con la percanta del brazo.
Y no está en mi performance (Nocau lírico). *Alcides Gandolfi Herrero, 1970.*

// **Quedar en puerta, estar en puerta.** Estar algo próximo a concretarse. // Hallarse a

punto de realizarse con éxito algo que falló en anteriores intentos. *Hoy perdió mi caballo, pero quedó en puerta para ganar en cuanto corra.*
Puerta cancel. l. p. Véase **cancel.**
Puesta. l. turf. Empate en las carreras de caballos, entre dos o más competidores. *En una carrera emocionante hicieron puesta los dos caballos.*
Pulastra. l. p. Puta. Prostituta. Mujer pública.
Pulastrín. l. p. Es diminutivo de **pulastro,** pero generalmente se emplea como sinónimo de ella.
Pulastrina. l. p. Como el anterior, dim. de **pulastra,** pero suele usarse como sinónimo.

A partir de allí, se vio a sí misma y advirtió que era una rubia de ojos claros, realmente bonita y cosa nada común en ese ambiente berreta de pulastrinas.
Duendes en el Café de la Muerte.
Héctor Chaponick, 1986.

Pulastro. l. p. Homosexual pasivo.
Pulastrón. l. p. Aument. de **pulastro.** // Pulastro.
Pulastrún. l. p. Igual que **pulastro,** con la terminación genovesa **un.**
Pulenta. lunf. Polenta.

Yo anduve con los bacanes
y alterné con los linyeras
y chamuyé con los chorros
y otros reos bien pulentas.
A la señora Academia. *César Bruto.*

Pulentería. lunf. Polentería.
Pulisa. lunf. Poliso.
Pulisar. lunf. Polisar.
Pulisha. lunf. Poliso.
Pulishar. lunf. Polisar.
Pulmón. l. p. Se usa en el mod. **a pulmón,** que indica hacer algo a puro esfuerzo, con gran voluntad, sin contar con medios ni con las circunstancias adecuadas para su realización. *La pieza para mi hijo la hice a pulmón.* // **Jugar de pulmón.** l. jgo. En algunas mesas de juego bancado, apostar sin tener dinero. Si el que es banca lo acepta, le pagará al jugador en caso de que gane. Si éste pierde, le quedará debiendo a la banca. Generalmente se le da esta chance al jugador que ha perdido mucho dinero.
Pulmonear. l. p. Fumar. Fasear.

Y pulmoneando un faso la pateo
entre silbo y pitada, desbrujulado,
mientras al cruce mío, por Campichuelo,
un fúnebre rumbea —infierno o cielo—
y a la Quinta del Ñato suma un finado.
La caduta
(Versos de yeca y atorro). Tino, 1977.

Pulmones. l. p. humoríst. Senos de la mujer. *¡Qué pulmones tiene esa rubia!* // **Tener pulmones.** Tener resistencia, aguante. // Sobrellevar con entereza una situación difícil. // Mantener con generosidad a una persona en mala situación. // Tener condiciones para realizar tareas fuertes, pesadas.
Pulpería. l. p. Nombre que se le daba a los comercios donde se vendían artículos y mercaderías de uso común, como comestibles, bebidas, tabaco, telas, etc.

PULPERÍAS DE LA ÉPOCA COLONIAL
"Eran casas o ranchos donde se vendían por menor vino, aceite, grasa, yerba, azúcar, velas de sebo, caña, cigarros ordinarios y otras cosas semejantes. Algunos autores opinan que el nombre viene de **pulque,** *bebida espirituosa que extraen en México de las hojas del magüey, donde también llaman* **pulquería** *a la tienda en que la despachan.*
*"Pero esta analogía es dudosa, pues Garcilaso de la Vega (***Comentarios reales del Perú***) nos cuenta que por el tiempo en que ocurrió la muerte del virrey Antonio de Mendoza (1552) andaban todos tan belicosos en el Perú, que diariamente había pendencias y desafíos, no ya entre la gente principal y soldados famosos, sino también entre mercaderes y toda clase de tratantes y hasta entre* **pulperos,** *nombre impuesto a los más pobres vendedores porque en la tienda de uno de ellos hallaron vendiéndose un pulpo. Además, cuando las leyes de Indias tratan de* **pulque,** *llaman* **pulquería** *a la tienda donde lo expenden, y si del abasto o mantenimiento de las poblaciones, no omiten decir* **pulpería.**
"El texto de la ley 12, título 8, libro 4º de Indias expresa: '(...) También se prohíben por ordenanza las tabernas o bodegones en la ranchería de Indias. Llámanlas acá **pulperías'."**
(Daniel Granada. **Vocabulario rioplatense razonado.** *Montevideo, Uruguay, 1890.)*

Pulperías de Buenos Aires

*"A las pulperías también se les llamaba **esquinas**, porque ocupaban siempre los ángulos de las calles. A ellas sólo concurrían los sirvientes en busca de lo necesario para la casa, como yerba, azúcar, etc., y las gentes de baja esfera a comprar bebida, que tomaban allí mismo.*

"En muchas de esas casas pasaban algunos hombres bebiendo hasta caer y quedar dormidos allí dentro, o, tal vez, en la vereda. Mientras no llegaba este caso, algunos tomadores cargosos vociferaban, pronunciaban palabras obscenas e insultaban o se mofaban de los que pasaban.

"Las señoras tenían a menudo que cruzar a la vereda opuesta, a cierta distancia de una pulpería en que hubiese reunión de tomadores, que a veces obstruían totalmente el paso.

*"En verano se consumía gran cantidad de refrescos. Estos eran **sangría**, que se hacía con vino Carlón, agua y azúcar; **vinagrada**, como su nombre lo indica, con vinagre, y **naranjada**, hecha con el zumo (agrio) de naranja, que se traía generalmente de las islas del Paraná. A estas naranjadas se les agregaba muy frecuentemente un vasito de caña, 'por ser fresca', según el decir de los tomadores. Los refrescos se preparaban por el pulpero a la vista del solicitante."* (José A. Wilde, **Buenos Aires, desde 70 años atrás: 1810-1880.** 1ª edición, 1881.)

Pulpero/a. l. p. Dueño de una pulpería. // Persona que atendía una pulpería.

Punga. lunf. y l. del. Hurto de dinero o efectos de los bolsillos de las personas. // Ladrón que se dedica a cometer esta clase de robo. // Punguista. // p. ext. Robo. // **Punga de madrugada.** Robo que se comete en una casa en las primeras horas de la madrugada, cuando duermen sus moradores. // **Tirar la punga.** Punguear. Dedicarse a esta especialidad delictiva. // **Café de la punga.** Nombre que se le daba a un conocido "café con camareras" que existía antiguamente en el barrio de La Boca. // **Punga a ojos vista.** Se llama así al robo de dinero, de la billetera, del reloj de bolsillo que se usaba antes en el chaleco o de cualquier otro efecto, del que se hace víctima a una persona, en tanto se mantiene una conversación con ella. Es la punga más difícil y habilidosa en su género.

Punga – punguista

"El punguista es el más artista de todos los ladrones y mira con cierto desdén a sus congéneres, a los cuales desprecia soberanamente..., tanto como puede despreciarlos un hombre honrado.

"Para él robar un reloj, una cartera, un rollo de dinero o cualquier otra cosa de valor que una persona pueda llevar sobre sí, no es un delito, sino un trabajo de arte, una hazaña.

"Es por eso que se lo ve tan tranquilo, tan seguro de sí mismo, meterle a cualquiera la mano en el bolsillo y sustraerle lo que guarda; su único dolor es ser sentido por la víctima o tomado 'in fraganti' por la policía a causa de su poca habilidad. Esto lo desespera pues le desbarranca su fama, su crédito. La gloria de un punguista es serlo y que nadie pueda probárselo.

"(...) Para el 'trabajo' jamás va solo: lleva dos o tres ayudantes, según la necesidad. Estos ayudantes, que son, por lo general, practicantes asociados, tienen por misión 'formar la cadena', es decir, estacionarse detrás del artista, de tal modo que, efectuado el hurto, lo hurtado se encuentra a salvo con la rapidez del rayo, pasando de mano en mano.

"Si el golpe es desgraciado y el practicante no puede huir, deja caer lo hurtado, lo echa en el bolsillo de cualquiera de los presentes, en fin, se deshace como puede del cuerpo del delito.

*"(...) Si suben a un **tramway**, tratan de rodear a la persona que han elegido por víctima y allí son los empujes por el menor motivo, los codazos, los pisotones con el objeto de distraer al desgraciado candidato y facilitar la obra del artista.*

"(...) Para dar el golpe, el punguista tiene siempre sus dedos índice y medio prontos para la acción y los introduce en el bolsillo ajeno con una suavidad incomparable.

"(...) Cuando ya son muy conocidos en sus mañas y no pueden trabajar, se dedican a robar borrachos (...) Un punguista nunca se embriaga: 'el alcohol afloja la lengua y entorpece las manos'." (Fray Mocho –José S. Álvarez–, **El arte es sublime –Memorias de un vigilante–.** 1ª edición, 1897.)

Dialecto propio

*"El punga es todo lo contrario del **jica** (o **jiquero**). Su apuesta, incluso la de su libertad, está hecha al puro sentido del tacto, a comuni-*

car sus dedos y la billetera ajena sin el mínimo roce que alerte a la víctima del despojo.
"Los punguistas no sólo tenían verdaderas escuelas, sino también un dialecto propio. Así, el **shuca** es el bolsillo exterior del saco; **cabalete** o **shuca arriba**, el bolsillo superior externo del saco; **camisulín** o **camisulinero**, el del chaleco, refugio del buscado **bobo** y la codiciada **marroca**; **grilleros**, los del pantalón; **chiquilín** o **chiquilinero**, el pequeño, de adelante; **culata**, el de atrás y **sotana** el bolsillo interior del saco o sobretodo. (Edmundo Rivero. **Una luz de almacén**, 1982.)

Punga en banda
"Muy común en EE.UU. y en Centroamérica. Suele intervenir una patota de tres, cuatro o más delincuentes, que organizan un verdadero ballet alrededor del elegido. Uno deja caer un objeto, otro se agacha a recogerlo, uno más lo roza, tal vez otro lo tropieza o lo insulta... En fin, que no hace falta mucha habilidad en los dedos para llevarse algún **cuero**, pero sí mucho personal. Acá, por suerte, el sistema no ha prosperado y quizá sea porque un cuero no da para tanto equipo." (Edmundo Rivero. **Una luz de almacén**, 1982.) Véase **cómica** por otra variante del "trabajo" de punga en equipo.

Fusilamiento de un punga
"Cuando la revolución del 6 de septiembre de 1930, se fusiló a un punga famoso, 'El Sapito', por saqueo de un comercio de la calle Brasil, en las tremendas horas del ataque a la casa de Hipólito Yrigoyen. Dicen que 'El Sapito' tenía tan buenos protectores policiales, que había llegado a sentirse intocable. Murió gritando '¡a mí no me pueden hacer esto!'." (Edmundo Rivero. **Una luz de almacén**, 1982.)

Uñas cuidadas
Una preocupación principalísima del punga era (y es) la permanente atención a sus uñas, que deben estar bien cuidadas y lisas en sus bordes para no correr el riesgo de que se enganchen en algún hilo suelto o hilacha del bolsillo profanado y el tirón advierta a la víctima de la punga.

En el 60, apretada,
una concurrencia plena
con guita de la quincena.

Una casimba abultada,
una uña mal cortada
que se le engancha en un hilo,
en ese junado grilo.
Ahora sufre en el estaro,
y en un obligado paro
está quemando unos kilos.
Versos de yeca y atorro. Tino, 1977.
Nota. *En el 60:* en un colectivo de la línea 60.

Pungueada. lunf. Acción y efecto de **punguear**. // Acto de llevar la mano al bolsillo o al objeto que se quiere punguear. // Tiro de punga.

Aproveché la ocasión
del pisoteo y pechadas
p'haser un par de punguiadas,
pero jué, hermano, al botón.
¿Disgraciao?... ¿Y qué hay con eso? Juan Manuel Pintos. Revista **PBT**, 18-2-1905. (Cfr. Luis Soler Cañas. **Orígenes de la literatura lunfarda**, 1965.)

Punguear. lunf. Robar por medio de la **punga**.
Punguia. lunf. Punga.
Punguiada. lunf. Pungueada.
Punguiar. lunf. Punguear.
Punguista. lunf. Punga. Ladrón que se dedica a la punga.
Punta. l. p. Cantidad de personas o cosas. *En el club había una punta de mujeres y sólo cinco hombres. Me trajeron una punta de regalos. Le hice una punta de recomendaciones.* Posiblemente devenga del esp. punta, pequeña porción de ganado, por antífrasis. // **Hacer punta.** Tomar la iniciativa. Tomar la delantera. Dar el ejemplo. *–Vayamos a encarar a esos individuos –nos dijo–, e hizo punta.* // **Jugar a dos puntas o tirarse a dos puntas.** Véase **jugar.** // l. del. Púa. Estas acepciones derivan del esp. punta: extremo agudo de un instrumento punzante y, en general, extremo de una cosa.
Puntacho. l. p. Hombre leal, franco, buen amigo, creíble, canchero. *Mi amigo es un puntacho de ley.* // Por antífrasis, también se emplea con sentido despectivo. *¿Esos puntachos son tus amigos?*
Punta y hacha. l. p. La frase se aplica a todo tipo de enfrentamiento intenso en cualquier

campo. *Los dos candidatos debatieron a punta y hacha. Boca Juniors y River Plate jugaron un partido de punta y hacha.*
Esta expresión es antigua y pintaba los enfrentamientos a cuchillo de entonces, dando la idea de que los duelistas se atacaban con saña y sin respiro, con el cuchillo de punta o a hachazos (golpes abiertos dados con fuerza, buscando cortar con todo el filo del arma). Se usa con las preposiciones **a** o **de** indistintamente.

Me hirvió la sangre en las venas
y me le afirmé al moreno,
dándole de punta y hacha
pa dejar un diablo menos.
***El gaucho Martín Fierro.** José Hernández.*

Puntazo. l. p. Herida producida con un elemento puntiagudo: cuchillo, daga, púa, etc.
Punteado/a. l. p. Dícese de la persona que está algo alcoholizada, sin llegar a la ebriedad. // Chispeado. // Terreno que ha sido removido con una pala de puntear.
Punteagudo. l. p. Deformación del esp. **puntiagudo**: que tiene aguda la punta.
Puntear. l. p. Hacer punta. // Tomar la iniciativa o la delantera entre varios otros. Se aplica a personas y animales. *El delegado punteó y todos fuimos a ver al capataz. Mi caballo punteó ni bien se largó la carrera.* // Remover la superficie de un terreno con una pala de punta, lo que se hace cargando el pie sobre ella para que penetre más en la tierra. De **punta**.
Puntearse. l. p. Ingerir bebidas alcohólicas hasta chisperarse, sin llegar a la ebriedad.
Puntilla. l. p. **Trabajo de puntilla.** antig. Decíase de algo hecho con mucho esmero, delicadeza y finura y se empleaba tanto cuando se refería a una tarea material como cuando se trataba de convencer, engañar o engatusar a alguien. Equivalía a **trabajo fino**, que hoy lo suplantó. *Le hizo un trabajo de puntilla en el motor del coche. Con un trabajo de puntilla lo estafaron en diez mil pesos.*
Punto. l. p. Individuo. Sujeto. // Persona innominada, como coso, tipo, etc. Se emplea para los dos géneros.

Bulín, invierno, catrera;
mina que ora; desconsuelo.

Punto en la última boqueada
pidiendo vía pa'l cielo.
Coplitas ciudadanas
***(Versos de yeca y atorro).** Tino, 1977.*

// Individuo bravo; taura.

¿Dónde estarán los puntos del boliche aquél
en el que yo cantara mi primer canción?
¿Y aquellos patios, donde conquisté
aplausos tauras, los primeros que escuché?
El cantor de Buenos Aires.
Tango. Enrique Cadícamo, 1937.

NOTA. **Primer:** debería ser **primera**, pero no da el metro. **Patios:** Cuando el tango comenzó a popularizare, era frecuente que se lo bailara en casas de las barriadas o de las orillas, en los amplios patios que tenían las viviendas de entonces. Los aplausos de que habla el ejemplo pudieron haber sido ganados por lucirse en el baile o por su voz interpretando tangos.

// Persona que participa en una mesa de juego. *En diez minutos reunieron cinco puntos para jugar al póquer.* // Persona que interviene en un asunto. *Estamos organizando un baile; ¿sos punto?* // Jugador que apuesta contra la banca en los juegos bancados. // Candidato elegido por maleantes para hacerlo víctima de un robo, una estafa, un cuento, etc. // Crédulo, cándido, ingenuo; expuesto a bromas o engaños. // Individuo al que se lo toma por blanco de burlas o de menosprecios.

Anduve siempre chueca, cuando manca o bichoca,
bronqueando el desparejo camino de la vida,
que te toma de punto, te amasija y sancocha
y le birla al misterio su camino cachuzo.
En un bondi me saco el pasaje de ida,
digo chau y me cuelgo el cartel: Fuera de uso.
***El deschave.** Lily Franco.*

// Cliente de una prostituta. // Hombre que mantiene a una mujer. // **Agarrar** o **tomar de punto.** Tomar a alguien por tonto; burlarse de él o explotarlo. // **Punto alto.** Persona considerada importante dentro del medio en que actúa.

Don Juan de los patios de baldosa y de parra,
punto alto entre minas y entre calaveras...

Viendo tu figura bramaba la barra
y era fuego el pecho de las milongueras.
¡Qué fula es la vida! (Nocau lírico).
Alcides Gandolfi Herrero, 1970.

// **Punto y banca**. Véase **bacará**. // **Pasar de punto a banca**. Considerarse o ser considerado candidato a perder en una confrontación y, sorpresivamente, resultar ganador. // Pasar de la pobreza a la riqueza. // Quebrar una mala racha y comenzar una buena. Esta frase proviene de los juegos bancados en que el punto es considerado candidato a perder y la banca, segura ganadora. // **Punto filipino**. Gil. Otario.

Sos un punto filipino
propio para el cargamento,
sin clase, pinta ni vento,
con berretín de cantor.
Don Juan Mondiola. Tango. Oscar Arona.
NOTA. *Cargamento*: acción de cargar (véase **cargar**).

VOZ NACIDA AL RITMO DEL YO-YO
El dicho **punto filipino** con su carga cachadora y calificadora comenzó a circular por los años mil novecientos treinta y pico, cuando apareció en Buenos Aires el **yo-yo** con su piolita a cuestas, por la que subía y bajaba.
La novedad –tan nueva como el partenón de Atenas (véase **yo-yo**)– halló rápida difusión entre la muchachada, que se dio a practicar el juego con afán digno de causa más merecedora. Para impulsar la venta de este juguete llegaron a nuestra ciudad unos jóvenes filipinos que hacían exhibiciones con él instalados en las vidrieras de comercios céntricos ante un público que se agrupaba para verlos y aplaudirlos. Pero muchos no participaban de ese entusiasmo en una época dura, impropia para comulgar con ese tipo de frivolidades que devoraban el tiempo, y criticaban a quienes lo perdían mirando a esos filipinos hacer subir y bajar el aparatito o tratando de emularlos con empeño en tan discutible actividad.
El porteño vio a los oceánicos luciéndose en público con el yo-yo como una tremenda bobada, hasta impropia de varones y, calificador por esencia, no vaciló en usar la palabra *filipino* con el significado de bobo, papanatas. A su vez, ir a ver a esos filipinos, a esos **puntos**, horas enteras tirando de la piolita, sirvió para considerar a quien lo hiciera como un boca abierta que se admiraba de una tontería. Esto es, papanatas el punto que actuaba y papanatas el punto que lo mirara.
No fue necesario mucho más para que surgiera **punto filipino** como sinónimo de bobo y de tonto, que luego dio origen a **filipipón**, con el mismo sentido, voz que si no fue creada por aquel gran actor llamado Pepe Arias, por lo menos fue popularizada por él.
Terminado su contrato, los "yo-yoístas" metieron sus trebejos en bolsa y regresaron a sus tantas islas. Nunca supieron que por sobre sus juguetonas enseñanzas habían aportado al enriquecimiento de nuestro lenguaje popular.

Puñeta. l. p. Masturbación del hombre. Del esp. **puño** (del lat. **pugnus**): mano cerrada.
Pura uva. l. p. Buenísimo. De primera. De lo mejor. Excelente. Magnífico. Por referencia al vino de primera calidad, hecho de pura uva. Se aplica a personas y cosas. *Tengo una esposa que es pura uva. Me propusieron un negocio pura uva.*

Pebeta pura uva, rante, canyengue,
de ojos ensartadores pa' la emoción,
que a mi alma le hizo ñudos, igual que a un
                                        /lengue
y me ha arrugao el cuore cual bandonión...
Chamuyo al oído.
Dante A. Linyera (Francisco B. Rímoli).
NOTA. *Ñudo*: nudo. *Bandonión*: bandoneón.

Purrete/a. l. p. Niño. Chiquillo. Pebete. Muchachito.
Purretada. Purreteada. l. p. Conjunto de purretes. Propio de purretes. // p. ext. Gran cantidad de personas o cosas. Por influencia del esp. **porretada**: multitud. En desuso.
Purriá. lunf. Vocablo de antigua data y escasa vigencia, cuyo significado era **podrá** (3ª persona, singular, futuro imperfecto, modo indicativo del verbo **poder**). Es una de esas voces que "si a veces reconocen origen más o menos directo en la lunfardía, en otros casos advierten medianamente sobre su condición de palabra de la orilla o de la terminología criolla campesina.

"(...) Fue un ignorado precursor del Mocho Álvarez (Fray Mocho), él mismo, quizás, o tal vez su amigo y compañero de periodismo Ramón Romero, el autor de un pintoresco dialoguito aparecido en uno de nuestros diarios en 1885, fecha bastante antigua, como se ve." De este diálogo extractamos un fragmento:

–*A esa ciudadana me le afirmé anoche. Le di una güena paliza.*
–*¿Sí? ¿Y por qué?*
–*Pa que no juera comadre.*
–*Oigalé esa maula que prontito hubo que darle el güelto.*
–*Oh! y sinó, ya saben las hembras que conmigo no se purriá minga.*

El comentario sobre **purriá** y la transcripción del fragmento es textual y se halla en Luis Soler Cañas. **Orígenes de la literatura lunfarda**, 1965. De lo expuesto, surge el significado de **conmigo no se purriá minga**: conmigo no se podrá nada. Nadie podrá conmigo.

Puré. l. p. **Estar hecho puré**. Hallarse sin fuerzas, exhausto, agotado. // Estar postrado anímica o espiritualmente. // **Hacer puré o dejar hecho puré** (a alguien). Dejarlo en malas condiciones a causa de haberle dado un trabajo excesivo, una golpiza o una mala noticia. // Matarlo a golpes. // Matarlo en un accidente o dejarlo maltrecho. *Lo arrolló con el coche y lo hizo puré.* // p. ext. Derrotar ampliamente a alguien en alguna confrontación y dejarlo totalmente abatido. // **Hacerse puré**. Agotarse, extenuarse a causa de un intenso esfuerzo físico. // Sufrir postración debido a un problema anímico o espiritual. // Quedar maltrecho a consecuencia de un accidente. *Se cayó por la ventana y se hizo puré.*

Puteada. l. p. Insulto grosero. **La puta que te parió o la puta madre que te parió. Hijo de puta**. De putear.

Putear. l. p. Proferir puteadas. *Iba por la calle puteando contra su mala suerte.* // Injuriar a alguien con puteadas. *Se acercó a él y lo puteó en la cara.* De puta.

Puyón. l. p. Espolón. Apófisis ósea y puntiaguda del tarso de algunas aves, como el gallo, en especial el gallo de riña. // Púa metálica que se les coloca a los gallos de riña sobre las propias, cuando van a enfrentar a otro gallo. Del esp. **púa**: cuerpo delgado, rígido y puntiagudo.

Q

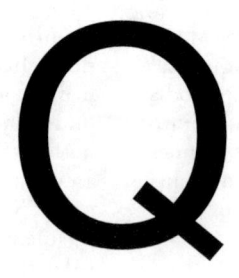

Quatrochi. l. p. **Cuatrochi.** Cuatro ojos. // Dícese, festivamente, de la persona que usa anteojos.

Quebracho. l. p. Tropo para designar al vino tinto, por su color, parecido al tanino, sustancia astringente que se encuentra en distintas especies vegetales, en especial en el quebracho. *Decía que no le gustaba el vino blanco, que él tomaba quebracho.*

Quebrada. l. p. Figura de baile en el tango. Véase **corte**. Del esp. **quiebro**: esguince o ademán que se hace con el cuerpo, como quebrándolo por la cintura.

> *¿Quién te iguala, por tu rango,*
> *en las canyengues quebradas del tango,*
> *en las conquistas de los corazones,*
> *si se da la ocasión?*
> **Ventarrón.**
> Tango. José Horacio Staffolani, 1932.

Quebrarse. l. p. Hamacarse de derecha a izquierda al caminar. Este movimiento, casi de vaivén, bien pronunciado, era característico del compadrito y del malevo, que hasta practicaban en sus domicilios para lucirlo en público. Del esp. **quebrar**: doblar, torcer.

> *He visto a un ladrón que, a fuerza de leer, se ha hecho un leguleyo, tiene toda la exterioridad de un hombre de educación esmerada, se expresa correctamente y su trato no deja traslucir que, diez años atrás, era un compadrito que escupía por el colmillo y se quebraba hasta barrer el suelo con la oreja.*
> **Entre la cueva (Memorias de un vigilante).** Fray Mocho (José S. Álvarez), 1ª edición, 1897.

Queco. lunf. Quilombo. Prostíbulo.

> *...La co-propietaria del queco La Lula,*
> *palanca con todos los púas de acción,*
> *en cuyo cotorro volcaban los chorros*
> *todo lo mejor,*
> *hoy, vieja, arruinada, con pilcha rasposa...*
> **La ex canchera (La crencha engrasada).**
> Carlos de la Púa, 1928.

Antiguamente, la voz quilombo solía abreviarse en **quico** (que tomó la sílaba inicial) y en **queco**. Ambas coexistieron en el habla popular, aunque con cierta preponderancia de la segunda, que terminó por desplazar a aquélla.

¡Qué hacés, tres veces qué hacés! l. p. Forma de saludo entre amigos, exagerando humorísticamente la afectividad, que se popularizó en las primeras décadas del 1900.

> *Para no pasar por chamuyador mistongo, bátase: ¡Qué hacé! ¡Tres veces, qué hacé! y no ¡Qué hacé! ¡Qué hacé! ¡Qué hacé! Para darse corte de chamuyador se inventaron las letras con las cuales se forman las parolas.*
> **Abecedario y parolas.** Yacaré. (Felipe H. Fernández). Publicado en el diario **Crítica** en el año 1915. (Cfr. Edmundo Rivero. **Una luz de almacén**, 1982.)

> *¡Qué hacés! ¡Tres veces, qué hacés!,*
> *señora Plisón Lavalle.*
> **Tortazo.** Milonga. Enrique P. Maroni, 1929.

Queko. lunf. Queco. Quico, quilombo.

Quema. l. p. Vaciadero donde se quema la basura. Véase **latas, ranas y ratas**. // En el juego de bolitas, golpe que da la bolita con la que se juega contra otra que ya lo ha hecho y se halla en el suelo.

Quemado/a. l. p. Dícese de la persona que ha quedado mal ante otras o públicamente por sus declaraciones o conducta. Indica que ha quedado descalificada ante la opinión general o, en su caso, ante las personas de su círculo. // Dícese de quien ha sido puesto en evidencia respecto de algo que ocultaba. *Ese espía ya no sirve: está quemado.* // **Remanyado.**

Quemar. l. p. Vender algo a bajo precio o a lo que den, por razones de urgencia.

Batile al grone Perroca
que queme el bobo en el pío,
junto con el zarzo mío,
la empiedrada y la marroca.
Desde la cana.
Yacaré (Felipe H. Fernández).

// Fracasar o hacer fracasar un negocio, un proyecto, un propósito. *No me alcanzó el dinero y se quemó el negocio. Alguien habló mal del proyectista y le quemó el proyecto.* // Denigrar, desprestigiar, desacreditar a alguien. *Me quemó ante mi novia al mencionar mi fama de Don Juan.* // Pasar o hacer pasar a alguien un papelón. // Desprestigiar a alguien un hecho negativo que surge a publicidad y que lo involucra. // Nombrar a alguien cuya identidad debía mantenerse en secreto. // p. ext. Matar con arma de fuego. *Lo quemó de tres balazos.* En las acep. 2ª a 5ª, se enfatiza con **incendiar** o **incinerar**. // **Quemarse los papeles.** Véase **papeles**.

QUEMAR EN EL PÍO

Se llamaban montepíos los comercios dedicados a la compra venta de bienes muebles, generalmente usados, que funcionaron antiguamente en Buenos Aires y luego en Rosario, cuyos propietarios incorporaron posteriormente el préstamo de dinero sobre objetos que recibían en caución y gravaban su rescate con elevados intereses. El habla popular pronto abrevió el nombre aplicándole la aféresis **pío**. *Los ladrones acudían a ellos para vender las cosas que robaban y caían inexorablemente en manos de esos comerciantes inescrupulosos que, conocedores del origen de los bienes que se les ofrecían y, además, explotadores por idiosincracia, pagaban por ellos un precio vil sabiendo la urgencia que animaba a sus tenedores de quitárselos de encima. Eso era quemar un objeto en el pío; malvender, desprenderse de un bien por lo que dieran con tal de librarse de él o, en otro caso, para cubrir una necesidad. Lo fue antes, lo es ahora y seguirá siéndolo en el tiempo.*

El ladrón quema el producto de su robo como se quema un papel comprometedor y lo hace desaparecer en manos del aprovechado comerciante, quien, a su vez, lo quita de circulación ocultándolo por un tiempo, revendiéndolo a algún mayorista (que también los hay para estos menesteres) o, en caso de una alhaja, fundiendo el metal, dándole otra forma y, tratándose de una piedra preciosa, engarzándola en algún anillo, prendedor, etc. A esto hoy se le llama **reducir** *y a este tipo de delincuentes,* **reducidores**. *La mayoría de ellos tienen distintos comercios con los que disfrazan su verdadera actividad.*

Quemero/a. l. p. Persona que se ocupa de recolectar en las quemas de basura objetos que luego vende (véase **ciruja**). // l. del. Persona comisionada por los ladrones para vender en los píos o a cualquier reducidor los objetos que han robado (véase **quemar**).

Quemo. l. p. Desprestigio. Descrédito. *No puedo decir esto en público: es un quemo. La dama se puso un vestido que era un quemo.*

Quequera. lunf. Dueña o administradora de un **queco**. **Madama**.

Quequero. lunf. Individuo que frecuenta los quecos o trabaja en alguno de ellos.

Querosén. l. p. Dícese de la bebida alcohólica de pésima calidad, comparando su gusto con el del querosene. *¡Esto no es vino! ¡Es querosén!* // También se le dice, festivamente, al vino. *Te invito a tomar unos tragos de querosén.* Véase **enquerosenado**.

Queseras. l. p. Medias. Alude al olor de la suciedad y la transpiración de los pies, en comparación con el de los quesos fuertes.

Quesista. l. p. Que le gusta el **queso** (en el sentido de acomodo, prerrogativas, privilegios, etc.). // Dícese de la persona que busca siempre estar cerca de quienes tienen poder o influencias para sacar provecho de ello. Véase **queso**.

Queso. l. p. Olor a transpiración o suciedad de los pies. Por comparación con el olor de los quesos fuertes. // Pie. *Me duelen los quesos.* // Gil. Otario.

Nada ganó, al final, con todo eso;
con la honradez..., si no salió de queso...
Y anda tirao, de pucho, por el piso.
Guiso. *Julián Centeya (Amleto Vergiati).*

// Acomodo, privilegio, prebenda. // Llámase así al medio que ofrece a los oportunistas la posibilidad de lograr beneficios fáciles o acomodos espurios. // **Estar en el queso.** Desenvolverse en el medio donde se manejan estos negociados. // **Gustarle a uno el queso.** Ser partidario de ese tipo de negociados. // **Ir al queso.** Intervenir en un asunto con el único objeto del beneficio propio por encima de sus móviles o de las personas que intervienen en el caso. Pensar nada más que en sí mismo. Equivale a ir a los bifes, ir a los billetes, ir a la plata, etc. // **Dar con queso.** Derrotar a alguien en forma aplastante en cualquier actividad. *Desde muchachito, Fischer se las daba con queso a grandes ajedrecistas.* // Apabullar a alguien en alguna controversia. // Dar una golpiza a alguien.

—Los esperamos en la cortada y, cuando güelvan, que será tarde, se la damos con queso a él y vos te quedás dueño del campo otra vez.
Fumadas. *Obra teatral de Enrique Buttaro. Estrenada en 1902.*

¡Qué va cha ché! l. p. Deformación humorística de ¡Qué vas a hacer! ¡Qué vas a hacerle!, ¡Qué le vas a hacer! Este dicho, que comenzó a acuñarse hacia los años 1920, y que popularizó Enrique Santos Discépolo en un tango que lleva ese nombre y escribió en 1926, se usaba como expresión de entrega, renuncia, sujeción. Era la cruda resignación del que veía o sufría las crueles manifestaciones de interés, egoísmo y mezquindad que manejaban al mundo deshumanizado en que le tocaba vivir, sin poder hacer nada para remediarlo, sin fuerzas para nadar contra la corriente. ¡Qué va cha ché! o, lo que era peor, ¿Qué va cha ché? –pregunta sin respuesta–, acompañados de una subida de hombros, equivalía a *aceptalo así, viejo, aunque te duela; a esto no lo cambia nadie.* Hubo quienes lo emplearon festivamente y hasta en casos de contratiempos o sucesos menores, pero Discépolo ya le había dado su verdadera dimensión en 1926, al reflexionar en su tango: "*¿Qué va cha ché, si hoy ya murió el criterio? Vale Jesús lo mismo que el ladrón*".

Quía. l. p. Revés de aquí. *Vení quía.* // Persona innominada, con el sentido de coso, sujeto, tipo, etc. *En la esquina hay un quía sospechoso.* // Usado en primera persona suele ser jactancioso. *Tuviste que morir con quía, ¿eh?* (Tuviste que venir a mí, que caer conmigo, que bajar la cabeza y venir a verme.) Véase **morir.** // También se emplea como sinónimo de persona. *Yo soy un quía bueno. Sos un quía nervioso.* En este caso puede ser ponderativo: *¿Te entrevistaste con el Presidente? ¿Nada menos que con el quía?* O descalificativo: *¿Cómo podés ser amigo de ese quía?*

Quibe. l. p. Apóc. de **quibebe. Quilombo, quico, queco.**

Quibebe. l. p. **Quilombo. Prostíbulo.** Se llama quibebe en Brasil a un puré de zapallo que se come acompañando guisos o pescados. Esta voz fue adoptada por nuestro lenguaje popular, que le concedió festivamente la acepción de quilombo, por coincidencia de su primera sílaba y quizá, también, por comparar la mezcla de ingredientes que componen al guiso más el agregado del zapallo con la mezcolanza de rameras, hombres de toda clase y calaña, vendedores, músicos, pesebreros, etc. que llenaban los quilombos.

Quico. l. p. **Queco. Quilombo.** (Véase **queco.**)

Quilombear. l. p. Concurrir a los quilombos. // Hacer quilombo, esto es, hacer lío, armar despelote, alborotar, embarullar las cosas.

Quilombero. l. p. Que concurre a los quilombos.

Quilombero/a. Que hace quilombo. // Liero, alborotador, escandalizador, embarullador.

Quilombo. l. p. **Prostíbulo. Burdel. Lupanar.** Esta última, de **lupa** (loba) como se llamó en Roma a las yirantas (Tulio Carella, **Picaresca porteña,** 1966). // Casa pública en la que se ejerce la prostitución. En Buenos Aires y Rosario, principalmente, estas casas proliferaron hacia fines del 1800. Constaban de varias habitaciones en las cuales las prostitutas (**pro**: delante; **statuere**: exponer, según Carella) atendían a los clientes, a quienes, previo pago de un precio estipulado, brindaban sus servicios. Estaban regenteadas por una mujer –mandamás indiscutida– a la que se la llamaba **madama**, casi siempre una ex prostituta. El nombre viene del afronegrismo **quilombo**, como se le decía en Brasil a la casa o refugio clandestino escondido en los montes selváticos, donde se ocultaban los esclavos africanos que huían de su cautiverio, a quienes se los llamaba **quilómbolos**. Es voz de la lengua bunda hablada por algunas tribus de Angola, en África. // p. ext. Lío, escándalo, alboroto, despelote, barullo, desorden. *Tiene el placar hecho un quilombo. La sesión de diputados terminó con un quilombo. Toda su vida es un quilombo*. Esta acepción se inspira en el barullo constante que reinaba en los prostíbulos (véase **quibebe**) y en los escándalos que se producían de continuo entre la madama con los hombres que sólo iban a franelear y por las peleas entre clientes, lo que motivaba frecuentemente la intervención policial con expulsados y detenidos.

El quilombo

"*Los había de dos tipos: individuales y colectivos (...); en la ciudad se permitían los individuales. Instalarlos era cosa sencilla, pues sólo se necesitaba una vivienda. La puta ocupaba dos habitaciones para su trabajo. En tanto que un cliente servido completaba su tocado después del acto, ella atendía a otro cliente en la alcoba próxima. (...) En el vestíbulo había sillas para los que aguardaban turno (...) Un farol rojo individualizaba a tales establecimientos en la noche porteña.*

"*Los prostíbulos colectivos respondían a una necesidad orgiástica y comercial a la vez. Estaban instalados en amplias viviendas fuera del perímetro ciudadano (...) Tenían nombres pintorescos y, en ocasiones, poéticos: Edén, Perla del Oeste, Chanteclair, Victoria, La mariposa (...) Recuérdese el quilombo de La Estrella de Lobos, donde fue muerto Juan Moreira, posteriormente metamorfoseado en salón de baile o en pulpería por la pudibundez convencional.*

"*A veces se los designaba por una circunstancia: el de la Francesa, el de la Marina. En el Farol Colorado, de Dock Sur, se proyectaban vistas pornográficas. Los de Mataderos y San Fernando eran renombrados por la abundancia y belleza de sus meretrices. En todo el mundo se conocía el de Madame Sapho, de Rosario, y nadie ignora que un filósofo español que vino a dar conferencias, viajó hasta esa ciudad para conocerlo.*

"*A la puerta, la policía, de imaginaria –casco redondo terminado en una punta metálica–, palpaba de armas a los visitantes. Tenía la obligación de pedir la libreta de enrolamiento a quienes no aparentaban edad para entrar en esos sitios. Al cumplir 18 años todo individuo varón debía enrolarse. Le entregaban la libreta; con ella, la obligación de ejercer los deberes cívicos y la franquicia en los quilombos.*

"*(...) Antes de entrar era posible adquirir artículos variados que se relacionaban con esas actividades: grupos de vendedores ambulantes pregonaban la mercadería preservadora que llevaban en bolsitas o en cajas horizontales que llevaban colgadas del cuello por un cordón; voceaban el último número de* **Caricatura Universal** *o* **Medianoche**, *revistas picantes, o musitaban el ofrecimiento de librillos obscenos. No lejos había localcitos con tablados y, en tanto que el público se entonaba con algunas copas, asistía a la representación de obrejas cuya burda impudicia divertía a personas poco exigentes en materia teatral (...) Se percibía ya, desde la calle, un tufo característico de casa pública, mezcla de perfume, desinfectante, tabaco y querosene.*

"*(...) A derecha e izquierda de un patio se abrían numerosas alcobas donde las pelandrunas recibían a la clientela. En el centro, una pianola automática: se echaba una moneda y se obtenía una pieza musical (...) Arrimados a las paredes laterales, unos bancos sin respaldo, oscurecidos por el uso. Al fondo, algunas habitaciones privadas donde vivía la encargada con el compañero, una cocina y un mingitorio para el visitante.*

"*(...) Para muchos individuos, el quilombo era un lugar de reunión. Los amigos se daban cita allí o iban juntos a hacer vida de sociedad, a bailar, a beber, a estar en ambiente, a disfrutar con el espectáculo del bramaje, que revoloteaba, activo, por el local.*" (Tulio Carella. **Picaresca porteña**, 1966.)

"En la zona que se extiende desde Callao a Pueyrredón, por Cangallo, Sarmiento, Corrientes, Lavalle, Tucumán y Viamonte hubo a fines del siglo XIX numerosos prostíbulos hasta que la Municipalidad prohibió su funcionamiento." (José Barcia. **El lunfardo de Buenos Aires**, 1973.)

Quimbos. l. p. Testículos. Bolas. Huevos. No me rompas los quimbos: no me rompas los huevos. Viene de **huevo quimbo**, postre que se hace a base de huevos batidos con azúcar con el agregado de almendras, moldeado y horneado.

Quinado. l. p. **Chinato**.

Quinato. l. p. **Chinato**.

Quinela. l. p. **Quiniela**.

Quiniela. l. p. Juego de azar que consiste en acertar las cuatro, tres, dos o última cifra de los premios de pizarra de las loterías oficiales del país. Desde antiguo, se trataba de un juego prohibido, que se explotaba clandestinamente, pero fue oficializado en 1974 y, actualmente, aparte de cada lotería, se hacen sorteos especiales únicamente de quiniela. Si el apostador acierta las cuatro últimas cifras, cobrará 3500 veces el importe del dinero que haya jugado; si juega a las tres últimas y acierta, 500 veces; si lo hace a las dos últimas, 70 veces y si es a la última, 7 veces.

También puede apostarse a que un determinado número salga en la llamada "lista de pizarra" o "premios de pizarra", que son veinte. Sería el caso de que un jugador apostara a que su número elegido figure entre los veinte premios; por ejemplo, que apueste al 83 a los cinco primeros o a los diez o a los quince o, finalmente, a los veinte. En el caso de que fuera a los diez se divide por esta cantidad el importe jugado y cada una de esas partes se aplicará a cada uno de los diez primeros premios. Si sale el número jugado entre éstos, el apostador cobrará en la proporción ya citada por cada vez que su número haya aparecido en esa nómina. También puede jugarse en **redoblona** (véase esta voz).

Quinielero/a. Persona que juega a la quiniela. // Pasador de juego; persona que recibe las jugadas y las pasa a su capitalista.

Quinotos. l. p. Testículos. Huevos. Pelotas. // **Romper los quinotos**: romper los huevos. Fastidiar, cansar. Véase **huevos**.

Quinta del Ñato. l. p. Cementerio. El nombre, festivo, se inspira en los grandes espacios arbolados que caracterizan a la mayoría de los cementerios, como a las quintas. "El Ñato", en el caso, es el dueño de la quinta, representado por el esqueleto humano, que se emplea como símbolo de la muerte, cuya calavera, sin carne, es ñata.

La veo sobre el negro carromato
mostrarme su guadaña espamentosa
pa transportarme hasta la Quinta'el Ñato.
Cuando se tiene una mina.
Carlos A. Alberti.

Quinta. La Quinta. l. p. y l. pol. Nombre que se le dio a la Penitenciaría Nacional en tiempos de su inauguración, por los jardines y huertas que la rodeaban. Se hallaba en el predio comprendido por las calles Las Heras, Salguero, Juncal y Coronel Díaz, de la ciudad de Buenos Aires. También se la llamaba "La Nueva". Véase **Penitenciaría**.

Quinto. l. p. antig. Vaso de vino cuya capacidad equivalía a la quinta parte de un litro, aproximadamente.

—¡Si pudiera disfrazarme de chafe!... Te garanto, Elizalde, que... me lo encano al trote largo.
—¿A quién, Zamudio?... ¡Mozo! Otra bolita y otro quinto de Mendoza.
—Al rubio ese, al de la calle Catamarca...
Pedrín (Brochazos porteños).
Félix Lima, 1969.

R

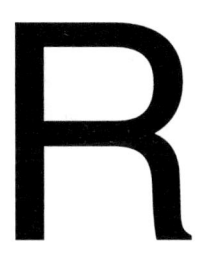

Rabiosa. l. del. Pistola. // Arma de fuego de mano, en general.
Radical. l. p. Billete cuyo valor era de cincuenta centavos de peso, de color azul y tamaño reducido, que entró en circulación en 1918 y fue retirado pocos años después. Se lo llamó así porque fue emitido durante el gobierno de la Unión Cívica Radical. // Miembro, afiliado o simpatizante del citado partido.
Radicha. l. p. humoríst. Nombre que se le daba al afiliado o simpatizante del partido político Unión Cívica Radical, empleando el nombre de este vegetal por parecido fonético.
Radicheta. l. p. Igual que radicha, esta vez recurriendo al nombre de otro vegetal.
Rafa. Hipocorístico de Rafael. // Revés de farra: broma, chanza, cachada.

¿Qué te creés, que soy como más de cuatro galeritas (...) que muchas veces no tienen níqueles ni p'al viaje?
—No bronquiés, si te lo dije en rafa...
Callejeras. Federico Mertens, 1905. (Cfr. Luis Soler Cañas. *Orígenes de la literatura lunfarda*, 1965.)

// p. ext. Fiesta, diversión, jarana, francachela. También por inversión silábica de farra.

La crónica fuleranta
de la fiesta le dio un susto,
pues le fue a batir el justo
a una naerpi atorranta
que cayó de madrugada
en tren medio mistonguín
a la rafa del bulín
de donde salió escrachada.
A la percantina. Posiblemente de Charles de Soussens, 1908. (Cfr. Luis Soler Cañas. *Orígenes de la literatura lunfarda*, 1965.)
NOTA. **Fuleranta:** véase fulera. **Batir el justo:** véase batir. **Naerpi:** revés de pierna; en este caso, mujer. **Mistonguín:** mistongo. **La rafa del bulín:** la fiesta que se hacía en el bulín.

Rafañoso/a. l. p. Ranfañoso. "Despreciable, mísero, ordinario. Parece estar vinculado con el gallego **rafa**, miseria, lacería, o con el término de la giria **rafa**, hambre, penuria." (Mario E. Teruggi. *Panorama del lunfardo*, 1974.)
Rafiña. lunf. Ranfiña.
Rafiñar. lunf. Ranfiñar.
Ragú. l. p. Hambre, apetito. Es palabra originada en el fr. ragoût o en su argot de igual grafía, con el significado de guisado y de aderezo de vianda compuesto de varios ingredientes, para excitar el apetito.
Ragunear. l. p. Padecer hambre. // Sufrir padecimientos económicos que impiden un sustento normal. // Por antífrasis, comer. De ragú. En desuso.
Ragunero/a. Hambriento. // Por antífrasis, comilón, tragón, glotón. De ragú. En desuso.
Ragute. l. p. Ragú. En desuso.
Ragutín. l. p. Hambre. // Comida. De empleo corriente en las primeras décadas del 1900, poco a poco perdió uso.

Juanita — Y si te has creído vos que puedo seguir
yo a la manera que ando..., teniendo que echar
los bofes a fuerza'e plancha pa darte de comer...

Peña – ¿De comer?... ¡Manyá!... ¿Y qué hablás de comer ahura, qué hablás?... ¿Acaso no he formao yo pa'l ragutín toda la vida?
Los escrushantes. Alberto Vacarezza. Obra teatral estrenada en 1911.

Rajacincha. Raja cincha. l. p. A raja cincha. Al máximo. A más no poder. A todo lo que dé.

El auxiliar estaba chivatelli y broncaba que era un gusto. Juraba a raja cincha que a todo lunfa que amurara en su seccional le haría cargar el carro hasta que batiera el justo.
La muerte del pibe Oscar.
Luis Contreras Villamayor, 1926.

Este modismo proviene del esp. **a revienta cinchas**, sent. fig. a mata caballo y atropelladamente, muy de prisa. **Cincha:** faja con que se asegura el apero a la silla de la cabalgadura, ciñéndola por debajo de la barriga del caballo. El giro implica emplear el caballo al máximo, aunque –figuradamente– llegase a romperse la cincha y, p. ext., que muriera el caballo en el esfuerzo. Montó al caballo y salió a rajacincha.

Rajada. lunf. Escape, huida, fuga. De rajar.
Rajado/a. lunf. Escapado, huido, fugado. // Expulsado, cesanteado, echado, despedido. De rajar.
Rajador/dora. lunf. Que raja. // Ligero. Veloz. Tanto para personas como animales y vehículos. De **rajar**.
Rajar. lunf. Correr ligero. Desplazarse velozmente. // Irse. Escapar. Fugar. Huir.

Esgunfia de tanto engorro,
dijo a las costuras ¡alto!
Un día se apretó el gorro
y rajó para el asfalto.
Novela moral.
Álvaro Yunque (Arístides Gandolfi Herrero).

// Expulsar, echar, cesantear, despedir.

¡Se acabaron mis aguantes!,
vos lo sabés demasiado,
que por eso la he rajado
a una negra que tuve antes.
De rompe y raja. *José Pagano.*

// p. ext. Quitar con premura una cosa de un lugar. *Rajame ese perro que me molesta.* // p. ext. Esconder algo apresuradamente. *Cuando vino el médico, rajé la botella de whisky de la mesa.* // p. ext. Hurtar, robar. *En un descuido, le rajó el reloj de oro.*

–¿Sabés? Lo amuré al turco Salomón. Se dejó olvidada en el carro una pierna de carnero: lo llamé al Pibe (un protegido) y le dije: Rajando esto a la pieza.
El juguete rabioso. *Roberto Arlt.*
NOTA. El gerundio **rajando** está mal empleado, pero en nuestra habla popular no es infrecuente ver usados los gerundios de algunos verbos en lugar del imperativo en segunda persona, singular o plural, que les corresponde. Un policía que quiere dispersar a un grupo de jóvenes que puedan causar problemas, les dirá: "andando..., andando..." o, lo que es lo mismo: "circulando..., circulando...", en vez de "¡anden!", "¡circulen!". A alguien que está por decir una inconveniencia, se le dirá: "cerrando la boca..." y no "¡cerrá la boca!".
Es una orden más insinuante que imperativa, aunque no mengua su real fuerza. Es la afabilidad de quien no quiere valerse de una autoridad o un derecho que tiene, en tanto no sea necesario. Es más canchero, más porteño. Es la orden del que sabe decir las cosas con clase. "Circulando, circulando." significa: "Vamos, muchachos, aléjense de aquí, que ya los tengo calados y no quiero líos; váyanse así, por las buenas". Cosa que no quiere decir el imperativo "¡circulen, circulen!". Lo mismo cabe a "cerrando la boca". Equivale a "callate"; "no digas nada"; "no conviene que hables"; "no quiero que hables", en vez del duro "¡cerrá la boca!".
En el caso del ejemplo, el personaje de Arlt quiere decir "rajá esto para la pieza", o sea, "llevá esto rápido a la pieza". Y esto es la pata de carnero del turco Salomón, que van a hacer desaparecer.

El origen de **rajar** hay que buscarlo en el verbo de la germanía **najarse** (del ár. **nacha**: escapatoria), que significa marcharse, ausentarse, largarse, seguramente influenciado por la semejanza fonética con el esp. rajar, aunque éste tiene otras acepciones.

Raje. lunf. Acción y efecto de rajar. *Le dieron el raje del trabajo por haragán. Supo que venía la policía y se tomó el raje.* // **A todo raje**. Sin perder tiempo. A toda velocidad. Lo más pronto posible. // **Dar el raje**. Despedir a alguien; echarlo (de un trabajo, de un lugar, etc.).

*Te dedicaste a tallar
entre el amor y la guita;
y aquí, señora, se agita
el raje que te voy a dar.*
El olivo (Nochero).
Juan Pedro Brun, 1969.

// **Tomarse el raje**. Rajar. Escapar, huir, fugar. Desaparecer rápidamente de un lugar. Hacerse humo. Equivale a tomarse el olivo, tomarse el piro, tomárselas. *Provocó la discusión y se tomó el raje en seguida.*

Rama. l. p. Con su acepción de parte nacida del tronco o tallo principal de la planta, se usa este vocablo en algunos modismos. // **Bajar de la rama** o **caer de la rama**. Darse cuenta, de pronto, de algo que uno tenía a su vista o al alcance de su entendimiento y no lo percibía. // Caer en la cuenta de una maniobra, un engaño o una traición que se trama. // Advertir alguien que se están burlando de él. // **Caído de la rama**. Equivale a **caído del nido**. // **Estar en la rama**. Estar sin medios, seco, pato, **mishio, águila**. Lo mismo que **andar en la rama**. Este dicho se inspira en la figura de quien, a salvo de la inundación, se halla sentado en la rama de un árbol en la larga espera de que bajen las aguas, solo y sin ningún auxilio a la vista.

*Sentada en la cocina del firulo
se acuerda de aquel tiempo la madama
en que tenía un piojo en cada rulo
y en que a la vieja la llamaba mama.
Y también que, sin mucho disimulo,
se cansó de andar sucia y en la rama,
y revoleando su modesto culo
se diplomó de obrera de la cama.*
Amor de madre. *Federico Pedrido.*

Rana. l. p. Perspicaz, sagaz, astuto. // Vivo, piola. // Pícaro, aprovechador, hábil para sacar ventajas. // p. ext. Dícese del individuo divertido.

Ludio rezongó: –*¿Qué rana ese Enrique, ¿no te parece? Largarme de carnada a mí solo...*
El juguete rabioso. *Roberto Arlt.*

Ranada. l. p. Dicho o acción propia de un **rana**. // Aplícase reflexivamente a las cosas que se consideran vivezas o picardías pero que son censurables.

*Hoy estoy pagando aquellas ranadas,
final de los vivos, que siempre se da...*
¡Cómo se pianta la vida!
Tango. Carlos Viván, 1928.

Ranas, Las. l. p. Barrio de Las Ranas (véase Las Ranas).

Rancho. l. p. Sombrero de hombre, duro, de paja, con ala ancha y rígida, muy usado hasta las primeras décadas del 1900. // Canotier. El nombre viene del amer. rancho: choza o vivienda rústica, con paredes hechas de adobe y techo de paja.

Ranero/a. l. p. Perteneciente o relativo al barrio de Las Ranas. // Habitante de dicho barrio. // p. ext. Hampón. // p. ext. Persona de bajo fondo. // p. ext. Persona de mala vida. // p. ext. Individuo mistongo, poca cosa.

*Sí, hermano, como le digo.
¡viera qué gato ranero!
Mishio, roñoso, fulero,
mal lancero y mal amigo.*
Día de bronca. *Evaristo Carriego.*

NOTA. *Gato*: equivale a tipo, coso, con sentido despectivo.

Ranfaña. l. p. Ranfañoso. // Ambiente de ranfañosos. *Vivir en la ranfaña.*

Ranfañoso/a. l. p. Sucio, roñoso. // Sarnoso. // Desharrapado. // Miserable, rastrero, repugnante. // **Ranfaña**. // **Rafañoso**.

*...me amaga con la cuchilla,
alzao como leche hervida,
y me llama ranfañosa
y me maltrata de fijo,*

*dándome cada amasijo
hasta dejarme mormosa.*
El retrato del pibe. *José González Castillo. Obra teatral en verso, estrenada el 9-11-1908.*

Ranfiña. lunf. Ratero. Ladrón de poca monta. // Aprendiz de ladrón.

Ranfiñar. lunf. Hurtar. // Robar cosas de poca monta. Del ital. **ranfignare**, arrebatar, y **sgraffignare**, robar, hurtar. Aunque "con serias dudas" para Mario E. Teruggi (**Panorama del lunfardo**, 1974), quien recuerda que "existe el verbo **garfiñar** en la germanía española, que pudo haberse cruzado con el italiano". Por nuestra parte, acotamos que ese germanesco **garfiñar**, hurtar, robar, que cita la Real Academia, viene de **garfa** (del antig. alto alemán **harfar**, agarrar): uña, garra. Que **echar la garfa** (fig. y fam.) es procurar agarrar algo con las uñas, y que **garfada** es lo que se agarró con las uñas.

Ranita. l. p. Nombre que se les daba a los muchachos que, cuando se impartió a fines del 1800 la ordenanza municipal que prohibía el uso de caballos cadeneros en la zona céntrica de la ciudad, conducían a esos caballos, montados o de tiro, desenganchados de los carros y a la zaga de éstos, que eran tirados por caballos comunes hasta cruzar el sector de la prohibición. // l. del. Ladronzuelo.

Rante/a. lunf. Apóc. de **atorrante**. Se aplica a personas y cosas. *Un individuo rante. Un pantalón rante. Un baile rante.* En su empleo predomina generalmente el masculino, aunque se haga referencia a algo femenino. Así suele decirse *un hombre rante* y *una mujer rante*, tal como *una pollera rante*. Este vocablo dio origen a las voces **rantería** y **rantifuso**, de fuerte connotación despectiva.

*De lo que fuiste ayer
ya nada te quedó,
muchacho rante de mi barrio,
y quien te vio,
como te he visto yo,
nota que sos un pobre otario.*
Pato. *Tango. Ramón Collazo, 1928.*

Rantería. lunf. Condición de **rante**. // Dicho o hecho propio de un rante. // Conjunto de rantes. *Vive en las orillas, mezclado con la rantería.*

Rantifuso/a. l. p. De **rante**. // Dícese de las personas entregadas al abandono físico y aun moral. // Miserable, ruin. // Se extiende a calificar como rantifusas a cosas ordinarias, burdas o deterioradas e inservibles. Proviene seguramente de un cruce de **rante** con el ital. **schifuso**: sucio, asqueroso. Que da asco, que causa repugnancia.

*Era una paica papusa,
retrechera y rantifusa,
que aguantaba la marrusa
sin protestar, hasta el fin.*
Tu cuna fue un conventillo. *Obra teatral. Alberto Vacarezza, 1920.*

Ranún/nuna. l. p. Aument. de **rana** con la terminación genovesa **un** muy propia de los tiempos de la llegada masiva de genoveses al país. // Habilísimo, vivísimo. // También suele usarse con sentido despectivo, como vivillo, persona desconfiable. *Cuidate de ese sujeto, que es un ranún de la madona.*

Sapito — ¡No digo...! Si vos has nacido pa sé shusheta o hombre di letra, che. Siempre sos el mismo ranún, con má dichos y salidas en la piojosa quel tiatro Colón: y pa cad'apuro siempre tené una florsita en los labios.
La promesa de la paica. *Juan Francisco Palermo. Obra teatral en lunfardo, 1920.*

Rasca. l. p. Persona de baja condición social, desafecta al trabajo, que vive de lo poco que puede ganar en trabajos ocasionales de menor cuantía o de lo que consiga por lástima en el reparto de algo. Es apóc. de **rascabuche**. // Franelero. // Dícese de la persona que toca mal la guitarra.

Rascabuche. l. p. Dícese de la persona que pasa necesidades alimenticias. De **rascar** y **buche** (estómago). // Decíase de los que desempeñaban tareas muy inferiores y por poco dinero en los circos.

Rascada. l. p. Beneficio o comisión de escaso monto que se percibe por un negocio. // Parte menor que corresponde en un reparto de dinero. // Trabajo precario y esporádico que brinda poco beneficio. // Ganancia pobre. // Franeleada. // l. músc. Interpretación sin calidad de un músico o un conjunto musical.

Rascar. l. p. Obtener una comisión o un beneficio de menor cuantía en un negocio. // Lograr una pequeña parte en un reparto de dinero. // Trabajar ocasionalmente por muy poca ganancia. // Arañar. // Tocar mal la guitarra y, en general, interpretar mal un conjunto una composición musical. // **Franelear.** // Revisar los bolsillos a fondo en busca de dinero. *Rasqué los bolsillos, pero no tenía ninguna moneda.*

Rascarse. l. p. Haraganear, holgazanear, hacer fiaca. No trabajar, **rascarse las bolas, los huevos, las pelotas**: estar sin hacer nada, sin trabajar. // **Rascarse para adentro**. Proceder con egoísmo, buscando solamente el beneficio propio, sin pensar en los demás. // **Rascarse para afuera**. Actuar generosamente con respecto a los demás.

Rascatripas. l. p. Mal guitarrista. Puede usarse despectiva o festivamente.

Raschín. lunf. Obrero que se encarga de rasquetear y lavar las calderas de los buques. // p. ext. Obrero que rasquetea, lava y pinta tanques de todo tipo. Del gen. **rasccin**: que raspa, que rasquetea.

Raspa. l. p. Ladronzuelo, raterito. // p. ext. Ladrón. Del esp. **raspar**: quitar, hurtar, robar.

—¿*Conoce a Fulano?*
—*No, señor.*
—*Bueno. Fulano es un raspa de la peor clase. Es ese que está ahí... Conózcalo.*
Perspectivas *(Memorias de un vigilante).*
Fray Mocho *(José S. Álvarez). 1ª edición, 1897.*

Raspada. l. p. Robo, hurto. // Reto. Amonestación severa. // **Mordida**: pequeña participación en la ganancia que deja un negocio legal o ilegal.

Raspar. l. p. Robar, hurtar. // Retar, amonestar. // Arañar, morder.

Rasposiento/a. l. p. Deformación de **rasposo**, por cruce con mugriento. También, **raspusiento**.

Rasposo/a. l. p. Ordinario. // De escaso valor. // Burdo. // De pésima calidad. // Dícese de una cosa que está arruinada. // Aplícase a la prenda de vestir deteriorada, raída, desgastada o de tela ordinaria. // Individuo mal entrazado, harapiento, sucio, abandonado. // **Rantifuso**. Se aplica a personas o cosas. *Un hombre rasposo. Un bulín rasposo. Una blusa rasposa.*

Raspusiento/a. l. p. Deformación de **rasposo**, por cruce con mugriento.

Rastacuer. l. p. Rastacuero.

Rastacuero. l. p. El nombre nació en París: rastacouère: *homme inculte qui se vante d'être riche*. Y no tuvo destino más apropiado que el de aplicarse a muchos sudamericanos adinerados, especialmente argentinos, brasileños y venezolanos, frecuentes visitantes de las noches parisinas, que se ufanaban en derrochar su dinero a manos llenas y ostentosamente en los lujosos cabarets de la ciudad a mediados de 1800. Era la época en que los grandes estancieros de aquestas tierras se enriquecían con la venta de carnes y cueros a Europa, lo que les valió el apelativo a esos farristas, que también se hizo extensivo a quienes, sin ser ricos, ahorraban durante un tiempo para ir a la Ciudad Luz a dárselas de millonarios, compartir con aquéllos las noches de disipación y dejar la plata en manos de bataclanas y cocottes y en las cajas registradoras de esos cabarets. Engreídos, vanidosos, no advertían el desagrado y el desprecio que merecían entre la concurrencia habitual de esos establecimientos, que dio a **rastacouère** un sentido aún más despectivo que el que ya tenía.
El vocablo se empleó en la letra de una milonga –**Tortazo**–, que llama **restacuer** a una mujer despilfarradora, aunque muchos cantores que no conocían el significado de la palabra y por error fonético, la cambiaron por **rata cruel**:

No te hagas la rata cruel
desparramando la guita.
Bajá el copete, m'hijita,
de tu vida abacanada.
¡Pero si sos más manyada
que el tango La Cumparsita!
Tortazo. *Milonga. Enrique P. Maroni.*
Nota. *Rata cruel:* obviamente, **rastacuer**.

Algunos diccionarios españoles traen **rastacuero, rastracueros** (de **rastrar** –arrastrar– y **cuero**): individuo enriquecido en el comercio de cueros. // sent. fig. Individuo, principalmente extranjero, muy ostentoso y cuyos recursos no se conocen a ciencia cierta. // sent. fig. por ext. Caballero de industria.

Rastrillar. l. del. Dedicarse al robo en menor escala. // Robar cosas de poco valor.

Rastrillo. l. del. Ladrón en menor escala. Que roba cosas de poco valor. // Ratero. Del esp. **rastro**: instrumento agrícola compuesto de un mango que en un extremo lleva un travesaño armado de púas o dientes y sirve para recoger hierbas o piedras y cosas de menor tamaño. // **Pasar el rastrillo.** Véase pasar.
Rastrón. l. p. A ras del suelo. // **A rastrón o de rastrón.** Impulsar algo para que se mueva a ras del piso. // En el juego de niños de las bolitas o en los deportes en que se usan bolas o pelotas, lanzar éstas a ras del suelo. Del esp. **rastrar**: arrastrar.
Rata. l. p. Dícese de la persona de baja condición social. // Individuo de malas costumbres. // Rastrero, vil. // Miserable. El esp. tiene **rata**, fam. ratero, ladronzuelo, y la germ. **ratón**: ladrón cobarde, que seguramente tiene que ver en las acepciones dadas entre nosotros al vocablo. // **Rabona. Hacerse la rabona** es el esp. hacer rabonas.
Ratas. l. p. **Barrio de Las Ratas.** Nombre que también se le daba al **Barrio de las Latas** o **Barrio de las Ranas.** Véanse Latas y Ranas.
Ratear. l. p. Faltar el alumno a clase a ocultas de sus padres. // En general, dejar de concurrir a una cita o a un compromiso obligado. // Fallar un motor de combustión, como el de un auto, una moto, una lancha, etc.
Rati. l. p. Revés de **tira**.
Ratón. l. p. Igual que **rata**.
Ratonearse. l. p. Atormentarse con pensamientos que quitan la tranquilidad. Empléase más en sentido erótico. *Estuve ratoneándome toda la noche con esa mujer.*
Ratones. l. p. Se les llama así a los pensamientos que rondan insistentemente la mente de alguien quitándole la tranquilidad y hasta el sueño. Pueden estar motivados en alguna preocupación o un enojo, pero frecuentemente se los vincula con sentimientos amorosos y, más aún, con pensamientos eróticos. La palabra es de reciente data, pero tiene su antecesora muy antigua, de igual significado, aunque ya en desuso, en **mojarra** (o **mojarrita**), pez muy pequeño y que, como los ratones en la tierra, es muy movedizo y va y viene en el agua. Tener **mojarras en la cabeza** equivalía a **tener ratones en la cabeza**, es decir, **ratonearse**. Lo vemos en el siguiente ejemplo:

Yo también tenía mis mojarras en la cabeza, que a veces coleaban, haciéndome sonar la orillita del alma.
Don Segundo Sombra.
Ricardo Güiraldes, 1926.

Raviol. l. drog. Nombre que se le da al paquetito que contiene una dosis de cocaína. Por la forma del envoltorio, que se asemeja a la de la pasta para comer que lleva el mismo nombre.
Rayado/a. Loco. Chiflado. Esta acepción se inspiró en el deterioro que solían sufrir los discos musicales que se usaban antes en los fonógrafos y victrolas, sobre cuyos surcos accionaba una púa de acero comunicada con un parlante. En ocasiones, la púa profundizaba más el surco, con lo que quedaba presa en él, de modo que, al girar el disco, no podía pasar al surco siguiente, sino que seguía actuando sobre el que ya se hallaba, con lo que por el parlante se repetía sin cesar el mismo acorde o las mismas palabras grabadas en ese trozo averiado, como si se tratase de la interpretación de una persona desequilibrada. Decíase que el disco **estaba rayado** y de allí surgió el dicho **estar rayado**, equivalente a estar loco, chiflado, piantado. El disco de pasta ya desapareció, pero el dicho lo ha trascendido. // p. ext. Rayado, como averiado, pasó a designar al pulmón enfermo, por lo que **tener los discos rayados** significa estar enfermo de los pulmones. Véase disco.
Rayadura. l. p. **Raye.** Chifladura, locura.
Rayarse. l. p. Enloquecerse. Chiflarse (véase rayado).
Raye. l. p. **Rayadura.** Chifladura, locura.
Rayero. l. camp. Juez de raya. Juez que se instala en la línea de llegada de una carrera cuadrera (**penca**) y falla respecto a qué caballo resulta el ganador. A dicha línea se le llama **raya**, de ahí el nombre de **rayero**. (Véanse **abanderado, cuadrera, penca y puesta**.) // p. ext. Juez de llegada, en general.

*Y cuando al final cruzaron
entre público y rayero
entre aplausos y sombreros
que se agitaban de gozo,
el juez gritó, sentencioso:
"puesta, no más, caballeros".*
El desafío (Milonga campera).
René Ruiz y Charrúa (Gualberto Márquez).

Razzia. l. p. Batida que hace la policía con efectivos numerosos en ciertos lugares, barrios o villas en busca de delincuentes. "Del ár. rhazya: incursión guerrera de los musulmanes a pueblos vecinos." (Dicc. Sopena, 1930.) La Real Academia lo deriva "del ár. argelino **gaziya** (como **gaswa**): incursión rápida. Golpe de mano. Razia". (DRAE, 1992) y el **Diccionario Enciclopédico Espasa-Calpe**, 1940, del ár. rhazyat: incursión en territorio enemigo para robar hacienda, forrajes, grano, etc. // Saqueo.

Rea. l. p. Mujer pública, prostituta, puta. // Vaga.

Reaje. l. p. Conjunto de reos. // Medio, ambiente de reos.

El suburbio rante la vio florecer
entre los piropos del garabitaje
y así, entre suspiros, la flor del reaje
una tarde de ésas se sintió mujer.
La biaba de un beso. Tango. Letra de Enrique Cadícamo y Félix Manuel Pelayo, 1930.

Rebaje. l. jgo. Trampa en los juegos de naipes consistente en rebajar los bordes de determinadas barajas para reconocerlas al tacto o, para que al "cortar", el mazo se "corte" por ellas. (Véase **cortar**.) // l. p. Agregarle a un vaso de bebida alcohólica un poco de agua o soda, para hacerla menos fuerte o una porción menor de otra bebida buscando suavizarla. // Acción de adulterar una bebida. // l. drog. Acto de mezclar la cocaína con sustancias de aspecto similar para "estirarla", es decir, aumentar su cantidad para ganar más con la venta.

Reblan. l. p. Apóc. de **reblandecido**.

Reblandecido/a. l. p. Envejecido mentalmente. Que tiene menguada la lucidez por la edad. // p. ext. Viejo verde (véase **verde**). Del esp. **reblandecer** (de re y blando): poner blanda o tierna alguna cosa.

Rebobinar. l. p. Volver a bobinar. // Volver una conversación al punto inicial y comenzarla nuevamente, para desmenuzarla y analizar lo que se ha dicho. // Recapacitar, recordar cosas o hechos. De **bobinar** (del fr. **bobine**: bobina): carrete; aparato eléctrico que consiste en un carrete de hilos metálicos y revestidos de material aislante. Cuando estos hilos se queman o se rompen, se los quita por completo y se colocan unos nuevos. A esta operación se la llama **rebobinar**.

Rebuscar. l. p. Discurrir, ingeniárselas, poner en práctica los medios más variados para el logro de un fin.

Rebuscársela. l. p. Componérsela. Darse maña. Ingeniársela para lograr algo. // Ganarse la vida con trabajos ocasionales, pichuleos, pechazos, etc.

Rebusque. l. p. Manera ingeniosa de ganarse la vida sin tener un trabajo fijo y remunerativo. // Trabajo adicional a otro principal, para mejorar los ingresos. // Maña, ardid de que se vale el haragán, el desafecto al trabajo para vivir a costillas de los demás.

Fajao por la vida de ragú y de vicio,
descolao y viejo, junao y sin vento,
encontró el rebusque pa vivir de cuento
con el toco mocho, con el filo misho.
Canción de cana (Nocau lírico).
Alcides Gandolfi Herrero, 1970.
NOTA. *Fajao, descolao, junao:* fajado, descolado, junado.

// Amorío. Relación de pareja sin el propósito de asumir compromisos. *Nunca tuvo una novia en serio. Siempre anda de rebusque en rebusque.*

Recalcado/a. l. p. Individuo despreciable, repulsivo, odioso. Viene del esp. **recalcadura**: dislocación del pie (**dislocar**: desencajar, descoyuntar el pie y, p. ext., sacar una cosa de lugar). // p. ext. Homosexual pasivo masculino, porque está dislocado (desencajado) sexualmente. Esta voz alcanzó uso relativo hacia los años 1930/1940, pero no tuvo mucha vigencia.

Recalcadura. l. p. Dislocación en el pie.

Recauchutar. l. p. Someter a una persona a un tratamiento médico o a una cirugía para curarla de males que la tienen en malas condiciones. // Realizar cirugía estética a alguien para mejorarle su apariencia física. // p. ext. Hacer a nuevo una cosa vieja. *Mi enfermedad me dejó estropeado; tengo que recauchutarme. Tiene sesenta años y ya se recauchutó dos veces la cara.* El vocablo proviene de **recauchutar**: reparar los neumáticos deteriorados de un vehículo, que son de caucho.

Recauchutarse. l. p. Someterse a un tratamiento médico para mejorar la salud o el aspecto físico.

Recién. l. p. Adv. de tiempo. esp. que mal usamos con el sentido de "en este momento", "en este mismo instante", "justo ahora" o "hace un momentito". Es apóc. de **reciente** o de **recientemente**, pero el idioma español sólo lo acepta antepuesto a participios pasivos, como *recién llegado, recién pintada*, etc.

¡Qué memoria la mía!... Recién me acuerdo que tenés quien te acompañe.
El sargento Palma. *Obra teatral de Martín Coronado, estrenada el 14-5-1906.*

Récord. l. p. angl. Registro máximo comprobable en cualquier actividad, estadística o deporte. *Este año tuvimos el récord de veraneantes. Hoy se anotó el récord de calor. Juan Manuel Fangio tiene el récord de campeonatos mundiales ganados en automovilismo.* Del ing. **record**: registro, acto, protocolo, antecedentes (éste del fr. **récorder**: registrar, archivar, y éste del lat. **recordare**: recordar).

Reculié. l. bill. Golpe que se le da a la bola en el billar picándola con el taco en la parte inferior, lo que la hace avanzar mientras va girando en sentido contrario al que se desplaza y provoca que, al golpear a otra bola, retroceda velozmente. // **Darla o dársela a alguien de reculié.** Darle un golpe de atrás. // Traicionar.

Trascartón que te encontré,
de cuento me trabajaste,
y a la par que pelechaste,
me la dist'e reculié.
El raje. *Milonga. Carlos Waiss.*

Rechiflado/a. l. p. Loco. Enloquecido. // Trastrocado, perturbado.

Rechiflado en mi tristeza,
hoy te evoco y veo que has sido
en mi pobre vida paria
sólo una buena mujer.
Mano a mano.
Tango. Celedonio Esteban Flores, 1923.

// Enojado, irritado. *El comportamiento de mi hijo me tiene rechiflado.* // Apartado voluntariamente de algo que no le convenía, lo preocupaba o lo perjudicaba. *Rechiflado del escolazo, ahora siempre tengo dinero en el bolsillo.* // Enamorado, obsesionado por un amor.

Andaban rechiflados por una mina
que a los dos les llevaba la corriente
y buscaron de verse frente a frente
p'arreglar el asunto en una esquina.
El amasijo. *Yacaré (Felipe H. Fernández).*

Rechiflarse. l. p. Enloquecerse. // Trastrocarse, perturbarse. // Enojarse, irritarse.

La pobre mina no pudo entonces
estarse quieta y se rechifló:
"desgraciadito, yo te maldigo;
me vence —araca— la indignación".
Se rechifló la percanta. *Silverio Manco.*

// Enamorarse, obsesionarse por un amor. // Apartarse voluntariamente de algo que no le conviene, lo preocupa o lo perjudica.

Si los años de la vida me componen
y la suerte me rempuja a encarrilar,
yo te juro que te cambio la bordona,
me rechiflo del escabio y te vuelvo a hacer sonar.
Mi vieja viola. *Tango. Humberto Correa.*

Rechifle. l. p. Acción y efecto de rechiflarse. // Locura. // Perturbación. Enojo, irritación. // Enamoramiento obsesivo.

Rechipé. l. p. Superlativo de **chipé**.

Entre taitas soy manyao;
entre gente, sosegao;
y así vivo'e rechipé.
Matasano. *Tango. Pascual Contursi.*

NOTA. **Manyao:** aquí equivale a conocido como igual. **Sosegao:** sosegado.

Redoblona. l. jgo. Apuesta doble o múltiple que se hace en algunos juegos según la cual en caso de acertarse la primera jugada todo el dinero producido se apuesta en la segunda y así sucesivamente, en caso de desearse. Generalmente, tratándose de una apuesta doble se llama redoblona y, en caso de ser triple, triplona, aunque es corriente decir, por ejemplo, *jugar una redoblona de tres caballos* o *de cuatro caballos*, etc. Este tipo de apuestas se deja hecha a los pasadores de juego para quedar a la espera de su resultado.

En las carreras de caballos, se apuesta a uno de los competidores, con la condición de que, en caso de que éste gane, se juegue todo el producido a uno determinado en otra carrera y, si se quiere, repetir el procedimiento con otro caballo en otra carrera, etc. En la quiniela, la redoblona consiste en jugar a un número a la cabeza o a los premios siguientes, que pueden ser hasta veinte, con la condición de que, si se acierta, todo el dinero ganado se juegue, en el mismo sorteo, a otro número, a los premios y, si se desea, y en caso de acierto, seguir el procedimiento con otro, etc.

Hacerse una redoblona. l. jgo. Producirse el triunfo de los caballos apostados o salir sorteados los números jugados a la quiniela en redoblona. // l. p. p. ext. sent. fig. Serie de sucesos encadenados que le suceden a una persona. Pueden ser favorables: *Hoy conseguí trabajo; después me regalaron un traje y, más tarde, me encontré mil pesos. ¡Qué redoblona se me hizo!* Pueden ser desfavorables: *Se me dio una redoblona fulera: me despidieron del trabajo, se me quemó el traje y perdí mil pesos.* // **Cortarse una redoblona.** l. jgo. Fracasar uno de los caballos o no salir sorteado uno de los números jugados en una redoblona en la que se acertó el resto de las apuestas, con lo que la jugada queda trunca. // l. p. sent. fig. Frustrarse algún hecho, algún asunto o negocio con el que se contaba para determinados planes. *Estaban pasando un contrabando cuando llegó la policía y les cortó la redoblona.*

Redoblonero/a. l. jgo. Levantador de juego. Persona que recibe apuestas clandestinas para las carreras de caballos y quiniela. Véase **levantador**.

Redondo/a. l. p. Dícese de algo que se hace con óptimo resultado o que de alguna manera se produce a favor de uno. *Las cuentas me salieron redondas. Yo no hice nada: las circunstancias se dieron redondas y me gané ese viaje.* Del esp. **redondamente** (de **redondo**, del lat. **rotundus**): clara, rotunda, absolutamente.

Reduce. l. del. Lugar donde se venden los objetos robados. Reducidero.

Reducidero. l. del. Lugar en que los ladrones venden (reducen a dinero) las joyas, alhajas y objetos valiosos que han robado o donde se desmontan (reducen a distintas piezas) para sacar de ellos las piedras preciosas o perlas, para fundir el oro. En la generalidad de los casos, los ladrones venden los objetos tal cual los roban; el resto lo hace el reducidor en su propio beneficio. // **Reduce**.

Reducidor/a. l. del. Persona que reduce objetos robados.

Reducir. l. del. Vender objetos robados a personas dedicadas a este negocio. Como éstas conocen el origen de tales objetos, los compran a precio vil (véase **quemar**). // Desmontar las piedras preciosas o las perlas de una alhaja y fundir el metal en que estaban engarzadas (véase **reducidero**). Del esp. **reducir**: disminuir, acortar, amenguar. // Dividir algo en partes menudas.

Refalada. l. p. Corrupción de **resbalada**. // Resbalón. // l. del. Hurto, robo. *Es un tipo muy hábil para la refalada.* // p. p. de **refalar**: hurtada, robada. *Ocultó con el diario la billetera refalada.* Del esp. **resbalar**: escurrir, deslizar.

Refalar. l. p. Dar, entregar algo con disimulo, procurando no ser visto.

And'á verlo al comisario,
de mi asunto chamuyale
y de soto refalale
pa hacerlo entrar, un canario.
La batida. José Pagano.

// Desplazarse disimuladamente, a hurtadillas o con engaños, para entrar o salir de un lugar.

Pero, amigo, el comandante
que mandaba la milicia,
como que no desperdicia
se fue refalando a casa;
yo le conocí en la traza
que el hombre traiba malicia.
El gaucho Martín Fierro. José Hernández.
NOTA. **Traiba:** traía.

// Sacar, quitar algo. Hurtar, robar.

Y para colmo, cuñao,
de toda esta desventura,
el puñal de la cintura
me lo habían refalao.
Fausto. Estanislao del Campo, 1945.
NOTA. **Refalao:** refalado.

// **Refalar la mano**. l. p. Llevar la mano disimulada, sigilosamente a tocar algo. // l. del. Hurtar, robar, punguear.

Eso de refalar la mano nunca me ha gustao; siempre se lo he dicho a la mina: prefiero comer tierra antes que me llamen raspa.
Caló porteño. *Juan A. Piaggio.* **La Nación**, *11-2-1887. (Cfr. Luis Soler Cañas.* **Orígenes de la literatura lunfarda**, *1965.)*

Refalosa. l. p. Cuchilla, facón, faca. Arma cortante. // Danza de la época rosista en la que se aludía al degüello, por la acción del cuchillo "resbalando" por el cuello.

Réfere. l. dep. angl. Dícese de la persona encargada de dirigir una confrontación deportiva, de aplicar y hacer respetar las reglas que normatizan dicho deporte y sancionar a quienes no las cumplan. Del ingl. **referee**: árbitro, arbitrador, componedor. Entre nosotros también se dice **referí** o **réferi**, esta última, forma fonética de la voz inglesa.

Refichar. l. p. Volver a **fichar** (véase esta voz). // l. jgo. En algunos juegos de naipes, como el póquer, en que se apuesta con fichas que equivalen a dinero, elevar un jugador la apuesta que hace otro en la mano en juego.

Refiche. l. jgo. Acción y efecto de refichar. // Sistema de apuestas en algunos juegos, como el póquer, en que se juega con fichas que tienen valor en dinero, y en el que los jugadores hacen sus apuestas (fichan) o elevan las hechas por otros (refichan) y que es la característica constante de este tipo de juego.

Una interesante aplicación de este vocablo en sentido figurado, que configura una nueva acepción, hallamos en la letra de este tango que popularizaron Juan D'Arienzo con su orquesta y Alberto Echagüe con su voz:

*Y en el refiche lungo
del turbio chimentar,
para él no hay un secreto:
desde tirar el carro,
pialarse en un choreo
o hacer un cuento más.*
Cartón junao. *Carlos Waiss.*
NOTA. ***Junao:*** *junado.*

En el ejemplo, el autor llama **refiche** *a las habladurías, que van y vienen, que crecen, también, como el refiche en el juego, y que, en el caso, chimentan respecto a un sujeto que domina distintas variantes del delito.*

Refilar. lunf. Dar. Entregar.

—Y decime, che, ¿quién es la gil...berta que te refila tanto vento pa que andés más cafisho qu'el mismo don Manuel?
Callejeras. *Federico Mertens. Cuento publicado en la revista* **PBT**, *en 1905. (Cfr. Luis Soler Cañas.* **Orígenes de la literatura lunfarda**, *1965.)*
NOTA. ***Cafisho:*** *en el ejemplo está empleado con el significado de elegante (véase esta voz).*

// Pasarle algo de mano en mano a alguien. // Pagar.

—¡Caray, si estoy de rechupete!... Fijate un poco que me refilan sesenta manganetes y, ¡ya te digo!, no laburo ni medio.
Callejeras. *Federico Mertens.*

// Regalar.

*Cuando suelo llevar flores
un ramito les refilo,
aunque a veces un estrilo
se chupe algún descontento.*
El terrible. *Tango. Ángel Villoldo.*

// Sustraer. // Punguear. // **Refilar la biaba** o **la beaba**. Golpear a alguien. Dar una paliza.

*Fijate que la he mancao
que juega con dos barajas.
Pero si la calo a tiro,
ya verás, cómo, por paba,
la vi'a refilar la biaba.*
Batifondo a la Ville de Roi. *Florencio Iriarte. Revista* **Don Basilio**, *30-8-1900. (Cfr. Luis Soler Cañas.* **Orígenes de la literatura lunfarda**, *1965.)*
Nota. ***Juega con dos barajas:*** *anda con otro hombre.*

// **Refilar la vianda**. Golpear a alguien con una piedra. // Dar un puñetazo. // **Refilar la**

vianda con caldo. Golpear y herir a alguien, haciéndolo sangrar. // **Refilar toco.** Sobornar. // **Refilar un dado.** Preparar un dado para jugar con trampa.
Mario E. Teruggi opina que **refilar** "puede ser argotismo francés, ya que **refilar** significa, precisamente, dar o entregar". (Panorama lunfardo, 1974.) En cambio, José Gobello lo remite "al ital. jergal **refilare**, dar, que dio también al argótico **refilar**, dar". (Diccionario lunfardo, 1989.)

Refistolear. l. p. Espiar. Atisbar. Mirar con disimulo. // Curiosear. Del esp. refistolero: persona que cuida del refectorio. Refectorio: pieza o sala destinada a comedor en algunas comunidades o colegios. La tarea del **refistolero** es cuidar, vigilar el comportamiento de los asistentes al refectorio y, para ello, tiene que espiar, atisbar, es decir, refistolear.

Refistoleo. l. p. Acción y efecto de **refistolear**.
Refocilar. l. camp. Refucilar.
Refocilo. l. camp. Refucilo.
Refucilar. l. camp. Relampaguear.
Refucilo. l. camp. Relámpago.

Pero no valen ni siquiera una pitada
y sus amores duran como un refucilo
y cuando lloran, lloran como el cocodrilo.
¡Hijos del diablo... y mala grey!...
(...) Comadre, no le haga eso,
¡no hay bicho malo como el varón!
Comadre. *Tango. Celedonio Esteban Flores - Juan de Dios Filiberto.*

Refularse. l. p. Enojarse. Irritarse. **Embroncarse.** // Enfurecerse. De re, prep. inseparable que indica repetición o reiteración, y **fulo**, furioso.

Hecho en la vida ranera,
nunca la fui de chitrulo;
y... cuando yo me refulo
hasta bronca la vedera.
El masajista.
Yacaré (Enrique H. Fernández).

Refulero/a. l. p. Aument. de fulero.
Refundido/a. l. p. Aument. de fundido.
Refundir. l. p. Aument. de fundir.
Regadera. l. p. Dícese de la persona que habla mucho y sin tino. *¡Qué hombre regadera!* Por comparación con la forma despaciosa y constante con que sale el agua de la regadera. // Conversación insulsa y aburrida.

–Podés empezar tu spich. A mí no me molesta, mientras como...
–No puedo improvisar cuando veo que alguien come– respondió Gatica.
–Hacé tu juego, Regadera...
Y levantó en alto su botella de vino, su Tirso dionisíaco, llenando la copa del "Pico de oro" y la auya.
Bajo el signo del tango.
Enrique Cadícamo, 1987.

Regalado/a. l. p. Venido a menos. // Derrotado, vencido, expuesto a cualquier contingencia y sin fuerzas para enfrentarla. // Humillado. // Falto de toda chance. // Con la sensación de no ser nada o de no valer nada. // Extenuado. // Sin recursos. Indigente. *Sufrí mucho al verlo así, tan regalado.* Se compara con algo que se regala porque ya no tiene uso.

Regalarse. l. p. Venirse abajo. Decaer. // Entregarse a la adversidad, sin luchar. // Humillarse. // Sentirse un nadie. // Extenuarse, agotarse.

Reísmo. l. p. Condición de **reo**.
Rejugado/a. l. p. Aument. de **jugado**.
Rejunado/a. lunf. Aument. de **junado**. // Remanyado. *Ése es un fanfarrón: lo tengo rejunado.*
Rejunar. lunf. Aument. de **junar**. // Junar reiteradamente.

Te vi serio, diquero, con gran pinta de trompa,
atracando tu bote –¡pavada'e checonato!–
y yo que te rejuno profundo, de hace rato,
recordé cuando usabas remendao el talompa.
La cardíaca. *Joaquín Gómez Bas.*

Rejuntado/a. l. p. Dícese de la reunión heterogénea de personas o cosas en que se mezclan condiciones, características, valores, etc. // l. dep. Llámase así al equipo de deportistas que se ha improvisado o que, por una emergencia, se ha constituido recurriendo a jugadores ocasionales. // Unido en concubinato.

Rejuntar. l. p. Juntar. // Amancebar, unir en concubinato. // Reunir personas o cosas diferentes. // l. dep. Armar un equipo deportivo improvisado.

Relajado/a. l. p. Exagerado en sus amaneramientos, que provocan repulsión. // Desvergonzado, falto de pudor, morboso. Sádico. Vicioso. Del esp. **relajar**: sent. fig. Viciarse, estragarse en las costumbres.

Relaje. l. p. Desvergüenza, impudicia, morbosidad. Vicio, corrupción, libertinaje, inmoralidad. Perversión, sadismo, vicio. // Desorden, confusión. // Escándalo. // **Relajo**.

Relajo. l. p. **Relaje**.

Relojeado. l. p. Observado con atención, cautela y prudencia. // **Junado**. // Bien conocido.

Relojear. l. p. Observar con atención, cautela y prudencia. // Atisbar los movimientos de alguien. *El punga no advierte que un cana lo está relojeando*. // Reconocer. // **Junar**.

El vocablo fue tomado del l. turf., en el que relojear significa tomar el tiempo –cronómetro en mano– que un caballo de carrera emplea en sus aprontes y ejercicios, para conocer el estado físico en que se encuentra.

Relojear

Al pingo lo anotaron para correr en el hipódromo de San Isidro. De mañanita, su cuidador lo lleva a la "cancha" para "moverlo". Un día será una partida en 500, 600 u 800 metros... Otro, una corrida más extensa, que puede llegar a la distancia de la prueba en que correrá, aunque sin exigirlo mayormente... Por fin, el apronte, que será una "movida" fuerte sobre el tiro de la carrera y, tal vez, un par de días antes de ésta, una última partida de 400 o 500 metros, para mantenerlo "a punto".

En todas las ocasiones lo relojea. Mientras el pura sangre va devorando distancias, el hombre le va tomando el tiempo que emplea en los distintos parciales del tiro que recorre; doce segundos los primeros doscientos... veintitrés segundos en los cuatrocientos... y así hasta los importantes doscientos metros finales. Mira alternativamente reloj y caballo. Observa la acción que desarrolla el animal en los distintos tramos del ejercicio y presta suma atención al estado físico que muestra al correr los doscientos metros últimos, lo que se llama "el final" del pingo, porque "esos doscientos" son, generalmente, los definitorios de una carrera, los de la lucha decisiva con otros competidores, y exigen llegar a ellos con resto suficiente de aire y energías. Esas relojeadas parciales y la final le dan la pauta del estado de su crédito y de las condiciones en que se encuentra para correr la carrera. Ya se ve bien lo que puede esperar de él. Sabe cómo le responderá. Porque lo tiene bien relojeado.

Metido en los contrasentidos que la vida le propone, el hombre se hizo ducho en la necesidad de conocer a fondo a aquellos con quienes comparte sus momentos. Facultad nata en el porteño, nuestro hombre observa, analiza y archiva "de cayetano" en su memoria actitudes, reacciones, gestos, comportamientos, palabras, deschaves... y va armando un fiel prontuario que ni la policía de aquellos que corren junto a él la carrera de la vida. Muchas veces su actitud es refleja, subconsciente, pero es constante. Los juna, "les toma el tiempo"..., como el cuidador a su caballo, y sabe, al cabo, sin errarle ni un cachito, de lo que es capaz éste o aquél, lo que pueden dar cuando la situación lo exija, cómo responderán... Los tiene bien relojeados.

Inútil será que alguien vaya a él con promesas o propuestas tentadoras, blasones en mano. Su mirada, de canchera profundidad y su palabra, serán inapelables: "Andá a engrupir a otro: a vos ya te tengo bien relojeado".

Relojeo. l. p. Acción y efecto de relojear.

Remanyado/a. lunf. Dícese de la persona a la que se le conocen bien sus antecedentes, su manera de ser, sus inclinaciones y se sabe lo que puede esperarse de ella. Equivale a **rejunado**. También se aplica a cosas. *A ese coche lo tengo remanyado: es el del comisario. Yo arreglaré el televisor: este trabajo lo tengo remanyado*. // l. del. y pol. Maleante muy conocido por la policía.

*Sos la escoria remanyada
que esgunfiás con tu presencia
de chitrulo sin carpeta,
residuo del arrabal.*
Farabute.
Tango. Antonio Casiani - Joaquín Barreiro.

Remanyar. lunf. Conocer bien a alguien en cuanto a su capacidad, inclinaciones, antecedentes, intenciones, etc. // Descubrir los móviles que llevan a alguien a decir o hacer determinadas cosas. // Entender bien algo. // Dar la policía el manyamiento a un maleante. Véase **manyar**.

Remanye. lunf. Acción y efecto de remanyar. Conocimiento cabal que se tiene o que se llega a tener de una persona (véase **remanyar**).

Se dio el juego de remanye
cuando vos, pobre percanta,
gambeteabas la pobreza
en las casas de pensión.
Mano a mano.
Tango. Celedonio Esteban Flores.

Remera. l. p. Prenda de punto o de género natural o sintético, de cuello redondo, mangas cortas o largas, que cubren el cuerpo hasta poco más debajo de la cintura.

Rendivú. l. p. Cumplidos, atenciones, buen trato. // Exceso de cumplimientos. Del fr. rendez-vous: cita, encuentro. El lenguaje popular tomó esta voz francesa para darle las acepciones señaladas más arriba, aunque usándolas con ironía. *Vengo de una fiesta bacana, de puro rendivú.*

Rengolay. l. p. Rengo. Es parag. irón. y fest. de **rengo**, forma popular de reuco.

Rea. l. p. Callejera. Mujer de la vida.

Reo/a. l. p. Vagabundo. // Haragán. Desafecto al trabajo. // Vago. // Persona de baja condición social. // Por antífrasis, canchero, piola, gamba.

Garabita, garabita,
has nacido pal arroyo;
preferís las zapatillas
las miserias y el dolor;
que haya un reo que te quiera
y que te hable a lo criollo
y, sin un día llega el caso,
que se juegue por tu amor.
Garabita. Tango. Pascual Contursi, 1926.

// Humilde, pobre.

Yo soy un pobre reo
sin cuento ni leyenda.
No tengo quien me venda
cariño ni ilusión.
Por qué soy reo. Tango. Manuel A. Meaños y Juan M. Velich, 1929.

// Por antífrasis y según se lo emplee, el vocablo puede alcanzar connotaciones afectivas y hasta admirativas y pasa a designar al individuo vivaz, simpático, lírico, que no se preocupa por las apariencias; desfachatado, desenvuelto, desinteresado, tolerante, agradable por su picardía y jovialidad. *Este Pepe es un reo macanudo. Mi suegro resultó ser un reo lindo.* // **Andar reo.** sent. fig. Andar en la mala. Estar en mala situación económica. Sin dinero, pato, misho, águila.

Hoy juno cuánto vale un mal manguito,
hoy lo manyo, mi amor, porque ando reo.
Himno del pato.
Yacaré (Felipe H. Fernández).

// **Lenguaje reo.** Dícese del lenguaje bajo, orillero. // Jerga. Lunfardo. *Hablar en reo.*

Por eso el guiye de cantarte en reo
y el balurdo verseado y tan discreto
con que te embroco cuando te lo leo.
Metejón en lunfasoneto.
Héctor Negro (Ismael Héctor Varela).

// El origen de esta voz es un tanto incierto, aunque podríamos reparar en el esp. **reo** (del lat. **reus**): criminoso, culpado; persona que ha delinquido y merece castigo.

REO

"En el diccionario imposible del hombre porteño la palabra 'reo' se llena de significancias, de caprichosas acepciones, abarca un metabolismo lingüístico bien curioso. 'Reo' es, por lo pronto, el hombre mal entrazado, no por falta de gusto o pérdida de la elegancia, sino por carencia de ropa orgánica, por la aparición de la pobreza en su organización tumultuosa; 'reo' es, a su vez, el tipo que comete atropellos contra el sentido común; pero también lo es el sujeto que despilfarra sus noches bajo el cielo de la ciudad o entre las orquestas rezongonas de los cafetines; 'reo' es el que gasta más de lo que gana, el hombre de las carreras y los tangos; 'reo' es, por lo general, el individuo gracioso, ese tipo que se disputa la tertulia, a la hora de la siesta, para perder el tiempo en la mesa del café. También es un 'reo' el porteño extravagante y aun el que habla hasta por los codos diciendo entonces una hilera de verdades vergonzantes con tono pintoresco, atrevido, pero provisto de alegre simpatía; 'reo' es todo el que acusa negligencia en el vivir, el que abandona responsabilidades que le conciernen

obligadamente; 'reo' puede ser el tipo guarango, de vocabulario violento o sicalíptico, que abastece su lenguaje en el ámbito de la escatología. Pero en todo caso, y siempre, la palabra 'reo' es el vislumbre de algo que se desquicia, que se pierde, que se desperdicia o se desaprovecha, que se sale de madre sin caer en la delincuencia ni la repulsa del auditorio." (Carlos Alberto Giuria. ***Investigación del porteño***, 1965.)

Repasada. l. p. gros. Mujer que ha pertenecido a varios hombres. Del esp. **re**, reiteración, repetición, y **pasar**, transferir una cosa de un sujeto a otro.

Repe. l. p. Retroceso que hace un cuerpo al chocar contra otro o al subir por un plano inclinado y bajar debido a la fuerza de gravedad. Es voz del juego de las bolitas. // **Ligarse algo de repe**. Recibir algo inesperadamente por una causa fortuita o por estar con otros que lo reciben. *Presenciaba la entrega de relojes a unos deportistas y de repe ligué uno.* // Sufrir algún mal por culpa de alguien. *Por mirar a dos tipos que se estaban trompeando, de repe recibí una piña.* Es apóc. argentino del esp. **repercutir** (del lat. **repercutere**; de **re** y **percutere**: herir, chocar): retroceder, mudar de dirección un cuerpo después de chocar con otro.

Repisas. l. p. humoríst. Senos de la mujer.

Repodrida. l. p. Aument. de **podrida**: despelote, barullo, escándalo mayúsculo. *Armarse una repodrida.*

Repodrido/a. l. p. Aument. de **podrido** en todas sus acepciones.

Repuntar. l. p. Comenzar a recuperarse una persona enferma. // Empezar a mejorar la situación económica de una persona que padecía necesidades. // Mejorar el estado de ánimo de quien estaba abatido. // En la bolsa, comenzar a subir las acciones que estaban en baja. // l. dep. Mejorar las actuaciones de un deportista o de un equipo deportivo que estaban pasando por un mal momento. // l. dep. Comenzar a mejorar su ubicación en la tabla posicional o en el *ranking* respectivo equipos o deportistas que hallaban en puestos bajos. // En radio y televisión, empezar a subir el *rating* de audiciones que había bajado. // l. jgo. Comenzar a cambiar la suerte de un jugador perdidoso. // En general, empezar a mejorar una situación mala.

No parece que estas acepciones provengan del esp. **repuntar** (de **re** y **punta**) que entre sus significados tiene empezar la marea ascendente, ya que también se aplica al comienzo de la descendente, y menos al fam. comenzar a avinagrarse el vino e indisponerse entre sí dos personas. Las otras acepciones del vocablo ya no tienen la menor relación con el caso. Muestra más semejanza con **apuntar** (de **a** y **punto**: punta), que, entre otros, tiene el sentido de empezar a manifestarse una cosa.

Repunte. l. p. Acción y efecto de repuntar. // Reto, reprimenda severa. Posiblemente derive del modismo antiguo **poner de punta** que significa reprender a alguien con toda severidad o cantarle verdades en la cara.

Requechador/ra. l. p. Que aprovecha o comercia con cosas sobrantes o de poco valor. // Que recoje deshechos. // Que come las sobras que dejan otros. // p. ext. Pedigüeño, manguero. De **requecho**.

Requechar. l. p. Aprovechar o comerciar con cosas sobrantes o de poco valor. // Recoger deshechos. // Comer las sobras de otros. // Pedir, mangar. De **requecho**.

*No sabés, coqueta infame,
que por más que hoy seas bacana
y haya un logi que te brinde
con su empleo un buen pasar,
que esa suerte dura poco y,
ya libre de mi cana,
convertida en desperdicio te veré,
milonga ruana,
requechando por Corrientes
algún mango pa morfar.*
La cornetita.
Tango. *Celedonio Esteban Flores.*

NOTA. **Corrientes:** avenida importante de la ciudad de Buenos Aires.

Requechero/a. l. p. Requechador.

Requecho. l. p. Sobra. Desperdicio. Deshecho. // Restos, sobrantes de tela que para poco o nada sirven.

En busca del origen de esta voz, nos encontramos con **quecho** (amer. usado en Chile): pieza de ropa y de toda tela que no tiene parejo el borde, que bien pudo haberse trasladado a nuestra habla, que le incorporó la prep. insep. **re** (aumento). Cabe recordar que, desde antiguo, nuestras mujeres llamaban **requechos** a los restos de tela sobrantes de algún corte, de medidas irregulares, que no servían para casi nada. Así, solían decir cuando salían decepcionadas de una tienda en la que ofrecían una liquidación de saldos de tela: *"Bah..., son sólo requechos"*. La acepción de sobra, desperdicio, es casi de la misma época.

Requemado/a. l. p. Aument. de **quemado**.
Requemar. l. p. Aument. de **quemar**.
Requintado. l. p. Decíase del sombrero de hombre que se usaba inclinado hacia un costado, cosa habitual entre el compadraje y la rufianería del 1900.

El enorme moreno se empacaba en un bordoneo demasiado difícil para sus manos callosas. Su pequeño sombrero, requintado, le hacía parecer más grande.
Al rescoldo (Cuentos de muerte y de sangre). Ricardo Güiraldes. 1ª edición, 1915.

Requintado/a. l. p. Por extensión de **requintado** se aplicaba a la persona afectada, superficial en su manera de ser o en su vestir. *Salía de su casa muy requintado y ni saludaba*.
Requintar. l. p. Afectar, amanerar. Extremarse en lucirse o llamar la atención en el habla, en la vestimenta o con modos estudiados.

Fue, desde pebeta, siempre cortejada; cuando requintada, cuando retrechera cayó a aquel bailongo.
El payaso (La crencha engrasada). Carlos de la Púa, 1928.

// Inclinar, ladear el sombrero el hombre hacia un costado como moda y sello de los compadritos. Del port. **requintar**: esmerarse en algo que se hace. Llevar algo al más alto grado. // Sublimar. // Elevarse. Véase **requintado**.
Reservado. l. p. Dícese del animal que en los establecimientos de campo es elegido por su pedigré y calidad y separado para destinarlo, generalmente, a exposición y reproducción. En cuanto al caballo, en ocasiones se lo reserva a medio domar para emplearlo en pruebas de jineteada.

Algo, también, había ganado y es que, a pesar de tratarse de un reservado, no pudo el caballo en su astucia y baquía desacomodarme ni un chiquito.
Don Segundo Sombra.
Ricardo Güiraldes, 1926.

Resto. l. p. Remanente de dinero. // Fuerza, energía, voluntad o ánimo que le queda a una persona enfrentando una contingencia. // **Estar sin resto, no tener resto**. No tener dinero. // Carecer de energía, de ánimo o voluntad. Estar abatido. // **Jugarse el resto**. Jugarse entero por algo o por alguien. Empeñar todo el esfuerzo, el crédito, las reservas físicas o materiales en pos de un ideal, una causa, un negocio, una acción solidaria, etc. Este último modismo proviene del l. jgo. en que jugarse el resto es poner en juego, a un solo intento, todo el dinero de que se dispone en el momento. Del esp. **resto**: residuo, parte que queda de un todo.
Retacón/cona. l. p. Regordete. // Fornido, pero de baja estatura. Del esp. **retaco**: persona rechoncha (de **re**, repetición, aumento, y **taco**, trozo corto y grueso de madera).
Retambufa. l. p. Bufarrón.
Retobado/a. l. p. Dícese de lo que está forrado o revestido con cuero. // Enojado. Rebelado. // Porfiado. Esta voz es un amer. que se ha extendido considerablemente en Latinoamérica, con parecido significado. En Cuba, Guatemala y Honduras: indómito, rebelde, salvaje. En Ecuador: porfiado, caprichoso, testarudo. En México: respondón, quisquilloso. En Perú: taimado, camandulero. Del esp. **retobar**: aforrar de cuero lonjado una cosa, como las boleadoras, el cabo del rebenque, etc.
Retobarse. l. p. Enojarse. // Rebelarse, alzarse. // Faltar al respeto que se le debe a una autoridad. // Incumplir intencionadamente una orden. // Resistirse a la autoridad.
Retobón/bona. Enojadizo, indócil, rebelde, porfiado.
Retorcido/a. l. p. Avieso, mal intencionado, mal pensado. Del esp. **re**, repetición, aumento, y **torcido**: persona que no obra con rectitud. Conducta de dicha persona.
Retranca. l. p. **Sentarse en la retranca**. Echarse atrás. Negarse alguien a hacer algo cuando se contaba con él o cuando le corres-

pondía hacerlo. // No hacer nada. Equivale a **tirarse a chanta.**
Retrucar. l. p. Replicar enérgicamente a alguien. // Responder a un insulto con otro. Del esp. retrucar: en el juego del truco, aceptar el envite al truco y subirle con otro envite que se llama retruco y se computa un tanto más.
Reventada. l. p. Dícese de la mujer extremadamente licenciosa. // Prostituta. **Yiro.** Es voz grosera.
Reventado/a. l. p. Persona de vida descontrolada, desordenada, alocada. // Que no tiene inhibiciones. // Que no respeta normas ni costumbres. // Mal pensado. Malintencionado. // Del esp. reventar: estallar (sentir y manifestar violentamente una pasión del ánimo). // Vencido, aniquilado por una quiebra económica, un desengaño, un grave problema. // Cansado, hastiado. // Molido a golpes. // "Robado. Estafado." (Antonio Dellepiane. El idioma del delito, 1894.) Del esp. reventar: fig. y fam. Causar grave daño a una persona. // l. p. **Seco, pato, misho.** // Loco. // l. pol. **Domicilio reventado.** Domicilio allanado por la policía.
Reventador. l. del. Violador de burros y de caja de caudales. Véase **burro**.
Reventar. l. p. Moler a golpes a alguien. // Matar con violencia. // Morir. // l. del. Robar, estafar. // l. pol. Allanar la policía un domicilio. // **Reventar el burro o la burra.** l. del. Forzar el cajón del mostrador en que se guarda dinero en un comercio. Forzar una caja de caudales (Véase **burro y burra**). // **Reventar la noche.** l. p. Salir de juerga nocturna y darse a todo tipo de diversiones. // **Creer o reventar.** l. p. Dícese cuando algo es tan evidente que, aunque vaya contra nuestro gusto o nuestras creencias, debemos aceptarlo como una realidad.
Reversar. l. p. Volverse alguien contra otro. // Retobarse. Alzarse. Insolentarse. Del esp. revesar: vomitar, y revesado: travieso, revoltoso, indócil.

Que una vez, en los Corrales,
en un cafetín que estaba,
le tuve que dar la biaba
porque se me reversó.
Un baile en lo que Tranqueli.
Anónimo. Fines del 1800.

Revés. l. p. Modo de hablar y escribir en el que se invierten las sílabas de las palabras, al que siempre fue tan afecto el porteño, apasionado por juguetear con el idioma. Comúnmente se lo llama **vesre**, precisamente inversión silábica de **revés**.
Hay **vesres** regulares e irregulares, según que la inversión sea exactamente de adelante hacia atrás, sin ninguna alteración, o que no lo sea, por trasposición de alguna sílaba o el agregado de alguna letra. La necesidad de recurrir a la irregularidad la da el notable arbitrio –no escrito ni reglado, sino natural y espontáneo– de dar a la palabra así creada un fonetismo agradable y armónico con que nos asombran desconocidos profanos en lenguaje y fonética que desde tiempos viejos nos han legado tales palabras.
Entre los **vesres** regulares citaremos **choma** (macho), **gomía** (amigo), **jermu** (mujer), **naerpi** (pierna), etc. Entre los irregulares, **anafo** (afano), **ciapoli** (policía), **jotraba** (trabajo), etc. Seguramente más gratos a la pronunciación y al oído que lo que serían los regulares nofaa, acilipo y jobatra, en su caso. Véase **vesre**.

Mama, yo quiero un novio
que sea milonguero, guapo y compadrón.
Que no se ponga gomina
ni fume tabaco inglés;
que pa hablar con una mina
sepa el chamuyo al revés.
Mama, yo quiero un novio.
Tango. Roberto Fontaina, 1928.
NOTA. *Tabaco inglés:* tabaco rubio (véase tabaco).

Revirado/a. l. p. Trastrocado. Perturbado. Descontrolado. // Irritado. Disgustado. // Colérico. Furioso. // Loco. Chiflado. Rechiflado. // Mufado. // Insensato.

Y así, yirando solo, voy esta madrugada...
Revirao con la suerte, me ha dao por pensar.
Mi vida... ¿Qué es mi vida?... ¡No vale una
                                      /pitada!
¡Si tuviera un bufoso para hacerme sonar!...
En esta madrugada (Nocau lírico).
Alcides Gandolfi Herrero, 1970.
NOTA. *Revirao:* revirado. *Dao:* dado.

Revirar. l. p. Trastrocar. Perturbar. Descontrolar. // Irritar. Disgustar. // Encolerizar. Enfurecer. // Enloquecer. Rechiflar. // Mufar. Del esp. *revirar*: volver a virar, y **virar**: cambiar de rumbo, dar vueltas.

Revire. l. p. Acción y efecto de revirarse. // **Reviro.** *Con el revire que tengo, no quiero ver a nadie.*

Reviro. l. p. Enojo, mufa, rechifle. // **Revire.**

Este reviro que me desparrama
las croquetas del mate y que me seca,
y rechiflao me empuja hasta la yeca
piantando a las tibiezas de la cama.
Aflojando.
Juan de la Caye (Juan Carlos Coiro).

Revocarse. l. p. Empolvarse. Ponerse cremas y afeites. // Maquillarse. Véase **revoque**.

Revoque. l. p. Cremas, polvos, aceites, lápiz labial, rimel, etc., todo lo que constituye el afeite femenino. Por comparación con el revoque con que se recubren las paredes. // Maquillaje.

Reyunar. l. p. Conferir a un animal la condición de **reyuno**, lo que se hacía cortándole la punta de una de las orejas a un caballo, vaca, oveja, etc., para indicar que eran propiedad del rey, es decir, de la corona española. Esta costumbre existió en el Río de la Plata durante la colonización y a dichos animales se los llamaba **reyunos** (del rey). Tras la emancipación, el procedimiento continuó durante un tiempo, para señalar a los animales que eran pertenencia del Estado, a los que ya se los llamó **patria** o **patrio** (caballo patria o caballo patrio). En la época del correo por medio de postas en nuestro país, en cada una de ellas había caballos patria y un cuidador a cargo de ellos. Estos caballos se usaban como animales de refresco en reemplazo de los que llegaban cansados. Véanse **patria**, **patrio** y **reyuno**.

Reyuno. l. p. Nombre que se le dio en el Río de la Plata al animal (caballar, vacuno o lanar) que pertenecía a la corona española (**reyuno**: del rey) y que, como signo de tal pertenencia, le era cortada la punta de una oreja. Luego de la emancipación, estos animales pasaron a poder del Estado y se los llamó **patria** o **patrio**, aunque también se los siguió conociendo por su primitivo nombre de **reyunos**. Además de ser usados en la postas (véase **reyunar**) los caballos reyunos podían ser utilizados en alguna emergencia, a condición de ser devueltos en buen estado al lugar de donde habían sido tomados. Véanse **patria** y **patrio**.

Llamó al cabo y al sargento
y empezó la indagación:
si había venido al cantón
en tal tiempo o en el otro...,
y si había venido en potro,
en reyuno o redomón.
El gaucho Martín Fierro. José Hernández.

Rezongo. l. p. Dícese del sonar lento y cadencioso del bandoneón en la interpretación de un tango.

No escucho ni el rezongo
de un fuelle que se queja,
no tengo pena vieja
ni preocupación.
Por qué soy reo. Tango.
Manuel A Meaños - Juan M. Velich, 1929.

Rico tipo. l. p. Dícese del individuo despreocupado, alegre, farrista, entretenido, desprejuiciado, que trata de pasar la vida ignorando dificultades y problemas. // Loco lindo. // Reo lindo. Véanse **loco** y **reo**.

Riel. l. p. Se usa en la expr. pop. **estar en el riel**, equivalente a **estar en la vía** (véase **vía**).

Hoy se lleva a empeñar
al amigo más fiel...
Nadie invita a morfar...,
todo el mundo en el riel.
Al mundo le falta un tornillo.
Tango. Enrique Cadícamo.

Rienda. l. p. En la expresión **a rienda corta**, llevar al caballo con un tramo muy corto de rienda para tenerlo más sujeto a la mano del jinete y hacer que obedezca mejor y más rápido. // p. ext. **Tener a alguien a rienda corta**. Tenerlo controlado, dominado, sin darle mayor libertad. Equivale al dicho **tener a alguien cortito**. // **A rienda suelta**. Con entera libertad.

Rifado/a. l. p. Regalado, tirado. *Lo vi pasar mal vestido, abandonado, abatido; completamente rifado.* De **rifar**.

Rifar. l. p. Regalar. Tirar. *Rifar la honra, la reputación, la posición.* // Dilapidar. *En el juego y las francachelas se rifó una casa.* Del esp. **rifar**: juego que consiste en sortear una cosa entre varios por medio de números de corto valor que se venden a bajo precio.
Rifarse. l. p. Regalarse.
Rioba. l. p. Revés de **barrio**.
Risa. l. p. **Estar para la risa**. Hallarse alguien en tan mal estado económico y espiritual, tan aplastado, tan vencido, que le hace sentir que, más que inspirar lástima o compasión, mueve a la risa. Igual que **estar para el cachetazo** y **estar para la joda**.
Robador. l. carc. Red que utiliza el personal de los presidios para atrapar los mensajes que se intercambian los presos y sus familiares por medio de las "palomas" (véase esta voz).
Robar. l. p. Ganar su sueldo en una empresa un empleado que no hace nada porque no se dedica o porque no tiene nada que hacer. *Ese empleado no gana su remuneración: la roba.* // Vencer a alguien con suma holgura en una confrontación. *Fulano robó en los cien metros llanos* o *la carrera fue un robo.* // Abusarse de una gran disparidad de fuerzas sobre otro para derrotarlo. // Aprovecharse de su nombre y anteriores éxitos un cantor o un artista de teatro o cine, venido a menos o en edad de retirarse, para seguir ganando algo de dinero aun en lugares inferiores o en papeles secundarios.
Robo. l. p. Acción de **robar**.
Robreca. l. p. Revés de **cabrero**.

Me hacés doler la zabeca
con tu fulerazo cuento...
Mirá: ¡no me hablés de vento
porque me pongo robreca!
El toco. *Bartolomé Aprile.*

Rociado/a. l. p. Dícese de la persona que ha ingerido bebidas alcohólicas aunque sin llegar a embriagarse.
Rociar. l. p. Ingerir bebidas alcohólicas sin llegar a embriagarse. Del esp. **rociar**: caer el rocío o una lluvia menuda.

Mandate tus buenas cañas,
hacete amigo del whisky
y antes de morfar rociate
con unos cuantos pernods.
Seguí mi consejo.
Tango. *Eduardo Trongé, 1928.*

Rodar. l. p. Caer hacia delante el caballo al correr. Dícese que rueda por la vuelta que da al caer. // sent. fig. Venirse abajo moralmente una persona hasta alcanzar grados denigrantes. Del esp. **rodar** (del lat. **rotare**): caer dando vueltas.

Me han contado, y perdoname
que te increpe de este modo,
que le vas de partenaire
en no sé qué bataclán;
que has rodao como potranca
que la pechan en el codo,
engrupida bien de bute
por la charla de un bacán.
Audacia.
Tango. *Celedonio Esteban Flores, 1925.*
Nota. **Rodao:** rodado.

Rolar. l. del. "Andar en compañía de alguien. Ser su amigo." (Antonio Dellepiane. **El idioma del delito**, 1894.) // l. p. Alternar en algún medio o círculo.

Y además, para que role
entre gente que ha estudiao
tiene que haberse morfao
La Vida de Rocambole.
Del arrabal. *José Betinoti.*

// l. p. Tener predicamento. Ser confiable. *Solamente un sabio puede rolar en un medio tan exigente.* // Andar sin rumbo fijo. Vagar.

Bien sé que tu vida rola
igual que si fuera un pucho.
Hoy tenés un hombre ducho
que te lava hasta la ropa,
mientras yo olvido, entre copas,
que te adoré mucho, mucho.
Bandera baja. *Carlos Waiss.*

// El origen de esta voz lo encontramos en el esp. **rolar**: dar vueltas circulares, particularmente el viento. Las acepciones que sumó entre nosotros tienen vigencia antigua ya que, como vemos, Dellepiane la registra en su libro de 1894 como "andar en compañía de alguien y ser su amigo". Las restantes las fue incorporando el habla popular.

Rollo. l. p. Discurso, disertación prolongada. *Tuvimos que aguantarle el rollo al orador.* // Declaración. Confesión. *Frente al comisario, al maleante largó el rollo.* // Energía. Fuerza. Capacidad. *En la discusión mostró que tenía rollo para rato.* // p. ext. Salud. *El médico me dijo que todavía tengo mucho rollo.* // l. del. Fajo de billetes. Dinero. **Vento. Paco.**

*Brillaron los ojos de avaricia
al gil, con lo que el otro le pintaba
y ponía la cara de ictericia
cuando en el rollo del bacán pensaba.*
El legado del tío. Anónimo. (Cfr. Antonio Dellepiane. **El idioma del delito.** 1ª edición, 1894.)

// **Guardarse el rollo.** Quedarse sin decir o sin hacer algo que pudo o debió hacer. *Pudo apabullarlo, pero prefirió guardarse el rollo.* // Esconder el dinero. // **Largar** o **soltar el rollo.** Decir todo lo que se desea. Desahogarse. // Decir toda la verdad. // Declarar en un interrogatorio. Confesar. // Soltar la lengua. // Denunciar. // Deschavarse uno mismo o deschavar a alguien (véase **deschavar**). // Demostrar todo lo que se sabe sobre un tema. // Entregar compulsivamente el dinero a otro. // l. dep. Desarrollar toda su acción física un deportista. // l. turf. Desplegar toda su capacidad corredora un caballo de carrera. *Cuando Firulete soltó el rollo, tomó la punta y ganó por treinta metros.*

*Yo también soy medio pierna
pa'l baile de corte criollo
y si largo todo el rollo,
con ella me sé lucir.*
Cuerpo de alambre.
Tango. Ángel Villoldo, 1916.

// **Quedarse con todo el rollo.** Estar preparado para decir o hacer algo y, por alguna circunstancia fortuita, no poder hacerlo. También se dice **quedarse con todo el rollo adentro.** // **Tener rollo.** Tener salud, energías, fuerza, ganas. // Tener dinero.
Como se advierte, **rollo** da idea de un todo, no de una parte o porción de algo. El que, en cuanto a salud, **tiene rollo,** se halla perfectamente bien, al pelo, diez puntos; no es que se halle algo bien o bien de esto pero no de aquello. El que **larga el rollo,** hablando de dinero, entrega todo lo que tiene. El que **suelta el rollo** dice todo lo que tiene que decir, no omite nada. La voz proviene del esp. rollo (del lat. rotulus): cosa de figura cilíndrica. // Porción de papel, tela, etc., que se tiene enrollada para la venta. La acepción principal de este vocablo entre nosotros compara ese rollo de tela o papel con el de una buena suma de dinero en billetes que se tiene enrollada. En cuanto a **largar** o **soltar el rollo,** la idea proviene de desenrollar algo que se tiene enrollado.

Romana. l. p. **A la romana.** Dícese del pago de un gasto hecho entre varias personas, cada una de las cuales abona lo que ha consumido. Igual que **a la americana.**

Rompedor. l. p. Se le dice irónicamente al individuo que se cree irresistible para las mujeres.

*Durante la semana, meta laburo
y el sábado a la noche sos un doctor;
te encajás las polainas y el cuello duro
y te venís pa'l centro de rompedor.*
Garufa. Tango.
Roberto Fontaina - Víctor Soliño, 1928.

Rompepeines. l. p. **Cabeza** (véase esta voz).

Romper. l. p. Molestar, fastidiar, importunar. *No me rompas con tus problemas.* // Aburrir. // l. dep. En los deportes en que se juega con pelotas o bochas, se dice cuando un jugador realiza grandes jugadas y se destaca con brillo propio. *Maradona la rompió en México contra los ingleses.* // Dejar a alguien maltrecho como consecuencia de una golpiza. *Lo sorprendieron robando y lo rompieron todo.* // **Romper el culo.** Castigar a alguien. Golpearlo duramente. // p. ext. Imponerse una persona sobre otra en algún enfrentamiento. *Le rompió el culo en el debate sobre economía.* // p. ext. Triunfar deportivamente sobre otro. *Boca Juniors le rompió el culo a River Plate.* // l. jgo. Ganarle a alguien mucho dinero en algún juego. *Le rompieron el culo en la timba.* // **Romper las bolas, las guindas, las pelotas, el forro, los huevos, los quinotos,** etc. Mo-

lestar, importunar, fastidiar, incomodar. //
Romperse el alma. Darse un soberano golpe. *Se rompió el alma a causa de un resbalón.* // p. ext. Hacer el máximo esfuerzo en pos de un logro. *Me rompí el alma por terminar este trabajo.* // **Romperse el mate.** Esforzarse al extremo por entender algo, hallar la solución a algún problema o por recordar lo que se ha olvidado. // Estudiar en exceso. // **Romperse la esquena.** Trabajar intensamente. Realizar un trabajo pesado. Véase **esquena**. // **Romperse todo.** Volcar todo el esfuerzo, el ánimo en una tarea, en una causa, etc. Del esp. **romper** (del lat. **rumpere**): quebrar una cosa o hacerla pedazos.

Rompe y raja. l. p. La expresión de rompe y raja se emplea para indicar que una persona es brava, valiente, capaz de enfrentar a cualquiera; peleadora, que se lleva todo por delante. Imparable en la acción. *Ese tipo que entró al boliche es un hombre de rompe y raja.* // También se emplea para significar que un enfrentamiento, una pelea, una discusión o un debate se lleva a cabo duramente, sin pedir ni dar ventajas, sin claudicaciones.

Son los taitas majaderos
del compadraje oriental,
porque se ha hecho general
entre los de rompe y raja,
la camiseta, la faja,
la más chillona golilla,
pues hasta usan gran cuchilla
que de dos cuartas no baja.
El compadraje oriental en competencia con el argentino. *Pepino el 88 (José J. Podestá). Aprox. 1890. (Cfr. Luis Soler Cañas.* **Orígenes de la literatura lunfarda,** *1965.)*

// El dicho proviene del esp. **de rompe y rasga:** loc. fig. y fam. De ánimo resuelto, desembarazado. Nuestro medio la adoptó y le dio sentido bravío.

Roncador/ra. l. p. Que ronca. Que tiene autoridad y mando. *En mi oficio ronco yo.* // l. turf. Dícese del caballo que tiene dificultades para respirar los días húmedos o cuando recibe el viento de frente.

Ilusiones del viejo y de la vieja
van quedando deshechas en la arena
por las patas de un tungo roncador.
¡Qué le voy a hacer, si soy jugador!
Palermo. *Tango. Juan Villalba - Hermido Braga, 1929.*
NOTA. *Arena:* se refiere a la pista de arena del hipódromo de Palermo.

Roncar. l. p. Tener autoridad y ejercerla. Mandar, dirigir, disponer. Del esp. **ronca** (de **roncar,** del lat. **rhonchare** y éste del gr. **rhonchos,** ronquido): echar roncas, fig. y fam. Jactarse de valor o de otra cosa.

¡Aquí mando yo, señora!,
y oiga lo que estoy batiendo!
¡Así que vaya sabiendo
quién es el que ronca ahora!
Cobrate y dame el vuelto.
Milonga. Enrique Dizeo.

Ronciar. l. p. Dar vueltas y más vueltas en torno a un asunto o de alguien, con la esperanza de conseguir lo que se pretende. Del esp. **roncear,** de **ronzar** (en fr. **roncear:** mover una cosa pesada ladeándola por medio de palancas): halagar con acciones y palabras para conseguir un fin.

Roncoroni. l. p. Roncador. Parag. para disimular el calificativo con el apellido Roncoroni. Véase **paragoge**.

Roncha. l. p. Apariencia ostentosa. // Alarde, pedantería, farolería, espamento. // **Hacer roncha.** Darse corte, alardear. // Buscar impresionar, llamar la atención. Jactarse. Del esp. **roncha** (en port. **roncha**): esquimosis rojiza o violácea que se forma en la piel por efecto de la picadura de un insecto, que se extiende y se hace muy visible. De aquí que **hacer roncha** es causar efecto, hacerse ver.

¡Qué dieran las grelas que tanto hacen roncha
por tener la pasta de Pepa, la Vasca,
o aquellas agallas de la parda Poncha,
que murió en gayola, rasca que te rasca!
Cacho de recuerdo (La crencha engrasada). *Carlos de la Púa, 1928.*

El dicho se aplica también a la buena impresión, al impacto o a la admiración que causa en un lugar la presencia de alguna persona elegante o de fuerte personalidad. *El embajador hizo roncha en el ágape con su prestancia.*

Ronda. l. p. Señal que se transmitían con un silbato los vigilantes de barrios a determinadas horas de la noche para informar que se hallaban en sus puestos y que no había novedad. A esto se le llamaba "tocar ronda". Un cierto sonido del silbato indicaba "sin novedad". Lo oía el policía de facción próximo y, careciendo de novedades, repetía el mismo toque con su silbato, que era oído por quien lo había emitido antes y también por el de la siguiente parada, que, a su vez, hacía lo propio, y así sucesivamente, hasta que el mensaje, dando la vuelta al barrio (haciendo la ronda), volvía al policía que había iniciado el circuito. En caso de dificultades, se transmitía otro tipo de pitada que lo indicaba, lo que motivaba el desplazamiento de otros policías al lugar de la parada. Si llegada la hora de la ronda, un vigilante no respondía al silbato, el que lo había emitido se dirigía a la facción de aquél para investigar la razón de la novedad.

Devuelven las oscuras calles desiertas
el taconeo tardo de los paseantes
y dan la sinfonía de los alertas
en su ronda obligada los vigilantes.
El alma del suburbio. Evaristo Carriego.

Ropa. lunf. **Esparo**. Su origen puede deberse a la inversión silábica de **esparo**, que da **ropaés** o **ropaes**, de pronunciación dura, que debieron ceder el lugar a **ropaé**, más pronunciable. De allí, **ropa** pudo deberse a una apócope de esta voz, lo que simplifica la cuestión. Pero en medio de estas palabras aparece **ropero**, de igual significado que ellas, y puede ser una inversión silábica muy rebuscada de **esparo** o una paragoge de **ropáe** y que también podría haber dado la misma apócope. Es decir, que **ropa** (esparo) puede ser apócope de **ropáe** o de **ropero**. O de las dos.

Rope. l. p. Revés de **perro**. Como curiosidad, Mario E. Teruggi (**Panorama del lunfardo**, 1974) cita que "Vicente Cifuentes (1910:22) llama la atención sobre el hecho de que el anagrama **rope** suena muy similar a **Roque**, que es, precisamente, el santo patrono de los perros". // **Meter el rope.** Meter el perro (véase **perro**).

Ropero. lunf. **Esparo** (véase **ropa**). // l. p. Persona grandota, corpulenta. // l. mús. Contrabajo, por su tamaño. // irónic. antig. Mujer, porque se la tenía en la pieza. // irónic. Mujer gorda.

Rosca. l. p. Riña, pelea. // Discusión airada. // Trompada, puñetazo. *Le encajó una rosca que lo tiró al suelo.* En esta acep. también se usa **roscazo**. // Confusión, barullo, lío, desorden. *A causa de un choque hay una gran rosca en la autopista.* // Escándalo. // Enjuague, trenza, componenda, contubernio. *Descubrieron la rosca que habían preparado para favorecer una licitación.* // p. ext. Apóc. de **rosquete**: culo, traste. // **Armar la rosca.** Originar una discusión, una pelea, etc. // **Buscar rosca.** Buscar pendencia. // **Entregar la rosca.** Morir. Igual que **entregar el rosquete**.

Yo creo, si el día de entregar la rosca
le dieran la gracia de lo que pidiera,
El Cacha, sin duda, que elige de bronca
a la vida, un tango con una tanguera.
El Cachafaz (**La crencha engrasada**).
Carlos de la Púa, 1928.
NOTA. *El Cacha:* El Cachafaz. Véase este vocablo.

Roscazo. l. p. Aument. de **rosca** en la acepción de trompada, puñetazo.

Rosquete. l. p. Ano. Culo. Asentaderas. // **Romper el rosquete.** Igual que **romper el culo.** // **Entregar el rosquete.** Morir. Entregar la rosca.

Rostrazo. l. del. Acción y efecto de **rostrear**. // Dar el rostro.

Rostreador/ra. l. del. Que **rostrea**. Ladrón que comete **rostreo**.

Rostrear. l. del. "Ocultar un ladrón a sus cómplices una parte del robo para que no entre en la distribución y obtener así una mayor parte de la debida." (Antonio Dellepiane. **El idioma del delito,** 1894.) Equivale a **cortar el rostro**. // p. ext. Quedarse con el dinero que corresponde a otro. Véase **rostro**. // "Del gen. **rosti**: asar, y extensiblemente, defraudar, por cruce con el esp. **rostro**: cara." (José Gobello. Diccionario lunfardo, 1989.)

La marroca, la empeñaste;
la boleta, la vendiste;

vos cuent'a mí no me diste;
a la gurda me rostriaste.
El toco. Bartolomé R. Aprile.
NOTA. *Rostriaste:* rostreaste.

Rostreo. l. del. Acción y efecto de **rostrear**.
Rostro. l. del. Estafa que cometen uno o más ladrones y que consiste en ocultar parte del producto de un robo para no repartirla con otros cómplices del hecho. A este acto se le llama **dar el rostro**.

El campana presta servicios a los ladrones, pero que digan éstos lo que les cuesta... Sin embargo, el negocio tiene sus contras. Veces hay que ha hecho efectuar un robo valioso y, cuando va a retirar su parte, se encuentra con una puñalada o con que, sencillamente, le dicen que no sea zonzo y se alzan con el santo y la limosna, acción que se llama dar el rostro.
El campana (Memorias de un vigilante).
Fray Mocho (José S. Álvarez), 1ª edición, 1897.

// **Cortar el rostro**. Este dicho es más reciente que **dar el rostro** y se emplea con el sentido de desairar, apartarse de alguien, hacerlo a un lado; fayutear; cortar una amistad unilateralmente.
Roto/a. l. p. Cansado, agotado, extenuado. **Estar roto**. // **Dejar roto** (a alguien). Dejarlo maltrecho a golpes o por haberlo hecho trabajar excesivamente. Del esp. roto, p. p. irreg. del verbo romper.
Round. l. box. angl. Cada una de las etapas o lapsos de que consta un match de boxeo, también llamado **vuelta**. Las peleas (o matches) para iniciados o aficionados suelen ser de 4 a 6 rounds de dos minutos de duración cada uno, con un minuto de descanso entre ellos. Cuando se trata de profesionales, son de 10 a 12 rounds, de tres minutos, con el mismo intervalo. Este anglicismo se ha popularizado a tal punto que ya integra el habla nacional.
Rozar. l. del. "Tantear, al pasar junto a una persona, de qué lado o en qué bolsillo guarda el dinero o la cartera, para poder ejecutar la punga." (Antonio Dellepiane. **El idioma del delito, 1894.**) A esta operación también se le llama **palpe**. Del esp. rozar (quizá del lat. rosus, raedura, desgaste): pasar una cosa tocando o frotando ligeramente la superficie de otra.

Rúa. l. p. Calle. // **Andar** o **estar en la rúa**. Estar sin dinero, seco, sin medios. Estar en la calle. Estar en la vía.

A vos te encontré en la rúa
y te traje pa'l trocén...
Luego, pa seguirte el tren,
le gambetié a la cafúa.
El olivo (Nochero). Juan Pedro Brun, 1969.

// **Dejar en la rúa** (a alguien). Dejarlo en la miseria. Dejarlo sin dinero. // Abandonar a alguien sabiéndolo sin medios ni recurso económico alguno. // Ganarle a alguien todo su dinero en el juego. // **Quedar en la rúa**. Perder todo el dinero de que se disponía. // Quebrar.
Rufa. l. p. Afér. de **garufa**, individuo farrista, divertido, juerguista. // l. p. Rufo, rufián, rufino.

Pa Tierra del Fuego al punga embarcaban
a las seis en punto de una tarde fría...
A las siete ella se apiló a otro rufa;
a las ocho andaba con él de garufa
y al sonar las nueve, curda, se reía.
Ella se reía. Enrique Cadícamo.

Rufino. l. "Rufián. // También portero de una casa de prostitución." (Antonio Dellepiane. **El idioma del delito, 1894**.) Es parag., para disimular la palabra con el nombre Rufino, de varón.
Rufla. l. p. Runfla
Ruflera. l. p. Runflera.
Rufo. l. p. Rufián. Es apóc.
Rula. l. p. Apóc. de ruleta.
Rumbeada. l. p. Informe creíble de algo que se está gestando o negociando y que aún no ha trascendido. *Tengo la rumbeada de que esa ley no se va a aprobar.* // l. turf. Expectación fundada que se tiene sobre las posibilidades de triunfo que asisten a un caballo en la carrera que va a disputar. // Informe, dato que se tiene sobre esa posibilidad.

El bacán que con empeño
me asegura tanta guita,
me ha pedido que reserve
la rumbiada que me da.
Preparáte pa'l domingo. Tango. José Rial.
NOTA. *Rumbiada:* rumbeada.

Rumbeado/a. l. p. Bien orientado. Que va por buen camino. // Que tiene buenos informes sobre algún tema o asunto. // Que está próximo a descubrir algo. **Andar rumbeado o estar rumbeado** (véase **rumbear**).
Rumbeador/ra. l. p. Que rumbea. Que sabe orientarse. Que sabe adónde se dirige. // Baquiano. (Véase **rumbear**.)
Rumbear. l. p. Tomar un rumbo o dirección. Ir hacia alguna parte. *Tomó la caña de pescar y rumbeó para la laguna.*

Para mí el campo son flores,
dende que libre me veo.
Donde me lleva el deseo,
allí mis pasos dirijo,
y hasta en la sombra, de fijo,
que adonde quiera rumbeo.
El gaucho Martín Fierro. José Hernández.
NOTA. **Dende:** desde.

// Orientarse. // Avanzar en alguna averiguación o investigación. Del esp. **rumbear** (de rumbo, del ital. rombo, en fr. romb, quizá del lat. rombus y éste del gr. rhombos, todos con la acep. de rumbo): trazar en una carta de marear una o más zonas de rumbos. **Marear:** gobernar y dirigir una embarcación.
Rumbiada. l. p. Rumbeada.
Runfla. l. p. Multitud. // Turba. // Cantidad, conglomerado de personas o cosas. // Cáfila. // Populacho. Del esp. **runfla**: serie de cosas de una misma especie.
Runflero/a. l. p. Perteneciente o relativo a la runfla. // Villero, orillero. // Persona de bajo nivel.

Sos reina del tango,
papusa runflera.

La ciencia canera
de saber bailar
prendió una diadema
de rante nobleza
sobre tu cabeza,
reina del gotán.
La reina del tango.
Enrique Cadícamo.

// Persona cuya vida desairada, desordenada, es una serie de sucesos reñidos con las buenas costumbres. // **Vida runflera.** Dícese de una vida disipada, crapulosa, de juego, juergas, etc. De **runfla**.

Viviendo está mi verso un cacho del pasado,
de la vida runflera, del escenario aquel;
ya todo se ha perdido, ya todo se ha pirado:
francesas, farras, broncas, Armenón y Gardel.
Nocau lírico.
Alcides Gandolfi Herrero, 1970.
NOTA. **Armenón:** Armenonville. Fue un cabaret famoso.

Ruso. l. p. Avaro. Amarrete. Egoísta. // Pichinchero. // Antiguamente se le llamaba ruso al judío. Hoy se lo usa en tal sentido, pero como apodo amistoso.
Rusticana. l. p. Costurera. Mujer que trabajaba en los talleres de costura haciendo prendas de todo tipo. El trabajo era muy modesto, excesivo y mal remunerado. El término tenía una connotación equivalente a nuestra actual **obreracha**. Posiblemente provenga del esp. **rusticana**: silvestre.
Rutera. l. p. Prostituta que ejerce su actividad en las rutas o autopistas, buscando clientes entre los conductores de vehículos que las transitan.

S

Sabalaje. l. p. Gente de baja condición social. // Conjunto de gente orillera. // Conjunto o ambiente de hampones y malvivientes. De sábalo.
Sábalo. l. p. Orillero. // Individuo de baja condición social. // Hampón, malviviente. La acepción viene del esp. **sábalo** (del ár. **sábal**): pez muy abundante en los ríos Paraná, Uruguay y de la Plata, cuya carne no es muy apetecible.
Sabandija. l. p. Pícaro, atrevido. // Taimado. Del esp. **sabandija** (quizá de un dim. del lat. **serpens-éntem**, que se arrastra): cualquier reptil pequeño o insecto, particularmente si es asqueroso y molesto.
Sabeca. l. p. Revés de **cabeza**. // Véase **cabeza**.
Sabiola. l. p. Cabeza. Es parag. de **sabeca** con el aporte de **sabio**, porque en la cabeza reside la sabiduría del hombre. // **A tanto por sabiola.** A tanto por cabeza, a tanto por persona. Forma de compartir el pago de un gasto que se ha hecho entre varios. // p. ext. Bálano. Glande.

Yo a mi clientela (de la Aduana) no le fallo. Hace más de veinte años que ellos saben que el petiso Canosa es un funcionario honorable. Yo me quedo con cien verdes por sabiola y les dejo pasar hasta una mona vestida de novia.
Sabihondos y suicidas.
Héctor Chaponick, 1982.
Nota. Verdes: dólares.

Sable. l. del. "Pasador de una puerta." (Antonio Dellepiane. **El idioma del delito,** 1894.) // p. ext. Pene.
Sacado/a. l. p. Aplícase a la persona que está fuera de sí, descontrolada. De **sacar**.
Sacar. l. p. Poner a alguien fuera de sí. Descontrolarlo, enfurecerlo. Del esp. **sacar** (del lat. **saccare**): hacer perder el conocimiento y el juicio.
Saco culero. l. p. **Culero.**
Sacudida. l. p. Reto severo. Amonestación, reprimenda enérgica. // Golpe dado a una persona. // Paliza, golpiza. *Dar una sacudida.*
Sacudir. l. p. Retar severamente. Amonestar, reprender con energía a alguien. // Dar una paliza, una golpiza. // p. ext. Ofender de palabra. Contestar groseramente. Del esp. **sacudir** (del lat. **saccutere**): menear con violencia una cosa de un lado a otro.

Sucede, che, que me paso con dos ginebras y le sacudo una contestación al sargento'el tercio, un indio puntano y mala cara... y lo apuré de un castañazo.
La ribera. *Carlos Mauricio Pacheco. Sainete estrenado en 1909.*

Sacudón. l. p. **Sacudida.**
Sada. l. p. Afér. de **posada**, como se llamaba antiguamente a las casas de hospedaje y de citas amorosas.
Salame. lunf. Tonto, lelo, torpe, melón. Del gen. **salamme**: embutido elaborado a base de carne de cerdo picada. // p. ext. Bobo, tonto.
Salamín. lunf. Salame. No es diminutivo de salame y tiene connotación más ironizante o despectiva que ésta; inferioriza más.
Salida. l. p. **De salida.** Modismo que significa de inicio, desde el comienzo, desde el primer momento, de arranque; lo primero que se dice o se hace. *De salida le pregunté: ¿tra-*

jiste la plata? Igual que de entrada y de movida.

Salidera. l. del. Modalidad de robo que consiste en asaltar y robar a las personas que salen de un banco tras haber retirado dinero. El ladrón sabe a quién asaltar porque previamente lo ha observado con disimulo mientras recibe la plata. En otros casos, un cómplice se lo señala de una manera convenida o se lo marca en la ropa con tiza en polvo o pintura que lleva en la palma de la mano. Un choquecito con el "candidato" o un "pase usted primero" acompañado de una amistosa palmada en la espalda, y la víctima elegida queda marcada para que el compinche lo individualice y lo ataque.

Salomón. l .p. Nombre que se le daba antiguamente, en general, al ropavejero. Este comercio era ejercido en su mayoría por turcos y judíos, entre quienes el nombre Salomón era corriente. Esto hizo que el lenguaje popular identificara a todos ellos con tal nombre.

Salsa. l. p. Golpiza. Biaba. // **Dar la salsa.** Darle una paliza a alguien. // p. ext. Vencer ampliamente a un adversario. // p. ext. Ganarle a alguien una suma importante de dinero en el juego.

Y así, curdela de sueños,
de minas y de buen vino,
entré a desparramar fichas
con soltura natural...
Y aquella Casa de Piedra
que todos llaman Casino
le dio la salsa a otro otario
y un rápido funeral.
De vuelta en Pampa y La vía (Nochero).
Juan Pedro Brun, 1969.

Saltar. l. p. Reaccionar instantáneamente ante un ataque verbal o físico. *¿Viste cómo saltó cuando lo aludí?* // p. ext. Eludir una opinión, una respuesta, un compromiso. Esquivar el bulto. *Todo iba bien, pero cuando le pidieron la firma, saltó enseguida.* Es frecuente emplear este vocablo acompañado por el mod. adv. **enseguida**, quizá para enfatizar la expresión. // **Saltar como leche hervida.** Reaccionar violentamente frente a una ofensa, un ataque o un peligro. Igual que **saltar como maíz frito** (véase **maíz**). // **Saltar para arriba.** En la frase **hacer saltar para arriba a alguien**: darle muerte, especialmente de una cuchillada en el vientre, como si se lo ensartara. Del esp. **saltar** (del lat. **saltare**): picarse o resentirse, dándolo a entender.

Te quiero como a ninguna,
pero me sobra bravura
p'hacerte saltar p'arriba
cuando me entrés a fallar.
Cuando me entrés a fallar. Tango.
Celedonio Esteban Flores, 1929.

Salto. l. p. **A los saltos, andar a los saltos.** Vivir con frecuentes apremios económicos. // Tener techo y comida irregularmente. // Estar escapándole constantemente a acreedores o a la policía. // Llevar una vida desordenada, sin rumbo cierto. // Cambiar con frecuencia los planes de vida. // l. del. **De salto. Atrapar de salto.** Asalto y robo que comete el atrapador, delincuente que se dedica a robar a homosexuales.

Por tanto, atrapa de salto o de filo,
bacán es que nunca le falta un canario.
Y son, en conjunto, un gremio tranquilo
formado por púas con caras de otarios.
El atrapador (La crencha engrasada).
Carlos de la Púa, 1928.

NOTA. *Filo:* chamuyo hábil que emplean los cuenteros para estafar.

// **Salto a salto. Salto y salto.** Ir o andar salto a salto: tiene el mismo significado que andar a los saltos.

¿Qué me querés demostrar,
que vos sos una bacana?
Yo te conozco, fulana,
antes de entrar al asfalto,
cuando andabas, salto a salto,
por Boedo y por Chiclana.
Piantate como has venido (Nocau lírico).
Alcides Gandolfi Herrero, 1970.

// **A salto y carta. Vivir a salto y carta** significa vivir haciendo cabriolas para subsistir, sin reparar en medios ni perjuicios, pidiendo a los amigos y enredándose en algunas trampas.

Salvar. l. p. **Salvar la ropa.** l. p. Rescatar algo relativamente ponderable de una pérdida grande.

Sambacuces. l. p. Zapatos. // Zapatos ordinarios. // Zapatos grandes.

Sambullo. l. carc. Tacho de latón que antiguamente se colocaba en los calabozos para que los presos orinaran y defecaran, cosa que tenían que hacer a la vista de todos y los obligaba a convivir con las miasmas de sus propias evacuaciones. Es el esp. **zambullo**: balde o cubo que suele usarse como sillico en los buques para el servicio de los enfermos; bacín u orinal que en las cárceles sirve a los presos para el mismo uso.

El sambullo es un tacho de zinc, un poco más grande que una olla. En ese recipiente, a la vista de todos, debíamos defecar. El sambullo no tenía tapa o, mejor dicho, estaba cubierto por un cardumen de moscas que se revolvían sobre el excremento. Cuando alguno de nosotros defecaba, se salpicaba todo con el contenido. Ahí, al lado de esa pestilencia, teníamos que dormir y comer.
Tras el alambrado de Martín García. Alcides Greca, 1934.

Samica. l. p. Revés de **camisa**.

Samporlino. l. p. Loco. Demente. // Extravagante. El vocablo es el apellido que llevaba un hombre "de la noche" del Buenos Aires de 1920, muy conocido por sus rarezas y extravagancias, aunque ellas estaban motivadas por su insanía.

*Nunca un buen cadenero
ha de tirarte el carro,
squenuna, vichenza,
samporlina, gilota,
que me das en los quimbos,
justamente en el forro.*
Sor bacana (*La crencha engrasada*). Carlos de la Púa, 1928.

Sanata. l. p. Conversación vana, hueca, insulsa. // Conversación inentendible. // Forma intencionada de hablar mezclando sin ton ni son cosas y conceptos, disparatando a veces, para ganar tiempo o eludir una respuesta u opinión concreta. // Forma de hablar con palabras inventadas o mal pronunciadas ex profeso, por diversión. // Conversación que fingen mantener en una obra teatral los actores secundarios, en tanto hablan o actúan los protagonistas. Derivaría del ital. **zannata**: bufonada, payasada, a través de **zannesco**: bufonesco, propio de payasos, y de **zanni**: arlequín, payaso, por las conversaciones sin sentido y disparatadas propias de estos actores.

Sanatear. l. p. Hablar en sanata. // Hablar sin sentido, sin sustancia, sin fundamento. // Mentir. Macanear.

Sanatero/a. l. p. Que sanatea. Que habla en sanata. // Mentiroso, cuentero.

Sánchez. l. p. Tonto, infeliz, poco listo. (Antonio Dellepiane. **El idioma del delito**, 1894.) En total desuso.

Sandía. l. p. Humoríst. Cabeza (véase **cabeza**). // Bobo, gil, torpe.

Sanfasón. l. p. Del fr. **sans façon**: masc. Sin modos ni formas. Familiaridad, franqueza. En nuestro medio, con la llegada de las mujeres francesas a la vida nocturna de Buenos Aires y de la moda francesa a nuestra sociedad, el lenguaje popular captó el giro, lo escribió y lo pronunció como lo oía, le cambió el género, feminizándolo, y llevó su significado a hacer algo sin orden, descuidadamente, como salga, y aun a vestirse echándose encima cualquier cosa, sin importar el gusto ni la elegancia. Se trabajaba "a la sanfasón"; se vestía "a la sanfasón".

Sanfazón. l. p. **Sanfasón**.

Sangre. l. p. Hallamos este vocablo en algunas expresiones populares, como las siguientes. // **Sangre de horchata**. Tener sangre de horchata es ser abúlico, indolente, aplastado, y también miedoso, cobarde, así como no reaccionar ante insultos, ofensas o provocaciones. Este dicho —en desuso— proviene de **horchata**, zumo que se extrae de las almendras, de las pepitas de melón y de algunos tubérculos aovados que se hallan en la raíz de una especie de juncia llamada **chufa**. Es de gusto muy dulce y con él se prepara un refresco llamado **horchata**, muy popular hasta mediados del 1900. Su color es blanco y esto fue empleado para que **tener sangre de horchata** significara no tener sangre roja, en el sentido de no tener sangre. // **Costar sangre**. Dícese que algo va a **costar sangre**

cuando se sabe que va a demandar esfuerzos y sacrificios máximos o que habrá que invertir mucho dinero para su logro. // **De algún culo saldrá sangre.** Véase **culo**. // **Haber sangre.** Decir que **habrá sangre** es anticipar un inminente enfrentamiento o una discusión violenta que terminará con golpes y heridos. Equivale a **correrá sangre**. *En la reunión de hoy va a haber sangre.* // l. jgo. Anuncio de fuertes pérdidas de dinero que habrá en una mesa de juego en la que las apuestas serán elevadas. // **Tener sangre.** Ser valiente, corajudo. No achicarse. **Sangre de pato.** Dícese de la persona que tiene serenidad y dominio de sí misma para afrontar sin temor ni vacilaciones los momentos más riesgosos y difíciles. Por antífrasis, también se usa esta expresión con el sentido de **sangre de horchata**.

Yo nací en Arerunguá
(pueblo del Salto uruguayo).
Dicen que soy de a cabayo...,
que viví entre parejeros...,
vacunao con sangre'e pato
entre bravos entreveros.
Para Irineo Leguisamo.
Daniel Alfonso Luro. (Cfr. **Leguisamo de punta a punta**, *1982.)*

San puta. l. p. Expresión gros. que se usa para dar idea del grado superlativo de lo que se menciona. *Le dio un reto de san punta. Hace un calor de san puta.* También *un reto de la san puta; un calor de la san puta.*
Santería. l. del. Ferretería. Por **santo**, cortafrío, entre otras herramientas que usan los ladrones para sus hechos delictivos.
Santero. l. del. Ladrón que opera con el **santo**. // Ladrón que roba en las iglesias.
Santo. l. del. Cortafrío. // l. p. Dato. Informe secreto, confidencial. Aviso. // **Pasar el santo.** Informar. // Transmitir a alguien un dato secreto, confidencial. // Delatar, deschavar, batir. // Denunciar. *Alguien le pasó el santo a la policía, que llegó enseguida.* Del esp. **dar el santo**: señalar el jefe superior de la milicia un nombre o una palabra que servirá de contraseña. Antiguamente, dicho nombre era el de un santo, de allí la frase **dar el santo** y nuestro **pasar el santo**.

Santos Dumont. l. p. Festivamente, senos de las mujeres. En alusión a los globos aerostáticos con los que realizaba sus experiencias Alberto Santos Dumont, uno de los pioneros de la aviación brasileña y latinoamericana.

...mi 'ando afilando a una gayeguita (...) que tiene unos santos dumón capaces de convertir en aviador al de más pavura, y un coleo, che, d'ida y vuelta, pior que abanico'e muchacha nerviosa. **Un rentista** (*Cuentos del arrabal*). *Santiago Dallegri, 1910. (Cfr. Luis Soler Cañas.* **Orígenes de la literatura lunfarda**, *1965.)*
NOTA. *Santos Dumont:* aeronauta brasileño (1873-1932), precursor de la aviación. Construyó en 1901 el dirigible **Brasil**, con el que hizo el vuelo de ida y regreso en diez minutos desde el parque Saint Cloud a la torre Eiffel, en París, distantes 11 kilómetros. En 1906 inició sus vuelos en avión.

Sapar. l. p. **Zapar**.
Sapo. l. p. Fracaso. Pérdida. Se usa en la expr. pop. **hacer sapo** para indicar que se ha fracasado en algún intento. **Hice sapo** significa "no conseguí el empleo", "no convencí al ministro", "no conquisté a esa mujer", "perdí al póquer". *El caballo que jugué hizo sapo.*

Como resultado de mi carrera con "La Noche" (...) me llovieron las montas... Así llegaron mis partidarios, que ya creían, a vociferar: "¿qué dicen, ahora, del salteño? Con él pierde a media cabeza y con Batista hace un sapo más grande que una casa".
Leguisamo de punta a punta.
Daniel Alfonso Luro, 1982.

// Juego muy antiguo de práctica en las zonas rurales de Argentina y Chile (en esp. llamado **juego de la rana**), que consiste en arrojar tejos metálicos hacia una especie de cofre que presenta aberturas en su tapa, a las que se les asignan distintos valores, y un sapo en el centro con la boca abierta, que lleva el valor mayor. Arrojados los tejos por cada jugador, se suma el puntaje que ha alcanzado. **Hacer sapo** significa embocar en el sapo el tejo lanzado, esto es, lograr el punto más alto posible. Antiguamente solía emplearse esta expresión con el sentido de jubilosa exclamación de acierto. *¡Hice sapo! ¡Me gané un caballo en una rifa!* Sin embargo, con el tiempo, por antífrasis, **hacer sapo** adoptó una acepción totalmente opuesta. // **Comerse un sapo.** Caer en un engaño. Ser víctima de un cuento. // Quedar en ridículo. // **Como sapo de otro pozo. Sentirse como sapo de otro pozo.** Sentirse alguien incómodamente ajeno y fuera de ambiente en el lugar o círculo en que se encuentra. // Advertir alguien que en el medio en que se halla se le hace un vacío o se lo desconsidera. También corre el dicho **mirar a alguien como a sapo de otro pozo** o **tratarlo como a sapo de otro pozo**: hacerle sentir a alguien ostensiblemente que su presencia desagrada y es inaceptable.

Sapucay, sapukay. l. p. Voz guaraní: grito. Propio de la provincia de Corrientes y también del Paraguay, es el grito bravío del hombre de campo que estalla, potente, como un desahogo emotivo incontenible. Es prolongado y se inicia con una especie de alarido agudo que va decreciendo lentamente hasta morir en un casi susurro, como la ola que estalla, impetuosa, en la arena y luego se retira pausadamente. El hombre vuelca la emoción que desborda su alma y la lanza a los cuatro vientos. Así expresa su alegría cuando ha terminado la cosecha, cuando baila el chamamé con su prenda, cuando su caballo gana una penca, cuando regresa al pago después de larga ausencia... El sapukay es, también, el grito que quiebra de allá lejos la quietud del campo dormido en la noche, cuando un jinete solitario, cruzando camino, sucumbe a la sensación de sentirse parte de esa inmensidad estrellada que lo cubre y de la tierra amada que lo contiene.

Saque. l. p. Golpe de puño. Trompada. *Le di un saque para que se callara.* // **De un saque.** Cosa que se hace o se dice ininterrumpidamente. *De un saque me contó toda su historia. Bebió el vaso de whisky de un saque.* // l. turf. Apuesta importante que se hace a un caballo de carrera. Del esp. **saque** (de **sacar**, del lat. *saccare*): acción y efecto de sacar en el juego de pelota, con lo que se da comienzo a la disputa de cada tanto. La rapidez, la fuerza y la importancia que tiene el saque motivaron las acepciones locales de la palabra.

Se acabaron esos saques
de cincuenta ganadores;
ya no hay tarros de colores,
ni hay almuerzo en el Julien.
Uno y uno.
Tango. Lorenzo Juan Traverso, 1929.

NOTA. *Saque de 50 ganadores.* Apuesta de 50 boletos a ganador que, en la época del tango mencionado, era importante, tanto, que el nombre de dicho tango, **Uno y uno**, está tomado de la jugada más común de entonces: un boleto a ganador y uno a placé.

¡Saraca! l. p. Corrupción de ¡araca!, con igual significado.

¡Victoria!... ¡Saraca, victoria!...
Yo estoy en la gloria:
¡se fue mi mujer!
¡Victoria! Tango. Enrique Santos Discépolo.

Sarandí. l. p. Se empleaba esta voz en el dicho, ya en desuso, **agarrate de los sarandices, que te va a llevar la corriente**, con lo que se le indicaba a alguien que se cuidara mucho de lo que hacía o decía porque tendría que enfrentar serias dificultades. Viene de **sarandí**, arbusto rubiáceo, de ramas largas y flexibles, propio de las orillas de ríos o arroyos y de parajes bañados por las aguas. Abunda en los ríos de la cuenca del Plata y presenta dos variedades, que se llaman **sarandí blanco** y **sarandí colorado**. En el dicho se usa **sarandices**, corrupción de **sarandíes**.

Sardo. lunf. Sargento.

Pero los vichenzos no habían manyado que el sardo los junaba, y, en cuanto quisieron espirar, éste, después del consiguiente gambeteo y de haberlos dejado rajar como tres cuadras, al fin me los apañó y, previo el refile de unas cuantas piñas, que les dio porque se habían retobao, los entregó a la yusta.
Deschavando la cana. Luis Contreras Villamayor, 1912. Crónica periodística publicada con el seudónimo de Canero Viejo. (Cfr. Luis Soler Cañas. **Orígenes de la literatura lunfarda,** 1965.)

Saría. l. del. Afér. por comisaría.
Sario. l. del. Afér. por comisario.

Sarpado/a. l. p. Revés irreg. de **pasado**. Dícese del que se tomó excesiva confianza. // Que faltó al respeto. // Caradura, desvergonzado, irrespetuoso. *Nadie lo tolera por lo sarpado que es.* De **sarpar**.
Sarpar. l. p. Revés de **pasar**.
Sarparse. l. p. Revés irreg. de **pasarse**. Tomarse excesiva confianza. // Faltar al respeto.
Sarpe. l. p. Acción y efecto de **sarparse**. *El sargento se enfureció por el sarpe del soldado.*
Sartenazo. l. turf. Triunfo inesperado de un caballo de carrera al que se consideraba sin probabilidades de ganar. // Sport elevado que se registra en una carrera de caballos (véase **sport**). // p. ext. Logro casual o sorpresivo que no se creía factible. *Aprobé el examen sin haber estudiado: fue un sartenazo.* Del esp. **sartenazo**: golpe dado con la sartén.
Sbornia. lunf. **Esbornia**.
Sbrufata. lunf. **Esbrufata**.
Scarparo. lunf. **Escarparo**.
Scrushante. lunf. **Escrushante**.

Yo no soy scrushante'repente. He hecho mi carrera desde pipiolo. He sido embrocador, campana y entregador, hasta que me recibí de profesor.
Conferencia lunfarda. *Nemesio Trejo, 1907. (Cfr. Luis Soler Cañas.* **Orígenes de la literatura lunfarda***, 1965.)*

Scrushar. lunf. **Escrushar**.
Scrushe. lunf. **Escrushe**.
Scrusho. lunf. **Escrusho**.
Schiafo. lunf. **Esquiafo**.
Schifrunista. lunf. **Esquifrunista**.
Sciacador. lunf. **Shacador**.
Sebo. l. p. Haraganería, holganza. // **Hacer sebo**. Haraganear, holgazanear. No hacer nada. Alude al decir popular de que quien no trabaja "cría sebo", o sea, que se forma grasa en su cuerpo.
Sebón/bona. l. p. Que hace sebo.

*Te piantaron del laburo
por marmota y por sebón.*
Lloró como una mujer.
Tango. Celedonio Esteban Flores, 1929.

Seca. l. p. Faz de la moneda en la que figura su valor y la fecha de acuñación. También se le decía **cruz** –en desuso– vocablo español que designa el reverso de las monedas que, desde la Edad Media, solían tener en ese lado escudos de armas generalmente divididos en cruz. La faz opuesta, donde está impresa la imagen relativa a la emisión, se llama **cara**, porque desde la antigüedad llevaba la cara del gobernante que las había mandado acuñar y, posteriormente, de algún personaje histórico. // **Dar seca** o **dar la biaba seca**. Dar una golpiza a alguien, sin derramamiento de sangre. Por eso, **seca**.

*Todos manyan a "El Ruso", aquel canero
sucio, punguista, caferata y zorro,
que se la dieron seca en un cotorro
cuando se hizo esquenún y camorrero.*
El Ruso.
Yacaré (Felipe H. Fernández), 1916.

// **Dársela seca** (a alguien). Darle una trompada. // p. ext. Derrotarlo. // Apabullarlo, aplastarlo con argumentos incontrastables. // **Dársela seca** (uno mismo). Suicidarse de un balazo.

*Créame por usté sola
ando mal de la zabeca.
Capaz que me la doy seca
si usté no me diera bola.*
Del arrabal. *José Betinoti.*

Seca. l. p. Pitada. Porción de humo que se aspira de un cigarrillo en una bocanada.

¿ME DAS UNA SECA?
La palabra **seca** *apareció hacia los años 1930/40 en que el país padecía una grave crisis económica. La falta de dinero hacía que quienes no podían comprar cigarrillos acudieran a amigos que fumaban para que les permitieran dar una pitada. Pero esto solía traer su problema. Ocurría que, tras la fumada permitida, en algunos casos el cigarrillo era devuelto con el papel mojado por la saliva del garronero, lo que irritaba, lógicamente, al titular del faso que, como todo fumador que se precia, cuidaba de tenerlo siempre seco y, además, no le resultaba nada grato ponerse en sus labios el cigarrillo mojado con saliva ajena. En salvaguarda de su pulcritud, ante el pedido de una pitada, el fumador asumió el derecho de exigir: "Seca, ¿eh?", en tanto que el garronero, adaptándose*

a las circunstancias, adquirió la costumbre de anticiparse a la posible prevención formulando su pedido con la implícita promesa de no mojar el cigarrillo: "¿Me das una seca?".

Secante. l. p. Que seca, que enyeta, que trae mala suerte. **Jettatore, fúlmine.** *Ese tipo es un secante: cuando viene a verme jugar, seguro que pierdo.* De **secar**.
Secar. l. p. Enyetar, provocar la mala suerte. // Agotar el dinero que se tenía. // Dejar sin dinero a alguien. // Dejar seco. *Me secó con tantos pechazos.* Del ital. **seccare**: secar, agotar, asolar.

*¿Qué te importa si la paica
del bulín se te piantó
o te traicionó el amigo
y la timba te secó?*
Otario, que andás penando.
Tango. Alberto Vacarezza, 1931.

Secarse. l. p. Enyetarse. // Perder todo el dinero. // Quedarse seco.
Seco/a. l. p. Enyetado. // Sin dinero. // **Pato, águila, misho.**

*¡Pato! Fuiste en todo momento,
¡pato!, aunque quieras despistar.
¡Seco!... Hoy tenés apartamento
y te pasan mucho vento
pa lucirte en el Pigall.*
Pato. Tango. Ramón Collazzo, 1928.

// **Parar en seco.** Contener enérgicamente a quien se está propasando en el trato o en el modo. // Hacerse respetar por quien se está insolentando. *Me habló de mala manera y tuve que pararlo en seco.* Igual que **parar el carro**.
Segurola. l. p. Parag. por **seguro**, recurriendo al apellido Segurola. Véase **paragoge**.
Seis luces. l. p. Revólver. Porque el tambor de esta arma carga seis proyectiles y por los fogonazos que despiden éstos al ser disparados.

Había exprimido su vida hasta que, un día, los fueyes le cantaron "¡no va más!"... Fayo al oxígeno, agrampó el seis luces y se encajó un chumbazo en el balero.
Comentario de Tino Rodríguez sobre el soneto **El suicidio**, de José Pagano (frag.). (Cfr. **Filosofía lunfarda**, 1987.)

Semaforazo. l. del. Asalto que se comete contra el conductor de un vehículo que se ha detenido ante el semáforo en rojo. Obviamente, término de reciente data.
Semáforo. l. p. Persona a la que se considera portadora de influencias maléficas capaces de ocasionar males y desgracias a quien se halle cerca de ella. // Individuo que padece de mala suerte. *¡Pancho es un semáforo! Todo le sale mal.* // **Fúlmine, jettatore, lechuza.** En alusión al semáforo, que detiene, que corta la marcha, el andar.
Semblanteador/ra. l. p. Que semblantea. // Dícese de la persona que estudia las expresiones del rostro de otra.
Semblantear. l. p. Estudiar las expresiones del rostro de una persona para tratar de descubrir sus intenciones, su sinceridad. // l. jgo. En algunos juegos de cartas, observar el rostro del contrario procurando descubrir si tiene buen juego o no. En el póquer está prohibido. Del esp. **semblante** (del lat. **similans, –antis**, participio activo de **similare**: semejar): representación de algún efecto del ánimo en el rostro.
Semifusa. l. p. Nombre que se le daba antiguamente al bastón que usan los policías. // Cachiporra de goma. El nombre proviene de la nota musical **semifusa**, que es negra y rápida como el bastón, la cachiporra y sus golpes. // **Tocar la semifusa.** Dar bastonazos o cachiporrazos. *El policía le tocó la semifusa en el calabozo.*
Sempio. l. p. Revés irreg. de **pensión**. // **Siompe.**
Seneise. l. p. **Zeneize.**
Seneisi. l. p. **Zeneize.**
Sensa. l. p. **Senza.**
Sentada. l. p. Figura de baile en el tango. (Véase **corte**.)

El hombre, en un momento oportuno, estiraba horizontalmente la pierna para que en ella se sentara su compañera, mientras él le daba una sonora palmada en el traste.
Café de camareras.
Enrique Cadícamo, 1973.

*Y ahí nomás nos enganchamos
luciendo un corte y corrida...
La apreté y le dije: "vida,
acá nosotros tayamos..."*

Una sentada y pasamos
haciendo un ocho diquero,
cuando salió un patotero
y así se puso a chiyar:
"¡Qué nos venís a enseñar
lo que es un tango oriyero!".
Y no está en mi performance (*Nocau lírico*). *Alcides Gandolfi Herrero, 1970.*

Senza. l. p. Sin. Nada. Sin nada. Voz con la que se sintetiza un mal estado económico. *—¿Cómo andás? —Senza*. Significa mal, sin dinero, sin nada; seco. // **Senza grupo**. Sin grupo. En serio. Sin mentir. Del ital. *senza*: sin.

Seña. l. p. **Dejar de seña a alguien**. No acudir a una cita. Dejarlo esperando en vano. De seña o señal, en esp. señal (del lat. **signalis**; de **signum**, seña): parte del precio que se entrega en cualquier concierto como prenda de seguridad de que se estará a lo convenido. En estos casos, el importe entregado como seña queda inmovilizado por un tiempo estipulado hasta el cumplimiento del convenio, lo que inspiró el dicho **dejar de seña** a alguien.

Señalar. l. p. Metáf. por herir de un tajo en la cara. // Hacer un feite. // Marcar. // Groseramente, dejar la señal personal en la cara de alguien.

—A ber, che, lé la notisia, que soy medio corto'e bista.
—Oí: "Un bravo". Este es el título. "Gumersindo Correas (alias el otario con yantas de goma) señaló ayer de un tajo a su mujer porque ésta no quería largarle vento."
Un consejo. Josué Quesada. Crónica periodística de principios del 1900. (*Cfr. Luis Soler Cañas.* **Orígenes de la literatura lunfarda**, *1965.*)

Sequeira. l. p. Seco, sin dinero, pato. Es parag. de **seco** para disimular esta voz en el apellido Sequeira. *Andar o estar sequeira*. Véase **paragoge**.

Sequía. l. p. Carencia de dinero. Paterío. De seco.

Sera. lunf. Tarde. Anochecer. Es el ital. *sera*: tarde, noche.

Si caigo una sera en curda,
fija empieza la milonga
y me batís, meta y ponga,
¡basura, reo a la gurda!
Cobrate y dame el vuelto.
Milonga. Enrique Dizeo.

Serante. l. del. "Cortaplumas. // Vaivén de camisulín. // China." (Antonio Dellepiane. **El idioma del delito**, 1894.)

Serenatero. l. p. Aplicábase a los músicos improvisados, generalmente jóvenes que aspiraban a integrar algún conjunto de los que a fines del 1800 existían en la ciudad y que, para hacerse conocer, tocaban en la vía pública y se ofrecían para dar serenatas. La serenata era una ejecución musical, en sus comienzos con guitarra, violín y, a veces, con acordeón, que acompañaban a un cantor y que se realizaba en horas de la noche generalmente como homenaje a la amada, al pie de su balcón, por parte de su enamorado, que podía ser el cantor, pero que, en todos los casos, era el que pagaba a los intérpretes por su trabajo. Los serenateros se iniciaron en La Boca pero pronto proliferaron y se fueron extendiendo por otros barrios capitalinos.

Eran principiantes que debían su mote a que la serenata era entonces, para todos los músicos vernáculos, el primer paso de rigor. Se jugaban el alma sin economías los aprendices, tocando sin parar, gratuitamente y en cualquier parte, incluso en el café. En todo caso, alguno de ellos pasaba, cada dos o tres piezas, el "platito".
El tango en su etapa de música prohibida. *José Sebastián Tallon, 1956.*

NOTA. *El platito:* se llama así al receptáculo en que se recogen los aportes del público como premio a las actuaciones de artistas noveles o improvisados, así como de personas necesitadas de la colaboración popular. Puede ser un platito, una gorra, etc.

Serruchar. l. p. Aserrar con serrucho. // Copular. Obviamente, por la acción en sí. // **Serruchar el piso**. Maniobrar, intrigar para hacer caer a alguien del sitial o cargo que ocupa. La figura es clara: serruchar el piso alrededor del asiento de alguien, para que éste desaparezca por el hueco. Equivale a **jabonar el piso** y **mover el piso**, también para hacer caer a alguien.

Serrucho. l. p. Personaje imaginario, como Magoya y Mongo, al que se remite a alguien a quien no se le cree lo que dice. *¡Andá a contárselo a Serrucho!* // También suele ser considerado el tal Serrucho como mentiroso y fabulador. *¿Quién te contó eso? ¿Serrucho?*
Serruchos. l. p. humoríst. Dientes.

Piguya – ...Al pelafustán que l'entre por hacers'el monono con este pichibirro, le acomodo un viento en los serruchos, que morfa pan rayao con cuajada hasta dispu'é dijunto; le dejo minga'e diente...
La promesa de la paica. Juan Francisco Palermo. Obra teatral en lunfardo de principios del 1900. (Cfr. Luis Soler Cañas. Orígenes de la literatura lunfarda, 1965.)
NOTA. *L'entre:* le entre, equivale a le dé. *Dispu'é:* después de. **Minga'e:** minga de, esto es, sin ningún. *Dijunto:* difunto.

Serva. l. p. Sirvienta, fámula, empleada doméstica. // **Servatana,** sierva. Es el ital. serva, de igual significado.

Pobre serva que bronca y que se shaca largando tempranito la catrera... Es de todas las jermus la primera que comienza a tallar dentro'e la saca.
La serva. Iván Diez (Augusto A. Martini).

Servacha. l. p. Serva, por parag. La terminación cha, al igual que cho, es de índole despectiva, como **obreracha,** por obrera, **puntacho,** por punto, etc.
Servatana. l. p. Parag. por **serva,** para disimular el vocablo en la palabra cerbatana por fonética, ya que se cambia la c por s, letras de igual pronunciación entre nosotros. Humoríst. o despect., según se lo use.
Servicio. l. p. Excusado. Retrete. Letrina. Voz antigua, ya de poco uso. Actualmente, baño, aunque este término cabe más al baño instalado, con todos sus accesorios completos. Del esp. **servicio:** bacín, recipiente que sirve para excrementos.
Servir. l. p. Cubrir el semental a la hembra. // Pegar, golpear, dar un puñetazo a alguien. Dar una paliza. Es extensión del esp. **servir** (del lat. **servire):** atender a alguien; llenarle el plato o la copa.

–Cuando estaba sirviendo a uno, pasó una vieja y me dijo: "Saravia, no se le pega a un hombre en el suelo...".
–Y usted, ¿qué hizo?
–¡Ah! Estaba como loco... Cobró la vieja, también.
Una luz de almacén.
Edmundo Rivero, 1983.

Sesera. l. p. Cabeza. Por los sesos que contiene. Véase **cabeza.**

Pues le llenan la sesera las macanas más briyosas y se siente rechiflada por tenerla que yugar... Giliberta sin ventaja, que la va de pretenciosa y en el barrio ni saluda, porque dice que es vulgar.
La engrupida (La crencha engrasada).
Carlos de la Púa, 1928.

Sgunfiador/a. lunf. Esgunfiador.
Sgunfiamiento. lunf. Esgunfiamiento.
Sgunfiar. lunf. Esgunfiar.
Sgunfio/a. lunf. Esgunfio.
Shacado/a. lunf. Robado, afanado. De **shacar.** // P. ext. y por influencia fonética, **chacado, achacado:** muy enfermo, **palmado.**
Shacador/ra. lunf. Cuentero, que se vale de engaños para estafar. // p. ext. Ladrón, chorro.
Shacador de otarios. lunf. Aplícase al estafador que por medio de cuentos como el del legado del tío y otros similares despojaba de dinero a sus víctimas. // En general, estafador, cuentero.
Shacadura. lunf. Engaño, timo. Estafa, defraudación. // Hurto, robo. De **shacar.** // Enfermedad grave. De **chacar,** por influencia fonética.
Shacar. lunf. Despojar de dinero a alguien por medio de embustes, ardides o engaños. // p. ext. Robar. // p. ext. Abusarse de alguien sacándole dinero constantemente. // **Chacar,** por influencia fonética. Del gen. **sciaccâ:** quebrar, romper, violar, forzar.

Ya no quiere la mugre de la pieza amueblada. El bacán que la shaca ya la tiene cansada. Se aburrió de esa vida de continuo ragú.
Sonatina. *Celedonio Esteban Flores.*

// **Shacar escabios.** lunf. "Modalidad delictiva que consiste en asaltar y robar a los borrachos. Muchos pungas, cuando ya son muy conocidos y no pueden actuar con comodidad a cualquier hora del día, terminan saliendo por las noches para shacar escabios. Esta modalidad es despreciada en el hampa." (Fray Mocho –José S. Álvarez–. *El punguista –Memorias de un vigilante–*, 1897.)

Shiomería. lunf. Pobreza. Miseria. // **Fulería.** Mishiadura. *Estar en la shiomería.* // Ordinario, basto. // De poco o ningún valor. *Un traje shiomería.* // Falsificado, falso. Fayuto. *Anillo shiomería. Amigo shiomería.* Viene de shiome, revés irreg. de **mishio**. También corre shomería.

Shofica. lunf. Revés de **cafisho**.

Shome. lunf. Revés irreg. de **mishio**. // Pobre, indigente. // Ordinario, deslucido. // Falsificado, falso. Fayuto. // **Shiomería, shomería.**

Shomería. lunf. Shiomería.

Te manyo que vivís a contramano,
que estás, por no yugar, siempre en la vía,
metido en una pilcha shomería
y hecho un croto cualunque, un cirujano.
Sonetos mugre. *Daniel Giribaldi, 1968.*

Shosha. lunf. Dinero, guita, plata.

¡Salve vento, menega, shosha, guita,
bataraces o duros..., lo que sea!
Himno del pato.
Yacaré (Felipe H. Fernández), 1916.

Shúa. l. del. Llave ganzúa. **Yúa, yuga.**

Shuca. lunf. Bolsillo, en general. Más especialmente, bolsillo lateral del saco. // **Shuca chauchera.** Bolsillo auxiliar pequeño, donde se llevan monedas. (Viene de **chaucha**: cosa de poco valor. Monedas.) // **Shuca fasera.** Bolsillo para llevar los cigarrillos. (De **faso**: cigarrillo.) // También se llama **shuca** al muñeco del tamaño de un hombre, vestido con saco, chaleco y pantalón, provisto de cascabeles, empleados en las escuelas de enseñanza para punguistas, en los que aprenden a sustraer, con el mayor cuidado y delicadeza, dinero, billeteras, relojes, alfileres de corbata, etc. Al menor descuido o torpeza, suena algún cascabel, lo que implica que la supuesta víctima del hurto, representada por el muñeco, ha sentido un contacto que la advierte del hecho. El alumno aprueba el examen cuando logra sustraer los efectos sin que suene ningún cascabel. En ocasiones, se prueban a sí mismos punguistas en actividad, para ver "si no han perdido la mano".

Shuca arriba o **cabalete**. lunf. Bolsillo superior externo del saco. // **Trabajar de shuca arriba.** lunf. Robar de dichos bolsillos.

Shucar. lunf. Robar de los bolsillos.

Shumería. lunf. Shiomería.

Shuquero. lunf. Que trabaja de **shuca**, es decir, que se dedica a robar de los bolsillos.

Shushar. lunf. Apoderarse de algo a escondidas. // p. ext. Robar. // p. ext. Sacarle dinero a alguien. Del gen. **sciusciâ**: soplar.

Susheta. lunf. Remilgado. Petimetre. Cajetilla. // Individuo que privilegia su elegancia. // p. ext. Elegante. "Del gen. **sciuscetto**: fuelle, y fig. soplón: persona que acusa en secreto y cautelosamente (en Montevideo **shusheta** mantiene el significado original: soplón), por alusión a la compostura del niño preferido de la maestra, al que suele llamarse **alcagüete** o **soplón**." (José Gobello. *Diccionario lunfardo*, 1989.)

Yo nunca fui shusheta
de pinta y fulería
y sé lo que es jugarse
la suerte a una baraja,
si llega la ocasión.
Bien pulenta. *Tango. Carlos Waiss, 1950.*

Shushetín. lunf. Dim. de **shusheta**. También se usa como sinónimo de esta voz.

Cadenero de buen porte,
garabito a la piú bela,
pinta brava de muchacho
con tu jetra shushetín.
Copen la banca.
Tango. Enrique Dizeo, 1927.

NOTA. *Jetra:* Revés de traje. *Otra:* como se ve en el ejemplo, **shushetín** está empleado en el sentido de elegante, nada más. *Traje shushetín:* traje elegante.

Sierva. l. p. Serva. Es despect.
Siete. l. p. Ano. "Parece ser una deformación de **sieso**, intestino grueso, según Kany (1962:173)", dice Mario E. Teruggi en su **Panorama lunfardo** (1974). Acotamos que, en efecto, **sieso** (del lat. **sessus**, de **sedere**: estar sentado) es el nombre de la parte inferior del intestino recto, en la cual se comprende el ano. // Suerte, culo, ojete. (En desuso.) // ¡**La gran siete!** Figura eufemística por ¡**la gran puta!**, exclamación que denota contrariedad, ira, sorpresa, temor o abatimiento ante un hecho inesperado o conmocionante.

–¿Y por qué su hija no se separa de él, si dice que la maltrata?
–¡Qué quiere, señor! Estos hombres que no sirven pa nada bueno, tienen un no sé qué, que dominan a las infelices que caen bajo sus garras... ¡Gran siete! ¡No estar yo en el pellejo de mi hija!
¡No me haga reír! Agustín Fontanella. Artículo periodístico publicado en la revista **PBT**, *aproximadamente a comienzos del 1900. (Cfr. Luis Soler Cañas.* **Orígenes de la literatura lunfarda***, 1965.)*

Sifón. l. p. humoríst. Nariz grande. // Nariz.
Silbando bajito. l. p. Se usa en la expr. pop. **irse** o **alejarse silbando bajito**, que significa retirarse de un lugar, de una reunión, etc., con el mayor disimulo, cuidando que su actitud no sea advertida.
Sineisi. l. p. **Zeneize**. Genovés. También se usaban **seneise**, **seneisi** y **xeneize**.

–Pero, decime, ¿son todos grédanos los de la farra?
–Sí, sineisi.
–Me gusta.
–¡Vivan los seneisis!
Caló porteño. Juan A. Piaggio. **La Nación**, *11-2-1887. (Cfr. Luis Soler Cañas.* **Orígenes de la literatura lunfarda***, 1965.)*

Sin hueso. l. p. Lengua. // **Darle a la sin hueso.** Hablar mucho. Chismear.
Siompe. l. p. Revés irreg. de pensión. // Sempio.
Sobar. l. p. Adular, alabar obsecuentemente a alguien por interés. Se usa solamente en la expr. pop. **sobar el lomo** (a alguien) con tal sentido. Del esp. **sobar** (en port. **sovar**): manejar y oprimir una cosa repetidamente a fin de que se ablande o suavice. // sent. fig. Palpar, manosear a una persona.
Sobón/bona. l. p. Obsecuente. // Persona a la que le gusta que la mimen y la acaricien. // l. turf. Caballo algo manso que se rehúsa a emplearse a fondo en una carrera. Del esp. **sobón** (de **sobar**): fastidioso, empalagoso por su excesiva familiaridad, caricias y halagos.

El hombre, como el caballo,
cuando ha llegado a la meta
afloja el tren de carrera
y se hace manso y sobón.
Cuando me entrés a fallar. *Tango.*
Celedonio Esteban Flores, 1940.

Sobrador/ra. l. p. Petulante. // Persona que trata a los demás como si estuviera por encima de ellos, como si conociera sus intenciones o sus propósitos. // Persona que observa y oye todo con aire de suficiencia, como si supiera de antemano lo que van a hacer o decir.

Y la parda, sobradora,
lo escuchó con mucha cancha;
le hizo hacer la pata ancha
y sin decirle ¡atajate!
le partió al ciruja el mate
con el filo de la plancha.
Cobrate y dame el vuelto.
Milonga. Enrique Dizeo.

// p. ext. Suele utilizarse esta voz aplicándola a animales (*el caballo, sobrador, se acercó al paisano, sabiendo que éste quería montarlo*) y hasta a cosas, por la forma en que se usan o que se muestran (*el funyi requintado y sobrador; el clavel, sobrador en la oreja*).

Siempre pasa con el pucho
sobrador a flor de labios
con la pinta medio shiome
que deschava el arrabal...
Cartón junao. *Tango. Carlos Waiss, 1947.*

Sobrar. l. p. Asumir una actitud de suficiencia o superioridad. // Adivinar los propósitos de otros. // Advertir si quieren engañarlo. Del esp. **sobrar** (del lat. **superare**): exceder o sobrepujar. // Estar venciendo a alguien con comodidad y amplitud.

¿Cuántas veces con un cuatro
a un envido dije quiero
y otras veces me fui al mazo,
sobrando con treinta y tres.
Cuando me entrés a fallar.
Tango. Celedonio Esteban Flores, 1940.

// Burlarse de alguien disimuladamente. Tomarle el pelo sin que se dé cuenta. *Los veía a todos asombrados con su relato; no se daba cuenta de que lo estaban sobrando.* De **sobrar**.

Sobre. l. p. Cama. **Meterse en el sobre:** acostarse.

En la apagada cheno de mi davi tan sola,
en el sobre adentrado, en un hotel fulero,
cavila en mi piojera, que a veces está cola,
la musa que genera la gremu de mis versos.
Pretensión
(Versos de yeca y atorro). Tino, 1977.

Sobretodo de madera. l. p. Ataúd, féretro. Mario E. Teruggi lo considera un lunfardismo y apunta que "se refleja en **paletot de sapin**, en francés, sobretodo de pino, de igual significación" (Etienne y Simone Deak, **A Dictionary of Colorful French Slang and Colloquialism**, New York, E. P. Dutto & Co. 1959). (Panorama del lunfardo, 1974.)

Soco. l. p. Revés de **coso**. // Apóc. de **socotroco**.

Socotroco. l. p. Piña, trompada. Es voz onomatopéyica. // Bulto, paquete grande.

Soda. l. p. **Tomar con soda.** Tomar algo con serenidad, por más grave que fuere. // Resignarse a lo inevitable. Alude al acto de agregarle soda a una bebida alcohólica para que sea más ingerible.

Sofaifa. l. p. Mujer, en general.
Sofica. lunf. Revés de **cafisho**.

Tendrá, sin sacar la cuenta,
de todo, como en botica
y hasta un bulín más sofica
que el tango de los cincuenta.
Del arrabal. *José Betinoti.*
NOTA. *Sofica:* cafisho, está empleado con la acepción de elegante, paquete, agradable, grato.

Soga. l. p. Ventaja. // **Changüí**. // **Dar soga**. Dar a alguien una aparente ventaja en un enfrentamiento para sorprenderlo, luego, cuando esté confiado, y superarlo. Viene de **dar soga** que en l. camp. significa aflojarle la soga al animal ya enlazado, que salta y tironea, a fin de que tome confianza y ceda en su actitud, para tomarlo desprevenido y poder dominarlo. // **Tirar de la soga**. Abusarse de la confianza que se le da o de la paciencia que se le tiene.

Sola Mía. l. p. Marca de perfume que usaban las clases populares hacia los años 1900.

El abultado y brillante jopo de "El Cívico" iba perfumado siempre, por preferencia general de los jailafes del tiempo, con Sola Mía.
El tango en su etapa de música prohibida. José Sebastián Tallon, 1959.

Solano/a. l. p. Parag. por solo (véase **parago-ge**). También se dice **solari**. *Estar solano; estar solari.* // l. del. Ladrón solitario.

Solari. l. p. Parag. por solo. // **Solano**.

Solfear. l. p. Robar, hurtar. Por comparación humorística de los movimientos que hace el ladrón que estira el brazo para robar, con los que se realizan para solfear.

Una mina le solfeaba todo el vento
y jugó con su pasión.
El ciruja.
Tango. Francisco Alejandro Marino, 1926.

Solfeo. l. p. Acción y efecto de solfear. // Hurto, robo.

Soliviar. l. del. Hurtar, robar. // **Afanar, punguear**. // Despojar de algo a alguien. Del esp. **soliviar** (del lat. **sub**, bajo, debajo de, y **levigare**, aliviar): ayudar a levantar una cosa tomándola por debajo. La palabra **soliviar** se usó siempre como sinónimo de aliviar, porque el que levanta una cosa de abajo alivia el peso de dicha cosa para el que trata de alzarla. Este concepto de aliviar fue captado festivamente entre nosotros para emplear **soliviar** con el sentido de aliviarlo a alguien del peso de lo que se le roba.

Mi tesis pa aquirir el título de profesor, trataba de las pungas a ojos vista, que es de las más

difíciles: soliviarle el reló, la cartera y el alfiler de corbata al que está conversando.
Conferencia lunfarda. Nemesio Trejo, 1907. *(Cfr. Luis Soler Cañas. Orígenes de la literatura lunfarda, 1965.)*

Sombra. l. p. Cárcel, calabozo. Prisión. **Estar a la sombra:** estar preso. Del esp. sombra (de **sombrar,** del lat. subumbrare, de sub, bajo, debajo de, y umbraticum, de umbra, sombra): sombra, **ponerle a sombra:** fig. y fam. meterlo en la cárcel.

Sombrerera. l. p. Cabeza. Para más sinonimias véase **cabeza.**

Sombrero maxera. l. p. Véase **Maxera.**

Sonado/a. l. p. Colifato, loco, rayado, piantado. // p. ext. Embobado de amor. *La novia lo tiene sonado.* // Derrotado, vencido. // Muy enfermo. // Muerto. De **sonar.**

Sonar. l. p. Enloquecer, rayarse. // sent. fig. Embobarse de amor. // Perder, caer derrotado. *Un novicio hizo sonar al campeón de tenis. Soné toda la plata en las carreras.* // Enfermarse gravemente. // Morir. *Lo hicieron sonar de un tiro.* // **Sonar como arpa vieja.** Véase **arpa vieja.** Del esp. sonar (del lat. sonare): hacer o causar ruido una cosa.

*La vida es arreglo y tongo;
la muerte es cancha pareja.
Al sonar, todo se deja;
nada te podés piantar.*
Bandera verde (Nocau lírico).
Alcides Gandolfi Herrero, 1970.

// Tener dudas sobre algo o alguien.

—¿Que ese senador pida una licencia?... No me suena... No me entra... Tengo mis dudas...

// Tener un leve recuerdo de alguien o de alguna cosa.

—Ese episodio de que me hablás me suena, pero no lo recuerdo bien...

Sonatina. l. p. Acción y efecto de sonar. Es parag. por **sonar** empleando la palabra **sonatina** (sonata corta y que suele ser de fácil ejecución). *Hoy hubo sonatina en la cancha de Boca Juniors* (hoy sonó –perdió– Boca Juniors).

Sonda. l. del. "Palito que se usa para sondear." (Antonio Dellepiane. El idioma del delito, 1894.) Véase **sondear.**

Sondear. l. del. "Introducir un palito en la cerradura de una puerta para averiguar si la llave está puesta interiormente." (Antonio Dellepiane. El idioma del delito, 1894.) Del esp. sondear, sondar (del lat. sub, no, bajo, debajo de, y undare, de unda, onda): echar al agua la sonda para averiguar la profundidad y reconocer la naturaleza del fondo de mares, ríos, lagos, etc.

Soñadora. l. p. Metáf. por almohada.

Sopardo. l. p. Peso, nuestra unidad monetaria. Es parag. que parte de **sope,** revés de peso, y combina con Azopardo: Juan Bautista Azopardo (1774-1848), marino maltés que se incorporó a nuestra Armada, en la que sirvió hasta 1822.

Sopetón. l. bill. En los juegos de billar llamados **pool** y **snooker pool,** golpe fuerte que se hace dar a la bola jugadora, "picándola" contra otra, de modo que aquélla quede "plantada" en el lugar que ocupaba ésta. Del esp. sopetón (del lat. **subitus,** súbito): golpe fuerte y repentino dado con la mano. El modismo **de sopetón** (pronto o impensadamente; de repente, de improviso) es español.

Sopladora. l. drog. Cocaína, cuando se aspira.

Soque. l. p. Revés de **queso.** // **Soqui:** puñetazo, piña, trompis.

Soqui. l. p. **Soque.**

Sordelli. l. p. Sordo. Parag. humoríst. para convertir al vocablo **sordo** en el apellido italiano Sordelli. Véase **paragoge.**

Sordina. l. p. Sordo. Es parag. para disimular el vocablo en la voz española **sordina** (del lat. **surdus,** sordo): pieza que se utiliza en los instrumentos de cuerda para disminuir la intensidad del sonido. // **Hablar a la sordina.** Hablar en voz baja.

Sorete. l. p. Porción de excremento humano sólido. Posiblemente se trate de una deformación de nuestros **sorullo, soruyo** (véanse). // p. ext. Persona vil, rastrera. // **No valer ni un sorete.** No tener ningún valor. Ser despreciable. Aplícase a personas y cosas. // p. ext. Nada. *No entendí un sorete. —¿Cómo andás de plata? —No tengo un sorete.* // Susto. *Se llevó un sorete tremendo.* Equivale a *se cagó del susto.*

Sorullo. l. p. Sorete. Del esp. zurullo, de igual significado. // **Soruyo**.

Soruyo. l. p. Sorullo, sorete.

Sota. lunf. Apóc. de sotana. Con el significado de disimulo, de desentendimiento, indiferencia o susurro, se emplea en distintas expresiones. // **Dar de sota**. Dar algo a otro ocultamente, con disimulo. Equivale a dar algo de **sotamanga**. // **Decir algo de sota, hablar de sota**. Hablar en voz baja, casi en un susurro. // **Hacerse el sota**. Hacerse el desentendido. // Fingir que no se ha oído, no se ha entendido o no interesa algo. // **Quedarse sota**. No actuar en una situación en que se podía o debía hacerse. Equivale a hacerse el burro, mirar para otro lado. // Quedarse piola. Quedarse callado. // **Verle las patas a la sota**. Esta expresión viene del juego de naipes llamado monte en el que, una vez hechas las apuestas, el tallador toma el mazo en sus manos, lo pone boca arriba y comienza a desplazar con sus dedos lentamente la carta que está encima de todas, haciendo aparecer poco a poco la que le sigue. Hecho esto, la quita y con la que apareció hace lo propio para ir mostrando la que se halla abajo y así sucesivamente, a fin de darle emoción al juego. En caso de que alguien haya apostado a una sota, en cuanto ve mostrarse apenitas los pies de una de ellas, ya sabe que ganó: *Le vio las patas a la sota*. // P. ext. a este dicho se le incorporó el significado de descubrir o adivinar las intenciones ocultas de alguien o el porqué de algún asunto o negocio. *Casi entro en el negocio, pero, de pronto, le vi las patas a la sota: la mercadería era de contrabando*. // **Caérsele a alguien una sota**. Dícese cuando una persona se quita años al manifestar su edad, por los diez puntos que vale la baraja llamada sota en algunos juegos.

—¿Cuántos años tiene usted, señora?
—Cuarenta.
—Me parece que se le cayó una sota...

Sotala. lunf. Bolsillo interior del saco o sobretodo. Con el tiempo se convirtió en **sotana**, que también significa saco y sobretodo. Del ital. jergal **sotto ala**: bajo el brazo (del ital. sotto l'ala: bajo el ala; al amparo de alguien). Véase **sotana**.

Sotamanga. lunf. Parte extrema de la manga del saco, donde los jugadores fulleros ocultan las cartas con las que hacen trampas. *Lo vi sacar un naipe de sotamanga*. // **Dar o entregar de sotamanga**. Pasarle a alguien, entregarle disimuladamente algo, ocultándolo bajo la palma de la mano. Del ital. sotto: bajo, por debajo, y **mánica**: manga.

Pobre la piba del quiosco,
que todas las tardecitas
me daba los cigarrillos
de sotamanga, al pasar...
Se tiran conmigo.
Tango. Luis y José Di Sandro.

Sotana. lunf. Bolsillo interior del saco o sobretodo. Primeramente se llamó **sotala**. // Saco, chaqueta. // **Robar de sotana**. Sustraer dinero o efectos del bolsillo llamado sotana. // **Hablar de sotana**. Hablar en voz baja, para que no oigan otros. También se dice **hablar de sota**.

La va de que es junado,
conversa de sotana,
su vieja ferramenta
la tuvo que amurar.
Cartón junao. Tango.
Carlos Waiss, 1947.

Sotanear. lunf. Levantar el saco o sobretodo de la víctima elegida para punguearla, acto que los punguistas realizan con tan singular suavidad, que resulta imperceptible para el damnificado. De **sotana**.

Sotanero. lunf. Punguista que se dedica a robar de los bolsillos llamados sotana. Este robo está considerado entre los de más alto grado de la punga.

Sotreta. l. p. Nombre que se le da al caballo que tiene hinchada la parte inferior de las patas delanteras, lo que lo imposibilita para correr así como para realizar muchas tareas. // Caballo inservible o de poca utilidad por sus achaques o su vetustez.

Una noche que riunidos
estaban en la carpeta
empinando una limeta
mi jefe y el juez de paz,

*yo no quise aguantar más
y me hice humo en un sotreta.*
El gaucho Martín Fierro. *José Hernández.*

// Dícese de la persona rastrera, perversa, taimada, ruin.

*Pa los sotretas de su laya
tengo güen brazo y estoy listo...
¡Tome! ¡Abaraje, si es de agaya!
Que el varón que taya
debe estar previsto.*
Mandria. *Tango.
Francisco Brancatti - Juan M. Velich, 1926.*
NOTA. *¡Tome!... ¡Abaraje...!* Indica el acto de lanzar una puñalada.

Spiantador/ra. lunf. Espiantador.
Spiantar. lunf. Espiantar.
Spiante. lunf. Espiante.
Spiedo. l. p. Asador giratorio que se usa en los comercios y que se ha incorporado al horno en algunas cocinas familiares. Es el ital. spiedo: asador para la carne.
Sport. l. p. angl. Voz inglesa que en el lenguaje del turf significa el importe que se abona en los hipódromos al apostador por cada boleto que le haya jugado al caballo ganador de una carrera o a alguno de los que se clasifiquen en los puestos siguientes con derecho a cobro, al igual que en las distintas combinaciones de apuestas que se hayan fijado para cada competencia.

*Preparate pa'l domingo
si querés cambiar de suerte.
Tengo una rumbeada posta
que pagará buen sport.*
Preparate pa'l domingo.
Tango. José Rial, 1931.

// p. ext. Dinero que deja de ganancia un negocio o una operación comercial. // **Dar buen sport. Pagar buen sport.** l. turf. Dícese que **da o paga un buen sport** a sus apostadores un caballo cuando a quienes le hayan jugado les corresponde un buen importe por cada boleto que apostaron. // p. ext. Dar buena ganancia un negocio o una operación comercial. // p. ext. l. del. En el bajo fondo también se le llamaba –y aún se sigue haciendo– **sport** al dinero que una prostituta le daba a su cafisho. Si era mucho, se decía que "daba un buen sport", como el caballo de carrera. // **Espor.**

*Ya te veo andar rodando como bola sin manija,
hasta que un día te chape un cafiolo flor y flor
y te haga bien de carrera..., porque de pinta
/sos fija,
quedándote algunos años pa que sigas dando
/sport.*
Como chivo con tricota *(Nochero).
Juan Pedro Brun, 1969.*

Sputza. lunf. Espuza.
Squenún/nuna. lunf. Esquenún.
Stecca. lunf. Esteca.
Stud. l. p. angl. Caballeriza. Lugar donde se cuidan y se albergan los caballos de carrera.
Submarino. l. p. Vaso de leche muy caliente en cuyo interior se coloca una barra de chocolate para que se disuelva. Se toma como desayuno o merienda. Del esp. **submarino**: buque que puede sumergirse y navegar bajo el nivel del agua.
Submarino. l. del. y pol. Tortura que consiste en sumergirle a alguien la cabeza en un balde lleno de agua y sostenérsela a la fuerza para privarlo de la respiración el tiempo máximo que pueda soportar, para sacársela, entonces, por unos instantes, a fin de que tome aire, y volver a repetir el procedimiento hasta lograr que el torturado, desfalleciente y semiahogado, declare lo que se desea.
Submarino seco. l. del. y pol. Tortura semejante a la del **submarino**, tendiente a lograr la confesión de alguien, que se practica maniatándolo, para que no pueda defenderse, e introduciéndole por la cabeza una bolsa plástica –transparente, para poder verlo– cuya abertura se cierra contra el cuello del torturado, con lo que a éste sólo le queda para respirar el escaso aire del interior de la bolsa. Cuando los torturadores advierten, por los gestos desesperados de la víctima, que ésta se está asfixiando, se la quitan para que tome unas bocanadas de aire y, antes de que se reponga totalmente, repiten la operación tantas veces como sean necesarias hasta que el detenido declare lo que pretenden.

Sughetin/na. lunf. Refinado. (Adolfo Enrique Rodríguez. **Lexicón**, Centro de Estudios Históricos Policiales, 1991.)

Suissé. l. p. Nombre con que se conocía una bebida alcohólica preparada con ajenjo y algunas hierbas aromáticas, muy popular hacia el 1900. En realidad, el vocablo debería acentuarse prosódicamente en la letra **i** y no tendría que pronunciarse la **e** final, pues no es otro que el **Suisse** (Suiza) que se veía impreso en la etiqueta de la botella, por ser la bebida importada de dicho país.

Natividad (a Luciana) – Vos, buena moza, serviles con tus manos de puntiya a estos amigos.
Luciana (...) – ¿Qué se van a servir los señores?
Palmero – Un suisé.
El Quebrao – Una caña con limonada.
Palmero – Tomá suisé, que refresca más.
Un guapo del 900. *Samuel Eichelbaum. Obra teatral estrenada en 1940.*

Suiza. l. del. Llave que usan los delincuentes para abrir candados, cuya paleta forma una cruz. Posiblemente en alusión a la cruz que lleva el escudo de Suiza.

Sumbo. l. p. Abreviatura de **suboficial**. Es el apóc. de esta voz, **subo**, a la que se le incorporó la **m**, por epéntesis.

Suncho. l. del. Arma blanca fabricada por los presos utilizando cucharas, tenedores o trozos de flejes, que desgastan contra al piso o las paredes hasta ir dándoles forma, afilándolos y hacerlos puntiagudos. El nombre genérico de **suncho** que se le da a estas armas se debe a que así se llama, también, el fleje, que se usa como agarradera, y a que este elemento es el que más usan los presos. Esta voz, de uso en algunos países de América latina con el sentido de fleje, proviene del esp. **suncho** y éste del esp. **cincho** (del lat. **cinctum**, de **cingere**: ceñir): aro de hierro propio para reforzar barriles, ruedas, maderos, etc.

Sundín. l. p. "Esta palabra es bastante rara y da idea de un apocopamiento algo modificado de **peringundín**", opina Luis Soler Cañas en su **Orígenes de la literatura lunfarda** (1965), quien, además, aporta el concepto de Tobías Garzón (**Diccionario argentino**, Barcelona, 1910): "Los **peringundines** se propagaron a otras provincias, como Córdoba, donde corrió con ellos su nombre, el que ahora ha cambiado en cierto modo su significado, denotando familiar y festivamente cualquier **sundín** o baile entre la gente plebe". Agrega Soler Cañas que Garzón incluye en su obra la voz **sundinguero**: "muy aficionado a los sundines y que anda siempre en ellos".

Sundinguero/ra. l. p. Véase **sundín**.

Sunguear. lunf. Robar. Vital Montes usó este vocablo en 1886, con dicho significado (**La lavandera.** Novela):

–¿Y la ropa?
–¿Qué ropa?
–La que sungueamos ayer.
(Cfr. Luis Soler Cañas. **Orígenes de la literatura lunfarda***, 1965.)*

Susheta. lunf. Shusheta.

T

¡Ta! l. p. Afér. de **¡puta!** como interj. de enojo, sorpresa, asombro, susto, contrariedad, etc. *¡Ta que lo parió a ese cuentero!* Suele emplearse el eufemismo **¡ta que lo tiró!** o **¡ta que lo tiró de las patas!**

Taba. l. p. Juego que se practica con un astrálago de vaca, descarnado, llamado **taba**. Se lleva a cabo dentro de los límites de una "cancha" de medidas reducidas y con la participación de varios jugadores, que la lanzan a su turno. Si la taba cae con el lado llamado "suerte" o "buena" hacia arriba, gana el que la arrojó y sigue tirando. Si, en cambio, cae mostrando el lado llamado "mala" o "culo" (se dice que "el jugador echó culo"), pierde y deja de tirar, con lo que la taba pasa a manos del que lo sigue. En caso de que la taba caiga de costado, el tiro no tiene valor y el jugador debe seguir con el lanzamiento. El lanzador (denominado **tirador**), antes de tirar, pone en juego una cantidad de dinero que es cubierta por los que esperan, quienes, además, pueden apostar entre ellos a favor o en contra del que tira. // P. ext., se le llama **taba** a la pierna y al pie. *Cuando baila, ni se le ven las tabas.*

> *Me hizo un tiro de revuelver*
> *que el hombre creyó siguro.*
> *Era confiao y le juro*
> *que cerquita se arrimaba,*
> *pero siempre, en un apuro,*
> *se desentumen mis tabas.*
> **El gaucho Martín Fierro.** José Hernández.
> NOTA. *Revuelver*: revólver. *Desentumen*: desentumecen.

// **Darse vuelta la taba.** Dícese cuando la taba arrojada cae al suelo y, por un brevísimo instante, parece quedarse quieta, pero, llevada por el resto del impulso, finalmente se da vuelta y queda, fija, en el lado opuesto al que mostraba. Puede haberse mostrado buena y quedar en mala o viceversa. Esto dio origen al dicho **darse vuelta la taba**, con el sentido de que, de pronto, le cambie a uno la suerte, en un sentido o en otro; que algo que estaba yendo bien, sufra un vuelco total y se arruine o que una mala racha se transforme súbitamente en una racha afortunada, aunque, por regla general, cuando se dice que a alguien se le dio vuelta la taba y no se especifica en qué sentido, se entiende que ha sido para mal. Veamos ejemplos de los dos casos.

> *–¡Que has pelechao... no pensaba! ¡Si un deputao parecés!*
> *–Che, Mandinga, ¡qué querés! Se me ha dao güelta la taba.*
> **Batifondo a la Ville de Roi.** Florencio Iriarte. Revista **Don Basilio**, 30-8-1900. (Cfr. Luis Soler Cañas. **Orígenes de la literatura lunfarda**, 1965.)

> *Se te dio vuelta la taba*
> *y hoy andás hecho un andrajo.*
> *Has descendido tan bajo,*
> *que ni bolilla te dan.*
> **Uno y uno.**
> Tango. Lorenzo Juan Traverso, 1929.

// **Taba culera.** l. p. Taba que frecuentemente **echa culo**, es decir, cae en mala. A veces, por algún defecto; otras, por estar cargada ex profeso.

Aquello no era servicio
ni defender la frontera.
Aquello era ratonera
en que sólo gana el juerte.
Era jugar a la suerte
con una taba culera.
El gaucho Martín Fierro. José Hernández.

Tabaco. l. p. Vocablo que se emplea con el sentido de abundancia: tener o dar abundancia de algo. // **Tener tabaco.** Tener dinero. Tener fortuna. // **Tener tabaco para rato.** Este modismo tiene gran número de aplicaciones, de las cuales señalaremos las más populares. // Tener dinero como para darse la gran vida por mucho tiempo. // Tener dinero como para solventar una mala situación por más prolongada que fuere. // Tener alguien condiciones y capacidad para desempeñarse largamente en la función que cumple. *El decano tiene tabaco para rato. Ese boxeador tiene tabaco para rato.* // Contar con reservas físicas para seguir sosteniendo las exigencias de algo que se está realizando. *Se ve que el maratonista que corre en la punta tiene tabaco para rato.* // Gozar de buena salud. *El médico me dijo que tengo tabaco para rato.* // Tener cantidad de argumentos incontrastables. *¿Querés que siga haciéndote cargos? Mirá que tengo tabaco para rato...* // **Dar para tabaco.** Dicho que significa moler a golpes a alguien (*sorprendieron al ladrón y le dieron para tabaco*) o derrotarlo ampliamente en una confrontación (*Los Pumas le dieron para tabaco al campeón de rugby de España*). La frase viene de antiguo y se originó en la respuesta a vagabundos y holgazanes que pedían, para fumar o mascar: "¿Me da pa tabaco?". La contestación a veces irónica, a veces airada, solía ser: "Sí, vení que te voy a dar pa tabaco", anticipo de una pateadura.

Al punto me santigüé
y eché de ginebra un taco.
Lo mesmito que el mataco
me arroyé con el porrón.
"Si han de darme pa tabaco
–dije–, ésta es güena ocasión".
El gaucho Martín Fierro. José Hernández.

NOTA. *Mataco*: amer. Especie de tatú menor que la mulita, que se arrolla enteramente para defenderse y queda como una bola. *Arroyé:* arrollé. *Porrón:* botella de ginebra que, en la época de Martín Fierro, era de barro cocido, generalmente.

// **Tabaco inglés.** Nombre que se le daba al tabaco rubio que, antiguamente, llegaba al país proveniente de Inglaterra y que hoy se elabora en nuestro territorio. El término se usaba peyorativamente.

Vos te creés que porque hablás de ti,
fumás tabaco inglés, paseás por Sarandí
y te cortás las patillas a lo Rodolfo,
sos un fifí.
Niño bien. Tango.
Roberto Fontaina - Víctor Soliño, 1927.

Nota. **Hablar de ti:** emplear *tú* o *ti* en lugar de *vos*. *Sarandí:* calle de Montevideo, Uruguay. *Rodolfo:* alude a Rodolfo Valentino, famoso actor de la época del cine mudo.

Tabaco inglés. l. p. Véase **tabaco**.
Tabeada. l. p. Partida de **taba**.
Tabear. l. p. Jugar a la taba. Tirar la taba. // p. ext. Caminar. Andar a pie.
Tabla. l. p. Se usa esta voz en algunas expr. pop. como las siguientes: **a la tabla, ir a la tabla o con el pie en la tabla.** Llevar un vehículo a motor con el acelerador a fondo. Ir a la máxima velocidad posible. Estas frases se remontan a la época en que los automóviles tenían una tabla de madera frente a los pies del conductor, en la que se ubicaban el embrague, el freno de pie y el acelerador. Cuando se aceleraba al máximo, el pie llegaba a tocar la tabla, lo que dio origen a estos dichos. // **A tabla rasa.** Dícese de lo que se manifiesta, se acuerda o se resuelve por unanimidad. Del esp. **tabla rasa**: la que está aparejada para ser pintada. // **Como tabla.** Igual que **a tabla rasa**. // **Sobre tablas.** Dícese de los proyectos que tratan los cuerpos legislativos sin que pasen previamente por las comisiones de estudio respectivas. // **Más cortado que tabla de picar carne.** Que está sin dinero, pato, seco. // Que tiene varias cicatrices, producto de heridas de arma blan-

ca. Este dicho proviene de los tiempos en que la carne se picaba en las casas, con cuchilla, sobre una tabla, la que, por consiguiente, mostraba las marcas que le dejaba tal operación.

Tablón. l. p. Masa de gente aficionada al deporte, especielmente al fútbol y preferentemente la que ocupa la tribuna popular. *El tablón lo aplaude.* // p. ext. Experiencia, baquía, clase, cancha. // **Tener tablón.** Ser experto en las cosas de la vida. Saber encarar con clase las situaciones más difíciles. **Ser canchero.** La palabra viene de cuando todas las tribunas de las canchas de fútbol eran de tablones de madera, de las que hoy quedan muy pocas, donde se mezclaban personas de la más variada clase, nivel y experiencia.

Tacañún/ñuna. l. p. Tacaño, con la terminación genovesa **un**, que lo enfatiza.

Tacañuso/a. l. p. Tacaño, con la terminación **uso**, despectiva, igual que **rantifuso** con **rante**.

Taca, taca. l. p. Significa pago al contado por una compra, una deuda, etc. *Vendí la casa en cien mil pesos taca, taca.*

Taco. l. p. Peso moneda nacional (antig.). Un taco: un peso. // Trago de bebida alcohólica (antig.).

Taco militar. l. p. Taco que se usaba en las botas de los militares. Con el tiempo se trasladó a la moda popular y lo usaron muchos compadritos, rufianes y gente "pesada", que gustaban hacer sonar sus pisadas.

Taco pera. l. p. Taco de hombre, alto, afinado hacia abajo. Muy de uso entre los compadritos, antiguamente.

Terminaba en una punta del tamaño de una moneda de veinte centavos (...) El contorneo criollo del caminar, que tuvo su origen en los tacos altos, ellos lo hicieron medio tilingo, si no amariconado.
El tango en su etapa de música prohibida. *José Sebastián Tallon, 1959.*
NOTA. ***Ellos lo hicieron:*** el autor se refiere a los compadritos.

Tachero. l. p. Taxímetrero. Conductor de automóviles de alquiler. // Cronometrista. // En los dos casos citados, el nombre proviene del reloj que ambos utilizan para sus tareas (**tacho:** reloj): el taxímetro, que marca el costo del viaje, y el cronómetro, que mide el tiempo. // p. ext. y fest. Cardiólogo, porque atiende el corazón, también llamado **tacho**. // p. ext. y fest. Percusionista. Baterista. Como que hiciera sonar tachos. // antig. Agente de policía. Por el sable que usaba, como si fuera de lata, con la que se hacen los tachos. También a los policías se les decía **latón**, por la misma circunstancia (véase **latón**).

Tacho. l. p. Nombre que se le daba a un gran recipiente metálico o caldera que se colocaba sobre una especie de parrilla, a fuego fuerte, y en la que se arrojaban caballos que se sacrificaban por inservibles, viejos o enfermos, para obtener grasa de ellos. Esta actividad dio origen a algunos dichos populares. // **Ir al tacho.** Fracasar, fundirse en un negocio. // Frustrarse una idea, un plan, un proyecto. // Fracasar una tramitación. *Mi reclamo de honorarios fue al tacho.* // Morir. // **Mandar al tacho.** Hacer fracasar intencionadamente a alguien. Arruinarlo. // Mandar a alguien a la muerte. // Reloj. Cronómetro. // p. ext. fest. Corazón. // Coche de alquiler. // Taxímetro de los coches de alquiler. // Automóvil de baja calidad. // sent. fig. Trasero de mujer. *¡Qué tacho tiene esa mina!*

Taita. l. p. Hombre corajudo, valiente, audaz, guapo. // Prepotente, provocador, pesado. // Matón.

Eran los tiempos en que mi herraje lucía en el lomo de un potro crudo, y en las glorietas, entre el gauchaje, a más de un taita dejaba mudo.
Yuyos secos (Paja Brava).
José Antonio Trelles, 1915.

// El taita era muy cuidadoso y pulcro en su vestimenta, al punto que el término pasó a asumir, también, la acepción de elegante.

–¡Qué'stás taita, por mi agüela! Botines encharolaos, pantalones ajustaos, marroca, bobo y pamela; ¡si estás hecho un jai, che, Zurdo!
Batifondo a la Ville de Roi. *Florencio Iriarte. Revista **Don Basilio**, 30-8-1900. (Cfr. Luis Soler Cañas. **Orígenes de la literatura lunfarda**, 1965.)*

// Esta voz proviene del esp. **taita** (del lat. **tata**, padre): nombre cariñoso que el niño suele dar a sus padres, a su ayo o aya, o a quien lo cuida y atiende, y era muy común en España en el siglo XVII. Entre nosotros pasó a designar al hombre guapo, prepotente y matón.

Tajada. l. p. Parte que le corresponde a alguien en el reparto de dinero o de cualquier tipo de bienes. *Me tocó una tajada grande. Me tocó una tajada chica.* // Dinero que se recibe por soborno. *Con tal que les den una tajada, entran en cualquier negocio.* // Ganancia, provecho. Del esp. **tajada** (del lat. **taliare**): porción cortada de alguna cosa, principalmente comestible.

Tajo. l. p. Puñalada, cuchillada. // Herida de arma blanca. // Cicatriz que queda en una herida de ese tipo. **Ser ducho o bravo para el tajo**: tener habilidad para la pelea a cuchillo o a puñal.

Frente a frente, dando muestras de coraje,
los dos guapos se trenzaron en el bajo;
y El Ciruja, que era listo para el tajo,
al cafiolo le cobró caro su amor.
El Ciruja.
Tango. Francisco Alfredo Marino, 1926.

Talcar. l. p. Apostar fuerte. Jugar dinero en abundancia con serenidad, despreocupadamente. Esta voz, que se halla en desuso, posiblemente provenga del arg. **entalcar**, poner talco, tarea sencilla que suele hacerse sin preocuparse si se pone algo más que lo necesario; p. ej., cuando se le pone talco a un bebé. Tendría el sentido de decir que alguien pone en juego su dinero con la misma displicencia con que se lo hace entalcando a un niño y como si el dinero fuera algo de tan poco valor como el talco.

Talompa. l. p. Revés irreg. de **pantalón**. Por afér. llegó a ser **lompa**. Véase **vesre**.

Tallador. l. jgo. El que talla o es banquero en los juegos de azar. // Jugador que tira la taba, porque antes de hacerlo, **banca** las apuestas de quienes juegan contra él. De **tallar**.

Tallamerda. l. car. **Tayamerda**.

Tallar. l. p. Destacarse, predominar en medio de otros. *El secretario del club es el que talla en las reuniones de comisión directiva.* // Dominar, imponerse a otros. // Actuar en un medio donde se lo valora y respeta. Del esp. **tallar** (del lat. **taliare**): llevar la baraja en los juegos bancados, como el monte, etc.

Estoy hecho en el ambiente
de muchachos calaveras.
Entre guapos y malandras
me hice taura pa tallar.
Bien pulenta. Tango. Carlos Waiss, 1950.

// Tener poder de decisión e imponerlo. // En general, actuar, desenvolverse con personalidad. // **Tayar**.

Pero, arruinao, la tallo de potrillo,
cantando al rantifuso conventillo.
¡Hay que salvar, compadre, la busarda!
Batiendo el justo.
Yacaré (Felipe H. Fernández).

NOTA. *La tallo de potrillo*: entrado en años y con algunos males, se muestra como joven y pleno y come gracias a lo que gana cantando tangos en un conventillo.

Tallarín. l. p. Parag. por **tallador**. // Parag. por **tano**, italiano.

Tallarinada. l. p. Conjunto, cantidad de **tanos** (italianos). // **Tanada**.

—Vea, amigo; no colige usted la alegría que me dentra viendo un criollo'e verdá; porque yo también soy criollo y me siento odiosao con la tallarinada que m' se enrieda en los caminantes, como serpentinas de Carnaval.
Entre gauchos. Javier de Viana, 1906. (Cfr. Luis Soler Cañas. *Orígenes de la literatura lunfarda,* 1965.)

NOTA. *Odiosao*: equivale a lleno de odio.

Tamango. l. p. Abarca. Calzado rústico hecho de cuero sin adobar, que cubre parte del pie y se sujeta con cuerdas o correas sobre el empeine y el tobillo, que usaban nuestros gauchos. // p. ext. Zapato ordinario, rústico. // p. ext. Zapato deformado y en mal estado. // Zapato, en general. Del port. **tamanco**: zueco; calzado ordinario con base de madera.

Cuando rajés los tamangos
buscando ese mango
que te haga morfar,
la indiferencia del mundo,

que es sordo y es mudo,
recién sentirás.
Yira..., yira.
Tango. Enrique Santos Discépolo, 1929.

José A. Wilde, hablando de la época de la esclavitud en nuestro país, dice que "los negros (...) andaban descalzos o con tamangos, especie de ojotas hechas de suela o de cuero crudo de animal vacuno o de carnero, envuelto previamente el pie en bayeta, trapos o en un pedazo de jerga". (Buenos Aires, desde 70 años atrás. 1810-1880. 1ª edición, 1881.)

Tambera. l. p. Nombre que se le daba a la prostituta de quilombo. De **tambo**: fig. quilombo.

TAMBERA
"Las grelas llevaban poca ropa, cualquiera que fuese la estación, y esa poca, holgada, práctica; hoy la llamaríamos funcional. El muestrario resultaba excitante y era menos trabajoso quitársela y ponérsela tantas veces. Solían usar batas, batones y batines cómodos, que permitían entrever la mercadería, palparla, sopesarla y así acelerar el trámite previo. También usaban, según la moda francesa, una especie de visos con flecos y tajo al costado hechos con telas brillantes o traslúcidas. El escote, generoso: debajo, nada. Calzaban zapatos de tacón alto, zapatillas acolchadas o chinelas con adornos de marabú. Las medias, de seda negra. Las ligas, con florcitas bordadas, servían de monedero o de vaina, según.
"(...) Las percantas se defendían del frío y de la tisis con tapados de paño, mantones sevillanos, chales y pañoletas. Pero siempre —y esto parecía una consigna inviolable— dejaban al desnudo grandes trozos de piel blanqueada, como el rostro, con polvos de arroz.
"(...) En algunos prostíbulos había hasta cincuenta mujeres, distribuidas en tres recintos; en cada recinto el precio era diferente. En la parte más costosa, las mujeres vestían con refinamiento mayor y a veces usaban pantaloncitos. Los atractivos físicos aparentes eran también mayores."
(Tulio Carella. **Picaresca porteña**, 1966.)

Tambito. l. p. Dim. de **tambo**.
Tambo. l. p. Prostíbulo, quilombo. Del quechua **tampu**, que designa el lugar en que se alojaban los viajeros en la época incaica.

Canfinfla, andate al tambo,
que ya te espera la mina
para refilarte el vento
que ha sacado de propina.
Anónimo. Aproximadamente de 1880.

Tambor. l. p. **Barrio del tambor**. Nombre que se le daba a una parte del actual barrio de Montserrat por las frecuentes fiestas con candombe, animadas por tambores y tamboriles que allí realizaban sus pobladores, de raza negra. También se le llamaba **barrio del Mondongo** (véase **Mondongo**).

Tanga. l. del. Acompañante del punguista, que no actúa, sino que observa y aprende a punguear. En ocasiones, colabora distrayendo a la víctima. // **Ir de tanga**. Asistir a un lugar o acompañar a alguien para engañar, distraer o, simplemente, para hacer número. // Esparo. // Ardid. // Engaño, trampa, señuelo. // Ganga, pichincha. // Acomodo. // Componenda. // **Estar en la tanga**. Estar en el acomodo. Estar en el ajo (véase **ajo**). José Gobello deriva la primera acep. de esta palabra "del esp. jergal **tanga**: cómplice". (Diccionario lunfardo, 1989.) Las restantes provendrían de lo fácil que resulta la tarea del **tanga** y de una traslación de significado análoga a la de **grupo**.

Tangamente. l. p. Tranquilamente. Displicentemente. Sin apuro. Con comodidad. // Como si se bailara un tango.

Tango. l. p. Música en compás de 2 por 4, cuyas raíces se remontan hacia mediados del 1800, que pronto se popularizó en el Río de la Plata y que, tras un inicio humilde y orillero, fue creciendo y ganando todas las clases sociales. Con músicos improvisados en grupos no mayores de tres y con algunos instrumentos que hoy resultarían impropios en su orquestación, comenzó su interpretación en público ya en los lenocinios como en cafetines de los barrios sureños de la ciudad. Algunas letrillas generalmente breves —aunque intencionadas y zafadas, cuando no pornográficas— fueron mostrando cómo se iba arraigando el tango en el pueblo, aunque estas letrillas, en su mayoría, sólo eran cantadas por la gente, que se las transmitía de persona a persona. El baile le dio más brillo y popularidad; la incorporación de instrumentos más importantes como el piano y, sobre todo, el bandoneón, que desalojó al acordeón; el aporte de notables compositores musicales, la formación de orquestas numerosas y calificadas; la presencia de poetas que volcaron su inspiración en letras que le confirieron jerarquía, el surgimiento de cantores que les dieron ajustada interpretación, hicieron que el tango fuera ganando, incontenible, la aceptación en todos los escaños sociales y se consagrara como distintiva música nacional.

ORÍGENES DEL TANGO
*"A lo largo de la década de 1850 se produce en Buenos Aires el arraigo de la **habanera cubana**, heredera según muchos autores, de la vieja **contradanza española**, al igual que los denominados **tangos andaluces**.*
*"La **habanera** –difundida en los ambientes de la ribera por los marineros que hacían la ruta comercial entre el Río de la Plata y las Antillas– afinca durante la década del 60 (1860)" (Vicente Rossi) y se transforma gradualmente en milonga.*
*En **Historias paralelas**, Jorge B. Rivera nos dice que "a comienzos de la década del 80 (1880) la milonga ocupa un lugar destacado en el gusto popular (...) Este auge –agrega– es rápidamente captado por los payadores, cuya época de oro se ubica aproximadamente entre 1880 y 1910 y por los empresarios de circos, teatros y peringundines, que los amalgaman con las piezas fuertes del espectáculo habitual.*
"(...) Ya sea como matriz o como forma 'paralela', la milonga se encuentra presente en la génesis del tango con una presencia hacia los años 80 (1880) tal vez más viva que la forma ya envejecida de la habana antillana pura.
"(...) Habaneras, milonga, milongón, milonga partida, habanera tangueada, etc., son formas autónomas o quizás ensayos, permutaciones y alternativas que van sumando o descartando para decantar al cabo en esa forma particular que es el tango rioplatense.
*"(...) Aceptemos, en suma, una genealogía y una cronología probablemente veraces; la que arranca con la habanera, pasa por la milonga y culmina en el tango. Algo así como un proceso de adaptación progresiva que se cumple en el Río de la Plata en poco más de tres décadas, las que van de 1850 a mediados del 80, donde ya nos encontramos con formas tanguísticas como El queco, El tero, Dame la lata, Andate a la Recoleta, etc." (Cfr. Juan Carlos Martini Rial. **La historia del tango**, 1976.)*

ORIGEN DE LA PALABRA TANGO.
*Opina Vicente Rossi (**Cosas de negros**, 1958) que "tango es un vocablo africano puesto en boga en el mundo por los pueblos rioplatenses (...) Los negros africanos en América le llamaban **tangó** a su tamboril (...) Tangó es la voz del tamboril: dos manotones casi simultáneos producen sobre el parche ese sonido y, si esos golpes son dados con una mano y un palo, como era la costumbre, más claro dirá **tan-go**. (...) Fernando Ortiz –señala Rossi– registra que 'en algunos lenguajes africanos, bailar se dice **tamgo** y **tungu**, como sucede entre los de Calabar y Benué, próximos al Níger Central (Johnson, 729). Entre los **soninké** o **sarakolé** (Faidherbe, 40) se dice **ntiangu**. Entre los **mandingas**, más al norte, se dice **dongo** por bailar y **tomton** o **tamtamgo** al tambor. Así, el vocablo tendría procedencia africana, si bien contaminada con el **tangir** castellano (del lat. **tangere**) unos y otros vocablos formados en África o en el Lacio por sugestión imitativa del sonido tan-tan del tambor' (...) Además –recuerda Rossi–, ya en el siglo XV, cuando los portugueses traían a Brasil esclavos negros de Guinea, se llamaba **tango maos** o **tangomas** a los africanos que se aportuguesaban vistiendo y hablando como sus dominadores". (Vicente Rossi. **Cosas de negros**, 1958.)*

Tanguear. l. p. Cantar o bailar tangos.
Tanguería. l. p. Lugar en que se tocan y se cantan tangos para que la gente asista para oírlos y bailar. El término, festivo, apareció en la segunda mitad del 1900 para incorporar la designación comercial de estos salones a la nómina de los negocios terminados en ía, como carnicería, ferretería, panadería, etc.
Tanguero. l. p. Relativo al tango. // Persona afecta al tango. // Cantor de tangos. // Bailarín de tangos. // Ambiente de tango.
Tanguista. l. p. Nombre que se les daba a los músicos que tocaban tangos en cualquier instrumento, especialmente en la época en que el tango comenzó a popularizarse.

TANGOS CON ARMÓNICA Y CLARINETE
"Los que hacían música en los bares tenían el rótulo de tanguistas. Fueron musicantes sin pretensiones, que habían descubierto en el tango, con una completa indiferencia profesional, un medio fácil de vida. Aún después de 1905, sus orquestas apenas superaban a las primitivas. Se componían de flauta, bandolín, guitarra o arpa, violín y, a menudo, armónica (...) Eran ambulantes, se multiplicaban en profusión y se sucedían unas a otras poco menos que diariamente. Conviene no suponerlas orquestas criollas sin excepción. Los tanguistas que pasaban por la Boca eran, en su mayor parte, italianos meridionales. La guitarra y la armónica, para sorpresa y desconcierto de los tangueros actuales, las reemplazaban por el clarinete. Pero sólo en la Boca actuaban estos músicos. En los otros barrios suburbanos dominaron siempre la situación las orquestas criollas." (José Sebastián Tallon. **El tango en su etapa de música prohibida,** *1956.)*

Tanguística. l. p. Estudio y conocimiento del tango.
Tano/a. l. p. Afér. por **napolitano**, terminó por designar a todo italiano, en general.
Tanoira. l. p. Tano. Italiano. Es parag. de tano para dar el apellido Tanoira (véase **paragoge**).
Tanolai. l. p. Tano. Italiano. Es parag. de **tano** (véase **paragoge**).
Tan tan. l. p. **Ni tan tan, ni muy muy.** Dicho que tiene el sentido de "ni tan poco ni muy mucho", es decir, "ni poco ni mucho", cuando se refiere a algo que se va a dar, pagar, regalar, agradecer, hacer, evaluar, etc.

—*¿Cuánto le pagamos a Fulano por sus servicios? ¿Mil pesos?*
—*¿Mil pesos?... Es mucho... Ni tan tan, ni muy muy.*

Tapa. l. p. **Poner la tapa.** Derrotar, vencer a alguien en toda la línea; abrumarlo, apabullarlo. // Anular a alguien en una discusión con argumentos irrebatibles. Dejarlo sin respuestas, sin poder de reacción. La frase, muy antigua, viene del acto de colocarle la tapa al ataúd de un muerto.

PONER LA TAPA
La mañana avanza. En el velorio renace la actividad semidormida durante la noche. Los encargados de cerrar el ataúd cumplen su misión. Alguien llega, retrasado. Apurado. Le avisaron hace un rato y acude presuroso a dar el adiós al fallecido. Pero llega tarde. Le dicen: "Ya le pusieron la tapa". Cubrieron el ataúd, lo cerraron. Ya no hay nada que hacer. La frase "poner la tapa" (muerto y con la tapa puesta: caso cerrado), por lo ilustrativa, no iba a escapársele al hombre de la calle para aplicarla a las cosas de la vida. Y "poner la tapa" pasó a significar dársela con queso a alguien, dársela chanta, taparle la boca, superarlo, abochornarlo, reventarlo, dejarlo "muerto y con la tapa puesta".
Un gerente le da un soberano reto a su empleado porque las existencias en el depósito no coinciden con las cifras que éste le dio. El empleado lo oye en silencio. Va a su escritorio y regresa con un manojo de papeles, que pone frente al todavía furioso gerente: "Señor, las cifras que le di surgen de estas planillas que usted me entregó". Sin esperar respuesta, se vuelve, sonriente, triunfante, a su escritorio, mientras el gerente, aplastado en su asiento, incapaz de nada, muerto, admite: "Me puso la tapa".

Tapado/a. l. p. Dícese de lo que está oculto o disimulado para que no muestre lo que es en realidad. // Aplícase al que llega de incógnito a una competencia guardando un anonimato que nadie descubre, por lo que se desconocen sus antecedentes, cuando es figura en su especialidad. *Vino un tapado con cara de otario y nos ganó a todos a la pelota. Trajeron de Azul un pingo que resultó ser un tapado; hasta sucio de barro estaba. Y ganó la carrera por tres cuerpos.* Del esp. **tapar** (del germano **tappo**, tapón): encubrir, disimular, callar algún defecto o alguna acción culpable.
Tapamugre. l. p. Sobretodo. La acepción proviene de épocas críticas en que muchos andaban mal empilchados y cubrían con el sobretodo salvador la vergüenza que esto les producía, a tal punto que, en ocasiones, lo usaban en días en que era prescindible.
Tape. l. p. Dícese de la persona de rasgos aindiados. La voz proviene de **tape**: nombre que se le daba al indio guaraní origina-

rio de las misiones establecidas por los jesuitas en la vertiente de los ríos Paraná y Uruguay. // Petiso, retacón. Esta acepción proviene de **tapón**: corcho de botella, por lo corto y ancho.

Tapera. l. p. Rancho en ruinas. // Rancho abandonado y en mal estado. // p. ext. Casa o habitación en estado ruinoso. *Mi casa está hecha una tapera.* // p. ext. Suele emplearse metafóricamente para referirse a sentimientos quebrantados.

¿Pa qué soñar? ¿Pa qué vivir?
Por ella di mi vida entera.
Mi corazón es hoy una tapera
y sólo siento ruinas latir dentro de mí.
Viejo rincón. Tango. José de Grandis, 1925.

Tapones. l. p. Con los tapones de punta. Dícese cuando alguien ataca a otro violentamente de palabra o de hecho, preferentemente cuando se lo hace en forma inesperada. *Me recibió con los tapones de punta, furioso, a los gritos.* Es dicho del fútbol que se emplea cuando un jugador va directamente a golpear a su adversario con los tapones que lleva en la suela de los botines.
Los tapones son suplementos cilíndricos de cuero, plástico o metal y de aproximadamente un centímetro de base por 1,5 centímetros de altura, que se aplican, fijos o atornillados, exteriormente, a la suela de los botines que se usan en el fútbol y otros deportes para que el jugador se afirme mejor sobre el campo de juego y que varían en sus medidas según el estado en que se halle la cancha a causa de lluvias o por tener escaso césped. Antiguamente, su uso alternaba con los llamados **travesaños**, que eran tiras de cuero chatas (tres o cuatro) de aproximadamente 1,5 centímetros de ancho por unos 8 milímetros de altura, que cruzaban a todo su ancho la suela de los botines, pero resultaban resbaladizos especialmente si el campo tenía mucho césped o se hallaba húmedo o barroso, por lo que dejaron de usarse.

Taquera. l. p. Mujer canchera, corrida, piola, sobradora. // Mujer de vida airada. // Prostituta.

Para la exquisita sensibilidad del gavión acostumbrado a la opulencia que le proporcionaban sus taqueras, rivales en traerle mayor cantidad de latas, resultó insufrible depender de individuos que no comprendían el chamuyo ni batían el vesre...
Picaresca porteña. Tulio Carella, 1966.

// Mujer policía. // Mujer informante de la policía.

TAQUERAS Y TACONEO
*"Las taqueras, mujeres enredadas en la miserable vida del lupanar, bailaban y se divertían para terminar luego en el bulín de su mejor postor. Se las llamaba **taqueras** en jerga lunfarda por el fuerte y provocativo taconeo que tenían al yirar por las calles con el fin de atraer así la atención del candidato y también porque, entre los malvivientes, al billete de un peso se le decía taco. De ahí entonces que, etimológicamente, la que caminara taqueando y produjera tacos, fuera **taquera**."* (Enrique Cadícamo. **Café de camareras,** 1973.)

Taquería. l. p. Comisaría. // p. ext. Cárcel.

Exploraba los grilos tangamente;
se doctoró en casimba y joyería;
sus digitales, el perfil y el frente,
ostenta el álbum de la taquería.
Metamorfosis
(Versos de yeca y atorro). Tino, 1977.
NOTA. *Tangamente:* véase esta voz. *Doctorarse en casimba y joyería:* especializarse en el robo de carteras y joyas. *Digitales:* impresiones digitales. *Perfil y frente:* poses de las fotografías que toma la policía para los prontuarios.

Taquero. l. p. Comisario de policía. De **taco**. // Bailarín.

Taquito. l. p. En la expr. pop. de taquito, se dice de lo que se hace o se puede hacer con toda facilidad. Viene de la expresión futbolística **de taquito**: pegarle a la pelota con la parte trasera del zapato para enviarla al arco, cedérsela a un compañero o eludir a un adversario, en lo que es una jugada de lujo y sobradora de quien hace gala de destreza y suficiencia. *Este trabajo lo hago de taquito.*

Tara. l. p. Defecto, falla psíquica. // Retraso, deficiencia mental. // Idiotez. Del fr. **tare**:

tacha, defecto; merma, avería, deterioro. El esp. lo da como galicismo.

Taradelli. l. p. Tarado. Parag. para disimular la palabra **tarado** en el seudo apellido Taradelli.

Tarado/a. l. p. Que padece taras. // Deficiente mental. // Idiota. De **tara**.

Tararira. l. p. Pez de río, negruzco, de carne muy apreciada. // p. ext. Pene grande. // Pene. // p. ext. Cuchilla de tamaño grande. Las dos últimas acepciones comparan el pene y la cuchilla con un pez, en este caso, la tararira.

Tararse. l. p. Turbarse, obnubilarse, atolondrarse. *Cuando recibí la noticia, me taré.* // Idiotizarse.

Tarasca. l. p. Persona o animal menudo, esmirriado. Es despect. // Barrilete pequeño, ridículo, también llamado **tarasquita**. La voz proviene del esp. **tarasca**: figura monstruosa de sierpe o dragón, con boca muy grande, que en algunas partes se saca a la calle durante la procesión del Corpus, y fig. y fam., mujer fea, de genio áspero y mala. A su vez, **tarasca** viene del fr. **tarasque** y éste de **Tarascón**: ciudad de Francia situada a orillas del Ródano, donde se encuentra la iglesia romano-gótica de Santa Marta. Según una leyenda, esta santa logró dominar, echándole agua bendita, a la **tarasca**, animal monstruoso de seis patas y de forma de dragón, que tenía atemorizados a todos los habitantes, pues hacía zozobrar las embarcaciones en los ríos y en tierra firme devoraba los ganados y aun a los campesinos. De ahí la acepción –aunque exagerada– que compara a un barrilete, por más ridículo que fuere y a un animal o, peor, a una persona esmirriada, con un monstruo tan desagradable a la vista.

Tarascón. l. p. Mordedura. Mordisco. Del esp. **tarascada**, de **tarascar**: morder o herir con los dientes, principalmente los perros, y éste de **tarazar** (del ár. **dáraga**, morder), **atarazar** (de a y **tarazar**): morder o rasgar con los dientes. Todo esto deriva de **tarasca**, monstruo que devoraba hombres y animales.

Tarasquita. l. p. Dim. de **tarasca**.

Tarimba. l. carc. Cama de prisión, constituida por una tabla. Del esp. **tarima** (del ár. **tarima**, estrado): entablado movible de medidas varias según su aplicación.

Tarja. l. p. Marca que se hace en un arma o en algún objeto de uso personal para señalar triunfos que se han logrado. En cuanto a las tarjas hechas en un arma, cada una de ellas suele indicar una muerte. Del esp. **tarja**: palo partido en dos por el medio, en que se marca, haciendo muescas en él, lo que se compra fiado. Una mitad del palo se la lleva el que compra y la otra, el que vende, para confrontar luego las dos mitades al ajustar la cuenta.

El sable temblaba en manos del verdugo. El Zurdo aprovechó el silencio, hablando con orgullo:
–En la sidera de mi recao tengo trainta tarjas y ustedes, por más que me maten, no han de anotar más que a uno.
Cuentos de muerte y de sangre.
Ricardo Güiraldes, 1ª edición, 1915.
NOTA. **Trainta:** treinta. Corrupción que se usaba, especialmente, en el campo.

Tarro. l. p. Zapato. Botín. Es voz que compara al calzado con un **tarro** (esp. y port.: vaso o recipiente cilíndrico). Festiva en su origen, con el tiempo perdió tal sentido y adquirió la condición de sinónimo.

¿Y esos jetras tan costosos,
funyi y tarros de un color,
que, de puro aspamentoso,
los tenías al por mayor?
Uno y uno.
Tango. Lorenzo Juan Traverso, 1929.
NOTA. **Jetras:** revés de trajes.

// Suerte, fortuna. *Tener tarro.*
Esta acepción –antigua– proviene de considerar festivamente que tener suerte un hombre en el juego es señal indicativa de prolongada falta de actividad sexual y, por consiguiente, tener mucho semen acumulado, lo que le daría tal suerte. Así nació la expresión **tener leche** (tener suerte) que del juego se hizo extensiva a tener fortuna en todo orden. Cuando alguien en una mesa de juego se destacaba por su suerte, no faltaban los comentarios:

–¡Qué leche tiene éste! ¿Cuánto hace que no te acostás con una mujer?
–¿Leche? ¡Más que leche: éste tiene un tarro de leche!

La alusión era a los grandes tarros metálicos que usaban los lecheros para repartir la leche vacuna a domicilio. Finalmente, **tarro** se instaló como sinónimo de suerte, junto a **leche**. *Ganar de tarro. Salvarse de tarro. Tener tarro en la vida.*

No es fácil para un lingüista hacerse invitar a un asado organizado por shacadores de malandras.
Yo tuve, también, esa suerte, y más, todavía: tuve el tarro de que me invitaran a retirarme justo antes de la llegada de la yuta.
Una luz de almacén. *Edmundo Rivero, 1982.*

// **Mear fuera del tarro**. Errar. Equivocarse de palabra o de hecho. // Expresar algo que no tiene nada que ver con lo que se está tratando. // Hacer algo indebido. *Controlate, che; estás meando fuera del tarro.*
Tarrudo/a. l. p. Suertudo. Afortunado. De **tarro**.
Tarta. l. p. Apóc. de **tartamudo**.
Tartamuda. l. p. Ametralladora. Es voz metafórica, por la repetición continuada de los estampidos que producen sus disparos.
Tarugada. l. p. antig. Hecho o dicho propio de un **tarugo** (**tano**). // Tanada. // p. ext. Propio de un tonto.
Tarugo. l. p. Italiano. Voz muy antigua. Se empleaba mucho el revés **goruta**. // p. ext. Tonto, bobo. // p. ext. Bruto, de poco entendimiento. Esta acep. proviene del esp. **tarugo**: zoquete y, fig. y fam., persona ruda y tarda en aprender y percibir las cosas que se le enseñan o se le dicen. // Persona baja o rechoncha. Esta acep., del esp. **tarugo**: clavija gruesa, de madera; trozo grueso y corto de madera, de forma prismática.
Tarúpido/a. l. p. Palabra formada por contracción de **tarado** y **estúpido**, con ambos significados. Es más nueva que **tarado**.
Tasca. l. p. Bolsillo o bolsita que se cose en los vestidos para llevar dinero o cosas menores. Del ital. **tasca**: faltriquera, bolsillo, bolsa de los vestidos.
Tattersall. l. turf. Dependencia de los hipódromos destinada a la exhibición y remate de caballos de carrera. En nuestro Hipódromo Argentino se inauguró en 1898 y se debió a la iniciativa de un ciudadano inglés muy aficionado a las carreras de caballos. Del ingl. **tattersal's**: lugar de venta de caballos y de apuestas de carreras.
Taura. l. p. Persona valiente, audaz. // Guapo, corajudo. // Que no teme enfrentar ningún peligro. // Fuerte en la adversidad. // También se dice del apostador decidido y audaz en el juego. Originado en el esp. **tahúr** (como el port. **taful**, del ár. **dajul**, engañador): jugador que tiene el vicio de jugar o es muy diestro en el juego. Que frecuenta garitos. Jugador fullero. El femenino de **tahúr**, **tahúra**, habrá influido fonéticamente en la formación de nuestro vocablo.

Por tu fama, por tu estampa,
sos el malevo mentado del hampa;
sos el más taura entre todos los tauras,
sos el mismo Ventarrón.
Ventarrón.
Tango. José Horacio Staffolani, 1932.

Taurear. l. p. Guapear, corajear. Actuar como un taura.
Taxi. l. p. Nombre que se le da al automóvil de alquiler provisto de un aparato que marca el importe del viaje que se realiza. Es apóc. de **taxímetro** (del gr. **taxis**, orden, regularidad, y **metros**, medida): aparato que en los carruajes va marcando las distancias recorridas y el tiempo empleado en recorrerlas.
Taximetrero/a. l. p. Persona que maneja un taxi. // Tachero.
Tayador. l. p. Tallador.
Tayamerda. l. carc. "Varilla metálica con una punta aguzada empleada en las cárceles como arma por los presos, que la confeccionan. **Tallamerda**." (Adolfo Enrique Rodríguez. Lexicón, Centro de Estudios Históricos Policiales, 1991.)
Tayar. l. p. Tallar.
Tayarín. l. p. Tallarín.
Teatro. l. p. **Hacer teatro**. Exagerar intencionadamente. // Excederse en aparatosidad, buscando impresionar a alguien. // Fingir un sentimiento para sensibilizar a otros. // Actuar como un artista. // Hacer espamento. // *A mí no me engrupís por más teatro que hagas.*
Teclear. l. p. Peligrar. // Hallarse en peligro de sufrir algo grave. // Estar en una situación

insegura y riesgosa. // Hallarse al borde de una crisis económica. // Tener la salud quebrantada. *Estar tecleando.*
Tegeine. l. p. **Tegén.**
Tegén. l. p. Revés de gente. // **Tején** (antig.).
Tegobi. l. p. Revés de **bigote** (antig.).
Tejeine. l. p. **Tején** (antig.).
Tején. l. p. Revés irreg. de gente. **Tegén** (antig.).
Tela. l. p. Dinero. Fortuna. Riqueza. Igual que **tela**, dinero, en esp. popular.

Batime que existen amigos derechos,
mujeres enteras, que saben querer.
Y tipos con tela, que se abren el pecho
si ven que la vida te puso en el riel.
Contame una historia.
Tango. Alfredo Mario Iaquinandi, 1966.

Tele. l. p. Apóc. de **televisión.**
Telo. l. p. Revés irreg. de **hotel.** Se usa más con referencia al hotel para parejas o mueble o albergue transitorio.
Tener. l. p. *¿Lo tenés?* Entender, conocer, saber de algo o de alguien. *Estuve hablando con El Chino, ¿lo tenés?* Significa tenerlo por conocido, por sabido y, también, en la memoria, recordarlo. *¿En qué año ganó Zabala el maratón? ¿Lo tenés?* Es voz reciente.
¡Tenga mano! l. p. ¡Deténgase! ¡Espere! ¡Alto! Voz común en los juegos bancados de naipes con la que un punto pide al tallador que no inicie el juego o, si ya lo hizo, lo suspenda momentáneamente. Esto suele hacerse para aclarar alguna duda del juego o para hacer una nueva apuesta o elevar la que ya se hizo, en caso de que ello esté permitido. El dicho es **¡tenga mano, tallador!** // p. ext. Modo de mandar callar a alguien que se está propasando o que está ofendiendo. *¡Tenga mano, vea que se está zafando!*
Tenida. l. p. Sesión o reunión prolongada y, a veces, áspera en la que se debate algo importante. // Discusión dura y violenta. // Enfrentamiento verbal. // p. ext. Reunión de amigos que mantienen una conversación amena y animada. // p. ext. Contrapunto de cantores o guitarreros.

¡Tenidas de viola, tenidas matreras
que aún las recuerdan los tauras bichocos,
siempre rechiflados con las milongueras
de hoy, que ni saben sonarse los mocos!
Cacho de recuerdo (La crencha engrasada). Carlos de la Púa, 1928.

Rodolfo Ragucci considera a este vocablo un galicismo, "acaso obsequio del francés tenue por sesiones, reuniones, juntas". (Palabras enfermas y bárbaras, 1945.)
Tenques. l. p. **Tentes, tentis,** piojos.
Tentes. l. p. **Tenques, tentis,** piojos.
Tentis. l. p. **Tenques, tentes,** piojos.

En un rincón del cuadro,
pirado por completo,
el pobre solitario
se amasija los tentis.
El solitario. Alfredo de la Fuente.
NOTA. **Cuadro:** pabellón carcelario.

Terceros. l. p. "Zanjones o depresiones naturales del suelo de la ciudad de Buenos Aires que, desde sus orígenes, se inundaban por las lluvias, y por declive desembocaban en el Río de la Plata, tras recorridos sinuosos. Los más conocidos fueron el **Tercero de Manso,** que se originaba en una laguna que existía en las actuales calles Corrientes y Paso, el **Tercero del Medio,** también llamado **del Centro** o **de Matorras,** que nacía en la actual Plaza de Mayo, y el **Tercero del Sud,** que partía del hospital Rawson, en la zona próxima a Constitución." (Adolfo Enrique Rodríguez. Lexicón, Centro de Estudios Históricos Policiales, 1991.)
Tereré. l. p. Mate que se bebe con agua fría o a temperatura ambiente. Hay quienes colocan dentro del mate un cubito de hielo para enfriar más el agua. Se toma mucho en el noreste argentino, especialmente en la provincia de Corrientes, y es de consumo masivo en Paraguay.
Ternerita. l. p. Jovencita. // Jovencita virgen.
Terraja. l. p. Atorrante. Atorranta. // Prostituta callejera. Es parag. de **terrán** (revés de **rante, atorrante**), para disimular dicha voz en **terraja,** nombre de una herramienta que se utiliza para hacer roscas en tornillos y caños. Véase **paragoge.**
Terrán. l. p. Revés de **rante** (afér. de **atorrante**). Igual para el fem. y masc.

*"Dandy", ahora te llaman
los que no te conocieron
cuando, entonces, eras terrán.*
Dandy.
Tango. Agustín Hirsuta - Roberto Fugazot.

Terraza. l. p. Cabeza. Por su ubicación en la parte más alta del cuerpo. Por más sinonimias, véase **cabeza**.

Testa cuadra. l. p. Bruto, cuadrado, cabezón, testarudo, terco. Es el ital. **testa quadra**: persona muy inteligente o de buena cabeza y, por antífrasis, tonto, necio.

Testamento. l. p. Cabeza grande. // Cabeza. Es parag. de **testa**. Véase **paragoge**.

Testún/tuna. lun. Terco, cabeza dura, porfiado. Del gen. **teston**, de igual significado.

Teta. l. p. Gollete de la botella. // Botella. Se emplea en la frase **prenderse a la teta**, que significa beber de la botella. Del esp. **teta** (del germano **titta**): cualquiera de los órganos glandulosos y salientes que tienen los mamíferos y sirven en las hembras para la secreción de leche.

Teyebis. l. p. Revés de **biyetes**. // Billetes, papel moneda.

Tiburcio/a. l. p. Nombre que se le daba a las personas atolondradas, bobas.

Tiburón. l. p. Mujeriego, Don Juan, seductor. Conquistador incansable de mujeres. Alude al pez marino de ese nombre, muy voraz.

*La encontró en el bulín y en otros brazos.
Sin embargo, canchero y sin cabrearse,
le dijo al tiburón: "puede rajarse;
el choma no es culpable en estos casos".*
Amablemente.
Iván Diez (Augusto A. Martini).

Tiempo. Tomar el tiempo. l. p. Estudiar a fondo a alguien en sus modos, gestos, su habla, su proceder, hasta conocerlo bien y formarse una idea acabada de su personalidad, sus inclinaciones y sus intenciones. Viene de la frase turfística **tomar el tiempo a un caballo**.

TOMAR EL TIEMPO
El "entrainer" o "trainer" (1), o, para decirlo en español, el preparador o cuidador de un caballo de carrera, ejercita a su pingo en partidas, corridas y aprontes. Cronómetro en mano, le va tomando el tiempo que emplea en cada una de esas pruebas. En base a ello conoce el estado en que se encuentra el caballo para disputar la carrera que se avecina. **Le tomó el tiempo** *que tarda en recorrer esas distancias y sabe lo que puede dar cuando corra, lo que puede esperar de él.*
*La frase **tomar el tiempo** trascendió de la mano del ingenio popular al ámbito ciudadano. Tomar el tiempo pasó a significar, también, "estudiar" a una persona para conocer su personalidad, sus intenciones. Lo que puede dar. Lo que puede esperarse de ella. Haberle tomado el tiempo a alguien es, pues, tenerlo bien conocido, bien junado. Bien manyado. A mí no me vengas con esos cuentos. Ya te tomé el tiempo.*
(1) En nuestra jerga turfística se usan "entrainer" y "trainer" como cuidador o preparador de caballos de carrera. Cabe consignar que "entrainer" viene del fr. **entraineur**: *adiestrador. En cuanto a "trainer", voz empleada en muchos medios especializados, no tiene ninguna relación con el* **traineur** *francés, que significa arrastrador y rezagado, ni con el también francés* **trainer**: *arrastrar, dilatar y rezagarse, por lo que no es otra cosa que la aféresis de nuestro "entrainer".*

Tierra. l. p. **Tener tierra en la cabeza, tener tierra en el mate**. Tener delirio de grandezas. // Darse aires de gran señor o de gran señora. // Tener berretines de bacán o de bacana. // También se dice **tierrita**.

*Tenés más tierra en el mate
que la quinta en que tu viejo
laburó como un enano
trabajando'e sol a sol.*
Chichipía. Tango. Nolo López.

Tierra del Fuego. l. p. Nombre que se le daba a fines del 1800 a un barrio de mala fama del arrabal porteño que se extendía desde la actual avenida Las Heras entre Salguero y Pueyrredón en dirección al Río de la Plata.

BARRIO DE MALEVAJE
Borges hace una pintura precisa de lo que era ese lugar: "Entre los fondos del cementerio colorado del norte y los de la Penitenciaría, se iba

incorporando del polvo un suburbio chato y despedazado, sin revocar; su notoria denominación, La Tierra del Fuego. Escombros del principio, esquinas de agresión o de soledad, hombres furtivos que se llaman silbando y que se dispersan de golpe en la noche lateral de los callejones, nombraban su carácter. El barrio era una esquina final. Un malevaje a caballo, un malevaje de chambergo mitrero sobre los ojos y de apaisada bombacha, sostenían por inercia o por impulsión una guerra de duelos individuales con la policía.
"(...) Por la sola virtud de la rima ha sobrevivido a un desgaste de cuarenta años un rato de ese empuje

"Hágase a un lao, se lo ruego,
"que soy de la Tierra 'el Fuego."
Evaristo Carriego. *Jorge Luis Borges, 1955.*

Tierrita. l. p. Dim. de **tierra** (véase esta voz).

¿Para qué seguir mintiendo?
Andá a buscarte, m'hijita,
quien te saque la tierrita
que tenés en la cabeza.
Por delirio de grandezas
ya no tenés ilusiones
y en ese mar de ambiciones
naufragó tu corazón.
Tierrita. *Tango. Jesús Fernández Blanco.*

Tigre. l. p. Valiente, audaz, atrevido, corajudo. // p. ext. Persona capaz, experta. Del esp. **tigre** (del lat. **tigris** y éste del gr. **tigris**): junto con el león, el más feroz y poderoso de los carniceros, aunque más audaz y más sutil que éste.

A mí me trajeron expresamente un maestro de Inglaterra, uno de esos tigres que conocen por la cabeza a los ladrones y a los asesinos.
Siempre adelante (Memorias de un vigilante). *Fray Mocho (José S. Álvarez). 1ª edición, 1897.*

// Dícese de la persona muy hábil en sus funciones. *Ser un tigre para los negocios, para conquistar mujeres, para jugar al billar,* etc.

Yo tenía un amorcito
que era envidia en el Pigall.

Era un tigre para el tango
y se llamaba Julián.
Julián. *Tango. José Luis Panizza, 1924.*

// Nombre que se daba al hombre cuyo rostro estaba picado de viruela, por comparación con las manchas que tiene la piel del tigre. La voz viene de antaño, cuando la viruela hacía estragos en la humanidad, hasta que Edward Jenner y luego Luis Pasteur generalizaron el uso de la vacuna antivariólica, descubierta por el primero de ellos. // Hombre valiente, corajudo, guapo. El vocablo proviene de **tigrero**.

Picao de viruela, bastante morocho,
encrespao el pelo, lo mismo que mota.
Un hondo barbijo a su cara rota
le daba un aspecto de taita matón.
De carácter hosco, bien fornido y fuerte,
afrontó el peligro, cual bravo titán.
Jamás tuvo miedo, ni aun ante la muerte,
porque era muy hombre el Tigre Millán.
El Tigre Millán. *Tango. Francisco Canaro.*

Tigrero. l. p. Valiente, audaz. Atrevido. // Tigre.

—*Me enganché con una viuda.*
—*¿Es vieja?*
—*Pero platuda...*
—*¡Ah, Zurdo!... Siempre vaquiano... Sos tigrero...*
Batifondo a la Ville de Roi. *Florencio Iriarte. Revista* **Don Basilio,** *30-8-1900. (Cfr. Luis Soler Cañas.* **Orígenes de la literatura lunfarda,** *1965.)*

// Pendenciero. Matón. // Sujeto de malos sentimientos. Del amer. **tigrero:** cazador de tigres.

Tijereta. l. p. Dícese de la persona chismosa, chimentera. Correveidile. Del esp. **tijera:** sent. fig. Persona que murmura. Véase **tijeretear**.

Rudelinda — Te vino con el parte alguna tijereta, ¿no? ¿Cuánto le pagás por viaje?
Barranca abajo. *Florencio Sánchez. Obra teatral estrenada en 1905.*

Tijeretear. l. p. Chismorrear. Sacar el cuero a alguien. Del esp. **tijereteo:** ruido que hacen las tijeras cuando se manejan repetidamente, ruido que, en la acepción citada, se compara con el habla constante de quien murmura.

Tilingada. l. p. Dicho o acción propia de tilingos. // Tilinguería.

Tilingo/a. l. p. Cursi, ridículo, necio, tonto, bobo, simple. Refiérese a personas.

Tilinguear. l. p. Decir o hacer cosas propias de tilingos.

Tilinguería. l. p. Conjunto de tilingos. // Tilingada.

Timba. l. p. Juego por dinero, en general. // Lugar en el que se practican juegos por dinero. // Escolaso. Es el esp. timba: partida de juego de azar.

Timbear. l. p. Jugar por dinero. Se aplica a juegos de cartas, dados, ruleta, etc. // Escolasear. Del esp. timbar, con igual significado.

Timbero/a. l. p. Persona que acostumbra timbear. // Concurrente a las timbas. Es arg.

Timberio. l. p. Timbero, por epént., para darle al vocablo forma de nombre de varón.

Timbo. l. p. Revés de botín. // Zapato.

Con los timbos chuecos y la cara inquieta
por una fulera sonrisa pintada,
pasó por mi lado como una maqueta
como el último mango de última parada.
¡Qué fula es la vida! (Nocau lírico).
Alcides Gandolfi Herrero, 1970.

Timbrear. l. p. Tocar el timbre. // Vender en forma domiciliaria, visitando casa por casa. // l. del. Tocar el timbre en alguna casa para saber si hay moradores, con intención de robo.

Tincunaco. l. p. Fiesta religiosa anual en la provincia de La Rioja.

Tinellización. l. p. Voz muy reciente, surgida de las esferas oficiales a raíz de un programa cómico de televisión del que se consideraba que faltaba al respeto de la figura presidencial –representada por el doctor Fernando de la Rúa– y se menoscababan los actos de gobierno. Debido a que el director de este programa se apellida Tinelli, le pusieron tal nombre al dar a conocer el desagrado que producía en ese medio la "tinellización" de lo que debe merecer el mayor respeto. **Tinellización** nació, así, con el sentido de faltar al respeto a la figura del Presidente, burlarse de él y ridiculizar sus actos de gobierno. El tiempo dirá si su vida será efímera o trascenderá a quienes la motivaron desde un alto sitial y desde la modesta silla de un estudio de televisión.

Tinguitanga. l. p. Barullo. Desorden. Confusión. Discusión violenta.

Ña Martiniana – ¿Ande te has de dir, avestruz loco?, me gritó, y empezó a revolear las boleadoras. Sea cosa, dije yo, que lo haga, y sujeté no más.
–¿Vas pa casa?...
–¿Qué le importa? Y se armó la tinguitanga... Y que tal, y que cual..., ahí nomás me durmió a insultos. Pero yo no me quedé atrás.
Barranca abajo. Florencio Sánchez. Obra teatral estrenada en 1905.

Tintacho. l. p. Vino tinto. Según se la use, esta voz puede ser elogiosa o despectiva. *Tomamos unos tintachos para celebrar. ¿A este tintacho le llamás vino?*

Tintillo. l. p. Vino tinto. Al igual que tintacho, se lo puede emplear con distintos sentidos. Como vino, simplemente, o como buen vino: *Traje un tintillo que te vas a relamer.* Como vino flojo: *Este tintillo parece agua.* Del esp. tintillo: vino poco subido de color.

Tintiyo. l. p. Tintillo.

Tiñuso/a. l. p. Amarrete, egoísta, avaro, miserable. Del esp. tiñoso (del lat. tineosus): fig y fam. Escaso, mezquino, ruin.

Tío. l. p. Cuento del tío. Véase cuento.

Tipete. l. p. Despect. de tipo.

Tipa. l. p. Mujer. Se emplea, generalmente, en forma despectiva. *No me hables de esa tipa.* // l. del. Comisaría. Presidio. Cárcel.

Típica. l. p. Dícese de la orquesta que interpreta tangos como base de su repertorio, que se completa con milongas y, también, con valses criollos. Antecesores de la orquesta típica fueron conjuntos de reducido número de músicos, que aparecieron cuando el tango comenzó a popularizarse y que actuaban en cafetines, peringundines y prostíbulos. Con los años, aumentaron sus componentes y se agregaron nuevos instrumentos hasta que la incorporación del piano y, fundamentalmente, del bandoneón, así como la presentación de cantores, proyectaron a las orquestas típica a niveles cada vez más importantes de calidad, categoría y prestigio que las consagraron en nuestro país y en el orden mundial.

ORQUESTA TÍPICA: PRECURSORES
"En el inicio del 1900 ya existían algunas orquestas tangueras. Se componían de flauta, bandolín, guitarra o arpa, violín y, a menudo, armónica. No trabajaban en los bares por contrato (...) Se las acomodaba como fuera posible: rodeando una mesa generosa o, a lo mejor, secas y abnegadas, de pie contra un muro de los costados o en un rincón, no más, si era espacioso (...) Casi siempre las orquestas nuevas hacían, antes de iniciarse en la Capital, una gira por los grandes prostíbulos danzantes de la provincia.

"(...) Y fue nada menos que ante el asombro de esa clase de gente (...) irrumpieron un día, gimiendo de puro humanos, los bandoneones.

"(...) La esquina de Suárez y Necochea fue el punto de partida de las primeras orquestas típicas criollas. Se podría fijar en la del Centenario (1910) como la fecha aproximada de su aparición imprevista. Genaro Spósito, idolatría pronto de San Telmo; Eduardo Arolas, de Barracas; Vicente Greco, de San Cristóbal, tres bandoneonistas extraordinarios, allí se anunciaron casi juntos a las masas porteñas. Con el gran Juan Maglio (Pacho), que se inició en Balvanera y dominó después todo el norte, corren con la gloria tamaña de haber aportado al tango el bandoneón. Y, por su parte, Ernesto Zambonini, en el violín, y Prudencio Aragón (el Yoni) en el piano, inauguraron para la orquesta típica el incisivo y excitante compás del canyengue, en el mismo lugar y durante el mismo suceso.

"En los barrios intermedios entre las orillas y el centro, menudeaban, entre tanto, orquestas como las de Campoamor, el más excelente de todos los compositores y ejecutantes antes de 1905, Pardal y 'Muñecas' Villoldo, el autor de **El Choclo** (...) Lo demás es cosa obvia: fue la locura. Aquellas de los bandoneones inesperados no fueron voces en el desierto, fueron voces en el delirio. Con una popularidad repentina y ruidosa, las orquestas sensacionales del bandoneón y del canyengue provocador atrajeron, desde luego, a las multitudes juveniles del sur, del oeste y del norte de la ciudad.

"(...) Greco, Spósito y Arolas fueron continuados de inmediato por Vicente Loduca, Lorenzo, Lavoisier, el Alemán, el Ruso, Ricardo González (Mochila), y, entre otras orquestas de dilatada reputación en la hora –si bien era pianista y no bandoneonista su director–, la de Roberto Firpo." (José Sebastián Tallon. **El tango en su etapa de música prohibida**, 1954.)

NOTA. A la precisa y colorida narración de Tallon, nos permitimos incorporar los nombres de otras afamadas orquestas que sucedieron a las nombradas y que fueron sensación en su momento. Entre tantas que brillaron hasta fechas más o menos recientes, seguramente que omitiremos algunas, pero no va en ello ninguna intención preferencial ni discriminatoria. Son tantas que su número escapa al mero propósito de ejemplificar que nos guía en esta cita. Tampoco las nombraremos en orden cronológico. De todo ello ofrecemos nuestras disculpas, en la creencia de que esto no afecta la vocación ilustrativa de nuestra obra.

Con tal salvedad, recordamos las orquestas de Poncio, Bazán, Padula, el Tano Vicente, el Tano Prudente y, luego, Juan de Dios Filiberto, Pedro Maffia, Francisco Canaro, Juan Canaro, Atilio Stampone, Edgardo Donato, Francisco Lomuto, Julio de Caro, Héctor Stamponi, Jorge Caldara, Miguel Caló, Osvaldo Fresedo, Florindo Sassone, Rodolfo Biaggi, Francisco Rotundo, Alfredo Gobbi, Enrique Rodríguez, Carlos Di Sarli, Horacio Salgán, Juan Carlos Cobián, Francini-Pontier, Fulvio Salamanca, Alfredo De Ángelis, Domingo Federico, Héctor Varela, Ricardo Tanturi, Raúl Garello, Mariano Mores, José Basso, Juan D'Arienzo, Aníbal Troilo, Osvaldo Pugliese, Astor Piazzolla y muchos otros que dieron brillo y altura a nuestro tango.

Tipo/a. l. p. Persona innominada. Persona aludida cuyo nombre no interesa, no se recuerda, no quiere pronunciarse o se ignora. *En el teatro había un tipo que no paraba de toser.* // Úsase mucho, también, en sentido despectivo, con el significado de **un cualquiera, un don nadie**. *¿Cómo vas a creerle a ese tipo?* // Individuo. Persona. *Juan es un tipo de suerte.* Se lo considera proveniente del esp. **tipo** (del lat. **typus** y éste del gr. **typos**, modelo ejemplar): despect. persona extraña y singular, aunque el port. **tipo** (que también vale por modelo, original, ejemplar y símbolo) añade otras acepciones cercanas a las nuestras: *cualquer indivíduo: persoa pouco respeitável.*

Hay cosas que dan placer,
como el morfi y el escabio,
pero ninguna que iguale
a tipo, inodoro y diario.
Coplitas ciudadanas
(Versos de yeca y atorro). Tino, 1977.

Tira. lunf. Agente de investigaciones de la policía que viste de civil. // Policía secreta. // Pescado. Algunas teorías lo originan en la giria (**tira**: agente de policía). José Gobello (**Diccionario lunfardo**, 1989) lo da como procedente del ital. jergal **tira**: espía de la policía.

Tirado/a. l. p. Pobre. Sin medios. Sin recursos. Abandonado a su suerte. // **Regalado.** // **Tirado como el perejil**. Dícese de la persona que se halla en la pobreza, sin sostén económico. Alude al hecho de que en las verdulerías el perejil se halla así no más, en cualquier rincón, como cosa sin valor y se regala. También se dice **regalado como el perejil**. Del esp. **tirado**: que ha sido soltado, despedido de la mano; que ha sido arrojado, lanzado. // Cosa de muy poco precio, que se da por casi nada.

Se me dieron en hilera, como cayendo del cielo,
mongo, quiniela, la triple, en racha fenomenal,
que de seco y tan tirado, como andaba por el
/*suelo,*
pasé de golpe y porrazo a ser bacán colosal.
De vuelta en Pampa y la vía (Nochero).
Juan Pedro Brun, 1969.

ESTAR TIRADO
"*El mundo es armónico: tanto de tierra, tanto de agua; tanto de cumbres, tanto de profundidades (...) El hombre anda en la mala o anda en la buena; se le dio la suerte o se le dio lo otro en la taba del vivir (...) Sabe que la plata va y viene, como la ola, como el péndulo. Este sentido del acaecer como signo divino matemático le hace decir, ante la catástrofe de su vida económica: 'estoy tirado'. El hombre porteño 'está tirado' cuando la vida decide prescindir de él y lo arroja hacia un costado, como fósforo que ha cumplido (...) No hay miedo: hay tristeza con flores en la ventana. El hombre porteño no se queja en la expresión 'estoy tirado'. Lo proclama en la aparente advertencia. Hay cierto orgullo, cierto desempaque, cierto desafío civilizado en la mostración desnuda.*
"*(...) El hombre porteño evoca en ese 'estar tirado' la postura clásica del linyera no acostado, sino tirado al borde de la vía del ferrocarril, al borde la vida (...), las manos bajo la nuca y una pierna cruzada sobre la otra. El hombre porteño concede a esta postura la actitud afirmativa del que espera que la mala pase. Así como la vida lo ha tirado, así lo levantará.*"
(Carlos Alberto Giuria. **Indagación del porteño a través de su lenguaje**, 1965.)

Tirar. l. p. Servir la cerveza directamente del barril al vaso. // Graduar la salida de la cerveza por la canilla a fin de darle la presión justa para que vaya llenando el vaso gradualmente, haciendo la espuma necesaria para formar una capa angosta en su superficie. Si se sirve sin espuma o con exceso de ella, está mal tirada. // Sugerir, insinuar, dar a entender. *Me tiró la idea de asociarnos*. // Hacer una propuesta. *Le tiré una oferta por la casa*.
Este vocablo, quizá como pocos, contribuye a la formación de muchos modismos de las más variadas acepciones, de los que citaremos los más en boga. // **Tirar a la larga, tirar a la lunga**. Alargar la solución de las cosas. No definirse ni resolverse. Demorar ex profeso una resolución, una respuesta o un hecho. // Perder tiempo. // **Tirar a la marchanta**. Véase **marchanta**. // **Tirar al alma**. Atacar u ofender a alguien en lo más profundo de sus sentimientos. // Combatir a alguien con ensañamiento. // **Tirar al monte**. Tallar, llevar la banca en el juego de naipes llamado monte. // Se usa en la expresión **la cabra tira al monte**, que significa que la persona ruin, aunque parezca regenerarse, siempre vuelve a cometer ruindades. // **Tirar el carro**. Véase **carro**. // **Tirar el cuerito**. Hacer ciertos masajes y pellizcar la piel de la espalda baja para curar "el empacho", como hacen algunos curanderos o curanderas. // **Tirar el fierro**. Manejar el cuchillo o la daga en duelos. // **Tirar el lente**. Véase **lente**. // **Tirar en yunta**. Ayudarse mutuamente dos perso-

nas. Entenderse muy bien dos amigos. // **Tirar la bronca**. Véase bronca. // **Tirar la chancleta**. Véase chancleta. // **Tirar la daga, tirar la faca, tirar el fierro**. Véase daga.

Un hombre que con la faca
supo darse su buen porte
y la tiró con más corte
que el tango de La Resaca.
***El cabrero**. José Betinoti.*
Nota. El autor hace un juego de palabras con el corte de la daga y el baile con corte del tango.

Tirar la lanza. Véase lanza. // **Tirar la manga**. Véase manga. // **Tirar la oreja**. Véase oreja. // **Tirar la pata**. Véase pata: estirar la pata. // **Tirar la peca**. Véase peca. // **Tirar la pelota afuera, tirar la pelota al costado**. Perder tiempo. Demorar algo ex profeso. Actuar con evasivas. Se inspira en la acción del jugador de fútbol que arroja intencionalmente la pelota fuera del campo de juego para perder tiempo, cuando ello le conviene a su equipo. // **Tirar la punga**. Véase punga. // **Tirar las agujas**. Decirle la hora a alguien. *Che, tirame las agujas* significa *che, decime qué hora es*. Expresión nueva que pronto cayó en desuso. // **Tirar los ganchos, tirar los garfios**. Igual que **tirar la lanza** o **tirar la punga**. // **Tirar mierda**. Hablar pestes de algo o de alguien. // **Tirar pálidas**. Véase pálida. // **Tirar un cable**. Véase cable. // **Tirar una astilla**. Véase astilla. // **Tirar unos huesos**. Ayudar a alguien, aun con poco dinero. // **Tirarse**. Volverse alguien contra otro. // Volverse algo contra alguien. *Mi hermano se tira conmigo. Las vacaciones fueron horribles: el tiempo se tiró conmigo.*

Si hasta mi viola querida
también se tira conmigo,
ya no escucho más sus trinos,
sus cuerdas no aguantan más.
***Se tiran conmigo**.*
Tango. Luis y José Di Sandro.

// **Tirarse a chanta**. Véase chanta. // **Tirarse a dormir**. Acostarse con la intención de dormir un rato. // **Tirarse a la cama**. Recostarse. Acostarse para descansar un momento, sin dormir. // **Tirarse a muerto**. Véase muerto. // **Tirarse al agua**. Igual que tirarse a la pileta. // **Tirarse a la pileta**. Tomar una decisión extrema. Jugarse el todo por el todo. // **Tirarse a la retranca**. Véase retranca. // **Tirarse un lance**. Véase lance. // **Tirarse un rato**. Acostarse con la intención de reposar un momento, sin dormir o para dormir solamente un rato. // **Tirársela**. Presumir de algo que no se es. // Hacer alarde. *Tirársela de elegante. Tirársela de guapo.* // **Irla** (véase esta voz).

Tirifilo/a. l. p. Papanatas, pavo, bobo.

Tiro. l. fút. Puntapié violento que se le da a la pelota en el fútbol y que la lanza velozmente. *Hizo un gol con un tiro de treinta metros.* // l. p. Intento. Acción de cuyo resultado depende algo que se desea o un fin que se persigue. *Presenté mi plan de trabajo. Si me sale bien el tiro, quizá me asciendan.* // Oferta. Propuesta. *Me pidió mil pesos por el reloj y le hice un tiro por la mitad.* // Pedido. *Me vio con tanto dinero que me hizo un tiro.* // Invitación. *Le hice un tiro a mi vecina para salir esta noche.* También se usa **tirito**. // Ataque lanzado con cuchillo, puñal, daga, etc., especialmente en duelo.

Le hice un tiro, lo quitó
y vino ciego el moreno
y en el medio de las aspas
un planazo le asesté.
***El gaucho Martín Fierro**. José Hernández.*

Al igual que tirar, esta voz ha dado origen a muchas expresiones populares, entre ellas, las que citamos seguidamente. // **Tiro al aire**. Dícese de la persona sin juicio, que actúa irresponsablemente. // Persona que procede sin ton ni son, capaz de hacer las cosas más insólitas con toda tranquilidad, sin turbarse. *Daniel es un tiro al aire.* // **Tiro corto**. Ser alguien de tiro corto. Tener poca resistencia. // Aflojar, ceder con el esfuerzo. // p. ext. Tener poca paciencia. // Irritarse fácilmente. *Acabala con las bromas, mirá que yo soy de tiro corto.* Véase **tiro largo**. // **Tiro largo**. Ser alguien de tiro largo. Tener mucha resistencia. // No ceder ni aflojar en el esfuerzo. // p. ext. Ser muy paciente. Soportar las cosas con calma. Este dicho y el anterior tienen origen en el l. turf. y se relacionan con la resistencia física de los caballos de carrera, algunos de los cuales son aptos para correr en distancias cortas (son de **tiro corto**) y otros en distancias largas (de **tiro largo**, también llamados caballos **de fondo**). // **De un tiro**. De una sola vez. En un solo intento. De un tirón. *Hice el viaje a Tandil de un solo tiro*. // **Estar hecho un tiro**. Hallarse pleno de salud. Estar en perfecto estado físico. Sentirse animoso, impulsivo, ganoso. // **Hacer un tiro**. Llevar a cabo una acción exploratoria para conocer los pensamientos, las intenciones, la reacción de alguien, generalmente con una pregunta o una indirecta. // p. ext. Pedir dinero a alguien. *Le hice un tiro a Pepe y me dio cien pesos*. // En un duelo, lanzar una puñalada. // **Llevar de tiro**. Llevar un caballo caminando, tirándolo de las riendas. // p. ext. humoríst. Llevar un hombre del brazo a la mujer o viceversa. *Ahí viene el Zurdo, llevado de tiro por la esposa*. // **Ponerse a tiro**. Ponerse al alcance de alguien o de algo. Aproximarse una opinión a otra o una posición a otra en una discusión. // Aproximarse el monto de una oferta al de la demanda o viceversa en una operación comercial. *Cuando se puso a tiro con el precio, le encargué el trabajo*. Este dicho proviene de la expresión camp. **ponerse a tiro de lazo** que implica tener el animal que se quiere enlazar a la distancia que llega el lazo. // **Tener a tiro**. Tener a alguien o alguna cosa cerca para algo. // Tener a un rival cerca para atacarlo. // Estar a punto de convencer a alguien. *Ya lo tenía a tiro, cuando llegaste e interrumpiste todo*. // Ubicarse en una carrera un competidor cerca del puntero para intentar pasarlo en el momento oportuno.

Tirón. 1. p. Distancia amplia que media entre dos lugares. *Hasta el pueblo hay un tirón de dos leguas*. // Esfuerzo final que se necesita para completar algo que se está haciendo. *Un tirón y alcanzamos la cima*. // **Ganar el tirón**. Adelantarse a otros en el inicio de algo. *De salida, mi caballo ganó el tirón y tomó la delantera. Le gané el tirón y me senté antes que él*.

Titeador/ra. 1. p. Que titea. // Que acostumbra titear.

Titear. 1. p. Hacer bromas. // Burlarse de alguien. Tomar el pelo.

Titeo. 1. p. Burla, broma, mofa, cachada, tomadura de pelo.

Tocado/a. 1. p. Que no está en su sano juicio. // Colifato, rayado. // Sobornado, coimeado. De tocar.

Tocar. 1. p. Irse. Alejarse. Dejar un lugar. // **Tocárselas**. *Me las toco. Se las tocó*. Es síntesis del dicho **tocar la polca del espiante** (véase **espiante**). // Espiantar, rajar, picársela. *¡Tocátelas, que viene la cana!*

Don Zoilo – ¡Ya podés ir tocando de aquí, bandido! Mañana esta casa será tuya, ¡pero lo que aura hay dentro es bien mío! ¡Y este pleito yo lo fallo! ¡Fuera de aquí!
***Barranca abajo**. Florencio Sánchez.*
Obra teatral estrenada en 1905.

NOTA. *¡Ya podés ir tocando!*: significa "ya podés ir tocando la polca del espiante", o sea, "ya podés irte de aquí". *Aura*: es el **ahura** (ahora) aunque figure sin la h intermedia.

// Pedir dinero, mangar. *Anda sin trabajo y vive tocando a los amigos*. Esta acepción es antigua y tiene su origen en la costumbre de que cuando alguien necesitaba dinero y veía a algún amigo en medio de otras personas, se acercaba a él y, disimuladamente, lo tocaba en la cadera o en la espalda, de pasada, tras lo cual se apartaba para esperarlo en un lugar donde el amigo pudiera verlo. // Sobornar, coimear. *Habrá que tocar a alguien para que podamos ver al Presidente*. // **Tocar a la parrilla**. 1. mús. Improvisar una orquesta o un conjunto. // **Tocar de oído**. Opinar de algo sin previo conocimiento del caso, sino llevándose por lo que dicen o piensan otros. Equivale a "hablar por boca de ganso". // **Tocar el piano, el pianito, la pianola**. Imprimir alguien sus huellas digitales con los dedos entintados para identificarse ante la policía. Alude al movimiento que se hace con los dedos en tal operación. // **Tocar el violín**. Huir, escapar, fugarse. Igual que **tomarse el violín** o **tomarse el viole** (véase **tomar**). // antig. Robar, hurtar. En alusión al movimiento de la mano izquierda al pisar las cuerdas contra el mástil del violín, movimiento que se asemeja al que suele hacerse para significar robo o robar, cerrando consecutivamente los dedos de la mano desde el meñique hasta el pulgar. // antig. Degollar. Compara el arco del violín con un cuchillo. // **Tocar fondo**. Llegar al límite de las fuerzas, de las posibilidades y, más específicamente, quedarse sin recursos económicos. Por semejanza con algo que se hunde poco a poco en el agua hasta que toca el fondo, es decir, que ya no puede irse más abajo. // **Tocar pito**. Alertar, poner sobre aviso. Se usa como **avisar**. *Le toqué pito que el jefe lo estaba observando.* // Delatar. // Desairar. *La esperé, pero me dejó tocando pito en la esquina.* // Tener derecho o no de intervenir en un asunto o una conversación. *En este caso, vos no tocás pito o vos no tocás un pito.* // **Tocar la polca del espiante, tocar el espiante, tocar espiante**. Irse, escapar, fugar, desaparecer de un lugar. Véase **espiante**. // **Tocar la refalosa**. Degollar, como **tocar el violín**. Véase **refalosa**. // **Tocar un pito a la vela** o **no tocar un pito a la vela**. Las dos formas se emplean con el mismo sentido, indistintamente: no tener arte ni parte en algo. Hallarse en algún lugar en vano. No ser tenido en cuenta. *Ese tipo toca un pito a la vela o ese tipo no toca un pito a la vela.* // **Tocame un tango**. **Estar medio tocame un tango** es un dicho muy antiguo, que significa estar medio loco, colifato, rayado. En este caso, la acepción proviene de **tocado**.

Tocazo. l. p. Aument. de toco. Mucha cantidad de algo. *Tengo un tocazo de expedientes para revisar.*

Toco. lunf. Monto de dinero obtenido de un robo o una estafa. // Cada una de las partes del producido de un robo o de cualquier ilícito que se distribuye entre los autores del hecho. // **Dar el toco**. Entregar dicha parte.

> Y hablando de todo un poco,
> en ese robo, che, Lucio,
> vos me jugaste muy sucio,
> porque no me diste el toco.
> **El toco**. Bartolomé Aprile.

// Cantidad importante de dinero. *Ese bacán tiene un toco de guita.* // Fajo de billetes de banco. *Sacó el toco del bolsillo.* // Dinero destinado a un soborno. // Dinero, en general. // p. ext. Montón de cosas. Gran cantidad. *Tengo un toco de cosas que hacer.* Del gen. **tocco**: pedazo; trozo grande.

Tocomochero. lunf. Cuentero que se dedica al tocomocho.

Tocomocho. lunf. Billete de lotería adulterado en su numeración para que ésta coincidiera con la del premio mayor de un sorteo y que se empleaba para cometer estafas.

El cuento del tocomocho (o del billete premiado)

Tarde del viernes. Un hombre humildemente vestido camina indeciso por una calle de Buenos Aires, con evidentes signos de preocupación. Próximo a él avanza, despreocupadamente, otro hombre bien trajeado que no puede ni imaginar que es el "candidato" elegido para una estafa singular. El hombre humilde se le acerca y, con voz humilde y expresión más humilde —"porque se ve que usted es una persona correcta"— le narra su problema. Ha ganado un premio a la lotería, pero como "no entiende nada de estas cosas y apenas sabe leer" no puede verificar el monto de dicho premio en el extracto del sorteo que tiene en su poder. Para colmo, cuando fue a las oficinas de la Lotería Nacional a averiguarlo, ya habían cerrado y ahora tendría que esperar hasta el lunes para saberlo. Lástima, porque había pensado que, en caso de que el dinero le alcanzara, podría viajar esa misma noche a su pueblo a visitar a la familia, que no veía hacía tiempo. Y entrega billete y extracto a su interlocutor —"usted debe entender de esto"— para que se fije con cuánto lo había favorecido la díscola fortuna. Cuando el hombre correcto se apresta a hacerlo, un señor elegante que "casualmente" pasa por allí, "atraído por la conversación" se acerca y ofrece gentilmente su colaboración desinteresada. Toma el extracto que estaba por mirar el hombre correcto y, tras rápida ojeada, se lleva aparte a éste y le muestra que el número del billete ha obtenido el premio mayor. Sus ojos se clavan en los del señor correcto: "Amigo: aquí tiene la oportunidad de su vida. No sea gil. Ese hombre no sabe lo que ganó y con cualquier cantidad se pondrá contento, porque podrá hacer el viaje que quiere. Hágale una oferta: cómprele el billete por menos de lo que vale ahora y el lunes usted será rico. ¡Si yo tuviera dinero en este momento!...". La conversación entre ambos es breve. El mediador vuelve al hombre humilde y le estrecha la mano. "¡Lo felicito, amigo! ¡Usted ha ganado tres mil pesos! No hay duda de que usted es un tipo de suerte, porque este caballero se ofrece a entregarle ese dinero por el billete, así usted puede visitar a su gente. ¡Cha, que hay tipos suertudos!"

La maniobra se ha consumado. Si el "candidato" no lleva dinero consigo, va a buscarlo a su casa y regresa para ponerlo en manos del agradecido hombre humilde, que le entrega el billete "premiado".
Concluida la operación, el hombre humilde y el caballero elegante se retiran con distintos rumbos, que confluirán, luego, en la casa de alguno de ellos o en un café de barrio, mientras el aprovechador se frota las manos pensando, sin cargo de conciencia, en el dinero que lo espera el lunes.

Todo. l. p. Mucho, muchísimo. Imposible más. *Se llovió todo* (llovió torrencialmente). *Me puse todo y aún siento frío* (me abrigué bien). *El arquero de Racing se atajó todo* (tuvo una gran actuación).
Toldo. l. p. Pelo, porque cubre la cabeza.
Tomado/a. l. p. Ebrio. Borracho. **Estar tomado.** Del esp. **tomar**: beber.
Tomador del dos. l. p. Que va a pie a algún lado porque no tiene dinero para viajar. *Tomo el dos y me voy a casa*. Se refiere, irónicamente, a un imaginario colectivo de la línea 2, porque son sus **dos** piernas las que lo llevarán. // l. del. Punguista. Porque para robar opera con dos dedos, que introduce en los bolsillos (véase **lanza**).
Tomárselas. l. p. Irse. Escapar. Piantar. Rajar. Igual que **tomar el aceite**.
Tomate. l. p. Metáf. por **cabeza** (véase **cabeza**). // **Estar del tomate.** Estar loco, rayado, piantado. // **Hacer el tomate.** Seducir a alguien para que haga o no haga algo. Predisponerlo a favor o en contra de alguna persona o asunto. Trabajarlo (véase **trabajar**). *Le hicieron el tomate y ahora duda de mí*. Equivale a **hacer la cabeza** y **hacer el oído**. // **Agarrar para el lado de los tomates.** Decir cosas totalmente fuera de lo que se trata. // Interpretar algo equivocadamente. // Hacer lo contrario de lo debido o aconsejable. // Errar.
Tombo. l. p. Revés de **botón**. // Policía. // p. ext. Soplón, batidor (véase **botón**).

La adición a lo rope te da leña.
Si chivás, sobre el pucho cae un tombo
y a no broncar la taquería enseña.
Folklórico (Sonetos mugre).
Daniel Giribaldi, 1968.

Nota. *La adición a lo rope te da leña:* te fajan a lo perro con una adición exageradamente elevada.

Tomo y obligo. l. p. Véase **obligar**.
Tonadillero. l. del. Punguista. // Carterista. Originada en el esp. **tonadilla** (dim. de **tonada**), por alusión a **música**, como se le llama a la cartera o billetera en el lenguaje del delito.
Tongo. l. p. Trampa, acomodo, juego sucio. // Maniobra ilegal. // Arreglo ilícito concebido para determinar el resultado de un asunto, una decisión, una competencia, una elección, etc. En las carreras de caballos es **tongo** cuando varios competidores "van para atrás", es decir, que sus jockeys corren con la finalidad de no ganar y, además, para estorbar, a veces, la libre acción de otros, a fin de que triunfe un caballo determinado al que han apostado los que están en el secreto de la maniobra. También es **tongo** disponer que un caballo fracase en varias oportunidades a fin de que el público, decepcionado por sus actuaciones, deje de apostarle y luego, cuando ya no se cree en su triunfo, "tirarse a ganar", o sea, hacerlo correr decididamente a triunfar, para así cobrar un buen **sport** (véase esta voz).
Tongo es, asimismo, cuando se acuerda previamente a su disputa el resultado de una competencia deportiva, el de una licitación, de un concurso de aspirantes a un cargo, etc.
Tonguear. l. p. Llevar a cabo un tongo.
Tonguero/a. l. p. Persona que interviene en un tongo; que "hace" tongo.

Cartagena degolló las ilusiones de mi gran amigo Pedrito Cichetti, que había jugado a su yegua como si corriera sola, y fui yo, precisamente yo, el que, por ironía de la suerte, pagaba así a ese gran amigo que iba a cobrar lo suficiente como para llevar adelante una vida sin privaciones. Estas cosas, muchas veces el público no las sabe. ¡Y pensar las veces que debí soportar que me gritaran tonguero!...
Leguisamo de punta a punta.
Daniel Alfonso Luro, 1982.

Toor. l. p. Revés de **orto**. // Ano, ojete. // p. ext. Culo. *Las cosas me van como el toor*. // p. ext. l. del. "Bolsillo trasero del pantalón",

por su ubicación. (Adolfo Enrique Rodríguez. **Lexicón**, Centro de Estudios Históricos Policiales, 1991.)
Toqueador/ra. lunf. Coimeador, sobornador. Porque toca (véase tocar).
Toquear. lunf. Sobornar (véase tocar).
Toquero. l. p. Policía que acepta sobornos. // En general, persona que se presta a sobornos. (véase tocar).
Torbelo. l. p. Torvelo.
Tordillo/a. l. p. Canoso; entrecano. // p. ext. Persona entrada en años. De tordillo, nombre que se le da al caballo de pelo blanco o blanco con algunas manchas.

—Che, ¡quién fuera el sargento!
—¡Diablo, el chino!
—Y eso que ya, con los años, se está poniendo tordillo.
El sargento Palma. *Martín Coronado. Drama teatral estrenado el 14-5-1906.*

Tordo. l. p. Revés de doctor.

El Tuerto tenía la manía de dragonear de escribano, de hacerse pasar por tordo, aprovechando el yeite del hemano, que era real, y más de una vez usó tarjeta para embalurdar inocentes.
Sabihondos y suicidas.
Héctor Chaponick, 1982.

Tornillo. l. p. Frío intenso. Frío. // **Hacer tornillo.** Hacer frío. *Hace un tornillo que no dan ganas de salir a la calle.* // **Hacer tornillo.** Otra acepción de este dicho se refiere a la actitud de quien, por el frío, se rodea el cuerpo con los brazos y cruza o cierra las piernas –figura que se compara con la rosca de un tornillo–, y aun gira sobre sí mismo, ampliando la semejanza figurativa con el movimiento de un tornillo. *Lo encontré en la esquina haciendo tornillo.* // p. ext. **Tuerca**, 3ª acep. *¿Con la tuerca que hace estás tan desabrigado?* // p. ext. Torniquete, en este caso, parag. de tornillo.
Torniquete. l. p. Tornillo. // l. del. Aparato que sirve para violentar rejas. "Cilindro metálico en cuyos extremos se encuentran colocados dos tornillos excéntricos. Una pequeña abertura circular en el cilindro permite introducir un clavo grande o destornillador y, accionándolo a manera de crique, hacer que los tornillos se desplacen hacia afuera, torciendo los barrotes de la reja a la que han sido aplicados." (Adolfo Enrique Rodríguez. **Lexicón**, Centro de Estudios Históricos Policiales, 1991.) // **Apretar el torniquete.** Presionar, exigir a alguien para que haga algo que se desea o diga lo que se quiere saber. // Imponer un castigo severo. Del esp. torniquete (del fr. tourniquet): aparato que se usa en cirugía para rodear y oprimir brazos o piernas con cortes a fin de evitar hemorragias y, p. ext., trozo alargado de tela o cuerda que en casos de emergencia se emplea con la misma finalidad.
Toronja. l.p. Nariz grande. Del esp. toronja: fruta cilíndrica, como la naranja.
Torpedear. l. p. Sabotear, influir para hacer fracasar un asunto. // Perjudicar intencionadamente el trabajo de alguien. De torpedear: lanzar torpedos.
Torta. l. p. Trompada, puñetazo. Piña. // Evacuación fecal. // Cosa o asunto que se ha complicado. *¿Cómo arreglamos esta torta?* // Cantidad importante de dinero. *En ese negocio se maneja una torta grande.* // Dinero, en general.

El tipo baraja y corta...,
lo mismo es punto o banquero.
Pero una luz de ligero
para defender la torta.
Vivanco (Nochero). *Juan Pedro Brun, 1969.*

Tortazo. l. p. Aument. de torta en la acep. de trompada.

Si cuando lucís tu talle
con ese coso del brazo,
no te rompo de un tortazo
por no pegarte en la calle.
Tortazo.
Milonga. Enrique P. Maroni, 1929.

Torterolo. l. p. humoríst. Tuerto. Es parag. en el que se disimula el vocablo tuerto con el apellido Torterolo. Véase **paragoge**.
Tortilla. l. p. Acto de lesbianismo. Del fr. tortiller: torcer; retroceder. // Asunto, negocio, componenda. *Estar en la tortilla.* // **Darse vuelta la tortilla.** Devenir repentinamente en mala una situación que se tenía por bue-

na o viceversa, aunque se utiliza más en el primer caso.

Tortuga. l. p. Dícese de la persona lenta para caminar o para hacer las cosas. **Escaparse la tortuga** a alguien. Perder tontamente una clara oportunidad. // Dar un paso en falso en una situación favorable. // No reparar en evidencias. // Tener algo al alcance de la mano y no advertirlo. // No darse cuenta de lo que ocurre ante uno. // Ser engañado como un imbécil alguien que se considera listo. El dicho se inspira en lo tonto que debe ser el individuo al que se le escapa una tortuga, con lo lento que es este animal para desplazarse.

Torvelo. l. p. Dinero, guita. Riqueza. *Siempre anda entre gente de torvelo.*

Tosán. l. p. Revés de santo. **Pasar el tosán:** pasar el santo; informar, batir, delatar, soplar.

La barra no lo quería;
con ninguno andaba bien;
pasando el tosán vivía:
era ortiba cien por cien.
El velorio. *Enrique Dizeo.*

Tosca. l. p. **Cantar la tosca.** Irse de un lugar sin pagar lo que se ha consumido. *Cenó y, en un descuido del mozo, le cantó la Tosca.* Alude a la ópera **Tosca,** de Giacomo Puccini (1903), basada en el drama de Victoriano Sardou.

Totora. l. p. Sombrero duro de paja para hombre, muy usado antiguamente. Es voz quechua que designa a una planta filácea que crece en sitios pantanosos de América del Sur, con tallos cilíndricos altos y hojas alargadas que, una vez secas, por su resistencia, se usan en la fabricación de sombreros, asientos de sillas, esteras, y hasta para techar ranchos o forrar sus paredes.

Tiene una hija de mi flor, el gringo. Claro que anda por levantársela un jailaife, creo que es dotor, que usa botín que suena, totorita cantora, lleva cadena y bobo, y le vi una zarza en el dedo que daba calor.
Caló porteño. *Juan A. Piaggio.* La Nación, *11-2-1887. (Cfr. Luis Soler Cañas.* Orígenes de la literatura lunfarda, *1965.)*
NOTA. *Totorita:* dim. de totora. *Una zarza:* un zarzo.

Tovén. l. p. Revés de vento.

Hermano chorro, yo también
sé del escruche y de la lanza...
La vida es dura, amarga y cansa
sin tovén.
Hermano chorro (La crencha engrasada).
Carlos de la Púa, 1928.

Toyufa. l. p. Revés de fayuto.

Trabajar. l. p. Procurar congraciarse con alguien por medio de halagos, regalos, etc. // Tratar de seducir a alguien con modos, sutilezas o engaños.

—No se te dé por trabajarlo de filósofo.
¿Qué manya ese crosta de filosofía?
Nuevas aguafuertes. *Roberto Arlt.*

// l. del. Realizar cualquier tarea delictuosa tendiente a obtener dinero, estafar, robar, asaltar, meter la peca, etc.

Trabajo. l. p. Acción y efecto de trabajar (véase). // l. del. Estafa, robo, asalto, etc. Trabajo de biaba, trabajo de caramayola, trabajo de cuento, trabajo de punga, trabajo de shacamento, trabajo de tocomocho, etc. (véanse estas voces). // **Trabajo fino.** l. p. Seducción, cuento hecho con delicadeza y finura para congraciarse con alguien o engañarlo. *Hacer un trabajo fino.* // **Trabajo mancado.** l. del. Delito fracasado por haber sido descubierto en el momento de ser cometido. // Delito que no pudo llevarse a cabo a causa de una delación. Véase **mancar.** // **Trabajo de puntilla.** l. p. y del. Véase **puntilla.**

Tragada. l. p. Engaño, fraude que se comete al no darle a alguien lo que le corresponde. // Negociado.

Tragado/a. l. p. Engañado, víctima de un fraude. // Que no ha percibido lo que le corresponde.

Tragar. l. p. Defraudar, estafar a alguien. // Creer como verídico lo que no es más que un cuento, un engaño.

Trainer. l. turf. Cuidador o preparador de caballos de carrera. // **Entrainer.** Véase tiempo: tomar el tiempo.

Trambay. l. p. Tranguay, tranvía.

Tramway. l. p. Tranguay, tranvía.

Tranbay. l. p. Tranguay, tranvía.

Tranca. l. p. Borrachera, mamúa, curda.

*Calculen cómo sería
la mamúa que agarré
que sin más me figuré
que yo era el mesmo gobierno
y más leyes que un infierno
con la tranca decreté.*
Gobierno gaucho. *Estanislao del Campo.*

Trancazo. l. p. Aument. de **tranca.** // Aument. de **tranco.**

Tranco. l. p. Paso lento. // **Ir al tranco.** Caminar lentamente. // Paso, en general. *A veces me gozo recorriendo el barrio al tronco.* Del esp. tranco (del bajo lat. trancus y éste del lat. truncus): paso largo o brinco que se da adelantando un pie y asentándolo antes de mover el otro.

Tranquear. l. p. En general, caminar. // Caminar lentamente. De **tranco.**

*Y tranqueando despacito
fui al boliche de la esquina
para ahogar en cuatro copas
la que pudo ser tu amor.*
Mala suerte.
Tango. Francisco Gorrindo, 1938.

// Caminar dando pasos largos, calculando que sean de un metro cada uno, para medir una distancia, un terreno, etc. Del esp. atrancar (de a y tranco): fig. Dar trancos o pasos largos.

Tranqui. l. p. Apóc. de **tranquilo.** Es voz reciente. *La pasé tranqui, tomando sol en la playa. Tranqui, amigo, no se enoje por eso.*

Tranquilino/a. l. p. Tranquilo. Por parag., para convertir al vocablo en nombre de persona. Véase **paragoge.**

*En el haber del yorno, ni espantada;
la va de tranquilino. Es laburante.
Nunca un anzuelo le mancó tentada.
Pobre de pobre, le metió adelante.*
Guiso. *Julián Centeya (Amleto Vergiati).*

Transa. l. p. Acuerdo deshonesto. // Convenio pactado con fines incorrectos. // Entendimientos, en general. // p. ext. Ambiente de negociados, de corrupción de componendas. *Ese político está en la transa.* // Últimamente, transa pasó a llamarse la relación inicial de un muchacho y una muchacha que puede derivar en un noviazgo o quedar reducida a un hecho circunstancial. De **transar.**

Transar. l. p. Ceder, transigir, avenirse. // Celebrar acuerdos. // Acceder. // Relacionarse un muchacho y una muchacha de manera informal, mientras se van conociendo y evaluando sus sentimientos. Esta acep. es nueva. Véase **transa.**

Tranvía. l. p. **Vender un tranvía.** Famoso cuento de comienzos del 1900, que consistió en vender uno de estos vehículos a un incauto. El cuentero le hacía creer al candidato (elegido tras acabado estudio) que era dueño de un tranvía cuya recaudación diaria le correspondía íntegramente, "salvo unos pesos que les pago al guarda y al conductor". Pero quería venderlo porque "haría un largo viaje a Europa" o porque "invertiría el dinero en una gran importación de telas francesas" o por cualquier otra cosa que lo presentara como un gran comerciante e impresionara al incauto. En las reuniones entre ambos, mientras trataban el negocio, algunos cómplices del cuentero se acercaban a éste y le entregaban dinero "correspondiente a la recaudación del tranvía". Convencido, el candidato lo compraba y se preparaba para comenzar a ganar dinero fácilmente a partir de ese momento. Citan el caso del estafado que subió furioso al tranvía "que había comprado" para reclamarle al guarda porque no le llevaba el dinero. // p. ext. Hacer víctima a alguien de un cuento o de un engaño. *Te vendieron un tranvía.*

NOTA. Otra estafa tan singular y famosa como la narrada fue la de vender un buzón. Véase **buzón.**

Trapero/a. l. p. Cuentero. Mentiroso. Embrollón. // Rastrero, vil.

Trascartón. l. p. A renglón seguido. Inmediatamente después. *Sané de una gripe y trascartón me pesqué otra.* Del esp. trascartón (de trascartarse y éste de tras y carta): lance de algunos juegos de naipes en que tras la carta que sale y con la que se pierde, se halla la carta con cuya salida se hubiera ganado.

*Trascartón que te encontré
de cuento me trabajaste,*

y a la par que pelechaste
me la dist'e reculié.
El raje. Milonga. Carlos Waiss.

Travesaño. l. fút. Tiras de cuero, chatas, de aproximadamente 1,5 centímetros de ancho por 8 milímetros de altura que cruzaban a todo su ancho la suela de los botines de fútbol y tenían por objeto ayudar al jugador a afirmarse mejor en la cancha de césped. Se alternaban en su uso con los **tapones** (véase) hasta los años 1930 en que, finalmente, se impusieron éstos, que aún se emplean. // l. p. **Pegar en el travesaño**. Dícese cuando un asunto o negocio está a punto de concretarse y ocurre un hecho inesperado que lo impide. // Fracasar a último momento cuando se estaba por conseguir algo. *Pegué en el travesaño con mi oferta; otro la superó por poca diferencia.* Proviene del l. fút. en el que la expresión **pegar en el travesaño** indica que la pelota, lanzada hacia la valla, rebota contra el travesaño del arco cuando parecía que iba a concretarse el gol. // **Travesti**. Esta acepción es reciente y constituye una parag. humoríst. Véase **paragoge**.

Travesti. l. p. **Travestista**.
Travestista. l. p. Homosexual masculino que acostumbra vestirse con ropas femeninas y peinarse y tocarse como una mujer. Del fr. **travestir**: disfrazar.

Traya. l. p. Nombre que se le daba a la cadena de los relojes de bolsillo que usaban los hombres antiguamente. Por lo general, el reloj se llevaba en un bolsillo del chaleco y la traya, de plata algunas veces, pero las más de oro, cruzaba por delante del chaleco hasta el bolsillo del lado opuesto, donde se introducía, quedando a la vista en todo ese trayecto, lo que daba un toque de distinción, pero a la vez constituía un botín que se presentaba servido a las manos hábiles y rápidas de los punguistas. // l. pol. Cadena que usaban los policías para llevar a los presos. // En general, cadena.

EL CUENTO DE LA TRAYA
Por la calle Brasil, aproximadamente a la entrada de la estación Constitución, avanza un señor muy elegante. Cuando está por entrar, se le cae una cadena de reloj que queda tirada en la vereda, reluciendo como el oro. Un transeúnte, que asiste al hecho, la levanta y se encamina hacia el señor, que no ha advertido el percance, con la clara intención de restituírsela, cuando alguien lo detiene, tomándolo de un brazo.
–Espere, amigo. ¿Qué va a hacer? Yo vi cuando ese señor perdió la cadena y vine para alzarla, pero usted se me adelantó. ¿A ver?... ¡Es de oro! ¡Y mire qué gruesa!... ¡Debe valer un montón!... ¿Y usted iba a devolvérsela?... No sea otario, amigo... La suerte lo está ayudando; no la rechace y guárdesela. Además, mire: ya ni se ve a ese señor... Entre tanta gente, ¿cómo va a encontrarlo? Haga una cosa: quédese con la cadena, que debe valer como tres mil pesos, deme doscientos o trescientos, que yo me callo la boca y desaparezco.
La tentación triunfa. Además... ¿quién va a encontrar ahora a ese señor entre el gentío de Constitución?
–Tome cien.
El segundo y brevísimo último acto de este verdadero "sketch" transcurrirá en una joyería, en la que el tasador oficiará de verdugo:
–No, señor. Ésta es una fantasía, que podrá valer seis o siete pesos...

Tren. l. p. Modo de vida que se adopta. *Llevar un tren serio, ordenado*: llevar un buen tren. *Llevar un tren alocado*: llevar un mal tren. // **Cambiar de tren**. Cambiar el modo de vida que se lleva. Abandonar la corrección y lanzarse a una vida disipada o viceversa.

Y no ha manyado el potien
que yo estoy diferente,
que solo paseo entre gente,
que hasta he cambiado de tren.
Del arrabal. José Betinoti.
NOTA. **Potien**: revés de tiempo.

// **Hacer el tren**. Seguirle la corriente a alguien con algún fin premeditado; darle la razón en todo; complacerlo, halagarlo. // **Perder el tren**. Perder una oportunidad. Dejar pasar una ocasión propicia sin aprovecharla. Llegar tarde para algo que pudo ser beneficioso. // **Seguir el tren**. Seguir el ritmo de vida que lleva alguien. Sumarse a alguien en lo que opina o emprende.

*Ya no me importa que te hagas la bataclana
ni que te moje con champán algún mishé
ni que me batas cuando vuelvas de mañana
que es un amigo que hay que seguirle el tren.*
No te quiero más. Tango. Juan Baüer.

Tren de la basura. l. p. "Pequeño ramal de 12 kilómetros de extensión que se desprendía de la línea del ex Ferrocarril Oeste a la altura de la calle Sánchez de Bustamante y Esparza. Continuaba por Loria, Oruro, Deán Funes y Zabaleta hasta la Quema. Fue suspendido el 7 de noviembre de 1895 a raíz de los accidentes de tránsito que se producían en su recorrido." (Adolfo Enrique Rodríguez. Lexicón, Centro de Estudios Históricos Policiales, 1991.)
Como surge de lo antedicho, ese tren transportaba la basura de la ciudad hasta la quema de residuos, que estaba ubicada en la zona donde hoy se halla el Parque de los Patricios y a cuya vera se había formado una barriada extensa y miserable conocida con los nombres de Barrio de las Latas, de Las Ranas o de Las Ratas.

Trenzarse. l. p. Enfrentarse dos o más personas por las vías de hecho. *Trenzarse a golpes de puño.* // p. ext. Discutir vehementemente dos o más personas. *Trenzarse en una discusión política.* // p. ext. Enfrentarse con pasión dos adversarios en un evento deportivo. *El Luna Park vibraba hacia 1940 con las trenzadas de Prada y Gatica. Alekine y Capablanca se trenzaron en inolvidables partidas de ajedrez.* // p. ext. Enfrentarse con ardor, en general. // l. turf. Porfiar por el triunfo dos o más caballos en una carrera.

Otra trenzada de la que conservo un recuerdo imborrable fue aquella que protagonicé corriendo a La Noche, una yegüita ni mala ni buena, de propiedad de un periodista uruguayo (...), en un mano a mano largo y peleado con Pedro Moreno, que corría a Cachimba.
Leguisamo de punta a punta.
Daniel Alfonso Luro, 1982.

El significado español de **trenzar** (hacer trenzas) se trasladó figuradamente a la imagen que dan dos personas unidas en una pelea a brazo partido, golpeándose, tomándose y trabándose entre sí como si estuvieran entrelazados y, por derivación, a todo tipo de enfrentamiento intenso. Extensivamente, se aplica a los abrazos efusivos, en los que, también, las personas parecen entrelazarse unas con otras. *Padre e hijo se trenzaron en un fuerte abrazo.*

*Indiferente, baila trenzada
con un cualquiera la tal mujer;
el tango dice, con letra airada,
que el taita Araña no ha de volver.*
Tango. Poema de Nicolás Olivari.

Trepador/ra. Que trepa. Véase **trepar**.
Trepar. l. p. Escalar posiciones en cualquier actividad, de cualquier manera y a cualquier costo, sin reparar en sumisiones, humillaciones ni en si se causa perjuicio a otros. Del esp. **trepar** (del bajo lat. **trepare** y éste quizá del al. **treppe**, escalera): subir a un sitio alto valiéndose de los pies y de las manos. // Crecer las plantas y subir agarrándose a los árboles o a otras cosas.
Tres marías. l. camp. Nombre que se le da a las boleadoras de tres bolas.

*Dios le perdone al salvaje
las ganas que me tenía.
Desaté las tres marías
y lo engatusé a cabriolas.
¡Pucha! Si no traigo bolas,
me achura el indio ese día.*
El gaucho Martín Fierro. José Hernández.

LAS TRES MARÍAS
Este tipo de boleadoras es de uso muy antiguo en nuestro territorio, tanto, que llamó la atención de los españoles en tiempos de la Conquista, pues las desconocían. Lo vemos en el relato que, hacia 1580, aproximadamente, dejara fray Reginaldo de Lizarraga en su **Descripción de las Indias.**
"En el camino de Córdoba a Buenos Aires (...) salen algunas veces indios cazadores de venados y fácilmente se atreven contra los nuestros; sus armas son arco y flechas, como los **chiriguanos**, *y demás desto usan de unos cordeles en el Perú llamados* **aillos**, *de tres ramales, en el fin del ramal una bola de piedra horadada por medio, por donde entra el cordel;*

*éstas arrojan al caballo que va corriendo y le atan de pies y manos con las vueltas que dan las bolas y dan con el caballo y caballero en tierra sin poderse menear; destos **aillos** usan para los venados; pónense en paradas y como va el venado corriendo lo aillan fácilmente."*
(Fray Reginaldo de Lizarraga. **Descripción de las Indias**. (Cfr. **Los Fundadores**, libro 4, capítulo LXIX, selección por Bernardo Canal Feijóo, 1967.)
Chiriguanos: tribu india de la familia guaraní en la República Argentina. Habitaba las llanuras occidentales del Gran Chaco.
Aillos: boleadoras usadas por los indios del Perú.

Tres por diez. l. p. Modismo en desuso que daba idea del poco valor de una persona o cosa. Estaba inspirado en el precio de venta de algo que se ofrece a tres unidades por sólo diez centavos.

Pebeta que me tiene tan remetido
como chorro en la cana de su chiqué,
quiero soplarte mi alma por el oído:
¡vas a ver que no es d'esas de tre por dié!
Chamuyo al oído. Dante A. Linyera (Francisco B. Rímoli).

NOTA. *Remetido:* aument. de metido. *Tre por dié:* tres por diez.

Triángulo. l. carc. "Antiguo calabozo de castigo de la ex Penitenciaría Nacional." (Adolfo Enrique Rodríguez. **Lexicón**, Centro de Estudios Históricos Policiales, 1991.)

Tricota. l. p. Vestidura de abrigo, de punto y de mangas largas y cuello cerrado que cubre desde los hombros hasta la cintura, ajustada al cuerpo. // fest., humoríst. Tres. Es **paragoge**. *—¿Cuántos cigarrillos te quedan? —Tricota.* Del fr. **tricot**.

Trincar. l. p. Asir, prender. *Trincó un palo y salió tras el ladrón.* // Apresar la policía a alguien. // Sorprender a alguien en una actitud incorrecta o haciendo algo a ocultas. *Lo trincaron cuando estaba sacando una baraja de la manga.* // Poseer a una mujer. Del esp. **trincar** (del lat. **trini**): asir o ligar fuertemente. Sujetar fuertemente con trincas. **Trinca:** cabo o cuerda con que se sujeta una cosa.

—¿Saben? En Olavarría lo trincaron al Japonés. Todos los maleantes levantan la cabeza. Uno dice:
—¡El Japonés! ¿Te acordás cuando yo anduve en Bahía Blanca? La corrimos juntos con el Japonés...
Aguafuertes porteñas. Roberto Arlt.

Trinquetazo. l. p. Acción traicionera, ruin. Bajeza. Por el engaño de que hacían víctimas a los incautos en los **trinquetes** (véase esta voz).

¡Si se me encoge el ombligo
de pensar el trinquetazo
que me han dao! El bacanazo
no vale ni una escupida
y lo que es ella..., en la vida
me soñé este chivatazo.
Día de bronca. Evaristo Carriego, 1912.

Trinquete. l. p. Nombre con que se conocía a los bares y salones de baile del bajo fondo en los que bailarinas y prostitutas engatusaban a los "giles" o los embriagaban para quitarles el dinero.
Dice José Gobello que "parece relacionarse con la expresión **estar en trinquis**: estar ebrio (del andalucismo **estar de trinqui**: estar bebiendo con exceso, y éste del esp. **trincar**: beber vino o licor, derivado del alemán **trinken**: beber, a través del gen. **trincá**: beber con exceso)".

Tripa. l. p. En el dicho **sacarle las tripas a alguien**, herirlo con arma blanca en el vientre. // **Gustarle** (a alguien) **la tripa gorda.** Gustarle las cosas buenas, la comodidad, el buen pasar. // Pene.

Triplona. l. jgo. Jugada que se hace en redoblona de tres caballos en las carreras o de tres números en la quiniela. Véase **redoblona**.

Triunvirato. l. p. Usada en las expresiones **ir camino de Triunvirato** o **estar para Triunvirato**: estar próximo a la muerte. Por ser Triunvirato una de las avenidas características por la que iban los carruajes fúnebres hacia el cementerio de la Chacarita. Es un dicho antiguo, ya en desuso.

Compadre: si no le he escrito,
perdone... ¡Estoy reventao!

*Ando con un entripao
que, de continuar, palpito
que he de seguir derechito
camino de Triunvirato;
pues ya tengo para rato
con esa suerte cochina:
hoy se me espiantó la mina,
¡y si viera con qué gato!*
Día de bronca. *Evaristo Carriego, 1912.*

Trocén. l. p. Revés de **centro**.
Troesma. l. p. Revés de **maestro**.
Trolebús. l. p. fest. Trolo: homosexual. Es parag.
Troli. l. p. Revés de **litro**.
Trolo. l. p. Homosexual.
Trompa. l. p. Revés de **patrón**.
Trompeta. l. p. Sujeto atrevido y sinvergüenza. Caradura. Desfachatado.

*Sóplase orondo un trompeta
en el Parnaso, porque
aprendió el p, o: po; e,
poé; t, a: ta. Poeta.
Y en su mísera cuarteta
enreda una mescolanza.
¡Buena va la danza!*
Francisco Acuña de Figueroa. (*Cfr.* Daniel Granada. **Vocabulario rioplatense razonado**, *Montevideo, Uruguay, 1891.*)

Trompudo/a. l. p. Dícese de la persona de boca ancha o de labios gruesos. // Enojado, molesto a juzgar por su cara. *Estar trompudo.* // Malhumorado.
Tronco. l. p. Torpe, inhábil, pesado, lento. Duro de entender. Inicialmente se aplicó a los malos nadadores como que fuesen troncos que simplemente flotaban en el agua y no sabían hacer nada. Luego pasó a calificar al deportista inhábil y, finalmente, se extendió a toda persona con alguna de las características mencionadas.
Tronconi. l. p. Parag. de **tronco** para disimular el calificativo en el apellido Tronconi. Véase **paragoge**.
Trotadora. l. p. Mujer de la calle. // Prostituta. // Yiro.
Trote. l. p. Tener al trote (a alguien). Tratarlo severamente, con rigor, o hacerlo trabajar duramente, sin darle el descanso necesario.
Del esp. **trote** (de **trotar**, del medio alto al. **trotten**, correr): marcha intermedia de las caballerías entre el paso y el galope.
Trovar. l. p. Encontrar. José Gobello lo deriva del ital. **trovare**, encontrar (Diccionario lunfardo, 1989), aunque en el esp. antig. tenemos **trovar** como hallar. Voz antig. en desuso.
Troya. l. p. Círculo que se hace en el suelo para que los niños lancen sus trompos dentro de él y, al hacerlo, procuren golpear a los que ya se hallan allí, para sacarlos afuera. El nombre alude a la legendaria ciudad de Asia menor inmortalizada por Homero en la **Ilíada**. El juego de trompos ya está fuera de práctica.
Trúa. l. p. Beodez, borrachera.
Truco. l. jgo. Juego de envites que se practica con cartas españolas. Del esp. **truque**.
Trucha. l. p. Cara, rostro; en especial, si es poco agradabale. *Tiene un cuerpo elegante, ¡pero una trucha!... ¿Por qué me mirás con esa trucha?* Por comparación con la cara del pez llamado **trucha**. // Persona de cuidado. Astuto, bribón, ladino.

*Por lo menos, hoy andás
con la trucha bien cuidada;
de pilchas, bastante armada,
y regular lo demás.*
El raje. *Milonga. Carlos Waiss.*

Truchado. l. p. Dícese de algo que no es legítimo o que ha sido falsificado o adulterado. De **truchar**.
Truchar. l. p. Falsificar, adulterar. *Truchar joyas; truchar bebidas, truchar expedientes.* Es voz de reciente acuñación.
Trucho/a. l. p. Falso. Falsificado, adulterado. De **truchar**.
Truquear. l. p. Jugar al truco. // Invitar en uno de los lances de este juego.
Truquero/a. l. p. Jugador de truco.
Tualé. l. p. Mueble con espejo y elementos para el peinado y el aseo. // Dependencia de una casa reservada a ese efecto. // Tocado de la mujer. // p. ext. Cuarto de baño de una casa. Del fr. **toilette**: compostura, adorno. Tocador.
Tubazo. l. p. Llamado hecho por teléfono. **Dar un tubazo**: llamar a alguien por teléfono. De **tubo**. Es voz reciente.

Tubear. l. p. Llamar a alguien por teléfono. De tubo. Es voz reciente.

Tubo. l. p. Botella de vino. Botella. (Por su forma cilíndrica.)

En cambio, el "Chopin del tango", mientras observaba la botella de Don Valentín a media asta, nos hizo notar, algo preocupado, que "en la mesa había muy poco vino y mucha comida", reclamándole de inmediato al mozo un penúltimo tubo.
Bajo el signo del tango.
Enrique Cadícamo, 1987.
NOTA. *"El Chopin del tango":* Cadícamo se refiere a Juan Carlos Cobián, eximio pianista y compositor de tangos.

// Teléfono, por sinécdoque. // **Tubo pinchado.** Teléfono intervenido judicialmente o que ha sido penetrado clandestinamente para oír lo que se habla desde él. (Toma el símil de pinchar con la aguja de una jeringa una vena para ponerse en contacto con la sangre.) // l. drog. Vena (por ser hueca y de forma cilíndrica). // **Como por un tubo.** Se dice cuando algo se concreta rápido y sin inconvenientes. *El acuerdo salió como por un tubo.* Compara con la forma en que sale despedido por alguna presión exterior un objeto que se halla dentro de un tubo, como un proyectil de cerbatana o de arma de fuego.

Tuco. l. p. Salsa para condimentar comidas que se hace con jugo de tomates o tomates pisados, cebolla, ajo, algunas hojas de laurel y sal y especias a gusto. Se sirve con el arroz, las pastas, pizzas, etc. Es la voz genovesa **tucco**.

Tuerca. l. p. Aplícase a la persona apasionada por el automovilismo, en especial, por el de competición. Alude a las tuercas que tienen los coches en su estructura. // p. ext. Relativo al automovilismo. // p. ext. Frío intenso. Tornillo. *¡Qué tuerca que hace!* // **Hacer tuerca.** Hacer tornillo (véase **tornillo**).

Tumba. l. p. Comida que se reduce simplemente a carne hervida en agua. // Nombre que se le daba antiguamente a la comida que se servía en los cuarteles y en las cárceles. // p. ext. Comida ordinaria hecha a base de carne hervida.

Siempre cubiertos de harapos,
siempre desnudos y pobres;
nunca le pagan ni un cobre
ni le dan jamás un trapo.
Sin sueldo y sin uniforme
la pasa uno aunque sucumba.
Conformesé con la tumba
y si no..., no se conforme.
La vuelta de Martín Fierro.
José Hernández.

Tumbero. l. p. Que come **tumba**. // Dícese del soldado que no sale en su día franco para quedarse en el cuartel por la comida. // Preso que tiene que comer la comida del presidio porque sus parientes no se la llevan.

Tungo. l. p. Afér. de **matungo**. Caballo ordinario o achacoso. // Caballo, en general.

Alzan las cintas, parten los tungos
como saetas, al viento veloz...
¡Leguisamo, solo!
Tango. Modesto Papavero, 1925.

Tun tun. l. del. Revólver. Es voz onomatopéyica (Antonio Dellepiane. **El idioma del delito,** 1894). Antigua, en total desuso.

Tupido. l. p. Abundante. En cantidad. *Lo golpearon tupido* (le dieron una gran trompeadura). // Frecuentemente, muy seguido. *Ir al boliche tupido.* En todos los casos significa mucho, muchísimo. *Estudié tupido para el examen.* Del esp. **tupido**: hartado de comida o de bebida.

Allá por el 19
le eché un pial a la fortuna
enhebrando más de una
con la yegua Mentirosa,
una yegüita famosa
con la que gané tupido.
Para Irineo Leguisamo (Leguisamo de punta a punta). Daniel Alfonso Luro, 1982.
NOTA. *Allá por el 19:* por el año 1919.

Turf. l. turf. angl. Vocablo que abarca todo lo vinculado con las carreras de caballos y con la actividad de ese deporte. *Ambiente de turf. Aficionado al turf. Gente del turf.*

Turfístico. l. turf. ang. Perteneciente o relativo al turf. *Ámbito turfístico. Actividad turfística.*

Turra. l. p. Prostituta. // Mujer de vida airada. // Mujer que acepta a todo hombre. // Fem. de turro.

En los bailongos de Chile
siempre se lleva la palma,
pues baila con cuerpo y alma
el tango más compadrón.
Las turras estriladoras
al manyarla, se cabrean
y entre ellas se secretean
con maliciosa intención.
Cuerpo de alambre.
Tango. Ángel Villoldo, 1916.
NOTA. *Chile:* se refiere a la calle Chile, de Buenos Aires.

Turrada. l. p. Acción baja y desleal. Ruindad.
Turro/a. l. p. Persona de pocos alcances. // Bobo, inútil, estúpido, necio.

Empezó con que tenía
un bacán muy a la gurda
y que ella no era una turra
que la pudieran shacar.
Encuentro con una china Anónimo. (Antonio Dellepiane. *El idioma del delito, 1894.*)

// Perezoso, haragán, fiacún. // Persona de malos sentimientos. // Traicionero, inconfiable, pícaro, ladino.

Soy criollo muy picarón
y ningún turro me engaña,
porque tengo mucha maña
y sé manejar cuchillo.
El terrible. Tango. Ángel Villoldo.

// El fem. **turra** tiene, además, otras acepciones. (Véase.) Este vocablo proviene de la germ. **turro**: imbécil, estúpido.
Turrón/rona. l. p. Aument. de **turro**.
Tute. l. p. Discusión airada, violenta. *Se armó un tute terrible*. Sin duda por el juego de naipes llamado **tute**, en el que son muy frecuentes las discusiones. // **Hacer tute**. Lograr varias cosas juntas. *Hice tute: me nombraron jefe, me regalaron un auto y gané a la lotería*. Este dicho viene de un lance en el juego de tute, por el cual el jugador que tiene cuatro reyes o cuatro caballos se dice que tiene **tute** y, en cuanto hace una baza, los muestra y gana el juego.
Tutía. l. p. Esta palabra se emplea en el dicho **no hay tutía**, que tiene el significado de no haber excusas, justificativos ni contemplaciones en un determinado caso. También como que no hay remedio ni posibilidades de solucionar un asunto. Es el modismo español **no hay atutía**, que viene de **atutía**: nombre de un compuesto medicinal hecho con óxido de zinc. Según dicho modismo, "no hay atutía que pueda curarlo" indica extensivamente que no hay remedio para determinado mal. Con este sentido llegó a nosotros, que le quitamos la **a** inicial a **atutía** y pronto le incorporamos las acepciones mencionadas, todo ello por influencia de **tutelaje**.

U

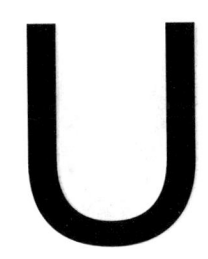

Última. l. p. **De última.** Por último. Finalmente. *Discutimos un rato y, de última, le dije que me tenía cansado. Anoche no sabía adónde ir; de última me fui a dormir temprano.* Es el esp. por último, de igual sentido. // **Dejar de última** (a alguien). Dejarlo en malas condiciones a raíz de una golpiza, una derrota, un disgusto, etc. // **Diez de última.** Véase **diez**. // **Estar de última.** Hallarse en muy malas condiciones económicas o de salud. // **Última carta.** Último recurso, última esperanza, intento final.

Una. l. p. **De una.** Sin hesitar, en el acto. *La pregunta era difícil, pero la respondió de una.* // De un tirón. En un solo intento. *Leyó el libro de una.* Modismo reciente. Es simplificación de **de una vez** o **de una sola vez**.

Upa. l. p. Bobo, tonto. Voz inspirada en el nombre del personaje de una historieta de los años 1960, simplote y crédulo, creado por el dibujante Dante Quinterno. // **De upa. De arriba** (véase). Gratuitamente. *Almorzar de upa. Viajar de upa. Ir al teatro de upa.* Se inspira en la locución **a upa**, llevar en brazos a un niño, porque lo llevan "arriba" y sin que haga el menor esfuerzo. // p. ext. Sin comerla ni beberla. Sin tener nada que ver en la cuestión. *Por separar a dos hombres que peleaban, recibí una trompada de upa.*

Upite. l. p. Ano. "Nombre de origen indio que se le daba al ano de los pájaros." (Lisandro Segovia. **Diccionario de argentinismos.** Comisión Nacional del Centenario, 1911.) // p. ext. Culo, trasero. // p. ext. Suerte. *Tener upite.*

Urso. l. p. Persona grandota, corpulenta. Del gen. orso: oso.

Usura. l. p. **Dar usura. Apostar con usura.** Apuesta en la que se establece que una de las partes exponga una suma de dinero mayor que la otra. Esto se acostumbra cuando la primera de ellas cuenta aparentemente con mayores posibilidades de ganar. En este caso, en vez de apostar **mano a mano**, esto es, arriesgando sumas iguales cada una, la parte con ventaja "a priori" concede a la otra una diferencia en el monto del dinero en juego, por ejemplo, 100 a 70, 100 a 80, etc. En ocasiones, esta **usura** se fija proporcionalmente: dos a uno, tres a uno, etc.

Uva. l. p. Dícese de un asunto o negocio que se presenta como muy favorable. *Este negocio es una uva.* // Se emplea, también para calificar algo hermoso. *Esa mujer es una uva. La fiesta fue una uva.* // Aplícase a la persona agradable. *Mi vecino es una uva.* Alude a la **uva** productora de una bebida tan preciada como el vino.

V

Va. l. p. Se usa en la expresión popular **la va** con el sentido de aparentar alguien lo que no es, adoptar una personalidad que no es la real, con algún fin especulativo o, simplemente, por pura vanidad. *La va de bacán. La va de cantor. La va de cafisho.* Véase **irla**.

¿DE QUÉ LA VA?
"En la cuarteta siguiente, Celedonio (1) ha registrado la capacidad creadora del habla popular del hombre de Buenos Aires:

"Una mesa de pino en un costado,
"un cajón que LA VA *de aparador,*
"una silla de asiento desfondado
"y otra silla fané, pero mejor.

"En medio de tanto acierto descriptivo, este *'ese cajón que* la va *de aparador'*. ¿Qué es esto de irla de? *'Un cajón que la va de aparador'* es un cajón que se adjudica función de aparador, que lo reemplaza, que se comporta como si lo fuera, aunque no lo sea en verdad más que por el uso que se hace de él. No hay aparador, pero el cajón puede hacer el uso que se hace de él. No hay aparador, pero el cajón puede hacer sus veces en la pobreza limpia del hombre porteño. Aún más, el cajón cobra asimismo, se siente por su propia cuenta capaz de ser lo que en rigor desempeña. Cae en la trampa infilosófica de identificar el hacer con el ser. El hombre porteño no quiere estas cosas, esta adulteración del fondo por la forma. Siente respeto por la autenticidad del mundo que anda por su vida. En esa expresión *'cajón que la va de aparador'* hay un casi reproche, un casi desaliento, tácitos o recónditos como depositados en el subsuelo de la frase. El hombre porteño ha mirado siempre desdeñosamente al rompehuelgas o al esquirol. (...)
"Ese cajón recibe a través de ese *'la va'* algo de la permanente y silenciosa antipatía porteña por los *'carneros'* laborales de siempre. Y la expresión se extiende así sobre la ciudad, venida desde los aledaños del idioma. Y el hombre porteño se planta frente al advenedizo y le suelta, con una sonrisa asiática: –'¿De qué la vas?' No le pregunta: '¿En qué andás?', es decir '¿de qué te ocupás?' No. Le espeta ese '¿de qué la vas?', pregunta en la que incluye, por anticipado, un juicio de valor. Lo sabe capaz de hacer lo que no es, de asumir cargos, responsabilidades a los que salta sin estado, historial o 'pedigree'. 'La va de ministro', dice el hombre porteño. Entre ejercer un cargo y merecerlo, entre desempeñar una función y ser funcionario, media una distancia perceptible, a veces recorrida por la audacia sin congruencia. Pero también hay en la frase una advertencia monitora: el que la va de ministro, de profesor o de guapo ha caído en la celada de sentirse, de autosentirse ministro, profesor o guapo. El hombre porteño lo condena, pero sin entusiasmo, por lo general, con una sonrisa de indulgencia, en la que inscribe una desconsideración sin adjetivos. (...)
"Pero sabe también el hombre porteño que todo el que se disfraza denuncia su apetencia interior, su deseo irrefrenable; que todo disfrazado así se ha puesto la careta de lo que hubiera querido ser real y auténticamente en la vida que se le va, que todo el que se disfraza así, se quita de encima el traje cotidiano y se muestra desnudo con ropaje." (Carlos Alberto Giuria. **Indagación del porteño, a través de su lenguaje**, 1965.)

(1) El autor se refiere a Celedonio Esteban Flores, fecundo y consagrado poeta popular y letrista de milongas y tangos que alcanzaron gran fama.

Vaca. l. p. Dinero que reúnen dos o más personas en cualquier proporción para hacer una compra, una inversión, una apuesta, un beneficio, etc. *Estamos haciendo una vaca para ayudar al Ñato, que está enfermo. ¿Cuánto ponés?* Del esp. **vaca**: dinero que juegan en común dos o más personas. // **Vaca lechera**. Asunto o negocio que produce buenas ganancias. // **Tener una vaca lechera**. Metáfora que significa tener una fuente constante y segura de provisión de dinero, por comparación con una vaca, que siempre da leche, y por **leche**, que se emplea con el sentido de dinero. *Con mi negocio tengo una vaca lechera. Ese haragán tiene en el padre una vaca lechera.*

Vacán. lunf. Bacán. Forma antigua.

Vacarai o **vacaray**. l. p. Ternero nonato que se saca del vientre de la madre al tiempo de matarla. Del guaraní **mbacaraí**, de **mbacaí** tomado del esp. **vaca** (con la sola diferencia del cambio de la letra inicial de esta palabra en **b**, a causa de carecer de **v** la lengua guaraní) y **raí**: hijo.

Vacunar. l. p. Penetrar el hombre a la mujer. Es voz soez, de mal gusto. // p. ext. Perjudicar a alguien intencionadamente. Hacerlo víctima de un cuento o engaño. // Vencer. Derrotar. *Boca Juniors lo vacunó a River Plate.* En todos los casos tiene la connotación oculta de penetrar. Del esp. **vacunar**: acto de introducir en el cuerpo una aguja o un escalpelo con la vacuna preservadora.

Va cha ché. l. p. ¡Qué va cha ché!

Va cha cher. l. p. ¡Qué va cha ché!

Vado. l. p. Engaño, mentira, cuento. Lo que se dice con el propósito de engañar. En desuso. Se decía **contar de vado**, que equivalía al actual **contar de grupo**. **Decir de vado**: decir de grupo.

*Pero falta ver si usté
no me la cuenta de vado
y tiene otra mina al lado
más a la gurda que yo.*
Encuentro con una china. Anónimo. *(Cfr. Antonio Dellepiane. El idioma del delito. 1ª edición, 1894.)*

Vagón. l. p. Mucho. Gran cantidad. Voz que da idea de abundancia de cosas. *Tengo un vagón de trabajo* (tengo mucho trabajo). *Tengo un vagón de visitas para hacer* (muchas visitas). *–¿Cuánto le pagan a River Plate para ir a jugar a Japón? –Un vagón.* Del esp. **vagón**: carruaje de los ferrocarriles. Por la cantidad de pasajeros o de carga que transporta.

Vagoneta. l. p. Vago. Es parag. para disimular el calificativo en la palabra **vagoneta**: vagón pequeño, descubierto, para transporte. Véase **paragoge**.

*Tenía reventada la croqueta
cuando tiró la cruz. Fue su destino
ser atorrante y pedalear caminos
con su cansino andar de vagoneta.*
Croto. *Pedro Felipe Oría.*

Vaina. l. p. **Salirse de la vaina**. No poder contenerse por hacer o decir algo. *Me salía de la vaina por contarle cuatro frescas.* Viene del habla de los cuchilleros que dicen que la cuchilla se les sale de la vaina cuando sienten deseos de pelear. // **Correr con la vaina**. Véase **correr**.

Vaivén. l. del. Puñal, cuchilla. Arma blanca, en general. // **Vaivien**. Es voz metafórica inspirada en el movimiento de ida y vuelta que se hace al lanzar puñaladas o al clavar el puñal (va y viene). Antonio Dellepiane nos cita los nombres que les daba antiguamente el bajo fondo a las armas blancas: "**vaivén de camisulín**: navaja, cortaplumas. Porque se guardaban en bolsillos chicos, como los del chaleco (véase **camisulín**). **Vaivén corto**: daga. **Vaivén largo** o **vaivén a la gurda**: facón, estoque, machete". (El idioma del delito, 1894.) Del esp. **vaivén** (de ir y venir): movimiento alternativo de un cuerpo que oscila.

Valeriano. l. p. Parag. por **vale**. Véase **paragoge**.

Vamo y vamo. l. p. Vamos y vamos. Por partes iguales. Mitad para cada uno. // A medias en algún negocio, reparto de dinero, etc. *Si me acompañás, vamos y vamos en este negocio.* Equivale a **asnaf** (2ª acep.) y a **Ana, Ana**.

Vampiresa. l. p. Nombre que popularizó el cine norteamericano a principios del 1900, para un tipo de mujer hermosa, sensual, excitante; pero, a la vez, perversa y especuladora, que busca seducir a hombres de fortuna para vivir a costa de ellos y sacarles todo el dinero posible. Un foxtrot de aquella época las pintaba:

Las vampiresas
hoy son princesas,
por las mañanas
toman baños de champán.

El nombre viene del esp. **vampira**, mujer codiciosa, y éste de **vampiro** (del serbio **vampir**): espectro o cadáver que según creencia vulgar de algunos países sale de su tumba por las noches y va a chupar la sangre de los vivos para matarlos poco a poco. // Murciélago. // p. ext. Persona codiciosa que se enriquece por malos medios a costa de los demás.
Vampiro. l. p. Usurero (llamado chupasangre). Véase **vampira**. // humoríst. Hematólogo.
Vapor de la carrera. l. p. Véase **carrera**.
Vareador. l. turf. Persona encargada de varear (ejercitar caballos de carrera). // p. ext. humoríst. Dícese del hombre que saca a caminar a su mujer. // p. ext. humoríst. Hombre que entretiene a las bailarinas en el cabaret, bailando con ellas para hacer número cuando hay pocos concurrentes. // También hombre que en los cabarets inicia los bailes y sirve a las bailarinas para ir poniéndose en clima.

Caés a la milonga en cuanto empieza
y sos para las minas el vareador.
Sos capaz de bailarte la Marsellesa,
la Marcha'e Garibaldi y El Trovador.
Garufa.
Tango. Roberto Fontaina - Víctor Soliño.

Varear. l. turf. Pasear a un caballo de carrera, aprontarlo suavemente. // p. ext. humoríst. Sacar el hombre a caminar a su mujer. // p. ext. humoríst. Entretener un hombre a las bailarinas de un cabaret bailando con ellas. Véase **vareador**.
Vareo. l. turf. Acción y efecto de varear. // p. ext. sent. fig. Paseo corto, displicente, que se hace caminando.

Así tuve la profunda emoción de que mis triunfos fueran comentados entre las chicas de Maroñas, al salir vestido con mis mejores pilchas a darme un vareo junto con los galanes jóvenes del barrio.
Leguisamo de punta a punta.
Daniel Alfonso Luro, 1982.

Varita. l. p. "Denominación popular de los inspectores municipales que existieron en los años 1910-1911, creados por la Municipalidad, para velar por el cumplimiento de las disposiciones sobre tránsito público, dada en razón de que portaban una pequeña vara de madera en la mano. // Agentes de policía de tránsito que, al ser creados en 1911 en sustitución de los anteriores, fueron provistos en 1912 de un pequeño bastón blanco que, fuera del servicio, llevaban en un cinturón y, durante el servicio, lo usaban para dirigir el tránsito vehicular. Este grupo cesó en 1928." (Adolfo Enrique Rodríguez. **Lexicón**, Centro de Estudios Históricos Policiales, 1991.)
Vasca. l. p. María, la Vasca. Mujer que hizo fama regenteando una casa pública, donde, además, se bailaba. Era uno de los lugares preferidos por los tangueros de cartel, que concurrían a hacer gala de su habilidad para bailar el tango con corte. También era lugar de riñas y tremendas peleas.

En el oeste, por Carlos Calvo y Jujuy, estaba el clandestino de María, la Vasca, mujer de un pasado de malas pulgas, de alias Carlos, el inglés. Los muchachos de cualquier clase social se reunían allí y bailaban con las mujeres de la casa, a treinta pesos la hora.
El tango, en su etapa de música prohibida. *José Sebastián Tallon, 1959.*

Vaselina. l. p. Gil, otario. // Pituco. // Apodo que se le aplicaba al hombre que usaba vaselina en el pelo, como posteriormente se llamó **gomina** al que se ponía el producto de este nombre (véase **gomina**). Era de connotación burlona y despectiva. // p. ext. Individuo pegajoso, meloso, que se excede en cumplidos y amaneramientos, al punto de hartar. ¡*Qué tipo vaselina este!* Del esp. **vaselina** (del ingl. **wax**, cera): sustancia crácea, de aspecto céreo obtenida de la parafina y aceites densos del petróleo, empleada en farmacia y perfumería.

No la engañan los cumplidos
de los tipos vaselina.
No es de zaguán esta mina:
tiene mucho mostrador.
Loca linda (Nochero).
Juan Pedro Brun, 1969.

Vedera. l. p. Metátesis de **vereda**. Acera.

Con un vestuario papa, boa ranera
y un par de caminantes charolados,
parece el ray de todos los retobados
cuando clava sus tacos en la vedera.
Versos rantifusos.
Yacaré (Felipe H. Fernández), 1916.
NOTA. *Ray:* deformación de rey, de uso antiguamente en medios del sabalaje.

Vedet. l. p. Mujer que como artista del teatro llamado **de varieté** alcanza fama y se constituye en figura. // **Vedete.** // p. ext. Persona que se destaca en alguna actividad y logra gran popularidad. Del fr. **vedette**: artista.

Coquetona vedet del escenario,
budín pal habitué de fila cero,
que sueña con el merlo milonguero
pa surtirse de pieles el ropero.
Vedet. *Carlos A. Alberti.*

Vedete. l. p. Vedet.
Vedetismo. l. p. Afán de figurar. // Actitud que asumen algunas personas de mostrarse siempre en público, llamar la atención, figurar en actos o reuniones de todo carácter y estar constantemente en los primeros planos. Por comparación con la **vedete**, siempre en el centro del escenario atrayendo las miradas de todos los espectadores.

Veinticuatro. l. p. "Antiguo **Depósito de Contraventores** de la policía de la Capital Federal, que funcionó entre los años 1889 a 1910 en la calle 24 de Noviembre y fue reemplazado por el llamado **Depósito Azcuénaga**." (Adolfo Enrique Rodríguez. Lexicón, Centro de Estudios Históricos Policiales, 1991.)

Vela. l. p. ¿Quién te dio vela en este entierro? Suele decírsele a quien se presenta donde no ha sido llamado, se entromete en una cuestión que no le concierne o interviene en una conversación sin que se le haya pedido su opinión. // **Tener la vela**. Estar esperando largo rato. // Estar de plantón en espera de alguien que no acude a una cita a la hora convenida. // Estar esperando una respuesta que se demora, un vehículo que no llega, etc.

¿QUIÉN TE DIO VELA?
El dicho es muy antiguo y se remonta a los años en que era característica de los velorios la profusión de velas de estearina, muchas de ellas aportadas por deudos, amigos o vecinos, como adhesión al duelo. Por costumbre, cuando se sacaba el féretro de la casa para llevarlo al carruaje fúnebre —entonces tirado por caballos—, algunos parientes del fallecido se encargaban de repartir las velas entre los miembros de la familia y personas más allegadas, que las llevaban en sus manos mientras acompañaban al ataúd hacia dicho carruaje. La entrega de estas velas implicaba un reconocimiento y cierta distinción para con sus destinatarios; por consiguiente, no se efectuaba a personas poco conocidas o con las que hubiese algún distanciamiento. Esto motivaba que siempre se siguiese con atención el ceremonial reparto, que no pocas veces provocaba algún comentario como: "¿Viste? A Fulanita no le dieron vela... ¿Qué habrá pasado?". O la extrañeza de alguien: "Y a ése, ¿quién le dio vela?".

Velorio. l. p. Dícese de algún acto, reunión o función que resulta muy aburrida. *La fiesta fue un velorio.* De ahí el dicho **más aburrido que un velorio.** // p. ext. Se le dice a una persona amargada, aburrida. *¡Che, sos un velorio!* // **Tener cara de velorio**. Mostrar cara de aburrido, de amargado o de haber recibido una mala noticia.

Vender. l. p. Hacerle creer a alguien algo que no es cierto. *Le vendió una historia inverosímil.* // Engañar a alguien. // Interesar a alguien en un asunto. *Me vendió la idea de poner un negocio a medias.* // l. dep. Engañar al árbitro un jugador de fútbol, básquet, etc. simulando haber sido víctima de una falta por un adversario, a fin de que la sancione. Si el juez cae en el engaño, se dice que "compró". // **Vender naranjas en Paraguay**. La frase **andá a vender naranjas a Paraguay** se emplea para expresarle a alguien que no se le cree lo que está diciendo. Equivale a decirle *andá a contársela a otro*. Y se lo manda a vender naranjas a Paraguay, justamente donde sobreabunda esa fruta. Tiene el mismo significado de ¡andá a cantarle a Gardel! Véase **cantarle a Gardel**.

Ventajear. l. p. Sacar ventaja con astucia, con malas artes. // Aprovecharse de una situación para beneficiarse aun en perjuicio de otro. Del esp. **aventajar**: adelantar, llevar ventaja.

Ventajero/a. l. p. Persona que con argucias o malas artes procura sacar ventajas de una situación. // Astuto. Ladino. // Aprovechador.

Puedo asegurar que nunca fui ventajero, pero, a fuerza de verme ventajeado, ¿cómo no iba yo a defenderme con las mismas armas?
Leguisamo de punta a punta.
Daniel Alfonso Luro, 1982.

Ventana. l. del. "Modalidad delictiva consistente en la compra de automotores siniestrados, principalmente a compañías de seguros que han abonado indemnización a sus dueños en concepto de destrucción total, lo que permite adquirir con el vehículo su documentación legal, que es utilizada para la venta de un automóvil robado, al que se le coloca la chapa patente del anterior, como así su número de chasis y de motor, que se aplica previa extracción y recorte en forma de ventana y soldadura del sustraído." (Adolfo Enrique Rodríguez. **Lexicón**, Centro de Estudios Históricos Policiales, 1991.)

Ventanas. l. p. Ojos. *Le cerraron una ventana de un puñetazo.*

Ventichelo. l. p. Versión, rumor, chimento. Voz que se hace correr. *Corre un ventichelo de renuncias en el gabinete.* // Vento. Es parag. (Véase **paragoge**.) Del ital. **venticello**: vientecillo.

Niña bien, de apellido con ritornello,
que tenés, sensa grupo, figuración;
que parecés por todo tu venticello
la sucursal del Banco de la Nación.
Pituca. *Tango. Enrique Cadícamo, 1930.*

Vento. lunf. Dinero. "Del bajo gen. **vento**: dinero." (José Gobello. **Diccionario lunfardo**, 1989.) "Es un italianismo que denomina metafóricamente al dinero, que es igual al viento, pues siempre se escurre con facilidad en nuestras manos, sin que lo podamos retener." (Jaime Rest. **Notas para una etilística del arrabal**. Publicación de la Secretaría de Estado de Obras Públicas, 1965.) Como aporte, acotamos que **vento**, en gen., también significa fortuna, en el sentido de suerte; buenaventura. *Tenere il vento in popa.*

Tenés vento, sos un gran señor,
pero a mí no me vas a engrupir;
con tus frases de mentido amor,
perdés tiempo, ya podés seguir.
Gloria. *Tango. Armando J. Tagini.*

Ventola. l. p. Vento.
Ventolai. l. p. Vento.
Ventolay. l. p. Vento.
Ventolín. l. p. Vento, guita, menega, shosha. Ventolina.
Ventolina. l. p. Ventolín. Vento. // Bentolina (véase). Es parag. de vento.

Ya me tiene más robreca
que canfi sin ventolina
y palpito que la mina
la liga por la buseca.
El cafiso. *Tango. Florencio Iriarte, 1918.*

Ventosa. l. p. Dícese de la persona que tiene por costumbre pegarse a otra para lograr beneficios de ella. // Pedigüeño, **manguero**, garronero. // Persona que "le chupa la sangre" a otra (que vive a expensas de ella. Véase **chupar**). // Cargoso, pesado, que uno no puede sacárselo de encima. Del esp. **ventosa** (del lat. **ventosa**): vaso de vidrio que se aplica al cuerpo después de haber enrarecido el aire de su interior, para producir una irrigación sanguínea local. Antiguamente se aplicaban varias en la espalda en casos de afecciones respiratorias. // Órgano que tienen ciertos animales en las patas o en el cuerpo, propio para adherirse mediante el vacío al andar o hacer presa.

Ventudo/a. l. p. Que tiene vento. // Adinerado. Platudo.

Veranear. l. p. sent. fig. humoríst. Cumplir una condena en presidio.

Verano. l. p. Vergüenza. Papelón. **Pasar un verano**: pasar vergüenza o sufrir un papelón. Tropo por la forma en que se sonroja el rostro de quien se siente avergonzado, tal como si se hallara sufriendo el calor del verano.

Verde. l. p. Mate, la tradicional infusión argentino-uruguaya de yerba mate, por su color. *¿Tomamos unos verdes?* // Inexperto, novicio, carente de fogueo. // **Arrancado verde.** Se dice de quien es totalmente inmaduro, bobo, torpe, incauto; "que no ha madurado". *¡A vos te arrancaron verde!*

¿Qué hacés, pirata, sentado en la vereda,
queriendo darte un dique pa la historia?
¿No te das cuenta que te arrancaron verde,
con esa cara feliz de zanagoria?
Sos bueno, vos, también.
Tango. J. A. Caruso, 1929.

NOTA. *¡Sos bueno, vos, también!* Es una manera de decirle a alguien "sos un rico tipo", "sos una buena mandarina" (véase **mandarina**).

// Dólar, moneda de Estados Unidos de Norteamérica. Por el color verde de sus billetes. // **Un palo verde.** Un millón de dólares.

Otro singular caso es el de los cantores maduros que, por estar aquí de brazos cruzados y –dicho en jerga burrera– con exceso de hándicap, se hacen una escapada de un mes a Colonia o a Venezuela y regresan con un bagayo de verdes en el bolsillo.
Bajo el signo del tango.
Enrique Cadícamo, 1987.

NOTA. **Con exceso de hándicap:** con muchos años encima. Cadícamo compara el caso con los hándicaps a peso por edad que se corren en los hipódromos, en los que el peso con que corren los caballos es mayor para los de más edad y disminuye gradualmente para los más jóvenes. Véase **hándicap**.

// **Estar a las verdes y a las maduras.** Ser fiel a una causa o a una persona. Compartir con ella los momentos malos (verdes) y los buenos (maduras). // Tener sensatez y equilibrio tanto ante el éxito como ante el fracaso.

(El jockey Irineo Leguisamo hablando con Carlos Gardel.)
Sí, es natural (...) Vos cantás y te aplauden... Yo corro y, cuando no gano, me silban... A veces se da el caso de que te equivocás la letra, como los otros días, y el público te sigue aplaudiendo, como si nada... Tu profesión de cantar no es como la mía: yo tengo que ganar y estar a las verdes y a las maduras del desenlace de una carrera.
Leguisamo de punta a punta.
Daniel Alfonso Luro, 1982.

// **Tomarse las verdes.** Tomarse las aceitunas (ver **aceitunas**). Huir, escapar, fugarse, piantar, rajar, pirar. Equivale a **tomarse el olivo, tomarse el aceite**, etc. *Cuando llegó la policía el ladrón ya se había tomado las verdes.*

Verdear. l. p. Tomar mate. Matear. *Te invito a verdear.* // Comer pasto los animales.

Verdolaga. l. p. Parag. de **verde**. Se aplica en general a lo que tiene color verde o se lo considera verde figuradamente. Tiene connotación humorística. *Llevaba una pollera verdolaga cortita y diquera.* // Obsceno, impúdico. *Un chiste verdolaga.* // **Viejo verdolaga**: viejo verde. // Billetes papel moneda de Estados Unidos de Norteamérica. Por su color verde. // Billete de diez pesos de color verde que circuló en nuestro país y fue retirado en 1947. Del esp. **verdolaga** (del lat. **portulaca**): planta hortense de hojas pequeñas y gruesas que se usa como verdura, especialmente en ensalada.

Verduguear. l. p. Maltratar, hacer sufrir, atormentar a alguien física o espiritualmente. // Castigar, golpear. // Bromear, burlarse de alguien. De **verdugo**.

Verduguearse. l. p. Atormentarse a sí mismo con recuerdos penosos, preocupaciones o pensamientos pesimistas. // Lastimarse, herirse intencionadamente.

Verdulera. l. p. Nombre que se le daba humorísticamente al acordeón.

Verdurita. l. p. Dícese de lo que tiene poco o ningún valor. Equivale a **chamuchina**. Verdurita se llama a un conjunto de verduras surtidas, entre ellas, apio, cebolla de verdeo, puerro, zanahoria, perejil, acelga, etc., un poco de cada una, con las que puede hacerse sopa, puchero y otras comidas, y que se regalaba antiguamente en las verdulerías a los clientes, con cada compra, si la solicitaban. Con el tiempo dejó de regalarse y se cobraba, aunque unas monedas. Actualmente se cobra como cualquier producto, pero el vocablo ya traía, de arrastre, la acepción que había merecido de cuando se obsequiaba y designaba a las cosas a las que no se le concedía ningún valor, acepción que aún conserva, aunque no se la regale. **Esto es verdurita** significa "esto es ordinario" o "esto no vale nada". // **Y esto, ¿qué es? ¿verdurita?** Modismo que suele emplearse cuando alguien presenta una prueba incontrastable con la que confirma algo que no se le creía.

Verdusky. l. p. Verdad. Es parag. utilizando un seudo apellido. Véase **paragoge**. *Creeme, hermano; te lo digo verdusky.* // También se usa, aunque poco, con el sentido de **verde** y **verdolaga**.

Vereda. l. p. Acera. Del esp. vereda (del bajo lat. **vereda** y éste del lat. **veredus**, caballo de posta): senda o camino estrecho.

Vermut. l. p. Función de cine o de teatro que se ofrece en las últimas horas de la tarde. Antiguamente, hacia los años 1930, especialmente en los cines, se brindaban tres funciones, a partir de las 14: **matiné**, del fr. **matinée**: función que se da por la tarde, **vermut** y **noche**. El nombre de **vermut** (que entonces se escribía **vermouth**, como en francés), provenía de que las últimas horas de la tarde, el anochecer, eran las acostumbradas para tomar el vermut.

La palabra **vermut**, que se la considera originaria del fr. **vermouth**, fue incorporada por la Real Academia Española a comienzos del 1900, aunque como proveniente del al. **wermuth**, ajenjo.

Verseador/ra. l. p. **Versero**.

Versear. l. p. Fabular. Mentir. // Charlatanear para ocultar la ignorancia del tema de que se trata. // Prometer cosas que nunca se concretan. // Divagar. Decir vaguedades buscando eludir una respuesta o para salir de un apuro. // Decir cosas sin sustento ni fundamento.

Versero/a. l. p. Que versea. Fabulador, mentiroso, charlatán. **Verseador**. Véase **versear**.

Verso. l. p. Habla basada en argumentos falsos o engañosos. // Fabulación. // Mentira. // Charlatanería. // Habla sin sustento ni fundamento. // Vaguedades dichas para eludir una respuesta o salir de un apuro. // **Comerse el verso**. Creer un cuento, una mentira. Caer en un engaño. Dejarse envolver por una conversación tendenciosa. // **Hacer el verso**. Influir sobre alguien con charlatanería o mentiras. **Engrupir, embalurdar** a alguien. // **Puro verso**. Equivale a **puro cuento**. // **Ir con versos**. Ir a alguien con cuentos, fabulaciones, mentiras o charlatanería. *Decime la verdad, no me vengas con versos.* Estas acepciones han sido incorporadas por antífrasis del esp. **verso**: palabra o reunión de palabras sujetas a medidas o cadencia que conforman la poesía, expresión artística de lo bello en cualquiera de sus formas.

Vesre. l. p. Inversión silábica de **revés**. // Modo de hablar por el cual se invierten las sílabas de los vocablos, sin afectar su significado.

ORIGEN Y CARACTERÍSTICAS DEL VESRE
Contemporáneo del lunfardo, el vesre nació y creció en su mismo ámbito, fue adoptado gustosamente por el compadrito, que se daba tono al emplearlo y, como el lunfardo, no halló inconvenientes en trasladarse a todas las clases sociales, especialmente a las populares.

Porteño en su origen, como el lunfardo, también como éste viajó pronto a Rosario y se afincó con fuerza en la por entonces Chicago argentina, para de allí ganar nuevos lares.

Quizá se inició como un juego entre quienes se divertían pronunciando algunas palabras al revés por pura complacencia o para causar gracia a otros, pero el divertimento prendió, comenzó a ganar cultores, se propaló rápidamente y llegó a tomar vigencia como una nota peculiar del lenguaje arrabalero porteño, a tal punto que muchos se ufanaban de emplearlo profusamente en su conversación.

La construcción del vesre no se ajusta a regla alguna y ha sido lograda gracias a la inventiva, la imaginación y la inspiración de quienes crearon sus vocablos que, no obstante ello, asumieron su estructura con una solidez tal que, ni bien nacidos, mantuvieron su pronunciación y grafía invariable a través del tiempo y hasta nuestra época, con clara intención de perdurar, salvo unas pocas voces que fueron sufriendo ciertas modificaciones con el uso, pero esto en busca de mejorar la dicción.

Aunque el vesre no tiene límites, pues podría aplicarse a cuanta palabra existe (podríamos decir telitesa o telisate por satélite), el lenguaje popular lo utilizó en un determinado —casi breve— vocabulario: el que incluía los vo-

cablos más significativos de uso diario, los que más hacían a esa vida tan peculiar de aquellos tiempos, los que más reflejaban sus sentimientos y sus vivencias, modalidad que continuó en su práctica.
*Llama la atención las variantes que nos ofrece la construcción de las palabras al vesre. Las hay de inversión totalmente regular (**jermu**, por mujer; **zabeca**, por cabeza), correctamente invertidas hacia atrás, como las hay parcialmente irregulares (**jotraba**, por trabajo; **anafar**, por afanar) y totalmente irregulares (**yolipar**, por apoliyar). Pero es notorio que estas variantes obedecen al propósito –en este caso espontáneo y natural– de hacer más blanda y armónica la dicción. Tomemos por ejemplo la palabra **afanar**, cuyo vesre podría ser **narfaa** o **narafa**, como se ve, tosco, duro de pronunciar en ambos casos, además de carecer de la terminación verbal. Más blando, más fluido resulta **anafar**, irregular, pero más grato a la expresión vocal y al oído. Tanto o más ejemplificador lo es –entre otros– el vesre de uruguayo, que podría haber sido **yoguaruu**, **yoguaru** u **guaruyo**, pero es **yorugua** o **yoruga**, de dicción más agradable que las citadas. De todas maneras, como se ve, el vesre consiste en una inversión o trasposición de sílabas que armonizan dentro del habla popular.*
*Puede señalarse, también, como una notoria particularidad del vesre, los cambios que introduce en la acentuación de algunas palabras. Tal lo que ocurre, verbigracia, con **chabón** y **bacán**, agudas, cuyas formas vésricas **boncha** y **camba**, se tornan graves y consecuentemente pierden el acento ortográfico, que se transforma en prosódico, cosa que no ocurre, por ejemplo, con vivo, que da **vovi**, en el que la acentuación prosódica cambia de sílaba, pero todo ello tiende a favorecer la dicción, adaptándola a nuestra habla, de línea grave.*
*El lenguaje popular también tiene su vesre en otros países. En México se llama **caroleno**; en Panamá, **reversina**; en otras naciones de Centroamérica, **malespin**; en Inglaterra, **back slang** (slang al revés); en Francia, antiguamente, **largongi** y ahora **verlan**, vesre de l'envers (que se pronuncia l'anvers y significa al revés).*

Vésrico/a. l. p. Perteneciente o relativo al vesre.

Vía. lunf. Miseria, pobreza, paterío, indigencia. // **Estar en la vía.** Hallarse sin dinero, sin recursos. En alusión al linyera, andando con su *mono* por las vías de los ferrocarriles, que siempre llevan a un pueblo. Equivale a **estar en la calle, en la rúa, en el riel. Estar en Pampa y la vía**: véase **Pampa**.

(...) Cuandos estés bien en la vía,
sin rumbo desesperao,
cuando no tengas ni fe
ni yerba de ayer
secándose al sol...
Yira..., yira.
Tango. Enrique Santos Discépolo, 1929.

¡Vía! lunf. ¡Retírese! ¡Váyase! ¡Fuera de aquí! // Escaparse, huir. *Se fue vía.* // Despedir a alguien. *Lo mandó vía.* Del ital. **andare vía**: irse.
Vi'a. l. p. Contracción de **voy a**. Se usa mucho en el campo. *Te vi'a dar un consejo.*
Viaba. lunf. Biaba. De algún empleo antiguamente, cedió el lugar a **biaba**.
Viajar. l. p. Abstraerse alguien de lo que ocurre a su alrededor por hallarse sumido en sus pensamientos. // Evadirse mentalmente. // Desconcentrarse. // Entregarse a sus recuerdos. // *Pasaba largo rato fumando, abstraído..., viajando, seguramente.* // l. drog. Caer bajo el efecto alucinatorio de una droga. Del esp. **viajar**, de **viaje** (del lat. **viaticum**): ida a cualquier parte.
Viaje. l. p. Piña, puñetazo, trompada. En este caso es extensión del esp. viaje, fam., acometimiento, golpe asestado con arma blanca corta, acepción que también circula entre nosotros. // **Agarrar viaje.** Aceptar, dar conformidad a una oferta o propuesta. *Le expliqué mi plan y agarró viaje.* // **Alzar viaje** o **levantar un viaje.** Conseguir un cliente una prostituta callejera. Esta expresión viene de cuando un coche de plaza era ocupado por un pasajero y se continuó después con los taxis. Pero siempre se mantuvo la acepción mencionada.

(...) que en sentido de rodaje,
cuando el tren es a la gurda,
a la diestra o a la zurda,
donde quiera se alza viaje.
El cabrero. *José Betinoti.*

NOTA. Creemos conveniente explicar esta estrofa, genuina y notable pieza lunfarda. *En sentido de rodaje:* hablando de rodar (yirar). *Cuando el tren es a la gurda:* si la mujer sabe hacerlo con clase y va elegantemente vestida. *Donde quiera se alza viaje:* en cualquier lugar se consiguen clientes.

// **Del primer viaje**. De la primera trompada. Del primer golpe. *Del primer viaje lo tiró al suelo.* // **De un viaje**. En un solo intento. Sin pausas intermedias. // Sin hesitar. // **Encajar un viaje**. Dar un puñetazo a alguien. // Herir con arma blanca. // **Irse de un viaje**. Dirigirse a un lugar sin detenerse en ninguna parte por ningún motivo. No hacer etapas. // Tomar la delantera un corredor, un coche o un caballo de carrera y llegar, así, ganancioso a la meta. // **Ligarse un viaje**. Recibir una trompada o una puñalada. // Conseguir un cliente una prostituta callejera. // Conseguir un pasajero el conductor de un coche de alquiler. // **Sacudir un viaje**. Igual que encajar un viaje.
Vianda. l. del. Piedra. Pedrada. // Golpe dado con una piedra. // p. ext. Puñetazo. // p. ext. Golpiza, paliza. // **Refilar la vianda**. Dar golpes violentos a la persona a la que se va a robar, haciéndola caer al suelo para dominarla mejor y despojarla. // **Refilar la vianda en seco**. Golpear a alguien con algún elemento contundente, sin que haya derramamiento de sangre. // **Refilar la biaba con caldo**. Herir a la víctima con arma blanca y hacerla sangrar (**caldo**: sangre). // **Vianda a domicilio**. Pedrada lanzada contra alguien. Esta voz, como sus derivados, se halla fuera de uso.
Viandazo. l. del. Aument. de vianda. Continúa su uso, aunque solamente con la acepción de trompada.
Viandún. lunf. Puñetazo, trompada, viandazo. // Golpe de cachiporra. // En general, golpe que se le aplica a alguien. // **Biandún**. Prosigue su uso.
Viaraza. l. p. Cambio súbito de estado de ánimo. // Deseo repentino de hacer algo. *Me agarró la viaraza de reunir a mis amigos.* // Enojo. Irritación, exasperación que acomete repentinamente. *Estaba tranquilo, pero cuando recibió la noticia, le agarró la viaraza y se puso como loco.* // p. ext. Pálpito, presentimiento, corazonada. // p. ext. Malhumor. Del esp. **viaraza**: flujo de vientre, diarrea. // antig. y fig. Acción que se ejecuta de un modo inconsiderado y repentino.

Vos sos un gil bien debute si es que andás tan
/*chalao*
y te da la viaraza de ponerte cabrero.
¿No manyás que la vida te arruina el estofao
y te deja sin mina, sin amor, ni puchero?
Experiencia. Dante A. Linyera (Francisco B. Rímoli), 1928.

Victrola. l. p. Fonógrafo. Antecesora del tocadiscos, se conoció en nuestro país a comienzos del 1900 y se popularizó rápidamente. Funcionaba a cuerda y reproducía grabaciones musicales y de la voz humana, impresas en surcos circulares grabados en discos especiales. Fue una versión novedosa del fonógrafo (del gr. **phoné**: voz, sonido, y **grapho**: escribir), inventado por Thomas A. Edison en 1878. Entre otras cosas, se caracterizaba por el gran altoparlante que tenía en sus comienzos para amplificar las voces y sonidos. Su nombre proviene de la marca de fábrica –Víctor– que la presentó entre nosotros.

*Un telefonazo de Carlos Gardel me anunció: "Mono (...), te mando un postre". Comencé a desenvolver el paquete (...) y me encontré con un disco. Rápidamente lo puse en la victrola e, instantes después, oía por primera vez el tango **Leguisamo solo**, que cantó Carlos. Nunca jamás, me atrevo a decirlo, habrá quien lo cante como él.*
Leguisamo de punta a punta.
Daniel Alfonso Luro, 1982.
NOTA. **Mono**: apodo que se le daba al jockey Irineo Leguisamo.

Victrolera. l. p. Mujer que en los bares y cafés se encargaba de poner discos en una victrola o gramófono para dar música a los clientes. A este efecto, se instalaba en una especie de palco elevado, en el que se encontraba el artefacto. Muchas de ellas, después de las 24, cuando terminaban su trabajo, salían con alguno de los parroquianos, con el que se habían entendido previamente por señas, entre las que figuraba el precio de la cita.

La mersa te junaba desde abajo.
Tu trabajo
era un esgunfio eterno con victrola.
Si en tu noche, tan sola,
se daba carambola,
enganchabas a un punto con biyuya,
que te llamaba suya
por el derecho misho de unos mangos.
Victrolera. Joaquín Gómez Bas.

Vichadero. l. p. Sitio o lugar desde donde se vicha (véase **vichar**). // Anillo vichadero, o anillo con espejo vichadero o espejo vichadero. Véase **espejo vichadero**.

Vichado/a. l. p. Observado. Junado. Espiado.

Vichador/ra. l. p. Que vicha, que juna, que embroca.

Vichadores. l. p. Ojos.

Vichar. l. p. Atisbar, observar disimuladamente. // Mirar a ocultas. // **Bichar**. Del port. **vigiar**: observar con atención, estar atento, velar, estar de guardia, de centinela, de vigía. // Vigilar.

Pa vichar son como ciegos,
no hay ejemplo de que entiendan
ni hay uno solo que aprienda
al ver un bulto que cruza
a saber si es avestruza
o si es gente o si es hacienda.
El gaucho Martín Fierro.
José Hernández.

NOTA. Martín Fierro se queja porque "el gobierno" manda a la frontera junto con los gauchos a "la gringada", nueva en el país, que no conoce nada de nuestra tierra y, menos, del campo y la frontera.

// Alternativamente se usaba con b, quizás por influencia de **bicho**.

Más serio que un senador
me le puse a un rubio a un lao
y cuanto l'hube bichao
le eché el ojo al prendedor.
¿Disgraciao?... ¿Y qué hay con eso?
Juan Manuel Pintos. Revista **PBT**, 18-2-1905. (Cfr. Luis Soler Cañas. **Orígenes de la literatura lunfarda**, 1965.)

Vichenchino/a. lunf. Vichenzo. Gil.

(...) ¿s'abrá pensao la rechiflada que tengo corona'e vichenchino, pa ráirs'e mí?... ¡Araca, con Piguya no s'abaraja'e grupo, que (...) no ha nasido entuavía el marmota que me aberretine!...
La promesa de la paica. Juan Francisco Palermo. Aprox. 1920. (Cfr. Luis Soler Cañas. **Orígenes de la literatura lunfarda**, 1965.)
NOTA. *No s'abaraja'e grupo*: no se barajan las cartas de grupo (haciendo trampa), en el sentido de "no se me engaña".

Vichenzino/a. lunf. Vichenchino. Vichenzo. Gil, crédulo.

Vichenzo/a. lunf. Crédulo. Gil. Vichenchino. Vichenzo. Del ital. jergal **vicenzo**: incauto, fácil de robar.

Preparate a filar a aquel otario
que parece bacán de mucho vento
y, si mal no lo embroco, viene escabio,
decía Juan. Y el compañero, astuto,
al mísero vichenzo lo manyaba
dispuesto a trabajárselo de cuento.
El legado del tío. Anónimo. (Cfr. Antonio Dellepiane. **El idioma del delito**, 1894.)

Vida. l. p. La vida. Así, antecedida por el art. la, equivale a **la mala vida**, es decir, a la vida airada, viciosa, delictuosa, prostituida.

De tiempo en tiempo se le ve regresar lleno de dinero y bien vestido (...) Busca a quienes lo recuerdan en la policía y le dice, con toda franqueza: "Ya me he retirado de la vida... No me persigan".
Entre la cueva (Memorias de un vigilante). Fray Mocho (José S. Álvarez). 1ª edición, 1894.

// **Dedicarse una mujer a la mala vida.** Dedicarse a la prostitución. // **Poner a una mujer en la vida.** Obligar a una mujer a prostituirse.

Vidalita. l. p. Dícese de la persona irresponsable, pura parada, pura pinta, puro grupo, superficial, ociosa. // Desprejuiciado. // Farrista. // Tiro al aire.

Pero vivía engrupida
de un cafiolo vidalita

y le pasaba la guita
que le chacaba al matón.
El ciruja. Tango.
Francisco Alfredo Marino, 1926.

Vidorria. l. p. **Vidurria.**
Vidrieras. l. p. Anteojos. // Prismáticos.
Vidriero/a. l. p. Oculista. Por los cristales que llevan los anteojos que receta.

El sujeto (...) ha perdido los lentes. Conviene que se mande hacer otros, pero no deje que lo estafe el vidriero, vulgo, óptico.
Historia funambulesca del profesor Landormy. Arturo Cancela, 1944.

Vidriosos. l. p. Ojos.
Vidurria. l. p. Vida fácil, placentera, cómoda, regalada. Buena vida. **Vidorria.** Es amer. En Colombia y Venezuela es despect., tiene sentido de mala vida.
Vieja. l. p. Cariñosamente, madre; mamá.
Viejo. l. p. Cariñosamente, padre; papá. // p. ext. Voz de connotación afectiva en el trato. *Contá conmigo, viejo, yo te ayudaré.* // **¡Viejo y peludo!** Expresión laudatoria a quien ha realizado algo exitoso. De poco uso actualmente. // p. ext. Experto. *Yo soy carrero viejo; siempre llego.* // p. ext. Conocido, junado, remanyado. *Curda viejo. Chorro viejo.*

Por eso es que, chorro viejo,
escabiador, mujeriego,
sólo te pido, te ruego,
que me quieras escuchar.
Hacelo por la vieja.
Tango. Rodolfo Sciammarella.

Viento. l. p. Golpe de puño, trompada, piña. // **Andar con el viento en contra.** Andar de malas. Tener mala suerte. // **Viento en contra.** Fúlmine. Jettatore. Persona a la que se le atribuyen influjos maléficos. // Opositor constante. // **Contrera.** // p. ext. Pesimista consuetudinario.
Vigi. l. p. Apóc. de **vigilante.**
Vigil. l. p. Apóc. de **vigilante.**
Vigilante. l. p. Agente de policía. Del esp. **vigilante** (del lat. **vigilans-atem**): que vigila; persona encargada de velar por algo. Voz tan antigua como la creación del cargo, aún subsiste con fuerza, alternándose con **agente** y con **policía**, pero también con **botón**. // **Postre de vigilante.** Postre que se compone de una porción de queso y otra de dulce de membrillo o de batata. El nombre es antiguo y se le dio por ser el más barato en las casas de comida, el que, por tal razón, pedía la gente de modestos recursos y, por una llamativa generalidad, los agentes de policía, cuyos sueldos eran magros. // **Más flaco que perro de vigilante** o **más flaco que perro de botón.** Decíase de la persona muy flaca. Esto era por el comentario general de que los vigilantes ganaban tan poco que no podían dar de comer regularmente a su perro. // p. ext. Aplicábase a las sopas o caldos poco sustanciosos. *Este caldo está más flaco que perro de botón.*
Vigüela. l. p. **Vihuela.**
Vihuela. l. p. Guitarra. **Vigüela.** Del mismo origen que **viola.**

Por eso cantan en su vigüela
el tango esgunfio que canto yo,
porque si un día pasó la grela,
desde ese entonces nunca volvió.
Barrio Piñeyro.
Dante A. Linyera (Francisco B. Rímoli).

Vinagrillo. l. p. Vino de baja calidad. // Vino de gusto desagradable. // Festivamente, vino, en general. *Traje este vinagrillo para la cena.* Del esp. **vinagrillo** (dim. de **vinagre**, del lat. **vinum acre**: vinagre de poca fuerza). // **Vinagriyo.**
Viola. l. p. Nombre muy afectivo que se le dio entre nosotros de antiguo a la guitarra. Viene del esp. **viola** (del bajo lat. **vitula** y éste del lat. **vitulari**, regocijarse): instrumento musical que tiene la misma forma que el violín, pero es algo mayor y sus cuerdas son más fuertes. Equivale al contralto entre los instrumentos de su clase.
Refiriéndose a "la familia de los violines y violas" dice Tulio Carella que "su nombre se debe a que suenan como sonarían las violetas ocultas, con sonido vibrante y aterciopelado a la vez, del real color purpúreo". (**Picaresca porteña,** 1966.) A este respecto y como simple acotación señalamos que **violeta**, en esp. es dim. de **viola** y que, en cuanto al nombre

de la planta que da esa flor, proviene del lat. viola.

Desata, alegre, la caballada,
y tras la cena, corta y sencilla,
pulsa la viola y un tango ensilla
con el recuerdo de su canción.
El carrerito.
Tango. Alberto Vacarezza, 1928.

Violero/a. l. p. Guitarrista. Guitarrero. Que toca la viola.

Violeta. l. p. **A la violeta.** Expresión popular que se refiere a la manera de ser de una persona frívola, irresponsable, farolera, pura apariencia. *Guapo a la violeta. Filósofo a la violeta.* // p. ext. Se aplica a la forma de vida que lleva una persona de esa clase. *Vivir a la violeta*, con el sentido de vivir en total divertimento y despreocupación.

Compadrito a la violeta,
si te viera Juan Malevo
¡qué calor te haría pasar!
No tenés siquiera un cacho
de ese barro chapaleado
por los mozos del lugar.
Compadrón.
Tango. Enrique Cadícamo, 1927.

Viorsi. l. p. Antig. Revés irreg. de **servicio**, nombre que solía darse al retrete. Fuera de uso.

Virgo. l. p. Virgen. // Persona que no ha tenido ayuntamiento o cópula carnal. Del esp. virgo (del lat. virgo, virgen): virginidad. // p. ext. Invicto, que no registra derrotas. *Ganó virgo el campeonato de ajedrez.* // Por antífrasis, dícese de la persona que no acierta ni una vez. *Salí virgo del hipódromo: no acerté ninguna carrera.*

Virola. l. p. humoríst. Bizco.

Virolos. l. p. Anteojos, lentes, largavistas. // **Embrocantes.** Fuera de uso.

Viruta. l. p. Dinero. // Descanso, holgazanería. // **Gozar de la fresca viruta.** Descansar; estar sin hacer nada; haraganear, ociar. Equivale a **gozar del dolce far niente** (véase **far niente**). Del esp. viruta: hoja delgada que se saca con el cepillo u otras herramientas al labrar la madera o los metales. La frase **gozar de la fresca viruta** se originó en las carpinterías, donde es frecuente ver montículos de viruta de madera, producto del diario cepillar, que son aprovechados por los obreros en horario de descanso para tenderse sobre ellos y dormir.

Cuando vuelva a París y una franchuta
me dé alivio al bolsillo y a la pena,
desde algún puente escupiré en el Sena
y gozaré el frescor de la viruta.
En la buena (Sonetos mugre).
Daniel Giribaldi, 1968.

NOTA. El autor se ubica en el tiempo en que, junto con el tango, se habían puesto de moda en París los galanes argentinos, que eran codiciados por algunas mujeres francesas de buena posición, las que los convertirían en sus gigolós. El personaje del ejemplo promete que, si le da tal caso, escupirá en el Sena como gesto de revancha a su paterío y se dedicará a vivir sin hacer nada, gozando de la fresca viruta.

// **Sacarle viruta al piso.** Esta expresión proviene de cuando hacía furor en nuestra ciudad el baile del tango con corte y los bailarines rivalizaban en hacer más y mejores figuras sobre el piso brillante de madera encerada en los salones de baile. Los elogios a tantos cortes de tan hábiles pies llegaban a decir que "le estaban sacando viruta al piso", tal como cuando se cepilla la madera. El dicho se popularizó, tanto que aún se emplea festivamente, y dio origen a un tango de aquella época que se tituló **Sacale viruta al piso.**

Visteada. l. p. Acción y efecto de vistear. // Vista rápida para eludir los ataques a trompadas, a palos o con arma blanca. // Ejercitación para adquirir y conservar esa habilidad, que realizaban los cuchilleros. Ver **vistear.**

Un corralero le había enseñado el arte de la visteada y él había aprendido a esgrimir su daga como el mejor de los cuchilleros.
Café de camareras.
Enrique Cadícamo, 1973.

Pronto a la pelea —pasión del cuchillo
que ilustra las manos por él mutiladas—,

su pieza, amenaza de algún conventillo,
es una academia de ágiles visteadas.
El guapo. Evaristo Carriego.

Vistear. l. p. De vista. Llamábase así a la ejercitación que practicaban los "cuchilleros" tendiente a adquirir agilidad en el visteo, esto es, a ver venir y esquivar los ataques en los duelos con esta clase de armas. Posteriormente, el vocablo se extendió a otros tipos de ataques, como en el boxeo, etc.

La práctica de la visteada era muy frecuente en los tiempos en que los hombres llevaban siempre su "cuchillo" al cinto, pues no faltaban motivos para que en cualquier momento tuvieran que confiar "su honor y su hombría" al filo del acero. Por ello, los "cuchilleros" se ejercitaban frecuentemente, a veces a solas en su pieza, simulando una pelea con un rival invisible, desviando feroces puñaladas imaginarias o cuerpeando otras con ágiles movimientos propios de bailarín de ballet. En ocasiones, la práctica se hacía con un amigo, también interesado en probar cómo andaba para la visteada. Los puñales eran reemplazados por los dedos índices, que se tiznaban cuidadosamente con corcho quemado, para confirmar, con su marca, si algunos de los "duelistas" había fallado en el visteo y recibido la "puñalada".

Vitrola. l. p. Victrola.
Vitrolera. l .p. Victrolera.
Viuda. l. del. Billetera de hombre. Cartera. // Policía. // **Angelito** (3ª acep.). // Linterna. // l. p. Supuesto fantasma que, según creencias campestres, solía aparecerse de noche en los caminos a los viajeros solitarios. Vestida de blanco –otras veces de negro–, a pie o, en ocasiones, caminando con zancos, se valía del susto que causaba su aparición para despojarlos del dinero que llevaban. Se la conocía, también, por el nombre de **Llorona**, porque, se aseguraba, lanzaba profundos lamentos al acercarse a la que sería su víctima. A la persona que había sufrido esta experiencia se le decía que "se le había aparecido la viuda". De esta expresión surgió el dicho "aparecerse la viuda" que se aplica cuando alguien es sorprendido in fraganti. Un ladrón, en pleno robo, descubierto por la policía; un hombre, cortejando a una mujer por la calle, se topa repentinamente con su esposa. A ambos **se les apareció la viuda**.

Viva la pepa. l. p. Expresión popular que significa farra, fiesta, jolgorio, jarana, bullicio. También significa, p. ext., desorden, desquicio, irresponsabilidad, despreocupación. *Tu vida es un viva la pepa.*

Vivanco/a. l. p. Parag. por **vivo**, para disimular el calificativo dentro del apellido Vivanco. Véase **paragoge**. La palabra nació en un sainete de Alberto Vacarezza.

Tiene fama de ligero
y una lezna de entrador;
parejito en el amor
y en la timba..., ventajero.
Guapo defendiendo el cuero
y más seguro que un banco.
Responde a un nombre: Vivanco,
que heredó en un mostrador...
Y como cosa de honor,
lo acepta, sincero y franco.
Vivanco (Nochero).
Juan Pedro Brun, 1969.

SER UN VIVANCO
*"El **vivanco** no es un vivo ni un pícaro ni un aprovechado. Hay en él una especie de dosificación caprichosa de los tres. Por eso es una creación de la ciudad, como la pizzería, como el tango, como el colectivo. El **vivanco** es un hombre con dos orillas, dos opiniones ambidiestras, con sonrisas hacia la derecha y la izquierda del paisaje. Radical, cuando triunfan los radicales, conservador, cuando los conservadores dan órdenes y acomodos desde el gobierno.*
"Puede ser alabado por su esposa y por su suegra al mismo tiempo. Saca, repentina y rápidamente, el encendedor en llamas justo en el momento que el jefe o el patrón colocan el cigarrillo entre sus labios.
"No es un servil, un obediente, un sumiso, porque no acata órdenes, sino que se anticipa a ellas y las evita. Un mimetismo vitalicio le acompaña para perdurar, y su rostro, su cuerpo, su palabra, su opinión, su traje se parecen siempre al de aquel con quien habla sin discutir. Su fisonomía universal, sin fisonomía,

acusa un pensamiento sin yo o con un yo convertible como el comodín de la baraja." (Carlos Alberto Giuria. **Indagación del porteño a través de su lenguaje***, 1965.)*

Vive. l. p. antig. Chicuelo, pibe, purrete. (Antonio Dellepiane. **El idioma del delito,** 1894.) En total desuso.

Vivillo/a. l. p. Dim. de **vivo.** Es despect. // Abusador, aprovechador. // Pícaro. // Persona que se vale de engaños y subterfugios para beneficiarse, aun en perjuicio de otros. // Ventajero.

Taura entre los tauras,
viviyo pa'l mazo,
rey de la milonga
y pa'l castañazo,
fajador sin grupo,
como nunca vi.
Va de contra (Nocau lírico).
Alcides Gandolfi Herrero, 1970.

Vivirla. l. p. Vivir bien, cómodamente, sin problemas. Darse los gustos. Disfrutar la vida.

Vivo/a. Pícaro. // Astuto. // Hábil para engañar y no ser engañado. // Ingenioso para conseguir lo que desea. // Bribón, caradura. // Ventajero. Aprovechador. Del esp. **vivo**: sutil, agudo, ingenioso. // Muy expresivo y persuasivo. Para José Gobello (**Diccionario lunfardo,** 1989) es voz del lenguaje general. José Sebastián Tallon, en cambio, la considera lunfarda.

Vivo es vocablo lunfardo, es decir, de ladrones, y fue sinónimo de ladrón en su origen. Ser vivo era, cuando menos, imitar a los compadritos en sus rasgos secundarios: el idioma, las costumbres, el traje, las maneras. Ser vivo era "estar en la realidad (el gil era, justamente, el que estaba fuera de ella).
El tango, en su etapa de música prohibida. *José Sebastián Tallon, 1959.*

Para conocer el mecanismo psicológico de la mujer, hay que tratar a muchas y no elegir, precisamente a las ingenuas para enamorarse, sino a las vivas, las astutas, las desvergonzadas, porque ellas son fuente de enseñanzas maravillosas para un hombre sin experiencia.
Aguafuertes porteñas. *Roberto Arlt.*

Vivoritas. l. pol. Indicios, pistas, hipótesis variadas que, en un principio, toma la policía, para iniciar la investigación de un hecho delictuoso. // **Matar vivoritas o ir matando vivoritas.** Ir desechando pistas o indicios en una investigación policial a medida que se van comprobando sus inconsistencias, para trabajar con los más positivos. Este vocablo es de reciente data.

Viyuya. lunf. Biyuya.

Viyuyera. lunf. Biyuyera.

Viyuyo. l. p. Imbécil. Estúpido. Bobo. Otario. // Fastidioso, molesto. Actualmente sin uso.

Cuando el verso terminó
me salió al paso un viyuyo
que batió: el verso no es suyo,
porque yo también lo sé.
Versos rantifusos.
Yacaré (Felipe H. Fernández).

Vizcaíno. l. p. Bizco, por parag., como **bizcocho.** Véase **paragoge.**

Vizcachazo. l. p. Ojeada. // Mirada rápida y precisa. // p. ext. Mirada de reojo. // **Dar o pegar el vizcachazo.** Poner a alguien sobre aviso con la mirada de un peligro, de la proximidad de alguien indeseable, etc. // **Errar el vizcachazo.** Errar el golpe que se lanza contra alguien con un palo o cualquier objeto contundente. // p. ext. Equivocarse en una apreciación, en un juicio, en la elección de algo o de alguien, etc. Viene de **vizcachazo**: golpe que se lanza contra la vizcacha, que debe ser rápido por la velocidad de este roedor.

Volador. l. p. Decíase hasta hace poco del cheque posdatado que se entregaba sin tener fondos suficientes en la cuenta en espera de reunir el dinero para cubrirlo antes de la fecha de cobro y, en general, cheque librado sin los fondos necesarios en la cuenta corriente. En la actualidad, se ha autorizado el libramiento de cheques a cobrar en fechas posteriores a la de su emisión, tal como los pagarés. La disposición es reciente, por lo que aún no se sabe si el resultado de esta novedad hará que los cheques lleven el mismo nombre que sus antecesores o si merecerán otro calificativo.

Volar. l. p. Huir. Escapar. // Desaparecer prestamente de un lugar. // Hacerse humo. // Viajar. Véase esta voz.

Volcar. l. p. **Volcar el codo.** Humorísticamente, llegar una persona a la madurez o exceder esta etapa de la vida. Decirle a alguien que "está volcando el codo" o que "ya volcó el codo", implica decirle festivamente que está viejo, que ya está en los años finales de su existencia. La frase tiene origen turfístico, en cuyo argot **volcar el codo** significa recorrer los caballos en carrera la última curva de la pista antes de entrar en la recta final, en la que se cumplen los últimos tramos de la competencia.

Volteada. l. camp. Operación pecuaria que tiene por objeto reunir al ganado aislado y consiste en arrollarlo al correr del caballo, a diferencia del **apartado**, que se ejecuta mediante rodeo. Del esp. **voltear**: dar vueltas a una persona o cosa. // **Caer en la volteada.** Sufrir alguien un perjuicio o pasar un mal momento por hallarse accidentalmente en un lugar en que ocurre un hecho desagradable, al que es totalmente ajeno. *La policía hizo una razzia en el bar y yo, que había entrado para ir al baño, caí en la volteada.* Se vincula con los casos en que, tras reunir a los animales de una volteada, aparece alguno de un campo ajeno que se hallaba entre los volteados.

Voltear. l. camp. Reunir a los animales dispersos. Véase **volteada**. // l. p. Vencer a un rival poderoso. *Muchas veces, en el fútbol, un equipo chico voltea a uno grande.* // l. p. gros. Conquistar sexualmente un hombre a una mujer o una mujer a un hombre. // l. del. Robar en una casa. // l. p. Ingerir bebidas alcohólicas en abundancia. *Se volteó tres botellas de cerveza.*

Voracear. l. p. Hablar en voz alta. Gritar. // Hacer alarde de valentía o de guapeza. // Mentir. // Chismear. // **Boracear.** Quizá deformación de **bolacear**.

Voracero/a. l. p. Gritón. // Fanfarrón. // Pendenciero. // Mentiroso. // Chismoso.

Voraciar. l. p. Voracear.

Vos. l. p. En la Argentina se usa como trato en lugar del esp. **tú**, como nominativo y vocativo del pron. pers. de segunda persona en género masculino o femenino y número singular.

*Cuando se descubrió y conquistó la América, **tú** era el tratamiento familiar o doméstico y el de **vos** se aplicaba a los inferiores (vasallos, criados, etc.). Hoy el tratamiento de **vos** en el Río de la Plata es tan usado familiarmente como el de **tú** y el vulgo jamás dice **tú**, que le choca, sino **vos** cuando habla con sus iguales.*
Vocabulario rioplatense razonado. *Daniel Granada. Montevideo, Uruguay, 1890.*

Votacén. l. p. Revés de **centavo**. En la inversión cambia el acento prosódico grave por el ortográfico agudo.

*Mirá che, china engrupida,
si te parece mejor,
al viejo, qu'es escabiador,
le das unos votacenes,
que vaya a los almacenes
a chupar que da calor.*
Anónimo de fines del 1800. (Cfr. José Barcia. **El lunfardo de Buenos Aires**, *1973*).

Vovi. l. p. Revés de **vivo**.

Vuaturé. l. p. Automóvil pequeño, con sólo dos asientos en la parte delantera y capota de lona rebatible, muy de moda antiguamente entre la gente "bien". Viene del fr. **voiturette**, dim. de **voiture**: coche, carruaje. Entre nosotros, también se lo llamaba **voiturete**, así pronunciada humorísticamente.

*Me acuerdo que por Florida
paseaba en su voiturette
y siempre andaba vestida
por Paquín o por Georgette.*
Muñequita.
Tango. Adolfo Herscheld, 1918.

Vuelta. l. p. **Estar de vuelta.** Dicho que se refiere a la experiencia, al conocimiento de las cosas de la vida. Da la idea de alguien que se hubiera adelantado a los demás en el aprendizaje del vivir mundano y regresa pleno de sabiduría en la materia a las míseras pequeñeces que mueven al individuo. *¿A mí, que ya estoy de vuelta, me venís con esos cuentos?* // También se emplea con el sentido de que alguien está viejo, muy entrado en años o que ha cambiado y ordenado su vida. *No me inviten más a juergas ni timbas; yo ya estoy de vuelta de esas cosas.* Del esp. **vuelta**: regreso. // **Andar con vueltas.** Eludir o demorar una opinión o una respuesta. // Recurrir a subterfugios o evasivas para no hacer algo o evitar definirse. Del esp. correr uno las vueltas: buscar rodeos o artificios para librarse de una incomodidad o conseguir un fin. // **Estar dado vuelta.** Estar fuera de sí. Estar sacado (véase esta voz). // Hallarse ebrio. // Estar drogado. Dicho nuevo que equivale a decir "está del otro lado", o sea, fuera de su estado normal. En este caso, del esp. **vuelta** (del lat. *voluta*, fem. de *volutus*, vuelvo): parte de una cosa opuesta a la que está a la vista.

Vuelta al codo. l. turf. Giro del codo en las carreras de caballos. Véase **volcar**.

Vuelta al mundo. l. pol. Recorrida que hacía la policía hacia fines del 1800 y comienzos del 1900, llevando a los delincuentes a cada una de las comisarías de la ciudad de Buenos Aires, para que los conocieran y los ficharan. También se la llamaba **yira** o **yiro** (gira). Era un castigo terrible para los maleantes, pues una cosa era tener que cuidarse de los policías de sus barrios y otra, distinta, tener que hacerlo de todos los de la ciudad, pues bastaba que los vieran por la calle para que los detuvieran, aunque no se los hallara delinquiendo. Una vez en la comisaría, se los acusaba de vagancia, de beodez, de resistencia a la autoridad, etc.

Vuelta del perro. l. p. Paseo que hace la gente al atardecer en algunas ciudades de provincias, especialmente los fines de semana y feriados, recorriendo un sector de la zona céntrica y dando vueltas en torno a ella.

Vuelta y media. l. jgo. Tiro que se hace en el juego de la taba y que consiste en lanzar ésta de tal modo que toque el suelo luego de haber dado una vuelta y media sobre sí misma. Es un tiro de habilidosos y resulta muy celebrado si se logra que, al hacerlo, la taba se "clave" en buena. Véase **taba**. // **Poner de vuelta y media** (a alguien). Reprenderlo severamente. // Cantarle verdades. *Lo puse de vuelta y media delante de todos.*

Vueltero/a. l. p. Que anda con vueltas. // Persona indecisa, que no se resuelve a tomar una decisión. // Que mezcla y embarulla las cosas para confundir. // Embrollón. // p. ext. Taimado.

Vuelto. l. p. **Dar el vuelto.** Desquitarse, cobrarse de alguna manera lo que alguien le hizo. // Vengarse. // Tomar revancha de un agravio o de una mala acción. // Pagar con la misma moneda. // p. ext. Castigar, golpear a alguien por algo que ha hecho. Tiene el significado de darle el vuelto de esa manera a alguien "que le pagó" a uno con una mala acción. *Me pagó con una traición la amistad que le brindé y hoy le di el vuelto.*

Vuelto al fondo. l. p. Una de las tantas maneras en que antiguamente se ejercía la prostitución en Buenos Aires. Existían cigarrerías en las que los clientes pagaban una suma determinada por un paquete de cigarrillos —lógicamente, muy superior a su valor real— y pasaban al interior del local "en busca del vuelto", que consistía en el servicio de una prostituta que se hallaba en una habitación interior. A esos comercios se los llamaba "cigarrerías con vuelto al fondo".

—A esa ciudadana me le afirmé anoche y le di una buena paliza.
—¿Sí? ¿Y por qué?
—Pa que no juera comadre.
—Oigalé esa maula, que prontito hubo que darle el güelto.
Diálogo anónimo publicado en diarios de Buenos Aires en 1885. (Cfr. Luis Soler Cañas. **Orígenes de la literatura lunfarda***, 1965.)*
NOTA. *Güelto:* vuelto.

Vulevú. l. p. Bulevú.
Vulevú con soda. l. p. Bulevú con soda.

W

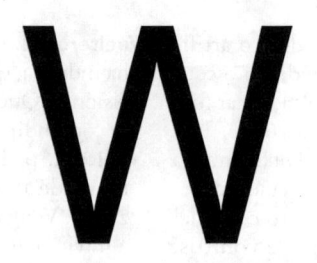

Waterclós. l. p. angl. Letrina. Retrete. Del ingl. **water closet**: inodoro, retrete, excusado. Fuera de uso.

Wiscacho. l. p. Whisky. No es peyorativo. *Te invito a tomar un wiscacho.*

Whisquería. l. p. Comercio donde se expenden bebidas alcohólicas, en especial, whisky.

X

Xeneise. l. p. Genovés. **Seneise, seneisi, sineisi.** // Se le llama así al club Boca Juniors, a sus jugadores y a sus simpatizantes por hallarse esta institución deportiva en el barrio porteño de La Boca, que, en tiempos de la gran inmigración europea, fue hábitat de una colectividad genovesa muy numerosa, de la que perduran muchos descendientes en el lugar. *Entre los xeneises y River Plate hay una vieja rivalidad.*

Y

¿Y?... l. p. "Frase elíptica: ¿en qué quedamos?, ¿qué hacemos?, ¿qué resultó? ¿qué me cuenta?, ¿qué más? Prosiga usted..." (Lisandro Segovia. **Diccionario de argentinismos.** Publicación de la Comisión Nacional del Centenario, 1911.)
En el último caso citado, "prosiga usted", es el **¿y?...** que se le dice a alguien que hace una pausa prolongada en su relato o que deja algo en suspenso, para instarlo a que siga la narración.
Yacumín. lunf. Frac. // p. ext. Sobretodo. Por semejanza, solía decirse **yacumina** (véase esta voz).
Yacumina. lunf. Levita. Jaquet. Prenda de vestir propia para el hombre, ceñida al cuerpo, con mangas y faldones que, en la levita, se cierran por delante y en el jaquet están abiertos. José Gobello (**Diccionario lunfardo**, 1989) lo deriva "del ital. **giacchetta**: chaqueta con faldas, por cruce con el gen. Giaccomin: Santiaguito".
Yanta. l. p. Es sinónimo de desamparo, de paterío, de miseria. **Estar en yanta**: estar sin medios, pato, abandonado a su suerte. Véase **llanta**.

La gente me ha engañao
desde el día que nací.
Los hombres se han burlao...
La vieja..., la perdí.
¿No ves que estoy en yanta,
bandeao por ser un gil?
Cachá el bufoso... y
¡chau!, vamo'a dormir.
Tres esperanzas.
Tango. Enrique Santos Discépolo.

Yapa. l. p. Regalo que hace el vendedor en un comercio a quien le efectúa una compra. // Añadidura a lo que se compra, que puede ser algo más de la misma especie u otro objeto o mercadería, que se obsequia al comprador. // p. ext. Adehala, propina. // **Llapa**. **Ñapa**. Del quechua **yapa, yapana**, que significa "lo que se incorpora o añade" y que designaba al azogue que en las minas de América meridional se añadía al mineral argentífero para trabajarlo con más facilidad en el horno. // p. ext. Parte reforzada del lazo. // p. ext. Añadidura del aparejo de pescar, donde van los anzuelos. Y también de **yapar** (del quechua **yapani**, añadir): echar la yapa al metal y, p. ext., añadir algo el vendedor en el peso o medida sobre lo estipulado. // **De yapa**. p. ext. y sent. fig. Además, por si fuera poco. Algo que se agrega a un hecho o acontecimiento y que puede beneficiar o empeorar el caso. *Gané a la ruleta y al salir del Casino, de yapa, me encontré mil pesos. Me empapé con la lluvia, metí el pie en un charco y, de yapa, me resbalé y caí.*

A quien más corre apostó
tres besos Juan con Sofía.
Aquél la apuesta ganó,
mas los besos que perdió
ella pagar no quería.
Él, por fuerza, finalmente,
el primer beso le atrapa,
mas el segundo y siguiente
los pagó ella, muy contenta,
y encima... le dio la llapa.
Francisco Acuña de Figueroa. (Cfr. Daniel Granada. **Vocabulario rioplatense razonado**. Montevideo, Uruguay, 1890.)

La yapa, ñapa o llapa era una especie de guerra de recursos que se hacía el gremio de pulperos con la intención de hacerse cada uno mayor número de marchantes, especialmente, entre los muchachos del barrio. Consistía en dar, en proporción a lo que cada uno compra, maní o unas cuantas pasas de uva, o un terrón de azúcar, etc.
José A. Wilde. **Buenos Aires desde 70 años atrás. 1810-1880.** *1ª edición, 1881.*

Yatebo. l. p. Revés de **boteya**. Botella.
Yeca. l. p. Revés de **caye**. // Calle.

Rebajé los tamangos
chamuyándote en curda por la yeca,
cuando, al salir del feca,
ibas a apoliyar, dura de frío.
Victrolera. *Joaquín Gómez Bas.*
NOTA. *Rebajé los tamangos:* gasté los zapatos.

Yeite. l. p. Ganga. // Asunto, negocio, fato. // Negocio o asunto ventajoso con poco riesgo. // Asunto turbio. // Asunto ilegal. // **Estar en el yeite.** Equivale a **estar en la pomada** (véase **pomada**). // Recurso. *Siempre tiene un yeite para salir de cualquier situación.* // Relación, vínculo. *¿Qué clase de yeite tenés con esa mujer?*
Yengue. l. p. Afér. por **canyengue**.
Yerba. l. p. Hojas del arbusto mate (voz quechua) o yerba mate, trituradas y elaboradas convenientemente, con las que se prepara el **mate**, infusión de consumo masivo en nuestro país. Para que la yerba brinde su verdadero sabor, debe estar elaborada con una determinada proporción de hojas y **palo**, como se le llama a los trocitos de peciolos y ramitas que se trituran junto con las hojas. Si la yerba tiene mucho **palo** no resulta tan sabrosa y se la considera de baja calidad. // **¿De ánde yerba, puro palo?** (¿De dónde yerba, puro palo? Es decir: ¡qué va a ser yerba, si es puro palo!). Esta expresión indica la poca calidad de algo o la falta de condiciones de alguien. También se usa para desacreditar o poner en evidencia a quien pretende hacerse pasar por lo que no es. *–Juan tiene fama de guapo. –¿Guapo, ése? ¿De ánde yerba puro palo?* El dicho alude a la yerba que tiene mucho palo y da a entender que de poco sirve, que no se la puede llamar yerba. Es interesante advertir que la voz **ánde** (sínc. de **adónde**), originaria en el campo y que ya no se usa en la ciudad, aún se emplea en Buenos Aires al mentar este dicho. // P. ext. también se le llama yerba a la marihuana.

Yerbear. l. p. Tomar mate. Matear. // Fumar marihuana.
Yeta. lunf. Mala suerte, Infortunio. // Influencia maléfica o perjudicial que se le atribuye a algunas personas o cosas. *Mi cuñado me trae la yeta: cada vez que lo veo me pasa algo malo. El día que me pongo esta corbata es un día de yeta para mí.* // **Ser un yeta.** Estar perseguido por la mala suerte. // Provocar a otros la mala suerte. Ser un **fúlmine**, un **jettatore** (véanse estas voces. Yeta es apóc. del nap. **jettatura**, de igual sentido.
Yetadura. lunf. Yeta. "Del nap. **jettatura**. Condición natural fatídica atribuida a ciertas personas, de manera que quien las mira u oye queda abocado a una desgracia. Se las reconoce por la forma de la nariz y la expresión de los ojos. Los cuernos, naturales o imitados o un movimiento repetido de la mano cerrada con los dedos pulgar y meñique extendidos, el tocar un objeto de fierro y hasta el silbar, son los preservativos más eficaces contra la yetadura. Esta creencia absurda existe principalmente en el sur de Italia. Pío IX era considerado como **yettatore**." (Lisandro Segovia. **Diccionario de argentinismos.** Publicación de la Comisión Nacional del Centenario, 1911.) Véase **yeta**.
Yetatura. lunf. Yetadura. Yeta.
Yetudo/a. lunf. Perseguido por la yeta. Desafortunado.

Yigoló. l. p. Gigoló.
Yira. lunf. Prostituta. Mujer que ejerce la prostitución. // Yiro, yiranta, yirona. // Vuelta. // Paseo. // l. pol. Llamábase yira, antes, a la gira que se les obligaba a hacer a los ladrones reincidentes por todas las comisarías de la Capital Federal, en cada una de las cuales se detenía un cierto tiempo, a fin de que los policías los conocieran. Esta práctica, que también se llamó **yiro** y **vuelta al mundo** (véanse), fue reemplazada, luego, por el **manyamiento**. (Antonio Dellepiane. **El idioma del delito, 1894.**)

Yiraje. lunf. Acción y efecto de yirar. // Conjunto de yiras. Propio de yiras.
Yiranta. lunf. Yira. Yiro. Prostituta.

Yiranta en la milonga maquillada,
por los cotorros descargó su mufa
entre malandras, vivos y gilada.
La mina del cocó. *Fernando Giribet.*

Yirar. lunf. Caminar. Callejear.

Electrocardiograma
que te batió que te faltaba el aire
cuando llegaste de yirar cansado
y al tordo a la domani consultaste.
Déficit (Versos de yeca y atorro). *Tino, 1977.*

// Caminar las prostitutas por las calles en busca de clientes.

Hoy la vi que yiraba,
linda como una alhaja,
que agarró por Corrientes
con bandera en flameo
y volvió por Lavalle
con la bandera baja.
Bandera baja. *Enrique Cadícamo.*
Nota. **Corrientes, Lavalle:** calles céntricas de la ciudad de Buenos Aires.

// Andar. Andar por andar. Andar sin rumbo fijo (por las calles, por el mundo, por la vida).

Mordiendo entre dientes, cabrero, mi pena,
yiro por la vida de un lao pa otro lao
y escucho a mi paso, como una condena,
batir a los cosos: ¡ahí va el fracasao!
En relache (Nocau lírico).
Alcides Gandolfi Herrero, 1970.

// **Yirar** proviene del ital. **girare:** girar, circular, rodar, callejear, dar vueltas.
Yiro. lunf. Yira. Prostituta. Mujer de la calle. No obstante referirse a la mujer, se usa siempre en masculino. *Esa mina es un yiro.*

Desde chica quisiste farra con entrevero;
después seguiste al fioca que se te puso a tiro;
en el bajo lograste diploma para el yiro
y en cafúa aprendiste el chamuyo canero.
Status. *Nyda Cuniberti.*

// l. del. Giro, recorrido a que eran obligados los maleantes por todas las comisarías capitalinas. Véase yira.

Si me sale bien el tiro
y sobresee el magistrao
creo seré jubilao
de circular en el yiro.
Desde la cana.
Yacaré (Felipe H. Fernández).

Yirona. lunf. Prostituta. // Yira, yiro.
Yobaca. l. p. Revés de **caballo.**
Yogo. lunf. Juego, en el sentido de trama que se estudia o se lleva a cabo con habilidad y paciencia para conseguir algo. *Le descubrieron el yogo: le descubrieron el juego.* // Cuestión, asunto, negocio, fato. *El negocio es bueno, pero ¿cuántos intervenimos en este yogo?* // Enjuague, **matufia, rebusque.** Medio de vida poco claro. *¿En qué yogo andará éste para vivir tan bien?* // Maniobra dolosa para lograr beneficios. // p. ext. Juego amoroso. Relación informal de pareja. *No somos novios, por ahora es un yogo, no más.* Del gen. **zêugo:** juego.

Porque un funyi te compré
en una maison francesa,
un vestido color fresa
y otro blanco de soiré,
te creés que soy un mishé
y que voy muerto en el yogo...
Apronte.
Milonga. Celedonio Esteban Flores, 1938.

Yolipar. lunf. Revés irreg. de apoliyar.

Hoy, veterano del dolce far niente,
cubierto por la mugre y por los tentes,
reparte su desprecio a la marchanta.
Porque él nunca oyó hablar de un vencimiento,
ni pagaré, ni un volador. ¡Son cuentos!...
¡Si él yolipa feliz donde le canta!
Croto. *Pedro Felipe Oría.*
NOTA. **Volador:** cheque volador (véase volador).

Yompa. lunf. y l. carc. Revés irreg. de **pabeyón,** por sínc. Pabellón de una cárcel.

Desde el yompa, entristecido,
le escribe a cierto gomía

para que abrevie esos días
que lo tienen refundido.
Desde la juiciosa
(Versos de yeca y atorro). Tino, 1977.

Yoni. l. p. Inglés. Por Johnny, en inglés, dim. de **John** (Juan). También se usa como estadounidense, natural de Estados Unidos de Norteamérica.

Yorno. lunf. Día. Del ital. giorno: día.

Vos sos ese cusifai
correcto, disciplinado,
el que jamás ha fayado
un solo yorno al laburo.
¿Boleto de qué sacaste? (Nocau lírico).
Alcides Gandolfi Herrero, 1970.

Yoruga. l. p. Revés irreg. de **uruguayo**.
Yorugua. l. p. Revés irreg. de **uruguayo**.
Yotivenco. l. p. Revés de **conventiyo**. // Conventillo.

Nací en un yotivenco fulería
con cocinas enfrente de las piezas.
Entraba el agua a todo, si llovía
como entraban tan sólo las tristezas.
Desde entonces. *Natalio Schmucler.*

Yoyega. l. p. Revés irreg. de **gayego**. Igual para ambos géneros. // Gallego. Cambia la g final por y: yo, y reemplaza la ll por la y, conforme con nuestra acostumbrada pronunciación.

Yo-yo. l. p. Juego que se practica con un objeto que lleva el mismo nombre, que consta de dos pequeños discos unidos en su parte central por un cilindro delgado y corto en el que se enrolla un piolín, cuyo extremo libre se anuda al dedo medio del jugador. Cuando se hace caer el yo-yo, el hilo se va desenrollando y, al hacerlo por completo, el aparatito torna a subir, por el impulso que llevaba, y se va enrollando otra vez en el piolín, y así sucesivamente cuantas veces se haga. Los jugadores hábiles realizan las más variadas maniobras con este tipo de juguete.

El juego es antiquísimo, a tal punto, que "en las excavaciones de Atenas se han descubierto pequeños objetos de barro cocido que parecen haber sido hechos para ese fin, y en el museo de París se conserva una copa de la misma procedencia con la figura de un niño jugando al yo-yo. Cuando la Revolución Francesa, estuvo muy en boga este juego, para eclipsarse durante un largo espacio de tiempo y reaparecer hace unos años". (Diccionario Enciclopédico Abreviado. Espasa-Calpe Argentina, 1940.)

Yúa. l. del. **Shúa**. Yuga. Llave, en general.
Yuga. l. del. Llave, en general. Originalmente, el término era **shúa**. La influencia de **yugar** (trabajar; en el caso, "trabajar" con la llave) generó la palabra **yuga**. // Antiguamente, se llamaba así, también, al guardián de las cárceles, porque tenía las llaves.
Yugadera. l. del. Cerradura. De yuga.
Yugante/a. l. p. Trabajador. Laburante. De yugar, con influencia de **laburante**.
Yugar. l. p. Trabajar. Del esp. yugo (del lat. jugum): instrumento de madera con que se uncen formando yuntas las bestias de labor. // sent. fig. Cosa pesada; atadura; prisión.

Yugaba como un buey y su desgracia,
reflejada en el brillo de su traje,
la arrastraba al volver del corretaje
para dejar la guita en la farmacia.
Tres puntos. *Luis Alposta.*

Yugarla. l. p. Trabajarla, trabajar. De yugar.
Yugo. l. p. Trabajo. Tropo, por el instrumento de madera con que se unce formando yuntas a las bestias de labor, en alusión festiva a que el trabajo del hombre es pesado y esclavizante. Del esp. yugo (véase **yugar**).

Me pudrí en el repecho
de sudar pa tu lujo,
remando como grone
del conchabo a la cueva,
del morfi a la catrera,
rajando para el yugo
con la estrella primera.
El espiro. *Joaquín Gómez Bas.*

NOTA. **Del conchabo a la cueva:** del trabajo a casa. **Del morfi a la catrera:** de la cena a la cama.

Yuguería. l. del. Cerrajería. De yuga: llave.
Yuguero. l. del. Nombre que recibía el que se dedicaba a fabricar llaves. // Persona que fabricaba llaves para los ladrones. Los que ejer-

cían este oficio eran verdaderos artistas. Aun con elementos rudimentarios eran capaces de reproducir todo tipo de llaves. Lo hacían para "trabajar" ellos mismos o por encargo. // Ladrón que entra a robar en casas o comercios valiéndose de llaves duplicadas. // El término viene de yuga: llave.

Yuguillo. l. p. Ganchos colocados en la pechera de la caballería, donde se prenden los tiros. // p. ext. fest. Cuello duro de la camisa. // Cuello almidonado que se adosa a la camisa. // Cuello de camisa, en general. // **Yuguiyo**.

Tiene pinta bulinera
de gavión de rango misho.
El yugiyo lo levanta
casi, casi hasta la nuez.
Cartón junao. Tango. Carlos Waiss, 1947.

Yuguiyo. l. p. Yuguillo.
Yule. l. p. Julepe. Susto. *Llevarse un yule.* // Miedo. *Tengo un yule...* Es la voz **julepe** apocopada, con cambio de la j inicial por y.
Yulín. l. p. Yule.
Yum yum. l. del. "Herramienta especial para violar cajas de seguridad, haciendo saltar la puerta hacia fuera." (Edmundo Rivero. Una luz de almacén, 1982.) // Nombre primitivo que tuvo la goma de mascar. Del ing. chewing gum.
Yunga. l. del Yuga.
Yunta. l. del. Antiguamente solía usarse como yuta.
Yusta. l. del. Yuta. Policía. // **Justa.** *Batir la yusta.*
Yuta. lunf. Policía.

El bar "Sabihondos" siguió con la suya y un día la yuta levantó en averiguación de antecedentes a siete gaitas que cantaban a los gritos una canción del "Quinto Regimiento" o algo así.
Sabihondos y suicidas.
Héctor Chaponick, 1982.

Su origen se atribuye a una voz dialectal italiana, **giusta**: policía, pero no podemos pasar por alto que **yuta** es afér. de **fayuta**: falsa, desleal, engañosa, hipócrita, calificativos que los malvivientes aplican a la policía.
Yuto/a. l. p. Afér. de **fayuto**.

Z

Zabeca. l. p. Revés de **cabeza** (véase esta voz por más sinonimias).

La más honda miseria y peliaguda
me tiene sin amargos y sin feca.
¡Vení, vento, en mi ayuda!
Protejelo a un modesto caradura,
¡no se la des así, por la zabeca!
Himno del pato.
Yacaré (Felipe H. Fernández).
NOTA. *Amargos:* mate amargo.

Zabiola. l. p. Cabeza. **Sabiola** (véase esta voz).
Zafado/a. l. p. Desvergonzado, descarado. Irrespetuoso. Dícese de la persona que con sus dichos o actitudes ofende al pudor y la decencia. // Por antífrasis, vivo, gracioso. Muy despierto. Del esp. **zafar.**
Zafar/zafarse. l. p. Propasarse, faltar al respeto. // Ofender al pudor y la decencia. // Por antífrasis, mostrar viveza y gracia. Del esp. zafar (del ár. **zaha,** alejarse): escaparse un cabo o cualquier otro objeto del lugar donde está amarrado o sujeto.
Zafallata. l. p. Alpargata. // **Zafayata.** En desuso.
Zafayata. l. p. **Zafallata.**
Záfiro. l. p. antig. Viento fuerte y frío. Voz inculta, corrupción del esp. **céfiro,** viento suave y apacible, por influencia de **záfiro,** a su vez, incorrecta pronunciación de **zafiro,** piedra preciosa muy estimada.
Zalipa. l. p. Revés de **paliza.**
Zambullo. l. carc. **Sambullo.**
Zampar. l. p. Dar, enjaretar, aplicar con violencia. // Asestar un golpe con el puño o con algún objeto contundente. *Zampar una piña.* *Zampar un garrotazo.* // p. ext. Decirle algo a alguien en forma abrupta. *Zampar verdades que duelen.* Del esp. **zampar** (quizá del esp. **zampuzar,** que deriva de **zapuzar,** a su vez de **chapuzar,** también esp., este último proveniente del lat. e, de, y **caput-itis,** cabecear: meter a uno de cabeza en el agua): meter una cosa en otra de prisa. // Comer apresuradamente. // Meterse bruscamente en algún sitio.
Zanagoria. l. p. "Adición viciosa de **zanahoria,** por aumento indebido de sonido." (Rodolfo Ragucci. **Palabras enfermas y bárbaras,** 1945.) // **Zanahoria.**

Se fue sin pena ni gloria,
como un pobre zanagoria.
Lo mató el faso y la tos.
El velorio. *Enrique Dizeo.*

Zanahoria. l. p. Bobo, tonto, lelo, imbécil. // Empleado secundario de circo que pone y quita las cosas con que se montan las escenas, ayuda a los payasos y participa en los desfiles para hacer número.

Se suceden pruebas, volteretas de tony... –Diga, joven, ¿esos ciudadanos uniformados de celeste, con alamares colorados, son zanahorias?
Con los 9. *Félix Lima, 1964.*

Zapa. l. p. Hacer un trabajo de zapa. Darse a influir lenta y persistentemente ante alguien recurriendo a todo medio persuasivo para convencerlo o con la intención de favorecer o perjudicar a otro. Figuradamente, como si estuviera socavándole sus reparos o resistencias, como se socava la tierra con una zapa. Del ital. **zappa**: zapa, azada.

Zapallazo. l. turf. Dícese del triunfo sorpresivo de un caballo al que no se lo consideraba en las estimaciones previas con posibilidades para ganar la carrera en que estaba inscripto. // Dividendo abultado que paga a sus apostadores un caballo que gana su carrera y ha sido relegado por el público en las apuestas. // **Bagayo. Batacazo. Sartenazo.** // p. ext. En general, éxito, resultado favorable que se obtiene cuando las posibilidades de lograrlo se consideraban nulas.

Zapallero/a. l. p. Torpe, inhábil. // Desordenado.

Zapallo. l. p. Cabeza. // **Zapayo** (véase cabeza).

Zapán. l. p. Revés de **panza**. Mantiene el acento en la sílaba **pan**, aunque de prosódico lo transforma en ortográfico y convierte la palabra en aguda, con lo que la dicción se hace más fluida.

Zapar. l. p. Hacer un **trabajo de zapa** (véase **zapa**). // l. mús. Tocar un instrumento musical. // Tocar música una orquesta, un conjunto. // Actuar sin horario establecido. Excepto la primera acepción, las restantes se han empleado, también, con s: **sapar.**

Con vino y pan del tango dulcísimo que Arolas
callara junto al barro cansado de su frente,
le hará una misa rea la voz de los bandolas,
zapando a la sordina, tan misteriosamente.
La última grela.
Tango. Horacio Arturo Ferrer.

Zaparrastroso/a. l. p. Andrajoso, harapiento. // Desaliñado, desaseado. Es metátesis del esp. **zarrapastroso** (de **zarrapastra: zarpa** o **cazcarria**, nombres que se les da al lodo o barro que se prende y se seca en la parte de la ropa que va cerca del suelo), que tiene el mismo significado.

Zapatero. l. p. Chambón, falto de habilidad. // **Chocolatero**, inútil. // **Dejar zapatero.** l. fút. Vencer por goleada un equipo de fútbol a otro, sin que éste le convierta ningún gol. // **Quedar zapatero.** l. fút. Ser vencido un equipo de fútbol por goleada y no convertirle ningún gol a su adversario. Del esp. fam. **zapatero**: dícese del que no hace bazas o tantos en el juego.

Allá por los años mil novecientos treinta y algo corría un cantito muy popular, que se coreaba en estos casos, de una simpleza e inocencia dignas de confrontar con los actuales cánticos.

Le ganamo' cinco a cero,
los dejamo', los dejamo' zapatero.

// También se dice **quedar zapatero** o **salir zapatero** cuando se ha perdido todo el dinero en una mesa de juego o no se acierta ninguna carrera en el hipódromo.

Zaranda. l. p. Tunda, paliza. **Biaba.** // p. ext. Reto, reprimenda severa. Es derivación del esp. **zaranda** (del persa çarand, criba): cedazo con el que se limpian granos y harina, que da **zarandear** o **zarandar**: acción de limpiar de impurezas granos y harinas, moviéndolos y sacudiéndolos repetidamente. De ahí que entre nosotros **zaranda** haya pasado a significar, también, una tunda o paliza, figuradamente por tener de un lado a otro al que es golpeado y, p. ext. y en sent. fig., lo mismo con alguien a quien se lo reprende severamente. *Darle una zaranda a alguien.*

Zarcero/a. lunf. Fabricante de joyas. Véase **zarzo.**

Zarpado. l. p. Sarpado.

Zarparse. l. p. Sarparse.

Zarza. lunf. Zarzo.

Zarzo. lunf. Pendiente. Arete de mujer. // p. ext. Anillo con piedra preciosa engarzada (**zarzo con brillo**). // p. ext. Anillo.

¿No te traje pa tu santo
un par de zarzos de bute
que una noche a un farabute
del cotorro le planté?
Ivette. Tango. Pascual Contursi, 1914.

// Brillante. Piedra preciosa sola o engarzada en alguna alhaja.

Consultó otra vez el Girard Perregaux de oro que disputaba el lujo con los zarzos de los gemelos. "Pintusa" estaba como para cortarle la mano izquierda de un hachazo.
Duendes en el Café de la Muerte.
Héctor Chaponick, 1986.

La palabra **zarzo** proviene del esp. **zarcillo**: pendiente; arete con adorno colgante o sin él. Acotamos que, a su vez, **zarcillo** deviene del también esp. **cercillo** (del lat. **circellus**, dim. de **circus**, círculo), nombre que se le da al corte que, como señal, se hace al ganado en una oreja de modo que le quede colgando parte de ella, a modo de arete.

Zarzo fulero. l. del. Anillo falso. // "Estafa que consiste en ofrecer en venta un anillo de oro y que, al entregárselo al comprador, se cambia hábilmente por otro similar, pero falso." (Adolfo Enrique Rodríguez. Lexicón, Centro de Estudios Históricos Policiales, 1991.)

Zeneize. l. p. **Xeneise.** // Genovés.

Zepelín. l. p. Cabeza grande. Cabeza (véase **cabeza**). Por comparación festiva con el **zeppelín**, antiguo dirigible para el transporte de personas y carga inventado por el conde Fernando de Zeppelin, aeronauta militar alemán (1838-1916).

Zorrino. l. p. Nombre que se le da en nuestro país a la mofeta (mamífero carnicero americano parecido a la comadreja, que lanza un líquido hediondo cuando se ve perseguido y que expele por unas glándulas situadas cerca de su ano). // p. ext. Persona escondedora, astuta, taimada, ladina.

Zorro gris. l. p. Denominación que se les daba a los ex inspectores de tránsito en nuestra ciudad por el color que tenían sus uniformes.

Zurcido/a. l. p. Cicatriz de una herida de arma blanca. // Herida mal cosida. // **Feite.** // **Barbijo.** // Apodo que solía darse a la persona que tenía una cicatriz en la cara. Del esp. **zurcir** (del lat. **sarcire**): coser la rotura de una tela uniendo con puntadas los dos bordes.

Zurda. l. p. **El de la zurda.** El corazón, por su ubicación en el pecho. // **Decir algo de zurda.** Decirlo de corazón. *Eso no te conviene: te lo digo de zurda.*

Que del día que la juné
me palpita el de la zurda
con una fuerza a la gurda
que ando chalao por usté.
Del arrabal. *José Betinoti.*

// **Garantir con la zurda.** Expresión que corría antiguamente e indicaba que quien la formulaba estaba dispuesto a sostener a un puño limpio algo que había dicho. En el caso, **zurda** se refiere a la mano izquierda y el dicho pertenece a una época en que gozaba de cartel el hombre que tenía una fuerte trompada con esa mano. *¿Te acordás qué zurda tenía Cepeda?*

Aura pateo a la gurda
pa cachar un acomodo
¡Y que no chamuyo al brodo
lo garanto con la zurda!
El masajista. *Yacaré (Felipe H. Fernández).*

// **Hacer algo de zurda o por la zurda.** Tramitar, gestionar, realizar algo ocultamente o en contra de las normas o de la legalidad. Equivale a hacer algo **por izquierda** (véase **izquierda**), lo contrario de hacerlo **por derecha** (véase), esto es, legalmente, correctamente. *Te conseguí la autorización, pero por la zurda; de otra forma era imposible.*

Zurdo/a. l. p. Izquierdista. // Que pertenece políticamente a la izquierda. // Que profesa ideas de izquierda. // Socialista. // Comunista.

Zwi Migdal. l. p. Nombre de una organización de rufianes polacos llegados a nuestra tierra para explotar la prostitución en todo el país. En sus comienzos se llamó Varsovia e instaló su sede central en Avellaneda, provincia de Buenos Aires, y luego abrió otra sede en un edificio de la avenida Córdoba, en la Capital Federal, a todo lujo. En ambos lugares se remataban prostitutas.

Las actividades de esta organización, que se extendió a las principales ciudades del país, eran de dominio público, no obstante lo cual se mantuvieron por muchos años, pero llegaron a ser tan escandalosas que dieron origen a la intervención judicial que, en rápida actuación, terminó con ellas hacia 1930.

SINDICATO DE RUFIANES
*"Los rufianes polacos se organizaron en verdaderos sindicatos disfrazados de sociedades de socorros mutuos judías. En la **Zwi Migdal**, con sede en una lujosa mansión de Córdoba al 3200, se efectuaban, en una falsa sinagoga con falsos rabinos, parodias de casamiento a las mujeres judías traídas con engaños. La **Zwi Migdal** contaba con más de 500 socios y explotaba 2000 prostíbulos, donde trabajaban*

30.000 mujeres. Expulsados del cementerio judío, estos rufianes fundaron su cementerio propio presidido por un monumento a Migdal, al lado del cementerio sefardí de Avellaneda y que tal vez sea el único cementerio de rufianes que existe en el mundo.
"(...) Después del golpe militar de 1930, las clases dirigentes decidieron limpiar la ciudad, aunque siguieran jugando a dos puntas y pactando cuando resultara imprescindible con la delincuencia. En 1930 se clausuraba la **Zwi Migdal**, dictándose prisión preventiva contra todos sus socios, aunque éstos, que seguirán gozando de influencia, quedaron en libertad al poco tiempo. Se clausuraron los prostíbulos y se inició una represión contra la prostitución organizada, contra al tráfico de drogas y el juego clandestino." (Juan José Sebreli. **Buenos Aires, vida cotidiana y alienación**, 1966.)

Obras consultadas

Academia Porteña del Lunfardo. **Cultura lunfarda.** Buenos Aires, 1994.
–**El lunfardo.** Buenos Aires, 1955.

Acuña de Figueroa, Francisco. **Coplas.** En Daniel Granada. **Vocabulario rioplatense razonado.** Montevideo, Uruguay, 1890.

Aguilar, Ismael R. y Martinelli Mazza. **Allá en el bajo.** (tango.)

Alberti, Carlos A. **Agonía de un rufián. Boliche. Cuando se tiene una mina. ¿Qué se ficieron? Poemas.**

Alposta, Luis. **Antología del soneto lunfardo.** Corregidor, Buenos Aires, 1978.
–**Con un cacho de nada.** Corregidor, Buenos Aires, 1986.

Álvarez, José S. (Fabio Carrizo). **Los atorrantes.** Artículo publicado en la revista **Caras y Caretas,** 1-12-1900. (1)

Álvarez, José S. (Fray Mocho). **Memorias de un vigilante.** 1ª. edición, 1897. Edición consultada: **La cultura argentina,** 1920.
–Cuentos publicados en la revista **Caras y Caretas** (1897-1903). En Luis M. Baudizzone. **Cuentos de Fray Mocho.** Nova, Buenos Aires, 1941.

Amadori, Luis César y Fernández Blanco, Jesús. **¡Qué hacés, qué hacés!** (tango.)

Anónimo. **Diálogo anónimo.** (1)
–**El circo nacional.** Poema. En el periódico **La Broma,** 1880. (1)
–**El legado del tío.** (2)
–**Encuentro con una china.** (2)
–**La vida del farrista,** fines del 1800.
–**Un baile en lo de Tranqueli,** fines del 1800. En Eduardo Romano. **Breviario de la poesía lunfarda.** Andrómeda, Buenos Aires, 1994.

Aprile, Bartolomé Rodolfo. **Arrabal salvaje. Versos de la suburbia.** Freeland, Buenos Aires, 1964.

Araujo, Julián. **Caña** (tango).

Argerich, Antonio. **¿Inocentes o culpables?** Novela. Buenos Aires, 1884. (1)

Arlt, Roberto. **Aguafuertes porteñas.** Losada, Buenos Aires, 1958.
–**El juguete rabioso.** Losada, Buenos Aires, 1980.
–**Nuevas aguafuertes porteñas.** Losada, Buenos Aires, 1975.

Arona, Oscar. **Don Juan Mondiola** (tango).

Aymerich, Ramón. **Gayeta** (poema, 1912).

Aznar, Abel. **De puro curda. El último guapo. Jamás lo vas a saber. Lo que vos te merecés** (tangos).

Bahr, Carlos. **No te apures, Carablanca** (tango, 1942).

Bahüer, Juan. **No te quiero más,** (tango, 1930).

Ballestero, Alberto J. Dicen que dicen (tango, 1925).

Barboza, Roberto A. As de cartón (tango).

Barcia, José. El lunfardo de Buenos Aires. Paidós, Buenos Aires, 1973.
— Vocabulario. En Lima, Félix P. P. Pedrín. Solar, Buenos Aires, 1969.

Barreiro, Joaquín y Casiani, Antonio. Farabute (tango).

Barthe, Juan Carlos. Gacho gris (tango).

Batistella, Mario. No aflojés (tango, 1934). Bronca (tango, 1962).

Bayón Herrera, Luis. Un tropezón (tango, 1927).

Bayón Herrera, Luis y Romero, Manuel. El taita del arrabal (tango, 1922). Haragán (tango, 1928).

Benavente, Francisco. ¡Así se hace! Poema, 1910. (1)

Betinoti, José. Del arrabal. El cabrero. Poemas.

Bigeschi, Alfredo. Tango argentino (tango).

Borges, Jorge Luis. Evaristo Carriego. Gleizer, Buenos Aires, 1960.
–El idioma de los argentinos. Peña-Del Giúdice, Buenos Aires, 1953.
–Artículo sobre "el compadre". En revista Universidad de Antioquía. Vol. 53, Nº 200, enero/marzo 1986, Medellín, Colombia.

Borges, Jorge Luis y Bioy Casares, Adolfo. Los orilleros. Losada, Buenos Aires, 1983.

Botta, Antonio. Si soy así (tango, 1933).

Braga, Hermindo (Domingo Hermindo Bragagnolo) y Villalba, Juan. Palermo (tango, 1929).

Brancatti, Francisco y Velich, Juan M. Amigazo (tango). Mandria (tango).

Brun, Juan Pedro. Nochero. Palermo, Buenos Aires, 1969.

Bruno, Juan A. Langosta (tango, 1925).

Bruto, César. A la señora Academia. Poema.

Bucino, Miguel Eusebio. Amarroto (tango). Bailarín compadrito (tango).

Buttaro, Enrique. Fumadas. Sainete, Buenos Aires, 1902.

Cadícamo, Enrique. Bajo el signo del tango. Corregidor, Buenos Aires, 1987.
–Café de camareras. Sudamericana, Buenos Aires, 1973.
–El tango tuvo su época y hoy es un recuerdo. Revista La Maga. Nº 38, Buenos Aires, 30-9-1992.
–La luna del bajo fondo. Buenos Aires, 1940.
–Apología tanguera. Bandera baja. Ella se reía. La reina del tango. Norma. Poemas.
–Al mundo le falta un tornillo (tango). Anclao en París (tango). Compadrón (tango). Che, papusa, oí (tango). El cuarteador (tango). El que atrasó el reloj (tango). Guapo de la guardia vieja (tango). Muñeca brava (tango). Pa mí es igual (tango). Pituca (tango). Pompas de jabón (Pompas) (tango). En lo de Laura (milonga).

Cadícamo, Enrique y Pelayo, Félix Manuel. La biaba de un beso (tango).

Caffaro Rossi, José María. No te engañes, corazón (tango, 1926).

Caggiano, Antonio A. Milonga del amuro (milonga).

Calvo, Eduardo. Arrabalero (tango, 1927).

Cambaceres, Eugenio. Sin rumbo. París, 1885.

Camilloni, Julio. La última (tango, 1957).

Canaro, Francisco. El tigre Millán (tango).

Cancela, Arturo. Tres relatos porteños (incluye: El cocobacilo de Herrlin, El

culto de los héroes y Una semana de holgorio).
–Historia funambulesca del profesor Landormy. Buenos Aires, 1944.

Canero Viejo. Véase Contreras Villamayor, Luis.

Cardenal, Ernesto y Vila, Jaime. **Cachá viaje** (tango).

Carella, Tulio. **Picaresca porteña.** Siglo XX, Buenos Aires, 1966.
–**Tango, mito y esencia.** CEAL, Buenos Aires, 1966.

Carnelli, María Luisa. **Se va la vida** (tango, 1924. Firmado como Luis Mario).

Carnelli, María Luisa y Castro, Mario. **El malevo** (tango, 1928).

Carreras Sotelo, E. y Yavarozzo, Alberto. **Esta vida es puro grupo** (tango).

Carriego, Evaristo. **El guapo. El alma del suburbio. Día de bronca.** Poemas.

Carrizo, Fabio. Véase Álvarez, José S.

Caruso, Juan Andrés. **Sos bueno, vos, también.** (tango, 1929).

Caruso, Luis. **Andá a que te cure Lola** (milonga).

Casiani, Antonio y Barreiro, Joaquín. **Farabute** (tango).

Castillo, Cátulo. **Tinta roja** (tango). **Una canción** (tango).

Castillo, Cátulo y González Castillo, José. **Organito de la tarde** (tango).

Castro, Américo. **La peculiaridad lingüística rioplatense y su sentido histórico.** Losada, Buenos Aires, 1940.

Cavazza G. y Font, J. **Alma de loca** (tango).

Centeya, Julián. Véase Vergiati, Amleto.

Clemente, José Edmundo. **El idioma de Buenos Aires.** Peña-Del Giúdice, Buenos Aires, 1953.

Coiro, Juan Carlos (Juan de la Caye). **Aflojando. A potién.** Poemas.

Collazo, Ramón. **Pato** (tango 1928).

Contreras Villamayor, Luis. **La muerte del pibe Oscar.** 1926.
–**El lenguaje del bajo fondo.** Vocabulario lunfardo. Shapire, Buenos Aires, 1969.
–**Deschavando la cana.** Crónica periodística publicada bajo el seudónimo de Canero Viejo en la revista policial **Sherlock Holmes,** 1912 (1).

Contursi, Pascual. **Champagne tangó** (tango). **De vuelta al bulín** (tango). **El motivo (Pobre paica)** (tango). **Flor de fango** (tango). **Ivette** (tango). **Matasano** (tango, 1914). **Mi noche triste** (tango, 1915). **La mina del Ford** (tango, 1924). **Caferata** (tango). **Garabita** (tango, 1926). **¡Qué lindo es estar metido!** (tango, 1927). **Ventanita de arrabal** (tango). **Bandoneón arrabalero** (tango, 1928).

Coronado, Martín. **El sargento Palma.** Obra teatral, estrenada en Buenos Aires el 14-5-1906.

Cúneo, Carlos. **Las cárceles.** CEAL, Buenos Aires, 1971.

Cuniberti, Nyda. **Julio César. Mala suerte. Popea. Status.** Poemas.

Chaponick, Héctor. **El metejón.** Poema.
–**Duendes en el Café de la Muerte.** Merymar, Buenos Aires, 1986.
–**Sabihondos y suicidas.** Marymar, Buenos Aires, 1982.

Dallegri, Santiago. **Un rentista.** En Cuentos risueños. Montevideo, Uruguay, 1930. (1)

De Grandis, José. **Recordándote** (tango). **Tango** (tango). **Viejo rincón** (tango, 1925). **Amurado** (tango, 1926).

De la Calle, Ceferino. Véase Domínguez, Silverio.

De la Caye, Juan. Véase Coiro, Juan Carlos.

De la Fuente, Alfredo. **El solitario**. Poema.

De la Púa, Carlos (Carlos Raúl Muñoz y Pérez). **La crencha engrasada**. Trazo, Buenos Aires, 1928.

De la Torre, Arturo. **El conventillo** (milonga).

Del Campo, Estanislao. **Fausto y otros poemas selectos**. Jackson, Buenos Aires, 1945.

Delgado, José Antonio. **Pechazo mishio**. Poema.

Dellepiane, Antonio. **El idioma del delito**. 1ª edición, Buenos Aires, 1894. Edición consultada: Mirasol, 1967.

De Viana, Javier. **Entre gauchos...** Relato, 1906.

Devoto, Juan Bautista. **Redención**. Soneto.

Díaz, Luis. **Seguí, no te parés** (tango).

Díaz Vélez, Leopoldo. **Como un tango**. Soneto.

Diez Gómez, J. A. **Volvé, mi negra** (tango).

Diez, Juan. Véase Martini, Augusto Arturo.

Di Sandro, Emilio V. **Soneto 1º**. Soneto.

Di Sandro, Luis y Di Sandro, José. **Se tiran conmigo** (tango).

Discépolo, Armando. **Mateo**. Obra teatral, estrenada en Buenos Aires, 1923.

Discépolo, Enrique Santos. **¡Chorra!** (tango). **Tres esperanzas** (tango). **¡Victoria!** (tango). **¡Qué va cha ché!** (tango, 1926). **Esta noche me emborracho** (tango). **Justo el 31** (tango). **Malevaje** (tango). **Siglo XX (Cambalache)** (tango). **Yira, yira** (tango).

Dizeo, Enrique. **El velorio**. Soneto. **Cobrate y dame el vuelto** (milonga). **Cómo se hace un tango** (tango). **Copen la banca** (tango). **El encopado** (tango). **Pan comido** (tango). **Tan grande y tan zonzo** (tango).

Domínguez, Silverio (Ceferino de la Calle). **Recuerdos de Buenos Aires**. Aprox. 1880. (1)
—**Palomas y gavilanes**. 1883. (3)

Dufo, Policarpo. **Entrada que se hizo en el año 1717 al castigo de los infieles**. En M. R. Trelles. **Revista del Archivo General de Buenos Aires**. En Granada, Daniel. **Vocabulario rioplatense razonado**. Montevideo, Uruguay, 1890.

Eichelbaum, Samuel. **Un guapo del 900**. Obra teatral, estrenada en Buenos Aires en 1940.
—**Un tal Servando Gómez**. Obra teatral, estrenada en Buenos Aires en 1942.

Escariz Méndez, Eduardo. **Barajando** (tango).

Estrada, Santiago de. **Viajes y otras páginas literarias**. 1889 (3)

Fernández Blanco, Jesús. **Tierrita** (tango). **Seguime corazón** (tango).

Fernández Blanco, Jesús y Amadori, Luis César. **¡Qué hacés, qué hacés!** (tango).

Fernández, Felipe H. (Yacaré). **Abecedario y parolas**. Diario Crítica, 1915. En Rivero, Edmundo. **Una luz de almacén**. Emecé, Buenos Aires, 1982.
—**Versos rantifusos**. Buenos Aires, 1916.

Fernández, J. **Lonjazos** (rezo gaucho).

Ferrer, Horacio Arturo. **La última grela** (tango).

Flores, Celedonio Esteban. **Biaba. Sonatina. Poemas. Apronte** (milonga). **¡Atenti, pebeta! Audacia. Canchero. Comadre. Corrientes y Esmeralda. Cuando me entrés a fallar. El bulín de la calle Ayacucho. La cornetita. Lloró como una** mujer. Mala entraña. Mano a mano. Margot. Muchacho. Por seguidora y por fiel. ¡Tengo miedo! Viejo smocking (tangos, entre 1923 y 1940).

Fontaina, Roberto. Mama, yo quiero un novio. (tango, 1928).

Fontaina, Roberto y Soliño, Víctor. Maula (tango). Niño bien (tango, 1927). Garufa (tango, 1928)

Fontanella, Agustín. ¡No me haga reír! Relato publicado en la revista PBT. Principios del 1900. (1)

Franco, Lily. El deschave. Soneto.

Fray Mocho. Véase Álvarez, José S.

Fugazot, Roberto e Irusta, Agustín. Dandy (tango, 1926).

Furlan, Luis R. Love story. Soneto.

Gandolfi Herrero, Alcides. Nocau lírico. Americana, Buenos Aires, 1970.

Gandolfi Herrero, Arístides (Alvaro Yunque). Novela moral. Poema.

Ganduglia, Santiago. Plaque de Parque Patricios. Soneto.

García Costa, Víctor. Chasquis, postillones y carteros. (La vida de nuestro pueblo). CEAL, 1982.

García Jiménez, Francisco. Lunes (tango, 1939).

García Velloso, Enrique. En el barrio de Las Ranas. Obra teatral, estrenada en Buenos Aires en 1910.
–Trata de blancas. Crónica periodística de principios de siglo. (1)

Gardel, Carlos y Le Pera, Alfredo. Me da pena confesarlo (tango).

Gil de Oro, Manuel. La Argentina que yo he visto, 1917. En Suárez Danero, E. M. El sainete. Centro Editor de América Latina, Buenos Aires, 1970.

Giribaldi, Daniel. Sonetos mugre. Sudestada, Buenos Aires, 1968.

Giriset, Fernando. La mina del cocó (tango).

Giuria, Carlos Alberto. Indagación del porteño a través de su lenguaje. A. Peña Lillo, Buenos Aires, 1965.

Gobello, José. El lenguaje de mi pueblo. A. Peña Lillo, Buenos Aires, 1974.

Gómez Bas, Joaquín. El espiro (tango). La cardíaca (tango). Victrolera. Poema.

González Arrili, Bernardo. Buenos Aires, 1900. CEAL, Buenos Aires, 1967.

González Castillo, José. El retrato del pibe. Obra teatral en verso, estrenada en Buenos Aires en 1908.
–El aguacero (tango). Griseta (tango). Organito de la tarde (tango).

González Tuñón, Enrique. Tangos. Borocaba, Buenos Aires, 1953.

Gorge, Ernesto. La mancada. En Carella, Tullio. Picaresca porteña. Buenos Aires, 1966.

Gorrindo, Francisco. Mala suerte (tango, 1938).

Granada, Daniel. Vocabulario rioplatense razonado. Montevideo, Uruguay, 1890.

Greca, Alcides. Tras el alambrado de Martín García, 1934.

Güiraldes, Ricardo. Cuentos de muerte y de sangre. 1ª edición, 1915. Edición consultada: Losada, Buenos Aires, 1958.
–Don Segundo Sombra. Buenos Aires, 1ª edición, 1926.

Gunguito, Enrique. Después del baile. Poema. (1)

Hernández, José. **El Gaucho Martín Fierro**, 1872.
–**La vuelta de Martín Fierro**, 1879.

Herrero Mayor, Avelino. **Lengua, diccionario y estilo**. Buenos Aires, 1938.

Herscheld, Adolfo. **Muñequita** (tango, 1918).

Hormaza, Raúl. **Sinforosa** (milonga).

Iaquinandi, Alfredo Mario. **Contame una historia** (tango, 1966).

Iriarte, Florencio. **El cafiso** (tango, 1918).
–**Batifondo a la Ville de Roi**. Revista Don Basilio, 30-8-1900. (1)

Irusta, Agustín. **Tenemos que abrirnos** (tango).

Irusta, Agustín y Fugazot, Roberto. **Dandy** (tango, 1926).

Jitrik, Noé. **La revolución del 90**. CEAL, Buenos Aires, 1970.

La Broma. Periódico perteneciente a la comunidad morena de Buenos Aires, 24 de enero de 1880. Poema **El circo nacional**. (1)

Laferrère, Gregorio de. **¡Jettatore!** Obra teatral, estrenada en Buenos Aires en 1904.

Lamadrid, Juan C. **De frente. La estrella**. Poemas.

Larreta, Enrique. **El linyera**. Sopena, Buenos Aires, 1940.

Le Pera, Alfredo. **Melodía de arrabal** (tango, 1933).

Lima, Félix. **Con los 9 (Entraña de Buenos Aires)**. 1ª. edición, 1908. Edición consultada: Solar, Buenos Aires, 1964.
–**Pedrín (Brochazos porteños)**. Buenos Aires, 1923. Edición consultada: Solar, Buenos Aires, 1969.

Linnig, Samuel. **Milonguita** (tango, 1920).

Linyera, Dante A. Véase Rímoli, Francisco Bautista.

Lizarraga, Fray Reginaldo de. **Descripción de las Indias**. Selección por Bernardo Feijóo. CEAL, Buenos Aires, 1967.

López, Nolo. **Chichipía** (tango).

López Peña, Arturo. **Teoría del argentino**. Abies, Buenos Aires, 1958.

Lugones, Benigno B. Artículo periodístico publicado en 1879. (1)

Luro, Daniel Alfonso. **Leguisamo de punta a punta**. Emecé, Buenos Aires, 1982.

Maizani, Azucena. **Pero yo sé** (tango, 1928).

Manco, Silverio. **El taita** (tango, 1907). **Del hampa. Rea emberretinada. Se rechifló la percanta. Te ha cachao el otoño**. Poemas.

Manzi, Homero (Homero Manzioni). **Barrio de tango** (tango). **Che, Bandoneón** (tango). **Monte criollo** (tango). **Milonga del 900** (milonga). **Milonga sentimental** (milonga).

Marambio Catán, Juan Carlos. **Acquaforte** (tango, 1931).

Marcó, Héctor. **Whisky** (tango, 1951).

Marino, Francisco Alfredo. **El ciruja** (tango, 1926).

Mario Luis. Véase Carnelli, María Luisa.

Maroni, Enrique P. **Tortazo** (milonga, 1929).

Márquez Gualberto (Charrúa) y Ruiz, René. **El desafío** (milonga campera).

Martinelli Mazza y Aguilar, Ismael A. **Allá en el bajo** (tango).

Martínez Estrada, Ezequiel. **La cabeza de Goliat**, 1940. (3)

Martínez Vilas, Elisardo (Marvil). **Así se baila el tango** (tango, 1942).

Martini, Augusto Arturo (Iván Diez). **Amablemente. Chacarita. El director artístico. La serva. Mangos.** Poemas.

Martini Rial, Juan Carlos. **La historia del tango**, 1976.

Martino, Francisco. **¡Soy una fiera!** (milonga).

Matos Rodríguez, Gerardo. **La cumparsita** (tango, 1925).

Meaños, Manuel A. y Velich, Juan M. **Por qué soy reo** (tango, 1929).

Méndez, Germán M. **¡Manyame!** Poema, 1908.

Mertens, Federico. **Callejeras.** Cuento. En revista **PBT**. Buenos Aires, 1905. (1)

Milletari, Pedro. **¡Minga de faso!** Poema.

Montagne, Eduardo. **Titeo a los gauchos gringos.** Cuento. Buenos Aires, 1906. (1)

Montes, Jorge. **Jeringa.** Buenos Aires, 1975.

Montes, Vital. **La lavandera.** Novela. Buenos Aires, 1886. (1)

Muñoz y Pérez, Carlos Raúl. Véase De la Púa, Carlos.

Navarrine, Alfredo. **El vinacho** (milonga).

Navarrine, Julio F. **Oro muerto (Girón porteño)** (tango, 1926).

Negro, Héctor. Véase Varela, Ismael Héctor.

Ocampo, Miguel. **A las diez en punto.** Obra teatral, estrenada en Buenos Aires en 1893.

Ochoa, Fernando. **Pipistrela** (tango).

Oría, Pedro Felipe. **Croto.** Soneto.

Olivari, Nicolás. **Tango.** Poema.

Pacheco, Carlos Mauricio. **La ribera.** Sainete, estrenado en Buenos Aires en 1909.
–**La Tierra del Fuego.** Sainete, estrenado en Buenos Aires en 1923.

Páez, Jorge. **El conventillo.** Centro Editor de América Latina (colección La Historia Popular), Buenos Aires, 1970.

Pagano, José. **La Biblia rea.** Buenos Aires, 1957.
–**Rimas caneras.** Freeland, Buenos Aires, 1965.

Palermo, Juan Francisco. **La promesa de la paica. Cómo se mató Cantalicio Gauna** (1902). **El tano Vidurria** (1903). Obras teatrales. (1)

Panizza, José Luis. **Julián** (tango, 1924).

Papavero, Modesto. **¡Leguisamo solo!** (tango, 1925).

Patroni, Adrián. **Los trabajadores en la Argentina.** 1898. (3)

Pedrido, Federico. **Amor de madre.** Poema.

Pelay, Ivo. Véase Pichot, Guillermo Juan Robustiano.

Pelayo, Félix Manuel y Cadícamo, Enrique. **La biaba de un beso** (tango, 1930).

Pelliza, Mariano. **La organización nacional.** En publicación de la Secretaría de Cultura del Ministerio de Cultura y Educación de la Nación, **500 años de la lengua en tierra argentina.** 1992.

Piaggio, Juan A. **Caló porteño.** En La Nación, 11-2-1887. Compadrito, 1887. (1)

Pico, Pedro E. **Ganarse la vida.** Sainete, estrenado en Buenos Aires el 10-10-1907.
–**La única fuerza.** Obra teatral dramática, estrenada en Buenos Aires el 14-10-1907.

Pichot, Guillermo Juan Robustiano (Ivo Pelay). **Me enamoré una vez** (tango).

Ranchera (tango). Ya vendrán tiempos mejores (tango).

Pintos, Juan Manuel. ¿Disgraciao?... ¿Y qué hay con eso? En revista **PBT**, 18 de febrero de 1905. (1)

Podestá, Antonio Miguel. **Como abrazao a un rencor** (tango, 1930).

Podestá, José J. (Pepino el 88). **Diálogo en una pulpería (El compadraje oriental en competencia con el argentino).** (1)

Quesada, Ernesto. **Dos novelas sociológicas.** Peuser, Buenos Aires, 1892.
– **El criollismo en la literatura argentina.** Buenos Aires, 1902.
– **Los verdaderos cuentos del tío.** Buenos Aires, 1907.

Quesada, Josué. **Asamblea. Un consejo.** Relatos. Principios del 1900. (1)

500 años de la lengua en tierra argentina. Publicación de la Secretaría de Cultura del Ministerio de Educación y Cultura de la Nación. Buenos Aries, 1992.

Rada, Mario F. **¡Araca, la cana!** (tango).

Ragucci, Rodolfo. **Palabras enfermas y bárbaras.** Sociedad Editora Internacional, Buenos Aires, 1945.

Rawson, Guillermo. **Estudio sobre las casas de inquilinato de Buenos Aires,** 1885. (3)

Regules, Elías. **Versos criollos.** Biblioteca de Grandes Obras, Vol. 52, Buenos Aires, 1915.

Rest, Jaime. **Notas para una estilística del arrabal.** En publicación del Instituto de Extensión Cultural de la Dirección General de la Obra Social de la Secretaría de Estado de Obras Públicas de la Nación. Buenos Aires, 1965.

Rial, José. **Preparate pa'l domingo** (tango, 1931).

Rímoli, Francisco Bautista (Dante A. Linyera). **¡Semos hermanos! Poesías arrabaleras.** La Canción Moderna, Buenos Aires, 1928.

Rivera, Jorge B. **El lunfardo.** En publicación de Secretaría de Cultura del Ministerio de Cultura y Educación de la Nación. 500 años de la lengua en tierra argentina. 1992.

Rivero, Edmundo. **Una luz de almacén.** Emecé, Buenos Aires, 1982.

Rodríguez, Adolfo Enrique. **Lexicón.** Centro de Estudios Históricos Policiales, Buenos Aires, 1991.

Rodríguez, Leopoldo (payador y poeta de principios del 1900). **Un dato. Misiva lunfarda.** (1)

Rodríguez, Tino. **Filosofía lunfarda.** Corregidor, Buenos Aires, 1987.

Rolón, Fernando. **Madrugada** (tango, 1966).

Romano, Eduardo. **Breviario de la poesía lunfarda.** Andrómeda, Buenos Aires, 1994.

Romero, Manuel. **Nubes de humo** (tango). **Patotero sentimental** (tango, 1923). **Aquel tapado de armiño** (tango). **Quemá esas cartas** (tango). **¡Qué querés con ese loro!** (tango, 1928). **La ribera** (tango, 1936). **El vino triste** (tango, 1939).

Romero, Manuel y Bayón Herrera, Luis. **Haragán.** (tango, 1928).

Rossi, Vicente. **Cosas de negros.** Río de la Plata, Buenos Aires, 1926.

Rosenblat, Ángel. **Origen e historia del "che" argentino.** En la revista **Filología**. Año 8, N° 3, 1962. Publicación del Instituto de Filología y Literaturas Hispánicas de la Facultad de Filología y Letras de Buenos Aires, págs. 325 a 401. También publicado por el Instituto de Filología Andrés Bello de la Universidad Central de Venezuela.

Saldías, Adolfo. **Opinión sobre la voz chupandinos.** En publicación de la Secretaría de Cultura del Ministerio de Cultura y Educación de la Nación. **500 años de la lengua en tierra argentina.** Buenos Aires, 1992.
–**Páginas literarias.** Buenos Aires, 1992.

Sánchez, Florencio. **Canillita.** Obra teatral, 1902. **En familia.** Obra teatral. **Barranca abajo.** Obra teatral, 1905.

Sánchez Garrido, Amelia. **Indagación del argentino.** Dirección General de Cultura, Buenos Aires, 1962.

Sanguinetti, Horacio. **Moneda de cobre** (tango).

Schmucler, Natalio. **Desde entonces. Tarde. Vieja.** Poemas.

Sciammarella, Roberto y Amadori, Luis César. **Hacelo por la vieja** (tango). **¡Quién lo hubiera dicho!** (tango, 1932).

Sebreli, Juan José. **Buenos Aires: vida cotidiana y alienación.** Siglo XX, Buenos Aires, 1966.

Segovia, Lisandro. **Diccionario de argentinismos.** Publicación de la Comisión Nacional del Centenario. Buenos Aires, 1911.

Silva Valdez, Fernán. **Agua Florida** (tango).

Soler Cañas, Luis. **Orígenes de la literatura lunfarda.** Siglo XX, Buenos Aires, 1965.

Soliño, Víctor y Fontaina, Roberto. **María** (tango). **Niño bien** (tango, 1927). **Garufa** (tango, 1928).

Staffolani, José Horacio. **Ventarrón** (tango, 1932).

Suárez Danero, E. M. **El sainete.** Centro Editor de América Latina, Buenos Aires, 1970.

Tabares, Miguel. **Chantapufi.** Poema.

Taboada, Rodolfo M. **El Firulete** (milonga, 1958).

Tagini, Armando J. **Gloria** (tango).

Tagle Lara, A. **Fierro chifle** (tango, 1928).

Tallon, José Sebastián. **El tango en su etapa de música prohibida.** Instituto Amigos del Libro Argentino, Buenos Aires, 1959.

Teruggi, Mario E. **Panorama del lunfardo.** Corregidor, Buenos Aires, 1974.

Tino. **Versos de yeca y atorro.** J. R., Buenos Aires, 1977.

Traverso, Lorenzo Juan. **Uno y uno** (tango, 1929).

Trejo, Nemesio. **Conferencia lunfarda,** 1907. (1)

Trelles, José Antonio. **Paja Brava.** Biblioteca de Grandes Obras, Vol. 52, Buenos Aires, 1915.

Trongé, Eduardo. **Seguí mi consejo** (tango, 1928).

Vacarezza, Alberto. **La comparsa se divierte. Los escrushantes** (1913). **Tu cuna fue un conventillo** (1920). Piezas teatrales.
–**¡Araca, corazón!** (tango). **Atorrante** (tango). **El carrerito** (tango). **Otario, que andás penando** (tango).

Varela, Ismael Héctor (Héctor R. Negro). **Metejón en lunfasoneto.** Soneto.

Vedani, César Felipe. **Adiós, muchachos** (tango, 1927).

Vergiati, Amleto. **La musa mistonga.** Freeland, Buenos Aires, 1964.
–**La musa del barro.** Quetzal, Buenos Aires, 1969.

Velich, Juan M. y Brancatti, Francisco. **Mandria** (tango).

Velich, Juan M. y Meaños, Miguel A. Por qué soy reo (tango, 1929).

Vila, Jaime y Cardenal, Ernesto. Cachá viaje (tango, 1920).

Villalba, Juan y Braga, Hermido (Domingo Herminio Bragagnolo). Palermo (tango, 1929).

Villoldo, Ángel G. Cosas de la vida. Galleta doble. Poemas. El porteñito. El Cachafaz. El terrible. Cuerpo de alambre (tangos, entre 1903 y 1916).

Viván, Carlos. ¡Cómo se pianta la vida! (tango, 1928).

Waiss, Carlos. El raje (milonga). Bandera baja (tango). Bien pulenta (tango). Cartón junao (tango). El pibe Bermúdez (tango). Guerrera (tango).

Wilde, José Antonio. Buenos Aires, desde 70 años atrás (1810-1880). 1ª edición, 1881. Edición consultada: Eudeba, Buenos Aires, 1960.

Yavarozzo, Alberto y Carreras Sotelo, E. Esta vida es puro grupo (tango).

Yunque, Álvaro. Véase Gandolfi Herrero, Arístides.

Zabalía, Félix Alberto de. Mr. Le Blond, flechado por Cupido. En revista Papel y Tinta, 25-6-1908. (1)

Zuviría Mansilla, Horacio. Enfundá la mandolina (tango, 1930).

Notas:
(1) Cfr. Soler Cañas, Luis. Orígenes de la literatura lunfarda. Siglo XX, Buenos Aires, 1965.
(2) Cfr. Dellepiane, Antonio. El idioma del delito. 1ª. edición, 1894. Edición consultada: Mirasol, Buenos Aires, 1967.
(3) Cfr. Páez, Jorge. El conventillo. CEAL, Buenos Aires, 1970.

Diccionarios consultados

Diccionario de argentinismos. Comisión Nacional del Centenario. Buenos Aires, 1911.

Diccionario de argentinismos. Abad de Santillán, Diego. Tipográfica Editora Argentina, Buenos Aires, 1976.

Diccionario de la lengua española. Real Academia Española, Madrid, 1992.

Diccionario de modismos argentinos. Arrazzola, Roberto. Colombia, Buenos Aires, 1943.

Diccionario de voces lunfardas y vulgares. Casullo, Hugo. Plus Ultra, Buenos Aires, 1986.

Diccionario de voces y expresiones argentinas. Coluccio, Félix. Plus Ultra, Buenos Aires, 1986.

Diccionario enciclopédico Espasa-Calpe. Compañía General Fabril, Buenos Aires-México, 1940.

Diccionario hípico. Voces y expresiones rioplatenses. Barcia, José. Plus Ultra, Buenos Aires, 1978.

Diccionario kkechuwa-español. Lira, Jorge A. Instituto de Historia lingüística y folklore de la Universidad Nacional del Tucumán, San Miguel de Tucumán, 1944.

Diccionario lunfardo. Gobello, José. A. Peña Lillo, Buenos Aires, 1989.

Dictionnaire alphabétique et analogique de la langue Française. París, 1984.

Dizionario Italiano-Spagnolo da Emilio M. Martínez Amador. Ramón Sopena, Barcelona 1957 y 1979.

Gran diccionario de la lengua guaraní. Dacunda Díaz, Máximo Ricardo. Marváez, Buenos Aires, 1987.

Lexicón. Rodríguez, Adolfo Enrique. Centro de Estudios Históricos Policiales, Buenos Aires, 1989.

Longman's Dictionary of Contemporary English. Longman's, Londres, 1992.

Novo diccionário de la língua portuguesa. Portugal-Brasil, Lisboa, 1992.

Nuevo diccionario guaraní-español. Ortiz Mayans, Antonio. Platero, Buenos Aires, 1973.

Nuevo diccionario lunfardo. Gobello, José. Corregidor, Buenos Aires, 1998.

Primer diccionario de sinónimos del lunfardo. Rodríguez, Tino. Atlántida, Buenos Aires, 1987.

Registro del habla de los argentinos. Academia Argentina de Letras. Buenos Aires, 1997.

Vocabolario delle parlate liguri. Consulta Ligure, Génova, Italia, 1990.

Vocabulario Genovese-Italiano. Casaccia, Giovanni. Génova, Italia, 1851.

Vocabulario lunfardo. En El idioma del delito. Dellepiane, Antonio, 1ª edición,

1894. Edición consultada: Mirasol, Buenos Aires, 1967.

Vocabulario rioplatense razonado. Granada, Daniel. Montevideo, Uruguay, 1890.

Webster's New International Dictionary of the English Language. Merriam, Springfield, EE.UU., 1947.